Über die Verfasser

Hans-K. Lücke, Jg. 1927, ist Kunsthistoriker. Nach der Promotion einige Jahre in der Redaktion des Reallexikons zur deutschen Kunstgeschichte (RdK) in München tätig. Seit 1969 Professor im Dept. of Fine Art / Graduate Dept. of History of Art an der University of Toronto, Canada, mit dem Spezialgebiet Italienische Renaissance und besonderem Interesse an Kunst- und Architekturtheorie sowie Aspekten der Ikonographie in den Künsten. Seit 1993 emeritiert und derzeit in Schondorf ansässig.

Susanne Lücke-David, Jg. 1933, promovierte in Kunstgeschichte, Archäologie und Musikwissenschaft. Danach Tätigkeit am Schleswig-Holsteinischen Landesamt für Denkmalpflege, später an den Bayrischen Staatsgemäldesammlungen, München. 1971/72 Lehrauftrag an der University of Toronto, Canada. Nach mehrjähriger Unterbrechung Rückkehr zu freiberuflicher Tätigkeit.

Hans-K. und
Susanne Lücke

Helden und Gottheiten der Antike

Ein Handbuch

Der Mythos und seine
Überlieferung in Literatur
und bildender Kunst

rowohlts enzyklopädie
im Rowohlt Taschenbuch Verlag

rowohlts enzyklopädie

Herausgegeben von Burghard König

Für Stephan und Oliver

Originalausgabe
Veröffentlicht im Rowohlt Taschenbuch Verlag GmbH,
Reinbek bei Hamburg, Januar 2002
Copyright © 2002 by Rowohlt Taschenbuch Verlag GmbH,
Reinbek bei Hamburg
Umschlaggestaltung any.way, Walter Hellmann
(Titelvignette: Kentaur. Rotfiguriges Innenbild einer Schale.
Karlsruhe, Badisches Landesmuseum)
Satz aus der Aldus und Syntax PostScript, PageOne
Gesamtherstellung Clausen & Bosse, Leck
Printed in Germany
ISBN 3 499 55641 3

Inhalt

Vorwort 7

Achelo(i)os 11
Achill 15
Adrastos 41
Aeneas 44
Agamemnon 81
Aglauros 88
Aias I 93
Aias II 103
Aiolos 108
Amaltheia 116
Amazonen 119
Amphiaraos 133
Amphitrite 137
Andromache 141
Argos 149
Asklepios 152
Atalante 166

Chimaira 175
Chiron 185

Daidalos 196
Dioskuren 212

Endymion 237
Eriphyle 243

Giganten 244
Gorgonen 252
Gryllos 257

Harpyien 258
Hebe 267
Hektor 272
Helene 297
Hermaphroditos 309
Hippomenes 315
Hymen 316
Hymnen II 325

Iason 325
Ixion 344

Kadmos 351
Kentauren 366

Melanion 383
Meleager 384

Narziß 393

Odysseus 400
Oedipus 460
Oineus 471

Palamedes 473
Phaët(h)on 477
Phrixos 486
Polyneikes 494

Sieben gegen Theben 500
Silen 501
Sirenen 516
Sisyphos 527

Tantalos 532
Theseus 540
Tityos 562

Allgemeine Bibliographie 567
Quellen 577
Sammelwerke 597
Museen 598
Abkürzungen 599
Bildende Künstler 600
Bildnachweise 606
Register 609
Errata zur «Antiken Mythologie 766

Vorwort

> Et modo Pompeium, modo te, Donate, legebam,
> et modo Virgilium, te modo, Naso loquax.
> In quorum dictis quamquam sint frivola multa,
> plurima sub falso tegmine vera latent.
>
> Bald las ich Pompeius auch, bald dich, Donat,
> und bald Vergil, bald dich, gesprächiger Naso.
> Viel Wertloses ist in deren Worten,
> aber unter nichtiger Hülle verbirgt sich vielerlei Wahrheit.
> Theodulf von Orléans (750/760–821)

Dieses Handbuch ergänzt unseren 1999 erschienenen Band «Antike Mythologie» (künftig abgekürzt mit A. M.), der den Olympischen Göttern und den wichtigsten ihnen verbundenen mythischen Gestalten gewidmet ist (rowohlts enzyklopädie 55600). In diesem zweiten Band kommen sogenannte «niedere» Gottheiten und Helden zur Sprache, soweit sie die Mythographen und bildenden Künstler der Nachantike beschäftigt haben. Der Bildkunst der Gegenwart, will sagen: des 20. Jh.s, gilt nur dann unser Interesse, wenn die Beispiele sich an der bildlichen Tradition messen lassen, gleichgültig ob sie ihr entsprechen oder von ihr abweichen. Eine abstrakte Komposition mit dem Titel «Ikarus» zum Beispiel sagt zwar viel über das Wesen der Kunst der Gegenwart aus, bleibt aber ohne unmittelbare Relevanz / Verbindlichkeit für den Gegenstand, dem unser Interesse gilt.

Die beiden Bände bieten einen umfassenden Überblick über das Nachleben wichtiger Gestalten der antiken griechisch-römischen Mythologie, wie es sich in schriftlichen Quellen und Bilddokumenten darstellt. Insofern verstehen sie sich auch als Erweiterung und Ergänzung von Jean Seznecs «La survivance des dieux antiques» (1940), das seit seinem Erscheinen als Standardwerk gelten darf.

Seznec spricht vom Überleben und setzt bei seinem Leser die «Götter» als bekannt voraus. Bei unserem besonderen Vorhaben wollen wir diese Voraussetzung nicht unbedingt teilen. Darum sind wir entschieden bemüht, dem Leser jeweils zunächst Umriß und Substanz der Gestalt zu vermitteln, welche der Rede vom «Überleben» erst ihren vollen Sinn gibt (Abschnitt **A**).

Wir wollen informieren, nicht nur den Fach-Gelehrten, der sicher noch andere und kürzere Wege zur Weisheit kennt. Darum haben wir uns schließlich leicht einen Benutzer vorstellen können, dem pauschale Hinweise auf eine womöglich entlegene Quelle kaum nützen. So ist es nicht selten zu ausführlichen Zitaten (meist in Übersetzung) oder zumindest zu Zusammenfassungen von Inhalten gekommen, was freilich viel Platz brauchte. Der Wert dieser Arbeit kann indessen nicht an der Anzahl der Stichwörter gemessen werden, wenngleich auch wir manches Wichtige vermissen.

Man hat bemerkt, Gustav Schwab habe mit den «Schönsten Sagen des klassischen Altertums» (1838–1840) ebensoviel über seine eigene Zeit wie über die Zeit der «Alten» erzählt: Das gilt sicher auch für unseren Bericht, der auf eigene Weise dem Weiterleben des Mythos dient. Daß das möglich ist, liegt wesentlich daran, daß zwar die Welt sich verändert, aber nicht der Mensch in seinem Wesen und der Art, sich dem Leben zu stellen und es zu gestalten. Wie das Schicksal der Hecuba den Schauspieler rühren und so den Hamlet zu eigenem Tun bewegen konnte, so begegnen auch wir in den großen Tragödien der Antike immer noch uns selbst. Schon das rechtfertigt dieses Unterfangen. Wir haben uns bei dieser Arbeit als Berichterstatter und Vermittler auch tragen lassen von der Bewunderung für die oft ungemein scharfsinnige Beobachtung von Mensch und Welt und die hinreißende Erzählkunst von Schreibern und Bildnern durch die Jahrhunderte.

Die Gliederung der einzelnen Artikel in vier Abschnitte entspricht der des ersten Bandes. In Abschnitt **A** wird der Mythos, ausschließlich den Quellentexten folgend, referiert, **B** hat die Auslegung des Mythos wiederum in den literarischen Quellen, von der Antike bis in die Gegenwart, zum Gegenstand. **C** und **D** befassen sich mit den Beispielen der bildenden Kunst, wobei **C** die Ikonographie behandelt und **D** einen ausführlichen Katalog der Bildthemen mit dem jeweiligen Quellenbezug liefert. → verweist auf den vorliegenden Band, ⇒ auf A. M.

Auf dem Weg durch Geschichte und Länder wechseln die Protagonisten des Mythos oft nicht nur (mehr oder weniger) ihr Wesen, sondern auch den Namen. So wird aus dem griechischen Ares der römische Mars, aus Hera die Juno, aus Aias der römische Aiax. Dem entspricht, daß wir den Namen grundsätzlich jeweils nach Maßgabe der zitierten Quelle schreiben, in aller Regel griechisch oder lateinisch.

Es versteht sich, daß unsere Arbeit abhängt von verfügbarem Material, publizierten Quellen und Sekundärliteratur sowie in den meisten Fällen auch von zureichenden Reproduktionen der Kunstwerke. Das «Nachleben» der Antike hat (in der Kunstgeschichte) erst in letzter Zeit entschiedenes wissenschaftliches Interesse auf breiterer Grundlage gefunden, wobei wir besonders das Mittelalter, aber auch die Moderne immer noch für ein Desiderat halten.

Unsere Dankadresse gilt diesmal besonders unseren Kollegen Justus Lange, Kassel, und Wolfgang Prohaska, Wien, die mit wichtigen und fruchtbaren Hinweisen und tätiger Hilfe zur Stelle waren, ihnen voran wieder Klaus Fräßle, der die Idee hatte. In Peter Grau, Eichstätt, haben wir einen engagierten Gleichgesinnten getroffen, dem wir für tatkräftigen Beistand und Ansporn danken. Nicht zuletzt aber möchten wir Burghard König, dem Herausgeber der rowohltschen enzyklopädie, für die ersprießliche Zusammenarbeit danken.

Achates → Aeneas

Achelo(i)os, griech., lat. Achelous, etr. Achlae. Der Name A. dürfte ursprünglich das Element des fließenden Wassers bezeichnet haben; in der ältesten Vorstellung ist A. vermutlich der Urstrom. A. ist im Altertum zudem Eigenname verschiedener griechischer Flüsse, auch des längsten und wasserreichsten Flusses Griechenlands (zwischen Aitolien und Akarnanien, der dem heutigen Megdova und dem Unterlauf des Aspropotamo entspricht). In seiner Personifizierung wurde A. als mächtiger Gott verehrt, als gewaltigster Flußgott neben Okeanos, der nur dem ⇒ Zeus weichen muß (Homer, Il. 21,193). Als Flußgott ist A. Sohn des Okeanos und der Thetis (Hesiod, Theog. 337 ff; Lykophron 712; Boccaccio, Gen. 7,19), aber auch andere Elternpaare sind überliefert (s. Macrobius, Sat. 18,3 ff; Boccaccio, Gen. 7,19 ebd.). Durch Melpomene (⇒ Musen; Hygin, Fab., praef. und Fab. 125,13; Myth. Vat. I 186; Myth. Vat. II 101) oder Kalliope (Musen, ebd.; Servius, Aen. 5,864; Gyraldi, Synt. 5, S. 240 B) ist A. Vater der → Sirenen. Platon nennt die Wassernymphen Töchter des A. (Phaid. 263).

A Am bekanntesten ist sein Kampf zwischen A. und ⇒ Herakles (S. 363 ff): A. hatte bei König → Oineus von Kalydon um die Hand von dessen Tochter Deianeira angehalten, die sich jedoch wegen der abstoßenden Erscheinung des Flußgottes nicht überwinden konnte, ihn zu erhören. Auch Herakles warb um Deianeira, so kam es zum Kampf zwischen den Nebenbuhlern. Wie alle Wassergottheiten konnte A. seine Gestalt verändern und sich in Stier, Schlange und einen Menschen mit Stierkopf verwandeln. Als er mit Herakles rang, hatte er schließlich Stiergestalt angenommen. Sein Gegner packte ihn so fest bei den Hörnern, daß eines abbrach. Das abgebrochene Horn schenkte Herakles den Hesperiden («oder Nymphen»), die es mit Früchten füllten und «Füllhorn» nannten («cornu copiae»; Hygin, Fab. 31,7). Nach Ovid (Met. 9,27 ff) kämpft A. mit Herakles zuerst in seiner menschlichen Gestalt. Als ihn der Heros zu Boden gezwungen hat und A. in den Sand des Flußufers beißt, verwandelt sich der Unterlegene blitzschnell in eine Schlange und schließlich, da Herakles auch im Umgang mit Schlangen seit frühester Kindheit geübt ist, in einen Stier, dem Herakles ein Horn abbricht. Nymphen füllen es mit Früchten und duftenden Blumen (ebd. 9,87). Philostrat d. J. (4) sieht, wie der Sieger das Horn sogleich der Deianeira als Hochzeitsgabe reicht.

Die Wunde an seinem Kopf verbirgt A. unter Weidenblättern und einem Kranz aus Schilfrohr (Ovid, Met. 9,99 f). Nach Apollodor (Bibl. 2,7,5) ersetzte A. das fehlende Horn durch eines der Ziege → Amaltheia, das die Eigenschaft hatte, Fleisch und Trunk in endloser Fülle auszuschütten. Der Mythographus Vaticanus I (58), der im übrigen die Geschichte des A. mit der des Alpheus vermischt, berichtet, die Nymphen hätten das abgebrochene Horn der Fortuna (röm. Göttin, Personifizierung des Glücks) zum Geschenk gebracht, die es wiederum ihrer Begleiterin Copia (lat. «Fülle») gegeben habe.

Bei Fulgentius Metaforalis (S. 125 f) beugt sich der Stier nach dem Kampf durstig über das Wasser des Flusses, um zu trinken, und erkennt dabei an seinem Spiegelbild, daß er ein Horn eingebüßt hat. Vor Kummer darüber stürzt er sich in den Fluß und ertränkt sich.

Die nächstbekannte Erzählung handelt von der gastlichen Aufnahme des → Theseus und seiner Gefährten durch A. (Ovid, Met. 8,549 ff). Die von Kreta kommende Schar wird durch die Überschwemmung des Flusses an der Weiterfahrt gehindert. A. lädt sie freundlich in seine Halle aus löchrigem Bimsstein und rauhem Tuff, deren feuchter Boden mit Moos und deren Decke mit Muscheln und Schneckenhäusern bedeckt ist.

B In der Antike verehrte man A. als Spender von Fruchtbarkeit und Feldersegen, da dieser Strom in seinem Mündungsgebiet gewaltige Mengen von Schlamm ablagerte, der dann fruchtbares Akkerland abgab. Der Kult des A. war vor allem in Akarnanien verbreitet. Die magische Fähigkeit des A., seine Gestalt zu wechseln, ist eine Metapher für die amorphe, in ständigem Fluß befindliche Gestalt des (Fluß-)Wassers. Die Neuzeit versteht A. in allegorischer Ausdeutung als Beispiel der Gastfreundschaft (M. Antonius Tritonius, Myth., 1616, S. 23). Das abgebrochene Horn des A., das Herakles als Siegesbeute davonträgt, steht in der Emblematik für die Belohnung für große Mühsal («Mühe ist der Vater des Ruhms»: Reusner, 1591, I, Nr. 18; H./S., Sp. 1650).

C *Erscheinungsbild.* Wie alle mythischen Figuren, die Gewässer personifizieren, ist A., dem Wesen des Wassers angemessen, vielgestaltig. In der griechischen Bildkunst lassen sich drei Haupttypen unterscheiden: 1. der «Mannstier» (Stier mit menschlichem Kopf; Kolonettenkrater, 460/450 v. Chr.; Paris, Louvre, Inv. G 365: A. hier bärtig mit menschlichem Gesicht), 2. A. in Gestalt eines fischleibigen Tritonen (als schlangenartiges Ungeheuer mit menschlichem, jedoch gehörntem Kopf und Oberkörper; Stamnos, 520/510 v. Chr.; London, British Museum, Inv. E 437) und 3. in Kentaurengestalt (→ Kentauren; als Stier mit menschlichem Oberkörper und Armen: schwarzfigurige Hydria, 510/500 v. Chr.; London, British Museum, Inv. B 313). – Die zahlreichen archaischen A.-Masken (mit apotropäischer Bedeutung?) zeigen ihn als halbmenschliches Wesen mit Hörnern, Spitzohren und üppigem Bart (Goldanhänger, um 500 v. Chr.; Berlin-Charlottenburg, Inv. G 10), auch mit stumpfer tierähnlicher Nase (s. den Tritontypus). – Mit grünem Umhang sieht ihn Ovid (Met. 9,32 f).

Der in der Nachantike gängige Typus entspricht der Gestalt der Flußgötter römischer Überlieferung: ein nackter oder nur mit Mantel bekleideter Alter von muskulösem Körperbau, mit zottigem Haupt- und Barthaar und (häufig) einem Schilfkranz im Haar.

Sein Attribut ist das der Flußgötter: eine liegende Urne, aus der meistens Wasser fließt.

D 1. *Der Zweikampf zwischen A. und* ⇒ *Herakles* (Ovid, Met. 9,27 ff) ist das beherrschende Thema des A.-Mythos in der Bildkunst, von den griechischen Vasenbildern (Halsamphora, 520/510 v. Chr.; Berlin-Charlottenburg, Inv. F 1852) bis in die Barockzeit (dem Domenichino zugeschriebenes Gemälde, Gegenstück zu *Hercules und Cacus*; Paris, Louvre, auf dem eine bizarre Flußlandschaft den Schauplatz bildet). – Der jüngere Philostrat beschreibt ein Bild, *Herakles oder Achelous*, auf dem A. in drei seiner Gestalten zu sehen war: als Schlange mit bärtigem Gesicht, als Stier und als Mensch mit Stierkopf und einem Bart, aus dem Ströme von Wasser rinnen (Imag. 4, Ed. Loeb, S. 303 ff). – Auf die Verwundung des A., dem Herakles ein Horn abgebrochen hat, nimmt eine Zeichnung von Nicolas Poussin Bezug (1630er Jahre; Windsor Castle, Royal Library). Eine Nymphe versorgt die Wunde, eine andere reicht das (Füll-)Horn ihrer Gefährtin.

2. *Das Gastmahl des A.* (Ovid, Met., 8,590 ff). A. bewirtet → Theseus und seine Gefährten. Während des Mahls erzählt er die Geschichte seiner einstigen Geliebten Perimela, die, von ihrem Vater verstoßen, sich in den Fluß stürzte und von Okeanos in eine Insel verwandelt wurde, welche die Wasser des A. nun auf ewig umschlungen halten. Diese Episode schildert ein Gemälde von Peter Paul Rubens und Jan Brueghel (1614/15, Jaffé Nr. 286; New York, Metropolitan Museum). Dasselbe Thema behandelt Rubens in einer großfigurigen Komposition (um 1617; Mailand, Privatbesitz). Die Aufmerksamkeit der Gäste gilt nun aber ganz der kulinarischen Darbietung. Auf beiden Bildern sehen wir A. als bärtigen Alten.

Die Wirkung der Erzählung des A. auf seine Gäste (man erkennt Theseus, den betagten Lelex und, vorn, den jungen Peirithoos) interessiert – in für die Zeit typischer Reflexion – Jacob Jordaens auf einer lavierten Zeichnung (frühe 1620er Jahre; Wien, Albertina).

Lit.: Held, Julius S.: Achelous' Banquet. In: The Art Quarterly 4, 1941, S. 122–133. Isler, Hans Peter, in: LIMC 1981, 1,1, S. 12–36; 1,2, S. 19–54, s. v. Acheloos.

Achill, Achilleus, griech., etr. Achle, lat. Achilles. Griechischer Heros, später in Hellas auch als Gott verehrt. Sohn des Königs Peleus von Phtia und der Nereide Thetis. Vetter des → Aias I, über seinen Vater Enkel des Zeus-Sohnes Aiakos. Zu einem Sohn mit → Helene s. u.

Der Name bedeutet vielleicht soviel wie «Schlangensohn» (die Schlange war eine Verwandlungsform der Thetis). Apollodor (Bibl. 3,13,6) deutet den Namen im Sinn von «ohne Lippe» (χεῖλη, cheíle = Lippe), weil das Kind nie an der Mutterbrust gelegen habe (s. u.; zu anderen Ableitungen vgl. Hederich, Sp. 32). Der Name gilt als vorgriechisch und bezeichnet möglicherweise eine alte Wassergottheit (vgl. → Achelo[i]os, Acheron; s. auch seinen Schwertkampf im Wasser des Xanthos, Il. 21,17 ff), worauf auch die Mutter Thetis als Nereide hinweisen könnte (Kl. Pauly, Bd. 1, Sp. 46).

A Das kurze Leben des A. ist reich an Ereignissen. Er ist der Hauptheld der «Ilias». Seine Kindheits- und Jugendgeschichte ist für Homer kein Gegenstand. Die Sage von der besonderen Fürsorge der Thetis für den Säugling, ihn unsterblich zu machen, wie sie selbst es war, ist in zwei Versionen erhalten. Nach der vermutlich älteren und vielleicht schon Homer bekannten (vgl. zu Thetis: Il. 1,357 ff, 18,35 ff, 24,83 ff, zu Peleus: 18,334 ff) will Thetis den A. von dem sterblichen Erbe seines Vaters reinigen. Sie reibt ihn tags mit Ambrosia ein und legt ihn nachts in das Feuer oder die noch glimmende Asche. Als Peleus sie dabei beobachtet und das Kind sich in den Flammen winden sieht, schreit er entsetzt auf. Da wirft sie das Kind auf den Boden (oder läßt es fallen) und kehrt verärgert in das Meer zurück (Apollonios Rhodios 4,869 ff; Apollodor, Bibl. 3,13,6). Nach dem Bericht anderer zu urteilen, hat Peleus so seinem Sohn das Leben gerettet: Sechs Brüder des A. waren zuvor schon in den Flammen umgekommen (Lykophron 178 f).

Es heißt dann weiter, daß einzig die Fußknöchel (das Sprunggelenk!) des Kindes schon verbrannt waren. Peleus habe sie durch die Knochen, die er dem Skelett des Damysos, des schnellfüßigsten aller → Giganten, entnommen hatte, ersetzt. Mit Hilfe von Drogen verbanden sie sich vollkommen mit dem Körper des A. Nach Ptolemaios Hephaistionos (Photios, Cod. 190,

151b, Bd. 3, S. 67) hat das alles → Chiron bewerkstelligt (vgl. auch Schol. zu Homer, Il. 16,37; Schol. zu Aristophanes, Wolken 1068; Schol. zu Apollonios Rhodios 4,816). In diesen Zusammenhang gehört die Nachricht bei Natale Conti, Thetis habe die Kinder in ein Becken kochenden Wassers getan, um ihre göttliche Natur zu prüfen (Myth. 9,12; Bl. 281ʳ).

Die andere, bekanntere Version der Geschichte wird uns erst viel später, zuerst von Statius (vgl. Achill. 1,269 f), berichtet. Thetis habe das Kind, um es unsterblich zu machen, in die Wasser des Unterweltflusses Styx gehalten. Nur die Ferse des Fußes, an dem sie es hielt, blieb dabei verwundbar (Servius, Aen. 6,57; vgl. Fulgentius, Myth. 3,7 [Helm, S. 71]; Myth. Vat. III 11,24; Boccaccio, Gen. 12,52; vgl. Hygin, Fab. 107,1). Zwar kann man nicht ausschließen, daß auch die ältere Version von der schwachen Stelle des A., der «A.-Ferse», redet, aber es spricht vieles dafür, daß sie ursprünglich die nicht nur von Homer immer wieder betonte Leichtfüßigkeit des Helden erklärt, welchen Gedanken Ptolemaios Hephaistionos weiter ausführt (Photios, Cod. 190, 151b, Bd. 3, p. 67). Demnach habe das Sprunggelenk einzig der Verfolgung durch → Apoll nicht standgehalten, A. sei zu Boden gefallen und getötet worden. Sodann: Der Beiname des A. «Podarkes» (der Leichtfüßige) besage, daß er an den Füßen die Flügel der Arkes, einer Tochter des Thaumas und Schwester der ⇒ Iris, getragen habe, was Thetis bei der Geburt des Kindes so eingerichtet habe. Sie hatte die Flügel als Hochzeitsgeschenk von ⇒ Zeus erhalten (ebd., Photios, S. 67 f).

Nach der älteren Version der Sage bringt Peleus (Apollodor, Bibl. 3,13,6; nach Statius, Achill. 1,104 ff: Thetis) den Knaben nun auf den Berg Pelios zu dem weisen → Kentauren → Chiron (vgl. Hesiod, Ehoien 68,100 ff). Das Kind soll damals noch Ligyron geheißen haben. Erst Chiron habe es nach dem Namen seines eigenen Lehrers «A.» genannt und es in seine erzieherische Obhut genommen (Ptolemaios Hephaistionos, Photios, Cod. 190, 152a, Bd. 3, S. 68). Zu essen gibt es Innereien vom Löwen und Wildschwein, das Knochenmark von Bären (Apollodor, Bibl. 3,13,6). Nach Statius (Achill. 2,99 f) nährt er den Knaben mit Fleisch und Knochenmark von Löwen, nach Philostrat (Imag. 2,2,2) reicht er ihm Milch, Knochenmark und Honig (ebd. 2,2,3), duftende Äpfel und Honigwaben. Chiron lehrt ihn auch das Reiten, das Jagen (einen Speer soll er ihm geschmiedet haben, Quintus Smyrnaeus 1,593), Gesang und Musizieren (Statius, Achill. 1,116 ff u. 572 ff: Lyra / Kithara und Gesang; → Chiron), auch die Heilkunde lehrt er ihn, die A. später an Diomedes ausübt (Il. 11,829 ff). Schließlich kehrte A. nach Phtia an den Hof des Vaters zurück. Dort traf er auf den greisen Phoinix, der ihn in der Rede- und Kriegskunst unterweist (Il. 9,38 ff), und den um einige Jahre älteren Patroklos, der ihm zum geliebten Freund und Gefährten wird. Als die Griechen sich zum Krieg gegen Troia rüsten (⇒ Paris), suchen → Odysseus und Nestor den A. in Phtia auf und werben ihn für die Teilnahme am Feldzug (Il. 11,767 ff).

Andere berichten über die Ereignisse vor dem Aufbruch in den Krieg anderes. Als A. neun Jahre alt war, erklärte Kalchas, der Seher auf Seiten der Griechen, daß Troia nicht ohne A. erobert werden könne. Thetis sah voraus, daß die Teilnahme am Krieg für ihren Sohn den Tod bedeuten werde (Apollodor, Bibl. 3,13,8). So entführte sie (Statius, Achill. 1,228 ff) den schlafenden Knaben aus der Höhle des Chiron und brachte ihn mit Hilfe von zwei Delphinen (ebd. 222) nach Skyros an den Hof des Königs Lykomedes. Sie hatte ihn als Mädchen verkleidet. So wuchs er gemeinsam mit den Töchtern des Königs auf. Seine Verkleidung hinderte ihn nicht, mit dem ältesten der Mädchen, Deidameia, einen Sohn zu zeugen, Pyrrhos, der später Neoptolemos hieß (Bion, 2,5 ff; Philostrat d. J., Imag. 1; Schol. zu Homer, Il. 9,668; Hygin, Fab. 96; Statius, ebd.; Apollodor, Bibl. 3,13,8; Ptolemaios Hephaistionos, Photios, Cod. 190, 148b, Bd. 3, S. 57, nennt noch einen Sohn Oneiros von Deidameia). Das Versteck des A. blieb den Griechen nicht lange verborgen.

Veranlaßt durch die Weissagung des Kalchas, sandten sie den listigen → Odysseus aus, ihn zu suchen. In feiner Einschätzung der Lage verkleidet der sich als Kaufmann, läßt Kisten mit Dingen, die Mädchen begeistern, heranschaffen, darunter aber, wie beiläufig, auch Bogen und Köcher. Sofort greift A. danach und entlarvt sich damit selbst. Dieses ist die übliche Geschichte (Philostrat d. J., Imag. 1; Scholie zu Homer, Il. 19,326; Ovid, Met. 13,162 ff). Statius (Achill. 1,858 ff, spez. 875 ff) berichtet, A. sei mit der Betrachtung der Waffen beschäftigt gewesen, als Odysseus ein Trompetensignal geben und mit Waffen rasseln ließ. Da habe A. die Mädchenkleider abgeworfen und nach Speer und Schild gegriffen. Apollodor (Bibl. 3,13,8) erwähnt nur den Trompetenstoß. Jedenfalls kann Odysseus den A. nun überreden, mit in den Krieg zu ziehen (Odysseus wird dieses Werk seines Scharfsinns [«ingenium»] dem Herausforderer → Aias [I] vorhalten [Ovid, Met. 13,304 f]). Damit endet die Kindheitsgeschichte des A.

Als Hauptheld der Griechen steht A. unter dem Schutz von ⇒ Hera und ⇒ Athene. ⇒ Zeus, ⇒ Hephaistos, auch ⇒ Poseidon (vgl. Il. 21,284) stehen ihm bei, ⇒ Apoll dagegen verfolgt ihn. Natürlich ist A. der ständigen Fürsorge der Thetis sicher. Sie versorgt ihn nicht nur mit dem Besten an Waffen und Wehr, sie versieht ihn auch, ganz Mutter, mit Gewändern und warmen Sachen, Mänteln gegen den Wind und wollenen Decken (Il. 16,22 ff). Peleus gibt ihm seinen berühmten eschenen Speer, der so schwer ist, daß A. als einziger im griechischen Lager ihn handhaben kann (Homer, Il. 16,140–144; 19,387–391; 22,133 f). Dazu bekommt er die beiden unsterblichen Pferde, Balios und Xanthos (Kinder der → Harpyie Podarge von Zephir), ein Geschenk des Poseidon an Peleus (Il. 16,148 ff; 23,276 ff). Peleus gelobt, bei glücklicher Rückkehr des Sohnes dem Spercheios das Haar des Sohnes zu weihen (Il. 23,144 ff). Nach Ptolemaios Hephastionos (Photios, Cod. 190, 147a, Bd. 3, S. 53) gibt er dem Sohn einen Betreuer mit, Noémon, einen Karthager. Die Ereignisse zwischen dem Aufbruch in den Krieg und dem Beginn der «Ilias» (neun Jahre) waren Gegenstand der «Kyprien». Manches davon wird im Rückblick auch bei Homer berichtet.

A. bricht mit 50 Schiffen (Apollodor, Epit. 3,14) in Begleitung von Phoinix und Patroklos auf (ders., Bibl. 3,13,8). Im Alter von 15 Jahren ist er Oberbefehlshaber der griechischen Flotte (von 1013 Schiffen; Apollodor, Epit. 3,16). Bei Dictys Cretensis (1,16) heißt es, er habe sich den Oberbefehl mit Aiax und Phoenix geteilt. Das ganze Heer steht unter dem Befehl des → Agamemnon (Apollodor, ebd.). Die Landtruppen seien unter dem Befehl von → Palamedes, Diomedes und → Odysseus gewesen (Dictys Cretensis, ebd.).

In Unkenntnis des rechten Kurses fallen die Griechen über Mysien (Teuthranien, dem späteren Pergamon) her, das sie irrtümlich für Troia halten (Apollodor, Epit. 3,17). Hier verwundet A. mit seinem Speer oder der Lanze den König Telephos, Schwiegersohn des Priamos (vgl. Proklos, Chrest. 1, H. G. Evelyn-White, Hesiod 1977, S. 492 f). Bald danach zerstreut ein Sturm die Flotte. A. geht in Skyros an Land und heiratet die Deidameia. Nach Homer (Il. 9,667 f) erobert er Skyros. Schließlich kehren alle heim nach Griechenland. Nach acht Jahren erst versammelt man sich wieder, in Aulis. Wohl damals soll Odysseus dem A. die ⇒ Iphigenie als Braut zugeführt haben (Nonnos 13,105 ff).

Telephos, der immer noch an seiner Wunde leidet, hat inzwischen von Apoll erfahren (Apollodor, Epit. 3,20; Dictys Cretensis 2,10), daß nur der Verursacher seines Leidens ihn heilen könne. So bittet der Mann den A. um Hilfe und bietet an, die Griechen nach Troia zu führen, wenn man ihn dafür heile (vgl. Proklos, ebd., S. 492; Apollodor, ebd.). Anderseits erfahren die Griechen, sie würden Troia nicht ohne Telephos erobern können. Hygin

(Fab. 101), der ausdrücklich erwähnt, daß die verletzende Waffe von Chiron (der ja den A. die Heilkunst gelehrt hat) stamme, berichtet, A. habe erklärt, er verstehe nichts von Medizin (vgl. Il. 11,829, wo er Diomedes behandelt), und erst Odysseus wußte das Orakel zu lesen: Urheber der Verletzung sei nicht A., sondern dessen Waffe. So behandelt A. die Wunde erfolgreich mit einem Abrieb («rasissent») von seiner Lanze. Plinius (Nat. 25,5) wird sagen, die Heilung sei durch eine Pflanze geschehen, die man «Achillea» (= Schafgarbe) nenne. Das wird eine Konjektur sein mit der Nachricht (Il. 11,828 ff), wonach Patroklos die Wurzel eines Krauts zerrieb und damit zum Schmerzstillen die Wunde des Eurypylos behandelte. Das Verfahren stamme von Chiron, und A. habe es den Freund gelehrt.

Auf dem Weg nach Troia geht man zunächst in Tenedos an Land. Es scheint Spannungen zwischen A. und Agamemnon zu geben. Die «Kyprien» berichten, A. habe sich «auch hier» mit Agamemnon gestritten, weil er zu spät zu einem Gelage geladen wurde (vgl. Proklos, Chrest. 1, H. G. Evelyn-White, Hesiod 1977, S. 494 f). A. tötet den Herrscher von Tenedos, Tenes, Sohn des Kyknos oder des Apollon. Er tut das entgegen der Warnung der Thetis, er selbst werde von der Hand des Apollon sterben, wenn er den Tenes töte (Apollodor, Epit. 3,26). Danach erreichen die Griechen Troia. Thetis (ebd. 3,29 f) mahnt A., nicht als erster an Land zu gehen, da dies seinen Tod bedeuten würde. Der erste an Land ist dann Protesilaos. Er fällt nach blutigem Kampf von der Hand → Hektors («Kyprien», ebd.; Apollodor, Epit. 3,29). Jetzt landet A. mit den Myrmidonen und tötet den unverwundbaren Kyknos mit einem Stein gegen den Kopf. Ovid dagegen berichtet, er habe ihn mit seinem eigenen Helmriemen erdrosselt (Met. 12,70 ff). Die Griechen springen von ihren Schiffen, und viele Kämpfer müssen ihr Leben lassen. Troia wird nun belagert. A. lauert dem Troilus, Sohn des Priamos, auf und macht ihn im Heiligtum des Thymbräischen Apollon nieder (Apollodor, Epit. 3,32; vgl. «Kyprien», Proklos, Chrest. 1, H. G. Evelyn-White, Hesiod 1977, S. 494 f). Als die Troer sich weigern, Helene und den Schatz herauszugeben, verwüsten die Griechen das Umland («Kyprien», ebd.). A. tut sich weiterhin hervor. Apollodor (Epit. 3,32) berichtet, er habe den Lykaon, Sohn des Priamos, gefangen, dessen weiteres Schicksal und seinen baldigen Tod durch A. Homer berichtet (Il. 21,34 ff; 23,746 ff). A. erobert zahlreiche Städte, darunter die «Hundert Städte» und Lyrnessos (vgl. Apollodor, Epit. 3,33). Die «Kyprien» erwähnt kurz, daß A. jetzt die Briseis als Beute fortführt, Agamemnon die Chryseis (Proklos, Chrest. 1; H. G. Evelyn-White, Hesiod 1977, S. 494 f). Nach Homer, der sich hierzu ausführlicher äußert, geschieht das in Lyrnessos (Il. 2,688 ff; 19,60; 19,291 ff; 20,92; 20,191 ff; Dictys Cretensis 2,17). Die «Kyprien» scheinen einen etwas anderen zeitlichen Ablauf der Ereignisse berichtet zu haben. Proklos (ebd.) referiert, daß die Griechen nach einer ersten Verwüstung von Land und Städten um Troia heimkehren wollten, doch seien sie von A. zurückgehalten worden. Das scheint eine beachtliche Autorität des A. in dieser Phase des Krieges zu beweisen. Schließlich wird vom Tod des Palamedes und von einem Plan des Zeus berichtet, den A. aus dem griechischen Bündnis zu lösen («Kyprien», Proklos, Chrest. 1, H. G. Evelyn-White, Hesiod 1977, S. 494 f). Neun Jahre sind inzwischen vergangen, und die Troer haben zahlreiche Verbündete gewonnen. Nun beginnt der Bericht der «Ilias».

A. kündigt aus Groll und Zorn über die Demütigung, die er durch Agamemnon erfährt, als dieser ihm die Briseis, eine Kriegsbeute, fortnimmt, seine weitere Teilnahme am Feldzug auf. Agamemnon (Il. 9,165 ff) schickt eine Gesandtschaft aus Phoinix, dem Großen Aias und Odysseus (sowie zwei Herolden), ihn durch Geschenke und das Versprechen, ihm die Briseis zurückzugeben, umzustimmen. Der Versuch scheitert: A. beharrt auf seiner Verärgerung und rät sogar zur Heimkehr (Il. 9,417 ff). Bei dieser Gelegenheit wägt er sein Schicksal ab (Il. 9,410 ff), das nach dem Spruch der Mutter ihm gleichsam die Wahl läßt zwischen einem baldigen Tod, der ihm bleibenden Ruhm eintragen würde, und dem Überleben mit einem ruhmlosen Tod in Vergessenheit nach langem Leben. Schließlich wird er sogar seine Rüstung dem Patroklos geben, als dieser ihn darum bittet (Il. 16,64).

Erst als Patroklos im Kampf durch die Hand Hektors gefallen ist, stößt rachsüchtiger Zorn A. zurück in den Krieg (Il. 18,114 ff). Sein Haar, das Vater Peleus dem Spercheios geweiht hatte für die glückliche Heimkehr des Sohnes, legt er dem toten Freund auf dem Scheiterhaufen in die Hände (Il. 23,144–153; am Spercheios sollen die Freunde einst den Paris überwunden haben, referiert Plutarch, Thes. 34,3). Mutter Thetis besorgt ihm eine neue Rüstung von der Hand des ⇒ Hephaistos (Il. 18,146 ff) und bringt sie ihm (Il. 18,616 f u. Il. 19,3). Er tötet viele Troer, kämpft mit dem Flußgott Skamandros, kämpft (Il. 21,17 ff), das Schwert in der Hand, in den Wassern des Xanthos, fängt dabei zwölf troische Jünglinge, läßt sie am Leben und gefesselt zu den Schiffen bringen. Auch zum Zweikampf mit Aineias / → Aeneas tritt er an. Dessen Speer prallt wirkungslos an seinem Schild ab. Schließlich kommt es zum Zweikampf mit Hektor, der sich die Rüstung des getöteten Patroklos angelegt hat (Il. 18,130 ff, 18,451). Hektor stirbt durch einen Speerstich. A. läßt Patroklos bestatten und veranstaltet zu seinen Ehren Leichenspiele (Il. 23,6 ff; vgl. Dictys Cretensis 17–19).

Der «Roman de Troie» wird mit seiner Sympathie für die Troer behaupten, A. habe den Hektor mit der Lanze (heimtückisch) von hinten (!) durchbohrt (vgl. auch Christine de Pizan 19).

Um den Tod seines Freundes zu rächen, bindet A. den Leichnam Hektors an einen Wagen und schleift ihn zu den Schiffen der Griechen. Es wird auch berichtet, er habe ihn zuvor um die Mauern Troias geschleift (Ovid, Met. 12,591; Hygin, Fab. 106; vgl. auch Dictys Cretensis 15). Homer beschreibt, wie er den unverweslichen Leichnam um das Grab des Patroklos schleift (Il. 24,411 ff). Nicht ohne Feilschen gibt A. den Leichnam erst heraus, als der greise Priamos ihn persönlich darum bittet (Il. 24,477–694; ausführlich auch Dictys Cretensis 3,21–27; vgl. Hygin, Fab. 106; Servius, Aen. 1,487). Bei Dares Phrygius (24 f) kommt Hektors Leib gar nicht erst unter die Botmäßigkeit des A.

Die nun folgenden Ereignisse sind fast ausschließlich aus nachhomerischer Zeit überliefert. Sie waren jedenfalls Gegenstand des «Epischen Zyklus». Für einige Episoden gibt es eine beachtliche Vielfalt an Varianten. Die Amazonenkönigin Penthesileia (→ Amazonen) kommt mit ihrem Heer den Troern zu Hilfe. A. tötet sie im Kampf, verliebt sich aber dann in die Tote oder Sterbende (z. B. Servius, Aen. 1,491). Als Thersites ihn ob dieser Liebe verspottet, vielleicht der Sterbenden gar in das Auge sticht, tötet er auch diesen (Apollodor, Epit. 5,1; Lykophron 999 ff; Quintus Smyrnaeus 1,722 ff). Im griechischen Lager entbrennt ein Streit über die Gewalttat an Thersites, und A. segelt nach Lesbos, wo er Apollon, ⇒ Artemis und ⇒ Leto opfert, Odysseus reinigt ihn von der Blutschuld (Aithiopis, in: Proklos, Chrest. 2, H. G. Evelyn-White, Hesiod 1977, S. 506; Quintus Smyrnaeus 1,18 f; 227 ff; 538 ff; Tzetzes, Posthom. 6 ff; 100 ff; 136 ff; ders., Schol. zu Lykophron 999). Nach Ptolemaios Hephaistionos unterlag A. der Amazone im Kampf, wurde auf Wunsch der Thetis wiederbelebt, tötete das Mädchen und kehrte zurück in den Hades (Photios, Cod. 190, 151b, Bd. 3, S. 67).

Auch der Äthioperfürst Memnon kommt den Troern mit einem großen Heer zu Hilfe. Nachdem er Antilochos erschlagen hat, wird er selbst von A. getötet (Proklos ebd.; Apollodor, Epit. 5,3; vgl. Quintus Smyrnaeus 2,100 ff; 235 ff; 452 ff; Dictys Cretensis 4,6). A. verfolgt die Troer in die Stadt und findet den Tod. Über sein Ende gibt es verschiedene Geschichten. Sicher ist für die meisten, daß ihn ein Pfeil in die Ferse traf und tötete.

Nach der «Ilias» (21,277 ff) ist es Apollons Pfeil (so auch: Sophokles, Phil. 3,34 ff; Platon, Rep. 383 a–b; Horaz, Carm. 4,6,1 ff). Dares Phrygius (34) und Dictys Cretensis (4,11) nehmen die «Ferse» (wie auch den «Zorn») des A. offenbar nicht zur Kenntnis.

In der «Ilias» (22,359 ff) sagt der sterbende Hektor dem A. den Tod am Skäischen Tor durch Apollon und ⇒ Paris voraus (vgl. Il. 9,404 ff; 24,81). Nach einigen Autoren lenkt Apollon den Pfeil des Paris (Apollodor, Epit. 5,2; Vergil, Aen. 6,56 ff; Ovid, Met. 12,597 ff). Bei Hygin (Fab. 107) tritt Apollon in Gestalt des Paris auf. Nach Euripides (Androm. 655; ders., Hec. 387 ff) und Plutarch (Quaest. conviv. 9,13,2) ist allein Paris der Schütze (Ptolemaios Hephaistionos behauptet übrigens, Helenos habe [zuvor] den A. an der Hand verwundet, mit einem silbernen Bogen, den er vom verliebten Apoll hatte: Photios, Cod. 190, 151b, Bd. 3, S. 67). Von Odysseus gedeckt, wird Aias den toten Helden aus dem Kampfgetümmel zu den Schiffen tragen (Homer, Od. 24,36 ff; vgl. Aithiopis, Proklos, Chrest. 2, H. G. Evelyn-White, Hesiod 1977, S. 508 f; Apollodor, Epit. 5,4; Quintus Smyrnaeus 3,217 ff).

Eine ganz andere Überlieferung erzählt, A. habe sich in Polyxena, die Schwester Hektors, verliebt. Es heißt, Priamos habe ihm die Tochter zur Ehe versprochen, vorausgesetzt, die Belagerung der Stadt werde aufgehoben. A. habe gefunden, die Entführung einer Ehefrau (Helene) rechtfertige weder Krieg und Tod, noch Mühsal und Gefährdung der Freiheit (Dares Phrygius 27). In diesem Sinn verweigert A. jetzt seinen Dienst, weil Palamedes, zum Ärger A.s, den Agamemnon als Feldherr abgelöst hat, den Krieg unbeirrt weiterführt (ebd. 28). Auf Veranlassung der Hecuba sei A. allein und unbewaffnet zum Tempel des Thymbräischen Apoll gegangen und dort heimtückisch getötet worden. Deiphobos habe ihn heuchlerisch umarmt, Paris ihn mit dem Schwert erstochen (Dictys Cretensis 4,10–11). Bei Dares Phrygius (34) gerät A. in Begleitung des Antilochus in den Hinterhalt. Es sei zum Schwertkampf gekommen, in dem Alexander A. und seinen Begleiter wohl in Stücke hieb (ebd.).

Der Vatikanische Mythograph II (205) berichtet, Polyxena habe auf einem Turm gestanden und Schmuck als Lösung für den Leichnam Hektors hinuntergeworfen, als A. zum Apollotempel kam, um einen Friedens- und Ehevertrag abzuschließen. Da habe Apollon, hinter seinem eigenen Kultbild versteckt, den Bogen gehalten, Paris den tödlichen Pfeil auf die einzig verletzbare Stelle des A. gelenkt (vgl. Servius, Aen. 6,57; Lactantius Placidus, ebd.; vgl. «Ovide moralisé en prose» 12,20: Hier findet sich auch der Hinweis auf den «Roman de Troie», der Dares folgt). Der Sterbende bittet seine Freunde Odysseus, Aias und Diomedes, die ihn des Verrats verdächtigten, Polyxena auf seinem Grab zu opfern (Dictys Cretensis 4,10 ff; Servius, Aen. 3,322; Myth. Vat. II 205; weitere Quellen zum Komplex: Philostrat, Her. 20,16 f; Hygin, Fab. 110; Lactantius Placidus zu Statius, Achill. 1,134; Myth. Vat. I 36; Tzetzes, Posthom. 385 ff). – A. hat übrigens im Kampf 72 Troer getötet (Hygin, Fab. 114).

Man bestattet den Antilochos und errichtet einen Scheiterhaufen für A. In Begleitung der ⇒ Musen und ihrer Schwestern kommt Thetis, den darauf aufgebahrten Sohn zu beklagen. Dann nimmt sie ihn und entrückt ihn auf die ferne Insel Leuke, die Weiße Insel. Die Griechen aber errichten dem A. einen Grabhügel und veranstalten zu seinen Ehren Wettkämpfe. Zwischen Odysseus und Aias (I) entbrennt ein Streit um Waffen und Rüstung des A., die schließlich dem Odysseus zugesprochen werden. So steht es in der «Aithiopis» (Proklos, Chrest. 2, H. G. Evelyn-White, Hesiod 1977, S. 508 f). Ausführlicher berichtet Homer (Od. 24,43 ff; vgl. Quintus Smyrnaeus 3,525 ff; Tzetzes, Posthom. 431 ff; Dictys Cretensis 4,13 und 15). Homer erzählt auch (ebd.), daß man die Gebeine des A. mit denen des Patroklos vermischt habe. Damit erfüllte man einen Wunsch des sterbenden Patroklos (vgl. Il. 22,82 ff). Die Gebeine werden in einer goldenen Urne, einem Werk des Hephaistos, das Thetis von ⇒ Dionysos erhalten hat, aufbewahrt. Nach Tzetzes und Quintus Smyrnaeus (ebd.) setzt man die Urne auf dem Vorgebirge von Sigeum bei, nach Apollodor (Epit. 5,5) gechieht das auf Leuke. Quintus Smyrnaeus (ebd. 3,766 ff) erzählt, wie Poseidon seine Tochter Thetis tröstet. A. sei nicht tot. Er, Poseidon, selbst werde ihm eine heilige Insel im Euxenischen Meer (Schwarzen Meer) geben, wo er für alle Zeiten ein Gott sein werde, verehrt von den Stämmen ringsum. Nach Pausanias (3,13,11 ff) ist Leuke eine bewaldete Insel nahe der Donaumündung. Darauf habe sich ein Tempel des A. mit einem Kultbild befunden. Pausanias erzählt, ein Feldherr, vom Delphischen Orakel geleitet, habe, als er auf Leuke Heilung einer Wunde suchte, dort den A., verheiratet mit Helene und in Gesellschaft von Patroklos, Antilochos und der beiden Aias in ewiger Seligkeit angetroffen (vgl. Philostrat, Her. 20,32 ff). Von Helene soll er übrigens auch den Sohn Euphorion haben. Der Knabe war geflügelt und weckte das Interesse des Zeus (vgl. Ptolemaios Hephaistionos zu A. «Podarkes»: Photios, Cod. 190, 151b, Bd. 3, S. 67 f). Von Apollonios Rhodios (4,810 ff) und Apollodor (Epit. 5,5) hören wir, A. habe in den Gefilden der Seligen mit der Medea gelebt (vgl. Schol. zu Lykrophron 174). Homer sieht A. in den Hades (die Unterwelt) versetzt. Dort begegnet ihm, sowie auch Patroklos, Antilochos und Aias, Odysseus bei einem Totenopfer am Gestade der nächtlichen Kimmerer. Odysseus spricht ihn an und tröstet ihn und preist ihn glücklich als einen, der nun als Herr über die Toten Ehren erfahre wie schon unter den Lebenden. A. antwortet: «Tröste mich nicht, Odysseus ..., über den Tod weg,/ Lieber wollt ich als Tagelöhner den Acker bestellen/bei einem armen Mann ... / Als über alle die Toten ... herrschen» (Od. 11,488 ff). Die Seelen der Freier treffen im Hades den A. im Gespräch mit Agamemnon (Od. 24,15 ff).

Gleichgültig, wo A. nach seinem Tode weilte, sein Geist ist den Lebenden gegenwärtig. Er erscheint seinem Sohn Neoptolemos, als dieser, von Odysseus aus Skyros geholt, von ihm die Waffen des Vaters empfangen hat («Kleine Ilias»; H. G. Evelyn-White, Hesiod, 1977, Frg. 1, S. 510). Als die Griechen zur Heimreise rüsten, meldet sich A. aus dem Grab und fordert seinen Beuteanteil. Dem entspricht man mit dem Opfer der Polyxena auf seinem Grab (Euripides, Troad.; Hygin, Fab. 110: vgl. auch Ovid, Met. 13,439 ff; vgl. hierzu auch Ausonius, Epitaph 26: «Polyxenae»). Ein andermal erscheint sein Geist dem Agamemnon und seinen Gefährten auf der Heimfahrt (Nostoi, nach Agias von Troizen, Proklos, Chrest., H. G. Evelyn-White, Hesiod 1977, S. 526).

B Nach der Ilias ist A., wie alle Griechen vor Troia, blond (z. B. 1,197; 23,141; vgl. Hygin, Fab. 96: «Pyrrha» = die Blonde; A. als Mädchen verkleidet). Er ist sehr schön (vgl. Hygin, Fab. 270). Er ist groß, stark (z. B. Il. 23,217 ff; neun Ellen hoch [εινάπηχυν, einápechyn]: Lykophron 860; «riesig» meint wohl Petrarca, Africa 4,37: «insanus iuvenis»), schnell (z. B. Il. 19,419, 23,219 und 249; Homer nennt ihn gern «podarkes», den Schnellfüßigen), und er ist kampflustig: «er sehnte sich immer nach Kampf und nach Schlachtenlärm» (Il. 1,492). Seine Stimme ist furchterregend (z. B. Il. 23,217 ff), sein Auge blitzt im Zorn, der sein beherrschender Wesenszug ist. Dictys Cretensis (1,14) sagt, der Jüngling sei hochgewachsen und habe ein schönes Antlitz («decora facie»), auch sei er schon als Jüngling in der Kriegskunst, an Tugend und Ruhm allen anderen überlegen. Dares Phrygius (13), der als Parteigänger der Troer den A. sehr kritisch sieht, wird genau hinsehen: Breitbrüstig ist A., hat einen schönen Mund, starke und große Glieder, «bene crispatus» (hat er Kraushaar?) sei er, von milder Wesensart, doch heftig mit der Waffe, sein Gesicht ist heiter, sein volles Haar erinnert Dares auf irgendeine Weise an die (der Aphrodite heilige, weißblühende, duftende) Myrte («capillo myrteo»).

Spontan und unkontrolliert in seinen guten wie schlechten Eigenschaften, kann A. so erbarmungslos und roh (Il. 21,214 ff) wie weichherzig und großzügig sein. Er ist maßlos in seiner Liebe wie in seinem Zorn. Dem Patroklos ist er ebenso zugetan wie vor allem den Frauen (Briseis, Diomede, Penthesileia, Polyxena). Thersites (der häßliche!) höhnt ihn «verrückt nach Frauen» (γυναιμανὲς, gynaimanès: Quintus Smyrnaeus 1,726 und 735).

Klugheit und Weisheit werden ihm gemeinhin nicht nachgesagt: Nach Dion von Prusa (1./2. Jh. n. Chr.; s. Photios, Cod. 209, 167b, Bd. 3, S. 113) lehrte Chiron ihn, den Krieg mit Klugheit und Umsicht statt mit Kühnheit und der Kraft seiner Arme zu führen, welchen Rat er aber später nicht beherzigt habe. List und Erfindungsreichtum sagt man ihm auch nicht nach: Er ist in vielem das Gegenteil von → Odysseus, mit dem er über einen wohl wichtigen Gegenstand sogar einen für den Krieg entscheidenden Streit hat (Homer, Od. 8,72–82; vgl. Ovid, Met. 13,350 ff: Ulixes vergleicht sich mit Aiax).

Auffällig – treu seiner Erziehung! – die musische Seite des A., der sich eine prächtige Lyra zur Beute nimmt und sie spielt und dazu die Ruhmestaten der Männer besingt (Homer, Il. 9,185 ff).

Vorzüglich hat man in A. in Antike und Neuzeit das Ideal eines Helden gesehen. Zum Leitbild des Fürsten im Geist der «Paideia», der Vorstellung von einer vollkommenen Ausbildung leiblicher und geistiger Fähigkeiten, wird er für Julian Apostata in seinem restaurativen Widerspruch gegen das etablierte Christentum des 4. Jh.s. Auch Julians Bekenntnis, es sei besser, über kurze Zeit Gutes als für lange Zeit Schlechtes zu tun (Brief an seinen Arzt Oribasios, 385 D; W. C. Wright, Bd. 3, 1980, Brief 4, S. 12 f), mag das Schicksal des A. im Sinn haben (vgl. ebd. Brief 17, ebd. S. 55 f).

Schon in der Antike steht das Epitheton «A.» für einen schönen und starken Jüngling (Plautus, Miles 10,57; Vergil, Aen. 6,89; Valerius Maximus 12,221). Vergil nennt ihn «hart» (Aen. 1,30), «wild» (3,87) und einen «gewaltigen Kämpfer» (6,839). Vom «wilden» («fero») A. spricht Petrarca (Canz. 187,2), auch vom «großen» («alto») A. (Canz. 360,91) und «außerordentlichen (‹insignis›)»: «Große Männer wie große Berge können sich nicht verstecken» («non possunt viri insignes ut excelsi montes occultari»), sagt er und meint A. und Odysseus, die beide vergeblich sich dem Ruf nach Troia hatten versagen wollen, der eine durch vorgetäuschten Wahnsinn, der andere – nach dem Willen der Mutter – durch Verkleidung auf Skyros (ders., Fam. 13,4,11).

Den Außerordentlichen schmückt der Ruhm («fama»), den andere ihm singen (ders., «Triumph des Ruhms», 2,8 ff; vgl. ders., «Africa», 4,40 ff; Alexander Macedo am Grabe A.s: Plutarch, Alex. 15); aber der Preis des Ruhms (für den Krieger) ist vorzeitiger Tod (Petrarca, Fam. 4,3,13). Goethe (der auch gut den Dictys Cretensis kennt) wird in seiner «Achilleis» (1808 ff) Antilochus-Athena sagen lassen: «Alle Völker verehren deine treffende Wahl des kurzen rühmlichen Lebens» (vgl. Il. 9,410 ff).

Ein Emblem des Antonius Tritonius (Padua 1616, S. 22) stellt A. neben → Atalanta, → Hektor, Hercules, die Töchter des Orion und → Theseus als Exemplum der «Tapferkeit» (FORTES). A. habe den Hektor und, neben anderen, auch den Cygnus (Kyknos), Sohn des Neptun/⇒ Poseidon (S. 648 ff), getötet. Letzteren durch Strangulieren, da dieser gegen andere Waffen unempfindlich war. Unter dem Lemma STRENUORUM IMMORTALE NOMEN («Unsterblicher Name der Tüchtigen») schmückt Thetis das Grab des A. mit der Pflanze Amarantus (Tausendschön; griech. «amárantos» = unverwelklich; Alciat 1550, S. 147, Held Nr. 12; H./S., Sp. 1647; zur Pflanze Amarant vgl. auch Joachim Camerarius 1590, I, Nr. 61; H./S., Sp. 348: NUNQUAM LANGUESCIMUS [«Nie werden wir schlaff»]).

Für «Beherrschung der Begierden» steht A. bei Guillaume de La

Perrière (1553, Nr. 90; H./S. Sp. 1734f). ⇒ Athena/Minerva hindert A. daran, den Agamemnon im Zorn zu töten (Il. 1,188 ff): «So strebt ein weiser Mensch danach, seine törichte Begierde zu bezwingen, um einem Unheil zu entgehen.»

Der «Adel des Geistes» (NOBLESSE DE SCIENCE) bei Gilles Corrozet (1540, D ii b; H./S., Sp. 1162) wird gleichermaßen auf A. wie auf Homer bezogen: Der eine verdient Ehre für seinen gefürchteten Heldenmut, der andere für die Geschichte, die er – doch auch über A. – geschrieben hat. Bei Johannes Sambucus (1566 [1564[1]], S. 41; H./S., Sp. 1691) erscheint A. unter dem Lemma «Der Ruhm liegt im Ausgang» (LAUS IN FINE). Hier wird er dem Odysseus nachgestellt: «Den Ruhm gewinnt nicht der, welcher ein großes Werk beginnt oder anregt ..., sondern wer es zu Ende führt, der wird den verdienten Triumph davontragen.»

Nach Machiavelli («Il Principe» 18) wird A. dem Mischwesen Chiron in die Lehre gegeben, weil der Fürst zum Nutzen seiner Herrschaft das Wesen von Tier und Mensch in sich vereinigen müsse. Natale Conti (Myth., Padua 1616 [Venedig 1551[1]], 9.12, S. 516ff) wird schreiben, A. sei von dem Halbmenschen («semihomo») Chiron erzogen worden, weil einem Fürsten gleicherweise Verstand («ratio») und Körperkraft zukommen (vgl. Petrarca über die Erziehung eines Königs: Fam. 12,2,36). Auf die beispielhafte Erziehung des A. beruft sich schon Cicero. In «De Oratore» (3,57) zitiert er die «Ilias» (9,443): Hier sagt Phoinix, Peleus habe ihn dem A. zum Begleiter für den Krieg gegeben, um ihn zum «Redner der Worte und Täter der Taten zu machen». Seine Erziehung zur Musik als beispielhaft für die Erziehung des Edelmanns («cortegiano») betont Baldassare Castiglione (1,47).

Schon früh sieht man auch die Schwächen des A. Bei Platon (Rep. 390 u. 391) verteidigt Sokrates ihn gegen den Vorwurf der Habgier (zur Lösegeldforderung für Hektor) und des Hochmuts gegen Götter und Menschen (zu Il. 22,15–20).

Zum bevorzugten Gegenstand allegorischer Ausdeutung ist die schwache Stelle des Helden, die «A.-Ferse», geworden. Sie hat bis in unsere Tage sprichwörtliche Bedeutung behalten. Die spätantike Ausarbeitung der Ereignisse vor seinem Tod (die Liebe zu Polyxena) bei Dictys Cretensis und Dares Phrygius (s. **A**) versieht diesen Aspekt des Helden mit zusätzlichem Material.

Substanz und Richtung der Allegorese des A. für das christliche Mittelalter scheinen im wesentlichen von Fulgentius (Myth. 3,7) bestimmt zu sein. So bei Albricus (Myth. Vat. III, 11, 24), fast wörtlich nach Fulgentius, die moralisch allegorische Deutung der Ferse des A.: Der nach dem Willen seiner Mutter fast («quasi») vollkommene Mensch («homo perfectus») A. ist durch die verwundbare Ferse ein Sinnbild der Anfälligkeit auch des Tugendhaften für die fleischliche Lust («libido»). Fulgentius argumentiert (St. 722): Von der Ferse gehen Adern aus zu den Nieren, den Schenkeln und den Genitalien («virilia»). Das spiele eine Rolle in der medizinischen Praxis. Der Autor Orfeus nenne die Ferse einen Hauptort der sinnlichen Begierde. Nun sei alle Fleischeslust süß und nichtig («nihil»). In diesem Sinn sei zu verstehen, daß A. gleichsam zu «(G)lykomedes» (von γλυκός, «glykós» = süß, lieblich) geschickt wurde, d. h. in das Reich der «libido»: Der Name des Königs bedeute nichts anderes als «Süßes Nichts». Lust sei auch der Grund für den Tod des A. durch seine Liebe zu Polyxena, deren Name bei den Griechen soviel wie «viel Umherschweifende» bedeute. Die Liebe aber mache, daß uns der Sinn von der Vernunft («ingenium») abschweife; auch sei bei vielen die Begierde von ausschweifender Art («ut peregrinabunda vagetur»).

Dante trifft den A. gemeinsam mit Kleopatra und Helena unter den Wollüstigen («Lussuriosi»); Inferno 5,64f: «und ich sah den großen Achill, der bis zum Ende mit der Liebe focht». Boccaccio (Gen. 12,52, am Ende) referiert den Fulgentius. Petrarca (Fam. 13,4,11) findet den A. wie Herkules der Liebe unterlegen: «Achilles, der in seiner Liebe ein so schmerzerfülltes Schicksal hatte» («Triumph der Liebe» [«Triumphus Cupidinis»] 1,124ff).

Die moralische «A.-Ferse» wird Natale Conti (Myth. 1567, 9,12, Bl. 282ʳ) meinen, wenn er sagt, A. habe sich am Hof des Lykomedes aufgehalten, weil er mit der Deidameia verheiratet gewesen sei (vgl. Statius, Achill. 2,25: «coniunx») und sich dessen im verborgenen erfreuen wollte. Nahe der Fulgentius-Tradition steht wieder, was Natale Conti (ebd.) zum Tod des A. schreibt: Dieser Tapferste aller Griechen konnte auch nicht vom Tapfersten der Troianer besiegt werden. Es war einzig wollüstiges Verlangen, das ihn schließlich die tödliche Wunde von der Hand des Paris, des unkriegerischsten und feigsten der Troianer, empfangen machte. Der moralische Sinn, den die Alten dieser Geschichte beigelegt haben, sei eine Warnung an den Tapferen gegen die Fallstricke der Wollust gewesen.

Der frühzeitige Tod des A. galt in der Antike als Beispiel für die «cita mors», den rasch zupackenden Tod (vgl. Horaz, Epode 13,11 ff). Die Entrückung des A. nach seinem Tod auf die Insel der Seligen scheint ihm in der Antike eine Rolle am Begräbnis- und Totenkult zugewiesen zu haben (vgl. A. Alföldi, s. Lit.). Die qualvolle Verstrickung von Liebe und Tod ineinander wird in antikem Verständnis durch den Mythos von A. und Penthesilea veranschaulicht (vgl. F. Missonnier, s. Lit.). Dante (Inf. 31,4f) spricht von der Lanze des A. («La Lancia d'Achille»), die mit dem einen Stoß verletzen, mit dem anderen heilen konnte (vgl. auch ⇒ Apollon). Sie soll zu Dantes Zeiten dichterischer Ausdruck für Blick oder Kuß der Geliebten gewesen sein (Dante, Comm. 1979, S. 256, Anm. V. 1–6). Vielleicht hat Alexander Ross (Mystag., S. 3) ebendiese Macht über Wehe und Wohl im Sinn, wenn er kühn assoziiert: «Christus ist der wahre Achill, ... der uns von aller Pein und Krankheit befreit.»

Zu nennen ist schließlich auch eine physikalische Interpretation des A. auf die Elemente: Nach dem Willen des Juppiter (⇒ Zeus) seien in ihm, dessen Leben jedermann kenne (!), Wasser (= Thetis), Erde (= Peleus) und Feuer (= Juppiter) vereint. Vom Vater habe er das Fleisch, von der Mutter die Körpersäfte, von Juppiter die (feurige!) Seele («anima»; Fulgentius, Myth. 3,7; Myth. Vat. III 11,24).

C *Typus.* Die gewaltige Körpergröße des A. kommt vor allem auf antiken Darstellungen zur Anschauung. – Der Knabe A. ist meist nackt dargestellt, sofern er (am Hof des Lykomedes) nicht als Mädchen verkleidet auftritt. A., der Krieger und Hauptheld vor Troia, wird gewöhnlich mit Helm, Brustpanzer, Beinschienen, Schild (meist Rundschild), Schwert, Speer und Lanze wiedergegeben. Wenn A., wie in der griechischen klassischen Kunst, nackt erscheint, trägt er dennoch stets den Helm.

In einen weiten, über den Scheitel gezogenen Mantel gehüllt, zieht sich der grollende A., der sich weigert, am Kampf um Troia teilzunehmen, gleichsam in sich selbst zurück. Dieses markante, wohl auf die «Myrmidonen» in der «Achilleis» des Aischylos zurückgehende Motiv tritt zuerst auf griechischen Vasenbildern auf, und noch Vincenzo Pacetti erinnert sich dessen in seinen Szenen aus dem troianischen Krieg (Rom, Villa Borghese, Sala della Paolina; Flachreliefs an den Wänden, 18. Jh.).

Mittelalter, Renaissance und Barock zeigen A. meist in zeitgenössischer Kleidung, während sich sein Bild im Klassizismus an antiken Darstellungen orientiert.

Attribute. Besondere Aufmerksamkeit widmen die griechischen Vasenmaler dem Schild und der schweren Lanze. Der sog. Achilles-Maler stellt den jugendlichen Helden in hünenhafter Gestalt mit langer Lanze in der Linken dar (Amphora, um 450 v. Chr.; Rom, Musei Vaticani, Inv. 16571; A. mit Namensbeischrift). – Aufgrund verschiedener Indizien hat man in dem berühmten *Doryphoros* (= Speerträger) des Polyklet (um 440 v. Chr.) das Bild des A. erkannt (das Bronzeoriginal ist verloren, aber durch mehrere römische Marmorkopien überliefert, z. B. in den Musei Vaticani, Braccio nuovo, Inv. 2215). Nach Plinius (Nat. 34,18) hießen die Statuen nackter Lanzenträger, die in den Gymnasien aufgestellt wurden, «effigies Achilleae»; tatsächlich wurden zwei der Kopien des *Doryphoros* in einer Palästra gefunden (vgl. LIMC 1981, 1,1, S. 196).

Gelegentlich trägt A. auch die Lyra als Attribut, so auf einer augusteischen Glaspaste (Hannover, Kestner-Museum, Inv. K 643).

D *Einzeldarstellungen.* Abgesehen von den Kopien des *Doryphoros* (s. o.) sind keine Monumentaldarstellungen erhalten. Einzeldarstellungen sind insgesamt selten. Zu ihnen gehört auch das eindrucksvolle Bild des Achilles-Malers auf jener schon erwähnten Amphora in Neapel (Museo Archeologico, Inv. 16571).

Bei den einzelnen Bildthemen beschränken wir uns auf jene, die durch die griechische Vasenmalerei eine besonders lebendige Gestaltung erfahren haben, und solche, die für die Bildkunst der Neuzeit von Bedeutung geworden sind.

1. *Die Feiung in der Styx* (*Thetis taucht A. in die Styx, um ihn unverwundbar zu machen;* Statius, Achill. 1,269 f u. a., s. **A**). Die Darstellungen in der Bildkunst zeigen durchgängig Thetis, die das Kind in den Fluß taucht, indem sie es am Fußgelenk hält (Puteal, sog. Kapitolinische Brunnenmündung, Rom, Musei Capitolini, Inv. 64; Silberplatte von Kaiseraugst, um 350 v. Chr.; Augst, Römermuseum, Inv. 62). In gesteigerter Dramatik erscheint die Szene auf dem Entwurf für die Teppichserie von P. P. Rubens (Jaffé Nr. 1028; Rotterdam, Museum Boymans-van Beuningen; s. *Zyklen*): Eine Begleiterin der Thetis, die das Kind am rechten Fußgelenk hält und in den Fluß taucht, leuchtet ihr mit einer Fackel, ähnlich wie Alexander Runciman später dieselbe Szene wiedergibt (lavierte Federzeichnung, nach 1765; London, British Museum).

2. *Die Erziehung des A.* → Chiron

3. *Thetis und A. auf dem Weg nach Skyros* (Statius, Achill. 1,221 ff). Eigenwillig die Darstellung des selten behandelten Themas von Hans Burgkmair d. Ä. (1518; Budapest, Museum für Bildende Künste, Graphische Sammlung): Das Kind ist in einen Sack eingenäht, den Delphine vor sich her bugsieren; Thetis steht auf einem der Tiere. Die literarische Quelle ist wohl in der deutschen Übersetzung der «Historia destructionis Troiae» des Guido delle Colonne zu suchen (1474; vgl. Lit., T. Gerszi 1956).

4. *A. wird von Odysseus entlarvt* (Statius, Achill. 1,858 ff, bes. 875 ff; Apollodor, Bibl. 3,13,8; Hygin, Fab. 96; Ovid, Met. 13,163 ff; Einzelheiten vielleicht nach den Skyrioi des Euripides). Das dramatische wie psychologische Potential dieser Szene hat antike wie neuzeitliche Künstler gleichermaßen angeregt. Der spontane, unreflektierte A. und der listige → Odysseus zeigen sich bei dieser Gelegenheit als wahre Antagonisten. – Ein pompejanisches Wandgemälde des 1. Jh.s n. Chr. (Neapel, Museo Archeologico, Inv. 116085) veranschaulicht auf den ersten Blick die Turbulenz, die die Fehlleistung des A. hervorgerufen hat (vgl. die Darstellungen zahlreicher Sarkophagreliefs, z. B. des attischen Sarkophags, um 200 n. Chr.; Neapel, Museo Nazionale, Inv. 124325).

Der Meister der romanischen *A.-Schale* (Paris, Cabinet des Médailles, Inv. 525) schildert die Episode in zwei Szenen: (a) die Verführungskünste des Odysseus, der auf einem Tisch Wollknäuel und Schere ausgebreitet hat, vor dem Tisch drei Schilde; A., noch in Mädchenkleidung, aber mit Langschild und bewimpelter Lanze, bietet ein groteskes Bild; (b) die Überführung des A., der beim Klang des Olifanten «sein Gewand zerreißt, da seine Brust voll ist von Troia» (Titulus nach «Achilleis» 1,857).

Auch Rubens (Vorlage für die A.-Teppichserie, 1630/32, Jaffé Nr. 1033; Madrid, Prado) wählt den Moment, in dem A. sich verrät: Während die Mädchen sich um einen Korb mit Dingen scharen, die weiblicher Eitelkeit dienen, setzt A. den von Odysseus mitgebrachten Helm auf. Odysseus, gelassen an eine Säule gelehnt, reagiert mit feinem Lächeln. Auf dem früheren Bild gleichen Themas (um 1616, Jaffé Nr. 370, Madrid, Prado) macht Odysseus Anstalten, den davoneilenden A. festzuhalten. – Nicolas Poussin hat sich des Themas zweimal angenommen. Auf der ersten Version (*Achill unter den Töchtern des Lycomedes*, wohl 1650; Boston/Mass., Museum of Fine Arts) zieht A. ein Schwert aus der Scheide, was Odysseus (mit Turban, als orientalischer Kaufmann verkleidet) schadenfroh zur Kenntnis nimmt. Weniger dramatisch, jedoch subtiler die andere Version (1656; Richmond/Virg., Virginia Museum of Fine Arts). A., in Mädchenkleidern und mit Helm auf dem Kopf, betrachtet sich in einem Handspiegel (Achilleis 1,864f).

5. *Die Fortnahme der Briseis* (Il. 1,318 ff). Dieses Ereignis illustriert das Bild des Briseis-Malers auf einer Schale aus Vulci (um 480 v. Chr.; London, British Museum, Inv. E 76). Hier sehen wir A. in jener Haltung, die ihn fortan als den Grollenden charakterisiert (s. o.): Er sitzt in seinem Zelt, den Mantel über Kopf und Arme gezogen, während die beiden Herolde des Agamemnon das Mädchen fortführen. In dieser Haltung finden ihn auch die Gesandten Agamemnons, die A. umstimmen sollen (Hydria aus Castelluccio/Basilicata, um 490/480 v. Chr.; Berlin, Staatl. Museen, Inv. F 2176). – In ohnmächtigem Zorn ballt A. die Faust auf Bertel Thorvaldsens Marmorrelief (1803; Kopenhagen, Thorvaldsens Museum). – Giambattista Tiepolos Fresko in der Villa Valmarana in Vicenza (Stanza d'Iliade, 1757; s. *Zyklen*) schildert die anschließende Episode, in der Briseis Agamemnon zugeführt wird.

6. *A. am Meeresstrand* (Il. 1,348 ff). Noch immer unter der Demütigung leidend, die Agamemnon ihm zugefügt hat, setzt sich A. weinend an den Meeresstrand und ruft seine Mutter Thetis. Tobias Sergel charakterisiert mit seiner Terrakotta (1770; Stockholm, Nationalmuseum) den emotionalen A., der unheldenhaft am Ufer liegend mit emporgeworfenen Armen nach der Mutter ruft (Thetis antwortet angemessen: «Kind, was weinst du?», Il. 1,362). – Das Fresko Tiepolos in der Villa Valmarana (s. o. und *Zyklen)* hält den Moment fest, in dem Thetis dem Sohn erscheint, der hier (frei interpretiert) in einer offenen Säulenhalle sitzt, den Kopf in die Hand gestützt.

7. *Der Zorn des A.* (Il. 1,188 ff). Die unkontrollierte Reaktion des A. auf die Fortnahme der Briseis, sein gegen Agamemnon gerichteter Zorn hat die Künstler aller Zeiten inspiriert, von dem Schöpfer eines römischen Mosaiks aus Pompeji VI 7,23, Casa di Apolline (1. Jh. v. Chr.; Neapel, Museo Archeologico, Inv. 10006), bis zu Giambattista Tiepolo (Fresko in der Villa Valmarana, s. o.). – Text-

getreu schildert P. P. Rubens die Szene, da A. zornentbrannt sein Schwert zieht (Bozzetto, Rotterdam, Museum Boymans-van Beuningen, Jaffé Nr. 1034; s. *Zyklen*). Als Athene ihn mäßigend am Haar packt, dreht er sich verärgert nach ihr um.

8. *A. und Aias beim Brettspiel*. Palamedes, dem gewitzten Ratgeber der Griechen, wird die Erfindung einiger Spiele zum Zeitvertreib der Soldaten zugeschrieben (Gorgias, Palam. 30; Schol. zu Euripides, Or. 432). Hierauf mögen sich die attischen Vasenbilder beziehen, die A. und Aias beim Brettspiel darstellen. Das bis ins frühe 5. Jh. populäre Thema hat unter anderen Exekias auf dem Bild einer großen Amphora dargestellt (um 535 / 530 v. Chr.; Musei Vaticani, saletta degli originali greci II, Inv. 16757): Wir sehen die beiden Krieger ins Würfelspiel versunken – wohl in einer Kampfpause, denn sie haben die Rüstung nicht abgelegt und halten den Speer in der freien Hand. Die Beischriften verraten, daß A. der Sieger ist, denn er sagt «vier», Aias «drei».

9. *A. verbindet den verwundeten Patroklos* (vermutlich nach den verlorenen «Kyprien»). Einfühlsam stellt der Sosias-Maler auf einer Schale aus Vulci die Szene dar (um 500 v. Chr.; Berlin, Staatl. Museen, Inv. F 2278). A. (kniend) verbindet dem auf dem Boden sitzenden Patroklos, der das Gesicht abwendet, den Arm.

10. *Die neuen Waffen des A*. Nach der Beschreibung des neuen Schildes (Il. 18,478 ff) hat John Flaxman 1821 seinen *Schild des A*. entworfen und modelliert (Ausführung in vergoldetem Silber; im Besitz der Königin von England).

11. *Die Übergabe der neuen Waffen an A*. (Il. 19,10 ff). Die Episode findet sich häufig auf attischen Vasen. Thetis selbst bringt A., dem trauernden Sohn, Schild, Speer und Helm auf einem Glockenkrater (um 440 v. Chr.; Gela, Slg. Campisi). – Eng am Text orientiert ist die Illustration John Flaxmans (gestochen 1793 von Tommaso Piroli): A. hat sich verzweifelt über den aufgebahrten Freund geworfen (Il. 19,4 ff). – Bereits gerüstet ist A. auf dem Fresko in der Sala di Troia im Palazzo Ducale zu Mantua (Giulio Romano). Er hält den Speer in der Rechten, Thetis reicht ihm den

Schild. – Ein Gemälde des Ch. H. W. Dietricy zeigt den Helden, dem Thetis durch geflügelte Genien die Waffen übergeben läßt (1766; Dresden, Gemäldegalerie Alte Meister).

12. *Die Rückkehr der Briseis* (Il. 19,130 f; 18,478 ff). Nachdem A. seine Waffen erhalten hat, kommt es zur Versöhnung mit Agamemnon, der sein Versprechen einlöst und Briseis zurückgibt. – Diese Episode illustriert ein Bozzetto zur A.-Serie von P. P. Rubens (1630/32; Madrid, Prado).

13. *Der Kampf mit Hektor* (Il. 22,215 ff). Dieser Kampf bildet den Höhepunkt der Ilias und war vor allem in der Antike häufig Bildgegenstand (Stamnos, um 490 v. Chr.; München, Staatl. Antikensammlungen, Nr. 2406: A. richtet seinen Speer gegen Hektor; zwischen beiden Athena). – Zur mittelalterlichen Reiterschlacht wird der Kampf der beiden auf der Illustration einer Handschrift des «Roman de Troie» von Benoît de Sainte-Maure (franz., 1264; Slg. Huisbergh, 's Heerenberg/Holland). – Textgetreu schildert P. P. Rubens das Geschehen: A. schickt sich an, dem zu Boden gegangenen Hektor den Speer in die Halsgrube zu stoßen (Entwurf für die Teppichserie, s. *Zyklen*; Rotterdam, Museum Boymans-van Beuningen, Jaffé Nr. 1040).

14. *A. schleift Hektors Leiche* (Il. 22,395 ff; 24,14 ff; Ovid, Met. 12,591). Das schwarzfigurige Bild einer Hydria schildert jene Szene, da A. den Leichnam vor den Augen des Priamos und der Hekabe an den Wagen gebunden hat (spätes 6. Jh. v. Chr.; Boston, Museum of Fine Arts, Nr. 63 473). – Galoppierende Pferde ziehen den Wagen, an den der Körper des Hektor gebunden ist (Relief einer Marmorbasis vom Mons Caelius, sog. *Ara Casali*, um 200 n. Chr.; Rom, Musei Vaticani, Nr. 1186). – Donato Cretis Gemälde (1710/20; Bologna, Collezione Comunale d'Arte; s. *Zyklen*) zeigt A. bei dieser Gelegenheit mit wehendem Mantel auf dem von zwei Pferden gezogenen Streitwagen.

15. *Priamos bittet A. um die Herausgabe des toten Hektor* (Il. 24,477 ff). In der attischen Vasenmalerei (erste Beispiele gegen Mitte des 6. Jh.s v. Chr.) hat sich ein fester Typus herausgebildet:

A. lagert, gelassen auf den Arm gestützt, auf der Kline, unter dieser oder dem Tisch (im Vordergrund) liegt Hektors Leichnam auf dem Boden. Auf der Außenseite einer Schale des Brygos-Malers nähert sich von links Priamos, begleitet von Lösegeldträgern, A. gibt sich unbeeindruckt seinem Schmaus hin (um 480/470 v. Chr.; Schweiz, Privatbesitz). – Die zahlreichen Darstellungen des Klassizismus und der Romantik folgen dem Text Homers, z. T. an antikem Vorbild orientiert: Der greise König kniet vor A., dessen Hand er küßt oder gefaßt hat. Antike Darstellungen wie die auf einem reliefierten Silberbecher des Cheirisophos (augusteisch; Kopenhagen, Nationalmuseum) haben klassizistische Künstler wie Nicholas Abildgaard (1780; Kopenhagen, Statens Museum for Kunst) und Bertel Thorvaldsen (Relief 1815; Kopenhagen, Thorvaldsens Museum) vor Augen gehabt (vgl. auch das zerstörte Fresko von Peter Cornelius, 1827; München, Alte Pinakothek).

16. *A. und Penthesileia/Penthesilea* (Quintus Smyrnaeus 1,475 ff; «Aithiopis» bei Proklos, Chrest. 2, H. G. Evelyn-White, Hesiod 1977, S. 506 f). Die eindrucksvolle Darstellung auf der sog. Penthesilea-Schale (um 460 v. Chr.; München, Staatl. Antikensammlungen, Inv. 2688) schildert den Tod der Amazone: A. stößt der Zusammensinkenden das Schwert in die Halsgrube, beide blicken einander in die Augen. Es ist der Moment, in dem sich der Held in die Sterbende verliebt. – Die römische Kunst schafft den Typus, der für zahlreiche plastische Gruppen des späten 18. und des 19. Jh.s, die den Helden mit der sterbenden oder toten Amazone wiedergeben, zum Vorbild geworden ist: A. hält den kraftlosen Körper der Amazone und stützt ihn mit dem Oberschenkel (eine verlorene, in zahlreichen Kopien überlieferte hellenistische Gruppe, z. B. in Kopenhagen, Ny Carlsberg Glyptotek; vgl. die Gruppe des Bertel Thorvaldsen, 1837; Kopenhagen, Thorvaldsens Museum). – Ein Bozzetto von L. L. Chambard (1842; Paris, Louvre) zeigt A. verzweifelt: Er schlägt sich die Rechte vor die Stirn angesichts der tödlich getroffenen Penthesilea in seinem Arm.

17. *Der Tod des A.* auf dem Teppichentwurf eines unbekannten

Meisters des 15. Jh.s (Paris, Louvre) basiert vielleicht auf dem «Roman de Troie»: Heftiges Getümmel herrscht in dem engen, vielgliedrigen gotischen Zentralbau, in dessen Mitte ein Standbild des Apoll in Rüstung und Waffen steht. Ein Pfeil hat die Brust (nicht die Ferse!) des A. durchbohrt. – Die Darstellung des P. P. Rubens für seine Teppichserie (s. *Zyklen*; 1630/32, Jaffé Nr. 1042; Rotterdam, Museum Boymans-van Beuningen) zeigt A., der sich dem Altar nähert, im Hintergrund Paris, der, von ⇒ Heras Hand geführt, den Pfeil an die Bogensehne legt. – Ein in der Antike häufig dargestelltes Thema ist Aias mit dem Leichnam des A. Attische Vasenbilder betonen den riesenhaften Wuchs des leblos über der Schulter des Aias hängenden A. (z. B. das Bild auf einem Henkel der sog. Françoisvase, 6. Jh. v. Chr.; Florenz, Museo Archeologico, Inv. 4209). – Die sog. Pasquinogruppe, die (rudimentäre) römische Marmorkopie nach einer verlorenen Bronze der Zeit um 160 v. Chr. (Rom, beim Palazzo Braschi) soll Menelaos mit der Leiche des A. darstellen.

18. *Die Apotheose des A.* Eines der seltenen Beispiele ist das Gemälde von Enrico Fallange (18. Jh.; Mantua, Palazzo Ducale): A., mit Tunika und Helm, wird von zwei Frauen (Athena und wohl Fama) gekrönt.

19. *Zyklen.* Um so zahlreicher sind die Illustrationen zur «Ilias» und zu den auf ihr basierenden Werken. Die frühesten finden sich in der griechischen Vasenmalerei des 6. und 5. Jh.s. – Die Buchmalerei des Mittelalters ist reich an Illustrationszyklen zum «Roman de Troie» (um 1160) und der von da an reichen Troia-Literatur. – Seit der Wiederentdeckung Homers im 15. Jh. ist ein wachsendes Interesse an A. in Malerei und Skulptur zu beobachten. Dennoch gehen die populärsten Bildthemen eher auf Ovid und Statius zurück: *Die Erziehung des A. durch Chiron, A. am Hof des Lykomedes* und besonders *A.s Entlarvung durch Odysseus.* Erneute Aufmerksamkeit erfährt die «Ilias» dann wieder im Klassizismus (Illustrationszyklus zur «Ilias» von John Flaxman, 1793, → Hektor).

Zyklische Darstellungen treten gehäuft in der Antike auf, vielleicht aufgrund der besonderen Rolle des Helden im Begräbnis- und Totenkult (s. Lit., A. Alföldi 1939). Frühestes Beispiel ist ein Zeremonienstreitwagen als Grabbeigabe aus Monteleone bei Spoleto (6. Jh. v. Chr.; New York, Metropolitan Museum of Art). Das Frontbild zeigt die Übergabe der Waffen an A. durch Thetis. – Aus dem 3. oder 4. Jh. stammt die sog. Tensa Capitolina (Wagen als Grabbeigabe; Rom, Museo Capitolino, Inv. 966), deren Bronzereliefs je sechs Episoden aus der Jugend des A. zeigen (mit Thetis, Chiron und auf Skyros) und sechs aus dem Kampf um Troia (Zorn und Tod des A.). Die Anordnung entspricht nicht dem chronologischen Ablauf. Dargestellt sind: *Die Feiung in der Styx, Chiron bringt A. zum Schiff Argo, um Peleus zu begrüßen, Chiron lehrt den Knaben das Lyraspiel, A. auf Chiron reitend auf Jagd, A. als Mädchen verkleidet unter den Töchtern des Lykomedes, Die Entlarvung des A.*, Doppelszene: (a) *Patroklos bittet auf Knien den A., von seinem Zorn abzulassen*, (b) *A. verabschiedet den gerüsteten Patroklos* (das Gefäß auf einer Säule ist wohl die goldene Amphora, die ⇒ Dionysos der Thetis gab und die einmal die Asche der beiden Freunde aufnehmen wird [Homer, Od. 244,73 ff], *A. tötet Hektor, dessen Eltern von der Stadtmauer aus zuschauen, A. schleift die Leiche Hektors, Priamos bittet kniend den A. um die Herausgabe des toten Hektor, der Tod des A., Aias mit der Leiche des A.*

Kompositionell auffallend ist die Darstellung des A. mit Patroklos und der Hinweis auf deren künftige gemeinsame Bestattung. Die von Eroten begleitete ⇒ Aphrodite weist vielleicht auf die schicksalhafte Verbindung von Liebe und Tod hin. Der ebenfalls anwesende Dionysos erscheint als Garant für ein Weiterleben nach dem Tod (vgl. A. M., S. 285).

Die acht Marmorreliefs der sog. Kapitolinischen Brunnenmündung («Puteale Capitolinum»; 4. Jh. n. Chr.; Rom, Museo Capitolino) stellen dar: *Die Geburt des A., Die Feiung in der Styx, Die Übergabe des Kindes an Chiron, A. und Chiron auf Löwenjagd, A.*

und Deidamia, Die Entlarvung des A., Der Tod Hektors, A. schleift die Leiche Hektors. – Auffallend, daß der Tod des A. unberücksichtigt bleibt (wie in der «Ilias»).

Ein szenenreicher Zyklus auf einer gravierten Silberplatte aus Kaiseraugst (4. Jh. n. Chr.; Augst/Schweiz, Römermuseum, Inv. 62) illustriert die Jugend des A.

Unter den mittelalterlichen Darstellungen ist der Zyklus auf der sog. A.-Schale in Paris (Cabinet des Médailles, Inv. 525) hervorzuheben. Sieben in Bronze gravierte Szenen, konzentrisch um ein Mittelfeld angeordnet, zeigen A. bei → Chiron, A. auf Skyros und seine Abreise. Lateinische Tituli nach der «Achilleis» des Statius kommentieren die dargestellten Szenen: *A. und Chiron beim Leierspiel, Abfahrt der Thetis mit dem Kind* und *Der Abschied des Chiron, Die Übergabe des Kindes an Lykomedes, Die List des Odysseus, Die Entlarvung des A. durch Odysseus* und *Achills Abschied von Deidamia* (oder vielleicht *Die Hochzeit des A. mit Deidamia*); im Mittelfeld: *A. auf der Fahrt in den Krieg*.

Den ersten bedeutenden Zyklus der Neuzeit schuf P. P. Rubens mit seiner Teppichserie (1630/35, Bozzetti und Kartons bei Jaffé Nr. 1028–1043). Als Hauptquelle diente Rubens die 1616 in Leiden publizierte «Achilleis» des Statius von Gevartius. Weitere Quellen: Natale Conti, Kap. 12 (Erziehung des A.; Tod des A. im Tempel des Apollo Timbreo) und Blaise de Vigenère, 1614. Die Themen: *Die Feiung in der Styx; Die Erziehung des A.* (A. reitet auf Chiron: Heimkehr von der Jagd?), *Die Entlarvung A.s durch Odysseus, Der Zorn des A., Thetis nimmt die neuen Waffen von Hephaistos entgegen, Die Rückkehr der Briseis, A. tötet Hektor, Der Tod des A.*

Vier Tafelbilder widmete Donato Creti dem Leben des A. (1710/1720; Bologna, Collezione Comunale d'Arte): *Die Feiung in der Styx, Thetis übergibt Chiron das Kind, Chiron unterrichtet A. im Lyraspiel, A. schleift Hektors Leiche*.

Die Allgegenwart von Eroten läßt vermuten, daß A. hier als einer begriffen ist, dessen Leben und Tod von der Liebe bestimmt wird. Ein ähnlicher Gedanke mag Tiepolo bei der Konzeption seines Freskenzyklus geleitet haben (1757, Vicenza, Villa Valmarana, s. o.), der seine Krönung im Deckenbild mit Minerva und Cupidi findet. An den Wänden: *Der Zorn des A.* (Minerva hindert A. daran, Agamemnon mit dem Schwert anzugreifen), *Die Herolde führen Briseis dem Agamemnon zu, Thetis tröstet A., Cupido über einer Landschaft.* Aber nicht nur die Liebe (Cupidi) bestimmt das Handeln des Helden, sondern auch das Eingreifen der weisen Minerva. So wird der Zorn des A. zum Anlaß für einen Sieg der Weisheit über die blinde Wut – eine Auslegung, die sich vielleicht unmittelbar aus einem Emblem des Guillaume de la Perrière (1553) ableiten läßt (Nr. 90: «Beherrschung der Begierden»).

Auch zwei Freskenzyklen im Schloß von Lunéville (von A. J. Furon, 1687–1729) und in Perugia, Palazzo Conestabile della Staffa (von M. Leopardi, gest. 1795), sind dem Leben des A. gewidmet. – Schließlich ist noch der Illustrationszyklus zu Homers «Ilias» von John Flaxman zu erwähnen (gestochen von Tommaso Piroli, Ed. 1793), der dann in der Ausgabe von 1805 um fünf Darstellungen erweitert wurde.

Lit.: Alföldi, Andreas: Chars funéraires bacchiques dans les provinces occidentales de l'empire romain. In: L'Antiquité Classique 8, 1939, S. 347–359. Camporeale, Giovannangelo, in: LIMC 1981, 1,1, S. 200–214; 1,2, S. 146–155, s. v. Achle. Cocke, Richard: The literary sources of the «History of Achilles» by P. P. Rubens. In: The Burlington Magazine 113, 1971, S. 609. Gerszi, Teréz: Eine unbekannte Zeichnung von Hans Burgkmair d. Ä. In: Acta Historiae Artium, 4, 1956, S. 137–142. Haverkamp Begemann, Egbert: The Achilles series. Brüssel 1975 (Corpus Rubenianum 10). Hermann, Alfred: Das erste Bad des Heilands und des Helden in spätantiker Kunst und Legende. In: Jahrbuch für Antike und Christentum 10, 1967, S. 61–81. Kossatz-Deichmann, Anneliese, in: LIMC 1981, 1,1, S. 37–200; 1,2, S. 56–145, s. v. Achilleus. Laur-Bélart, Rudolf: Der spätrömische Silberschatz aus Kaiseraugst. Basel-Augst 1963. Missonnier, F.: Sur la signification littéraire du mythe d'Achille et Penthésilée. In: Mélange d'archéologique et d'histoire 49, 1932, S. 111–131. Nijstad, Saskia: Het leven van Achilles door P. P. Rubens. In: Hermeneus 49, 1977, S. 176–185. Panofsky,

Dora und Erwin 1958, → Allgem. Bibl., S. 150. Simson, Otto von: Rubens und Homer. In: Spiegelungen. Mainz 1986, S. 105–124. Weitzmann-Fiedler, Josepha: Romanische gravierte Bronze-Schalen. Berlin 1981, S. 18–21.

Achilleus → Achill

Adrastos, griech., lat. Adrastus. Held, Herrscher von Argos, Anführer der → «Sieben gegen Theben». Sohn des Talaos und der Lysimache (oder der Eurynome; Boccaccio, Gen. 2,41), Vetter und Gemahl der Amphithea, mit der er die Töchter Argeia, Deipyle und Aigialeia, die Söhne Aigialeus und Kyanippos hat (Apollodor, Bibl. 1,9,13). Hygin (Fab. 242,8) nennt auch einen Sohn Hipponous.

A Von → Amphiaraos aus Argos vertrieben, geht A. nach Sikyon zu seinem Großvater Polybos und übernimmt nach dessen Tod die Herrschaft über die Stadt. Damals führt er die Pythischen Spiele ein (Pindar, Nem. 9,9). Schließlich kommt es zur Versöhnung mit Amphiaraos und zur Rückkehr nach Argos. A. gibt dem ehemaligen Rivalen die Schwester → Eriphyle zur Frau, die bei dem Versöhnungsakt eine wesentliche Rolle gespielt haben muß, denn Amphiaraos legt damals jenen verhängnisvollen Schwur ab, mit dem er der Frau die Entscheidungsgewalt in allen künftigen Streitigkeiten mit A. gibt (vgl. Diodor 3,65,6; Scholie zu Homer, Od. 11,326; Scholie zu Pindar, Nem. 9,13,30). Eines Nachts kommt → Polyneikes, den sein Bruder Eteokles aus Theben vertrieben hat, zum Palast des A. und gerät dort mit Tydeus, den man eines Mordes wegen aus Kalydon verbannt hat, in Streit (Apollodor, Bibl. 3,6,1). Apollodor erzählt, der eine habe auf seinem Schild den Vorderleib eines Ebers, der andere den Vorderleib eines Löwen abgebildet gehabt. Andere meinen, die beiden hätten sich jeweils das Fell des Tiers übergeworfen (Hygin, Fab. 69): Der König glaubt jedenfalls, in den Tieren die Aufforderung eines alten Orakels zu erkennen (Apollodor, ebd.), und gibt demgemäß den Männern seine beiden Töchter zur Frau, dem Tydeus die Deipyle, die Argeia dem Polyneikes (vgl. auch Boccaccio, Gen. 2,41). Dann verspricht er den Schwiegersöhnen, sie wieder in ihre heimatlichen Rechte einsetzen zu wollen (Apollodor, Bibl. 3,6,1).

Zunächst beschließt er, für Polyneikes gegen den wortbrüchigen Bruder Eteokles nach Theben zu ziehen. Er hebt Truppen aus und bricht mit den Schwiegersöhnen und vier (oder fünf) anderen Fürsten nach Theben auf. Apollodor (Bibl. 3,6,3) nennt außerdem die Argiver Amphiaraos, Kapaneus, Hippomedon und den Arkader Melanion. Nach einigen waren statt Tydeus und Polyneikes Eteokles, Sohn des Iphis, und A.' Bruder Mekisteus unter den Sieben (vgl. Aischylos, Hepta 458 ff; Sophokles, Oedip. col. 1316; dagegen Euripides, Phoen. 1090 ff; Hygin, Fab. 70). Amphiaraos, der voraussieht, daß diesen Krieg keiner auf argivischer Seite außer A. überleben wird, und der sich weigert, mitzuziehen, wird von Polyneikes listig in eine Situation manipuliert, in der er dem alten Schwur gehorsam der Entscheidung seiner Frau folgen muß, und diese entscheidet gegen ihn, für A. (s. o.). Auf dem Weg nach Theben kommt man nach Nemea. Hipsipyle, die Amme des kleinen Königssohns Opheltes, weist den Durstigen den Weg zu einer Quelle, währenddessen wird das allein gelassene Kind von einer Schlange («draco») gebissen und stirbt. Das ist ein böses Omen, vielleicht vor allem deswegen, weil eine Schlange das Instrument des Unheils ist, denn die führenden Familien Thebens leiten ihre Herkunft von jenen Männern ab, die einst aus der Saat von Drachenzähnen entsprossen sind (vgl. Antigone, s. o., und Opheltes). A. und die anderen erschlagen die Schlange, von der Hygin (Fab. 74,3) sagt, sie habe die Quelle bewacht. Bei den Leichenspielen zu Ehren des Opheltes gewinnt A. das Pferderennen (Apollodor, Bibl. 3,6,4). Von Kithairon aus schickt man den Tydeus voraus, der den Eteokles vergeblich auffordert, dem Bruder die versprochene Herrschaft kampflos abzutreten. So kommt es zum Krieg. Sieben Tore hat die Stadt (⇒ Amphion), und sieben Fürsten stehen davor, bereit zum Kampf. Einem jeden wird ein Tor zugeteilt (vgl. Hygin, Fab. 69,6). A. steht vor dem Homoloider Tor. Aus dem nun folgenden Gemetzel kommt einzig A. – wie von Amphiaraos vorausgesagt – mit dem Leben davon, in jämmerlichem Aufzug (Antimachos bei Pausanias 8,25,8), aber gerettet von seinem schnellen Pferd Areion (Apollodor, Bibl. 3,6,8), das einst ⇒ Poseidon mit ⇒ Demeter gezeugt hat (vgl. Pausanias 8,25,4 ff und 8,42,1 ff; Myth. Vat. II 119). Da Kreon, der neue Herrscher der Stadt, sich weigert, die Gefallenen zur würdigen Bestattung herauszugeben, wendet A. sich an → Theseus von Athen um Beistand, und die Toten werden schließlich in Athen bestattet. Zehn Jahre danach werden die Söhne der Gefallenen, die Epigonen, gegen Theben ziehen, die Väter zu rächen, und dabei wird – wie zum Ausgleich des Schicksals des Vaters zuvor – als einziger Aigialeus sterben.

Pausanias (1,43,1) erzählt, daß A. in hohem Alter aus Kummer über den Tod des Sohnes in Megara starb. Merkwürdig ist die Nachricht bei Hygin (Fab. 242,5), daß A. und sein Sohn Hipponous sich, einem Orakel des ⇒ Apoll gehorchend, in das Feuer geworfen haben.

B Aussehen und Charakter des A. bleiben uns verborgen. – Ausführliche Aufmerksamkeit widmet ihm die Allegorese des S. Fulgentius (Super Theb., Ed. Rudolf Helm, Stuttgart 1970, S. 183 f). In kühner Etymologie wird A. zum Bild der Philosophie, denn das griechische Wort «adrios» heiße lateinisch «profunditas», d. h. «Tiefe», und in diesem Sinne ist der Name A. passend und sinnvoll für den Mann, «dessen Tiefe kein Philosoph je ausloten kann». Sodann zeige der Name der Tochter Argis an, daß wir es in ihr mit der «providentia», der «Voraussicht», zu tun haben, wie denn auch die Griechen «Argia» genannt werden, weil sie vorausschauend sind. Der Leser beobachtet an dieser Stelle, daß Polyneikes, den Fulgentius als Bild der «luxuria», der «Prunksucht», vorstellt, demnach mit Argia die Voraussicht ehelicht (vgl. Polyneikes, s. o.). Als Philosophia nimmt A. sich der Sache des Schwiegersohnes an, und die sieben (!) Fürsten, die er nach Theben führt, sollen wir als die Sieben Freien Künste verstehen, die «passend Könige genannt werden, weil sie Herrschaft und Stütze aller Wissenschaften sind». Dem Gedankengang dieser Allegorese unterliegt deutlich eine christlich-moralisierende Tendenz, durch die Hipsipyle als Isiphyle (zu Isis) zum Bild der Abgötterei («idolatria») wird, die die Dürstenden zum Quell der weltlichen Wissenschaften statt zum Quell des Glaubens führt, der den Durst löscht statt ihn zu vergrößern. Als Ziehkind der Idolatrie stirbt Archemorus (Opheltes), «Denn wer nicht glaubt, ist schon gerichtet». Ein jeder aber, der der Abgötterei huldigt, wird «zweifelsfrei vom bösen Feind getötet», und dieser Feind erscheint hier als Schlange! (Vgl. AT, Genesis 3,1 ff.)

D Zu den seltenen Darstellungen gehört die Illustration in einer franz. Handschrift (um 1410/15; London, British Museum, Harley Ms. 4431, Bl. 118ᵛ). Wir sehen den Helden in zeitgenössischer Tracht zu Pferd, durch eine Krone als König gekennzeichnet, an der Spitze seiner Ritterschar, die er gegen das im Hintergrund auf einem Hügel gelegene Theben führt.

Aeneas, griech. Aineias, lat. Aeneas. Sohn des Anchises und der ⇒ Aphrodite/Venus (Homer, Il. 2,819–821). König der Dardaner, Nachbarn und Verbündete der Troer (Homer, z. B. Il. 2,819). Neben → Hektor der Haupthseld vor Troia auf troischer Seite (vgl. Il. 5,467 f). Haupthseld der «Aeneis», des römischen Nationalepos, und legendärer Stammvater der Römer. Seine Gemahlin war Kreusa (oder Eurydike; vgl. 10,26,1), von der er den Sohn Ascanius hat, der später Iulus heißt. Eine Tochter Etias nennt Pausanias (3,22,11).

Der A., der uns hier beschäftigt, ist mehr als andere im gegebenen Zusammenhang ein Mischwesen, sofern er aus den in wesentlichen Teilen sehr unterschiedlichen Vorstellungen zweier Epen zusammengesetzt ist: «Ilias» und «Aeneis».

A Aphrodite bringt A. auf dem Berg Ida zur Welt (Il. 2,821), will die Vaterschaft des Anchises aber verbergen (vgl. Hygin, Fab. 94). Bis in sein fünftes Jahr kümmern sich Nymphen um ihn, dann will die Mutter ihn holen und dem Vater geben, der ihn sogleich nach Troia bringen soll, wobei sie A. jedoch als Kind einer Nymphe ausgibt (Homer. Hymnos 5, an Aphrodite, 257 ff). Nach der «Ilias» hat sich dann sein Schwager Alkathoos um ihn gekümmert (13,463–466). Hederich zitiert, er sei in der Obhut des → Chiron, dem «Lehrmeister fast aller Helden», gewesen (Sp. 98). – Über seine Jugend ist nichts bekannt.

Die «Kyprien» (Proklos, Chrest. 1; H. G. Evelyn-White, Hesiod 1977, S. 490 f) sahen ihn (auf Wunsch der Mutter) in Gesellschaft des ⇒ Paris auf dem Weg nach Sparta (vgl. Dictys Cretensis 1,3; vgl. Dares Phrygius 9 u. 38).

Bei der Verteidigung der Stadt ist er Anführer der Dardaner und wird dem Troer Hektor nachgeordnet (Il. 2,815 ff), auch als – fraglos mächtiger –

Krieger: Als «Erreger des Schreckens» wird er in der «Ilias» bezeichnet (8,108). Daß Zeus ihm Kraft verliehen habe, sagt er von sich selbst (20,92 ff), und daß dies eine übermenschliche Kraft ist, wird deutlich, wenn Homer die Begegnung mit dem (noch stärkeren Achill) schildert. Nach Hygin (Fab. 115) hat Hector 31 Gegner, A. 28 erlegt. Den Kämpfer zeigt Homer in der «Ilias» (5,217 u. 247; 6,77; 11,58; 13,482 ff; 16,620). Aber Priamos scheint den Krieger nicht zu schätzen (13,460 f; nach Achills Meinung in 20,178 ff). Anderseits nennt er ihn «der Troer Berater» (13,463; vgl. 5,180: sagt Pandaros). Als Autorität mit entschiedenem Rat in Strategie wird Quintus Smyrnaeus ihn sehen (10,26 ff).

Der Krieger fährt gern einen Kampfwagen und hat berühmte Pferde (Il. 5,222 ff; 265; 323 f; 8,106: Er hat Rösser an den Diomedes verloren). Zu Fuß zeigt er rasche Beweglichkeit, als er (13,541) den Aphareus anspringt und ihm den Speer in die Kehle stößt (→ Aias II). Ihn selbst verwundet Diomedes mit einem riesigen Feldstein schwer am Hüftgelenk (5,302–310). Nur der Eingriff der Mutter Aphrodite kann ihn retten (5,311 ff), Apoll legt ihn in Pergamos (wo er einen Tempel hat) nieder (5,445 f), wo ⇒ Artemis und Mutter ⇒ Leto ihn heilen. Auf dem Schlachtfeld hat ⇒ Apoll die Gestalt des Verwundeten angenommen, über dem die Gegner in so heftigen Kampf geraten, daß der Gott den ⇒ Ares auffordert, doch den Tydeus zurückzuziehen (5,449–457).

Offenbar genesen, stellt A. sich mit wenigen anderen vor den verwundeten → Hektor (14,425). Dann trifft er auf → Achill, fordert ihn heraus: «zwei Männer, bei weitem die besten» (20,158). Beide führen sie die Lanze (20,258 ff). Zunächst aber kommt es zu einem heftigen Wortstreit. Den Waffenkampf eröffnet A., knapp verfehlt ihn die Lanze Achills. Der greift rasch zum Schwert, A. greift zur Abwehr nach einem riesigen Feldstein, ist aber augenscheinlich zu langsam und wäre verloren, würde nicht ⇒ Poseidon (S. 648 ff) ihm helfen (20,320 ff), der dem Achill die Sinne raubt und ihm die Lanze des A. vor die Füße wirft. Den A. selbst packt er und schleudert ihn weit über das Schlachtfeld in Sicherheit. Dort belehrt er ihn, sich künftig vor Achill zu hüten und sich ganz vorn erst wieder zu zeigen nach dessen Tod. Durch göttliches Eingreifen hat A. nun – gegen die Neigung von ⇒ Hera und ⇒ Athene (20,309–317), aber im Sinn von Stammvater ⇒ Zeus – schicksalhaft bestimmende Gewalt künftig bei den Troern und «Kindeskindern» erworben.

Quintus Smyrnaeus (8,93–95) sieht ihn wieder mit einem Stein als Waffe, mit der er Aristolochos erschlägt, «wie einen Blitz» schleudert er einen riesigen Block, der anscheinend viele unter sich begräbt (ebd. 11,393 ff, vgl. 11,486–488). Deileon und Amphion erschlägt er, ehe sie zur Waffe greifen können (10,112–117), mit dem Speer erwischt er den Sohn des Anthalos (11,201–203). Mal sieht man ihn als Autorität mit entschiedenem Rat in Strategie (10,26 ff), mal mit dem Speer im Kampf, schließlich Vater und Sohn aus dem Chaos der brennenden Stadt retten (13,300–349; vgl. vor allem Aen. 2,716 ff).

Die «Ilias» zeigt den A. als Krieger, am Ende aber, beim allgemeinen Morden, hat man ihn waffenlos gesehen (anders Vergil, Aen. 2,383–385; 671 f): Apollodor vermerkt knapp (Epit. 5,21), die Griechen hätten ihn verschont wegen seiner Frömmigkeit. Er habe den Vater Anchises genommen und sei mit ihm geflohen (vgl. Xenophon, Kyneg. 1,15; Quintus Smyrnaeus 13,315–327; Vergil, Aen. 2,699 ff). Aelian (Hist. var. 3,22) erklärt die «Frömmigkeit»: Nach griechischer Sitte habe man mitleidig den Flüchtenden erlaubt, ein Stück Eigentum mit sich zu nehmen. A. ergriff die heimischen Götterbilder, was den Griechen so gefiel, daß sie ihm erlaubten, noch ein zweites Stück mitzunehmen. Da nahm A. den alten Vater und trug ihn auf den Schultern davon. Das habe die Griechen so beeindruckt, daß sie ihm gleich sein ganzes Hab und Gut überließen: Selbst der Feind läßt Milde walten gegen einen, der fromm Götter und Eltern ehrt!

Andere zeigten einen vielleicht ängstlich umsichtigen A., der den Tod des Laokoon und seines Sohnes durch zwei Schlangen für ein böses Omen hält und sich mit seinen Leuten auf den Ida zurückzieht, noch ehe Sinon den Griechen das Signal zum Angriff gibt («Iliu Persis» 1; H. G. Evelyn-White, Hesiod 1977, S. 521 f).

Wieder anders die «Kleine Ilias»: Danach geriet er als wertvollstes Beutegut der Danaer (zu welchem Zweck?) an Neoptolemos (Schol. zu Lykophron 1268; H. G. Evelyn-White, Hesiod 1977, Nr. 14, S. 518 f).

Das offenbare Überleben des Helden veranlaßt die späte Mythographie (sicher in Kenntnis auch der «Aeneis») zu auffällig produktivem Nachdenken. Jedenfalls sieht man ihn neben Antenor als Verschwörer und Komplizen von → Odysseus und Diomedes, wobei Dictys Cretensis (5,17) blanken gewinnsüchtigen Verrat, sogar skandalöse Züge an ihm entdeckt, als er schließlich selbst gegen Antenor um die Macht intrigiert, während Dares Phrygius den beiden Troern respektable Motive abliest (vgl. das heimliche Treffen von Odysseus und Diomedes mit Antenor in Il. 3,203 ff und Apollodor, Epit. 3,28; wichtig auch Antenor und das Palladium in Dictys Cretensis 5,8; vgl. M. Reinhold, s. Lit.). Antenor erklärt die Lage der Stadt für hoffnungslos, eingeschlossen, aufgerieben, wie sie sei (Dares Phrygius 36 ff). Man solle den Griechen Helena (→ Helene) und all ihre mitgebrachte Habe zurückgeben, dann sei Friede, meint Antenor. Amphimachus (Sohn des Priamus) ist heftig dagegen. Dann steht A. auf, widerspricht sanft und gelassen und rät entschieden zum Frieden mit den Argivern. Das ist wohl der «Berater». Priamus hat viele Vorwürfe, mit denen er die beiden mitverantwortlich macht für den Krieg. Schließlich habe A. gemeinsam mit Alexander/Paris die Helena und mit ihr die Beute geraubt. Frieden werde es nicht geben: «Sieg oder Tod!» Daß A. diese heldische Alternative nicht akzeptiert, macht ihn anscheinend zum Partner im Geist des Odysseus/Ulixes. Planmäßig (Dares Phrygius 41) öffnen die beiden Verschwörer dem Neoptolemus nächtens die Tore der Stadt und verlangen für sich und die ihren eine sichere Flucht. Fürsorglich vertraut A. während des Gemetzels dem Anchises die Polyxena (→ Achill) an. Am folgenden Tag (42) wird (auf der «arx Minervae»!) die Beute verteilt, und die Griechen halten sich an die Abmachungen: Die beiden «Verräter» erhalten ihren heimlich verabredeten Anteil (Minerva/⇒ Athena ist auch Göttin der Beute). A. wird nun das Land («terra») dem Antenor übergeben und mit seinen Leuten Troia noch vor Agamemnon verlassen (Dares Phrygius 43).

Dictys Cretensis weiß (5,16), daß die Griechen dem A. vorschlagen (als Entgelt für die gleichen Leistungen, doch in einigen Varianten gegen den Bericht des Dares), mit ihnen nach Griechenland zu fahren, wo er wie die anderen Fürsten Rechte und Herrschaftsmacht genießen werde. A. will bleiben, bringt durch seine Intrige (s. o.) den Antenor gegen sich auf und muß mit aller Habe Troia verlassen. Auf der Reise vorüber an vielen «Barbaren» kommt er in die Adria und gründet dort mit seinen Leuten die Stadt Corcyra Melaena (= Corcyra nigra; Korkula, Curzola; an der dalmatinischen Küste; vgl. Kl. Pauly 1, Sp. 1304). – Die historisch schließlich überzeugendste und prägende Version hat Vergil, der den frommen, gottesfürchtigen und gottgefälligen A. Homers am Werk sieht, welcher (nach dem Urteil des Poseidon) «stets den Göttern willkommene Gaben gibt» und dem eine große dynastische Zukunft bevorsteht (Il. 20,293–308). Als es um sein Leben geht, kümmern sich (mit Zeus) sechs Götter um ihn, während Hera und Athene sich zurückhalten (Il. 20,310–317). Das ist der Held der «Aeneis», der für den Untergang der Stadt Verrat oder Schicksal vermutet (Aen. 2,34). – Die «Aeneis» ist in ihrem ersten Teil (1–6: «Römische Odyssee») der Bericht über die Reise und in ihrem anderen Teil (7–12: «Römische Ilias») der Bericht über die Landnahme bis zur Gründung der Stadt.

Der «fromme» A. bewährt sich in aufmerksam-umsichtigem Gehorsam gegen die Götter, die ihn auf einen Weg schicken, der ihm bestimmt ist. So zeichnet für uns hier weniger der Mann den Weg als (umgekehrt) der Weg den Mann (vgl. dagegen den «listigen» → Odysseus). Das folgende ist ein Versuch, den A. im chronologischen Nachzeichnen dieses Weges sichtbar zu machen.

Schon im Chaos des Untergangs weist der Schatten Hectors (Aen. 2,270 ff) ihm eine wichtige Aufgabe zu: Er soll die Heiligtümer an sich nehmen und die Penaten dorthin bringen, wo er einst die Mauern einer neuen Heimstadt bauen werde, und Hector trägt sogleich selbst die große Vesta/Hestia (S. 477 ff) und ihr ewiges Feuer in die Halle. Hector weiß, daß ein starker Arm Troia nicht mehr retten kann, so wendet er sich an einen, der die Heiligtümer zu retten vermag. Damit zeigt A. sich nicht eigentlich als Flüchtiger, der davonläuft, sondern als Retter mit einem wichtigen Auftrag. Wenig später (Aen. 2,777 ff) erfährt er vom Schatten Creusas, daß die neue Heimstadt in Italien liegen werde, aber «Lange im Elend wirst du durchkreuzen die endlosen Meere» (2,780). So hat A. ein festes Ziel vor Augen auf einer Reise, die an die Odyssee erinnert (und ihr in Teilen auch nachgezeichnet ist).

Anders als Odysseus reist A. nicht heim, sondern hinaus in die Fremde: Er ist Vertriebener und «Flüchtling», Neusiedler und (wiederholt) Gründer, vom Schicksal bestimmt, sich eine Herrschaft im Ausland zu suchen (die «Macht suchend im Ausland»; Aen. 4,350: «et nos fas extera quaerere regna»). Anderseits ist das Ziel Italien nicht willkürlich bestimmt, sondern (im Verständnis Vergils) Ursprungsort der Dardaner, deren Ahnherr Dardanus einst aus dem tyrrhenischen Corythus über Samothrake (Aen. 7,206–209; vgl. Myth. Vat. I. 135) an den Ida gekommen und gar der erste Erbauer der Burg Ilion gewesen sei (Aen. 8,134 f). In diesem bedeutsamen Sinn ist auch A. ein Heimkehrer, wenn er mit den Dardanern zurückkehrt in das Land seiner Väter («patria»: 4,347; vgl. das heutige Israel als Ziel der Heimkehr: Boris Johnson, «Virgil's message for the Middle East», s. Lit.).

Götter haben ihm das Ziel gesetzt, doch der Weg dorthin ist voller Hindernisse, bestimmt durch gleicherweise göttlichen Unwillen. A. findet sich im Spannungsfeld göttlicher Parteinahme um Troia. Zwar hat er Neptun/Poseidon, Apoll und die Mutter Venus für sich, dafür aber vor allem die mächtige ⇒ Juno/Hera gegen sich (vgl. auch Aen. 2,612–614), die den Troern immer noch das kränkende Parisurteil verargt (1,27 ff) und nun besorgt ist um Karthago, das sie noch vor Delos schätzt und fördern will und jetzt hört (in Vorausschau auf die punischen Kriege!), daß es dereinst von einem Geschlecht aus troischem Blut, den Römern, zerstört werde (1,12–33).

Der Auftrag trifft einen Mann, der «fromm» (pius) ist, wie Odysseus «listig» ist: Seine Frömmigkeit wird ihn leiten.

Dazu gehört auch die Fürsorge für Vater, Frau und Sohn, zu der Mutter Venus ihn zurückruft aus seinem mörderischen Zorn auf Helena (Aen. 2,594 ff). Den Vater muß er erst überzeugen (2,634–699). Schon von Flammen bedrängt wird er ihn auf die Schultern laden, den Ascanius an die Hand nehmen, Creusa (die umkommen wird) wird ihnen folgen, mit ihnen sind Knechte. Beim Tempel der Ceres (⇒ Demeter) wird man sich treffen (2,705 ff; 2,804). Viel Volk vertraut sich seiner Führung an (2,796–800). Fürsorge für die ihm Anvertrauten ist sein charakteristischer Wesenszug.

Am Fuß des Ida stellt man eine Flotte zusammen und setzt zu Sommerbeginn auf das Gebot des Anchises. Die Fahrt geht ins Ungewisse (Aen. 3,1 ff), doch wo er landet, gründet A. meist eine Stadt: zunächst Aenus in Thrakien (3,18), das man bald wieder verläßt, weil dort einst das Gastrecht entweiht wurde: A. will ein Opfer bereiten und reißt dazu einen Myrtenstrauch aus dem Boden. Der Strauch blutet, und die Stimme des Polydorus, den Vater Priamus einst in das Land in Sicherheit geschickt hatte, erzählt von seinem mörderischen Tod und drängt den A., das Land zu fliehen (3,23–46). Es entspricht dem frommen Sinn des A., wenn er nun in Delos den Apoll um ein eigenes Heim, eine eigene Stadt befragt, den Ordner, der gern Tempel und Städte gründet. Der Gott bekräftigt die früheren Weisungen zur Heimkehr in das Land ihrer Herkunft, wo das Haus des A. herrschen werde (3,94–99). Auf Kreta gründet A. die Stadt Pergama. Schon verteilt man die Äcker, als eine «Pest» («lues») sich über Land und Leute legt und alles dahinsiechen läßt (3,136–142). In einem Traumgesicht (3,147–171) läßt Apoll den A. durch die troischen («phrygischen») Götterbilder und Penaten wissen, daß sein Gründungsauftrag nicht Kreta meinte, sondern in dem fernen Land, das die Griechen «Hesperien», Jüngere «Italien» nennen (3,163–166; vgl. Isidor, Etym. 14,4,19). Ausonien soll er dort suchen und die Stadt des Corythus: Juppiter verweigere ihm Kreta. Offenbar hat A. bislang (fromm) der Leitung des Vaters vertraut, der nun einen Irrtum eingesteht und sich der unverstandenen Weissagungen Kassandras erinnert (Aen. 3,178–186). Derart gewarnt, folgt man der Weisung Apolls und reist einer nächsten Weissagung entgegen.

Ein fürchterlicher Sturm bringt sie zu den Strophaden, wo die schlimme Celaeno mit den anderen → Harpyien haust, grausige vogelgleiche Wesen mit Menschengesicht, die aus dem Sturzflug heraus den Tafelnden die Speise (Rinder aus ihren Herden genommen: vgl. die Rinder des Sol, ⇒ Apoll, in der «Odyssee») rauben und Tisch wie Nahrung mit Kot besudeln (Aen. 3,209–234). A. schickt die Leute aus zum Kampf gegen die «Vögel», doch keine Waffe vermag sie zu verwunden. Statt dessen sagt Celaeno ihm als Strafe für den «Mord» an den verspeisten Rindern: Ja, sie werden in Italien landen, aber bevor sie dort Mauern bauten, werde rasender Hunger sie dazu treiben, selbst Tische anzunagen und gar zu verschlingen (3,247–257; vgl. 7,107–116)). Hier ist es Vater Anchises, der die Götter anruft und um Gnade für die «Frommen» bittet (3,263–266). Man reist gerne vorbei am «verfluchten» Ithaka des «wilden Ulyxes». Auf Leukas (3,274–288) werden Kampfspiele dem Juppiter gefallen (auch dem Apoll?). Am Phäakenland vorbei kommt man nach Burothrum (in Epirus), wo er den Helenus trifft, der in einem «kleinen Troia», «dem großen Pergamum ähnlich», wohnt. Vor allem beunruhigt durch den bedrohlichen Spruch der Celaeno, befragt er den Seher, durch den Apoll spricht, und der die Sterne, den Lorbeer, Stimme und Flug der Vögel zu lesen weiß. Von ihm, den Parzen und Juno hemmen, erhält er die bislang ausführlichste Weisung (3,374 ff): Noch weit sei der Weg nach Italien, sizilische und ausonische (westitalische) Gewässer müsse er erst befahren, den Averner See und die Insel der Circe müsse er besuchen, erst dann werde er die Stadt erbauen. Dann soll er auf dieses Zeichen achten: Wo er an einem Fluß unter den Ufereichen ein gewaltiges weißes Wildschwein («sus alba») sieht mit 30 weißen Frischlingen um die Euter, dort sei der Ort für die Stadt (die Alba longa heißen wird), sichere Ruhe vor der Mühsal. Trost hört er zur Drohung der Celaeno, sein Weg sei klar, Apoll werde zur Stelle sein. Es folgen Warnungen vor bestimmten Orten, dann besonders eine Anweisung zum künftigen und bleibenden Opferritus, den er fromm üben soll, wenn er «jenseits des Meeres» am Strand Opfer bringen wird.

Auch die weitere Strecke erfährt A. jetzt. Auf die sizilische Küste zu werde der Wind ihn schieben, bei Pelorum soll er sich links halten, doch dabei die Charybdis wie gegenüber die Scylla meiden (deren genaue Gestalt dem Leser unklar bleibt und ihn an die → Sirenen erinnert: Aen. 3,424–432; vgl. Ovid, Met. 13,732–734). Besser sei es wohl, einen Umweg zu fahren. Ohne Wahl aber bleibt (Aen. 3,434–440), daß er sich die Juno mit Gebeten und Gaben und Flehen geneigt machen soll, wenn er einst von

Sizilien kommend Italien erreichen will. Ganz wichtig aber sei, daß er am Averner See bei Cumae die Sibylle aufsucht, um von ihr (worum er sich bemühen muß) zu erfahren, was er über die Völker Italiens und künftige Kriege, über zu überstehende oder zu vermeidende Mühen wissen möchte für eine glückliche Fahrt. Beim Aufbruch beobachtet man den A. als Visionär einer «troischen» Bündnispolitik des künftigen Rom (3,500–505). Dann landet man im ersehnten Italien (3,520 ff). Aufschlußreich nun die Hinwendung zu Pallas Athene (die Gegnerin) und das «pflichtgemäße» Opfer an die Juno von Argos (3,543–547). Augenscheinlich meidet man die Begegnung mit Griechen (3,550), sieht die Bucht von Tarent, passiert den Tempel der Juno Lacinia und sieht weit in der Ferne den Ätna. Nun reisen sie den Weg des Odysseus, kommen zu den Cyklopen, treffen einen zurückgelassenen Gefährten des Odysseus, begegnen dem geblendeten Polyphem und den anderen Cyklopen, fliehen, vermeiden Scylla und Charybdis, folgen der Südküste Siziliens gegen Westen und kommen nach Drepanum (Trapani), wo Vater Anchises stirbt.

Jetzt plant Juno die Vernichtung. Sie umschmeichelt kupplerisch den Aeolus und erwirkt ein fürchterliches Unwetter, das die Troer wohl versenkte, würde Neptun nicht die Ränke erkennen (Aen. 1,124–156) und rettend eingreifen.

Sieben von zwanzig Schiffen sind dem A. verblieben, als er schließlich in Libyen anlandet. Das soll der Wendepunkt auf dem Weg nach Rom sein.

Mutter Venus wendet sich besorgt an Juppiter (Aen. 1,228–253): Sei das Schicksal des A. denn wirklich Lohn für seine Frömmigkeit? Juppiters Antwort enthüllt ihr das Schicksal des Sohnes in vielen Einzelheiten (1,257–296): Je näher A. seinem vorbestimmten Ziel kommt, desto deutlicher zeichnet sich das künftige Geschehen ab (ein Wissen, das Venus zunächst freilich nur mit dem Leser teilt): eigentlich ein Umriß römischer Geschichte weit über das Leben des A. hinaus als Werk aus göttlichem Plan bis hin zu Caesar und in das «Goldene Zeitalter».

Zu diesem Ende soll Mercur die Königin des Landes, Dido, und die wilden Punier zum freundlichen Empfang der Troer bewegen (Aen. 1,297–304).

In Dido trifft A. auf seinesgleichen, auf einen Vertriebenen, einen Flüchtling, eine Frau, die fern von der Heimat in Tyrus (in Phönikien) mit ihren Gefährten Zuflucht und Heimat gefunden hat in diesem Land. Nicht mit der Waffe, sondern durch Handel hat sie den Boden erworben und begonnen, darauf eine Stadt zu errichten: Karthago. All das erfährt A. von Mutter Venus, die ihm unerkannt in Gestalt eines einheimischen Mädchens begegnet (Aen. 1,414ff) und ihn gemeinsam mit Achates (nun erkannt) zur Stadt schickt, wo er (von ihr in einen «Nebel» gehüllt) unerkannt Zeuge wird (1,421ff), wie eine wohl erst unlängst gegründete Stadt entsteht, mit dem Bau von Mauern und Gebäuden, dem Umreißen von Baugrundstücken mit der Pflugschar. Zugleich kommen ihm in den Sinn die Wahl eines Senats, die Gesetzgebung und die Richter (vgl. 1,506–508: «Gab Gesetz und Recht dem Volke und teilte Arbeit / Bald nach Billigkeit aus und dann nach des Loses Entscheidung»). Auch Hafenbecken werden gegraben und der Grund gelegt für ein säulengeschmücktes Theater. Ein Bild bienenfleißiger Betriebsamkeit. All das läßt den A. ungeduldig an die eigenen Pläne denken (1,437). Wie eine Mahnung für das eigene Vorhaben muß ihm der große Junotempel erscheinen, den Dido dort errichtet, wo die Tyrer gleich nach der Landung ein von der Göttin gesandtes Glück verheißendes Zeichen, den Kopf eines feurigen Pferdes, fanden (1,442–449). Zu all diesem kommt eine Begegnung, die ihn schließlich für sein eigenes Unterfangen hoffen läßt: Auf den Tempeltüren sieht er Bilder, die den troischen Krieg erzählen. Es sind Bilder, die auf ihre Weise das Geschehen nicht nur präsentieren, sie zeigen ein Leid, das die Betrachter zu Tränen rührt, menschliches Unheil, das die Gemüter bewegt. So zeigt sich Ruhm, und A. zieht daraus ein Versprechen von Rettung (1,459–463). Die Bilder zieren das Heiligtum der Juno: A. wird bemerken, daß sie zunächst die Griechen auf der Flucht zeigen, dann erst die Phryger (1,467f; vgl. «pictura inanis», Stumme Gemälde: 1,464).

Dann erscheint Dido. Mag sein, daß Zufall Gefährten des A. jetzt zu ihr führt. Ilioneus, der Älteste, wird wortreich das Anliegen um Hilfe vortragen und dabei unversehens den Wunsch der Dido wecken, auch den berühmten A. zu treffen, vor seinen Ohren. So hört er (Aen. 1,572ff), noch ehe er sich hat zeigen können (wie ein weiteres Lehrstück für sich selbst), die Einladung der Königin an die Troer, sich in Karthago niederzulassen, wo «Troer und Tyrer bei mir nach den gleichen Gesetzen leben».

Erst jetzt hebt Venus den «Nebel», und A. zeigt sich in all seiner Schönheit (Aen. 1,587–593), die dem Mann aber ein neues Problem einbringen wird. Mutter Venus hat die Sorge, die zürnende Juno könne sich Betrug und Doppelzüngigkeit der Tyrer zum Schaden des A. zunutze machen (1,661f). Darum holt sie den Amor, der macht, daß Dido sich in den Mann verliebt (vgl. 1,748f) und schließlich, von Juno gemahnt, die Ehe will (4,171f). Allein das Gerücht («fama») weckt die heftige Eifersucht des verschmähten Freiers Jarbas, einst königlicher Gönner der Frau (4,196–2145).

Es scheint, daß A. dabei ist, sich zu arrangieren. Man sieht ihn, von Dido prächtig gewandet, eifrig am Werk für die Stadt, Burgen und Paläste gründen (4,260–264). Damit ist sein gottgegebener Auftrag (4,229) in Gefahr, und Juppiter schickt den Mercur / ⇒ Hermes, der dem Mann Vorwürfe und Mahnungen geradezu um die Ohren schlägt (4,265 ff). Zumindest an Ascanius, den Erben, soll er denken (4,271–276). Wie einer, der plötzlich erwacht ist, plant A. sogleich den Aufbruch, der eigentlich, zunächst heimlich, dann offen, wieder eine Flucht ist (4,279 ff). Eingespannt zwischen Liebe und Göttergebot (er nennt besonders «Gryeus Apollo»; 4,345), entscheidet der Fromme für das Gebot (4,395 f) und wird so an der Frau zum «Verräter», den göttliche «Rache ereilen» möge (4,382–385). Noch einmal muß Mercur drängen, diesmal mit dringenden Warnungen vor der zum Freitod entschlossenen bedrohlichen Frau (4,563–570; vgl. besonders 4,590–629). Die Nachricht erreicht A., als er sich vor der Abreise – schon an Bord – zum erholsamen Schlaf gelegt hat. So eilig hat er es jetzt, daß er die Seile mit dem Schwert durchschlägt (4,580). Der Selbstmord der Dido (mit dem Schwert des A.) ist wieder eine Niederlage der Juno (4,663 ff; vgl. 1,12–33; vgl. auch Ovid, Her.; so erklärt sich die Feindschaft zwischen den Völkern!).

Gegen den Plan schieben die Winde die Flotte nach Sizilien zum freundlichen Akestes (in Segesta; Aen. 5,30).

Das gibt dem A. Anlaß für einen bedeutsamen Akt der Pietät gegen den Vater am Jahrestag seines Todes: die Einrichtung eines Totenopfers für alle Zeiten (5,46–50; vgl. 3,707–711). Dazu zählen festliche (umfangreiche und ausführlich beschriebene) Wettspiele, wozu auch ein Ruderrennen gehört (5,113 ff). Eine riesige Schlange erscheint aus der Tiefe und umschmiegt das Grab des Vaters, kostet ein wenig vom gemeinsamen Mahl und wendet sich wieder in die Tiefe. Die sieben farbigen Ringe um ihren Leib sind sicher bedeutungsvoll. A. hält das Tier für ein günstiges Zeichen und bringt dem Vater ein Opfer aus Schafen, Schweinen und Stieren, spendet auch Wein (5,80–99). Ein Akt der Pietät gegen den Vater ist auch, daß am Ende Iulus / Ascanius den Festzug der Knaben anführt (5,548 ff).

Wieder findet Juno (mit Hilfe der ⇒ Iris) Gelegenheit zum dramatischen Eingriff, wozu sie die ihr besonders angelegenen Frauen benutzt (Aen. 5,605 ff). Die stehen abseits, beweinen den toten Anchises und denken an die künftigen Mühen: Dort setzt die Göttin in Gestalt der alten Beroë an, indem sie in ihnen den Wunsch weckt, doch eben sogleich und hier unter Freunden zu siedeln (5,638–640). Der wunderbare Anblick der himmelwärts scheidenden Göttin und zugleich der Anblick der Schiffe läßt die Frauen unüberlegt und hektisch zum Feuer greifen, um die Schiffe zu verbrennen. Zu spät erkennen sie die Verblendung, als sie befreit sind «aus Junos Verstrickung». Vergeblich der Versuch, die Feuer zu löschen. Dramatisch reißt A. sich schließlich das Gewand vom Leib und ruft Juppiter um Hilfe an (5,685–699): Ein mächtiger Regenguß rettet die Flotte. Den zweifelnden A. berät der alte Nautes. Sein Vorschlag ist, die Unwilligen, die Alten, entkräftete Mütter, Gebrechliche, Ängstliche, Müde am Ort zu lassen, ihnen vielleicht eine Stadt namens Akeste zu bauen. Nächtens erscheint dem A. das Bild des Vaters Anchises (5,724–730) und rät zur Auslese junger Leute, tapferer Leute, bereit und fähig, in Italien einen Krieg gegen harte und rauhe Leute zu führen. So geschieht es (5,750–761): A. umreißt die künftige Stadt mit der Pflugschar, lost Wohnungen aus, Akestes hält Gericht, erteilt Gesetze. Der Venus Idalia errichtet man auf dem Gipfel des Eryx einen Tempel, für das Grab des Anchises wird ein Hain eingerichtet und ein Priester ernannt.

Ein Lamm opfert A. den Stürmen, drei Rinder dem Eryx, dann sticht die Flotte rasch in See. A. steht über dem Bug, wirft aus einer Schale Eingeweide ins Wasser und spendet Wein. Um das Haupt trägt er dabei einen beschnittenen Olivenkranz (Aen. 5,772–777). Der Wind steht günstig, aber Venus wendet sich, in Erinnerung an das Geschehene, besorgt an Neptun, der sie an seine eigene Fürsorge für A. im Kampf gegen Achill erinnert (5,779–815). Nachts fällt der Steuermann Palinurus über Bord: Bei leichter Fahrt hat der Schlaf ihn überwältigt. So kommt es, daß A. nun die letzte Strecke der Fahrt selber das Ruder führt zur Küste bei Cumae und damit an das langersehnte und vorbestimmte Ziel (6,1 ff).

Unverzüglich sucht A. die Sibylle auf, die Sprecherin Apolls (Aen. 6,9 ff). Ihr Spruch verheißt den Dardanern die Ankunft in Latium («Laviniums Reich»), aber es werde schreckliche Kriege geben. Auch dort werde A. einem Achill begegnen, einem Werkzeug der Juno. Und auch dort werde ein Weib (wie einst Helena) für Unheil sorgen. Der Spruch ist vage und ermutigend zugleich (6,83–97). Dann will A. in die Unterwelt und dort den Vater sehen. Den Weg dorthin kann ihm nur ein (immer wieder am Baum nachwachsender) goldener Zweig öffnen, ein Opfergeschenk an Proserpina / ⇒ Persephone, den aber erst pflücken kann, wer ihn gefunden hat (6, 136–148). Für den umständlichen Weg dorthin erhält A. (begleitet von Achates) mühelose Weisung (6,149 ff): Unbemerkt ist inzwischen am Strand der Gefährte Misenus gestorben. Er muß vor dem Unterweltgang erst bestattet sein. Beim Holzschlagen für den Bau des Leichengerüsts beobachtet A. zwei Tauben, Gefährten der Mutter, die ihn einen längeren Weg sorgfältig durch den Wald hinführen zu einer Eiche, in deren Geäst (wie eine Mistel) der gesuchte Zweig leuchtet (6,177–210). A. bricht und bringt ihn der Sibylle. Nach der feierlichen Beerdigung des Misenus ruft A. Hecate an, opfert «Der Furienmutter und ihrer gewaltigen Schwester», danach der Proserpina und errichtet dem Pluto Altäre (1,247–254). Dann erscheint gewaltig, wie von einem Erdbeben getragen, die Göttin (6,256f). In Begleitung der Seherin macht A. sich an den Abstieg in die Unterwelt. Wie ein kampfbereiter Krieger hat er das Schwert gezogen, denn das hat die Sibylle verlangt.

Im Vorhof («vestibulum») des Orcus lauern die Dienstboten und Lieferanten des Herrn der Unterwelt (Aen. 6,273–281). Daneben steht eine Ulme, deren Blätter nichts sind als nichtige Träume, die Schatten mythischer Tiere und Zwitterwesen hausen daneben.

Das Übersetzen des Sterblichen, der doch auch wieder zurückkehren will, in das Jenseits, besorgt Charon nur, als die Seherin ihm den goldenen Zweig zeigt (Aen. 6,495ff). Am anderen Ufer betäubt sie den Cerberus mit Honig und Kräutern. Der Weg durch die Unterwelt ist wie eine Wanderung durch eine reich gestaltete, durchaus irdische Landschaft zwischen farbloser (6,272), dann flammendurchflackerter Düsternis (⇒ Hades) und farbiger Helle (6,637ff), belebt von Wesen, auch Tieren, die einst die Welt darüber belebten. Damit ist es ein Weg durch die Vergangenheit, auf dem A. vielen Menschen begegnet, die er kennt, zunächst offenbar solchen, die noch unlängst mit ihm waren (6,331–336), wie Palinurus, und noch auf das Übersetzen warten, später auch der Dido (6,450ff). Dann eine Menge von Figuren aus Mythos (6,284–289; 6,601) und Geschichte, die alle nach der Art ihres irdischen Lebens in je eigenen Quartieren Strafe (im Tartarus: 6,563ff) oder Lohn erfahren. Vater Anchises, der an einem «Ort der Freude» wohnt (6,638ff), den zu betreten es wieder den Zweig braucht, wird schließlich den Blick auch in die irdische Zukunft werfen auf das, was dort geschehen wird, und er sieht die Seelen, die einmal in das Leben und in die Welt zurückkehren werden (6,713ff; 743ff; vgl. Myth. Vat. I 201). So empfängt A. eine Vorausschau auf die künftige Geschichte Roms. All das verheißt dem A. willkommenen Ruhm, und mit abschließendem Blick auf künftige Kriege und mit väterlichem Rat, Gefahr zu bestehen oder zu meiden, entläßt Anchises ihn.

Bestärkt reist A. weiter und geht in Latium an den Ufern des Tiber an

Land. König Latinus ist dem Apoll besonders verbunden: Seit vielen Jahren steht ein Lorbeerbaum im Burghof, mit dem sich eine Weissagung eines künftigen Herrschers aus fernen Landen verbindet (Aen. 7,59–70). Andere Orakel, bedrohliche und mahnende, betreffen Tochter Lavinia und ihren künftigen Gatten. Umsichtig schickt A. dem Latinus hundert ausgewählte Männer unter der Führung des Sprechers Ilioneus als Boten («oratores»), während er selbst am Strand das Lager befestigt (7,157–159).

Die Männer sind augenscheinlich in Olivenzweige gewandet («ramis velatos Palladis omnis»: Aen. 7,154), was sie fremdartig («ignota in veste»), aber sicher auch friedfertig erscheinen läßt (⇒ Athena). Troer und Tyrrhener treffen einander als Fremde, doch nicht zufällig, denn der Boden, auf dem sie sich treffen, verbindet sie «historisch» miteinander, sofern der troische Ahnherr Dardanus einst hier als Auswanderer aufbrach. Das weiß auch Latinus (7,205–211), dem die Troer nun nicht fordernd, sondern als Bittsteller begegnen, jedoch mit dem Versprechen einer großen gemeinsamen Zukunft (7,228–238). Schließlich aber treten sie auf mit dem Anspruch göttlicher Sendung, heimgerufen vom Ahnherrn, ermahnt vom (Gründer) Apoll (7,239–242). Latinus erweist sich (in einer Mischung von Gehorsam, Kalkül und natürlicher Freundlichkeit) als einsichtig: Er bietet A. an, ihm Freund und Bundesgenosse zu sein. Dazu wünscht er, A. möge seine Tochter heiraten, was ihm des Vaters Orakel (7,95–101; 7,252–258) und «himmlische Weisung» nahelegten (7,267–271). Diesen Stand der Dinge wendet, mißgünstig wie zuvor, Juno gegen A. (7,288ff). Auch wenn sie an der Ehe mit Lavinia nichts ändern könne, sorgt sie für Verzug und Verzögerung (7,312ff), indem sie Lavinia der Helena, A. dem Paris nachbildet, während sie dem Turnus die Rolle Achills zuschiebt. Handhabe hierzu bietet ihr Königin Amata, die der Tochter den Turnus zugedacht hat (7,54–57) und den Eingebungen der Furie Allekto (eigens für das Unterfangen engagiert: 7,324ff) willfährig geneigt ist und rasch die Erinnerung an Troia begreift (7,359ff). Als Kalybe, Priesterin der Juno, tritt sie vor Turnus und macht, daß er die Rutuler zum Krieg gegen Latinus und zur Verteidigung Italiens gegen die fremden Teukrer aufruft (7,467–470). Ahnungslos veranlaßt Iulus bei der Jagd einen blutigen Streit zwischen Ackervolk und troischer Jugend über einem waidwund geschossenen zahmen Hirsch des königlichen Wildhüters und seiner Tochter. Es gibt Tote, und Juno entläßt die Allekto. Nun legt sie selbst «letzte Hand an den Krieg» (7,572f), den auf italischer Seite Turnus führt, von dem Latinus sich «voll Abscheu» (616ff; vgl. 600) abwendet und verbirgt.

A. ist offenbar in Bedrängnis. Im Traum (Aen. 8,28 ff) erscheint ihm Tiberinus, der ihm die Weissagung des Helenus vom riesigen Wildschwein bekräftigt (s. o.) und dann ihm ein Bündnis mit Euander rät, einem König von Arkadern, stromaufwärts, die beständig im Krieg mit den Latinern lägen. Und er soll, dem Brauch gemäß, der Juno Gebete und Gelübde weihen (8,60 f). Das Opfer werden die Wildsau und ihr Wurf sein, unvermittelt zur Hand am Flußufer (8,81–85).

Euander vermittelt A. die Etrusker als Verbündete (Aen. 8,470 ff, 494 ff) und vertraut ihm als Krieger den Sohn Pallas an (8,514 ff). Schon zuvor (8,273 ff) hat man dem Hercules geopfert, der auch einst hier zu Gast war (8,362–365). Zu dieser Zeit gibt Mutter Venus dem «Gatten» Vulcan neue Waffen für den Sohn in Auftrag (8,372 ff). Später erhält A. von den Arkadern ein ganz in gelbe Löwenhaut mit vergoldeten Klauen gekleidetes Ross (8,552 f). Dann sieht man ihn mit Achates unter den ersten des Heerzugs, als die Mutter ihm in einem Moment der Ruhe die neuen Waffen bringt (8,608 ff). Den Schild ziert eine Geschichte «der Italermacht und der Römer Triumphe» in Bildern, eine Vision künftiger Ereignisse und Taten, «Ruhm und Schicksal der Enkel» (8,626–731), die A. nicht versteht, aber sinnfällig fromm auf sich nimmt und trägt, als er den Schild sich über die Schulter legt (8,730 f).

Nun läßt Juno die Iris den Turnus zum Angriff des teukrischen Lagers antreiben, wo die Zurückgebliebenen sich nach Anweisung des A. verschanzt haben. Die Absicht, die Schiffe des A. zu verbrennen, vereitelt deren wundersame Verwandlung in Nymphen nach dem Willen der Berekyntia (⇒ Kybele; Aen. 9,118 ff), ein Zeichen, daß es göttlicher Wille ist, der den Troern den vertrauten Fluchtweg zur See verwehrt. Derweil ist A. ahnungslos in Palanteum (9,241), und Ascanius ersehnt seine Rückkehr (9,257 ff). Einem nächtlichen blutigen Überfall der Troer folgt eine blutige Feldschlacht, die vor allem den mächtigen Kämpfer Turnus zeigt.

Über dieser Kriegslage geraten im Olymp Venus und Juno aneinander (Aen. 10,1 ff). Das Schlachtenglück beginnt sich gegen Rutuler und Latiner zu wenden, als endlich das troische Heer mit den Verbündeten zum Entsatz eintrifft (10,360 f). Den Arkader Pallas trifft im Angriff der Wurfspeer des Turnus tödlich (10,474 ff). Juno sorgt sich vor Juppiter um Turnus (10,613 ff) und erhält einzig den Rat, zu seiner Rettung ihn zur Flucht zu bewegen. So schafft sie aus Wolken ein Trugbild des A., das ihren Schützling auf ein Schiff lockt und den Mann fortführt. Auf der anderen Seite sieht man jetzt den mächtigen Krieger A. Sein Speer und Schwert verwunden schwer den Mezentius, etruskischer Flüchtling am Hof des Turnus (10,768 ff), seinem Schwert fällt sogleich auch dessen Sohn Lausus zum Opfer (10,515 ff). Vor dem blutigen Leib des Sterbenden, vor dem «Bild kindlicher Liebe» zeigt «der Sohn des Anchises» (10,819 ff) väterliche Rührung. Es wirkt wie ein Gnadenakt, als A. dem Mezentius wenig später das Schwert in die Kehle stößt (10,903 ff).

Gehorsam löst A. am folgenden Tag das Gelübde des Siegers ein, stellt auf dem Hügel eine gewaltige, zurechtgeschnittene Eiche auf und behängt sie mit den Trophäen von Mezentius. Das soll den Männern als hoffnungsvolles Zeichen und Ansporn zu weiterem tüchtigen Tun mit Hilfe der Himmlischen dienen. Bei der nun folgenden ungemein aufmerksam gestalteten Totenfeier für Pallas (Aen. 11,59–99) fällt A. mit einer besonderen Geste auf, als er dem Toten zwei kostbare Gewänder von der Hand der Dido anlegt und über die Locken breitet (11,72–77).

Auf latinischer Seite gibt die Trauer über die Gefallenen Anlaß, von Turnus die Entscheidung über das Ehegelöbnis im Zweikampf zu suchen (Aen. 11,215–221). Latinus muß angesichts der frischen Gräber einsehen, daß Schicksal den A. nach Italien geführt hat (11,231–233). Diomedes (der sich auch erinnert, Venus bei ihrer Hilfe für den Sohn verletzt zu haben) verweigert den Latinern Hilfe und stellt dabei A. ein blendendes Zeugnis als Verteidiger Troias aus, der neben Hector mit Mut und Waffe, durch frommen Sinn noch vor dem Gefährten dafür gesorgt habe, daß die Stadt sich bis ins zehnte Jahr halten konnte. Folglich rät er zu Bündnis statt Krieg (11,251–293). Es bleibt der Anspruch des Turnus auf die Lavinia. Als A. mit geordnetem Heer naht (11,445 ff), findet Latinus Anlaß zu bedauern, ihn nicht schon längst in der Stadt empfangen und als Schwiegersohn gebilligt zu haben (11,469–472). Es muß auffallen, daß Amata (11,477–485), begleitet von Lavinia, «Ursache des großen Leidens», sich (im Gefolge der Mütter) an Minerva wendet (die Patronin der Griechen vor Troia). Turnus rüstet sich, und die Amazone (→ Amazonen) Camilla prahlt, den Reitern des A. und der Tyrrhener allein entgegentreten zu wollen. Camilla ist schon von der Hand des Arruns gefallen, als schließlich A. sichtbar wird und die beiden Gegner einander ins Auge fassen (11,903–915).

Turnus will die Entscheidung durch einem Zweikampf mit A. herbeiführen. Dafür macht Juno sich die Juturna, eine Nymphe und Schwester des Turnus, zur Verbündeten gegen A. (Aen. 12,156–160). An Saturnia Juno wendet sich auch A. (12,175 ff), das Schwert in der Hand, mit einem Opfer und fleht um Vergebung und Gunst. Zugleich ruft er zum Zeugen den Sol an, sodann auch Juppiter und Mars, Quellen und Flüsse und Äther und Meeresgötter, und macht damit den Kampf geradezu zum kosmischen Ereignis. Für den Fall seiner Niederlage verspricht er den Rückzug zu Euander und künftige Friedfertigkeit gegen das Rutulerreich. Im Vertrauen auf göttlichen Beistand ist er gelassen und zuversichtlich. Auch als Sieger und Gewinner der Frau erwartet er nicht Unterwerfung, sondern hat Ausgleich im Sinn, auch die Herrschaft will er nicht. Unbesiegt sollen Teukrer und Italer sich vereinen, einander gleichgestellt vor dem Gesetz, für immer («paribus se legibus ambae invictae gentes aeterna in foedera mittant»). Er selbst will den Gottesdienst übernehmen, die Kriegsmacht und Herrschaft soll Latinus haben. Ihm selbst würden die Teukrer eine Stadt bauen, die den Namen Lavinia tragen soll (12,189–194). Das beschwört nun sogleich, das Zepter in der Hand, Latinus (12,195 ff) bei Erde, Meer und Sternen, bei Janus, Apoll und Diana, bei Dis und den Mächten der Tiefe, und das vor den Ohren Juppiters! Frieden und Bündnis seien unverbrüchlich. Aus Furcht um den Bruder (und im Dienst der Juno) weiß Juturna jetzt, das offenbare Mißtrauen der (vor allem wohl jungen) Rutuler zu schüren: Den dauernden Ruhm für den Pakt werde A., der gottgefällige A., davontragen, sie aber würden dafür mit der Heimat zahlen und «trotzigen» Herrn dienstbar sein (12,234–237). Es kommt zu blutigen Auseinandersetzungen. Als A. seinen Leuten zuruft, nur ihm selbst gestatte das Bündnis noch den Kampf, den Turnus ihm schulde, da trifft ihn aus dem Hinterhalt ein Pfeil. Niemand kennt den Schützen (12,318–322; vielleicht war es Turnus, dem Juturna den Bogen spannte: 12,815). Das spornt den Turnus an, auf dem Kampfwagen wie ein Ungewitter die Troer zuhauf zu jagen (12,325–382). A. blutet und ist sehr schmerzhaft verwundet, wir sehen nur nicht, wo. Zumindest kann er gehen, wenn auch auf den Speer gestützt. Der Pfeil steckt und muß entfernt werden, ehe der Mann sich wieder in die Schlacht werfen kann (12,383–390). Iulus hilft mit der Zange. Selbst die Künste Apolls sind vergeblich. Kräuter sollen offenbar helfen. Erst Venus weiß das Mittel: die Blume Dictamnus und das Kraut Panacea, vermischt mit Ambrosia zur Wundwäsche. Der Schmerz weicht, das Blut versiegt, das Geschoß folgt wie von selbst der Hand, die Kräfte kehren zurück (12,391–424). Wieder hat göttliche Fürsorge für A. sich gezeigt. Voll gerüstet schreitet er nun, seinen Begleitern voraus wie die Spitze eines Keils, dem Turnus entgegen, und jetzt geraten die Rutuler in elende Bedrängnis. Juturna führt den Wagen des Bruders, A. eilt hinterher, ein Speer des Mesappus verfehlt ihn knapp am Helmbusch (12,488–493). Endlich gibt Mutter Venus ihm ein, die Stadt zu bedrohen (12,554 ff), wo er mit lauter Stimme den Latinus beschuldigt, zweimal den Pakt gebrochen und dem Partner den Kampf aufgezwungen zu haben (12,579 ff). Bald wird Amata sich das Leben nehmen, Latinus sieht man in zerrissenem Gewand. Dann springt Turnus vom Wagen und stellt sich dem Gegner, fordert den A. schließlich zum Zweikampf auf (12,693–695). Die beiden treffen aufeinander wie zwei Stiere, die wütend Stirn gegen Stirn mit ungeheurer Wucht gegeneinander rennen. Die Schicksalswaage Juppiters senkt sich gegen Turnus, dem die Schwertklinge zerbricht, wie zur Strafe für das Eingreifen der Schwester (12,725–737): Gegen fliehende Teukrer sei es gut gewesen, hoffnungslos gegen das Werk des Vulcan. Jetzt hilft nur Flucht (12,742 ff). Wieder scheint das Kampfglück sich zu wenden: A. hat seinen Speer geschleudert, der verfehlt das Ziel und versenkt sich in Stamm oder Wurzel eines Ölbaums, und das Holz widersetzt sich aller Kraft und Mühe, die Waffe wieder herzugeben (das mag ⇒ Athena veranlaßt haben). Kaum hat Juturna da dem Bruder das Schwert gereicht, verschafft Venus dem Sohn den Speer. Da stehen die beiden einander zur Entscheidung gegenüber (12,766–790), und die wird jetzt im Olymp besprochen und entschieden: Juno lenkt ein. Wenn denn nun A. die Lavinia heirate, wenn Frieden geschlossen werde und man sich im Bündnis einige, dann sollen die Eingeborenen sich ihren alten Namen bewahren dürfen und nicht etwa «Teukrer» sich nennen müssen, auch Sprache und Gewandung sollen sie bewahren. «Mächtig sei der italische Stamm durch Italerstärke» (12,827). Das verspricht Juppiter und fügt hinzu, die Teukrer sollten sich mit den Eingesessenen vermischen. Art und Bräuche der Opfer werde er selbst hinzugeben und die Leute alle zu Latinern machen. Dieses Volk werde durch Frömmigkeit sich über Menschen und Götter erheben, und kein anderes Volk werde der Juno mehr Ehren erweisen (Aen. 12,839 f). Das Schicksal des A. hat sich erfüllt. Juno zieht sogleich die Juturna zurück, ohne sie ist Turnus kraftlos. A. nimmt die mächtige Lanze und fordert den Gegner mit Worten heraus. Sinnfällig fällt dessen Blick auf einen alten riesigen Grenzstein, der einst Streitigkeiten schlichten sollte. Er ist so schwer, daß es heutzutage zwölf Leute brauchte, ihn zu heben. Turnus nimmt ihn mit einer Hand, aber sein Wurf erreicht den Gegner nicht mehr und verschwendet seine Kraft. Jetzt trifft die Lanze des A. den Mann in der Hüfte und wirft ihn zu Boden. Er gibt sich und seine Ansprüche auf und hätte wohl überlebt, hätte A. nicht an ihm den Gürtel des Pallas gesehen und, von Schmerz und Wut getrieben, ihm – wie bei einem Opfer – das Schwert in die Brust gestoßen.

Soweit der Bericht Vergils, dessen Vorhaben eigentlich nichts anderes ist, als (im Sinne eines Ursprungsmythos) «Italien» einen mythischen Ahnen zu geben, auf den sich römische Kaiser bis hin zu Nero berufen werden (Lucan 9,990–999: Caesar über seine troischen Ahnen). Es liegt wohl in der Logik des Anliegens, daß das weitere Leben des Helden und sein Tod für Vergil kein Thema sind, und so verleiht er ihm auf diese Weise gleichsam Unsterblichkeit («und wenn er nicht gestorben ist ...»).

Vom Tod des A. berichten die Historiker. Hederich (Sp. 102) faßt zusammen: Unter Mezentius greifen die Rutuler wieder an. In einer Kampfpause am Fluß Numicus sei A. verschwunden. Einige meinten, die Götter hätten ihn zu sich genommen, andere hielten es für wahrscheinlicher, daß er in den Fluß stürzte und ertrank (Dinoysius Halic. 1,72; Ammianus Marcellinus, Res gestae; Aurelius Victorinus, Orig. gent. Rom.; Myth. Vat. I 202). Boccaccio (Gen. 6,53) referiert Servius. Demnach hätten Leute des A. bei Lavinium geplündert, woraus ein Gefecht enstanden sei, bei dem A. den Latinus tötete, aber auch selbst verschwand. Nach anderen habe er nach dem Sieg am Numicum geopfert, sei dabei in den Fluß gefallen und nie wieder gefunden worden. Oder: In «Aeneis» 10,613 ff handele es sich tatsächlich um A. selbst (nicht um ein Trugbild), den Turnus an den Fluß trieb und dort umbrachte (anderes ebd.). Boccaccio selbst meint (am Schluß), A. sei im Fluß gestorben, ins Meer getrieben und dort von Fischen verspeist worden. Aus dieser Sicht ist Ovid interessant, der zum Schicksal des Helden mit geringen Abweichungen Vergil folgt (Met. 13,632 ff–14,608, u. ö.), aber (14,581 ff) hinzufügt, daß nach seinem Tod Mutter Venus bei Juppiter seine Vergöttlichung erwirkt. Sie läßt den Leib des Toten durch den Flußgott Numicius von seinen sterblichen Teilen reinigen und macht ihn (in einer «Apotheose») zu dem Gott, den man «Indiges» nennt (vgl. Boccaccio, Gen. 6,53).

Ganz anderes erzählt schließlich Appian (2. Jh., Photios, Cod. 57, 16b, Bd. 1, S. 49): A. sei bei Laurentum gelandet, wo damals der Ares-Sohn Faunus König war. Der habe dem A. seine Tochter Lavinia zur Frau und dazu 400 Stadien Grund gegeben. A. gründete eine Stadt, die er nach seiner Frau Lavinium nannte. Drei Jahre später starb Faunus. A. übernahm als Verwandter die Macht und gab den «Eingeborenen» den Namen «Latiner», nach dem Namen des Schwiegervaters «Latinus Faunus». Wieder drei Jahre darauf kommt es zum Krieg mit den tyrrhenischen Rutulern wegen Lavinia, die zuvor mit deren König verlobt gewesen war. Dabei wird A. getötet (vgl. auch Myth. Vat. I 202).

B Weder Homer noch Vergil vermitteln ein anschauliches Bild von der leiblichen Erscheinung des Helden. Dares Phrygius (12) wird in der für ihn typischen Veranschaulichung des Charakters ihn so sehen: Er ist rothaarig und wohlgestalt («quadratus»), beredt und liebenswürdig ist er, sein Mut verbindet sich mit Bedachtsamkeit («fortis cum consilio»), er ist gottesfürchtig («pius»), auch schön ist er («venustus») und schaut aus dunklen, heiteren Augen.

Vergil läßt uns den Sohn der Venus so sehen, wie ihn zweckmäßig die Dido sieht (Aen. 1,587–593): Er ist schön wie ein Gott an «Schultern und Haupt», er hat «herrliche Locken» (vgl. den zerzausten Schopf bei Philostrat, Her. 38,2), der «Purpurschimmer der Jugend» liegt über ihm, und er blickt aus heiteren Augen. Das ist der Liebhaber. Der Krieger ist sicher von beträchtlicher Größe und großer Körperkraft, die er schon bei Homer zeigt (Il. 20,285 ff). Diesem zufolge (Il. 20,93) hat Zeus ihm (der Flucht nützliche) «rasch enteilende Kniee» gegeben. Bemerkenswert, daß er beweglich genug ist, einen Gegner auch anzuspringen (Il. 13,541).

Vergils A. ist im Vergleich – vor allem mit (dem homerischen) Odysseus/Ulixes – eigentlich eher die Verkörperung einer Idee oder auch eines Ideals als das Porträt eines lebenstüchtigen Sterblichen. Selbst seine Psychologie bleibt in der fast durchgehenden Fremdbestimmung (ihm auferlegt durch den festgelegten Ablauf der künftigen Geschichte) fast so vage wie seine leibliche Erscheinung: Der «fromme» A. zeichnet sich aus durch Gehorsam gegen die Götter und durch warmherzige Fürsorge für die ihm Anvertrauten. Dieses vorbildliche Wesen wird sich historisch leicht in jeder berufenen Gestalt verkörpern lassen.

Ein grundlegendes Thema ist der uralte Konflikt, der sich ergibt, wenn Vertriebene und Ansässige, «Fremde» und «Einheimische» aufeinandertreffen, eine Konstellation, die noch brisanter werden kann, wenn der Vertriebene sich als Heimkehrer versteht. Die Lösung heißt offenkundig Toleranz. Auf dieser Fähigkeit zum Ausgleich ruht der Erfolg römischer Politik. Es scheint, daß die Person A. am deutlichsten vor uns steht, wenn er um solchen Ausgleich bemüht ist, und eben darin zeigt sich auch am besten seine Frömmigkeit, die nicht aus blindem Gehorsam, sondern (klug) aus Verantwortung handelt. Als Krieger ist dieser A. Vergils wesentlich ein Verteidiger, der etwa auf die Herausforderung des Turnus antwortet, dessen Tod er als Opfer versteht. Aus dieser Sicht muß auffallen, daß man ihn vor der Ankunft in Italien wohl nie mit der Waffe sieht (in Aen. 4,580 kappt er mit dem Schwert die Seile!), statt dessen eher mit der Pflugschar (1,425; 5,755; Pausanias [3,22,11 u. 8,12,8] nennt ihn auch den Gründer von Etis und Aphrodisias).

Der A. bei Quintus Smyrnaeus (wohl 4. Jh.; 13,333–350) ist der Vergils, wenn der Seher Calchas den Wahrspruch des Poseidon wie einen Schild über den Mann hält, dem es bestimmt sei, fern vom Xanthos am Tiber (also nicht in Troia) eine heilige ruhmreiche Stadt zu gründen, den Mann, der das Leben von Vater und Sohn über Gold und Güter stellt.

Servius (Aen.) hat auch Ennius gekannt (die «Annales» begannen mit der Landung des A. in Italien; so auch Cassius Dio). Sein Kommentar ist ein gelehrtes Zeugnis für die Bedeutung der Aeneis im 4. Jh. Die moralisierende Allegorese bei Fulgentius (5. Jh.) hat an dieser Stelle nur wenig zu sagen (z. B. Virg. zu 6,543 ff, St. 759, Helm, S. 101): Im Tartarus schrecke den A. der Lärm, denn der Fromme fliehe und fürchte die Stimmen des Hochmuts und die Qualen der Bösen.

Das Mittelalter erkennt in A. leicht das höfische Ideal des ritterlichen Mannes (vgl. die an Vergil anschließenden Aeneasromane des 12. Jh.s, den französischen «Eneas» und die «Eneit» des Heinrich von Veldecke [um 1175]; vgl. auch den «Roman de Troie» des Benoît de Sainte-Maure [12. Jh.] und die «Historia destructionis Trojae» des Guido delle Colonne, 1273–1287, und ihre zahlreichen Nachfolger).

Bernardus Silvestris (12. Jh.) erklärt A. in seinem Vergil-Kommentar («Commentum super sex libros Eneidos Vergilii») wegen seiner Liebe zu Vater und Sohn zum «exemplum pietatis», wegen der Mühsal, die er auf seiner Wanderung erdulden mußte, zum «exemplum tolerantiae», womit A. an die Seite des Dulders → Odysseus/Ulixes rückt, und aufgrund der vielfältigen Verehrung der Götter z. B. der Frömmigkeit (vgl. Liebeschütz, S. 28, Anm. 44).

Das Bild des «frommen» A. hat sich historisch verkürzt auf den Mann, der Vater und Sohn vor dem sicheren Tod rettet.

Die Emblematik zeigt kein auffälliges Interesse an ihm. Bei Alciat (1531, D 5, Held Nr. 73; H./S., Sp. 1703) findet er sich unter dem Lemma PIETAS FILIORVM PARENTES («Kindesliebe gegen die Eltern»). Ähnlich bei Horozco y Covarrubias (III, Nr. 11; H./S., Sp. 1703; vgl. auch Preimesberger 1977, S. 320). Haechtanus (Nr. 25; H./S., Sp. 1703) zeigt unter dem Lemma PIETATIS ET IMPIETATIS EXEMPLVM («Beispiel von Frömmigkeit und Unfrömme») den A. mit dem geschulterten Vater und daneben Nero, der den Leib der Mutter aufschneidet. Interessant Picinello (3,2,3, S. 147f) mit dem Lemma (in Novara) CONSILIIS SENUM, IUVENUM ROBORE CIVITAS GUBERNATUR («Der Rat der Alten und die Kraft der Jungen lenken die Stadt»). Das Lemma NEC ME LABOR ISTE GRAVABIT («Und solch Mühe wird mich nicht belasten») zeigt wieder auf die Kindesliebe (ebd. 4, S. 148). Am Schluß eine Gegenüberstellung von A. und Nero nach «Ausonius» («De XII Caesaribus» 1,4,6).

«Frevel wird nicht alt» lautet auf Griechisch das Lemma zu Aen. 3,19 ff: A. bricht einen Myrtenzweig auf Polydors Grab (Sambucus, S. 185f; H./S., Sp. 1703f). Auf Aen. 3,41 bezieht sich das Lemma IAM PARCE SEPVLTO (Aufforderung, die Totenruhe zu wahren: Horozco y Covarrubias III, Nr. 98; H./S., Sp. 1705). Unter dem Lemma TOLERANTIA sieht Sambucus (S. 126; H./S., Sp. 1707f) in dem goldenen Zweig (Aen. 6,133 ff) ein Zeichen dafür, daß das Überstehen von Widrigkeiten bereichert. Wohl in ähnlichem Sinn Reusner (Embl. IV, Nr. 1; H./S., Sp. 1708) unter dem Lemma VIRTUS PRAEMIUM OPTIMUM («Tugend ist der höchste Lohn»; vgl. Anth. Pal. 9, 163: A. trägt den Vater, was kein großer Gewinn im Krieg sei, doch ein großer Gewinn für den Träger). Eine moralisierende Allegorese des Abstiegs in die Unterwelt gibt Picinello (ebd. 5, S. 148) unter dem Lemma FACILIS DESCENSUS AVERNI (etwa: «leichter Abstieg in die Unterwelt»). Als Beispiel von Geduld und Standhaftigkeit ist A. auf einer Medaille von Leone Leoni (1555) zu Ehren von Antoine Perrenot, des Kardinals von Granvelle, zu verstehen: Die Rückseite der Medaille trägt eine Darstellung des A., dessen Schiff dem Sturm standhält, und die Devise «Durate» (= haltet aus!).

Boccaccio (Gen. 6,53) schreibt eine Menge rationalisierender Ausdeutungen auf. Darunter unterschiedliche Lesarten der Mutter Venus, z. B. als aufgehender oder regierender Stern zur Geburtsstunde. Andere halten Venus für das Leitgestirn des Reisenden auf seiner Fahrt westwärts (Myth. Vat. III 11,5).

C *Typus.* Am schönsten charakterisiert den A. Philostrat (Her. 38,2) in der Gegenüberstellung mit Hektor, den er als «Hand der Troer» bezeichnet, A. aber als deren «Kopf» (griech. nous = Sinn, Geist).

Diese Charakterisierung entspricht ganz dem Typus des A. in der Bildkunst, der sich anscheinend aber erst unter dem Eindruck der spätantiken Mythographen in der Weise herausgebildet hat, wie er uns in der Neuzeit geläufig ist.

Zunächst jedoch, in der archaischen Kunst Griechenlands, wird A. wie alle Helden mit Rüstung (auch mit Mantel darüber), Helm, Schild und Schwert oder Speer dargestellt (z. B. auf dem schwarzfigurigen Bild einer Amphora, mit Namensbeischrift, 2. Viertel 6. Jh. v. Chr.; München, Staatl. Antikensammlungen, Inv. 1426).

Die für die Neuzeit gültige Erscheinung des A. ist gekennzeichnet durch feine Gesichtszüge, die ein empfindsames Wesen ausdrücken, und weich fallendes, gewelltes, meist dunkles Haupt- und Barthaar. In der Regel stellen ihn sich die bildenden Künstler als einen etwas reiferen Mann vor, was wohl seinem besonnenen Wesen entspricht. Ausnahmsweise erscheint A. auf einem Relief der Ara Pacis des Augustus in Rom (13–9 v. Chr.) als alter Mann. – Von der Spätantike an sieht man ihn – eingedenk seiner kleinasiatischen Herkunft – häufig mit der phrygischen Mütze, einer eng anliegenden Kappe mit nach vorn überhängendem Zipfel, etwa auf einem Gemälde des Claude Lorrain (*A. jagt in Libyen*, 1672; Brüssel, Musée des Beaux-Arts).

Auf Illustrationen des späten Mittelalters und gelegentlich im Barock trägt A. zum Zeichen seiner geographischen Abstammung orientalische Tracht und einen Turban. – Als betagten Mann mit langem Bart, in Rüstung oder in der modischen Tracht der Zeit und mit Krone zeigt ihn die reich illustrierte Ausgabe der «Aeneis», Straßburg 1502.

Entsprechend der Beschreibung Vergils (Aen. 2,707 ff) trägt A. in der Marmorgruppe der beiden Bernini ein Fell um die Lenden (Pietro und Gianlorenzo Bernini, 1619, Rom, Villa Borghese, Museo; s. u.).

D Der folgende Katalog listet hauptsächlich Themen auf, die auch außerhalb der umfangreichen Illustrationszyklen in Handschriften und Druckausgaben der «Aeneis» ihren Niederschlag in der Bildkunst gefunden haben.

1. *Die Flucht des A.* (Aen. 2,707 ff). A., den greisen Vater auf den Schultern, den kleinen Sohn Ascanius an der Hand auf der Flucht aus dem brennenden Troia dahineilend – das scheint die Bild gewordene Charakterisierung des A. durch Homer in der «Ilias»: Voller Kraft (Il. 20,93) und «fußschnell» (Il. 13,482) sei er!

Die griechische Vasenmalerei kennt zwei ikonographische Hauptversionen dieser Szene: A. trägt Anchises auf dem Rücken (attische schwarzfigurige Amphora, 510/500 v. Chr.; Tübingen, Sammlung der Universität, Inv. 2451) und (seltener): A. trägt Anchises auf dem Arm (Amphora, 470/460 v. Chr.; München, Staatl. Antikensammlungen, Inv. 3185). Die Aufgabe der Darstellung eines Menschen, der einen Erwachsenen trägt, ist jeweils subtil gelöst. Anders in der römischen Kunst (Anchises hockt meist auf der linken Schulter des A.), die das Motiv des Tragens nicht vorwiegend als gestalterische Herausforderung sieht. Die Figur des Anchises bekommt hier attributiven Charakter, am deutlichsten auf einem Relief an einem Altar aus Karthago (um 20/10 v. Chr.; Le Bardo/Tunesien, Musée National du Bardo; Relief eines bronzenen Gladiatorenhelms, 1. Jh. n. Chr.; Neapel, Museo Nazionale, Inv. 5673): Anchises hockt mit angezogenen Beinen auf dem ausgestreckten linken Arm des A.

Seit der römischen Zeit ist dies die bekannteste und am häufigsten dargestellte Episode der A.-Legende. A. flieht mit dem greisen Vater Anchises, dem kleinen Sohn Ascanius und anderen Troern aus der brennenden Stadt, versteckt sie in einem tiefen Tal und empfiehlt sie dem Schutz der Penaten (der Schutzgötter von Troia, die er ebenfalls gerettet hat). Diese Schilderung Vergils, die aber einem älteren literarischen Vorbild folgen muß, wie einige Beispiele griechischer Vasenmalerei vermuten lassen, prägte auch den ikonographischen Typus der Gruppe A./Anchises.

Die Gruppe der beiden Bernini (*A. und Anchises*, s.o.) zeigt uns A., den greisen Vater auf der linken Schulter, Ascanius an der Hand führend. Anchises hält die Statuetten der beiden (sitzenden) verschleierten → Dioskuren in der Hand, Ascanius trägt das Feuer der Vesta (⇒ Hestia) und den fransenbesetzten Peplos des Palladiums (des Kultbildes der Athena aus Troia, dessen Schicksal ungewiß ist; vgl. A. M., S. 167 u. 171). Bernini folgt im wesentlichen dem Bericht Vergils. Da dieser aber die Penaten nicht genauer benennt, holt er sich, wie R. Preimesberger (1977) darlegt, bei einer anderen Autorität Rat: bei Dionysius von Halikarnaß, der in den Penaten die Dioskuren sieht (1,68,1 f; bei Federico Barocci, Gemälde 1598, Rom, Villa Borghese, sind es die vergoldeten Statuetten der ⇒ Athena und des ⇒ Poseidon, häufig ist es auch das Palladium selbst). Davon, daß die Dioskuren verschleiert sind, spricht allerdings nicht Dionysius, sondern Vergil (Aen. 3,148 ff), an dem sich Bernini bei der Gestaltung seiner Penaten nun wieder orientiert.

Das Bemühen der Künstler gilt stets einer befriedigenden formalen Lösung für das Motiv des Tragens. Auf beiden Schultern des A. sitzt Anchises z. B. auf einem Fresko des Girolamo Genga (*Die Flucht des A. aus Troia*, um 1509; Siena, Pinacoteca). Als zweiten Typus kennt vor allem die Barockzeit einen A., der den Vater (ähnlich einigen griechischen Vasenbildern) auf dem Rücken trägt. Er begegnet uns u. a. auf Adam Elsheimers Gemälde (1600/03; Frankfurt a. M., Städelsches Kunstinstitut), das die Fliehenden vor dem Hintergrund der brennenden Stadt zeigt. Dieser Typus taucht häufig auch in anderem erzählerischen Kontext auf, wie etwa auf Raffaels *Borgo-Brand* in den Stanzen des Vatikan (1509/17; Rom, Vatikan, Stanza del'Incendio) oder auf dem monumentalen Fresko des Sebastiano Conca (1680–1764) in S. Maria della Scala in Siena, das die Krankenheilung durch Christus zum Thema hat.

Der Barock verwendet noch einen weiteren Typus: A. hält Anchises vor dem Körper, Anchises blickt über die Schulter des A. zurück (Gemälde von Federico Barocci, 1598; Rom, Villa Borghese, Sala 15; verschiedene Skulpturen des 17. und 18. Jh.s, s. den Tonbozzetto für eine Marmorgruppe von Philip Jacob Prokop, 1774; Wien, Privatbesitz).

Die Malerei zeigt überwiegend die Gruppe A./Anchises in Begleitung des Ascanius (häufig an der Hand des A.), der Kreusa und des jugendlichen Achates.

2. *Neptun gebietet den Winden* («Quos ego», s. A. M., S. 664).

3. *A. begegnet Königin Dido* (Aen. 1,516 ff). Venus hatte A. und Achates in einen Nebel gehüllt, so daß sie unbemerkt bis in die Stadt gelangen. – Der nun folgende umfangreiche Teil der «Aeneis» behandelt den Aufenthalt des A. am Hof der Dido, der einen Komplex für sich bildet und einen mannigfaltigen Niederschlag in der bildenden Kunst – vor allem des 18. Jh.s – gefunden hat.

Claude Lorrain illustriert die erste Begegnung auf einem Gemälde von 1676 (Sammlung A. Heywood-Lonsdale). Vor monumentaler Säulenarchitektur sieht man A. und Achates mit dem noch kindlichen Ascanius im Gespräch mit der von zwei Hofdamen begleiteten Dido.

4. *Dido und A. vom Gewitter überrascht* (Aen. 4,160 ff). Juno und Venus, ausnahmsweise einig, verfolgen gemeinsam das Ziel, Dido und A. zusammenzuführen. Diese ahnen nicht, daß das Unwetter, das sie bei der Jagd überrascht, eine Fügung der Göttinnen ist. Dido und A. fliehen in eine Grotte, wo sie sich in Liebe vereinen. – P. P. Rubens (*A. hilft Dido vom Pferd,* um 1628, Jaffé Nr. 921; Frankfurt a. M., Städelsches Kunstinstitut) schildert die Szene in barocker Dramatik; A. hilft Dido vom Pferd, während Cupido den Weg in den Unterschlupf weist. – Ein Fresko von Bernardo Strozzi (1623/25; Sanpierdarena, Palazzo Centurione de Carpineto) stellt in einer großfigurigen Komposition das Paar in seinem Unterschlupf dar (Dido in modischer Zeittracht). – Francesco Solimenas Gemälde (1740; Hamburg, Privatbesitz) zeigt A. und Dido Hand in Hand auf die Grotte zueilen. In den Wolken thront Juno, Cupido schießt seinen Pfeil ab und weist so unmißverständlich auf den weiteren Verlauf der Geschichte voraus. – Heinrich von Veldeke verlegt das Beilager der beiden auf eine Wiese: Die Illumination zu einer Handschrift der «Eneide» zeigt das Paar unter einem Baum liegend, unter dem geduldig die Pferde warten (um 1215/1220; Berlin, Staatsbibliothek, Cod. germ.).

5. *A. bricht den goldenen Zweig* (Aen. 6,185 ff). Nach einem Opfer an Apollo bittet A. die Sibylle, seinen verstorbenen Vater sehen zu dürfen (Aen. 6,103 ff; Dionysius Halic., Arch. 1,53). Zuvor muß er auf das Geheiß der Sibylle einen goldenen Zweig von einer Eiche brechen. Dann weisen ihm die beiden Tauben der Venus den Weg. – Den zweigbrechenden A. sehen wir auf einem der Bilder im Palazzo Bonaccorsi in Macerata (s. *Zyklen*).

6. *A. und die Sibylle am Averner See* (Aen. 6,236 ff). Bevor A. die Unterwelt betritt, deren Eingang in einer Grotte am Averner See liegt, bringt er ein Opfer dar. – William Turners Gemälde (1814/15; New Haven, Yale Center for British Art) schildert die Vorbereitungen für die Reise ins Reich der Schatten in der natur-

getreu porträtierten Landschaft. – Auf der Zeichnung zu einem verschollenen Gemälde von Claude Lorrain (vermutlich 1673; Liber veritatis Nr. 183; London, British Museum) erkennt man am Ufer des Sees die Sibylle, die A. den Weg zur Grotte weist.

7. *A. in der Unterwelt* (Aen. 6,262 ff). Seite an Seite mit der Sibylle tritt A. den Weg in die Unterwelt an, deren Eingang von dem dreiköpfigen Cerberus bewacht wird (⇒ Herakles). Die Sibylle wirft dem Ungeheuer einen Brocken mit Honig und Kräutern vor, die es einschläfern. Nachdem A. und die Sibylle die Orte des Grauens durchschritten haben, finden sie in den freundlichen Gefilden Anchises, der sie zur Schau des zukünftigen Geschicks der Nachkommen des A. auf einen Hügel führt. – Die Figur des A. (in der Rechten das Schwert, in der Linken eine Fackel), wie sie P. P. Rubens auf seinem Bild *A. in der Unterwelt* vorstellt, spiegelt das Grauen des Ortes wieder (um 1630/31, Jaffé Nr. 1027; Cardiff, National Museum of Wales).

Obgleich die Parallele zum Abstieg Christi in den Limbo auf der Hand liegt, kommt es zu keiner ikonographischen Annäherung. Die Darstellungen halten sich gemeinhin eng an den Text des Vergil, wieviel Spielraum der Dichter der Phantasie der Künstler auch lassen mag. So schildert z. B. Pietro da Cortona auf einem Fresko im Palazzo Doria Pamphilj in Rom (s. u.) textgetreu den Beginn der Reise in die Unterwelt: A. tritt in Begleitung der Sibylle mit gezücktem Schwert, den goldenen Zweig in der Hand, dem Höllenhund entgegen. Auch Dosso Dossi hat seinen Vergil genau gelesen (Gemälde in Ottawa, National Gallery of Canada): In der parkähnlichen Landschaft, die A. und die Sibylle durchwandern, erkennt man unschwer die «seligen Sitze der Frommen» (6,638 ff). Die Übereinstimmung geht bis in die Details, z. B. die Reigentänzerinnen oder die weidenden Pferde. – Die weiträumige, figurenreiche Komposition des Jan Brueghel d. Ä. (Gemälde, wohl 1619; ehemals Budapest, Museum für Bildende Künste) bezieht sich auf den ersten Teil der Wanderung durch die Unterwelt, die A. durch die Orte des Schreckens führt. Unerschrocken und ohne auf die Verzweiflung der Schatten zu achten, schreitet der Held, von der Sibylle geleitet, dahin.

8. *Die Landung an der Tibermündung* (Aen. 7,29 ff). Unmittelbar nach der Rückkehr aus der Unterwelt bricht A. mit seinen beiden letzten verbliebenen Schiffen auf und erreicht die Tibermündung, wo er Anker wirft. – Diese Szene gibt eines der Fresken des Pietro da Cortona wieder (s. S. 78): Zwei prunkvolle Schiffe haben, von Delphinen begleitet, die Küste erreicht, A. ist im Begriff, an Land zu springen. Rechts lagert der Flußgott (Personifikation) des Tiber. Die Landung der Schiffe schildert auch ein Gemälde von Claude Lorrain (1650; Longford Castle, Earl of Radnor; Liber veritatis Nr. 122). Im Vordergrund der felsigen Küstenlandschaft liegen die beiden Schiffe, A. und seine Leute rudern in einem Boot zur Küste.

9. *Der Traum des A.* (Aen. 8,26 ff). In Sorge und Verzweiflung über den nicht mehr abzuwendenden Krieg mit Turnus (s. **A**) legt sich A. am Ufer des Tiber schlafen. Im Traum erscheint ihm der greise Flußgott. Er zeigt A. den Ort am Tiberufer, wo Ascanius einmal die Stadt Alba gründen würde. Zum Zeichen dafür, daß dies kein Trugbild ist, werde A. an jener Stelle ein weißes Wildschwein mit 30 weißen Frischlingen finden. – Auf Niccolò dell'Abates Fresko (s. *Zyklen*) sieht man im Vordergrund den schlafenden A. und den Flußgott, im Mittelgrund die Jagd auf die Bache und im Hintergrund wie eine Zukunftsvision die Stadt Alba. – Während Niccolò die Ereignisse mit der Sachlichkeit und Ausführlichkeit des Chronisten berichtet, zeichnet Salvator Rosa mit seinem großfigurigen Gemälde (vermutlich 1663/64; New York, Metropolitan Museum) das Porträt eines bis in den Schlaf von Sorgen verfolgten Mannes. Nicht Entspannung verrät das Gesicht des A., sondern eher Konzentration auf die Traumerscheinung.

10. *Die Ankunft in Palanteum* (Aen. 8,97 ff). Am nächsten Tag bricht A. mit zwei Booten auf und rudert tiberaufwärts. Bald entdeckt er, wie ihm der Flußgott geweissagt hat, am Ufer die weiße Bache mit ihren Frischlingen. Nachdem er die Tiere erlegt und der

Juno geopfert hat, um sie zu besänftigen, bricht er zur letzten Etappe seiner vorherbestimmten Reise auf und erreicht schließlich die Stadt Palanteum im Land des Arkaderkönigs Euander, der mit A. durch Abstammung verwandt ist. An diesem Tag feiert das Volk des Euander das Fest des ⇒ Herakles. Erschreckt laufen alle ans Ufer, als sich die Boote nähern. A. tritt ihnen am Bug seines Schiffes mit dem friedenverkündenden Ölzweig entgegen und wird von Pallas, dem Sohn des Euander, als Gast willkommen geheißen. – Textgetreu schildert Pietro da Cortona (s. *Zyklen*) diese Begegnung. – Detaillierter dieselbe Szene bei Claude Lorrain (Gemälde 1675; Anglesey Abbey, Fairhaven Collection; Liber veritatis Nr. 185). Zwei Schiffe mit gerefften Segeln liegen unterhalb der Burg von Palanteum auf dem Fluß, A. steht am Bug seines Schiffes. Den Zweig in der Hand, spricht er Pallas an, der in Begleitung einer Schar von Jünglingen am Steilufer steht.

11. *A. wird von König Euander empfangen* (Aen. 8,124 ff). Anschließend führt Pallas A. zu seinem Vater. – Pietro da Cortonas Fresko (s. *Zyklen*) schildert den Moment, da A. dem greisen König zugeführt wird, der gerade einem Opfer beiwohnt; im Hintergrund das Kultbild des Herakles (vgl. A. M., S. 424 f).

12. *Venus in der Schmiede des Vulkan* (Aen. 8,369 ff) ⇒ Hephaistos

13. *A. empfängt von Venus die Waffen des Vulkan* (Aen. 8,606 ff). Als Venus vom Himmel aus ihren Sohn allein in einem Flußtal entdeckt, tritt sie ihm mit den von Vulkan geschmiedeten Waffen entgegen, umarmt ihn und legt die Waffen unter einer Eiche nieder. – Nicolas Poussins Gemälde (um 1635; Toronto, Art Gallery of Ontario) illustriert diese Textstelle: Venus weist auf die unter der Eiche liegenden Waffen. (Eine zweite Version 1639, Rouen, Musée des Beaux-Arts.) – Ein Gemälde von Jacob Jordaens (1661; Princeton University, The Art Museum) verbindet nach Auffassung von St. Orso (s. Lit.) diese Textstelle der Aeneis mit mehreren Episoden aus anderem Zusammenhang (1,132 ff: *Die Waffenübergabe an A.*; 1,135 ff: *Neptun, nachdem er das Meer ge-*

glättet hat; 4,219: *Juppiter entsendet Merkur*). Das Pferd neben A., so St. Orso, symbolisiere Karthago, in freier Umsetzung einer Textstelle im ersten Buch (1,441 ff), wo berichtet wird, daß die Tyrer das Haupt eines feurigen Rosses als von Juno gesandtes Glückszeichen ausgegraben haben. Als Bildtitel schlägt Orso *A. aided by the Gods* vor (A., Schützling der Götter).

14. *Die Verwundung des A.* (Aen. 12,318 ff). A. geht mit seinen Leuten in laurentinischem Gebiet an Land. Der hier herrschende König Latinus bietet A. seine Tochter Lavinia zur Gemahlin an, ohne Rücksicht darauf, daß diese schon dem Turnus versprochen ist. Dieser beantwortet diese Mißachtung mit einer Kriegserklärung an A. und läßt im Zweikampf mit diesem sein Leben. Im Kampf gegen die Scharen des Turnus wird A. von einem Pfeil verwundet. Der greise Japyx, der seine Kunst von ⇒ Apoll selbst gelernt hat, versorgt die Wunde. Jedoch gelingt es erst, den Pfeil aus der Wunde zu ziehen, als Venus unbemerkt ein Gemisch aus dem Saft des Diptam, des Krautes Panacea und Ambrosia in die Wunde geträufelt hat. – Eine textgetreue Illustration stellt ein römisches Wandgemälde (heute Neapel, Museo Archeologico Nazionale, Nr. 9009) dar: Japyx versucht vergebens, mit einer Zange den Pfeil aus der Wunde am Oberschenkel zu ziehen, mit besorgter Miene eilt Venus, die heilenden Pflanzen in der Hand, herbei. – Diesen Moment hält auch das Gemälde von Giovanni Francesco Romanelli (gest. 1662) fest (Paris, Louvre).

15. *Der Kampf zwischen Turnus und A.* (Aen. 12,788 ff). Kaum von seiner Verwundung genesen, kehrt A. in den Kampf zurück. Es kommt zur entscheidenden Auseinandersetzung zwischen ihm und Turnus. A. kämpft mit dem Speer, Turnus mit dem Schwert. – Von Vergil abweichend sind auf dem Deckenfresko von Luca Cambiaso im Palazzo Grimaldi della Meridiana in Genua (wohl um 1565) beide Helden mit Speeren bewaffnet. Im Vordergrund rechts die Nymphe Juturna (Schwester des Turnus) im Begriff, in den Fluß zu tauchen, als sie sieht, daß sie das Unheil von ihrem Bruder nicht abwenden kann.

16. *Der Tod des Turnus* (Aen. 12,887 ff). A. schleudert seinen Speer und verwundet Turnus an der Hüfte. Der Besiegte gibt A. seine Verlobte Lavinia frei. Als A. den Schwertgurt des Pallas (Sohnes des Euander, s. o.), den Turnus getötet hat, an seinem Gegner sieht, zieht er außer sich vor Zorn das Schwert und stößt es Turnus in die Brust. Damit endet die «Aeneis». – Diesen Moment schildert Pietro da Cortona auf seinem Fresko (s. *Zyklen*); A. holt mit dem Schwert aus, um dem auf dem Boden liegenden Turnus den Todesstreich zu versetzen. – Auf einer Zeichnung von Edward Burne-Jones (Privatbesitz) stößt A. dem noch auf den Beinen stehenden Gegner durch den Schild die Lanze ins Herz.

17. *Die Apotheose des A.* (Ovid, Met. 14,581 ff). Als sich die Macht des Ascanius, jetzt «Iulus», gefestigt hat, fleht Venus Juppiter an, er möge A. in den Götterstand erheben. Juppiter willigt ein. Die Göttin begibt sich auf die Erde und heißt den Fluß Numicius, alles, was an A. sterblich ist, abzuwaschen. Als dies geschehen ist, salbt sie den Leib des A. mit Götterbalsam und berührt seinen Mund mit einem Gemisch aus Ambrosia und Nektar. Als «Indiges» wird A. von da an von der Schar des Quirinus verehrt, die ihm Altäre und Tempel baut. – In enger Anlehnung an den Text des Ovid konzipierte Jacob Jordaens seine *Apotheose des A.* (vor 1618; Kopenhagen, Statensmuseum for Kunst). A. ist von Wassergottheiten umgeben, Venus berührt mit der Rechten den Mund des A. Die Vergöttlichung ist in einem vom Himmel fallenden Lichtstrahl visualisiert.

Das Deckenfresko Giambattista Tiepolos im Wachraum des Palazzo Reale in Madrid (1764–66) dagegen verwendet das für die Darstellung einer Apotheose im 18. Jh. übliche Bildschema: Im Zickzack bewegt sich die Kompositionslinie von links unten (der Schmiede des Vulkan) über ⇒ Kronos (= die Zeit, die mit der Apotheose überwunden wird) zu A., der, bereits in die Wolken entrückt, zu Venus emporblickt – so wie der christliche Märtyrer und Heilige den Tod überwindet, indem er zu Gott emporsteigt und in die ewige Seligkeit im Himmel eingeht. – Eine ikonologische

Rechtfertigung des Themas an diesem Ort – nämlich Spanien – ergibt sich daraus, daß sich das spanische Königshaus als Nachkommen des A. und der Venus verstanden, A. also als ihren Stammvater ansahen, wie viele andere auch.

18. *A. als Stammvater*. Einen homerischen Helden zum Stammvater zu haben, bedeutete für Rom, als nicht-barbarische Stadt zu gelten. Dies erleichterte ein gutes Einvernehmen mit der gesamten griechischen Welt. In diesem Sinn hatten z. B. Münzen von Segest mit A. und Anchises «coniate» (nach 241 v. Chr.) einen hohen Propagandawert, ebenso die Statere, auf deren Rückseite der Schwur des Latinus und A. zu sehen sind (2. Punischer Krieg). – Nach Julus (Ascanius), dem Sohn des A., benannte sich das Geschlecht der Julier, dem Caesar wie Kaiser Augustus angehörten.

Auch in nachantiker Zeit nehmen europäische Fürstenhäuser A. als ihren Ahnherrn in Anspruch. – Auf Annibale Carraccis Fresko in der Galleria des Palazzo Farnese in Rom *Venus und Anchises* wird die Verbindung der Göttin mit dem sterblichen Anchises, dem Vater des A., ausdrücklich als Ursprung der Latiner bezeichnet: «Genus unde latinum». – In einer um 1480 von John Rons verfaßten und illustrierten Chronik der Earls of Warwick werden die Grafen ausdrücklich als Nachkommen des A. bezeichnet, der hier allerdings der «Schwanenritter» genannt wird. Die Illustration zeigt den «Ritter» A. mit der Schale der Warwicks in der Hand – einem reich mit Edelsteinen besetzten Gefäß, hinter dem die Idee des Grals unschwer zu erkennen ist. – Selbst Kirche und Papsttum beanspruchen A. als Ahnherrn, auch in diesem Sinn jedenfalls interpretiert R. Preimesberger (s. Lit. 1977) die Marmorgruppe von Pietro und Gianlorenzo Bernini (s. o. und unter *A. in der Allegorese*).

19. *A. in der Allegorese*. In der Neuzeit, vornehmlich im Barock, greifen die Fürsten auf den Mythos zurück, um historische Ereignisse zu überhöhen und damit in eine überzeitliche Dimension einzubinden. (Als prominentestes Beispiel darf der *Medici-Zyklus* von Peter Paul Rubens gelten [1622–1625, Jaffé Nr. 702–755]).

Ein umfangreicher Freskenzyklus im Neuen Schloß zu Schleißheim von Cosmas Damian Asam und Jacopo Amigoni (ab 1721; s. unter *Zyklen*) bemüht zu diesem Zweck den Mythos des A. Eine erschöpfende Interpretation dieser Fresken gelingt P. Grau (s. Lit.) mit Hilfe eines Gedichts, das Jahre zuvor zu Ehren des heimkehrenden Kurfürsten Max Emmanuel entstanden war («Allegoricus Aeneas», 1701). Hier wird der Kurfürst Max Emmanuel mit dem A. der Vergilschen Wandersage identifiziert, die verstorbene Kurfürstin mit Kreusa, die Kurfürstin mit Lavinia, der (im Kindesalter verstorbene) Kronprinz Joseph mit Ascanius. Die Städte Brüssel und München werden durch Dido und Lavinia ficta personifiziert (ausführlich dazu P. Grau, s. Lit.; vgl. auch A. M., S. 602: Pandora steht für Rom und Paris).

Ein Beispiel vielschichtiger barocker Allegorisierung des antiken Mythos stellt die schon mehrfach erwähnte Gruppe der beiden Bernini *A. und Anchises* dar (1619; Rom, Villa Borghese, Museo). Das für Scipione Caffarelli Borghese, Kardinalnepoten Pauls V., geschaffene Werk verkörpert die von der Kraft (= der Kardinalnepot) getragene Weisheit (= der Papst, vgl. Lit., Preimesberger 1977) – ein ähnlicher Gedanke, wie ihn ein Emblem bei F. Picinello (3,2,3) ausdrückt, wo A. mit Anchises auf den Schultern als Sinnbild des «guten Regiments» zu verstehen ist: CONSILIIS SENUM, IUVENUM ROBORE CIVITAS GUBERNATUR («Von den Ratschlägen der Alten und der Kraft der Jungen wird der Staat gelenkt»). Als Kaiser Augustus auf seinem Forum, wie Ovid berichtet (Fasti 6,563 f), eine A.-Gruppe aufstellen ließ, mag er auch das «imperium infinum», das ewig währende Imperium (Roms), im Sinn gehabt haben. Dem Programmautor der Marmorgruppe der beiden Bernini wird dieser Gedanke nicht fremd gewesen sein: Aus christlicher Sicht stellt sich dieses Imperium als das ewig währende Reich der Kirche dar (R. Preimesberger).

20. *Zyklen.* Die Geschichte des A., vor allem die sog. Wandersage, die «Aeneis», ist zu allen Zeiten ein Anreiz für bildnerische Gestaltung gewesen. Mehrere Szenen umfaßt ein Bodenmosaik

des 4. Jh.s n. Chr. in Taunton (Castle Museum): Um Venus (mit zwei Eroten) gruppieren sich folgende Szenen: die Flotte der Griechen, Dido und A. in Umarmung, A. und Ascanius in Gestalt des Amor, die Jagd zu Pferd. – Der erste illustrierte Codex liegt in dem sog. Vergilius Latinus vor (wohl Anfang 5. Jh.; Vatikan, Biblioteca Apostolica, cod. vat. lat. 3225). Eine Sonderstellung nehmen die von Vergils «Aeneis» beeinflußten höfischen Romane des Mittelalters dadurch ein, daß sie den Stoff mehr oder weniger frei in ihre eigene Zeit versetzen, wie es die altfranzösische Umsetzung der Aeneis tut: «Eneas» (um 1160) oder die mittelhochdeutsche Version dieses Romans von Heinrich von Veldeke («Eneide»), deren Berliner Handschrift vom Anfang des 13. Jh.s den frühesten nachantiken Illustrationszyklus zur A.-Sage enthält (Berlin, Staatsbibliothek, Cod. germ., Bl. 282).

Die Vergil-Renaissance der Neuzeit (16.–18. Jh.) wird in Deutschland zuerst faßbar in der «Aeneis»-Ausgabe des Sebastian Brant (Straßburg 1502), mit ihren 135 Holzschnitten wohl der umfangreichste Zyklus. Eine reiche Bebilderung enthält auch die Ausgabe London, 1658, mit 90 ganzseitigen Kupferstichen von Wenzel Hollar und Pierre Lombard.

Szenen aus der «Aeneis» finden sich häufig als Teppichserien des 16. und 17. Jh.s (Serie von fünf Teppichen von Bernard Orley, frühes 16. Jh., Schloß Hamptoncourt / England; vier Exemplare einer Serie der Brüsseler Manufaktur im Museum der Stadt Regensburg).

Besondere Beachtung verdienen die von der Renaissance bis ins 18. Jh. reichenden monumentalen Gemäldezyklen. Im Auftrag von Alfonso I. d'Este schuf Dosso Dossi einen Zyklus von (vermutlich) zehn Gemälden für das Camerino d'Alabastro in Ferrara, von denen jedoch nur zwei überdauert haben (1525/30; Birmingham, Barber Institute of Fine Arts): *A. in der Unterwelt* (Aen. 6,262 ff) und die sog. *Sizilianischen Spiele* – ein Bild, das mehrere Szenen aus dem 5. Buch der «Aeneis» miteinander verbindet (s. Lit. A. Mezzetti 1965). – Von einem gegen 1540 geschaffenen Freskenzyklus des Niccolò dell'Abate (aus einem Kabinett der Rocca dei Boiardi in Scandiano; heute, auf Leinwand übertragen, in Modena, Galleria Estense) sind noch neun erhalten: *A. geht an der Küste Libyens an Land* (Aen. 1,170 ff); *Das hölzerne Pferd wird zur Stadt (Troia) gezogen* (Od. 8,492 ff); *Venus bittet Neptun, die Schiffe des A. zu schonen* (Aen. 5,779 ff); *A. betritt mit der Sibylle die Unterwelt* (8,262 ff); *Turnus und seine Verbündeten; Der Gott Tiber tröstet A.* (8,26 ff); *Die Soldaten des Turnus greifen das Lager der Troer an* (12,161 ff); *Der Zweikampf zwischen A. und Mezentius* (10,875 ff); *Der Tod des Turnus* (12,887 ff). Jedes Bild zeigt außer dem Hauptthema (im Vordergrund) zahlreiche weitere Episoden, eng dem Text Vergils folgend. Von Niccolò stammen auch drei Fresken mit Themen der Aeneis in der Universität Bologna.

Ein Zyklus von zwölf Fresken von Annibale und Ludovico Carracci im Palazzo Fava in Bologna (Sala di Enea, um 1587) umfaßt folgende Themen: *Die Gefangennahme des Sinon* (Aen. 2,65 ff); *Das hölzerne Pferd wird zur Stadt Troia gebracht* (Od. 8,492 ff); *Der Kampf um Kassandra* (Aen. 2,403 ff); *Venus kommt A. zu Hilfe* (2,588 ff); *A. verläßt den Palast* (2,63 ff); *Die Flucht des A.* (2,707 ff); *Kreusas Schatten erscheint dem A.* (2,771 ff); *Das Opfer des A.* (3,114 ff); *Das Opfer an Neptun* (3,219 ff); *Der Kampf mit den → Harpyien* (3,219 ff); *Die Landung in Italien* (6,33 ff); *Polyphem greift die griechische Flotte an* (3,640 ff u. 670 ff).

Einer der bedeutendsten Zyklen des Barock sind Pietro da Cortonas Fresken in der Galleria des Palazzo Pamfilj (Rom, Piazza Navona; heute Brasilianische Botschaft; 1651–54): *Juno bei Aeolus* (1,50 ff); *Neptun gebietet den Winden* («quos ego»: 1,135 ff); *Die Leichenspiele für Anchises; A. pflückt den goldenen Zweig* (6,185 ff); *A. und die Sibylle in der Unterwelt* (6,262 ff); *A. an der Tibermündung* (7,185 ff); *Das Opfer für Juno* (8,81 ff); *Pallas empfängt A.* (8,101 ff); *A. bei Euander* (8,125 ff); *Venus bei Vulkan* (8,368 ff; vgl. A. M., S. 338 f); *Venus übergibt A. die Waffen an A.* (8,606 ff); *Götterversammlung* (vielleicht 12,701 ff); *A. besiegt Turnus* (12,887).

Auch die Ausmalung der Camera del Papa durch Francesco Allegrini (wohl 1653) ist der Geschichte des A. gewidmet. Während diese in ihrem Kern in der Schilderung der Vita activa des A. eine moralische Vorstufe für die Fresken in der Galerie darstellten, seien die letzteren dem geläuterten Helden geweiht (ausführliche Beschreibung und Interpretation des Programms bei R. Preimesberger 1976, s. Lit., S. 249–281). – Wenig bekannt sind zwölf Gemälde von Meistern der Venezianischen, Neapolitanischen und Bologneser Malerschule im Palazzo Bonaccorsi in Macerata bei Loreto (12 Tafelbilder zwischen den Fenstern der Galleria und 2 Supraporten, begonnen 1707): *A. mit Anchises, Ascanius und Kreusa auf der Flucht; Venus in der Schmiede des Vulkan* (vgl. A. M., S. 338f); *Merkur mahnt A. zum Aufbruch* (4,259 ff, 4,554 ff); *Venus übergibt A. die Rüstung; A. und Andromache* (3,321 ff); *Der Flußgott Tiberinus; Dido und A. fliehen in die Grotte; A. bricht den goldenen Zweig; A. tötet Mezentius; Dido auf dem Scheiterhaufen* (4,504 ff); *Venus in Gestalt einer Jägerin erscheint A. und Achates* (1,310 ff); *Die Cumäische Sibylle* (6,236 ff).

Die Thematik der Fresken von Giambattista Tiepolo in der Villa Valmarana bei Vicenza (Sala dell'Eneide, 1757) beschränkt sich auf das amouröse Intermezzo am Hof der Dido: *Der Abschied der Venus; A. und Ascanius in Gestalt des Cupido vor Dido; Merkur mahnt A. zum Aufbruch; Venus in der Schmiede des Vulkan* (Grisaille); das Deckenfresko zeigt den *Triumph der Venus*.

Auch nördlich der Alpen schlägt sich die Popularität des A. und der Aeneis in umfassenden Freskenzyklen nieder.

Ein Deckenfresko von Matthäus Günther in der südlichen Galerie des Neuen Schlosses in Stuttgart (1757; im Krieg zerstört, 1963 wiederhergestellt) faßt mehrere Szenen der Aeneis in einer monumentalen Komposition zusammen. Das dreiteilige Fresko zeigt: *A. im Sturm; Die Landung des A. in Afrika* (1,147 ff); den *Zweikampf zwischen A. und Turnus*. In zwei Nebenszenen: *Venus übergibt A. die Waffen* und *Der Freitod der Dido*.

Ein bedeutendes Beispiel besitzen wir auch in dem A.-Zyklus in

Treppenhaus, Weißem Saal und Viktoriensaal des Neuen Schlosses in Schleißheim von Cosmas Damian Asam und Jacopo Amigoni (s. o.), deren Komposition teilweise inspiriert ist von den Radierungen Johann Wilhelm Baurs zu «Ovidii Metamorphosis», 1641. Die Themen: *Venus in der Schmiede des Vulkan* (vgl. A. M., S. 338f); *Der Kampf zwischen A. und Turnus* (eingebunden in den griechischen Götterhimmel); *Dido empfängt A.* (zur Deutung s. Lit., P. Grau).

Ein Zyklus des Antoine Coypel in der Galerie des Palais Royal in Paris von zwölf Fresken (1702 begonnen) wurde in der Französischen Revolution zerstört.

Lit.: Bardon, Henry: L'Enéide et l'art. In: Gazette des Beaux-Arts 92, 37, 1950, S. 77–93. Boeckler, Albert: Heinrich von Veldeke. Eneide. Die Bilder der Berliner Handschrift. Leipzig 1939. Canciani, Fulvio, in: LIMC 1981, 1,1, S. 381–396; 1,2, S. 296–309, s. v. Aineias. Fagiolo, Marcello: Les Palais italiens. L'Enéide dans les cycles peints. In: Dossiers de l'Archéologie, Supplement 1982, 68, S. 79–90. Freund, Lothar, in: RDK 1937, 1,1, Sp. 689–694, s. v. Aeneas, Aeneis. Grau, Peter: Aeneas bavarus. Zur Aeneas-Rezeption im Viktoriensaal von Schloß Schleißheim. In: Ars bavarica 69/70, 1993, S. 37–55. d'Hulst, Roger-Adolf: Jacob Jordaens en de «Allegorie van de Vruchtbaarheid». In: Bulletin Musées Royaux des Beaux-Arts, Bruxelles 1952, 1, S. 18–31. Johnson, Boris: Virgil's message for the Middle East. In: «The Spectator», 7 April 2001. Mezzetti, Amalia: Le «Storie di Enea» del Dosso nel «camerino d'alabastro» di Alfonso I d'Este. In: Paragone 16, 1965, 189, S. 71–84. Miller, Dwight C.: The Gallery of Aeneid in the Palazzo Bonaccorsi at Macerata. In: Arte antica e moderna 1963, S. 153–158. Orso, Stephan N.: A mythological subject by Jordaens reinterpreted. In: Record of the Art Museum Princeton University 1976, 35, 2, S. 2–13. Poirion, Daniel: De «l'Enéide» à «l'Eneas»: mythologie et moralisation. In: Cahiers de civilisation médiévale 1976, 19, S. 213–229. Preimesberger, Rudolf: Pontifex romanus per Aeneam praesignatus. Die Galleria Pamphilj und ihre Fresken. In: Römisches Jahrbuch für Kunstgeschichte 1976, 16, S. 221–287. Ders.: Pignus imperii. Ein Beitrag zu Berninis Aeneasgruppe. In: Festschrift Wolfgang Braunfels. Tübingen 1977, S. 315–325. Reinhold, Meyer: The Unhero Aeneas. In: Classica et Mediaevalia 27, 1966, S.

195–207. Schnapper, Antoine: Antoine Coypel. La Galerie d'Énée au Palais Royal. In: Revue de l'art 1969, 5, S. 33–42. Stief, Angela: Die Aeneisillustrationen von Girodet-Triason. Künstlerische und literarische Rezeption von Vergils Epos in Frankreich um 1800. Frankfurt am Main/Bern 1986. Tanner, Marie: The last descendants of Aeneas. New Haven 1993. Wagner, Anthony R.: The Swan Badge and the Swan Knight. In: Archeologia or Miscellaneous Tracts 1959, 97, S. 127–138.

Agamemnon, griech. Held vor Troia. Sohn des Atreus (oder von dessen Sohn Pleisthenes) und der Aërope; Enkel des Pelops (Il. 2,104 f); Bruder des Menelaos (Apollodor, Bibl. 3,2,2; ders., Epit. 3,12). König von Mykene (Il. 2,46). Durch Klytemneistra Vater von Orest und den Töchtern Chrysalthemis, Laodike, Iphianassa / ⇒ Iphigenie und Elektra.

A Das Schicksal A.s ist Troia, und es ist ihm bestimmt schon durch Herkunft und Charakter. – Als ⇒ Paris → Helene, die Frau des Menelaos, entführt hat, bittet Menelaos den Bruder, ein Heer gegen Troia auszurüsten und in Griechenland Truppen auszuheben. A. selbst bringt mit 100 Schiffen das höchste Aufgebot (Homer, Il. 2,576). Er ist Oberbefehlshaber von insgesamt 1013 Schiffen, 43 Fürsten erkennen seine Befehlsgewalt an. Befehlshaber der Flotte ist → Achill (Apollodor, Epit. 3,16). Die Streitmacht versammelt sich in Aulis und steuert zunächst irrtümlich Mysien an, das man für Troia hält und zerstört. Dann zerstreut ein Sturm die Flotte in alle Richtungen. Nach acht Jahren versammelt die Streitmacht sich wieder in Aulis. Sturm oder Windstille halten aber die Flotte fest (Apollodor, Epit. 3,21; vgl. Euripides, Iph. in Aul. 88; Hygin, Fab. 98). Kalchas verkündet, man werde erst weitersegeln können, wenn man den Zorn der ⇒ Artemis (S. 137 ff) durch das Opfer der schönsten der Töchter des A. beschwichtigt habe. A. verspricht, der Göttin das Schönste zu opfern, was in jenem Jahr in seinem Reich geboren wurde (vgl. Cicero, Off. 3,95, zum Thema, ob Versprechen einzuhalten seien). A. habe den Unwillen der Göttin erregt, als er nach dem Erlegen eines Hirsches sich brüstete, Artemis selbst hätte das nicht besser tun können (vgl. Sophokles, El. 566 ff; Hygin, Fab. 98). Als er sich anschickt, Tochter Iphigenie zu opfern, wird sie von Artemis entrückt, und an ihre Stelle tritt eine Hindin (Apollodor, Epit. 3,21 f). Dictys Cretensis (1,16) berichtet von der Wahl des A. zum Oberbefehlshaber durch die Fürsten mit einem Stimmzettel offenbar in phönizischer Sprache/Schrift («punicis litteris»); die Flotte übernehmen Achill, Aiax (→ Aias I) und Phoenix; dem Heer («campestri exercitui») setzt man als Befehlshaber Palamedes, Diomedes, Ulixes und Idomeneus gemeinsam vor, die sich die alltäglichen Pflichten teilen sollen (ebd. 1,19). Später, in der Kampfpause nach dem Tod des Patroclus und des Protesilaus (der dem A. nahestand), soll Palamedes sich gegen den Abbruch der Belagerung ausgesprochen haben (Dares 20). Zugleich habe er den König und Heerführer A. für unwürdig und unkundig erklärt und sich dem Heer öffentlich als kundiger Feldherr empfohlen haben (ebd.): zunächst seine Landung, dann die Befestigung des Lagers, den Rundgang der Wachen, das Zeichengeben (des Feldherrn; «signi datio»), das Berechnen von Maßen und Gewichten («librarum ponderumque dimensionem»), das Aufstellen eines Heeres. Nach alldem sei es nicht gerecht, wenn da einige wenige dem A. den Oberbefehl gaben.

Der zehnjährige Krieg um Troia beginnt mit einer Serie von Raubzügen (vgl. Apollodor, Epit. 3,22 ff; Thukydides 1,2). Nach der Zerstörung von Theben erwirbt A. als Beute die Chryseïs in Lyrnessos (Il. 19,59), Achill die Briseis. Für den äußeren Ablauf der Ereignisse vor Troia ist bestimmend der Streit des A. mit Achill. Zeus gelobt der Thetis, den Sohn zu rächen (Il. 1,503 ff, 524 ff). Er sendet A. einen trügerischen Traum (Il. 2,1 ff), der ihm in der Gestalt Nestors leichten Sieg über die Stadt verheißt, wenn er nur schleunig die Achaier rüste und dann angreife. So ruft A. die Fürsten zusammen (Il. 2,53). Im Zweikampf zwischen Paris/Alexander und Menelaos gewinnt letzterer. Danach aber trifft ihn der Pfeil des Pandaros, und A. zeigt angesichts der blutenden Wunde tiefe Zuneigung und Verantwortung für den Bruder (Il. 4,148 ff; fürchtet er vielleicht auch, mit dem Bruder den Kriegsgrund zu verlieren? vgl. auch Il. 7,109 ff, wo er den Menelaos vom Zweikampf mit Hektor abhält). Kaum ist die Wunde versorgt, geht A. entschlossen in den Kampf und spornt die Männer an (4,226 ff), indem er ihren Stolz herausfordert (Il. 4,242 ff). A. stellt sich als erster zum Kampf, neben Diomedes, den beiden Aias, Idomeneus und anderen. Doch das Los bestimmt → Aias I, den Telamonier. Nach dem Abbruch des Kampfes lädt A. beide Parteien zum Mahl (Il. 7,313 ff). Dann baut man die Mauer vor den Schiffen (Il. 7,435 ff). Es kommt zur Schlacht, in der die Schicksalswaage sich gegen die Achaier senkt (Il. 8,72 ff). In seiner Not geht A. auf das Schiff des → Odysseus und klagt lauthin mit bitteren Worten die Argeier an, die «schöngestalten Memmen» (Il. 8,228 ff). Flucht und Abbruch des Kampfes scheinen den Mut A.s zu brechen (Il. 9,9 ff). Von Diomedes muß er hören: «Dir gab eins nur von beiden der Sohn des verschlagenen Kronos: / Nur durch die Macht des Zepters geehrt zu werden vor allen / Aber Standkraft gab er dir nicht, die edelste Stärke» (Il. 9,37 ff). Nestor findet ausgleichende Worte. Er erinnert an Achill. Einsichtig, fast reumütig zeigt A. sich bereit, im Streit mit dem Erzürnten beizugeben, aber die mit reichen Gaben versehene und sorgfältig ausgesuchte Gesandtschaft kehrt unverrichteter Dinge zurück (→ Achill).

Endlich zeigt A., daß er auch ein gewaltiger Krieger ist. Es kommt zur Schlacht, und die Griechen durchbrechen bald die Front, allen voran A. (Il. 11,92). In das dichteste Getümmel stürzt er (Il. 11,148), wie Feuer wütet er (Il. 11,155), Hektor entgeht seiner Wut nur, weil Zeus ihn entrückt (Il. 11,163 ff). Da bringt Koon dem A. eine Wunde mit dem Speer bei: Dicht unter der Beugung durchsticht er die Mitte des Armen (Il. 11,252). Doch A. kämpft weiter, «mordend mit Lanze, mit Schwert und gewaltigen Steinen des Feldes, während sein Blut noch warm aus offener Wunde hervorquillt» (Il. 11,265 f). Schließlich spürt er stechenden Schmerz. Er besteigt den Wagen und fährt zu den Schiffen. Laut fordert er die Achaier auf, den Feind von den Schiffen fernzuhalten. Nun greift Hektor ein. Bald tobt der Kampf um die Mauer. Die Mauer stürzt (Il. 12,251 ff; Il. 12,437 ff). Die Griechen sind in verzweifelter Lage.

Schließlich erscheint, in der Gestalt eines alternden Kriegers, ⇒ Poseidon (Il. 13,38 ff) und stürzt sich mit gewaltigem Schrei in den Kampf, so für die Griechen kämpfend. – Mit fürstlicher Geste inszeniert A. die Versöhnung mit Achill (Il. 19,76 ff). Nun übernimmt dieser die Szene vor Troia. Als Schiedsrichter im Waffenstreit, von Aias gewählt, berät er mit Nestor und Idomeneus über die Schwierigkeiten der Entscheidung (Il. 5,139 ff). Der Wahnsinn des Aias läßt ihn besorgt Rat suchen bei Menelaos (Il. 5,413 ff). Die Entscheidung trägt ihm den Fluch des Verlierers ein. Er wird den Tod des Aias beweinen und für dessen Witwe Tekmessa tröstende Worte sprechen (Il. 5,472 ff). In der Schlacht ist er dann wieder der gewaltige Kämpfer, der viele erschlägt oder in die Flucht jagt (z. B. Il. 6,509 ff). Dem Neoptolemos, Sohn des Achill, zeigt er besondere Aufmerksamkeit (Il. 7,687 ff).

Philoktet, den er einst auf Lemnos hatte aussetzen lassen (vgl. Apollodor, Epit. 3,26) und der nun zurückgekehrt ist, wird von ihm bewirtet (9,486 ff). Bei der Plünderung der Stadt hält A. den Menelaos davon ab, Helena zu töten: Nicht ihre Schuld sei es gewesen, was geschehen war

(13,406 ff). Cassandra führt er als seine Gefangene fort (14,20; vgl. Apollodor, Epit. 5,23). Schließlich bittet Neoptolemos ihn, die unglückselige Polyxena zu opfern (14,209 ff, 239 ff). Soweit Quintus Smyrnaeus.

Anders Dares Phrygius, bei dem A. nur der Feldherr ist, der Entschlüsse faßt, berät, verhandelt, befiehlt. In bedeutender Abweichung von anderen Berichten steht dort, daß er mit Nestor selbst zu Achill geht, diesen, der in Liebe zu Polyxena verfallen, dem Krieg fernbleibt und zum Frieden rät (ebd. 27), wieder zurück in den Kampf zu bringen (ebd. 30). Hier ist wichtig, daß Achill in diesem Zusammenhang sich aus Verärgerung über den Heerführer → Palamedes, nicht über A. erregt. Wichtig auch der Moment, als er Polydamas, den Abgesandten der troischen Verräter unter Antenor und → Aeneas, empfängt (ebd. 39). Am Ende umgibt ihn für einen Moment die Aura von (einfältiger?) Großmut, wenn er – freilich auf Beschluß des Rates – dem Helenus und der Cassandra, dann der Hecuba und der → Andromache die Freiheit, sogar die Habe zurückgibt (42). Vor der Abreise kommen tagelange schwere Stürme. Calchas befindet, daß die Unterwelt noch nicht zufrieden sei. Auf Betreiben des Neoptolemos fordert A. energisch die Suche nach Polyxena, die bei der Ermordung des ahnungslosen Achill die traurige Rolle des Köders gespielt hatte. Er übergibt sie dem Neoptolemos, der ihr am Grabe des Vaters die Kehle durchschneidet. Aeneas hatte Polyxena versteckt. Nun befiehlt der erzürnte A. ihm, unverzüglich das Land zu verlassen. Noch vor den anderen, vor Menelaos und Helena, vor Helenus und Hecuba, Andromache und Cassandra, bricht A. selbst zur Heimreise auf (43).

Anders hierzu die «Odyssee» (3,141 ff; vgl. Apollodor, Epit. 6,1): Vor der Abreise versammeln sich die Könige (vgl. Aias II). Dabei geraten A. und Menelaos in Streit. Menelaos drängt zum raschen Aufbruch, A. rät, zuerst der ⇒ Athena (S. 165 ff) zu opfern. So geschieht es. Auf der Heimreise gerät die Flotte in einen vernichtenden Sturm, den Zeus – von Athena veranlaßt – schickt (Apollodor, Epit. 6,5; vgl. auch → Aias II). Wer überlebt, wird verschlagen, nur A. kommt heim. In den Nostoi soll gestanden haben, daß vor dem Aufbruch der Flotte der Geist Achills erschienen sei und sie mit der Warnung vor dem Künftigen habe festhalten wollen (Proklos, Chrest., H. G. Evelyn-White, Hesiod 1977, S. 524 f). Inzwischen lebt Klytemneistra in ehebrecherischer Gemeinschaft mit Aigisthos. A. fällt einem Mordanschlag der Frau zum Opfer (s. **D**).

B Mit den Augen des Priamos gesehen ist A. riesig von Statur, wenngleich andere noch größer sind. Er ist schön, stattlich und würdevoll. Er sieht aus wie ein König (Il. 3,166). Als Krieger gleicht er an Augen und Haupt dem ⇒ Zeus, dem ⇒ Ares am Gurt, dem ⇒ Poseidon am Rücken (den Schultern). Kraftvoll wie ein Stier über die Herde ragt er über das Heer hinaus vor der Schlacht (Il. 2,477 ff). Dares Phrygius (13) beschreibt ihn als hellhäutig, groß, mit kräftigen Gliedern; beredt («facundus») sei er, klug und edel.

Seine Kleidung entspricht seinem Rang. Als Übergewand trägt er «um die Schultern das rote Fell eines glänzenden, großen/Löwen, das bis zu den Füßen» reicht (Il. 10,23 f). Berühmt ist seine Rüstung, vor allem der Panzer, den Homer in allen Einzelheiten anschaulich beschreibt (Il. 11,17 ff).

Nur bei Homer hat seine Gestalt genügend Volumen, um auch nach seinem Wesen zu fragen. Das aber läßt sich schwer erkennen hinter dem Handwerk des Fürsten. Sicher ist, daß seine Autorität ererbt ist und in dem Zepter des Zeus anschaulich wird (Il. 2,46 u. 100 ff). Anderseits ist ihm keineswegs blinde Gefolgschaft sicher, wie uns Achill lehrt und der Verlauf der Ereignisse zeigt. In Momenten der Bedrängnis versichert er sich klug des Rates einflußreicher Führer (Nestor, Odysseus, Diomedes, die beiden Aias; z. B. Il. 10,53 ff). Dabei kennt er die kleinen Gesten der Menschenführung (Il. 4,226 ff u. Il. 242 ff): Er schmeichelt dem einen (Il. 4,256 ff), ermuntert den anderen (Il. 4,285 ff), zeigt Bewunderung und Respekt (Il. 4,314 ff). Er scheint für jeden das richtige Wort zu finden und kann sogar recht vorsichtig sein im Umgang mit der Truppe. Mit einem groben Appell an Stolz und Eitelkeit bringt er den → Odysseus auf Trab, und es fällt ihm nicht schwer, das Urteil sogleich zu korrigieren in Schmeichelei (Il. 4,339 ff). Aber man sieht ihn auch niedergeschlagen, mutlos und resigniert. Diomedes zeiht ihn mangelnder Standkraft (Il. 9,37 ff). Dennoch bleibt sicher (mindestens für Il. 14,64 ff, s. o.) die Frage, ob nicht auch «Verzagen» und «Resignieren» zum Handwerk dieses Truppenführers gehört, wie die Aufforderung zur Flucht zu Beginn (Il. 2,72 ff), wo er sich ebenfalls den Odysseus zum Partner und Instrument macht.

An besonderen Fertigkeiten rühmt Helena den Lanzenkampf (Il. 3,178), im Speerwurf ist er gut (Il. 12,690 f), und auch zu Pferde zeigt er sich geschickt (er reitet eine Stute «Aithe»: 13,295, 13,409 u. 525). Fertigkeiten und Neigungen feinerer Art sind nicht bekannt.

Immerhin nennt Dares Phrygius ihn «beredt» (s. o.), Quintus Smyrnaeus (4,127) sagt, er sei dem Nestor an Eloquenz unterlegen (vgl. Tacitus, De orat. 9).

Moralisierung und Allegorese haben sich des A. vergleichsweise spärlich angenommen. Der Vergilkommentar des Bernardus Silvestris (489 ff) schließt sich an die Etymologie A. = «agonis mene» = «certaminis claritas» = Klarheit (Berühmtheit?) im Streit an und sieht in A. vor Troia die Vernunft («ratio»), die über die Laster und die Notwendigkeiten gesetzt ist. Auf den Krieger A. bezieht sich eines der seltenen Embleme (Alciatus, 1550, S. 64, Held Nr. 138; H./S., Sp. 373 ff): Zum Lemma FUROR ET RABIES («Kampfeswut») zeigt es einen Löwen auf dem Schild des A. Dieses offenbar in Abweichung von Homers «Ilias» (11,36; vgl. o.), aber vielleicht im Anschluß an «Ilias» 11,129 u. 238 etc. (vgl. Pausanias 19,4; Horapollon, Hierogl. 1,18; Valerian, Hierogl. 1,5). – Das größte Interesse hat wohl schon immer und gewiß seit den griechischen Tragikern das Ende A.s gefunden. Boccaccio (Ill. Vir., ed. Paris 1520, Bl. 9ᵛf) sagt, A. sei, nach seinem Mykene heimgekehrt, zu einem besiegten Sieger («victor victus») geworden: «So wurde er, der zu Lande den Mars, zur See den Neptun überwand, von seiner unglückseligen Frau und einem ägyptischen Priester (= Aigisthos) überwunden ... So sehr obsiegte Trug über Tugend» («Tantum fraus virtuti praevaluit»).

C Die bildlichen Darstellungen veranschaulichen in der Regel, was die «Ilias» (2,477 ff) ihm nachsagt: Er sei von überragender Gestalt gewesen (s. das Gemälde *Les embassadeurs d'Agamemnon* von J.-D. Ingres, Paris, École des Beaux-Arts). Geradezu ins Martialische gesteigert erscheint A. auf der Illustration zu Alciats Helden Nr. 138 (Lyon 1550).

In der Regel sehen wir ihn als Mann in reiferen Jahren, nur gelegentlich als jugendlichen Helden, wie in John Lydgate's «Troy Book» (um 1426; Handschrift in London, British Museum, B. M. Royal Ms. 18, D.II, Bl. 95 ʳ).

Mit Bart und ergrautem wirren Haupthaar zeigt ihn Giambattista Tiepolo bei der Opferung der Iphigenie (Fresko in der Sala d'Iliade in der Villa Valmarana bei Vicenza [1757]).

Krone und Zepter kennzeichnen ihn gemeinhin als König.

D 1. *A. beim Opfer.* Im Bild des opfernden ⇒ Zeus sieht man A. auf einem rotfigurigen Stamnos des Syleus-Malers (gegen 470 v. Chr.; Schweiz, Privatbesitz). A. (mit Namensbeischrift), auf einem Stuhl sitzend, hält in der rechten Hand eine Opferschale, in der Linken ein Zepter, ihm gegenüber steht eine junge Frau (wohl eine Ministrantin) mit einem Krug. Die Ähnlichkeit mit Zeus sei nicht zufällig, verkörpere A. doch das irdische Äquivalent zu dem olympischen Gott; das Zepter, Ausdruck seiner königlichen Autorität, war einst von Hephaistos für Zeus selbst gefertigt worden (vgl. LIMC, s. Lit.).

2. *A. berät sich mit den griechischen Helden* (Dares Phrygius 30). A. versucht mit den achäischen Fürsten eine Lösung zu finden, wie man den trotzenden → Achill dazu bewegen könnte, am Kampf um Troia teilzunehmen. – Anschaulich geschildert wird diese Szene in Illuminationen verschiedener Handschriften des 15. Jh.s, etwa in Lydgate's «Troy Book» (s. o.; ferner in einer Handschrift von 1420/35, Oxford, Rawlinson Ms. C. 446, Bl. 115 ʳ). Während A. im Kreise der Helden Rat hält, sieht man den grollenden Achill in seinem Zelt im Bett liegen!

3. *Die Gesandten des A. bei* → *Achill*

4. *A. bei der Opferung der* ⇒ *Iphigenie*

5. *Der Tod des A.* (s. **A.**). Die Darstellungen in der bildenden

Kunst folgen meist jenen Quellen, die von einem von Aigisthos und Klytemneistra gemeinsam verübten Mord an A. berichten. Das Bild auf einem Kelchkrater des Dokimasia-Malers (5. Jh. v. Chr.; Boston, Museum of Fine Arts, Inv. 63.1246) zeigt Aigisthos, der, das Schwert in der Rechten, A. am Kopf packt. Daß diese Tat nicht ungesühnt bleiben wird, sehen wir auf der Rückseite der Vase, wo die Ermordung des Aigisthos durch Orest geschildert wird.

Die Illumination zur französischen Übersetzung von «De casibus illustrium virorum» des Boccaccio (Laurent de Premierfait, um 1470; London, British Museum, Add. Ms. 35321, Bl. 25ʳ) schildert das Geschehen so: Aigisthos («Egistos») legt unter den Augen der «Klytainmestra» und einer Begleiterin Hand an A., der in die Arme seines Dieners sinkt.

In seelischem Zwiespalt zeichnet P.-N. Guérin die Mörderin auf seinem Gemälde *Clytemnestre* (Salon 1817; Paris, Louvre): Sie verharrt hinter einem Vorhang, einen Dolch in der gesenkten Rechten, während Aigisthos sie zur Tat drängt. Durch einen Spalt sieht man A. in seinem Schlafgemach erschöpft auf dem Bett liegen.

Lit.: Touchefeu, Odette / Krauskopf, Ingrid, in: LIMC 1981, 1,1, S. 256–277; 1,2, S. 191–202 s. v. Agamemnon.

Aglauriden → Aglauros

Aglauros, griech., auch Agraulos (Apollodor, Bibl. 3,14,2; Hesychios u. a.), Agraulis; lat. Aglaurus, Agraulus; später auch Agraulo, Aglauro (Myth. Vat. II 37); auch Agraule; in mittelalterlichen Handschriften auch Aglaros. Tochter des Kekrops, Königs von Athen, und der Aglauros, Tochter des Aktaios von Athen (Apollodor, Bibl. 3,14,2). Schwester der Pandrosos und der Herse; mit diesen eine der drei «Tauschwestern», auch «Aglauriden». Als Töchter des Kekrops auch «Kekropiden» genannt. Von ⇒ Ares Mutter der Alkippe; Mutter des Keryx (Pausanias 1,38,3). – Zur Etymologie s. Roscher, Allgem. Bibl., s. v. Aglauros (vgl. Gyraldi, Synt. 11, S. 487A).

A Die Überlieferung verknüpft vier besondere Ereignisse mit ihrem Leben:

1. Ihre Tochter Alkippe wird von Halirrothios, einem Sohn des ⇒ Poseidon, vergewaltigt. Ares entdeckt die Tat und tötet den Täter (Apollodor, Bibl. 3,14,2).

2. ⇒ Athena vertraut der Pandrosos (oder allen drei Schwestern: Euripides, Ion 272 N.; Pausanias 1,8,2) eine Lade – ein Körbchen vielleicht – an, in der sie den kleinen Erichthonios verborgen hat, und verbietet streng, das Gefäß zu öffnen. Das tun die Schwestern aber dennoch, auf Anraten der A. (Ovid, Met. 2,558 ff), während Pandrosos sich vielleicht an das Verbot hält. Von Koronis – die deswegen in eine geschwätzige Krähe verwandelt wird (ebd. 2,552 ff) – verraten, trifft die Strafe aber alle drei Schwestern: Sie werden entweder von der Schlange, die den Knaben umschlungen hielt (oder bei ihm lag: ebd. 2,561), getötet, oder sie fallen in Wahnsinn und stürzen sich von der Akropolis (Pausanias 1,8,2) oder ins Meer (Hygin, Fab. 166,5). Die Vatikanischen Mythographen erwähnen die A. einzig im Zusammenhang mit dieser Geschichte und nennen dabei nur zwei Schwestern: Aglauro und Pandora (II 37 u. 40; III 10,3).

3. Eine andere Überlieferung erzählt, Merkur (⇒ Hermes) habe sich bei den Panathenäen in Herse oder in Pandrosos (Schol. zu Il. 1,334) verliebt und A. um Vermittlung gebeten. Ihn habe es nicht verdrossen, daß diese für ihre Dienste eine Menge Goldes verlangte (Ovid, Met. 2,750 f), aber Minerva (⇒ Athena) sei verärgert gewesen und habe – auch in Erinnerung an den einstigen Ungehorsam – die Invidia, den Neid, veranlaßt, der schlafenden A. die «rostgelbfarbene» Hand auf die Brust zu legen. Da sei das Mädchen mißgünstig gegen die Schwester geworden, habe sich dem Merkur in den Weg gesetzt, als dieser zu Herse wollte, und sich geweigert, ihm den Weg zu räumen. Der Gott habe befunden, sie solle nur sitzen bleiben, und er habe sie auf der Stelle in einen Stein, der die «Farbe ihres Gemüts» hatte, verwandelt (Ovid, Met. 2,708 ff).

4. Veranlaßt durch einen Orakelspruch, opfert A. sich freiwillig für das

Vaterland (Demosthenes 19,303). Dafür errichtete man ihr am Nordabhang der Akropolis ein Heiligtum, bei dem die Epheben ihren Eid ablegten.

B Mit Hinweis auf Magnus Dan. Omeis (Myth. 1712) schreibt B. Hederich (Sp. 147) zu A.: «Es wird aber ihre Fabel also gedeutet, daß Minerva oder die Weisheit, allen Geiz und dergleichen Schnödigkeit heftig hasse, mißgünstige Leute gleichsam zu Steinen und Unmenschen werden; und, da Mercurius, als der Götter Bothe, eine gute Unterweisung bemerke, soll Herse die Seele eines Menschen, Aglaurus aber dessen Fleisch und Blut, mit ihren bösen Neigungen bedeuten, die aber auch ersterben und zu Steinen werden müssen, wenn die Seele die gute Unterweisung annimmt.» – Ein Emblem des Barptolemaeus Anulus (S. 20; s. H./S., Sp. 1770) spielt unter dem Lemma SAPIENTIAM SEQUITUR ELOQUENTIA («Die Beredsamkeit folgt der Weisheit») auf die A. als Bild des Neides an, ohne sie beim Namen zu nennen: «... Wer die Pforten der Weisheit entriegelt, bei dessen Kommen erstarrt der im Wege sitzende Neid stumm wie ein Stein.»

D 1. *Die Auffindung des Erichthonios* (Ovid, Met. 2,531 ff). Zu den frühesten Monumentaldarstellungen des Themas in der Neuzeit zählt das Fresko des Sebastiano del Piombo in der Villa Farnesina in Rom (1511/12). Die auf dem Boden hockenden Mädchen (hier sind es nur zwei, wie bei Myth. Vat. II und III) machen sich – A. voran – über den Korb her. Über den Mädchen flattern zwei Krähen, eine weiße und eine schwarze – vielleicht im Hinblick auf Ovid (Met. 2,531 ff), der hier davon berichtet, wie das weiße Federkleid des Raben zur Strafe für dessen Schwatzhaftigkeit in ein schwarzes verwandelt worden sei. – Die häufigen Darstellungen der Barockzeit halten in der Regel den Moment fest, in dem A. den Korb öffnet oder gerade geöffnet hat, und schildern das Geschehen auf dramatische Weise, wie schon der Stich Antonio Tempestas in der Serie zu Ovids Metamorphosen (1580/90; New York, Metropolitan Museum of Art). Hier ist Erichthonios, schlangenschwänzig und echsenfüßig, dem Korb entstiegen, zum Entsetzen der Mädchen. In der Auffassung vergleichbar sind zwei Zeichnungen Rembrandts (wohl 1637; die eine USA, Privatbesitz, die andere Groningen, Groninger Museum) und ein Gemälde von Salvator Rosa (Oxford, Christ Church). – Jan Lievens (Gemälde 1607–74; Emden, Ostfriesisches Landesmuseum) hält den Moment vor der Öffnung des Korbs fest. A., den Deckel bereits anhebend, wiewohl noch unentschlossen, während die eine der Schwestern sie mit energischer Miene und Geste zurückzuhalten sucht. Das dritte Mädchen gibt sich in heiterer Unbefangenheit und breitet erwartungsvoll die Arme.

Psychologisch differenziert erscheint auch die oben erwähnte Studie von P. P. Rubens. A. neigt sich über den geöffneten Korb, wie um dessen Inhalt gegen die Blicke der neugierigen Schwester abzuschirmen. Das nach dieser Studie ausgeführte Gemälde (um 1615, Jaffé Nr. 320; Vaduz, Slg. Liechtenstein, s. u.) zeigt eine gelassenere A. Freie Hinzufügung sind die Gestalten eines Cupido und einer freundlichen Alten. – Spannungslos schildert ein Gemälde von Jacob Jordaens die Geschichte (*Die Töchter des Kekrops*, 1617; Antwerpen, Koninkl. Museum voor Schone Kunsten), wobei schon die Wahl des Augenblicks – der Korb ist bereits geöffnet – bezeichnend ist. Die drei Mädchen (A. mit Blütenkranz im Haar) lassen in ihrer üppigen Körperfülle eher an eine Allegorie der Fruchtbarkeit denken, und das nicht von ungefähr: Schon im alten Griechenland standen die Aglauriden in enger Beziehung zu Fruchtbarkeitsriten (vgl. LIMC 1981, 1,1, S. 284). – Einen ähnlich arkadischen Charakter hat ein Gemälde gleichen Themas von Rubens (um 1633, Jaffé Nr. 1077; Fragment, Oberlin/Ohio, Allen Memorial Art Museum; in mehreren Kopien vollständig überliefert). – Die drei im Kreis stehenden Mädchen auf einer Zeichnung von Anthonis van Blocklandt (1533/34; Chicago, The Art Institute of Chicago) erinnern wohl nicht zufällig an Darstellungen der ⇒ Chariten, an deren Stelle die Kekropiden in Athen vielleicht schon im Altertum getreten waren (vgl. RE, Bd. 1, Sp. 826 f).

In der Barockzeit hat man diese Episode sicher auch als Exempel für bestrafte Neugier verstanden. Wie W. Stechow (1963) interpretiert, handelt es sich auf der Vorstudie zu Rubens' Gemälde der Sammlung Liechtenstein in Vaduz (1611/17, Jaffé Nr. 319; s. o.) bei der schemenhaften Figur zwischen zweien der Mädchen um eine Personifikation der Neugier (Vorstudie in London, Courtauld Institute of Art). Svetlana Alpers (1967) möchte auf dem genannten Gemälde, das anstelle der «Neugier» eine Alte (Dienerin oder Amme des Mädchens) zeigt, in den drei Schwestern Allegorien von Fruchtbarkeit und Mannigfaltigkeit der Natur erkennen, was im Gesamtzusammenhang des Bildes gerechtfertigt erscheint. Bei dieser Interpretation wären allerdings Erichthonios und seine wundersame Geburt Hauptgegenstand des Bildes, nicht Ungehorsam und Neugier der Mädchen. Die vielbrüstige Brunnenfigur in Gestalt der Ephesischen Artemis wird von einigen Autoren als Gaia (= die Erde), Mutter des Erichthonios, angesprochen.

2. *A. und Merkur* (Ovid, Met. 2,712 ff). In einer französischen Handschrift zu Christine de Pizan (1410/15; London, British Museum, Harley Ms. 4431, Bl. 104 f) sieht man A. vor dem Eingang des Hauses sitzen, beide Hände erhoben, dem Gott den Zutritt verwehrend. Merkur bewegt seinen Heroldstab wie einen Zauberstab, um A. in Stein zu verwandeln. – Auf Paolo Veroneses Gemälde *Merkur, Herse und A.* (1576/84; Cambridge, Fitzwilliam Museum) betritt der Gott, A. zur Seite stoßend, das Gemach, in dem Herse an einem Tisch sitzt, ein Buch in der Hand – so wie der Verkündigungsengel häufig Maria antrifft (⇒ Hermes).

Lit.: Alpers, Svetlana L.: Manner and Meaning in some Rubens Mythologies. In: Journal of the Warburg and Courtauld Institutes 30, 1967, S. 272–295, bes. S. 284, n. 44. Coulon, Hélène: Recherches sur Erechthée, Erichthonios et Cecrops dans la littérature et dans l'art. In: L'information d'histoire de l'art 12, 1967, S. 88–91. Kasper-Butz, Irmgard/Krauskopf, Ingrid/Knittlmayer, Brigitte, in: LIMC 1992, 6,1, Addenda, S. 1084–1091; 6,2, S. 721–723, s. v. Kekrops. Kron, Uta, in: LIMC 1981, 1,1, S. 283–298; 1,2, S. 210–216, s. v. Aglauros, Herse, Pandrosos. Stechow, Wolfgang: The

Finding of Erichthonius: An Ancient Theme in Baroque Art. In: Studies in Western Art, Acts of the twentieth International Congress of the History of Art 3, Princeton 1963, S. 27–35. Stechow, Wolfgang/Wirth, Karl-August in: RDK, Bd. 5, 1967, Sp. 1241–1247, s. v. Erechthon(ius).

Aias I, griech., lat. Aiax; A. der Telamonier, der Große A., Groß-A. – Held vor Troia, Anführer der Salaminier (Homer, Il. 2,557), nach späteren Überlieferungen unsterblich. Sohn des Telamon von Salamis und der Eriboia (oder Periboia), Tochter des Alcothous (Diodor 4,72,7); wird auch als Vetter des Achilleus (→ Achill) genannt (Myth. Vat. I 138,38). Wie → Odysseus führt er 12 Schiffe nach Troia. Sein Name wird hergeleitet vom griechischen αιετός, aietós = Adler (s. u.). Zum Kult s. Kl. Pauly (Bd. 1, Sp. 153).

A ⇒ Herakles betet zu ⇒ Zeus, dem Freund Telamon möge ein Sohn geboren werden, und er bittet, der möge so unverletzbar werden wie die Haut des nemäischen Löwen, in die er sich selbst gehüllt hat, den Erwerb seiner ersten Arbeit, und den dazu gehörigen Mut soll er haben. Als er das Gebet beendet hat, erscheint am Himmel ein Adler, und Herakles fordert Telamon auf, das Kind «A.» zu nennen (Pindar, Isthm. 6,42–48 [51–70]; Apollodor, Bibl. 3,12,7; Tzetzes, Schol. zu Lykophron 455 ff).

Anders Lykophron (454 ff): Das Kind ist schon geboren. Irgendwann nimmt Herakles es auf, bereitet Vater Zeus ein Brandopfer und bittet, der Knabe möge so unverletzlich werden wie die Löwenhaut, unter der er ihn geborgen hält. So sei A. unverwundbar geworden, bis auf jene Stelle, über welcher der skythische Bogen des Helden hing und das Fell also den Knaben nicht berührte (ebd. 455; vgl. Schol. zu Sophokles, Aias 833; Tzetzes, ebd.; Schol. zu Homer, Il. 23,821). Hederich (Sp. 157) referiert, das verhängnisvolle Hindernis zwischen schützender Löwenhaut und Knabe seien dessen Köcher oder Schild gewesen. Demnach war A. also schon früh gerüstet. Jedenfalls hat A. seine «Achillesferse». Unklar bleibt, welche Stelle das war: Einige reden von der Achselhöhle, andere vom Hals. Nach Aischylos (Thrak., s. u.) hat A. die Stelle offenbar selbst nicht genau gekannt. Anderes scheint über die Kindheit des A. nicht bekannt zu sein. Apollodor nennt ihn erst wieder auf der Liste der Freier um → Helene (Bibl. 3,10,8; vgl. Hygin, Fab. 81; Dictys Cretensis 5,15).

Beim Aufbruch in den Krieg habe Telamon dem Sohn den Sieg gewünscht, aber nur den mit Gott. A. habe darauf erklärt, er könne – anders als ein Nichtnutz – auch ohne Götter Ruhm an sich reißen. Das habe man (ganz richtig) als töricht empfunden (Sophokles, Aias 762–773).

Mit zwölf Schiffen (wie auch Odysseus) schließt A. sich den Griechen vor Troia an (Il. 2,557f). Wie Achill schlägt er sein Zelt am Rande des Schiffslagers auf, «vertrauend auf Mut und Stärke der Arme» (Il. 8,224 ff).

A. ist ein gewaltiger Kämpfer, der tapferste nach Achill (Il. 2,768 f; 8,321 ff; 17,278 ff). Viele Gegner fallen durch seine Hand. Hygin (Fab. 114) nennt 28 (vgl. Il. 4,477 ff; 6,5 ff; 11,485 ff, 12,378 ff; 14,464 ff; 15,746 = 12 Gegner; 17,488 ff). Quintus Smyrnaeus berichtet, A. habe auch mit Penthesilea gekämpft (1,538 ff). Selbst dem → Hektor, dem gewaltigen Kämpfer unter den Troern, ist er ein furchterregender Gegner, dem er sich nach einem Losentscheid (Il. 175 ff) freudig und selbstsicher stellt (Il. 7,206 ff): Mit der Lanze, dann einem Stein verletzt er ihn gar (Il. 7,259 f). Bei anbrechender Nacht raten Herolde, den Kampf abzubrechen (Il. 7,282). A. überläßt die Entscheidung dem Gegner (ebd.). Boccaccio wird sagen, er hätte den Kampf gewonnen, wäre nicht die Nacht hereingebrochen (Gen. 12,48). Die Widersacher tauschen in gegenseitigem Respekt («nach altem Brauch» = Boccaccio ebd.) Geschenke aus: A. empfängt das Schwert Hektors, dieser den Leibgurt (das Wehrgehenk) des anderen (Il. 7,303 ff).

Berühmt ist der Schild des A., «einem Turm gleich, / Ehern, aus sieben Häuten, den Tychios mühsam gefertigt. ... Der schuf ihm den funkelnden Schild aus Häuten von sieben / feisten Stieren und zog ihm das Erz als achte darüber» (Il. 7,219 ff; s. auch 8,267; 9,485; 17,128). Autorität bei den Griechen (vgl. Il. 7,178 ff, wo man seine Kampfkraft neben die des Diomedes und des Agamemnon stellt) und sicher Respekt bei → Achill beweisen, daß er an der Bittgesandtschaft teilnimmt, die den Helden wieder in den Kampf bringen soll. Die Rolle des A. dabei scheint mehr seine bloße Anwesenheit zu sein: Das Reden überläßt er eher den anderen, vor allem dem → Odysseus (Il. 9,163 ff). Als die Troer die griechischen Schiffe zu vernichten drohen, ist A. der entschlossenste unter den Verteidigern (Il. 15,415 ff; 15,674 ff; 15,715 ff). Dann verteidigt er den Leichnam des Patroklos (Il. 17,132 ff; 17,278 ff; 17,715 ff). Bei den Leichenspielen für Patroklos tritt A. zum Ringkampf mit Odysseus an (23,708 ff), doch Achill unterbricht den Kampf und erklärt ihn für unentschieden (Il. 23,732 ff). Dann liefert A. dem Diomedes einen Waffenkampf. Als jener «immerzu auf den Hals (die «Achillesferse») mit der Spitze des schimmernden Speeres» zielt, drängen die Achäer besorgt zum Abbruch, «aufzuhören, die Preise zu gleichen Teilen zu nehmen» (Il. 23,811 ff). Schließlich beteiligt sich A. mit einem gewaltigen Wurf am Diskuswerfen (Il. 23,836), aber ein anderer wirft weiter. Soweit die Ilias.

Beim Kampf um den Leichnam des Achill vor dem Skäischen Tor tötet A. den Glaukos, verwundet Aineias (→ Aeneas; vgl. Quintus Smyrnaeus 3,287), läßt die Waffen Achills zu den Schiffen bringen und trägt den Toten unter einem Schauer von Pfeilen durch die Menge der Feinde hindurch davon, während Odysseus ihm gegen die Angreifer Deckung gibt (Apollodor, Epit. 5,4; Aithiopis, Proklos, Chrest. 2, H. G. Evelyn-White, Hesiod 1977, S. 508 f; Quintus Smyrnaeus 3,217 ff). Bei den Leichenspielen für Achill gewinnt A. das Spiel mit dem Wurfring (Apollodor, Epit. 5,5). Der Ringkampf mit Diomedes bleibt unentschieden (Quintus Smyrnaeus 4,214 ff), aber beim Diskuswurf und im Allkampf («Pancratium») bleibt A. Sieger (ebd. 4,214 ff; 4,496; Quintus Smyrnaeus 4,439 ff; 490 ff). Dictys Cretensis zeigt A. sehr häufig und immer wieder in Gesellschaft mit den anderen Großen. In 2,16 ff berichtet er von einer Expedition in den thrakischen Cherronesus, wo er Gold und andere Reichtümer erbeutet sowie genug Korn, das Griechenheer für ein ganzes Jahr zu ernähren. Dann habe er in Phrygien den König Theutrans erschlagen, die Stadt abgebrannt, riesige Beute gemacht und die Königstochter Tecmessa mitgenommen.

Die Ereignisse, die zum Tode des A. führen, sind zum Teil in verschiedenen Versionen überliefert. Sicher ist, daß man bei den Spielen beschließt, dem Tapfersten vor Troia die Waffen Achills als Preis auszusetzen, und daß A. und Odysseus sich bewerben und miteinander um die Gunst der Schiedsrichter wetteifern (Apollodor, Epit. 5,6). Sicher ist auch, daß Odysseus gewann. Über den genauen Ablauf des Ereignisses gibt es widersprüchliche Nachrichten.

Die «Kleine Ilias» (3, Scholie zu Aristophanes, Ritter 1056, H. G. Evelyn-White, Hesiod 1977, S. 512 f) scheint berichtet zu haben, daß die beiden um ihre Verdienste vor Troia in heftigen Streit gerieten (vgl. Boccaccio, Gen. 12,48) und daß Nestor schließlich den Griechen riet, Leute zu den Mauern der Stadt zu schicken, zu horchen, was man dort von den Helden halte. Man belauschte das Gespräch zweier Mädchen, deren eines den A. pries als einen Mann weit besser als Odysseus, denn er habe den Achill, den Helden, aufgehoben und aus dem Kampfgetümmel getragen; der große Odysseus habe an dergleichen nicht gedacht! Den Ausschlag für die Entscheidung zugunsten des Odysseus aber habe gegeben, was das andere Mädchen, durch Eingebung der ⇒ Athena, sagte: «... sogar eine Frau könnte eine Last tragen, wenn nur ein Mann sie ihr auf die Schultern legte, aber kämpfen könnte sie nicht. Vor Angst müßte sie versagen, soll sie kämpfen».

Homer (Od. 11,542 ff) erzählt, daß die Troer und Athena gemeinsam entschieden und dem Odysseus die Waffen zusprachen. Nach einer Scholie zu dieser Stelle bei Homer entzog → Agamemnon sich der lästigen Entscheidung dadurch, daß er die troischen Gefangenen fragte, wer von den beiden den Troern am meisten geschadet habe (vgl. Apollodor, Epit. 5,6). Die Antwort in jedem Fall: Odysseus (vgl. auch Quintus Smyrnaeus 5,121 ff; Tzetzes, Posthom. 481 ff). Bei Pindar (Nem. 8,26[45]f) lesen wir, daß die Griechen in geheimer Abstimmung dem Odysseus den Preis zusprachen (vgl. Sophokles, Aias 445 f; Apollodor, Epit. 5,6; Ovid, Met. 12,625 ff). Bei Ovid (Met. 12,624 ff) entscheidet den Waffenstreit die Beredsamkeit des Odysseus: «der Beredte gewann die Waffen des Starken» (13,383). Quintus Smyrnaeus (5,180 ff) zeigt die beiden im Streit der Worte, und auch uns scheint, daß Odysseus die besseren Argumente hat. Interessant, daß A. dabei (5,197 ff) den Palamedes vor Odysseus zum Klügeren erklärt und damit doch wohl den Mord an ihm zu einer Tat aus Eifersucht macht. Pindar (Nem. 8,22 ff) sagt, dem kühn beherzten A. habe es an Zungenfertigkeit gefehlt, und der listige Odysseus sei für seine Falschheit von den Danaern in heimlicher Abstimmung bevorteilt worden. Demnach lenkte Neid das Schwert des A. zum Selbstmord. Niemals wäre das geschehen, hätten die Richter den wahren Odysseus erkannt. So habe Homer dem Odysseus mehr Ruhm verschafft, als ihm gebühre (ebd. Nem. 7,20 ff).

A. ist zuinnerst verletzt, unfähig zu begreifen, was mit ihm geschieht, und blinder Zorn übermannt ihn: «Er, der allein dem Hektor, sooft dem Eisen, dem Feuer, / Juppiter selbst widerstand, widerstand allein nicht dem Zorn. Den unbesiegbaren besiegte der Schmerz» (Ovid, Met. 13,384 ff). Ovid verschweigt in seiner Geschichte, was andere zuvor schon vom «Wahnsinn» des A. erzählten: Er habe, blind vor Zorn, rachsüchtig nachts das Heer der Griechen angreifen wollen. Athena aber habe ihm die Sinne verwirrt. So hielt er Herden und Hirten für die Achäer und schlachtete sie hin. Als er dann wieder zu Sinnen gekommen war, erkannte er seine Schande und tötete sich selbst vor Scham (Sophokles, Aias 1 ff; Apollodor, Epit. 5,6 f; vgl. Hygin, Fab. 107). Zenobius erzählt (Cent. 1,43), A. habe auf zwei Widder eingeprügelt, die er für Agamemnon hielt. Nach Sophokles (Aiax 451 ff) weiß A., daß es Athene war, die seinen Stolz demütigte, indem sie ihn Lämmer statt Männer schlachten ließ (die Mehrzahl der Geschichten verarbeitet Lukian in einem Dialog zwischen A. und Agamemnon in den Totengesprächen 23 [29]).

Er greift zum Schwert, das ihm einst sein größter Gegner Hektor gab (Sophokles, ebd. 663: «Gift ist des Feindes Gabe, gibt kein Heil»; Lykophron 461 ff), und tötet sich damit: Er befestigt die Waffe im Boden und stürzt sich hinein (ebd. 815 ff). Bis an das Heft durchdringt die Klinge die Brust (ebd. 899). Aischylos läßt ihm gleichsam im Kampf mit sich selbst die «Achillesferse» zum Problem werden: «Er bog gleichwie den Bogen, den man spannt, das Schwert, / Da nirgends nachgab seines Leibes Haut dem Stoß, / Bis eine Göttin, die dabei war, ihm gezeigt» / (zu ergänzen): «Wo an dem Körper er die Haut durchbohren kann.» («Die Thrakerinnen», O. Werner 1980, Frg. 87, S. 576 f; s. auch **B**, zu Platon, Symp. 35 [219e]).

Dort, wo sein Blut die Erde netzte, wuchs eine purpurfarbene Blume, ebendie, welche schon einmal aus der Wunde des Hyakinthos (⇒ Hyazinth) entsprossen war. Sie zeigt «auf der Mitte der Blätter den Namen des Mannes», die Buchstaben AI, einen Klageruf zugleich für den Jüngling (Ovid, Met. 13,394 ff). In der Aithiopis soll gestanden haben, daß A. sich in der Abenddämmerung entleibte (Schol. zu Pindar, Isthm. 3,5,53). Ausonius (Epit. 3) schreibt (in freier Übersetzung nach Asklepiades, Anth. Pal. 7,145) eine Grabschrift auf: Mit A. unterlag demnach zugleich die Tugend dem hinterhältigen Atreussohn (!). Der jener blutentsprossenen Blüte eingeschriebene Klagelaut bezeuge, daß der Mann einem ungerechten Urteil zum Opfer fiel.

Agamemnon verbietet, die Leiche zu verbrennen. So wurde er der einzige der vor Troia Gefallenen, den man in einem Sarg begrub (Kl. Ilias 4, Eustathius 285,34, H. G. Evelyn-White, Hesiod 1977, S. 512 f). Philostrat (Her. 8,7) berichtet, man habe den Leichnam des A. nach den Anweisungen des Sehers Kalchas in den Boden gelegt, «denn Selbstmörder sollen nach dem Gesetz nicht durch Feuer bestattet werden». Sein Grab liegt bei Rhoteum (Apollodor, Epit. 5,7; Dictys Cretensis 5,15). Nach dem Schiffbruch des Odysseus sollen die Waffen Achills über das Meer zum Grab des A. getrieben sein (Pausanias 1,35,3). Dem Odysseus wird A. immer noch grollen, als dieser ihm in der Unterwelt begegnet (Od. 11,543 ff).

Ganz anders Dictys Cretensis (5,14 f): A. fordert das Palladium aus dem Tempel der Minerva (Athena) als den Preis für seine Verdienste (→ Aias II). Nur Diomedes und Odysseus widersprechen. Nachdem Diomedes eingelenkt hat, unterliegt A. dem Odysseus, der Menelaos und Agamemnon auf seiner Seite hat. Einer der Gründe für diese Entscheidung ist, daß nach dem Fall der Stadt A. als erster den Tod der Helena verlangt habe. Wütend und enttäuscht, bedroht A. die Schuldigen an seiner Niederlage mit blutiger Rache. Am nächsten Morgen findet man ihn tot. Von Selbstmord ist keine Rede; man entdeckt nur, daß A. durch das Schwert («ferro») starb. Neoptolemos, der Sohn des Achill, bereitet einen Scheiterhaufen und verbrennt den Leichnam. Neoptolemos besorgt die Verbrennung. Die Asche wird in einer goldenen Urne beigesetzt (→ Achill).

Wiederum anders Dares Phrygius (35): A. kämpft in vorderster Linie, Alexander trifft ihn an der offenen Flanke. Da verfolgt der Verwundete den Gegner und erlegt ihn (diese Ehre gebührt sonst Philoktet). A. ist erschöpft, man bringt ihn ins Lager, entfernt den Pfeil, und der Mann stirbt unvermittelt.

Es hieß auch, die Troer hätten den A. mit Lehm und Kot angegriffen und getötet, weil ein Orakel sie hatte wissen lassen, der Mann sei mit Eisen nicht zu verletzen.

B A. ist von mächtiger Gestalt: «Höher als die Argeier an Haupt und mächtigen Schultern» (Il. 3,227). Nur Achill überragt ihn. Homer nennt ihn den «Riesigen», den «Gewaltigen», den «Ungeheuren» (vgl. Il. 3,226f; 5,610; 17,360). Bei Dictys Cretensis heißt er häufig der «Riese» (riesig: z. B. 4,216 u. 228). Später habe man seine Kniescheiben gefunden, die groß waren wie ein Diskus für das Pentathlon der Knaben (Pausanias 1,35,3). A. ist wohl nicht so schön wie Achill (vgl. Hygin, Fab. 270), aber er ist sicher ansehnlich: «A., welcher der beste war an Wuchs und an Aussehen», nächst dem Achill (Od. 11,469f; vgl. ebd. 550). Dares Phrygius (13) nennt ihn stark («valens»), eine laute Stimme habe er und schwarzes Haar, wild vor dem Feind sei er.

Seinem Wesen nach ist er eher offen und arglos, wie etwa seine Haltung beim Ringkampf mit Odysseus vermuten läßt, dessen List er erliegt (Il. 23,724ff; vgl. **A**). Dabei ist er selbstbewußt und stolz (Il. 7,196ff). Er spricht nicht viel, aber mit Eindringlichkeit und Offenheit (Il. 9,624ff; 15,561ff). «Denn einfach sind die Worte der Wahrhaftigkeit», läßt Aischylos ihn sagen (Stob. Anth.

III,11,14 [Hense]: O. Werner 1980, S. 540 f): Zuallererst ist er ein Krieger, ein Kämpfer, einer, der seinem Mut vertraut und seinem Arm (Il. 13,224 ff; vgl. A). «Aber mir liegt das Reden ebenso fern wie ihm (Odysseus) das Handeln», sagt er bei Ovid in einer übrigens recht langen Rede (Met. 13,10 f).

Einem Wildschwein, einem Eber gleicht A. an Kampfkraft in der Schlacht um den Leichnam des Patroklos (Il. 17,281 ff). Doch kennt er auch Furcht, aber er weicht der Übermacht eher verwirrt, wie der hungrige Löwe, von Hunden und Männern verscheucht (ebd. 11,544 ff); und wenn er weichen muß, ist er zäh wie ein störrischer Esel, den man vom Saatfeld prügelt (11,558 ff). Boccaccio nennt ihn «bellicosissimus» (Gen. 12,48). In der Eigenschaft des Kämpfers steht er nur Achill nach und ist der erste, solange jener schmollt (Il. 2,762 ff; ganz ähnlich auch Od. 11,550; vgl. Julian Apostata, Or. 2,55A). Quintus Smyrnaeus sieht (1,551 ff) ihn mit Penthesileia kämpfen, sie aber dann dem mächtigeren Achill überlassen.

Wie er schließlich den Leichnam Achills verteidigt (Quintus Smyrnaeus 3,217), so mag A. auch das Erbe des Kriegers Achill antreten; doch ist seine Natur wohl zu derb angelegt, um auch zarte Gefühle wie Liebe und Freundschaft zu kennen.

Sinn für Gesang und Leierspiel geht ihm ab (Philostrat, Her. 706). So fehlt ihm auf der einen Seite die Kultur Achills, auf der anderen der Witz des Odysseus. Auf diese Weise beiden unterlegen, ist ihm bei Homer ein Platz zweiter Ordnung zugewiesen. Daß er dabei ein «Riese» ist an Gestalt und Kampfkraft, macht den Achill noch größer, und sein störrischer Biedersinn läßt den Witz des listenreichen Odysseus erst funkeln (vgl. Ovid, Met. 13,1 ff).

Die Nachwelt scheint den Helden vor allem von seinem dramatischen Ende her gesehen zu haben. Seine «Achillesferse», die Verletzbarkeit einzig der Achselhöhle oder des Halses (s. **A**), zeigt, wie ähnlich A. auch hier dem größeren Achill ist.

Der Konflikt mit → Odysseus veranschaulicht einen Konflikt zwischen Kopf und Hand, den A. durch seinen uneinsichtig-arroganten Stolz heraufbeschwört und der eigentlich ein Konflikt mit Athene, der Göttin der Einsicht und der Klugheit, ist (bei Ovid, Met. 13,135, findet Odysseus, er sehe dumm [«hebes»] aus und sei es auch). Auch hier paßt das Bild vom «störrischen Esel», das Homer für den Krieger A. findet (Il. 11,558 ff). Sophokles berichtet, brüsk habe A. die Ansprache der Athene abgewiesen: Sie solle (ruhig) nur den anderen beistehen, bei ihm werde die Front nicht reißen (Sophokles, Aias 770 ff; vgl. auch seine Absage an Götterhilfe, ebd. 767 f). Athenes Günstling Odysseus, der Überleber, wird auch zu fliehen wissen (z. B. Il. 8,90 ff), wenn Einsicht das anrät, was genau Ovid den A. ihm vorwerfen läßt (Met. 13,63 ff).

Lukian (Über den Tanz 83) berichtet von einer tänzerischen grotesk-komischen Inszenierung des «wahnsinnigen» A.

In der Allegorese findet A. auffällig kontroverse Bewertungen, wobei die negativen überwiegen. Auf den Kämpfer A. nimmt ein Emblem bei Johann Sambucus (Embl., Antwerpen 1566, S. 203; H./S., Sp. 1683 f) Bezug unter dem Lemma SORS AUDACES IUVAT («Das Schicksal hilft dem Kühnen»), anknüpfend an den Kampf mit Hektor: «Wie bisweilen der Zorn die Trägen rasch aufstachelt, daß sie sich tollkühn auf ihre Feinde stürzen, so verwandelt der Schicksalsdruck auch die weniger Kühnen, und sehr schnell sind die Stärkeren aufgerieben ...»

Der Geschenkeaustausch zwischen A. und Hektor sei ein Frevel gewesen, sagt Boccaccio (Gen. 12,48, mit Hinweis auf Servius), denn darum sei A. schließlich durch das Schwert Hektors, dieser durch den Gürtel des A. gestorben (vgl. Hygin, Fab. 22). Ein Emblem ähnlichen Sinnes unter dem Lemma IN DONA HOSTIUM («Trügerische Geschenke») findet sich bei Alciat (1550, Held Nr. 139; H./S., Sp. 1682 f): «Feinds geschenck seind vnnütze Geschenck». – Boccaccio deutet auch die Blume aus dem Blut des A. (vgl. Ovid, Met. 13,394 ff): «Womit die Alten uns lehren, wie leicht unsere Kräfte, einer fallenden Blüte gleich, sich auflösen in nichts» («In quo nos docet antiquitas nostras vires caduci floris more in nihilum facile solvi»).

Wie man später die Ferse des Achill als moralische Schwäche deutet, so scheint schon Ovid (s. o.) den A. am selbstzerstörerischen Zorn zugrunde gehen zu sehen (s. auch Petrarca, Canz. 232: «Ira»). Den blinden Zorn des A. behandelt ein Emblem des Alciat unter dem Lemma INSANI GLADIUS («Des Wahnsinnigen Schwert»): «Das grimm wüten weng schaden bringt Dem Feind/sonder dem der da ringt. Hader und schlagen vnbedacht Hat manchen in groß vnglück bracht» (1550, S. 189, Held Nr. 137; H./S., Sp. 1684).

Der Selbstmord des A. findet positiven wie negativen Sinn. In den «Emblemata» des Nikolaus Reusner (1581, III, Nr. 20; H./S., Sp. 684f) steht er, vielleicht im Hinblick auf Ovid (Met. 13,390: «ne quisquam Aiacem superare nisi Aiax»), für «Selbstüberwindung» (SEIPSUM VINCERE, MAXIMA VICTORIA). Bei Covarrubias Orozco (1610, III., Nr. 35; H./S., Sp. 1685) steht er für «Feigheit» (TIMIDI EST OPTARE NECEM) und die Verwerflichkeit solcher Tat.

Platon (Symp. 35 [219e]) ließ Alkibiades sagen, Sokrates habe dem Gold noch mehr widerstanden als (der Körper des) A. dem Schwert (nach Aischylos, Thrak., s. o.).

Für «Ungerechtigkeit» steht die Entscheidung im Streit um die Waffen Achills in einem Emblem des Alciat (1531 [A 5]), Held Nr. 115): Die Tugend klagt über dem Grab des Helden. TANDEM TANDEM IUSTICIA OBTINET («Es wird zuletzt einmal die Gerechtigkeit siegen») lautet das Lemma zu einem anderen Emblem bei Alciat (ebd., [B 8], Held Nr. 66): Das Meer treibt den Schild Achills an das Grab des A. (s. H./S., Sp. 1686f).

C Wie alle griechischen Helden wird A. in der griechischen Kunst bärtig, mit Rüstung dargestellt, manchmal jedoch auch nur mit Mantel und Helm. Als Waffe trägt er das Schwert. Die in der «Ilias» angesprochenen Körpereigenschaften sind durchweg auch in der bildenden Kunst zu beobachten: Im Gegensatz zu dem flinken → Achill fällt bei A. der schwere, muskulöse Körperbau auf (er ist dennoch nicht mit ⇒ Herakles zu verwechseln). Der Typus des A. kommt gut an Antonio Canovas Marmorstatue zur Anschauung, die den Helden nackt, nur mit dem Helm, zeigt (1811/12; Venedig, Palazzo Treves de' Bonfili); A., finster blickend, schickt sich an, das Schwert zu ziehen.

D 1. *A. und Achill beim Brettspiel* → Achill

2. *A. kämpft gegen Hektor* (Il. 7,244 ff). Der in der Ilias ausführlich geschilderte Zweikampf der beiden findet relativ selten seinen Niederschlag in der griechischen Vasenmalerei. Das Bild des Triptolemos-Malers auf einem Stamnos (um 450 v. Chr.; Schweiz, Privatbesitz) hält den Moment fest, als die beiden Boten der Troer und der Achäer den Kämpfenden Einhalt gebieten (Il. 7,273 ff).

Die Illustration zu einer Handschrift der «Historia destructionis Troiae» des Guido delle Colonne (Ende 14. Jh.; London, British Museum, Add. Ms. 15 477, Bl. 52) übersetzt das Geschehen in zeitgenössische Bildsprache: A. und → Hektor, die den Kampf zu Pferd mit dem Schwert austragen, stecken in einer mittelalterlichen Rüstung mit Schnabelhelm.

3. *A. trägt die Leiche Achills vom Schlachtfeld* (Aithiopis, H. G. Evelyn-White, Hesiod 1977, S. 508 f). Eines der wichtigsten Themen der archaischen Zeit Griechenlands und eine der frühesten Sagenwiedergaben in der Bildkunst. Auf einem bronzenen Schildbandrelief des späteren 7. Jh.s v. Chr. (Olympia B) trägt A. den riesigen Körper des Achill (Hände und Füße des Leichnams berühren den Boden!) über der Schulter. Dies ist für lange Zeit das verbindliche Bildschema, das sich auf zahlreichen Vasenbildern wiederfindet.

4. *Der Streit um die Waffen des Achill* → Achill

5. *Der Wahnsinn des A.* (*Der rasende A.*; Ovid, Met. 13,384 ff; Sophokles, Aias 1 ff; Apollodor, Epit. 5,6 f; s. a. **A**). Das Bild zu Alciatus' Emblem (1550, Held Nr. 137, s. **B**) zeigt A., wie er in voller Rüstung mit gezücktem Schwert eine Schweineherde verfolgt und hinmetzelt. – Vielleicht meint auch Antonio Canova mit seiner

Statue (s. o.) den von Wahnsinn befallenen A., was man aus dem düsteren Blick des Helden, der im Begriff ist, sein Schwert zu ziehen, schließen könnte. – Johann Heinrich Füßlis Zeichnung (1770/72; Zürich, Kunsthaus) illustriert jene Szene aus der Tragödie des Sophokles (Aias, 545), da sich A. gegen seinen eigenen Sohn Eurysakes wendet.

6. *Der Tod des A.* Der von Sophokles (Aias 815 ff; Lykophron 461 ff; Ovid, Met. 13,384 ff) ausführlich geschilderte Selbstmord des A. ist das am häufigsten dargestellte Thema aus der Geschichte des A. – Das Vasenbild des Exekias auf einer Bauchamphora (geg. 540 v. Chr.; Bologna, Museo Civico Archeologico, Inv. F 480) zeigt A. bei den Vorbereitungen seines Freitods. In einen Erdhügel pflanzt er das Schwert, in das er sich stürzen wird. Meist sieht man A., der sich auf dem Boden kniend in sein Schwert stürzt (Vase aus Vulci, 1. Hälfte 4. Jh. v. Chr.; London, British Museum, Inv. 558, u. a.).

Eine prominente Stelle nimmt die Figur des A. auf Nicolas Poussins Gemälde *Das Reich der Flora* ein (1631; Dresden, Gemäldegalerie Alte Meister). A. läßt sich stehend in das auf den Boden gestellte Schwert fallen. Wo der Schwertknauf im Boden steckt, wächst eine purpurfarbene Blume.

Lit.: Touchefeu, Odette, in: LIMC 1981, 1,1, S. 312–336; 1,2, S. 232–252, s. v. Aias I.

Aias II, griech., lat. Aiax; A. der Lokrer, A. der Kleine, Klein-A. – Held vor Troia. Sohn des Oileus, König von Lokris (Il. 13,712), und der Eriopis (ebd. 13,697) oder der Nymphe Rhene.

A Als Anführer der Lokrer nimmt Klein-A. mit 40 Schiffen am Krieg gegen Troia teil (Apollodor, Epit. 3,11; «Ilias Latina» 189; 37 Schiffe nennt Dares Phrygius 14, der ihn ebd. 13 noch vor dem Telamonier nennt). Dort sieht man ihn häufig zusammen mit dem Großen A. (→ Aias I; Homer, Il. 4,273 ff; 5,519; 16,555; 17,351; 18,157; so auch oft bei Quintus Smyrnaeus). Er kämpft vor allem mit dem Speer oder der Lanze. Homer nennt ihn den «Lanzenberühmten» (Il. 14,446). Bei der Verteidigung der Schiffe übt er sein blutiges Handwerk besonders gründlich: «Aber die meisten erschlug der hurtige Sohn des Oileus / Aias ...» (Il. 14,520 ff). Bei den Wettkämpfen für Patroklos verliert er das Rennen gegen → Odysseus, dem die Göttin ⇒ Athena hilft. A. stürzt kurz vor dem Ziel. Er erntet Gelächter, als er, Mund und Nase voller Rinderkot, sich erhebt und sich dann über die Begünstigung des Odysseus beklagt. Der Krieger A. wird häufig von Quintus Smyrnaeus erwähnt. So bei der Amazonenschlacht, wo er mit Speer und Axt kämpft (1,158 ff). Später greift er ⇒ Paris an und sogar → Aeneas, der ihn mit einem Stein am Helm trifft und zu Boden wirft (ebd. 6,517 ff). Mit dem Speer verwundet er Skylakeus, den Gefährten des Glaukos (ebd. 10,146 ff), dann wird Amphimedon sein Opfer (ebd. 13,211). Bei den Leichenspielen für → Achill siegt er im Laufen (ebd. 4,186; vgl. Dictys Cretensis 3,19) und beim Bogenschießen (Quintus Smyrnaeus 4,410 ff).

Bekannt geworden ist Klein-A. vor allem durch sein Verhalten beim Fall Troias und durch die dann folgenden Ereignisse, die zu seinem Tod führen. Im Chaos der untergehenden Stadt will A. sich der Seherin Kassandra, Tochter des Königs Priamos, bemächtigen, die sich vor ihm in den Athenatempel geflüchtet hat und sich dort an das hölzerne Kultbild der Göttin (= das Palladium) klammert. A. vergewaltigt sie (Apollodor, Epit. 5,22). – In der «Iliupersis» (Proklos, H. G. Evelyn-White, Hesiod 1977, S. 520 f) stand, daß er das Mädchen mit dem Kultbild davonschleppte (so sah man es auf der Kypselos-Lade in Olympia: Pausanias 5,19,5; vgl. das Gemälde des Polygnotos im Schatzhaus der Knidier in Delphi, Pausanias 10,26,3); schließlich hatte er die Stirn, sich zum Altar der Athene zu flüchten. Vergil sagt, Kassandra sei «am fliegenden Haar» aus dem Tempel gezerrt worden, mit gefesselten Händen, «vergebens erhob sie die flammenden Augen zum Himmel» (Aen. 2,403 ff; vgl. Dictys Cretensis 5,12). Quintus Symrnaeus (13,420 ff) spricht von den nach oben gewandten Augen des Kultbildes: «Ja, sie (Athena) wollte die Schande nicht sehen; sie kleidete sich in Scham und Zorn wie in einen Mantel. Den strengen Blick wandte sie gegen das Tempeldach, und das heilige Bild stöhnte, und mächtig bebte der geweihte Boden». Die Griechen sind über diesen Frevel an Athena so aufgebracht, daß sie beschließen, A. zu töten. Pausanias (10,31,1) meldet, Odysseus habe geraten, ihn zu steinigen. A. aber findet rettende Zuflucht am Altar der Göttin (Apollodor, Epit. 5,23; vgl. Pausanias 1,15,3 u. 10,26,3). Doch die Rache der Göttin wird ihn ereilen, als er auf dem Heimweg ist: Sie schleudert einen Blitz gegen sein Schiff (Apollodor, Epit. 6,6; das ist wohl das einzige Mal, daß die Göttin diese Waffe des Vaters benutzt!), und Homer erzählt (Od. 4,499 ff): «An die Gyräen, die mächtigen Felsenriffe, verschlug ihn / Zwar Poseidon erst und rettete ihn aus dem Meere. / Trotz Athenes Haß wär er dem Tode entkommen / Hätte er nicht frevelndes Wort in großer Verblendung / ausgestoßen, auch gegen die Götter sei er der großen / Flut entflohn; ...» Erzürnt spaltet ⇒ Poseidon mit dem Dreizack den Felsen. Das Stück, auf dem A. gesessen hat, stürzt ins Meer, und mit ihm A.: «So ging jener zugrund, ertrunken im salzigen Wasser». Als Schiffbrüchigen mit einem Grind von Meersalz noch auf der Haut wird ihn Polygnotos auf dem Bild im Schatzhaus der Knidier in Delphi darstellen (Pausanias 10,31,1).

Anders Vergil (Aen. 1,44 f): «Aiax, als aus zerschmetterter Brust er die Gluten verhauchte, / Hob sie im Wirbel empor und spießt ihn auf felsiger Klippe.» Der Untergang des A. bei den «Capherischen» Felsen war Thema der Nostoi gewesen (Proklos, H. G. Evelyn-White, Hesiod 1977, S. 527). Quintus Smyrnaeus (14,502 ff) zeigt den A. am Ende als einen großen Kämpfer gegen die von Götterhand entfesselten Gewalten des Meeres: «Die Götter sahen und bewunderten seinen Mut und seine Stärke» (14,551 f). Seine stolz-törichte Selbstbehauptung gegen die Olympier wird ihm auch hier zum endgültigen Verhängnis.

Der Leichnam des A. wird an Land gespült und von Thetis auf der Insel Mykonos begraben (Apollodor, Epit. 6,6; der Scholiast zu Homer, Il. 13,66, sagt, Thetis habe den Toten auf Delos gefunden und dort begraben). Die Lokrer sollen auf die Nachricht vom Tod des A. ein Jahr lang schwarze Trauerkleidung getragen und die alljährliche Wiederkehr des Todestags mit einem sinnreichen Opferritus gefeiert haben (vgl. Tzetzes, Scholie zu Lykophron 365, zu Schiffbruch und Tod des A.; s. auch Tzetzes, ebd. 387; 389; 402; Hygin, Fab. 116; Seneca, Agam. 532 ff). Dictys Cretensis (6,1) erklärt das Ende des A., ohne dafür einen Götterzorn zu bemühen: Schweres Wetter mit Sturm und Blitz zerschlägt und dezimiert die Flotte. Schwimmend erreicht A. mit anderen die Ufer Euböas. Sie alle kommen aber dennoch um. König Nauplius nimmt die Gelegenheit, den Tod des Sohnes Palamedes zu rächen: Mit falschen Leuchtfeuern führt er die Schiffbrüchigen in die Irre und in das Verderben.

Der Krotoniate Autoleon soll auf der Insel des Achill der Seele des A.

begegnet und folglich von seiner Verwundung genesen sein (Konon, Photios, Cod. 186, 133b, Bd. 3, S. 16).

B A. der Lokrer ist offenbar klein von Wuchs. Dares Phrygius (13) sieht ihn wohlgestalt («quadratus»), er habe kräftige Gliedmaßen, sein Körper(bau) erinnert ihn an einen Adler («aquilino corpore»), von angenehmem Wesen («jucundus») sei er und stark. A. ist flink und beweglich. Homer nennt ihn den «Schnellen» (Il. 14,242; 33,473 u. 488; vgl. Quintus Smyrnaeus 4,186), nur Achill ist schneller. Sein Kampfstil erinnert an einen Jäger: Den Kleobolus springt er an und fängt ihn (Il. 16,330 ff), den Satnios trifft er im Ansprung (14,442 f), flüchtige Gegner verfolgt und erlegt er in raschem Lauf (14,520 ff). Den Nahkampf mit dem Schwert scheint er zu scheuen. Neben der Lanze und dem Speer beherrscht er den Bogen meisterlich (Quintus Smyrnaeus 4,410 u. 11,439). Dazu paßt wohl, daß er sich leicht erregt und schnell auch mit dem Wort ist. Der Streit mit Idomeneus zeigt ihn unduldsam und verletzend dem älteren gegenüber (Il. 14,473 ff). Idomeneus nennt ihn den «Besten im Zank», «bösartig» und «unfreundlich» (ebd. 483 f). Unbeherrscht triebhaft zeigt er sich vor Kassandra. Die «Ilias Latina» (189) nennt ihn äußerst tapfer («fortissimus»). Blasphemische Prahlerei bringt ihm den Tod.

Ovid (Met. 13,356) läßt den Odysseus (ironisch) vermerken, daß der im Vergleich mit dem Telamonier «bescheidenere» («moderatior») A. nicht wagt, den Schild des Achilleus zu fordern.

In der Antike galt A., vor allem angesichts seiner Hybris vor Athena, als Inbegriff der Gottlosigkeit, und sein schlechter Ruf, die Erinnerung an seine Frevelhaftigkeit und Brutalität sind noch in der Renaissance lebendig (s. **D**).

C Die griechischen Vasenmaler betonen seit dem 5. Jh. v. Chr. die Jugendlichkeit des A. Jugendlich und blond sehen ihn Künstler der Neuzeit. Die Roheit und Unverfrorenheit des A. kommen oft durch seine Haltung und sein Mienenspiel zum Ausdruck.

D 1. *A. und Kassandra* (s. **A**). Die Mißhandlung der Kassandra durch A. ist vor allem in der Antike häufig dargestellt worden, etwa auf dem rotfigurigen Bild einer Hydria des Kleophrades-Malers (1. Viertel 5. Jh.; Neapel, Museo Archeologico, Inv. 81669): Das Mädchen umklammert hilfesuchend mit der Linken das Kultbild der Athena; A. hält in der einen Hand das Schwert, mit der anderen packt er sein Opfer beim Haar (vgl. Vergil, Aen. 2,403 ff). Ein Bild, das zahlreiche Wiederholungen in der Vasenmalerei gefunden hat. – Auf einem römischen Flachrelief («Relief Borghese» nach griech. Original; Rom, Villa Borghese, Inv. 1956) nimmt A. den Fuß zu Hilfe, um das Mädchen vom Kultbild der Göttin zu reißen.

Eines der seltenen Beispiele der neuzeitlichen Kunst ist der Entwurf eines österreichischen Meisters für ein Fresko (um 1690; Slg. K. Rossacher). Er zeigt einen atypischen A., der angesichts der beim Kultbild der Athena schutzsuchenden Kassandra zurückprallt.

2. *Der schiffbrüchige A.* (Homer, Od. 4,499 ff). Philostrat (2,13) beschreibt ein Bild mit dem gestrandeten A., der nicht einmal vor dem herannahenden ⇒ Poseidon Respekt zeigt.

3. *Der Tod des A.* (s. **A**). Auf einem Fresko nach dem Entwurf von Giulio Romano im Palazzo Ducale in Mantua (Sala di Troia, 1536/37) sieht man den Frevler (blutjung, mit hellem gelockten Haar) an einen Felsen gelehnt und vom Blitzbündel der Athena durchbohrt. – Zu den Fresken in der Galerie François Ier in Fontainebleau zählt auch eine Darstellung der Rache des Nauplius (Rosso Fiorentino, 1534/36). Sie schildert den Untergang der griechischen Flotte durch die List des Nauplius; im Hintergrund erkennt man den auf einen Felsen gespülten Leichnam des A. Einen besonderen Anlaß für die Wahl dieses Themas an dieser Stelle sieht E. Panofsky (1958): In A. sei die mythische Entsprechung zu jenem historischen Ugo de Moncada zu sehen, der sich durch seine Grausamkeit und Skrupellosigkeit im Sacco di Roma, 1527, einen zweifelhaften Ruhm erworben hatte.

Lit.: Panofsky, Dora und Erwin: The Iconography of the Galerie François Ier ..., 1958, s. Allgem. Bibl., S. 144. Touchefeu, Odette, in: LIMC 1981, 1,1, S. 336–351; 1,2, S. 252–270, s. v. Aias II.

Aiax → Aias

Aineias → Aeneas

Aiolos, griech., lat. Aeolus. Die Überlieferung unterscheidet drei A.:

A. I, Sohn des Helenos, Enkel des Deukalion; König von Thessalien, Stammvater der Aioler (Hesiod, Ehoien 4; Apollodor, Bibl. 1,7,3; Hygin, Fab. 125,6). Hat mit der Gemahlin Enarete sieben Söhne – unter diesen den Sisyphos und den Salmoneus – und fünf Töchter, darunter Alkyone; andere Söhne werden ihm zugeschrieben. Sie alle sind wohl Stammeltern aiolischer Plätze (vgl. Kl. Pauly, Bd. 1, Sp. 184). Es heißt auch, er sei Vater der Lapithen (Diodor 5,81,6). – Dieser A. scheint keine besondere Charakterisierung gefunden zu haben. Nach Hesiod (Ehoien 4) war er Pferdeliebhaber.

A. II, Sohn des Hippotes (Homer, Od. 10,2; Ovid, Met. 14,224); König von Aiolien (der aeolischen [liparischen] Inseln?), durch die Vermittlung der Juno/ ⇒ Hera (Vergil, Aen. 1,78 ff) von ⇒ Zeus als Herr über die Winde eingesetzt. Bekannt ist A. durch seine Rolle bei den Abenteuern des → Odysseus (Homer, Od. 10,1 ff; Ovid, Met. 14,223 ff) und den Abenteuern des → Aeneas (Vergil, Aen. 1,52 ff).

A. III, Sohn des ⇒ Poseidon und der Melanippe (Euripides, Suppl. 25,28; vgl. Hygin, Fab. 186). Von Enarete hat er den Sohn Athamas (Apollodor, Bibl. 1,7,2; Myth. Vat. II 134).

Der Sohn des Helenos (A. I) und der des Hippotes (A. II) werden schon früh zusammengetan. Diodor (4,67,2 ff) konstruiert eine genealogische Verknüpfung aller drei: Hellen ist Vater von A. I, der

Vater wird von Mimas, welcher Vater wird von Hippotes, der von Melanippe Vater ist des A. II (dem Winddämon), dessen Tochter Arne von Poseidon den A. III hat und den Boiotos.

Die folgenden Abschnitte haben die mythographische Überlieferung zu «A.» im Blick und handeln ausschließlich vom Windgott (= A. II).

Der Mythos des A. scheint durch die Geschichte flüchtig gewesen zu sein wie der Wind.

A Die Geschichte des Herrn über die Winde steht im wesentlichen bei Homer (Od. 10,1–26): A., den Zeus zum Herrn der Winde ernannt hat, residiert auf einer schwimmenden Insel, von einer ehernen, undurchdringlichen Mauer umgeben, die sich über glattem Fels erhebt.

Seine Aufgabe ist, die Winde zu stillen oder zu erregen (Od. 10,22), Apollodor (Epit. 7,10) wird sagen, sie zu sänftigen und auf den Weg zu schicken. Über die Verwahrung der Winde äußert Homer sich nicht. Vergil weiß (Aen. 1,60f), daß Jupiter/Zeus sie in finsterer Felshöhle einsperrte und die Last mächtiger Berge darüberlegte. Ovid (Met. 14,224) spricht nur vom «Kerker» der Winde. Eine völlig andere Vorstellungswelt macht den A. geradezu zum Jäger, der die Winde in Höhlen fängt, denn die seien immer voller Winde (Myth. Vat. II 52).

A. wohnt augenscheinlich in einem Palast. Zwölf Kinder hat er, sechs Söhne und sechs Töchter; die sind miteinander vermählt und leben bei den Eltern. Man speist gern «unzählige Speisen», «Fettdampf füllt das Haus» (Homer, Od. 10,9f u. 61). Tags schallt der Hof vom Lärm der vielen, nachts liegen die Paare der Kinder ordentlich beieinander, in Decken und gegurteten Betten.

Gastfreundlich beherbergt er einen Monat lang den Odysseus und dessen Gefährten. Den Scheidenden stattet er mit Winden aus, die er in die Haut eines neunjährigen Rindes gesperrt hat. Er selbst geht an Bord und bindet gewissenhaft den Sack mit silberner Kordel zu (Od. 10,23f). Den Westwind aber läßt er sogleich den Odysseus heimwärts blasen (ebd. 10,25). Es heißt auch (Apollodor, Epit. 7,10), A. habe die Winde fest in eine Ochsenhaut («folles» = lederne Schläuche = Blasebälge sagt Hygin, Fab. 125,6) gebunden, die man am Schiff befestigte (womöglich – wie einen Motor – als Antrieb nach Wahl?). Den Odysseus habe er gelehrt, die Winde nach Wahl zu nutzen. Jedenfalls öffnen später – nach neuntägiger Fahrt kurz vor dem Ziel – die Gefährten neugierig und geldgierig den Sack, stürmisch entweichen die Winde, und ein Wirbelwind treibt das Schiff zurück zur Insel des A. (Od. 10,47 ff), der die Gestrandeten jetzt aber zurückweist und vertreibt: Sie seien den Göttern nicht gefällig (ebd. 10,72 ff).

Eindrucksvoll das dramatische Szenario bei Vergil (Aen. 1,51 ff). Er sieht den A. auf hohem Berge thronend, dort «in gewaltiger Höhle ... streitende Winde und heulende Wetter» bezähmen (vgl. Myth. Vat. II 51). Juno (Aen. 64 ff), die den Untergang der verhaßten Troer wünscht, bewegt den A., die vernichtenden Winde herauszulassen. Er erweist der Göttin Dankbarkeit für ihre Vermittlung bei Zeus und dafür, daß er an der Tafel der Götter speisen darf. Auch eine ihrer Nymphen, Deiopea, verspricht sie ihm zur Frau (ebd. 72 ff; vgl. Myth. Vat III 3,5).

Neun Inseln (die aeolischen) unterstehen seiner Herrschaft (Myth. Vat. II 52).

B Der Herr der Winde scheint alle Aufmerksamkeit auf sich gezogen zu haben. Interesse und Rang des A. entsprechen der Bedeutung, die eine wesentlich von der Seefahrt abhängige Kultur dem Wind beimessen muß. Seine Nähe zu Juno/Hera entspricht dem physikalischen Verhältnis von Wind zu Luft.

Auf seine Erscheinung können wir nur schließen: Bei der Zahl seiner erwachsenen Kinder kann er kaum ein junger Mann gewesen sein, als Odysseus ihn traf. Überhaupt wird man ihn sich bei seiner Autorität in reifem Alter vorzustellen haben.

Homer und Vergil zeigen jeweils einen A., der je einen Aspekt der Naturgewalt zeigt: die dem Menschen dienstbare Kraft der eine, ihre zerstörerische Gewalt der andere.

Bei Homer zeigt A. etwas von dem freundlichen Wesen der Macht, die er verwaltet. Ein «lieber Vater» ist er und «großherzig» (Homer, Od. 10,36), was er auch mit seiner Gastfreundschaft zeigt (vgl. auch Diodor 5,7,6 f): Sorgfältig bindet er dem scheidenden Gast die Winde in ihren Bahnen zusammen und tut sie in einen Schlauch, wie man dem Scheidenden ein Päckchen mit Nahrung auf den Weg gibt. Ein Bild des Friedens. So mag man sich vorstellen, daß «günstige Winde» dem Gemeinwesen Ordnung und Wohlstand bringen.

Entsprechend ist dieser homerische A. mehr ein Verwalter, ein Beamter: Ordentlich und geregelt geht es in seinem Palast zu. Korrekt erfüllt er den Auftrag der Götter, auch als er die zum zweiten Mal Gestrandeten zurückweist.

Ganz anders Vergil (Aen. 1,50 ff). Er sieht den Gott mehr als mächtigen Meister und Bändiger der Winde, der das Zepter eher als einsamer Herr der Winde denn als König eines Gemeinwesens trägt. Hier hat A. fast etwas von einem Raubtierbändiger an sich. Diese Winde sind eine Urgewalt, die eingesperrt ist (nicht aufgehoben und verwaltet!), in mächtiger Höhle unter dem Berg, «in Kerker und Ketten», wo «sie zornig gegen die Riegel toben». Das ist nicht die Kraft, die Segel füllt und Schiffe schiebt, das ist die zerstörerische Urgewalt, die Erde, Meer und Himmel (ebd. 58 ff) zu vernichten vermag. Sie zu zügeln, ihren Trotz zu sänftigen, ihr Rasen zu bändigen, ist A. eingesetzt. Als er sie losläßt, stößt er mit kraftvoller Geste sein Zepter in die Bergflanke (81 ff). Aber nicht aus Willkür handelt er, wenn er den Winden die «Zügel straffer zieht», sondern «certa foedere», nach bestimmtem Gesetz.

Diesen heftigen, «kühnen» A. wünscht ⇒ Dionysos sich zum Kampfgefährten auf dem Indienzug (Nonnos 29,111 ff). Die Winde sollen seine Waffen sein: Der Ostwind soll Pfeile schießen, Wurfspieße der Nordwind schleudern, die Schiffe zerstören soll der Westwind. Am Ende (119 ff) hat der Gott den Sack dabei, in den er die Winde packt und den er mit der Kordel verschließt.

An den «hartherzigen» A. wendet sich Ariadne (Nonnos 477,305), ein Wind möge ihr den → Theseus wiederbringen: Merkwürdig, daß die Winde dem Meister hier nicht gehorchen wollen und ihrem eigenen Sinn folgen. Boreas ist selbst verliebt, die anderen Winde mögen das Mädchen vielleicht nicht.

Die «certa foedus» Vergils signalisiert die Beobachtung von natürlicher Gesetzmäßigkeit. So kann euhemeristisch-rationalisierende Deutung in A. wohl schon früh einen Wetterkundigen sehen, der aus der Beobachtung von Feuer und Rauch, wie sie auf jenen vulkanischen Inseln hervorbrechen (Myth. Vat. III 4,10, Bode S. 170; Martian 6,648; Isidor, Etym. 14,36f), oder aus Beobachtung am Rauschen und Rauch der Flammen (Boccaccio, Gen. 13,20) den künftigen Wind vorausgesagt habe, etwas, das «heutzutage noch die dortigen Bewohner mit Sicherheit zu tun wissen» (Martian, s. o.; Myth. Vat. III 4,10). Palaiphat (18) nennt den A. ob dieser Fähigkeit einen «Astrologen» (= Astronomen), der dem Odysseus Zeit und Richtung der Winde voraussagte (die «ehernen Mauern» seiner Stadt seien übrigens seine Soldaten gewesen). Nach Polybios und Strabo hat A. den Odysseus in Meteorologie und Astronomie, Künsten des Seefahrens, unterrichtet (Gyraldi, Synt. 5, S. 253B). Germanicus (Frg. 5, Paris 1975, S. 45) sagt, A. habe den Winden und allem Wehen bestimmte Himmelssektoren gegeben, «so daß man weiß, wo Boreas die Regengüsse abläßt, woher Notus sie heranbringt, von welchem Platz Eurus und Zephyr über die Wogen sich nähern und ihre Brüder, ringsum postiert, gegen das Meer rüsten.»

Der Libellus (13) sieht den A. in einer Höhle stehen, «gewandet in einen Umhang («linea») und gegürtet, zu seinen Füßen hat er Blasebälge («flabia»), Instrumente gleichsam zum Anblasen und das Geblasene in Bewegung zu halten. In den Händen hat er je ein Horn, das er an den Mund hält und womit er zu blasen scheint, und aus jedem Horn entläßt er augenscheinlich sechs Winde. Und weil man meint, Juno habe ihm die Herrschaft verliehen, sieht man diese zu seiner Rechten stehen und sich in einer Wolke einen Kranz auf das Haupt legen. Zu seiner Linken sieht man eine halbnackte Nymphe im Wasser, welche ihm Juno zur Ehe gegeben haben soll.»

Hieran knüpft die Allegorese: Da er die Winde vorauszusagen wußte, haben «Unerfahrene» gemeint, er halte sie in seiner Gewalt (Isidor, Etym. 6,36; Myth. Vat. III 4,10). Auch habe man ihn sich in einer Höhle sitzend vorgestellt, «weil es natürlich ist, daß hohle Örter voll sind von Winden» (Myth. Vat. III 4,10). In weiterer physikalischer Ausdeutung heißt es: «Man stellt sich vor, daß Juno ihm seine Herrschaft gegeben habe, weil die Bewegung der Luft, d. h. der Juno, Winde hervorruft, welchen der A. ja vorsteht. Andere meinen, die Winde werden durch Bewegung des Wassers verursacht» (Myth. Vat. III 4,10; ⇒ Poseidon). So erkläre sich, daß Vergil die Juno dem A. eine Nymphe, Beiopeia, beigeben läßt; denn aus der Luft entstehen die Wolken, aus diesen die Gewässer, und die seien Nymphen. Mit Bezug auf die Aeneis (1,57) referiert der Myth. Vat. III (4,10): «Wenn aber Vergil berichtet, daß er (= A.) den Winden nicht Einhalt gebiete, sondern ihr Temperament nur mildert und ihren Zorn sänftige, dann sagt er damit, daß die Übel («vitia») der Natur durch kein Mittel («ratio») sich wandeln, sondern sich bestenfalls besänftigen lassen.»

Weniger erfolgreich durch die Zeiten scheint die Deutung des Herakleitos (71) gewesen zu sein. Er hält den A. für ein Bild des Jahres, umgeben von den zwölf Monaten. Das besage auch der Name «aiólos», was soviel heiße wie «beweglich, buntgefleckt, schimmernd», wie das Jahr sich eben im Wandel der Jahreszeiten zeige. Die Sommermonate seien wegen ihres fruchtbaren, produktiven Charakters weiblich, die Wintermonate männlich, und die Geschichte von der Ehe der Kinder des A. untereinander habe nichts Unmoralisches an sich, wie denn die Jahreszeiten einander unterstützen (vgl. Gyraldi, Synt. 5, S. 253B). Mit ähnlichen Argumenten hat man nach Boccaccio (Gen. 13,20, mit Hinweis auf Aristoteles) die Kinder des A. als die zwölf Winde verstanden.

Eine moralische Deutung referiert Boccaccio (ebd.): Vergil meine mit dem «in einer hochgelegenen Burg residierenden A. die Vernunft («ratio»), die ihren Sitz im Haupt («cerebro») hat, denn die betörenden Winde der Begierde, die da in der Höhle der Menschenbrust toben, bringen notwendig dem Ort ihres Ursprungs («emittentem») das Verderben, wenn nicht Vernunft («ratio») sie zügelt, damit sie nicht auch noch gar die ganze Welt zerfetzen und zerreißen» (vgl. Aen. 1,56 ff). Dann ein Hinweis u. a. auf das üble Beispiel des ⇒ Paris und die bösen Folgen seiner so schlecht gezügelten Begierde. N. Conti (Myth., Bl. 251ʳ, Zeile 36 ff) sieht in A. einen weisen Mann («vir sapiens»), der den Zorn («ira») in Schranken hält. Den Namen deutet er auf eine Vielfalt der Sitten («varietas morum»). Alle Affekte seien dem Menschen nützlich, nur dürfe er sich nicht zu sehr erhitzen. Hier sei, wie in allen Dingen, Mäßigung («mediocritas») von Nutzen.

Mit Blick auf Vergil (Aen. 1,63) bezieht Picinello (3,3,6) unter dem Lemma ET PREMIT ET LAXAT («Er strafft und er lokkert») das Handwerk des A. auf das Geschäft des guten Herrschers, der seine Untertanen weder zu hart noch zu lässig behandele. Mit Blick auf Seneca wird er gar zum «Pater Patriae», der in aller Strenge Nachsicht walten lasse (De clem. 18). Auch hier gilt A. als Beispiel des Weisen, der seine Affekte und vor allem den Zorn zu bändigen weiß (s. N. Conti, ebd.).

C Dargestellt wird A. als bärtiger Greis mit zerzaustem Haar, nackt oder mit wehendem Mantel bekleidet. Im Libellus (13) steht er mit jedem Fuß auf einem Blasebalg. In jeder Hand hält er ein Horn, das er zum Mund führt. Aus jedem Horn sieht man sechs Winde entweichen (was der Zahl der Kinder des A. entspricht).

Stephan Batman (1577, Bl. 13ᵛ f) vermerkt, A. sei in der Öffnung einer Höhle dargestellt worden, in der Hand eine Schildkröte, zwei Blasebälge unter seinen Füßen. – Als Herrscher über die Winde thront A., einen Lorbeerkranz im Haar, auf der Darstellung einer flämischen Teppichserie (um 1520; New York, Metropolitan Museum of Art) über drei personifizierten Winden; in der Rechten hält er eine Lanze, in der Linken die Ketten, die an der Tür des Gefängnisses der Winde befestigt sind.

Eine Figur des «Eolo» entwirft Giorgio Vasari für die «Mascherata» von 1565 in Florenz (Zeichnung Florenz, Uffizien, gabinetto disegni, Inv. 2845 F). Der König der Winde (Bezeichnung auf dem Blatt: «Eolo Ré de venti») trägt ein Zepter in der gesenkten Rechten, in der Linken hält er eine Segelstange mit geblähtem Segel. Er hat zerzaustes Haar und einen Flammenkranz um das Haupt, Wolken bilden seine Knie. B. Baldini erläutert Erscheinung und Attribute in seinem «Discorso sopra La Mascherata della Genealogia degl'Iddei de' Gentili» (Firenze 1565; s. Lit. A. M. Petrioli): E. war ein guter und gerechter König jener Inseln im Tyrrhenischen Meer, die nach ihm die «Aeolischen» genannt werden, der die Seeleute den Gebrauch des Segels lehrte und der ihnen enthüllte, wie man durch Beobachtung einer Flamme Richtung und Stärke des Windes bestimmen kann.

Als König (der Winde) kennzeichnet ein Zepter den A. auch auf einem Fresko des Giacomo Cavedone (1577–1660) im Palazzo Fava in Bologna.

D 1. *A. und Juno.* Eines der populärsten Themen aus der Geschichte des A.: Juno (A. M., S. 505) sucht die Grotte des A. auf, um ihn zu bitten, die Flotte des → Aeneas durch einen Sturm zu zerstören. – Eine großfigurige Komposition des Lucio Massari (1569–1633; Rom, Galleria Doria) setzt diesen Besuch in Szene.

2. *A. in der Allegorese.* Als Personifizierung der Luft erscheint A. in einem Gemäldezyklus, die vier Elemente darstellend, von Francesco Albani (1625/28; Turin, Galleria Sabauda) und in dem Elemente-Zyklus des Johann Rudolf Byas (1660–1738; Schleißheim, Gemäldegalerie).

Als Personifikation des Windes gesellt Piero di Cosimo A. dem ⇒ Hephaistos zu («Vulkan und A.», um 1490; Ottawa, National Gallery of Canada): Während Vulkan/Hephaistos ein Hufeisen schmiedet, bedient A. zwei Blasebälge, um das Schmiedefeuer anzufachen.

Für das Alter und den Winter steht A. in der oben erwähnten flämischen Teppichserie (um 1520).

Lit.: Petrioli, Anna Maria (a cura di): Mostra di disegni Vasariani. Carri trionfali e costumi per la genealogia degli dei (1565), Nr. 48. Firenze 1966 (Gabinetto disegni e stampe degli Uffizi, 22). Standen, Edith A.: The twelve ages of man. In: Metropolitan Museum Journal 2, 1969, S. 127.

Amaltheia, griech., lat. Amalthaea. Amme des ⇒ Zeus, die entweder eine Nymphe war oder eine Ziege. Die Nymphe war eine Naiade, Tochter des Okeanos, oder sie war eine Tochter des Melisseus, Königs von Kreta (Hygin, Fab. 182), oder Tochter anderer. Zumeist heißt es, Zeus sei von «Nymphen» aufgezogen worden, aber es waren wohl nie mehr als zwei, und diese besaßen eine Ziege, die – wenn sie einen Namen hatte – A. hieß (Hygin, Astron. 2,13; Myth. Vat. II 16). In auffälliger Analogie zur Kindheitsgeschichte von Romulus und Remus spricht Myth. Vat. III (15,10, Bode S. 256) davon, daß Juppiter einer Wölfin («lupa») anvertraut wurde; als diese nicht genug Milch hatte, habe die Ziege A. ihn ernährt (vgl. Boccaccio, Gen. 11,1).

A Aus Furcht, ⇒ Kronos werde auch dieses Kind verschlingen, bringt Rea den Zeus auf Kreta zur Welt (Apollodor, Bibl. 1,1,5) und vertraut ihn der Amme A. an (Hygin, Fab. 139,3). Apollodor (Bibl. 1,1,6) sagt, das Kind sei den Nymphen Adrasteia und Ida übergeben worden, die es mit der Milch der Ziege A. ernährten. A. habe eine Ziege besessen, die das Kind säugte (Hygin, Astron. 2: «Ophiuchus»; vgl. Eratosthenes, Kat. 13, S. 110 ff), Ovid erzählt, die Ziege A. sei sicher die schönste am Berge Ida gewesen. Ihr Euter war prall von Milch, denn sie hatte gerade Zwillingsböckchen geworfen (Fasti 5,117 f). Nach einem anderen Bericht hängt die Amme die Wiege in einen Baum, damit das Kind weder in der Luft («caelo») noch zu Lande («terra») noch zu Wasser («mari») gefunden werde, und damit man (damit Kronos) das Schreien des Kindes nicht höre, rief sie Knaben («impuberes» = Curetes, Corybantes, Lares) herbei, gab ihnen eherne Schilde und Speere und befahl ihnen, um den Baum zu laufen und Lärm zu machen. Kallimachos (Hymnos 1, an Zeus, 28 ff) scheint an einen Kriegstanz der Kureten zu denken (Hygin, Fab. 139,3; Myth. Vat. I 104, Lactantius Placidus, Theb. 4,784). Es wird auch berichtet, daß das Kind zunächst den Kureten am Berge Ida übergeben worden sei, die es dann den Nymphen gaben. Das erzählt Diodor (5,70), der auch weiß, daß die Nymphen die Milch der Ziege A. mit Honig mischten. Daß A. eine Ziege war, berichten auch andere (Kallimachos, Hymnos 1, an Zeus, 48 f; Strabo 8,7,5; Nonnos 46,17; Lactantius Placidus, Theb. 4,105; Myth. Vat. II 16; Myth. Vat. III 15,10, Bode S. 256 usw.).

An diese Version knüpft die Geschichte vom «cornu copiae» an, dem Füllhorn, das ein Horn der Ziege A. gewesen sein soll (vgl. Hesychios v. Alexandreia, in «Amalthèas Kèras»; Kurt Latte 1953, Bd. 1, S. 119). Ovid erzählt, die Ziege habe sich einst ein Horn an einem Baum abgebrochen: «Schnell nahm die Nymphe es auf, und, mit frischen Kräutern umwunden, / Hob sie gefüllt es mit Obst darauf zu Iupiters Mund» (Fasti 5,121 ff; vgl. ders. Met. 9,88; Übers. Wolfgang Gerlach 1960). Nach einer anderen Überlieferung floß aus dem einen der Hörner Nektar, aus dem anderen Ambrosia (Kallimachos, Hymnos 1, an Zeus, 48 ff.) Es heißt auch, daß Zeus später aus Dankbarkeit nicht nur die Ziege an den Himmel versetzte, sondern eines ihrer Hörner den Nymphen gab, das sich mit all dem gefüllt haben soll, was seine Besitzerinnen sich wünschten (Zenobius, Cent. 2,48).

B Nach Palaiphat (46) war A. eine Freundin des Herkules / ⇒ Herakles, die ihr Geld in einem Horn verwahrte (wie in einem Sparstrumpf wohl) und daraus dem Herkules gab, wann immer er bedürftig war. Dieses Horn habe man später «cornu copiae» geheißen, weil man daraus nehmen konnte, was immer man wollte.

Apollodor referiert, daß A., eine Tochter des Haemonius, das Horn eines Stieres besaß, das nach Wunsch Fleisch und Getränke im Überfluß enthielt (Bibl. 2,7,5).

Diodor (3,68,1f) wird die Geschichte so rationalisieren: A. sei eine Geliebte des Ammon gewesen, der ihr später aus Dankbarkeit ein Libyen benachbartes Stück Land schenkte. Dieses Land habe man «Cornu Copiae» genannt, weil es die Form eines Horns hatte und weil es dort Früchte gab im Überfluß. Das Horn der A. teilt seine wunderbaren Eigenschaften mit dem Horn des → Achelo(i)os und wird mit ihm oft gleichgesetzt. Als Herkules dem stiergestaltigen Flußgott im Kampf ein Horn abgebrochen hatte, tauschte es dieser gegen das Horn der A. ein (Diodor 4,35,3f).

Auch das Fell der A. hat Bedeutung erlangt. Unter Berufung auf Musaios erzählt Eratosthenes (Kat. 13, S. 110 ff), A. sei so schrecklich anzuschauen gewesen, daß die Titanen ihren Anblick fürchteten und Mutter Erde baten, sie doch zu verstecken. Die Erde aber sorgte dafür, daß A. den Zeusknaben in einer Höhle aufzog. Als dieser ein Jüngling war, soll er im waffenlosen Kampf mit den Titanen das Fell als Schild benutzt haben und siegreich geblieben sein, weil seine Gegner bei dessen Anblick von Furcht erfüllt waren, auch, weil das Fell in der Mitte das Haupt der Gorgo (→ Gorgonen) gezeigt habe. Ähnlich wird die Aigis, die schildartige Waffe des Zeus aussehen, die ⇒ Hephaistos schmiedet und die ebenfalls in der Mitte das Gorgonenhaupt zeigt (vgl. Homer, Il. 5,738ff, 2,446ff u. 15,306ff). An den Brauch, (Ziegen-)Leder als Schreibmaterial zu benutzen, knüpft an, daß Zeus auf die Haut («diphtéra») der A. schrieb, «was die Menschen angeht» («in qua res humanas perscriberet» – vgl. Gyraldi, Synt. 5, S. 242B).

Augustin (Civ. 6,7) belustigt es, daß man der Amme des Juppiter auf dem Kapitol ein Standbild setzte.

C A. hat entweder je nach benutzter literarischer Quelle die Gestalt einer Ziege oder die eines Mädchens.

D Dargestellt wird A. meist nur im Zusammenhang mit der Kindheitsgeschichte des ⇒ Zeus.

1. *Die Ziege A. mit dem reitenden Zeusknaben* ist auf kretischen Münzen der römischen Kaiserzeit zu sehen.

2. *Melkender Korybant.* Eine kleine Bronzegruppe von Andrea Riccio (1520er Jahre; Florenz, Bargello) verkörpert einen Korybanten, der, breitbeinig über der Ziege stehend, sich anschickt, sie zu melken. Zur eingehenden Deutung vgl. T. Buddensieg (1963).

3. *Die Nymphe A. mit dem Zeusknaben.* Auf kretischen Münzen der Kaiserzeit erscheint die Nymphe (mit Füllhorn oder in Begleitung der Ziege) mit dem Kind auf dem Arm. Auf einem campanischen Terrakottarelief (1. Jh. v./1. Jh. n. Chr.; Kopenhagen, Ny Carlsberg Glyptotek) sitzt A., das Kind an der Brust, im Schutz der Korybanten, die in rituellem Tanz die Schwerter auf die Schilde schlagen.

4. *Die Nymphe A., auf einer Ziege reitend.* Für den Grottensaal

der Meierei von Rambouillet, einer für die Schafzucht bestimmten Farm, die Ludwig XVI. für Marie Antoinette hatte anlegen lassen, schuf Pierre Julien 1787 eine Marmorgruppe, die die Nymphe A. auf der Ziege reitend darstellt – Teil eines dem Thema «Milch» gewidmeten Dekorationssystems.

Lit.: Buddensieg, Tilmann: Die Ziege Amaltheia von Riccio und Falconetto. In: Jahrbuch der Berliner Museen 5, 1963, S. 121–150. Henig, Martin, in: LIMC 1981, 1,1, S. 582–584; 1,2, S. 437–438, s. v. Amaltheia.

Amazonen, griech. Amazones, Amazonides, lat. Amazonae. Volk oder Stamm kriegerischer Frauen. Mythographen und Historiker unterscheiden drei solcher Völker an verschiedenen Orten und zu verschiedenen Zeiten. Immer wieder hat man ihrem Namen einen Sinn abgelesen, der zu ihrem Wesen paßt. Das veranschaulicht, was Isidor notiert (Etym. 9,2,64): «A.», weil sie miteinander ohne Männer lebten, «quasi ἅμα ξῶν», oder weil sie sich eine Brust abbrannten «Quasi ἄνευ μαξῶν». Auch nenne man sie «Unimammas», die «Einbrüstigen»: darum «A.», «quasi ἄνευ μαξῶον», d. h. «ohne Brust». Dann gibt es noch andere Deutungen (vgl. allgemein etwa Servius, Aen. 1,490, und die reiche Sammlung bei Hederich, Sp. 203 f). Die etymologische Ableitung im Sinne von «ohne Brust» gilt heute als falsch.

Aufschlußreich auch die Beiwörter, mit denen Schriftsteller des Altertums die A. bedenken. «Männergleich» heißen sie bei Homer (Il. 3,189 und 6,186). «Männerhassend» nennt sie anderseits Aischylos (Prom. 726). «Männertöter» sollen sie in Skythien geheißen haben (Herodot 4,110).

A Benjamin Hederich (Sp. 205) spricht treffend von (1) asiatischen, (2) sarmatisch / skythischen und (3) libysch / afrikanischen A. Sie haben bei aller Gemeinsamkeit doch eine eigene Individualität und sollen im folgenden je nach ihrer Eigenart vorgestellt werden.

1. Diodor (2,45) erzählt von einem Volk am Fluß Thermodon (im Pontus, dem nordöstlichen Kleinasien, westlich von Trapezunt), in dem die Frauen die Herrschaft hielten und Kriegsdienst leisteten wie die Männer. Offenbar von diesen A. sagt Apollonios Rhodios (2,990 ff), sie seien Töchter des ⇒ Ares mit der Nymphe Harmonia gewesen.

Eine Frau auch hatte den Rang und die Autorität einer Königin. Kriegstüchtig stellte sie ein Heer aus Frauen zusammen, lehrte sie das Waffenhandwerk und unterwarf einige Nachbarvölker. Weil das so gut gelungen war, habe sie sich «Tochter des Ares» genannt und sodann das Spinnen von Wolle und andere Haushaltspflichten den Männern auferlegt. Per Gesetz führte sie Kriegsspiele ein für die Frauen, die Männer aber hielt sie in Demütigung und Sklaverei. Man zeugte Kinder, aber die Knaben wurden an Beinen und Armen derart verstümmelt, daß sie zum Kriegsdienst nicht mehr taugten (Apollodor, Bibl. 2,5,9, sagt, sie zogen einzig die Mädchen auf und nährten sie mit der erhaltenen linken Brust). Den Mädchen brannte man die rechte Brust aus, um damit ein künftiges Hindernis (für die Beweglichkeit im Kampf) zu vermeiden. Aus diesem Grund habe man dann diese Frauen «A.» genannt in etymologischer Deutung des Wortes im Sinne von «ohne Brust».

Auch eine Stadt habe diese Frau gegründet, Themiskyra an der Mündung des Thermodon (vgl. Aischylos, Prom. 721 ff), und einen Palast errichtet. In ihrer kriegerischen Tüchtigkeit unterwarf sie alle Nachbarn bis hin zum Fluß Tanaïs im Land der Skythen. Dort war es augenscheinlich ebendiese Königin (ebd. 2,45,5), die mit ihren A. ein riesiges Heer der Perser schlug und König Kyros tötete (ebd. 2,44,1 f).

Noch tüchtiger war offenbar die Tochter: Sie trainierte die Mädchen von frühester Kindheit an in der Jagd und verschrieb ihnen täglichen Drill im Kriegshandwerk. Für göttlichen Beistand sollten Festlichkeiten für ⇒ Ares und die Taurische ⇒ Artemis sorgen, denen sie später mit ihrer Beute prächtige Schreine baute (die Königinnen Otrere und Antiope sollen dem Ares einen steinernen Tempel gebaut haben: Apollonios Rhodios 2,387 ff). So gelang es ihr, die Völker sogar hinter dem Tanaïs zu unterjochen bis nach Thrakien, ostwärts habe sie ihre Macht über große Teile Asiens und bis nach Syrien ausgedehnt.

Nach Diodor (2,46,2) erfreute die Königin sich ob ihrer freundlichen Herrschaft großer Zustimmung des Volkes.

Apollonios Rhodios (2,994 ff) berichtet, daß die Argonauten bei den A. vorbeikamen, die damals in drei verschiedenen Stämmen über das Land verstreut siedelten, die Themiskyrer, die Lykastier und die spießwerfenden Chadesier. Sie alle seien mit Kriegsvorbereitungen beschäftigt gewesen. Damals soll Hippolyte die Herrin von Themiskyra gewesen sein.

Es scheint, daß Macht und Ruhm diesen A. schließlich zum Unheil werden, als nach Generationen des Gedeihens Eurystheus den ⇒ Herakles ausschickt, den Gürtel der Hippolyte (zum Befestigen der Waffen, das Wehrgehenk [griech. telamón, τελαμών] des Ares!) zu holen, was für das Volk zur Katastrophe wird (vgl. den ausführlichen Bericht bei Diodor 4,16, wo er viele A. beim Namen nennt). In der Folge nehmen die benachbarten «Barbaren» die Gelegenheit, sich für erlittene Niederlagen so gründlich zu rächen, daß darüber sogar der Name der A. in Vergessenheit geraten sei.

Wenige Jahre danach soll Penthesileia, «die letzte der A.», nach dem Tode Hektors am troischen Krieg auf Seiten der Troer teilgenommen haben und schließlich von der Hand des Achill gefallen sein (vgl. Quintus Smyrnaeus 1,19 f u. 1,227 f, Kampf mit Achill: 1,538–629; Dictys Cretensis 3,15 u. 4,2 f; Dares Phrygius 36; Christine de Pizan 19). Schließlich seien die A. so restlos verschwunden, daß man ihre Geschichten für bloße Märchen hielt (Diodor 2,46,6).

Diodor (4,28,1 ff) weiß, daß in der Gegend des Thermodon doch noch einige A. überlebt hatten, sich zusammentaten und sich aufmachten zu einem Rachefeldzug gegen die Griechen (vgl. Il. 3,189). Anlaß war offenbar der Zorn auf Herakles, aber auch und besonders die Tatsache, daß → Theseus sich Antiope oder auch Hippolyte zur Sklavin genommen hatte. Sie verbündeten sich mit den Skythen, überschritten mit einem Heer beachtlicher Größe den kimmerischen Bosporus (die Straße von Kertsch) und zogen durch Thrakien und Teile Europas nach Attika, wo sie auf dem Platz, der «heute nach ihnen Amazoneum heißt» (vielleicht am Hang des Areopags gelegen: vgl. Aischylos, Eum. 685 ff; vgl. Plutarch, Thes. 27,6), ihr Lager aufschlugen. Eine entscheidende Rolle in der siegreichen Abwehrschlacht der Athener spielte offenbar Theseus, an dessen Seite Antiopê, schon Mutter seines Sohnes Hippolytos, heldenhaft kämpfte und starb. Die überlebenden A. aber hätten ihre alte Heimat aufgegeben und seien mit den Skythen gezogen, bei denen sie sich niederließen. Von ihrer Gewalttätigkeit spricht Lykophron (1335 ff).

Das alles sei geschehen, als Herakles mit der letzten seiner Arbeiten beschäftigt war.

2. Der Untergang der A. von der Hand des Herakles ist demnach der

Hintergrund für Ereignisse, von denen Herodot (4,110 ff) berichtet und dabei die Entwicklung etwas anders sieht als Diodor.

Demgemäß brachten die Griechen nach der Schlacht am Thermodon eine große Anzahl A. auf ihre drei Schiffe und fuhren heimwärts. Auf hoher See kommt es zum Aufstand der Gefangenen: Sie erschlagen die Griechen und übernehmen die Schiffe. Unfähig, das Fahrzeug auch zu bewegen und zu lenken, sind sie Wind und Wellen ausgesetzt und werden auf diese Weise nach Skythien verschlagen, bemächtigen sich dort einer Herde von Pferden und beginnen, das Land zu plündern.

Im folgenden (4,111 ff) beschreibt Herodot einen interessanten Prozeß, mit dem die Skythen die Fremden sich assimilieren und gleichzeitig die Fremden sich selbst ein wenig zivilisieren.

Beim Betrachten toter A. entdeckt man, daß es sich da um Frauen handelt, was offenbar den Gedanken aufkommen läßt, solche Fremden nun nicht einfach nach bewährten Brauch zu erschlagen, sondern dem Problem auf geradezu entgegengesetzte Weise zu begegnen, indem man die eigenen jungen Männer in passender Anzahl statt auf den Kriegspfad gleichsam in die Liebeslaube schickt («make love not war»). In einem vorsichtig-umständlichen Verfahren werden die Geschlechter, Paar für Paar, zusammengebracht. Der Plan gelingt, nur daß die so erworbenen Ehefrauen dann nicht geneigt sind, sich mit den skythischen Frauen und ihren Geschäften gemein zu machen. Sie empfehlen ihren Männern, sich von den Eltern den Vermögensanteil zu holen und sodann gemeinsam an einen anderen Platz zu ziehen, der drei Tagesreisen ostwärts, jenseits des Tanaïs liegen wird.

Eigentlich erklärt diese Geschichte den Ursprung der Sauromaten (Sarmaten), deren Frauen («seither») gemeinsam mit den Männern jagen und mit ihnen in Männerkleidung auch in den Krieg ziehen. Im übrigen sei es so, daß keine dieser Frauen heiratet, bevor sie einen Feind getötet hat. So komme es, daß einige alt werden und unverehelicht bleiben, weil sie dem Gesetz nicht Genüge tun konnten. Interessant ist, daß die Frauen sich mühen mußten, die Sprache der Skythen zu lernen, was ihnen nicht ganz gelang, wie man dem Sauromatischen noch heute anhören könne.

Pomponius Mela (3,4,33–35) sieht die Sarmaten (weit entfernt) etwa zwischen Weichsel (Vistula) und unterer Donau (Hister) und beschreibt sie als Nomaden (vgl. Tacitus, Germ. 44). Kriegerisch seien sie, frei, unbezähmbar und «bis heute» barbarisch und grausam, was auch für ihre Frauen gelte, die mit ihnen in den Krieg ziehen (vgl. Tacitus, Hist. 1,79; Platon, Nomoi 7,804e–805a, Strabon 11,5,1–3). Pomponius erwähnt hier auch die ausgebrannte rechte Brust (vgl. Diodor 11,45; Strabon ebd.). Der Bogen, das Reiten und Jagen seien Aufgaben der Mädchen. Den Mädchen obliegt es, einen Mann zu töten, bei Versäumnis droht zur Strafe Jungfernschaft.

Man könnte sagen, daß in dieser sarmatischen Gesellschaft die ursprünglich matriarchalisch dominanten A. ihren Männern Emanzipation einräumen.

3. A. gab es auch in Libyen: Sie seien überhaupt die ersten gewesen (Diodor 3,52), die freilich zugrunde gingen, lange bevor es die A. am Thermodon gab. Auch die Erinnerung an sie sei wohl so blaß geworden, daß es den späteren leichtfiel, den Ruhm der Art ganz auf sich zu beziehen.

Libyen scheint ein besonders geeigneter Platz für kriegerische Frauen gewesen zu sein. Diodor erzählt vom Volk der → Gorgonen (das von der Hand des ⇒ Perseus unterging) und dem Volk der A. Sie siedelten im westlichen Teil des Landes, am Rande der bewohnten Welt. Dort seien die Frauen einer Lebensart gefolgt, die sich ganz von der «bei uns herrschenden» unterscheidet.

Im wesentlichen ging es dort nicht anders zu als später bei den A. in Kleinasien. Die Frauen besetzten Verwaltung und Ämter im Staat, vor allem hatten sie den Kriegsdienst in Händen, und es gab für sie eine befristete, jahrelange Wehrpflicht, für den sie ihre Jungfräulichkeit bewahren mußten. Danach gingen sie zu den Männern und ließen sich schwängern. Die Männer verbrachten den Tag im Hause («wie unsere verheirateten Frauen das tun») und folgten den Anweisungen ihrer Frauen. Krieg, Amt und freie Rede in öffentlichen Angelegenheiten waren ihnen versagt, damit sie nicht etwa überheblich würden und sich gegen die Frauen erheben. Den Männern auch übergab man die neugeborenen Kinder, sie mit Milch und dem Alter gemäßen gekochten Speisen zu ernähren. Den Mädchen brannte man beide Brüste (!) aus (so wurden sie der Erscheinung von Männern noch ähnlicher). Die Begründung dafür ist uns von den späteren A. vertraut (s. o.).

Genauer betrachtet, wohnten die A. (Diodor 3,53,4f) auf der Insel Hespera, also im Westen, unweit des Ozeans in der Tritonis gelegen, in welche sich der Fluß Triton entleerte. Das war unweit von Äthiopien und dem Berg Atlas. Die Insel war groß und trug vielerlei fruchttragende Bäume, von denen die Leute sich ernährten. Reiche Ziegen- und Schafherden gaben Milch und Fleisch. Getreidefrucht kannte man damals noch nicht.

Wie ihre späteren Verwandten sind auch diese A. aggressive Nachbarn, die sich aller Städte auf der Insel bemächtigen mit Ausnahme des «äthiopischen» Menê, wo die Ichtyophagen wohnen. Dann unterwarfen sie viele ihrer libyschen Nachbarn und Nomadenstämme. Schließlich gründeten sie innerhalb der Tritonis die Stadt Cherronesos. Von dort aus (Diodor 3,54,1) griffen sie machthungrig weiter aus in «viele Teile der bewohnten Welt». Als erstes gingen sie gegen die Atlanter vor, die Leute mit der höchsten Zivilisation unter jenem Himmelsstrich in einem reichen Land mit großen Städten.

Königin Myrina stellte ein Heer von 30 000 Fußsoldaten und 3000 Reitern zusammen, denn die A. hatten eine ungewöhnliche Vorliebe für die Kavallerie im Krieg.

Diodor berichtet (3,54,4–3,55) ausführlich über die folgenden Unternehmungen der A. unter Myrina gegen die Atlanter, auch die Gorgonen und andere. A. und Gorgonen zusammen seien schließlich von Herakles vernichtet worden, als er unterwegs war, die Säulen aufzustellen, in «der Meinung, es vertrüge sich schlecht mit seiner Absicht, ein Wohltäter der Menschheit zu sein, würde er es dulden, daß auch nur eine Nation unter der Herrschaft von Frauen leiden müsse.»

Die Tritonis aber sei von einem Erdbeben verschluckt worden.

Als Volk oder einzeln dringen die A. in den griechischen Mythos ein, wo sie vor allem in den Sagenkreisen des Herakles und des Theseus Platz nehmen. Schon bei Homer finden sie gelegentliche Erwähnung (Il. 2,814, 3,189 u. 6,186).

Ihre Geschichte ist eigentlich ein Bericht über ihre kriegerischen Taten, die im Kampf mit den Griechen immer schlimm ausgehen, was Pausanias (1,15,2) zu der spöttischen Bemerkung veranlaßt: «Nur für Frauen gilt, daß nichts, was ihnen widerfährt, übel genug wäre, ihren Hunger nach Schwierigkeiten zu stillen.»

Von den griechischen Göttern stehen ihnen Ares (vgl. o.) und ⇒ Artemis/Diana (S. 137ff) am nächsten. Auf der Insel Aretias sahen die Argonauten in einem Arestempel, der nach oben hin geöffnet war, einen heiligen schwarzen Stein, vor dem die A. zu beten pflegten. Dort sollen sie dem Gott Pferde geopfert haben. Schafs- und Ochsenopfer seien verboten gewesen.

In Ephesos (Kallimachos, Hymn. 3, an ⇒ Artemis) sollen sie der «Jungfrau» (Kore) unter einem Eichenstamm ein Bild gesetzt haben. Hippolyte feierte den Ritus, die Frauen tanzten in Rüstung und Waffen einen Kriegstanz, dann einen Chorreigen. Laute, schrille Flötenmusik lenkte die

Schritte, laut stampften die Füße, die Köcher schepperten (s. auch unter **B**). – Die A. Camilla (Vergil, Aen 11,652) trägt im Kampf «Dianas Bogen und Rüstung». Diodor (3,16,3) erwähnt A. als Jagdbegleiterinnen der Göttin. In Lakonien sollen sie bei ihrem Durchzug der unkriegerischen Artemis und dem Apoll Amazonius ein Kultbild geweiht haben (Pausanias 3,25,3).

Ihr zähes Bemühen um männlichen Mut und Jungfräulichkeit haben die Sympathie der Athene (Diodor 3,71,4). – Hera erscheint vor Themiskyra in Gestalt einer A., um die Frauen vor Herakles zu warnen (Apollodor, Bibl. 2,5,9). – Gegen die A. sollen die Athener unter Theseus den ⇒ Apoll (S. 76 ff) um Hilfe gebeten haben (Macrobius, Sat. 1,17,18). – Der Ruf mächtiger Kampfkraft macht die A. zum Opfer des ⇒ Bellerophon (Homer, Il. 6,186; Pindar, Ol. 13,85 ff: Er greift sie von oben aus der Luft an; Apollodor, Bibl. 2,3,2).

Die Mythographen kennen viele heldische A. beim Namen, oft aber kaum mehr als den. Hederich (Sp. 206 f) zählt ihrer 46. Sie können in diesem Zusammenhang nur gelegentlich vorgestellt werden.

In Troia also auf Seiten des Priamos kämpfend, wurde ihre Königin Penthesilea von Achilleus (→ Achill) getötet. – Auch mit → Iason kämpften die A., ebenso mit ⇒ Dionysos, als dieser auf dem Rückzug aus Indien war.

Erzählerische Ausschmückung erfährt die Geschichte der A. besonders bei Boccaccio (Tes. 1, s. u.). Quellen sind hauptsächlich: Diodor 2,45 f, 3,51–55, 3,71,3 f, 4,16 u. 4,28, und Strabo. Sodann: Homer (Il. 3,184 ff u. 6,186); «Aithiopis» 1 f (Proklos, Chrest. II, H. G. Evelyn-White, Hesiod 1977, S. 506 f); Aischylos (Eum. 685 ff; ders., Prom. 723 ff); Apollodor (Bibl. 2,3,2 u. 2,5,9; ders., Epit. 1,16 f); Vergil (Aen. 11,648 ff); Plutarch (Thes. 26 ff); Pausanias (1,2,1, 41,7, 2,32,9 u. 7,2,4 f).

B Die A., ob nun poetische Erfindung oder historische Realität, sind für die Griechen Exoten, d. h. Ausländer, Fremde. Deswegen findet man sie am Rande der Welt, und wenn die sich ausdehnt, schiebt sie die A., wie an die Grenzen gebunden, mit diesen weiter hinaus. Anders als die Vielzahl monströser, exotischer Lebewesen, mit denen die griechische Kultur in Mythos und Geschichte sich auseinandersetzt, sind die A. fraglos Menschen «normaler» Gestalt. Das Besondere an ihrer Fremdartigkeit ist offenbar sozialer

Art, sofern ihre Gesellschaftsordnung die «normale» auf den Kopf stellt und so ein gesellschaftliches Monstrum schafft. Dabei handelt es sich nur gleichsam um die Geschlechtsumwandlung einer hierarchischen sozialen Struktur, die sonst augenscheinlich der griechischen entspricht (vgl. den [grotesken] Rollentausch von ⇒ Herakles und Omphale [A. M., S. 414 f]). Man wüßte gerne, welche Herausforderung zur «Entdeckung» der A. geführt hat. Eine Rolle dabei mag die Erinnerung an eine frühe matriarchalische Gesellschaft gespielt haben, vielleicht auch die Erinnerung an «historische Kämpfe mit matriarchalischen Stämmen» (Kl. Pauly, Bd. 1, Sp. 292). Ihr Untergang ist jedenfalls ein Triumph der griechischen Zivilisation. Daß es dazu der Hand des Tugendhelden und Kulturbringers Herakles bedurfte, der ja überhaupt zur Abwehr gefährlicher Monstren häufig engagiert wird, mag die Größe der Bedrohung und zugleich Respekt vor dem Gegner bezeugen.

Man darf fragen, ob der Tausch der konventionellen Geschlechterrollen sich auch auf die Kleidung der A. ausgewirkt hat. Dazu vermitteln die Mythographen so gut wie keine Anschauung. Die A. sind Kriegerinnen, und so könnte man sie sich wohl in der Kleidung vorstellen, die der jeweiligen militärischen Kleiderordnung für Männer entspricht. Die A., von denen Herodot erzählt (4,111), halten die Skythen für Männer (übrigens alle gleichen Alters), auch wenn ihnen deren Kleidung unbekannt ist. Die libyschen A. sind zum Kampf in Schlangenhäute gekleidet (man wüßte gern, wie!), denn in Libyen gebe es solche Tiere von unglaublicher Größe (Diodor, 3,53,3). Trugen sie die rechte Brust offen? Wie kleideten sie sich zivil? Trugen die Männer etwa Frauenkleidung?

Vergil sieht (wie so oft) genauer hin: Die «thrakischen» A. tragen «bunte Rüstungen» (Aen. 11,660), und im Kampf hat die A. Camilla die linke Brust entblößt (ebd. 11,648; vgl. ebd. 1,492: Penthesilea).

Für Palaiphat (1,85) ergibt sich das Phänomen A. überhaupt nur aus der Kleidung. Tatsächlich habe es sich bei den A. um barbarische Männer in einem bis zu den Knöcheln (!) reichenden Gewand gehandelt. Zudem hätten sie sich das Haar mit einer Kopfbinde zusammengehalten und sich auch noch rasiert. Diese Fremdartigkeit habe ihre Gegner nicht etwa getäuscht, sondern nur zu der hämischen Bemerkung veranlaßt, es mit «Weibern» zu tun zu haben. Es sei unwahrscheinlich, daß Frauen je einen Feldzug unternahmen («quando et nunc nulla apparet»).

Klarheit besteht über die Bewaffnung (vgl. Hederich, Sp. 206): Die libyschen A. (Diodor 3,53,3) haben für den Nahkampf Schwert und Lanze. Bogen und Pfeil haben sie für größere Distanz. Sie benutzen sie nicht nur im Angesicht des Feindes, sondern auch auf der Flucht, indem sie erfolgreich rückwärts schießen, und sie kämpfen gern zu Pferde. Von ihren edlen Rössern spricht Pindar (Ol. 8,45).

Bei den «thrakischen» A. vom Thermodon sieht Vergil (Aen. 11,650 f und 656) Wurflanze («hastile») und Streitaxt (= Doppelaxt = «bipennis»; «amazonia securis» = Beil: Horaz, Carm. 4,4,20; beide wohl typisch für die A.), Pfeil und Bogen (ebd. 11,652 ff). Einen «amazonischen» Köcher verschenkt Aeneas (ebd. 5,311). Zum Schutz tragen sie einen runden oder «halbmondförmigen» Schild («lunatis peltis»: Aen., ebd. 1,490 und 11,663; vgl. Christine de Pizan 16), z. B. der Penthesilea (Vergil, Aen. 1,490 f). Auch sie sind beritten und verstehen sich auf das Schießen nach hinten (vgl. Vergil, Aen. 11,653 f; vgl. Servius, Aen. 490). Penthesilea fährt einen Kampfwagen (ebd. 11,662).

Allen A. gemeinsam ist ihr kriegerisches Temperament. Dem wird auch körperliche Tüchtigkeit entsprechen, wie sie das Epitheton «sprunggeübt» für Myríne bei Homer (Il. 2,814) beschreibt. «Wirbelwind» (Aella) heißt die erste A., die dem Herakles entgegentritt; er ist freilich noch fixer (Diodor 4,16).

Feinsinnige Interessen der A. sind unbekannt. Ihre Musik, Kultmusik zu Ehren der Artemis, läßt sich nach Kallimachos (Hymnos 3, an Artemis, 237 ff, vgl. o.) als Beieinander von dynamischem Klang und gliederndem Rhythmus hören: Schrille und laute Pfeifenmusik (mit der Syrinx: die Flöte sei noch nicht erfunden; s. die Art der Musik bei ⇒ Dionysos) ordnen den Schritt der Füße, deren rhythmisches Stampfen wiederum vom Scheppern der Köcher begleitet wird. Die den Schritt lenkende Choreographie ist um ein Kultbild zentriert, zunächst in einem wohl eher ungeordneten («wilden») «Kriegstanz», der abgelöst wird von einer geräumigen Kreisformation, einem «Chorreigen», der dem Schritt zwar geordnete Richtung gibt, ihm aber nicht den Rhythmus nehmen muß.

Isidor (Etym. 18,4,5) berichtet, zum Kampf rufe die Königin das Heer mit einer Rassel («sistrum»), Könige täten das mit der Tuba.

Später schrieb man den A. auch friedliche und zivile Wesenszüge zu.

Dominierend bleibt aber durch alle Zeiten die Vorstellung von den kriegerischen, kämpfenden, schießenden, zumeist berittenen A.

Für das Mittelalter bestätigt das auch Christine de Pizan (16–19), die die ganze Geschichte wieder umschreibt. Da verlieren die Skythen im Krieg alle (wehrfähigen) Männer. Das ist die Gelegenheit für die Frauen, sich vom männlichen Joch zu befreien. Das Ergebnis sind zwei nach den Geschlechtern getrennte Gemeinwesen. Den Männern war der Zutritt in das Frauenland untersagt. Zu bestimmten Jahreszeiten gingen die Frauen hinaus in benachbarte Gegenden und ließen sich schwängern. Knaben schickten sie zu den Vätern, Mädchen zogen sie selbst auf. Adligen brannte man zum besseren Handhaben des Schildes kunstvoll die linke Brust aus, den anderen zum besseren Handhaben des Bogens die rechte. Auch diese A. sind, unter der Führung glänzender Königinnen, mächtige Kämpfer(innen), die mit Feuer und Waffengewalt den Tod ihrer Männer rächen, ehe sie sich auf weite Eroberungsfeldzüge machen. Unter Königin Tamaris vernichten sie das Heer des Cyrus und bringen grausam auch ihn selbst zu Tode (ebd. 17).

Schließlich (ebd. 18) verstehen zwei A. (Manalipe und Hippolyte, Verwandte der Königin) sich gar darauf, Herkules und Theseus, «die beiden tapfersten Ritter der ganzen Welt», vom hohen Roß zu klopfen. Die schämen sich (eigentlich, hört man, sei ja nur das Pferd gestrauchelt, nicht der Mann!). Doch die A. sind besser wohl nur zu Pferde, im Schwertkampf darauf unterliegen sie und geraten in Gefangenschaft. Damals verliebt → Theseus sich in die schöne Hippolyte, und man heiratet, Herakles mußte zuvor vermitteln. Liebe war auch der Beweggrund für den Zug der A. nach Troia (19): Der bloße Ruhm des «kühnsten und höfischsten Ritters der Welt» hatte Penthesileas Liebe entfacht und das Begehren, ihn zu sehen (vgl. den Ruf der Schönheit der → Helene). Sie kam zu spät. Trauer und Zorn treiben sie zum Kampf, der mit ihrem Tod endet (ausführlich geschildert ebd. 19; vgl. Dictys Cretensis 4,2; s. «Aithiopis», Proklos, Chrest. 2; Schol. zu Il. 24,804; H. G. Evelyn-White, Hesiod 1977, S. 506–509).

Christine de Pizan (19, am Ende) errechnet, daß das Reich der A. über 800 Jahre existiert haben muß, sofern nämlich noch Alexander der Große dort gewesen sei.

Eine lebhafte Beschreibung der Begegnung des Theseus mit Hippolyte gibt Boccaccio (Tes. 1,1–145).

Heute versteht man unter einer A. vorzüglich eine sportliche (auch kämpferische) Athletin, besonders im Reitsport.

C Auf den frühesten Darstellungen der A., den griechischen Vasenbildern der ersten Hälfte des 6. Jh.s, unterscheiden sich die A. von den männlichen Kriegern lediglich durch ihre helle Hautfarbe, die ihnen als weiblichen Wesen zukommt. Im übrigen gleichen sie den dort gezeigten Hopliten des gegnerischen griechischen Heeres. Sie tragen Brustpanzer oder kurzen Chiton, Helm (meist mit mächtigem Helmbusch) und Beinschienen. Bewaffnet sind sie mit Schwert, Schild und Speer, z. B. auf einer tyrrhenischen Amphora des Timiades-Malers (um 575/550 v. Chr.; Boston, Museum of Fine Arts, Inv. 98.916). Auch die Tätigkeiten teilen sie mit den Hopliten: Sie legen die Rüstung an, reiten, kämpfen, fliehen vor dem Gegner oder sind mit ihren Pferden beschäftigt.

In der ersten Hälfte des 5. Jh.s v. Chr. treten sie in der für sie typischen skythischen Tracht auf, mit einem anliegenden langärmeligen Gewand und engen gemusterten oder aus Leopardenfell gefertigten Beinkleidern (Kelchkrater gegen 465 v. Chr.; Bologna, Museo Civico, Inv. 289). Neben dem (attischen) Helm mit mächtigem Helmbusch tragen sie nun auch die phrygische Mütze, die dann im 4. Jh. überwiegt (Volutenkrater, 390/380 v. Chr.; Brüssel, Musées Royaux, Inv. A 1018).

Die Waffen der A. sind vor allem Pfeil und Bogen und, wie in der Vasenmalerei vom 5. Jh. an, die Streitaxt (Volutenkrater, 340/330 v. Chr.; Neapel, Museo Nazionale, Inv. H 3253). Auf den spätgriechischen Vasenbildern tragen die A. einen leichten kleinen Schild in Halbmondform («pelta»; Pelike, 370/360 v. Chr.; Paris, Louvre, Inv. MNB167 [K544]; *Berittene A.*, Skulptur gegen 150 v. Chr., vermutlich nach dem verschollenen Weihgeschenk des Attalos II auf der Akropolis; Neapel, Museo Nazionale, Inv. 305[6405]).

Im klassischen Gewand erscheinen die A. wohl zum ersten Mal auf der Darstellung eines A.-Kampfes, mit dem der Schild der ⇒ Athena Parthénos (S. 190f) des Phidias geschmückt war (um 430 v. Chr.). Es handelt sich um einen kurzen Chiton, der über der linken Schulter geknöpft ist und die rechte Brust frei läßt, wadenhohe thrakische Stiefel und die Doppelaxt als Waffe. – Auf dem Relieffries des Mausoleums von Halikarnaß (von Skopas, 2. Hälfte 4. Jh. v. Chr.; London, British Museum, Inv. 1005–1031) tragen die A. den knielangen Chiton, darüber einen kurzen Mantel; das Haar ist im Nacken zu einer Rolle geformt.

Das Mittelalter kleidet die A. in das Kostüm der eigenen Zeit. Auf einem Holzschnitt der «Historia Troiana» des Guido delle Colonne (deutsche Übersetzung Augsburg 1474) z. B. sieht man sie in lange Gewänder gehüllt und mit langem offenem Haar, mit dem Schwert kämpfend. Die Königin Penthesilea trägt eine Krone.

Die A. denkt man sich im allgemeinen dunkelhaarig, nur gelegentlich sind sie blond, wie etwa bei Rubens (*Amazonenschlacht*, um 1615, Jaffé Nr. 295; München, Alte Pinakothek).

Die neuere Kunst zeigt die A. häufig nackt, zu Pferd und den Speer schleudernd (z. B. Franz von Stuck, *Reitende A.*, Bronze, 1897; München, Stuckvilla).

Um die Überlieferung, der zufolge die A. sich eine Brust amputierten, scheinen sich die bildenden Künstler nicht gekümmert zu haben.

D Die zahlreichsten Darstellungen der A. finden sich in der griechischen Kunst. In ältester Zeit bleiben die gezeigten Massenszenen namenlos, im Gegensatz zu den Zweikämpfen zwischen A. und einzelnen Helden (→ Achill).

1. *Der A.-Kampf («Amazonomachie»)*. Neben dem Kampf der Götter gegen die → Giganten und der Kentauromachie (s. S. 368 f) ist er der am häufigsten dargestellte Kampf der griechischen Mythologie. Er bezieht sich zunächst wohl auf kein bestimmtes Ereignis, sondern meint den Kampf zwischen Griechen und A. schlechthin.

In der attischen Vasenmalerei wird das Thema nach den Perserkriegen (500–479/78) populär. Hier dürfte jenes Motiv entstanden sein, welches das rohe Vorgehen der Griechen gegen ihre Feindinnen drastisch veranschaulicht: Die Krieger packen ihre Gegnerinnen beim Haar, am Helmbusch, an Schulter oder Arm, um sie rücklings vom Pferd zu reißen – ein Motiv, das noch P. P. Rubens beeindrucken wird (*Amazonenkampf*, um 1615, Jaffé Nr. 295; München, Alte Pinakothek). Der reliefgeschmückte Schild der ⇒ Athena des Phidias (S. 190 f) zeigt jenes Motiv zum ersten Mal in der Monumentalplastik (Fragment einer Marmorkopie, 2. Jh. n. Chr.; Kopenhagen, Ny Carlsberg Glyptotek, Inv. 9 Nr. 2016). Es erscheint dann auch auf dem Fries des Apollo-Tempels von Phigalia (5. Jh. v. Chr.) und dem Fries am Mausoleum von Halikarnaß von Skopas (s. o.).

Ein etruskischer A.-Sarkophag aus Tarquinia (3. Viertel 4. Jh. v. Chr.; Florenz, Museo Archeologico) repräsentiert das einzigartige Beispiel einer Malerei (abgesehen von den griechischen Vasenbildern), die den Kampf zwischen A. und Griechen zum Thema hat.

Illuminationen mittelalterlicher Handschriften enthalten häufig Darstellungen von A.-Kämpfen, auch die verschiedenen Druckausgaben von «De praeclaris mulieribus» des Boccaccio (Ulm 1473, Augsburg 1479, Straßburg 1488 u. ö.) oder der «Teseida» des Boccaccio (→ Theseus, S. 558f).

Seit der Renaissance folgen die Künstler in der Regel den Darstellungen römischer Sarkophagreliefs.

2. *Verwundete A.* Die bedeutendsten Beispiele gehören der Skulptur der klassischen Zeit Griechenlands an (5. Jh. v. Chr.). Berühmt ist eine Gruppe von fünf Statuen, deren (nicht erhaltene) Bronzeoriginale von Phidias, Polyklet, Kresilas, Kydon und Phradmon aus der Zeit um 430 v. Chr. sich als Weihgeschenke an Artemis in Ephesus befanden (vgl. Plinius, Nat. 34,53). Die Werke der zuerst genannten drei Bildhauer hat man mit Sicherheit in mehreren römischen Marmorkopien wiedererkannt (vgl. W. Helbig 1963, Bd. 1, S. 92ff). Alle A. sind, wiewohl aufrecht stehend, verwundet. Die des Phidias (erhalten u. a. in der sog. A. Mattei, Musei Vaticani, Galleria delle Statue, Inv. 748) ist am linken Oberschenkel verwundet und stützt sich mit dem hochgreifenden rechten Arm auf die Lanze (vgl. Lukian, Eik. 4). Eine Kopie nach dem Werk des Polyklet findet sich in Kopenhagen (Ny Carlsberg Glyptotek). Auch sie stützte sich, leicht über die Wunden gebeugt, auf die Lanze. Die A. des Kresilas hatte ebenfalls den rechten Arm erhoben, die Hand ruhte auf dem zur Seite geneigten Kopf (z. B. bei der stark ergänzten Replik im Vatikan, Braccio Nuovo, Inv. 2252).

Eine tote, auf dem Rücken über ihrem Speer liegende A. gehörte zu dem umfangreichen Weihgeschenk des Königs Attalos I. (241–197 v. Chr.; oder Attalos II., 159–138 v. Chr.) auf der Akropolis von Athen (Kopien der A. in Rom, Vatikan, und in Neapel, Museo Nazionale Archeologico, beide 2. Jh. n. Chr.).

3. *Die Gesandtschaft der A.* (Boccaccio, Tes. 1,97 ff). Nach Boccaccio überbringen zwei A. mit ihren Begleiterinnen dem Theseus die Botschaft der Hippolyte. Theseus liest den Brief und beantwortet ihn. Ein Gemälde Vittorio Carpaccios (Paris, Musée Jacquemart-André) schildert die Begebenheit in zeitgenössischem Am-

biente. Die Abgesandten der A.-Königin, eine weibliche Ritterschar zu Pferd mit wimpelgeschmückten Lanzen, warten auf den Antwortbrief, den der weißbärtige Theseus, an einem Tisch im Hintergrund sitzend, einem Schreiber diktiert (Tes. 1,109 ff).

4. Das sog. *Bankett der A.* Claude Deruets (1588–1660) Bild eines A.-Reigens (Nancy, Privatbes.; vielleicht zurückgehend auf Kallimachos, Hymnos 3, an Artemis, 2,37 ff) vermittelt den Eindruck eines galanten Festes im Stil der Zeit. Auf dem Dach eines Gartenpavillons musizieren A., andere tanzen im Gartenparterre ihren Reigen.

Lit.: Bielefeld, Erwin: Amazonomachie. Beiträge zur Geschichte der Motivwanderung in der antiken Kunst. Halle 1951. Devambez, Pierre / Kauffmann-Samaras, Aliki, in: LIMC 1981, 1,1, S. 586–653; 1,2, S. 440–526, s. v. Amazones. Schmitt, Otto, in: RDK 1937, 1,1, Sp. 624–626, s. v. Amazonen.

Amphiaraos, griech., lat. Amphiaraus. – Held und Seher in Argos, einer der → «Sieben gegen Theben», schließlich vergöttlicht. Sohn des Oïkles, Königs von Arkadien, oder des ⇒ Apollon (Hygin, Fab. 70 u. 128) und der Hypermnestra (auch Hypermestra: Hygin, Fab. 70 u. 73). Urenkel des Sehers Melampus (Homer, Od. 15,225 ff); mit seiner Gemahlin → Eriphyle – Schwester des → Adrastos von Argos – Vater von Alkmeon (oder Alkmaion) und Amphilochos (Apollodor, Bibl. 3,6,2). – Boccaccio (Gen. 13,44) nennt Lynceus als seinen Vater, Euridice als seine Frau.

A A. ist wohl ein tüchtiger Jäger: Er beteiligt sich an der Kalydonischen Eberjagd («Kalydonische Jagd»), und es gelingt ihm sogar, das Untier zu verwunden, freilich erst nachdem Atalanta (→ Atalante) es schon getroffen hat (Apollodor, Bibl. 1,8,2). Unter den Argonauten soll auch er gewesen sein (ebd. 1,9,16). Bestimmend für sein Schicksal wird, daß er bei einer Auseinandersetzung mit Adrastos um den Anspruch auf die Herrschaft Eriphyle zur Schiedsrichterin macht und dabei schwört, er werde in allen künftigen Streitigkeiten mit dem Schwager sich ihrem Spruch fügen (Diodor 4,67; Apollodor, Bibl. 3,6,2). Als nämlich → Polyneikes ihn auffordert, am Feldzug gegen Theben teilzunehmen, und er sich weigert, weil er sieht, daß alle außer Adrastos in diesem Krieg sterben werden, gerät er in die Lage, seinem früheren Schwur folgen zu müssen. Polyneikes erreicht sein Ziel, indem er die Eitelkeit und Habgier der Eriphyle nutzt: Mit dem Anliegen, sie möge den Gatten umstimmen, gibt er ihr ein kostbares, von ⇒ Hephaistos gefertigtes Halsband, ein Erbstück, das → Kadmos einst der Harmonia geschenkt hatte (anders Hygin, Fab. 73,2; vgl. Boccaccio 13,44, s. u.). Als Eriphyle nun in die Lage kommt, den Widerstreit der Absichten zwischen Adrastos, dem Heerführer, und A. zu schlichten, entscheidet sie gegen A., der sich nun seinem Schwur gemäß fügen muß. Noch einmal findet der Seher Gelegenheit zu warnen: Auf dem Weg in den Kampf kommen die Helden nach Nemea und werden dort Zeuge, wie Opheltes, der kleine Sohn des Königs Lykurgos, an einem Schlangenbiß stirbt. A. deutet dieses Ereignis als böses Vorzeichen, vermag damit aber nicht den Vorsatz der anderen zu ändern, auch wenn man weiß das Kind als «Archemoros», als «einen, mit dem ein Unheil beginnt», begräbt. In der Schlacht um Theben soll er den Melanippos, einen der tapfersten der Thebaner, getötet haben (Pausanias 9,18,1). Rachsüchtig zeigt sich A. selbst gegen seine Gefährten, sogar im Kampf: Tydeus, von Melanippos am Bauch verwundet, liegt im Sterben. Da erscheint ⇒ Athena, ihn mit einer Medizin von ⇒ Zeus unsterblich zu machen. Als A. diese Absicht erkennt, schlägt er dem Melanippos, den der verwundete Tydeus noch getötet hatte, den Kopf ab und reicht diesen dem Tydeus, der den Schädel spaltet und das Hirn daraus trinkt. Angewidert wendet sich die Göttin ab (Apollodor, Bibl. 3,6,8). A. aber, von Periklymenos verfolgt, flieht den Ismenos entlang, doch ehe der Verfolger ihn in den Rücken treffen kann, spaltet Zeus mit einem Blitz den Boden vor ihm, und A. verschwindet mit seinem Wagen (einer Quadriga; Hygin, Fab. 68A) und dessen Lenker Baton (oder Elato) in dem Spalt (Hesiod, «Ehoien» 992; H. G. Evelyn-White 1977, S. 216 ff; Apollodor, Bibl. 3,6,8; vgl. Pindar, Nem. 9,59; ders., Ol. 6,21 f; Euripides, Phoin. 171). – Eine ganz eigene Version der Geschichte findet sich im «Ovide moralisé en prose» (9–6; de Boer, S. 246). In charakteristischer Anpassung an die eigenen Zeitumstände ist A. da ein Bischof («archevêque»), der seine weltliche Macht («temporal») von Adrastos hat. In abergläubischer Vorstellung und falschem Glauben habe er gefunden, daß, ginge er in den Krieg, die Erde ihn lebendig verschlingen werde und er stürbe. Darum habe er sich in einer Höhle versteckt, und seine Frau habe vorgegeben, nicht zu wissen, wo er sei. Sodann habe Argie (Argeia), des Polinices Frau, ein sehr schönes und kostbares Halsband, ein Geschenk ihres Mannes, besessen, das die Begehrlichkeit aller weckte, die es sahen, das aber auch allen, die es je besaßen, Unglück («mal eür und malle fortune») gebracht habe: Cadmus, Antheon (Actaeon), Athamas, Nyobe, Edypodes (Oedipus). A.s Frau habe dieses Schmuckstück so sehr begehrt, daß sie bereit war, der Argie ihren Mann zu verraten, der dann gleich am ersten Tage vor Theben von der Erde verschlungen wurde. – Apollodor (Bibl. 3,6,8) fügt hinzu, daß Athena mit Hilfe des Zeus A. unsterblich machte (vgl. Pindar, Nem. 9,57). Dazu paßt ein günstiges Vorzeichen, das Plutarch erwähnen soll (Hederich, Sp. 222): Am Vortag seines Untergangs habe ein Adler seinen Speer genommen und aus der Höhe so fallen lassen, daß er am Boden zu stehen kam und sich sogleich in einen Lorbeerbaum verwandelte. Statius (Theb. 7,818) berichtet, A. habe die Pferde geradezu in den Abgrund gelenkt (Hygin, Fab. 68,2a, spricht von Quadriga). Bei Ovid (Met. 9,406 f) steht: «Lebend wird, vom Spalt der Erde verschlungen, der Seher schaun seine Manen ...» Dagegen steht, daß nach Strabo (9) A. selbst sich vor dem Untergang habe retten können, nur Pferde und Wagen seien von der Erde verschlungen worden.

Einigkeit scheint darüber bestanden zu haben, daß A. nicht eigentlich ums Leben kam, und die herrschende Meinung war, daß er mit seiner Niederfahrt zum Gott wurde und fortan göttliche Verehrung genoß (vgl. Sophokles, El. 839 ff; Aischylos, Hept. 587 f). In Oropos in Attika glaubte man, der Gott sei dort wieder emporgestiegen aus der Erde am Ort einer Quelle, die man ihm weihte und neben der man ein berühmtes Heiligtum für ihn errichtete. Die Oroper seien überhaupt die ersten in Griechenland gewesen, die den A. für einen Gott hielten (Pausanias 1,34), dessen Zuständigkeiten Traumdeutung und Heilen waren. Gyraldi (Synt. 7, S. 314B) referiert auch, daß das Weissagen aus dem Feuer, die Pyromantia oder Ignispicina durch A. ihren Ursprung habe, «wenn nicht gar durch einen bösen Geist».

B A. muß recht ansehnlich gewesen sein: Die Thebanerinnen bewundern seine Augen (!) und seine wohlgewachsene Gestalt (Hesiod, «Ehoien» 992; H. G. Evelyn-White 1977). – Sein Charakterbild zeigt ihn als Seher und als Krieger. Nach Aischylos ist er ein frommer und weiser Mann (Hept. 610). Im Kampf will er nicht der beste scheinen, sondern sein (ebd. 592). Gegen diese Tugenden steht die Neigung zur Rachsucht (gegen Eriphyle und gegen Tydeus). – Der Apologet Minucius Felix (Oct. 26,5) hat es leicht, den Gott A. zu diskreditieren: Da sage A. nach seinem Tod das Künftige voraus, wo er doch nicht gewußt habe, daß seine eigene Frau ihn einst verraten werde. Boccaccio (Gen. 13,44) wird feststellen, daß die Alten derart mit Blindheit geschlagen waren, daß sie jeden, den die Erde verschlungen hatte, sogleich für einen Götterfreund, ja für einen Gott hielten (vgl. Cicero, Nat. 3,49; zum Abstieg interessant auch Salutati 4,9,9, S. 523). Hederich (Sp. 223 f) zitiert Abbé Banier, wonach A. bei der Vogelschau (in der Überlieferung wird er auch «augur» genannt), «um den Ausgang des von den vereinigten Fürsten unternommenen Feldzuges daraus zu erforschen, darüber ... in eine Tiefe gefallen, und also um sein Leben gekommen sey.» A. als Typus des Hans-guck-in-die-Luft!

D In der bildenden Kunst wird A. meist im Zusammenhang mit den → «Sieben gegen Theben», selten allein dargestellt.

Lediglich sein dramatisches Ende ist zum Bildthema geworden.

1. *Der Untergang des A.* ist die weitaus am häufigsten dargestellte Episode aus dem Mythos des A. Auf dem rotfigurigen Bild eines Volutenkraters (um 450 v. Chr.; Florenz, Museo Archeologico, Inv. T 579) sieht man das Viergespann des A. bereits bis zum Hals im Boden versunken. – Der Sturz des Gespanns in den Abgrund steht am Ende der Entscheidungsschlacht vor Theben in einer Komposition von Terrakotta-Giebelfiguren vom Tempel von Talamone (in der rechten Giebelhälfte; 2. Viertel 2. Jh. v. Chr.; Florenz, Museo Archeologico, Inv. 9798). – Bis in die Neuzeit hinein bleibt dieses ikonographische Schema verbindlich. Auf dem Stich eines Florentiner Manieristen (16. Jh.; Paris, École des Beaux-Arts) sehen wir A., bärtig, mit Helm, Speer und wehendem Mantel, samt Rossen und Streitwagen in einen Erdspalt stürzen.

2. *A. heilt einen Kranken.* In diesem Zusammenhang rückt A. auch ikonographisch in die Nähe des Heilgottes → Asklepios. Ein

Weihrelief des Archinos an A. in Oropos / Attika (380 / 370 v. Chr.; Athen, Nationalmuseum, Inv. 3369; Weihinschrift auf der Standleiste: Archinos hat es dem A. geweiht) schildert in zwei Szenen eine Krankenheilung: Links sieht man den Kranken, der im Traum die Behandlung seiner Schulter erlebt, die A. (bärtig, auf einen Stock gestützt) an ihm vornimmt. Im rechten Teil der Komposition liegt der Kranke schlafend auf einem Bett, eine Schlange leckt ihm die Schulter.

Lit.: Krauskopf, Ingrid, in: LIMC 1981, 1,1, S. 691–713; 1,2, S. 555–569, s. v. Amphiaraos.

Amphitrite, griech. Meeresgöttin, eine der 50 Töchter des Nereus und der Doris (Hesiod, Theog. 243), oder des Okeanos und der Tethys (Apollodor, Bibl. 1,2,2); Gemahlin des ⇒ Poseidon / Neptun, von dem sie den Triton und die Rhode (= Rhodos) haben soll (Apollodor, Bibl. 1,4,5; Hygin, Fab. praef. 18), auch die Benthesikyme (Apollodor, Bibl. 3,15,4).

A Jedenfalls ist A. zuständig für Meer und Wind: Leichthin stillt sie die Wogen und den Ansturm der Winde (Hesiod, Theog. 253; vgl. Homer, Od. 3,91). Zuständig ist sie auch für vielfältiges Getier und Ungetier des Meeres (Homer, Od. 5,421 f u. 12,96 f). Das Mädchen möchte sich als Jungfrau bewahren und flieht nach «Atlanta», als Neptun sie zur Ehefrau begehrt. Der Mann schickt Boten nach ihr aus, darunter einen Delphin, der die atlantischen Inseln durchstreift und schließlich das Mädchen findet, es sogar zur Ehe mit Neptun überredet und obendrein die Hochzeit selbst ausrichtet (Hygin, Astron. 2,17, nach Eratosthenes, Kat. 31; s. Hederich, Sp. 237 f). So wird sie zur obersten Meeresgöttin; den Delphin versetzt Neptun dankbar an den Himmel. Mit den anderen Göttinnen ist sie, «laut tosend» (αγάστονος, agástonos), anwesend bei der Geburt des Apoll (Homer. Hymnos 3, an den del. Apoll, 94).

B   Ein literarisches Bild der Person A. ist wohl nicht überliefert. Homer (Od. 12,60) nennt sie «dunkeläugig». – In physikalischer Deutung ist die Gemahlin des Neptun ein Bild für das Element Wasser (vgl. Natale Conti, Venedig 1567, Bl. 53, mit Hinweis auf Euripides, Cyklops). Der erste Teil ihres Namens, «amphi» (= «circumcirca» = drum herum), sage an, daß das Wasser in den drei anderen Elementen enthalten ist: im Himmel, in der Luft (in den Wolken), auf der Erde (in Quellen und Brunnen; Fulgentius, Myth. 1,4), oder auch, daß das Wasser von den drei anderen Elementen umgeben ist (Myth. Vat. I 107; II 9), oder umgekehrt, weil das Wasser die Erde umgibt. Die Tritonen seien bei ihr, weil sich die Wässer an der Erde reiben («terunt»; Myth. Vat. III 5,1). Nach den «Orphischen Argonautica» (338) steht A. für das Meer (⇒ Poseidon), sofern es blau ist, fischreich und grenzenlos (ἀπείριτον, apeíriton; vgl. hiermit das «laut-tosend» im Homer. Hymnos 3, an den del. Apoll, 94). Bei Kallistratos (14,5) ist «A.» offenbar ein Gattungsname: Eine A. tauche auf aus den Tiefen, eine Kreatur von wildem und schrecklichem Aussehen mit hell blitzenden Augen.

C   In der Antike wird A. meist auf einem Delphin sitzend dargestellt oder auf einem von Delphinen gezogenen Muschelwagen, begleitet von Tritonen und Nereiden. Auf rotfigurigen attischen Vasen hält A. einen Fisch (Halsamphora, um 480 v. Chr.; Schwerin, Museum, Inv. 1304: A., in langem Gewand, eine Stephane auf dem Kopf, hält einen Delphin in der Hand). – Seit dem 3. Jh. v. Chr. sieht man sie auch auf einem drachenähnlichen Seeungeheuer (Ketos / Cetus) reiten, wie noch auf einer byzantinischen Silberflasche des 7. Jh.s (St. Petersburg, Eremitage; hier hält sie eine Schnecke in der Hand). Das Motiv der vom Rücken her gesehenen, auf dem Ketos reitenden Göttin ist zur Formel geworden. – Als Zeichen ihrer königlichen Würde trägt sie manchmal ein langes Zepter (Bild vom Berliner Maler auf einem Dinos, um 480 v. Chr.; Basel, Antikenmuseum, Leihgabe Ludwig: A. und Poseidon, mit Dreizack und Fisch, in einer Götterversammlung).

D Die ältesten Darstellungen der A. finden sich auf korinthischen Tontäfelchen (zwischen 630 u. 530 v. Chr.), die zu Hunderten in der Nähe von Korinth gefunden wurden – vermutlich Weihgeschenke von Töpfern, die ihre zerbrechliche Ware, die weithin per Schiff transportiert wurde, der Obhut der Meeresgöttin anvertrauten.

Auf zahlreichen griechischen Vasenbildern sieht man sie zusammen mit ⇒ Poseidon, neben ihm oder ihm gegenüber thronend – häufig bei einer Opferhandlung, so wie wir dies von anderen Götterpaaren kennen, etwa von ⇒ Zeus und ⇒ Hera (vgl. A. M., S. 362). Auf einer Halsamphora (um 470 v. Chr.; Paris, Louvre, Inv. G 205) stehen sie einander gegenüber, Poseidon mit dem Dreizack, A. mit einem Fisch in der Hand. Dennoch bleibt ihre Autorität (ganz anders als die der ⇒ Hera) eher im Schatten der des mächtigen Gemahls.

1. *A. von Poseidon verfolgt.* Im üblichen Schema der Verfolgungsszenen (vgl. z. B. ⇒ Ganymed, S. 304) sieht man A. auf der Flucht vor Poseidon, der ihr meist dicht auf den Fersen ist (Pyxis, um 460 v. Chr., Athen, Nationalmuseum, Inv. 1708). Mag sein, daß dies eine bildliche Formel für das Begehren des Gottes ist, das sich in den literarischen Quellen ja anders darstellt (Hygin, Astron. 2,17, nach Eratosthenes, Kat. 31; s. Hederich, Sp. 237 f).

2. *A. empfängt → Theseus auf dem Meeresgrund* (bei Hygin, Astron. 2,5,3, ist es Poseidon). In oder vor ihrem Palast, der sich auf dem Meeresboden befindet, empfängt sie den Helden, wie es das Bild des Briseis-Malers auf einer Schale illustriert (um 480 v. Chr., New York, Metropolitan Museum, Inv. 53.11.4): A., die auf einem Stuhl sitzt, reicht dem jugendlichen Helden einen Kranz (bei Hygin, Astron. 2,5,4, ist es Thetis, die Theseus die «Hochzeitskrone» übergibt).

3. *A. im Gigantenkampf* (Apollodor, Bibl. 1,6,1 ff; Claudian, Gigant.; Ovid, Met. 1,151 ff). Auch A. nimmt am Kampf der Götter gegen die → Giganten teil. Im Nordfries des Zeusaltars von Pergamon sieht man sie (mit Nameninschrift) als Gegnerin eines Gigan-

ten zwischen Nereus und Doris (ihren Eltern) und einem Triton (Marmorrelief, 180/170 v. Chr.; Berlin, Staatl. Museen).

4. *Der Hochzeitszug von A. und Poseidon* ist z. B. auf der sog. Ara des Domitius Ahenobarbus dargestellt, einem Marmorrelief aus Rom (350 v. Chr.; München, Glyptothek, Inv. 239). Zwei fischschwänzige Tritonen ziehen den zweirädrigen Wagen, auf dem das Götterpaar thront, gefolgt von einem Thiasos (s. A. M., S. 665).

Neuzeitliche Darstellungen beschränken sich thematisch auf den sog. *Triumph der A.* (Eratosthenes, Kat. 31; Hygin, Astron. 2,17), der häufig nichts anderes ist als der Hochzeitszug von A. und Poseidon. – Im Bild der ⇒ Aphrodite auf der Fahrt nach Kythera (A. M., S. 64) erscheint A. auf einem Gemälde von Charles-Joseph Natoire (*Der Zug der A.*, Warschau, Nationalmuseum). Die Göttin steht in einer Muschel, die von zwei Hippokampen durch das bewegte Meer gezogen wird. Nereiden und Tritonen begleiten den Zug.

5. *A. in der Allegorese*. Die Allegorie der Luft (nicht des Wassers, vgl. S. 138) verkörpert A. im vielschichtigen Deckenprogramm der Stanza della Segnatura im Vatikan von Baldassare Peruzzi (1509/1517; nach der Deutung von E. Wind, s. Lit.). In vier Gruppierungen jeweils einer historischen und einer mythologischen Szene sehen wir die Allegorien der vier Elemente: Das *Feuer* wird repräsentiert durch Mucius Scaevola, der seine Hand ins Feuer legt, und Vulkan in seiner Schmiede (s. A. M., S. 337 ff), die *Luft* durch die «Pax Augusta» und A., die Atlas auf seiner Insel zurückläßt (sie steht auf ihrem Gefährt und hält ein Segel, das vom Wind gebläht ist), das *Wasser* durch Marcus Curtius, der sich mitsamt seinem Pferd in die Fluten stürzt, und Amor (⇒ Eros) als Beherrscher des nassen Elements, schließlich stehen das Urteil des Junius Brutus und der Sieg der Olympier über die → Giganten, die Söhne der Erde, für das Element *Erde*.

Lit.: Kaempf-Dimitriadou, Sophia, in: LIMC 1981, 1,1, S. 724–735; 1,2, S. 576–592, s. v. Amphitrite. W(ind), E(dgar): The four elements in Raphael's Stanza della Segnatura. In: Journal of the Warburg and Courtauld Institutes 2, 1938–39, S. 75–79.

Anchises → Aeneas

Andromache, griech., lat. Andromacha, auch Androm(c)ca, Andromatha. Tragische Figur aus dem troischen Sagenkreis. Tochter des Eëtion, Königs des hypolaktischen Theben in Kilikien; die Mutter soll eine Königin von Plakos gewesen sein. Gemahlin des → Hektor, dann des Neoptolemos (Pyrrhus), schließlich des Helenos. Von Hektor Mutter des Astyanax, von Neoptolemos des Molossos. Dictys Cretensis (3,22 u. 6,12) erwähnt zwei Söhne, die sie mit Hektor hat, von denen er einen Laodamantes namentlich nennt; von Neoptolemos trägt sie ein Kind (ebd. 6,13). Boccaccio (Gen. 12,53 f) nennt neben Molossos noch einen Peripeleus als Sohn des Neoptolemos.

A Man kann sagen, daß das Schicksal der A. von → Achill bestimmt wird: Der erschlägt ihren Vater und «an einem Tage» – bei den Herden – sieben Brüder; die Mutter verschont er zwar, verlangt aber ein riesiges Lösegeld für sie, die dann doch stirbt, im Hof des Vaters durch einen Pfeil der ⇒ Artemis (Homer, Il. 6,425 ff). Achill erschlägt auch ihren Gemahl Hektor und läßt seinen Leichnam schleifen. Dann wird sie das Beuteweib des Achilleus-Sohns Neoptolemos, und dieser (oder seine Großmutter Thetis) wird verfügen, daß sie an Helenos kommt, einen Sohn des Priamos.

Sappho (Fragment 44, D. A. Campbell, Bd. 1, 1994, S. 88–91) besingt die Hochzeit A.s mit Hektor, dem A. in Liebe ergeben ist (und um dessen Leben sie bald bangen muß). In der «Ilias» sehen wir sie auf die Nachricht von kriegerischer Bedrängnis hin zum großen Turm hasten, «einer Rasenden gleich», bei sich eine Amme mit dem Kind, Astyanax, den der Vater Skamandrios nennt. Sie beschwört Hektor, vom Kampf abzulassen, und appelliert an den sorgenden Gatten und Vater (Il. 6,431 f): «Also erbarm dich nun, und bleibe hier auf dem Turme,/Daß du das Kind zur Waise nicht machst, die Frau nicht zur Witwe.» Hektor aber fürchtet mehr, als Feigling zu gelten, und sieht sich eher seinem Vater und seinem eigenen Ruhm verpflichtet (Il. 6,441 ff). Dabei weiß er wohl um das künftige traurige Schicksal der Stadt und vor allem um das künftige Sklavenschicksal der Frau (Il. 6,454 ff; vgl. **D**), das ihn – wie er sagt – mehr bekümmert als alles andere. Ein Moment glücklicher Eintracht dann: rührend, wie beim Anblick des martialisch gewandeten Vaters das erschreckte Kind sich schreiend abwendet, wie die Eltern lachen, wie der Vater nun den Helm mit dem gewaltigen Buschen ablegt und das Kind in die Arme nimmt: Er bittet die Götter um ein Heldenschicksal für den Sohn, größer als das eigene. Dann legt er den Knaben in die Arme der Mutter, «und die nahm ihn an den duftenden Busen, / Unter den Tränen lächelnd; und ihr Gatte sah es voll Mitleid. / Streichelte sie mit der Hand und sprach zu ihr mit den Worten: / Krieg ist Sache der Männer.»

So kehrt A. zurück an ihren Platz: in das Haus, zu den vielen Mägden, und da ist viel Klagen um Hektor, der doch noch lebt (Il. 6,497 ff). – Als treusorgende Verwalterin von Haus und Hof erscheint sie, als Hektor im ermunternden Zuruf die Pferde an die Pflege erinnert, die ihnen A. zukommen ließ, ihnen «immer zuerst hinstellte den lieblichen Weizen / und euch mischte den Wein, zu trinken, wann ihr begehrtet, / Eher als mir, der ihr blühender Gatte zu sein ich mich rühme» (Il. 8,186 ff). Die Klage über den toten Gatten ist ganz von der Sorge um den Sohn bestimmt. Aber sie ahnt das nahe grausame Ende des Kindes (Il. 24,723 ff; vgl. Il. 22,477 ff). In der «Kleinen Ilias» stand, daß Neoptolemos den Knaben von der Brust der Amme riß, ihn am Fuß packte und den Turm hinunter in den Tod warf (vgl. Euripides, Androm. 8 ff). Die A. aber habe er sich zur Beute erwählt, was die anderen Fürsten ihm willig als Preis gewährten (Schol. zu Lykophron 1268). Nach «Iliupersis» (Fragment 1, S. 520 ff) war es → Odysseus, der Astyanax tötete (vgl. Seneca, Troades, 812 f), und Pyrrhus habe sich die A. genommen, während man die andere Beute untereinander teilte. Seneca (ebd. 976) sagt, A. sei dem Neoptolemos durch Los zugefallen (vgl. Myth. Vat. II 208).

Ganz anders wiederum Dares Phrygius: → Agamemnon gibt Helenos und Hekabe die Freiheit, worauf Helenos um Gnade für A. und Kassandra bittet, die ihn «immer geliebt» haben. Alle vier brechen sehr bald zu Chersonnes auf. Nach Apollodor (Epit. 6,23) zog Neoptolemos – gemeinsam mit Helenos – von Troia über Tenedos in das Land der Molosser, wo er die A. mit einem Knaben schwängerte, der den Namen Molossos erhielt. Ihr

Schicksal im Hause des Neoptolemos ist Thema der «Andromache» des Euripides. Hier ist sie wehrloses Opfer der Hermione, Tochter des Menelaos und der → Helene, die Neoptolemos inzwischen ihrem Verlobten Orestes fortgenommen und sich zur legitimen Frau gemacht hat. Die eifersüchtige Hermione wirft der A. vor, sie mit «Zauberkräutern» unfruchtbar gemacht zu haben (Euripides, ebd. 29 ff u. 155 ff). Während Neoptolemos in Delphi ist, den Apoll zu versöhnen, dem er einst «in blinder Raserei» (ebd. 52) die Schuld gab am Tod des Vaters (nach anderen will er das Orakel wegen der Unfruchtbarkeit seiner Frau befragen; z. B. Schol. zu Pindar 7), erleidet A. die bösartige Verfolgung der Hermione und schließlich auch des Menelaos, der seiner Tochter beisteht und A. mit dem Tod auch ihres Kindes, das er aus dem vermeintlich sicheren Versteck der Mutter herbeigebracht hat, bedroht (ebd. 309 ff). Listig hat man A. aus dem Heiligtum der Thetis gelockt, wohin die Schutzsuchende sich geflüchtet hatte. Schließlich weist der herbeigerufene Peleus die beiden in ihre Schranken, und Hermione wird vor dem Zorn des Gatten fliehen, gemeinsam mit Orestes, der sich unterdes eingefunden hat (ebd. 989 ff; vgl. 925 ff). Dramatisch spitzt sich das Geschehen zu durch die Nachricht vom Tod des Neoptolemos, den der eifersüchtige Orest im Apollo-Tempel ermordete. Das letzte Wort hat Thetis (1243 ff): «Die Kriegsgefangene, die A.,/Soll Wohnung nehmen im Molosserland/Zu neuem Ehebund mit Helenos.» Beim Mythographen (Myth. Vat. I 41) steht, sterbend habe Neoptolemos die A. dem Helenos gegeben aus Dankbarkeit für die Dienste, die dieser, der Sklave, ihm einst erwiesen hatte, als er ihn (in Tenedos) vor der Seereise warnte, bei der alle Griechen durch Schiffbruch umkommen würden (vgl. Myth. Vat. II 208 u. Servius, Aen. 3,297).

Ganz anders Dictys Cretensis (3,22). Hier hat A. mit Hektor offenbar zwei Söhne. Die legt sie zu Füßen Achills und bittet unter Tränen, den Leichnam ihres Gemahls sehen zu dürfen. Bei der Verteilung der Beute nach dem Fall der Stadt fällt sie an Neoptolemos, dem – «zur Ehre eines so großen Fürsten» – später noch die beiden Kinder dazugegeben werden (ebd. 5,13). Ähnlich Euripides («Andromache») heißt es dann, Neoptolemos habe bei seiner Fahrt nach Delphi die A. mit dem ihr verbliebenen Sohn Laodamantes zurückgelassen. Hermione habe Menelaos beredet, das Kind zu töten. A. aber habe die Gefahr erkannt und sei vom mitleidigen Volk befreit worden, wobei Menelaos nur knapp dem Tode entging (ebd. 6,12). Schließlich erfahren wir, daß nach dem Tod des Neoptolemos durch Orestes Thetis die schwangere A. nach Molossos schickt, in Sicherheit vor

Orestes und seiner Frau Hermione. – Boccaccio (Gen. 12,54) meldet, daß nach «Theodontius» Peripeleus (vgl. o.) ein Sohn des Neoptolemos mit Hermione gewesen sei (vgl. auch ders., ebd. 12,53).

B Homer (Il. 6,371 u. 377) nennt A. «weißellenbogig» oder «weißarmig». Dares Phrygius (12) sagt, sie habe helle («clari») Augen gehabt, sei hellhäutig («candida»), groß und wohlgestalt gewesen, bescheiden, klug («sapiens»), züchtig und von einnehmend freundlichem Wesen («blanda»). – Die «Ilias» zeigt sie uns mit allen Wesenszügen einer liebevollen, treusorgenden Frau und Mutter. Bei Euripides (Androm. 213 f) ist sie die sittenstrenge, aus Einsicht der Ordnung stiftenden Sitte gehorsam: «Die Gattin selbst des schlechteren Gemahls / Ist gut zu ihm und fügt sich seinem Sinn». Kennzeichnend auch das Wort an Hermione, die Tochter der Helena: «Auch dies bezaubert: nicht nur schöner Leib, / Der Seele Adel fesselt den Gemahl» (207 ff). Und: «So bringst du nur die Fraun / In den Verruf der Unersättlichkeit! / O Schmach! Wir leiden ja die stärkre Gier / Nach Männern, doch die Sitte deckt sie zu» (ebd.). Schließlich läßt der Dichter sie sagen: «Die Götter haben zwar / Uns Mittel gegen Schlangenpest geschenkt, doch was noch Schlang und Feuer übersteigt: / Die böse Frau, erlag noch keinem Gift. / Wir sind die größte Geißel der Welt» (269 ff).

Augustinus (Civ. 3,13) sieht im Schicksal der A. als Frau und Mutter im Stand der Sklaverei ein Beispiel für die Versöhnung von Feinden, im Gegensatz zum Brauch der Römer: A. war zwar dem Sieger untertan, aber sie brauchte den Tod der Ihren nur zu betrauern, ihn nicht mehr zu befürchten. – Racine schließt mit seiner «Andromaque» (Première 1667) ausdrücklich an Euripides' Auffassung an, orientiert sich bei der Geschichte aber am zeitgenössischen Bild von A., sofern nämlich die meisten A. nur als Witwe Hektors und als Mutter seines Sohnes Astyanax kennen. Demgemäß ersetzt Racine den Molossos durch Astyanax und läßt Pyrrhus an den Auseinandersetzungen um das Schicksal des Kindes teilnehmen (vgl. Seconde Préface; s. auch **D**, 3).

C Jung und anmutig erscheint A., schlicht gekleidet und ohne Schmuck. Im übrigen hat sie keine spezifischen Merkmale.

D Das bewegende Schicksal der A., die zu nichts anderem geschaffen scheint, als zu trauern (O. Touchefeu-Meynier, s. Lit.), hat die Künstler vor allem der Antike (vom 6. Jh. v. bis ins 6. Jh. n. Chr.) und des 18. und 19. Jh.s beschäftigt.

1. *Hektors Abschied* (Il. 6,371–502). Ein Thema, das im Grunde A. betrifft; das verdeutlichen auch die zahlreichen Bilddokumente. Mit dem Abschied Hektors, der zur Verteidigung Troias Frau und Kind verlassen muß, beginnt ihre lange Leidensgeschichte. Die griechischen Vasenmaler fassen die von Homer in aller Breite geschilderte Szene in eine knappe Formel: A. und Hektor stehen einander gegenüber, Hektor hält eine Schale, A., gesenkten Hauptes, hat eine Kanne in der Rechten, aus der sie den Abschiedstrank eingegossen hat. Mit der anderen Hand faßt sie ihren Mantelschleier, als wollte sie ihre Trauer darin verbergen (Stamnos, 440/430 v. Chr.; München, Staatl. Antikensammlungen, Inv. 2415). – Auf einem Volutenkrater (Ende 4. Jh. v. Chr.; Berlin, Staatl. Museen) sieht man A. mit dem Kleinkind auf den Armen, das seine Ärmchen nach dem Vater ausstreckt, der in voller Rüstung bereit ist, seine Quadriga zu besteigen. (Den Helm, der dem Kind soviel Furcht einflößt, hält indes der Wagenlenker.) – Aus römischer Zeit berichtet Plutarch (Brutus 23) über Porcia, die Frau des Brutus, sie habe mehrmals am Tag ein Bild vom Abschied des Hektor, das in Velia ausgestellt war, aufgesucht, weil sie im Schicksal der A. einen Spiegel ihres eigenen gesehen (und so Trost gesucht) habe.

Unter den zahlreichen neuzeitlichen Darstellungen ist ein Gemälde von Angelika Kauffmann hervorzuheben (Plymouth, Saltram Collection, The National Trust; 1772 als Stich publiziert). Hektor reicht A., schon im Gehen, die Hand. Ein Gemälde von Gavin Hamilton (*Hector's Farewell to Andromache*; Duke of Hamilton, Palace of Holyroodhouse) schildert das Geschehen theatralisch: A. schaut bewegt zu dem schon forteilenden Gatten auf; eine junge Frau (die Amme) kniet auf dem Boden, das Kind im Arm. – Auf allen Darstellungen des Themas spiegeln sich die Worte, die Homer dem Hektor in den Mund legt: «Der Krieg ist Sache der Männer/Aller, doch meine zuerst ...» (Übersetzung von R. Hampe, s. Lit.).

2. *A. fällt in Ohnmacht* (Il. 22,466 ff). John Flaxman behandelt die Szene in seinem Illustrationszyklus zur «Ilias» («The Iliad of Homer», Rome 1793 u. ö., s. Lit.: Plate 34, *Andromache fainting on the wall*). A. und ihre Schwägerinnen werden Zeuginnen, wie Achill Hektors Leichnam schleift (→ Hektor). A. fällt (textgetreu: 22,467) rücklings in Ohnmacht und wird von drei der Frauen aufgefangen, eine vierte kommt herbeigeeilt, und eine weitere rauft sich, über die Mauer schauend, das Haar.

3. *A. beklagt Hektors Tod* (Il. 24,719 ff). Das Thema ist häufig auf römischen Reliefsarkophagen dargestellt, wie alle Themen, «bei denen heldisches Leben, Liebe und Tod in der Hoffnung auf die Unsterblichkeit verbunden sind» (Bernard Andreae in: W. Helbig, s. Allgem. Bibl., Bd. 2, S. 722) – auch in weiterem Kontext, wie auf einem Sarkophagdeckel des 2. Jh.s n. Chr. (Rom, Villa Borghese; Helbig, ebd., S. 721, Nr. 1961). Außer der Trauer um Hektor ist die Ankunft der → Amazonen in Troia dargestellt (in der «Aithiopis» und von Quintus Smyrnaeus referierter Mythos; vgl. Helbig, ebd.). Eine alte Frau überbringt der in Trauer versunkenen A., die den kleinen Sohn auf dem Schoß hält, die Nachricht von der Ankunft der Amazonen. Das Kind versucht, die Mutter zu trösten, und liebkost ihre Wange. Auch die tief verschleierte, auf einem Felsen sitzende Frau (rechts), die die Urne mit Hektors Asche auf dem Schoß hält, wird A. sein. Der junge Troer mit phrygischer Mütze, der ihr Kinn faßt, um ihr Gesicht zu heben, darf wohl als ⇒ Paris (S. 607 ff) gedeutet werden (vgl. Helbig, ebd., S. 722).

Das ikonographische Schema nachantiker Darstellungen orientiert sich im allgemeinen am Text der «Ilias», wie schon die Illuminationen zu Guido delle Colonne «Historia destructionis Troiae».

In einer französischen Handschrift des 15. Jh.s hierzu (London, British Museum, Ms. 16 f IX, Bl. 58ʳ) sieht man Hektors Leichnam in einer Halle aufgebahrt liegen, beklagt von Priamus, «Hektule», zwei anonymen Begleitpersonen und A. (mit langem offenem Haar), die sich weinend über den Toten beugt.

Dramatisch die Darstellung des Gavin Hamilton (Gemälde *Andromache bewailing the death of Hector*, 1761, gestochen von Cunego, 1764). A. wirft sich über den aufgebahrten Leichnam Hektors, der Vater, Priamus, steht klagend zu dessen Häupten, Hekabe eilt herbei. Links, von einem Mädchen gestützt, vielleicht → Helene.

Die Klage der A. ist auch Gegenstand eines Monumentalgemäldes von Jacques-Louis David (1783; Paris, École National Supérieur des Beaux-Arts): Hingestreckt auf dem Bett liegt der Leichnam des Hektor, daneben sitzt weinend A., den kleinen Astyanax bei der Hand fassend.

4. *A. und Pyrrhus* (Racine, «Andromaque», 3,6,900 ff). Phoenix rät, Astyanax den Griechen auszuliefern, und Pyrrhus gibt darauf sein Wort. Hierauf bezieht sich ein Gemälde von Pierre-Narcisse Guérin (1810; Paris, Louvre). Wir sehen Pyrrhus thronend, die Hände schützend über A. gebreitet, die das Kind in den Armen hält, während (wohl) Phoenix mit einer nach draußen weisenden Geste Pyrrhus an sein gegebenes Versprechen erinnert. Im Hintergrund die erzürnt davoneilende Hermione. Subtiler in der Schilderung seelischer Vorgänge die Darstellung Pierre-Paul Prud'hons (Salon Paris 1817; Entwurf, Paris, Louvre; Gemälde 1824), die den dramatischen Moment festhält, als Pyrrhus (Neoptolemos) kommt, das Kind abzuholen. Pyrrhus, im Konflikt zwischen gegebenem Wort und Mitgefühl, wendet sich seinem Ratgeber zu, der ihn mit unmißverständlicher Geste an seine Verpflichtung erinnert. Prud'hon und Charles Boulanger de Boisfremont (Gemälde 1817, New York, Metropolitan Museum) behandeln das Thema ein weiteres Mal. Bühnenparallel vollzieht sich die Handlung:

A. und eine junge Frau (vermutlich die Amme des Astyanax)

sitzen einander gegenüber, zwischen ihnen der kleine Astyanax, nach dem die junge Frau die Hände ausstreckt. Im Hintergrund rechts zwei finstere Gestalten (Pyrrhus und Phoinix). L. B. Kanter (s. Lit.) sieht darin eine Anspielung auf die unglückliche Marie-Louise von Habsburg-Lothringen, der zweiten Frau Napoleons, und deren Sohn, den König von Rom (1811–1832), für den die Mutter vergebens um den Thron Frankreichs gekämpft hatte. (Marie-Louise hatte das Bild in Auftrag gegeben, es dann aber nie besessen.)

5. *Der Tod des Astyanax*. Auf der Illustration zu einer Handschrift mit den Tragödien des Seneca (Oberitalien, um 1400; Oxford, Ms. Can. Class. Lat. 86 [S. C. 18667], Bl. 84^r) stürzt das Kind kopfüber von einem Turm herab, in dem der Mörder → Odysseus steht. Simultan ist der auf dem Boden liegende Körper des Knaben dargestellt, neben dem klagend A. auf dem Boden kniet; Zeugen der Szene sind Pyrrhus und Polyxena.

6. *A. als Gefangene* (Homer, Il. 6,454 ff). Auf diese Stelle, die das Schicksal der A. in der Vorausschau Hektors schildert, bezieht sich ein Gemälde von Lord Leighton of Stretton (1888 in der Royal Academy in London ausgestellt; Manchester, City Art Gallery). Es zeigt A. in Gefangenschaft als Sklavin beim Wasserholen am Brunnen.

Lit.: Evelyn-White, Hugh G., 1977 (s. Allgem. Bibl.). Hampe, Roland: Homer, Ilias (Übersetzung Stuttgart 1979). Kanter, Laurence B.: Andromache and Astyanax by Pierre-Paul Prud'hon and Charles Boulanger de Boisfremont, 1817. In: The Metropolitan Museum Journal 19/20, 1984/1985, S. 143–150. Touchefeu-Meynier, Odette, in: LIMC 1981, 1,1, S. 767–774; 1,2, S. 617–622, s. v. Andromache I.

Argo → Argos

Argos, griech., lat. Argus. Sohn des Arestor (Apollonios Rhodios 1,112) oder des → Phrixos (und der Chalkiope, Schwester der Medea: Apollodor, Bibl. 1,91; vgl. Diodor 4,41,3; Hygin, Fab. 14,30, 2,1,2). Mythischer Erbauer der Argo, des Schiffs der Argonauten.

A In den Mythos tritt A. als Erbauer der «Argo», des Schiffes, das die Argonauten in die Kolchis brachte. Er folgte dem Auftrag Iasons (→ Iason) und muß sich wohl als Schiffsbauer bewährt und empfohlen haben. Von einer Ausbildung hören wir nichts, doch verfügte er offenbar über die nötigen Kenntnisse und hatte dafür den Beistand der ⇒ Athena (Apollonios Rhodios 1,18 f; ebd. 1,110 ff; Apollodor, Bibl. 1,9,16).

Apollonios Rhodios macht deutlich einen Unterschied zwischen Entwurf und Ausführung: Für ersteren sei die Göttin, für letzteren A., der ihrem Rat folge (dem sie die Hand führt), verantwortlich. Die Orphischen Argonautica (65–69) werden – in charakteristischer Bewertung des Geistigen – nur noch die Göttin, den ausführenden Hand-Werker aber gar nicht erwähnen. Einig ist man sich gewöhnlich darüber, daß Athene in das Vorschiff (Bug?) ein Holz einfügte, das von einer Eiche in Dodona kam und sprechen konnte (Apollodor, Bibl. 1,9,16). Nach Valerius Flaccus kam es aus einem wahrsagenden Wald («fatidicis silvis»). Hygin (Astron. 2,37) spricht mit «Aeschylus» und anderen unbestimmt von einem «Material» («quadam materia», was wohl auch «Holz» heißen kann), das Athena einbaute. Die Orphischen Argonautica (65–69) sagen, das ganze Schiff sei aus Eiche gewesen, erstmals aus Tannenholz die Ruder. Platz für 50 Ruderer habe es gehabt (Apollodor, Bibl. 1,9,16).

Diodor (4,41,1 ff), der zunächst vom Bauherrn Iason spricht, weiß, daß nach Größe und Ausstattung das Schiff weit größer war als jedes bis dahin bekannte Schiff, da man zu jener Zeit nur auf Flößen oder kleinen Boten das Meer befuhr (übrigens sei es auch der Ruf dieses erstaunlichen Bauwerks gewesen, der die künftigen Teilnehmer an der Expedition nach Iolkos brachte). Accius berichtete von einem Schäfer, der zuvor noch nie ein Schiff gesehen hat und mit der «Argo» nur ein riesiges schnaubendes Gebilde wahrnimmt («tanta moles fremibunda»: Cicero, Nat. 2,89; Hygin, Fab. 14,33). – Gelegentlich wird betont, das Schiff sei «lang» gewesen, womit es sich demnach vom Gewohnten unterscheidet (Boccaccio, Gen. 13,26). Hederich (Sp. 377) beobachtet, man habe sich bis dahin nur «runder» Schiffe bedient.

Valerius Flaccus (1,121 ff) beschreibt Momente des Baus (der unweit des Berges Pelion stattgefunden habe: ebd. 1,91; Diodor 4,41,1): Aus dem Wald hört man den Schlag der Axt beim Fällen der Bäume. Mit feinem Blatt sägt A. Fichtenholz («pinus» = Fichte = auch «Schiff»), mit langsamer Flamme werden Planken in ihre Form gebogen, die Ruder sind fertig, Pallas sucht einen Platz für den Mast. Mit feinem Wachs werden am Ende Löcher (Höhlungen) ausgespachtelt.

Schließlich (ebd. 129 ff) zeigt A. sich auch als Maler, der das Äußere des Schiffs mit Bildern ziert. Da ist augenscheinlich Platz für eine Fülle von Themen: Thetis rittlings auf einem Delphin auf dem Weg zu Peleus; Panope, Dato und Galatea begleiten sie. Auch Cyclops sieht man, wie der von sizilischem Strand aus die Galatea zurückruft. Daneben sieht man Peleus und Gemahlin beim Gelage, Chiron beim Lyraspiel. Auf der anderen Seite – in wüstem Streit miteinander – Lapithen und Kentauren, dazu eine Fülle von einzelnen Szenen.

Den Namen soll das Schiff von seinem Erbauer haben (vgl. auch. Myth. Vat. I 24, I 134 u. II 135). Es habe aber auch geheißen, daß man das Schiff «Argo» nannte wegen seiner großen Schnelligkeit, da die Griechen alles, was schnell ist, «árgós» (ἀργός) nennen (Diodor 4,41,3; vgl. Hygin, Astron. 2,37; die Nachricht bei Hederich, Sp. 378, wonach Lykophron [1379] das Schiff eine «schwatzhafte Elster» nennt, läßt sich nicht verifizieren).

Es hieß auch, A. sei mitgereist, um allfällige Reparaturen während der Fahrt vorzunehmen (Diodor 4,41,3). Nach Hygin (Astron. 2,37) hat man die «Argo» wohl auch für das erste seegängige Schiff gehalten.

Das sprechende Holz stellt das Schiff hörbar unter den Schutz der Athene und verleiht ihm seherische Fähigkeiten. Valerius Flaccus nennt es das «weissagende Schiff» («fatidica ratis»; vgl. auch Cicero, Nat. 2,89: «divinum ... vehiculum» = göttliches / prophetisches Fahrzeug). Einmal spricht das «leuchtende Wächterholz» (aus dodonischer Eiche) den Iason im Schlaf an und gibt Rat (ebd. 1,300 ff; vgl. 4,580 ff, wo das Holz mit menschlicher Stimme die Argonauten den Willen des Zeus wissen läßt).

Eine ganz andere Geschichte hat Hygin (Fab. 3,4). Hier ist der Sohn des Phrixos mit drei Brüdern auf einem Floß unterwegs zu Onkel Athamas und strandet. Iason liest die Männer auf der Insel Dia auf und bringt sie zurück zu Mutter Chalciope.

Ptolemaios Hephaistionos berichtet sogar, Herakles habe das Schiff auf dem Berge Ossa verfertigt (da muß er es wohl hinuntergetragen haben; später werden die Argonauten ihr Schiff zwölf Tage durch die Wüste tragen: Natale Conti 6,8). Er taufte es auf den Namen des Iasonsohnes Argos, in den er verliebt war, und dessentwegen er auch sich den Argonauten angeschlossen habe (Photios, Cod. 190, 147b, Bd. 3, S. 55).

Es hieß, Iason habe nach der glücklichen Heimkehr das Schiff der Pallas geweiht (Natale Conti 6,10; Hederich, Sp. 378), und diese habe es an den Himmel versetzt (Eratosthenes, Kat. 35; Hygin, Astron. 14,33). Nun zeigt das Bild aber nur das halbe Schiff (bis zum Mast) und zudem nur die achtere Hälfte. Das zeige eine Position nach dem Anlanden im Hafen. Das Vorschiff sei in Nebel gehüllt (denn dort gebe es keine Sterne; Arat, 342 ff; vgl. hierzu Hipparch, Kommentar 1,8,1; C. Manitius, 1894). Anderseits fand man, daß Schiffbrüchige aus dem Anblick des Schiffstorsos Trost und Zuversicht schöpfen könnten (Eratosthenes, Kat. 35; Hygin, Astron. 2,3; Cicero, Nat. 2,89). Martial (7,19,2) spricht von einem Fragment der «Argo», das man in Rom aufbewahrte (auch berichtet er, daß das Schiff das erste war, das Fasane transportierte!).

Eine reiche (ungewöhnlich fehlerhafte) Sammlung weiterer, meist späterer, Nachrichten zur «Argo» (auch zum Namen und zur Frage der geographischen Lage des Bauplatzes) findet sich bei Hederich (Sp. 375 ff; zum Bauplatz vgl. auch Hygin, Astron. 37 u. Boccaccio, Gen. 13,26).

B Über die Erscheinung des Mannes scheint nichts überliefert zu sein. Apollonios Rhodios (1,324 ff) berichtet knapp, der Sohn des Arestor trage (auf seinem Weg zum fahrbereiten Schiff) einen Mantel aus schwarzer Stierhaut, der ihm bis zu den Füßen reicht und der ihn im Gegensatz zum hübschen Mantel des Akastos wohl als Handwerker zeigt.

Das Wesen des A. wird erkennbar eigentlich nur durch sein Werk, das sich wie ein Attribut lesen läßt. So erscheint er als Neuerer, vor allem als einer, dessen Werk mit seiner Vielfalt von Qualitäten zum dienlichen Werkzeug einer großen Expedition wird. Besonders beredt spricht die Gunst der Athene für ihn. In der vor allem in den «Orphischen Argonautica» sichtbaren Unterscheidung von Kopf und Hand (s. o.) erscheint A. deutlich als «bloßer» Handwerker.

Die Allegorese hat augenscheinlich kein besonderes Interesse an ihm gezeigt.

Ein Emblem bei Rollenhagen (I, Nr. 37; H./S., Sp. 1454) sieht wohl in der von einem König gesteuerten «Argo» unter dem Lemma DVM CLAVVUM RECTVM TENEO («Solange ich das Steuer gerade halte») ein Bild für das gute Regiment (im Sinn der alten Metapher vom «Staatsschiff»).

D *A. beim Bau der Argo.* Auf einem römischen Terrakottarelief ist A. im Beisein der Athena mit Hammer und Meißel tätig (1. Hälfte 1. Jh. n. Chr.; London, British Museum). Auch verschiedene italische Gemmen zeigen A. bei der Arbeit (geschnittener Jaspis des 2./1. Jh.s v. Chr.; Cambridge, Corpus Christi College). – Ein anonymer Künstler des Mantegnakreises (Zeichnung gegen 1500; Budapest, Musée des Beaux-Arts) zeigt den A. beim Bau der «Argo». Er erscheint doppelgesichtig und damit im allegorischen Bild der «Prudentia» (Umsicht, Klugheit; ⇒ Athena). Dieses Motiv wie das Auge am Bug des Schiffes, das wohl dessen seherische Begabung zeigen soll, hat eingeladen, das ganze Bild für eine Allegorie zu halten. In diesem Sinn habe der Künstler, im Verständnis platonischer Ideenlehre, die Arbeit an dem Schiff zum Zeichen genommen für die Fähigkeit des Menschen, eine Idee zu verwirklichen, die er aus Anamnese schöpft (E. Panofsky 1962, S. 33).

Lit.: Panofsky, Erwin: La construction de l'Argo en tant qu'allégorie platonicienne. L'Iconographie d'un dessin mantegnesque vers 1500. In: Bulletin du musée hongrois des beaux-arts 20 (1962), S. 29 ff.

Ascanius / Askanios → Aeneas

Asklepios, griech., lat. Aesculapius. Gott der Heilkunde. Aufgrund einer Namensetymologie («der eidechsenartige bzw. schlangengliedrige Gott») und religionsgeschichtlicher Beobachtungen hat man in A. eine chthonische Gottheit, einen heilenden, orakelnden Erdgeist vorhellenischen Ursprungs erkannt. Dagegen steht die Auffassung, daß A. ursprünglich ein Heros gewesen sei (gestützt auf: Homer, Il. 2,731 ff; 4,194 u. 219; Hesiod, Ehoien 90; Pindar, Pyth. 3,54 ff; Euripides, Alc. 1 ff; Cicero, Nat. 2,62; 3,39 u. 45; vgl. Kl. Pauly, Bd. 1, Sp. 644 ff).

Von Thessalien, seiner historischen Ursprungsregion, breitet sich der Kult schließlich – besonders seit dem 5./4. Jh. v. Chr. – über die griechische Welt aus mit am Ende an die 500 Kultstätten, unter denen Epidauros, Kos, dann Pergamon, das den göttlichen Arzt zum mild-erhabenen A.-Zeus erhöht (vgl. Kl. Pauly, Bd. 1, ebd.), eine bedeutende Rolle spielten. Zu seinem Kult gehörten massenhafte Opfer von Hähnen (vgl. CIG 3, S. 484; vgl. Kl. Pauly, Bd. 2, Sp. 1239 ff). In Rom hält A. als «Aesculapius» im Jahr 293 v. Chr. in Schlangengestalt seinen Einzug: auf Weisung der Sibyllinen (Livius 10,47,7; Ovid, Met. 15,622 ff; vgl. auch Boccaccio, Ill. vir. 53; ders., Gen. 5,19). A. ist Sohn des ⇒ Apoll und der Koronis, Tochter des Phlegias von Thessalien, oder der Arsinoë, Tochter des Leukippos von Messene (Apollodor, Bibl. 3,10,3; Schol. zu Pindar, Pyth. 3,8 [14] zitiert Quellen für beide; Pausanias, 2,26,6).

Wohl die Mehrzahl der Autoren spricht von Koronis/Coronis (z. B. Apollonios Rhodios 4,616 f; Diodor 4,71,1; 5,74,6; Pausanias 2,26,5; Hygin, Fab. 202; ders., Astron. 2,40; Servius, Aen. 6,617; Lactantius Placidus zu Statius, Theb. 3,506; Myth. Vat. I 46 und 115; Pausanias, ebd., beruft sich sogar auf das Delphische Orakel).

A. ist Vater vieler Kinder (vgl. Gyraldi, Synt. 7,349A f), darunter Telesphoros und Hygieia, die es augenscheinlich nie zu einem eigenen Mythos gebracht haben. Plinius nennt vier Töchter: Hygieia, Aegle, Panacea, Iaso. Homer nennt die Brüder Machaon und Poleirios als Söhne des A. (2,732; 4,193 u. 218 f; 11,832 f; vgl. Gyraldi, Synt. 7, S. 349A f). Der Orphische Hymnos 66 nennt Hygieia als seine Gemahlin (s. auch **D**).

A Über die Geburt des A. gibt es zwei grundverschiedene Versionen. Einmal heißt es, ⇒ Apoll habe sich in Koronis/Coronis (Ovid, Met. 2,542 ff und 596 ff) verliebt und sie geschwängert, das Mädchen jedoch habe sich danach aus Zuneigung zu einem anderen dem Ischys (für den man auch andere Namen nennt) hingegeben. Ein Rabe habe dies dem Apoll hinterbracht, und dieser – oder seine Schwester Diana/⇒ Artemis – habe im Zorn das Mädchen mit einem Pfeil getötet; das Kind aber habe er ihrem entseelten Leib, als er schon auf dem brennenden Scheiterhaufen lag, entnommen und es dann dem → Chiron übergeben, damit er es in der Heilkunst unterrichte (Homer, Il. 4,218 f: von Chiron hat er Heilkräuter; Pindar, Pyth. 3,8 [14] ff; vgl. Lactantius Firm., Div. inst. 1,10,1; Myth. Vat. I 46 u. 103). Ovid erzählt auch (ebd. 2,640 ff), Chirons Tochter Ocyroe habe dem Kind seine Zukunft als Arzt vorausgesagt. Boccaccio (Gen. 5,19) weiß, daß Apoll noch vergeblich versucht hatte, Coronis aus der Unterwelt zurückzurufen. Auch notiert er (nach Ovid), daß Archiroë (Ocyroe), die Tochter Chirons, kundig der Weissagung, dem A. voraussagte, er werde dereinst Tote wieder in das Leben zurückrufen können. Pausanias (2,26,5) sagt, es sei ⇒ Hermes gewesen, der das Kind rettete (vgl. Hygin, Fab. 202; ders. Astron. 2,40; Lactantius Placidus zu Statius, Theb. 3,506; Myth. Vat. I 46 und 115; Myth. Vat. II 128; vgl. auch Gyraldi, Synt. 7, S. 218,13 ff).

Die andere Version der Geschichte – wohl die offizielle in Epidauros – erzählt, Koronis, von Apoll geschwängert, habe, als sie mit dem Vater den Peloponnes besuchte, das Kind geboren und, um es vor dem ahnungslosen Vater zu verbergen, auf dem Berge Myrtion heimlich ausgesetzt. Dort habe eine Ziege das Kind ernährt (vgl. ⇒ Zeus), der Hund der Herde habe es bewacht. Der Hirte aber, auf der Suche nach seinen Schützlingen, habe das Kind gefunden. Als er es aufhob, sei ein Lichtstrahl von ihm ausgegangen, erschrocken habe er sich abgewendet. Der Ruf verbreitete sich nun, daß da ein Gott sei, der alle Medizin für die Kranken zu finden wisse und auch Tote wieder zum Leben erwecke (Pausanias 2,26,4; vgl. Natale Conti, Myth., Bl. 115ʳ, 39 ff; vgl. die Bewertung bei K. Ph. Moritz, S. 242 f).

Ob nun kundig durch Erziehung oder durch göttliche Gabe, A. wird ein großer Arzt, ein «Chirurg» (Apollodor, Bibl. 3,10,3), und bewahrt mit seiner Kunst Sterbliche vor dem Tod oder bringt Tote gar wieder zurück ins Leben. ⇒ Athena soll ihm Blut aus dem Leib der Gorgo/⇒ Medusa gegeben haben (ebd.). Solches, das aus den Adern der linken Seite geflossen war, konnte er zum Verderben der Menschen benutzen, mit dem aus der rechten Seite erweckte er Tote zum Leben (vgl. Euripides, Ion 999 ff, wo Athena dem Erichthonios giftige und heilsame Blutstropfen der Gorgo gibt; → Aglauros). Anderes über seine Therapie hören wir von Hygin (Astron. 14, «Ophiuchus» = Stabträger). Danach zwang König Minos den A., ihm seinen (in einem Honigtopf) ertrunkenen Sohn Glaukos wiederzubringen. Er schloß ihn mit dem Toten ein. Während A. überlegte, was zu tun sei, hielt er einen Stab in der Hand. Da sah er, wie eine Schlange sich dem Stab näherte. Erschreckt schlug er auf die fliehende Schlange ein und tötete sie. Bald darauf erschien eine andere Schlange, mit einer Pflanze im Mund, legte sie ihm auf das Haupt und floh. Mit ebendieser Pflanze habe A. den Glaukos wiederbelebt.

Neben Glaukos gehört Hippolytos zu den bekanntesten unter den von A. Wiedererweckten (weitere Namen finden sich bei Apollodor, Bibl. 3,10,3, der auch → Hymen nennt). Als Sohn Apolls und Schüler Chirons könnte auch (Saiten-)Musik zu seinen therapeutischen Mitteln gehört haben: Athenaios (8,351F) berichtet von einer Weihegabe, die ursprünglich Beute war aus einem Land von «schlechten Kitharaspielern». Schließlich war A. so erfolgreich, daß Zeus fürchtete, die Menschen könnten seine Kunst erlernen und somit fähig sein, einander selbst zur Rettung zu kommen, göttlicher Hilfe nicht mehr bedürftig. Er schleuderte einen Blitz und tötete A. (Apollodor, ebd.; Pindar, Pyth. 3,54 [96] ff; Euripides, Alc. 1 ff, 123 ff; Hygin Fab. 49; Servius, Aen. 7,761; Myth. Vat. I 46).

Nach Diodor (4,71,1 ff) bewirkte A., daß viel weniger Menschen starben als zuvor. So sah ⇒ Hades sich in seinen Geschäften geschädigt und verklagte ihn bei Zeus.

Cicero (Nat. 3,57) kennt schließlich drei verschiedene A. Der erste sei der Sohn des Apoll und werde von den Arkadern verehrt. Ihm schreibe man die Erfindung der Sonde zu («specillum»; Boccaccio, Gen. 5,19: «speculum»; so auch bei Gyraldi, Synt. 7, S. 346B), und er sei der erste gewesen, der einen Wundverband anlegte («volnus obligare»). Der andere war der Bruder des zweiten Merkur / ⇒ Hermes. Er soll vom Blitz erschlagen und in Cynosura begraben worden sein. Der dritte war der Sohn des Arsippus und der Arsinoë. Ihm schreibe man die Erfindung des Aderlasses und des Zahnziehens zu.

Philostrat (Apoll. 3,44) sieht den Ursprung ärztlicher Kunst schlechthin bei Apoll, dessen Orakel und Weissagungen den Sohn das Herstellen und Anwenden angemessener Medikamente (Pharmaka) lehrten, der wiederum gab diese Kenntnisse seinen Söhnen und Gefährten weiter. Ganz apollinisch die ordnende Unterscheidung nach Qualität des Medikaments (welches Kraut wofür?) und Quantität (welche Menge eines Heiltranks?). Seherische Gabe (Mantik) habe die Entdeckung von Mitteln gegen den Biß giftiger Tiere gebraucht und vor allem der Einsatz von Gift selbst gegen viele Krankheiten. All das sei ohne Leute mit prognostischer Weisheit nicht denkbar (vgl. die Variante bei Photios, Cod. 241, 332a, Bd. 5, S. 194). Diesen Gedanken wird – mit Blick auf die familiäre Verbindung von A. zu Apoll – Macrobius (Sat. 1,20,4f) weiter ausführen: Medizin und Sehergabe («divinatio») seien einander verbundene Disziplinen.

Als Dank für die Heilung der Hüftpfanne nach dem Kampf mit Hippokoon errichtete ⇒ Herakles dem A. einen Tempel (Pausanias 3,19,7; vgl. 20,5). Mit Hinweis auf Cicero meldet der Myth. Vat. III (5,3, S. 172), A. sei wie Hercules und Castor und Pollux wegen seiner Verdienste zum Gott erhoben worden (vgl. Hygin, Fab. 224,5). Von einem Rangstreit zwischen den Göttern A. und Herakles erzählt Lukian (Göttergespr. 13).

Hygin (Fab. 14) sieht den A. unter den Argonauten und bei der Kalydonischen Jagd (Fab. 73).

B Zumindest der uns erhaltene Mythos beläßt A. merkwürdig im Unpersönlichen. Er ist eigentlich mehr die Personifikation seiner Kunst, als daß er Person ist, welche die Kunst ausübt. So wird er anschaulich durch seine Attribute, die Schlange und den Stab vor allem, und den Hahn, die Ziege, auch Heilkräuter (vgl. **C**). Da diese Attribute schon bald ihre eindeutige Sinnfälligkeit verloren zu haben scheinen, werden sie zum bevorzugten Gegenstand der Deutung für sich und auf A. hin. Die Geschichte von der Wiederbelebung des Glaukos (s. o.) ist ein solcher Versuch auf rationalistische Weise. Nicht zufällig tritt A. uns hier am deutlichsten als Person entgegen.

Die Schlange steht dem Wesen des A. wohl am nächsten, wie schon die Etymologie seines Namens (s. o.) vermuten läßt; nach Rom kommt er gar in Schlangengestalt (s. o.). Verbreitet ist die Auffassung der Schlange als Symbol der Gesundheit. Macrobius (Sat. 1,20,1ff) sieht in der Schlange («drago») das Symbol der

Sonne, die gleichsam aus der Niederung des Alters sich immer wieder erneuernd erhebe in die Höhen kraftvoller Jugend. Ebenso erneuere sich die Schlange jährlich, indem sie die alte Haut ablegt (vgl. Cornutus, Nat. deor. 33). Indem man nun dem Bild des A. (wie dem der Salus = Gesundheit, auch dem des Mondes) eine Schlange beigibt, zeige man an, daß A. die Kraft der Gesundheit sei aus der Kraft der Sonne, Geist und Körper der Sterblichen zum Wohle. Wiederum hilft Etymologie: Man leitet von dem (lat.) Wort «draco» (griech. δράκων) die Bedeutung «sehen» (griech. δέρομαι) ab, was besage, daß die Schlange äußerst scharfsichtig sei (wie die Sonne, die alles sieht), und eben wegen dieser Fähigkeit und der damit verbundenen Wachsamkeit pflege man auch Schlangen zu Wächtern von Orakeln und Schätzen zu machen. Gyraldi (Synt. 7, S. 349A) wird sich hieraus nur den Gedanken der scharfäugigen Wachsamkeit als Bild für eine Eigenschaft der ärztlichen Kunst zu eigen machen. Zum Stab in der Hand des A. weiß er, daß Eusebius in ihm das Bild der Medizin als Stütze für die Kranken sieht (ebd., S. 348B; vgl. Cornutus, Nat. deor. 33), der Knotenstab zeige die Schwierigkeiten in der ärztlichen Kunst an (ebd.). Der Hahn werde ihm beigegeben als Zeichen der dem Arzte nötigen Wachsamkeit, mit Lorbeer werde er bekränzt, weil dieser Baum vielerlei Medikamente in sich berge (ebd., S. 350B). Die Ziege, sagt der Myth. Vat. III, sei dem A. als Gott der Gesundheit beigesellt, und er gibt eine merkwürdige Begründung: nicht etwa, weil eine Ziege einst den Säugling nährte (wie → Amaltheia den Zeus), sondern weil dieses Tier «nie ohne Fieber» sei: «... quum nunquam sine febre sit» (6,26, Bode, S. 189).

Der Heiler A. läßt sich leicht als Herausforderer Christi erkennen. Clemens von Alexandrien (Exhort. ad Graec. 2,22 P., S. 54f) erklärt den Arzt A. wie Herakles, den Retter, und die → Dioskuren für Erfindungen aus Mangel an Kenntnis des wahren Gottes. Auch daß Zeus ihn erschlug (Euripides, Alc. 3f), spricht augenscheinlich nicht für ihn (Clemens von Alexandrien, ebd. 2,25 P., S. 60f), ebensowenig, daß Vögel das Standbild des Epidaurischen A. wie das anderer Götter beschmutzen (ebd. 4,46 P., S. 118f). So auch zieht er besonderen Spott und Hohn der Apologeten auf sich. Für Tertullian (geb. um 150; Apol. 14,4; vgl. auch Clemens von Alexandrien, Exhort. ad Graec. 2,26 P.) treibt diesen Arzt die Habgier (wogegen später Julian [Apostata] die Selbstlosigkeit des Helfers betonen wird: Brief an Iamblichus 419B). Es sei Neid, der Zeus den Blitz schleudern macht. Daß Sokrates dem A. vor seinem Tod noch einen Hahn opfert, wie Platon berichtet (Phaid. 118), bezeuge nur die Geistesabwesenheit Apolls, denn Sokrates habe doch die Existenz der Götter geleugnet (Tertullian, Apol. 46,5 f; Lactantius Firmianus, Div. inst. 3,16). Minucius Felix spottet darüber, daß A. einen Bart trägt, wo er doch der Sohn des ewig jungen, bartlosen Apoll sei (Octav. 32,15; vgl. Lactantius Firm., Div. Inst. 2,4,18; vgl. Cicero, Nat. 3,83).

Als «Heiland der Heiden» tritt A. gegen den Heiland aus Bethlehem an. Im Bereich neuplatonisch-hermetischer Orientierung (vgl. den «Asclepius», ein Gespräch des A. mit Hermes) sieht Julian (331–363 A.D.) in A. ein Geschöpf des Zeus-Helios zu Gesundheit und Sicherheit der Menschen und erkennt in ihm den Heiland (σωτήρ, soter) der ganzen Welt (Hymnos auf König Helios 153B). Als Wesenszug des Apoll-Helios ist A. schon vor dem Anfang der Welt beim Vater, der ihn der Welt als Ordner gibt (ebd. 144B), das ganze Leben zu ordnen (ebd. 144C). A. ist aus dem Wesen des Zeus geschaffen, steigt herab in Menschengestalt, zuerst in Epidauros, dann habe er sich vervielfältigt und sei an vielen Orten erschienen, auch in Rom. Zu Land und See sei er gleichermaßen gegenwärtig. Niemanden von uns besuche er eigens, doch richte er gleichermaßen sündige Seelen auf und kranke Leiber (ders., Gegen die Galiläer 200A f; vgl. Gyraldi, Synt. 7, S. 349B, der von einer Kopfgeburt Jupiters spricht, die Menschengestalt annahm).

Die Emblematik des 16. Jh.s stattet das Bild des A. mit allen bekannten oder auch neuen Attributen und gelegentlich recht eigenartigen Bedeutungen aus. Wohl an den Typ des A.-Zeus schließt das Bild zum Lemma MEDICI ICON (Bild des Arztes) bei Hadrianus Junius an (Emblemata, Antw. 1565, Embl. 25): Ein bärtiger Alter mit Zepter, Lorbeerkranz und Knotenstock (aus Ahorn!) thront auf zweistufiger Estrade unter einem Baldachin. Vor ihm rechts die Schlange, links der Hahn, zu seinen Füßen der Hund. Ein Herrscherbild: «... Er herrscht über die Kranken und bringt Heilung durch seine Kunst und Mühe, – tätig treu, jede Ehre verdienend, wachsam.» (s. H./S., Sp. 1785). Aufwendig das Emblem unter dem Lemma AESCULAPIUS bei Joh. Sambucus (Emblemata, Antwerpen 1566², S. 75f): «Die Abzeichen, die du hier siehst, tragen die echten Ärzte: Eule, Schlangenstab, das Bild der Salus in der Rechten, Hahn, Vollbart, und Kappe. Dies alles hat die Weisheit der Alten dem Aesculapjünger beigegeben; er soll die Kraft der Heilmittel kennen und sie kunstvoll handhaben, die Gesundheit («Salus») soll ihm vor Augen stehen und nicht schmutziger Gewinn, und er soll wachsam auch die Krankheitsfälle voraussagen können. Das Huhn ist ihm heilig, damit er eine bekömmliche und saftig zarte Diät verschreibe, um den Kranken zu Kräften zu bringen. Die Eule erinnert daran, daß die Schmerzen mit der Nacht zunehmen. Mag er auch als Sohn des bartlosen Apoll gelten, er selbst soll einen Bart tragen, denn niemals soll ein Jüngling wagen, heranzutreten und zu versuchen, einen Kranken zu heilen, damit er diesem nicht aus Torheit schade ... Die Kappe ist sein Zeichen, weil er ja vom dunklen Tod befreit.» (In Rom war die Kappe ein Zeichen der Freien. Vgl. H./S., Sp. 1786.) An die Blutstropfen der Gorgo, das Geschenk der Athena an A. (s. o.), schließt das Emblem bei Joh. Sambucus (ebd., S. 203) an. Zum Lemma DEXTER USUS («Rechter Gebrauch») zeigt es das Bild eines Alten, stehend über einem am Boden liegenden Kranken mit angezogenen Beinen. Er hat einen riesigen Hut auf dem Kopf und hält in den Händen – wie abwägend – Gorgonenhäupter. Das Epigramm gibt eine eigenartige Ausdeutung der Geschichte, die ja unterscheidet zwischen dem Blut aus der rechten und der linken Seite der Gorgo: «Dies ist der greise Aesculap, niemand war geschickter als er. Es heißt, daß er Krankheiten und Gefahren durch das Blut der Gorgo besser und erfolgreich mit der rechten Hand geheilt habe, daß er aber mit der Linken nichts oder vielmehr nur Verderbliches leisten konnte. Seine Rechte hier bezeichnet die Regeln der Wissenschaft, damit das Heilverfahren feststeht, durch das der Arzt den Kranken ordnungsgemäß von den Gefahren der Krankheit retten und befreien will. Was diejenigen anbelangt, die nicht durch wissenschaftliche Einsicht behutsam, sondern beim Herumprobieren unvorsichtig sind, die ... aus Unwissenheit das Übel vergrößert haben, rechne sie jenen zu, für die das Sinnbild der linken Hand gilt.» (Vgl. H./S., Sp. 1787.)

Bei Stephen Batman (The Golden Booke of the Leaden Gods, London 1577, Bl. 12ᵛf; Reprint, Garland, New York & London 1976) heißt es, daß A. mit einer Krone von Lorbeer dargestellt worden sei, stehend, in einen langen Rock gekleidet, in der einen Hand eine Salbenschachtel, in der anderen einen Stab. Batman zufolge ist A. Sinnbild der Ärzte. «Seine Krone von Lorbeer bezeichnet das Heilen mit vielen Medikamenten, sein langer Rock bezeichnet die Bescheidenheit, die zu einer solchen Fertigkeit gehört. Mit der Salbenschachtel wird bezeichnet, daß da Heilmittel bereitstehen für körperliche Leiden, denn in alten Zeiten war das Amt von Arzt, Chirurg und Apotheker in einer Person vereint, während das alles heute zumeist die Tätigkeit dreier Diebe ist. Anstelle von Kenntnis steht (heute) Ignoranz; für Können Täuschung; für Heilung Verderben; für Leben steht Tod. Das sind die Früchte einer betrügerischen Praxis. Durch den Stab, die Stütze des Alters, ist Kenntnis bezeichnet, und Erfahrung wird gestützt durch gutes Urteil, woraus sich die Kenntnis von Gutem und Bösem ergibt.»

«Die Dichter fabulieren, daß Aesculapius von Juppiter mit einem Blitz vom Himmel herab erschlagen wurde, weil er mit seiner Kunst Hyppolitus vom Tod zum Leben erweckte. Diana, heimlich in Hyppolitus verliebt, wollte, daß Aesculapius mit seiner Kunst ihn in das Leben zurückbringe. Als das geschehen war, nannte sie ihn Virbius, wie wenn sie gesagt hätte, ‹bis vir›, zweimal ein Mann. Juppiter gefiel dieses nicht. Er trennte Liebe durch Tod und sagte damit, daß Medizin (‹Phisike›) nicht helfen wird, wenn GOTT gefällt, daß da Leiden ist.»

C *Typus.* In der bildenden Kunst lassen sich im wesentlichen zwei Typen unterscheiden: der bärtige, betagtere und der (weit seltenere) bartlose, jugendliche A.

Der Typus des bärtigen, meist stehenden A. tritt in zahlreichen Varianten auf (ausführlicher Katalog in LIMC, s. Lit., s. v. Asklepios). Am markantesten ist jene, bei der A., in einen langen Mantel (das Pallium) gehüllt, mit der Rechten den Knotenstock faßt, der die rechte Achselhöhle stützt. Um den Stock windet sich eine Schlange (s. *Attribute*). Die Linke ist in die Hüfte gestützt, rechter Arm, rechte Brust und die rechte Schulter sind unbedeckt (römische Kolossalstatue von der Isola Tiberina in Rom; Neapel, Museo Nazionale, Inv. 6360).

Neben dem stehenden A. begegnen wir auch (seltener) dem thronenden A. (bärtig wie ersterer). Das berühmte verlorene Kultbild des A. in Epidaurus folgte wohl diesem Typus. Wie es ausgesehen haben mag, vermittelt ein Relief aus Epidaurus (370/360 v. Chr.; Athen, Nationalmuseum, Inv. 173): Der thronende Gott ist mit einem weiten Mantel bekleidet, der die rechte Seite des Oberkörpers und den rechten Arm frei läßt. Die Unterschenkel sind gekreuzt. Attribute waren vermutlich Schlange und Hund. – Diesem Typus folgt u. a. auch ein Relief, das A. mit Hygieia darstellt (gegen 300 v. Chr.; Rom, Musei Capitolini, Inv. 617).

Seit dem 5. Jh. v. Chr. ist eine Anlehnung an den Typus des thronenden ⇒ Zeus von Olympia (S. 709) offenkundig. Eine kaiserzeitliche Sitzstatue des A. in Kopenhagen (Ny Carlsberg Glyptotek, Inv. 1683) scheint nur das Zepter des Zeus gegen den Knotenstock vertauscht zu haben. Lockenhaar und -bart entsprechen ganz den Darstellungen des Zeus, ebenso das lange Gewand, das den Oberkörper frei läßt. – Dieser Typus lebt im Mittelalter fort, wie eine Illumination zum Libellus zeigt (um 1400; Vatikan, Bibliothek, Cod. Reg. 1290, Bl. 5ᵛ): A., im Gelehrtenmantel der Zeit, thront auf einer Estrade in einer Apotheke, den Stab mit der (hier gehörnten) Schlange in der Linken; die Rechte greift in den Bart. – Die Illustration zu Cartari (1647, S. 44) führt einen thronenden bärtigen Alten vor – wiederum im zeitgenössischen Gelehrtenmantel –, auf dem Kopf einen Lorbeerkranz, in der Rechten den Knotenstock, mit der Linken faßt er den Kopf einer Schlange.

Unter den wenigen Beispielen eines jugendlichen bartlosen A. ist eine Marmorstatuette in Gestalt eines wandernden Jünglings zu nennen (um 140 n. Chr.; Athen, Nationalmuseum, Inv. Nr. 1809): Der ausschreitende A. stützt sich mit der Rechten auf den Stock, um den sich die Schlange windet. – Das älteste uns bekannte Beispiel eines bartlosen A. dürfte im A.-Heiligtum von Sikyon gestanden haben. Pausanias (2,10,3) beschreibt diese Goldelfenbeinarbeit des Kalamis als bartlos, mit einem Zepter in der einen, einem Pinienzapfen in der anderen Hand.

In der klassischen Kunst Griechenlands hat sich ein dem milden, gütigen Wesen des A. angemessener Kopf-Typus herausgebildet. Charakteristisch für diesen ist auch die Haartracht (vom Wirbel aus radial verlaufendes, fein gewelltes Haupthaar, das über Stirn und Nacken in Locken endet; voller gelockter Kinnbart und weich geschwungener Oberlippenbart). Beispielhaft für ihn ist u. a. der Kopf des A. aus der Sammlung Ludovisi (Rom, Museo Nazionale Romano, Inv. 8635). In frühchristlicher Zeit wurde A. zum Vorbild für die ersten Christusdarstellungen (vgl. E. Dinkler 1980, bes. S. 24), und Standbilder des A. wurden sogar zu Christusdarstellungen umfunktioniert. Der in einer frühchristlichen Kirche in Kleinasien gefundene Kopf, den man als Christuskopf gedeutet hat, gehörte ursprünglich zu einer A.-Statue.

In Mittelalter und Renaissance erscheint A. häufig im Gelehrtenmantel der Zeit. Selten wird er nackt dargestellt, z. B. bei einer Bronzefigur des F. di Giorgio (Brunnenfigur, heute Dresden, Staatl. Kunstsammlungen; der Kopf der Schlange, die sich um den linken Arm des A. windet, spie Wasser) oder der marmornen Brunnenfigur des N. Tribolo im Boboligarten in Florenz (vermutlich 1549).

In der klassischen Tradition trägt A. eine Stirnbinde, die manchmal wulstförmig verdickt ist (Kolossalbüste aus griechischem Marmor, Venedig, Museo Archeologico, Inv. 107) und deshalb in der Neuzeit auch als Turban gedeutet wird. Das Mittelalter zeigt ihn auch mit der Kappe des Arztes. – Den literarischen Quellen entsprechend trägt A. mitunter einen Lorbeerkranz auf dem Kopf, z. B. auf einer lavierten Zeichnung von Maerten de Vos (1594; Antwerpen, Stedelijk Prentenkabinet).

Attribute. Die häufigsten Attribute des A. sind Knotenstock und Schlange, die sich in der Regel um den Stock windet («Äskulapstab»), manchmal auch um den Arm des A. Im Mittelalter nimmt die Schlange (griech. «drakon») auch Drachengestalt an (etwa auf der Zeichnung von M. de Vos, s. o.). Ferner: der Pinienzapfen, dessen Nüssen man magische Kräfte nachsagte und die man noch heute als Heilmittel verwendet. Pausanias (2,10,3) beschreibt den A. von Sikyon als Träger von «Zepter» und «Pinienzapfen». Zepter und Pinienzapfen sind auch die Attribute des jugendlichen A. bei V. Cartari (Venedig 1571, S. 87). – Als Attribute sind ferner der Hahn zu nennen, so bei einer Statue am Haus der Vestalinnen auf dem Forum Romanum in Rom (um 150 n. Chr.); zur Linken des A. steht eine kindliche Figur mit Hahn und Opfermesser. An den Hahn als Opfertier des A. erinnert auch Cartaris bartloser A., der in der gesenkten Rechten zwei tote Hähne hält (S. 45). Seltener sind: der Hund (etwa auf dem Weihrelief nach dem Kultbild des A. in Epidaurus, s. o.), Ziege (Titelblatt zu David Coster, Pharmacopoea Hogana, 1738), Widder bei Herman Boerhaave (Konstbondige Spreuken, Amsterdam 1741), Eule (auf einer farbig gefaßten Terrakotta des 18. Jh.s in der Farmacia Pisanello in Venedig), Früchte (Cartari 1571, S. 45, und das Titelblatt von David Coster, s. o.), Heilkräuter (Tribolos Brunnenfigur, s. o.; ferner auf dem Titelblatt von François van Bleyswijck, Pharmacopoea Leidensis, 1751). Im Mittelalter taucht dann – als allgemeines Attribut des Arztes – das Uringlas auf (flämischer Bildteppich um 1520; s. **D**, Nr. 1 u. 6).

Zu diesen zur Heilkunst des Arztes in Beziehung stehenden Attributen gesellen sich zwei hinzu, die das «Bild des Bücher schreibenden Arztes mit dem eines göttlichen Sehers» vereinen (Kerényi 1956, S. 69): Buch oder Schriftrolle. Dies trifft auf eine A.-Statue in Florenz zu (um 130 n. Chr.; Palazzo Pitti, wohl eine Kopie nach einem griech. Original des frühen 4. Jh.s v. Chr.): Der stehende, auf den Knotenstock gestützte A. hält in der Linken eine Schriftrolle, die er sinnend an den Bart legt. – Ein Buch in der gesenkten Rechten hält A. auf der bemalten Tür zum Studiolo des Francesco I Medici von Girolamo Macchietti (um 1570/72; Florenz, Palazzo Vecchio).

D So zahlreich und weit verbreitet Kultbilder des A. im Altertum waren, so bescheiden ist dessen (überwiegend allegorischer) Themenkatalog, was mit der Beobachtung übereinstimmen mag, daß das Wesen des A. ganz im Unpersönlichen bleibt (vgl. S. 156).

1. *A. und Chiron* (Pindar, Pyth. 3,8 [14] ff; vgl. Lactanz, Inst. Div. 1,10,1; Myth. Vat. I 46 u. 103). Beim Unterricht sieht man A., hier schon längst dem zarten Alter entwachsen, im Gelehrtenmantel, vor seinem Lehrer → Chiron (mit umgehängtem Köcher, die Harfe spielend) auf einem der zwölf Stücke einer flämischen Teppichserie (s. **D**, Nr. 6). Kniend betrachtet er den Inhalt eines Uringlases, das er in der erhobenen Rechten hält; auf seinem rechten Oberschenkel ruht ein aufgeschlagener Foliant. Über Chiron erscheint der Text: «Herbipotes Chiro, squaletes pellere morbos Natus Apollineus quaqueat arte docet» (= der kräuterkundige Chiron lehrt die Kunst, durch die der Sohn des Apollo Krankheiten vertreiben kann). – Mit seinem Lehrer erscheint A. auf einer Illumination zum «Herbarium Apuleii» (engl. Handschrift der 1. Hälfte des 11. Jh.s, London, British Museum, Cotton Ms. Vitellius C. III, Bl. 19 ʳ). Sie rahmen Platon, dem sie einen Folianten überreichen.

2. *A. heilt einen Kranken.* Der christliche Brauch, eine Votivgabe zum Dank für eine Krankenheilung in ein Gotteshaus zu stiften, ist uralt. Das belegen u. a. Weihreliefs, die eine solche Heilung

durch den göttlichen Arzt A. schildern. Auf einem dieser Reliefs (aus dem A.-Heiligtum des Piräus vom Ende des 5. Jh.s v. Chr.; Piräus, Museum, Inv. 405) sieht man eine Frau auf dem Bett liegen, an dessen Kopfende A. steht und mit beiden Händen die Schulter der Schlafenden berührt. (Hinter A. steht Hygieia, am Fußende des Bettes vier Adoranten: ein Mann, zwei Frauen, ein Kind.)

3. *A. und Hygieia*. Hygieia ist ständige Begleiterin ihres Vaters – so wie es eine Skulptur im Vatikan veranschaulicht (wohl eine röm. Kopie nach hellenistischem Original; Musei Vaticani, Galleria delle Statue, Inv. 571): A. thront, in der Linken den Knotenstock, um den sich die Schlange windet, die Rechte auf den Oberschenkel gelegt, das rechte Bein zurückgenommen. Neben ihm steht die mädchenhaft anmutige Hygieia, die ihre Linke auf die Schulter des A. legt und mit der Rechten die Schlange füttert.

4. *A. und Telesphoros* (s. S. 153). Telesphoros erscheint meist nur als beziehungslose Begleitfigur in kleinerem Maßstab, in einen Kapuzenmantel gehüllt, z. B. neben einer A.-Statue des späten 4. Jh.s n. Chr. (Rom, Museo Borghese, Inv. M 10.044) oder auf dem genannten Diptychon in Liverpool (s. o.), wo Telesphoros in einer Schriftrolle liest.

5. *A. mit seinen Söhnen Machaon und Podaleirios* (s. S. 153). Eines der wenigen Beispiele in der Bildkunst ist ein Weihrelief aus Epidaurus (um 360 v. Chr.; Athen, Nationalmuseum, Inv. 1426). A. erscheint in Begleitung seiner erwachsenen Söhne, von drei Göttinnen und zwei Adoranten (wohl Stiftern).

6. *A. in einer Allegorie des Herbstes*. In jener flämischen Teppichserie (um 1520; New York, Metropolitan Museum; s. o. Nr. 1), die die zwölf Lebensalter des Menschen allegorisiert, steht A. für den Herbst, im übertragenen Sinn für den Herbst des Lebens – das Lebensalter, in dem der Mensch die Kunst des Arztes zunehmend benötigt: «Ut Leo desiccat sensim retrogradus herbas, sic sensim vires corporis ipsa dies» (wie der zurückweichende Löwe – das Sternzeichen – die Kräuter allmählich austrocknet, so tut es dieselbe Zeit mit den Kräften des Körpers).

7. *A. und die Parzen.* Allegorisierend und ironisierend stellt Adolf von Menzel (1815–1905) den Kampf zwischen der Parze (⇒ Moiren), die den Lebensfaden abschneidet, und dem lebenerhaltenden Arzt dar (Berlin, Staatl. Museen, Berlin-Dahlem, Kupferstichkabinett): A. hat den Schlangenstab auf dem Boden abgelegt und entreißt der Parze Atropos, die sich vehement an sein Bein klammert, die Schere, während die beiden anderen Parzen verblüfft das Handgemenge verfolgen.

Lit.: Bolten, Johannes, in: RDK, Bd. 1,2, 1937, Sp. 1139–1142, s. v. Äskulap. Dinkler, Erich: Christus und Asklepios: Zum Christustypus der polychromen Platten im Museo Nazionale Romano ... (Heidelberg 1980). Sitzungsberichte der Heidelberger Akademie der Wissenschaften. Philosophisch-historische Klasse, 1980, 2. Abhandlung. Holtzmann, Bernhard, in: LIMC 1984, 2,1, S. 863–897; 2,2, S. 631–667, s. v. Asklepios. Kerényi, Karl: Der göttliche Arzt. Darmstadt 1956. Schouten, Jan: The Rod and Serpent of Asklepios. Amsterdam/London/New York 1967. Standen, Edith A.: The Twelve Ages of Man. In: Metropolitan Museum Journal 2, 1969, S. 127–168.

Atalante, griech., lat. Atalanta. Heroine, deren Mythos in einer (1) arkadischen und einer (2) boiotischen Version überliefert ist (vgl. Apollodor, Bibl. 3,9,2). Dem entspricht, daß sie nach einigen (1) den König Iasios (oder Iasion) zum Vater hatte (vgl. Kallimachos, Hymnos 3,215; Myth. Vat. I 146; Myth. Vat. II 144; Properz 1,1,10), nach anderen (2) ist der Vater König Schoineus (vgl. Hesiod, Ehoien 14; H. G. Evelyn-White 1977, S. 162; Diodor 4,34,4 und 4,65,4; Pausanias 8,35,10; Hygin, Fab. 185; Ovid Met. 10,609; Myth. Vat. I 39. – Euripides soll Mainalos erwähnt haben: Apollodor, Bibl. 3,9,2). Als Mutter wird Klymene genannt. Geliebte des → Meleager; Gemahlin des Hippomenes (Hesiod, ebd.; Theokrit 3,40–42; Hygin, Fab. 185; Ovid, Met. 10,680; Servius, Aen. 3,113; Myth. Vat. I 39; I 146 und 174; II 44 u. 144); nach anderen Gemahlin des Milanion (vgl. Properz 1,1,9; Ovid, Ars 2,188) oder Melanion (vgl. Apollodor, Bibl. 3,9; Pausanias 3,12,9). Mutter des Parthenopaios von ⇒ Ares oder Melanion oder Meleager. – Beide Mythen sind schon früh miteinander verschmolzen und werden hier als Einheit behandelt.

A Weil der Vater einen Sohn wollte, setzte er den Säugling aus. Eine Bärin nahm sich des Kindes an und säugte es, bis Jäger es fanden und aufzogen. Wie in heimlicher Erfüllung des väterlichen Wunsches wächst A. zu einem Mädchen heran, das sich zu Fertigkeiten erzieht, die gemeinhin Männern vorbehalten sind. Kallimachos (Hymnos 3,215) weiß, daß ⇒ Artemis die Tochter des Iasios das Jagen mit Hunden lehrte und das Bogenschießen (vgl. Aelian, Hist. var. 13,1). Dazu bewahrt sie sich entschieden ihre Jungfräulichkeit. Bei Ovid (Met. 10,565) folgt das Mädchen einem Orakel, das ihr rät, die Ehe zu fliehen, wenn sich nicht lebend ihr Selbst verlieren wolle. Die zudringlichen → Kentauren Rhoikos und Hylaios erschießt sie kurzerhand. Apollonios Rhodios (1,768 ff; Kallimachos, Hymnos 3, an Artemis 222 f) erzählt, wie sie vergeblich sich bemüht, mit den Argonauten zu ziehen. Einen «weithin fliegenden Speer» bringt sie dem Iason als Gastgeschenk, der aber sieht erotische Verwicklungen in seiner Männergesellschaft voraus und verwehrt dem Mädchen die Teilnahme. Doch es gelingt ihr, sich der erlesenen Schar von Jägern und Kämpfern zuzugesellen, die den Kalydonischen Eber jagen (→ Meleager). Nicht nur mit Bogen und Speer ist sie geschickt: Bei den Spielen zu Ehren des Pelias unterliegt ihr Peleus im Ringkampf (vgl. Apollodor, Bibl. 3,13,3). Wohl am bekanntesten ist die Geschichte vom Wettlauf mit ihren Freiern. Sie hatte schließlich ihre Eltern ausfindig gemacht, und der Vater hatte gewünscht, daß sie heirate. Entschlossen, ihre Jungfräulichkeit teuer zu verkaufen, richtete sie eine Rennstrecke ein, placierte in der Mitte einen Stab (drei Ellen hoch), der die Vorgabe bezeichnete, die sie den Bewerbern um ihre Hand zu einem Wettlauf gab: Gewann der Bewerber, gewann er sie; überholte sie ihn, verlor er auf der Stelle das Leben (Apollodor, Bibl. 3,9,2). Hygin (Fab. 185) berichtet, daß der Vater das Rennen festgesetzt habe. Dazu sei die Bedingung gekommen, daß der Freier unbewaffnet laufe, während sie ihm mit einem Speer («taelum») bewaffnet folge. Überhole sie ihn noch vor dem Ziel, werde sie ihn töten, und sein Kopf werde im Stadion aufgesteckt. Schon für viele hatte das Rennen tödlich geendet (der Myth. Vat. I [39] sagt, es seien drei gewesen), als endlich das Mädchen sich geschlagen geben muß. Die näheren Umstände dieses letzten Wettlaufs werden in Einzelheiten unterschiedlich überliefert. Schon der Name des jungen Mannes steht nicht fest: Einige nennen ihn Melanion, andere Hippomenes (vgl. o.). Ovid zeigt den Jüngling zunächst unter den Zuschauern, wo er sich über die Torheit der Freier mokiert (Met. 10,575f). Dann aber sieht er ihr Gesicht, «ihren Leib von der Hülle befreit» (Met. 10,578): Da verliebt er sich und wünscht, kein anderer möge schneller sein als sie. Er fordert sie heraus, nennt die anderen Schwächlinge; mit ihm solle sie laufen, einem würdigen Gegner, Sohn des Megareus, Urenkel des ⇒ Poseidon! «Unterlieg ich, dann hast du/unvergeßlichen Ruhm ...» (Met. 10,600f). Sie schaut ihn an, bemerkt seine Schönheit und ist gerührt von seiner Jugend. Vergeblich wehrt sie sich gegen sentimentale Anfechtungen (ebd. 623f) und findet schließlich den Mann begehrenswert (ebd. 633f): «... sie liebt und wird es nicht inne.» Hippomenes wendet sich an ⇒ Aphrodite um Beistand. Die Göttin – verärgert ob des Mädchens Spröde – schenkt ihm drei goldene Äpfel aus einem ihr heiligen Hain auf Zypern und lehrt ihn, sie zu gebrauchen: Der Plan ruht auf einer einfachen psychologischen Annahme (nach Servius, Aen. 3,113, und Myth. Vat. I [39], kamen die Äpfel aus dem Garten der Hesperiden). Bei Hesiod (Ehoien 14; H. G. Evelyn-White 1977, S. 164f) steht, daß Vater Schoineus nun eine Rede hält: Sollten die unsterblichen Götter den jungen Mann gewinnen lassen, dann werde er das Mädchen heimführen dürfen, und starke, schnellfüßige Pferde werde er, der Vater, ihm als Hochzeitsgut dazugeben. – Tuben geben das Signal zum Start (Ovid, Met. 10,652): «trockenen Fußes konntest, so glaubst Du, die Wellen sie streifen,/Eilen über die silberne Saat bei stehenden Halmen.» So schnell sieht Ovid die beiden laufen (Met. 10,645). Und doch scheint die Liebe immer wieder den Schritt des Mädchens zu hemmen: Sie verhält oft, wenn sie ihn schon überholen kann (Met. 10,661). Noch ist das Ziel weit, da wirft er den ersten Apfel. Er wirft ihn nach vorn, denn sie hat ihn überholt. Sie stutzt, bückt sich, hebt (im Reflex?, neugierig oder begehrlich?) das rollende Gold, und er überholt sie. Rasch holt sie Verzug und Zeit ein, überholt ihn ein zweites Mal, und wieder bückt sie sich nach dem Apfel, den er vor ihre Füße geworfen hat. Dann kommt das Endstück, und noch einmal hat sie ihn im Rücken gelassen. Jetzt ruft Hippomenes die Göttin an und wirft den dritten Apfel, aber diesmal kraftvoll schräg nach vorn ins Feld. Sie scheint zu zögern, die Göttin zwingt sie zu folgen und macht dazu den Apfel noch schwerer: Hippomenes überholt sie und siegt.

Eigentlich geht dieser Verlauf des Rennens (wie Ovid ihn beschreibt) gegen die Regel, die Apollodor notiert und Hygin (s. o.), denn dort hätte der Bursche Rennen und Leben verloren, sobald sie ihn das erste Mal überholte! Dem entspricht denn auch, daß bei Apollodor der Herausforderer die Äpfel hinter sich wirft, sobald das Mädchen ihn zu überholen droht. Wie in dieser Hinsicht Hesiod das Rennen sieht, wird nicht ganz deutlich, doch es scheint, daß A. vor Hippomenes durchs Ziel zu laufen droht, als er den dritten Apfel wirft. Ganz anders als bei Ovid ist das Rennen bei Hesiod ein Kampf auf Leben und Tod für den Mann, ohne jede Sentimentalität: «Mit Arglist im Herzen» fordert er A., die «gnadenlos» ist im Herzen, auf, die Äpfel, das ruhmvolle Geschenk der Göttin, anzunehmen (ebd.). – Heim führt der Sieger den Preis, doch vergißt er der Göttin Dank zu sagen (Ovid, Met. 10,681 ff), und diese packt der Zorn. Als die beiden an einem Tempel der Cybele vorbeikommen, entfacht Aphrodite dem Mann die Wollust. Ungeduldig hält das Paar im Tempel ein Beilager und schändet so durch «Unzucht die heilige Stätte» (Met. 10,695). Zur Strafe verwandelt Cybele die beiden – gnädig – in Löwen. So Ovid. – Der Mythographus Vaticanus I (39) fügt hinzu, daß die Cybele die Löwen vor ihren Wagen spannte und verfügte, daß Löwen niemals einander beiwohnten. Hygin (Fab. 185) gibt eine andere Version: Als Hippomenes auf dem Parnaß dem Iupiter Victor opfert, überkommt ihn das Verlangen, und er umarmt die Frau im Heiligtum. Da verwandelt der Gott die beiden in Löwen, Tiere, denen die Götter das gemeinsame Beilager («concubitum Veneris») versagen. So werden die beiden Liebenden in dieser Gestalt ihr sündhaftes Tun nicht wiederholen (man war der Meinung, daß Löwen sich nur mit Leoparden paarten; vgl. hierzu Plinius, Nat. 8,43; Servius, Aen. 3,113). Palaiphat (1, «De Atalanta et Milanione») erklärt, die beiden hätten sich in ihrer Eile unvorsichtig eine Löwenhöhle zum Liebeslager genommen und seien von den Tieren zerrissen worden.

B A. ist wunderschön. Sie hat die strahlenden Augen der Grazien (⇒ Chariten, S. 210 ff). Ovid sagt, man könnte nicht entscheiden, ob ihr Ruhm nun auf ihrer Schönheit oder auf ihren geschwinden Füßen beruhe (Met. 10,560 ff). Das Mädchen mit den «zierlichen Knöcheln» nennt Hesiod sie (ebd.). Bewegung scheint wesentlich zu ihrer Schönheit zu gehören: «Wenn sie sich bewegte, dann kräuselte der Atem des Westwindes das glänzende Gewand über ihrem zarten Busen» (Hesiod, Ehoien 14). Ovid zeigt sie dem Hippomenes – der sie an sich vorbeifliegen sieht wie einen skythischen Pfeil – so: «Und gerade der Lauf verlieh besonderen Reiz ihr./Rückwärts wehte die Luft von den schnellen Sohlen des Schuhwerks/Bänder, es flatterte das Haar über dem Elfenbeinrücken,/Flatterten unter den Knien mit den bunten Säumen die Binden./Und der marmorne Leib des Mädchens hatte mit zartem/Rot sich getönt» (590 ff). Philostrat d. J. (15,3) sieht sie bei der Kalydonischen Jagd und spricht von ihrer männlichen Schönheit. Ihre Kleidung dient der Beweglichkeit bei der Jagd: Das Gewand, das die Arme ganz frei läßt, reicht nicht bis zum Knie und wird an den Schultern von Broschen gehalten.

Das Schicksal der A. veranschaulicht wohl ursprünglich die Macht der Urgewalt ⇒ Eros, die Liebe als unausweichliches Schicksal. So sieht Musaios (154 ff) in A. ein Beispiel für jene, die ohne jegliches Dazutun unversehens oder gar gegen ihren entschiedenen Willen der Liebe zum Opfer fallen: Eros siegt über Weisheit (Sophia), Liebe über Einsicht (vgl. Prokop v. Gaza, Decl. 7,50; Antipater von Sidon, Anth. Pal. 7,413; Theokrit 3,40–42; Gold und Apfel als Gerät des Eros: Arabius Scholasticus, Anth. Pal. 16,144). Das feine Geflecht der Größen und Beziehungen, die da in diesem Sinne am Werke sind, wird anschaulich in A.s Eigenschaften wie im Ablauf der Ereignisse. In ihrer bloßen Erscheinung ist sie wie ein Geschöpf der Aphrodite, der Göttin der Liebe: Sie ist schön, ihre Augen strahlen den Glanz der ⇒ Chariten, in denen sich doch Eigenschaften der Göttin entfalten. Der fruchtbringende (Bakchylides, Epigr. 75; Philoxenos, Dithyr. 17) Westwind, der ihren Busen umspielt (Hesiod, Ehoien 14), ist mit der Mutter Iris dem Eros väterlich verbunden (Alkaios, Frg. 327 [Plutarch, Amat. 765 d–e]), wie auch ihre Fertigkeit im Bogenschießen und im Ringkampf zum Patronat des Liebesgottes gehören (vgl. Philostrat, Imag. 1,6; interessant auch Homer, Il. 16,148–151, wo der Westwind die → Harpyie Podarges, «die Schnellfüßige», mit Rössern schwängert). Der Wettlauf und die Rolle der drei (goldenen) Äpfel dabei veranschaulichen die Liebesbeziehung als ein Verhältnis zwischen Spiel und Kampf (vgl. Philostrat, ebd.). Nachdem A. durch ihre bloße Gegenwart (unversehens) das Spiel eröffnet hat, um sich ihm dann vorsätzlich zu entziehen, zwingt die verärgerte Göttin sie zum zweiten Zug, den «Ball», den ihr der Bursche nun zurückwirft, auch anzunehmen (vgl. hierzu den Gedanken des «do – accipio – refero» = «ich gebe – ich empfange – ich gebe zurück» beim Ballspiel der Grazien miteinander im Ex-Libris des Joh. Cuspinian; s. E. Wind, Allgem. Bibl., S. 84f, Anm. 13). Es ist übrigens deutlich, daß die Macht des Eros, dem bei Hesiod noch etwas Unpersönliches, unerbittlich Strenges eigen ist, bei Ovid sich in den Opfern gleichsam personifiziert, weniger befiehlt als überredet und drängt, unausweichlich freilich auch hier. Bei Properz (1,1,9–16) veranschaulicht Milanion, daß der Liebe beste Diener Selbstvertrauen («fides») und gute Taten («benefacta») sind (vgl. Ovid, Ars 2,188–192).

Es scheint, daß A. durch die Zeiten weniger als die tüchtige Jägerin, die sich vorzüglich aufs Männerhandwerk versteht (eine «Emanzipierte»), denn als das keusche, männerfeindliche und schließlich unterlegene Mädchen Interesse gefunden hat. Ihre Anwesenheit auf den zahlreichen bildlichen Darstellungen der Kalydonischen Jagd, besonders des Moments, in dem der verliebte Meleager dem Mädchen die Trophäe reicht, muß dem nicht widersprechen. – Als Exemplum für den Triumph der Liebe erscheint A. bei Petrarca (Trionfi, Amor 2,164ff). Im «Ovide moralisé en prose» findet die Geschichte eine christliche Auslegung. Danach wirft «Ypomenes» dem Mädchen die goldenen Äpfel zu, damit es daran seinen Gefallen finde. Die Christen aber sähen in den Äpfeln – gemäß dem heiligen Paulus – die drei Lüste, die sie auf ihrem Laufe zum Heile hin fortwerfen: die Fleischeslust, die Begierde, die uns der Gesichtssinn weckt («la concupiscence de leurs yeux»), und den Hochmut, von denen allen der Evangelist Johannes spreche. A., die sich vergnügt und zurückbleibt, könne man sehen als eine von denen, die sich den irdischen Gütern und ihren Begierden hingeben und damit den Lohn für ein gutes Leben («bien courrir») und ein gutes Sterben verspielen (de Boer, S. 265). Hieran könnte ein Emblem des 16. Jh.s anschließen, wo A. unter ihrem Bild, wie sie nach den goldenen Äpfeln greift, zur Warnung für einen Christenmenschen wird, auf seinem Weg zum Himmel ja nicht zurückzublicken auf die Versuchungen der Welt (vgl. Lukas 9,62). – Haechtanus / Z., Nr. 23, De Atalanta et Megareio (sic); H. / S., Sp., 1600. – Beim Einzug Karls IX. in Paris am 29. März 1571 sollen Orangen («pommes d'oranges») als Dekor zu einem Bild des → Hymen das Gold versinnbildlichen, das – wie die Geschichte der A. beweise – eine in Liebesdingen so wichtige Sache sei (vgl. Graham / McAllister Johnson, 1974). – Als «habgierig» («avara») stellt Francesco Colonna die A. vor (Bd. 1, S. 417). – Bei Valerian (54) steht A. für «unerschöpfliche Stärke und Beweglichkeit».

C *Typus*. Die Jägerin A. ist mit der kurzen gegürteten Tunika bekleidet, manchmal mit einem Manteltuch (chlamis) darüber. So sieht man sie auf einem spätantiken Wandbehang aus Ägypten (um 400 n. Chr.; Riggisberg, Abegg-Stiftung). Auffallend sind das oft reich verzierte Gewand und der für eine Jägerin ungewöhnliche Schmuck (Halsamphora, um 400/375; Toronto, Royal Ontario Museum, Inv. 919.5.35; vgl. ⇒ Artemis), der sie jedoch als Königstochter kennzeichnet. – Als solche trägt sie auf dem ägyptischen Wandbehang (s. o.) ein Diadem, auf dem Bodenmosaik aus einer Villa in Halikarnaß eine Krone (spätantik; London, British Museum). – Mitunter ist A. in ein Tierfell gehüllt: Auf dem Gemälde des Charles Lebrun, das Meleager und A. auf der Eberjagd darstellt (Paris, Louvre), trägt sie über dem Untergewand Leopardenfell und Mantel. Die Wahl des Leopardenfells wird in diesem Fall nicht zufällig sein (vgl. **A**). – Beim Wettlauf mit Hippomenes hat sie gelegentlich ihre Kleider abgelegt und läuft nackt, wie auf einer Zeichnung des Ambrosius Holbein (Anf. 16. Jh.; Basel, Öffentl. Kunstsammlung, Kupferstichkabinett), manchmal deckt nur ein Schleier den Körper, so auf Guido Renis Gemälde (um 1615/25;

Neapel, Galleria Nazionale di Capodimonte, s. o.). Daß ein langes Gewand beim Lauf hinderlich sein muß, ist dem Schöpfer eines englischen Bildteppichs keine Überlegung wert (spätes 17. Jh.; London, Victoria and Albert-Museum).

Das Haar trägt A. meist im Nacken gebunden (Hydria um 400/375 v. Chr.; Würzburg, Martin von Wagner-Museum, Inv. 522). – Auf einem römischen Reliefsarkophag (Rom, Museo Capitolino, Palazzo Nuovo), auf dem die Kalydonische Jagd dargestellt ist, sieht man sie mit hinten geknotetem Haar.

Eindrucksvoll die Athletin A. mit Bikini und einer eng anliegenden Kappe (Schale, um 450/440 v. Chr.; Louvre, Inv. CA 2259). So sehen wir sie in der Palästra und auch im Ringkampf mit Peleus (Schale, um 510 v. Chr.; Bologna, Museo Civico, Inv. 361; hier nur mit Kappe und Lendenschurz).

Vom Typ her ist A. grazil und leichtfüßig, fast knabenhaft wie die Göttin Artemis, der sie oft insgesamt ähnelt. – Die barocke Kunst dagegen betont im allgemeinen den weiblichen Liebreiz der A.

Von wenigen Ausnahmen abgesehen, wo A. mit dem Speer jagt (auf einigen attischen Vasenbildern des frühen 4. Jh.s), sind Pfeil und Bogen für sie charakteristisch.

D 1. *A. mit dem Orakelgott Apoll* (Ovid, Met. 10,565 ff). Eine der seltenen Darstellungen findet sich auf einem Teller aus Faenza (1530, mit dem Monogramm F.L.R.; Florenz, Bargello). A. wendet sich über die Schulter zu Amor (in ihrem Rücken), den sie auf das Geheiß Apolls fliehen wird.

2. *Der Wettlauf von A. und Hippomenes* (Ovid, Met. 10,652 ff) ist das am häufigsten in der Bildkunst dargestellte Thema aus dem Mythos der A. Meist bückt sich das Mädchen gerade nach den goldenen Äpfeln. Auf der einprägsamen Darstellung Guido Renis (s. o.) bilden die Körper der beiden – des vorwärtsstrebenden Hippomenes und der sich bückenden, rückwärts gewandten A. – gegeneinander wirkende Bewegungsmotive. – Johann Heinrich

Schönfelds Gemälde (um 1670; Sibiu/Hermannstadt, Rumänien, Brukenthal National Museum), welches den Wettlauf in ein barockes Ambiente verlegt (die Strecke verläuft entlang einer mit Statuen geschmückten Parkmauer), gemahnt an die Worte Ovids: «Beide entstürzen den Schranken,/kaum mit den flüchtigen Sohlen die Fläche des Sandes berührend» (Met. 10,652f, dt. Übersetzung von E. Rösch, S. 391), und auch Hubert Goltzius scheint diese Stelle vor Augen gehabt zu haben, als er auf seiner Zeichnung (um 1598; Rotterdam, Museum Boymans-van Beuningen) A. mit fliegendem Haar in taumelnder Laufbewegung wiedergibt.

3. *A. und Meleager als Liebespaar.* Attische Vasenbilder des frühen 4. Jh.s v. Chr. zeigen die beiden (sitzend) als Liebespaar, gelegentlich von ⇒ Eros begleitet.

Die Überbringung des Eberkopfs durch Meleager hat das Interesse vor allem der Barockmaler. Das derbe Landmädchen des Jacob Jordaens (*Meleager bringt A. den Eberkopf*; um 1620; Antwerpen, Koninklijk Museum) scheint seinem Wesen nach eine späte Nachfahrin der spröden A. zu sein: Von der ihr dargebrachten Trophäe zeigt sie sich völlig unbeeindruckt. Dagegen weckt der Überbringer des Geschenks auf dem Gemälde von P. P. Rubens zumindest die Neugier der üppigen Schönen (*A. und Meleager*, um 1614/15, Jaffé Nr. 278; New York, Metropolitan Museum). Auf dem späteren Bild desselben Meisters (um 1635, Jaffé Nr. 1185; München, Alte Pinakothek) tritt Amor (⇒ Eros) wie ein Kuppler zwischen A. und Meleager, und bei A. zeigt die dargebrachte Trophäe schon ihre Wirkung («Sie freut sich nicht nur über die Gabe, sondern auch über den Geber»: Ovid, Met. 8,430). Die Gestalt einer Furie im Hintergrund beider Bilder kündigt bereits das kommende Unheil an, das im Tod des Meleager gipfeln wird (Met. 8, 431ff).

4. *A. von Eros verfolgt.* Auf einer weißgrundigen Lekythos (um 500/490 v. Chr.; Cleveland, The Cleveland Museum of Art, Inv. 66114) sieht man A., das durchsichtige Gewand anhebend, auf der Flucht vor Eros – eine deutliche Anspielung auf die spröde A., die

(wie Theognis sie beschreibt) mit gegürtetem Gewand im Gebirge umherschweift (s. Lit., E. Simon, S. 18).

Lit.: Ankwicz von Kleehoven, Hans: Cranachs Bildnisse des Dr. Cuspinian und seiner Frau. In: Jahrbuch der Preußischen Kunstsammlungen 48, 1927, S. 231, Abb. 1. Boardman, John, in: LIMC 1984, 2,1, S. 940–950; 2,2, S. 687–700, s. v. Atalante. Graham, Victor / Johnson, William McAllister: The Paris Entries of Charles IX and Elisabeth of Austria, 1571. Toronto 1974, S. 149. Simon, Erika: Meleager und Atalante. Monographien der Abegg-Stiftung Bern, 4, 1970.

Boreaden → Harpyien

Calais und Zetes → Boreaden
Castor / Kastor → Dioskuren
Castores → Dioskuren

Chimaira, griech., lat. Chimaere; Chimäre. Ungeheuer in Lykien. Kind des Typhaon und der Echidna (⇒ Medusa), des Kerberos, des Ladon, der Hydra, der Schlange, die das Goldene Vlies bewachte, der Skylla und der Sphinx (Hygin, Fab. 151).

A Über Leben und Taten der Ch. erzählen die Mythographen nur wenig. Homer erwähnt, daß Amisodaros das feuerspeiende «Ungeheuer, für viele Menschen ein Übel», aufzog (Il. 16,328). Gelebt hat sie an der Westküste Lykiens, unweit des Xanthos (Homer, Il. 6,171ff; Apollodor, Bibl. 2,3,1; vgl. Ovid, Met. 6,339), dort jedenfalls hat sie gewütet, hat das Land verwüstet und die Herden geplündert (Apollodor, ebd.). – Dort auch hat ⇒ Bellerophon sie getötet. Über den Kampf selbst erfahren wir fast nichts. Immerhin weiß man, daß Bellerophon sich mit dem geflügelten ⇒ Pegasus der Hilfe eines anderen ungewöhnlichen Wesens bediente und daß sein Angriff von oben aus der Luft erfolgte (Pindar, Ol. 13,85 ff). Natale Conti (1567, 9,3, Bl. 269ᵛ, 33 f) berichtet außerdem, er habe sie mit Pfeilen durchbohrt (mit Hinweis auf Apollodor, Bibl. 2,3,2) oder aber ihr mit seiner Speerspitze Blei in das Maul beigebracht: Das Metall schmolz und tötete sie. So wäre sie an ihrer eigenen Waffe gestorben. Vergil (Aen. 6,288) und Lukian sehen die Ch. in der Unterwelt: Ersterer sieht sie «flammenbewehrt», Lukian läßt sie jemanden «zerreißen», denkt also wohl eher an die Kampfart eines gewöhnlichen Raubtiers.

B Hesiod (Theog. 320) beschreibt Ch. als schrecklich, als groß, schnellfüßig und stark. Zuvor aber sagt er, daß sie Feuer speie. Das ist demnach ihre besondere Waffe. Aelian (De anim. 9,23) sagt, sie sei absolut unbesiegbar. Zu ihrem Wesen gehört jedoch sicher vorab ihre Erscheinung, aber von der läßt sich nur schwer ein präzises Bild machen.

Es ist, wie wenn die Mythographen sich nicht getrauten, genau hinzusehen: Das Unheimliche zeigt sich gern vage. Jedenfalls ist sie ein Ungetüm, in dem drei Tiere sich zu einem Ganzen vereinigen, in immer dieser Reihenfolge: Löwe, Ziege (griech. «chímaira») oder Bock (lat. «hircus»: Ovid, Met. 9,647; «Ovide moralisé en prose» 4,27, de Boer, S. 163: «bouc»; heute gewöhnlich auf «ignis», Feuer, gelesen) und Schlange (oder «Drachen»). Die Beschreibung nennt den Mittelteil meist zuletzt. Die Frage ist nur, auf welche Weise die drei sich zusammenfügen. Sicher ist doch, daß sie jeweils nur einen Teil von sich delegieren an ein Ganzes, das man sich grundsätzlich als Vierbeiner vorzustellen scheint. In jedem Fall zeigt der Ziegenteil sich in der Mitte. Homer betrachtet das Gebilde von vorn nach hinten, ihm folgen die meisten Autoren. In diesem Fall kann man sich vorn ein Löwenhaupt vorstellen, hinten den Schwanz in Gestalt einer Schlange, deren Kopf am Ende. Hat sie dann einen Ziegenleib? Während Homer von einem Ziegenkopf in der Mitte zu sprechen scheint, sprechen Hesiod

(Theog. 323) und Apollodor (Bibl. 2,3,1) ganz sicher davon: drei Köpfe also in einer Reihe hintereinander. Anders dagegen augenscheinlich Servius (Aen. 5,118), dessen Beschreibung sich jedenfalls auf drei Köpfe nebeneinander lesen läßt. Die Unterscheidung zwischen einem dreigestaltigen Leib einerseits und dreigestaltigem Kopf anderseits könnte bei Hesiod (ebd.) angelegt sein, der zunächst von den Köpfen spricht. Der dann folgende Satz, der sich auf den Leib bezieht, könnte eine Interpolation nach Homer sein (s. Hesiod, S. 102, Anm. 1). Sicher ist, daß das Monstrum Feuer speit, und zwar in den antiken Quellen immer mit dem Ziegenkopf (aus Mund und Nasenlöchern: Conti, ebd. 9,3, Bl. 269ᵛ, 16), der zugleich immer auch in der Mitte sein muß. Schon der Name «Ch.» verweist darauf, daß der wesentliche Teil des Geschöpfs die Ziege ist. Bei Homer und Apollodor hieße das dann, daß das Untier aus der Körpermitte Feuer bläst, bei Servius aber vorn (zwischen den beiden anderen Köpfen), was uns funktional sinnvoller erscheinen will, besonders wenn man bedenkt, daß das Feuer doch die wichtigste, vielleicht die eigentliche Waffe ist. In diesem Sinn läßt der «Liber monstrorum» (2,12; S. 108) gleich alle drei Köpfe Feuer speien (s. auch Ausonius, Epist. 25, Bd. 2, S. 89). Boccaccio (Gen. 4,24) kennt noch eine andere Konstruktion. Hier hat Ch. ein feuriges Haupt («caput igneum»: Wie mag das wohl ausgesehen haben?), die Brust eines Löwen («pectus leoninum»), einen Ziegenbauch («caprinus venter») und Schlangenbeine («crura serpentis»). Natale Conti (ebd. 9,3, Bl. 269ᵛ, 29 f) erzählt, Kopf, Brust und Rücken seien die eines Löwen gewesen, der Feuer spie, daran habe sich ein Ziegenbauch und ein Schlangenschwanz gefügt. Eher gedankenlos ist wohl die späte Behauptung, die Ziege habe den Platz in der Mitte eingenommen als schwächste der drei und damit zu ihrem Schutz durch die anderen (Alciat 1621, S. 84).

Die Dreigestaltigkeit teilt das Ungeheuer mit Kerberos und eigentlich auch mit den → Gorgonen (vgl. Ausonius, «Griphus ternarii numeri», 82 ff: Skylla, Gorgonen, Harpyien, Erinnyen etc.).

Soviel augenscheinliche Ungereimtheit in der Erscheinung hat vielerlei Deutung veranlaßt. «Wer glaubt denn, daß der Hippocentaurus oder die Ch. je wirklich existierten?» fragt Cicero (Nat. 2,2,5). Für ihn ist sie eines von jenen Wesen, die niemals existierten und niemals existieren konnten (ebd. 1,39,108). Palaiphat (29) bemerkt angesichts der drei unterschiedlichen Köpfe trocken und einleuchtend, der Löwe könne doch wohl mit den anderen Tieren nicht dieselbe Nahrung teilen. Auch sei es kindisch anzunehmen, ein sterbliches Wesen könne Feuer speien (ähnlich Lucrez, 5,900 ff). Außerdem fragt er sich scharfsinnig, welcher von den Köpfen denn nun den ganzen Körper beherrscht habe!

Grundsätzlich ist anzumerken, daß Ch. auch in der Sinngebung zumeist eng Bellerophon verbunden ist, dem sie schließlich ihr mythographisches Schicksal verdankt. Die Deutung scheint sich fast ausschließlich für ihre Dreigestalt zu interessieren.

Umständlich die moralische Deutung der Ch. auf den Zorn («ira», Conti, ebd. Bl. 270ʳ, 11 ff), das häßlichste («turpissimum») aller Ungeheuer, das uns zu wilden Löwen macht und uns das Blut in die Augen treibt, daß sie feuerrot glühen. Wie die Ziege ein Unheil den Pflanzen ist, so schade der Zorn all unseren Fähigkeiten und ist überhaupt weder nützlich noch ehrenhaft. Schließlich soll der Kluge den Zorn meiden und fliehen wie die Schlange. Cesare Ripa (Nova Icon., Pad. 1618, Teil 2, S. 472 f) sieht in der Ch. ein Bild der Vielgestalt der Laster. Das könnte sich schon auf den «Ovide moralisé en prose» (4,27, de Boer, S. 163) berufen, der aber deutlich die Ch. mit der Frau des Proitos («Procus») gleichsetzt, die der Inbegriff von Schmutz, Gier und Unzucht sei: gefräßig wie ein Löwe, unzüchtig wie ein Bock, heimtückisch wie eine Schlange.

Während dieser Gedanke sich am Monstrum orientiert, gegen das der Held antritt, kommt auch die Etymologie des Namens zu ganz ähnlichem Ergebnis (Fulgentius 3,1, S. 60 f): Ch. («Cymera») bedeute nämlich soviel wie «Wechselspiel der Liebe» («fluctuatio amoris»). Die Liebe habe drei Teile (oder Weisen): Anfangen, Vollziehen und Beenden. Sie kommt wie ein Löwe. Die Ziege, die die Mitte bestimmt, ist ein wollüstiges Tier, und so ist der zweite Teil der Liebe der Vollzug der Wollust. Die Schlange am Ende zeige an, daß nach dem Vollzug es die Wunde der Reue und das Gift der Sünde gibt. Mit Hinweis auf Fulgentius variiert der Mythograph (III 14,5, S. 252 f): Die erste Liebe in der Jugend springe uns an wie ein Löwe. Böckische, unersättliche Lust zeigten ja auch die ziegengehörnten Satyrn an. Beginnen, befriedigen, bereuen (S. 253: «inchoare», «explere», «poenitere»): Diese Abfolge lasse sich ebenso den Lebensaltern ablesen wie immer je dem Liebesakt (vgl. Boccaccio, Gen. 13,58, Bl. 99ᵛ).

Augenscheinlich ohne Bezug auf Bellerophon – und überhaupt merkwürdig – ist die Vorstellung von der Ch. als Bild des richtigen Aufbaus der Rede als Anliegen der Rhetorik (Conti, ebd. Bl. 270ʳ, 23 ff): Der Anfang der Rede soll scharf («acer») sein (= Löwe) und sich langsam steigern, der Mittelteil soll in die Einzelheiten gehen («carpere» = zerpflücken, Ziege) und – im notwendigen Streben nach Weisheit – sich höheren Dingen zuwenden. Am Ende aber soll die Rede sich gleichsam zurückwenden wie eine Schlange, das Ganze wiederholen und ihm Gift und Schärfe geben, um den Hörer gegen den Gegner einzunehmen. Ist das vielleicht auf die Verleumdung der Stheneboia/Anthia gegen Bellerophon zu beziehen? Ein Emblem bei Bocchius (1555, Nr. 137; H./S., Sp. 1666), das irrtümlich ⇒ Perseus zum Gegner der Ch. macht, zitiert die (Stärke der) dreigliedrige(n) Rhetorik, womit die Verleumdung der Stheneboia/Anthia vor Proitos gemeint sein mag, die aber der Stärke der Klugheit im Kampf gegen die Laster unterlegen ist.

Nach einer Version der Geschichte schiebt Bellerophon der Ch. Blei in den feurigen Rachen, und das flüssige Metall bringt sie um. Darauf bezieht sich ein Emblem bei Picinello (3,12,31) unter dem Lemma SUOMET IGNE PERIT («Sie kommt um durch ihr eigenes Feuer»). Das verheerende Feuer brennt im Jähzornigen («iracundus»), im Neidischen und Wollüstigen (mit Hinweis auf Hiob 5,2: «Vere stultum interficit iracundia»; Augustin, Serm. 38; ders. In Psalm 57). Aus der Voraussetzung, daß die Ch. am heftigsten Feuer schnaubt angesichts des Feindes, leitet sich das Lemma ab MICAT, DUM DIMICAT (etwa: «Sie funkelt, während sie ficht»). Das wird gedeutet auf die heftige Zudringlichkeit des Versuchers gegen den wehrhaften Christenmenschen (ebd. 32; mit Hinweis auf Augustin, Serm. 78).

Unter dem Lemma URIT FLAMMIS ARMATA VICINOS («Flammenbewehrt verbrennt sie, was nahe ist») wird sie als dreigestaltiges Monstrum zum Bild der Wollust (Picinello, ebd. 3,12,33). Die nämlich bricht in feurigem Angriff wie ein Löwe über den Menschen herein. Dann ist sie ein Bock und verbreitet dabei widerlichen Gestank. Schließlich aber hinterläßt sie die scharfen Stacheln des Schmerzes und der Reue, und am Ende beißt sie zu wie eine Schlange (vgl. «Ovide moralisé en prose» 4,27, de Boer, S. 163 f).

Rationalistische Deutung sieht schon in der Antike in Ch. das Bild für einen natürlichen Gegenstand: Sie sei in Wirklichkeit ein Vulkan in Lykien (oder Cilicien), um dessen feurige Esse sich Löwen tummelten, auf den Hängen darunter weideten Ziegen, und am Fuße wimmelte es von Schlangen. Diesen Berg habe Bellerophon bewohnbar gemacht, und so sei es zu der Legende von seinem Sieg über Ch. gekommen (Servius, Aen. 6,288; vgl. Pomponius Mela 1,15; Plinius, Nat. 2,236; N. Conti, ebd. 9,3, Bl. 269^v). Eine Version dieser Deutung hat Palaiphat (29), der von einer Ebene spricht, in deren Mitte ein weiter Erdspalt («hiatus») Feuer entließ; daneben erhob sich ein Berg, den man Ch. nannte. Schließlich habe einstmals vor dieser Ebene ein Löwe gehaust, weiter drinnen eine Schlange (oder ein Drache), die den Hirten lästig waren. Dann sei ⇒ Bellerophon mit einem Schiff namens ⇒ Pegasus gekommen und habe den Berg erobert und den in der Nähe liegenden Telmissus in Brand gesetzt, wobei die Tiere umkamen. N. Conti (ebd. 9,3, Bl. 269^v, 43 ff) wird referieren, daß Nicander v. Kolophon in der Ch. ein Bild für Fluß und Strom in dreierlei Hinsicht sehen wollte: die wilden, unbändigen, alles mitreißenden Wasser des Winterregens, die wie mit Löwenpranken gleichsam ihren künftigen Weg ausgraben. Weil das Wasser auf diese Weise immer das Nächstliegende verschlingt, habe man es in dieser Hinsicht «Ziege» genannt, und schließlich sprach man von Fluß und Strom als «Schlange», sofern sie die Wässer einen gleichsam schlängelnden Weg führen. Dann sind Bellerophon und Pegasus gemeinsam ein Bild für die Sonnenhitze, welche im Sommer die Flüsse austrocknet. Nicht minder gewaltsam erscheinen uns die historischen Deutungen. Sie alle erklären sich ausschließlich aus Bellerophon. Bei Vergil (Aen. 5,118 u. 223) ist Ch. der Name eines mächtigen Schiffes (vgl. o., «Pegasos» = Schiff). Nach Ch. sind auch einige Berge, Schlünde und feste Plätze benannt (Kl. Pauly, Bd. 1, Sp. 1147).

Das ursprünglich unbestimmbare, gespenstische Wesen der Ch. findet noch heute seinen Ausdruck im deutschen Schimäre/Chimäre in der Bedeutung von Trugbild.

C Ihre große Zeit hat Ch. in der archaischen und klassischen Kunst Griechenlands, vornehmlich in der Vasenmalerei. Im 7. Jh. v. Chr. ist sie als dekoratives Motiv in ganz Griechenland verbreitet. Roscher (s. Allgem. Bibl., Bd. 1,1, 1884, Sp. 894; s. A. M., S. 733) vermerkt zudem, daß sie häufig als Apotropaion die Stelle des Gorgoneions vertritt.

Die Ch. ist ein Fabelwesen, das sich aus Teilen dreier Tiere – Löwe, Ziege und Schlange – zusammensetzt. Die in der Antike gebräuchlichen Typen scheinen der Vorstellung Homers, Hesiods und Apollodors zu folgen, was die Anordnung der drei Tiere bzw. der Tierköpfe anbelangt, das heißt, diese sind nicht nebeneinander, sondern hintereinander angeordnet (Hesiod, Theog. 323; Apollodor, Bibl. 2,3,1).

In der griechischen Kunst dominieren zwei von vier differenzierten Typen:

1. die Ch. in Gestalt eines auf vier Beinen einherschreitenden Löwen, aus dessen Rücken ein Ziegenkopf wächst und dessen Schwanz eine Schlange bildet (schwarzfiguriger Teller des frühen 6. Jh.s; Wien, Kunsthist. Museum, Inv. 193[IV 1624]).

Diesem Typus gehört auch die eindrucksvolle etruskische Großbronze der ersten Hälfte des 4. Jh.s v. Chr. an (Florenz, Museo Archeologico), die einzige aus der Antike erhaltene Monumentaldarstellung der Ch. (Der Schwanz wurde 1784/85 ergänzt.) Der aus dem Rücken des Löwen wachsende gehörnte Kopf der Ziege, deren Hals ein Wundmal aufweist, sinkt kraftlos zur Seite. Diese Verwundung führte zu dem Schluß, daß der kämpfende Bellerophon zu ergänzen sei – eine plausible Gruppierung, wie sie z. B. auch das Bild auf einem Kelchkrater aus Falerii veranschaulicht (um 370 v. Chr.; Rom, Villa Giulia, Inv. 906): Der auf dem Pegasus reitende Bellerophon zielt mit dem Speer auf Ch. – Auf der Darstellung eines etruskischen Bronzespiegels hat ein Speer den Ziegenkopf bereits durchbohrt, einen zweiten stößt Bellerophon, hoch zu Roß, in den offenen Löwenrachen (3. Viertel 4. Jh. v. Chr.; New York, Metrop. Museum, Inv. 09.221.15).

2. Der zweite Typus hat die Gestalt eines Löwen, aus dessen Rücken der Vorderteil einer Ziege samt Vorderläufen entspringt (s. das Innenbild einer Schale des Töpfers Eucheiros, Mitte 6. Jh. v. Chr.; London, British Museum, Inv. B417). – Gelegentlich ist die Ch. als Löwin mit Zitzen wiedergegeben, so auf einem rotfigurigen Askos vom Ende des 5. Jh.s v. Chr. (Paris, Louvre, Inv. G447).

3. Dieser Typus ähnelt Nr. 1, nur daß aus dem Löwenrücken Flügel wachsen, aus denen der Ziegenkopf hervorschaut.

4. Der (sehr seltene) Drachentypus: Der Löwenkörper, aus dessen Rücken eine Ziege springt, geht in seinem hinteren Teil in eine Schlange über.

Das Motiv der allein auftretenden Ch. verliert schon im 4. Jh. v. Chr. seine Popularität und verschwindet im Hellenismus so gut wie ganz. Auch aus der römischen Kaiserzeit sind nur wenige Beispiele bekannt.

Dem erzählten Mythos entsprechend speit das Ungeheuer auf den bildlichen Darstellungen Feuer. In den meisten Fällen ist nur die Ziege feuerspeiend wiedergegeben (auf einer etruskischen Halsamphora des 6. Jh.s v. Chr. in Basel, Antikenmuseum), manchmal der Löwe (Bronzerelief von einem Dreifuß, 3. Viertel 6. Jh. v. Chr.; München, Staatl. Antikensammlungen, Inv. SL 68), manchmal beide.

Die relativ wenigen mittelalterlichen Beispiele sind vom antiken Kanon mehr oder wenig unabhängig. Eine mittelalterliche Illumination zum Pseudo-Oppian zeigt Ch. mit einem Schwanz, der in einem Drachenkopf endet; Löwen- und Ziegenkopf speien Feuer (Cynegetica, vor 1000; Venedig, Biblioteca Marciana). Auf einem Fußbodenmosaik der Basilika S. Giovanni Evangelista in Ravenna (1213) erscheint Ch. in einem Zyklus von Fabeltieren, hier mit menschlichem Gesicht und einem in einer Schlange endenden Tierkörper mit zwei Vorderbeinen (vgl. den antiken Drachentypus der Ch., s. o. Nr. 4).

Die Barockzeit bevorzugt ein phantastisches Wesen, das Züge der Ch. mit solchen eines Drachen und des Greifen kombiniert, wie das etwa eine Bleiplastik von 1673 im Vestibül der Escalier de la Reine im Schloß Versailles veranschaulicht (ursprünglich im – 1775 zerstörten – Labyrinth, wo sie sich in einen Reigen von Tieren aus den Fabeln des Äsop fügte). Dieses Fabeltier geht aufrecht auf seinen Hinterbeinen, hat einen an einen Vogel erinnernden Kopf, einen langen Hals mit Drachenkamm, kurze Flügel in Schulterhöhe und Raubvogelklauen. – An das Bild der Hydra (⇒ Herakles) erinnert die Ch. aus einer Gruppe, die den die Ch. bekämpfenden Großen Kurfürsten darstellt (Statuette von Gottfried Leygebe, 1680; Berlin, Staatl. Museen, Skulpturenslg.). Die Erscheinung des Ungeheuers, das auf zwei krallenbewehrten Pfoten steht, wird durch drei lange Hälse bestimmt, von denen einer einen gehörnten Ziegenkopf, einer einen Löwen- und der dritte einen Drachenkopf trägt. Dabei sei daran erinnert, daß die Anordnung der Köpfe nebeneinander (statt hintereinander) durchaus einer antiken literarischen Tradition entspricht (vgl. Servius, Aen. 5,118), die sich aber nicht in der Bildkunst der Antike niedergeschlagen hatte.

Im späten 17. und 18. Jh. erlebt die Ch. unter dem Einfluß der italienischen Renaissance und dem fernöstlicher Kunst eine Wiederbelebung und wird zu einem beliebten Ziermotiv, u. a. in der Gartenplastik, wie die beiden Bleifiguren vor dem Grand Trianon im Park von Versailles zeigen, wo sie das Bassin flankieren (geschaffen 1704 von Jean Hardy). Die Merkmale – der Kopf eines Säugetiers mit offenem Maul, struppiges Stirnhaar, langer Hals, kurze Flügel, vier Füße mit Schwimmhäuten – sind vom Erscheinungsbild der antiken Ch. weit entfernt: Züge der traditionellen Ikonographie von Drache und Greif mischen sich mit denen der Ch. Dies gilt auch für das der Ch. ähnliche Fabeltier, das als Ziermotiv zwischen 1690 und 1750 in der französischen Möbelkunst populär ist.

Vielleicht knüpft Odilon Redon mit seiner Ch. an eine mittelalterliche Tradition an (s. o.), wenn er ihr ein mächtiges Haupt mit menschlichem Gesicht gibt (Lithographie aus *La nuit*, 4, 1886: «La Chimère regarda avec effron toutes choses» = Die Chimäre betrachtet alle Dinge mit Dreistigkeit). Die bannende Wirkung dieses Fabelwesens mit den spitzen aufgestellten Flügeln und dem in eine Schwanzflosse endenden Schlangekörper beruht auf dem suggestiven Blick der riesigen Augen.

D In erzählerischem Zusammenhang erscheint Ch. nur im Kampf gegen ⇒ Bellerophon.

Lit.: (Ohne Autor:) La chimère, symbole de la Somptuosité. In: Connaissance des arts 107, Janvier 1961, S. 31–37. Jacquemin, Anne, in: LIMC 1986, 3,1, S. 249–259; 3,2, S. 198–209, s. v. Chimaira. Krauskopf, Ingrid, in: ebd. 3,1, S. 259–269; 3,2, S. 209–217, s. v. Chimaira (in Etruria). Polak, Bettina: Het Fin-de-Siècle in de nederlandse schilderkunst. De symbolistische beweging 1890–1900. Den Haag 1955, S. 46 f.

Chiron, häufig auch Cheiron, griech., lat. Chiro, im Mittelalter auch Chyron. Kentaur (→ Kentauren), Sohn des ⇒ Kronos und der Philyra, Tochter des Okeanos und der Titanin Tethys; Gemahl der Chariklo; als Tochter wird Endeïs genannt (Apollodor, Bibl. 3,12,6; Hygin, Fab. 14,8), aber auch die Seherin Okyrhoë (Ovid, Met. 2,635 ff; vgl. Boccaccio, Gen. 5,19), die auch Hippe oder Hippo heißt (Hygin, Astron. 2,18, spricht von «Melanippe») und die sich vor den Augen des Vaters in ein Pferd verwandelt (Ovid, Met. 2,654–675). Dictys Cretensis (6,7) nennt Ch. als Vater der Thetis (so auch Boccaccio, Gen. 2,49; Conti, Myth. 8,2).

A Kronos liegt mit Philyra und wird dabei von Rea überrascht. Da verwandelt er sich in einen Hengst, bemächtigt sich nach langer Verfolgung in solcher Gestalt des Mädchens und zeugt mit ihm ein Mischwesen, halb Mensch («halb Gott»), halb Pferd, den Ch. (Apollonios Rhodios 2,1231 ff; vgl. Schol. zu dems. 1,554; Apollodor, Bibl. 1,2,4). So teilt Ch. mit den Söhnen (oder Enkeln) des → Ixion nur die Gestalt, auch wenn jene sich ihm zugesellen und er bei ihnen große Autorität genießt, sogar gelegentlich als ihr Anführer erscheint (vgl. Homer. Epigr. 14; Orph. Argon. 377 ff, wo er die Züge eines Hohenpriesters trägt; Dante, Inf. 12,65). Vor allem aber unterscheidet ihn sein Wesen vom wild-barbarischen Rest der Rasse, mit Ausnahme des Pholos: Ch. ist mild, besonnen und freundlich. Der rechtlichste (= rechtschaffenste) unter den Kentauren sei er, sagt Homer (Il. 11,832; vgl. Ovid, Fasti 5,384). Berühmt gemacht haben ihn seine Gelehrsamkeit, seine Kunstfertigkeit und seine Geschicklichkeit als Erzieher und Lehrer. Er gilt als Erfinder der Medizin (Hygin, Fab. 274,9: «chirurgica medicina ex herbis»; Plinius [Nat. 7,197] nennt ihn den Erfinder der Kräuterkunde und Arzneizubereitung [vgl. Boccaccio, Gen. 3,19]). Die Medizin wird gewöhnlich als erste seiner Künste genannt. Sodann verstand er sich auf die Jagd und auf das Leierspiel, womöglich auch auf die «Astrologie» (= Astronomie: Boccaccio, Gen. 12,19). Bemerkenswert ist auch seine Kunstfertigkeit, rasch ein Ebenbild des ⇒ Aktaeon zu verfertigen, das dem Dargestellten ähnlich genug ist, um die Hunde des Mannes zu besänftigen, als sie ihren Herrn suchen, den sie gerade in seiner Hirschgestalt zerrissen haben (Apollodor, Bibl. 3,4,4).

Seine bekanntesten Schüler waren → Asklepios, → Achill, → Iason und

Aktaeon (zu Dionysos s. u.). In Medizin soll er den Kokytos unterrichtet haben, der den verletzten ⇒ Adonis versorgte (Ptolemaios Hephaistionos, bei Photios, Cod. 190, 146b, Bd. 3, S. 52).

Der erhaltene Mythos stellt ihn uns eigentlich nur in einigen wenigen Augenblicken seines langen Lebens vor. Statius (Achill. 1,106 ff) zeigt ihn und seine Höhle auf dem Pelion in Magnesia, als Thetis den kleinen Achill zu ihm bringt, den er in der Jagd, auf der Leier (1,186 ff; vgl. Orphische Argonautica), auch in der Medizin unterrichten wird (Homer, Il. 10,830 ff; bei Ptolemaios Hephaistionos [Photios, Cod. 190, 151b, Bd. 3, p. 67] ist er es, der dem Säugling Achill das Sprunggelenk des Damysos einbaut). Nach Boccaccio (Gen. 13,19) lehrte er den Achill «Astrologie, Medizin und auch, die Lyra zu schlagen». Dann habe er ihn anders als üblich erzogen: Er habe ihm seine Nahrung einzig aus dem Knochenmark des erlegten Wildes bereiten lassen, um ihn körperlich zu ertüchtigen.

Lebendig die Szene bei Apollonios Rhodios (1,554 ff), als Ch. zum Strand heruntergekommen ist, um die Leute der Argo zu begrüßen. Da steht er und winkt mit «mächtiger» Hand und ruft den Scheidenden zu und wünscht ihnen «Gute Fahrt und glückliche Heimkehr». Neben ihm steht seine Frau mit dem kleinen Achill auf dem Arm, den sie dem Vater Peleus entgegenhält. Bei Valerius Flaccus (1,255 ff) sehen wir Ch. den Berg hinuntereilen und schließlich das ungeduldige Kind hochhalten, damit der Vater es sehe. Peleus wird von Jagd und Kampf reden, den Künsten, die der Kentaur das Kind lehren möge (1,267 ff).

Die «Orphischen Argonautica» (377 ff) nehmen sich gerade dieses Ereignisses besonders ausführlich an. Als Peleus und seine königlichen Begleiter die «düstere Wohnung» des Ch. betreten, sehen sie den Ch. auf seiner Lagerstatt am Boden ruhen, lässig gegen einen Felsen gelehnt, alle behuften viere von sich gestreckt. Zu seiner Seite sieht man Achill, die Leier in der Hand, und das entzückt des Kentauren Herz. Freudig erhebt er sich vom Lager, als er den hohen Besuch erkennt, geht hin und umarmt einen jeden. Dann schickt er sich an, ein Mahl zu bereiten, bringt Getränke herbei in einer Amphora, breitet frische Blätter über die Lagerstätten aus gepreßtem Laub, bittet die Gäste zu Tisch und reicht ihnen auf kunstlosem Geschirr eine Fülle von Fleisch vom Schwein und vom flinken Hirsch. Dann reicht er honigsüßen Wein. Von Speis und Trank gesättigt, gelüstet es die Gäste nach Musik, und man möchte, daß die Musikanten ⇒ Orpheus und Ch. sich aneinander messen. Orpheus ziert sich verschämt, aber Ch. nimmt das Instrument, das Achill ihm reicht, und dann singt er: vom

Kampf der wilden, dünkelhaften Kentauren mit den Lapithen und vom Gefecht, das sie, vom Wein erhitzt, dem ⇒ Herakles lieferten. Dann singt Orpheus: von der Entstehung der Welt, eine Kosmogonie. Aus der Höhle des Ch. breitet sich sein Sang. Berge und Täler erzittern, die hohen Eichen reißen sich von ihren Wurzeln und machen sich auf den Weg zur Grotte, die Felsen klingen mit. Auch die wilden Tiere kommen herbei. Die Vögel vergessen ihr Nest, mit müden Flügeln versammeln sie sich um die Ställe des Ch. Dieser Anblick verblüfft den Kentauren. Mit den Händen klatscht er im Doppelschlag den Rhythmus und stampft mit den Hufen den Boden. Zum Abschied gibt er dem Sänger als Gastgeschenk eine Pfauenfeder, die (merkwürdig) wie ein Pantherfell gezeichnet ist. Als die anderen gegangen sind, steht der Alte auf seinem Ausguck, betet, ruft die Götter an um eine heile Heimkehr der Minyer, und für die jungen Fürsten bittet er um glücklichen Ruhm bei künftigen Geschlechtern.

Den Asklepios vertraut ⇒ Apoll ihm an, kaum daß er das Kind dem Leib der Mutter auf dem Scheiterhaufen entnommen hat: «Und er brachte das Kind dem Kentauren in Magnesia, damit er es lehre, / die leidvollen Krankheiten der Menschen zu heilen» (Pindar, Pyth. 3,2,45ff; Ovid, Met. 2,629ff; vgl. Herakleitos, Homer. probl. 15). Dem Asklepios gibt er Kräuter, mit denen dessen Sohn und Schüler den Menelaos behandeln wird (Homer, Il. 4,218f). Nach Apollodor (Bibl. 3,10,3) lehrt Ch. das Kind auch die Jagd. Der Säugling → Iason wird dem Kentauren anvertraut, als man fürchtet, das Kind könne dem Usurpator Pelias zum Opfer fallen (vgl. Pindar, Pyth. 4,5,101ff; vgl. Hesiod, Theog. 1000ff; Schol. zu Homer, Od. 12,69 = Hesiod, Ehoien 13, Evelyn-White 1977, S. 162; Apollonios Rhodios 810ff). 20 Jahre scheint Jason bei Ch. gewesen zu sein. – Apollonios Rhodios erzählt, Apoll habe auch Aristaios, den Sohn der Kyrene, dem Ch. zur Erziehung gegeben.

Bei Valerius Flaccus (1,407ff) steht, daß Menoitios seinen Sohn Patroklos bei Ch. ließ, damit er dort mit Achill gemeinsam das Lyraspiel erlerne, mit ihm den leichten Wurfspeer schleudere und es verstehe, des freundlichen Lehrers Rücken zu ersteigen und zu reiten. – Daß ⇒ Aktaion ein Schüler des Ch. war, berichtet Apollodor (Bibl. 1,24). Die Jagd soll er bei ihm gelernt haben. Philostrat (Her. 32) nennt noch Peleus, Telamon, Theseus, Palamedes und Aias, auch Herkules.

Übrigens ist der Erzieher Ch. durchaus nicht allein. Ihm helfen Frau und Mutter: Pindar (Pyth. 4,102ff) läßt den Jason sagen: «Von Chariklo und Philyra kehre ich heim, wo die edlen Mädchen des Kentauren mich aufzogen.» Apollonios Rhodios (4,810 ff) spricht von Wassernymphen, die dem Ch. bei der Aufsicht helfen. Seine Tochter Ocyrhoë (Okyrhoë) soll von ihm nicht nur alle Künste des Vaters erlernt haben, sondern zudem auch noch das Weissagen (vgl. Ovid, Met. 2,628 ff; vgl. Boccaccio, Gen. 5,19; → Asklepios; vgl. Hygin, Astron. 18). Ch. wird ihren Verlust beklagen (Ovid, Met. 2,676 f).

Es fällt auf, daß Ch. ein besonders enges Verhältnis zu Peleus und Thetis hat. Es heißt, er habe dem Peleus einmal gar das Leben gerettet, als jener durch eine Heimtücke des Akastos unversehens waffenlos der Willkür der Kentauren ausgesetzt war. Sogar sein Schwert soll er ihm wieder verschafft haben (Apollodor, Bibl. 3,13,3). Ch. bewährt sich auch als Ehestifter. Er rät dem Peleus, wie die Thetis zu fangen sei. Er solle sie packen und festhalten trotz ihres ständigen Gestaltwandels (der der Tochter eines Seegottes wohl ansteht!). Die Hochzeit findet auf dem Pelion statt, und die Götter feiern mit (Apollodor, Bibl. 3,13,5). Nach Pindar (Pyth. 3,89 ff) waren sogar die Musen dabei. Bei Valerius Flaccus (1,137 ff) sehen wir, wie Argos das Schiff mit Bildern verziert, von denen eines die Hochzeit zeigt und Ch., der gerade die Leier zum Spiele hebt. Sein Hochzeitsgeschenk an Peleus sei ein eschener Speer gewesen (Homer, Il. 16,143; 19,930), für den er eigens die Spitze schmiedete (Apollodor, Bibl. 3,13,5; vgl. Homer, Il. 16,140 ff und Schol. dazu; vgl. auch den Speer, den er für Achill schmiedete: Quintus Smyrnaeus 1,593). Der Kentaur, den Pausanias (5,19,7) auf der Kypseloslade sieht, gehört möglicherweise auch zu einer Hochzeitsdarstellung. Apollodor (Bibl. 3,13,8; vgl. Properz 2,1,60; Tzetzes, Schol. zu Lykophron 421) weiß, daß Peleus dem Ch. den vom Vater geblendeten Phoinix (vgl. Anth. Pal. 3,3) brachte, um ihn von der Blindheit zu heilen.

Tragisch ist das Ende des Ch. (Apollodor, Bibl. 2,5,4 u. 11; Diodor 4,12,8). Die Lapithen hatten ihn – wie die anderen Kentauren – vom Pelion vertrieben, und er hatte sich auf Kap Malea (Peloponnes) niedergelassen. Nun suchten die Kentauren Schutz bei ihm. Sie hatten sich mit Herakles eingelassen, als der bei Pholos eingekehrt war. Herakles hatte sich blutig zur Wehr gesetzt und war den Fliehenden nach Malea gefolgt. Einer seiner (giftigen) Pfeile durchschlägt des Elatos Arm und trifft das Knie des Ch. Der unglückliche Schütze versucht noch zu helfen. Er entfernt den Pfeil, wendet die Medizin an, die ihm der Verwundete gab, doch die Wunde ist unheilbar (vgl. Sophokles, Trach. 714 ff). Ch. zieht sich in seine Höhle zurück, aber der Tod kann ihn nicht erlösen, denn er ist unsterblich. Da bietet ⇒ Prometheus sich an, die Unsterblichkeit des Leidenden zu übernehmen.

⇒ Zeus (S. 691ff) gewährt den Wunsch, und Ch. stirbt (vgl. Ovid, Met. 2,654: Die Parzen/⇒ Moiren lösen den Lebensfaden; vgl. Menippos und Ch. im Hades bei Lukian, Totengespräche 26). Gegen diese Überlieferung steht eine andere, wonach Ch. stellvertretend die Leiden des Prometheus übernimmt (vgl. Aischylos, Prom. 1026ff).

Andere erzählen, Ch. sei mit Herakles zusammengesessen und habe neugierig dessen Pfeile betrachtet, dabei sei ihm einer versehentlich auf den Fuß gefallen und habe ihm die schreckliche Verwundung beigebracht. Wiederum andere sagen, Ch. habe bei den Leibern der erschlagenen Kentauren gestanden und nachdenklich sich gefragt, wie derart kleine Pfeile so große Leiber zu fällen vermöchten. Dabei sei ihm unversehens der verhängnisvolle Pfeil auf den Fuß gefallen. Aber diese Geschichte werde eigentlich über Pholos erzählt, sagt Hygin (Astron. 2,36).

Servius (Georg. 44,270) weiß, daß Ch. sich mit einem Kraut, das man nach ihm Chironion nenne, geheilt hat (vgl. Hederich, Sp. 709).

Unsterblichkeit erlangt Ch. als Sternbild («Centaurus»), nach dem Willen des Zeus, aus Mitleid mit dem so unglücklichen Tugendhaften (Hygin, Astron. 2,36 [38]; Eratosthenes, Kat. 40; Ovid, Fasti 5,379ff; Myth. Vat. II 62: «Sagittarius»). Alanus ab Insulis, Anticlaudianus 5,32ff: «Hic ardet Cancer, urit Leo, Virgo resultat./Equat Libra diem, crudescit Scorpius, (33f =) alget/Chyron, Capra riget, diffunditur Vrna, madescunt/Pisces, Exultat Aries ...»: «Hier glüht der Krebs, brennt der Löwe, wehrt sich die Jungfrau. Die Waage teilt den Tag, der Skorpion erstarkt, Chiron (= Schütze/sagittarius) friert, starr steht die Ziege (Steinbock/capricornus), die Urne (des Wassermanns/aquarius) ergießt sich, die Fische werden naß, aufspringt der Widder ...»

B Ch. ist ursprünglich vermutlich ein Heilgott in der Gegend um den Pelion. «Gott» nennen ihn Aischylos (Prom. 1027) und Sophokles (Trach. 714), und Clemens v. Alexandrien (Exhort. ad Graec. 3, P. 93) weiß mit Hinweis auf Monimus von Menschenopfern an Peleus und Ch. (vgl. Frg. Hist. Graec. 4, S. 454). Pindar (Pyth. 4,119) läßt Jason vom «göttlichen Kentaur» (Φήρ Θειος, Pher Theios) sprechen (vgl. Apollonios Rhodios 2,1241).

Der unsterbliche Ch. wird in den erhaltenen schriftlichen Quellen, wenn von seinem Alter die Rede ist, als alt vorgestellt (was sicher mit der Vorstellung von seiner Weisheit einhergeht: vgl. Pindar, Nem. 53). Ovid (Fasti 5,397) und die «Orphischen Argonautica» nennen ihn einen Greis. – Wohl durch seinen Pferdeleib ist der von riesigem Wuchs («ingens»: Statius, Achill. 1,196; s. Apollonios Rhodios 2,1240), groß genug jedenfalls, daß die Knaben auf ihm reiten können. Er hat starke («fortes») Schultern (Statius, Achill. 1,183) und mächtige Hände (Apollonios Rhodios 1,555). Ovid (Fasti 5,380) sagt, er sei «flavi corpore», das heißt, seine Körperfarbe war goldgelb / blond (falb).

Sein Wesen erscheint uns als freundlich («blandus»: Statius, Achill. 1,196) und in jeder Situation, in der wir ihn sehen, bedachtsam. Großmut zeigt er in einer sonst unbekannten Geschichte bei Diodor (6,7,4): Er habe mit dem von Mimas aus der Heimat vertriebenen Pelias, dem er überhaupt wohlgesinnt war, sein Land geteilt (→ Iason). Das war wohl, noch bevor Pelias Iolkos usurpierte. Gerühmt wird seine Rechtschaffenheit (vgl. Homer, Il. 11,832). Hygin (Astron. 2,36) sagt, er sei rechtschaffener («iustus») gar als alle Menschen. Das prädestiniert ihn zum Herrscher, zum Arzt und Richter, der seinen Spruch zur Leier im Gesang verkündet, wie die «Orphischen Argonautica» sehen (377 ff) und wie das seinem ursprünglichen religiösen Wesen durchaus entspricht.

Ganz anders später Dante (Inf. 12,65), der unter den Gewalttätigen gegen den Nächsten auch Ch. sieht, als Anführer der Kentauren.

Gleich, welchen Ursprungs, die Erscheinung des Kentauren hat für uns von Anbeginn auch den Charakter einer Metapher oder eines Sinnbilds, das den Widerstreit oder das Zusammenspiel von Tierischem und Menschlichem in uns zum Gegenstand hat. In solchem Lichte erscheinen die Kinder des Ixion als Wesen, deren menschlicher Teil zum Werkzeug des animalischen geworden ist, Ch. aber als einer, bei dem das Animalische dem Menschlichen zu Diensten ist. So kann man ihn verstehen als Veranschaulichung der Einsicht, daß der Mensch zum Überleben eine Harmonie braucht zwischen dem, was geistig-menschlich ist in ihm, und dem, was sinnlich-animalisch ist an ihm und um ihn. So auch erhält das zunächst vielleicht befremdliche Ansinnen, in dem Mischwesen den Erfinder einer so wesentlichen Kunst wie der Medizin sehen zu sollen, einen einfachen Sinn. Es ist eine Kunst, die Leben erhalten will und dieses nun tut, indem sie (etwa) in den Kräutern eine natürliche Kraft kennt und zu handhaben weiß, die den Kranken wieder harmonisch in das Leben einzufügen vermag (vielleicht meint Cornutus [Nat. deor. 33] ebendiese Kompetenz, deretwegen man den Ch. «Hepeos» genannt habe, also wohl den Sanften [von ἤπιος], weil er mit milder Medizin Aufruhr [«turbatio»] zu sänftigen wußte: Sanftheit als Ausgleich). Genauso verhält es sich mit der Musik als dem Gefüge der natürlichen Ordnung der Dinge, wie sie sich eher dem Geistigen offenbart. Ch. spielt ein Saiteninstrument (im Unterschied zu ⇒ Pan, → Silen oder Satyrn). Das ist apollinische Musik, in der wir teilhaben an einem kosmischen Prinzip des Beständigen, das dem Vergänglichen Halt gebietet (⇒ Orpheus, ⇒ Arion, ⇒ Dionysos; vgl. die «Orphischen Argonautica» 377 ff). Es entspricht sicher einer späten Einschätzung des (halbtierischen) Ch., wenn man behauptet, er sei in Dionysos verliebt gewesen und habe ihn Gesang und Tanz, bacchische Riten und die Initiationen gelehrt (Ptolemaiaos Hephaistionos bei Photios 149b, Cod. 190, Bd. 3, p. 61).

Vielleicht früher noch als in Musik und Medizin zeigt seine Kompetenz sich im kundig-einfühlsamen Umgang mit den Tieren, wenn er mit den Hunden des Aktaeon umgeht, wenn er als Jäger dem Wild begegnet, das er kennen muß, wenn er auf Beute angewiesen ist, um sein Leben zu erhalten. Um das Überleben geht es, und Ch. ist ein Heilgott.

Indem in seinem Wesen das Geistige sich das Animalische zu Diensten macht, wird Ch. sinnvoll auch zum berufenen Lehrer des Fürsten. In diesem Sinn schreibt Machiavelli (Il Principe 18,2) zum Lehrer des Achill: «Daß ein Herrscher ein Wesen halb Tier, halb Mensch zum Lehrer erhält, soll nichts anderes heißen, als daß es ein Herrscher verstehen muß, beide Naturen in sich zu vereinigen, denn die eine ohne die andere ist nicht von Bestand.» Dabei ist zu bemerken, daß Ch. den Achill zwar in Musik, aber nicht in der Redekunst unterrichtet, welche nach Homer (Il. 9,442 f) eine Aufgabe des (betagten!) Phoinix wurde: Ihre Autorität ruht eben nicht in der Natur, sondern in der Kultur. An den Musiklehrer Ch. des Fürsten Achill erinnert Baldassare Castiglione, als er die Bedeutung dieser Kunst für den Edelmann diskutiert (Il libro del Cortegiano, Venedig 1527, 1,47).

Die Verbindung des Ch. mit Prometheus (vgl. o.) hat vermutlich darin ihren tieferen Sinn, daß hier Heilgott und Handwerksgott einander treffen, Götter zu Nutz und Frommen des Menschen. Während die Künste des einen ursprünglich biologisch gewesen zu sein scheinen, sind die des anderen ursprünglich wohl primär technischer Art.

Auch mag das gegen die Unsterblichkeit eingetauschte Ende des Ch. den Tod als Erlöser erscheinen lassen, der angesichts der Begrenztheit ärztlicher Kunst schließlich sich dem Arzt gleichermaßen als Heiler zugesellt.

Die Allegorese hat dem Ch. eine Fülle von Botschaften abgelesen. In der Auffassung dieses Kentauren als eines Wesens, in dem das Gute über das Böse (oder Falsche) obsiegt, ist für das Mittelalter charakteristisch der «Ovide moralisé en prose» (2,33; de Boer, S. 101): Ch., der Lehrer des Asklepios, bezeichne in seinem tierischen Teil die «störrischen Juden», der obere Teil aber jene Heiden, welche die wahre Natur des Menschen erkannt hätten, im Geiste nämlich des katholischen Glaubens. Ochiroë (Okyrhoë), die Tochter des Ch., sei die Synagoge der Juden.

Themen verschiedener Art finden sich in der Emblematik des 16./17. Jh.s: Unter dem Lemma CONSILIARIJ PRINCIPUM («Ratgeber der Fürsten») empfiehlt Ch. sich im Bild des strafenden Lehrers als Fürstenerzieher, denn wer bei Hofe und großen Herrn etwas gelten will, «Muß seyn ein Mensch wie ein halb Thier / Vnd wie ein halb Mensch ein Stier / Ein Thier ist er so er (ver)letzt die Freundt / So er zu Boden stöst die Feind / Vnd ein Mensch ist er so er sich/Stelt gegen jederman freundtlich» (Alciatus 1550, S. 160, Held Nr. 114; H./S., Sp. 1669; Plutarch, Quaest. conv. 5,2). – Das Lemma ELEMENTA VELINT VT DISCERE («Daß sie die Grundlagen lernen wollen») verweist wohl darauf, daß Ch. als Lehrer Fundamentales vermittelt (Sebastián Covarrubias Orozco, 1610, I, Nr. 82; H./S. Sp. 1670). – Auf das Zwitterwesen Ch. geht das Emblem bei Gabriel Rollenhagen (1611, I, Nr. 91; H./S., Sp. 1673) unter dem Lemma VIRIBUS IVNGENDA SAPIENTIA («Zur Kraft gehört Weisheit»), was der Kentaur mit Bogen und Schlange veranschaulicht: «Der Kraft soll in jeden Fall Weisheit beigegeben sein; wer die Stärke nicht zu gebrauchen weiß, stürzt oft.» – Julius Wilhelm Zincgreff (1619, Nr. 68) zeigt unter dem Lemma EXERCET UTRUMQUE («Er versteht sich auf beides») diesen Ch. mit Keule und Buch als Bilder für Körper und Geist (H./S., Sp. 1673). – INGENIUM, ET LABOR («Begabung und Bemühung») lautet das Lemma bei Barptolomaeus Anulus (1552, S. 17; H./S., Sp. 1672), veranschaulicht durch Ch., der mit dem Bogen auf die Sonne zielt: «Warum hat Ch. in der Darstellung eine Doppelnatur, vorn die eines Menschen, hinten die eines Pferdes? Und warum schießt er von seinem gespannten Bogen den fliegenden Pfeil, mit dem er die hohen Sterne des gestirnten Himmels zu erreichen sucht? Etwa, weil die Vernunft dem Menschen sein eigentümliches Gepräge gibt? Weil körperliche Anstrengung die eigentliche Dienstleistung des unvernünftigen Vierfüßlers ist? Wer immer sich mit Eifer und Mühe um das Höchste bemüht: der verbinde mit der Vernunft eine unermüdliche Anstrengung». – HOMINI EX HOMINE MATERIA, EX DEO FORMA («Der Mensch hat das Stoffliche vom Menschen und die Beschaffenheit von Gott») lautet das Lemma eines interessanten Emblems bei Barptolomaeus Anulus (1552, S. 24; H./S., Sp. 1670). Das Bild zeigt den Ch., dem Amor ein Kind reicht; im Vordergrund ein Paar in der Umarmung, von Amors Pfeil getroffen: «Gott, der Urheber der Liebe, durchbohrt die Herzen mit einem Pfeil, wenn die Körper im Ehebund vereint sind. Und die dadurch Gezeugten läßt er vom doppelgestaltigen Ch., der einen vernunftbestimmten und einen tierhaften Teil hat, großziehen. So werden aus der Liebesvereinigung des Menschen die Kinder geboren, denen Gott das Leben zusammen mit Vernunft schenkt.» – Zum Lemma OPTIMUM AD FELICITATEM QUAM OCISSIME ABOLERI («Für die Glückseligkeit ist es am besten, möglichst rasch zu sterben») zeigt Petrus Costalius (1555, S. 15) das Grab Ch.s: «Hör auf Ch., mit deinen Klagen über fremde Schuld, fürchte dich nicht, nach dem Gesetz des ewigen Gottes zu leben, und laß ab, die verwegenen Taten verbrecherischer Enkel mit unter dein Unglück zu zählen» (H./S., Sp. 1670 f). Ein zweites Epigramm spielt auf die zeitgenössische Geschichte an (H./S., Sp. 171). – Ein Emblem bei Juan de Horozco y Covarrubias (1589, 2, S. 49; H./S., Sp. 1672 f) zeigt den Leier spielenden Ch. im Olymp und hat «unwürdige Kunststücke» zum Thema (vgl. Statius, Silvae 5,3,191 ff; Ovid, Fasti 5,386; Plutarch, Perikl. 4).

C Anders als die übrigen → Kentauren ist Ch. in der archaischen Kunst bekleidet. Erst seit der klassischen Zeit entspricht seine Gestalt der seiner Artgenossen. Häufig trägt er einen Ast oder kleinen Baumstamm, an den er seine Jagdbeute gehängt hat (rotfigurige Amphora, 520/510 v. Chr.; Paris, Louvre, Inv. G3). Den Musikkundigen sehen wir auch mit Lyra oder Kithara. Im übrigen hat Ch. keine spezifischen Charakteristika.

D Eindeutig zu identifizieren ist Ch. aus dem erzählerischen Zusammenhang der «Achilleis» des Statius.

1. *Ch. als Lehrer des* → *Achill*. Die berühmte Ekphrasis des Philostrat (Imag. 2,2) spricht von einer Unterweisung in Reiten und Jagen; wir sehen das Kind vergnügt auf dem Rücken des Lehrers dahinreiten – so wie es die bildenden Künstler durch alle Zeiten dargestellt haben. P. P. Rubens (*Die Erziehung des Achill*; aus der Teppichserie von 1630/32; Jaffé Nr. 1030/1031; Vorlage in Madrid, Prado) beachtet die literarische Quelle bis ins Detail: Ch. hält

die Reitgerte in der Hand, benutzt sie aber nicht (wie Philostrat ausdrücklich vermerkt), um das Reittier mit Rücksicht auf den jungen Reiter nicht zu sehr anzuspornen. – Auf der Jagd spannt der Schüler auf Ch.s Rücken den Bogen oder wirft den Speer nach dem fliehenden Wild (Relief auf der Silberplatte aus Kaiseraugst; Augst, Museum, Inv. 62,1).

Beim Musikunterricht sehen wir den kleinen Achill in der römischen Wandmalerei (Wandgemälde aus Herculaneum, 1. Jh. n. Chr.; Neapel, Museo Nazionale, Inv. 9109): Der gewaltige Ch. (mit Pferdekörper) sitzt hinter dem Knaben, der, ihm den Rücken zukehrend, die Lyra hält. Ch. umfängt das Kind, um die Saiten der Lyra zum Klingen zu bringen. – Gleich ob beim Reiten und Jagen oder beim Musikunterricht, immer kommt das harmonische Verhältnis von Lehrer und Schüler zum Ausdruck.

2. *Ch. als Arzt*. Auf dem ersten Ärztebild, das wir kennen (im Wiener «Dioskurides», 512; Wien, Österreichische Nationalbibliothek, Codex medicus graecus I, Bl. 2^v), erscheint der pferdeleibige Ch., mit beiden Händen Mörser und Stößel vor der Brust haltend, als mythischer Ahnherr eines mythischen Arztes (Machaon, → Asklepios, → Aeneas) und von sechs historischen Ärzten, Pharmakologen und Grammatikern, die links und rechts in je einer Kolumne dargestellt sind (links: Pamphilos, Xenokrates; rechts: Nigros, Herakleides, Mantias).

3. *Ch. als Prinzenerzieher*. Als Lehrer des Achill ist er in der Allegorese der Neuzeit zum Modell des Prinzenerziehers geworden. In diesem Verständnis sehen wir ihn in der Galerie François I im Schloß Fontainebleau (Rosso Fiorentino, 1534/36): Den jungen Achill unterweist Ch. nicht nur im Reiten und Jagen, sondern auch im Schwimmen und im Faustkampf! – Ein Gemälde von Theodor van Thulden, das die Erziehung des Prinzen Frederik Hendrik von Oranje zum Thema hat (1649; Huis ten Bosch, Oranjezaal), zeigt das Kind in der Obhut der Minerva/⇒ Athena und des Merkur/⇒ Hermes; im Hintergrund Ch., den Bogen spannend, den kleinen Achill auf dem Rücken.

Lit.: Gisler-Huwiler, Madeleine, in: LIMC 1986, 3,1, S. 237–248; 3,2, S. 185–197, s. v. Cheiron. Ingman, Heather: Machiavelli and the Interpretation of the Chiron Myth in France. In: Journal of the Warburg and Courtauld Institutes 45, 1982, S. 219–225.

Circe / Kirke → Odysseus

Daedalus → Daidalos

Daidalos, griech., lat. Daedalus, etr. Taitle. Sohn des Metion und der Iphinoe, Enkel des Erechtheus (Diodor 4,76,1) oder Sohn des Eupalamus (Hygin, Fab. 39) oder des Palamaon (Pausanias 9,3,2). Auch zum Königsgeschlecht der Metioniden von Athen hat man ihn gezählt (Pausanias 7,4,5). Von Naukrate, einer Sklavin des Minos (Apollodor, Epit. 1,12), Vater des Ikaros (lat. Icarus, etr. Vikare) und verschiedener weiterer Söhne, die alle seine Schüler waren. Legendärer erster Handwerker, Künstler und Erfinder, der seine Kunst (= «fabrica») von Minerva / ⇒ Athena haben soll (Hygin, Fab. 39). Sohn Ikaros / Icarus gehört wesentlich in den Mythos des Vaters, auch wenn er schon lange wahrscheinlich bekannter ist als jener.

Eine historische Figur ist der Bildhauer D. v. Sikyon (Pausanias 6,3,7).

A D. hat einen kleinen, aber prägnanten Mythos, der eigentlich mit einer Untat beginnt: D. stößt seinen zwölfjährigen Neffen und Schüler Talos (Apollodor, Bibl. 3.15,8) oder Kalos (Pausanias 1,21,4; Perdix: Ovid, Met. 8,236 ff; Hygin, Fab. 274,14) vom Burgberg in Athen (oder vom hohen

Dach: Hygin, Fab. 39; vgl. ebd. 244,5; vgl. auch Pausanias 1,21,6), und das aus Neid und Eifersucht auf dessen Erfindungen: eine Säge (Hygin, Fab. 39), gefertigt aus einem Schlangengebiß (Apollodor, Bibl. 3,15,8) oder in dieser Form aus Eisen gemacht (ein Instrument nützlich für den Häuserbau), und die Töpferscheibe (Diodor 4,76,5; vgl. Hygin, Fab. 274,14); eine Säge nach dem Vorbild von Fischgräten und den Zirkel, sagt Ovid (Met. 8,241 ff; Hygin, Fab. 274: «... circinium et serram ex piscis spina repperit»). ⇒ Athena/Minerva, die Patronin des D. und überhaupt der Erfinder, soll den Knaben in ein Rebhuhn («perdix») verwandelt haben (Ovid, Met. 8,250 ff).

Die Athener verurteilen den D. im Areopag wegen Mordes, er aber flieht ins Exil, zunächst vielleicht zu einer Gemeinde in Attika (die man dann nach ihm die Daedaliden nannte), schließlich nach Kreta (Apollodor, Bibl. 3,15,8; Diodor 4,76,4 ff und 77,1). Dort findet er bei König Minos, einem Mann mit Sinn für seine Kunstfertigkeit, Zuflucht und auch Freundschaft (Diodor 4,77,1). Homer (Od. 11,322) nannte Minos «bösgesinnt», Ovid (Ars 2,25) rühmt aber seine ungewöhnliche Gerechtigkeit und nennt ihn «iustissimus» (den gerechtesten): Das ist sicher eine Verwechslung mit dem kretischen König und Unterweltsrichter Minos (vgl. Vergil, Aen. 6,432).

Pasiphaë packt unnatürliche Lust auf den Stier, den Minos dem Poseidon vorenthalten hat, und D. läßt sich von ihr zum Komplizen machen: Er fertigt für sie ein hohles hölzernes Rind, das er in eine Kuhhaut näht. Das Gerät erfüllt seinen Zweck: Die Frau gebiert den Minotauros (Asterios), einen menschenfressenden Zwitter aus Tier- und Menschengestalt. Einem Orakel gehorsam, versteckt Minos das Ungeheuer; K. Ph. Moritz (S. 206 f) wird sagen, er versteckt es aus Scham vor den Augen der Menschen. Zu diesem Zweck läßt er den D. das «Labyrinth» bauen, eine Kammer mit Gängen, die so verzwickt ineinander verschlungen sind, daß sie den Ausgang verstecken (Apollodor, Bibl. 3,1,4; vgl. ders., Bibl. 3,15,8; vgl. Diodor 4,77,4; schöne Beschreibung bei Ovid, Met. 159 ff). Nach Diodor (1,96,2) hat D. für den Bau ein ägyptisches Königsgrab zum Vorbild genommen.

Servius (Aen. 6,14) wird behaupten, der «Stier» sei in Wahrheit ein Sekretär oder Offizier («magister militum») des Minos gewesen, mit dem Pasiphaë im Hause des D. geschlafen habe (vgl. Myth. Vat. III 11,7).

Als → Theseus als drittes Opfer für den Minotauros in Kreta ist, beschließt die verliebte Ariadne, die Königstochter, die sich davon die Ehe verspricht, ihn mit Hilfe des D. aus dem Gefängnis zu befreien: «timens, ne ille ... multiplex et perplexum labyrinthi iter explicare non posset» (in der Furcht, er werde den vielfältigen und verschlungenen Weg des Labyrinths nicht entwirren können: Myth. Vat. II 124; vgl. Apollodor, Epit. 1,8). So kommt es, daß Theseus beim Betreten des Labyrinths einen (Woll-)Faden an der Tür befestigt, mit dessen Hilfe er dann, nachdem er den Minotaurus getötet hat, wieder hinausfinden wird (am ausführlichsten Eustathius zu Homer, Od. 11,320; vgl. Apollodor, Epit. 1,8; vgl. auch Servius, Aen. 6,14, der nur einen Faden erwähnt, ebenso Myth. Vat. I 43; Diodor, 4,41,4, und Hygin, Fab. 42, erwähnen nur die Hilfe der Frau).

Zur Strafe sperrt Minos den D. und Ikaros in das Labyrinth (Apollodor, Bibl. 1,11,12 ff). Vielleicht befreit Pasiphaë die beiden (Hygin, Fab. 40,3 ff; vgl. Boccaccio, Gen. 11,26), oder D. bewerkstelligt seine Flucht auf besondere Weise. Ausführlich und anschaulich erzählt Ovid (Ars 2,21 ff): Minos versagt dem D. die Bitte um Heimkehr und fordert damit den Erfinder heraus, dem die Macht des Königs den Fluchtweg über Land und Meer verwehrt, offen steht nur der Himmel (Ars 2,35 ff u. 53 f). D. nimmt Vogelfedern («die Ruder der Vögel»), ordnet sie zu Flügeln, verbindet sie mit Flachs (Garn?, 46: «per lini vincula») und befestigt die Kiele in Wachs. In den «Metamorphosen» (8,195 ff) erzählt Ovid die Geschichte ein wenig anders und zeigt etwa, wie Icarus die Arbeit des Vaters an den Flügeln sich zum Spiel macht. Den Aufbau der Flügel vergleicht Ovid hier (8,191 f) mit dem Bau einer ländlichen Panflöte. Mittelalterliche Vorstellung macht aus den Flügeln gleich einen ganzen Vogel, ein Gewand («vestement») mit Federn bedeckt («atachées o du fil et de la cire»). Es scheint, daß «Ycarus» sich das seine selbst herrichtet («Ovide moralisé en prose» 8,5 [de Boer, S. 227 f]).

Bei Hygin (Fab. 40) steht knapp, Pasiphaë habe die beiden befreit, D. habe Flügel («pennas»!) hergestellt («fecit») und dazu Wachs verwendet. Servius berichtet (Aen. 6,14), D. besteche vielleicht seine Wächter, oder Freunde helfen ihm. Unter dem Vorwand, dem König ein Geschenk machen zu wollen, verschafft er sich Wachs (wohl auch Leinen oder Flachs) und Federn. Apollodor nennt Leim statt Wachs (Epit. 1,12; vgl. die verkürzte Version bei Myth. Vat. II 125). Daraus baut er, während Minos alle Boote nach ihm absuchen läßt, die Flügel.

Farbig und auch rührend die Beschreibung bei Ovid (Ars 53 ff; vgl. Met. 8,204 ff), die Ratschläge, der Unterricht über den Gebrauch des Geräts, die Ratschläge für den Flug, nicht etwa den Sternen, sondern dem Vater zu folgen, nicht zu hoch zu fliegen, denn die Sonne werde das Wachs schmelzen, nicht zu tief, denn die Wogen würden die Flügel nässen (vgl. Apollodor, Epit. 1,12 f). Ovid (ebd. 2,71) sieht sie von einem Hügel abheben, Servius (Aen. 6,14) von der Höhe eines Hauses, «das bei den Alten noch kein Dach hatte».

Dramatisch das Ende: Ikaros/Icarus vergißt die Warnung des Vaters, er fliegt – weil er den Himmel erkunden will (Servius, Aen. 6,14) – zu hoch und stürzt ab in das Meer, das nach ihm das ikarische heißt (ausführliche Erzählung bei Ovid, Met. 8,183 ff). D. aber fliegt sicher nach Kamikos in Sizilien zu König Kokalos, der den Mann von Talent und Ruhm zu seinem engen Freund macht (Diodor 4,77,6). Diodor weiß, daß D. niedrig über die Wellen fliegt und dabei umsichtig immer wieder die Flügel anfeuchtet (4,77,5 ff). Silius Italicus (12,91 ff) scheint sich vorzustellen, daß D. zunächst (wie ein Vogel? Segelboot?) vom Wind getrieben wird. Als er sich dann im Entsetzen über den Sturz des Sohns die Brust schlägt, merkt er unversehens, daß die Bewegung der Arme ihn vorantreibt.

Ovid (Met. 8,236 ff) zeigt, wie D. den Sohn begräbt und ein Rebhuhn (= Perdix) ihn dabei beobachtet.

Isidor (Etym. 19,19,9) wird melden, D. sei nach Cilicien geflogen. Bei Vergil (Aen. 6,14 ff) fliegt er erst zum «eisigen Norden» (so auch Teodulus 104), dann nach Cumae (griech. Kyme) in Kampanien. Hier habe er dem ⇒ Apoll die Flügel geweiht und dem Gott einen Tempel gebaut. Dann schmückte er das Tor mit Bildern (Reliefs?) seiner Erlebnisse und Taten (Servius, Aen. 614; Myth. Vat. II 125: «universa depinxit»). Nur das goldene Bild, das den Unfall des Sohns zeigen soll, will dem trauernden Vater nicht gelingen (Vergil, ebd. 6,31–36; vgl. Servius, Aen. 6,14). Servius (ebd.) erzählt, D. sei zunächst nach Sardinien (wie Sallust sage), dann nach Cumae geflogen. Verkürzt hat diese Geschichte der Mythograph (II 125 u. 126).

Diodor (4,77,9) meint – wohl zu der Flugreise –, die ganze Geschichte sei zwar wundersam, doch wert ihren Bericht, und referiert eine ganz andere, eher banale Geschichte zur Flucht (4,77,5 ff): D. nimmt mit Hilfe der Pasiphaë ein Boot und flieht mit dem Sohn zu einer Insel im Meer. Ikaros springt leichtfertig vom Boot und ertrinkt: Seither heißt das Meer das ikarische. Auch so kommt D. nach Sizilien zu Freund Kokalos.

Weiter ausgearbeitet erscheint diese Version bei Pausanias (9,11,3): D. baut für sich und den Ikaros kleine Boote, die er erstmals mit Mastbaum, Gestänge und Segel versieht. So können sie den Ruderbooten des Minos davonsegeln. Aber Ikaros manövriert ungeschickt, kentert und ertrinkt.

Herakles wird am Strand der Insel Doliche seinen Leichnam finden, ihn begraben und die Insel Ikaria nennen (vgl. Apollodor, Bibl. 2,6,3). Dankbar wird D. in Pisa dem Helden eine Porträtstatue setzen.

«Menekrates» soll berichtet haben (Servius, Aen. 6,14), daß D. nach dem Mord an seinem Schwestersohn nach Kreta gegangen sei, Icarus habe man daraufhin aus Athen vertrieben, und er sei auf der Fahrt zum Vater bei einem Schiffbruch umgekommen. Übrigens hieß es auch, Theseus habe gleich nach dem Erledigen des Minotaurus den D. nach Athen mitgenommen (Hygin, Fab. 40,5).

Auch auf Sizilien wird D. tätig (Diodor 4,78,1 ff), und man bewundert seine Kunstfertigkeit. Bei Megaris baut er ein Schwimmbad («kolumbethra»). «Auf dem heutigen Territorium von Akragas» (= Agrigent = Girgenti) errichtet er auf einem Felsen eine Stadt, die stärkste in ganz Sizilien, sicher gegen jeden Angriff. Den Aufstieg macht er so schwierig, daß er von drei oder vier Mann verteidigt werden kann. Entsprechend nimmt Kokalos dort seine Residenz mit allen seinen Schätzen. Bei Selinos baut D. mit Hilfe natürlicher Hitze ein Dampfbad, das den Leuten zur Genesung gereicht, ohne daß ihnen die Hitze lästig wird. Den Tempel der ⇒ Aphrodite in Eryx (Erice) baut er auf hohem, steilem Felsen und sichert ihn durch eine unterfangende Mauerkonstruktion, und er verfertigt dort für die Göttin einen goldenen Widder, der aussieht wie lebendig (Diodor 4,78,5; Hederich, Sp. 855, verliest sich wohl und spricht von einem «goldenen Honigkuchen»!).

Diodor (4,76,1–3) berichtet, seine natürliche Begabung habe den D. weit über alle anderen Menschen hinausgehoben. Er übte die Baukunst, machte Statuen, bearbeitete Stein.

Jedenfalls ist dem Minos der Mann so viel wert, daß er (Diodor 4,79,1 f) eine Flotte zusammenstellt, nach Sizilien segelt, bei Akragas mit seinen Truppen an Land geht und den Kokalos zur Herausgabe des D. auffordert. Am Ende wird man Minos beim Bad in heißem Wasser ertränken oder ersticken. Herodot (7,170) spricht von einem gewaltsamen Tod und einer fünfjährigen Belagerung von Kamikos.

Eine andere Geschichte hat Apollodor, die gleichermaßen den erfinderischen D. wie einen listigen Minos charakterisiert (Epit. 1,14 f; vgl. Zenobius, Cent. 4,92; vgl. Athenaios 3,32). Minos verfolgt den Mann rachsüchtig durch die Länder. In feiner Berechnung des Gesuchten hat er eine spiralförmige Muschel bei sich und verspricht hohen Lohn dem, der einen Faden durch sie führen könne. Das veranlaßt den Kokalos in Kamikos, sich

Rat bei D. zu holen: Der bohrt ein Loch in die Muschel und läßt durch dieses eine Ameise kriechen, an die er einen Faden gebunden hat: So findet Minos den Flüchtigen und verlangt sofortige Herausgabe. Kokalos verspricht das, aber Minos kommt auf heimtückische Weise zu Tode, wird von den Töchtern des Königs getötet oder beim Bad in kochendem Wasser umgebracht (Apollodor, ebd. 1,15; vgl. Diodor 4,79,2; vgl. Boccaccio, Gen. 11,26). Nach Pausanias (7,4,5) waren die Töchter des Kokalos derart angetan von der Kunst des D., daß sie ihm zu Gefallen den Tod des Minos arrangierten. Vielleicht war D. sogar der Anstifter der Tat (Hederich, Sp. 855).

Irgendwann soll D. (also nicht → Theseus) den Straßenräuber Scyron (Skiron), der Reisende mutwillig einen Felsen hinabstieß, getötet haben (Myth. Vat. II 127). – Der Mythograph (II 82) meldet, Aristaeus (Aristaios) habe nach dem Tod des Sohnes Actaeon / ⇒ Aktaeon sich in Gesellschaft des D. nach Sardinien begeben. Mit Aristaeus gesellt sich dem D. einer zu, der nicht als Handwerker und Künstler, sondern vor allem mit seiner Pflanzenkunde und Bienenzucht den Menschen gleicherweise hilft (vgl. das gegenseitige Verhältnis von ⇒ Prometheus und → Chiron). Wie D. soll er gewalttätig geworden sein, indem er Eurydike zu vergewaltigen suchte (⇒ Orpheus).

B D. hat einen sprechenden Namen, sofern «daidalon» soviel heißt wie «Kunstwerk». Pausanias (3,9,2) vermutet, daß er gleichsam den Namen seines (so erfolgreichen) charakteristischen Werks trägt, denn die Alten hätten hölzerne Figuren «daidala» genannt, und das sicher schon, ehe der Sohn des Palamaon geboren war. Homer (Il. 14,179) verwendet das Wort im Sinne von Schmuck oder Verzierung (vgl. auch Hederich, Sp. 852).

Interessant auch, daß Lehrerin und Patronin Minerva / Athene von einer kundigen und klugen Amme «Daidala» aufgezogen worden sei: Natale Conti (1567, 4,5, Bl. 94 ʳ, Zeile 39 ff). «Daidala» heißt (s. Festus P. 68, Lindsay S. 59) bei Lukrez (1,7) die Erde («suavis tellus»), vielleicht bei Ennius Minerva (Inc. 46; vgl. E. H. Warmington, Remains of old Latin, Bd. 1, Cambridge / Mass. u. London 1977, S. 562), sicher bei Vergil (Aen. 7,282) die listige Zauberin Circe. Viel spricht dafür, daß D. historisch, ehe er sich mit einer individuellen Person verband, ein Sammelname war.

D. ist ein Sterblicher, er ist ein Künstler und ein Handwerker. Sein Material scheint ursprünglich Holz gewesen zu sein, das er zu Figuren, zunächst wohl zu Götterbildern, schneidet. Beachtlich ist die Anzahl ihm zugeschriebener hölzerner Bildwerke, von denen Pausanias weiß: Der Aufenthalt des D. in Knossos bei Minos habe Kreta für lange Zeit berühmt gemacht wegen seiner hölzernen Skulpturen (8,53,8; s. auch 2,4,5, 8,35,2 u. 9,11,2: je ein Herakles; in 9,40,2 ein Herakles und ein Trophonios, eine Britomartis, eine Athene und eine Aphrodite).

Holzarbeit hat den D. zum Tischler und auch Zimmermann gemacht, was deutlich schon die Säge in der Geschichte von Perdix/Talos besagen mag, wie Isidor (Etym. 19,19,9) das verstehen wird, wenn er den Vorgang unter den Lignarii abhandelt (der «Ovide moralisé en prose», 8,3 [de Boer, S. 226], wird ihn einen berühmten «ouvrier de charpenterie» nennen). Plinius (Nat. 7,198) nennt ihn gar als Erfinder der Holzbearbeitung, dazu von Säge, Axt, Lot, Bohrer, Leim und Fischleim. Das sind Materialien, die ihm ebenso beim Bau der Flügel helfen konnten. Auch Tisch und Stuhl soll er erfunden haben (Isidor, Etym. 20,1,1). Pausanias (1,27,1) hat in Athen einen Faltstuhl von der Hand des D. gesehen. Im Verlauf seines historischen Lebens lernt er den Umgang mit anderen Materialien und wird auch zum Baumeister und Architekten. Das bezeugen seine nicht wenigen Bauwerke. Nach Isidor (19,8,1) hielten die Griechen ihn für den Erfinder von Wand und Dach. Diodor (4,76,1) sagt, er sei überragend in Baukunst, Bildhauerkunst und überhaupt im Bearbeiten von Stein. Daß er den Perdix/Talos auch um die Erfindung der Töpferscheibe beneidete, verbindet ihn ebenso mit der keramischen Kleinkunst wie mit dem Beitrag der Terrakotta zur Baukunst. L. B. Alberti kennt seinen Ruhm als Architekt in Selinunt und in Agrigent (Aedif. praef. 2a,12 u. 4,58a, 22).

Allem Anschein nach sind Arbeiten des D. in Metall eine Ausnahme, wie der goldene Widder für die Aphrodite von Eryx (Diodor 4,78,5) oder das goldene Bild mit der traurigen Geschichte des

Sohns in Cumae (Vergil, Aen. 6,31–36), das L. B. Alberti (Aedif. 9,162a, 31) zum Vorbild für Bauschmuck wird. Pindar (Nem. 54) spricht von einem Schwert, das D. für den Peleus geschmiedet haben soll. Homer (Il. 18,59 f) erwähnt einen Reigen («chorós»), von D. für Ariadne gefertigt, den man für ein kostbares metallenes Schmuckband gehalten hat (Athenaios 5,181 a; vgl. Philostrat d. J. 10). Kallistratos stellt sich die Gruppe in Gold vor (3, Standbild des Eros), wie er D. überhaupt in Gold arbeiten sieht (8, Bild des Dionysos). Heute hält man das weniger für ein Bildwerk denn für einen bloßen Tanzplatz (vgl. Kl. Pauly, Bd. 1, Sp. 360). – Bei Bakchylides (Dith. 26) gilt D. als der fähigste unter den Handwerkern. Der beste Baumeister und Erfinder der Skulptur ist er bei Apollodor (Bibl. 3,15,8). Er «war Erfinder vieler Mittel, die dem Fortschritt seiner Kunst dienten, und baute in vielen Teilen der bewohnten Welt Werke, welche die Bewunderung der Menschen weckten.» Dieses Bild behagt wohl besonders dem Siziler Diodor (4,76,1).

Es scheint, daß das Bild vom Erfinder und Neuerer den merkwürdigen Widerspruch in der Vorstellung vom Bildner D. hervorgebracht hat, der sich im Gegensatz zweier unterschiedlicher Bewertungen zeigt. Diodor (4,76,2 f) sagt, D. sei als Bildhauer «allen anderen so weit voraus» gewesen, «daß man später behauptete, seine Statuen seien so wie ihre lebendigen Modelle gewesen: Man sagte, sie haben sehen können und gehen. Ihr Körper war so genau wiedergegeben, daß der Betrachter meinte, das Bild sei mit wahrem Leben erfüllt. D. habe als erster das offene Auge dargestellt, das Schreitmotiv eingeführt, Arme und Hände ausgestreckt, und so sei es nur natürlich gewesen, daß die Menschen ihn bewunderten, denn die Künstler vor ihm zeigten die Figuren mit geschlossenen Augen und Arme und Hände an den Seiten hangend» (vgl. Philostrat, Imag. 1,16; Cartari, 1647, S. 72, mit Hinweis auf Suda). Kallistratos (9, Memnon) sagt, die Macht der Kunst des D. sei derart gewesen, daß sie die natürlichen Beschränkungen des Materials zu überschreiten vermochte und die Figuren sich im Tanz bewegen ließ, nur eben sprechen habe er den Stein nicht machen können.

Pausanias (2,4,5), der den D. für eine historische Person hält, bemerkt, die Bildwerke des D. sähen recht ungeschlacht aus, aber sie vermittelten ein starkes Gefühl von Heiligkeit (es handelt sich demnach um Götterbilder).

K. Ph. Moritz (S. 208) wird offenbar versuchen, diesen Widerspruch aufzuheben, wenn er die «schreitenden» Figuren des D. an ägyptischer Skulptur mißt und dann (doch wohl mit Blick auf Pausanias) in diesem «ersten Schritt des Dädalus ... etwas Hohes und Göttliches» sieht, das Verehrung und Bewunderung auf sich ziehe (eine dem D. zugeschriebene kleinere Aphrodite in Delos soll anstelle von Füßen sich über einem Block erhoben haben, berichtet Pausanias, 9,40,2).

Platon (Hippias maior 282a) läßt den Sokrates beobachten: «... etwa wie die Bildhauer sagen, daß, wenn Daidalos jetzt lebte und dergleichen Werke bildete, als durch welche er bekannt geworden ist, man ihn auslachen würde.» Platon und Pausanias sprechen wohl von derselben archaischen Skulptur in unterschiedlicher Bewertung, Diodor, Philostrat und Kallistratos haben aber andere, historisch sicher spätere, Bilder vor Augen (vgl. Kl. Pauly, Bd. 1, Sp. 1360 f).

Etwas von dem alten Holzbildhauer und zugleich vom Tüftler (zu welchem Zweck?) zeigt wohl die hölzerne Aphrodite, die mit Hilfe von Quecksilber sogar gegangen sei (Aristoteles, De anima 1,3,406b; vgl. die Automaten bei ⇒ Hephaistos).

Der Mythos des D. veranschaulicht eine griechische Vorstellung von Aufgabe und Bedeutung des Künstlers, sofern er sich zunächst als Erfinder und dann als geschickter Handwerker bewährt. In diesem Sinn ist D. ein Schüler der Athena/Minerva, nur eben ein sterblicher. Aus dieser Sicht löst Erfindung immer eine Aufgabe, die von einem Mangel veranlaßt wird, den man als Not erfährt oder auch nur als unbequem, wobei die Erfindungen aus Notwendigkeit («necessitas») denen im Dienst der Annehmlichkeit («voluptas») an Bedeutung vorausgehen. Bei Ovid (Ars 2,43) sagt D., ehe er sich die Flucht per Flügel einfallen läßt: «ingenium mala saepe movent» (Not macht erfinderisch), und der künftige Erfinder bemerkt: «Sunt mihi naturae iura novanda meae» (Ich muß mir etwas einfallen lassen; ebd. 2.42). Auch sagt Ovid (Met. 8,188 f): «ignotas animum dimittit in artes / naturamque novat» (in unbekannte Künste versenkt er den Geist und schafft die Natur neu).

Die spektakulärste Erfindung des D., das Fluggerät und die Flucht mit dem Sohn durch die Luft, erweist sich so recht eigentlich als notwendige Tat, wobei die (historisch noch lange ausstehende) Erfindung eines Fluggeräts die unbegrenzte Vision des Erfinders, der Tod des Sohns zugleich das Wagnis zeigt. Während wir dies auch als gleichsam einen Blick in die technologische Zukunft verstehen können, ist die Version der Flucht zu Schiff mit neu erfundener technischer Ausrüstung, mit Mast, Gestänge und Segel (Paus. 9,11,3), ein schlichter aitiologischer Mythos, der den Ursprung einer schon bekannten Sache berichtet.

Die Fülle der anderen Erfindungen dient der Annehmlichkeit, wozu die künstliche Kuh für Pasiphaë (ein Einzelstück) ebenso gehört wie die Möbel, das Dampfbad, das Staubecken und vielleicht auch die Festung. Sicher mit Ausnahme der Dienste für Pasiphaë sind alle diese «Erfindungen» aitiologische Zuschreibungen.

Die Anthologia Palatina (8,218) stellt den Flieger D. neben Orpheus, der in die Unterwelt ging, Herakles, den Bewältiger von Ungeheuern, und einen (uns Unbekannten), der seinem Sohn ein Haus webte (Flechtwerk?).

Von der Person des D. ist zumindest in den geläufigen Quellen nicht die Rede. Ovid (Met. 8,210 ff) sieht immerhin einen zumindest alten Mann, der seinen Sohn mit zärtlicher Zuwendung behandelt. Sicher jünger ist der D., den Philostrat bei der Arbeit sieht (Imag. 1,16: Pasiphaë). Sein Gesicht sei typisch attisch, indem es große Weisheit und einen intelligenten Blick zeige. Attisch sei auch die Kleidung, der einfache, grobgewebte Mantel, die Füße nackt.

Bemerkenswert ist, daß man an den Anfang der Geschichte neidische Mißgunst stellt, die ihn doch überhaupt erst nach Kreta bringt. Vielleicht begegnen wir hier einem zeitlosen Beispiel von Künstlerneid. Hederich (Sp. 857) zitiert, «daß große Künstler insgemein sehr neidisch sind.»

Vom Tod des Mannes gibt es keine Nachricht: Er ist (wenigstens in seinem mythographischen Leben) auch dieser Not entkommen! Hederich (Sp. 856) sagt, man habe spekuliert, er sei wohl in Ägypten verstorben.

Man sollte in diesen Tagen wohl bemerken, daß einige der Erfindungen eigentlich Nachahmungen natürlicher «Artefakte» sind, die Flügel, die Säge.

Daß Athenaios (9,396 a) Ulpian einen «D. der Wörter» (των ὀνομάτων Δαίδαλος), also einen doch wohl besonders kundigen Wortkünstler nennt, schmeichelt sicher dem Schriftsteller.

Es kennzeichnet das Bild, das man sich von D. machen konnte, wenn man gelegentlich gar einen Koch mit seinem Namen versah. Bei Petronius (Sat. 70 u. 74) bezeichnet er als Koch des Trimalchio eigentlich einen Tausendsassa, der schöpferisch («kreativ») aus einem Schwein etwa Vögel und Fische zu machen versteht (eine Vorausschau auf moderne Lebensmitteltechnologie). Alle schönen Kunstwerke schreibe man dem D. zu, sagt Athenaios (7,301b) in Aussicht auf ein gutes Fischgericht. Ein anderer «D.» versteht etwas von der Zubereitung eines Hasen (ebd. 7,399d; vgl. ebd. 7,293a).

Der reiche Trimalchio (Petronius, Sat. 52) deutet mit selbstsicherer Halbbildung ein Bild auf seinem Geschirr entschlossen als D., wie er die Niobe in das troianische Pferd steckt!

Christliche Wertung ist wohl selten. Clemens von Alexandrien (IV [51P.]) macht in einem Diskurs über die Täuschung durch Bilder den Stier, der die Pasiphaë besteigt, zum Beispiel tierischer Unvernunft. Selbst Affen hätten es besser gewußt. Für Augustin (Civ. 18,13) ist die Icarusgeschichte ein Beispiel für verrückte heidnische Fabeln.

Der «Ovide moralisé en prose» (8,5 [de Boer, S. 228]) sieht in D. den Sohn des höchsten «Zimmermanns», der Himmel, Erde und die Elemente schuf. Auf seinem Weg heimwärts zum Himmel lehre und unterrichte er die Menschen, ihm zu folgen und weder zu hoch noch zu tief zu fliegen. Für diesen Flug haben sie zwei Flügel: Der rechte ist die Liebe, mit der sie Gott über alle Dinge lieben sollen, der linke ist jene, mit der sie den Nächsten lieben sollen wie sich selbst. Jene nun, die zu tief fliegen, lieben zu sehr die Welt, sie stürzen und ertrinken. Jene, die zu hoch fliegen, sind (hoffärtig) stolz auf die Güter, die sie von Gott und nicht aus eigenem Verdienst haben. Diese fallen und straucheln ihrem Meister Lucifer hinterher direkt in die Hölle. «Crocalus» aber ist ein mutiger katholischer Fürst mit allen Tugenden zur Ehre Gottes, der jenen beisteht, die man in dieser Welt gegen alle Vernunft («raison») und Recht verfolgt.

Remigius, der den D. für schlechthin erfinderisch hält («est omnis ingeniosus»: 6,291.1; Bd. 2, S. 129), definiert (5,279.1; Bd. 2, S. 111): Eine Fabel sei der Bericht über ein erfundenes Ereignis («res»), das weder wahr noch wahrscheinlich ist; aber sie dient der Veranschaulichung, weil (dazu) Ungeschehenes erlaubt ist, es dennoch, wenn es geschehen wäre, genauso geschehen wäre wie bei der Fabel von D.

Die Deutung hat vor allem und mit wenigen Ausnahmen nur zwei Aspekte in den Blick genommen: 1. den Flug und das Gerät dazu, eine in der Tat unerhörte Erfindung, und 2. den Absturz des Ikaros.

1. Wenn einer sich in der Luft halten kann, dann sei das, wie wenn einer unter Wasser überlebt, wird sinngemäß Petrarca finden (Fam. 21,12,24).

Der Flug provoziert rationalisierende Deutungen, indem man ihn für eine Metapher hält, die im ganzen und ihren Teilen aus der Seefahrt genommen ist. Es gab den Versuch, die Geschichte gleichsam aus einem semantischen Mißverständnis heraus zu erklären, denn die (lateinische) Sprache bringe den «Flug» der Vögel und den der Schiffe zusammen. So bemerkt Servius (Aen. 6,14), Vergil benutze die Metonymie von Ruder und Flügel, wenn er von den Flügeln als rudernden Schwingen (Aen. 6,19: remigium alarum) rede (vgl. z. B. Boccaccio, Gen. 11,27). Aufschlußreich nun, wie Servius (ebd.) aus der entsprechenden Gleichung velum-ala/Segel-Flügel («velorum pandimus alas»: Aen. 3,520) die Situation konstruiert, D. sei mit dem Boot geflohen. Als seine Verfolger nahe waren, habe er, um den Wind zu nutzen, ein Tuch («pallium») ausgespannt, und so sei er entkommen. Die Verfolger hätten dann berichtet, er sei «pinnis», d. h. (metonymisch) auf Flügeln, eigentlich «im Fluge» (vgl. Ovid, Fasti 1,448), entkommen.

Palaiphat bemerkt schlicht (14), fliegen könne man nicht: Die beiden haben einfach ein Boot und einen heftigen Sturm benutzt.

Zu den «schreitenden» Figuren sagt er (23), sie seien über einem Fuß drehbar gewesen und hätten so im Vergleich den Eindruck des Gehens vermittelt.

Interessant auch Gellius (6,1 ff), der meint, daß Vergil mit der Formulierung «praepetibus pennis» (auf eilenden Flügeln; Aen. 6,15) den Flug des D. an Vorstellungen der Vogelschau anknüpft.

Ganz selten findet D. das ausschließliche Interesse der Emblematik. Bei Sebastián de Covarrubias Orozco steht er für Findigkeit, die aus der Not geboren wird: INGENIUM MALA SAEPE MOVENT (Ovid, Ars 2,43; 1610, III, Nr. 85; H./S., Sp. 1616 f).

2. Der Absturz des Ikaros/Icarus wird leicht Gegenstand moralischer Deutung, die immer der Mahnung zum Maßhalten dient. So wiederholt in der Emblematik: FAIRE TOUT PAR MOYEN (Gilles Corrozet [K b] 1543; H./S. Sp. 1617) eingedenk der Warnung des D., nicht zu tief und nicht zu hoch zu fliegen (Ovid, Met. 8,193 ff; s. ferner Strabo 14,1,19; Ovid, Ars 2,22 ff; Apollodor, Bibl. 3,9 u. 214; Diodor 4,77,9; Hygin, Fab. 40 usw.). Im gleichen Sinn: INTER VTRVNQUE TENE, «Halte dich zwischen beiden» (Reusner, Embl. III, Nr. 28; H./S., Sp. 1617). Den gleichen Rat, doch in Liebesdingen (Ovid, Met. 257), gibt Otto Vaenius (S. 42/43) und Cust. I 22 (H./S. ebd.): MEDIO TVTISSIMVS IBIS: «In der Mitte wirst du am sichersten gehen» (vgl. Vergil, Aen. 4,256, wo – der kluge Mittler – Mercur «fliegt ... dahin zwischen Himmel und Erde in der Mitte.»; vgl. Picinello 14,39).

Anlaß zur Mahnung gegen vermessene Wissensbegier findet Schoonhovius (Nr. 3), der Icarus und Phaëton abstürzen sieht: ALTUM SAPERE PERICULOSUM, «Das Erhabene zu kennen ist gefährlich».

Als Mahnung zum Mittelmaß («mediocritas»), das man «weder sehr verschmäht noch beneidet», nimmt Natale Conti (1576, 10, S. 302) den D.: «Alles Unrecht wird von Unheil heimgesucht. Kein Frevler darf der Freundschaft eines gerechten Fürsten sicher sein.»

Als Metapher dient D. im «Roman de la Rose» (5226 ff): Wie D. und Sohn nicht auf natürliche Weise, sondern mit Flügeln den Weg durch die Luft nahmen, so machen fähige Männer dem Reichtum (der Dame «Pecune», lat. pecunia = Geld) Flügel, lassen ihn (sie) fliegen und erwerben so Ruhm und Geltung.

Spöttisch spricht Juvenal (Sat. 1,54) vom fliegenden Handwerker («faber volans»).

Hederich (Sp. 857) hat mit Erasmus (Adag.) ein paar Redensarten gesammelt: «Daedalium remigium» = besondere Geschwindigkeit; «Daedali opera» = allerhand neue und nützliche Erfindungen; «Daedali alae» = ein Mittel, dessen man sich in der äußersten Not und Verzweiflung bedient.

C Die verbindliche Ikonographie des D. geht bis ins 6. Jh. v. Chr. zurück. In der Regel wird er, wie ihn Ovid (Met. 8,210) beschreibt, als älterer Mann oder Greis dargestellt. Ein etruskischer Steinschnitt (5./4. Jh. v. Chr.; Malibu, Getty Museum) zeigt D. als Handwerker (s. **D**), bärtig, nackt und geflügelt. – Als bärtigen Alten, mit einem den Körper bedeckenden Federkleid (so wie ihn der «Ovide moralisé en prose» beschreibt: 8,5; de Boer, S. 227), mit mächtigen Schwingen und kleinen Flügeln an den Waden sehen wir ihn fliegend auf einem Relief des Andrea Pisano vom Campanile in Florenz (um 1340; Florenz, Opera del Duomo). – Greisenhaft erscheint D. bei P. P. Rubens (*Sturz des Icarus*, Zeichnung in Brüssel, Musées Royaux des Beaux-Arts) und Antonio Canova (*D. und Icarus*, Marmorgruppe 1779, Venedig, Museo Correr, s. u.).

D 1. *D. als Handwerker.* Auf jenem Steinschnitt des 5./4. Jh.s v. Chr. (Malibu, Getty Museum) bearbeitet D. mit der Axt ein Stück Holz (vgl. **B**).

2. *D. und der Minotaurus* (Ovid, Met. 8,152 ff). Auf einer (verschollenen) Skizze des P. P. Rubens (1636; Jaffé Nr. 1256) führt D. dem stierleibigen Minotaurus (mit bärtigem Gesicht) das von ihm gebaute Labyrinth vor. Ein in den Gürtel gesteckter Zirkel weist ihn als Architekten aus.

3. *Die Fertigung der Flügel.* Darstellungen sind hauptsächlich in der römischen Kunst anzutreffen, z. B. auf zwei Marmorreliefs des 2. Jh.s n. Chr. (Rom, Villa Albani, Inv. 164 u. 1009): Im Beisein des Icarus bearbeitet D. auf dem Amboß einen Flügel mit dem Hammer.

4. *Das Anlegen der Flügel.* Ein römischer Steinschnitt (kaiserzeitlich; Neapel, Museo Nazionale, Inv. 25838) zeigt Icarus auf einem Sockel stehend, der linke Flügel ist bereits befestigt, D. ist dabei, den anderen am rechten Arm des Icarus festzubinden. Zur Linken des Icarus sitzt ⇒ Artemis, die Frau zur Rechten des D. stellt vielleicht Pasiphaë oder Naukrate dar. – Von subtiler Einfühlung in die Psyche des knabenhaften Icarus zeugt Canovas Marmorgruppe (s. o.). In einer Mischung von Verlegenheit und Stolz betrachtet der Knabe über seine Schulter das Tun des Vaters, der einen Flügel mit Riemen an seinem rechten Arm befestigt.

5. *Die Belehrung des Icarus.* Selten dargestellt ist die Warnung des D., Icarus solle nicht zu hoch und nicht zu tief fliegen, weil im ersten Fall die Sonne die Federn versengen, im zweiten das Wasser sie beschweren werde (Ovid, Met. 8,203 ff). A. van Dyck behandelt das Thema auf einem großfigurigen Bild (Gemälde in Toronto, Kanada, Slg. Frank B. Wood). Icarus (ein blonder Jüngling) steht frontal, die Flügel angelegt, im Vordergrund, den Betrachter ansprechend, hinter ihm D., mit belehrender Geste.

6. *D. und Icarus auf dem Flug.* Darstellungen gibt es seit dem 6. Jh. v. Chr. Eine schwarzfigurige Amphora (um 550 v. Chr., Kiel, Kunsthalle, Inv. 700) zeigt zwei (wie auf archaischen Bildern üb-

lich) bärtige Gestalten im Flug. – Eine kaiserzeitliche Bronzestatuette (London, British Museum, Inv. 1452) stellt den nackten Knaben dar, die gebreiteten Arme, an denen die Flügel befestigt sind, in Flugbewegung. – Das in der Bildkunst häufig behandelte Thema ist oft mit dem Sturz des Icarus verbunden.

7. *Der Sturz des Icarus* ist das bei weitem am häufigsten dargestellte Thema aus dem Mythos von D. und Icarus, für das die römische Wandmalerei richtungweisend für spätere Kompositionen gewesen ist. Auf einem Wandbild in Pompeji (I 7,7, Casa del Sacerdos Amandus, später 3. Stil) sieht man zwei Phasen des Geschehens: Icarus stürzt rücklings ins Meer (die Sonne hier in Gestalt des Helios in seiner Quadriga, ⇒ Apoll, die Besatzung zweier Boote gestikuliert aufgeregt; am Ufer liegt der Körper des Verunglückten. – Noch immer nicht befriedigend geklärt ist der Sinn eines Gemäldes von Pieter Brueghel d. Ä. (*Der Sturz des Icarus*, um 1558; Brüssel, Musées Royaux des Beaux-Arts; heute nicht mehr als authentisch angesehen, vgl. Lit. A. Wied 1994). Von Icarus sieht man nur mehr die aus dem Wasser ragenden Beine. Schauplatz ist eine weiträumige Landschaft; der Fischer am Ufer, der pflügende Bauer im Vordergrund, ein Schäfer mit seiner Herde sind der Schilderung Ovids entnommene Details (Met. 8,217 ff). Dieser jedoch vermerkt, daß die Augenzeugen das Geschehen staunend zur Kenntnis nehmen und meinen, Götter zu sehen, während bei Brueghel keiner das Geschehen überhaupt wahrnimmt. So interpretiert G. Glück (1937, S. 24) das geschilderte Geschehen im Sinne des Bibelworts: «Es bleibt kein Pflug stehen um eines Menschen willen, der stirbt».

8. *Der tote Icarus am Strand.* Ein selten dargestellter Gegenstand, wie er uns etwa – als letzte von vier Episoden aus dem Icarus-Mythos – auf einem römischen Sarkophagrelief begegnet (um 150 n. Chr.; Messina, Museo Regionale): Der Tote liegt auf einem Hügel, von Moira (⇒ Moiren) und einer bärtigen Gestalt umsorgt. – Ohne Vorbild scheint eine Federzeichnung von Johann Carl Loth (Düsseldorf, Kunstmuseum, Graphisches Kabinett). Trauernd

kniet D. (alt, bärtig) neben dem Toten, der rücklings auf dem Boden hingestreckt liegt. Auch eine mythographische Quelle läßt sich nicht ausmachen. Vielleicht bezieht sich die Darstellung auf Ovid, der berichtet, daß D. den toten Sohn begräbt (Met. 8,234 f).

Lit.: daedalus-daedalus. Die Erfindung der Gegenwart. Katalog zur Ausstellung Wien, Museum für moderne Kunst 21.10–31.12.1990. Glück, Gustav: Pieter Brueghel d. Ä. London 1937, S. 24. Nyenhuis, Jacob E., in: LIMC 1986, 3,1, S. 313–321; 3,2, S. 237–242, s. v. Daidalos et Ikaros. Stridbeck, Carl Gustaf: Bruegelstudien. Stockholm 1956, S. 235–242. Wied, Alexander (Hg.): Bruegel. Milano 1994, Werkverzeichnis Nr. 7 u. 8.

Deianira / Deianeira → Achelo(i)os
Dido → Aeneas

Dioskuren, griech. Dioskouroi. «Göttliches Zwillingspaar» vordorischen (indoeuropäischen) Ursprungs, das unter den lakonischen Namen Kastor und Polydeukes (lat. Pollux) in die Geschichte eingegangen ist. Der wohl ältere Name des Paars ist «Tyndariden», sofern Tyndáreos, König von Sparta, als ihr irdischer Vater gilt (Homer, Od. 11,298 ff). Die Mutter ist jedenfalls ⇒ Leda, und so sind die D. Geschwister der → Helene (z. B. Homer, Il. 3,236 ff) und einem Ei entstiegen. Außer der Schwester Klytemnaistra nennt man auch Phoibe / Phoebe (zu unterscheiden von der Tochter des Leukippos, s. u.; Euripides, Iph. A. 50; Ovid, Her. 8,77). In Argos und Athen wurden die D. auch «Anakes» genannt, etruskisch Tinas Cliniar: Castur und Pultuce.

Unter nach Zeit und Ort unterschiedlichen Namen und auch mit unterschiedlichen Zuständigkeiten haben die Zwillinge sich eine reiche Kultgeschichte geschaffen, die im folgenden einzig interessiert, sofern sie die beiden als Gestalten sichtbar macht.

In Rom werden sie (lat.) «Castores» oder «Castorides» heißen, womit sich ein Wandel der Auffassung anzeigt, bei dem offenbar einer der Brüder namengebende Autorität übernimmt.

Der Mythos der D. ist klein, dennoch vielgestaltig und zudem in Teilen kontrovers überliefert. Das folgende ist der Versuch, zunächst den Prozeß zu verfolgen, in dem sie – in den schriftlichen Quellen – durch die Geschichte Gestalt annehmen (I.). Ihr «biologisches»/irdisches Leben illustriert und erklärt zu guten Teilen Wesen und Aufgaben der vorgegebenen autoritativen Figuren (II.).

A I. Das ursprüngliche Wesen der D. ist unbekannt. Ihre – recht differenzierte – Präsenz bei Homer (vgl. Il. 3,237; Od. 11,298–304) beweist einen beachtlichen Rang. In der «Ilias» (3,236 ff) nennt Helena die beiden (Söhne des Tyndareos von Leda) ihre leiblichen Brüder. Kastor heißt sie den «Rossebezwinger», Polydeukes sei «gut mit der Faust» (also ein Boxer; vgl. Od. 11,299). Doch weiß die Frau nicht, daß die beiden schon tot sind und begraben liegen in lakedaimonischer Erde (ebd. 238 f). In der «Ilias» sind sie also Sterbliche. Dagegen heißt es in der «Odyssee» (11,302 ff), daß sie von Zeus gemeinsam das Privileg genießen, den einen Tag tot, den anderen lebendig zu sein, Pendler gleichsam sind zwischen Welt und Unterwelt (wo → Odysseus sie trifft, der hier auf eigene Weise auch ein Wanderer zwischen den Welten ist). Es scheint, daß sie dabei auch immer gemeinsam unterwegs sind, wie Odysseus sie ja auch gemeinsam im Hades antrifft (vgl. Pindar, Nem. 10,55 f, s. u.). Schließlich vermerkt Homer, daß sie «göttliche» Ehren genießen.

Auf diese Weise hat Homer Motive ausgelegt, die in der Folge (vielleicht auch in Kenntnis noch früherer Quellen) vielfältig ausgedeutet, angereichert und variiert werden: (1.) die Vaterschaft von Zeus und/oder Tyndareos; (2.) die «Zwillinge»; (3.) ihr Handwerk; (4.) der Wechsel zwischen Ober- und Unterwelt.

1. Sicher ist, daß die Vaterschaft der «Tyndariden» die Vaterschaft des Zeus nicht ausschließt (vgl. Homer. Hymnos 33, An die D.; auch Theokrit [22] nennt beide; Ehoien 9, Schol. Ven. zu Homer, Il. 11,750; H. G. Evelyn-White, Hesiod 1977, S. 160 f: «Zwillinge» [διδύμους]; Apollonios Rhodios 2,40 ff; ebd. 4,592 f: «Sohn des Tyndareus» = «Sohn des Zeus»). Dem ent-

spricht der Name Διόσκουροι (Dióskuroi) im Sinne etwa von «Zeus' Jungen / Buben». Man habe sie wegen ihrer «Mannhaftigkeit» so genannt, was aber nicht unbedingt heißen muß, sie seien Söhne des Zeus gewesen (Apollodor, Bibl. 3,11,2; vgl. Isidor, Etym. 15,1,40; vgl. Gyraldi, Synt. 5, S. 248B: «Dioscuri quidem a Graecis, Iouis pueri, uel filii, a nostris dici possunt»).

Sicher ist auch, daß die Söhne die göttliche Unsterblichkeit vom Vater haben würden. Aus dieser Sicht erscheint der Wechsel von Leben und Tod (nach Homer) wie ein freundlicher Kompromiß.

Wie ein Kompromiß auch wirkt die Vorstellung, der zufolge Kastor Sohn des Tyndareos, Polydeukes aber der Sohn des Zeus ist (Pindar, Nem. 10,55 ff). Dem entspricht dann auch der Unterschied von sterblich und unsterblich, den Pindar zur Grundlage für seine Erklärung des Doppellebens beider macht.

Pindar (Nem. 10,55 ff u. 75 ff; vielleicht mit Blick auf Euripides, Troades 1000 f; vgl. Apollodor, Bibl. 3,11,2) berichtet, bei der Auseinandersetzung der Brüder mit Lynkeus und Idas um gestohlene Herden sei Kastor umgekommen. In Verteidigung des Bruders sei Polydeukes ebenfalls in Schwierigkeiten geraten, als ihn ein Stein des Idas am Kopf traf und ihm die Sinne raubte (Idas soll der stärkste aller Menschen gewesen sein: Homer, Il. 9,558). Da habe Vater Zeus ihn in den Himmel aufgenommen, doch der Mann habe sich geweigert, die Unsterblichkeit ohne den Bruder zu genießen. So habe Zeus ihnen beiden gestattet, abwechselnd je einen Tag bei den Göttern und bei den Sterblichen zu sein (Pindar, Nem. 10,55 f; vgl. Lactantius Firm., Div. inst. 1,10,5 f; vgl. Myth. Vat. II 132, s. u.). Damit kommt zugleich das besondere Verhältnis der Brüder zueinander zur Geltung (vgl. u.).

2. Die beiden sind nicht nur Geschwister, sie sind Zwillinge, was sich fraglos aus dem Umstand ihrer Geburt ergibt (vgl. Myth. Vat. I 204: die D. allein aus einem Ei; Horaz, Ars 147; Servius, Aen. 3,328; Myth. Vat. I 77 u. III 78: gemeinsam mit Helena, somit also Drillinge). Hygin (Fab. 77) weiß von zwei Eiern, getrennt nach Vater: Dem einen entschlüpfen Pollux und Helena als Kinder des Juppiter (der sich der Mutter schließlich als Vogel genähert hat), dem anderen Castor und Clytemnestra als Kinder des Tyndareus, dem derart also die Kunstfertigkeit des Göttervaters unterstellt wird.

Die Vorstellung von zwei Eiern, denen die Brüder je entsteigen, vermittelt auf überraschende Weise das vertraute Bild von ‹zweieiigen› Zwillingen, die einander eben nicht ähneln wie ‹ein Ei dem anderen›, und tatsächlich sind die beiden – zumindest nach Kompetenz und Wesen – sehr unterschiedlich:

Kastor / Castor ist gewöhnlich einer, der sich mit Pferden auskennt («Rossebezähmer»: Homer, Od. 11,299), Polydeukes / Pollux einer, der sich auf den Faustkampf versteht (ebd.; zu anderen Fertigkeiten, Aussehen und Wesen s. u.).

3. Mit solchen Fertigkeiten sind die beiden begabt zum Nutzen von Mensch und Tier in dieser Welt: Die D. sind in ihrem ursprünglichen Wesen Nothelfer (auch Mittler, s. u.), deren Aufgabe / Zuständigkeit eine Kultur widerspiegelt, in der das Pferd eine fundamentale Rolle spielt ebenso wie die leibliche Tüchtigkeit. Entsprechend mag die (historisch) wohl spätere Zuständigkeit der beiden für die Seefahrt einen Kulturwandel anzeigen (vgl. die Zuständigkeit des ⇒ Poseidon gleicherweise für die Seefahrt und das Pferd; vgl. Hygin, Astron. 2,22).

Der Homerische Hymnos (33, an die D.) berichtet, daß die Seeleute die Söhne des großen Zeus anrufen, ganz vorne über dem Bug stehend, wenn der starke Wind und die Wogen das Schiff unter Wasser drücken, bis plötzlich die beiden auf lohfarbenen Schwingen durch die Luft herabstoßen. Sie lindern die Kraft der Winde und sänftigen die Wellen über der weißen See: Ein günstiges Zeichen seien sie und Erlösung von Mühsal. Bei ihrem Anblick sind die Seeleute glücklich und können sich ausruhen von Pein und Mühsal: «Heil, Tyndariden, Reiter auf raschen Pferden».

Theokrit (3. Jh. v. Chr.; 22,1 ff) notiert zu den «spartanischen Brüdern» (ebd. 5), es sei ihr Anliegen, Menschen in Gefahr zu helfen und Pferden, die in blutige Bedrängnis geraten sind. Und auch Schiffen, die ein böser Sturm in größte Not für Fahrzeug und Mann gebracht hat, helfen sie: «Denn bei all dem zieht ihr beide sogar Schiff und Mannschaft aus der Hölle. Die Winde lassen nach, die See glättet sich, die Wolken treiben davon» (ebd. 17 ff). Wie sie die Wolken vertreiben, so geben sie den Blick frei auf das Sternbild der Bären, dessen Anblick den Seeleuten eine gute Fahrt verheiße (ebd. 21 f).

Nachdem so der Blick auf den Sternenhimmel gerichtet ist, nehmen – in einem weiteren Schritt der Exegese – die beiden als Zwillinge («Gemini») gleichsam Platz am Himmelsgewölbe, wo sie nun als Zeichen den in Not geratenen Seeleuten den Weg weisen («utile sollicitae sidus utrumque rati»: Ovid, Fasti 5,720 = «ein jeder der Sterne nützlich dem Schiff in Bedrängnis»). Hygin (Astron. 2,22) hat hierzu eine Geschichte. Die D. seien von allen Geschwistern am meisten in Liebe einander zugetan gewesen, und niemals hätten sie um die Herrschaft gestritten noch irgend etwas getan, was sie nicht zuvor besprochen hatten. In Anerkenntnis dieser Handlungsweise («officia») habe Juppiter sie unter die auffälligsten/wichtigsten («notissima») Sterne versetzt. Aus ähnlichen Gründen habe auch Neptun sie geehrt: Er schenkte ihnen zum Gebrauch Pferde und gab ihnen die Macht, Schiffbrüchige zu retten.

Die Sternwerdung der D. erwähnt schon Euripides (5. Jh.) als bekannte Geschichte. Sie könnte aus der Nachricht entwickelt sein, wonach die «Söhne des Tyndareos» sich das Leben nahmen aus Scham über die Schwester Helena (Hel. 137–142; vermutlich bezogen auf Homer, Il. 3,38 f, s. o.).

Die Identifikation mit dem Sternbild der «Zwillinge» findet sich erstmals bei Eratosthenes (3. Jh. v. Chr., Kat. 10).

4. Schließlich identifiziert man die beiden mit einzelnen Sternen, die nacheinander am Himmel erscheinen. Diese Vorstellung setzt den Unterschied von Sterblichkeit und Unsterblichkeit zwischen den beiden voraus.

Der Mythograph (Myth. Vat. II 132) notiert zusammenfassend: «Juppiter vereinigt sich in Schwanengestalt mit Leda. So wird er zum Vater des Pollux. Zu gleicher Zeit hat die Frau den Sohn Castor von ihrem Mann Tyndareus. Pollux bemitleidet den Bruder ob seiner Sterblichkeit. So gehen die beiden abwechselnd in die Unterwelt, Pollux als Stellvertreter des Bruders. Für diese Einmütigkeit versetzt Juppiter die beiden an den Himmel und läßt sie dort heilbringende Gestirne für die Seefahrer sein, wie der Stern der Schwester Helena («Urania») ein Zeichen des Verderbens sein soll. Man meint, daß einer den anderen in der Unterwelt ablöst, weil ihre Sterne so zueinander stehen, daß beim Untergang des einen der andere aufgeht.» Damit haben die D. sich wohl zu bloßen Bildern/Zeichen gewandelt, die ihr Wesen und ihr Schicksal veranschaulichen, was ihre glückhafte Bedeutung nicht ausschließt (vgl. aber Fulgentius, Myth. 2,13, St. 696; s. **B**). Konsequent hat man im (sinkenden) Abendstern ein Bild des Castor, im (steigenden) Morgenstern den Pollux sehen wollen (vgl. «Apollodorus», Sir J. G. Frazer, Cambridge, Mass./London, 1979, Bd. 2, S. 32 f, Anm. 1). Der Mythographus Vaticanus I (76,4) sieht in dieser Erhebung an den Himmel den eigentlichen Akt der Vergöttlichung.

II. Aus dem irdischen Leben haben Mythographen und Dichter einige Auftritte notiert, die – durchaus auch kontrovers (s. u.) – eigentlich vor allem Aufgaben und Schicksal der Brüder erklären. Als (irdische) Nothelfer zeigen sie sich dabei wohl nur bei der Befreiung der Schwester → Helene aus den Händen des → Theseus (Apollodor, Bibl. 3,10,7). Bei der Plünderung von Aphidna bei dieser Gelegenheit verwundet König Aphidnos den Kastor am Schenkel. Als die Dioskuren den Theseus nicht finden konnten, plünderten sie Athen (Kyprien 11, Schol. zu Il. 3.242; H. G. Evelyn-White, Hesiod 1977, S. 500f). Damals wohl kämpften sie gemeinsam mit einem Knageus gegen Aphidna (Pausanias 3,18,4).

Eine besondere Expertise gleichsam als Lotsen über das Meer aus himmlischer Kunde und damit im Sinne künftiger Aufgaben (aus göttlicher Autorität) zeigen sie, als das (von Athene gefügte) Holz in der «Argo» sie auffordert, von den Göttern den Weg zu Kirke (→ Odysseus) zu erbitten, die die Argonauten vom Mord am Apsyrtos reinigen soll (Apollonios Rhodios 4,580–591). In anderen Auftritten zeigen sie sich zunächst vor allem als tüchtige Krieger (Apollonios Rhodios 1,1045) und Kämpfer, die auffallen, weil sie Zwillingsbrüder sind, aber dennoch sehr eigene Talente haben. Ihren Beitrag als «Zeussöhne» zur Kalydonischen Jagd kennen wir nicht (Apollodor, Bibl. 1,8,2: «Söhne des Zeus», mit ihnen auch Idas und Lynkeus; Ovid, Met. 8,301f: als Boxer und als Reiter; → Meleager). Pausanias (8,45,6f) hat sie bei der Jagd in einem Giebelfeld am Athenatempel in Tegea gesehen: Sie erscheinen da quasi symmetrisch auf die beiden Gruppen zu Seiten des Ebers verteilt (vgl. **C** und **D**).

Deutlicher ist dann der Beitrag zur Fahrt der Argonauten (zunächst Pindar, Pyth. 4,169ff). Iason lädt ein zur Fahrt, und als erste kommen drei, «unermüdlich im Krieg», Söhne des Zeus: Herakles und «zwei Helden (von Leda) mit wehenden Locken» (ebd. 172f). Apollonios Rhodios (1,146ff) wird schreiben: «Darüberhinaus schickt die aitolische Leda den starken Polydeukes und Kastor, geschickt im Führen raschfüßiger Rösser.»

Ein großer Auftritt im Dienst des Unternehmens «Argo» ist der Boxkampf des Polydeukes mit dem Bebrykerkönig Amykos (Apollonios Rhodios 2,60–97), der mit dem Tod oder der Demütigung des Gegners endet. P. gewinnt, wie Verstand siegt über rohe Gewalt: Er behält die Übersicht, sieht, wo die Stärken, wo die Schwächen des anderen sind. Als der andere aus der Deckung geht und, auf die Fußspitzen sich hebend, ihn wie einen Ochsen erschlagen will, weicht er aus, stößt den Kopf zur Seite, und der Arm des Gegners trifft ihn auf der Schulter. Jetzt ist er dem anderen aus dem Weg, tritt voran, schiebt das Knie sogar hinter das des anderen und verpaßt ihm einen mörderischen Schlag hinter das Ohr, der Knochen splittert, der Mann sinkt in die Knie und stirbt. Jetzt (ebd. 2,98ff) bewähren die D., Kastor voran, sich als Krieger gegen den Angriff der Bebryker.

Ein ganz anderes Match hat Theokrit gesehen (22,83ff): Zunächst gelingt es dem schlauen Polydeukes, sich so zu stellen, daß den anderen beim

Kampf die Sonne blendet. Empört tritt Amykos voran und läßt die Fäuste wirbeln, doch Polydeukes ist bereit und erwischt ihn am Kinn. Das regt ihn noch mehr auf, und er prescht mit gesenktem Kopf gegen den anderen, unter dem Jubel seiner Leute. Polydeukes aber hält ihm stand. Er wechselt die Seiten und verpaßt dabei dem Riesen wechselnd Linke und Rechte. Bei all seiner Kraft muß Amykos einhalten, wie betrunken von all den Prügeln steht er da mit verschwollenen Augen und spuckt Blut. Jetzt verwirrt Polydeukes ihn mit vielerlei Finten, duckt immer wieder ab und greift an. Als er den Gegner ganz benommen geklopft hat, verpaßt er ihm (mit seinen eisenverstärkten Handschuhen) einen Schlag auf die Nase, plättet ihm das Gesicht und schickt ihn flach zu Boden, wo er unter Blumen zu liegen kommt. Dann steht Amykos wieder auf, und der Kampf geht weiter. Augenscheinlich drischt Polydeukes nun immer wieder auf das Gesicht ein und macht dabei einen großen Mann klein. Da hat Amykos einmal eine Chance: Er packt mit der Linken die Linke des Gegners, will mit der flachen Rechten zuschlagen, würde dem anderen wohl auch empfindlich schaden, zöge der in dem Moment nicht den Kopf weg und träfe ihn nicht mit der Rechten aus der Schulter heraus blutig unter der linken Schläfe. Mit der Linken haut er ihn in den Mund, daß die Zähne krachen, klopft ihm dann das Gesicht zu Brei. Da sinkt der Mann benommen zu Boden, hebt die Hände und läßt wissen, daß er den Kampf abbricht. Polydeukes ist ein «guter» Boxer: Fürsorglich läßt er den Sohn des Poseidon bei Vaters Namen schwören, nie wieder Fremde zu belästigen. Gewonnen habe Verstand («Kopf») über Kampfkraft («Brust»: 109f.). Ptolemaios Hephaistionos berichtet, daß nicht Polydeukes, sondern → Iason mit dem Amykos kämpfte (Photios, Bd. 3, cod. 190,150a, S. 62).

Anders als der Boxkampf des Polydeukes mit Amykos ist der Raub der Töchter des Leukippos häufig im Bild dargestellt worden, eine entsprechende ausführliche literarische Beschreibung ist nicht überliefert.

Gewöhnlich gehört der «Raub» in den Zusammenhang einer Geschichte, die Tod und Vergöttlichung der D. erklären soll. Grundsätzlich handelt es sich dabei um die Auseinandersetzung mit einem anderen Zwillingspaar, ihren Vettern Idas und Lynkeus, Söhnen des Aphareos (den «Apharetiden»), und es geht um Phoibe und Hilaira, Töchter des Leukippos. Die sind den Apharetiden verlobt (Theokrit 22,140; Hygin, Fab. 80) oder gar verheiratet (Myth. Vat. I 76). Es heißt auch, sie seien Priesterinnen gewesen, Phoebe der Minerva (⇒ Athena), Hilaira der Diana (⇒ Artemis; Hygin, Fab. 80; zu den Göttinnen: Phoebe-Minerva = Klugheit, Hilaira-

Diana = leibliche Geschicklichkeit). Die D. verlieben sich in die wunderhübschen (Hygin, ebd.; zur Schönheit der beiden vor den D. vgl. Properz 1,2,15) Mädchen und nehmen sie einfach mit und heiraten sie (vgl. Apollodor, Bibl. 3,11,2). Näheres über die Umstände dieser Mitnahme ist nicht überliefert. Jedenfalls geschieht das zum Mißfallen der Verlobten (oder Gatten). Aus Theokrit (145 ff) ist zu entnehmen, daß die Männer sich mit Vieh, Maultieren «und anderem» das Einverständnis des (wohl eidbrüchigen) Vaters erkaufen (Lynkeus: «Diese Töchter des Leukippos waren uns versprochen, lange bevor ihr kamt; wir haben seinen Eid darauf. Doch ihr habt unziemlich ihn mit Vieh und Maultieren verpflichtet um anderer Leute Frauen: ihr stehlt euch eine Braut mit einem Geschenk»). Hygin (Fab. 80) wird ausdrücklich von Raub sprechen («rapuerunt»). Über die Dynamik des Vorgangs ist schwer Klarheit zu gewinnen. Nach Apollodor (Bibl. 3,11,2) hatten die D. genügend Zeit zur Heirat und zudem auch noch, Kinder zu zeugen: Phoibe gebiert dem Polydeukes den Mnesilaos, Hilaira dem Kastor den Anogon (vgl. Pausanias: Im Heiligtum der D. in Athen sah man Standbilder der Zwillinge, die Söhne saßen zu Pferde; ebd. 3,18,14).

Theokrit sieht die Apharetiden unverzüglich (ἐσσυμένως) bei der Verfolgung der Räuber (137–140). Das ist wohl die übliche Vorstellung (vgl. z. B. die grobe Zusammenfassung bei Myth. Vat. I 76). Nach Theokrit sind beide Parteien im Wagen unterwegs (140–143; der übliche Hinweis auf eine verfügbare literarische Vorlage für den «Raub», speziell Theokrit, ist augenscheinlich irreführend). – ‹Dramaturgisch› scheint der «Raub» einzig dem mörderischen Treffen zwischen den D. und den Apharetiden und seinen Folgen zu dienen.

Pindar (Nem. 10,49 ff) kommt ohne ihn aus und gibt einen (im Sinn der Zeit) nicht minder triftigen Streitgrund an: Vieh (vgl. Pausanias 4,3,1).

Als Athleten von Rang seien die D. nach Pamphaes gekommen, um zu freundlicher Unterhaltung an Wettspielen teilzunehmen. Offenbar nehmen sie dann aber auch Gelegenheit zu anderem Gewinn. Mit scharfem Auge, vom Taygetos her, sieht Idas sie versteckt im hohlen Stamm einer Eiche. Das läßt ihn augenscheinlich um sein Vieh fürchten, um die Ochsen (Pindar, Nem. 10,60). Er tut sich mit dem Bruder zusammen, man eilt an den Ort, und Idas sticht – wohl ohne Umschweife – mit dem Speer den Kastor nieder. Am Grab des Aphareos holt Polydeukes sie ein. Sie schleudern ihm den Grabstein gegen die Brust, der Getroffene aber springt unbeeindruckt voran und jagt dem Lynkeus seinen Jagdspeer in die Rippen. Den Idas erlegt sogleich ein Blitz des Zeus.

Über dem sterbenden Kastor bittet Polydeukes den «Vater», den Bruder in den Tod begleiten zu dürfen. Eigentlich ist es der Freund und Gefährte, mit dem er gehen will, denn «unter den Sterblichen gibt es nur wenige, die einem in Zeiten der Not und des Schmerzes zur Seite stehen. Er hielt inne, und Zeus kam ihm zuvor und sagte: Du bist mein Sohn, Kastor ist deiner Mutter Gatten Sohn, nach deiner Empfängnis (also ist Polydeukes der ältere der Brüder). Nun denn, ich gebe dir die folgende Wahl: Wenn du Tod und mühseliges Alter meiden willst und mit mir im Olymp leben und mit Athene und mit ⇒ Ares mit dem düsteren Speer, dann möge dir dieses Schicksal beschieden sein. Doch wenn es dich nach deinem Bruder verlangt und du alles gleicherweise mit ihm teilen willst, dann kannst du die Hälfte der Zeit unter der Erde, die andere Hälfte in den goldenen Häusern des Himmels verbringen. Als der Gott gesprochen hatte, da gab es keinen Zweifel im Herzen des Helden. Und Zeus öffnete noch einmal das Auge und entließ die Stimme des bronzegekleideten Kriegers Kastor» (d. h., er brachte den Kastor zurück ins Leben).

Auch Apollodor (Bibl. 3,11,2) erzählt eine Geschichte von Viehdiebstahl, diesmal aber gemeinsam mit den Apharetiden, Idas und Lynkeus, in Arkadien. Bei der Verteilung der Beute werden die D. von den anderen listig übervorteilt. So ziehen sie nach Messene, holen sich das Vieh zurück und nehmen auch anderes mit. Dann lauern sie den beiden anderen auf, und es kommt zum Kampf, bei dem Idas den Kastor tötet, Polydeukes den Lynkeus mit dem Speer. Lynkeus hat Polydeukes mit einem Stein an den Kopf zu Boden geworfen. Zeus erschlägt Idas mit dem Blitz und nimmt Polydeukes auf in den Himmel. Als der die Unsterblichkeit nicht ohne seinen Bruder haben will, da gewährt Zeus den beiden, abwechselnd einen Tag bei den Göttern und einen bei den Sterblichen zu sein (in Lakonien sei man der Meinung gewesen, daß die D. erst 40 Jahre nach diesem Kampf zu Göttern erhoben wurden: Pausanias 3,13,11).

Im übrigen sieht man die beiden zu ihren Lebzeiten (in Mythographie und Dichtung) kaum. Bei den Spielen in Olympia gewinnt Polydeukes beim Boxen, Kastor beim Laufen (Pausanias 5,8,4; prächtige Preise erhalten sie als Sieger, gleich nach Herakles, im Fünfkampf in den «Orphischen Argonauten» 583 ff). Bemerkenswert ist ihre fromme Umsicht, als sie nach der sicheren Rückkehr aus der Kolchis im lakonischen Las der «Asiatischen Athene» einen Tempel errichten (Pausanias 3,24,7). Im Ares-Tempel von Therapne hat Pausanias (3,19,7) ein Bild der Thero, Amme des Ares, gesehen, das die D. aus der Kolchis mitgebracht hatten.

Übrigens sollen die Brüder sich in Amyklai ein Haus gebaut und also auch miteinander gewohnt haben (Pausanias 3,16,2 f; s. u.).

Bei einem Sturm sollen über ihren Häuptern Sterne erschienen sein (Hygin, Fab. 14,12). Das mag man als Zeichen besonderer Autorität verstanden haben (vgl. Apollonios Rhodios [2,40] zu einem Polydeukes, der strahlt wie ein Stern).

Dares Phrygius (3; 5; 9; 11 f) hat es sogar geschafft, die D. in die Vorgeschichte des troischen Krieges zu holen, wo Antenor sie als Vermittler mit einer möglichen Rückgabe der Hesione an Priamus beschäftigt (5). Als sie schließlich auch den Alexander abschlägig beschieden haben (9), kommt es zum Raub der Helena. Auf der Verfolgungsjagd sollen die beiden in einem Sturm verschollen sein. Später habe es geheißen, sie seien vergöttlicht worden (11). So hat Dares ihnen auch einen Platz in der Troia-Literatur des Mittelalters gesichert.

B Die Bewertung von Wesen und Aufgaben der D. erzwingt eine teilweise Trennung von irdischem und «himmlischem» Auftreten.

Die irdischen D. scheinen nicht zufällig ein gutes Verhältnis zur klugen und geschickten ⇒ Athena zu pflegen, was etwa die Gründung eines Tempels für die Göttin und ihre Anwesenheit auf einem Bild am Athenatempel in Tegea (Pausanias 3,24,7 u. 8,45,6) wie auch das sprechende Holz der «Argo» beweisen (Apollonios Rhodios 4,580–591). Auffällig, daß nur Kastor (und nicht Polydeukes) sich mit Olivenöl einreibt «wie Herakles und die Göttin» (Kallimachos 9, Über das Bad der Pallas 29). Auf unterschiedliche Talente mag auch hinweisen, daß Pollux sich mit einer Priesterin der Minerva / ⇒ Athena, Castor mit einer der Diana / ⇒ Artemis verbindet. Interessant die Einladung des Zeus an den Polydeukes, die himmlische Gesellschaft nicht nur der Athene, sondern auch die des ⇒ Ares zu teilen (Pindar, Nem. 10,159; vgl. auch die Weihegabe bei Pausanias 3,19,7). Clemens von Alexandrien (Exhort. ad Graec. 2,30,5) meldet mit Verweis auf die Kyprien, Polydeukes sei, anders als der sterbliche Tyndareus-Sohn Kastor, ein unsterblicher Sproß des Ares gewesen (H. G. Evelyn-White, Hesiod 1977, S. 498 f).

Der Fürsorge des ⇒ Poseidon verdanken sie wohl wesentlich den kundigen Umgang mit Pferden und schließlich – entscheidend für die Nothelfer – die Expertise in der Seefahrt (Pferd und Schiff sind die eigentlichen Verkehrsmittel der Zeit; vgl. Lukian, Dial. deor. 26[25]: «Sie sind im Dienst für Poseidon eingesetzt. Sie müssen über das Meer reiten, und wo immer sie Seeleute im Sturm sehen, da müssen sie sich an Bord niederlassen und die Mannschaft schützen»; vgl. Ovid, Fasti 5,720; vgl. Homer. Hymnos 33).

In einem amüsanten Einfall macht Apuleius (Met. 10,31) die Zeussöhne («Castores») zu Gesellschaftern der Juno/⇒ Hera (A. M., S. 344 ff).

Die D. sind ein Zwillingspaar (διδύμους, Ehoien 9, Schol. Ven. zu Homer, Il. 11,750; H. G. Evelyn-White, Hesiod 1977, S. 160 f). Gemeinhin ähneln «Zwillinge» einander «wie ein Ei dem anderen», was nicht selten den Betrachter dazu verführt, den einen mit dem anderen zu verwechseln. Das gilt für die eineiigen Zwillinge, nicht aber für die zweieiigen. Zudem gilt das Urteil gewöhnlich spontan der leiblichen Erscheinung. Es fällt auf, daß der Mythos der D. in seinen schriftlichen Äußerungen lange eine Ähnlichkeit der beiden miteinander gar nicht zum Thema und statt dessen deutlich Unterschiede macht. So sind die beiden verschieden nach Neigungen und Fähigkeiten (Reiter und Boxer) und gelegentlich auch nach ihrem Wesen (wohl im Sinn der Unterscheidung von Kopf und Hand). Das gilt für die D. in ihrem irdischen Leben. Anders die Nothelfer, die augenscheinlich immer einander gleich sehen, in Leib und Kleidung.

Welche Unterschiede auch immer diese beiden voneinander trennen, sie selbst empfinden sich offenbar als eine Einheit, sind (anscheinend) stets zusammen (während sie Unterschiedliches tun mögen), wobei der einzelne sich als Hälfte eines Ganzen verstehen mag, über den Tod hinaus. Nicht biologischer Zusammenhang, sondern gegenseitige Zuneigung, Bruderliebe und freundschaftlicher Zusammenhalt sind wohl die Leistung für ihre Vergöttlichung, die ihnen gleichsam ein Doppelleben beschert.

An dieser Stelle entwickelt der Mythos offenbar zwei in ihrer Substanz unterschiedliche Vorstellungen: Die beiden nehmen ihren Aufenthalt gemeinsam abwechselnd im Jenseits wie im Diesseits (so hat Homer das wohl gesehen), oder sie wechseln damit einander alltäglich ab (alle 14 Tage, notiert Pomey, S. 371, jeweils sechs Monate, notiert Hederich, Sp. 946).

Lukian (Dial. deor. 26[25]) läßt ⇒ Apoll fragen, warum man die beiden denn nie beisammen sehe, warum sie sich darin abwechseln, einmal tot und einmal ein Gott zu sein. Das sei aus Bruderliebe entstanden. Als der sterbliche Sohn der Leda gestorben war, habe der andere seine Unsterblichkeit mit dem Bruder teilen wollen. Das hält Apoll für eine «schlaue» Art des Teilens: Auf diese Weise könnten sie einander eben nicht sehen, was sie doch eigentlich wollten.

Beide Versionen lassen sich mit der üblichen Vorstellung von den Nothelfern nicht harmonisieren: Im einen Fall wäre ja immer nur einer der beiden verfügbar, aber die Nothelfer sind (wohl) immer zu zweit. Im anderen Fall könnte man sie nur jeden zweiten Tag erwarten. – Diese Schwierigkeiten haben die Mythographen zumeist nicht gestört. Lukian aber (Dial. mort. 1) sieht mit Hintersinn, wie Polydeukes im Hades treuherzig dem Diogenes als Bote von Nachrichten für bestimmte Leute an der Oberwelt dient.

Bei Lukian (Dial. deor. 24[4]) beschwert ⇒ Hermes sich darüber, daß die Kinder der Leda einander täglich in Himmel und Hades abwechseln können. Er selbst aber müsse all die Arbeit alltäglich an beiden Plätzen allein erledigen. Tatsächlich macht ihre ureigene Aufgabe die D. gleichsam zu Schwellenwächtern, sofern nämlich der Nothelfer seinen Schutzbefohlenen doch eben auf der Schwelle zwischen Heil und Unheil («auf der Kippe») aufsucht und retten will. Dieser Moment der Entscheidung gehört zu der Geschicklichkeit, die Hermes zum Patron der Ringer und Fechter macht. «Schwelle» ist also hier als der Übergang und nicht, wie für Apoll, als Begrenzung zu verstehen. So mag auch die Nachricht, wonach Kastor sich (wie Herakles und Athene!) mit Olivenöl einreibt, die D. neben den Hermes stellen (Kallimachos, Hymnos 5, Über das Bad der Pallas 29). Schließlich soll Kastor den Herakles im Fechten unterrichtet haben (Apollodor, Bibl. 2,4,9). «Schwellenwächter» sind die D. sicher auch als Götter, denen am Beginn der Rennstrecke der Start angelegen ist (Pausanias, 3,14,7), und als Schutzpatrone von Pferderennen werden sie genannt (Anth. Pal. 13,18).

Als Seelengeleiter zur Vergöttlichung der Arsinoë erscheinen die D. auf eigene Weise neben dem «Psychopompos» Hermes. (Sie packen die Seele, führen sie am Mond vorbei und unter dem Großen Wagen hinauf; Kallimachos, Frg. 228, «Vergöttlichung der Arsinoë», C. A. Trypanis, Callimachus, Fragments, Cambridge, Mass./London 1975, S. 164 f.) All das mag erklären, warum Hermes / Merkur im D.-Mythos keine Rolle spielt (Ptolemaios Hephaistionos weiß aber, daß der Gott in Polydeukes verliebt war und ihm ein Pferd schenkte: Photios, Bd. 3, Cod. 190, 152b, S. 70).

Charakteristisch bleibt ihr Eingreifen als Nothelfer. Sie scheinen immer von oben und durch die Luft zu kommen, immer eilig, wie es die Not gebietet, und ebendarum auch zu Pferde, mit dem schnellsten verfügbaren Gerät (vgl. Homer. Hymn. 33, an die D., 18; Euripides, Hel. 1495 ff: Zu Pferd eilen die D. den Seeleuten zu Hilfe; im Homer. Hymn. 33, an die D., 13, sind sie selbst geflügelt!). Dabei haben sie augenscheinlich ihre irdische Erscheinung als Krieger bewahrt.

Im irdischen Leben sieht man sie (in den schriftlichen Quellen) immer jung, doch wenig von ihrem Leib. Pindar (Pyth. 4,172) läßt «wehende Locken» sehen. Häufiger nimmt man einen Bart wahr. Auf der Kypseloslade war der eine der beiden «noch ohne Bart» (Pausanias 5,19,2). Den ersten Flaum auf den Wangen beider sieht Apollonios Rhodios (2,43). Unbärtig sind sie bei Hygin (Fab. 14,12). Gyraldi wird vermerken, sie seien kräftig gebaut («robusti») und wohlgestalt («formosi») gewesen (Synt. 5, S. 247B).

Dares Phrygius (12) hat sich Aussehen und Wesen der Brüder beschreiben lassen (sie selbst waren nicht mehr dabei): Demnach sahen sie einander ähnlich, waren blond («capillo flavo»), hatten große Augen, ein klares Gesicht («facie pura»), wohlgestalt waren sie und schlank («corpore deducto»). Auch Schwester → Helena sei ihnen ähnlich gewesen.

Lukian unterscheidet die Zwillinge nach den Wunden und Narben, die Polydeukes beim Boxen davongetragen hat (Dial. deor. 26[25]). Das ist eine Beobachtung am Bild der Nothelfer, das Lukian (ebd.) so wiedergibt: Sie tragen eine «Eierschale» auf dem Kopf, eine Filzkappe dieser Form (= einen «pil[l]eus», griech. πῖλος = pilos), einen Stern darüber, einen Wurfspeer in der Hand, und jeder hat ein weißes Pferd. Die Lakonier konnten die D. glaubwürdig offenbar so sehen: Sie trugen eine weiße Tunika und scharlachrote Mäntel, hatten einen Speer in der Hand und seien auf prächtigen Pferden dahergeritten. Auf dem Haupt trugen sie (untypisch) einen weitkrempigen Hut, einen Petasos (vgl. ⇒ Hermes; Pausanias 4,27,2), gekleidet in purpurfarbene (Pausanias 4,27,2) oder weiße Mäntel (ders.). Als Waffen trugen sie Lanzen (ders. ebd.). Die Filzkappe scheint ein dominantes Attribut der D./Castores zu sein, weshalb man sie auch «Pileati fratres» genannt habe (Gyraldi, Synt. 5, S. 247B, mit Hinweis auf Catull und Festus; vgl. die Diskussion bei Cartari, S. 100f). Apuleius (Met. 10,31) stattet Bühnen-«Castores» mit metallenen Helmen («cassides») in Eiform, auf die ein Stern montiert ist, aus (vgl. Cartari, S. 100).

Nicht nur als Nothelfer hat man sie gesehen: Pausanias (3,16,2f) berichtet: In Amyklai soll es ein Haus gegeben haben, das die D. sich bauten, das später dem Phormion gehörte. Diesen sollen sie einst als Fremde aus Kyrene verkleidet besucht und gebeten haben, ihnen doch den Raum zu geben, den sie zu ihrer Zeit am meisten geliebt hatten. (3,16,3:) Phormion bot ihnen alle Räume des Hauses an, nur nicht den Raum, den die beiden wollten; darinnen lebe seine jungfräuliche Tochter. Am nächsten Tage sei das Mädchen mit all seinem Personal verschwunden gewesen. Aber man habe Bildwerke der D. in dem Raum gefunden und einen Tisch mit der Pflanze Sylphion darauf (Anm.: «Sylphium» ist bis heute nicht identifiziert worden. Die Pflanze galt als starkes Arzneimittel, soll magische Kräfte haben und die Grundlage des Reichtums von Kyrene gewesen sein).

Ein römisches Verständnis sieht in den D. entschieden Krieger und hat dabei den Castor im Sinn, der dem Paar nun den Namen «Castorides» einbringt. Als kriegerische Nothelfer treten die Brüder in die römische Geschichte. So sollen sie (Mitte 6. Jh. v. Chr.) den Lokrern in der Schlacht am Flüßchen Sagra(s) gegen die zahlenmäßig überlegenen Krotoner zum Sieg verholfen haben (Strabo 6,261; Iustinus 20,2,10–3,9; Diodor 8,32; Cicero, Nat. 2,6 u. 3,11; vgl. Gyraldi, Synt. 5, S. 248A). In der Schlacht am See Regillus (Rom gegen die Latiner, 495/499/502 v. Chr.) sollen sie den bedrängten Römern zu Hilfe gekommen sein. Einer Version zufolge seien sie in einem kritischen Moment der Schlacht dem A. Postumius in Gestalt zweier Schimmelreiter von ungewöhnlicher Größe und Schönheit erschienen, bekleidet mit purpurnen Mänteln (Dionysius Halic. 6,13; De viris illustr. 16, s. Aurelius Victor). Nach Cicero (Nat. 2,2,6) nahmen sie am Kampf teil (vgl. ebd. 3,5,12; Valerius Max. 1,8,1; vgl. Lactantius Firm. Div. inst. 2,7,9; zu einem Hufabdruck des Castor am See vgl. Cicero, Nat. 3,11 f)! Als Siegesboten auf weißen Rössern (ohne Zügel) sollen sie dem Vatinius nächtens (Cicero, Nat. 2,2,6) erschienen sein und ihm den Sieg über König Perseus (168 v. Chr.) verkündet haben; vgl. auch Minucius Felix (Oct. 7,3): «Sieh die Statuen der Reiterbrüder» am Lacus Iuturnus auf dem Forum, die man ihnen weihte, so wie sie erschienen in den Wassern des Sees, als sie atemlos auf ihren schäumenden und dampfenden Rossen den Sieg über Perseus verkündeten am selben Tag, an dem sie ihn errungen hatten. Die Unterscheidung der beiden nach ihrem Handwerk hat sich in der römischen Überlieferung durchaus erhalten (Horaz, Sat. 2,1,26 f: «Castor gaudet equis, ovo prognatus eodem/pugnis» und Vergil, Georg. 3,89 f; Ovid, Fasti 5,700; Statius, Silv. 5,2,129).

Weil man das Amphitheater dem Gott des Boxkampfes Pollux weihte, habe man dem Bauwerk in Erinnerung an die Geburt aus einem Ei einen ovalen Grundriß gegeben (vgl. Gyraldi, Synt. 5, S. 247B).

Das frühe Christentum muß die «Nothelfer» wohl zur Kenntnis nehmen. Clemens von Alexandrien ordnet sie so ein: «Denn, weil die Menschen nicht verstanden, daß Gott es war, der ihnen Gutes tat, da erfanden sie bestimmte Retter («soteras»), die Zwillingsbrüder, Herakles, den Abwender von Übel, und Asklepios, den Arzt» (Exhort. ad Graec. 2 [22 P.], Butterworth, S. 54 f). Angreifbar sind die beiden in ihrer Beziehung zum Kampfspiel zu Pferde, was sie zu Dämonendienern mache (Tertullian, Spect. 9, Butterworth, S. 254 f; die Rösser sollen sie von Mercur haben!). Mit den «Eiern» («ova», sieben eiförmigen Kugeln, mit denen man die Durchläufe zählte) ehrten jene Leute Castor und Pollux, «die nicht erröten bei dem Glauben, daß die beiden dem Ei des Schwanes Juppiter entsprangen» (ebd. 8, S. 250–253; vgl. auch ebd. 11, zur Erfindung der gymnastischen Spiele [«gymnicae artes»]). Minucius Felix (Oct. 27,4) hält die Erscheinung der Brüder zu Pferde für eine Sinnestäuschung (vgl. Cicero, Nat. 3,4,12: «Wie ist es möglich, daß Leute, die man einmal eingeäschert hat, dann zu Pferde an einer Schlacht teilnehmen?»). Augustin (Civ. 4,27) betont rationalisierend gelassen, daß es sich bei den beiden eben nicht um Götter, sondern um Sterbliche handle (vgl. Firmicus Maternus 12,8: «Castores sepelit Sparta»). Im Bemühen um historische Klarheit hat man (wohl im 16. Jh.) den Tempel, den Postumius den Brüdern geweiht haben soll, auf dem Forum dort vermutet, wo heute die Kirche von Cosmas und Damian steht, und damit letzteren antike Ahnen gegeben (Gyraldi, Synt. 5, S. 248A; vgl. hier den Hinweis auf den Lacus Iuturnus bei Ovid, Fasti). – Plutarch (De frat. am. 1) berichtet von einem alten spartanischen Symbol für die D., einem Bild, das nicht die Männer, sondern die Kraft zum Gegenstand hat, welche die beiden zusammenhält: Bruderliebe. Sie wird veranschaulicht durch die «δόκανα» (Dókana), zwei parallel liegende Hölzer, über denen rechtwinklig ein anderes Paar liegt und zum Ganzen ein (gleichschenkliges?) Kreuz bildet (vgl. Gyraldi, Synt. 5, S. 247B).

«Alterna morte redemptus» («durch wechselseitigen Tod befreit»). Diese auf die Brüder geprägte Redensart soll (bei den Römern) eine zirzensische Inszenierung gefunden haben, bei der ein Kunstreiter («desultor»), den ein Pileus als «Castor» ausweist, mit zwei Pferden kommt und abwechselnd von einem Roß auf das andere springt. Damit zeige er jemanden, der wechselweise seine eigenen und die Dinge/Geschäfte des Bruders (des anderen) besorgt (Hygin, Fab. 80,5). – Die Allegorese der D. bei Fulgentius (Myth. 2,12, St. 695 f) stellt die beiden neben die Schwester Helena (gemeinsam mit ihr aus einem Ei geboren) und deutet sie von ihr her auf einen negativen Sinn. So stehen sie für «Verderben», wie denn auf See ihre Zeichen («Castorum signa» = ihre Sterne) Gefahr bedeuteten. Als Bild des Hochmuts («superbia») sehe man sie abwechselnd auf- und untergehen, denn mal herrsche der Hochmut, mal gehe er unter. In (kühner) griechischer Etymologie verstehe Pollux sich im Sinn von Verderben, Castor im Sinn von extremem Übel. Hieran mag Natale Conti anknüpfen (10, Bl. 303ʳ), wenn er das Elmsfeuer (das elektrostatische Phänomen), die Flammen («flammae») auf Masten und «Trinkgeschirr» auf Schiffen «bei Sturm» (vor einem Gewitter) beobachtet. Das Zeichen könne nicht ohne göttliche Ursache sein und sage den Seeleuten entweder Windstille («tranquillitas») oder den Untergang voraus (was uns an alte deutsche Bauernweisheit erinnert, wonach der Hahn auf dem Mist uns ansagt, daß das Wetter sich verändert oder so bleibt, wie es ist).

Die Emblematik der Renaissance verrät sicher ein minderes Interesse. Als Bild brüderlicher Freundschaft deutet Petrus Costalius (S. 126) die beiden einander begegnenden Sterne (dunkel der eine, der andere hell) unter dem Lemma IN CASTOREM ET POLLUCEM, AMICITIA FRATRUM (H./S., Sp. 1675). Die Brüder im Kampf mit den Apharetiden geben Anlaß, an die Bruderliebe Christi zu denken unter dem Lemma FRATER NE DESERE FRATREM («Der Bruder verlasse den Bruder nicht»; Nicolas Reusner, Embl. 1, Nr. 34; H./S., Sp. 1675 f).

Auf dem Triumphbogen am Pont Nostre Dame in Paris (1549) flankierten Figuren der beiden den König (Henri II) im Bild des Tiphys (dem ersten Steuermann der «Argo»). Zu dessen Rechter stand ein silberfarbener Castor, zur Linken ein schwarzer Pollux. Wie einen Schild hielten sie einen großen vor ihnen auf dem Boden stehenden Stern. Die beiden seien zu verstehen als Bilder der Unsterblichkeit und der Erneuerung des Lebens, das Ganze als «asseurance en navigation» (vgl. V. Graham / W. McAllister Johnson, 1974, s. Allgem. Bibl., S. 54, u. S. 435, Abb. 34).

C Die D. werden mit wenigen Ausnahmen als junge Männer ohne Bart in «klassischer» Nacktheit dargestellt, allenfalls mit einem kleinen Mantel, der Schultern und Rücken bedeckt oder um die Oberarme geschlungen ist. Ihre kanonische Kopfbedeckung ist seit dem 5. Jh. v. Chr. eine eng anliegende spitze Kappe (der Pileus; vgl. ⇒ Hephaistos, → Odysseus; in diesem Fall vom Motiv der zerbrochenen Eischalen abgeleitet?; s. die Marmorbüste des 2. Jh.s n. Chr., Rom, Palazzo Corsini, Inv. 640). Davor sieht man sie auf griechischen Vasenbildern barhäuptig, auch mit Helm (Kelchkrater, gegen 460 v. Chr.; Paris, Louvre, Inv. G 341) oder dem Hut des Reisenden und Wanderers, dem Petasos (vgl. ⇒ Hermes; einen Petasos tragen die D. auf einem rotfigurigen Glockenkrater, 460/450 v. Chr.; Karlsruhe, Badisches Landesmuseum, Inv. 209 [B40]).

Seit dem Ende des 4. Jh.s v. Chr. sind Pileus oder Helm mit einem Stern geschmückt (vgl. Sextus Empiricus, Math. 9,37), so auf dem Wandgemälde aus Pompeji VI 9,6 im Vestibulum der Casa dei Dioscuri (neronisch, 4. Stil; heute Neapel, Museo Nazionale, Inv. 9453 u. 9455). Zwei Sterne allein stehen schließlich symbolisch für die D. (s. einen Steinschnitt aus Hyazinth, 3. Jh. v. Chr.; Wien, Kunsthist. Museum, Inv. IX A 44).

Ihr hauptsächliches Attribut ist der Speer (häufig sind es auch zwei; vgl. → Iason).

Das Pferd ist der allgegenwärtige Begleiter der D. Wir sehen beide (neben- oder hintereinander) reiten, wie schon früh auf schwarzfigurigen attischen Vasen, z. B. auf einer Hydria (gegen 550 v. Chr.; Basel, Antikenmuseum, Depot), wo die beiden Burschen – fast noch Kinder – auf hochbeinigen Pferden sitzen, nackt, ohne Kopfbedeckung und mit in den Nacken fallendem Haar, gerahmt von → Helene und Phoiba. Häufiger sieht man die D. aber als Pferdeführer oder Rossebändiger, z. B. in Rom am Eingang zur Piazza del Quirinale, wo sie seit 1587 stehen. Diese die D. darstellenden *Rossebändiger* – zwei Kolosse aus den Thermen des Constantin – sind kaiserzeitliche Kopien nach griechischen Originalen des 5. Jh.s v. Chr. (bis in die Neuzeit hinein fälschlich als Werke des Phidias und des Praxiteles bezeichnet).

Die Dokumente archaischer Bildkunst bringen zum Ausdruck, daß Kastor und Polydeukes ausgeprägte Individuen sind, wie es der literarischen Tradition entspricht: Auf einer Darstellung des Exekias (Töpfer und Maler einer Amphora, 535/530 v. Chr.; Musei Vaticani, Museo gregoriano etrusco, Inv. 344) sehen wir den unsterblichen Polydeukes unbekleidet und ohne Waffen, Kastor (alle Figuren: Leda, Tyndareos und die D. mit Namensbeischriften) mit Chiton und Speer, sein Pferd («Kylaros» = Streckfuß) am Zügel haltend (*Heimkehr ins Elternhaus* nach E. Simon, in: Helbig, s. Allgem. Bibl., Bd. I, S. 640). Dies scheint uns trotz des großen zeitlichen Abstands bemerkenswert im Hinblick auf das Gemälde *Der Raub der Leukippiden* von P. P. Rubens, das ebenfalls einen der Männer (wohl wiederum den Sterblichen) bekleidet (mit Rüstung), den anderen unbekleidet zeigt (s. **D**).

In der Folgezeit jedoch erscheinen die D. als Zwillinge, zum Verwechseln ähnlich, der eine des anderen Wiederholung in Gestalt und Körperhaltung oder sein Spiegelbild. In antithetischer Anordnung und spiegelbildlicher Entsprechung sehen wir die D. z. B. auf dem Relief einer spätarchaischen Marmorstele aus Sparta (Sparta, Archäologisches Museum, Inv. 575 v. Chr.). Spiegelbildlich symmetrisch einander zugekehrt sind auch zwei Marmorakroterien von einem ionischen Tempel (Ende 4. Jh. v. Chr.; Reggio Calabria, Museo Nazionale; unter jeder Figur liegt ein fischschwänziger Triton und stützt mit den Händen die Vorderbeine des sich bäumenden Pferdes. Auffallend die Haltung der D., die offenkundig dabei sind, vom Pferd zu gleiten). – Nebeneinander, dem Betrachter frontal zugekehrt, sehen wir sie auf dem Relief eines trajanischen Marmoraltars (Rom, Antiquarium des Forums).

Spätestens in der römischen und etruskischen Kunst kann man die kompositorische Axialsymmetrie der Darstellungen mit der spiegelbildlich getreuen Entsprechung beider Seiten geradezu als ikonographisches Charakteristikum der D. bezeichnen.

Als ikonographisches Musterbeispiel sollen zwei einander entsprechende Marmorstatuen dienen (sog. *Dioscures Campana*, spätantoninisch; Paris, Louvre, Inv. 298 u. 300):

Wir sehen die beiden als Standfiguren mit Pileus und um Schulter und linken Arm drapiertem Mantel, im gleichen Standmotiv (mit Stand- und Spielbein), in einer Hand einen Lanzenschaft, in der anderen ein Schwert, zu Füßen je ein liegendes Pferd.

In der Bildkunst können die D. auch durch Symbole vertreten sein: zwei parallele Balken (= die «Dókana»; selten); zwei Amphoren (marmornes Votivrelief, 2. Jh. v. Chr.; Verona, Museo Maffeiano, Inv. 555); zwei Sterne (zwei goldene Sterne erwähnt Cicero, Div. 1,34,75, vgl. Plutarch, Lys. 12); zwei Piloi mit oder ohne Sterne (Relief, gegen 50 v. Chr.; Delos, am Haus des Diadumenos) oder zwei antithetische Pferdebüsten (Terrakottatafel, um 300 v. Chr.; Taranto, Museo Nazionale, Inv. 4108).

D Die D. gehören zu jenen mythischen Gestalten, die sich in der Bildkunst hauptsächlich als Einzelfiguren (in zweifacher Ausführung allerdings) präsentieren, im erzählerischen Kontext dagegen kaum auftreten.

1. *Die Geburt der D.* → Helene
2. *Die Kinder Castor und Pollux empfangen von Neptun die Rosse* (Hygin, Astron. 2,22). Gefolgt von ⇒ Poseidon (und ⇒ Ares) sehen wir die D. auf dem Bild einer Amphora des Amasis-Malers (gegen 540 v. Chr.; Kopenhagen, Nationalmuseum, Inv.

14347). Die Anwesenheit Poseidons mag an die Übergabe der Pferde erinnern. Diese selbst scheint in der Antike kein Interesse gefunden zu haben. Auch in der neuzeitlichen Kunst ist das Thema rar. Auf einem Fresko im Palazzo Farnese in Caprarola illustriert die Szene der Übergabe das Sternbild der Zwillinge (Sala del mappamondo, 1574; Deckenfresko von Giovanni Antonio Vanosino da Varese) mit der Darstellung dieser Episode; der Gott, seiner Quadriga entstiegen, übergibt den Kindern die Zügel.

3. *Die D. mit dem Ei der Nemesis*, aus dem → Helene schlüpfen wird, was gelegentlich durch eine Beischrift gesagt wird. Dieses Bildmotiv, für das keine literarische Quelle erhalten zu sein scheint, tritt vor allem in der etruskischen Bildkunst auf. In jedem Fall sind die D. hier bereits erwachsen. Wie einer der Brüder das Ei der ⇒ Leda übergibt, schildert schon ein attisches Vasenbild (Stamnos, 1. Hälfte 4. Jh. v. Chr.; Paris, Cabinet des Médailles, Inv. 947). – Auf einem etruskischen Bronzespiegel (3. Jh. v. Chr.; Paris, Louvre, Inv. Br 1789) überreicht oder zeigt einer der D. dem Bruder das Ei. – In der neuzeitlichen Kunst spielt dieses Thema keine Rolle mehr. Leonardo da Vinci und ein Meister seines Umkreises halten sich an eine andere Tradition (→ Helene, S. 304).

4. *Die D. auf dem Argonautenzug* (→ Iason). Auf der bedeutenden Ficoronischen Ciste bildet ein großfiguriger Fries mit den Argonauten in Bithynien den Hauptschmuck (monumentale Bronzeciste, 4./3. Jh. v. Chr.; Rom, Villa Giulia). Kernstück der Komposition ist die Fesselung des Königs Amykos durch Polydeukes, der ihn zuvor im Faustkampf besiegt hat. Er fesselt den König, der ihnen den Trunk aus einer Quelle verweigert hatte, an einen Lorbeerbaum. Beide tragen Boxhandschuhe (ausführliche Besprechung bei Tobias Dohrn, in: Helbig, s. Allgem. Bibl., Bd. III, S. 840 ff).

5. *Der Faustkampf zwischen Polydeukes und Amykos* (Theokrit 22,27–134; Apollonios Rhodios 2,1–153). Den Moment vor dem Kampf hält die Darstellung auf einem latinischen Bronzespiegel fest (3. Jh. v. Chr.; Rom, Villa Giulia). Die Kontrahenten sind

nackt, nur die Boxhandschuhe haben sie angelegt; links steht Polydeukes (latinisch Poloces), rechts sitzt Amykos (latinisch Amuces), beide mustern einander vor dem Kampf. Siehe ferner *Die D. auf dem Argonautenzug.*

6. *Die D. bei der Kalydonischen Jagd* (Apollodor, Bibl. 1,8,2; Ovid, Met. 8,301). Auch dieses Thema wird selten dargestellt. Auf dem Relief eines sog. Meleagersarkophags (aus der Zeit des Commodus; Rom, Museo Capitolino, Stanza del fauno, Inv. 822) stehen die D. hinter Meleager, der die Saufeder gegen den Eber erhebt. Die D. aber sind nicht als Jäger zugegen: Der eine, dicht hinter Meleager, legt diesem beschwichtigend die Hand auf den Arm, der zweite hebt warnend die Hand – «als die menschenfreundlichen Helfer und Warner erscheinen die D. hier, die den Römern auch als Totengeleiter vertraut waren» (B. Andreae, in: Helbig, s. Allgem. Bibl., Bd. 2, S. 207).

7. *Der Raub der Töchter des Leukippos* (Theokrit, Id. 22, an die D., bes. 141ff; Ovid, Fasti 699; Hygin, Fab. 80) ist in der Bildkunst Hauptthema aus dem Mythos der D. in erzählerischem Zusammenhang. Es begegnet uns häufig auf griechischen Vasen, z. B. auf einem apulischen Volutenkrater (Ende 4. Jh. v. Chr.; Ruvo, Museo Jatta, Inv. 1096: Einer der D. hält eines der Mädchen umfangen, während ein Viergespann wartet) oder einer apulischen Lekythos (350/340 v. Chr.; Richmond, Virginia Museum, Inv. 80.162: jeder der D. mit einem sich sträubenden Mädchen im Arm auf einem von vier Pferden bespannten Wagen).

In der Spätantike (erst dann?) wird der tiefere allegorische Sinn dieser Episode deutlich. Da die D. in enger Beziehung zum Jenseits stehen, treten sie in römischer Zeit häufig als Schmuck von Sarkophagen auf. (Unter die Sterne versetzt, «galten sie als Beherrscher des astralen Bereiches, wo viele in der Antike den Sitz der Seligen vermuteten»; B. Andreae, in: W. Helbig 1963, s. Allgem. Bibl., Bd. 1, S. 451 f). Auf dem Relief der Langseite eines Marmorsarkophags, der hier exemplarisch für andere stehen soll (um 160 n. Chr.; Vatikan, Galleria dei Candelabri), sieht man in dichtgedrängter Komposition die D. (mit Pilos), jeder eines der heftig sich wehrenden Mädchen davontragend. Ferner die Gespielinnen der geraubten Mädchen Hileira und Phoebe, die Apharetiden (Verlobten der Entführten) und wohl die Eltern der Mädchen. An den Schmalseiten ist jeweils die Hochzeit eines der D. mit einer verschleierten Leukippidentochter in Begleitung des Amor dargestellt.

Für die neuzeitliche Kunst hat das Thema kaum Bedeutung. Um so mehr Aufmerksamkeit verdient das Gemälde von P. P. Rubens (*Der Raub der Töchter des Leukippos*, um 1617/18, Jaffé Nr. 404; München, Alte Pinakothek), den Johann Jakob Heinse 1777 nach der Lektüre der «Idyllen» des Theokrit in dem Bild zu erkennen glaubte. Die Frage, ob das Bild diesen Titel zu Recht trägt, ist zwar nicht eindeutig zu beantworten, da die üblichen ikonographischen Merkmale der D. fehlen (s. **C**), genauere Betrachtung kann aber nur zu einer Bejahung führen. Wir sehen den einen der Männer in voller Rüstung zu Pferd; er entspricht dem Bild des sterblichen Castor, den vor allem die Römer schätzten, nicht zuletzt wegen seines kriegerischen Wesens; Pindar (Nem. 10,60, s. o.) nennt Kastor den «bronzegekleideten Krieger»! Der andere, offenkundig unbekleidet (seine Figur ist teilweise verdeckt durch die eine der Leukippiden), muß Pollux, der unsterbliche Sohn des Juppiter, sein. Dies entspricht der etwa 2000 früher entstandenen Darstellung des griechischen Malers Exekias (s. o.). Die Interpretation des Bildes durch M. Jaffé (s. Allgem. Bibl.) als *Raub der Sabinerinnen* scheint uns abwegig, da das Argument, die beiden Frauenräuber seien keine Zwillinge, also nicht stichhaltig ist.

In neuplatonischer Auslegung verstehen sich Entführungen Sterblicher durch eine Gottheit als Allegorie auf die Vereinigung der Seele mit dem Göttlichen (vgl. ⇒ Ganymed; in den Stuckreliefs des Hauptraums der Basilica Maggiore in Rom steht der Raub der Leukippiden in typologischer Entsprechung neben dem Raub des Ganymed). Auch das Bild des Rubens könnte im entsprechenden Sinn zu deuten sein, zumal die D. als Schutzgeister aus dem Jenseits ins Leben der Irdischen eingreifen (vgl. das Zitat nach W. Helbig,

s. o.). – Svetlana Alpers interpretiert die Darstellung ohne überzeugende Argumente als Allegorie auf die Ehe (s. Lit., S. 285 ff).

8. *Pollux mit der Leiche des Castor vor Zeus* (Pindar, Nem. 10,55–90). Ein zerstörtes Fresko von Johann Evangelist Holzer am Pfeffelschen Haus in Augsburg (1736, überliefert durch eine alte Kopie, Augsburg, Städtische Kunstsammlungen, hier fälschlich als *Castor mit der Leiche des Pollux vor Zeus* genannt) schildert die Szene in dramatischem Helldunkel: Der von Idas getötete Castor liegt auf dem Boden, sein Bruder tritt bewegt hinzu und wendet sich bittend an Zeus, der über der Szene thront (er möge gewähren, daß beide ein halbes Jahr in der Unterwelt, das andere bei den Göttern verbringen). – Den tödlich verletzten Castor (mit Inschrift «Castur») sehen wir auf einem Karneolschnitt (um 450/425 v. Chr.; Berlin, Staatl. Museen, Inv. FG 202): Er kniet und stützt sich mit einer Hand auf den Boden, mit der anderen versucht er, einen Pfeil aus seinem Rücken zu ziehen.

9. *Die D. als Sternbild der Zwillinge* (Ovid, Fasti 5,719; Hygin, Astron. 2,22). In der Antike relativ selten dargestellt, etwa auf einem in Split gefundenen Relief (vielleicht 3. Jh. n. Chr.; Split, Archäologisches Museum), wo das Sternbild durch zwei männliche Figuren mit Piloi vertreten ist (andere Konstellationen sind: Herakles/Apollon, Herkules/Theseus, Amphion/Zethon, Triptolemos/Jasion). – In der neuzeitlichen Bildkunst stehen zwei Motive stellvertretend für das Sternbild: die Übergabe der Rosse an die D. durch Poseidon (s. o.) und die Mutter Leda mit dem Schwan und den Zwillingen. Letzteres sehen wir in der Sala di Galatea der Villa Farnesina (um 1511, Deckengemälde von Baldassare Peruzzi; 26 Freskenkompartimente mit astro-mythologischen Szenen). Leda steht da in Umarmung mit dem Schwan, zu ihren Füßen sitzen die beiden aus dem Ei geschlüpften Kinder. – Der Sternbilderzyklus von Johann Adam Weißenkirchner im Schloß Eggenberg bei Graz (Festsaal 1684/85) stellt die *Klage des Pollux um den toten Castor* als Sternzeichen der Zwillinge dar (alle Tierkreiszeichen mit moralisierenden Texten).

10. In der Neuzeit versteht man *Castor und Pollux* bevorzugt als Symbole brüderlicher Liebe, Eintracht und Treue, sicher eingedenk der selbstlosen Tat des Pollux, seine Unsterblichkeit mit dem Bruder zu teilen (s. o.). Unter dem Titel «Die brüderliche Liebe unter der Fabel des Castor und Pollux vorgestellt» kopiert Johannes Esaias Nilsen auf einem Stich das verlorene Gemälde von J. E. Holzer, *Castor mit der Leiche des Pollux vor Zeus* (s. o.). – Derselbe Sinngehalt liegt einem Gemälde von Karl van Loo zugrunde (wohl 1737; Paris, Archives Nationales). Die beiden Knaben sitzen nebeneinander Hand in Hand, einer legt den Arm um des anderen Schulter. Über ihren Köpfen leuchten zwei Sterne. Der Hund, der sie begleitet (gelegentlich schon auf griechischen Vasenbildern, z. B. auf einem attischen Glockenkrater, gegen 420 v. Chr.; New York, Metropolitan Museum, Inv. 66.79), ist als Symbol der Treue zu verstehen (vgl. die sprichwörtliche Treue des Hundes in der Emblematik, z. B. bei Covarrubias Orozco I, Nr. 27; H. / S. Sp. 558).

Lit.: Alpers, Svetlana: Manner and Meaning in some Rubens mythologies. In: Journal of the Warburg and Courtauld Institutes 30, 1967, S. 272–295. De Puma, Richard Daniel, in: LIMC (s. o.), 3,1, S. 597–608, 3,2, S. 481–488, s. v. Tinas Cliniar. Gury, Françoise, in: LIMC 1986, 3,1, S. 608–635; 3,2, S. 489–503, s. v. Dioskouroi / Castores. Hermary, Antoine, in: ebd. 3,1, S. 567–593; 3,2, S. 456–477, s. v. Dioskouroi. Hubala, Erich, in: RDK, Bd. 4, 1958, Sp. 41–50, s. v. Dioskuren. Lippincott, Kristen: Two astrological ceilings reconsidered: The *sala di Galatea* in the Villa Farnesina and the *sala del mappamondo* at Caprarola. In: Journal of the Warburg and Courtauld Institutes 53, 1990, S. 185–207.

Echo → Narziß

Endymion, griech. Der Mythos hat unter diesem Namen zwei ursprünglich verschiedene Figuren zusammengefügt (Kl. Pauly, Bd. 2, Sp. 267): Der eine ist Sohn des Aëthlios und der Kalyke, der die Aioler aus Thessalien fortführte und Elis gründete (Apollodor, Bibl. 1,7,5). Auch Zeus wird als Vater genannt (Apollodor, ebd.; vgl. Hesiod, Ehoien, Schol. zu Apollonios Rhodios 4,57; H. G. Evelyn-White, 1977, S. 160f). Pausanias (5,1,3f) kennt zum Sohn des Aëthlios offenbar zwei unterschiedliche Geschichten: 1. Selene (der Mond) habe sich in den E. verliebt und ihm 50 Töchter geboren. 2. Wahrscheinlicher aber sei die Geschichte, wonach E. die Asterodia heiratete (vielleicht hieß sie Chromia, Tochter des Itonos, oder Arkas' Tochter Hyperippe), und seine Kinder seien gewesen Paion, Epeios und Aitolos sowie die Tochter Eurykyda. Er vertrieb den Klymenos vom Thron und bot ihn seinen Söhnen an als Preis beim Rennen in Olympia (ders. ebd. u. 5,5,1). Den Aitolos hat er vielleicht von einer Najade oder von Iphianassa (Apollodor, Bibl. 1,7,6).

A Historisch fruchtbar geworden ist eine Geschichte, die den E. in Gesellschaft der Selene zeigt. Man sieht ihn gewöhnlich als Hirten oder Jäger, vor allem aber ist er schön. Mag sein, daß er schon darum die besondere Zuneigung von Vater Zeus hat, der ihm jeden Wunsch gewährt (Apollodor, Bibl. 1,7,5). Nach Hesiod (Ehoien, Schol. zu Apollonios Rhodios 4,57) verleiht er ihm die Gabe, über den Zeitpunkt seines eigenen Todes zu bestimmen (H. G. Evelyn-White, S. 160f). Nach Apollodor (Bibl. 1,7,5) wünscht E. sich ewigen Schlaf, der ihn vor Altern und Tod bewahre (vgl. Zenobius, Cent. 3,76).

Sicher ist, daß die Mondgöttin sich in den schönen Burschen verliebt (Apollodor, Bibl. 1,7,5; Apollonios Rhodios 4,57; Hygin, Fab. 271), aber es scheint, daß einzig der Schlafende sie berückt und daß die Begegnung sich in einem Kuß erfüllt, den E. nicht erwidert, weil er nicht erwacht. Von Küssen («osculari») redet sicher Cicero (Tusc. 1,92,5ff). Er sagt auch, das sei auf dem Berg Latmos bei Milet geschehen (in einer Höhle: Apollonios Rhodios 4,57), wo man ihm nach Pausanias (5,1,5) zu seiner Verehrung einen heiligen Bezirk einrichtete. Properz behauptet, der Mann sei nackt gewesen, und nackt hätten sie beieinander gelegen (2,15,15f).

Während diese Geschichte den E. zeigt, wie er vom Schlaf entrückt bewußtlos Liebe entflammt und zum Geliebten wird (vgl. Cicero, ebd.; ⇒ Eros), zeigt ihn eine andere (wohl alte) Geschichte (in merkwürdiger Ähnlichkeit mit dem → Ixion) als Verliebten, dem die Geliebte unerreichbar bleibt, weil er selbst in den Hades entrückt wird: Er sei von Zeus in den Himmel aufgenommen worden, aber als er sich in Hera verliebte, wurde er mit einem Trugbild aus Wolken getäuscht und in den Hades geschleudert (Hesiod, Gr. Ehoien, Schol. zu Apollonios Rhodios 4,57; H. G. Evelyn-White, S. 260f).

B Die Begegnung von Semele und E. ist historisch zum Fluchtpunkt des Interesses geworden und hat Dichter und Philosophen ebenso beschäftigt wie Mythologen und bildende Künstler. Das Thema ist vorgegeben durch das Miteinander von Schönheit, Liebe, Schlaf und Tod und wird mit wechselnden Schwerpunkten abgehandelt.

Gellius (Silvae 3,40–42) scheint den Tod des E. dem Tod des → Narziß zu assoziieren. Platon spekuliert über das Wiederaufleben der Toten (Phaidon 72b–c).

Fulgentius (Myth. 2,16, St. 699f) knüpft an eine Identifikation von Mond (Luna/Selene) und Proserpina/⇒ Persephone in der Unterwelt einerseits, der Diana/⇒ Artemis (vgl. Myth. Vat. I 229) andererseits an und assoziiert somit den Tod mit der Geschichte.

Die Rationalisierung ist banal: Luna habe sich in den Hirten E. verliebt, weil er der erste war, der den Lauf des Mondes studierte (Plinius, Nat. 2,43). Weil er über 30 Jahre seines Lebens nichts anderes tat, sage man, er habe 30 Jahre geschlafen. Daß die Feuchtigkeit des nächtlichen Taus, welche die Ausdünstungen von Sternen und Mond den Lebenssäften der Pflanzen eingeben, einem Hirten nützlich ist, soll wohl als Liebeszeichen der Luna verstanden werden (vgl. Myth. Vat. III 7,3). Eine Variante will, daß E. die Liebe der

Göttin vorsätzlich mit seinen weißen («candidissima») Schafen weckte (Myth. Vat. II 28; vgl. Servius, Georg. 3,391 ff, ⇒ Pan, S. 138).

Boccaccio (Gen. 4,16) meint, Einfältige («stulti») hielten einen, der meditiert, für einen Schläfer, während es doch so sei, daß dergleichen Beschäftigung (wie, wenn man schläft) nur von anderen Aktivitäten (der «vita activa») abhält (vgl. Aristoteles, Eth. nic. 10,7,7). Die weißen Schafe seien ein Bild für das Schneeweiß auf den Gipfeln, die ein Mondbeobachter sinnvoll aufsucht. Den Kuß habe er empfangen als Geste der Luna für sein liebevoll ausdauerndes Studium ihrer Bahn.

Clemens von Alexandria (Exhort. ad Graec. 2 [28P.]) nennt Selene als eine der Göttinnen, die sich mit E. schändlich der Liebeslust hingaben.

Daß man einen verschlafenen und faulen Menschen einen E. nannte, soll Erasmus von Rotterdam sagen (vgl. Hederich Sp. 999).

C Die Bildkunst befaßt sich insbesondere seit dem Hellenismus ausschließlich mit dem Schläfer E. auf dem Latmos (s. **A**). Die frühesten Zeugnisse finden sich auf attischen Vasen des späten 5. Jh.s v. Chr.

Stets erscheint E. als schöner Jüngling, durch Speer und Hund (oder mehrere) als Jäger gekennzeichnet (hadrianisches Mosaik; Ostia, Isola Sacra, Grab Nr. 87: mit zwei Speeren und zwei Hunden) oder durch einen Hirtenstab als Hirte, wie auf einem Mosaik in Nîmes (Musée Archéologique, Inv. Mos. I Nr. 330).

D 1. *Selene (Diana) und E.* (Cicero, Tusc. 1,92,5 ff) ist seit dem Hellenismus durch alle Zeiten ein überaus beliebtes Thema der bildenden Kunst. Die früheste Darstellung findet sich auf einem vergoldeten Klappspiegel (erste Hälfte 3. Jh. v. Chr.; Athen, Nationalmuseum, Inv. 16111). In der stadtrömischen Kunst sind die zahlreichen Reliefsarkophage hervorzuheben, die in angemessener Weise (s. **B**) mit Darstellungen der E.-Sage geschmückt sind. Das

Schema ist hier durchgehend folgendes: E. liegt schlafend auf dem Boden, die Mondgöttin steigt von ihrem zweirädrigen Wagen und wird von Amor (⇒ Eros) zu E. geleitet, z. B. auf dem Wannensarkophag der Arria (200–220 n. Chr.; New York, Metropolitan Museum, Inv. 47.100.4a,b). Auf einem Sarkophag in München (Glyptothek; 170 / 180–200 n. Chr., Inv. 189) gießt Hypnos (= Schlaf, mit Schmetterlingsflügeln) über E. Schlafsaft aus. – Anders die Auffassung auf den römischen Wandbildern, wo Selene (ohne Wagen) in der Regel herabschwebt. Das Motiv der herabsteigenden Selene soll auf ein verlorenes Gedicht der Sappho zurückgehen (vgl. aber auch Lukian, Göttergespräche 11!). Wie auf dem Sarkophag der Arria (s. o.) wird die Mondgöttin von Amor geführt auf einem Wandbild aus Herculaneum (4. Stil; Neapel, Museo Nazionale, Inv. 9246).

Eines der schönsten antiken Beispiele des schlafenden E. besitzen wir in einem römischen Marmorrelief des 1. Jh.s n. Chr. vom Aventin (Rom, Musei Capitolini, Inv. Albani B 217): Der knabenhafte E. (im Profil nach rechts auf seinem Mantel sitzend) ist im Schlaf, den Speer geschultert, in sich zusammengesunken. Sein wachender Hund hebt den Kopf und schaut witternd nach oben, wo Selene zu denken ist.

In der Galleria des Palazzo Farnese in Rom gesellt Annibale Carracci (1595 ff) Semele und E. zu drei anderen Liebespaaren, von denen nur eines – Juppiter und Juno – rein göttlicher Natur ist. Die anderen stellen die Verbindung eines Gottes oder einer Göttin mit einem oder einer Sterblichen dar (Venus und Anchises, Herkules und Iole). E. schläft, den Stab in der Rechten, den Mantel um Hüfte und Oberschenkel geschlungen; auch der Hund zu seinen Füßen schläft und bemerkt nicht die von der Mondsichel gekrönte Selene, die von hinten kommend E.s Haupt umfängt.

Guercinos E., der vorn übergesunken seinen Kopf auf den Arm lehnt, der auf einer Mauer ruht, erscheint im hellen Licht des Mondes, dessen Sichel am Himmel steht (Gemälde, 17. Jh.; Rom, Palazzo Doria Pamphilj, Galleria).

Bildhauerische Gestaltung erfuhr das Thema u. a. durch Balthasar Permoser, der den schlafenden E. auf dem Boden, halb liegend, halb sitzend sieht, den Kopf in die rechte Hand gestützt (sein Antlitz ist in seine rechte Hand geschmiegt: Lukian, Göttergespräche 11); auch der Hund schläft (Elfenbein, 1675/77; München, Bayerisches Nationalmuseum). In einer anderen Elfenbeinarbeit desselben Meisters schläft E. mit zurückgesunkenem Kopf, von oben schwebt Selene, begleitet von einem Putto (Amor?), und berührt mit der Rechten behutsam das Haupt des Schlafenden wie in einer Verbildlichung des milde scheinenden Mondlichts (1675/77; Braunschweig, Anton-Ulrich-Museum). In gleicher Komposition präsentiert sich eine Bronzegruppe des Cornelis van Cleve (*E. und Selene*, vor 1704; Dresden, Grünes Gewölbe). – Auf einem Gemälde des Benvenuto Tisi, gen. Garofalo (erste Hälfte 16. Jh.; Dresden, Gemäldegalerie Alte Meister), ist Selene (hier in zweifacher Manifestation: als Person und als Gestirn am Himmel) ihrem von zwei Rindern gezogenen Wagen entstiegen, um den schlafenden Geliebten zu umarmen (Aphrodite weiß vom Hörensagen, Selene halte an der Grenze zu Karien ihren Wagen an, um auf den schlafenden E. hinabzuschauen, manchmal steige sie sogar zu ihm herab: Lukian, Göttergespräche 11).

Wie für eine barocke Bühne inszeniert erscheint Nicolas Poussins Gemälde *Diana und Endymion* (um 1630, Wright Nr. 51; Detroit, Institute of Arts). Der von einer weiblichen Figur zur Seite gezogene Vorhang, in dessen Schatten ein Mann und zwei Kinder schlafen, gibt den Blick frei auf Apoll, der sein Gespann über den Himmel lenkt. Aurora, die der Quadriga voraneilt, deutet den Tagesanbruch an – die weiß gewandete Diana (in Begleitung des Amor) steht vor dem knienden E. Die Ikonographie des Bildes ist ohne Tradition. Die literarische Quelle sieht E. Simon (s. Lit.) im Homerischen Hymnos (5) an ⇒ Aphrodite, wo zwar nicht von E. und Selene die Rede ist, jedoch in Analogie von einer anderen Liebe zwischen einem göttlichen und einem sterblichen Partner: Aphrodite und Anchises (⇒ Aphrodite, S. 34 u. 65 f). Dort bittet der sterbliche Geliebte die Angebetete (von der er vorerst nur ahnt, daß sie eine Göttin ist: S. 91 ff) um ein langes und zufriedenes Leben. In dem auf dem Boden schlafenden Alten auf Poussins Bild sieht die Autorin Thitonus, den Gemahl der Göttin Eos/Aurora, die am Himmel das Gespann des Helios anführt: Im Homerischen Hymnos (s. o. 218 ff) führt Aphrodite dessen Schicksal vor Augen; Eos hatte für ihn von ⇒ Zeus das ewige Leben erwirkt, jedoch vergessen, auch um ewige Jugend zu bitten. Thitonus altert, und als er sich nicht mehr bewegen kann, legt Eos ihn in ein separates Zimmer, wo der Alte nun ohne Ende vor sich hin murmelt. Dieses Schicksal möchte Aphrodite dem Anchises ersparen. Mag sein, daß das Schicksal des E. vor diesem Hintergrund zu sehen ist: Mit Thitonus hat er gemein, daß er nicht stirbt, anders als jener jedoch altert er nicht, was ihm aber nicht bewußt wird, da er einen ewigen Schlaf schläft. – Die beiden schlafenden Kinder interpretiert E. Simon als Personifikationen des Brüderpaars Schlaf und Tod (vgl. **B**, S. 238; vgl. auch Midas und → Phaët(h)on unter dem Gesichtspunkt eines unüberlegt ausgesprochenen Wunsches).

Lit.: Actes du 5ᵉ Congrès International d'Archéologie Chrétienne. Città del Vaticano 1957, S. 307–319. Colton, Judith: The Endymion Myth and Poussin's Detroit Painting. In: Journal of the Warburg and Courtauld Institutes 30, 1967, S. 426–430. Dowley, Francis H.: The iconography of Poussin's painting representing Diana and Endymion. In: ebd. 36, 1973, A. 305–318. Gabelmann, Hanns, in: LIMC 1986, 3,1, S. 726–742; 3,2, S. 551–561, s. v. Endymion. Sichtermann, Hellmut: Späte Endymion-Sarkophage. Methodisches zur Interpretation. Baden-Baden 1966. Simon, Erika: Poussins Gemälde «Bacchus und Midas» in München. In: Jahrbuch der Hamburger Kunstsammlungen 18, 1973, S. 109–118.

Erichthonios → Aglauros
Erinnyen → Harpyien, ⇒ Musen, → Sirenen

Eriphyle, griech., lat. Eriphyla. Gestalt aus dem thebanischen Sagenkreis. Tochter des Talaos und der Lysimache, Schwester des Adrastos, Gemahlin des → Amphiaraos; von diesem die Mutter des Alkmeon (Alkmaion) und des Amphilochos sowie der Töchter Eurydike und Demonessa, auch Alkmene wird genannt (Pausanias 5,17,7 f).

A E. hat traurige Berühmtheit erlangt durch den Verrat an ihrem Gemahl → Amphiaraos. Weil sie sich von → Polyneikes mit einem kostbaren Halsband bestechen ließ, muß Amphiaraos in den Krieg gegen Theben ziehen (vgl. Homer, Od. 11,326 f; Apollodor, Bibl. 3,6,2). Vor dem Aufbruch fordert der erregte Vater die Söhne auf, die Mutter zu töten, wenn sie erwachsen geworden seien. Als später die Söhne der vor Theben Gefallenen, die «Epigonen», sich zum Feldzug gegen die Stadt rüsten und durch einen Orakelspruch erfahren, daß sie zum Sieg der Führung des Alkmeon bedürfen, läßt E. sich ein zweites Mal bestechen: Thersandros, der Sohn des Polyneikes, gibt ihr das Hochzeitsgewand der Harmonia, und sie überredet die Söhne zur Teilnahme (Apollodor, Bibl. 3,7,2). Nach der Einnahme der Stadt entdeckt Alkmeon die Tat der Mutter. Einem Orakel Apolls folgend tötet er die Mutter und erfüllt damit zugleich den Auftrag des Vaters. Die Erinnyen der Mutter aber treiben ihn in den Wahnsinn (vgl. Thukydides 2,102,7 ff; Pausanias 8,24,7 ff; Ovid, Met. 9,407 ff; Hygin, Fab. 73). Schließlich bringt auch ihm das Halsband der Harmonia den Tod, als nun seine Frau Kallirhoë, Tochter des → Achelo(i)os, ebenfalls den Schmuck zu besitzen wünscht. Unwillig macht Alkmeon sich auf den Weg und wird ermordet. Seine Mörder sollen das Halsband dem Delphischen Apoll geweiht haben (Pausanias 8,24,8 ff). Es heißt aber auch, daß sich das Geschmeide als Weihgeschenk in einem Tempel des ⇒ Adonis und der ⇒ Aphrodite in Amathous auf Cypern befand (Pausanias 9,41,2).

Ein Bild auf der Kypseloslade im Heratempel zu Eleia zeigt E. vor dem Haus des Amphiaraos mit ihren vier Kindern. In der Hand hält sie das Halsband (Pausanias 5,17,7). Diese Szene soll sich auch auf einem verlorenen spätkorinthischen Säulenkrater (ehemals in Berlin, Staatliche Museen, Inv. 1471) befunden haben (Pausanias 1979, S. 249, Anm. 170).

B Petrarca (Trionfi, Trionfo d'Amore 1,143 f) stellt die habgierige E. der treuen Argia gegenüber.

D In der Bildkunst hat E. lediglich in der Antike einige Bedeutung, vor allem in der griechischen Vasenmalerei.

1. *Die Bestechung der E.* Ein bevorzugtes Thema griechischer Vasenmaler. Polyneikes, in Reisekleidern (wohl als Kaufmann), versucht, das Interesse der E. an dem kostbaren Geschmeide zu wecken – mit Erfolg (Kelchkrater um 425/400 v. Chr.; Tarent, Museo Nazionale, Inv. I. G. 6957: Polyneikes präsentiert die Preziose, E. zögert noch, scheint aber angetan; Kalpis, 450/425 v. Chr.; Toronto, Royal Ontario Museum, Inv. 919.5–27 [362]): E., auf einem Stuhl sitzend, nimmt von Polyneikes, wieder in Reisekleidung, das Halsband entgegen.

2. *Der Tod der E.* Das Schulterbild einer Tyrrhenischen Amphora des 6. Jh.s v. Chr. (aus Orvieto; Berlin, Staatl. Museen, Inv. 4841) stellt vermutlich E. dar, die am Grab ihres Gemahls von ihrem Sohn Alkmeon getötet wurde (sie trägt ein langes kostbares Gewand).

Lit.: Lezzi-Hafter, Adrienne, in: LIMC 1986, 3,1, S. 843–846; 3,2, S. 606–608, s. v. Eriphyle.

Eteokles → Polyneikes
Euander → Aeneas

Giganten, griech., lat. Gigantes. Söhne der Ge/Gaia (lat. Tellus = Erde) und des Uranos, durch dessen Blut Ge schwanger wurde, nachdem ⇒ Kronos ihn entmannt hatte. Geschwister der Titanen, Kyklopen, Nymphen, Erinnyen, von → Achelo(i)os, Antaios und den ⇒ Musen (Hesiod, Theog. 105 ff; Homer. Hymn. 30, an Ge; Apollodor, Bibl. 1,6,1 ff; Ovid, Met. 1,151 ff und 1,184; ders. Tristia 7,17; Hesiod, Theog. 820 ff: Typhoeus; Claudian, Gigant.; Tzetzes, Lykophron 63; Erasmus von Rotterdam, Adag. III, 978: bei H./S., Sp. 1711 f).

Angesichts des Schicksals der Titanen, die Uranos in der Erde gefangenhält, verleiht Ge den G. unbesiegbare Kraft. Die gefährlichsten von ihnen sind Porphyrion und Alkyoneus, der unsterblich ist, solange er in seinem Geburtsland ficht. Sie bewohnen Phlegra (mythischer Name der Halbinsel Pallene: Aischylos, Eum. 295; Herodot 7,123 u.a.). Ihr König ist Porphyrion, wie Pindar (Pyth. 8,12 ff) und Aristophanes (Aves 553 und 1249 ff) berichten.

A Die G. sind aufsässig und aggressiv gegen die Himmlischen. Aristophanes scheint zu wissen, daß sie versuchten, die Göttinnen an sich zu bringen (Aves 1205 ff, 1253 ff, 1633). Einer von ihnen – Mimas – soll ⇒ Zeus die Stirn geboten haben (Euripides, Ion 214 f). Enkelados ist ein Widersacher der ⇒ Athene (Euripides, Ion 209 ff).

Ein Orakel hatte den Göttern geweissagt, sie würden keinen der G. vernichten, es sei denn, ein Sterblicher komme ihnen zu Hilfe. G., die darum wußte, suchte nach einem magischen Kraut, das die G. unsterblich machen sollte. Zeus jedoch kam ihr zuvor, verbot Dämmerung, Mond und Sonne, sich zu zeigen, und pflückte das Kraut vor ihr. Dann gewann er mit Unterstützung der Athena den ⇒ Herakles als Helfer. Es kommt zum Kampf («Gigantomachie», einem der drei großen mythischen Kämpfe neben der Kentauromachie, s. S. 368 f, und der Amazonomachie, s. S. 131 f).

Von der Gigantomachie berichten Apollodor (Bibl. 1,6,1 ff) und Claudian (Gig.) am ausführlichsten. Nach Ovid (Met. 1,151 ff) türmen die G. Berg auf Berg, um den Himmel zu erreichen. Juppiters Blitz zerstört das Bauwerk und begräbt die Kerle unter sich, ihr Blut überschwemmt weithin die Erde. Gemäß Apollodor schleudern sie Felsen und brennende Eichen hinauf.

Zunächst trifft ⇒ Herakles den Alkyoneus (der unsterblich ist, solange er auf der Erde kämpft; er hat auch der Sonne Vieh gestohlen) mit seinen Pfeilen. Als der, am Boden liegend, neue Kraft schöpft (wohl durch Berührung mit Mutter Ge; vgl. Antaios, A. M., S. 376), entfernt ihn der Held auf den Rat der Athene von Pallene; erst jetzt geht Alkyoneus zugrunde. Porphyrion kämpft gegen ⇒ Hera und Herakles; Zeus entflammt in dem G. ein Verlangen nach Hera, und als der über die Göttin herfallen will, schleudert Zeus einen Blitz gegen ihn, und Herakles tötet ihn mit einem Pfeil

(Pindar, Pyth. 8,12[15] ff: Apoll). ⇒ Apoll und Herakles töten gemeinsam den G. Ephialtes, indem der erstere einen Pfeil in das linke, der letztere einen in das rechte Auge des Riesen schießt; ⇒ Dionysos tötet den Eurytos mit seinem Thyrsos, Hekate (A. M., S. 138 u. ö.) den Clytios mit ihrer Fakkel, ⇒ Hephaistos den Mimas mit Geschossen aus glühendem Metall (nach Euripides, Ion 215 f, tötet Zeus den Mimas mit einem Blitz; bei Apollonios Rhodios 3,1226 f und Claudian, Gigant. 87 f, ist ⇒ Ares der Schütze); Athena schleudert die Insel Sizilien auf Enkelados; ⇒ Poseidon verfolgt Polybotes und erschlägt ihn mit dem Teil der Insel Kos, den man Nisyron nennt; ⇒ Hermes, unsichtbar durch den Helm des ⇒ Hades (Homer, Il. 5,844; Hesiod, Aspis 226 f), tötet den Hippolytos; ⇒ Artemis den Gration (Name korrumpiert). Auch die ⇒ Moiren sind dabei: Mit erzenen Keulen erlegen sie Agrios und Thoas. Zeus erledigt schließlich die restlichen G. mit seinen Blitzen, und Herakles erschlägt alle mit seinem Bogen in ihrem Todeskampf (Apollodor, ebd.). Athena soll bei dem Kampf den Pallas gehäutet und die Haut als Panzer benutzt haben.

Boccaccio (Gen. 13,1) bringt den Kampf noch weiter in die Geschichte des Herakles ein: Der trägt («nach Anselmus») den Himmel auf seinen Schultern, weil die Götter im Kampf gegen die G. sich alle in einem Himmelsteil versammelt hatten, so daß von dieser Last der Himmel einzustürzen drohte.

B Die G. sind von anmaßender Natur (Bakchylides, Dith. 15,62 f). Sie sind von ungewöhnlicher Größe, ihre Augen blicken furchterregend; sie haben dichtes Haupt- und Barthaar und statt der Beine mit Schuppen bedeckte Schlangen (Apollodor, Bibl. 1,6,1 f; vgl. Ovid, Tristia 4,7,17; Macrobius, Sat. 1,20,9; Servius, Aen. 3,578; Claudian, Gigant. 80 f; Myth. Vat. II 53). Nach Pausanias (8,29,3) sind sie nicht schlangenfüßig. «Hundert Arme» haben sie bei Ovid (Met. 1,184). Ihre Rüstung glänzt, sie tragen lange Speere in den Händen (Hesiod, Theog. 185 f). Verhalten und Naturell der G., wie sie der Mythos schildert, stecken den engen Rahmen der exegetischen Möglichkeiten ab, die in der humanistischen Emblematik zusammengefaßt erscheinen.

Hier stehen die G. für Vermessenheit, Gottesverachtung und Gottesleugnung: bei Barptolomaeus Anulus (1552, S. 57; H./S.,

Sp. 1711) für «crassa ignorantia» = dumpfe Beschränktheit: das Geschlecht der Giganten «ut nihil altum cogitet, at spernat, vel neget esse Deum»). Sie sind schlangenfüßig, weil ihre Empfindung am Boden kriecht und sie dem Höheren gegenüber träge sind.

Besondere Aufmerksamkeit findet das Unterfangen der G., den Himmel durch das Auftürmen von Felsen zu erreichen. Das sei naturwidrig, ein Kampf blindlings gegen Gott (Barptolomaeus Anulus 1552, S. 56; H./S., Sp. 1711f). Nichts ist den Menschen zu schwer, mit Torheit stürmen wir («petimus») selbst den Himmel (Dionysius Lebeus-Batillius 1596, Nr. 21; H./S., Sp. 1712; ähnlich Dirck Pieterszoon Pers 1631, S. 14; H./S., ebd.). Wohl an Ovid (Met. 1,156 ff), bei dem das Blut der G. die Erde tränkt, schließt an das Emblem bei Nicolas Reusner (1591, III, Nr. 3; H./S., Sp. 1713) an. Unter dem Lemma «Wein, Blut der Erde» ist es eine Warnung gegen übermäßigen Weingenuß, der zu Streit und eigenem Untergang führt, wie es den G. geschah.

C Darstellungen der G. sind seit dem 2. Viertel des 6. Jh.s v. Chr. bezeugt. Von Anbeginn stehen zwei Typen nebeneinander: der rein anthropomorphe und der schlangenbeinige. Bei ersterem ist ein gerüsteter, bewaffneter (vor allem in der archaischen Kunst) und ein nackter, nur mit Helm und Schild ausgestatteter Typus zu unterscheiden. In voller Rüstung sieht man die G. z. B. auf den zahlreichen schwarzfigurigen Vasenbildern (Halsamphora aus Tarquinia, gegen 540 v. Chr.; Tarquinia, Museo Nazionale, Inv. 623; Psykter des Nikosthenes, 530/520 v. Chr.; Houston/Texas, Rice Museum, Foundation de Menil, Inv. 70.53 DJ.: In fünf Gruppen kämpfen die Götter gegen die G.). – Dem unbekleideten Typus (ohne Rüstung) gehören u.a. die G. der Metopen vom Parthenon in Athen an (s. u.). – Der schlangenbeinige Typus mit zwei Schlangenleibern statt der Beine (leicht zu verwechseln mit den Tritonen, deren Beine durch Fischleiber ersetzt sind) tritt zunächst sporadisch auf, wird im 4. Jh. jedoch zunehmend Konkurrenz zu ersterem (s. das Bild einer campanischen Lekythos, 3. Viertel 4. Jh. v.

Chr.; Paris, Louvre, Inv. K 509). Prominentestes Beispiel sind die Skulpturen des Pergamonaltars (165–156 v. Chr.; Berlin, Pergamonmuseum, und Istanbul, Archäologisches Museum). In der römischen Kaiserzeit setzt er sich endgültig durch (z. B. auf einem Wandbild in Pompeji VI,8,3, Haus des tragischen Dichters, Triclinium, mit einem G.-Kampf), während die neuzeitliche Kunst wieder von ihm abrückt.

Zu allen Zeiten sehen Maler und Bildhauer in ihnen die wilden, ungehobelten Kerle, wie sie uns in den schriftlichen Quellen begegnen. Meist haben sie volles, ungebändigtes welliges Haupt- und Barthaar (seltener sieht man sie jung und bartlos), sind muskulös und athletisch gebaut. Ihre Waffen sind ihrem Wesen meist angemessen. So benutzen sie außer der Lanze (vgl. Hesiod, Theog. 186) und dem Schwert vor allem Steine (die kleine Bronzestatuette vom Beginn des 5. Jh.s v. Chr. z. B., Athen, Akropolismuseum, Inv. 6592, holt mit einem Stein zum Wurf aus).

D Durch alle Zeiten beschäftigt die bildende Kunst der G.-Kampf, die *Gigantomachie*. Zu den bedeutendsten Beispielen der Antike zählen (in der Vasenmalerei) ein Dinos des 6. Jh.s v. Chr. (Malibu, Getty Museum, Inv. 81.AE.211), die 14 Marmormetopen des Parthenon in Athen (Phidias, 5. Jh. v. Chr.: jeweils ein Gott/Göttin im Kampf gegen einen G.; heute London, British Museum) und der hellenistische Fries des Großen Zeus-Altars aus Pergamon (2. Jh. v. Chr., s. o.; schematische Darstellung der Friese in LIMC 1988, s. Lit., 4,1, S. 202 f). Mehrere reliefierte marmorne Friesplatten der antoninischen Zeit greifen auf die Thematik des hellenistischen Zeus-Altars zurück (u. a. zwei Fragmente im Vatikan, Cortile del Belvedere, Inv. 915 u. 940) und knüpfen zugleich an deren tiefere Bedeutung als mythisches Gleichnis für erfolgreiche Barbarenkämpfe an, als Symbol für die Vernichtung der Reichsfeinde (s. W. Helbig, Allgem. Bibl., 1963, Bd. 1, Nr. 240; 1966, Bd. 2, Nr. 1703). – Die plastische Darstellung von Göttern, (schlangenschwänzigen) G. und zwei Viktorien im Portal-Kranzgesims des Palasttempels von Spalato, auf zehn Mensolen verteilt, meint nichts anderes als den Sieg der Götter (Juppiter, hier vertreten durch seinen Adler, Sol und Herkules) über die G. und ist sicher in demselben Sinn zu verstehen wie die zahlreichen *Gigantomachien* auf Münzen dieser Zeit, von Diokletian, Constantius und Maximianus Herculius: die Vernichtung des Chaos durch Gesetz und Ordnung – in der Zeit heftigster Christenverfolgungen sicher auch als Drohung gegen jene gemeint (H. Wrede, s. Lit.).

Das 16. Jh. entdeckt das Thema neu und mit ihm den alten Sinngehalt. In den 1630er Jahren entstehen in Oberitalien fast gleichzeitig mehrere monumentale Darstellungen (Fresken) der Gigantomachie, veranlaßt durch einen Besuch Kaiser Karls V., in allegorischer Verknüpfung mit Juppiter (⇒ Zeus) gleichgesetzt, der mit seinem Blitz die anmaßenden G. vernichtet. Im Palazzo Doria in Fassolo (Genua) schmücken die Fresken des Perin del Vaga (1533) die Sala dei Giganti, einen Saal, der während des Aufenthalts des Kaisers als Thronsaal fungieren sollte. Der Hausherr selbst, Andrea Doria, war 1529 von Karl V. zum Admiral der kaiserlichen Flotte in Mittelmeer und Adria ernannt worden (vgl. Andrea Doria in Gestalt des Neptun, ⇒ Poseidon).

Kurz darauf entstanden die Fresken Giulio Romanos in der Sala dei Giganti im Palazzo Te in Mantua (1534; ausgeführt von Rinaldo Mantovano). Die Komposition gipfelt in der (gemalten) Kuppel eines ionischen Rundtempels, um den sich – konzentrisch in einem Wolkenkranz – die Götter versammelt haben: dominant die Figur des Juppiter, der zu einem vernichtenden Schlag mit dem Blitzbündel ausholt gegen die G. (alle in menschlicher Gestalt; s. C), die unter Felsbrocken und berstenden Säulen und Gebälkstücken begraben werden. Die Kraft des Blitzes versetzt sogar die Götter in Schrecken, und auch der Betrachter scheint in das Geschehen einbezogen (anders als die manieristische zweizeilige Komposition Perinos im Palazzo Doria, s. o., die den Betrachter auf Distanz hält). Nach F. Hartt (s. Lit., S. 153) liegen Giulios Werk zwei Quellen zugrunde: Vergil (Aen. 3,578 ff) und Euripides (Kykl. 298 ff).

Auf ersteren geht z. B. das Motiv des Enkelados zurück, den man auf dem Fresko unter dem Ätna eingekerkert sieht. Bei Euripides ist von Polyphem und seinen Brüdern die Rede, die unter dem Vulkan ihre Schmiede betreiben. Polyphem, der Einäugige, ist auf dem Fresko leicht zu identifizieren. – Auf Giulio Romanos Darstellung im Palazzo Te geht der Gigantensturz von Giovanni Battista Caccioli im Palazzo Canossa in Mantua zurück (1668/70). – Zur Verherrlichung Karls V. entstand auch die Deckenmalerei des Studiolo im Castello di Colloredo di Monte Albano von Giovanni da Udine und Gehilfen (vor 1556; vom Erdbeben 1976 weitgehend zerstört). Erwähnenswert ist ferner die Fassadenmalerei des Pordenone am Palazzo Tinghi in Udine (kurz nach 1532), die allerdings nicht erhalten ist (Rekonstruktionsversuch bei C. Furlan, s. Lit.). Verschollen ist auch eine Teppichserie mit dem Thema *Trionfo di Ercole sui giganti* für Ercole II d'Este nach Entwürfen von Giulio Romano.

Auf einer Radierung von Salvator Rosa (wohl 1663; Pendant zu der Radierung *Oedipus wird von dem Bauern gefunden*) sieht man die G. wie auf einer Geröll-Lawine in die Tiefe stürzen.

Einen spezifischen allegorischen Sinn beinhalteten drei G., die bei einem Entrée des Kaisers 1541 in Mailand an einem Triumphbogen («un arco quadrifronte») unter der Reiterstatue Karls V. zu sehen waren (dokumentiert im «Trattato dell'intrar in Milano di Carlo V» von A. Albicante): Der eine repräsentiert «il Barbaro Africano», der andere «il Turcho» und der dritte «l'Indiano» – eine deutliche, an die vordringenden Türken gerichtete Warnung und eine Rechtfertigung der Eroberung des neuen Kontinents! – Eine Medaille (1549) zum Gedenken an den Sieg des Kaisers über die Protestanten bei Mühlberg stellt verso einen G.-Sturz durch den Blitz des Juppiter dar mit der Ermahnung «DISCITE IVSTITIAM MONITI» (etwa: Seid gewarnt: ihr werdet Gerechtigkeit erfahren!; Abb. in G. Toderi/F. Vannel, s. Lit., Bd. 3, Nr. 58). Eindeutig propagandistischen Hintergrund hat auch eine *Gigantomachie* im Palazzo Lalatta in Parma (Fresken von Lattanzio Gambara,

1571/73). Die Decke eines Saals schmücken Giustizia (Gerechtigkeit), Apoll und Juppiter, die Blitze gegen die G. schleudern, deren türkische (!) Fahnen in Fetzen gehen – ein Hinweis auf die Schlacht von Lepanto, wo Spanier und Venezianer 1571 die Türken besiegt hatten.

Vermutlich ohne politischen Hintergrund sind die Fresken des Battista Franco in der Villa Foscari von Andrea Palladio in Mira (Sala dei Giganti, gegen 1561). Dasselbe gilt wohl für Domenico Brusasorcis Fresken im Palazzo di Giuseppe Porto in Vicenza (kompositorisch deutlich von Giulio Romanos Fresken im Palazzo Te, s. o., beeinflußt). Der Sieg der Olympier über die G. ist auf den Fresken der Decke in der Stanza della Segnatura im Vatikan (1509/17, u. a. dem Peruzzi zugeschrieben) in ein vielschichtiges Programm integriert, das in vier Gruppen jeweils ein Motiv aus der Geschichte einem aus der Mythologie zuordnet. E. Wind (s. Lit.) erkannte darin allegorische Darstellungen der vier Elemente, in denen die G. für das Element Erde stehen (s. auch → Amphitrite, S. 140).

Einem besonders interessanten Konzept folgt die Freitreppe von Schloß Troja bei Prag, wo der G.-Sturz in das plastische Programm, das die Treppe schmückt, integriert und in Szene gesetzt ist (1685 von dem Bildhauer Georg Heermann realisiert). Wir sehen einen der G. als Atlanten, einen anderen niedergedrückt von der Last der Architektur, einen dritten von einem Felsblock niedergeschmettert auf dem Rücken liegend (vielleicht Enkelados).

Lit.: Andreae, Bernard: Laokoon und die Kunst von Pergamon. Die Hybris und die Giganten. Frankfurt 1991. Belfanti, Carlo Marco u. a.: I giganti di Palazzo Te, Mantova 1989. Furlan, Caterina: Proposte per una lettura degli affreschi del Pordenone in Palazzo Tinghi a Udine. In: Festschrift für Maria Cionini Visani, Torino 1977, S. 76–80. Hartt, Frederick: Giulio Romano, 2 Bde., New Haven 1958. Tellini Perina, Chiara: Il mito della caduta dei giganti: messaggio politico e allegoria morale. In: Belfanti 1989 (s. o.), S. 61–78. Toderi, Giuseppe/Vannel, Fiorenza: Le medaglie italiane del XVI secolo, s. Allgem. Bibl. Vian, Francis/Moore, M. B., in: LIMC 1988, 4,1, S.

191–270; 4,2, S. 108–158, s. v. Gigantes. W(ind), E(dgar): The four elements in Raphael's Stanza della Segnatura. In: Journal of the Warburg and the Courtauld Institutes 2, 1938–39, S. 75–79. Wrede, Henning: Eine tetrarchische Gigantomachie in Spalato. In: Jahrbuch für Antike und Christentum 24, 1981, S. 67–70.

Gorgonen, drei Geschwister, Töchter der Ge oder (gewöhnlich) des Meergottes Phorkys und seiner Schwester Keto. Ihre Namen werden zumeist angegeben mit Stheno, Euryale, ⇒ Medusa, gewöhnlich in dieser Reihenfolge. Geschwister der Graien (oder Phorkyden), der Echidna, des Ladon und bei späteren Autoren noch anderer. In einer späten Quelle heißen sie Chimaera (→ Chimaira), Gorgo und Medusa (Myth. Vat. I 157).

A Der Mythos sieht die ursprüngliche gorgonische Dreifaltigkeit eigentlich nur aus Anlaß der Medusa, wobei die Geschwister zumeist einander gleich sehen und gleich sind bis auf die wesentliche Tatsache, daß einzig Medusa sterblich ist. Bemerkenswert also, daß Aeneas im Hades allen drei G. begegnet (Vergil, Aen. 6,289 ff). Die Besonderheit der Medusa wird gelegentlich anschaulich auch daran, daß allein sie Schlangenhaar hat. Hesiod (Aspis 236 f) sieht auf dem Schild des Herakles die bebende Furcht («Phobos») über den G.: doch wohl als Inbegriff der Furcht. Oder soll das heißen, daß selbst sie sich fürchteten vor dem Helden? Lucan (9,646 f) wird berichten, vor Medusa hätten sich sogar Eltern und Schwestern gefürchtet. Sie alle sind entweder entsetzlich häßlich oder unglaublich schön, und ihre Macht liegt (zumeist) einzig in ihrem Anblick. Georg Pictorius (Apoth., 1558, S. 123) behauptet (vielleicht im Anschluß an den «Liber monstrorum» 1,38), daß allen dreien der versteinernde Blick eigen gewesen sei. Als tätig Handelnde zeigt der erhaltene Mythos sie wohl nur in dem Augenblick, da Stheno und Euryale den Perseus verfolgen. Der Libellus (21) behauptet, Perseus habe allen dreien den Kopf abgeschlagen (vgl. Vergil, Aen. 6,289 ff).

B In rationalistischer Auslegung der Medusageschichte kommt man zur Entdeckung eines kriegerischen Frauenvolks der G., das in Libyen lebt. Ihre kriegerische Tüchtigkeit muß groß gewesen sein, denn es habe einen Sohn des Zeus, ⇒ Perseus, den mächtigsten Griechen in seinen Tagen, gebraucht, sie zu unterwerfen (Diodor 3,52,4). Sie sollen sich gegen ihre Nachbarn, die Atlanter, so feindselig benommen haben, daß diese die → Amazonen um Hilfe baten. Es kam zu einer gewaltigen Schlacht, in der die G. unterlagen. Allein 3000 Gefangene sollen die Amazonen gemacht haben (Diodor 3,54,6–55,3). Die G. erholten sich von der Niederlage, und sie müssen anderen hinreichend lästig gefallen sein, so daß es noch einmal des Perseus bedurfte, sie zur Ordnung zu bringen. Damals soll ⇒ Medusa ihre Königin gewesen sein.

Diese G. fanden ihr Ende gemeinsam mit den Amazonen durch Herakles, der meinte, es würde schlecht passen zum Wohltäter der Menschen, der er sein wollte, duldete er, daß irgendein Volk von Frauen (!) beherrscht wird (Diodor, ebd.; vgl. Pausanias 2,21,6).

Es scheint, daß diese Vorstellung von den G. sich aus zwei Quellen speist: Zum einen nimmt eine männliche (patriarchalische) Auffassung von der ordentlichen Rolle der Frau (An den Herd gehört sie!) gern die Gelegenheit, das Bild der männermordenden G. mit dem der offenbar gleichermaßen unheimlichen und abstoßenden und zudem strikt feministisch-matriarchalischen Amazonen zu verbinden. Zum anderen fügt es sich zu diesem Ende gut, daß G. und Amazonen in derselben Gegend wohnen (vgl. die Berichte bei Diodor 2,45 u. 3,53,1 ff).

Geradewegs rationalistische Deutung erklärt die G. zu Töchtern eines reichen Königs in Afrika (Myth. Vat. III 14,1). Von den reichen Töchtern des Königs Forcus sprach Fulgentius (Myth. 1,21). In Ableitung des Namens «Gorgo» der ältesten der drei kommt man zu dem Schluß, der Reichtum sei eine Frucht der Landwirtschaft, denn «Gorgo» heiße «quasi georgigo», und die Landwirte nenne man griechisch «georgi».

Athenaios (5,221b ff) berichtet von «Gorgonen» im numidischen Libyen, die aber eine Art Wildschaf oder Kalb gewesen seien. Diese vermochten durch ihren bloßen Blick (!) Menschen in leblose Körper zu verwandeln, wie das Soldaten im Heer des Marius widerfuhr (tatsächlich trugen die Kreaturen ein derart langes Fell, daß die Jäger Vorder- und Hinterteil miteinander verwechselten, zumal die Tiere sich beim Grasen auch noch rückwärts bewegt zu haben scheinen: Anlaß genug für einen ‹versteinernden› Schrecken!). Andere behaupteten, der Atem der Tiere sei so stark gewesen, daß er jeden, der ihm nahekam, vernichtete (s. auch Vincenzo Cartari 1647, S. 201).

Allegorese und Moralisierung scheinen an diesen G. kein besonderes Interesse gefunden zu haben. In Ausdeutung des Namens «Gorgo» mit der Bedeutung von Schrecken («terror») liest Fulgentius (Myth. 1,21) die Namen der drei Geschwister als Bezeichnungen je einer Stufe seiner Auswirkung in wachsender Intensität. Er notiert: Der erste Schrecken schwäche den Verstand («mentem»), der zweite fülle ihn aus, der dritte lasse nicht nur den Verstand, sondern auch die Augen erblinden. In diesem Sinn bedeute das griechische «Stenno» Wahnsinn («dementia»), «Euryale» heiße (mit verwirrendem Hinweis auf Homer, Il. 2,141) weite Unergründlichkeit («lata profunditas»), «Medusa» besage, daß sie nicht sehen könne. Remigius (2,50.16, Bd. 1, S. 161) versucht zu klären und versteht «Stenno» als «debilitas», «Euriale» liest er wie Fulgentius als «lata profunditas», was er als «Betäubung» (= «stupor») oder «Besinnungslosigkeit» (= amentia) versteht, unter «Medusa» vertehe man «Vergeßlichkeit» (= «oblivio»; ⇒ Medusa). Augenscheinlich wird hier versucht, die ursprüngliche Gleichartigkeit der drei in eine sinnvolle hierarchische Gliederung aufzulösen.

Der «Ovide moralisé en prose» (4,26, de Boer, S. 162) erklärt die drei zu Töchtern des Teufels, Herrscherinnen über die Welt vor der Ankunft von Perseus-Christus, der sie durch seine Passion und seinen Tod entmachtet. Sie heißen «Eitler Ruhm» (vaine gloire), «Begehrlichkeit» (convoitise) und «Fleischeslust» (delectation charnelle).

In Ausdeutung der Rolle der Graien beim Unterfangen des ⇒

Perseus deutet Conti (10, S. 301ᵛ) die G. als Bild für die Begehrlichkeit («cupiditas») als dem anderen Vermögen der Seele («anima») nach dem Verstand («ratio»), für welchen die Graien stehen. Weil es zur Lösung schwierigster Probleme (v. a. öffentlicher Natur) des Verstandes bedürfe, habe Perseus (= «Klugheit») zur Überwindung der G. sich der Hilfe der Graien bedient, ihres Auges, sowie des Rats und der Hilfe der Pallas. Im selben Zusammenhang findet sich auch eine umständliche physikalische Auslegung (Conti, 10, Bl. 301 *De Gorgonibus*).

C Die Erscheinung der beiden G. gleicht meist der ihrer Schwester ⇒ Medusa. Auf einer der ältesten erhaltenen Darstellungen nehmen sie auch dieselbe Haltung ein (Halsamphora um 670 v. Chr.; Eleusis, Museum). Das fratzenhafte Dämonengesicht wird von zwei Schlangen flankiert, zwei Schlangen wachsen aus den Schultern der G. (vgl. die Medusa im Westgiebel des Artemistempels in Kerkyra, um 600 v. Chr.; den Gürtel bilden zwei vorn geknotete Schlangen); das lange Gewand gibt ein Bein in Schrittstellung frei.

In der klassischen Kunst Griechenlands sieht man die G. geflügelt, mit kurzem gegürtetem, manchmal plissiertem Chiton, barfuß, das Haar zum Knoten gebunden (attische Oinochoe, 430 v. Chr.; Ferrara, Museo Nazionale, Inv. 2512). Wie Medusa wandelt sich die G. allmählich ganz zur schönen Frau (Seitenakrotere des Heroons von Limyra, 370–350 v. Chr.; hier flügellos, mit langem Gewand). – Die mittelalterliche Darstellung in einem Bestiarium (engl., 13. Jh., Cambridge, University Library, Ms. KK.IV, 25, Bl. K 6b) zeigt die drei Schwestern (Medusa in der Mitte) im Zeitkostüm mit langem Gewand und Haube, aber im Gegensatz zu Medusa fallen die G. Stenie und Euriale durch Schönheit auf. – Die Neuzeit hält am «schönen» Typus der G. fest (vgl. das Fresko Annibale Carraccis im Camerino Farnese in Parma, *Die Enthauptung der Medusa*, 1597, oder das Gemälde von Edward Burne-Jones, *Das Schreckenshaupt* aus dem Perseus-Zyklus, 1878 ff; Stuttgart,

Staatsgalerie; nach William Morris, *Earthly Paradise*, London 1868; s. a. ⇒ Perseus).

D 1. *Die G. verfolgen Perseus* (Apollodor, Bibl. 2,4,3). Wenn die G. während der Enthauptung der Medusa nicht schlafen (wie auf einigen griechischen Vasenbildern oder auf dem Fresko A. Carraccis im Camerino Farnese, s. o.; vgl. Hygin, Astron. 2,12), nehmen sie die Verfolgung des Perseus auf (z. B. auf einem etruskischen Bronzerelief des 6. Jh.s; München, Staatl. Antikensammlungen, Inv. Br SL 66). Beide Schemata sind in der Bildkunst durch die Zeiten zu beobachten. – Auf der attischen Oinochoe (um 430 v. Chr.; Ferrara, Museo Nazionale, s. o.) tritt Athene den die Verfolgung aufnehmenden G. in den Weg. Unter den (seltenen) Beispielen der neuzeitlichen Kunst verdient die Darstellung von Burne-Jones (1878 ff; Stuttgart, Staatsgalerie; aus dem oben erwähnten Zyklus) besondere Beachtung. Die der Blindheit gleichkommende Unsicherheit der G., die Perseus seiner Kappe wegen nicht sehen können, drückt sich darin aus, daß die Mädchen in divergierende Richtungen laufen.

2. *Die G. teilen sich ein Auge* (Isidor, Etym. 11,3,29). Wohl auf eine Verwechslung mit den Graien zurückgehend, die sich ein Auge und einen Zahn teilen (vgl. Ovid, Met. 4,775, und A. M., S. 540). Diese in einer Version des Mythos überlieferte Erzählung wird in einer mittelalterlichen Darstellung illustriert (s. das oben zitierte engl. Manuskript des 12. Jh.s in Cambridge). Die beiden die Medusa flankierenden G. (alle sitzend) halten gemeinsam ein Auge vor der Brust der Medusa.

Lit.: Krauskopf, Ingrid, in: LIMC 1988, 4,1, S. 330–344; 4,2, S. 188–195, s. v. Gorgones (in Etruria). Dies./Dahlinger, Stefan-Christian, ebd., 4,1, S. 285–330; 4,2, S. 163–188, s. v. Gorgo, Gorgones. Paoletti, Orazio, ebd., 4,1, S. 345–362; 4,2 S. 195–207, s. v. Gorgones romanae.

Gryllos, griech., lat. Grillus («Ferkel», «Schweinchen»); bei Plutarch (Bruta animalia ratione uti 64, 985 d–992e) Name für einen der von Kirke in Schweine verwandelten Gefährten des → Odysseus (Od. 10,338).

B In einem mythologisch eingekleideten satirischen Dialog bittet Odysseus die Zauberin Kirke, den in ein Schwein verwandelten Gefährten zurückzuverwandeln. Kirke willigt ein unter der Voraussetzung, daß der Betroffene damit einverstanden ist. In dem folgenden Dialog zwischen Odysseus und G. zeigt sich überraschenderweise, daß G. das Leben als Tier höher einschätzt, und er begründet dies ausführlich. Das Tier habe die Voraussetzungen, tugendhafter, tapferer, keuscher, mäßiger im Essen und Trinken (und so weiter) zu sein als der Mensch – ein Lobpreis tierischer Glückseligkeit im Sinne epikureischer Denkweise (vgl. RE Bd. 41, s. v. Plutarchos, S. 739 ff).

In der Emblematik wird G. zum Bild der Sinneslust (Petrus Costalius, Pegma, cum narrationibus philosophicis. Lyon 1555, S. 176; H./S., Sp. 1695 f: «Gerade der Gewaltige folgt der Sinneslust gern»).

D Eine der seltenen Einzeldarstellungen findet sich auf einem Fresko von Bartholomäus Dill im Grafenturm zu Tramin / Südtirol (vermutlich 1540er Jahre). G. erscheint in Gestalt eines Menschen in modischer Kleidung mit hohem Hut, jedoch mit Schweinekopf. An seiner Seite steht König Midas, vermutlich weil auch er – wenn auch selbst verschuldet und gleich zweimal – von einem Zauber betroffen war.

Harpyien, griech. Harpyiai, auch Areppyíai. Windgeister, Töchter des Thaumas und der Elektra, Töchter des Okeanos (der Ozomene: Hygin, Fab. 14,1). Servius (Aen. 3,241) nennt als Eltern Pontus (das Meer) und Terra (die Erde); Neptunus und Terra, nach Servius bei Boccaccio, Gen. 61 (vgl. Pomey 1694, S. 320). Schwestern der ⇒ Iris. Sie heißen bei Hesiod Aëllo («Sturmgeschwind») und Okypétes («Raschflieger») und sind auf flinken Flügeln schnell wie Wind und Vogel, eilen dahin rasch wie die Zeit (Hesiod, Theog. 265–269; Apollodor, Bibl. 1,2,6). Homer (Il. 16,150) nennt noch die H. Podarges, die dem Zephyr die unsterblichen Rösser des → Achill gebar. Vergil nennt Celaeno (andere Namen und Varianten bei Hederich, Sp. 1196).

A Die eigentliche Tätigkeit der H. ist augenscheinlich das Fortnehmen und dieses unvermittelt rasch: Sie kommen plötzlich, nehmen und verschwinden. Sie kommen wohl immer von oben und durch die Luft; so ganz genau hat man sie anscheinend nie gesehen. Diese Undeutlichkeit der Erscheinung mag ihr Wesen ebenso veranschaulichen wie die widersprüchlichen Vorstellungen, die man sich von ihnen gemacht hat. Da sie fliegen, redet man immer wieder von «Vögeln» (z. B. Vergil, Aen. 3,217 u. 241: «volucris»). Hygin (Fab. 14,18) skizziert ein Wesen mit dem Kopf eines Huhns, das gefiedert ist, dabei aber menschliche Schultern und Arme hat, mächtige Krallen an den Händen, Hühnerfüße, doch Brust und Bauch einer Frau. Vergil (Aen. 3,226) spricht von «brausenden» Flügeln («alae»), von «Vogelbrut» mit jungfräulichem Antlitz (3,211ff), das vor Hunger immer bleich ist (vgl. Boccaccio, Gen. 10,61), und von bekrallten Händen. Dante (Inf. 13,10–15) wird von weiten Flügeln, menschlichen Köpfen und Hälsen, bekrallten Füßen und befiedertem Bauch reden. Sie «sitzen klagend auf den wüsten Bäumen» (ebd. 14; Übers. von Gmelin). Tzetzes (zu Lykophron 653: → Sirenen) sieht menschliche Hände und Füße, aber Ohren, die an einen Bären erinnern (denkt er an eine Fledermaus? Vgl. Hederich, Sp. 1196f). Überhaupt sind sie grausig anzusehen. Auch den Geruchssinn belästigen sie: Man riecht sie noch, wenn sie schon fort sind (s. u.).

Die H. sind gefräßig, jedenfalls nach Speis und Trank. Sie bedienen sich zwar ungeladen, aber offenbar nicht willkürlich. ⇒ Zeus straft den König

Phineus mit Blindheit und schickt ihm die H. Apollonios Rhodios (2,223 ff) erzählt: Phineus klagt über die H., die ihm das Essen von den Lippen rauben, und er ist hilflos. Sie sind schnell, schneller, als er an Essen denken kann. Wenn sie ihm ein Bröcklein lassen, dann riecht es faulig und stinkt unerträglich: Kein Sterblicher könnte ihnen auch nur für einen Augenblick nahekommen, und wäre er auch aus Stahl (es könnte sein, daß sie – in all der Eile – ihren ganzen Stoffwechsel an Ort und Stelle erledigen!): «Aber ich muß essen, und ein Orakel hat mir gewiesen, daß die Boreaden mir helfen werden». Das sind die Brüder Zetes und Calais, die geflügelten Söhne von Boreas und Orytheia, die als Argonauten gerade vorbeikommen. Die sind gerührt und wollen helfen, wenn das denn rechtens sei. Dann (ebd. 282 ff) bereiten sie eine Köderspeise für die H. und stehen bereit mit gezogenem Schwert: Kaum hat der Mann die Speise berührt, da stürzen die H. aus den Wolken, mit einem Schrei, gierig nach Nahrung. Da brüllen die Boreaden sie an, und derweil sie brüllen, verschlingen die H. alles und sind schon wieder fort weit über dem Meer und hinterlassen einen unerträglichen Gestank. Ihnen nach eilen die Boreaden mit gezogenem Schwert. Ohne Zeus' Hilfe hätten sie den H. nicht folgen können, denn die sind immer schneller als der Westwind, wann immer sie zu Phineus kommen oder ihn verlassen. Immerhin kommen die Boreaden ihnen ganz nah, können sie gerade noch mit den Fingerspitzen berühren, hätten sie sicher auch in Stücke geschlagen, als sie sie schließlich bei den schwimmenden Inseln erreicht haben, aber Iris greift ein und läßt sie wissen, daß es gegen das Gesetz sei, die H., die «Hunde des Zeus», mit dem Schwert zu berühren. Sie will aber dafür sorgen, daß die H. den Phineus nie wieder belästigen. Hygin berichtet (Fab. 19), daß die Brüder die H. bis zu den Strophaden jagten und den Phineus befreiten. Apollodor (Bibl. 1,9,21) sagt, auf der Flucht sei eine der beiden (Aellopus oder Nikothoe) in den Fluß Tigres gefallen, der heute Harpys heiße. Okythoe (oder Okypode) sei weitergeflogen bis zu den Inseln, die jetzt Strophaden heißen, weil die H. dort sich umgewandt (εστράφη, estráphe) habe. Dort sei sie vor Erschöpfung zusammen mit ihrem Verfolger am Strand zu Boden gegangen. Nach Apollonios Rhodios (2,296 f) heißen die Inseln seither Strophaden, weil das der Wendepunkt der Boreaden war.

Auch → Aeneas wird den H. begegnen, die inzwischen (wohl zurückgepfiffen von Juppiter/Zeus) den Tisch des Phineus meiden. Vergil berichtet (Aen. 3,209 ff): Die Reisenden treffen auf den Strophaden auf Herden ohne Aufsicht. Mit dem Schwert machen sie sich über sie her, rufen die Götter zum Mahl, vor allem Juppiter, zum «Anteil am Raub», breiten sich Polster und lassen es sich gut sein. Da (224 ff) brausen die Vögel von den Bergen herab, mit rauschendem Flügel, reißen die Speisen an sich und besudeln alles mit Unrat. Dazu kreischen sie und stinken. Es gibt «kein grausigeres Scheusal und schlimmer ist niemals / Je eine Pest und ein Götterfluch aus den stygischen Wellen / Aufgestiegen, ein Vogelgezücht, jungfräulich das Antlitz, / Scheußlich ihr Unrat, die Hände sind Krallen, und ständig vor Hunger / Bleich ihr Gesicht.» Jetzt ziehen die Leute sich in geschütztes Gelände zurück in eine Schlucht, von Felsen umgeben, unter Bäumen. Als die Glut auf dem Altar liegt, stürzen die H. wieder zu den Tischen, kreischend, mit gierigen Krallen, beschmutzen sie das Mahl mit dem Maul (!). Aeneas beschließt, die «Vögel» mit der Waffe zu bekämpfen. Man versteckt sich, wartet und haut auf sie ein, doch die Wesen lassen sich nicht verletzen. Das Gefieder ist undurchdringlich. Die «scheußlichen Vögel des Meeres» fliehen aufwärts zu den Sternen und lassen das Mahl halbverschlungen mit häßlichen Spuren zurück. Nur eine (245 ff), Celaeno, setzt sich auf schroffe Klippen und weissagt. Sie spricht von Mord an den Rindern und von Krieg, den «Laomedons Enkel» ihnen bereiten. Aus ihrer Heimat wolle man sie vertreiben, schuldlos. Dann weissagt sie mit Berufung auf Juppiter und Apoll Hunger bei der Ankunft in Italien (→ Aeneas). Sie selbst nennt sich die größte der «Furien» (3,252), vielleicht, um damit bedrohlicher zu erscheinen (Servius, Aen. 212; vgl. aber Vergil, Aen. 6,605, zu Tisiphone).

Mädchengesichtig nennt sie auch der «Liber Monstrorum» (1,44), und sie konnten die Sprache der Menschen sprechen. Allzeit hungrig, rissen sie mit ihren Fußkrallen den Leuten die Speise sogar aus der Hand.

In ganz anderer Mission werden die H. tätig, wenn sie die Töchter des Pandareos, die sich doch größter Aufmerksamkeit von ⇒ Hera, ⇒ Artemis, ⇒ Athena und ⇒ Aphrodite erfreuen, direkt aus den Hochzeitsvorbereitungen durch die Lüfte entführen und den Erinnyen als Dienerinnen überstellen (Homer, Od. 20,66 ff). Über den Hintergrund dieser vergleichsweise so ganz anderen Tätigkeit der H. ist nichts bekannt. Bei Homer (Od. 1,241) klagt Telemach, die H. hätten den Vater «ruhmlos fortgetragen», ungesehen und ungehört sei er verschwunden. Ebenso meint Eumaios (Od. 14,371), daß die H. ihm seinen Herrn → Odysseus raubten. Räuberische Transporteure mögen sie auch sein, wenn sie den Phineus in das Land der «Milchesser» (Glaktophagen) brachten, zu Leuten, die in (Wohn-)Wagen lebten und sich von Stutenmilch ernährten (Strabo 7,302, nach Hesiod,

Ehoien; Herodot [4,2] sagt, daß die Skythen alle Sklaven und Fremden blendeten, um vor ihnen ihre Art des Melkens zu verbergen).

Es mag die H. auch kennzeichnen, daß man eine Wohnstätte eigentlich nur als Zufluchtsort kennenlernt: Apollonios Rhodios (2,298 f; vgl. Natale Conti 6,6) erwähnt, sie hätten sich nach der Niederlage gegen die Boreaden in eine «minoische Höhle» auf Kreta zurückgezogen. Der «Liber Monstrorum» (1,44) wird festhalten, daß sie auf den Strophaden wohnten.

Natale Conti hat gelesen, daß sie von ihren Verfolgern erschossen wurden (6,6). Vergil sieht sie neben Chimaera / → Chimaira und → Gorgonen in der Unterwelt (Aen. 6,289).

B Der Vorstellung von den H. und ihrer Rolle liegt sicher eine ursprüngliche Erfahrung mit dem Wind zugrunde, zumal von Menschen, die mit dem Meer leben und erleben, daß der Wind nicht nur bringt, sondern auch nimmt, vor allem aber unvermittelt so rasch kommen kann, daß sein Wirken sich unserer Kontrolle entzieht: Wir sind wehrlos, wie der hungrige → Tantalos, dem der Wind die köstlichen Früchte an den Bäumen über sich himmelwärts davonschnellen läßt, wann immer er gierig nach ihnen greift (Homer, Od. 11,588–592).

In der Familie mythischer Mischwesen sind die H. den Sirenen in der Vogelgestalt (!) ähnlich, nicht aber in der Art ihrer Tätigkeit: Letztere warten auf ihre Opfer, erstere suchen sie auf.

Das Epitheton «Hunde des Zeus / Juppiter» (Apollonios Rhodios 2,289; Servius, Aen. 3,209 u. 3,252; Hygin, Fab. 19; Myth. Vat. II 13) weist die H. als Wächter aus, in einem Amt, das sie an Phineus wie an den Leuten des Aeneas ausüben. Das rückt sie in die Nähe der Erinnyen und Furien, was man vor allem in der späten Mythographie und der Exegese beobachtet. Der Mythograph (Myth. Vat. II) sagt, man nenne die H. gleicherweise Furien, wie man diese gleicherweise Hunde nennt (mit Hinweis auf Lucan 6,733 zu Tisiphone und Megaera). Schließlich ist der Unterschied der beiden Vorstellungen («effigies») ein semantisches Problem, sofern in der Unterwelt «Furien» und «Hunde» heißt, was man in der Oberwelt «Rachegöttinnen» («dirae») und «Vögel», dazwischen («in medio») aber «H.» nenne (vgl. Myth. Vat. I 27; Boccaccio, Gen. 3,6). Aischylos (Eum. 50ff) beschreibt die Eumeniden/Erinnyen als H. ohne Flügel.

Hederich (Sp. 1198) weiß, daß man sie auch mit den Stymphalischen Vögeln identifizierte, die ⇒ Herakles vertrieb. Auch zu den → Sirenen habe man sie gestellt.

Boccaccio (Gen. 3,6) unterscheidet (ausführlich) die Furien nach speziellen Tätigkeiten: «H.» heißen jene, die eigentlich Piraten sind und die Uferbewohner heimsuchen (vgl. ebd. 1061, am Schluß).

Für die moralisierende Allegorese wird weitgehend Fulgentius (Myth. 1,9; St. 634f) maßgeblich. Er baut seine Exegese auf eine griechische Etymologie: $αρπαγή$/arpage = Raub = «Arpyia». Um Mädchen («virgines») handle es sich, weil jeder Raub trocken («arida») sei und «steril»; sie seien gefiedert, weil jeder Raub sich verberge («celat»); sie seien geflügelt, weil jeder Raub sich eilends an die Flucht macht («ad uolandum sit celeberrima»). Entsprechend paßt die Etymologie der Namen. – «Fineus» (ebd. 3,11; St. 734) bedeute Habgier («avaritia») von «fenerare» (lat. für wuchern). Blind sei er, weil Habgier blind ist für das, was sie hat («sua non videt»). Die H. rauben ihm das Essen, weil Raub nicht gestattet, vom Eigenen zu speisen. Die H. verschmutzen ihm die Speise zum Zeichen, daß das Leben eines Wucherers von verwerflichem Raub verschmutzt wird etc. (es folgt eine Allegorese von Zetus und Calais; vgl. Übernahmen und Varianten bei Myth. Vat. I 111 u. II 13; Boccaccio, Gen. 10,61).

Palaiphat (23) hielt die H. für die zwei Töchter des Königs Phineus, die dem erblindeten alten Vater das Vermögen verzehren. Herakleitos (8) meint, Phineus verdanke das Unglück räuberischen Beischläferinnen. Hederich (Sp. 1199) weiß auch noch von der Vermutung, die H. seien eigentlich ein Heuschreckenschwarm gewesen.

Ihre Vieldeutigkeit spiegelt sich auch in der Emblematik wider. Guillaume de la Perrière (Mor., Nr. 11; H./S., Sp. 1635f) sieht die

H. zunächst auf einer verpesteten Insel, dann seien sie allgegenwärtig: Daran erkenne man die zunehmende Verkommenheit der Welt. – HOMICIDA SVI IPSIVS VLTOR («Der Selbstmörder als Rächer der eigenen Schuld»): Dieses Lemma stellt eine menschengesichtige H. vor, die auch Menschen reißt, aber sich selbst umbringt, wenn sie ihr eigenes Gesicht im Spiegel sieht (Laurentius Haechtanus, Zett. Nr. 69; H./S., Sp. 1636f; vgl. Petrus von Beauvais, «Bestiaire» [vor 1217]; s. K.-A. Wirth, s. Lit., S. 21f). Das Emblem unter dem Lemma TRIA ANIMI MONSTRA («Drei Ungeheuer des Gemüts») soll eine Aufforderung zur Überwindung von Charakterfehlern sein (vgl. die Allegorese bei Fulgentius; Nicolas Reusner, Embl. III, Nr. 11; H./S., Sp. 1636). BONIS A DIVITIBUS NIHIL TIMENDUM («Die Guten habe von den Reichen nichts zu fürchten»): Das soll das rettende Eingreifen der Boreaden für Phineus melden.

Sprichwörtliche Bedeutung hat die Schnelligkeit der H. wohl schon bei Hesiod, bei dem man las, → Atalanta habe den goldenen Ball ihres Verfolgers «rasch wie eine H.» aufgehoben (Ehoien 14, H. G. Evelyn-White 1977, S. 166f).

C Die attischen Vasenmaler stellen sich die H. als geflügelte Mädchen vor, deren eher liebliche Erscheinung nicht ihrer Wildheit entspricht (Hydria, 480/470 v. Chr.; Malibu, Getty Museum, Inv. E. 85.AE.316). Nur manchmal kommt diese Eigenschaft zum Ausdruck, wie auf einem archaischen Vasenbild, auf dem zwei H. in synchroner Bewegung vorwärtsstürmen (Luterion, gegen 620 v. Chr.; verloren, ehemals Berlin, Staatl. Museen, Inv. F 1682). – Manchmal haben sie außer mächtigen Schwingen auch Flügelschuhe wie ⇒ Hermes oder ⇒ Perseus, so auf der sog. Phineus-Schale (gegen 530 v. Chr.; Würzburg, Martin von Wagner-Museum, Inv. L 164). Insgesamt erinnern sie auch an die → Gorgonen, nur fehlt ihnen das fratzenhafte Gesicht.

In einer Handschrift der «Cynegetica» des Pseudo-Oppian erscheinen die H. in der althergebrachten geflügelten Mädchengestalt, gleichen jetzt aber eher Engeldarstellungen (Illumination, frühes 11. Jh.; Venedig, Biblioteca Marciana, Cod. gr. 479, Bl. 39 ͬ).

Im Mittelalter schlüpfen die H. in das Bild der → Sirenen in Gestalt von Vögeln mit Mädchenköpfen, etwa wie Isidor (11,3,30) diese Wesen beschreibt («sirenes ... ex parte virgines, ex parte volucres, habentes alas et ungulas»: «Sirenen ... zum Teil Jungfrauen, zum Teil Vögel, mit Flügeln und Krallen»). Als Vogel mit menschlichem Kopf, jedoch einem Schnabel (vgl. Hygin, Fab. 14,18, der von einem Hühnerkopf spricht) präsentiert sich die H. in der Handschrift «Aller Tugenden und Laster Abbildung» (2. Viertel des 15. Jh.s; Rom, Biblioteca Casanatense, Ms. 1404, Bl. 26 ͬ). Nicht nur die Gestalt, sondern auch die Dreizahl übernehmen sie von den Sirenen – nicht zuletzt wohl deshalb, weil zeitgenössische Texte kaum Notiz von ihnen nehmen. Dies mag auch der Grund für die ikonographische Freiheit der Meister des 15. und 16. Jh.s bei der Gestaltung der H. sein. – Die grundlegende Wandlung in der Auffassung des Wesens der H. im Mittelalter, nach der sie nun als mordende Monster auftreten (vgl. K.-A. Wirth, s. Lit.), schlägt sich auch in der Bildkunst nieder. Wohl als Verkörperung des Bösen treten sie nun (wie der Teufel in der Bildkunst) mit Fledermausflügeln auf, häufig mit einem geschuppten Schlangenleib, wie etwa die beiden H. des reliefierten Weihwasserbeckens (Donatello oder Desiderio da Settignano zugeschrieben) der Alten Sakristei von S. Lorenzo in Florenz: Sie haben einen menschlichen Kopf auf einem Schlangenleib mit Fledermausflügeln. Von der «erzählfreudigen» Art (K.-A. Wirth) sind die H. im Wald der Selbstmörder (Dante, Inf. 13,10: «le brutte arpíe» = die häßlichen H., u. 13,101), wie sie ein Fresko des Nardo di Cione in S. Maria Novella in Florenz (Cappella dei Strozzi; um 1357) wiedergibt. – Der Entwurf Giorgio Vasaris für zwei H. (um 1565; Florenz, Uffizi, gabinetto disegni e stampe, Inv. 2851 F; für den Festzug aus Anlaß der «Mascherata della Genealogia degl' Iddei de' Gentili», 1565; Programm von Vincenzo Borghini) zeigt sie mit weiblichem Oberkörper und Kopf, kräftigen Vogelbeinen und Krallen statt der Finger (vgl. Vergil, Aen. 3,211 ff); merkwürdig die Flügel, die die Hüften des Monsters umschließen. Der Gesamteindruck erinnert trotz ikonographischer Eigenwilligkeit an hellenistische Sirenen-Darstellungen (vgl. S. 524).

Besonderes Interesse verdient die sog. *Madonna delle Arpie* des Andrea del Sarto (Gemälde 1517; Florenz, Uffizi), die ihren Namen Giorgio Vasari verdankt. Den (sechseckig zu ergänzenden) Sockel der Madonna schmücken an den Ecken jeweils eine sitzende H., mit weiblichem Oberkörper und Kopf, Flügeln und menschlichen Beinen. Die die Gelehrten bewegende Frage, ob es sich hierbei wirklich um H. handelt, möchten wir bejahen, die Möglichkeit, es könne sich hier nur um ein dekoratives Motiv handeln, ausschließen. Eine inhaltliche Motivierung könnte man in dem Bild der Unbefleckten Empfängnis Mariens von Giorgio Vasari sehen (*Immacolata concezione*, Florenz, Uffizi), wo eine H. mit Schlangenkörper, menschlichem Oberkörper und Kopf (gehörnt) und Fledermausflügeln die das Böse verkörpernde Schlange vertritt, die zur Ikonographie der «Immaculata» gehört. Der Typus entspricht genau jenem am Weihwasserbecken der Alten Sakristei von S. Lorenzo (s. o.). Hörner und Fledermausflügel überschneiden sich mit der Ikonographie des Teufels.

Dem Typ der schlangenleibigen H. folgt auch eine Assistenzfigur auf der berühmten *Allegorie mit Venus und Cupido* von Angelo Bronzino (London, National Gallery). Wir sehen sie halb verdeckt von dem kleinen nackten Putto, der seit Giorgio Vasari als «Giuoco» (= Spiel) bezeichnet wird; sie selbst gilt (wieder nach Vasari) als «Piacere» (= Gefallen, Vergnügen). Wir sehen einen schönen Mädchenkopf auf menschlichem Oberkörper, der in einen geschuppten Schlangenleib mit Löwenbeinen und -pranken übergeht. Auffallend die vertauschten Hände: Die linke, mit einer Honigwabe, erscheint als rechte und umgekehrt, wobei die letztere einen Skorpion hält, dessen Stachel deutlich zu sehen ist. (Zur Deutung dieser Allegorie: I. Cheney und L. Mendelsohn, s. Lit.)

D 1. *Die H. rauben die Mahlzeit des Phineus* (Strabo 7,302, nach Hesiod, Ehoien; vgl. Herodot [4,2]). Auf dem Bild jener Hydria (in Malibu, s. o.) sieht man die geflügelten H. das Essen des blinden Phineus (links sitzend) rauben; eine stiehlt sich mit einem Brot davon. – Dieselbe Szene schildert eine Illustration aus der o. g. Handschrift der «Cynegetica» des Pseudo-Oppian (um 1000; Venedig, Biblioteca Marciana, Codex gr. 479, Bl. 39^r). Der blinde Greis sitzt an langer Tafel in Gesellschaft der Argonauten; zwei von beiden Seiten heranfliegende H. greifen nach dem Kelch, der vor Phineus auf dem Tisch steht.

2. *Die Boreaden verfolgen die H.* (Apollonios Rhodios 2,273–277; s. **A**). Die Boreaden (Söhne des Boreas, des Nordwinds) kommen Phineus zu Hilfe und verfolgen die H. bis zu den Strophadischen Inseln. Auf archaischen Vasenbildern sieht man die geflügelten H. im Knielauf vor den Boreaden fliehen; sie sind dabei – mit den mächtigen Schwingen und dem kurzen, gegürteten Gewand – den vor Perseus fliehenden → Gorgonen nicht unähnlich. Jene unterscheiden sich jedoch deutlich von ihnen durch ihr fratzenhaftes Gesicht. – Unter den seltenen neuzeitlichen Darstellungen ist das Gemälde *Zetes und Calais verfolgen die H.* von P. P. Rubens zu erwähnen (1636; Madrid, Prado, Jaffé Nr. 1336). Die beiden Windgötter in Gestalt von geflügelten Jünglingen verfolgen die beiden H. mit gezogenen Schwertern (auch die erwähnt Apollonios), die Gestalt der H. ist das bekannte Kompositum mit Mädchenkopf, weiblichem Körper, Flügeln, Vogelschwanz und -füßen. Obwohl die Boreaden ihnen schon dicht auf den Fersen sind, wird die Leichtigkeit deutlich, mit der die H. entkommen: Die erste ist schon vom rechten Bildrand überschnitten, die zweite dreht sich geradezu gelassen nach den Verfolgern um.

3. *Die H. überfallen die Tafel des Aeneas* (s. **A**). Die Schiffe des Aeneas werden auf die Strophadischen Inseln verschlagen, wo die H. leben. Ahnungslos schlachten die Troer einige der wild grasenden Rinder und «ziegenartigen Tiere» und bereiten ein Essen. Während der Mahlzeit werden sie von den Ungeheuern überfal-

len, die sich über das Fleisch hermachen und die Tafel beschmutzen. Ein Fresko aus dem Zyklus zur «Aeneis» (→ Aeneas) des Annibale Carracci im Palazzo Fava in Bologna schildert diese Szene: Die Troer sitzen an der gedeckten Tafel; links erkennt man Anchises und Ascanius, rechts den Aeneas, der mit dem Schwert ausholt, um einer auf dem Boden hockenden H. einen Streich zu versetzen. Eine zweite H. sitzt auf dem Tisch und wehrt sich gegen einen der Troer. – Dieselbe Episode behandelt ein Gemälde von François Perrier (1590–1650) aus dem Hôtel Lambert de Thorigny (heute Paris, Louvre): Während sich A. schützend vor eine Frau mit einem kleinen Kind stellt, beschießen seine Gefährten die H., die durch die Luft daherstürmen, mit Pfeilen. Einer hebt hastig seine Waffe vom Boden auf (Aeneas hatte befohlen, die Waffen im Gras zu verstecken, um die H. in Sicherheit zu wiegen: Aen. 3,236 f).

Lit.: Cheney, Iris: Bronzino's London ‹Allegory›: Venus, Cupid, Virtue, and Time. In: Sources. Notes in the History of Art 6, 2, 1987, S. 12–18. Kahil, Lilly / Jacquemine, Anne, in: LIMC 1988, 4,1, S. 445–4450; 4,2, S. 266–271, s. v. Harpyiai. Mendelsohn, Leatrice: L'Allegoria di Londra del Bronzino e la retorica di carnevale. In: Kunst des Cinquecento in der Toskana. München 1992 (Italienische Forschungen 3,17), S. 152–167. Wirth, Karl-August: Wege und Abwege der Überlieferungsgeschichte von Gestalten des klassisch-antiken Mythos. Das Bild der Harpyie im ausgehenden Mittelalter (und bei Giorgio Vasari). Novi Sad 1981.

Hebe, Heba, griech. «Jugend», lat. Iuventas oder Iuventa. Tochter des ⇒ Zeus und der ⇒ Hera / Juno (Homer, Od. 11,603 f; Hesiod, Theog. 921 ff nennt H. mit ⇒ Ares und Eileithyia als Kinder des Paares; vgl. ebd. 950 ff) oder der Hera allein: Ovid (Met. 9,416) nennt sie Stieftochter («privigna») des Juppiter (vgl. Myth. Vat. I 204; vgl. Servius, Aen. 1,28; Conti 2,5). Unter dem Namen Ganymeda wurde sie in Phlioos (Pausanias 2,13,3 f) kultisch verehrt, in Sikyon als Göttin «Dia» (Strabo 8,6,24, S. 382). Die Konkurrenz zu ⇒ Ganymed versucht Lactantius Placidus (Theb. 1,548) zu erklären.

A Bei Gyraldi (Synt. 10, S. 462B f) und Natale Conti (2,5, Bl. 45 ʳ) steht: Einst sei Juno steril gewesen. Da habe sie – von Apoll in das Haus Juppiters zu Tisch gebeten – wilden Feldsalat genossen und sei (davon) sogleich schwanger geworden. Sie gebar die H., ein wunderschönes Mädchen, das dem Juppiter derart gefiel, daß er ihm sogleich die Jugend in die Obhut gab und zudem mit dem Amt des Mundschenks (von Nektar bei Homer, Il. 4,2f, von Nektar und Ambrosia bei z. B. Cicero, Nat. 1,40,112) beim Göttermahl betraute (Gyraldi, Synt. 10, S. 462B f; Conti 2,5, Bl 45 ʳ; Homer, Il. 4,2f; 5,722ff; 5,905). Philostrat (Imag. 2,20,3) wird (von der Frau des ⇒ Herakles) sagen, sie sei die jüngste der Götter, die von ihnen am meisten verehrte, und durch eben sie (den Mundschenk) seien auch sie selbst jung. Daß sie auch sonst nützlich ist, zeigt sie, als sie Mutter Hera die (augenscheinlich schweren) Räder an den Wagen fügt (Homer, Il. 5,722–725). Im troischen Krieg wäscht sie (droben im Olymp) den verwundeten Bruder Ares und hüllt ihn «in reizende Kleider» (ebd. 5,905).

Im Amt des Mundschenks wird ⇒ Ganymed sie ablösen (Lukian, Dial. deor. 5,2; Nonnos 8,94ff u. ö.; Servius, Aen. 1,28; Myth. Vat. II 198). Weshalb das geschieht, ist unklar. Gyraldi (ebd.) weiß, sie sei einmal bei ihrem Dienst gestürzt und habe dabei unversehens vor aller Augen ihre privaten Körperteile entblößt («pudenda ostendit»). K. Ph. Moritz (S. 246 f) wird sagen, sie habe dabei «durch eine unanständige Stellung die Grazie entweiht» (Homer. Hymn. 3, an den Pyth. Apoll, 194–196). Jedenfalls verlor sie damit auch ihr Amt an den Knaben, den schönsten der Sterblichen, der sich nun auch ewiger Jugend erfreuen wird, nach Wahl des Zeus. Schließlich wird sie die Frau des in den Olymp aufgestiegenen ⇒ Herakles (unter den Autoren herrscht hierzu keine einhellige Meinung: nimmt er sie, oder erhält er sie? Vgl. Homer, Od. 11,602ff; Hesiod, Theog. 950ff; Cornutus, Nat. deor. 31; Athenaios 6,245e: «nam et Hercules ab Omphale ad Heben transiit»). Mit Herakles hat sie die Söhne Alexiares und Aniketos (Apollodor, Bibl. 2,7,7; Conti, ebd.). Irgendwann soll sie Iolaos, den Wagenlenker des Herakles, also einem Sterblichen, die Jugend zurückgegeben haben, entweder nachdem er selbst oder Herakles sie darum gebeten hatte (Euripides, Heracl. 847ff; Ovid, Met. 9,397ff und 430f). H. und Herakles sollen als Sterne am Wagen des Iolaos erschienen sein. – Ovid erzählt, wie Medea den Aeson um 40 Jahre verjüngt und dazu Iuventa und Hecate anruft (Met. 7,241 und 293).

B H. verkörpert die Jugend schlechthin, die offenbar wesentlich der Schönheit verhaftet ist. Ihr weibliches Geschlecht ist wohl grammatischen Ursprungs und verrät die Personifikation.

Es muß auffallen, daß dieser Schönheit bei den Dichtern nichts Leibliches anzuhaften scheint außer den «schönen Knöcheln» (griech. kallisphyros), die zugleich ihre (jugendliche) Beweglichkeit assoziieren mögen. Die Fülle ihrer Schönheit mag sich spiegeln und anschaulich werden in ihrem Reigentanz mit ⇒ Chariten, ⇒ Horen, Harmonia und ⇒ Aphrodite, während ⇒ Artemis singt, ⇒ Apoll die Lyra spielt, ⇒ Ares und ⇒ Hermes sind dabei (Homer. Hymn. 3, an den Pyth. Apoll, 194–196). – Goldglanz ist um sie: Goldene Sandalen sieht Homer (Od. 103 f), eine Krone aus Gold sieht Hesiod (Theog. 17), «goldthronend» wird Nonnos sie nennen (19,50) und dabei an die Herrscherin denken.

H. ist die einzige Gottheit der Griechen, der Zeus das Amt nimmt, wie er es ihr gegeben hat: Sie ist eben nur Verwalterin des Gutes Jugend, doch sie veranschaulicht es mit ihrer Erscheinung und mit ihrem Wesen, deren Verlust ihr offenbar zugleich auch die Kompetenz für das Amt nimmt. Weil «Jugend» eben jung ist (ihrem Wesen gemäß nicht altert), fällt H. einem Unfall zum Opfer. Die späte Mythographie zeigt deutlich das Bemühen, dem Amtswechsel und seinen Umständen einen Sinn abzulesen, wobei man augenscheinlich der Überlieferung hinzufügt, was fehlt.

Gyraldi (s. o.) zeigt die Geschichte so eingerichtet, daß sie zu ihrer – nicht ganz unangemessenen, aber mühsamen – physikalisch-biologischen («ad naturales rationes») Deutung bei Conti paßt, die ausgeht von der Gleichung Juno = Luft. Diese wird von der Sonne (= Apoll) erwärmt und läßt so die Pflanzen treiben (zu ihrer Jugend). Oder: Von der Sonne erwärmt, verlangt es die Luft (= Juno) nach Kühle (= Feldsalat) und somit nach einer ausgewogenen Temperatur, förderlich dem Hervorbringen von Dingen: So wird H. geboren. Der Sturz der H. ist dann ein Bild für den Laubfall der Bäume (im Herbst), die in dieser Erscheinung (Nacktheit) ihre Schönheit und ihren Schmuck («honor») verloren haben.

Dem entspricht, daß der Nachfolger Ganymed ein Bild für den Winter ist. Offenbar kann solch Verständnis der Vorstellung von «ewiger Jugend» nicht gerecht werden.

Die moralische Deutung (ebd.) macht sich Gunstverlust und Absetzung zum Thema: Gunst und Förderung der Fürsten seien äußerst unverläßlich, sofern denen immer mal was anderes schöner erscheinen mag, denn ihnen sei nichts so köstlich, daß sie seiner nicht in kurzer Zeit überdrüssig werden könnten. Dieser Wankelmut sei besonders den Fürsten eigen, die mit Glücksgütern mehr gesegnet sind als der Rest der Menschen. Gemeinhin schreibe man ihnen auch Klugheit zu, doch Wohlstand mache viele unverständig («insipiens»). Selbst bei einem weisen Fürsten könne die Verworfenheit von Fremden und Vertrauten den wohlwollendsten Sinn verwirren («alienare»), denn jegliche Schönheit soll zu makellosen Sitten, zu Unparteilichkeit und Rechtschaffenheit führen: Der Ehrenmann («vir bonus») duldet keine Schönheit ohne diese Tugenden. Die Ehe mit Herakles kann man so verstehen: Hier verbinden sich die stärkeren Arme (vgl. Homer, Il. 7,522–525) der Jugend mit der größeren Geisteskraft des Alters (Gyraldi, Synt. 10, S. 463A; vgl. den etwas ausführlicheren Cornutus: Nat. deor. 31).

C Ihrem allgemeinen Verständnis entsprechend wird H. stets in jugendlicher Anmut dargestellt, manchmal der ⇒ Aphrodite nicht unähnlich. – Ihre Attribute sind in der Antike Blume und Apfel (s. RE 7,1, Sp. 2582), vor allem aber die Schenkkanne. In der neuzeitlichen Kunst sieht man sie girlandengeschmückt, mit einem Blumen-(Rosen-)Kranz im Haar. – Der Kopf einer Marmorstatue von Antonio Canova zeigt ein anmutiges Mädchen mit Stirnband und gelocktem Schläfenhaar (1796; Statue verloren, ein Gipsabguß in Posagno, Gipsoteca). Ein zweites Bildwerk desselben Meisters (Statue 1814; Chatsworth, the Trustees of the Chatsworth Settlement) stellt das Mädchen als Mundschenk dar: Sie gießt aus einer Kanne Wein in ein Trinkgefäß.

Die bedeutendsten Werke griechischer Skulptur – die Statuen

von Phidias, Naukydes (H. und Hera: Pausanias 2,17,5) und Praxiteles – sind verloren.

D 1. *H. als Mundschenk.* Im erzählerischen Zusammenhang erscheint H. überwiegend in ihrer Funktion als Mundschenk, z. B. auf einer attischen Schale aus Vulci (480/470 v. Chr.; London, British Museum, Inv. E. 67: H. hier geflügelt).

Unter den Beispielen der neuzeitlichen Kunst ist die Bronzestatuette des Adriaen de Vries hervorzuheben (90er Jahre des 16. Jh.s; Detroit Museum of Art): Die nackte, mädchenhafte Göttin, deren gewelltes Haar mit einem Diadem geschmückt ist, gießt Wein aus einer Kanne in einen Becher. Die Schildkröte unter ihrem linken Fuß charakterisiert sie als häusliches Wesen (vgl. ⇒ Aphrodite, S. 51f, 54, 61), das ihrer Aufgabe als Mundschenk angemessen ist.

2. *Die Hochzeit von H. und* ⇒ *Herakles* (S. 416f)

3. *Das mythologische Porträt im Bild der H.* Große Popularität als Göttin der Anmut und ewiger Jugend erlangt H. im 18. und frühen 19. Jh., was sich in den zahlreichen mythologischen Porträts manifestiert. Das erste einer langen Reihe ist Jean-Marc Nattiers Bildnis der Herzogin von Orléans (1744; Stockholm, Nationalmuseum), das letzte Joseph Stielers Porträt der Antonie Wallinger (1840; München, Residenzmuseum). – Auf einem (wohl ebenfalls auf eine zeitgenössische Persönlichkeit anspielenden) Gemälde von Domenico Pellegrini (1803; Rom, Galleria dell'Accademia Nazionale di S. Luca) hält H., nackt auf einer Recamière liegend, das Haar mit Perlen geschmückt, in den erhobenen Händen eine Schale, aus der der Adler des ⇒ Zeus trinkt.

Lit.: Grate, Pontus: Nattier and the Goddess of Eternal Youth. In: Nationalmuseum Bulletin 3, 1979, S. 149–156. Laurens, Annie-France, in: LIMC 1988, 4,1, S. 458–464; 4,2, S. 275–277, s. v. Hebe I. Zick, Gisela: ‹Süße Schenkin bei dem Göttermahle›. Zu einem Bild im Clemens-Sels-Museum und zur Ikonographie der ‹Hebe›. In: Neusser Jahrbuch für Kunst, Kulturgeschichte und Heimatkunde 1983, S. 21–35.

Hecuba / Hekabe → Andromache, → Hektor

Hektor, griech., lat. Hector. Erstgeborener vor dem Bruder ⇒ Paris (Apollodor, Bibl. 3,12,5; vgl. Hygin, Fab. 110,1), Sohn des Priamos und der Hekabe (z. B. Diodor 4,75,4). Auch Apoll wurde als Vater genannt (Lykophron 265). In der «Ilias» (13,54) nennt er sich «Sproß» des ⇒ Zeus. Gemahl der → Andromache, von ihr Vater des Astyanax (Skamandrios). Dictys Cretensis (3,20) wird den Sohn Laodamas nennen. Hederich (Sp. 1213) kennt auch einen Amphineus.

Das folgende ist ein Versuch, H. aus dem chronologischen Kontext der «Ilias» zu skizzieren.

A Eine mythographische Präsenz hat H. nur im Krieg um Troia, als Heerführer der Troer (vgl. Il. 2,815 f; 802; 807) und Schirmherr der Stadt («H. beschirmte die Stadt ja alleine»: Il. 6,403). Eine Kindheit wird nie beschrieben. Er ist Hauptheld der troischen Epen, vorab bei Homer. Seinem Rang entspricht auch seine Rolle, die ihn als Feldherrn dem → Agamemnon, als Krieger besonders dem → Achill, zunächst dem Aias (→ Aias I), auch dem Diomedes, gegenüberstellt. Sein Tod besiegelt den Untergang der Stadt.

Von Anbeginn zeigt H. sich als Anführer: Die «Kyprien» (1) wissen, daß er den Protesilaos, den ersten Griechen, der an Land sprang, erlegt (Proklos, Chrest. 1; Ovid, Met. 12,68; Hygin, Fab. 103,1 u. 113,1; Il. 2,701 f [ohne H. zu erwähnen]; Apollodor, Epit. 3,30; den Tod des Protesilaos durch H. erwähnt auch Dares Phrygius 19; zum Begräbnis des H. Aithiopis 2, Schol. zu Il. 25,804; Wettstreit zwischen Homer und Hesiod 21 mit Bezug auf Il. 134,126–133, 339–344).

Charakteristisch für ihn ist von Anbeginn auch seine Haltung gegen ⇒ Paris (und die → Helene, der er durchaus freundlich begegnet: 6,359 ff), den «Unglücks-Paris» und «Frauenverführer», der den Krieg herbeigeführt hat, den er vor dem Gegner mit schmähenden Worten zum Zweikampf mit Menelaos auffordert (3,31 ff). Alexander (Paris) stellt sich der Herausforderung und bietet den Zweikampf an: Der Sieger soll mit der Frau und mit ihren Gütern davongehen (3,59–75). So will es der Feldherr H. (3,85–94) und denkt dabei an «Freundschaft und Bündnis» der Parteien (3,94). Es kommt zum Kampf (3,340 ff), und es scheint, Paris hätte ihn nicht überlebt, hätte nicht ⇒ Aphrodite eingegriffen und ihn rettend entrückt (3,351–382). Konsequent fordert Agamemnon die Herausgabe der Helena und ihrer Schätze (3,456–461). So mißlingt ein Plan des H., die Stadt vor dem Krieg zu retten. Nun wenden andere Götter sich gegen sein friedliebendes Vorhaben (4,1 ff). Zeus wägt unentschieden Krieg und Frieden gegeneinander (4,14–19). Sicherlich war Menelaos der Sieger (4,13). Daraus folgt offenbar der Anspruch der Griechen auf Erfüllung der Abmachung: ⇒ Hera drängt energisch (4,25), die verschwiegene ⇒ Athene treibt den Krieg voran, indem sie den Troer Pandaros beschwätzt, auf Menelaos zu schießen: Klugheit hat richtig Einfalt erkannt. Der Mann schießt (4,116 ff), aber die Göttin weiß den Menelaos zu schützen, auch wenn Blut fließt (4,127 ff). Als nun Diomedes auch noch den Aineias (→ Aeneas) verwundet, da greift ⇒ Apoll ein (5,445 ff), rettet den Mann und hetzt den ⇒ Ares auf Diomedes. Dann treibt der Kriegsgott die Troer, und Sarpedon, der Lyker, treibt mit harschen Worten des Mißfallens den H. an (5,471 ff). Interessant dabei der Vorwurf, H. habe doch allein und ohne Verbündete, aber mit Schwägern und leiblichen Brüdern die Stadt halten wollen (5,473–475), und jetzt warte man sogar auf seine Befehle. Solch Worte wecken den Kämpfer H. (5,493 ff). Apoll (der Ordner) bereitet ihm die Szene, Eris treibt ihn, und Ares ist in wütendem Kampf mit ihm und den Troern (5,506–518), «Und ging bald dem Hektor voraus, bald hinter dem Helden». Das beeindruckt sogar den Diomedes, der die Danaer auffordert, sich zurückzuziehen (5,601–605).

Augenscheinlich wagt zunächst einzig Aias sich in die Nähe des H. und muß schließlich vor der Menge der Troer weichen (5,608–626). H. sieht man wieder, als er den Lykern gegen den metzelnden → Odysseus und dem verwundeten Sarpedon hilft (5,679–695). Und weiter weichen die Danaer vor Ares und dem H. (699–702), während dieser einen Achaier nach dem anderen fällt (5,703 f). Hier braucht es offenbar wieder Athene, das Kriegsglück zugunsten der Danaer zu wenden. Sie bedient sich dazu des Diomedes, der mit dem Kampfwagen den Ares angreift. Die Göttin bewahrt ihn vor dessen Lanze. Nun greift Diomedes an, und Pallas schickt seine Lanze gegen die Weichen am Bauch des Ares und verletzt ihn damit schmerzhaft (5,756–861). Der Gegenangriff (6,1 ff) hätte die Troer zum Rückzug in die Stadt gebracht (6,73 ff), hätte nicht Helenos, der Bruder des H. und Vogelflugdeuter, jetzt Weisungen erteilt, an die H. sich einsichtig hält: H. und Bruder Aineias sollen die Truppen zum Widerstand anhalten. Dann soll H. in die Stadt und dafür sorgen, daß die Mutter und die Frauen mit Opfern Athene dazu bewegen, Frauen und Kinder Troias vor Diomedes zu bewahren. So gelingt es H., die Achaier zurückzudrängen (6,102 ff). Die eigenen Leute spornt er mit Worten zum Kampf an und läßt wissen, er selbst werde in der Stadt Ratsherrn und Frauen auffordern, sich um die Gunst der Götter zu bemühen (6,111–115). Hier sieht man ihn (wie immer mit dem funkelnden Helm, den er kaum abzunehmen scheint) mit einem gebuckelten Schild, um dessen Rand ein schwärzliches Fell läuft und ihm gegen Knöchel und Nacken schlägt (116 f). Augenscheinlich ist er daheim vordringlich von Frauen umgeben (s. o.): Am Skäischen Tor sind sie sogleich um ihn und wollen von Söhnen, Brüdern und Männern im Feld wissen. Sie alle läßt er sogleich zu den Göttern beten (6,237–240). Dann trifft er die Mutter (6,251 ff). Sie wird ihn auffordern, den Göttern, voran dem Zeus zu opfern, was er «mit ungewaschenen Händen» nicht tun mag. So bittet er sie, dem Gott und dann der Athene zu opfern, die sich der Stadt, der Männer, Frauen und Kinder erbarmen möge (6,258–278). Hier findet er wieder Gelegenheit, sich über Paris, den er wohl gern im Hades sieht (6,280–285), zu beschweren – die Ursache des gegenwärtigen Unheils. Athene weiht man einen Peplos aus dem Besitz des Paris, ein wunderschönes prächtiges Stück (6,288–303): Sie möge dem Diomedes die Lanze zerbrechen und ihn selbst das Skäische Tor hinunterstürzen lassen. Aber die Göttin versagt ihnen die Bitte (6,311).

In diesem Moment sucht H. wieder den Paris auf (6,313 ff), den «heillosen» Verursacher des Unheils, den er vor allen anderen im Kampf sehen will. Freundlich begegnet er der Helena, die sich offen zu ihrer Mitschuld bekennt (6,354–358). Im (demonstrativen?) Gegensatz zu Paris stellt H. sich als verantwortlicher Anführer dar, ungeduldig erwartet von der Truppe (6,361 f).

Nicht minder wichtig ist ihm augenscheinlich die Familie: In Sorge um ihn ist Andromache mit dem Sohn zum großen Turm geeilt, denn sie hat gehört, die Troer seien in Nöten (6,376–389). Dort, hoch über Stadt und Schlachtfeld, erfährt H. für sich den Konflikt zwischen der zärtlichen Bindung an die Familie und der durchaus auch emotional betonten Bindung an die Verantwortung des Fürsten gegen die Sippe und das größere Gemeinwesen (6,406–432). Andromache drängt mit Kind und eigenen Nöten den Mann, den Kampf zu meiden, sein eigenes Leben zu bewahren. Der Feldherr soll dazu die Verteidigung der Stadt passend einrichten (6,433 f) und er selbst auf dem Turm bleiben. H. antwortet in einer Art schicksalsergebenem Gehorsam gegen die Verpflichtungen des Adligen zum Mut (feige darf er nicht einmal erscheinen!) und zu seiner Abkunft. Zugleich sieht er sich zum Ruhm verpflichtet, der seinen (baldigen) Tod überdauern und seiner Witwe wenigstens ein Trost sein werde, wenn er der Mann war, «der wehrte dem Tage der Knechtschaft» (6,441–465). Rührend der Abschied von Sohn und Frau, dann von beiden (6,466–493). Am Ende soll jeder seiner ihm vorgeschriebenen Rolle folgen: «Der Krieg ist Sache der Männer / Aller, doch meine zuerst, die wir aus Ilion stammen» («Der Mann muß hinaus ins feindliche Leben ...»: vgl. Friedrich Schiller, «Die Glocke»). In diesem Moment erscheint H. als der Pflichtbewußte vor dem lässigen Bruder Paris (6,513–529).

Wie ein Windstoß in erschlaffte Segel reißt der Angriff der Brüder die wartenden Troer nach vorn gegen die Griechen (7,4–7). Das beunruhigt Athene (die kluge Göttin der Beute) auf Seiten der Achaier (7,18–20), und deren Besorgnis beunruhigt (7,20 f) Apoll (den Schutzherrn der Ordnung) auf Seiten der Troer. Die beiden verabreden ein Verfahren, den Krieg zu beenden: Apoll möchte einen kriegsentscheidenden Zweikampf zwischen H. und einem Achaier. Der Gedanke entspricht wohl eher seinem ausgleichenden Wesen, aber Athene, die den Konflikt liebt, stimmt zu (7,38–43). Helenos vernimmt «im Gemüt» den Gedanken (7,44 f), und H. folgt ihm mit Freuden (54). So sieht man alsbald die Reihen der Gegner einander gegenübersitzen und zwischen ihnen, wie ein Waagbalken, H. (7,66), der wortreich um einen Gegner wirbt (7,67–91), der doch auch noch als Unterlegener am unvergänglichen Ruhm des Helden teilhaben würde (7,87–90).

Rang und Ruf des H. werden deutlich an der furchtsam unentschlossenen Zurückhaltung der Herausgeforderten (7,92 f). Ungeduldig und verärgert tritt, mit Schmährede, schließlich Menelaos hervor (7,94–102), wird aber sogleich von den anderen und auch dem Bruder Agamemnon energisch zurückgehalten: Nicht gut genug sei er für die Aufgabe gegen einen Krieger, vor dem es selbst Achill schauderte (7,110–114). Dann bringen Autorität und Beredsamkeit Nestors (7,123–160) es zustande, daß plötzlich alle neun Fürsten zugleich bereit sind, voran Agamemnon, dann Diomedes, dann die beiden Aias, am Ende (der umsichtige!) → Odysseus (7,161–169). Bei unversehens soviel Möglichkeiten empfiehlt Nestor klug das Los (7, 171 ff), und die Leute denken an Aias (den Telamonier), an Diomedes oder Agamemnon (7,178–180). Das Los trifft Aias (7,181–189). Sein Anblick beschleunigt dem H. den Puls und läßt ihn wohl auch (einen Moment) an Rückzug denken, der ihm doch versagt ist (7,216–218). Der Kampf der beiden beginnt mit einem kurzen Wortwechsel (7,225–243), und

Aias lädt den Gegner zum Angriff ein. Die beiden sind einander ebenbürtige Kämpfer. Das zeigt schon der Lanzenkampf, bei dem sich H. freilich eine blutende Wunde am Nacken einfängt (7,262). Dann bewerfen die beiden einander mit mächtigen Steinen (7,263 ff). An den Knien getroffen, fällt H. hintüber unter den Schild, doch Apoll hilft ihm rasch wieder auf (7,270–272): Erneut hat ein Gott ihn gerettet. Noch ehe die beiden nun mit dem Schwert den Nahkampf beginnen, laden die Herolde die beiden zum Abbruch ein, denn es werde dunkel. Aias (7,284 ff) läßt dem Herausforderer die Entscheidung, und dann kommt es zu dem denkwürdigen Austausch von Gaben, Zeichen freundschaftlichen Respekts: H. übergibt dem anderen das Schwert, Aias reicht ihm seinen Leibgurt (7,299–305; Hygin, Fab. 107,3 u. 112,2 wird wissen, daß Achill diesen Gurt nehmen wird, den Mann an den Wagen zu binden und zu schleifen, während Aias sich mit ebendem Schwert von H. das Leben nehmen werde; zum Kampf vgl. Pausanias 5,19,2). Agamemnon wird sich aber des «Sieges» erfreuen (7,312). Zum Schutz ihrer Schiffe bauen die Achaier nun Mauer, Türme und davor einen Graben mit spitzen Pfählen (7,436–441).

Zunächst wendet das Kriegsglück sich zugunsten der Troer (8,68–74). In wechselndem Kampf schlägt der Krieger H. mit Hilfe des Zeus (8,130 ff) Nestor und Tydeus in die Flucht (8,80–159). Der Heerführer hält den Moment für günstig, die Argeier auf die Schiffe zu treiben, sie dann mit Feuer und Rauch daraus aufzuscheuchen und schließlich zu erlegen (8,180–183 u. 196 f). Das bringt Hera gegen die Troer auf. Aber noch gelingt es H., seine Truppen über den Graben bis zu den Schiffen zu führen. Jetzt hat er auch Athene gegen sich, die – im Gespräch mit Hera – seinen Untergang plant (8,357 ff). So kommt es, daß die Nacht hereinbricht, den Plan des H. vereitelt und die Danaer rettet (8,487 ff).

Das unglückliche Unternehmen des Dolon, die Griechen heimlich auszukundschaften, ist augenscheinlich von H. nur sanktioniert, doch nicht ausgedacht (→ Odysseus) und endet mit einer Niederlage für ihn, als Odysseus und Diomedes nächtens den Rhesos und zwölf seiner Leute erschlagen (10,470 ff).

Der folgende Tag zeigt H. – zum Gefallen des Zeus (11,78 ff) – als glänzenden Anführer im Kampf, mit ihm Pulydamas und Aeneas, auch Polybos, Akamas und Agenor, die Söhne des Antenor (10,56–60). Eigentlich gehört die Schlacht dem Agamemnon (11,90 ff), der sogar bis zum Skäischen Tor stürmt. Dem H. gibt Zeus ein, sich von ihm fernzuhalten (11,163 f). Durch ⇒ Iris veranlaßt er ihn, der kampfbereit in seinem Kampfwagen steht, sich aus dem Getümmel zu halten: Das ist taktische Einsicht, die H. darauf warten läßt, daß der Angriff der Griechen Spitze und Schwung verliert, wenn Agamemnon auf irgendeine Weise verwundet ist und sich auf den Wagen zurückzieht (11,200–207). Dann werde der Weg zu den Schiffen frei sein. Dieser Moment ist gekommen, als Koon den Agamemnon schmerzhaft am Arm verletzt hat (11,251 ff) und dieser sich zu den Schiffen bringen läßt. Jetzt schnellt H. wie ein plötzlicher Sturm in den Kampf (11,297 f), treibt seine Leute an, reißt sie mit zu den Schiffen, während er Scharen von Gegnern erschlägt, sie wie eine riesige Woge unter sich begräbt. Dann begegnet er Diomedes (11,349 ff), der ihn mit der Lanze am Kopf trifft, ohne ihn freilich zu verletzen, doch so heftig kommt der Schlag, daß die Füße ihn gerade noch zurück unter die Menge der Kämpfer tragen, ehe er «aufrecht» in die Knie sinkt und sich gerade noch mit der Hand stützt, während ihm die Sinne schwinden (11,355 f). Schlimmer ergeht es dem Gegner: Er ist in die Flucht geschlagen, Agamemnon, Diomedes, Odysseus und Eurypylos sind verwundet (11,660–662), auch Machaon (11,506; vgl. Apollodor, Epit. 4,5).

Vor der Mauer bei den Schiffen erweist sich der Graben als ein besonderes Hindernis für die Troer, vor allem wegen der Pferde (11,51 ff). Hier sieht man H. im Kampf: An einen Sturmwind (12,40–48) erinnert der Kämpfer, an einen Eber oder Löwen, umringt von Hunden und Jägern. Wie sich die Menge der Verfolger um ihn schließt, schreitet er unbeirrt voran, und vor ihm weichen die Gegner. Furchtlos sei er, doch die eigene Tapferkeit werde ihn schließlich töten, sagt Homer (11,46): Offenbar vertraut Tapferkeit solcherart eher auf Körperkraft und Geschicklichkeit, auf Tugenden der «Hand» (→ Odysseus), weniger auf Tugenden der Einsicht (das zeigt die Gegnerschaft der ⇒ Athene).

Zu seinem Vorteil weiß er auf klugen Rat zu hören: Pulydamas bemerkt, wie H. die Truppe mit Roß und Wagen durch den Graben zwingen will (12,49 f), und empfiehlt dagegen, die Pferde solle man am Graben zurücklassen und ihn eben zu Fuß durchqueren (12,60–79). Als dann Pulydamas einen Adler, der zur Seite der Troer eine rötliche Schlange zu Boden fallen läßt, verständig als Zeichen dafür sieht, daß es den Troern nicht gelingen werde, ihre Toten (und Verwundeten?) wieder in die Stadt zu bringen, sollten sie jetzt voranschreiten, da weist H. brüsk den Rat zurück, weil ihm die Vogelschau offenbar nichts bedeutet (ob die Vögel nun linksherum oder rechtsherum flögen), dem Rat des Zeus gelte es zu gehorchen, und «Nur ein einziges Zeichen gilt: Das Vaterland zu schützen» (12,243). Dazu kommt gegen den Seher der aggressive Vorwurf der Furcht (12,244 ff). So führt H. die Troer voran, gestärkt auch durch ein ermunterndes Zeichen des Zeus, einen plötzlichen Wirbelwind vom Ida (12,251–255). Schließlich wird Zeus ihn als ersten in die Mauer springen, einen gewaltigen, oben scharfkantigen Stein packen und damit – geradezu spielend (12,449–452) – das hölzerne Flügeltor aufbrechen lassen (vgl. 13,124). Das ist ein Moment, in dem der Held sein eigentliches Wesen zeigt (12,462–470): Man sieht ihn voran und vorwärts springen (in das Tor), erzener Glanz ist um ihn, zwei Speere hält er in Händen, Feuer sprühen die Augen, rückwärts gewandt ruft er seine Männer auf, ihm zu folgen, und der Feind flieht zu den Schiffen, in die Sicherheit (ebd. 471). Wie vom Feuer des Führers entzündet, von seinem stürmischen Schritt getrieben, folgen die Troer mit lautem Geschrei zielstrebig dem H. zu den Schiffen (13,39–42). Langsam wendet das Kriegsglück indes sich zugunsten der Danaer (denen jetzt ⇒ Poseidon zur Seite steht: vgl. 13,10 ff u. 83–124). Noch aber sind die Troer im Angriff, geführt von H. mit dem Schwung eines felsigen Steins, der den Hang unaufhaltsam hinunterrollt und springt und aufschlägt, den Wald durchbricht und erst in der Ebene zum Halt kommt (13,136–142). So bringt den stürmenden H. zum Halt die «dichtgeschlossene Reihe» (13,145 f) der Danaer mit Schwertern und Lanzen, bringen ihn ins Wanken und drängen ihn zurück. Er erinnert sich seiner Leute und brüllt ihnen Mut zu (13,149–155).

Dann sieht man ihn wieder voranstürmen, gegen Teukros (13,183 ff), und schließlich dem Aias begegnen, vor dem er zurückweichen muß (s. auch 13,201–205). Dem Feldherrn fehlt manchmal wohl der Überblick (13,674 f), während der Krieger unaufhaltsam zu den Schiffen drängt, «gleichend der Flamme» (13,685–688). Als die Griechen mit Hilfe der Lokrer (13,712–722) die Taktik ändern und über die Nahkämpfer hinweg von hinten aus dem Verborgenen mit Pfeilen die Reihen der Troer lichten, da kommt von Pulydamas wieder kluger taktischer Rat, der Übersicht verschaffen und das weitere Vorgehen ermitteln soll (13,723–747). Es charakterisiert den Umsichtigen, daß er Achill in seine Überlegungen einbezieht (ebd. 746 f). H. gefällt der Rat. Wieder geht er mit eindrucksvoller Geschwindigkeit ans Werk, diesmal wie eine Schneelawine und mit Gebrüll mitten durch die Menge der Troer und Bundesgenossen hin zu den Schiffen, wo es unter den troischen Vorkämpfern inzwischen auch Tote und Verwundete gegeben hat (13,754–764). Unversehrt findet er Paris, läßt ihn wieder seine Verachtung wissen (13,768 f) und versichert sich seiner Mitarbeit. Dann sieht man den Feldherrn (13,801 f) an der Spitze der Troer, und der Krieger gleicht «dem männerverderbenden Ares». So trifft er auf Aias, der mit ihm ein Wortgefecht eröffnet. Ein Adler hoch über ihnen scheint den Achaiern ein günstiges Omen zu sein (13,809–823).

Bald (14,402 ff) treffen die beiden im Feldkampf bei den Schiffen aufeinander. Rasch eröffnet H. das Duell mit der Lanze, die den Gegner kaum beeindruckt. Verärgert zieht H. sich in den Schutz der Menge zurück. Dennoch trifft ihn ein Stein mit so ungeheurer Macht nahe dem Hals, daß er sich wie ein Kreisel dreht und zum Jubel der Achaier unter Speer, Schild und Helm krachend zu Boden geht. Man kann ihn vor dem Zugriff des Gegners bergen, zum Wagen bringen und am Xanthos ihn mit Wassergüssen wieder zu Sinnen bringen. Er schaut wieder, er setzt sich auf die Knie und speit Blut. Dann sinkt er erneut in sich zusammen und verliert die Besinnung. So sieht Zeus ihn, empfindet Mitleid und beschwert sich bei Hera (15,9–17). Auch Athene schreitet ein. Sie macht dem Ares Vorwürfe. Zeus engagiert schließlich Apoll (16,251 ff). Er soll H. wiederherstellen, den er vorfindet, wie er sich gerade wieder erholt (16,240–242), spricht ihn an, erhält Antwort, muntert ihn auf und haucht ihm am Ende Kraft ein (16,246–262). Und schon ist der Held wieder der Anführer, der die Kämpfer antreibt. Sein unerwarteter Anblick erschreckt die Danaer (15,279f). Es scheint, daß er noch heftiger als zuvor die Männer zu den Schiffen treibt, wobei er mit einem unehrenhaften Tod bedroht, wen immer von ihnen er nicht bei den Schiffen sieht (15,346–351). Apoll bricht die Ränder des Grabens ein und schafft so eine Fahrbahn für die Wagen (15,355–366). Wieder ermuntert Zeus die Troer mit einem Zeichen, aber der Durchbruch zu Zelten und Schiffen gelingt ihnen nicht (15,408–414). H. versucht, ein Schiff anzuzünden, doch Aias hindert ihn daran (15,415–418). Überhaupt ist das Ziel der Troer, die Schiffe in Brand zu setzen. Da haben sie Zeus auf ihrer Seite, der aber entschlossen ist, diesen Erfolg der Troer zum Wendepunkt des Kampfes zu machen (15,599–602). So entzündet der Gott das Feuer zunächst in dem Mann. Dann läßt er ihn auf sein Ziel hin toben wie Ares oder wie verheerende Flammen: Schaum tritt ihm vor den Mund, unter finsteren Brauen leuchten schrecklich die Augen. Im hitzigen Kampf schlägt ihm der Helm heftig gegen die Schläfen (15,603–610). Zeus ist mit ihm, aber schon sinnt Athene auf seinen Tod durch Achill (15,612–614). Vorerst noch schreitet der Mann voran, stößt dem Periphetes den Speer in die Brust (15,650), wirft sich im Sturm auf eines der Schiffe (15,693 ff) und entfacht damit wieder die Schlacht um die Flotte. In dem Gemetzel packt H. das

Heck des Schiffs, das Protesilaos gebracht hat, läßt es nicht los und brüllt nach einem Feuer (15,716–718). Offenbar ist es nun Aias, der den feurigen Angriff der Troer («dem Hektor zulieb») mörderisch abwehrt (15,743–746). Es steht schlecht um die Danaer. Weithin hört man den H. seine Befehle brüllen, und (der immer noch schmollende) Achill möchte doch dem Patroklos seine Rüstung (16,64 ff; 126 ff) überlassen, die schon durch ihren bloßen Anblick die Troer für eine Weile beeindrucken sollte (16,40 ff). Aber noch stürmt H. auf Aias ein und zerschlägt ihm mit dem Schwert die Lanze. Wehrlos sieht Aias das Heck des Schiffs in Flammen aufgehen (16,114–124). Jetzt drängt Achill den Freund, sich umzurüsten. Tatsächlich halten die Troer ihn zunächst für Achill (16,278–282), und diese Aussicht läßt ihre Reihen wanken. Er streckt den Pyraíchmes nieder (16,286–293), bricht damit dessen Leuten den Kampfgeist, jagt sie in die Flucht und löscht das Feuer. Schließlich finden die Troer sich auf dem Rückzug. In dem Gewirr sieht man kurz, wie Aias versucht, H. mit dem Speer zu erlegen (16,358–361). Dann wird den Fliehenden der Graben zum Unheil. Es scheint, daß H. in seinem Kampfwagen seine Truppen im Stich läßt (ebd. 369). Ihm folgt mit dem Gespann Achills mühelos Patroklos (16,380–383). Später muß H., dem die Kontrolle entglitten ist, sich vom Lykier Glaukos den Vorwurf gefallen lassen, sich nicht um die Bundesgenossen in Not zu kümmern (16,538–547), was ihn betroffen macht und zurückschickt in den Kampf (ebd. 548–553). Patroklos erreicht die Stadtmauer und ersteigt sie (16,699–704). Jetzt rettet Apoll die Stadt: Dreimal stößt er den Danaer wieder hinunter (nichts könnte die Zuständigkeit des Gottes für ordnende Grenzen besser veranschaulichen als dieser Eingriff!). Sodann treibt Apoll den womöglich resignierten H. gegen Patroklos (16,721–725). Noch ehe die beiden aufeinandertreffen, zerschmettert Patroklos dem Wagenführer des Gegners, dem Kebriones, mit einem Stein den Schädel (16,733–743). Darüber geraten die beiden in ein Rangeln um den Leib des Toten: H. hält ihn beim Kopf, der Gegner hält ihn beim Fuß (16,762 f). Ringsum tobt der Kampf der anderen, bis endlich die Danaer die Oberhand gewinnen, den Körper an sich ziehen und ihn entkleiden (16,780–782). Wie enthemmt erschlägt Patroklos nun «dreimal neun» Männer der Troer (16,783–785). Bei einem vierten Ansturm tritt im Gewühl Apoll hinter ihn, schlägt ihn «mit der Hand» auf Rücken und Schultern, daß ihm die Sinne schwinden, und schlägt ihm den Helm vom Kopf, den Zeus dem H. geben wird (16,799 f). Dann (16,801–805) wird der Krieger regelrecht demontiert: Die Lanze zerbricht ihm, Schild und Gurt fallen von der Schulter, der Panzer löst sich, und wie betäubt ist der Mann mit gelähmten Gliedern. All das macht Apoll. Dem Nackten stößt Euphorbos den Speer zwischen die Schultern, zieht ihn wieder heraus und läuft zurück in die Menge. So begegnet H. am Ende einem wehrlosen, verwundeten Patroklos, der rückwärts weicht, als der Troer ihm aus der Nähe den Speer in die Weichen sticht, durch und durch. Stöhnend sinkt der Mann zu Boden und muß sich am Ende die Triumph- und Schmährede des Gegners anhören (16,830–842). Sterbend verheißt Patroklos dem H. den baldigen Tod durch Achill (16,851–854). Ungerührt läßt H. den schon Toten wissen, es könne ja umgekehrt auch geschehen, daß Achill von seiner Hand sterbe (16,858–861).

Das ist ein Augenblick für Menelaos. Man sieht ihn (17,3 ff) den toten Patroklos umschreiten, bereit, auch jetzt noch den Gefährten zu verteidigen, zunächst gegen Hyperénor (17,23 ff) und dessen Bruder Euphorbos, dem er die Kehle durchsticht (17,46–60). Wieder greift Apoll ein und treibt H. gegen Menelaos, der aber zurückweicht, denn er fühlt sich dem Troer nicht gewachsen (17,113–115), und sucht den Beistand des Aias, wenigstens den nackten Patroklos dem Achill zurückzubringen (17,121 f). Gerade zieht H. den Leichnam an sich, dem er schon die Waffen geraubt hat, will ihm das Haupt abschlagen, den Körper den Hunden vorwerfen (17,125 ff), als er unvermittelt dem Aias weicht und sich zurückzieht. Passend zu diesem Rückzug kommt eine Beschwerde des Lykiers Glaukos, der H. einen Feigling schilt (17,143) und ihm vorwirft, undankbar gegen die Verbündeten zu sein, unfähig, die Hunde vom Leichnam des Sarpedon zu wehren (17,141–153), feige, wie er sich dem Kampf mit dem stärkeren Aias entziehe. Hier zeigt sich, wie sehr auch der Feldherr H. sich um seine Autorität mühen muß (→ Agamemnon).

Die Troer sind gerade dabei, die Waffen des Patroklos, die ja eigentlich Achill gehören, in die Stadt zu tragen, als H. sie einholt, die Beute an sich nimmt und gegen die eigene Ausrüstung austauscht. Irgendwo abseits legt er die Beutewaffen an und erregt damit den Unwillen des Zeus, der schon den Raub rügt (17,198–205), aber bei sich dem todgeweihten Krieger letzte Großmut zu «mächtiger Stärke» gewährt (17,206–212). So paßt er ihm Rüstung und Waffen auf den Leib, und in den Krieger taucht Ares (210 ff). Prahlend, selbstbewußt («mit lautem Geschrei») tritt er so vor seine Leute. Dann erklärt er sein Anliegen, die Stadt vor dem Feind geschützt zu sehen. Den Leichnam des Patroklos sollen sie aus der Obhut des Aias zu den Troern herüberziehen, und er verspricht Lohn für die Tat (17,220–232). Im Kampf um den Toten ist Aias offenbar mörderisch erfolgreich (233–236).

Er tötet den Hippothoos, der den Patroklos an den Füßen gepackt hat (288–303). H. wirft den Speer gegen ihn (17,304 ff) und trifft statt dessen den Schedios tödlich. Aias tötet den Phorkys: Da ziehen die Troer und H. sich zurück (17,316). Schließlich sieht man H. und Aineias die Achaier rastlos gegen den Widerstand der beiden Aias zum Graben zurücktreiben (17,746–760).

Der Tod des Patroklos und die Art, in der H. den Toten behandelt hat, läßt Hera ⇒ Iris ausschicken, den Achill in den Krieg zurückzuholen und dem H. endgültig den Triumph zu verwehren (18,165–180). Das bloße Gebrüll des Helden (wohl ein Einfall der Athene!), dreimal über den Graben, reicht, daß die Achaier den toten Patroklos bergen (18,227–236). Das ist wieder ein Moment für Pulydamas (gleichsam den Agenten der Athene auf H.s Seite, «denn er schaute als einziger vorwärts und rückwärts» [18,250]), der mit dem Blick auf die sich abzeichnende Gefährdung durch Achill vorsichtig (254), doch ausführlich den unverzüglichen Rückzug in die Stadt anrät (18,254–283). Dort solle man dann die Nacht für Verteidigungsvorbereitungen der Truppen und Anlagen nutzen und auf den Gegner warten. H. ist entschlossen und mit verletzendem Wort («du Tor») gegen den Vorschlag (18,285–309). Er will (im Vertrauen auf Zeus) hinunter zu den Schiffen, wo er sich Ruhm erwartet. Wenn denn Achill wirklich dabei sein werde, dann «um so schlimmer für ihn»: H. werde sich ihm stellen. Schließlich kämpfe Ares auf beiden Seiten (so redet gern der heldenhafte Krieger). Aufschlußreich auch die Drohung, er werde es nicht dulden, wenn einer dem Rat des Pulydamas folgen wolle, aber die Troer rufen ihm Beifall, denn Pallas Athene hat ihnen den Verstand genommen (18,310).

Schließlich hat H. Achill zum Gegner, der mit neuen Waffen (Il. 18) gegen den antritt, der seinen Freund getötet hat.

Noch hat H. Apoll auf seiner Seite. Im Kampf tritt der Gott vor ihn (20,375 ff) und rät, im Vorkampf den Achill zu meiden. In der Menge soll er ihm begegnen, denn so könne der nicht nach ihm werfen oder ihn mit dem Schwert angreifen. Als Achill dann Polydoros, den jüngsten Bruder des H., getötet hat, da hält H. es nicht mehr aus (20,421 ff): Er ignoriert die Warnung und tritt dem Achill entgegen. Er zeigt (20,431–437) dem höhnenden Gegner Selbstbewußtsein, bekennt aber auch, der Schwächere zu sein, dessen Speer jedoch gleicherweise tödlich sei. Doch sein Speer verfehlt Achill, denn dem steht Athene zur Seite (20,438–441). Als der nun auf den H. einstürmt, da entrückt Apoll diesen rettend in Nebel. Dreimal versucht Achill es und schmäht ihn obendrein dabei (20,441–454).

Dann sehen wir H. vor der Stadt, nahe dem Skäischen Tor. Zugleich hört man Apoll den Achill ansprechen: Der habe wohl nicht begriffen, daß er in Wahrheit einen Gott angreife (22,1–13). Achills Antwort ist eigentlich eine anmaßende Beschwerde über den Gott, bevor er sich gleich wieder in den Angriff stürzt. Sein bloßer Anblick macht, daß Priamos und Hekuba den Sohn inständig bitten, sich vor dem tödlichen Achill zurückzuziehen (22,25–76 u. 82–92).

In diesem Moment (22,99 ff) erkennt H., keine Wahl mehr zu haben. Stolz hindert ihn, dem Pulydamas sein Unrecht einzugestehen, wo es doch besser gewesen wäre, ihm zu gehorchen (22,103). Auch den Troern und Troerinnen mag er sich jetzt nicht zeigen, die er dem Unglück nahe brachte nur, weil er (töricht) einzig auf die eigene Stärke vertraute. Nun erwägt selbst er (22,111–121), ob es nicht besser wäre, die Waffen niederzulegen und den Griechen die Herausgabe der Helena zu versprechen usw. Dann wieder meint er, Achill (123 ff) werde, begegnete er ihm mit dieser Absicht, ihn, den «Waffenentblößten», ohne Erbarmen und Achtung und Scheu ermorden. Unvermittelt naht Achill (133 ff): «H., als er ihn sah, erbebte und wagte nicht länger / Dort zu bleiben und floh und ließ die Tore im Rücken»: Achill jagt ihn dreimal um die Stadt. Als sie zum vierten Mal vor den Brunnen kommen, nimmt Zeus die goldene Waage (22,209 ff). Mit der Seelenwägung verliert H. den Schutz Apolls (ebd. 213). Bei der Jagd um die Mauern hat Apoll ihm zum letzten Mal «Mut und Knie» gestärkt (204). Athene tritt zu Achill und stachelt ihn an (216 ff), dann tritt sie (in Gestalt des Deiphobos) zu H. und fordert ihn auf zum Widerstand gegen den Achill (d. h., sie verführt ihn «listig»: ebd. 247). So tritt er vor Achill, und er scheint zu ahnen, daß der ihm das Leben nehmen wird. Er verspricht dem Toten respektvolle Behandlung und bittet um ein Gleiches (258 f). Achill antwortet mit Haß und verweigert irgendeine Übereinkunft (22,261 ff): Pallas Athene (22,276 f) werde ihn zwingen durch seine Lanze (d. h., es ist die größere Geschicklichkeit und Kenntnis mit ihm gegen den H., den er «Lanzenschwinger und verwegener Kämpfer» nennt [269]). Achill schleudert die Lanze, die den H. verfehlt. Pallas Athene nimmt (vor dem Blick des H. verborgen!) die Lanze und reicht sie Achill (22,445 f, zu Andromache: «Ach, die Törin, die noch nicht wußte, daß fern von dem Bade / Unter den Händen Achilles bezwungen ihn hatte Athene»). H. repliziert (22,279 ff) dem Achill mit Worten und unterstellt, der habe ihm mit seiner Rede den Mut abkaufen wollen. Nein, im Rücken werde er ihn nicht treffen, sondern den Anstürmenden in die Brust, doch erst solle er sich vor seiner Lanze hüten. Die trifft den Gegner im Schild, und nun steht H. da ohne Lanze, ruft nach Deiphobos und merkt, daß Athene ihn irregeführt hat (22,297–299). Jetzt weiß er sicher, daß er sterben wird (22,300–303), und entscheidet sich für den ruhmreichen Tod, zu «großer Tat, daß noch Künftige sie erfahren» (ebd. 304 f). So zieht er das Schwert und greift an (ebd. 311 ff). Selbstbewußt stürmt Achill heran (ebd.). Bedächtig (22,321 ff) scheint er eine Blöße am Gegner zu suchen, denn er will dessen Rüstung (die des Patroklos und die eigene) schonen. So trifft er ihn mit der Lanze über dem Schlüsselbein, doch ohne die Luftröhre zu verletzen. Höhnisch verspricht er, seinen Leichnam Hunden und Vögeln vorzuwerfen (22,335 f). «Kaum noch atmend» (22,337) fleht H. um ein würdiges Schicksal seines Leibes, verspricht Erz und Gold der Eltern (22,340). Grimmig verweigert Achill ihm den Wunsch (22,345 ff). H. stirbt in Erkenntnis der Unversöhnlichkeit des Gegners und sagt ihm den Tod von der Hand des Paris und Apoll am Skäischen Tor voraus (22,355–360). Achill gibt seinen Tod in die Hände des Zeus und der Götter, zieht dem Toten die Lanze aus dem Hals und nimmt ihm die Rüstung ab. Jetzt (22,370 f) bestaunen die Männer «Wuchs und prächtiges Aussehen» des H. Man tritt seinen Leib mit Füßen (22,371 u. 375).

Schließlich durchsticht Achill der nackten Leiche die Fußgelenke, zieht einen Riemen hindurch, bindet den Körper damit an den Wagen und schleppt ihn mit schleifendem Haupt so durch den Staub zu den Schiffen (22,392 ff), später dann noch dreimal um das Grab des Menoitios (24,14 ff; es hieß auch, er habe ihn dreimal um die Stadt gezogen: Vergil, Aen. 1,483 f; Boccaccio, Gen. 12,52; vgl. auch Hederich, Sp. 1210; auch das Grab des Patroklos wurde genannt: vgl. Hederich, ebd.). Am Ende läßt er ihn im Staub liegen (zum ganzen Geschehen vgl. Vergil, Aen. 2,270 ff). Die vielfältigen Mißhandlungen des Toten kennzeichnen den Achill und die Seinen, ihren Zorn und ihre Verachtung für einen unterlegenen Gegner!

Aphrodite (23,185 ff) hält die Hunde vom Leichnam und salbt ihn Tag und Nacht mit rosenduftendem ambrosischem Öl zum Schutz gegen Mißhandlung durch Schleifen und gegen Verwesung. Apoll hüllt ihn in eine schwarzblaue Wolke (ebd. 198 ff), später breitet er die goldene Aigis über ihn, um die Haut vor den Entstellungen des Schleifens zu bewahren (24,19 ff). Da wollen die mitleidigen Götter (24,23 ff), daß ⇒ Hermes den Leichnam berge, aber Hera, Poseidon und Athene sind dagegen. Die umfänglichen Reaktionen der Götter und Göttinnen (Hera!), die weitere Fürsorge des Apollon (der auch hier auf Ordnung und Gerechtigkeit achtet) verdeutlichen den Rang des Helden ebenso wie die Totenklage und Bestattung am Ende der «Ilias» (Il. 24,785 ff).

B H. veranschaulicht (bei Homer) auf vielfältige Weise eine griechische Vorstellung vom «Helden», und zwar im Amt des Verteidigers eines Gemeinwesens. Als solcher steht er in Personalunion zweier unterschiedlicher Aufgaben: als Feldherr dem → Agamemnon, als Krieger dem → Achill gegenüber.

Es ist sicher, daß zumindest die Nachwelt in H. ein leuchtendes Beispiel für «Vaterlandsliebe» gesehen hat. «Uns aber laßt dem Rate des Zeus ... gehorchen, / Der über allen Sterblichen und den Unsterblichen waltet. / Nur ein einziges Zeichen gilt: Das Vaterland schützen» (Il. 12,241–243; vgl. ebd. 6,445 u. 15,494). Im Kontrast hierzu steht das Beute- und Ruhmdenken Achills, der den Patroklos so anspricht (16,97–100): «Daß doch, Vater Zeus und Athene und Phoibos Apollon, / Keiner der Troer, so viele sie sind, dem Verderben entflöhe / Keiner auch von den Argeiern, nur wir dem Verderben entrönnen, / Daß dann alleine die heiligen Zinnen von Troia wir lösten.»

Der Fürst und Krieger hat ⇒ Zeus auf seiner Seite (Il. 12,174; 15,596 u. 610; 22,168; 24,67). Dem Verteidiger H. steht Apoll zur Seite, der Ordner und Schutzherr der Grenzen, die H. ja verteidigt (hier ist interessant, daß nach einer Überlieferung der Gott gemeinsam mit ⇒ Poseidon, der die Troer aber nicht mag, die Mauern Troias errichtet haben soll). Anderseits hat er Athene gegen sich. Das signalisiert keineswegs einen einfältigen Mann, aber in wichtigen Momenten fehlt es ihm an Einsicht, die ihm der kluge Pulydamas (gleichsam der Agent der Athene an seiner Seite; vgl. o.) vermitteln kann. Dem Pulydamas verdanken wir auch eine Charakterisierung des Helden, die zeigt, daß H. einer ist, der sich nicht leicht belehren / unterrichten läßt. Einen Vorschlag zum taktischen Verfahren des Feldherrn (13,725–747) leitet er so ein: «Hektor, es fällt dir schwer, der Beratung durch andre zu folgen; / Weil dir ein Gott so reich die Werke des Kampfes gewährte, / Deshalb willst du im Rat auch mehr verstehn als die andern. / Aber nicht alles zugleich kannst du doch selber dir nehmen. / Denn dem einen gab ja der Gott die Werke des Krieges, / Einem andern den Tanz, Gesang und Saitenspiel andrem. / Anderem legt in die Brust der weithindonnernde Zeus wohl / Edlen Verstand zum Nutzen von vielen anderen Menschen. / Viele rettet er so, am meisten erkennt er es selber. / Ich aber sage nun aus, wie es mir am besten zu sein scheint.» Immerhin gefällt dem H. der Rat (wie auch schon in 12,60–79). Daß er einem dringlichen Rat des Pulydamas brüsk nicht folgt, wird ihn schließlich das Leben kosten (18,249–283 u. 22,103). Auch das ein Werk der Athene, die zu ihrem Nutzen auch noch den Leuten den Verstand nimmt (18,311).

Die Konstellation Pulydamas – H. entspricht der fundamentalen homerischen Unterscheidung von Kopf und Hand und erinnert an das Verhältnis von → Odysseus zu Diomedes, mit dem Unterschied, daß letzterer es an Einsicht nicht fehlen läßt und also überlebt. In diesem Sinn ist Pulydamas einer, der «als einziger vorwärts und rückwärts schaut» (18,250: wie die «prudentia»), dem H. «mit Reden, doch der mit der Lanze ihm weit überlegen» ist (18,252).

Homer läßt uns den Krieger nur in seiner Rüstung sehen. Es charakterisiert ihn, daß wir seine physische Erscheinung erst sehen, als man den Toten entkleidet und «Wuchs und prächtiges Aussehen» des Mannes bestaunt (Il. 22,371). Wie Odysseus häufig das Epitheton «listenreich» trägt, so trägt H. einen blitzenden, glänzenden, leuchtenden Helm (mit großem Buschen), den er nie abzulegen und der ihm (zumeist) sinnreich den Kopf zu ersetzen scheint.

Der Krieger liebt augenscheinlich den Nahkampf und zeigt Lanze, Speer und Schwert, wirft auch gern mit Stein und Fels. Im Gegensatz zu seinem Gönner Apoll sieht man ihn nie mit Bogen. Einmal (8,489 ff) sieht man seine Lanze, elf Ellen lang, mit eherner Spitze, drum herum ein goldener Ring. Der Fürst zeigt sich häufig im Kampfwagen. Homer nennt ihn den «Rossebändiger» (Il. 22,211).

Sein Kampfstil (wie sein Wesen) wird bestimmt durch Spontaneität, mit der er wohl oft auch der Einsicht davoneilt. Überhaupt wirkt er im Kampf wie eine Verkörperung des ⇒ Ares (den die Athene nicht mag), wozu auch sein Gebrüll gehört, das man immer wieder hört. Anders als Achill zeigt H. keine musischen Neigungen.

«Vaterland», das ist für H. Familie: «Nicht unwürdig ist, fürs Land seiner Väter / Kämpfend zu sterben. Es bleiben ja heil ihm Gattin und Kinder, / Unversehrt sein Haus und sein Erbgut» (15,496–499). Das veranschaulicht sein inniges Verhältnis zu seiner Frau (6,481 ff) und der zärtlich herzliche Umgang des stolzen Vaters mit dem Sohn Astyanax (6,474). Das ist übrigens der einzige Augenblick, wo wir H. vor dem verschreckten Kind den Helm abnehmen sehen (6,467–473).

In diesem Zusammenhang wird auch sein genealogisches Selbstverständnis deutlich, das ihn verantwortlich zwischen Vater und Sohn (6,466–481) stellt: «denn ich lernte, ein Edler / Immer zu sein und unter den vordersten Troern zu kämpfen, / Wahrend des Vaters großen Ruhm und zugleich meinen eignen» (6,444 ff).

Hygin liefert die Statistik zur Effizienz (und folglich Größe?) der Helden (heute zeigt man den Erfolg mit Ringen auf dem Rohr): Von den Troern hat H. 31 Gegner erlegt, Aeneas, der nächste, 28 (Hygin, Fab. 115). Insgesamt haben die Troer 88 erlegt. Bei den Achaiern hat Achilles 72 Opfer auf der Liste, Patroclus 54, Teucer 30 usw., Ulixes 12 (ebd. 114). Insgesamt: 357.

H. stirbt im Kampf als fraglos Unterlegener, ohne Glanz und vielleicht auch von Furcht heimgesucht (Il. 22,136 ff; vgl. auch Il. 250 ff), sicher getrieben von Furcht vor einer würdelosen Behandlung seiner Leiche (Il. 22,338 ff). Die Fürsorge der Götter für den Toten, die aufwendige Fürsorge der Hinterbliebenen verleihen dem Mann Glanz über den Tod hinaus: Der Heldentod ist – wohlverstanden – ein Opfertod, der sich Ruhm, zumindest Erinnerung erwarten darf. Ruhm war dem H. immer angelegen und hat sein Handeln bestimmt. Der Held ist (wie der Heilige) Beispiel und

Vorbild und als solcher nicht nur als Bruder des Aeneas in Vergils «Aeneis» immer wieder präsent.

Das Bild vom Helden H. hat sich bis in unsere Zeiten erhalten und ist (anders als das des → Odysseus) nie kontrovers behandelt worden. Das gilt grundsätzlich auch für die spätantike Troia-Literatur, auch wenn sie die Geschichte mehr oder weniger anders erzählt und eigene Akzente setzt (so läßt Dictys Cretensis ihn seltener auftreten als Dares Phrygius).

Während der Held hier gegen Homer drastisch an Person und psychologischer Dimension verliert, neigt man offenbar dazu, einen eher einsichtigen und selbstlosen Mann zu sehen: Während H. bei Homer in höchster persönlicher Not erwägt, Helena und ihre Schätze zurückzugeben (Il. 22,111–121), weiß die «Ilias Latina» (637 ff), daß er (zugunsten des Gemeinwohls) den Troern den entsprechenden Vorschlag macht (vgl. auch Dictys Cretensis 2,25). Mit dem Blick auf die Bedeutung der Familie (aber auch auf den Edelmann) ist im Vergleich mit Homer (Il. 7,216 ff) interessant die Rede von der Begegnung des H. mit Aias und davon, daß die beiden einander über Hesione als Verwandte erkennen: Aias erwähnt seine Abkunft von ihr, und H. schlägt den Abbruch des Kampfes und Austausch der Waffen vor («Ilias Latina» 620–630; vgl. Dares Phrygius 19). Im Geiste Homers dann die «Ilias Latina» 931–934: «Unus tota salus in quo Troiana manebat / Hector adest, quem non durae timor undique mortis, / non patriae tenuere preces, quin obvius iret / et contra magnum contendere vellet Achillem» («Da ist Hector, auf dem allein das ganze Heil Troias lag, den weder die Furcht vor einem grausamen Tod von allen Seiten, noch die Bitten des Vaters abhalten konnten, dem großen Achill entgegenzugehen und mit ihm zu kämpfen»). Eine Fülle von passenden Epitheta, zu denen auch «callidus» (schlau?) gehört, charakterisiert den Krieger (ebd. 959; «ferus» = wild [779]; «impiger» = unverdrossen [974]; «fortissimus» = äußerst stark / mutig [820]; usw.).

Eine bedeutsame Variante (vgl. Il. 6,466–493) findet sich bei Dares Phrygius (24): Andromacha träumt, sie müsse den Mann von der Schlacht abhalten, doch der hört nicht auf weibische Rede. So läßt die Frau den Priamus ihre Sorgen wissen, der die Reihe seiner Söhne hinausschickt, aber nicht H. Der weiß davon, schimpft seine Frau und läßt sich die Waffen herausgeben, denn niemand könne ihn zurückhalten. Vergeblich löst die Frau jetzt dringlich dramatisch ihr Haar, legt ihm den Sohn zu Füßen (und damit in den Weg). Dann läuft sie zu Priamus, erzählt ihm von ihrem Traum und von ihrer vergeblichen Mühe, den Mann festzuhalten. Priamus wird dann alle in den Kampf schicken, den H. aber zurückhalten. Agamemnon, Diomedes, Achilles, Aiax Locrus sehen, daß H. nicht dabei ist, kämpfen fürchterlich und töten viele troische Fürsten. H. hört den Schlachtenlärm, sieht, daß die Troer ohne ihn in Schwierigkeiten sind, und eilt in den Kampf.

Der «Troer» Dares Phrygius (12) berichtet bemerkenswert viel (offenbar ohne Ordnung) und auch Überraschendes über den Mann, indem er seine Leiblichkeit geradezu karikiert (das folgende ist systematisiert): Demnach lispelt H. («blaesus») und schielt («strabo»), hat dabei aber ein ehrwürdiges Gesicht («vultus venerabilis»), er hat Kraushaar und trägt einen Bart. Auch flinke Glieder habe er. Sodann nennt Dares ihn würdevoll («decens») und redlich («candidus»). Streitbar («bellicosus») sei er, (dabei) großherzig, großmütig gegen die Bürger, bescheiden («dignus») und zur Liebe fähig. Dictys Cretensis (4,1) berichtet auch von seiner – in Friedenszeiten! – berühmten Keuschheit («praeclara pudicitia»), die ihm nicht weniger Ruhm eingebracht habe als die anderen Künste («ex qua haud minorem quam reliquis artibus gloriam adeptus erat»).

Auch zu seinem Ende gibt es unterschiedliche Nachrichten (vgl. **A**). Nach Dictys Cretensis (3,14) ist Penthesilea, Königin der → Amazonen, dem Priamos gegen die Griechen zu Hilfe geeilt. H. sei ihr mit kleiner Begleitung entgegengegangen und bei der Gelegenheit von Achill überfallen und getötet worden. Dares Phrygius (25) sagt, Priamus habe den Toten vor dem Tor ordentlich («suo more») begraben und Leichenspiele veranstaltet. Dictys Cretensis (3,16) weiß, daß bei dem lauten Klageschreien in der Stadt und zugleich dem Freudengeschrei vor den Toren die Vögel vom Himmel gestürzt sein sollen. Ausführlich beschreibt dieser Autor die Ereignisse, die den Achill schließlich zur Herausgabe des Toten veranlassen (ebd. 3,20–27; zwölf Tage habe der nackte Leib herumgelegen: Bocc., Gen. 6,23). Beim Grab des Ilus habe man den Helden beigesetzt, und die Begräbnisfeierlichkeiten hätten zehn Tage gewährt (ebd. 4,1). Hygin (Fab. 106) behauptet, Achill habe zu dessen Hergabe den Leib des H. in Gold aufwiegen lassen.

Geleitet vor allem von Dares Phrygius, tritt H. als großer Held (und Rittersmann) auch in das Mittelalter («Roman de Troie»). Auf diesem Weg macht der «Roman d'Hector et Hercule» (12./13. Jh.; vgl. Dares Phrygius 1–7) aus H. sogar einen Helden, der stärker ist (oder zu sein scheint) als Herkules, der immerhin über die Kräfte von 100 Mann verfügt haben soll.

Hier interessant zu H. (12,407–413): «Quant le rois öi l'enfant/Parlier ansi raisnablement,/et le vit grant et si quarrez,/Et de membres bien tailez,/Adonc pensa en suen corage/Que li enfanz ert proz et sage,/Et sor toz fierz et ardiz.» («Als der König den Knaben/Burschen so vernünftig reden hört und sieht, wie groß und kräftig («quarrez» = lat. «quadratus» = auch «wohlgestalt») er ist, mit wohlgestalten Gliedern, da denkt er in seinem Herzen, wie klug doch der Bursche sei und weise und vor allem kühn und feurig.»)

Das Martyrium auch des toten Helden, die Fürsorge der Götter und die ihm schon bei seiner Bestattung bezeugte Verehrung (Il. 24,785 ff; vgl. auch Dictys Cretensis 4,1) finden bei Christine de Pizan (19) gleichsam ein Epitaph. Die Amazone Penthesilea (vgl. Dictys Cretensis 3,14) hat sich in den «kühnsten und höfischsten Ritter der Welt» ehrenhaft verliebt. Sie findet ihn aber nur noch tot, einbalsamiert (wie eine Reliquie), umgeben von köstlichem Duft (vgl. Aphrodite in Il. 23,185), gekleidet in ein kostbares goldenes Gewand, durchwirkt mit Edelsteinen, auf einem Thron sitzend in einer unerhört prunkvollen Kapelle: Das ist – in großer

Ausführlichkeit beschrieben – nichts anderes als der Kult eines Helden im Bild christlicher Heiligenverehrung (wozu auch das Kerzenlicht gehört und das Knien und der Handkuß passen). Das Ganze ist eine originelle Variation zum «Roman de Troie» (3,16 649 ff, wo die Füße in mit Balsam und Aloe gefüllten Schüsseln stehen; die Flüssigkeit werde in goldenen Röhren über die Nasenlöcher in den Körper geführt: H. gibt Anlaß zu einem technischen Kunststück).

Die «Neun Helden» im Kontext des Gedichts «Les vœux du paon» (1312) des Jacques de Longuyon sind wohl eine typologische Entsprechung zu Homers «Ilias», 7,161–169 (s. o. **A**), vermittelt vielleicht von Pausanias (5,25,8; vgl. **D**). Sie repräsentieren hier und in ihrer fortan kanonischen Form drei Gestalten des Alten Testaments: Josua, König David, Judas Makkabaeus; drei der heidnischen Antike: Hektor von Troia, den Griechen Alexander d. Großen und den Römer Julius Caesar; schließlich drei Vertreter des Christentums: König Artus, Kaiser Karl d. Großen und den lothringischen Herzog Gottfried von Bouillon (Eroberer Jerusalems).

Es fällt auf, daß man statt Aeneas auch H. als Stammvater der Römer genannt hat (Prudentius, Contra Orationem Symmachi 2,343 ff). Boccaccio (Gen. 6,24) berichtet (unter Nennung verschiedener Namen und anderer Umstände) mit Hinweis auf Vinzenz von Beauvais («Vincentius gallicus»), daß die fränkischen Könige seiner Zeit ihr Geschlecht auf Söhne des H. zurückführten.

Das Emblem unter dem Lemma ARMES ET AMOURS («Waffen und Liebesabenteuer») bei Gilles Corrozet (M iiii b; H./S., Sp. 1682) stellt H. und Paris nebeneinander als Musikanten, die je auf eigene Weise mit der Harfe zu Krieg und Vergnügen aufspielen. Zumindest Homer hat dem H. (anders als dem Achill) keine musischen Neigungen nachgesagt (H. gehört nicht zu den Schülern Chirons). Das Emblem mag bezeugen, wie wenig Interesse der Held damals findet.

Aus der Sicht von Erfahrungen des 20. Jh.s hat Roland Hampe in H. jenen schneidigen «Optimismus erkennen können, von dem junge Offiziere bis in unsere Tage immer wieder einmal besessen sind» («Ilias», Stuttgart 1979, S. 558).

C Besondere Merkmale der Erscheinung H.s fallen nicht ins Auge. Jedoch kommt die in literarischen Quellen unterstrichene eindrucksvolle Körpergröße des Helden in der Bildkunst zum Ausdruck, vor allem auf den Darstellungen des toten H., dessen nackter Körper von Achill geschleift wird (s. **D**). Unwillkürlich denkt man an Homer (Il. 22,371), der den Wuchs und das prächtige Aussehen des toten, entkleideten H. bewundert.

In der griechischen Vasenmalerei unterscheidet sich H. nicht von anderen mythischen Helden; wie diese trägt er Rüstung, Helm und Rundschild, häufig Beinschienen. Als Waffen dienen ihm Lanze und Schwert (als die Lanze am Schild des Achill abprallt und damit verloren ist, zieht H. das Schwert; vgl. die Statue von Antonio Canova, s. u.).

Das Mittelalter paßt H.s Erscheinung der Ikonographie der Zeit an. So sehen wir ihn als Ritter zu Pferd z. B. auf einer Illumination zu Christine de Pizans «L'Épitre d'Othéa à Hector» (Handschrift gegen 1400–02, Paris, Bibliothèque Nationale, F. 606). Ein wichtiges ikonographisches Merkmal des H. als einem der Neun (guten) Helden (s. u.) ist ein heraldisches: Seit auf einer Miniatur vom Ende des 14. Jh.s zu Tommaso di Saluzzos «Le Chevalier Errant» das Banner des H. mit einem sitzenden Löwen, der ein Schwert hält, erschien, blieb dieser hauptsächlich das Wappentier des Helden, das auch seinen Helm ziert (R. A. Dwyer, s. Lit.). – Der aufgerichtete Löwe auf H.s Panzer an der Reiterstatuette von Filarete (s. u.) könnte zudem das Wappentier der Familie Sforza meinen, die damit H. als ihren Ahnherrn in Anspruch nehmen würde (vgl. H. Keutner, s. Lit., S. 151).

Die kleine Bronzestatuette des Antonio Filarete stellt den berittenen Helden im Stil des Quattrocento mit üppigem Lockenhaar, in einer Rüstung mit Panzerhemd, Brustpanzer und Schenkelschutz dar (1458–60; Madrid, Museo Arqueologico Nacional).

Eigenwillig und auf den ersten Blick unverständlich die Ikonographie des H. bei den festlichen Entrées von Metz (1512) und Caen (1532; R. L. Wyss, s. Lit., S. 77), bei denen H. auf einem Einhorn ritt, dem Symbol der Reinheit und Unschuld. Wir erinnern uns dabei an Dictys Cretensis (4,1), der von der Keuschheit («praeclara pudicitia») des Helden zu berichten weiß, auch an Dares Phrygius (12), der H. «candidus» nennt (= u.a. «fleckenlos»).

Antonio Canova entwirft sein Bild des Helden (Marmorstatue, Venedig, Palazzo Treves) nach dem Vorbild einer antiken Statue des Mars (⇒ Ares; vgl. S. 279): H., nur mit attischem Helm und einem auf der linken Schulter gebauschten und über den Rücken hinabfallenden Mantel bekleidet, schreitet mit finsterer Miene daher, in der gesenkten rechten Hand das Schwert, die Linke hinter dem Rücken verborgen.

D 1. *H.s Abschied* → Andromache

2. *Der Kampf zwischen H. und Aias* → Aias I

3. *Der Kampf bei den Schiffen* (Il. 12,436 ff, bes. 13,125 ff). Ein bevorzugtes Thema römischer Reliefsarkophage des 2. und 3. Jh.s, die die Schlacht in einer volkreichen Szene illustrieren. Das für alle Stücke verbindliche Kompositionsschema zeigt u.a. ein Sarkophag in Saloniki (Archäologisches Museum, Inv. 1246: Kampfgetümmel mit Toten allenthalben, links die Schiffe der Griechen und Personifikationen von Meergottheiten zur Charakterisierung des Orts).

4. *H.s Tod* (Il. 22,265 ff, bes. 291 ff u. 306 ff). Der letzte Kampf des H., gegen Achill, der für ihn tödlich enden wird, ist Gegenstand griechischer Vasenbilder. Sie illustrieren jene Stelle der «Ilias», der zufolge H. im Zweikampf die Lanze verliert, weil diese vom Schild des Achill abprallt, und er das Schwert zieht. Auf dem die Handlung raffenden Bild eines Glockenkraters (500/490 v. Chr.; Würzburg, Martin von Wagner-Museum, Inv. ZA 63) sieht man die beiden in voller Rüstung, H. weicht der Lanze des Gegners aus und zieht dabei das Schwert aus der Scheide.

5. *Achill schleift H.s Leiche* (Il. 22,391 ff). Die grausame Vergel-

tung für den Tod des Patroklos, die sich Achill ausgedacht hat, bewegt die bildende Kunst durch die Zeiten – mit Ausnahme des Mittelalters. Nachdem er die Füße H.s durchbohrt und mit Riemen an seinem Wagen befestigt hat, besteigt Achill selbst den Wagen, treibt die Pferde an und schleift den Leichnam über den Boden. Dieses Bild halten die italischen Vasenmaler fest (apulischer Volutenkrater, 340/330 v. Chr.; Neapel, Museo Nazionale, Inv. 81393), ebenso die Skulptoren zahlreicher römischer Sarkophage (hier werden die Pferde noch angeschirrt: Sarkophag, um 250/260 n. Chr., Tyr, Museum, Inv. 3951; Sarkophag, 180/190 n. Chr., Beyrouth, Nationalmuseum, Inv. 954). – Auch Dominicus van Wynen (Zuschreibung) schildert das Geschehen der «Ilias» entsprechend auf einem Gemälde (vor 1680; Kassel, Staatl. Gemäldesammlung, GK 464). Auf der Mauer von Troia, links, werden die Eltern des H., Priamus und Hekabe, Zeugen der schrecklichen Szene (Il. 22,405 ff; vgl. auch John Flaxmans Illustration zur «Iliad», Plate 36, s. *Zyklen*). – Auf allen einschlägigen Darstellungen fällt die gewaltige Größe und Wohlgestalt des nackten Körpers auf (s. **C**).

6. *H. im Kampf gegen Herkules* («Le roman d'Hector et Hercule» = «Das Lied von Hektor und Herkules», oberitalienisch, 13. Jh.). Diese nicht dem homerischen Mythos entstammende Begegnung hat Filarete auf der Sockelplatte der in **C** vorgestellten Reiterstatuette dargestellt. Die beiden Gegner kämpfen zu Pferd, H. richtet seine Lanze gegen Herkules. Derselben Quelle entstammt die Darstellung auf der Gegenseite der Sockelplatte: *H. und der sterbende Herkules*. H. steht vor dem tödlich getroffenen Herkules, der gegen einen Baum gelehnt auf dem Boden sitzt.

7. *H.s Grab*. Auf einer *tabula Iliaca* sieht man außerhalb der Mauer Troias rechts das Grab des Achill, links das Grab H.s, ganz von einer rechteckigen Ummantelung verdeckt; nur der Schild des H. (mit einem Löwen als Emblem) ragt heraus (Relief der frühen Kaiserzeit mit der Darstellung Troias und der Schilderung der Kämpfe zwischen Griechen und Troianern; Rom, Museo Capitolino, sala delle colombe, Inv. 316. Solche Illustrationen hatten ver-

mutlich didaktische Funktion im Homer-Unterricht; s. hierzu ausführlich Erika Simon in: W. Helbig, s. Allgem. Bibl., Bd. 2, S. 116 ff). Besondere Aufmerksamkeit hat H.s Grab in der mittelalterlichen Tradition des H.-Mythos gefunden («Roman de Troie» 3,16649 ff, Christine de Pizan 19). Illustrationen zum «Roman de Troie» halten sich zum Teil wortgetreu an den Text. So sehen wir den einbalsamierten thronenden H. in einer Handschrift des 14. Jh.s (?) in Venedig (Biblioteca Marciana, ms. fr. 17, Bl. 131ᵛ); er trägt ein langes Gewand und ein Schwert in der rechten Hand, die Füße stehen in Schüsseln, aus denen Balsam und Aloe durch Röhren über seine Nasenlöcher in den Körper geleitet werden (vgl. **B**).

8. *H. als einer der Neun Helden* (Jacques de Longuyon: «Voeux di paon», um 1312; Sébastien Mamérot: «L'Histoire des neuf Preux e des neuf Preues», 1463; Jean Molinet: «Le trosne d'honneur», 1467; s. auch **B**). – In der Bildkunst des 14. und 15. Jh.s ein höchst populäres Thema, das Skulptur, Textilkunst, Buch- und Glasmalerei beschäftigt. Als Vorbilder an Heldenmut und Tugend waren sie Teil der Ausstattung verschiedener Profanbauten, vor allem in Rathäusern als «Garanten eines guten und gerechten Regiments» (S. Tipton, s. Lit., S. 332 ff). So ist z. B. die Schauwand des sog. Hansa-Saals im Rathaus von Köln (3. Viertel des 14. Jh.s; 1944 zerstört, nach dem Krieg wiederhergestellt) geschmückt mit den Steinskulpturen der Neun Helden (auf Dreikantpfeilern, unter individuellen Baldachinen) im Erscheinungsbild zeitgenössischer Ritter: Hector (seltsamerweise mit drei Ochsenköpfen im Schild), Alexander, Caesar; Josua, David, Judas Makkabaeus; Karl d. Große, Artus, Gottfried von Bouillon. – Die Neun Helden gehören auch zum Programm eines der Portale im Lüneburger Rathaus (Holzfiguren an den Säulen des Eingangsportals von Albert von Soest, 1585). Hier wird (an der linken Portalrahmung) dem HECTOR TROIANUS die «SPES» zugeordnet. Mit den übrigen Helden werden justitia (= Gerechtigkeit), caritas (= Nächstenliebe), fides (= Glaube), fortitudo (= Stärke), patientia (= Geduld), temperantia (= Mäßigkeit) und prudentia (= Klugheit) assoziiert, so daß sie also

die drei theologischen (spes, fides, caritas) und vier Kardinaltugenden (fortitudo, nicht kanonisch: patientia, ferner temperantia und prudentia) verkörpern. – Skulpturen im Hamburger Rathaus, die die Neun Helden darstellten, wurden schon 1842 bei einem Brand zerstört. – Peter Kaltenhoffs Wandgemälde aus der Augsburger Weberstube (1457, heute München, Bayerisches Nationalmuseum) versammelt in historischer Adaption die Neun Helden in Gestalt Kaiser Friedrichs III. und H.s von Troia an der Seite von sieben Kurfürsten. (Weitere Beispiele bei R. L. Wyss, s. Lit.)

9. *Zyklen*. Die «Biographie» des H. beschränkt sich im wesentlichen auf das, was «Ilias» und «Roman de Troie» über ihn berichten. Auf den Illuminationen zu letzterem ist H. relativ selten zu sehen. Von Interesse war offenkundig *H.s Abschied* (Handschrift in London, British Museum, MS. Royal 20 D. I, Bl. 110^v) und *H.s Tod* (ebd., Bl. 113^v). – Als prominentestes Beispiel eines namhaften Künstlers ist der Illustrationszyklus (in Umrissen) zu Homers «Ilias» von John Flaxman zu nennen (1793 ff; s. auch den Zyklus zur «Odyssee», → Odysseus). Die Themen, die H. betreffen, sind: *Hector chiding Paris* (Plate 13, zu Il. 6,404); *The meeting of Hector & Andromache* (= H.s Abschied, Plate 14, zu Il. 6,306); *Hector & Ajax separated by the Heralds* (Plate 15, zu Il. 7,335); *Polydamus advising Hector to retire from the trench* (Plate 21, zu Il. 12,83); *Andromache fainting on the wall* (Plate 34, zu Il. 22,466); *Achill draggs the corpse of Hector* (Plate 36, nach Il. 22,396); *Iris advises Priam to obtain the body of Hector* (Plate 38, nach Il. 24,143); *The Funeral of Hector* (Plate 39, zu Il. 24,785).

Lit.: Buchthal, Hugo: Hector's Tomb. In: De artibus Opuscola XL. Essays in Honor of Erwin Panofsky. New York 1961, Bd. 1, S. 29–36. Ders.: Historia troiana. Studies in the history of mediaeval secular illustrations. London / Leiden 1971. Dwyer, R. A.: The Heraldry of Hector and its Antiquity. In: Journal of the Warburg and Courtauld Institutes 34, 1971, S. 325 f. Keutner, Helmut: Eine Bronzestatuette von Antonio Averlino Filarete. In: Studien zur toskanischen Kunst. München 1964, S. 139–156. Loomis, Roger Sherman: The Heraldry of Hector or Confusion worse Confounded. In: Speculum. A Journal of Medieval Studies 42, 1967, S. 32–35. Schröder, Horst: Der Topos der Nine Worthies in Literatur und bildender Kunst. Göttingen 1971. Tipton, Susan: Res publica bene ordinata. Regentenspiegel und Bilder vom guten Regiment. Hildesheim/Zürich/New York 1996. Touchefeu, Odette, in: LIMC 1988, 4,1, S. 482–498; 4,2, S. 283–291, s. v. Hektor. Wyss, Robert L.: Die neun Helden. Eine ikonographische Studie. In: Zeitschrift für Schweizerische Archäologie und Kunstgeschichte 17, 1957, S. 73–90.

Helene, griech., lat. Helena. Königin von Sparta. Tochter des ⇒ Zeus entweder von ⇒ Leda oder von Nemesis (Hesiod, Ehoien 66, nennt sie Kind des Zeus von Okeanos: Schol. zu Pindar, Nem. 10,150). Später heißt es, H. sei Tochter des Helios von Leda und habe zunächst Leonté (λεοντή = Löwenhaut) geheißen (Ptolemaios Hephaistionos, Photios, Cod. 190, 149a, Bd. 3, S. 59). Daneben heißt es (ebd. 149b, S. 60), der eigentliche Name sei, weil sie so gut Stimmen nachahmen konnte (vgl. Homer, Od. 4,279), «Echo» gewesen. «H.» heiße sie schließlich in Anspielung auf den Ort ihrer Geburt, eine sumpfige Gegend (ebd.). Schwester der → Dioskuren Kastor und Polydeukes (Pollux) sowie von Klytemnaistra (Apollodor, Bibl. 3,10,7). Gemahlin des → Theseus, als sie zehn oder zwölf Jahre alt ist (Apollodor, Epit. 1,23; Diodor 4,63,2), dann des Menelaos, dann des Paris, dann des Deiphobos (Kl. Il. 1; H. G. Evelyn-White, Hesiod 1977, S. 510 f). Lykophron (143) weiß, daß sie fünfmal verheiratet war. Es hieß auch, sie sei Mutter mehrerer Kinder (s. u.). Ihre Gestalt im Mythos wird wesentlich durch ihren Umgang mit ⇒ Paris/Alexander bestimmt.

A Apollodor (Bibl. 3,10,7) erzählt: Zeus wohnt, in Gestalt eines Schwans (der einen Adler flieht: Myth. Vat. I 78), der Leda bei, der Frau des Tyndareus, der dann in derselben Nacht auch noch mit ihr schläft: Dem Gott soll sie Polydeukes und H. geboren haben, dem Tyndareus Kastor und Klytemnaistra (s. auch Hygin, Fab. 77). Nach anderen ist H. eine Tochter des ⇒

Zeus von Nemesis, die sich ihm zu entziehen sucht, indem sie sich in eine Gans verwandelte: Zeus nimmt die Gestalt eines Schwans an und kommt so zum Ziel (Apollodor, Bibl. 3,10,7; vgl. Athenaios 8,334B [Kyprien 8], wo die Frau auf der Flucht sich in eine Vielfalt von Tieren verwandelt). In ihrer Vogelgestalt legt Nemesis ein Ei, das ein Hirte der Leda bringt, die es aufbewahrt, und als dann zur rechten Zeit die H. «geschlüpft» ist, zieht Leda sie als ihr eigenes Kind auf. Der vatikanische Mythograph (III 78) behauptet, dem Ei der Leda (!) seien Castor, Pollux und H. entstiegen. Nach anderen legte sie zwei Eier, eines mit Castor und Pollux, das andere mit H. und Clytemnestra (Myth. Vat. I 204; anders Myth. Vat. II 132 und III 3,6).

H. wächst zu einem schönen Mädchen heran. → Theseus, der entschlossen ist, eine Zeustochter zu heiraten, entführt sie (mit Hilfe des Peirithoos: Apollodor, Epit. 1,23) nach Aphidnai (Apollodor, Bibl. 3,10,7; vgl. Kyprien 9, Schol. zu Euripides, Andromache 898). Damals ist sie zwölf Jahre alt (oder zehn: Diodor 4,63,2), und Theseus soll schon in den Fünfzigern (!) sein (Plutarch, Thes. 31,1; ebd. Synkr. 6,1). Als Theseus wegen ⇒ Persephone im Hades weilt, kommen die Brüder und befreien sie.

Plutarch sieht diese Ereignisse ganz anders (Thes. 31) und entdeckt zunächst in Theseus einen fürsorglichen Jugendpfleger: Ida und Lynkeus seien die Räuber gewesen, die aus Furcht, es könne den Dioskuren in die Hände fallen, das Mädchen dem Theseus anvertrauten. Andere meinten gar, Tyndareus selbst habe ihm die Tochter in die Obhut gegeben, um sie vor dem gewaltsamen Hippokoon zu bewahren. Eigentlich aber sei es wohl so gewesen, daß Theseus und Peirithoos das Mädchen tatsächlich fortnahmen, als es im Tempel der Artemis Orthia (⇒ Artemis) gerade tanzte. Dann ließen sie das Los entscheiden, und Theseus gewann. Weil H. noch zu jung war für die Ehe, habe er sie nach Aphidna geschickt in die Obhut seiner Mutter und unter den Schutz des Freundes Aphidnos (vgl. Kyprien, Schol. zu Il. 3,242).

Die Frau ist unerhört schön: Aus ganz Griechenland kommen die Fürsten nach Sparta und bewerben sich um sie (Apollodor, Bibl. 3,10,8; ebd. Liste der Freier; vgl. Hygin, Fab. 81; ausführliche Charakterisierung der Freier bei Hesiod, Ehoien 68, S. 192 ff). Tyndareus gibt sie dem Menelaos zur Frau, nachdem er auf Anraten des Odysseus die Mitbewerber durch Eid zur Verteidigung des Paars verpflichtet hat (Apollodor, Bibl. 3,10,8). Es hieß auch, Menelaos gewann die Frau, weil er die größten Geschenke machte (Hesiod, Ehoien 68, S. 199). Sie gebiert ihm die Tochter Hermione (die nach Homer ihr einziges Kind bleibt: Od. 4,12–14; vgl. Il. 3,174 f) und vielleicht auch einen Sohn Nikostratos (Apollodor, Bibl. 3,11,1). Ihr drittes Kind sei Pleisthenes gewesen (Kyprien 9, Schol. zu Euripides, Androm. 898). Genannt werden auch noch Aithiolas und Maraphios, Söhne von Menelaos (s. Dindorf; Scholia, Bd. 1, S. 147f u. Bd. 2, S. 171). Vielleicht hatte sie zuvor schon ein Kind von Theseus: Iphigeneia, die sie der Fürsorge von Schwester Klytemnaistra, Gemahlin des → Agamemnon, überließ (s. Pausanias 2,22,7). Ptolemaios Hephaistionos (Photios, Cod. 190, 149a, Bd. 3, S. 59) weiß, daß sie von Achill einen Sohn Euphorion hatte, der geflügelt war. Er entzog sich der Zuneigung des Zeus und mußte dafür mit dem Leben büßen. Von ⇒ Paris / Alexander soll sie eine Tochter haben, die nach dem Willen des Vaters Alexandra, nach dem Willen der Mutter schließlich Helene heißen sollte. Sie sei von Hekabe getötet worden, in dem Augenblick, als Troia fiel (Ptolemaios Hephaistionos, ebd. 149b, Bd. 3, S. 60).

Es scheint, daß die Frau mit Menelaos ein harmonisches Leben geführt hat (Aristophanes, Lysistr. 155 u. Schol.; Kl. Il., H. G. Evelyn-White, Hesiod 1977, Nr. 13, S. 518f: Wenn Menelaos irgendwie einen Blick auf die Brüste der nackten H. erhaschte, dann warf er sein Schwert fort), ehe sie dem Paris begegnet. Nach dessen Tod in Troia verbündet sie sich heimlich mit → Odysseus gegen die Stadt (Kl. Il. 1). Menelaos tötet den Deiphobos und bringt H. zu den Schiffen (Iliupersis 1; H. G. Evelyn-White, Hesiod 1977, S. 520f).

Eine andere Überlieferung besagt, daß ⇒ Hera (verärgert über den Schiedsspruch des Paris) oder Zeus den ⇒ Hermes geschickt habe, um H. heimlich nach Ägypten in die Obhut des Proteus zu bringen: Was Paris heiratet und nach Troia bringt, sei demnach nichts als ein Phantom aus Wolken (vgl. → Ixion) gewesen (nach Stesichoros nach Aristid, bei Photios, Cod. 247, Bd. 7, S. 53; Euripides, Hel. 31ff; ebd. 582ff u. 669ff; Apollodor, Epit. 3,3,5; Euripides, El. 1280ff: Zeus schickt das Phantom nach Troia, um dort damit Streit zu stiften). Wieder anders Herodot (2,112–120), bei dem Paris selbst zunächst nach Ägypten geht und dort die H. an den empörten Proteus verliert, der ihn allein oder mit einem Trugbild (Phantom) der Frau (Servius, Aen. 1,651; 2,592) aus dem Land verweist und nach Troia gehen läßt. Darum sei die Stadt unnötig zerstört worden (ebd.; vgl. auch ebd. 11,262). In dieser Version soll Proteus' Sohn Theoklymenos versucht haben, H. zu heiraten, was Menelaos gerade noch verhindern konnte.

B Das literarische Charakterbild der H. schwankt zwischen bedauernswertem Opfer und verwerflicher Täterin. Bei Homer zeigt sie Reue (Il. 3,173 u. 403) und Heimweh (3,140 ff). Bei Kolluthos (254 ff) ist sie gebannt von der Schönheit des Mannes (Paris), der sie nie zuvor gesehen hat (193–195), den sie (254 ff) erst für ⇒ Eros hält, dann für ⇒ Dionysos, und auch seine «honigsüßen» Worte fangen sie ein, schließlich sei sie ihm von ⇒ Aphrodite versprochen. Wie ein Gott sei ihr der schöne Mann erschienen, dem sie auf der Jagd begegnete, notiert Ptolemaios Hephaistionos (Photios, Cod. 190, 149a, Bd. 3, S. 59).

Man kann aber auch sagen, daß sie gleichermaßen der Wirkung der eigenen Schönheit erliegt. Auch in diesem Sinn wird sie zum Werkzeug der Aphrodite, deren verführerischen Gürtel sie von Hera empfangen und getragen haben soll, ehe die Göttin ihn sich zurückholte (ebd.).

Das könnte doch auch jene H. sein, die mit ihrer goldenen Spindel den Homer an die (keusche) Artemis erinnert (Od. 4,121) und die er – gesittet auf Stuhl und Schemel bei der Arbeit mit «veilchenfarbener Wolle» (ebd. 135) – als tätige Gefährtin des Mannes und als Hausfrau vorführt. Das ist eine H., die aus Ägypten heimgekehrt ist (ebd. 123 ff). An Artemis-Hekate (vgl. Diodor 4,51,1 ff) erinnert auch die in Ägypten von Alkandre, der Frau des Polybos, erworbene Kenntnis zauberischer Kräuter, die sie dem Wein bei Tisch beimischt (ebd. 220 ff), «ein Mittel / Gegen Kummer und Groll und aller Übel Gedächtnis. / Wer das hinunterschluckt … / Dem rinnt keine Träne am nämlichen Tag von den Wangen …» (vgl. Macrobius 7,1,18). Kunstfertig ist sie auch in Troia, wo man sie einen «großen doppelten Purpurmantel» wirken sieht, in den sie kriegerische Bilder fügt (Il. 3,125 ff).

Die zauberische Macht der Schönheit ist es wohl, die der H. leicht den Ruf überhaupt zauberischer Fähigkeit einbringt. In diesem Sinn ist auch zu verstehen Ptolemaios Hephaistionos (Photios, Cod. 190, 153b, Bd. 3, S. 72): Hier ist die Rede von einem Fisch mit Namen «Pan», von der Art der Wale. Sein Aussehen erinnere an ⇒ Pan. In seinem Leib finde man einen Stein, den ‹Asterix›, der im Sonnenlicht Feuer fange. Zudem eigne er sich zum Zauber. H. habe einen solchen Stein besessen, der eingraviert das Bild des Fisches trug, und ihn als Siegel gebraucht. Hierher gehört sicher auch die Nachricht (ebd., 149a, S. 59) von der Pflanze ihres Namens, die auf Rhodos neben jenem Eichenbaum entsproß, an den die Mägde der Polyxo die H. aufgehängt hatten (Pausanias 3,19,10): Der Genuß dieser Pflanze führe unvermeidlich zum Streit. Zauberische Macht zeigt sie, als sie auf der Insel des Achill einem von einer Wunde genesenen Krieger den Auftrag an den Dichter Stesichoros mitgibt, er möge zum Wohl seiner Augen ihr einen Gesang singen: Der Mann komponiert ihr einen Hymnos und kann wieder sehen (Konon, Photios, Cod. 186, 133b, Bd. 3, S. 16). Eine besonders glückliche Hand mag sie zeigen, als sie herausfindet, wie man «mit Hilfe der Finger» das bessere Los zieht und damit im Spiel den Alexander übertrumpft (Ptolemaios Hephaistionos, Photios, Cod. 190, 149a, Bd. 3, S. 59).

Ovid (Ars 2,371 f) findet es verständlich, daß H. sich der Annehmlichkeit eines Mannes bediente («usa est humani commoditate viri»): Ein Gemahl, der seiner Frau Zeit und Gelegenheit gibt, lädt ein zum Ehebruch (ebd. 367). In den Heroides (17) zeigt er sie als selbstbewußte Sünderin, als Frau, die eitel um ihre verführerische Schönheit weiß (133 ff) und sich (auch widerstrebend: 139 f) auf einen attraktiven, aber treu- und gewissenlosen (z. B. 215 ff) Liebhaber eingelassen hat.

Die leibliche Erscheinung der H. scheint sich lange der literarischen Beschreibung zu entziehen. Gelegentlich sieht man (formelhaft) ihr volles / üppiges Haar (der Wettstreit zwischen Homer und Hesiod 325, H. G. Evelyn-White, Hesiod 1977, S. 595; vgl. Hesiod, Ehoien 68,32 u. 4, ebd. usw.; Plutarch 32,7: «H. mit den schönen Haaren»).

Die unbeschreibliche Macht ihrer Schönheit wird aber anschaulich in ihrer Wirkung, wenn Homer (Il. 3,156 ff) die griechischen Fürsten bei ihrem Anblick (⇒ Eros) sagen läßt: «Nicht zu verargen ist Troern und ... Achäern,/Daß sie um solch eine Frau so lange schon Schmerzen erleiden;/Den unsterblichen Göttinnen gleicht sie an Aussehn.» Hierzu gehört, daß allein der Ruf ihrer Schönheit macht, daß Menelaos sich um die Frau bewirbt (s. o.): Er hat sie nie zuvor gesehen (auch Paris hat sie nie zuvor gesehen: Kolluthos 193 f). Eher banal wirkt ihre Erscheinung, wie schließlich Dares Phrygius sie sieht und das Unbeschreibliche beschreibt (12): Den Brüdern ähnlich, die blond sind und großäugig, ein schönes («purus») Gesicht haben, wohlgestalt sind und von schlankem Körperbau, ist sie wohlgestalt («formosa»), von offenem Wesen («animi simplicis») und höflich («blanda»); wunderschöne Beine hat sie («cruribus optimis»; Kolluthos, 317, spricht – mit einem Topos – von ihren schlanken Fesseln = «καλλίσφυρος»), einem Mal zwischen den Augenbrauen und einem kleinen Mund.

C Die Tatsache, daß die literarischen Quellen kaum beschreibende Worte für die Schönheit der H. finden (s. o.), scheint auch für die Bildkunst zu gelten. Erst der Klassizismus schafft ein – aus der Perspektive der Zeit – zeitlos gültiges Idealbild der H. (Antonio Canova, Büste der *Elena*, 1811; Replik 1819, s. u.).

Auf den zahlreichen griechischen Vasenbildern unterscheidet sich H. nicht von anderen vornehmen Frauen; mitunter machen die Vasenmaler eine Anleihe bei der Ikonographie der ⇒ Aphrodite, nämlich wenn sie die Frau bei der Toilette zeigen (s. **D**).

Einzeldarstellungen mit bestimmten Charakteristika sind insgesamt selten. Antonio Canovas Idealbüste der *Elena* (1811 als *Musa di Montpellier* modelliert; eigenhändige Replik Canovas 1819, St. Petersburg, Eremitage) stellt aus der Sicht des Künstlers und seiner Zeitgenossen eine vollkommene Schönheit dar (vgl. L. Cicognara, s. Lit.). Korkenzieherlocken rahmen das Gesicht, lange Locken fallen auf Schultern und in den Nacken; die eng anliegende Kappe (Pilos?) mag daran erinnern, daß H. ja eine Schwester der → Dioskuren ist, deren charakteristische Kopfbedeckung der Pilos ist. Von Cicognara, der dem Meister gegenüber ihre Majestät und

Würde, gepaart mit Sinnlichkeit und erhabener Schönheit, preist, auf die Büste aufmerksam gemacht, schrieb Lord Byron sein berühmtes Epigramm «On the Bust of Helen by Canova» (November 1816; vgl. Antonio Canova, Katalog zur Ausst., s. Lit., S. 316).

D Die antike Kunst, vor allem die griechischen Vasenbilder, vermitteln in zahlreichen Beispielen ein Bild der H., das sie durchweg als Opfer charakterisiert: zunächst des Theseus, dann des Paris, schließlich des Menelaos – geraubt, verführt und endlich gewaltsam heimgeholt.

1. *Die Geburt der H. aus dem Ei* (vgl. Apollodor, Bibl. 3,10,7; s. **A**). Die zahlreichen griechischen Vasenbilder müssen auf eine verlorene ältere Quelle zurückgehen. Das Darstellungsschema: Auf einem Altar steht hochkant ein großes, oben aufgebrochenes Ei, aus dem das Kind ragt und seine Ärmchen nach ⇒ Leda ausstreckt. Diese ergreift entweder beim Anblick dieser seltsamen Geburt die Flucht (apulische Pelike um 360/350 v. Chr.; Kiel, Kunsthalle, Inv. B 501), oder sie eilt mit freudig ausgestreckten Armen auf das Kind zu (Halsamphora, um 350/325 v. Chr.; Paestum, Museo Nazionale, Inv. 21370). Andere Assistenzfiguren sind Thestios (Vater der Leda) und der Tyndareus (Gemahl der Leda). – Eigenartig die Darstellung auf einer campanischen Hydra (Ende 4. Jh. v. Chr.; Berlin, Staatl. Museen, Inv. V.I.4533), wo die aus dem Ei schlüpfende H. von den bereits erwachsenen Dioskuren (die doch gleichaltrig zu denken sind) mit ihren Pferden gerahmt wird. Eine komische Version des Themas sehen wir auf einem apulischen Glockenkrater (380/370 v. Chr.; Bari, Museo Archeologico, Inv. 3899), die die Protagonisten karikiert: Zur linken Seite des Eis, aus dem H. herausschaut, steht ein bärtiger Alter mit erhobener Doppelaxt, bereit, auf das Ei einzuschlagen (in Analogie zur Geburt der ⇒ Athena aus dem Haupt des Zeus!). Ein Mann auf der anderen Seite gebietet ihm mit suggestiver Geste Einhalt. Ganz links Leda, die die Szene durch den Türspalt beobachtet.

Eigene Wege geht die Ikonographie römischer Darstellungen.

Das Relief eines Marmorsarkophags (2. Jh. n. Chr.; Aix-en-Provence, Musée Granet) zeigt Leda im Kindbett, auf dem Bettrand sitzend, den Kopf in die Hand gestützt, zu ihren Füßen ganz im Vordergrund hocken drei Winzlinge (H. und die Dioskuren?) in den Schalen des zerbrochenen Eis. Ferner sind anwesend: Ledas Vater Thestios, der mit ausgestreckten Armen auf sie zueilt, ihr Gemahl Tyndareus (links) und hinter dem Bett Juno mit einer Amme. – Auf einem vespasianischen Stuckrelief (Rom, Museo Nazionale Romano, Inv. 113 217) sieht man wieder die drei Kinder zwischen den Eischalen, H. in der Mitte, darüber ein Adler (des Juppiter?), der eine Urne über den Kindern ausgießt, rechts steht Leda, links sieht man Tyndareus und eine Nymphe (?).

In der neuzeitlichen Kunst ist das Thema eine Seltenheit. Bekanntestes Beispiel ist die (wohl freie) Kopie nach einem verlorenen Gemälde des Leonardo da Vinci (um 1506; Rom, Slg. Contessa Gallotti Spiridon), von dem jedoch eine eigenhändige, in Details abweichende Vorstudie existiert (lavierte Federzeichnung, um 1504/1506; Chatsworth, Slg. Devonshire). Leda steht bzw. kniet (auf der Vorstudie) in Liebkosung mit dem Schwan, zu ihrer Rechten auf dem Boden liegen zwei zerbrochene Eier, zwischen deren Schalen jeweils zwei Kinder sitzen (entsprechend Apollodor, Bibl. 3,10,7 u. Hygin, Fab. 77: H. und Polydeukes, Kastor und Klytemnaistra, s. **A**).

2. *Theseus entführt H.* (Apollodor, Epit. 1,23; Bibl. 3,10,7 und andere, s. **A**). Dieses Ereignis, das leicht über der Entführung durch Paris übersehen wird, hat allenfalls in der antiken Kunst Niederschlag gefunden. Neben zahlreichen Vasenbildern ist eine Terrakottagruppe aus Tanagra zu nennen (gegen Ende des 2. Jh.s v. Chr.; Berlin, Staatl. Museen; ursprünglich Schmuck eines Sarkophags). Gerahmt von ⇒ Athena und (vermutlich) ⇒ Artemis sieht man Theseus, der die heftig sich wehrende kleine H. auf den Armen hält. (Ein zugehöriger Wagen ist verloren.) Dem Schema der Entführung mit dem Wagen folgt auch ein Mosaik aus Pella (340/330–320/310 v. Chr.; Pella/Griechenland, Archäologisches

Museum, Haus I 5, Zimmer G). Eine Quadriga mit Phorbas als Lenker steht bereit, um Theseus mit dem sich sträubenden Mädchen aufzunehmen, das sich hilfesuchend an Deianira wendet (alle Dargestellten mit Namensbeischriften).

3. *H.s Hochzeit mit Menelaos* (Apollodor, Bibl. 3,10,8; Hesiod, Ehoien 68, S. 199). Dieses Thema hat wenig Beachtung gefunden. Die von griechischen Vasenmalern gefundene Formel zeigt eine rotfigurige Lekythos (5. Jh. v. Chr.; Berlin, Staatl. Museen, Inv. F 2205): Menelaos, mit Mantel, Helm und Speer, geleitet H., sie am Handgelenk fassend.

4. *Paris und H.* Daß die Entführung der H. durch Paris eher eine Verführung genannt werden müßte oder daß jener zumindest eine Verführung vorausgeht, veranschaulichen die griechischen Vasenbilder. Eine Vielzahl an Darstellungen führt uns vor Augen, wie Paris die Schöne umwirbt und mit Geschenken zu gewinnen versucht. Auf einem apulischen Glockenkrater (1. Hälfte des 4. Jh.s; Paris, Louvre, Inv. K 6[N 2767]) sitzt H. in langem Gewand, kunstvoll frisiert, einen Fächer in der einen Hand, mit einem Kästchen auf dem Schoß, das sie sich zu öffnen anschickt, während Paris (in orientalischer Tracht mit phrygischer Mütze und halbhohen Schnürstiefeln) abwartend mit überkreuzten Beinen vor ihr steht, die Linke in die Hüfte gestützt. Daß sie es dem Paris und sich selbst nicht leichtmacht, wird allenthalben deutlich. Auf dem Bild einer Schale (440/430 v. Chr.; Berlin, Staatl. Museen, Inv. F 2536) sieht man sie (wie üblich) mit einem Kästchen auf den Knien, dessen Deckel sie sich zu öffnen scheut – das verrät ihre zögernde Handbewegung und die Tatsache, daß sie sich in Gewissensnot abwendet. Schließlich ist es Aphrodite, die Schutzgöttin des Paris, selbst, die H. unter Druck setzt: Auf einem Wandbild (3. Stil, 35–45 n. Chr.; Pompeji, Casa del Sacerdos Amandus I 7,7, cubiculum IIIa) sitzt die Göttin neben der immer noch zögernden H. und scheint ihr zuzureden. Ihnen gegenüber steht Paris (nackt, den Mantel über den linken Arm gehängt, mit phrygischer Mütze), der die Hand nach dem kleinen ⇒ Eros ausstreckt, der Aphrodite über die Schulter schaut.

Ein Thema, das sich wohl aus dem Motiv der H. mit dem (Schmuck-)Kästchen ableiten läßt, und im übrigen das einzige ist, das die Schönheit der H. in der griechischen Kunst apostrophiert schon dadurch, daß es eigentlich ein Thema der Aphrodite ist (vgl. A. M., S. 68 ff), ist die

5. *Toilette der H.* Das Bild einer Hydria (380/370 v. Chr.; Berlin, Staatl. Museen, Inv. V. I. 3768) zeigt H. (sitzend) mit prächtigem Gewand, Ohrgehängen, Armbändern und Handspiegel, in dem sie sich betrachtet. Über ihr schwebt Eros als Mittler des ebenfalls anwesenden Paris. Schließlich kommt Paris zum Ziel. Überredet oder überzeugt folgt H. ihm nach Troia.

6. *Die «Entführung» der H. durch Paris.* Anders als bei der ersten Entführung, durch Theseus, setzt sich H. kaum zur Wehr – diesen Eindruck vermitteln jedenfalls die griechischen Vasenbilder. Widerstandslos folgt H. dem Mann zum Wagen (apulische Lekythos, 340/330 v. Chr.; Privatslg., Genf, Depot des Museums) oder zum Schiff (Marmorrelief, 2. Jh. n. Chr.; Vatikan, Museo Gregoriano Profano, Inv. 9982): Paris geleitet die willig folgende Frau zum wartenden Schiff. Diese Auffassung teilen auch neuzeitliche Künstler, z. B. Guido Reni (Gemälde; Paris, Louvre): H. und Paris schreiten wie ein Hochzeitspaar zum Schiff, auf das einer der Begleiter des Paris hinweist (das Schiff selbst ist nicht zu sehen); der Mann entführt keineswegs, er führt vielmehr, und H. läßt ihm ihre Hand. Da bedarf es kaum des anwesenden Liebesgottes, um die Situation zu erfassen. Alle Begleitpersonen (drei Hofdamen der H., drei Gefolgsleute des Paris) erscheinen im Kostüm der Zeit.

In der etruskischen Kunst scheint eine andere Auffassung zu herrschen, wie z. B. eine Alabasterurne aus Volterra nahelegt (3. Viertel des 2. Jh.s v. Chr.; Florenz, Museo Archeologico, Inv. 78493): Hier wird eine widerstrebende H. von zwei Männern zum bereitliegenden Schiff gebracht. – Eher an den *Triumph von Neptun und → Amphitrite* oder einen Meeresthiasos (s. A. M., S. 664 ff) erinnert ein Gemälde von Gustave Moreau (*Enlèvement d'Hélène*, gegen 1852, Mathieu, Catalogue raisonné, s. Allgem.

Bibl., Nr. 21; Standort unbekannt; Ölskizze hierzu in Paris, Musée Moreau), wo das Schiff mit der «entführten» H. mit großem Gefolge über das bewegte Meer fährt.

7. H. in Troia s. *Zyklen*

8. H. auf der Mauer von Troia (*Die Mauerschau*, Il. 3,161 ff). Für Gustave Moreau ist H. geradezu eine Antipodin zu jener, die uns die griechischen Vasenmaler nahebringen. Auf seinen Gemälden erscheint sie als Verkörperung der Femme fatale: Ungerührt steht sie hoch aufragend wie eine Todesgöttin am Skäischen Tor von Troia, wo die Erde rot ist vom Blut der Gefallenen (Gemälde *Hélène à la porte Scée*, gegen 1880; Paris, Musée Gustave Moreau). In derselben Haltung sehen wir sie auf einem zweiten Gemälde Moreaus (*Hélène sur les murs de Troie*, gegen 1885; Mathieu, s. Allgem. Bibl., Nr. 199): Hoch aufgerichtet steht H., prächtig gewandet und geschmückt, auf der Mauer von Troia, an deren Fuß sich die Körper der Gefallenen türmen (Gemälde, Mathieu, Nr. 199, verschollen; ein Aquarell gleicher Komposition, Paris, Louvre, Cabinet des Dessins, Mathieu Nr. 332; Vorzeichnung, Mathieu Nr. 200).

9. Die Heimholung der H. durch Menelaos (Kl. Ilias, Iliupersis). In der «Ilias» wird deutlich, daß sich H. in Troia wohl gefühlt hat, auch wenn Aphrodite für Heimweh sorgt (Il. 3,139 f), und so überrascht es nicht, wenn sie ihrem Gemahl Menelaos nicht freudig in die Heimat folgt, wie es die griechischen Vasenbilder zu verstehen geben. So scheint H. wieder einmal Opfer zu werden: Sie ergreift vor dem Verfolger, der doch einmal ihr Gemahl war, die Flucht (z. B. auf einer Amphora, 470/450 v. Chr.; London, British Museum, Inv. E 263). Auffallend, daß Menelaos bei der Verfolgung meist das Schwert verliert, wie wir das allerdings aus anderem Zusammenhang kennen (s. **A**, S. 299): Hier wirft er sein Schwert fort, wenn er einen Blick auf H.s Brüste werfen kann). H. flüchtet sich sogar zur Statue einer Gottheit, um Menelaos zu entkommen – eine offenkundige Parallele zur Flucht der von → Aias (II) verfolgten Kassandra. Beide Exempla werden auf einem römischen Wandgemälde einander gegenübergestellt (Pompeji, Casa del Menandro [I 10,4], Atrium; 4. Stil, 69–79 n. Chr.): rechts Kassandra, die das Standbild der Athena umklammert, Aias, der sie am Haar packt. Auf der anderen Seite ist es Menelaos, der H. brutal am Haar reißt, zwischen beiden Gruppen der greise Priamus, der beiden Episoden gleicherweise zuzuordnen ist.

Aber auch gewaltlos versucht Menelaos H. zur Heimkehr zu bewegen: Dann zupft er sie zaghaft am Schleier, die Frau hebt argumentierend die rechte Hand (Halsamphora, gegen 520 v. Chr.; London, British Museum, Inv. B 245).

10. *Zyklen.* Mehrere Episoden aus der Zeit der H. in Troia illustriert John Flaxman in seiner «Iliad» (R. Essick, s. Lit.). Die Szenen, in denen H. zugegen ist: *Venus disguised inviting Helen to the Chamber of Paris* (Plate 7; zu Il. 3,379): Aphrodite/Venus nähert sich H. auf dem «hohen Turm», wo sich noch andere Frauen befinden, und berührt ihr Gewand (3,385); *Venus presenting Helen to Paris* (Plate 8; zu Il. 3,380 f, bes. 391 f): Die Göttin führt H. in die Kammer des Paris (wohin sie diesen vorher entrückt hatte, vgl. A. M., S. 620), der auf dem Bett ausgestreckt liegt; *Hector chiding Paris* (Plate 13; zu Il. 6,313 f): Hektor geht in voller Rüstung erzürnt auf den Bruder Paris zu, der sich auf seinen Bogen stützt (in der «Ilias» ist er gerade dabei, seine Waffen zu versorgen und den Bogen zu prüfen). H. bleibt eher eine Randfigur: Sie sitzt gesenkten Hauptes bescheiden auf einem Stuhl, während Hektor dem Paris seine Untätigkeit vorwirft. (Sie war es jedoch, die Paris schon gedrängt hatte, am Kampf teilzunehmen: Il. 6,337 f).

Lit.: Antonio Canova. Katalog zur Ausst. Venedig, Museo Correr, 1992. Cicognara, Leopoldo: Storia della Scultura dal suo Risorgimento in Italia sino al Secolo XIX. Venezia 1816, Bd. 2. Essick, Robert / La Belle, Jenijoy (Hg.): «Flaxman's Illustrations to Homer», drawn by John Flaxman, engraved by William Blake and others. New York 1977. Kahil, Lilly / Icard, Noelle, in: LIMC 1988, 4,1, S. 498–563; 4,2, S. 291–358, s. v. Helene. Krauskopf, Ingrid, in: ebd., 4,1, S., 358–359, s. v. Elina.

Hermaphroditos, griech., lat. auch Atlantiades, Atlantius, Hermaphrodit. Sohn des ⇒ Hermes und der ⇒ Aphrodite, Urenkel des Atlas (vgl. Ovid, Met. 4,285 ff). – H. ist ein androgynes Zwitterwesen, das nicht nur den Namen der Eltern, sondern auch ihr Geschlecht, das männliche und das weibliche, auf sich vereinigt (vgl. Athenaios 10,448e). Man glaubt heute, daß in der Doppelnatur sich eine ursprünglich-primitive Vorstellung von Gottheit äußert (vgl. Kl. Pauly, Bd. 2, Sp. 1066 f). Bei Diodor (4,6,5) steht, daß nach Auffassung einiger H. ein Gott sei, der von Zeit zu Zeit zu den Menschen komme. Hierzu gehört sicher auch, daß man den Zwittern die Gabe der Weissagung nachsagte (ebd.).

H. hat die primären Geschlechtsmerkmale des Mannes, und so ist er auch durch seinen Namen maskulin.

A Eigentlich bekannt ist H. heute nur durch Ovid, der seinen Ursprung erklärt (Met. 4,285 ff). Nymphen (Naiaden: Boccaccio, Gen. 3,21) ziehen das Kind in den Grotten des Idagebirges auf. Fünfzehnjährig macht der Knabe sich auf, die Welt zu sehen. Nach Lykien kommt er und auch nach Karien, wo ihn eines Tages ein Teich von kristallklarem Wasser lockt. Hier lebt die schöne Nymphe Salmakis, die ihre Zeit im Müßiggang verbringt und eitel ihre Schönheit pflegt. Dann sieht sie den Knaben, und leidenschaftliches Verlangen packt sie. Aber alle ihre Verführungskünste vermögen nichts gegen die scheue Abwehr des Unerfahrenen. Schließlich gibt sie vor zu resignieren und entfernt sich – nur, um den Mann aus dem Versteck zu beobachten. Als H. sich allein wähnt, wirft er die Kleider ab und springt ins Wasser. Jetzt weiß die Nymphe – halb Jägerin, halb selbst ein Opfer – endlich zuzupacken, aber der Gejagte setzt sich um so heftiger zur Wehr. Zu einem wilden Ringkampf kommt es, der die Erregung noch steigert. Da ruft Salmakis die Götter an: Nie wieder will sie getrennt sein von dem Mann. «Und ihr Gebet, es fand seine Götter: die Leiber der Beiden / wurden verschmolzen, in eine Gestalt die Zweie geschlossen» (Met. 4,373 ff). So ineinander verstrickt sind die Körper, daß sie als Zwiegestalt erscheinen, «nicht Mädchen, nicht Knabe / weiter zu nennen, erscheinen so keines von beiden und beides» (Met. 4,379). Als H. seines Zwitterwesens gewahr wird, gewähren die Eltern ihm den Wunsch, daß künftig jeder Mann diesem Wasser als Halbmann entsteige.

B H. ist eigentlich der mythische Prototyp des androgynen Hermaphroditen als biologisches Phänomen. Die Deutung des einen vermischt sich leicht mit der Bewertung des anderen. Jedenfalls ist H. – mindestens ursprünglich – wunderschön. Das ist eine Bedingung für sein besonderes Schicksal. Sein Gesicht spiegelt das Aussehen seiner Eltern (Ovid, Met. 4,290f). Nach Diodor (4,6,5) vereinigen sich in ihm weibliche Schönheit und männliche Stärke. Hygin (Fab. 271) nennt ihn («Atlantius», s. o.) nach ⇒ Adonis, ⇒ Ganymed, ⇒ Hyazinth und → Narziß als einen der «ephebi formosissimi». Einen historischen Wandel in der Bewertung des Zwitters notiert Plinius (Nat. 7,3,34): Ursprünglich habe man ihn für ein Wunderzeichen («prodigium») gehalten, jetzt aber diene er dem Vergnügen («delitiae»; vgl. Gellius 9,4,16). Der Hinweis auf das «prodigium» registriert die ursprünglich numinose Auffassung des H., wonach Göttliches wesentlich ein in sich Polarisiertes ist. Dem entspricht auch die Vorstellung von der «Venus biformis» (vgl. Gyraldi, Synt. 13, S. 543A; s. auch Cartari 1647, s. v. «Venere barbata») sowie die orphische Vorstellung von Minerva und Juppiter als Zwitterwesen (Agrippa v. Nettesheim 3,8, S. 222, nach Hermes Trismegistos; vgl. E. Wind S. 211f). Im Libellus (6) steht, man habe Mercurius (⇒ Hermes), der sein Geschlecht zu wandeln vermochte, auch als Zwitter dargestellt. Dergleichen Vorstellungen finden vorzüglich in der Renaissance besonderes Interesse. Ein Emblem unter dem Lemma MATRIMONII TYPUS sieht in H. ein Bild der ehelichen Vereinigung von Mann und Frau, und zwar mit Berufung auf Moses (Genesis 2,24: «et erunt duo in carne una»; vgl. Matthäus 19,5f; vgl. auch das androgyne Wesen des ersten Menschen bei Platon, Symp. 14,189e). Das erinnert an die patristische Exegese bei Origines (In genes. 1,15: PG 12,158), wonach Adam androgyn war (s. E. Wind, ebd. S. 212, Anm. 64). Das Bild veranschaulicht H. als Baum, dessen Stamm die ineinander verschlungenen Leiber der beiden sind (vgl. Ovid, Met. 4,365), und fügt viele Attribute hinzu (Barptolomaeus Anulus 1552, S. 14f; H./S., Sp. 1631f). – Hierher gehört auch die Tatsache, daß H.

einen festen Platz in der Alchimie findet. Er heißt da «Rebis» im Sinne von «zweifaches Wesen» (lat. «res bina»), das aus Verschiedenem zu einem Vollkommenen vereinigt ist. Spezifisch veranschaulicht H. den «Stein des Weisen» als Produkt eines Prozesses, bei dem Gegensätze, die ursprünglich als «materia prima» eine Einheit bildeten, miteinander wieder vereinigt werden. In H. ist der Gegensatz von Männlich und Weiblich in seine ursprüngliche Einheit zurückgeführt. – Im übrigen ist in christlicher Zeit seine Bewertung meist negativ, häufig mit moralisierendem Unterton. Einige sehen in ihm ein Zeugnis verwerflicher Wollust, wobei der Vorwurf sich vorzüglich gegen Venus / ⇒ Aphrodite richtet (vgl. Lactantius Firmianus, Div. inst. 1,17,9). Er sei der Sohn der «anderen» Venus, der ausschweifenden Göttin der Lüste, sagt der Myth. Vat. III (11,18, Bode S. 239). Der ityphallische ⇒ Hermes / Merkur ist gemeint, wenn man die Geburt des H. mit der des ⇒ Priapus (einem Sohn des ⇒ Dionysos und der ⇒ Aphrodite) vergleicht (vgl. Diodor 4,6,5).

Häufig sieht man in H. das Monstrum. Phaedrus (4,14) erklärt scherzhaft, er sei ein Geschöpf des trunkenen ⇒ Prometheus, nachdem er einmal mit Bacchus (Liber) gebechert hatte (womit H. an Dionysos und auch wieder an Priapus heranrückt). Nach Ausonius (Epigr. 102) ist der androgyne H. ein impotentes Neutrum. Isidor (Etym. 11,3,11) berichtet dagegen gar von einem androgynen Volk der Hermaphroditen (bei dem die Geschlechter sich an der vertikalen Achse trennen bzw. treffen): Ihre rechte Brust war männlich, die linke weiblich zum Säugen der gemeinsam gezeugten Kinder (vgl. Lib. monstr. 1,19).

Wie in den H. die Salmakis eingeht als der weibliche Teil seines Wesens, so nimmt auch seine Deutung sich ihrer an. Typisch der «Ovide moralisé en prose» (4,11; de Boer, S. 145 f). Demnach ist die «Quelle» der Salmakis ein Bild für die Gebärmutter der Frau. In ihr gebe es sieben Zellen, in deren drei rechten sich männliches, in deren drei linken sich weibliches Leben bilde. In der mittleren Zelle aber empfange die Mutter einen H. (nach Boccaccio, Gen. 3,21, gibt es dort einen unentschiedenen Streit zwischen den Geschlechtern). Dann ist der H. hier einer, dessen androgynes Wesen sich durch Geschlechtswandel (auch) in der Zeit entfalte, wozu Teiresias als Zeuge bemüht wird, der zugleich die überlegen wollüstige Natur der Frau bezeugt (wie das weibliche Geschlecht sich ja auch in der linken, «sinistren» Seite des Uterus bilde). Folglich steht Salmakis für das mannstolle, putzsüchtige, dem Mann verderbliche Weib (⇒ Pandora, S. 597ff), das sich in der Quelle wie in Unrat badet. Vielleicht könne man sie mit jener Dirne («putain»), dem apokalyptischen Weib bei Johannes, vergleichen. Es sei auch möglich, in H. ein Bild der sündig verführerischen Welt zu sehen. Für eine Sünde zwischen Mann und Frau steht «H.» (adjektivisch) bei Dante (Purg. 26,82). Zum Lemma FONS SALSMACIDOS. LIBIDO EFFOEMINANS («Die Quelle der Salmacis. Lust macht weibisch») heißt es schließlich: «Aber in Wirklichkeit ist diese Quelle nichts anderes als der weibliche Schoß – der süße Ort der Erfrischung für brennende Liebe. Wer in diesen schmutzigen Sumpf hinabtaucht, dem vergeht die feste männliche Tugend und die natürliche Wärme, und die feuchte Lust verweiblicht ihn. Seine Kräfte werden ausgezehrt, sie macht ihn zum Halbmann» (Barptolomaeus Anulus 1552, S. 32; H./S., Sp. 1628f). Ein Emblem bei Nicolas Reusner (1581, Embl. III, Nr. 25; H./S., Sp. 1629f) sieht in H. das Bild eines eitlen, verweichlichten Mannes unter dem Lemma FORMA VIROS NEGLECTA DECET («Dem Mann ziemt es, (seine) Schönheit gering zu achten»). Bemerkenswert die Sentenz am Schluß des Epigramms: «... männliche Körperpflege soll eine vernünftige Grenze einhalten» (vgl. Cicero, Off. 1,61; Strabo 14,636). Auf «Pulex, einen alten Dichter», beruft sich das Lemma eines Emblems, das göttliche Weissagungen zu Geburt und Tod des H. zum Thema hat und den (einen?) H. selbst über sein Schicksal sprechen läßt (Barptolomaeus Anulus 1552, S. 84; H./S., Sp. 1630): DIVINA VERBA SECVM NON PUGNANT ... HERMAPHRODITVS («Götterworte kämpfen nicht miteinander ... Ein H. spricht: ...»). Vermutlich bezieht der Gedanke seine Autorität aus der Überlieferung, nach der die Hermaphroditen die Gabe der Weissagung besaßen (Diodor 4,6,5; vgl. o.).

Auf die Zuständigkeit des Vaters Hermes/Merkur in Sachen Eloquenz geht letztlich die Behauptung zurück, H. sei ein Bild der ausschweifenden Rede («sermonis lascivitas»), die häufig die Wahrheit mit überflüssigem Schmuck verdecke (Myth. Vat. III 9,2 nach Remigius 1,22.16, Lutz, Bd. 1, S. 108). In ihrer Abneigung gegen Geschwätzigkeit («immoderata verbositas») habe denn auch die Weisheit («sophia») verschmäht, sich dem Merkur zu vermählen, während sie Beredsamkeit durchaus zu schätzen wisse.

Boccaccio (Gen. 3,21) vereinfacht: Die Rede solle männlich sein und nicht durch einen Überfluß an Wörtern verweichlicht und weibisch erscheinen. Boccaccio (ebd.) überliefert auch eine rationalistische Erklärung. Mit Verweis auf Vitruv («De architectura») identifiziert er eine Quelle unweit Halikarnaß, deren vorzügliches Wasser zugleich die Attraktion eines nahe gelegenen Gasthauses gewesen sei. Dort sei es geschehen, daß rüde Barbaren durch häufigen Genuß von Speis und Trank allmählich und unversehens die sanfteren Sitten der Griechen annahmen und sich zivilisierten. Da Sanftmut neben der Wildheit sich weiblich ausmache, habe man gemeint, sie seien vom Wasser verweichlicht worden.

C Die Bildkunst nimmt sich des H. erst spät an. Die früheste gesicherte Darstellung datiert aus dem letzten Viertel des 4. Jh.s v. Chr. – H., der Zwitter, wird in der Antike meist mit männlichen und weiblichen Geschlechtsmerkmalen dargestellt, wie auf dem späthellenistischen Marmorrelief (Athen, Akropolismuseum, Inv. 3356), das zum Vorbild einer Reihe neuattischer Reliefs geworden ist: H., von schmalem, zierlichem Körperbau, bewegt sich geziert (in kultischem Tanz?). Manchmal trägt H. ein gefaltetes Kopftuch, dessen Bedeutung unklar ist (Statue in Berlin, sog. *Berliner H.*, röm. Kopie nach einem griech. Original des 5. Jh.s v. Chr; Berlin, Staatl. Museen, Inv. SK 193: ein nackter Jüngling mit weiblicher Brust und Lockenhaar, das unter dem Kopftuch hervorquillt).

In der neuzeitlichen Kunst wird H. meist mit zwittriger Brust und verschleierter Scham wiedergegeben. Ikonographisch abwegig ist die Darstellung des «Zwiemenschen» H. in der Handschrift «Splendor Solis» (um 1530; Berlin, Kupferstichkabinett, Cod. 78 D 3). Auf dem geflügelten Körper sitzen zwei Köpfe, beide in einem Strahlenkranz.

D *Einzeldarstellungen.* In spätklassischer (4. Jh. v. Chr.), hellenistischer und römischer Zeit sind Darstellungen des H., mit Ausnahme von Kultstatuen, überaus häufig (z. B. der *Berliner H.*, s. **C**). – Auf einem (wohl römischen) Relief (Rom, Palazzo Colonna) sieht man H. als Jüngling mit weiblicher Brust, auf dem Arm den ⇒ Eros haltend, der eine Herme des ⇒ Dionysos bekränzt (vgl. **B**: H., dem Kreis des Dionysos zugehörig). – Berühmtheit erlangt hat ein (verlorenes) hellenistisches Bildwerk des schlafenden H., das durch zahlreiche röm. Kopien überliefert ist. Das bronzene Original wird von einigen Fachleuten mit dem «Hermaphroditus nobilis» gleichgesetzt, der vielleicht ein Werk des Polykles (Erzgießer des 2. Jh.s v. Chr.) ist. Die bekannteste Kopie ist jene, die Gianlorenzo Bernini (1622) durch eine skulpierte «Steppdecke» ergänzte (Paris, Louvre, Inv. MA 231). Die mädchenhafte nackte Gestalt liegt schlafend auf dem Bauch, den Kopf, der auf dem rechten Arm ruht, ins Profil gekehrt. Bildhauer der Neuzeit haben dieses Motiv des schlafenden H. mehr oder weniger wörtlich aufgegriffen, etwa Gianlorenzo Bernini (1620; Rom, Villa Borghese) oder Balthasar Stockamer (Elfenbeinskulptur, 1660er Jahre; Florenz, Museo degli Argenti).

Die einzige Geschichte, die der Mythos von H. zu erzählen weiß, ist die von

1. *H. und Salmacis* (Ovid, Met. 4,287 ff). Suggestiv ist die spannungsgeladene Darstellung des Bartholomäus Spranger (Gemälde, zwischen 1580 und 1602 für Rudolph II.; Wien, Kunsthist. Museum). Im Vordergrund links steht die mächtige Gestalt der Salmakis, zwischen Verlangen und Zurückhaltung: Sie verbirgt ihr

Gesicht hinter einem Schleier, ohne sich die Sicht auf den dem Bad entstiegenen H. zu nehmen (im Mittelgrund). – Jan Gossaert (1472–1533; Gemälde in Rotterdam, Museum Boymans-van Beuningen), ebenfalls der Schilderung des Ovid folgend, wählt einen späteren Moment der Episode (Met. 356ff): Stürmisch umarmt Salmacis den H. (beide im seichten klaren Quellwasser stehend), der sich heftig zu befreien sucht. Denselben Moment erfaßt ein Gemälde von Carlo Saraceni (1585–1620; Neapel, Museo Nazionale di Capodimonte).

2. *H. und Satyr.* Vermutlich auf einen hellenistischen Prototyp geht jene Gruppe zurück, die H. in der Umklammerung eines Satyrs zeigt. Sie ist in zahllosen skulpierten Beispielen faßbar, taucht aber auch in der Wandmalerei auf, jeweils in praktisch «wörtlicher» Wiederholung. Der Satyr, zwischen dessen Beinen H. kniet, liegt rücklings auf dem Boden. H. sucht sich zu befreien, indem er seine Rechte gegen das Gesicht des Zudringlichen drückt (röm. Kopie in Dresden, Staatl. Kunstsammlungen, Inv. 155).

Lit.: Ajootian, Aileen, in: LIMC 1990, 5,1, S. 268–285; 5,2, S. 190–198, s. v. Hermaphroditos. Debout, Marie-Alice: La représentation des vices par Mantegna: L'Hermaphrodite à tête de singe. In: La Revue du Louvre et des musées de France 25, 1975, S. 227–229. Raehs, Andrea: Zur Ikonographie des Hermaphroditen. Frankfurt 1990. Schwarz, Arturo: Alchemy, androgyny and visual artists. In: Leonardo 13, 1980, S. 57–62. Zolla, Elémire: The androgyne. Fusion of the Sexes. London 1981 (Art and Imagination).

Herse → Aglauros

Hippomenes, auch Hippomedon (Tzetzes, hist. 12,943), griech. Sohn des Megareus von Boiotien oder ⇒ Ares, Großenkel des ⇒ Poseidon. Nach einigen (statt des Arkaders Melanion) Gemahl der → Atalante (Hesiod, Ehoien 4, S. 143; Diodor 4,34,4 u. 4,65,4; Pausanias 8,35,10; Hygin, Fab. 185,10; Ovid, Met. 10,560 ff). Von Atalante Vater des Parthenopaios.

A H. ist der erfolgreiche Bewerber um die spröde Atalante in der boiotischen Version der Sage. Im offenbar schon früh einsetzenden Prozeß der Verschmelzung beider Sagenkreise miteinander übernimmt H. die Züge des Arkaders Melanion (vgl. Apollodor, Bibl. 3,9,2). Daß der geduldig unbeirrbare Freier um die berühmte Jägerin heute gewöhnlich H. heißt, ist vermutlich ein Erfolg Ovids (s. o.). Dieser erzählt, wie Venus («Cytheras Herrin», Met. 10,40 f) gerührt von des H. aufflammender Liebe zu Atalante und dessen Hilferuf, dem H. drei goldene Äpfel schenkt, die sie eigenhändig von dem zu ihrem Tempel gehörigen Baum auf Zypern gepflückt hat, und sie lehrt ihn auch den Gebrauch der Äpfel. – Als H. seine Leidenschaft nicht zügeln kann und eine heilige Stätte schändet, indem er sich dort mit Atalante vereint, werden die beiden Frevler von ⇒ Kybele in Löwen verwandelt.

B Der «Ovide moralisé en prose» (ed. E. de Boer, S. 263) nennt «Ypomenes» einen schönen Jüngling aus Theben, den schnellsten Läufer, den man finden kann (→ Atalante, **B**, S. 171).

D In der bildenden Kunst ist H. eine Randfigur geblieben. Ein Gemälde von Jan van Neck (1635–1714; London, 1957 im Kunsthandel) schildert, frei der Erzählung des Ovid folgend, die Überreichung der goldenen Äpfel an H. (s. **A**). Dieser kniet in devoter Haltung vor Venus / ⇒ Aphrodite, die in ihrem von Wolken umgebenen Wagen thront, während zwei Cupidi dem H. die Äpfel reichen.

Hymen, griech. Hyménaios, lat. Hymenaeus. Hochzeitsgott; Euripides (Troad. 310; vgl. Ovid, Met. 1,480) nennt die Abfolge H.-Amor-connubium; Lukian (Parisurteil 1) nennt die Gefährten der ⇒ Aphrodite in der Folge: ⇒ Eros, Himeros (Begierde; ⇒ Eros), ⇒ Chariten / Grazien, Pothos (Sehnsucht / Verlangen; ⇒ Eros), H. (vgl. Claudian, Epith. pall. 31–33).

Eine etymologische Beziehung des Namens zur «membrana virginalis» (Jungfernhäutchen) wird heute zugunsten einer Etymologie zu «hýmnos» eher verworfen (Kl. Pauly, Bd. 2, Sp. 1267). Remigius (1,3.5, Lutz, Bd. 1, S. 67): «Hymen Grece dicitur membranula, et est propria muliebris sexus in qua fiunt puerperia, inde dictus est Hymeneus nuptiarum deus» (vgl. unter **B**).

Ursprünglich ist H. wohl ein Kultruf («hymèn, hymèn»: vgl. Bion, Adon. Epit. 87–90), dann ein Hochzeitsgesang (-hymnus; Homer, Il. 18,493; Hesiod, Aspis 274; Pindar, Pyth. 3,17 ff; Catull 61 und 62; Oppian, Kyn. 1,341; Athenaios 14b f; Nonnos 16,290). Irgendwann scheint er eine Personifizierung der Jungfräulichkeit zu sein, dann eine Personifizierung der kultischen Hochzeitsmusik, aus der schließlich der Schutzgott der Hochzeit im allgemeinen, der ehelichen Vereinigung im besonderen hervorgeht (vgl. Ovid, Met. 1,480; s. K. Ph. Moritz, S. 240). In einem weiteren, späten Verständnis wird aus der ursprünglichen Verkörperung der Jungfräulichkeit deren Verteidiger und Bewahrer für die Hochzeit (s. **A**), schließlich kann er sogar, in gesetzterem Alter, christlich-priesterliche Aufgaben wahrnehmen (s. **B**).

Ein gleichnamiger H. war geschätzter Begleiter des Dionysos. Er wird wohl gelegentlich mit dem Hochzeitsgott verwechselt (Nonnos 13,83–92; vgl. ders. 24,88 u. 29,24 ff).

Dem Hochzeitsruf nach H. bei den Griechen (Athenaios 16,619b) habe bei den Römern der Ruf «Talasios» (= Thalassius, Thalassus etc.) entsprochen (Plutarch, Romulus 15,3).

A Zu einem in sich schlüssigen Mythos hat H. es nicht gebracht. Die erhaltenen Geschichten spiegeln wohl einen stetigen Wertewandel wider.

Seine Personifizierung ist zuerst faßbar bei Pindar (Frg. 139,6; J. Sandys 1989, S. 594 f). Hier und häufig sonst ist er Musensohn (⇒ Musen; Schol. zu Pindar, Pyth. 4,413; Claudian, Epith. pall. 31; Martian 1,1: «matre Camena»). Über die Muse selbst ist man uneinig: Catull (61,1,2) nennt ihn einen Sohn der Kalliope mit ⇒ Apoll und damit einen Bruder des Ialemos (zuständig für Trauer- und Klagegesang), auch er früh verstorben (Pindar, ebd.), und des ⇒ Orpheus (vgl. Gyraldi, Synt. 3, S. 177A). Nach Nonnos (24,88) ist er Sohn der Urania, nach Alkiphron (1,16,2; vgl. Proklos, Photios, Cod. 239, 321a f, Bd. 5, S. 162 f) Sohn der Terpsichore. Bei Seneca (Med. 110) ist er ein Sohn des Bacchus (Lyaeus; ⇒ Dionysos). Servius (Aen. 4,127) sagt, er sei das erste Kind des Bacchus und der Venus, an den seither das Hochzeitslied («hymenaeus») erinnere (vgl. «instaurare iubet tunc hymenea Venus»: Martian 9,469.10, zu «Harmonia» vgl. Remigius, Lutz, Bd. 2, S. 294). Remigius nennt nur Mutter Venus (81,3.13, Lutz, Bd. 1, S. 69), doch er nennt sie auch seine Gemahlin («uxor»: 6,287.7 u. 290.17, Lutz, Bd. 2, S. 127 u. 131).

Pindar (Frg. 139,6) stellt einen Jüngling vor, der bei seiner Hochzeit stirbt und den seine göttliche Mutter (eine Muse) zur letzten Ruhe (doch wohl auch zu bleibendem Ruhm) singt. Servius (Aen. 1,651) berichtet, ein Bursche H. sei am Tage seiner Hochzeit zu Tode gestürzt (oder von Trümmern erschlagen? = «oppressus ruina est»). Seither habe man ihn bei Hochzeiten zur Sühne («expiatio») angerufen, was aber nicht richtig sei (vgl. Myth. Vat. II 219; Myth. Vat. III 11,3; Boccaccio 5,26). Das Todesmotiv findet sich noch einmal bei Servius (Aen. 4,127): H. sei ein Sohn des Magnes gewesen, kundig der Musik und von weiblicher Schönheit, der bei der Hochzeit des Bacchus mit der Althea fromme Gesänge sang oder spielte. Dabei sei er gestorben: Das sei der Grund dafür, daß man seither bei Hochzeiten zu dauerndem Heile seinen Namen feiere. Von Apollodor hören wir (Bibl. 3,10,3), der tote H. sei – «wie die Orphiker sagen» – von → Asklepios in das Leben zurückgerufen worden.

Anderseits gebe es die Überlieferung (Servius 4,127), wonach H. der erste war, der sich einer Hochzeit glücklich erfreute, und deswegen rufe man ihn an (vgl. Isidor, Etym. 9,7,22). Außerdem werde er für den Erfinder («inventor») der Hochzeit gehalten. Man ehre ihn mit Gesängen, während man allenthalben seinem Beispiel folge.

In einer Geschichte (Servius, Aen. 1,651) dient H. nicht dem Verlauf der Hochzeit, sondern macht sich um eine Voraussetzung dafür verdient: In Wahrheit sei er ein junger Mann in Athen gewesen, der in Kriegsnöten junge Mädchen rettete, und darum habe man ihn gleichsam als Retter der Jungfräulichkeit verehrt.

Als Verteidiger von Jungfrauen zum sehr eigenen Nutzen (gleichsam als Stifter der eigenen Ehe) bewährt sich ein H. bei Boccaccio (Gen. 5,26, wohl im Anschluß an Servius, Aen. 4,127, oder Myth. Vat II 219 und Myth. Vat. III 11,3): H. war Sohn einfacher Eltern in Athen. Er verliebte sich ebenso heftig wie hoffnungslos in ein Mädchen vornehmen Standes. Nun war er aber von so überzeugender mädchenhafter Schönheit, daß es ihm nicht schwerfiel, sich für ein Mädchen auszugeben, auf diese Weise der Angebeteten nahe zu sein und sein Verlangen durch ihren bloßen Anblick zu sättigen (vgl. Gyraldi, Synt. 3, S. 177A). So kam es, daß er – unerkannt – auch bei den Frauen war, als die eines Tages der Eleusinischen Ceres / ⇒ Demeter opferten und dabei von Piraten überfallen und verschleppt wurden. Verfolger (oder H. selbst) erschlugen die schlafenden Entführer, und H. gelang es zu fliehen. In Athen versprach die Familie ihm die Ehe mit dem Mädchen, wenn er die Entführten nur wieder heimbringe. So geschah es, und es wurde eine glückliche Ehe. Seither gefalle es den Athenern, den Namen des H. mit einer Hochzeit zu verbinden (vgl. Gyraldi, Synt. 3, S. 176B). Eine ausführliche römische Version dieser Geschichte mit dem Helden Talásios (s. o.) steht bei Plutarch (Romulus 15,2–5; vgl. Servius, Aen. 1,651; Gyraldi, Synt. 3, S. 177B).

B Das – vermutlich ursprüngliche – Todesmotiv bei Pindar (Frg. 139,6) zeigt einen mit der Hochzeit verbundenen Verlust an: Man darf vermuten, daß H. hier die Jungfräulichkeit als leibliche Unversehrtheit verkörpert, die mit der fleischlichen Vereinigung der Geschlechter einer neuen Ordnung stattgibt. Hierzu passend Servius (Aen. 4,99): «Nam ‹Hymen› quaedam membrana quasi virginalis puellae esse dicitur, qua rupta quia desinat esse virgo, ‹hymenaei› nuptiae dictae: Hymen nennt man ein bestimmtes Häutchen beim jungfräulichen Mädchen. Weil nach dessen Durchbrechen das Mädchen keine Jungfrau mehr ist, nennt man die Hochzeiten ‹Hymenaeen›» (vgl. hierzu die Blässe der Frau [«puella»] nach der Hochzeitsnacht, «propter amissam virginitatem»: Remigius 9,478.7, Lutz, Bd. 2, S. 305). In den späteren Geschichten wirkt der Tod des Jünglings zufällig und sinnlos.

In einem weiteren Schritt der Entwicklung nimmt der nun Überlebende Gestalt an, die ihn nicht als Opfer, sondern als Agenten zeigt. Man sieht an dem festlichen Ereignis nun nicht den Verlust, sondern den Gewinn, nicht ein Ende, sondern einen Anfang.

Dieser junge Mann ist von knabenhafter (Claudian, Epith. pall.

41ff) oder von eher weiblicher Schönheit (Servius, Aen. 4,127; Boccaccio, Gen. 5,26). Martian (1,3.13) nennt ihn «decens», was Remigius mit «elegans, pulcher atque formose» übersetzt: Venus ist ihm besonders zugetan (Remigius 1,3.13, Lutz, Bd. 1, S. 69; vgl. Claudian, ebd. 25 ff). Antoninus Liberalis (23,1 f) berichtet, Apoll habe den Schönen gesehen und sich in ihn verliebt. H. hat schönes langes Haar (= «euchaítes»; Anthol. Pal. 9,321), das unbeschnitten bleibt (Claudian, ebd. 43; vgl. Nonnos 13,90 ff: der Geliebte des Dionysos!). Auf dem Haupt trägt er einen Blumenkranz (Ovid, Her. 6,44), ein Gewinde aus Rosen (Seneca, Medea 70), einen Kranz aus Blumen und Majoran (Catull 61,6 ff). Schön («dulce») leuchten die Augen über schneeweißen Wangen (vgl. Claudia, ebd. 41 f), auf denen das Feuer von Sonne und Scham liegt. Ein safranfarbenes Gewand trägt er (Ovid, Met. 10,2). In der Rechten hält er eine Fackel (vgl. Bion, Adon. Epit. 87; Seneca, Med. 67 f), in der Linken den gelben Brautschleier («flammeum»), safrangelb sind auch die leichten Schuhe («socci») an weißem Fuß (Catull 61,6; zum Safran vgl. ⇒ Zeus bei der Entführung der Europa).

Die Erscheinung dieses H., seine Schönheit, in der sich beide Geschlechter zu vereinen scheinen, sein musikalisches Handwerk, die Fackel, die Kleidung veranschaulichen seinen Auftrag und seine Rolle in der Gesellschaft und im Dienst der Kupplerin Aphrodite/Venus und des entgrenzenden Dionysos Lysios, denen sich leicht der Ordner Apoll zugesellt: bei der Hochzeit, einem Ordnung stiftenden Ereignis, das schon dem Sohn, einem Musensohn, besonders angelegen sein sollte. In dieser Hinsicht erhält auch die Nachricht, H. trage ungeschnittenes Haar, ihren Sinn, sofern zu den (griechischen) Hochzeitsriten auch das Haarschneiden der Braut (!) gehörte (Kl. Pauly, Bd. 2, Sp. 1195).

Getreu seinem früh entwickelten Wesen als Hochzeitsgesang zeigt H. als Person seine kultische Präsenz als Musikant, als Sänger und Instrumentalist (vgl. auch Properz 4,4,61). Sein Instrument ist eine Flöte. Bei Martian (9,480.3; vgl. Remigius 9,479.22, Lutz, Bd. 2, S. 308: «fistula») spielt er ohne Begleitung («monoauliter»).

Claudian (Epith. pall. 34 ff u. 98 f) sieht ihn, unter einer Platane liegend, auf einer (wachsgefügten) Hirtenflöte («avenae» und «fistula»; ⇒ Pan) maenadische Musik sowie Hirtenweisen spielen, was den Musiker H. an dionysischen Geist ebenso anschließt, wie seine weibliche Schönheit und wie der trunkene Schritt, von dem Seneca spricht (Med. 69), an den Gott denken lassen. Martian (2,58.10) spricht auch von «hymeneia tripudia», hymenaeischen Dreischritttänzen.

Die Fackel (Feuer und Licht) ist wohl anders als die Flöte eher Sinnbild als kultisches Gerät (⇒ Eros, bes. S. 299).

Remigius (9,477.10, Lutz, Bd. 2, S. 305) kommentiert, H. singe ein Hochzeitslied («carmen nuptiale») oder auch ein «carmen fescenninum», das eine (allenfalls locker auf die Hochzeit bezogene) Geschichte erzähle («carmen fabulosum»; vgl. das Lied bei Martian 9,477.11–479.2; vgl. Claudian, «Epithalamium de nuptiis Honorii» 309–312: H. untersagt die Erinnerung an kriegerische Taten des Bräutigams in einem Hochzeitslied; vgl. dagegen ders.: «Fescennina de Nuptiis Honorii Augusti» 1–4). Hierher gehört auch, daß H. (als/im Hochzeitslied) offenbar keine (umständlichen) Syllogismen und langen Umschreibungen (‹langes Herumreden›) mag (Martian 4,208.9–11; Remigius 4,208.10, Lutz, Bd. 2, S. 60).

Remigius (1,3.14, Lutz, Bd. 1, S. 69) vermittelt auch eine kosmologische Deutung, wonach H. jene Liebe und Eintracht sei, welche die Elemente und die Menge der Geschöpfe zusammenhält («subsistit»), was ihn an Deutungen des ⇒ Eros/Amor heranrückt.

Boccaccio (Gen. 5,26) stellt sich aus dem Vorhandenen sein Bild von H. zusammen und kommentiert mit Berufung auf Albricus (Myth. Vat. III) und Remigius, daß man Bacchus und Venus für die Eltern des H. halte, weil in übermäßiger Ausgelassenheit (eines Festes) sich leicht geschlechtliches Verlangen rege. H. heiße griechisch «eine kleine Membran, und es ist dem weiblichen Geschlecht eigen, Kinder zu gebären, daher nennt man Hymeneus den Gott der Ehe» (Remigius 1,3.5; Lutz, Bd. 1, S. 67). Boccaccio fügt hinzu, daß nach seiner eigenen Meinung man in H. einen Sohn von Bacchus und der Venus sehe, weil eine Hochzeit sich in zweierlei vollziehe oder weil dabei zweierlei zusammenkomme: das Fest und die fleischliche Vereinigung. Für das Fest steht Bacchus, wie Vergil sage: «Adsit laetitiae Baccus dator». Venus stehe für die fleischliche Vereinigung, denn es gehöre zu ihrer Obliegenheit, daß zum Zeugen von Nachkommen Mann und Frau sich vereinigen. Aus diesen beiden Komponenten bestehe dann die Hochzeit, d. h. H., dessen Bedeutung eben «Hochzeit» sei.

Wie man sich im 16. Jh. den H. vorstellt, zeigt Simon Bouquet mit der Beschreibung einer Statue, aufgestellt wie ein bildnerisches Epithalamium, aus Anlaß des triumphalen Einzugs Charles' IX. und seiner Frau Elisabeth von Österreich am 6. und 25. März 1571 in Paris (S. Bouquet, Bref et sommaire recueil ..., Paris 1572; vgl. Graham, Victor/Johnson, William McAllister, s. Allgem. Bibl., S. 148 ff und pl. 17). Danach ist H. ein junger Mann mit Bärtchen (!) (sicher ‹à la mode›; das Bild zeigt einen bärtigen älteren Mann) und langem Haar. Um ihn, auf den Ecken der Plinthe, stehen vier Fackeln, eine fünfte hält er in der Rechten: Die Fünf («quinaire») sei dem H. geweiht. Das gehe auf den alten römischen Brauch zurück, bei der Hochzeit fünf Fackeln anzuzünden (dieses wohl aus pythagoreischer Überlieferung, wonach die Zahl Zwei für die Frau, die Drei für den Mann steht und aus deren Vereinigung sich dann die Fünf ergibt). In der anderen Hand hält er einen gelben Schleier (so der Text im Gegensatz zur Illustration), wie ihn die Braut sich beim ersten Anblick des Bräutigams schamhaft vor das Gesicht zu halten pflegte. Er trägt einen Blumenkranz, in den Myrten und Majoran eingeflochten sind. Der lange, über der Schulter geraffte Mantel ist orangefarben. Von goldgelber Farbe sind seine Schuhe. Zu seiner Rechten steht ein kleiner Amor mit breitem Gürtel um den Leib. Das große Schloß daran zeige an, daß eheliche Liebe keusch ist und treu («lié»). Mit der Linken stützt er sich auf ein junges Mädchen (so zeigt das Bild), womit gemeint sei, daß man in jungen («grünen») Jahren hochzeiten soll. Dann nämlich kann man die Kinder zur eigenen Genugtuung heranwachsen sehen, ihnen helfen und sie fördern. Dieses sei besonders für den Fürsten ein großes Glück und Gut (Charles de Navière: La Renommée ... sur les receptions ... et entrées à Paris 1571, Chant quatriesme 585, spricht hier von einem Bild der Hebe; s. Graham/Johnson, s. Allgem. Bibl., S. 282). Zu Füßen Amors liegt eine Weltkugel. Sie sage uns, daß nichts in der Welt ist, das dem Amor nicht unterliegt. Um die Kugel herum sieht man Orangen und Rosengirlanden sowie Lilien. All dieses ein Hinweis darauf, daß die Jugend eher dem Vergnügen als dem Gewinn folge. Die Orangen bedeuteten Gold, denn jedermann wisse, welch große Rolle dieses Metall in Liebesdingen spiele (→ Atalante). Zu Füßen des H. lagert ein Ziegenbock. Der soll die hitzige Liebe der Jugend bezeichnen. Darunter (unter den Ecken der Plinthe) sieht man Krähenvögel, welche Eintracht und Treue signalisieren (vgl. Valerian 20,380). Dann sieht man noch zu Füßen des Mannes Putti, welche kleine Häutchen («pellicules») halten. Das sei ein Hinweis auf das griechische Wort «hymen» und erinnere daran, daß alle Lebewesen unsterblich seien in der Abfolge der Generationen. An einer Seite des Sockels fand sich ein Sonett Ronsards, an einer anderen lateinische Verse, an einer dritten schließlich eine griechische Zeile: Alle Texte kommentieren beziehungsreich das Bild des H. darüber (vgl. Victor Graham und W. McAllister Johnson, ebd., S. 150 f).

Ein Emblem des Daniel Heinsius (1615, Nr. 4; s. H./S., Sp. 1122) veranschaulicht, wie Liebe (Cupido/Amor) und Hochzeit (H.) ein Spiel von ungewissem Ausgang miteinander treiben. Unter dem Lemma EXITUS IN DUBIO EST («Der Ausgang ist zweifelhaft») sieht man die beiden Knaben würfeln. Im Epigramm heißt es schließlich: «... sie würfeln mit Steinen aus, ob sie es denn auch (wirklich) sein wird, was sehr unsicher ist. Denn wenn du meinst, sicher zu sein und fest auf den Beinen, dann wendet sich der Stein noch einmal, und die Sache geht doch fehl» (vgl. Ovid, Met. 1,480; Remigius 1,3.14).

Im Gegensatz zum deutschen Text («O Hymen/du vil schöner Knab») eines Emblems unter dem Lemma «Warum Venus Vulcanus zum Mann genommen» erscheint H. auf dem Bild, das die Hochzeit der beiden Götter im Sposalizio-Typ darstellt, in der Rolle des Priesters als bärtiger Mann eher mittleren Alters, nackt, von athletischer Statur, über die seitlich ein Tuch weht (Mathias Holtzwarth 1581, Embl. 57; S. 132 f). An einen priesterlichen H. beim Eheritual denkt augenscheinlich auch Shakespeare: «Since love our hearts and Hymen did our hands/Unite commutual in most sacred bands» (Hamlet III,171 f).

C H. wird im allgemeinen als schöner Jüngling dargestellt, häufig mit einem Kranz im Haar. Vereinzelt tritt er (auf römischen Sarkophagen) geflügelt auf.

D Darstellungen des H. sind selten. Auf einem Wandgemälde aus der Casa di Meleagro (Pompeji VI 9,2; 4. Stil, gegen 70 n. Chr.; heute Neapel, Museo Nazionale) sieht man H. mit gekreuzten Beinen sitzen, eine lange brennende Fackel in der Linken, in der gesenkten Rechten einen Blumenkranz. Das lange gekräuselte, auf die Schultern herabfallende Haar ist mit Blumen bekränzt. – Auf der sog. Aldobrandinischen Hochzeit (Wandgemälde aus der Casa di Meleagro, s. o.; um Christi Geb.; Biblioteca Vaticana) glaubt man in dem schönen Jüngling, der an das Brautbett gelehnt auf dem Boden sitzt, H. zu erkennen. Er ist bis auf einen Mantel, der Schoß und rechtes Bein bedeckt, nackt und trägt einen üppigen Laubkranz im Haar. Auf dem Bett neben ⇒ Aphrodite (oder Peitho) die Braut in Erwartung des Bräutigams.

Um so bemerkenswerter das Bild Friedrich Müllers (1799; München, Neue Pinakothek), das den geflügelten nackten Jüngling in ganzer Figur zeigt, in der erhobenen Rechten eine brennende Fackel, in der gesenkten Linken einen Myrtenkranz als Symbol der Ehe.

Lit.: De Bellefonds, Pascale Linant, in: LIMC 1990, 5,1, S. 583–585; 5,2, S. 401, s. v. Hymenaios.

Hymen II, griech. – Nonnos (Dion. 13,84 ff u. 120 f; 29,24 ff u. 46) nennt einen Jüngling H., der als Anführer der Boioter mit ⇒ Dionysos nach Indien zieht. Der Namensvetter des Urania-Sohns ist offenbar ein Geliebter des Gottes (24,88 ff). – Üppiges Haar – seit seiner Geburt noch nie geschnitten – rahmt sein Gesicht (13,84 ff).

Iason, Ieson, griech., Easun u. andere, Jason; Sohn des Aison / Aeson, des entthronten Königs von Iolkos. Seine Mutter war entweder Alkimede, Tochter des Minyas (Apollonios Rhodios 1,233), oder Polymede, Tochter des Autólykos (→ Odysseus; Apollodor, Bibl. 1,9,16; Schol. zu Homer, Od. 12,69) oder Amphinome (Diodor 4,50,2). Anführer der Argonauten. Gemahl der Medeia / Medea (Tochter des Aietes von Kolchos), später der Kreusa (Tochter des Kreon von Korinth). Von Hypsipyle ist er Vater des Euneus und des Nebrophonos (Apollodor 1,9,17) oder des Euneus und des Deiphylus (Hygin, Fab. 15; Hederich, Sp. 1312). – I. war auch Teilnehmer der Kalydonischen Jagd (Ovid, Met. 8,302; Apollodor 1,8,2), und zwar noch vor der Fahrt nach Kolchos (vgl. Apollonios Rhodios 1,769; vgl. u.).

Der Mythos des I. ist in auffällig vielen, gelegentlich sehr kontroversen Varianten überliefert. Er ist Hauptheld zweier Epen, der «Argonautika» des Apollonios Rhodios (3. Jh. v. Chr.; sicher in Kenntnis des 4. Pythischen Hymnos Pindars, 6. / 5. Jh. v. Chr.), und der «Argonautica» des Valerius Flaccus (1. Jh. n. Chr.), deren Stoff an ein älteres griechisches Vorbild anknüpft (vgl. Homer, Od.

12,70). Dazu kommen die «Orphischen Argonautika» (2. Jh. n. Chr.; wichtig auch Diodor [4,40–55], mit interessanten Rationalisierungen). Hauptheld in diesen Epen ist I. weniger als Akteur denn als «Regisseur», sofern er es ist, der die berühmte Fahrt der «Argo» veranlaßt und ihr das Ziel in der Kolchis gibt. Sein Leben läßt sich in mehrere klar unterscheidbare Abschnitte teilen: 1. die Zeit vor der Fahrt, 2. Fahrt, Kolchis und Rückkehr (das eigentliche Thema der Epen), 3. Heimkunft und Zeit bis zu seinem Tod.

Im gegebenen Zusammenhang interessiert einzig der Mann, die Ereignisse in den «Argonautika» sind demnach interessant nur, soweit sie dem I. gehören und ihn kennzeichnen.

Schon über die Ursache der Fahrt gibt es kontroverse Nachrichten.

A 1. Nach den meisten Quellen hat Pelias, König von Iolkos in Thessalien, das Leben des I. bestimmt von der Wiege bis zur Bahre. Dazu kommt der Haß der Medeia.

Pelias hat den Bruder Aison vom Thron vertrieben und dessen Familie bedroht. So kommt es, daß die Eltern den Säugling in Sicherheit zu → Chiron, dem bewährten Prinzenerzieher, bringen, dem I. vielleicht schon den Namen verdankt (Pindar, Pyth. 4,118[211]; ders. Nem. 3,54 f[91 f]; – Schol. zu Apollonios Rhodios 1,554; Schol. zu Homer, Od. 12,69; Hesiod, Ehoien 13, H. G. Evelyn-White 1977, S. 162 f; vgl. Pindar, Pyth. 4,101 ff[179 ff], zum Namen ebd. 118[210]; Apollonios Rhodios 4,811 ff; vgl. Hesiod, Theog. 1000 ff: hier auch Medeus, Sohn des Iason). I. wird wohl 20 Jahre in der Obhut des Chiron bleiben.

Pelias hatte einst am Altar der Hera seine Stiefmutter Sidero erschlagen und auch danach noch ihr die Ehrfurcht versagt (Apollodor, Bibl. 1,9,8). Ihn zu strafen, entwirft nun die Göttin ihm Unheil und benutzt dazu den ahnungslosen I. als Werkzeug, der sich wegen seiner Rechtschaffenheit ihrer besonderen Zuneigung erfreut, besonders seit er einmal auf dem Heimweg von der mühsamen Jagd in den beschneiten Bergen das «alte hilflose Weib», die unerkannte Göttin auf «Inspektion», auf den Schultern durch die ungestümen Fluten des Anauros getragen hat (Apollonios Rhodios 3,76 ff).

Ein Orakel, das er wohl aus Sorge um seine Herrschaft einholt, warnt den Pelias vor «dem Mann mit nur einem Schuh [Sandale]» (Apollodor, Bibl. 1,9,16; nach Hygin [Fab. 12,1] sagt das Omen wohl direkt, der Mann werde sein Leben bedrohen; vgl. Apollonios Rhodios 5 ff). Als er schließlich die Botschaft zu verstehen meint, bereitet Pelias ein Opfer an Poseidon vor und lädt auch den I. dazu ein. I. (der eigentlich Häusliche: Apollodor ebd.; Häuslichkeit gefällt der ⇒ Hera!) macht sich auf den Weg. 20 Jahre alt soll er jetzt sein. Beim Durchschreiten des Anauros verliert er eine Sandale (im Schlamm: Hygin, Fab. 13) und tritt halbbeschuht vor Pelias (Apollodor, Bibl. 1,9,16). Pelias sieht den Mann, denkt an das Orakel und fragt ihn, was er wohl täte, hätte er die Macht, wenn ihm ein Orakel sagte, er werde von einem seiner Bürger ermordet werden. I. antwortet, er würde ihn auffordern, das Goldene Vlies herbeizubringen. Mag sein, daß diese Antwort zufällig kommt oder aber angestiftet ist von Hera, die für ihre Pläne gegen Pelias die Medea braucht. Pelias zögert nicht, den Spruch auf I. selbst anzuwenden: Damit schickt er ihn hinaus in die ferne Kolchis (am Ostufer des Schwarzen Meers), wo das Vlies in einem Hain des Ares an einer Eiche aufgehängt ist und von einem schlaflosen Drachen bewacht wird (Apollodor, ebd.).

Anders hatte Pindar berichtet (Pyth. 4,70 ff [127 ff]): Ein Orakel sagt dem Pelias ganz allgemein, er werde von Aioliden oder von ihren Verbündeten getötet werden. Dazu kommt ein genauerer Spruch von Mutter Erde: Vorsehen solle er sich vor jedem, der aus den Bergen herabgestiegen sei und nur eine Sandale trage. Dann tritt I. auf: Furchteinflößend anzusehen mit seinen zwei Speeren, gewandet in eine magnesische Tunika mit einem Pantherfell darüber. Langes Lockenhaar rollt ungeschoren den Rücken hinunter (Pindar, Pyth. 4,77 ff [139 ff]). Er sucht die Menge, erregt Aufsehen, und das Wort erreicht den König. Der kommt (unauffällig) mit dem Maultiergespann, mischt sich unter die Leute und nimmt sogleich die einzelne Sandale am rechten Fuß wahr. I. kommt offenbar geradewegs aus Chirons Obhut und läßt die Leute (darunter Pelias) wissen, daß er da sei, den Thron zu beanspruchen, den der «gesetzlose» Pelias einst dem Vater abnahm. Dann will er den Weg zum Palast wissen, aber erst am sechsten Tag, nach viel festlicher Gasterei mit Vater und Familie, steht er vor dem König und fordert Zepter und Thron. Er tut das mit Worten, die sachlich einen rechtlichen Tatbestand konstatieren und daraus einen Anspruch auf Wiedergutmachung ableiten, die künftig beiden Seiten zu Heil und Wohlstand gereichen soll (139 ff). Seine Sprache, sanft intoniert, vermeidet alles Harsche/Verletzende (241 ff). Der Vorschlag will eine gütliche Einigung, denn

Verwandte regeln dergleichen nicht mit der Waffe! Also: Die reichen Herden und Felder, die er den Eltern abnahm, möge er behalten, herausgeben aber, ohne alle Umschweife beiderseits, soll er das königliche Zepter und den Thron, von dem aus einst Vater Aison Recht sprach, andernfalls schüfe er nur neue Nöte (ebd. 228f: Hier findet I. «sanfte» [μειλιχίασοι, meilichíasoi] Worte auch für für die Seinen).

Pelias gibt sich nicht weniger bedachtsam (154ff): «Schon recht, ganz wie du willst, aber ich bin alt und muß da noch Wichtiges erledigen. Ein Traum und ein Orakel wollen, daß wir den Geist des Phrixos heimholen.» Er schwört, dem I. Herrschaft und Königreich zu überlassen, wenn er erst das Goldene Vlies herbeigebracht habe. Man einigt sich, und I. bereitet (mit Pelias' Hilfe) die Expedition vor.

Bei Diodor (4,40) ist I. schlicht ein vor der Zeit an Leib und Geist gereifter Bursche, den es mit dem Vorbild etwa des Perseus nach bleibendem Ruhm gelüstet. Das läßt er den Onkel wissen, der – kinderlos wie er ist – in ihm eine Gefahr für seine Herrschaft sieht und sich sogleich nützlich, sich seiner zu entledigen, die Reise nach Kolchis als passendes Unternehmen einfallen läßt. I. kalkuliert Risiko und Chancen und macht sich ans Werk.

Die «Orphischen Argonautika» (56–68) wissen, daß I. den Plan des Pelias sogleich durchschaut und sich den Beistand der ihm sehr gewogenen Hera holt, die für den Bau des Schiffs auch umgehend die Hilfe der ⇒ Athene («Tritogeneia») holt.

Ähnlich schon der lateinische Valerius Flaccus, der seinerseits die meisten der Motive seiner Vorgänger zu wieder einer eigenen Version verbindet (1,22ff).

Noch später heißt es (Myth. Vat. I 24), Pelias habe den I., dessen Thronanspruch er ob seiner Tüchtigkeit und Redlichkeit fürchtet, nach Kolchos geschickt, aber unterwegs sei dem Schiff von Laomedon der Zugang nach Troia verweigert worden, was augenscheinlich zur Umkehr führte und einen Feldzug des Pelias und des Herakles veranlaßte, der den Laomedon das Leben kostete. Nach einer anderen Version (Myth. Vat. I 25) folgt I. einem Orakel des Apoll. In die Kolchis kommt er unter dem Vorwand, dort als erster die unbezähmbaren Stiere unter das Joch zu zwingen. Das wäre doch eine respektable Heldentat!

I. beauftragt den Argos, ein Schiff (die «Argo») zu bauen. Daran befestigt ⇒ Athena (S. 165ff) ein Holz von der sprechenden Eiche von Dodona, und I. versammelt viele griechische Helden, die Argonauten, die ihn auf seinem Zug begleiten werden. Der Umstand, daß Herakles dazu gehört und

Orpheus, veranschaulicht eine Reisegesellschaft mit Spezialisten für unterschiedliche Aufgaben, die alle sich der Führung des I. unterstellen. Unterwegs nach Kolchis besteht I. zahlreiche Abenteuer, bei denen er aber nur auffällt als Liebhaber der Hypsipyle, Königin auf Lemnos (1,609–909; spez. 1,853 ff). Einzige Frucht der Begegnung sind wohl zwei Söhne (s. o.).

2. In der Kolchis wartet die eigentliche Aufgabe auf I. (Apollonios Rhodios 3). Charakteristisch für den Mann ist die Art, in der er die Aufgabe angeht (ebd. 3,170–193). Das Prinzip ist: Diplomatie vor Krieg (3,299–438). Erst sollen Worte den Weg erkunden: Worte sollen herausfinden, wie Aietes zu verfahren gedenkt (ebd. 3,179 ff), wobei I. auch das frühere Verhalten des Mannes in einer ähnlichen Situation, gegen Phrixos, bedenkt. Jedenfalls sei es besser, erst einmal zu ihm zu gehen und seine Gunst durch Rede zu gewinnen, denn Rede könne oft mehr erreichen als Tapferkeit und den Weg in passender Weise ebnen. Diplomatisches Geschick beweist auch, daß er die Söhne des Phrixos bei sich haben wird. Er selbst trage den Stab des Hermes, sagt der Dichter und meint damit, daß es dem I. um Vermitteln, nicht um Konfrontation gehen wird. Auf dem Weg zum Palast verhüllt Hera freundlich die Gesandtschaft in einem Nebel vor den Blicken interessierter anderer. Dieser Dienst der Göttin erinnert in ironischer Verfremdung daran, daß I. schließlich als ihr Werkzeug unterwegs ist.

Beim festlichen Empfangsbankett läßt Aietes wissen, daß Reden ihm nicht sonderlich liegt. Diplomatisch geschickt wieder, daß nun Argos («der Ältere») den Sprecher für I. macht mit einer gut gebauten Rede, die auf verschiedenen Ebenen das Interesse am Vlies begründet. Wenn der König denn nicht gar an ein Geschenk denke, dann könne I. ihm ja gegen die Sauromaten helfen, die bitteren Feinde. Schließlich sollen genealogische Beziehungen den Wunsch nach einem freundlichen Empfang begründen.

Heftig kommt die Antwort des Aietes, der die Gäste sogar verdächtigt, seine Krone zu wollen. Die Antwort ist so brüsk, daß es wieder den I. braucht, die Situation unter Kontrolle zu halten, als Peleus sich anschickt, das falsche (tödliche) Wort zu sagen: I. hält ihn zurück und setzt gegen die Heftigkeit eine gelassene Antwort in sanftem Ton. Ja, man sei gekommen, sich gegen große Gefahr daheim zu wehren. Wohl berechnet ist sicher der Appell an die Eitelkeit des Königs mit der Aussicht auf weitverbreiteten Ruhm und noch einmal das Angebot, ihm mit Waffengewalt gegen die Sauromaten zu helfen.

So eingestimmt, entscheidet Aietes sich für die freundlichere der Alternativen: Der Gast möge Mut (und andere Gaben) beweisen damit, daß er sich einigen schwierigen Aufgaben stellt: 1. Auf dem Aresfeld stehen zwei feuerschnaubende Stiere mit bronzenen Füßen, die es unter das Joch zu zwingen und mit dem Pflug eine Strecke über das Feld zu treiben gilt, wie Aietes selbst das zu tun pflegt. 2. In die Furchen werfe er dann rasch die Zähne einer schrecklichen Schlange, aus welcher Saat alsbald bewaffnete Männer erstehen, die er mit dem Speer ringsum sogleich niedermähe: Zwischen Anjochen und Ernte liege ein ganzer Tag zwischen Morgen und Abend: Wenn I. diese Aufgaben bewältige, werde er noch denselben Tag das Vlies mitnehmen dürfen. Tief drinnen weiß I., daß ihm der Mut fehlt. So spielt er berechnend den Opferwilligen, den nichts anderes an den Platz brachte als harte Notwendigkeit durch den Befehl eines Königs: Aietes bleibt ungerührt, und I. steht in der Pflicht.

Ovid (Met. 7,100 ff) bereichert das Bild um einige Details. Die Stiere haben stählerne Nüstern, eisenspitzige Hörner.

Servius liest zu Vergil (Georg. 2,140 ff) den Ablauf der Ereignisse umgekehrt: Erst mußte I. die Schlange erlegen, weil er später ebenderen Zähne aussät.

Auch Aietes hat eine «Schwachstelle»: die Tochter Medeia. Ihre Hilfe kann den I. zum Ziel führen, wenn er sie denn hat. Das ist die Stunde der Aphrodite. Pindar (Pyth. Od. 4,215–219) spricht von einem Liebeszauber der Göttin (mit dem zu einem «Zauberkreisel» an ein Rad geflochtenen Vogel, iynx torquilla, dem Wendehals: vgl. Theokrit 2) und davon, daß sie ihn Bittanrufungen lehrt, mit denen er das Mädchen von den Eltern lösen und eine Sehnsucht nach Hellas wecken kann: Rasch erklärt Medeia dem Mann die Aufgaben und reicht ihm seltsamerweise ein in Öl gelöstes Schmerzmittel (also keinen Krafttrunk!), mit dem er den ganzen Leib einreiben soll. Seiner Sache sicher, zeigt Aietes, wie leicht ihm selbst die schwere Arbeit von der Hand geht, und ist entsetzt von der Stärke des anderen, der die Stiere auffällig rasch unter das Joch bringt und die Arbeit zu Ende führt (Pindar, ebd. 220–238).

Apollonios Rhodios wird die Rolle der Liebesgöttin beim Engagement der Medeia zur großen Göttersache ausarbeiten (ebd. 3,6–110), wobei deutlich wird, daß das Eingreifen der ⇒ Aphrodite (eigentlich des Eros) nur ein freundlicher Beitrag im Interesse der Hera ist, die auch die (eher lakonische) Athene zu Rate zieht.

So kommt es, daß die verliebte Medeia angesichts der vom Vater geschaffenen Gefahren sich um I. zu sorgen beginnt (3,439–470). In dieser Situation übernehmen die Gefährten des Mannes die weitere Entwicklung mit dem Ziel, ihm (und sich) die Medeia und somit deren Künste zunutze zu machen (ebd. 3,471–743). So kommt es, daß das Mädchen den Mann zu einem separaten Treffen lädt (ebd. 3,907 ff). Das soll im Schrein der Hekate geschehen (deren Priesterin die Medeia ist: ebd. 3,250 f). Aus diesem Anlaß stattet Hera (die vielleicht den möglichen künftigen Ehemann vorführen will) den I. mit nie gekannten Reizen aus, sogar vor den Gefährten (ebd. 3,919 ff). Auffällig ist der Rat des Mopsos (= Hera), die Frau mit klugen Worten zu gewinnen.

Das lange Gespräch der beiden zeigt eine verzweifelt verliebte Frau, aber es ist schwer, hinter den Worten und Gesten des Mannes mehr zu sehen als den entschlossenen Verführer (mit sanften Worten: z. B. ebd. 1102), der die Frau für seine Zwecke braucht, die ihn aber zumindest einmal mit ihren Tränen zum liebevollen Gefühl zu rühren vermag (ebd., 3,1077 f).

Entscheidend ist sicher das Eheversprechen am Ende (3,1118–1130), auch wenn sie mit ihrer Entscheidung eine düstere Zukunft vor sich sieht, wie Hera sie plant.

Jetzt (ebd. 3,1163–1224) braucht I. die Drachenzähne. Es zeugt wieder von Umsicht, wenn er den «aresgeliebten» Telamon und den Hermessohn Aithalides schickt, sie zu holen (ebd. 3,1172 ff). Die Zähne stammen vom aonischen Drachen, auf den einst Kadmos traf (anders Servius, Georg. 1,140). Aietes ist sicher, daß I. die Aufgabe nicht überstehen wird, und wird sich aufmachen, das Spektakel zu beobachten (1225 ff). I. aber bereitet nächtens der Hekate ein aufwendiges Opfer (ebd. 3,1191–1224).

Das Zaubermittel (3,1246 ff) der Medeia ist augenscheinlich etwas, das sich in Wasser auflösen läßt und vielerlei bewirkt: I. taucht es in Wasser und bespritzt damit zunächst den bronzenen Schild, den Speer aus Eschenholz und das Schwert, die davon sogleich unzerstörbar werden. Dann bespritzt er sich den Leib und erfährt sofort unglaublichen Kampfesmut, zugleich aber auch schwellende Kraft in den Armen und im ganzen Leib. Im Überschwang dieser Kräfte beginnt er sogar einfach aufzuspringen und die Waffen zu schwingen. Es scheint aber, daß er keineswegs so unverletzlich ist wie seine Waffen.

Dann (3,1278 ff) sehen wir ihn vor den Stieren. Er hat den Bronzehelm dabei, gefüllt mit Zähnen, der Schwertgurt hängt über die Schultern, er ist nackt (ganz?) und ähnelt einerseits dem ⇒ Ares, anderseits dem ⇒ Apoll vom goldenen Schwert («A. χρυσάορος», chrysaóros). Schild und Speer hat er dabei (3,1284 ff). Kein Zweifel, I. ist auch ein mächtiger Kämpfer: Er muß schon ungeheure Kräfte besitzen, wie er die beiden gewaltigen Stiere unter das Joch zwingt. Aber das macht die Zauberkraft der Medea, die nach Ovid (Met. 7,135–138) in der Furcht, die Kräuter könnten nicht genug sein, heimlich ein Lied ihm zur Hilfe singt. Er pflügt und sät in die Furchen die Drachenzähne. Schließlich jagt er die Tiere davon, geht zum Schiff, löscht seinen Durst mit Wasser (aus dem Helm) und stellt sich den erdgeborenen Kriegern gewappnet in Schild, Speer und Helm. Wie riesige blitzende Wolken stürmen sie auf den Mann ein. Jetzt ist es eine Eingebung der Medea, die ihm hilft: Er nimmt einen riesigen Felsbrocken (vier kräftige Burschen würden ihn gerade vom Boden lupfen), schleudert ihn mitten zwischen die Krieger und verbirgt sich selbst hinter seinem Schild. So dreschen die Kerle erst einmal aufeinander ein, ehe I. das Schwert zieht und die Erdgeborenen hinmäht wie Halme, die aus dem Boden wachsen, gerade so, wie er sie antrifft (3,1355–1398). Aietes überlegt sich andere Mittel gegen den Mann.

Nach Pindar (Pyth. 4,241 ff) hofft er auf die Schlange, die in dichtem Gestrüpp das Vlies bewacht, ein Vieh, das länger und größer ist als ein Schiff mit 50 Ruderern. I. wird es mit Hilfe der Medea bezwingen und mit ihr sich auf die Heimreise machen (ebd. 249 f). Servius liest zu Vergil (Georg. 2,140 ff) den Ablauf der Ereignisse umgekehrt: Erst tötet I. die Schlange und sät dann deren Zähne aus.

Ausführlich Apollonios Rhodios (4,6–91): I. weiß offenbar, daß er Medeia braucht, um an das Vlies zu kommen, und Hera treibt ihm das Mädchen buchstäblich in die Arme. Immerhin besteht sie darauf, daß er sein Heiratsversprechen vor den Göttern und vor seinen Gefährten bekräftigt. Der eigentliche Raub und also Höhepunkt und Ziel der Expedition zeigt (nach Apollonios Rhodios) bei aller Dramatik den I. wie einen Dieb, dem die Frau gleichsam die Hand führt: Als sie den Drachen langsam einschläfert, den Schlaf anruft und die Göttin der Unterwelt, singt und dabei dem Ungeheuer Zauberstoff in die Augen träufelt, ist I. furchtsam hinter ihr (4,148 f), bis sie ihn auffordert, das Vlies gleichsam von seinem Platz zu pflücken (vgl. auch die Beschreibung bei Ovid, Met. 7,149–158). Dann hat er das Vlies. Er spricht die Gefährten an, nennt das Verdienst der Frau und bekräftigt vor den Leuten noch einmal das Eheversprechen. Dann (206–210) zeigt er sich wieder als Krieger, legt die Rüstung an, nimmt das Schwert und schlägt damit die Leinen los.

Servius (Georg. 2,140) sieht in diesem Zusammenhang einen kämpferischen I., der mit Medeas Hilfe erst dem Drachen eine Zaubersalbe beibringt und ihn dann selbst tötet, ihm die Zähne zieht und die dann aussät (vgl. Myth. Vat. I 25; Boccaccio, Gen. 13,26). Hier ist I. der Frau gegenüber vergleichsweise selbständig. Apollonios Rhodios zeigt ihn weit abhängiger, so wie ihn auch Euripides zeigt (Med. 480 ff), bei dem Medea beansprucht, den Drachen getötet zu haben.

Als Medeia beim Ablegen des Schiffs verzweifelt die Hände zum Ufer ausstreckt, hat er wieder ermunternde Worte für sie (ebd. 106 ff), doch es scheint, daß er seine Bindung an sie eher als lästig empfindet:

Auf dem Heimweg, der eigentlich eine Flucht ist, treffen sie auf Kolcher unter Apsyrtos, dem Bruder der Medeia, die ihnen den Weg versperren (ebd. 4,294–337). I. scheut klug den Waffenkampf gegen eine Übermacht und bringt es zu Verhandlungen, als deren Ergebnis er zwar das Vlies behalten darf, denn das hat er rechtmäßig erworben, aber er soll das Mädchen entlassen, es in die Obhut der Artemis geben und einen königlichen Richterspruch abwarten, der über seine Heimkehr oder Weiterreise entscheidet (ebd. 338–349). Empört setzt Medeia sich zur Wehr (ebd. 350–390): Sie habe ihm das Leben gerettet, nun sei es an ihm, sich um das ihre zu kümmern. Schließlich wirft sie ihm vor, unbarmherzig einen Eid gebrochen zu haben, und sie fühlt seinen und den Spott seiner Gefährten, dessen sie sich freilich nicht mehr lange bequem erfreuen würden.

Aus Furcht, sie könnte ihm gleich das Schiff anzünden (391–420), hält I. mit einer Rechtfertigung dagegen, die eigentlich in einer Erpressung gipfelt: Lassen wir die andern machen, dann kommen wir alle um. Kommen nur wir Argonauten um, dann geht es dir besonders schlecht: Aber der Tod des Apsyrtos kann uns retten. Worauf das Mädchen: Ihr schützt mich, ich führe dir den Apsyrtos zu, den du dann nach Ermessen töten kannst. So liefert sie den Bruder seinem Mörder aus (ebd. 4,421 ff). I. überfällt den Mann aus dem Hinterhalt, schlachtet ihn ab, wie man einen Bullen schlachtet, trennt ihm die Gliedmaßen ab. Dreimal leckt er etwas Blut auf, und dreimal speit er es aus, wie Mörder das zum Zeichen der Buße tun, und vergräbt den Leichnam (ebd. 4,464–481).

Zeus verlangt unter Drohungen die Reinigung von diesem Mord, und die beiden erfahren das mit menschlicher Stimme durch jenes sprechende Holz, das Athene einst in das Schiff eingebaut hat (ebd. 4,580 ff). Niemand anders als Kirke, die Schwester des Aietes, soll die Reinigung vollziehen. Dort sieht man den I. ganz kurz sitzen, das Mordschwert auf den Boden gestützt, die Augen niedergeschlagen (ebd. 4,693–698). Das ausdrückliche Interesse der Kirke scheint der Nichte zu gehören (ebd. 4,737–748). In

4,783 ff wirbt Hera bei Thetis um Hilfe für I., der ihrem Herzen nahe sei, und für seine Helfer.

Wir sehen I. erst wieder bei den Phaiaken, wo wiederum Kolcher die Herausgabe der Medeia verlangen (4,998–1007). Die kluge Arete wird sich ihrer Sache annehmen, den Alkinoos überzeugen und die Hochzeit veranlassen (ebd. 4,1108 ff u. 1128–1169, zur Hochzeit). Alkinoos befand: Wenn das Mädchen mit dem Mann schlafe oder gar schwanger sei, dann solle es mit dem Mann gehen, die Jungfrau aber zum Vater zurückkehren (vgl. Apollodor, Bibl. 1,9,25; Orph. Argon. 1327 ff u. 1342 ff).

Als den Reisenden in einer sternlosen Nacht bei Kreta die Orientierung verlorengeht (ebd. 4,1694), wendet I. sich an (den Ordner) Apoll und erfährt Hilfe. Als einen, der auch Träume richtig zu deuten weiß, zeigt ihn Apollonios Rhodios am Ende seines Berichts (4,1731 ff).

3. In Iolkos (Apollodor, Bibl. 1,9,27) liefert I. das Vlies, Unterpfand einer glücklichen Lösung des Konflikts, ab. Aber Pelias hat Vater und Mutter in den Tod getrieben, den Bruder Promachos erschlagen. Auffällig, daß I. sich Zeit läßt für seine Rache. Zunächst weiht er die «Argo» dem Poseidon, erst dann überläßt er der Medea den Pelias für eine schreckliche Exekution (ebd.), und Akastos vertreibt das Paar aus Iolkos. Sie gehen nach Korinth und leben dort für zehn Jahre glücklich und zufrieden, bis es I. einfällt, die Frau zu verlassen und eine andere zu heiraten, Glauke (Creusa, bei Seneca, Med.), Tochter des Königs Kreon. Aus Rache tötet Medea die gemeinsamen Kinder und sagt ihm das Ende eines Feiglings voraus: Ein Stück der «Argo» werde ihn erschlagen (Euripides, Med. 1386 ff). Diodor (4,55,1) berichtet, er habe im Schmerz über den Tod von Frau und Kindern (sein verdientes Schicksal) sich selbst getötet.

Boccaccio (Gen. 13,26) wird (nach Lactanz) berichten, I. habe das Vlies dem Kreon von Korinth gegeben. Die Medea habe er wegen ihrer ungeheuerlichen Verbrechen oder aus anderen Gründen verstoßen und sich die Glauce genommen. Oder aber er sei Zeuge geworden, als Medea die neue Königin (Creusa) verbrannte und eigenhändig die gemeinsamen Kinder mit dem Schwert zerfleischte (wie Seneca sage), was ihn (nach Lactanz) möglicherweise veranlaßte, die Glauce zu nehmen (vgl. auch Diodor 4,54,7). Es hieß aber auch, die von I. verstoßene Medea habe zunächst den Egeus (Aigeus → Theseus) geheiratet, sei dem aber fortgelaufen, von dem aus Thessalien vertriebenen I. wieder aufgenommen worden und mit ihm zurück in die Kolchis gereist, wo er den Oetas (Aietes) wieder in die Herrschaft einsetzte und dann selbst große Taten in Asien vollbrachte, die ihm sogar kultische Verehrung einbrachten. Seine Tempel habe Alexander später aus reinem Ruhmesneid vernichten lassen (vgl. Tacitus, Ann. 6,34; Iustinus 42,3,5). Wo und wie I. geendet sei, habe er nicht erfahren können, sagt Boccaccio (ebd.).

Über seinen Verbleib nach der Heimkehr aus der Kolchis gibt es noch andere Versionen (Kl. Pauly, Bd. 2, Sp. 1323): 1. Er bleibt in Iolkos, nimmt an den Leichenspielen für Pelias teil und wird schließlich von Medea verjüngt. 2. Er siedelt mit der Frau nach Korkyra über.

B Wer wie I. eine so erlesene Mannschaft bedeutender Helden, darunter gar Herakles und Orpheus, auch Söhne des Hermes, um sich zu versammeln und auf gemeinsamen Beschluß sogar anzuführen weiß (Apollonios Rhodios 1,348 f), muß über beträchtliche Autorität verfügen, die zu wichtigen Teilen wohl auf seiner Persönlichkeit und Eignung für die fälligen, nicht abzuschätzenden schwierigen Aufgaben beruht (Liste der Helden: Apollonios Rhodios 1,18–233).

Nur bei Apollonios Rhodios zeigt I. zumindest die Umrisse eines schlüssigen Charakters, der in Teilen aber schon bei Pindar (ebd.) angelegt ist und sich auch im I. des Euripides (Medea) deutlich wiedererkennen läßt.

Am Argonauten I. fällt auf: Männer schaffen die Probleme; eine Frau hilft ihm, sie zu bewältigen: Medeia verschafft ihm das Goldene Vlies; seine Gefährten geben ihm Rückhalt und Rat (vgl. ebd. 3,472 ff; Mopsos' Rat, 3,938 ff, kommt eigentlich von Hera). Es charakterisiert diesen I., daß er bei seinem Unternehmen die Gunst von gleich drei Göttinnen genießt (vgl. Apollonios Rhodios 3,6 ff): der Hera zunächst, wegen seiner Rechtschaffenheit, der Athene, die ihn mit Einsicht versieht, und der Aphrodite, die seine Schönheit den Frauen zeigt (vgl. auch Apollonios Rhodios 4,215 ff; in dieser Hinsicht wirkt die Affäre mit Hypsipyle wie eine Übung für die Begegnung mit Medeia). Von seiner Schönheit wird selten gesprochen. Nach den «Orphischen Argonautika» (806 ff: vor Aietes) hat Hera gemacht, daß seine «übermenschliche» Schönheit, Gestalt und Tapferkeit nicht minder die Männer beeindrukken.

Jedenfalls finden Frauen ihn sicher anziehend. Aber er ist kein «Schürzenjäger»: Der würde der Hera nicht gefallen (sie hat einen solchen daheim!). Er weiß seinen Erfolg zu anderen Vorteilen zu nutzen: Der Liebeszauber (Pindar, Pyth. 4,214–219) soll ihm die Medeia nach Hellas (nicht einfach ins Bett) bringen. Auch dieser Zauber scheint spezifisch der Hera zu helfen, denn der dazu dienliche Vogel (der Wendehals, s. o. **A**) wird «Kuckucksgeselle» genannt: Zeus mußte sich einst in einen Kuckuck verwandeln, um der spröden Hera nahezukommen. Hera will die Ehe, und I. wird das Mädchen (und seine Dienste) nur gegen das Eheversprechen gewinnen. Bei Euripides (Medea 533 ff) wird er der Frau eine Nutzenrechnung aufmachen, wonach sich ihre Leistungen zu seinen Gunsten ausgleichen mit seinen für sie, die er doch als Barbarin in das kultivierte Griechenland gebracht habe! Auch macht er klar, daß es ihm bei der Glauke nicht um die Frau, sondern um den Wohlstand geht (ebd. 522–544): Er will sich verbessern.

Die schriftlichen Quellen vermitteln ein bemerkenswert anschauliches Bild des Mannes, wobei man aber eigentlich nicht die Person, sondern ihre Kleidung sieht, die jeweils den Umständen entspricht: Schließlich ist es ein Kleidungsstück, das sein Schicksal bestimmt, ein Schuh. Es entspricht seinem unmittelbaren Anliegen, wenn er dem Pelias zuerst als Krieger erscheint: Bedrohlich anzusehen sei er hier in Kleidung und Rüstung (vgl. **A**). Das ungeschorene Lockenhaar ist wohl auch eher ein Attribut der Wildheit (Pindar, Pyth., 4,77 ff [139 ff]). Geradezu ein Wunderwerk ist der purpurfarbene Mantel, den er (Apollonios Rhodios 1,721 ff) auf dem Weg zu Hypsipyle trägt, ein Geschenk und Werk der Athene (!) mit unglaublich reichem eingewebtem Bilddekor, der an den Schild des Herakles denken läßt: Herakles zieht mit einem bronzenen Schild in den Kampf, für seinen Kampf braucht I. einen Mantel, vielleicht gar eher als Waffe denn als Schutz (übrigens hat auch Hera Sinn für prächtige und eindrucksvolle Kleidung. An den

Pfau, ihren Lieblingsvogel, mag auch das Changeant vom Rot in der Mitte des Mantels zum Purpur auswärts erinnern). Der Speer in der Hand wirkt mehr wie ein Attribut (er ist das Geschenk einer Frau: → Atalanta hatte sich in ihn verliebt, und weil er Eifersucht fürchtete, hatte er sie [klug] nicht mit auf die Expedition der Argo genommen). Auch in einem safrangelben Mantel sieht man ihn (Pindar, Pyth. 4,232): Er trägt ihn, ehe er sich an das Bändigen der Stiere macht.

I. ist, wenn nötig, ein mächtiger Kämpfer, wie er dem Aietes zeigt (aber Medea hilft!). Ptolemaios Hephaistionos schreibt ihm sogar den (blutigen) Boxkampf mit dem Amykos zu (→ Dioskuren; Photios, Bd. 3, Cod. 190, 150a, S. 62). Augenscheinlich scheut er den Waffenkampf und ist fähig zum Ausgleich (vgl. die Konfrontation mit Apsyrtos, Apollonios Rhodios 4,338–349; s. o. **A**). Überhaupt scheint er ein guter Diplomat zu sein. Seine Stimme klingt weich (Pindar, Pyth. 4,136 ff), im kritischen Konflikt gibt er sich gern sanft (πρᾶος, prâos; gegenüber Pelias), und auch das Schmeicheln liegt ihm wohl. Aietes hat ihn grob angefahren, aber I. gibt ihm eine sanfte Antwort (3,385; 396). Mit süßen/sanften (μειλεχίος, meilechíos) Worten spricht er die Medeia an (ebd. 410), denn er fürchtet einen Waffenkampf (natürlich werde er sich dem Waffenkampf stellen, wenn denn nötig!). Auf das Trösten, auf sanften Umgang versteht er sich überhaupt (vgl. 4,92 ff, wo er die zu ihm übergelaufene, zweifelnde Medeia anspricht, in den Arm nimmt und ihr die Ehe verspricht, denn er will ja, daß sie ihm nun beim Raub des Vlieses hilft).

Der Mord an Apsyrtos ist diesem Charakter nicht fremd: I. vollzieht ihn mit ritueller Geste, die seine Tat als Opfer zu rechtfertigen scheint (denn er muß ja das Mädchen [zu seinem eigenen Nutzen] retten, und den Waffenkampf würden beide nicht überstehen).

Eine Bildbeschreibung des jüngeren Philostrat (7,3) zeigt den I. (unter Aufsicht des Eros) vor Medea nach der Ankunft. Er ist ein junger Mann, schlank, doch keineswegs schwächlich. Blitzende Augen unter hoher Stirn, die Herausforderung signalisiert. Sein erster Bart legt sich üppig über das Gesicht. In die Stirn fällt hellbraunes Haar. Er trägt eine gegürtete weiße Tunika, darüber hängt ein Löwenfell, an den Füßen hat er geschnürte Stiefel. Er stützt sich auf einen Speer. Das Gesicht verrät Stolz, den Bescheidenheit mäßigt, und Kühnheit mit einem Anflug von Sanftmut.

Das Mittelalter erreicht I. als geschätzter Ritter. Philip der Gute von Burgund macht ihn (neben dem biblischen Gideon) 1430 zum Patron des Ordens vom Goldenen Vlies.

Der Mythos vom Goldenen Vlies ist aufs engste mit dem burgundischen Fürstenhaus verknüpft und spielte auch eine entscheidende Rolle bei der Gründung des Ordens vom Goldenen Vlies (1430 durch Herzog Philip den Guten). Ordenspatron war zunächst I., erst die Kirche sorgte dafür, daß dieser «treulose Heide» durch den biblischen Gideon ersetzt wurde, der als Sieger über die Philister nun das Goldene Vlies trug. Seine Geschichte wird in Frankreich weitererzählt von Raoul Lefèvre («Jason» = «Le livre du preux et vaillant Jason e de la belle Médée»), Michaut de Taillevent («Le songe de la Toison d'Or») und Guillaume Fillastre (gegen 1400–1473; «La Toison d'Or»).

Die Ausdeutung durch die Zeiten ist widersprüchlich. Sie betrachtet gern die Ereignisse in der Kolchis. Auf den rationalisierenden Diodor (4,47,2–4) könnte sich Boccaccio berufen, der (Gen. 13,26) noch weiter ausführt: Die feuerspeienden Stiere auf ehernen Füßen seien ein Bild für den kolchischen Adel von unüberwindlicher Stärke und stolzer Gesinnung («elati spiritus»), der nicht mit Krieg, sondern nur mit Rede und Überredung zu überwinden war. So hätten I. und Medea das Volk in Aufruhr versetzt. Der Drache ist demnach ein Bild für den Präfekten der königlichen Garde, die Saat der Drachenzähne bildet den Aufstand der Bürger und ihren Streit in Zwietracht gegeneinander ab, der schließlich die Kolcher so schwächte, daß I. leicht alle Reichtümer und auch das Vlies an sich nehmen konnte.

Durchaus positiv wird ihn (in moralisierender Exegese) auch Natale Conti sehen (10, Bl. 298[v]): Chiron habe ihn Medizin gelehrt und daß Klugheit («prudentia») ein Mittel sei, aus uns gute und tapfere und gescheite Männer (!) zu machen. Klugheit gehe dem Ratschluß («consilium») voraus, für den Medea steht. Schließlich zeige Klugheit sich in Schwierigkeiten. Wer die Wechselfälle des Schicksals («fortuna») nicht unerschrocken zu überstehen weiß, könne weder gut noch klug noch rechtlich genannt werden. Dem entspricht bei Picinello (3,24,71; S. 159) das Lemma APPARET VIRTUS, ARGUITURQUE MALIS (etwa: «Tugend zeigt und erweist sich in Widrigkeiten»; hierzu auch «explorant adversa viros» [etwa: «Widrigkeiten erproben den Mann»; nach Silius Italicus ebd.]).

Daß I. den (feuerspeienden) Drachen mit einer zauberkräftigen Frucht einschläfert (und eben nicht tötet), zeigt den Sieg der Weisheit über Gewalt in einem Emblem bei Nicolas Reusner (Embl. I, Nr. 28; H./S., Sp. 1639). PVDEAT TANTO BONA VELLE CADVCA («Man sollte sich schämen, so sehr nach vergänglichen Gütern zu streben») sagt ein Emblem zu I. bei der Ankunft in der Kolchis (Covarrubias Orozco, III, Nr. 89; H./S., Sp. 1637f.). Eigentlich auf Medea bezieht sich ein Emblem unter dem Lemma CREDULA RES AMOR EST («Liebe ist leichtgläubig») bei Nicolas Reusner (Embl. III, Nr. 17; H./S., Sp. 1638). Dazu (ebd.) eine Variante, die den Zauberkreisel mit dem Wendehals zum Anlaß nimmt für das Unverläßliche der Liebe.

C In der klassischen griechischen Kunst ist I. in der Regel bartlos und nackt oder auch nur mit einem kleinen Mantel bekleidet, den er um die Schultern oder über den Arm gehängt hat, häufig mit dem Petasos, dem breitkrempigen Hut des Wanderers, der vor Sonne schützt. Das einzige individuelle Merkmal des I. in der Bildkunst ist eine gelegentliche Anspielung auf die Episode vom Verlust der einen Sandale, z. B. auf einem Gemälde aus Pompeiji IX 5,18 aus der Casa di Giasone (10 n. Chr.; heute Neapel, Museo Nazionale, Inv. 111 436) oder auch auf einem Blatt des Argonautenzyklus von Asmus Jakob Carstens (1754–1798): I., von riesenhaftem Wuchs, zwei Speere (vgl. Pindar, Pyth. 4,77 ff) in der Linken, trägt nur die rechte Sandale, als er in Iolkos ankommt. Hieran wird ihn Pelias, der im Wagen daherkommt, erkennen (Kopenhagen, Kgl. Kupferstichkabinett; s. auch *Zyklen*). – Eine thessalische Silbermünze (Larissa, um 470 v. Chr.) zeigt recto den Kopf des I. (unbärtig, mit Petasos), verso die eine Sandale. – Mit seiner Marmorstatue des I. hat Bertel Thorvaldsen (charakteristisch für seine Zeit) ein ikonographisches Schulbeispiel geschaffen: An Vorbildern der klassischen Kunst Griechenlands orientiert, ist der Held bis auf einen Helm unbekleidet. Den Speer geschultert, das Schwert an seiner Linken an einem Riemen befestigt, das Widderfell über den linken Unterarm geworfen (1803–28; Kopenhagen, Thorvaldsens Museum), schreitet er einher in der Haltung des Apoll vom Belvedere (s. A. M., S. 93). Nach Thorvaldsens eigenem Kommentar hat man sich ihn im Moment seiner Heimkehr, vom Schiff zurückkehrend, vorzustellen (H. v. Einem, s. Lit., S. 3 f).

D 1. *Die Landung des I. in Kolchis* stellt ein Fresko im Saal der Diana im Schloß Versailles von Charles de Lafosse dar (1671/81) – nach H. v. Einem (s. Lit.; hier fälschlich? *Einschiffung des I.*) eine Anspielung auf den Wohlstand Frankreichs infolge der Heldentaten der königlichen Kriegsflotte.

2. *I. zähmt die feuerspeienden Stiere* (s. **A**). Vor den Augen des auf einer Estrade thronenden Aietes (mit Krone und Zepter, an seiner Seite Medea) und einer großen Menge Volks tritt I. den beiden anstürmenden Stieren entgegen auf einem Gemälde von Jean-François de Troy (Birmingham, University, Barber Institute of Fine Arts). Gebannt vom Zauber der Medea (hier anscheinend ein Kraut, das I. in der Linken hält), scheinen die Bestien mitten im Lauf zu erstarren. Das Schwert hält I. in der gesenkten Rechten; er hat eine stärkere Waffe.

3. *Die Verjüngung des I.* durch Medea ist Gegenstand einiger Vasenbilder. So sieht man auf einer in Vulci gefundenen Hydria (um 470 v. Chr.; London, British Museum, Inv. BME 163) den

weißhaarigen I. (rechts), auf einen Stab gestützt, und Medea zu Seiten eines Kessels (über loderndem Feuer), aus dem mit erhobenen Vorderläufen ein Widder ragt. I. entsteigt auf einem anderen Vasenbild selbst verjüngt dem Kessel (weißgrundige Lekythos, frühes 5. Jh. v. Chr.; Leiden, Rijksmuseum, Inv. PC 32).

Unter den Themen der Bildkunst nimmt die Darstellung der Rückholung des Goldenen Vlieses den breitesten Raum ein.

4. *I.s Begegnung mit dem Drachen*. Die frühesten Darstellungen des I., auf korinthischen Vasen des späten 7. Jh.s v. Chr., zeigen ihn – auf eine verschollene Quelle zurückgehend – halb im Rachen der Riesenschlange (rotfiguriger Becher des Douris, um 480/470 v. Chr.; Musei Vaticani, Museo Gregoriano, Inv. 16545: Wie leblos hängen Oberkörper und Arme des Mannes herunter; seine Schutzgöttin Athena steht ihm in voller Rüstung gegenüber).

Einigen literarischen Quellen entsprechend (s. **A**) sieht man I. im Kampf gegen den Drachen. Mit gezücktem Schwert stürmt er auf die Schlange ein, die sich um den Baumstamm windet (apulischer Volutenkrater, um 415 v. Chr.; München, Staatl. Antikensammlungen, Inv. 3268). – Manche Darstellungen stützen sich auf Quellen, denen zufolge nicht Medea (s. u.), sondern I. selbst den Drachen mit einem Zaubertrank betäubt, wie jene des Salvator Rosa (Gemälde, nach 1663; Montreal, Museum of Fine Arts): I., in voller Rüstung (mit Helm, Küraß und Beinschienen), hat sich von hinten dem Drachen genähert und gießt, im Schutz eines Felsens kniend, den Trank über dem Kopf des Ungeheuers aus.

5. *Rückholung des Goldenen Vlieses* (Apollonios Rhodios 4,148 ff u. a., s. **A**). Auf antiken Darstellungen sehen wir den Baum, an dessen Ast das Widderfell hängt und um dessen Stamm sich die Schlange windet; den Baum flankierend Medea, die der Schlange eine Schale mit dem Zauberstoff an den Mund hält, und I., der die Szene versteckt beobachtet oder rasch nach dem Vlies greift (röm. Wandmalerei, um 100 n. Chr.; Trier). Auf einem Kolonettenkrater (um 470/460 v. Chr.; New York, Metropolitan Museum, Inv. 1934.11.7) ist Athena anwesend, die I. anweist, das Vlies

vom Baum zu nehmen; rechts sieht man den Bug der Argo und einen der Argonauten (?), anscheinend zum Aufbruch drängend.

In eigenwilliger Ikonographie präsentiert sich die Szene auf dem Gemälde von Gustave Moreau (*Jason*, 1865; Paris, Musée d'Orsay). Die statuarischen Figuren I.s und der Medea (beide fast unbekleidet, I. nur mit Helm) sind dem Betrachter frontal zugekehrt, der knabenhafte I. von Kopf bis Fuß ein Triumphator: Seinen Fuß setzt er auf den Körper eines erlegten weißen Adlers (statt der Schlange bzw. des Drachens), in dessen Nacken eine Lanzenspitze steckt (der Schaft ist abgebrochen), triumphierend hält er ein (zum Ornament stilisiertes) Bündel ausgerissener Schwanzfedern des Tieres in der erhobenen Rechten. Wer letztlich aber den Sieg davonträgt, verraten der bannende, auf I. gerichtete Blick und die Geste der (schräg hinter I. stehenden) Medea, die ihre linke Hand auf I.s Schulter legt (in der anderen Hand hält sie ein Fläschchen [mit dem Zaubertrank]). Im Mittelgrund links steht auf niedrigem Sockel eine ornamentierte Säule, an der in Höhe des Kapitells der Kopf des Widders wie eine architektonische Applikation angebracht ist. Die Säule ist mit einem Spruchband umwunden, auf dem der Text nach Ovid zu lesen ist (Met. 7,156 ff): «Heros oesonius potitur spolioque superbus. Muneris auctorem secum, spolia altera, portans»; zu ergänzen: «victor Iolciacos tetigit cum coniuge portus.» («Und Aesons tapferer Sohn gewinnt das Gold, entführt, seiner Beute froh, als andere Beute das Weib, das ihm diese geschenkt hat, und mit der Gattin erreicht er als Sieger den Hafen Iolcus.» Übersetzung von E. Rösch 1952, s. Lit., Ovid).

Eigenwillig auch die Darstellung von Jean-François de Troy (1679–1752; Slg. Mr. and Mrs. Hodgkin): Am Baum hängt der Widder (nicht nur das Fell) an einem Seil, I., der im Triumphgestus seinen Fuß auf den erlegten Drachen stellt, ist im Begriff, das Seil mit einem Schwertstreich zu durchtrennen; links erkennt man Medea mit Gefolge.

Gustave Moreau, der ein zweites Gemälde, das er dem Mythos des I. widmet, *Retour des Argonautes* (1891/97; Paris, Musée Gustave Moreau) selbst kommentiert, sieht in den Argonauten, die die heldenhafte Jugend Griechenlands verkörpern, Symbole wohl der Jugend schlechthin, in der Argo das Vehikel ihrer Hoffnungen und Träume («Le navire porte tous les espoirs, tous les rêves ...», zitiert nach Mathieu, s. Allgem. Bibl., S. 118f).

6. *Das mythologische Porträt im Bild des I.* ist eine Seltenheit. Ein Gemälde von Karl van Loo stellt «M. Kain» als I., «Mlle Clairon» als Medea dar (Potsdam, Schloß Sanssouci, Bildergalerie).

7. *Zyklen (die Geschichte des Goldenen Vlieses).*

Römische Sarkophage sind häufig mit zyklischen Darstellungen aus dem I.-Mythos geschmückt. Die Reliefs eines Sarkophags (170/180 n. Chr.; Rom, Museo Nazionale Romano, Inv. 113195) z. B. illustrieren (von links nach rechts) folgende Szenen: *Die Begegnung von I. und Medea, I. und Medea im Palast von Kolchis, Medea tötet Apsyrtos* (Euripides, Med. 4,421 ff), *I. und Medea fliehen zur Argo, Die Hochzeit von I. und Medea.*

Auf fünf (ursprünglich zusammengeklebten) Pergamentstreifen schildert ein Illustrationszyklus zu Raoul Lefèvres Roman «L'Histoire de Jason» (um 1472; Paris, Bibliothèque nationale, MS fr. 331) die Geschichte des I.

Mit 26 Stichen hat Leonard Thiry um 1550 Gorhorys «Histoire de Jason et de la conquête de la Toison d'or» illustriert.

In seinem Freskenzyklus im Palazzo Pitti in Florenz (Mezzanin des linken Seitenflügels, 1650/60) stellt Pietro da Cortona den Bug eines Schiffs am Sternenhimmel dar (das Sternbild der Argo) mit der Imprese, die auf einem von drei Putti gehaltenen Schriftband erscheint: «Vastum prius aequor arandum» (etwa: «Zunächst will das weite Meer durchpflügt sein», vgl. Ovid, Met. 7,1 ff). Das Bild ist in Beziehung gesetzt zu Darstellungen der Sintflut mit der Arche Noah und von Szenen aus der Geschichte des «auserwählten Volkes Gottes». Die Argo erweise sich als mythologischer Verweis auf die ekklesiologische Bedeutung der Arche, des Schiffs der Kirche. Sie, die das Brot als Nahrung für ihre Mannschaft getragen habe, könne folglich auch als Symbol für die Kirche, die Vermittlerin der «heilbringenden Speise», verstanden werden (Noehles, S. 100f). I.s Fahrt wird als Sinnbild des bedrohten Lebensweges gedeutet («per questo procelloso mare di questo mondo vellegiando», Roccamora, Cifre della Eucaristia, 1670, S. 13), das Goldene Vlies dem (eucharistischen) Lamm gleichgesetzt, das die Sünde der Menschheit auf sich nimmt.

Den Zyklus von 24 Bleistiftzeichnungen zur Argonautensage von Asmus Jakob Carstens (Kopenhagen, Kgl. Kupferstichkabinett s. o. und **C**) interpretiert von Einem (s. Lit., S. 25) als «reines Heldenepos» ohne allegorische Anspielungen.

Lit.: Blatter, Rolf, in: LIMC 1984, 2,1, S. 591–599; 2,2, S. 430–433, s. v. Argonautai. Buren, Anne H. van: The Model Roll of the Golden Fleece. In: The Art Bulletin 61,3, Sept. 1979, S. 359–376. Dotal, Christiane: Les Adieux de Jason par Jean-Josephe Perraud (1819–1876). In: Revue du Louvre 50, 2000, 4, S. 76–83. Einem, Herbert von: Thorvaldsens «Jason». Versuch einer historischen Würdigung (Bayerische Akademie der Wissenschaften. Philosophisch-Historische Klasse, Sitzungsberichte, 1974,3). Mantura, Bruno / Lacambre, Geneviève: Katalog zur Ausstellung «Gustave Moreau. L'elogio del Poeta». Rom 1992, S. 71 u. 73 ff. Neils, Jenifer, in: LIMC 1990, 5,1, S. 629–638; 5,2, S. 425–433, s. v. Iason. Noehles, Karl: Visualisierte Eucharistietheologie. In: Münchner Jahrbuch der bildenden Kunst 3,29 (1978), S. 92–116. Ovid: Metamorphosen. Übertragen von Erik Rösch. 5. Aufl. München 1972.

Icarus / Ikaros → Daidalos / Daedalus
Iuturna → Aeneas

Ixion, griech., auch Yxion, Ission. König der Lapithen in Thessalien. Sohn des Phlegyas (Servius, Aen. 6,618; Myth. Vat. II 106; vgl. auch Boccaccio, Gen. 9,27) oder des Antion und der Perimela (Diodor 4,69,3) oder des Leonteus (Hygin, Fab. 62) oder Sohn des Aëton (Schol. zu Apollonios Rhodios 3,62) oder des Mars / ⇒ Ares und der Piside (Natale Conti 6,16; Hederich, Sp. 415); Bruder der Koronis (Servius, Aen. 6,618); Gemahl der Dia, Tochter des Eïoneus (Deioneus); von dieser Vater des Peirithoos (Apollodor, Bibl. 1,8,2), von Néphele (lat. Nubes) Vater des Kentauros oder der → Kentauren. Der Mythographus Vaticanus I (14) nennt den I. einen → Giganten (Gigas).

Moderne Betrachter haben I. reichlich Aufmerksamkeit gewidmet. Man hat den Gemahl der Dia als Doppelgänger des Zeus gedeutet (s. o.), man hat in ihm einen Sonnengott gesehen, und man hat seinen Mythos als Frucht einer moralischen Ausdeutung des Sonnenrades auf Frevel und Strafe verstanden. Auch für eine Verkörperung der vernichtenden Kraft des Feuers hat man ihn gehalten und ihn in den Zusammenhang mit Regenzauber gestellt (→ Kentauren). Schließlich findet sich der Vorschlag, den Ursprung des Mythos in Angstträumen zu suchen (vgl. Kl. Pauly, Bd. 3, Sp. 31 f). – Religionsgeschichtlich scheint es, daß der Mythos von Entsühnung und Bestrafung des I. den Zeus als Schirmherrn der Schutzsuchenden und als Sühnegott bestätigen soll (Wilamowitz-Moellendorff, s. Lit., S. 121).

A I. ist – neben → Sisyphos und → Tantalos – einer der großen Frevler. Seine Untaten trugen ihm die Strafe ewiger Qual ein. Es heißt (vgl. Diodor 4,69,3), er habe dem Schwiegervater Eïoneus eine Fülle von Brautgeschenken versprochen, dann aber das Versprechen nicht gehalten, worauf jener seine Pferde zum Pfand an sich nahm. Da versicherte I. dem Mann, ihm alles Versprochene zu geben, und lud ihn zu sich. Eïoneus kam, aber der heimtückische I. warf den Ahnungslosen in eine Feuergrube und tötete ihn. Das ist ein so ungeheuerliches Verbrechen (der erste Verwandtenmord, sagt man; vgl. Pindar, Pyth. 2,31 f), daß kein Mensch bereit war, den I. davon zu reinigen. Schließlich aber habe ⇒ Zeus sich seiner angenommen und ihn entsühnt. Es ist unklar, was den Göttervater zu dieser Geste veranlaßt haben mag (vgl. Aischylos, Eum. 717 f; vgl. ebd. 441). Immerhin hören wir auch, daß Zeus sich in Dia verliebte und sich ihr in Pferdegestalt näherte, aus welcher Begegnung die Kentauren entstanden seien (Nonnos 16,240; vgl. Homer, Il. 14,317 f). Er macht den Mann sogar zu seinem

Tischgenossen. Ein glückliches Leben sei dem I. da beschieden gewesen bei dem wohlgesinnten Kroniden, sagt Pindar (Pyth. 2,25 f). Später wird berichtet, I. sei dem Zeus sehr freundschaftlich (oder herzlich: «amicissimus Iovi») verbunden gewesen (Myth. Vat. II 106). Boccaccio (Gen. 9,27) erzählt, Juppiter (Zeus) habe ihn mitleidig («miseratione»; vgl. Schol. zu Apollonios Rhodios) aufgenommen und ihn zu seinem und der Juno (⇒ Hera) Vertrauten («secretarius») gemacht. Sicher ist, daß I. große Gnade und Ehre widerfährt, deren er sich aber auf schändliche Weise unwürdig erweist: Er verliebt sich in Hera und ist so vermessen, sich ihr zu nähern und ihr gar Gewalt antun zu wollen, solches zudem auch noch im erhabenen Schlafgemach des Göttervaters! Hera verklagt den Mann bei Zeus, der aber ist skeptisch und stellt den I. erst auf die Probe: Er verfertigt ein Wolkenbild von Hera und legt dieses dem Liebeshungrigen ins Bett (z. B.: Pindar, Pyth. 2,39) oder läßt das die Juno tun (Hygin, Fab. 62; vgl. hierzu den Dialog bei Lukian, Dial. deor. 6). I. läßt sich täuschen und wird durch die Vereinigung mit diesem Trugbild der Vater des Kentauros oder der Kentauren (s. o.). – Der Ablauf der nun folgenden Ereignisse ist nicht eindeutig überliefert. Pindar (ebd. 21 ff u. 40 ff) sieht den I. zur Strafe auf ein geflügeltes Rad geflochten, das sich seither immerfort dreht, während der Mann beständig mahnend verkündet: «Seid dankbar euren Wohltätern.» Hygin sagt (Fab. 62), I. sei von Mercur / ⇒ Hermes auf Befehl Juppiters in den Tartaros gebracht und dort an ein ewig rotierendes Rad gebunden worden. Nach anderen kehrte I. erst auf die Erde zurück (Myth. Vat. II 106), vielleicht von Zeus dorthin hinuntergeworfen (Boccaccio, Gen. 9,27), wo er sich alsbald brüstete, mit der Göttermutter geschlafen zu haben, was Zeus so empörte, daß er den Ruchlosen mit einem Blitz durchbohrte (Myth. Vat. II 106; vgl. Boccaccio ebd.). Lukian (ebd.) zeigt uns einen Zeus, der noch Verständnis für den Verliebten aufbringt, sich aber über den hoffärtigen Prahler erbost.

Auch von dem Rad gibt es unterschiedliche Vorstellungen. Pindar sieht es geflügelt (und vierspeichig). Andere reden von einem schlangenumflochtenen Rad (Myth. Vat. I 14; Myth. Vat. II 106; Boccaccio, Gen. 9,27). Nach wieder anderen war I. an ein Feuerrad gebunden (vgl. Schol. zu Euripides, Phoen. 1185). Pindar läßt nur ahnen, an welchem Ort er das Rad sieht. Apollodor sagt, es werde von den Winden durch die Luft getrieben. In späteren Quellen finden wir es in der Unterwelt (Ovid, Met. 449 ff, vgl. Hygin, Fab. 62; Myth. Vat. I 14: «ut ... semper contra montem apud inferos volvat», wo es sich also gegen den Berg dreht; vgl. Myth. Vat. II 106; Boccaccio, Gen. 9,27). Sicher ist, daß sich das Rad unablässig und für alle Zeiten dreht. Nur einmal kommt es zum Stillstand, beim zauberischen Klang der Musik des ⇒ Orpheus, als der hinabgestiegen ist, die Eurydike zu holen (Ovid, Met. 10,42; vgl. 4,461: «volvitur Ixion et se sequiturque fugitque», I. dreht sich und folgt und flieht sich selbst).

B Als Gastgeber wie als Gast vergeht I. sich gegen das dem Griechen heilige Gesetz der Gastfreundschaft (vgl. ⇒ Herakles, A. M., S. 398). Seine Bestrafung beweist die Schwere des Vergehens, das um so schlimmer ist dadurch, daß der Täter mit dem Mord an Eïoneus gleichsam zum Kain der Griechen wird (vgl. Pindar, Pyth. 2,31f; s. o. am Schluß von **A**, zur Religionsgeschichte). – Zum warnenden Beispiel («exemplum») für verwerfliche Undankbarkeit gegen den Gastgeber und Förderer macht den I. schon Pindar (Pyth. 2,21ff; vgl. Hederich, Sp. 1416f).

Die Allegorese nimmt sich vornehmlich des Instruments der Bestrafung an und erschließt von daher den Sinn der ganzen Geschichte, wobei das Rad gelegentlich den Charakter des bekannten Rades der Fortuna («Glücksrad») annimmt. Das Thema scheint Fulgentius (Myth. 2,6; vgl. Myth. Vat. III 4,6; Boccaccio, Gen. 9,27) anzuschlagen, vielleicht in Kenntnis einiger Gedanken des Macrobius (vgl. u.). Unter dem Motto «Wer mehr begehrt, als ihm gebührt, wird weniger sein, als er (jetzt) ist» deutet er den Namen des I. über eine Etymologie (griech. «axion» = griech. «axioma» = lat. «dignitas») als «Würde», welche Macht im Staate beanspruche. Indem Juno für Macht stehe («dea regni»), zeige sich, daß I. sich dieser gewaltsam zu bemächtigen suchte. Er umarmt aber nur ein Trugbild, und so ist seine Herrschaft flüchtig wie eine Wolke: Das sei das Wesen tyrannischer Herrschaft. So rasch man sie gewinnt, so rasch zerrinnt sie. Seine Bestrafung zeige nichts anderes an, als daß, wer sich gewaltsam der Herrschaft bemächtigt, sich gleichsam eilig auf den Scheitel eines Rades hebe, von wo es ihn sogleich abwärts stoße (vgl. Myth. Vat. III 4,6).

Macrobius (Comm. 1,10,14) bemerkt über die so Bestraften:

«Die an das Rad Geflochtenen sind solche, die nichts im voraus bedenken, die sich nicht durch Vernunft mäßigen, die sich den Tugenden versagen, sich selbst und ihr Tun dem Glück anvertrauen, die sich in Wechselfällen und Launen beständig drehen.» Mit Hinweis auf Macrobius sagt ein anderer, daß die, welche wie I. an das Rad geflochten werden, auch das Schicksal der Kaufleute («negotiatores») kennzeichneten, welche doch beständig von Stürmen und Wirbelwinden umhergetrieben würden. Das Schicksal des I. zeige, wie rasch der Ruhm («gloria») in Schimpf («ignominia») umschlagen könne (Myth. Vat. III 6,5).

Natale Conti (10, Bl. 299ʳ f) sieht im Schicksal des I. eine Ermahnung, Ruhmsucht («ambitio») und Mißgunst («invidia») aus unseren Herzen zu verbannen.

Unter dem Lemma SEQUITUR SUA POENA NOCENTEM («Dem Übeltäter folgt seine Strafe») zeigt ein Emblem des Gabriel Rollenhagen das Bild des auf das Rad geflochtenen I. (I, 1611, Nr. 57; H./S., Sp. 1659; s. auch Picinello 3,28).

C In der bildenden Kunst erscheint I. meist als muskulöser Mann in reifen Jahren, wenn nicht als alter Mann, mit vollem Kinn- und Backenbart, durchaus dem Typus des ⇒ Zeus ähnlich (dies vielleicht eingedenk der Apostrophierung des I. als Doppelgänger des Zeus, s. o.). – Im Bildzusammenhang ist I., an das Rad gefesselt, unschwer zu identifizieren.

D 1. *I. von Juno zurückgewiesen* (Pindar, Pyth. 2,34; Hygin, Fab. 62; Boccaccio, Gen. 9,27). Dieses rare Thema in der Bildkunst behandelt Christiaen van Couwenbergh (1604–1667) auf einem Gemälde im Louvre (dort unter dem unzutreffenden Titel *Ixion trompé par Junon*). In einem weiträumigen Garten vor einem römischen Brunnen, aus dessen Schale Junos Pfau trinkt, sieht man das Paar: Die Göttin, sich von einer Bank erhebend und zur Flucht bereit, weist I. energisch zurück, woraus man schließen kann, daß dieser zudringlich geworden war (vgl. Hygin, Fab. 62).

2. *I. und das Trugbild der Juno in Umarmung* (Pindar, Pyth. 2,22–44 u. a.). Das ebenfalls selten dargestellte Thema ist Gegenstand eines Gemäldes von P. P. Rubens (um 1615; Paris, Louvre; Jaffé Nr. 299: hier *Giove e Ission*), auf dem man das Beilager der beiden sieht: I. umarmt das auf eine Wolke gebettete Trugbild, während die echte Juno (der Pfau zu ihren Füßen weist sie als diese aus) sich entfernt. Sie legt ihre Hand auf das unbekrönte Haupt: Ihr Diadem nämlich schmückt jetzt die Stirn ihres Faksimiles (das einzige, was daran «echt» ist!). Ferner sehen wir Amor mit Fackel als Kommentator der Liebesszene. Fern in den Wolken sitzt nachdenklich Juppiter. Nicht dem Mythos entstammen die Furie (links im Hintergrund), die (wie auch sonst bei Rubens, vgl. Meleager, S. 391) den schrecklichen weiteren Verlauf der Geschichte andeutet, und eine weibliche geflügelte Figur im Wolfspelz, die sich von oben über das Liebespaar beugt. Ihre Deutung durch S. Alpers (1967, s. Lit.) als «Luxuria» (= Zügellosigkeit) erscheint wenig plausibel. Der bei der Figur erkennbare Stechzirkel (wenn richtig gelesen) weist in eine andere Richtung: Die Illustration zu Symbol 36 in Achille Bocchis «Symbolicarum Quaestionum» (1555) mit dem Lemma «Ars docta naturam aemulatur …» («Die gelehrte Kunst ahmt die Natur nach») zeigt eine Frau, die mit dem Stechzirkel das Gesicht eines (männlichen) Modells vermißt, um es auf den vor ihr liegenden Steinblock zu übertragen, auf dem sich die Figur schon als Hochrelief abzeichnet (Stich von Giulio Bonasone, The Illustrated Bartsch, s. Allgem. Bibl., 39, 1, Nr. 3901.001). Die Figur auf Rubens' Bild («aemulatio») wäre dann ein Hinweis auf das nachgeahmte, das Trugbild der Juno. – Dasselbe Thema hatte schon Giulio Bonasone auf dem Stich einer Serie dargestellt (aus *Amori, sdegni et gielosie di Giunone*; The Illustrated Bartsch, 28 Comm., Nr. 2803.121): Hier ist es aber die Göttin, die I. umarmt, anders als bei Rubens. Amor legt ein Tuch um die Schultern der Juno, er «bemäntelt» sie also als Hinweis darauf, daß sie es nicht selbst ist, sondern nur ihr Faksimile.

3. *Die Bestrafung des I.* (Ovid, Met. 4,447 ff; Pindar, Pyth. 21 ff

u. 40 ff; Hygin, Fab. 26 u. a.). Die Bestrafung des I., neben → Sisyphos und → Tantalos eine der drei großen Büßergestalten des griechischen Mythos, ist durch alle Zeiten Hauptthema seiner Geschichte in der Bildkunst. Häufig sehen wir ihn auf griechischen Vasenbildern, etwa auf einer Halsamphora (330/310 v. Chr.; Capua, Museo Provinciale Campano, Inv. 7336), hier auf ein speichenloses Rad gebunden, während anscheinend die meisten ein Rad mit vier Speichen vorführen (vgl. Pindar, Pyth. 21 ff). Auf einem römischen Wandgemälde in Pompeji (VI,15,1, Vettierhaus, 75 n. Chr.) erfolgt die Bestrafung im Beisein der thronenden Juno und des Merkur (vgl. Hygin, Fab. 62), Vulkan hält das Rad, auf das I. (vom Rand weitgehend überschnitten) gefesselt ist. – Auf dem Relief der rechten Schmalseite eines römischen Sarkophags (um 170 n. Chr.; Musei Vaticani, Galleria dei Candelabri, Inv. 2465) sieht man den auf die Radspeichen geflochtenen I. zwischen Sisyphos (mit dem Felsblock) und Tantalos, dem das Wasser vom Mund rinnt. – Auch das Gemälde von José de Ribera (1632; Madrid, Prado) mit der überlebensgroßen Figur des auf die Radfelge geketteten I. (mit schmerzverzerrtem Gesicht) stellt diesen in einen größeren Zusammenhang. Es ist Teil eines Zyklus, dem auch Darstellungen des Tityos, Tantalos und Sisyphos angehörten (die beiden letzteren sind verloren). Unklar ist die Bedeutung des satyrähnlichen Wesens, welches das Rad in Schwung hält. Verkörpert es in seiner Ähnlichkeit mit dem Teufel die Unterwelt (vgl. Hygin, Fab. 62; Myth. Vat. I 14; Myth. Vat. II 106; Boccaccio, Gen. 9,27)? – Vergleichbar realistisch gibt G. B. Langetti (1625–76) das Thema auf seinem Gemälde wieder (Ponce/Puerto Rico, Museo de Arte). I. liegt auf einem Rad, an Händen und Füßen gefesselt, von Schlangen umgeben, und der Ort des Geschehens ist auch hier die Unterwelt: Im Mittelgrund sieht man im Dunkeln Charon über die Styx setzen.

Als einen der vier Frevler neben → Tantalus, Ikarus und → Phaët(h)on stellt Hendrick Goltzius I. dar (vier Kupferstiche: *Die vier Himmelsstürmer*, nach Cornelis Cornelisz van Haarlem,

1588; B. 258–261, Hirschmann 306 II [von III], Strauss 257 II [von III], 258–260). In kühner Verkürzung von den Füßen her gesehen, stürzt I. in die Tiefe (vielleicht nach Boccaccio, Gen. 9,27: Jupiter wirft I. in den Tartaros); drunten lodern Flammen (vielleicht im Hinblick darauf, daß I. seinen Schwiegervater in eine Feuergrube geworfen hatte; vgl. I. als Verkörperung der vernichtenden Kraft des Feuers, vgl. aber auch Schol. zu Euripides, Phoen. 1185: Da ist I. an ein Feuerrad gebunden). Die lateinische Umschrift erklärt ihn zum Beispiel bestrafter Torheit, die sich durch eitlen Ruhm blenden läßt.

Lit.: Alpers, Svetlana: Manner and Meaning in some Rubens Mythologies. In: Journal of the Warburg and Courtauld Institutes 30, 1967, S. 272–295. Lochin, Catherine, in: LIMC 1990, 5,1, S. 857–862; 5,2, S. 554–557, s. v. Ixion. Wilamowitz-Moellendorff, Ulrich von: Der Glaube der Hellenen 2, Berlin 1932.

Kadmos, lat. Cadmus. – Gründer und König von Kadmeia in Böotien, das man später Theben nennt. Sohn des Königs Agenor von Tyros in Phönizien und der Telephassa (Apollodor, Bibl. 3,1,1) oder der Argiope (vgl. Hygin, Fab. 6 und 178). Bruder der Europa, des Phoinix, des Kilix und des Thasos. Gemahl der Harmonia, Tochter des ⇒ Ares und der ⇒ Aphrodite; mit ihr Vater von Polydoros und der Töchter Autonoë, Ino, Semele und Agauë. (Einige behaupten, K. sei der Sohn des Phoinix gewesen: vgl. Schol. zu Apollonios Rhodios 3,1186.) – Nach verbreiteter Auffassung durch Semele Großvater des ⇒ Dionysos. Diodor (1,23,4; Boccaccio, Gen. 2,63) sieht den Ursprung des K. im ägyptischen Theben. Hederich (Sp. 589 f) hat gelesen, daß K. ein Koch des Königs von Sidon oder ein syrophönikischer Kaufmann gewesen sei.

A Zeus entführt Europa, und Agenor schickt seine Söhne aus, sie zu suchen. Mit ihnen geht Telephassa. Nach vergeblicher Suche beschließen die Söhne – zumal der Vater sie gewarnt hat, nicht ohne die Schwester heimzukehren –, sich eine neue Heimstatt zu suchen, jeder an seinem Ort: Phoinix in Phönizien, Kilix wird – nicht weit davon – zum Gründer von Kilikien, Thasos läßt sich auf einer Insel vor Thrakien nieder. K. aber und die Mutter finden zunächst freundliche Aufnahme bei den Thrakern. Dann stirbt Telephassa. K. befragt das Orakel von Delphi um Europa und erhält zur Antwort, sich nicht weiter um die Schwester zu kümmern, sondern statt dessen dem Weg einer Kuh zu folgen und eine Stadt zu gründen dort, wo diese sich vor Müdigkeit niederlasse (Apollodor, Bibl. 4,1; vgl. Pausanias 9,12,1 ff; 9,19,4; Schol. zu Homer, Il. 2,494; Schol. zu Euripides, Phoen. 638, mit vollem Zitat des Orakels; Schol. zu Aischylos, Hepta 486; Hygin, Fab. 178; Ovid, Met. 3,6 ff). K. muß erst durch Phokis ziehen, ehe er in den Herden des Pelagon die (ungezähmte: Ovid, Met. 3,16) Kuh sieht, der er folgen wird. Sie trägt auf den Flanken eine weiße Zeichnung in Gestalt des Vollmondes (Pausanias 9,12,1; Hygin, Fab. 178, sagt, die Zeichnung sei nur auf einer Seite gewesen). Er folgt dem Tier durch Boiotien, und an der Stelle, an der es sich niederläßt, gründet er die Stadt, die heute Theben heißt.

Boccaccio wird berichten, er sei gemeinsam mit Phoinix in Ägypten aufgebrochen, zunächst nach Syrien (ders., ebd. 2,55) gegangen, habe dann noch – wie Eusebius behauptete – Armenien erobert (ders., ebd. 2,63) und erst jetzt habe er den Auftrag des Vaters erhalten, die Schwester zu suchen. Die Landschaft, in der er sich dann niederläßt, erhält ihren Namen «Boetia» nach dem Rind, das ihm den Weg gewiesen hat (von griech. «bous», lat. «bos»; vgl. Ovid, Met. 3,13); und die Stadt habe ihren Namen nach dem Ursprungsort des Gründers in Ägypten (Boccaccio, ebd.).

Nun will er die Kuh der ⇒ Athena (oder dem Juppiter / ⇒ Zeus: Ovid, Met. 3,26) opfern und schickt seine Leute aus, von der Quelle des Ares Wasser zu holen. Doch ein Drache (eine Schlange) bewacht den Ort. Blau sei sie, sagt Ovid (ebd. 3,38), gebändert, sagt Nonnos (ebd. 4,357). Sie tötet die meisten der Männer (eine anschauliche Beschreibung dieses Dramas gibt Ovid, Met. 3,28 ff; ausführlich auch Nonnos 4,356 ff). Da packt den K. blinder Zorn, er wappnet sich mit einem Löwenfell, das ihm als Schild dienen soll, als Waffe dienen ihm Lanze und Speer und sein Mut (so Ovid, Met. 3,52 ff), und er tötet das Tier. Nonnos sieht, wie es den Mann umschlingt und zu Boden zieht. Da erscheint ihm in höchster Not Athena

(4,393 ff), ermutigt ihn zum Kampf und rät, die Zähne des toten Reptils auszusäen. Daraus würden Krieger erstehen, die er alle vernichten solle bis auf fünf zum Ruhme des künftigen Theben. K. greift sich einen Grenzstein, zertrümmert damit den Kopf der Schlange und verfährt wie geraten (406 ff). Ovid erzählt, daß erst jetzt Athena erscheint und dem K. gebietet, die Zähne zu säen, was dieser jedenfalls mit Hilfe eines Pfluges tut (Met. 3,104 f; Nonnos 4,423 ff). Aus der Saat erwachsen bewaffnete Männer, die man Spartoi («die Gesäten») nannte, und die beginnen sogleich, aufeinander einzuschlagen, einige über irgendeinen Zwist, andere, weil sie nichts Besseres wissen. Nach Nonnos (4,455) rät Athena dem K. nach blutigem Kampf schließlich, einen Stein hoch über die Köpfe der Riesen zu halten, worauf sie begannen, sich gegenseitig umzubringen. Pherekydes soll berichtet haben, daß K. Steine unter die Männer warf, und diese seien in der Annahme gegenseitiger Herausforderung in den mörderischen Streit geraten. Nur fünf von ihnen überleben: Echion, Udaios, Chtonios, Hyperenor und Peloros (Apollodor, Bibl. 3,4,1; vgl. Pausanias 9,53; Schol. zu Apollonios Rhodios, Argon. 3,11,79; Hygin, Fab. 179; Ovid, Met. 3,126, erwähnt nur Echion namentlich, den künftigen Schwiegersohn K.s). Nach Boccaccio (Gen. 2,63) werden die überlebenden Spartoi sich hilfreich dem K. anschließen.

Als Sühne für den Tod des Drachens (und das Gemetzel der Spartoi? – vgl. Apollodor, ebd.) muß K. für die Dauer eines «ewigen Jahres» (das sind acht Jahre unserer Rechnung) dem Ares dienen. Danach erfreut er sich großer Aufmerksamkeit der Götter: Athene gibt ihm das Königreich, Zeus (oder Ares) gibt ihm die Harmonia zur Frau. Die Hochzeit in der Kadmeia wird ein Fest von unerhörter Pracht, nur die Hochzeit des Peleus mit Thetis ist vergleichbar. Alle Götter steigen eigens herab, lassen es sich gut sein und feiern das Paar mit Hymnen (Apollodor, Bibl. 3,4,2). Auch dem Gesang der ⇒ Musen darf man lauschen (Pindar, Pyth. 3,88 [157]; vgl. 5,48,5 u. 5,49,1; Pausanias 3,18,12 u. 9,12,3; Myth. Vat. II 78). Als besonderes Hochzeitsgeschenk (⇒ Hermes gab übrigens eine Leier, ⇒ Demeter gab Früchte und Getreide) erhält Harmonia einen schönen Mantel, vor allem aber ein kostbares Halsband, ein Werk des ⇒ Hephaistos, das der Meister selbst dem K. gegeben haben soll. Nach anderen soll Europa das Geschmeide von Zeus erhalten und nun weitergegeben haben (Apollodor, Bibl. 3,4,2). Wieder andere behaupten, daß Aphrodite es war, die das goldene (!) Prunkstück dem K. oder der Harmonia gab (vgl. Diodor 4,65,5; Schol. zu Pindar, Pyth. 3,94 [167]; Schol. zu Euripides, Phoen. 71). Dieses

Halsband – so kostbar offenbar, daß viele beansprucht, als Geber genannt zu werden – hat zumindest den Erben der Harmonia kein Glück gebracht, wie – mit Ausnahme des Sohnes Polydoros – schon den Kindern des Paares nur Unheil beschieden war. Der Mythographus Vaticanus II behauptet (78; – vgl. Boccaccio, Gen. 2,63), daß dieses Halsband nichts anderes war als ein arglistiger Racheakt des Vulcanus/Hephaistos an der treulosen Gattin Venus/Aphrodite, deren Ehebruch mit Mars/Ares doch Harmonia entsprossen war. Er habe das wohl auf Anraten der Minerva/Athene getan, denn in die Edelsteine des Geschmeides seien Augen der Gorgo/⇒ Medusa eingesetzt gewesen, was Minerva doch wohl gewußt haben müsse. So habe er ein wunderschönes Schmuckstück geschaffen, auf dem aber ein böser Fluch lag, der jedem, der es trug, schwere Drangsal auferlegte. Das habe sich dann im gemeinsamen Ende des Paars (s. u.) und im Schicksal derer gezeigt, die das Geschmeide später trugen: Die Töchter Semele, die ein Blitz des Zeus tötete, Ino, die ansehen mußte, wie der Gemahl Athamantes (oder Athamas) den gemeinsamen Sohn Palaimon (oder Melikertes) in das Meer stürzt, und Agauë, die (gemeinsam mit Harmonia?) im dionysischen Wahn den eigenen Sohn Pentheus zerreißt. Dann sollen Iokaste, die verblendet den eigenen Sohn → Oidipus/⇒ Oedipus heiratete, darauf Argia, des → Polyneikes Gemahlin, und von dieser die verräterische Eriphyle, die Frau des → Amphiaraos, das Band besessen haben, ehe der Muttermörder Orestes es dem ⇒ Apoll weihte. Heute noch sei das unselige Schmuckstück auf dem Grund einer Quelle liegend zu sehen, und wenn jemand es anrühre, dann sei das eine Kränkung der Sonne, auch schwere Stürme würden sich erheben.

Unter der Last des traurigen Geschehens, dem Kinder und Enkel erliegen, und in Erfüllung einer Prophezeiung (vgl. Euripides, Bacchae 1330 und 1355 ff; vgl. Herodian 9,42 f) verlassen K. und Harmonia Theben und begeben sich zu den Encheläern («Aalmännern»). Als diese von den Illyrern angegriffen werden, machen sie einem Orakel gemäß die beiden zu ihren Führern und bleiben siegreich im Kampf. K. herrscht dann über die Illyrer. Ein Sohn Illyrius wird ihnen noch geboren. Nach Apollonios Rhodios (4,517 f) liegt ihr Grab bei den Encheläern.

Andere berichten dieses: Als Greis sei K. schließlich von ⇒ Amphion und Zethos nach Illyrien vertrieben (Boccaccio, Gen. 2,63 und 5,30), und dort sei das Paar von den mitleidigen Göttern in Schlangen verwandelt worden, was eine Stimme dem K. schon nach dem Töten der Schlange des Ares geweissagt hatte (Ovid, Met. 3,98). Bei Nonnos (4,417 ff) spricht der erzürnte Gott. Nach Apollodor (Bibl. 3,54) versetzt Zeus das Schlangenpaar in die Elysäischen Gefilde. Nach Ovid (Met. 4,563–603) ist K. gemeinsam mit seiner Frau aus Theben gleichsam geflohen, wie wenn all seine Schicksalsschläge und bösen Vorzeichen an die Stadt gebunden gewesen wären. Als er befürchtet, sein schmerzhaftes Schicksal könnte eine Strafe sein dafür, daß er einst jene Schlange tötete (vgl. Hygin, Fab. 6; zu Ovid, Met. 3,28 ff; Nonnos 4,356 ff), bittet er darum, selbst in ein solches Tier verwandelt zu werden. So geschieht es, und auch seine Frau teilt entschlossen dies Schicksal. Die Schlange war augenscheinlich ein kammbewehrter echter «Drache» (ebd. 599).

Nach Kallimachos (Aitia 11; C. A. Trypanis, Cambridge / Mass. und London 1978, S. 14 f) werden die beiden in steinerne Schlangen verwandelt.

Es wurde auch behauptet, die beiden seien nicht in Schlangen, sondern in Löwen verwandelt worden (Hephaistionos, Photios, Cod. 130, 146 b, Bd. 3, S. 52).

Irgendwann in seinem langen Leben bewährt K. sich als bedeutender Erfinder und Neuerer.

Boccaccio (Gen. 2,63) referiert, K. habe – gedankenvoll an der hypokrenischen Quelle sitzend – sechzehn Schriftzeichen erfunden, deren sich später ganz Griechenland bediente. Fünfzehn davon seien von «mater Carmenta» in das Lateinische übertragen worden (Hygin, Fab. 277; vgl. Herodot 5,58; Tacitus, Annal. 11,14; Plinius, Nat. 7,57.192; vgl. Boccaccio, Clar. mul., «Carmenta»; nach Isidor, Etym. 1,2,6, waren es 17 Buchstaben, alle außer Ψ Ξ Ω, die Palamedes, und Υ, das Pythagoras erfand; zu den griechischen Buchstaben s. auch u.).

Plinius (Nat. 7,57,195) berichtet, K. habe in Theben die Steinmetzkunst sowie die Gold- und Metallgießerei erfunden, das alles nach dem Zeugnis des Theophrast noch bei den Phönikern; das stimme aber nicht mit der übrigen Zeitrechnung zu K. zusammen, wird Boccaccio sagen (Gen. 2,63). Auch soll K. als erster Steinbrüche betrieben sowie den Abbau und das Schmelzen von Gold am Berge Pangaion gelehrt haben (Plinius, ebd. 197). Nach Hygin (Fab. 274,4) hat er in Theben das Aufspüren von Erz begründet.

Bei Herodian (2,49) steht, daß der Seher Melampus von K. in die Riten des Dionysos eingeführt worden sei. Diodor (1,23,4 f) sieht K. offenbar im ägyptischen Theben, wo er dem Dionysos / Osiris, den er für seinen Enkel von Semele hielt, einen Kult eingerichtet habe.

B Von der Erscheinung des K. scheint es kein literarisches Porträt zu geben. Auch seine Person bleibt unbestimmt. Deutlich wird der Kulturbringer, ein Günstling der Athena, der eine Stadt gründet und – dieser zu Diensten – mit der Erfindung der Schrift ebenso eine Voraussetzung für Korrespondenz und Literatur (und Geschichte: vgl. Plinius, Nat. 7,205 zu K. Miliesius!) schafft wie durch seine Einrichtungen zum Gewinn von Stein und Metall die Voraussetzung für das Handwerk: die Materialien für Kopf und Hand also, tätig beim Bau menschlicher Gesellschaft im Unterschied zum Bau der Stadtmauern durch ⇒ Amphion und Zethos (seltsam die – späte! – Nachricht von der Vertreibung des K. durch die beiden, wo er ihnen doch vorausgehen muß). Das Werk des K. ist mit der Autorität der Athene zugleich ein Sieg über ⇒ Ares, d. h. über den Krieg. So erhält seine Ehe mit Harmonia einen besonderen Sinn. Sinnvoll auch, daß einige der Krieger («Spartoi») diesem K. zu Diensten sind.

Es ist vor allem der Kulturbringer, dem in vielfältigen Variationen das Interesse der Interpreten gilt.

Der «hochgemute» K. (Hesiod, Theog. 936) ist in der Literatur der Alten ein häufiger Gast: als den Göttern wohlgefälliger Gründer von Theben wie als Stammvater eines an Glanz und Elend reichen Geschlechts. In die Nachantike tritt er vorzüglich als der Mann, der den Griechen (und Europa) mit dem Alphabet die Kultur brachte (vgl. die anschauliche Beschreibung bei Nonnos, 4,249ff). Während Isidor (Etym. 1,3,6) seinen Beitrag zur Grammatik noch ganz sachlich vermerkt (Martian erwähnt ihn nicht einmal), ist er bei Theodulus (133) deutlich der Stammvater der Grammatik, der vor Dialektik (Logik) und Rhetorik ersten der Künste des Triviums im System mittelalterlicher Schulbildung. Petrarca (Fam. 12,3,6) nennt Pythagoras, den Erfinder des Buchstabens Y, einen, der den Spuren K.s folgte, und es wird auch in diesem Sinne sein, wenn er den K. neben «einem Herkules» (= → Hercules Gallicus?) einen der frühesten Pfleger der Musen nennt (Fam. 24,12,8).

Der *Ovide moralisé en prose* (de Boer, S. 112 ff) erkennt in ausführlicher Betrachtung in K. den Kulturbringer und versucht in seiner Allegorese Drachensaat und Erfindung des Alphabets sinnvoll aufeinander zu beziehen, worin ihm noch die Emblematik des 16. Jh.s folgen wird (s. u.). Demnach (ebd., S. 114 ff) war Cadmus ein weiser und kluger («subtil») Mann, wohlbewandert in der Philosophie. Seine rohen und ungebildeten Gefährten suchen aus dem Quell der Gelehrsamkeit («clergie»), der die Philosophie entströmt, Wissenschaft zu schöpfen; doch die Mühsal des Studiums, die es braucht, sich die Wissenschaft auch zu eigen zu machen, die wollen die Männer nicht auf sich nehmen. Da kommt K. ihnen zu Hilfe, bewaffnet mit «brennendem Verlangen und versehen mit hohem Vermögen traf er auf die kluge und weise Schlange, d. h. auf das Studium». Darin war er dann so erfolgreich, daß er Brunnen und Quell eroberte und daraus die Griechen unterrichtete («endoctrina»). Die Schlange, die er tötete, hat drei Köpfe und vergoldete Hauben («crestes»), mit denen er auch zugleich die drei Freien Künste eroberte, die man «sermocinaulx» (von lat. «sermoncinari»: ein gelehrtes Gespräch führen, disputieren) nennt und die kostbarer sind als pures Gold, weil es keine wahre Wissenschaft gibt, die nicht bei diesem ihren Anfang hätte. Und was die Stimme angeht, die dem K. sagte, er werde einst eine Schlange sein, so heißt das, daß er noch einmal ein weiser Lehrer und ein kluger Gelehrter sein werde, der das Land pflügen und die Zähne der Schlange säen werde, war er doch der Erfinder (der Schrift) und der erste Schriftsteller in griechischer Sprache. Um das zu erreichen, nahm er fünf Ritter, die ihm halfen, die Stadt zu bauen («batir») und zu gestalten («edifier»), das heißt, er bedient sich der fünf Buchstaben, die man Vokale nennt, die vor allem ihm halfen, jegliche Kunst zu finden und zu begründen, sofern man nämlich nichts verlauten noch stimmhaft sagen könnte ohne einen der Vokale, die da sind a, e, i, o, u.

Cadmus habe auch die Stadt Theben gegründet, das heißt den Kult des Göttlichen («divin»), denn dieser ruht auf der Schrift («l'escripture»), die von den Gelehrten kommt. Und so ist sie in der Obhut jener, die das Gesetz verwalten und sich um die Erhaltung des Glaubens kümmern. (Neben dieser hat der «Ovide moralisé» auch eine biblische Allegorie der Geschichte, bei der die Spartoi als die zwölf Apostel erkannt werden.)

Palaiphat (8) engagiert den K. für seinen Versuch, die Geschichte der Spinx zu rationalisieren. Demnach war sie eine Amazone und eine erste Gemahlin des K. «Draco» (Schlange) habe der König geheißen, den K. tötete und dessen Reich er sich aneignete. Als er dann auch noch dessen Tochter Harmonia ehelichen will, zieht er sich die einfallsreiche Feindschaft der Sphinx zu (vgl. Boccaccio, Gen. 2,63). Hieran schließt Boccaccios rationalistische Erklärung der Ereignisse an (Gen. 2,63): Er sieht in der Schlange das Bild eines alten weisen, einst kriegerischen Mannes, der mit Worten und mit Reden die Leute des K. am Quell festhält und dessen Anraten, welches in den Drachenzähnen veranschaulicht sei, Zwietracht unter die Bevölkerung gebracht habe, die sich auf Anstiften der «Spinga» (= Sphinx) gegen K. erhob.

An die Allegorese des «Ovide moralisé» mag anknüpfen, was ein Emblem des Barptolomaeus Anulus (1552, S. 11; H./S., Sp. 1621 f) vorführt, das – vom Text Ovids (Met. 3,50 ff) ausgehend – im Bild den K. mit Löwenfell und Speer (und Mut) ausgerüstet beim Kampf mit der Schlange zeigt. Im Epigramm wird seine Beredsamkeit gepriesen (vgl. Nonnos 3,84 u. 95 f). Speer und Löwenhaut, seine Waffen, zeigten an, wie er mit durchdringender Gründlichkeit («penetrans») und Großmut die Schriftzeichen der Phöniker nach Europa gebracht habe, die Zeichen, in denen der Kreis menschlicher Wissenschaft beschlossen sei. Dann werden die fünf überlebenden Spartoi als die fünf Vokale verstanden, die unversehrt blieben, als die anderen Buchstaben (= die Konsonanten) einander «zerquetschten» («se collidentes»). Sie alle habe K. den Köpfen und Künsten der Menschen eingesät und so die einst wilden zivilisiert. Ein Emblem von Alciat (150, S. 199, Held, Nr. 51; H./S., Sp. 1620 f) verweist zum Lemma LITERA OCCIDIT,

SPIRITUS VIVIFICAT/DER BUCHSTAB TÖDT, DER GEIST MACHT LEBENDIG (vgl. Paulus, 2. Kor. 3,6) unter dem Bild der Drachensaat wohl auf die Grammatik als Schulfach hin, wenn es da schließlich heißt: K. «war der erste, der den Lehrern (magistris) die Buchstaben (elementa) und die Zeichen (notae) gab und die gefällige (suavem) Ordnung (harmoniam) dazu, denn jene lägen zur Qual der Schüler miteinander so vielfältig in Streit, wenn nicht die Autorität der Pallas sie trennte (und ihnen Ordnung gäbe)». Noch anders ein Emblem des Barptolomaeus Anulus unter demselben Lemma und Bild, wo es schließlich heißt: «Die Schlange ist die Klugheit, die Zähne sind die Buchstaben, die er (K.) säte, die Konsonanten und Vokale (lettres agues et subtiles), die er über ganz Griechenland verbreitete. Die bewaffneten Männer aber, die aus dieser Saat entsprangen, sind die Gebildeten, die Gelehrten, die Künste, die Wissenschaften, die einander mißtrauen (se defont), wenn sie nicht von Pallas, die die Weisheit ist, zum Frieden miteinander gebracht werden, und die Tag für Tag in unendlicher Vielzahl Neues (croissans) schaffen ...» (Les Emblemes d'Alciat, Lyon 1549, S. 229).

An der «Porte aux Peintres» aus Anlaß des Einzugs von Charles IX. und Elisabeth von Österreich im März 1571 tritt K. an die Stelle, an der gewöhnlich ⇒ Hercules gallicus als Gründer der «bonnes lettres» in Frankreich zu stehen pflegt. In einem Bild an der Hauptschauseite erscheint K. als Kulturbringer, der erfolgreich den Drachen «Ignorance» im Lande niedergerungen hatte, der dann Drachenzähne säte und – statt Männern – hebräische, griechische und lateinische Lettern erntete (Graham/Johnson, S. 129 u. Anm. 104). Ein sehr umfangreiches Programm aus gleichem Anlaß zieht die K.-Geschichte nach Nonnos (s. o.) hinzu: Insgesamt 24 Bilder schmückten den eigens für die Königin errichteten Speisesaal: 19 Bilder an den Wänden, fünf im Plafond, welch letztere das Programm bestimmen: in der Mitte ein Bild mit einem großen Schiff, darinnen K. und Harmonia: der König vermählt mit dem Frieden. Vier andere Schiffe, auf die vier Ecken verteilt, versinnbildlichen die vier Stände, die über vier Ketten, die vom Schiff in der Mitte ausgehen, gelenkt werden. Das Kettenmotiv ist der geläufigen Ikonographie des Gallischen Herkules (Lukian, Her.), einem anderen Kulturbringer, entlehnt (vgl. a. die Porte de St. Denis in Paris von 1549: Abb. bei Graham/Johnson, s. Lit., Taf. 31). Den Bildern sind erklärende Distichen des Jean Dorat beigegeben (s. Graham/Johnson, S. 233ff; vgl. ebd. S. 84, Anm. 270). K. als ordnender Kulturstifter!

Hier wäre auch daran zu erinnern, daß die Thebaner ursprünglich den Namen des K. im Sinne von «Kosmos» (= Ordnung) verstanden haben sollen (Wilamowitz-Moellendorff, s. Lit., S. 323). Die kulturstiftende Verbindung von Ordnung und Harmonie wiese so bedeutsam auf die thebanischen Kulturstifter ⇒ Amphion und Zethos voraus. – Zwei Embleme bei Picinello (3,10[17]) sehen in der Gattin Harmonia/Concordia eine Belohnung Juppiters an K. für seine Taten zum Erwerb einer harmonischen Ehe, die S. Ambrosius so verstehe: Helfen soll die Frau dem Mann, nicht ihm dienen; er soll sie lenken, nicht zwingen. Überhaupt sei er ihr wie ein Steuermann, und er soll sie als Lebensgefährtin ehren. Das alles, wo es doch heißt, eine Ehe sei friedlich, wenn der Mann taub ist und die Frau blind. Das Geschlecht der Frauen leide unter der Eifersucht, ihre Geschwätzigkeit sei den Männern große Last (ähnlich auch ebd. 18; ⇒ Pandora).

Sicher hat es auch eine frühe Verbindung von K. und Hermes gegeben, sofern es heißt, daß K. in Theben «Hermes» genannt worden sei. So berichtet Gyraldi (Synt. 9, S. 422B) mit Hinweis auf «Isaacius» (Porphyrogennetos?) und Lykophron (219; s. Nonnos 4,67ff; vgl. Kl. Pauly, Bd. 3, Sp. 40f [K.]; vgl. ebd. Sp. 35 Kabe[i]rei). Vielleicht schöpft Nonnos (3,409ff) aus einer für uns verlorenen Quelle, wenn er den Gott dem K. zur Hand gehen läßt. Daß Hermes dem Paar zur Hochzeit eine Leier schenkt, ist bedeutsam auch im Hinblick auf die spätere Rolle des Amphion (s. o.) für die Stadt. Es ist im Sinne des Programms denn auch bezeichnend, daß J. Dorat (Speisesaal für Elisabeth v. Österreich, Paris 1571;

s. o.) dem Hermes, der sich auf Handel und Wandel wie auf die Rede versteht, gemeinsam mit der Peitho (= Überredung; eine Begleiterin der Aphrodite) einen prominenten Platz an der Seite des K. auf seiner Fahrt nach Thrakien zuweist (Bild 17; Graham/Johnson, s. Lit., S. 236), wobei er gegenüber Nonnos die Begegnung der drei sogar noch vorverlegt, sofern Nonnos die Peitho den K. erst auf seinem Weg zu Harmonia begleiten (3,84f und 95f), Hermes sogar noch später auftreten läßt (vgl. o.).

Unter dem Lemma NIHIL INAUSPICATO ADGREDIENDUM (Nichts soll man beginnen, ohne zuvor den Willen der Götter erforscht zu haben) schließt ein Emblem des Barptolomaeus Anulus an K. an, der vor der Gründung der Stadt das Orakel befragt (1552, S. 42; H./S., Sp. 1620).

Das Ende des Paars findet bei Boccaccio (Gen. 2,63) eine bemerkenswerte rationalistische Erklärung: Daß die beiden in Schlangen verwandelt worden seien, zeige an, daß sie alt wurden, denn die Alten seien wie die Schlangen weise und aus Erfahrung vorsichtig. Wenn dann die Jahre drücken und eine Stütze fehlt, dann kämen sie nach der Art der Schlangen gekrümmt daher.

Der «Ovide moralisé» *en prose* meint, man könne die Fabel auch so verstehen, daß darin ausgedrückt werde, wie K. bei der Arbeit im Weinberg den Leib und das Gesicht gegen den Boden gewandt habe – wie die Schlangen. Von einer Verwandlung der Harmonia ist hier gar nicht die Rede, wie noch im vorangehenden Abschnitt, wo die Frau aber den Gott erst darum bitten muß, dem Gemahl zur Gesellschaft auch in eine Schlange verwandelt zu werden (zur Verwandlung des K. in eine Schlange s. Dante, Inf. 25,27).

Das nach soviel Glanz durch das Elend der Kinder (Actaeon wird genannt) traurige Schicksal des K. sieht der «Ovide moralisé» *en prose* schließlich als ein Beispiel für das Wirken der launischen Fortuna (vgl. Boccaccio, Ill. vir., Paris 1520, Bl. III[v]).

C Sofern K. im Kontext der griechischen Sage auftritt, unterscheidet sich seine Erscheinung nicht von der anderer griechischer

Helden. Er trägt die kurze Tunika des Kriegers, auch Rüstung und Helm. Im Kampf mit dem Drachen (Schlange) benutzt er die Lanze als Waffe. Auf einem attischen Vasenbild (Krater, ehem. Slg. Prinz Montemileto, Neapel) sieht man ihn einen Stein schleudern. Manchmal kämpft er auch wie ⇒ Perseus mit einer Sichel (auf einem Gemälde von Merry Joseph Blondel, 1781–1853; Dijon, Musée Magnin). – Als Kulturbringer und Grammatiker (s. **B**, S. 357), wie ihn vor allem Spätantike und Mittelalter sehen, tritt K. im Typus des antiken Autorenbildes (römisches Mosaik in Trier, Landesmuseum, Inv. Mos. I 1231) bzw. von Evangelistendarstellungen auf (vgl. die K.-Schale, s. u.). Krone und Mantel kennzeichnen ihn häufig als König. – Mitunter sieht man K. und Harmonia (auch «Hermione») in Schlangen- oder Drachengestalt, z. B. in einem Fragment aus *Lydgate's Fall of Princes, Book I* (um 1450; Bl. 7ʳ; London, British Museum, Sloane Ms. 2452), hier mit menschlichem Kopf und Krone, oder auf einer Zeichnung von Maerten de Vos (1532–1603; Antwerpen, Stelelijk Prentenkabinet), wo sich, offenkundig an Ovid (Met. 4,574 ff) orientiert, K. in Drachengestalt und «Hermione» in Gestalt einer Frau mit Drachenschwanz (wie im Stadium der Verwandlung) einander zuwenden und umarmen (s. auch **D**, Nr. 8).

D 1. *K. in Delphi*. Dieses Thema ist Gegenstand einer von drei Zeichnungen des Hendrick Goltzius, die der Sage des K. gewidmet sind (wohl 1590; Hamburg, Kunsthalle, Kupferstichkabinett). K., bartlos, mit gegürtetem Schwert, kniet vor dem Standbild des Apoll, den er nach dem Verbleib der Schwester Europa befragt.

2. *Athena reicht K. einen Stein*. Eine attische rotfigurige Schale schildert die selten dargestellte Szene, in der K., ein Wassergefäß in der Linken und schon forteilend, von Athena einen Stein entgegennimmt (Schale um 430 v. Chr.; London, British Museum, Inv. 67.5-8.1066 [E 81]). Den Stein wird er auf die Schlange des Ares schleudern (Euripides, Phoin. 663; Nonnos, 4,408 ff, Ovid, Met. 3,52 f).

3. *Die Gefährten des K.* (Ovid, Met. 3,28 ff). Nicolas Poussins Gemälde «Landschaft mit Schlange» (1651; London, National Gallery) schildert, wie Tervarent (s. Lit.) glaubhaft macht, das Schicksal der Gefährten des K.: Am Rande eines kleinen Teichs (des gestauten Quellwassers; Ovid, Met. 3,31) wird einer der Leute von der Schlange angegriffen, und K. eilt mit Zeichen des Entsetzens zu Hilfe. Das Hauptgeschehen wird – für den Barock charakteristisch – durch Reaktionen von Augenzeugen kommentiert: Eine Frau, die im Hintergrund in einem See Wäsche gewaschen hat, gestikuliert aufgeregt. – Daß der Bildgegenstand lange unerkannt blieb, ist verständlich, wird er doch quantitativ (die Figuren sind relativ klein) der stimmungsvollen Landschaft untergeordnet und scheinbar zum Alltagsgeschehen gewandelt. – Die zweite Zeichnung von Goltzius (um 1590; Hamburg, Kunsthalle, Kupferstichkabinett, s. o.) zeigt in einer Landschaft mit Bäumen zwei der Gefährten, die beim Angriff der Schlange ihre Schöpfgefäße fallen gelassen haben (Ovid, Met. 3,39).

4. *K. im Kampf gegen den Drachen* (Ovid, Met. 3,90) ist in der Antike die am häufigsten dargestellte Episode aus dem Mythos des K. Zahlreiche Vasenbilder illustrieren sie, z. B. die auf einem Glokkenkrater, 360/350 v. Chr. (Neapel, Museo Nazionale, Inv. 82 258 [H 3226]). – Die dritte Zeichnung von Goltzius (s. o.) schildert den Kampf des K. (in kurzem Rock, den Köcher auf dem Rücken) gegen das Ungeheuer, hier in Gestalt eines drachenartigen Wurms, der zwei der Leute getötet hat und dem K. (mit Rüstung und Helm) nun seine Lanze in den Rachen stößt. – Ähnlich ein Gemälde von Johann Heinrich Schönfeld (1945 verbrannt; ehem. Dresden, Gemäldegalerie Alte Meister).

5. *Die Drachensaat* (Ovid, Met. 3,104 ff). Dieses Thema behandelt P. P. Rubens auf einem Gemälde (*K. sät die Drachenzähne*, 1637/38; Ausführung von Jacob Jordaens; Jaffé Nr. 1246; Madrid, Prado): K., in Siegerpose auf seinen Speer gestützt, steht vor dem getöteten Ungeheuer, in den Wolken über ihm weist Athena auf die gerüsteten Krieger, die aus dem Boden wachsen. – Verwandt ist

die Darstellung Salvator Rosas (1615–1673; Gemälde, auch als *Gründung Thebens* bezeichnet; Kopenhagen, Statens Museum for Kunst): K., mit Brustpanzer, Helm und hohen Stulpstiefeln, wendet sich ratlos an die in den Wolken schwebende Athena, die auf die in Scharen aus dem Boden wachsenden Krieger weist.

6. *K. als Kulturbringer* (s. **B**, S. 357f). Auf jenem Fragment eines römischen Mosaiks in Trier (Landesmuseum, Inv. Mos. I 1231, s. o.) sieht man K. in Gesellschaft einer weiblichen Figur, wohl der Personifikation der Grammatik. (Alternativ wird K. hier als der milesische Historiker K. gedeutet, der vielen als einer der ältesten, wenn nicht der älteste Geschichtsschreiber überhaupt gilt. Die Frauengestalt müßte dann Klio darstellen, die Muse der Geschichte. Vgl. LIMC 1990, 5,1, S. 873.) – Das Mittelmedaillon der bronzenen *K.-Schale* (12. Jh.; London, British Museum) zeigt K. im Typus des schreibenden Evangelisten, mit langem Mantel und Krone auf einem gedrechselten Stuhl an einem Pult sitzend und schreibend, in der Linken ein Federmesser. Die Umschrift, die auf Theodulus (Ekl. 133) basiert, bezeichnet K. als ersten, der die Grammatik der Griechen ergründet hat (CADAMUS GRECORUM S[C]RUTATUR GRAMATA PRIMUM). Dem Text des Theodulus folgend wird K. zu Herkules in Beziehung gesetzt (⇒ Herakles): Sechs Szenen aus dessen Leben umgeben das Mittelmedaillon: *Die Geburt des Herkules, Der Schlangenwürger in der Wiege, Herkules bei den Hesperiden, Herkules und Geryon, Herkules und die Hydra, Herkules und Cacus, Herkules und Cerberus, Herkules auf dem Scheiterhaufen*. Die Konstellation ist sinnvoll insofern, als K. wie Herkules als Kulturbringer und damit Wohltäter der Menschheit gelten.

7. *K. und Harmonia*. Das Interesse der griechischen Vasenmaler gilt vor allem der Hochzeit der beiden. Auf einem schwarzfigurigen Bild des Diosphos-Malers steht das Paar auf dem von einem Löwen und einem Eber gezogenen zweirädrigen Hochzeitswagen, im Hintergrund sieht man Apoll mit der Kithara (Amphora, um 490 v. Chr.; Paris, Louvre, Inv. CA 1961).

Eine Münze des Philippus Arabes (244–249 n. Chr.) aus Tyros zeigt K. und Harmonia (stehend), sich die Hand reichend. Zwischen beiden liegt eine Muschel, hinter Harmonia eine Kuh (Anspielung auf Böotien und die Gründung von Theben).

In der Neuzeit steht die allegorische Bedeutung der Hochzeit von K. und Harmonia im Vordergrund, wie vor allem die zahlreichen Beispiele aus der französischen Hofkunst der Renaissance veranschaulichen. Allein in den «Entrées de Charles IX et de la Reine à Paris en 1571 (s. o.)» erscheinen K. und Harmonia, die als «Friede» gedeutet wird, mehrmals als Allegorie auf die friedenstiftende Heirat zwischen Charles und Elisabeth von Österreich.

8. *Die Metamorphose von K. und Harmonia* (Ovid, Met. 4,574 f, bes. 597 ff). Philostrat (Imag. 1,18[4]) beschreibt ein Bild mit K. und Harmonia im Zustand der Verwandlung in Schlangenleiber, die sich von den Füßen her vollzieht; von der Hüfte an abwärts haben sie bereits Schlangengestalt. Sie umarmen sich, «als klammerten sie sich an das, was von ihrem Körper noch geblieben ist, um wenigstens das festzuhalten».

Die Darstellung auf einem Majolika-Teller aus Faenza (Werkstatt des Virgiliotto Calamelli, 1540/45; Rom, Slg. Guy Hannaford) weicht insofern von Ovid ab, als K., der Hermione, noch in ihrer menschlichen Gestalt (nackt, jedoch mit Krone!), umarmt, bereits Drachengestalt angenommen hat.

Lit.: Graham, Victor E. / Johnson, William McAllister: The Paris Entries of Charles IX and Elisabeth of Austria 1571, Toronto 1974. Glózer, László: Archemoros oder der Tod des Opheltes. In: Festschrift für Kurt Bauch, Berlin 1967. Tervarent, Guy de: Le véritable sujet du paysage au serpent de Poussin à la National Gallery de Londres. In: Gazette des Beaux-Arts 6,40, 1952, S. 343–350. Tiverios, Michalis A., in: LIMC 1990 5,1, S. 863–882; 5,2, S. 557–562, s. v. Kadmos I. Weitzmann-Fiedler, Josepha: Romanische Bronzeschalen mit mythologischen Darstellungen. In: Zeitschrift für Kunstwissenschaft 10, 1958, S. 109–152, bes. 110–123. Wilamowitz-Moellendorff, Ulrich von: Der Glaube der Hellenen 1, Berlin 1931. Yates, Frances A.: Poètes et artistes dans les Entrées de Charles IX et de sa Reine à Paris en 1571.

In: Journées Internationales d'Études Abbaye de Royaumont 1955, Les Fêtes de la Renaissance, S. 61–84.

Kekropiden → Aglauriden

Kentauren, griech. Kéntauroi, lat. Centauri, dt. Zentauren. Bewohner der Bergwälder im nördlichen Thessalien, auf der Halbinsel Malea (Peloponnes) und im westlichen Arkadien. Zur Herkunft s. u. – Zum Namen wird angegeben: 1. Kéntauroi von «kentéo» (κεντέω = stechen) und «tauros» (ταῦρος = der Stier), weil die K. die Rinder des → Ixion mit ihren «Stacheln» (Treibstecken, lat. «stimuli») wieder zurücktrieben (vgl. Servius, Georg. 3,115; vgl. auch u.); 2. «kentéo» und «tauros» zu «auran» (αὔρα = die Luft), weil → Ixion in eine Wolke «stach» (vgl. u.); 3. K. = Wasserstecher (vgl. Kl. Pauly, Bd. 3, Sp. 40f); weitere Etymologien s. unter **A**. – Die K. werden häufiger auch «nubigenae» (= lat. «die Wolkengeborenen») genannt.

A Die K. sind vierbeinige Mischwesen aus Mensch und Pferd, gewöhnlich dergestalt, daß einem Pferdeleib statt Hals und Kopf des Tiers der Oberkörper eines Menschen, etwa vom Nabel an aufwärts, aufsitzt. Palaiphat (1) beschreibt den K. als Pferd mit Menschenkopf. Man nannte diese Mischwesen auch Hippo-K. (vgl. Diodor 4,70,1), im Unterschied zum Ono-K., einem Mischwesen aus Mensch und Esel (griech. onos), einer vermutlich historisch späten Vorstellung (vgl. Physiologus 13). Der «Liber Monstrorum» (1977, 1,7) schreibt zu den «ippocentauri», ihr Haupt sei borstig wie das eines Tiers, in Teilen aber sehr menschenähnlich und mit einer Anlage zum Sprechen, ohne daß ihr Mund, in menschlicher Rede ungeübt, die Stimme zu einem Wort zu formen vermöchte. Die «onocentauri» (ebd. 1,10) seien bis zum Nabel abwärts von normaler Menschengestalt, darunter zeigten sie die struppig häßliche Gestalt von Eseln («Onagrorum» = Halbeseln?): So verbinde die Natur aus eigener Autorität («naturaliter») in ihnen unterschiedliche Arten.

Lukian (Zeuxis 4) beschreibt das Gemälde des Künstlers, das zeigt, wie ein K. von einer Anhöhe aus sein Weib beobachtet, das auf einer Wiese die Kinder säugt. Eine andere Familienszene schildert Philostrat (Imag. 2,3), der betont, daß die K. schon «Mütter von gleicher Gattung» hatten. Der Physiologus (ebd.) redet mal von Esels-, mal von Pferde-K. und gesellt sie den → Sirenen als ihren Weibern zu: Wie der Mann vom Nabel an abwärts ein Pferd (oder Esel) sei, so haben sie vom Nabel an die Gestalt einer Gans (vgl. Alexanderroman, Pseudo Kallisthenes B, 2,42).

Nach Nonnos (5,616) gab es auf Cypern eine eigene Art von «K.». Ihr Aussehen bleibt unklar, sie seien «zweifarbig» («didymóchroos») gewesen. Hera habe ihnen eine eigene Menschengestalt mit Hörnern gegeben (143 ff). Sie seien Kinder von Wassernymphen in sterblichem Körper gewesen. Die Menschen hießen sie «Hyaden», Abkömmlinge des Flusses Lamos. Sie sollen sich liebevoll um den kleinen ⇒ Dionysos gekümmert haben.

Über den Ursprung der bekannten K. geben Mythos und Geschichten unterschiedliche Auskünfte.

Es heißt, Ixion, König von Thessalien, habe, von Zeus auf den Olymp geladen, sich in Hera verliebt und versucht, sie zu vergewaltigen. Zeus habe ihm darauf trügerisch eine Wolke (griech. Néphele, lat. Nubes) in Gestalt der Hera in das Bett gelegt. Ixion habe sich täuschen lassen und mit dem Trugbild geschlafen. Die Frucht dieser Verbindung sei ein Wesen geworden, das man dann «Kentauros» nannte (vgl. Pindar, Pyth. 2,42 ff; vgl. Cicero, Nat. 3,51). Dieser war nach Pindar (ebd.) und anderen von menschlicher Gestalt. Er wurde zum Stammvater aller K., als er sich später mit den Stuten von Magnesia am Fuße des Pelion paarte (vgl. Servius, Aen. 8,293). Andere meinen wohl, daß der Verbindung von Ixion und Néphele die K. direkt entstammten (vgl. Myth. Vat. III 3,6, Bode S. 267,40 ff). Diodor (4,69,5) sagt ausdrücklich, daß die K., die Néphele gebar, menschengestaltig gewesen seien. Vermutlich meint er ebendiese, wenn er weiter erzählt, sie seien von Nymphen auf dem Pelion aufgezogen worden. Herangewachsen, hätten sie sich mit Stuten gepaart und (erst so) die Hippo-K. gezeugt. Hier muß man sich erinnern, daß Homer die K. nie ausdrücklich als Mischwesen beschreibt (vgl. Il. 1,267 f; Od. 21,295 ff; dazu Kallistratos 12,1).

Eine andere Überlieferung (Diodor 4,69) besagt, daß Kentauros ein Sohn des ⇒ Apoll mit Stilbe, Tochter des Penaios und der Nymphe Kreusa, war. Zudem sei er ein Bruder des Lapithes gewesen, des Stammvaters der Lapithen. – Ganz anders wiederum Nonnos (16,240), der behauptet, die K. seien Söhne des Zeus und der Dia, der Gemahlin des Ixion, der er sich in

Pferdegestalt genähert hatte (vgl. Homer, Il. 14,317 f). Nonnos erzählt auch (1,193), sie seien Kinder des Zeus, dessen Samen auf den Boden tropfte, als er sich vergebens mühte, die Aphrodite zu umarmen.

Eine noch ganz andere Geschichte referiert Hederich (Sp. 656): Die K. seien ursprünglich Söhne jener Najaden gewesen, die sich einst des kleinen Bacchus (Dionysos) angenommen hatten und dafür von Juno/⇒ Hera bestraft wurden, indem sie die Knaben in solche Ungeheuer verwandelte.

Ovid (Met. 12,210 ff) nennt 56 K. beim Namen (vgl. Boccaccio, Gen. 9,26, mit 54 Namen). 90 Namen hat Hederich gesammelt (Sp. 657 ff).

Die K. sind wilde, rauhe Gesellen, lüstern und weingierig (vgl. Nonnos 14,367; Myth. Vat. II 108), rauflustig und gewalttätig. Dabei sind sie ungeheuer stark (s. u.). Aus ihrer Menge ragen als Individualitäten heraus Eurytion (lat. Eurytus) und Nessos (⇒ Herakles), die wie Verkörperungen der üblen Eigenschaften ihrer Rasse wirken. Um so heller leuchtet – auch angesichts der halbtierischen Erscheinung – das kultivierte, rechtschaffene Wesen des → Chiron (der freilich von eigener Herkunft ist) und die umsichtige, milde Gastfreundschaft des Pholos (auch er von eigener Abkunft), der unversehens Anlaß gibt zu einem der mörderischen Raufhändel, mit denen uns der Mythos die K. vorstellt. Boccaccio (Gen. 9,30) hebt noch Astilus hervor, den Seher («vates») der K., der nach Ovid (Met. 12,307 ff) vergeblich vom Streit mit den Lapithen abriet und der dem Nessos den Tod von der Hand des Herakles voraussagte.

Bekannt ist die Geschichte vom Kampf der K. mit den Lapithen, ein Ereignis, bei dem die K. das Gastrecht verletzen und sich so als echte Söhne ihres Vaters (oder Großvaters) Ixion erweisen (vgl. Homer, Il. 1,267 f; ders., Od. 21,295 ff; am ausführlichsten Ovid, Met. 11,742 ff; vgl. auch Plutarch, Thes. 30,3 f, mit Hinweis auf Herodor; Pausanias 5,10,8; Schol. zu Homer, Od. 21,295; Hygin, Fab. 33; Servius, Aen. 7,304; Myth. Vat. I 162; Myth. Vat. II 108). Das geschieht bei Gelegenheit der Hochzeit des Peirithoos mit Hippodameia. Diodor (4,70,1 ff) berichtet, daß die K. als Halbgeschwister des Peirithoos (auch er ist ein Sohn des Ixion; vgl. Hygin, Fab. 14,6) Anspruch auf ihren Anteil am Königreich erhoben hatten. Der Zwist war wohl beigelegt, als man sie zur Hochzeit lud, wo sie alsbald sich derart am süßen Wein berauschten, daß sie ihren Trieben freien Lauf ließen. Sie griffen nach den Frauen, und Apollodor (Epit. 1,21 = Zenobius, Cent. 5,33) sagt, daß sie es besonders auf die Braut abgesehen hatten. Bei Ovid (Met. 12,219 ff) vergreift Eurytus / Eurytion, der wildeste der K., sich an Hippodameia, packt sie bei den Haaren und schleppt sie davon. Nun kommt es zu einer blutigen Schlacht. Auf der Seite der Lapithen kämpft → Theseus, und er vor allem tötet viele K. Auch der unverwundbare Caeneus / Kaineus wütet unter den K., bis es denen gelingt, ihn zu umzingeln. Sie schlagen mit entwurzelten Fichten auf ihn ein und vergraben ihn schließlich im Boden (Apollodor, Epit. 1,22). Ovid (Met. 12,498 ff) beschreibt, wie die K. den Gegner unter einem Wald von Bäumen begraben. Der Myth. Vat. II (108) berichtet von der Rolle des Caenis (Caeneus), weiß aber nichts von Theseus. Statt dessen tritt bei ihm Peirithoos als Kämpfer in den Vordergrund (anders dagegen Boccaccio, Gen. 9,28). Ovid (Met. 12,296 ff) sieht auch noch den Dryas unter den K. wüten. Viele Lapithen müssen ihr Leben lassen, aber schließlich bleiben sie doch überlegen und verjagen die K. aus der Stadt und aus Thessalien. Diesem Ablauf der Ereignisse widerspricht offenbar der Myth. Vat. I (162). Demnach lud Peirithoos alle Götter zur Hochzeit, nur nicht den Mars / ⇒ Ares, der daraufhin den Streit anstiftet, daher denn Vergil sage, daß der Gott den Untergang der Lapithen wollte («Mars gentem immanem perdere voluit Lapitharum»). Boccaccio wird deutlicher (Gen. 9,28). Er sagt, die Lapithen hätten dem Mars nicht geopfert wie den anderen Göttern. Daher habe man gesagt, daß die Lapithen, weil sie sich nicht der strengen Lebensführung des Mars befleißigten, im Überfluß von Speis und Trank verweichlichten und so überwunden worden seien. Vielleicht im Sinne dieser Überlieferung erzählt Apollodor (Epit. 1,22), daß die K. sich kurz nach ihrer Niederlage wieder versammelten und die Lapithen vertrieben, die dann in Arkadien auf dem Berge Pholoë Zuflucht suchten. Aber auch von dort hätten die K. sie verdrängt, den Berg zu ihrem Standort gemacht und sich künftig dem Straßenraub gewidmet. Noch anderes notiert B. Hederich (Sp. 657) mit Hinweis auf Natale Conti (7,4): Herakles habe die K. aus Thessalien vertrieben. Die hätten sich dann auf die Inseln der Sirenen zurückgezogen, und dort seien sie, vielleicht gebannt von deren Gesang, an Hunger zugrunde gegangen (vgl. Lykophron 669 ff; vgl. Ptolemaios Hephaistionos 150b, Photios, Bd. 3, p. 64: Auf der Flucht vor Herakles verfallen sie im Tyrrhenischen Meert dem süßen Gesang der Sirenen und verhungern).

In der üblichen Geschichte ziehen die K. sich auf den Peloponnes, auf die Halbinsel Malea, zurück. Aber auch in Arkadien lassen sich einige nieder, denn dort trifft Herakles auf sie: Er geht gerade seiner vierten Aufgabe nach, als er zum Berge Pholoë kommt, wo er beim K. Pholos einkehrt. Der bewirtet den Gast sorgfältig: Er selbst ißt das Fleisch roh, dem Gast aber tischt er Braten auf (Apollodor, Epit. 2,5,4). Was dann geschieht, wird verschieden überliefert. Apollodor (ebd.) sagt, Herakles habe nach Wein verlangt, aber der Gastgeber habe gezögert, denn der Wein sei Gemeingut der K.! Diodor (4,12,3 ff) erzählt dagegen, da sei ein Krug gewesen, den vor vielen Jahren (vor vier Generationen!) Dionysos einem K. gegeben habe mit der Maßgabe, ihn nur zu öffnen, wenn Herakles einkehre. Pholos erinnerte sich, grub den Krug aus und öffnete ihn. Der Wein ist alt und stark, und sein süßer Duft weckt die Gier der K. ringsum. Sie kommen und versuchen, gewaltsam sich den Trunk zu verschaffen. Da entbrennt eine gewaltige Schlacht, bei der Herakles alle Hände voll zu tun hat: Schließlich kämpft er gegen Wesen, die «Söhne einer Göttin» sind, die flink sind wie Pferde, ausgestattet mit der Stärke zweier Leiber und die auch über menschliche Erfahrungen und Wissen verfügen (vgl. Diodor 4,12,5). Bäume reißen sie aus und bedrängen damit den Herakles, mit Felsen auch und mit Feuerbrand, mit Äxten dazu, mit denen man sonst Ochsen erschlägt. Sogar Néphele greift ein und hilft den Söhnen mit einem heftigen Regen, der den Boden schlüpfrig macht, was die Vierbeiner weniger behindert als den Herakles, der aber schließlich doch obsiegt. Viele K. verlieren ihr Leben, auch Pholos und Chiron kommen – unglücklich – zu Tode. Die anderen fliehen (vgl. Diodor 4,12,7), mit ihnen Nessos und Eurytion, die Bösewichte, deren Schicksal von der Hand des Helden sich später erfüllen wird, wie Herakles selbst am Ende der heimtückischen Rachsucht des Nessos zum Opfer fällt. Übrigens hält der Libellus (22,7 und 8) Cacus/Kakos und Diomedes, die beide auch durch Herakles umkommen, für K. – Apollodor (Bibl. 3,13,3) erwähnt, daß einst Peleus wehrlos dem Angriff der K. ausgesetzt war und daß er sein Leben nur dem Eingreifen Chirons verdankte.

B Kentaurische Zwittergestalt schließt nicht nur mild-bedachtsames Wesen (→ Chiron), sondern auch Schönheit – oder doch wenigstens gefällige Ansehnlichkeit – keineswegs aus, wie zumindest Ovid – mit Vergnügen wohl an ironischer Verfremdung – bezeugt (Met. 12,393 ff), wenn er ausführlich die hübsche Erscheinung des Cyllarus und seiner gepflegten Frau Hylonome (die «Waldbewohnerin») beschreibt: Goldfarben ist sein Bart, «golden hing ihm zum Buge herab das Haar von den Schultern./Munter gefällig das Antlitz. Und Nacken, Schulter und Hände,/Brust sie kommen den hochgepriesenen Werken der Kunst nah.» Auch der Pferdeleib ist bemerkenswert schön. Über Hylonome sagt der Dichter: «Meertau steckt sie bald, bald Veilchen, Rosen als Schmuck an, / trägt zuweilen wohl auch die weißen, glänzenden Lilien.» Reinlich ist sie zudem und nur mit auserlesenem Pelzwerk gewandet (vgl. auch Philostrat, Imag. 2,3,3; → Chiron, Pholos).

Moderne Deutung hat in den K. eine «Personifikation der verheerenden Natur der Wildbäche» gesehen, auch Windgeister, in jedem Fall Naturdämonen, die in der Phantasie des primitiven Menschen die Natur beleben und besonders im unwegsamen Gebirge und im tiefen Wald zu Hause sind (vgl. Kl. Pauly, Bd. 3, Sp. 183 f).

Rationalistische Erklärungen zum Ursprung der K. scheint es schon bald zu geben. Diodor (4,8,4) meldet, im Theater habe man sie als bloße Fabelwesen verstanden. Auch sagt er, man habe die Kinder von Ixion und Néphele Hippo-K. genannt, weil sie die ersten gewesen seien, die es unternahmen, auf Pferden zu reiten (Diodor 4,69,5). Mindestens zwei dieser rationalistischen Deutungen werten auf ihre Weise das Motiv des Sinnentrugs aus, das den Ixion-Néphele-Mythos bestimmt. Sie lokalisieren den Ursprung der K. ebenfalls in Thessalien, wo man z. B. in «Pelethronium» erstmals Pferde gezähmt habe. Dem König seien eines Tages die Rinder ausgerissen. Die Leute, die sich mühten, sie zurückzubringen, fanden, daß solches zu Pferde rascher zu bewerkstelligen sei als zu Fuß. Dabei sei es geschehen, daß Beobachter sie für K. hielten, entweder weil ihre flinke Bewegung sie dem Auge so erscheinen ließ oder aber weil man sie von weitem in just jenem Augenblick sah, als die Pferde zum Trinken den Kopf gesenkt hielten (Myth. Vat. I 163; vgl. Myth. Vat. II 107; Boccaccio, Gen. 9,28). Anderswo (Myth. Vat. I 129) gibt Herakles den Anlaß zu Sinnentrug, als er nämlich mit seinen Soldaten erstmals zu Pferde in den Kampf zog. Diese Erfindung war offenbar so erfolgreich, daß es gar nicht erst zum Kampf kam, denn der Feind meinte, aus der Ferne K. zu sehen und wandte sich entsetzt zur Flucht (vgl. auch Isidor, Etym. 9,3,37).

Eine lateinische etymologische Erklärung meint dies: Ixion sei der erste gewesen, der sich eine Hundertschaft von Reitern hielt, die man «centauri» nannte im Sinne von «100 Bewaffnete» («centum armati»; Boccaccio, Gen. 9,27, wird dieses mit historischen Gründen anzuzweifeln). Schließlich habe man sie in Anspielung auf die Pferde (griech. «hippoi») «centippi» genannt, was zu der Vorstellung von den Pferdemischwesen geführt habe (Fulgentius, Myth. 2,14; vgl. Myth. Vat. II 107). Boccaccio (Gen. 9,28) fügt hinzu, «centauri» könne auch soviel heißen wie «100 Martes», denn griechisch heiße Mars «Arios», oder aber das Wort bedeute «100 Winde» (lat. «aurae»), denn wie der Wind rasch dahinweht, so schienen jene 100 Reiter rasch dahinzueilen.

Daß man meinte, die K. stammten von Eichen und Felsen ab, wie Philostrat (Imag. 2,3) sagt, gehört wohl eher zur Charakterisierung ihres Wesens, vielleicht handelt es sich hierbei aber auch nur um eine sprichwörtliche Formel, wie wir etwa sagen, etwas sei «aus der Luft gegriffen».

Palaiphat (1) erklärt scharfsinnig, das Mischwesen mit dem Kopf eines Menschen könne es schon darum nicht geben, weil Pferdefutter weder durch Mund noch Schlund eines Menschen hinunterginge.

Etwas subtiler ist Lucretius (5,878 ff): Roß und Mensch paßten nicht zueinander, weil sie einen unterschiedlichen Lebensrhythmus haben: Wenn das Pferd im Alter von drei Jahren seine volle Kraft erreicht hat, dann hängt der Mensch noch an der Mutterbrust, wenn das Roß zu altern beginnt, dann bildet sich der erste Flaum auf den Knabenwangen! So kann es nie wirkliche K. gegeben haben (wie auch Scylla, Cerberus und andere Monstren), durchaus aber deren Bild, dessen Ursprung sich einfach aus der Natur unserer sinnlichen und mentalen Wahrnehmung ergebe (4,724 ff). Was unser Auge wahrnimmt, wird ihm durch Bilder vermittelt, die sich von den Dingen gelöst haben und feinstofflich in der Luft schweben, ehe das Auge sie einfängt und dem Verstand mitteilt. Nun seien Bilder von Mensch und Pferd in der Luft zufällig aufeinandergetroffen, leicht aneinander haftengeblieben und hätten sich so dem Verstand / der Wahrnehmung gezeigt (zur Vorstellung s. Epikur, Epist. ad Hdt. 49–51; Cicero, De fin. 1,6,21).

Die Allegorese der K. richtet sich einerseits auf ihre eigentümliche Zwittergestalt, anderseits auf ihre Taten, insonderheit auf den Kampf mit den Lapithen (Kentauromachie). Beide Aspekte können vielfältig aufeinander bezogen sein. Man schließt von der Gestalt auf das Wesen, und dabei haben offenbar die vier K., die sich uns mit ausgeprägter Individualität vorstellen (Eurytion und Nessos, Chiron und Pholos, der ein Sohn des Seilenos mit einer Nymphe war: Apollodor, Bibl. 2,5,4), eine bedeutende Rolle für die jeweilige Charakterisierung der ganzen Rasse gespielt.

So geschieht es, daß das Bild, das man sich durch die Zeiten vom Wesen der K. macht, eine Neigung hat, zwiegestaltig zu sein, wie ihre physische Erscheinung: Sie sind entweder animalisch wild (wie etwa Eurytion) oder kultiviert (wie vor allem Chiron). Eigentlich ist dieser Gegensatz von ungezähmter Natur hier und besonnener Kultur dort wohl auch im Gegensatz der Geschwister Kentauros und Lapithes ausgedrückt (s. o.).

Es gilt als sicher, daß die Griechen in der Kentauromachie ein Bild der Auseinandersetzung zwischen ihrer überlegenen Kultur und den Barbaren sahen. Dieser Gegensatz zeigt sich sodann als Konflikt oder Harmonie von Tierischem und Menschlichem, von Triebhaftem und Vernünftigem im Bild des K. als in einem einzigen Wesen.

So wird der K. auch zum Bild von der Doppelnatur des Menschen, der, dem Sinnlich-Irdischen verhaftet, entweder, aufgerufen zum Geistigen, nach dem Höheren strebt und darin seine menschliche Würde erfährt oder statt dessen seinem animalischen Trieb folgt.

Aus christlicher Sicht sagt der Physiologus (13) zu K. dieses: «So auch ist jeglicher Mann zwieschichtig, unbeständig in allen seinen Wegen (vgl. Jakobusbrief 1,8). Da gibt es einige, die finden sich zusammen in der Gemeinde, haben zwar den Schein eines gottseligen Wesens, aber seine Kraft verleugnen sie (vgl. Paulus,

Timotheusbrief 2,3,5: habentes speciem quidem pietatis, virtutem autem eius abnegantes). Und in der Gemeinde sind sie wie Menschen, wenn sie aber sich selbst überlassen sind, werden sie wie das Vieh. Diese also nehmen das Antlitz von Sirenen und Kentauren an, nämlich der Mächte des Widerspruchs und höherer Ketzerei. Denn durch ihre rechtschaffenen Reden verführen sie, wie die Sirenen, die Herzen der Unschuldigen» (vgl. Paulus, Römerbrief 16,18; vgl. Der Physiologus 1973, S. 14 f).

Es mag sein, daß K. und Sirenen in mittelalterlicher Auffassung für die Gespaltenheit der menschlichen Seele stehen, wobei das Menschliche an der Gestalt den edlen Teil des Menschen, die tierischen Teile seiner Gestalt seine bösen Triebe veranschaulichen (vgl. Jean Bayet, s. Lit.). Eindeutig zum Bild der Gespaltenheit der menschlichen Natur wird der bogenschießende K. («centaurus sagittarius») in den «Hieroglyphica» des Fortunio Licetus (Padua, 1655 [?], S. 287). So bestehe der Mensch aus einem oberen rationalen und einem unteren irrationalen Teil, d. h. aus «Willen» und «Trieb» («voluntas et appetitus»), aus «Intellekt» und «Sinnlichkeit» («intellectus et sensus»).

Der Myth. Vat. II (107) referiert die bemerkenswert oberflächliche Deutung, wonach man die Fabel von den K. erfunden habe, um damit zu veranschaulichen, wie rasch doch das menschliche Leben dahineilt, denn es stehe fest, daß das Pferd ein außerordentlich schnelles Tier ist (vgl. Myth. Vat. III 4,6).

Allgemein gilt für die K. durch die Zeiten zumeist, was Pindar (Pyth. 2,42 ff) über ihren Ahnherrn Kentauros sagt, daß er nämlich «weder unter den Menschen noch bei den Satzungen der Götter Ehre genießt». Dem widersprechen schon gar nicht die Christen, die freilich in der Frühzeit kein besonderes Interesse an den K. zu haben scheinen.

Eine der rationalistischen Erklärungen ihres Ursprungs aus Sinnentrug gibt Anlaß zu einer interessanten Deutung der K. als teuflisches Blendwerk (Myth. Vat. III 4,7). Der Autor stellt Überlegungen an zu den Dingen, die nur zu sein scheinen, was sie in

Wirklichkeit nicht sind. Das sei das Feld zauberischer (magischer) Künste, für deren Wirken eine Geschichte aus dem Leben des Heiligen Macarius bei Hieronymus («in libro de vitis Patrum») christlichen Anschauungsunterricht gibt: Ein Mädchen erscheint den Eltern und anderen als Pferd (sic), durch bösen Zauber verwandelt, wie man meint. Der fromme Mann belehrt die Bekümmerten, daß der Zauber nicht darin liege, daß das Kind wirklich in das Tier verwandelt wurde, sondern darin, daß es anderen so verwandelt erscheine. Was man da sehe, sei also nicht die Wirklichkeit, sondern Trugbilder («phantasiae»), von Dämonen geschaffen. Macarius salbt das Mädchen im Namen des Herrn mit Öl, und siehe da, man erkennt es wieder als das, was es in Wirklichkeit ist. – Bei Dante (Inf. 12,56) sind die K. Exemplum animalischer Gewalttätigkeit gegen den Nächsten und auch Beispiel für Gefräßigkeit und Lüsternheit («golosità»: Purg. 24,121 ff; vgl. Vergil, Georg. 2,455 ff und Horaz, Carm. 1,18,7 ff). Im «Ovide moralisé en prose» stehen sie für die Zahl der Laster («vices»; de Boer, S. 313). Erithus (= Eurythus / Eurytion) sei der Erzfeind («ennemy d'enfer»). Noch bei Fr. Pomey (1694, S. 319) treffen wir die K. als «Höllenungeheuer».

Boccaccio (Gen. 9,27 f) ist – wohl aus der Beobachtung der eigenen Zeitläufte – bemerkenswert nachdenklich zum Thema Ixion und seinen (Enkel-)Kindern. Indem er in Ixion das Bild des Tyrannen sieht, der sich gewaltsam der Herrschaft bemächtigen will, der ohne das Vertrauen der Untertanen ist, erkennt er in den K. das Bild der Söldner, auf die der Tyrann seine Macht stützen muß: Sie sind bewaffnete Männer, hochmütig, maßlos und zu jeder Untat bereit, «wie wir das von Verbündeten kennen und von Söldnern und von gedungenen Mördern, deren Kunst sich der Tyrann nur allzu rasch bedient...» Daß sie aus einer Wolke geboren seien, besage nichts anderes, als daß man die Treue der Verbündeten mit Geld zu erhaschen suche, welche Treue sich aber vor mehr Geld von anderer Seite auflöse wie eine Wolke (ebd.).

Zwei Embleme des 16. und 17. Jh.s überraschen durch ihren unkonventionellen Umgang mit dem uns sonst überlieferten Verständnis der K. – Barptolomaeus Anulus (1552, S. 63; H./S., Sp. 1673) stellt die Fabel geradezu auf den Kopf. Unter dem Lemma EX SORDIDIS PARENTIBUS HONESTI LIBERI («Von niedrigen Eltern gute Kinder») zeigen Bild und Epigramm einen K. vor einer menschenköpfigen Stute (ohne Arme: vgl. Palaiphat 1) als Eltern eines munteren Knaben: «Dies zeigt, daß oft von rohen Eltern Kinder mit edlem Geist abstammen.» Vielleicht meldet sich in solcher Deutung die Autorität des erfolgreichen Lehrers Chiron. – Noch weniger mit dem traditionellen K.-Bild hat das Emblem bei Seb. de Covarrubias Orozco (1610, II, Nr. 74: H./S., Sp. 1674) zu tun, das unter dem Lemma FUGIS UT VINCAS («Du fliehst, um zu siegen») einen davonsprengenden K. zeigt, der seinen Pfeil nach rückwärts abschießt. Der Sinn der Botschaft ist ausgerechnet die Absage an eine Einladung der Fleischeslust, die man nur durch Flucht besiegen könne (vgl. Ovid, Ars 1,211). Auch dieses Bild dürfte durch den «weisen Chiron» bestimmt sein.

Es scheint sicher, daß die symbolistische Auffassung der K. durch Odilon Redon eine Phase der Evolution des Lebens nach Darwin darstellt («Les Origines», Serie von acht Lithographien mit Text des Künstlers, 1883, Blatt 6). Das Bild zeigt einen K. im siegreichen Kampf mit einer (drachenartigen) Schlange. Die Beischrift «Il y eut des luttes et de vaines victoirs» erklärt wohl, daß in diesem Kampf der Sieger von heute der Verlierer von morgen sein wird. In der Abfolge der Themen steht der K. zwischen dem Satyr und ⇒ Pegasus (Sandström, s. Lit., S. 81 u. 86). Handelt es sich hier vielleicht um eine Evolution der Fabelwesen (als Sinnbilder) in Analogie zur Naturgeschichte?

C *Typus.* Darstellungen von K. sind bereits aus der babylonischen Kunst bekannt. In der archaischen Zeit Griechenlands – vom 8. Jh. v. Chr. an – erscheinen sie in vollständiger Menschengestalt, an deren Rücken ein Pferdeleib mit den Hinterbeinen eines Pferdes ansetzt (Bronzestatuette um 650/600 v. Chr.; London, British Museum, Inv. 75.3-13.12).

In spätarchaischer Zeit tritt der fortan verbindliche Typus auf, der den Pferdekörper in der Weise mit der menschlichen Figur verbindet, daß diese etwa in Hüfthöhe aus der Schulterpartie des Pferdekörpers wächst und mit diesem gleichsam organisch verbunden ist. Meist haben die K. auch die Arme eines Menschen (Halsamphora, 525/500 v. Chr.; Paris, Louvre, Inv. F 266). – Dieser Lösung schließen sich dann die Künstler der Neuzeit an. Der zeitgenössische Künstler César (eigentl. César Baldaccini) findet eine neue Variante im Rückgriff auf den archaischen Typus, der nun aber, anders als jener, auch menschliche Hinterbeine und Füße hat (*Le Centaure, Hommage à Picasso*, geschweißte Bronze, 1983/84; Paris, Carrefoure de la Croix-Rouge).

Selten sieht man einen K. ganz in Pferdegestalt, nur mit menschlichem Kopf (vgl. **A**, S. 366), wie an der Bronzetür von St. Peter in Rom von Antonio Averlino, genannt Filarete (um 1439).

Der mittelalterliche Künstler sieht die K. auch mit Pferdekörper, jedoch ohne die Vorderbeine eines Pferdes, aufrecht stehend, mit menschlichem Oberkörper, Armen und Kopf, wie (vermutlich) Hieronymos Greff auf einer Illustration zu Vergils «Georgica» (3,113 f).

In klassischer Zeit sind die K. nackt oder tragen nur ein Manteltuch um die Schultern (Fries vom Apollotempelchen von Bassai-Phigalia, spätes 5. Jh. v. Chr.; London, British Museum, Inv. 520–530).

Die K. sind meist bärtig und reiferen Alters. In der (den Typus prägenden) klassischen Kunst Griechenlands (5. und 4. Jh. v. Chr.) drückt sich ihr in der Regel primitiver, animalisch-wilder Charakter deutlich in der Physiognomie aus, die jener der Barbaren in den zeitgleichen Darstellungen entspricht: Vollbart und langes Haupthaar, eine niedrige Stirn, eine kurze stumpfe Nase, über der Nasenwurzel zusammengewachsene Brauen (Terrakottakopf, 5./4. Jh. v. Chr.; Basel, Antikenmuseum, Inv. Lu 114), häufig auch Spitzohren, z. B. auf einer Schale aus Spina, 520/490 v. Chr.; London, British Museum, Inv. 1929.11-11-1), nicht selten mit hoher Stirnglatze und üppigem Haarkranz.

Attribute. Auch die Attribute der K. zeigen Wildheit und ungehobeltes Wesen an: abgerissene Äste und entwurzelte Bäumchen und Felsbrocken (Halsamphora um 500 v. Chr.; Neapel, Museo Nazionale, Inv. 2537).

Der zivilisierte → Chiron, der sich auf das Spiel der Lyra versteht, tritt häufig mit seinem Saiteninstrument auf.

Die K. sind meist männlichen Geschlechts, jedoch gibt es auch weibliche K. Die älteste Darstellung, von der wir wissen, fand sich auf einem Gemälde des Zeuxis (s. S. 366 f). Sicher hat A. Dürer die Beschreibung gekannt, als er die beiden (von der endgültigen Fassung stark abweichenden) Vorzeichnungen zu seiner *Satyrfamilie* schuf (Kupferstich von 1405; B. 69). – Offenkundig ist eine Pinselzeichnung von Bonaventura Genelli (1798–1868) Illustration zu Lukian (Schweinfurt, Slg. Schäfer). – Eine freie Erfindung der bildenden Künstler dürften die See-K. sein, wie sie auf Andrea Mantegnas Stich *Kampf der Meeresgötter* (wohl 1470er Jahre; B. 18[239], B. 17[238]) auftreten, angeregt durch römische Reliefdarstellungen auf den sog. Nereiden-Sarkophagen, vor allem jenem in den Musei Capitolini (Palazzo dei Conservatori) in Rom (3. oder 4. Jh. n. Chr.). – Der weibliche K. aus Redons Serie «Les origines» (Nr. 6; vgl. S. 376) entspricht zwar dem kanonischen Typus (Pferdekörper mit menschlichem Oberkörper), die Waffe (ein Speer) und das offene lange Haar assoziieren jedoch das Bild einer → Amazone, die mit ihrem Reittier zu einem neuen Wesen verschmolzen ist.

Auguste Rodins *Centauresse* (Bronze, um 1887; Philadelphia, Rodin Museum Philadelphia), die statt menschlicher Arme Pferdebeine hat und deshalb bei dem Versuch, die Hände zu ringen, scheitert, drückt die Tragik ihrer Doppelnatur aus, die allegorisch verstanden sein will, was der ursprüngliche Titel *Seele und Körper* verdeutlicht.

Césars *Centaure* (s. o.) hat von den unpassenden Einzelheiten her (ein Besen u. a. am Schwanzende) etwas von einer Groteske an sich, die steifen, roboterhaften Bewegungen der Gliedmaßen und der Einblick ins Innere der Figur kennzeichnen ihn als Maschine.

D Die *Kentauromachie* (*der K.-Kampf*; Ovid, Met. 2,210 ff) bezeichnet einen der drei großen Kämpfe der griech. Mythologie neben der Amazonomachie (→ Amazonen) und der Gigantomachie (→ Giganten). Ursprünglich war mit ihr der Kampf zwischen K. und Lapithen (s. **A**) gemeint.

Diese Thematik beschäftigt die Künstler aller Zeiten. Zu einer auffallenden Häufung des Themas kommt es jedoch – sicher unter dem Eindruck der Perserkriege – in der ersten Hälfte des 5. Jh.s v. Chr. in Griechenland. Das bedeutendste Beispiel ist die Giebelskulptur aus der Werkstatt des Phidias am Westgiebel des Zeustempels von Olympia (um 460 v. Chr.; Olympia, Museum). Die K. haben sich der Frauen und Mädchen der Lapithen bemächtigt. Jeweils drei Gruppen links und rechts der Mittelfigur (Apoll?) stellen dar (links): 1. einen greisen K. (vermutlich Eurytion) mit der geraubten Lapithenbraut Deidamia, 2. den Raub eines Knaben, 3. den Ringkampf zwischen einem K. und einem Lapithen. Rechts der Mittelfigur sieht man 1. einen K., der eine Frau bedrängt, 2. die sog. Beißergruppe (ein Lapith hat einen K. im Ringergriff unter die Achsel geklemmt, und dieser beißt ihn verzweifelt in den Arm) und 3. die sog. Stechergruppe (ein Lapith sticht seinem Gegner ein Messer in die Brust). – Hervorzuheben sind ferner vier Metopen mit der Darstellung der Kentauromachie von der Südseite des Parthenon in Athen (Baubeginn 448 v. Chr.; Fries und Metopen in London, British Museum, s. o.). Auf jeder Metope stehen sich ein K. und ein Lapith im Kampf gegenüber.

Auffallend die fortgeschrittene Vermenschlichung der Physiognomie der K. Das einzige, was noch ihr primitives Wesen andeutet, sind die Augen und die niedrige faltige Stirn.

Unter den zahlreichen Darstellungen der Neuzeit ist ein Jugendwerk Michelangelos hervorzuheben (*K.-Kampf*, Marmorrelief 1490/92; Florenz, Casa Buonarroti), das den Kampf zwischen K. und Griechen zum Thema hat. Die Interpretation von M. Lisner (s. Lit.) verweist vor allem auf Boccaccio (s. S. 375) und (auf diesem fußend) den Traktat «De laboribus Herculis» von Coluccio Salutati sowie die Volgare-Übersetzung der «Metamorphosen» des Ovid von Giovanni Bonsignore (um 1370) als literarische Quellen. Polizian könnte den jungen Künstler dazu angeregt haben, neben Herkules (⇒ Herakles) auch → Theseus und Nestor in den Kampf einzubeziehen (M. Lisner, S. 311).

Auch auf einer Illustration zum «Libellus de imaginibus deorum» (Verona, um 1400; Handschrift im Cod. Reg. lat. 1290) ist Herkules (hier mit der Sendelmütze der burgundischen Hoftracht) anwesend; er schickt sich an, einen K. zu erschlagen, der sich an einer Lapithenfrau vergriffen hat. – Zwei Gemälde des Bartolomeo di Giovanni (Cassonebilder, eine der seltenen neuzeitlichen Darstellungen der Hochzeit des Peirithoos, um 1490; Horsmonden/Kent; Slg. Austen) zeigen ebenfalls Herkules unter den Gästen: Auf der einen sieht man die Hochzeitstafel (K. bedienen die Gäste), Herkules (mit Keule) in Begleitung eines Musikanten gesellt sich zu den Gästen; in dem ausgebrochenen Tumult (Gegenstand des Pendants) hat er einen K. zu Boden gezwungen und holt zum Schlag mit der Keule aus.

In der bildenden Kunst (angeregt wohl durch Dante, s. u.) hat sich das Motiv der Kentauromachie schließlich vom mythischen Hintergrund (der Hochzeit des Peirithoos und der den Kampf verursachenden Entgleisung der K.) gelöst und zu einem Kampf der K. untereinander gewandelt. Auf einer Illustration zu Dantes «Divina Commedia» (Inferno 12,52 ff; Handschrift in der Biblioteca Vaticana, Cod. Urb. lat. 365, Bl. 30^v) sieht man (im Hintergrund) zwischen Felsen K. mit Pfeil und Bogen, die einander über den Fluß Flegetonte hinweg beschießen. – Das Mittelalter sieht in der Gestalt des K. eine Ausgeburt der Hölle und den Feind der Gläubigen. Die Bedrohung des Glaubens durch den Unglauben wird anschaulich in einer Darstellung an der Porte Rouge von Notre Dame in Paris (um 1250): K. schießen ihre Pfeile auf Hirsche ab. (Der

Hirsch verkörpert in der christlichen Ikonographie den Gläubigen; vgl. Psalm 41.) – Im 12. Jh. nimmt das Sternzeichen des Schützen (sagittarius) die Gestalt eines K. an.

Kennzeichnend für die Kämpfe der K. ist die Roheit, mit der sie geführt werden, das trifft für Piero di Cosimo (*La battaglia fra Lapiti e Centauri*, wohl nach 1492; London, National Gallery) genauso zu wie für Arnold Böcklin (1873; Basel, Kunstmuseum) und Franz von Stuck (*Rivalen*, 1891; München, Fr. von Lenbach).

Das eben angesprochene Gemälde von Piero di Cosimo verdient eine ausführlichere Betrachtung. Mit drei anderen Werken Cosimos (*Scena di Caccia*, New York, Metropolitan Museum; *Ritorno dalla caccia*, ebd., *Incendio nella foresta*, Oxford, Ashmolean Museum) ist es vermutlich Teil eines Zyklus, der die einzelnen Stufen menschlicher Zivilisation darstellt (es steht für die höchste Zivilisationsstufe; vgl. Forlani Tempesti/Capretti, s. Lit.). Es illustriert detailliert die anschauliche Schilderung der Szene bei Ovid (Met. 12,208–536). Das Hochzeitsmahl (nach Art eines Picknicks mit einer auf dem Boden gedeckten Tafel – einem Weidengeflecht mit darüber gebreiteter Tischdecke) wird jäh unterbrochen durch den Angriff der K. Die Schlacht tobt auf der verwüsteten Tafel. Hauptprotagonisten sind der K. Eurytus, der sich an der Lapithenbraut Hippodamaia vergreift und sie am Haar packt (Met. 12,220 ff); Theseus versucht, ihm mittels einer Kanne Einhalt zu gebieten, der Bräutigam Peirithoos zielt auf den K. Petreus, der (im Hintergrund) versucht, einen Ast abzureißen, um sich zu bewaffnen. Überhaupt dient als Waffen alles Verfügbare: Die rohen K. greifen zu einem brennenden Holzscheit, einem Altar samt Brandopfer (der K. Gryneus, Met. 12,260 u. 268), einem Felsbrocken (Aphareus, Met. 12,341). Die Zivilisiertheit der Lapithen drückt sich auch in deren Waffen aus: Selbst das Tafelsilber ist nicht zu schade. Nur Herkules kämpft mit seiner charakteristischen Keule. Opfer gibt es auf beiden Seiten: Ein toter Lapith liegt zwischen Geschirr und Speisen auf dem Tischtuch; dominant im Vordergrund der von einem Speer getroffene Cyllarus (12,393 ff), dessen Wunde seine Gefährtin Hylonome versorgt (12,405 u. 423).

Für den Symbolisten Franz von Stuck sind die K. Inkarnation der ungezügelten Leidenschaften (vgl. sein Gemälde *Prestissimo*, 1911; Privatbesitz: Ein K. mit einer nackten Frau als Reiterin rast im Wortsinn ungezügelt in gestrecktem Galopp dahin).

Lit.: Bayet, Jean: Le Symbolisme du Cerf et du Centaure à la Porte Rouge du Nôtre-Dame de Paris. In: Bulletin de la Société Nationale des Antiquaires de France, 1952–53, S. 177–180. Drougou, Stella u. a., in: LIMC 1987, 8,1, S. 671–721; 8,2, S. 416–481, s. v. Kentauroi et Kentaurides. Forlani Tempesti, Anna / Capretti, Elena: Piero di Cosimo. Catalogo completo. Firenze 1996, S. 111. Giuliano, Antonio, La famiglia dei Centauri, ricerca su un tema iconografico. In: Studi di storia dell'arte in onore di Valeria Mariani, 1971, S. 123–127. Lisner, Margrit: Form und Sinngehalt von Michelangelos Kentaurenschlacht mit Notizen zu Bertoldo di Giovanni. In: Mitteilungen des Kunsthistorischen Institutes in Florenz 24, 1980, S. 299–356. Putz, Elisabeth: The image of the Centaur in the painting of Arnold Böcklin. In: New-Mexico-Studies 3, 1987, S. 34–45. Sandström, Sven: Le monde imaginaire d'Odilon Redon, Lund 1955. Sheridan, Ronald / Ross, Anne: Grotesques and gargoyles. Paganism in the medieval church. Newton Abbot 1975, S. 101–104. Strong, D. E.: A Lady Centaur. In: The British Museum Quarterly 31, 1–2, 1966–67, S. 36–67. Wamser, L. (Hg.): Pferdemann und Löwenfrau – Mischwesen der Antike. Kat. zur Ausst. München, Museum für Vor- und Frühgeschichte, 15.12.2000–22.4.2001.

Laokoon → Aeneas

Medea → Iason

Melanion, auch Milanion (Properz 1,1,9; Ovid, Ars 2,86) und Meilanion (Musaios, Hero und Leander 154). Sohn des Amphidamas in Arkadien. Gemahl der → Atalante (Hellanikos, Frg. 99,162; Properz und Ovid ebd.; Apollodor, Bibl. 3,9,2; Pausanias 3,12,9 u. 5,19,2). Vater des Parthenopaios (vgl. Pausanias 2,188).

A M. ist der Eroberer der widerspenstigen Atalante in der arkadischen Version einer Sage, in der er bald – und heute zumeist – auch unter dem Namen des Boioters → Hippomenes bekannt ist. Die Kypseloslade im Heratempel zu Olympia zeigt ihn mit Atalante, die – sicher als Hinweis auf die flinke Jägerin – ein Rehkitz hielt (Pausanias 5,19,2). Auf einer anderen Seite der Lade sah man ihn bei den Leichenspielen für Pelias als Läufer in dem Rennen, das Iphiklos gewinnt (Pausanias 5,17,10).

B Wie der Ausgang des Wettlaufs für Pelias zeigt, ist M. kein besonders schneller Läufer: Er gewinnt Atalante durch eine List. Xenophon (Kyneg. 1,6) vermerkt seinen Eifer («philoponía»). Über Properz (1,1,4ff), der die beiden in «kameradschaftlichem» (RE, s. v. Melanion) Beisammensein zeigt, und speziell mit Hinweis auf Aristophanes (Lysistrata) hat man in M. das ursprüngliche männliche Gegenstück zu Atalante sehen wollen, M. als einen jugendlichen, ungeselligen Frauenfeind (vgl. RE, ebd.). – Zur Beziehung eros – sophia in diesem Zusammenhang → Atalante, **B**.

D Auf der sog. Françoisvase (7. Jh. v. Chr.; Florenz, Museo Archeologico, Inv. 4209) sieht man M. (mit Namensbeischrift) bei der Kalydonischen Jagd an der Seite Atalantes: Beide stürmen hinter Meleager und Peleus gegen das Untier an.

Meleager, griech. Meleagros. Held, Sohn des Königs → Oineus von Kalydon in Aitolien (oder des ⇒ Ares: Apollodor, Bibl. 1,8,2; Hygin, Fab. 171,1) und der Althaia, Tochter des Thestios (Hesiod, Ehoien 98; H. G. Evelyn-White, 1977, S. 214f); Bruder des Toxeus und des Klymenos, der Gorge und der Deianaira; Halbbruder des Tydeus; Gatte der Kleopatra, Vater der Polydora; mit → Atalante Vater des Parthenopaios.

A Als das Kind sieben Tage alt war, kamen die ⇒ Moiren/Parzen und sagten ihm die Zukunft voraus. Klotho sah seinen Edelsinn, Lachesis seine Tapferkeit, aber Atropos wies auf ein brennendes Holzscheit im Herd und erklärte, das Kind werde so lange leben, wie dieses Scheit noch nicht verbrannt ist (Apollodor, Bibl. 1,8,2; Hygin, Fab. 171). Bei Ovid (Met. 8,451ff) steht, daß die Parzen selbst das Holz zuvor in das Feuer geworfen hatten und dann dem Neugeborenen seine Bedeutung ansagten. Jedenfalls sprang die Mutter von ihrem Lager, löschte das Feuer (mit Wasser: Ovid, Met. 8,457) und verbarg das schicksalhafte Holz in einem Kasten im Palast (Hygin, Fab. 171; 174,3), damit es nicht verbrannt werde (vgl. auch Zenobius, Cent. 5,33; Bakchylides, Epinik. 5,93ff; Diodor 4,34). – Schon der Knabe erweist sich als tüchtiger Krieger, der sich den Argonauten zugesellt. Ganz überflüssig vertraut der besorgte Vater ihn dem Schutz des schon recht betagten Bruders Laokoon an: Nicht viel fehlt mehr, daß der Bursche nur noch dem ⇒ Herakles weichen müßte! Iphikles, der Mutter Bruder, ein erprobter Krieger, ist dem Knaben Gefährte im Kampf (Apollonios Rhodios 1,190ff; vgl. auch Valerius Flaccus 1,433ff). Diodor (4,48,4) berichtet, M. habe gar Aëtes, den König von Kalchis, erschlagen.

Eines Tages versäumt Vater Oineus, nach den anderen Göttern auch der ⇒ Artemis das gebührende «Ernteopfer am Saatfeld» (Homer, Il. 9,533ff) zu bereiten. Da schickt die erzürnte Göttin zur Strafe einen riesigen Eber, der die Äcker und Fluren Kalydons verwüstet, die Aussaat verhindert, Vieh und Menschen tötet. Das Untier zu erlegen, bedarf es gewaltiger Anstrengungen. Aus ganz Griechenland ruft der König (oder M.: Il. 9,543ff; Boccaccio, Gen. 9,19) die besten Jäger und Kämpfer zusammen (Apollodor, Bibl. 1,8,2; Ovid, Met. 8,299ff; Hygin, Fab. 173), unter ihnen sind auch zwei Brüder von Mutter Althaia (Hygin, Fab. 244,1, spricht von drei Brüdern) und Atalante, die berühmte Jägerin. M. hat den Oberbefehl über das kleine Heer. Da weigern sich einige, mit einer Frau zu jagen, doch M. weiß

1 Achill. Bild des Achilleus-Malers auf einer Amphora, um 450 v. Chr. Vatikanische Museen.

2 Achill, auf Chiron reitend. P. P. Rubens, Ölskizze zur A.-Teppichserie, 1630/32. Rotterdam, Museum Boymans-van-Beuningen.

3 Achill, seine Mutter Thetis anrufend. Johan Tobias Sergel, Terrakotta, 1770. Stockholm, Nationalmuseum.

4 Der grollende Achill. Innenbild einer Schale, um 480 v. Chr. London, British Museum.

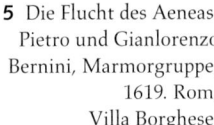

5 Die Flucht des Aeneas. Pietro und Gianlorenzo Bernini, Marmorgruppe, 1619. Rom, Villa Borghese.

6 Kopf des Aeneas aus der Marmorgruppe der Bernini.

7 Aeolus. Zeichnung, Giorgio Vasari zugeschrieben, 1565. Florenz, Gabinetto disegni e stampe.

8 Aeolus (atypisch jung) in einer Allegorie der «Luft». Schule des P. P. Rubens. Madrid, Prado.

9 Aias I stürzt sich ins Schwert. Nicolas Poussin, Ausschnitt aus dem Gemälde «Das Reich der Flora», 1631. Dresden, Gemäldegalerie Alte Meister.

10 Aias II reißt Kassandra vom Palladion. Bild eines Volutenkraters, geg. 350 v. Chr. Neapel, Museo Nazionale.

11 Amazonen. Bild einer Hydria, geg. 430 v. Chr. Neapel, Museo Nazionale.

12 Amazone. Franz von Stuck, Bronzefigur, 1913/14. München, vor der Villa Stuck.

13 Aeskulap.
Römische Marmorstatue,
Vatikanische Museen.

14 Amaltheia mit den
Nymphen. Taddeo Zuccari,
Fresko, 1560er Jahre.
Caprarola, Palazzo Farnese.

15 Atalante im
Wettlauf mit
Hippomenes.
Guido Reni, Gemälde, um 1618.
Madrid, Prado.

16 Chimaira. Etruskische Bronze (Schwanz ergänzt). Florenz, Museo Archeologico.

17 Chimère. Odilon Redon, Lithographie aus «La Nuit», 1886.

18 Daedalus. Andrea Pisano, Relief, um 1340. Florenz, Museum der Domopera.

19 Die Dioskuren. Römische Marmorstatuen am Eingang zur Piazza del Campidoglio in Rom.

20 Endymion und Selene. Balthasar Permoser, Elfenbeingruppe, 1675/77. Braunschweig, Anton-Ulrich-Museum.

21 Gigantensturz. Ölskizze von P. P. Rubens, 1636. Brüssel, Musées Royaux des Beaux-Arts.

22 Die Harpyien, von den Boreaden verfolgt. P. P. Rubens, Ölskizze zum Gemälde von 1636 im Prado.

23 Hektor zu Pferd. Bronzestatuette von Filarete, 1458/60. Madrid, Museo Arquelogico Nacional.

24 Hektors Vorwürfe gegen Paris. Angelika Kauffmann, Gemälde, 1790. Chur, Bündner Kunstmuseum.

25 Die Herzogin von Chartres als Hebe. Jean Marc Nattier, Gemälde, 1744. Stockholm, Nationalmuseum.

26 Helena. Antonio Canova, Marmorskulptur, 1811. St. Petersburg, Eremitage.

27 Dioskur. Römische Marmorbüste, 2. Jh. n. Chr. Rom, Palazzo Corsini.

28 Helena am Skäischen Tor. Gustave Moreau, Gemälde, geg. 1880. Paris, Musée Gustave Moreau.

29 Sturz des Ikarus. Jacob Peter Gowy, Gemälde nach P. P. Rubens, 1636/38. Madrid, Prado.

30 Phaëthon. Gustave Moreau, Aquarell, 1878. Paris, Louvre, Cabinet des dessins.

31 Die «Himmelsstürmer». Hendrick Goltzius, Kupferstich, 1588.

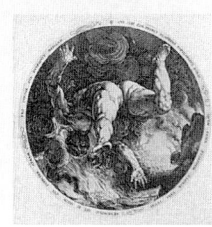

32 Salmacis und Hermaphrodit. Bartholomäus Spranger, Gemälde, 1580/82. Wien, Kunsthist. Museum.

33 Hymen. Friedrich Müller, Gemälde, 1799. München, Neue Pinakothek.

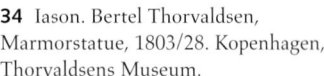

34 Iason. Bertel Thorvaldsen, Marmorstatue, 1803/28. Kopenhagen, Thorvaldsens Museum.

35 Iason und Medea. Gustave Moreau, Gemälde, 1865. Paris, Musée d'Orsay.

36 Kadmos und die Drachensaat. Ölskizze von P. P. Rubens, 1636. Raveningham Hall/Norfolk, Sir N. Bacon.

37 Kentaurenkampf. Arnold Böcklin, Gemälde, 1873. Basel, Kunstmuseum.

38 Narziss. Benvenuto Cellini, Marmorskulptur, 1548/49. Florenz, Bargello.

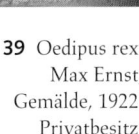

39 Oedipus rex. Max Ernst, Gemälde, 1922. Privatbesitz.

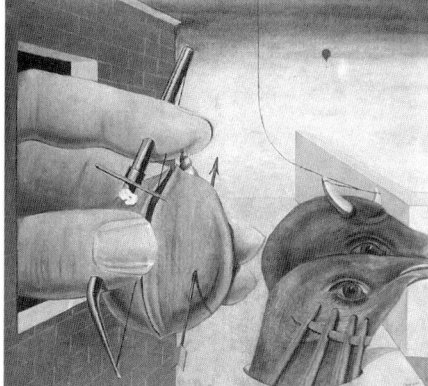

40 Odysseus. Marmorkopf aus der sog. Polyphem-Gruppe, 1. Jh. v. Chr. Sperlonga, Museo Nazionale.

41 Odysseus und Kalypso. Max Beckmann, Gemälde, 1945. Hamburg, Kunsthalle.

42 Silen. P. P. Rubens, Zeichnung nach antiker Statue. London, British Museum, Dept. of Prints and Drawings.

43 Die Taten des Theseus. Bild einer Schale, um 430 v. Chr. London, British Museum.

44 Theseus aus einer Teppichserie, Brüssel 1620/37. Madrid, Patrimonio Nacional.

45 Theseus und Ariadne. Edward Burne-Jones, Aquarell. Privatsammlung (1975).

46 Sirene. Zeichnung, Giorgio Vasari zugeschrieben, 1565. Florenz, Gabinetto disegni e stampe.

47 Sisyphos. Bild eines Glockenkraters, um 320 v. Chr. München, Staatl. Antikensammlungen.

48 Tantalos. Französischer Kupferstich, 17. Jh.

sie zur Teilnahme zu bewegen, denn er hat sich in das Mädchen verliebt (Ovid, Met. 8,324 ff). Apollodor (Bibl. 1,8,2) weiß sogar, daß es ihn gelüstete, mit der Jungfrau ein Kind zu zeugen, obwohl er doch Kleopatra zum Weibe hatte. – Ovid schildert die Jagd wie eine blutige Schlacht (nicht ohne Sinn für das Komische: 8,365 ff), mit Toten und Verwundeten (8,359 ff; 399 ff; vgl. Apollodor, ebd. 1,8,2). Zuerst wird das Tier gestellt, dann ist Atalante die erste, es zu treffen, mit einem Pfeil, der freilich die Schwarte im Nacken hinter dem Ohr nur ritzt (Met. 8,282 ff; anders Apollodor, ebd.). Apollodor (Bibl., ebd.) meldet, → Amphiaraos habe das Ungetüm ins Auge getroffen, M. es dann mit einem Stich in die Flanke getötet. Ausführlich Ovid: Endlich sei M. der entscheidende Stoß geglückt: Die erste Lanze war in den Boden gegangen, die zweite traf mitten im Rücken, der tödliche Stoß dringt dem Tier von vorn in den Bug (Met. 8,414 ff; vgl. Boccaccio, Gen. 9,19). In Triumphpose setzt der Sieger den Fuß auf den «Kopf des Verderbers» (Ovid, Met. 8,425), und der Verliebte bietet mit großzügiger Geste die Trophäe dem Mädchen an. Ovid (ebd., 428 f) spricht nach Waidmannsart von den Borsten und dem Gebrech mit den Hauern, andere reden vom Fell und vom Kopf des Tiers (Apollodor, ebd. 1,8,2; Myth. Vat. I 146). Das erregt den Unwillen der beiden Onkel, die nicht ertragen mögen, einer Frau nachgeordnet zu werden, zumal ihnen doch der Lohn nach Geburtsrecht vor jener zustehe, und sie entreißen Atalante die Trophäe (vgl. Hygin, Fab. 174,5 f). In rasender Wut erschlägt M. die Männer (Ovid, Met. 8,437 ff; vgl. Myth. Vat. II 144) und besiegelt damit sein eigenes Schicksal: Im Schmerz um den Tod der Brüder, in qualvollem Widerstreit der Gefühle von Mutter und Schwester, wirft Althaia das ominöse Holzscheit in das Feuer, und wie das Holz verzehrt von den Flammen schwindet, stirbt M. einen qualvollen Tod: «Dort, wo er ist, verbrennt an derselben Flamme der Ahnungslose: er fühlt sein Geweid in verborgenem Feuer verdorren» (Ovid, Met. 8,315 f; vgl. auch Aischylos, Choëphoroi 604 ff; Bakchylides, Epink. 136 ff; Diodor 4,34,6 f; Pausanias 10,31,4; Antoninus Liberalis 2; Dion Chrysostomos, Or. 67, ed. L. Dindorf, vol. 2, S. 231; Schol. zu Homer, Il. 9,534; Lactantius Placidus zu Statius, Theb. 2,481).

Eine andere Version der Geschichte berichtet Homer in der «Ilias». Es ist eine Geschichte, die Phoinix dem → Achill erzählt, als es darum geht, den Schmollenden wieder zurückzubringen in den Kampf (Il. 9,524 ff): Kaum ist das Tier erlegt, kommt es zum Krieg Kalydons mit den benachbarten Kureten, die sich als Teilnehmer an der Jagd um ihren Lohn, Fell und Kopf des Ebers, betrogen fühlen. Die Kalydoner wehren sich erfolgreich so lange, wie M. sie führt. Dann aber packt den der Zorn ob des Fluchs der Mutter, die im Leid um die ermordeten Brüder ⇒ Hades und ⇒ Persephone um den Tod des Sohnes anfleht (ebd. 566–571). M. zieht sich zurück aus dem Kampf, und das Glück wendet sich gegen die Stadt. Dringendes Bitten der Alten, der Priester, von Vater, Mutter und Schwestern, ja der Kampfgefährten können seinen Sinn nicht ändern. Erst als der Feind schon auf den Türmen der Stadt steht, als das Schlafgemach getroffen ist, findet Kleopatra die rechten Worte, den Helden wieder in den Kampf zu schicken, der nun siegreich enden wird. Apollodor (Bibl. 1,8,3) erzählt, daß M., noch bevor er sich aus dem Kampf zurückzieht, andere Brüder der Mutter erschlägt, und als er dann wieder auf dem Schlachtfeld ist, fallen die letzten der Brüder von seiner Hand, bevor er selbst fällt. Phoinix verschweigt dem Achill, was andere berichten: M. stirbt im Kampf. Augenscheinlich erfüllt sich in seinem Tod der Fluch der Mutter. Pausanias schreibt (10,31,2), Ehoien und Minyas stimmten darin überein, daß M. von (einem Pfeil des) ⇒ Apoll getötet wurde (was ein Hinweis auf den Tod durch die Pest sein mag, die den Helden wie ein Feuer in den Eingeweiden verzehrt hätte; vgl. Herakleitos, Homer. probl. 1,8,1, ff). – In einer späten Quelle (Myth. Vat. I 198) findet sich beiläufig die Nachricht, daß Tydeus den M. umgebracht habe. Nach dem Tod M.s erhängen Althaia und Kleopatra sich, die Frauen aber, die den Mann betrauerten, wurden in Vögel, in Perlhühner («Meleagrides») verwandelt (Apollodor, Bibl. 1,8,3; vgl. Ovid, Met. 8,533 ff; Antoninus Liberalis 2; Hygin, Fab. 174; Aelian, De anim. 4,42; Plinius, Nat. 10,74,37).

B Nach Hesiod (Ehoien 98; H. G. Evelyn-White, 1977, S. 215) ist M. blond (goldhaarig), in seinen Augen lodert Feuer. Er ist stark, und nur Herakles wäre ihm gewachsen. So beschreibt ihn auch Valerius Flaccus (1,433 ff). Er hat starke Schultern, eine breite Brust, und er ist muskulös. Anders als bei den homerischen Helden wird bei M. von einer besonderen Körpergröße nicht gesprochen: Er ist wohl mehr in die Breite gewachsen. Die Orphischen Argonauten 158, 162) nennen ihn «schnell» und «wohlgestalt» (εὐειδής, eueidés). Geradezu ein Paßbild liefert Philostrat d. J. (15,5), der ihn in Verteidigungshaltung vor dem Eber sieht und ihn dabei langsam von unten nach oben beschreibt: Von gedrungenem (stiphrós) Bau sei er, wohldefiniert der Körper. Ausführlich betrachtet Philostrat die Beine: Unter den Knien seien sie fest und gerade, gut geeignet, ihn beim Rennen zu tragen, und gute Wächter beim Kampf mit der Hand. Ober- und Unterteil der Schenkel zeigen sich in harmonischem Verhältnis zum Unterschenkel, die Hüfte läßt uns darauf vertrauen, daß der Eber ihn nicht umstoßen wird. Breit seien die Weichen, flach der Bauch, leicht vorwärts wölbt sich der Brustkorb, die Arme sind wohl artikuliert, die Schultern gehen über in einen kräftigen Hals und geben ihm solide Stütze. Sein Haar ist rötlich. Das Auge blitzt hell, das Gesicht zeigt die Anspannung und Leidenschaft des Augenblicks und erlaubt kein Urteil über seine Schönheit. Er ist weißgewandet bis zum Knie, seine Stiefel reichen hoch über die Knöchel und geben ihm festen Halt beim Schreiten. Ein rotes Mäntelchen (chlamys) läßt er über den Nacken hängen, während er das Untier erwartet.

Als Krieger – er ist ein Liebling des Ares (Hesiod, ebd. S. 214) – und Jäger ist er am geschicktesten mit Lanze und Speer. Im Speerwerfen gewinnt er einmal einen Wettkampf (Hygin, Fab. 273,10). Apollodor (Bibl. 1,8,2) berichtet, M. sei unverwundbar gewesen. Er ist von hitzigem Temperament, wie schon sein feuriger Blick verrät (Hesiod, ebd. S. 214) und wie sicher der Totschlag an seinen Blutsverwandten zeigt (s. o.). Nach Statur und Wesen ist er so etwas wie ein menschlicher Anverwandter seines größten Gegners, des kalydonischen Ebers.

Die Geschichte von der magischen Verbindung zwischen M.s Leben und einem brennenden Holzscheit ist – historisch betrachtet – wohl Beleg für einen Glauben, nach dem das menschliche Leben einem separaten Tier oder Gegenstand wesentlich schicksalhaft verbunden sei.

Einige (recht bemühte) rationalistische Erklärungen finden sich bei Boccaccio (Gen. 9,19). Er meldet, daß nach einigen Quellen M. nicht durch ein magisches Feuer, sondern einfach durch Machenschaften der Mutter zu Tode gekommen sei. «Barlaam» sage, er sei von ihr im Schlaf mit einem Holzscheit erschlagen worden. «Paulus» wiederum halte dafür, daß M. nach dem Erlegen des Ebers zufällig verschied, und da habe man die Geschichte von dem schicksalhaften Holz erfunden. Das sei von Feuchte durchtränkt, und wenn diese das Holz verlasse, dann weiche mit ihr auch das Leben (wie eben auch der menschliche Leib). Althea hatte das Feuer mit Wasser gelöscht (Ovid, Met. 457).

Die allegorisierende Ausdeutung des «Ovide moralisé en prose» (8,6; de Boer, S. 231) sieht im Eber den Erzfeind («ennemy d'enfer»), der den Menschen vor der Wiederkunft des Herrn vernichten will. Der Wald versinnbildliche die Welt, das heißt das schlechte Gewissen, das den sieben Todsünden und ihren Gefährten beigesellt sei in ihrem Bemühen, die menschliche Seele hinabzuziehen. Ebendiesen Feind besiegt M., dessen eigenes Ende die übliche Allegorisierung auf den Erlöser hin erfährt, sofern das angekohlte Holzstück der Mutter das Kreuz versinnbildliche, an dem auf Wunsch der Juden Christus grausam sterben sollte (9,6, ebd., S. 247f). – In einem Emblem des 16. Jh.s wird unter dem Lemma IBO ANIMIS CONTRA («Ich werde dem wütigen Feind entgegengehn») ein entschlossener Kämpfer gegen eine wilde Bedrohung der Christenheit als «Neuer M.» gefeiert. Das Bild zeigt M. und Gefährten, wie sie mit der Lanze auf den Eber einstoßen, während Atalanta einen Pfeil abschießt (Nicolas Reusner, Emblemata, Frankfurt 1581, III, Nr. 36; H./S., Sp. 1619). – Bei Dante (Purg. 25,22) wird das magische Feuer, das den M. verzehrt, zum Bild für eine geheimnisvolle Ursache, aus der es geschieht, daß der fleischlicher Nahrung doch unbedürftige Schattenleib der Gefräßigen («golosi») ohne fleischlichen Hunger dahinschwindet.

C *Typus.* M. vertritt in der bildenden Kunst durchweg den Typus des jugendlich schönen Jägers, dem ⇒ Adonis nicht unähnlich, jedoch athletischer. Er hat meist kurzes gewelltes Haar und ist bartlos. Anders bei P. P. Rubens (Gemälde *M. und Atalante,* um 1635, Jaffé, Nr. 1185; München, Alte Pinakothek): Hier trägt M. einen kurzen Bart.

In der klassischen Tradition wird M. nackt dargestellt, wie bei zahlreichen römischen Kopien nach einem griechischen Original des 4. Jh.s v. Chr., das heute wohl einhellig dem Skopas zugeschrieben wird. Häufig trägt er auch ein kurzes Manteltuch um die Schultern, wie bei einer frühantoninischen Marmorkopie dieses Werks (Musei Vaticani, Sala degli Animali, Inv. 490): Die wie vom Wind bewegte Chlamis ist um Schulter und linken Arm geschlungen. M. steht entspannt im Kontrapost, die Rechte auf den Rücken gelegt. Mit kurzer Tunika ist der Jäger M. auf einem Wandbehang aus Ägypten bekleidet (um 400 n. Chr.; Riggisberg/Schweiz, Abegg-Stiftg., s. Lit. E. Simon).

Künstler der Neuzeit orientieren sich am klassischen Vorbild: Giovanni Bandini mit seiner Bronzestatuette (um 1580; London, Victoria and Albert-Museum) oder Bertil Thorvaldsen in einem Relief, das den siegreichen M. darstellt (Original verloren, überliefert durch einen Gipsabguß von Pietro Galli, Kopenhagen, Thorvaldsens Museum).

Gelegentlich trägt M. auch ein Tierfell: auf dem Halsfries der sog. Françoisvase (Volutenkrater des Kleitias und Ergotimos; um 570 v. Chr.; Florenz, Museo Archeologico, Inv. 4209), auch dem Gemälde von Rubens (s. o.: M. mit Leopardenfell über der Schulter). Auf neuzeitlichen Darstellungen erscheint M. manchmal im Kostüm der Zeit, z. B. auf einem Holzschnitt aus dem «Ovidio metamorphoseos vulgare» (Venedig 1497). Seltener sieht man M. in Rüstung, wie auf Charles Lebruns Gemälde *Der Tod des M.* (Paris, Louvre).

Attribute. Die für M. charakteristischen Waffen, Speer oder Lanze, sind auch sein Attribut. Mit der Lanze tötete er den Eber und weihte sie dann, wie Pausanias (2,7,8) berichtet, dem Apoll in dessen Tempel von Sikyon (s. auch **A**). Einen Speer trug die oben erwähnte Statue des M. von Skopas; Hund und Eberkopf fügte der römische Kopist hinzu (Vatikan, Sala degli Animali, Inv. 490; s. auch einen Sardonyx, 3./2. Jh. v. Chr., in München, Staatl. Antikensammlungen, Inv. A 3174, oder das Florentiner Cassonebild, Fragment, um 1420, auf Leinwand übertragen; Warschau, Nationalmuseum). – Ein kurzes Jagdmesser trägt M. mitunter bei sich, wie auf jenem ägyptischen Wirkteppich (s. o.: M., in der Rechten den Speer, in der Linken das Messer). – Auf einem Gemälde von Charles Lebrun (1619–1690; Liverpool, Walker Art Gallery) hält M. in der Rechten das Schwert, mit dem er den Kopf des Ebers abgehauen hat, um ihn Atalante zu überreichen. – Gelegentlich wird M. von einem Jagdhund begleitet (s. o. die röm. Kopie nach der Statue von Skopas im Vatikan, oder das großfigurige Gemälde von Rubens, *Atalante und M.*, um 1614/15, Jaffé Nr. 278; New York, Metropolitan Museum).

M. jagt zu Fuß, nur ausnahmsweise zu Pferd, wie auf einem spätantiken Bodenmosaik aus einer Villa in Halikarnaß (London, British Museum).

D 1. *M. wird von den Aitoliern bestürmt, Kalydon zu verteidigen* (Homer, Il. 9,574 ff; s. auch **A**). Dieses selten dargestellte Thema findet sich auf einer lavierten Zeichnung von Heinrich Füßli (1776; London, British Museum, Roman Album Nr. 8): Die greisen Aitolier flehen unter Tränen M. (unter einem Baldachin in den Armen einer Frau) um Hilfe an. – Im Pariser Salon 1791 stellte F. G. Menageot ein Gemälde aus, das sich auf diese Stelle der «Ilias» bezieht. M. – mit finsterer Miene und dem grollenden → Achill ähnlich – wird von seiner Familie bestürmt, in den Kampf einzugreifen (Stich hiernach in Paris, Louvre, Cabinet des Estampes).

2. *M. und Atalante auf der Kalydonischen Jagd* (auch *Die Kalydonische Jagd*; Ovid, Met. 8,270–419). – Das Thema wird im 6. Jh. v. Chr. populär (vielleicht auf ein verlorenes Poem des Stesichoros zurückgehend). Eine der ältesten Darstellungen, jene auf der sog. Françoisvase (7. Jh. v. Chr.; Florenz, Museo Archeologico, Inv. 4209), zeigt Seite an Seite M. und Peleus im Angriff auf den Eber und Atalante an der Seite des Melanion, alle mit Speeren ausgerü-

stet. – Ein bedeutendes Beispiel der griechischen Kunst, die Giebelskulpturen des Tempels der Athena Alea in Tegea von Skopas, ist nur bruchstückhaft im Nationalmuseum von Athen erhalten.

In römischer Zeit ist die Eberjagd vor allem Gegenstand von Sarkophagreliefs (sog. *M.-Sarkophage*), so auf jenem Sarkophag in Pisa (Campo Santo monumentale, 290/295 n. Chr.). Das in der Regel angewendete Kompositionsschema ist z. B. auf dem antoninischen Stück in Frascati (Villa Aldobrandini) zu beobachten: M. (von links) stößt dem Untier seine Lanze in den Nacken, Atalante an seiner Seite spannt den Bogen. Diesem Schema folgen auch die meisten Darstellungen der Neuzeit: z. B. *Die Jagd von M. und Atalante* von P. P. Rubens (Bozzetto um 1618/19, Jaffé Nr. 483; Pasadena/Kalifornien, Norton Simon Foundation) oder das Gemälde von Charles Lebrun (*La chasse de M. et Atalante*, Paris, Louvre). Gelegentlich begegnen uns M. und Atalante gemeinsam auf der Jagd nach anderen Tieren (einem Leoparden und einem – heute verlorenen – Löwen auf dem Mosaik aus Halikarnaß; London, British Museum, s. o.).

3. *M. überbringt Atalante den Kopf des Ebers* (Ovid, Met. 8,425 ff, s. auch **A**). Ein Thema, das die Künstler vor allem der Neuzeit besonders beschäftigt hat. Unter den vielen Bearbeitungen heben wir zwei des P. P. Rubens hervor (Gemälde um 1614/15 in New York, Metropolitan Museum, Jaffé Nr. 278, und das Gemälde um 1635, Jaffé Nr. 1185, in München, s. o.). Durch Hinzufügung allegorischer Figuren, die das Geschehen interpretieren, gehen sie über das übliche Schema hinaus. Auf beiden Fassungen nähert sich M. der Geliebten mit der Trophäe (auf dem New Yorker Bild liegt der Eberkopf schon in Atalantes Schoß), die Anlaß für den weiteren, tragischen Verlauf der Geschichte sein wird (s. **A**), den Rubens auf dem New Yorker Bild in Gestalt einer Furie (mit Schlangenhaar) im Hintergrund andeutet, auf dem Münchner Bild durch zwei in den Wolken schemenhaft erkennbare rasende Gestalten, deren eine einen Blitz schleudert.

4. *Der Tod des M.* (Ovid, Met. 8,451 ff; s. auch **A**). – Einige spät-

antike Beispiele stellen den Tod des M. durch Apollo dar, wie der römische Sarkophag (190/200 n. Chr.; Rom, Villa Doria Pamphilij): Der Gott steigt herab, den Bogen in der Hand, M. (ganz links) fällt zu Boden. – Auf mehreren Sarkophagreliefs nimmt das Totenbett des M. die Mitte der Darstellung ein, so auf dem Sarkophag in Paris (Louvre; 180/190 n. Chr., Inv. MA 539): Atalanta (mit langem offenem Haar) beugt sich weinend über den Toten, seinen Kopf fassend. Daß die Künstler bei der Klage der Atalante das tragische Liebespaar aus Euripides' Tragödie vor Augen hatten, ist kaum anzuzweifeln. – Auf dem Hauptbild einer apulischen Prachtamphora (um 350/325 v. Chr.; Neapel, Museo Nazionale, Inv. 80 854 SA 11) wird der Sterbende von Tydeus (Namensbeischrift) gestützt, auf der vergoldeten Silberschale des Ernst van Vianen (1602; London, Victoria and Albert-Museum) von einem alten Mann (wohl Oineus) und Atalante. Auch auf Lebruns prunkvollem Gemälde (Teppichvorlage; Paris, Louvre) sorgen sich Oineus und Atalante um den Sterbenden.

Lit.: Koch, Guntram: Untersuchungen zu den Meleagersarkophagen (Diss. Göttingen 1980, ungedruckt). Simon, Erika: M. und Atalante. Ein spätantiker Wandbehang, s. Atalanta, Lit. Weitzmann, Kurt: Das klassische Erbe in der Kunst Konstantinopels. In: Alte und neue Kunst 3, 1954, Heft 2, S. 41–59. Woodford, Susan/Krauskopf, Ingrid/Daltrop, Georg, in: LIMC 1992, 6,1, S. 414–435; 6,2, S. 208–224, s. v. Meleagros.

Midas ⇒ Apoll, → Silen
Minos → Theseus
Minotaurus/Minotauros → Theseus

Narziß, griech. Narkissos, lat. Narcissus. Den meisten Quellen zufolge Sohn des boiotischen Flußgottes Kephisos und der Nymphe Leiriope (Ovid, Met. 3,339–510; Scholie zu Statius, Theb. 7,340; Myth. Vat. I 185 [2,83]). Probus (Vergil, Ecl. 2,48) nennt Amarynthos als Vater.

A N. war berühmt seiner Schönheit wegen: Hygin (Fab. 271) zählt ihn zusammen mit anderen Jünglingen wie ⇒ Adonis, ⇒ Ganymed und → Endymion zu den schönsten. Der Seher Teiresias sagte ihm ein langes Leben voraus unter der Bedingung, daß er sich nie selbst betrachtete (Ovid, Met. 3,346ff). Viele junge Leute beiderlei Geschlechts, die sich um seine Liebe bewarben, wies N. ab. Am bekanntesten ist die unglückliche Liebe der Echo zu ihm geworden, von der Ovid (Met. 3,356ff) als einziger berichtet. N. war ein Jäger (Kallistratos, 5, sieht dagegen einen Hirten). – Über sein frühes Ende wird Unterschiedliches berichtet. Nach Ovid (Met. 3,405f; vgl. Myth. Vat. I 185,5) war das ein Werk der rächenden Nemesis, die das Gebet eines abgewiesenen Freiers erhört hatte. So konnte man auch sagen, der beleidigte ⇒ Eros selbst habe sich da gerächt (Konon 24, Photios 134b).

Ovid zufolge hat N., von der Jagd müde geworden, bei einer Quelle gerastet und sich, als er sich zum Trinken niederbeugte, in sein Spiegelbild verliebt. Unfähig, sich davon zu lösen, blieb er bei der Quelle, bis er vor Kummer starb (Ovid, Met. 3,502f). Wo er gelegen hatte, fand man eine Blume, «dem Krokus gleich», die man Narzisse nennt (ebd. 509f). Im Orcus noch habe er sich in den Wassern der Styx gespiegelt (ebd. 3,504f).

Der Philosoph Plotin (1,6,8) scheint zu sagen, daß er in der Quelle (= dem Spiegel) ertrank (denn er hatte sich dem Leiblichen und damit dem Nichtigen ergeben).

Auffällig, daß man sich Gedanken über sein genaues Alter gemacht hat. Nach Ovid (ebd. 351f) ist er 16 Jahre alt. Pausanias bemerkt, er sei alt genug gewesen, sich zu verlieben. Der altfranzösische «Narzisuslai» (= «Narcisse», 113) des 12. Jh.s zählt 15 Jahre. Kallistratos (ebd.) sagt, er sei in der Blüte der Jugend, gleichaltrig mit den Eroten. Jedenfalls ist er eher ein Knabe («puer»; vgl. Ovid, Met. 3,454) und doch wohl in der Pubertät. Der «Ovide moralisé en prose» zählt 21 Jahre (de Boer, S. 122).

Ovid (Met. 463ff) und auch der «Narcisse» (863) lassen ihn die Täuschung schließlich selbst erkennen, und es ist wohl die Erkenntnis der Unerfüllbarkeit seines Verlangens, die ihn tötet. Pausanias (9,31,6) meint, der Junge sei gestorben, weil er sich eben nicht in seinem Bild erkannte und sich auf diese Weise in seinem Begehren verzehrte. Ganz ähnlich sieht das der «Ovide moralisé en prose» (De Boer, S. 124).

Sicher ist, daß N. bei Ovid einen Knaben vor sich hat (3,454), der «Narcisse» ihn aber ein Mädchen sehen läßt (676 ff). Anderseits berichtet Pausanias (9,31,6), N. habe eine Zwillingsschwester gehabt, die ihm vollkommen gleich sah. Nachdem das Mädchen gestorben war, sei er immer wieder zu der Quelle gegangen und habe dort aus dem Anblick seines eigenen Spiegelbildes Trost gezogen, indem das Bild ihm zugleich die geliebte Verstorbene zeigte (und so vergegenwärtigte).

Es ist schwer, sich Haltung und Lage des Burschen vor seinem Bild genau vorzustellen. Ovid sieht ihn offenbar liegen (Met. 3,502), im «Narcisse» trifft ihn der Blick vielleicht schon, als er sich bückt (643). Jedenfalls sieht er vor allem Kopf und Gesicht, aber auch die ausgestreckten Arme (Met. 3,458), was auf einen entsprechenden Abstand schließen läßt. Der «Narcisse» sieht die ausgestreckten Arme, Hände und Finger, sieht den Burschen «das Wasser» hundertfach küssen. Der «Roman de la Rose» (1425 ff, 1469 ff) sieht ihn an einer klaren und reinen Quelle unter den Zweigen einer Kiefer, flach ausgestreckt auf dem Boden, das Gesicht über dem Wasser (1481 f).

N. ist in das verliebt, was er so sieht: sein eigenes Gesicht («sa propre figure»: 20877). Auf den Rand einer natürlichen Marmorfassung des Quells wird später eingeschrieben, daß hier der schöne N. starb. Philostrat (Imag. 1,23) beschreibt einen stehenden N., ebenso Kallistratos (5).

Nach Konon (24, Photios 134b, Bd. 3, S. 19) erkennt N. seine Verblendung, hält sie für eine gerechte Strafe und nimmt sich selbst das Leben. In dieser Version erwächst die Blume dort, wo sein Blut den Boden netzte. Nach Probus (Vergil, Ecl. 2,48) wurde N. von einem abgewiesenen Liebhaber ermordet. Sein Grab soll bei Oropos (in Eritrea?) in der Nähe des Heiligtums des → Amphiaraos gelegen haben (Strabo 9,2,10, S. 404). Man nannte es «Das Grab des Stillen», weil die Leute schweigend an ihm vorübergingen (ebd.).

Auch einige der abgewiesenen Liebhaber des N. hatten ein böses Schicksal: Ameinias (Konon 24) rief die Götter um Rache an und nahm sich vor dem Haus des N. mit einem Schwert das Leben, das ihm N. selbst gegeben hatte, und Echo verzehrte sich in unerfüllter Liebe, bis schließlich nur noch ihre Stimme vorhanden war (Ovid, Met. 3,393 ff).

B Sein literarisches Porträt zeigt immer einen jungen Mann. Philostrat (1,23) bemerkt goldglänzendes, üppiges Haar und einen Bart. Ganz ähnlich, aber bartlos, sieht ihn Kallistratos (5).

Bis in unsere Tage hat N. immer wieder gründliches Interesse gefunden, und man hat seiner Geschichte, die Ovid eng mit der der Echo verbindet, gleichermaßen 1. ästhetische wie 2. psychologische und 3. moralische Aspekte abgelesen.

1. Grundlegend ist der physikalische Sachverhalt von Echo und Spiegelbild als Weisen akustischer und optischer Brechung von Laut bzw. Licht, wie wir die beiden mit unseren Sinnen hören bzw. sehen. Auf solcher Grundlage hat Leon Battista Alberti (Pitt. 2,26; 1435) im Geist der Florentiner Renaissance in N. gleichsam den Erfinder der (Staffelei-)Malerei gesehen: «Was anderes ist das Malen als mit den Mitteln der Kunst die Oberfläche jenes Weihers (des N.) zu umarmen?» («Quid est enim aliud pingere quam arte superficiem illam fontis amplecti»). In diesem Sinn veranschaulicht die besondere «Gegenwart» der Schwester (Pausanias 9,31,6, s. o.) im Spiegel den Bildcharakter des Spiegelbildes, sofern es hier auch die Erscheinung einer Verstorbenen (Abwesenden) zu vergegenwärtigen vermag.

2. N. fällt nach den Regeln des Eros/Amor der Schönheit zum Opfer, sofern Liebe aus dem Anblick entsteht. Sein besonderes Problem ist, daß er, vom Anblick seiner selbst getroffen, sich in sich selbst verliebt. So ist er zugleich Pfeil und Ziel. Die Ähnlichkeit mit dem Schicksal der Echo ist offenbar: Wie der Rufer im Echo immer nur sich selbst hört, wie Echo als akustisches Spiegelbild nur wiederholt, was sie hört, so zeigt der Spiegel einzig, was er sieht, und wiederholt es. Aber die Positionen sind vertauscht: Indem Echo einzig den Zuruf zu wiederholen vermag, kann sie den anderen nicht treffen, schwindet und wird zu dem, was wir kennen: ein bloßer Reflektor. N. aber fällt gleichsam der «Echo», d. h. ihrem optischen Äquivalent, dem Spiegelbild, zum Opfer. Während vor Echo er selbst der Pfeil und sie das Ziel ist, ist jetzt sein Spiegelbild der Pfeil, er selbst das Ziel (vgl. Ovid, Fasti 5,226: «in-

felix, quod non alter et alter eras»: «Unglücklicher, weil du nicht der andere und (doch) der andere warst»).

3. Der «Ovide moralisé en prose» zeiht den N. des Hochmuts («orgueil»; de Boer, S. 123). Sein Tod sei demnach eine Strafe für das, was er andere hat erleiden lassen, und seine Seele stürzt hinab in die Hölle.

Das Bild des N., der, sich über die Quelle beugend, sein Spiegelbild betrachtet, ist in der Emblematik zum Sinnbild der Eigenliebe geworden (Alciatus 1550, S. 77, Held Nr. 148; H./S., Sp. 1627f u. a.), aber auch zur Metapher für Selbsterkenntnis («Nosce te ipsum» = Erkenne dich selbst, heißt es u. a. bei Nicolas Reusner, Embl. 1581, III, Nr. 26; H./S., Sp. 1628, hier die Marginalie «Erkenntnis der Eigenliebe»; s. auch Alanus ab Insulis, Anticlaudianus 2,14: ein Beispiel für Widersinn: «Sic solet a Dauo Narcisus quaerere formam». – Davus ist ein Sklave in der römischen Komödie).

Man versteht (vgl. Kl. Pauly, Bd. 3, Sp. 1563) mit Hinweis auf Sophokles (Oedip. col. 683f) die Geschichte als Aition der Narzisse als Gräberblume und Todessymbol. Sophokles nennt die Blume «Schmuck der zwei großen Göttinnen» (⇒ Demeter und ⇒ Persephone). Hieran mag schließen der Homerische Hymnos (2) an Demeter (4ff), der erzählt, wie Persephone auf weicher Wiese Blumen pflückt, Rosen und Krokus, Iris und Hyazinthe, Veilchen und – schließlich – Narzissen, welche Zeus die Erde hat erspießen lassen eigens zum Gefallen des Hades (Polydektes), als Falle für das blütengleiche Mädchen: eine wunderbare, duftende Blume. Götter und Sterbliche betrachteten sie gleichermaßen mit Staunen: 100 Blüten wuchsen aus ihrer Wurzel, und es duftete süß, und der weite Himmel droben und die Erde und die salzige Meeresflut, sie alle lachten vor Vergnügen. Das Mädchen greift zu mit beiden Händen, und Hades springt empor und packt es.

C *Typus.* In der bildenden Kunst erscheint N. meist als schöner nackter, allenfalls halb bekleideter Jüngling, manchmal fast knabenhaft (Marmorstatue, 2. Jh. n. Chr.; Paris, Louvre, Inv. MA 435;

vgl. Kallistratos, Ekphr. 5, und andere). Ein Speer in der Hand kennzeichnet ihn als Jäger (vespasianisches Wandgemälde in Pompeji V 4,11 [i], Domus Lucretii Frontonis: N. mit Lorbeerkranz im Haar). Der Sonnenhut (griech. = petasos; vgl. ⇒ Hermes) weist N. wohl eher als Hirten aus (Mosaik in Nea Paphos, Haus des Dionysos, 250/300 n. Chr.). – Meist trägt er einen Kranz aus Blättern oder Blumen auf dem Kopf.

Die vor allem in der Plastik auffallende Haltung der auf dem Kopf verschränkten Unterarme oder Hände ist für N. charakteristisch – als fände das in sich gefangene Wesen des N. darin seinen Ausdruck (vgl. die Marmorstatue in Paris, s. o., oder das Relief eines römischen Marmorsarkophags, frühes 3. Jh. n. Chr.; Potsdam, Schloß Sanssouci: N. mit Eros an den Ecken der Schauseite).

Bei Benvenuto Cellinis Marmorskulptur (*Narziss*, Florenz, Bargello) ist diese Geste eher als Ausdruck der Selbstgefälligkeit zu lesen: In der auf das üppige Haar gelegten Hand hält N. einen Strauß mit Früchten, mit dem er sich, das eigene Spiegelbild betrachtend, schmückt.

Häufig ist Eros Begleiter des N. (antoninische Marmorstatuette in Palermo, Museo Regionale; Inv. 8406). Die umgekehrte Fackel in seiner Hand symbolisiert die Ausweglosigkeit der Liebe des N. (vgl. ein vespasianisches Wandgemälde aus Pompeji, Casa di Diomede, heute Neapel, Museo Nazionale, Inv. 9383). Mitunter löscht er gar die Fackel (s. u. das vespasianische Wandbild in Neapel mit N. und Echo).

Römische Darstellungen des N. in Begleitung der Diana (⇒ Artemis), meist mit Fackeln, wie wir sie auf geschnittenen Ringsteinen sehen, mögen nicht nur auf die beiden eigene Tätigkeit als Jäger anspielen, sondern in N. wie in der Göttin eine Verkörperung der Keuschheit sehen (s. den Karneol in Paris, Cabinet des Médailles, Inv. 1615 bis).

Mitunter erscheint das gespiegelte Gesicht wie ein Attribut zu Füßen des N. (Relief eines Marmorsarkophags, 200/250 n. Chr.; Rom, Museo Nazionale, Inv. 124741).

Seit dem 1. Jh. n. Chr. häufen sich die Darstellungen des N., und sein Mythos büßt auch in der Neuzeit nichts an Popularität ein.

D 1. *Der blinde Seher Tiresias und der kleine N.* (Ovid, Met. 3,39 ff). Dieses Thema ist in der Bildkunst eine Seltenheit. Giulio Carpioni hat sich seiner angenommen (Gemälde um 1660; Kassel, Gemäldegalerie Alte Meister, GK 1158, Leihgabe der Bundesrepublik Deutschland). Liriope, die Mutter des N., fragt den blinden Seher, ob ihrem Sohn ein langes Leben beschieden sein werde. Die Antwort: Ja, wenn er sich fremd bliebe. Der ikonographische Typus des Bildes ähnelt jenem der *Darbringung Christi im Tempel*. Die mädchenhafte Liriope hat den Säugling auf einem Tisch vor Tiresias (mit langem Bart und Kapuzenkutte im Habitus eines Einsiedlers) niedergelegt, der mit geschlossenen Augen erhobenen Hauptes die Zukunft des Kindes visionär vorauszusehen scheint. Liriope wird begleitet von einer jüngeren und einer älteren Frau und einem behelmten Krieger (alle in der Tracht der Zeit).

2. *N. auf der Jagd*. Mit dem Speer gegen einen Löwen kämpfen sieht man N. (hier bekleidet mit kurzer langärmeliger Tunika und Mantel) auf einem Mosaik aus Antiochia (Antakya, Museum; um 450 n. Chr. oder später).

3. *N. an der Quelle* (Ovid, Met. 3,502 ff). Mit dieser Erzählung hat Ovid die bildenden Künstler aller Zeiten inspiriert. Allein in Pompeji fanden sich etwa 50 Wandgemälde, die N. auf einem Stein sitzend über der Quelle zeigen, in der sich sein Gesicht spiegelt, merkwürdigerweise häufig, ohne daß N. das Spiegelbild betrachtet (z. B. auf einem vespasianischen Wandgemälde in der Domus M. Lorei Tiburtini, Pompeji II 2,2–5 [k]). – Diesem Typus entspricht die Skulptur Benvenuto Cellinis (s. o.). Bemerkenswert ist die (in den römischen Beispielen vor Ovid durchgängige) aufrechte Haltung. Ovid sieht N. ja an der Quelle liegen. – Über eine Quelle gebeugt und in die Betrachtung seines Spiegelbildes versunken sehen wir N. u. a. auf einem Mosaik der römischen Villa in Boscéaz bei Orbe (Schweiz, Kanton Waadt; 200/250 n. Chr.).

Die bildlichen Darstellungen, auf denen das Spiegelbild des N. zu sehen ist, zeigen in der römischen Kunst nur das gespiegelte Gesicht, das in der Reliefkunst manchmal wie ein Attribut zu Füßen des N. erscheint (Relief eines römischen Marmorsarkophags, 200/250 n. Chr.; Rom, Museo Nazionale Romano, Inv. 124741; s. C). – Auch die mittelalterlichen Darstellungen beschränken sich auf die Wiedergabe des gespiegelten Gesichts, in der Regel in einer gefaßten Quelle, etwa auf Illustrationen zum «Roman de la Rose» (z. B. in einer Handschrift um 1365, Paris, Bibliothèque Nationale, Ms B. N. fr. 12593, Bl. 12^v).

Erst in der neuzeitlichen Malerei spiegelt sich dann gelegentlich die ganze Figur (Gemälde *Narciso* von Caravaggio, um 1600; Rom, Galleria Nazionale d'Arte Antica, Palazzo Corsini: Der Augenpunkt liegt auf dem Niveau des Wasserspiegels; vgl. den illustrierenden Stich in Blaise de Vigenère, s. Lit., S. 191, zu *Narcisse* «Les images. Philostratus», Paris 1614, S. 191).

4. *N. und Echo* (Ovid, Met. 3,356 ff). Neben dem vorhergehenden das am häufigsten in der neuzeitlichen Kunst behandelte Thema.

Die römischen Darstellungen zeigen N. und Echo beziehungslos nebeneinander. Auf einem vespasianischen Wandgemälde aus Pompeji (heute Neapel, Museo Nazionale, Inv. 9380) löscht Amor bedeutungsvoll seine Fackel im Quellwasser. – Die tragische Befangenheit beider in sich selbst bringt Nicolas Poussins Gemälde (*Narziss und Echo*; Paris, Louvre) zum Ausdruck: Im Vordergrund sieht man den leblosen Körper des Narziß auf dem Boden neben der Quelle liegen, hinten, auf einen Felsen gelehnt, Echo, die sich in unerfüllbarer Sehnsucht verzehrt. – Gustave Moreau paraphrasiert sein Gemälde *Narcisse* (Paris, Musée Moreau) literarisch kongenial: «Déja la frondaison ardente, déja la fleur encaçante, déja la végétation avide s'emparent de ce corps adoré de cet amant s'oubliant en lui-même dans la contemplation idéale de l'être. Et le soir, le beau corps et cette mystérieuse nature se fondront dans un suprême et ineffable embrassement.»

Lit.: Bätschmann, Oskar: Poussins Narziss und Echo im Louvre: Die Konstruktion von Thematik und Darstellung aus den Quellen. In: Zeitschrift für Kunstgeschichte 42, 1979, 1, S. 31–47. Lo specchio e il doppio. Kat. zur Ausst. Torino, 24.6–11.10.1987, bes. S. 115–129. Rafn, Birgitte, in: LIMC 1992, 6,1, S. 703–711; 6,2, S. 415–420, s. v. Narkissos. Vigenère, Blaise de: Les images. Philostratus. Paris 1614, Faksimile New York/London 1976. Vinge, Louise: Reflections of Narcissus. In: Konsthistorisk Tidskrift 35, 1966, S. 42–44. Dies.: The Narcissus Theme in Western European Literature up to the Early 19th Century. Lund 1967.

Odysseus, Olisseus, Olytteus, griech., lat. Ulixes (vgl. Isidor, Etym. 1,7,12; auch Ulisses), etr. Uthuze, und viele andere Namensvarianten. Auch hat man ihn gleichgesetzt mit dem etruskischen Nanus oder Nanas («nános» = Zwerg: Lykophron 1244). Griechischer Heros. König von Ithaka, Herr der Kephallenen (z. B. Il. 2,631 ff). Sohn des Laertes und der Antikleia. Über den Vater ist er Enkel des Arkeisios (Homer, Od. 14,182; 16,118; 24,270), über diesen Großenkel des Kephalos und der Prokris (Hygin, Fab. 189), oder Großenkel des Juppiter (Ovid, Met. 13,145: «Arcesius») oder auch des ⇒ Hermes/Merkur (Eustathios, zu Homer, Il. 2,494). Durch die Mutter ist er Enkel des (Meisterdiebs) Autólykos (Homer, Od. 19,394 ff; 11,85; Ovid, Met. 13,142 ff) und über diesen Urenkel des Mercur/Hermes (Hygin, Fab. 201). Nach anderen ist O. Sohn des «schlau-geschickten» (Lykophron 980) Sisyphos von Antikleia (Lykophron 344 u. 1030; Hygin, Fab. 201; Schol. zu Sophokles, Ai. 190; Schol. zu Lykophron 344).

Gemahl der Penelope, mit der er den Sohn Telemachos hat (Homer, Od. 16,120; Hygin, Fab. 95); auch den Sohn Polyporthes («Vielzerstörer») soll er von Penelope haben (Apollodor, Epit. 7,34; vgl. Pausanias 8,12,6, der von «Ptoliporthes» [Städtezerstörer] redet). Andere Kinder hat er mit anderen Frauen: Agrios, Latinos und Telégonos von Kirke (Hesiod, Theog. 1011 ff; Hygin, Fab. 127; vgl. Myth. Vat. II 15), von Kalypso die Söhne Nausithoos und Nausinoos (Hesiod, Theog. 1017 f), den Polypoites von Kallidiké, Königin der Thesprotier (Eustathios, 1796,35; H. G. Evelyn-White, Hesiod 1977, S. 530 f; vgl. Apollodor, Epit. 7,34 f). Parthenios (Erot. 3) nennt den Sohn Eurialos von Euippe. Von Kirke soll O. auch die Tochter Kassiphone haben, Schwester und Frau des Telemach (Tzetzes zu Lykophron 798; ebd. 807 ff).

O. ist bis in unsere Tage eine der bekanntesten Figuren des griechischen Mythos.

A Das lange Leben des Helden stellt sich in den schriftlichen Quellen in folgenden Phasen vor: I. Kindheit und Jugend, II. die Zeit vor dem Feldzug nach Troia, III. der Krieg um Troia, IV. die Heimreise (die «Odyssee»), V. die Zeit nach der Heimkehr bis zum Tod. Eine in sich schlüssige Persönlichkeit in lebendiger Präsenz hat er bei Homer, der ihm sogar ein eigenes Epos, die «Odyssee», widmet. Man begegnet ihm im Epischen Zyklus. Wichtiger Protagonist ist er auch in der spätantiken «troischen» Epik, die ihn gern in Hinsicht auf seinen Konflikt mit Palamedes zeigt (Dictys Cretensis, Quintus Smyrnaeus, Dares Phrygius), in welcher Gestalt ihn das Mittelalter kennenlernt (u. a. im «Roman de Troie» des Benoît de Sainte-Maure, 1161 A. D., danach der «Historia destructionis Troiae» des Guido delle Colonne, 1273–1287). Der O. unserer Tage ist wesentlich der, den Homer uns vorstellt.

Es gehört zu den wechselnden Blickpunkten eines besonderen Interesses, wenn der Mythos durch die Zeiten weitere Ausgestaltungen, der Held unterschiedliche Bewertungen erfährt. Dem wird in der folgenden Darstellung nach Möglichkeit entsprochen.

I. Über seine Geburt weiß man nur, daß die besonderen Umstände ihm seinen Namen eingetragen haben sollen (vgl. Hederich, Sp. 2468 f). Demnach ist Antikleia unterwegs gewesen, als ein heftiges Unwetter sie ereilte und der Schreck die Geburt auslöste. Entweder habe das Kind dann seinen Namen von Juppiter, «der regnen läßt» (διος ὕσαντος = dios hýsantos; Silenos bei Tzetzes zu Lykophron 786), oder weil es «auf dem Spazierweg geregnet habe» (Eustathios zu Homer, Od. 9,407) oder nur vom «Weg» (ὁδὸς, hodòs), auf dem die Mutter war (vgl. Ptolemaios Hephaistionos,

Photios, Cod. 190, 147a, Bd. 3, S. 53; hier auch: er habe ursprünglich «Outis» geheißen, wegen seiner großen Ohren). Nach Homer (Od. 19,402 ff) hat Großvater Autólykos dem Kind den Namen gegeben, wonach «O.» sich ableitet von ὀδύσσω («odýsso») im Sinne von «ich bin zornig». Der Geburtsort könnte auch Böotien gewesen sein (Lykophron 786 f). – Über die Kindheit des O. ist nichts bekannt.

Irgendwann, aber doch wohl, bevor der sich auf eigene Wege begibt, soll Laertes dem Sohn einen Betreuer beigegeben haben, einen Kephallenen namens Myïskos (Ptolemaios Hephaistionos, Photios, Cod. 190, 147a, Bd. 3, S. 53). Einmal, schon als Bursche, geht er mit dem Großvater und dessen Söhnen zur Jagd auf den Parnaß. In Delphi wird man später behaupten, das sei dort geschehen, wo einst Phylakos gegen die Perser focht (Pausanias 10,8,4). Damals verletzt ein Eber, den er voranstürmend mit seinem Jagdspeer gereizt hat, ihn mit dem Hauer über dem Knie (Homer, Od. 19,392 u. 428–458, 462–470). Seither trägt er eine Narbe. Noch als Jüngling ist er unterwegs für den Vater, trifft den Iphitos und tauscht mit ihm freundschaftlich die Waffen: Er erhält den Bogen des Eurytos und gibt dafür Schwert und Lanze (Homer, Od. 21,9–38). Jedenfalls noch vor dem Feldzug nach Troia reist O. nach Éphyra (in Thesprotien), um dort von Ilos, einem Enkel der Medea, sich tödliches Gift für seine «erzbeschlagenen» Pfeilspitzen zu holen (Homer, Od. 259 ff. Die Geschichte verwendet später ein Freier gegen Telemachos: ebd. 2,328–330).

II. Dann sehen wir ihn unter den Freiern um Helena (Apollodor 3,10,8 nennt ihn an erster Stelle). Als Tyndareus angesichts der Menge der Bewerber einen Streit unter den Abgewiesenen fürchtet, bietet O. ihm seine Hilfe, würde er ihm zu Helena verhelfen. Man einigt sich, und O. schlägt vor, die Freier zu einem Eid zu bewegen, der alle dazu verpflichten sollte, den Auserkorenen gegen jederlei Angriff zu verteidigen, der sich aus der Heirat ergeben würde. Tyndareus tut wie geraten; während er aber den Menelaos wählt, rät er dem Ikarios, dem O. die Penelope zur Frau zu geben (ders., Bibl. 3,10,9); nach Pausanias (3,12,1 f) mußte O. dafür erst einen Wettlauf gewinnen; für den Sieg soll er der Athene ein Bildwerk geweiht und ihr fünf Heiligtümer eingerichtet haben (ebd. 3,12,4).

Der Eid wird sich gegen O. selbst richten (Kyprien, Proklos, Chrest. 1; H. G. Evelyn-White, Hesiod 1977, S. 490 ff): Paris entführt Helena und mit ihr reiche Schätze nach Troia. Dort heiratet man. Menelaos und Agamemnon legen das offenbar als Vertragsfall aus und beschließen eine Expedition nach Troia. Zunächst suchen sie den Nestor auf und reisen dann durch ganz

Griechenland, die einstigen Freier zum Beistand aufzurufen. O. mag nicht, aber wohl, weil er sich dem Eid verpflichtet fühlt, spielt er den Wahnsinnigen. Palamedes, in Gesellschaft der Atriden, durchschaut das Spiel, und man entlarvt den Mann, indem man seinen Sohn Telemachos bedroht (Kyprien, ebd.). Spätere Autoren werden diesen für das Leben des O. so entscheidenden Moment weiter ausbauen. Sophokles schrieb den (verlorenen) «O. Mainomenes». Ausführlich Hygin (Fab. 95): O. hatte erfahren, er werde, ginge er nach Troia, erst nach 20 Jahren wieder heimkehren, nach dem Verlust aller Gefährten allein und bedürftig. So fiel ihm ein (ebd. 2), den Sprechern vorzuspielen, nicht ganz bei Sinnen zu sein, setzte sich eine Filzkappe auf (einen «pil[l]eus» [griech. πίλος = pílos], den bei den Griechen Handwerker, Hirten und einfache Leute, den die Römer nur in Mußestunden, zum Essen, im Theater, an Festtagen trugen), spannte Pferd und Ochsen gemeinsam vor den Pflug und säte Salz (Myth. Vat. I 35; II 200; Lykophron, 812ff, spricht von Ochs und Eselshengst). Palamedes durchschaute das Spiel («simulatio»), begegnete gespieltem Wahnsinn mit gespieltem Zorn (Lukian, De Domo 30), nahm den Telemach aus der Wiege, warf ihn vor den Pflug und forderte den Vater auf, mit den Schwurgefährten («coniurati») zu gehen. Es hieß auch, Palamedes habe das Kind von der Mutterbrust gerissen und mit dem Schwert bedroht (Apollodor, Epit. 3,6 f; Lukian ebd.). Da ließ O. sie wissen, er werde mit ihnen gehen (vgl. hierzu auch Philostrat, Her. 11,2 [10,2, wonach O. freiwillig gegangen ist: Hederich, Sp. 2470]; Cicero, Off. 3,97 f, rügt die Verstellung; Servius, Aen. 2,81; Tzetzes, Schol. zu Lykophron 818).

Die Geschichte zeigt den O. bei einer Niederlage in einem Spiel der Köpfe und damit gleichsam auf seinem ureigenen Terrain (s. u.): Palamedes muß jetzt auf der Hut sein («infestus erat»: Hygin, Fab. 95), denn O. hat Grund zum Groll («causa doloris»: Servius, Aen. 2,81; Myth. Vat. I 35) und sinnt auf Rache, wozu er sich lange Zeit läßt: Es wird im 9. Jahr des Feldzugs vor Troia sein (Kyprien, ebd., S. 494 f), als er zur Tat schreitet (s. u.). Späte Autoren beobachten einen Palamedes von großer Autorität im Heer, der sogar den Agamemnon als Oberbefehlshaber ablöst (Dictys Cretensis [1,19], Dares Phrygius 25; vgl. ebd. 20).

Sehr bald muß geschehen sein, daß O. – wie im Wettstreit mit Palamedes – den → Achill, den die Mutter versteckt hat, um ihn vom Krieg fernzuhalten, einfallsreich-listig seiner Weiberrolle entreißt und in den Krieg bringt.

Aber auch O. kann, in Gesellschaft von Menelaos und Talthybios, nicht verhindern, daß Kinyras auf Cypern sich mit Bestechung und Betrug der Einberufung erfolgreich entzieht (Apollodor, Epit. 3,9; vgl. Aelian, Hist. var. 13,12: Der Astronom Meton, ein Athener, wollte sich dem Kriegsdienst entziehen. Dafür täuschte er Wahnsinn vor. Unter anderem zündete er sein Haus unweit der Stoa Poikile an. Da gaben ihn die Archonten frei. Er spielte also den Wahnsinn besser als O., den schließlich Palamedes überführte).

Wohl auf dem Weg nach Troia kommen die Achaier nach Lesbos, wo O. den König Philomeleides im Ringkampf besiegt und augenscheinlich auch tötet (Homer, Od. 341–344 u. 17,132–135; vgl. Eustathios, Od. 1498,62 ff; vielleicht tut er das im Beisein des Diomedes).

Noch ehe Achill sich schmollend aus dem Feldzug zurückzieht, findet O./Ulixes Gelegenheit zur Rache an Palamedes. Die Berichte hierüber sind wohl späte und auch parteiische Ausarbeitungen der Nachricht in den Kyprien über die Niederlage des O. gegen Palamedes einerseits und seinen Tod anderseits. Apollodor (Epit. 3,8 u. 6,8) berichtet: Odysseus zwingt einen phrygischen Gefangenen, einen Brief zu schreiben, den Priamos vorgeblich dem Palamedes schickt und diesen als Verräter erscheinen läßt. Dann versteckt O. im Quartier des Palamedes etwas Gold und «verliert» im Lager den Brief. Den liest Agamemnon, findet das Gold und übergibt den Mann den Verbündeten, die ihn als Verräter steinigen.

Servius (Aen. 2,81; vgl. Myth. Vat. I 35 und II 200) weiß, daß man zuvor den O./Ulisses zum Futterholen nach Thrakien schickte, er aber mit leeren Händen zurückkam, was ihm heftige Vorwürfe des Palamedes einbrachte. O. erklärte, das sei nicht seine Unfähigkeit («negligentia») gewesen, auch Palamedes hätte es nicht besser gemacht: Der aber bringt Riesenmengen Futter heran. Diese Erfahrung mehrt den Rachehaß des Odysseus. Er schreibt den Brief selbst, gibt ihn einem troischen Gefangenen, den er im Lager umbringen läßt. So findet man das Schreiben, in dem Priamus sich ausdrücklich für die Mitarbeit (Verrat) bedankt und zur Belohnung Gold ankündigt. Der Brief wird vor den versammelten Fürsten verlesen. O. heuchelt, dem Angeklagten zur Seite zu stehen, und lenkt so erst recht die anderen zum Gold im Zelt des Palamedes (vgl. Servius, Aen. 2,81).

Ganz anders Pausanias (10,31,1), der in den Kyprien (s. H. G. Evelyn-White, Hesiod 1977, S. 494 f) gelesen hat, daß Palamedes ertränkt wurde, als er zum Fischen gegangen war, und daß Diomedes und Odysseus seinen Tod verursachten. Dictys Cretensis (2,15) erzählt, Odysseus und Diomedes hätten den Ahnungslosen mit der Rede von einem Schatz veranlaßt, in einen Brunnen zu steigen, wo sie ihn dann unter Felsgestein begruben (also in einer Steinigung eigner Art). Hier wird begründet, warum O. den Mann getötet hat: Der gegen die Schmerzen des Gemüts Schwache habe voller Neid nicht ertragen können, daß ein Besserer ihn übertrifft. Kurz darauf heißt es, man habe öffentlich darüber gesprochen, Agamemnon solle die Führung dem Palamedes übergeben.

Übrigens läßt Vergil (Aen. 2,81 ff), dessen Aeneas als Troer den Ulisses offenbar nicht mag, ganz im Gegensinn zur bekannten Geschichte, behaupten, man habe Palamedes verleumderisch des Verrats beschuldigt, in Wirklichkeit sei er gestorben, weil er gegen den Krieg redete («der herrliche Ruhm Palamede»). Freilich ist es der Geheimagent Sinon, vielleicht O. selbst (s. u.), der mit solcher Nachricht in achäischem Interesse um Glaubwürdigkeit bei den Troern wirbt. Auch wenn Dares Phrygius den Palamedes im Feldkampf sterben sieht, bleibt die Geschichte von O.s Heimtücke dominant und wirft einen Schatten auf einen, den Homer als außerordentlich tüchtigen Mann vorstellt.

III. O. vor Troia: Sein Beitrag zum Verlauf des Krieges steht im geradezu umgekehrten Verhältnis zur Größe seiner Streitmacht von nur zwölf Schiffen («mit mennigfarbenen Wangen»: 2,637; Agamemnon hat 100, Nestor 90, Palamedes 30, aber es gibt auch kleinere Flotten; insgesamt zählt man 1013 Schiffe, 43 Fürsten): O. ist wohl ein erfolgreicher Kämpfer mit der Hand («speerberühmt» heißt er einmal: Il. 11,661), aber seine eigentliche Waffe ist der Kopf, sein Verstand.

Dem sozialen Gefüge in der Vorstellung Homers liegt die fundamentale Unterscheidung von Geist und Leib, von Kopf und Hand zugrunde. Sie zeigt sich als Gesellschaft adliger Führer über einer gehorsamen Gefolgschaft (Il. 2,204–206, O.: «Nicht ist gut, wenn die vielen herrschen, einer sei Herrscher, / Einer König, welchem der Sohn des verschlagenen Kronos / Zepter und Satzungen gab, mit ihnen als König zu herrschen») und findet Ausdruck im Erziehungs- und Bildungsideal. Das wird sichtbar (Il. 9,440 ff) z. B. an der Aufgabe des Phoinix, den jungen Achill zu lehren, «Redner von Worten zu sein sowie Vollbringer von Taten». Wort und Tat sind Werke von Kopf und Hand. Wie der Kopf die Hand, so lenkt der Fürst das Volk.

O. ist einer, den (bei Homer) für sich und als Führer im Unterschied zu vielen anderen ein glückliches Zusammenwirken beider auszeichnet, was anschaulich wird schon daran, daß Achill und Aias II vor Troia, «vertrauend auf Mut und Stärke der Arme» (8,224 ff), ihre Schiffe zuäußerst aufstellen, O. aber bedachtsam in der Mitte der Flotte ankert (8,222 f), zwischen den beiden und wie der Kopf zwischen und über den Schultern. Sinnfällig sucht Agamemnon ebendiesen Platz auf, als er seine Anordnungen nach beiden Seiten rufen will (welche Lage gut zur «prudentia» paßt, die ja auch umsichtig nach allen Seiten schaut; vgl. Il. 11,3–12: Eris ruft von hier aus die Achaier zum Kampf auf; nach 11,806 ff ist bei den Schiffen des O. die Stätte des Rats und des Gerichts, dort stehen die Altäre der Götter).

Das folgende ist ein Versuch, den O. nach der Art seiner Taten vorzustellen, wie sie schließlich zum Fall der Stadt führen, und zwar jeweils in chronologischer Abfolge nach Vorgabe der «Ilias».

Es ist der Kopf, der O. (nächst Nestor, z. B. Il. 9,93) zum Führer, Ratgeber, Botschafter und Vermittler macht (1.), der besonders den Redner bestimmt (2.) und der auch dem Krieger (3.) im Kampf dient, wo es darauf ankommt, Hand und Fuß in die richtige Richtung zu wenden, im Angriff wie auch zur Flucht. In ebendiesem Sinn ist er ein vorzüglicher Günstling der ⇒ Athena, die ihn so anspricht (Od. 13,298 ff): «Du bist von den Sterblichen allen an Rat und an Worten [βουλὴ καὶ μύθοισιν...], doch ich berühmt unter allen den Göttern/Durch meine Einsicht und kluge Gedanken» (s. auch Il. 2,172; 5,676; 10,245 und 278; 11,437; 23,768 f). Es fällt auf, daß O. im Feldzug häufig in Gesellschaft des Diomedes tätig ist.

1. Der Ratgeber und Vermittler O. bewährt sich im Dienst der gemeinsamen Sache vor allem als Helfer des Agamemnon (auch im Widerspruch: wie z. B. Sophokles, Aias 1328–1331) und besonders als einer, den Ovid (Met. 13,348 f) später von sich sagen läßt, er habe (mit dem Raub des Palladiums; s. u.) Troia («Pergamos») zwar nicht besiegt, aber dafür gesorgt, daß es besiegbar wurde.

Es kennzeichnet Art und Bedeutung seiner Rolle vor Troia, wenn wir ihn schon zu Beginn (Il. 1,310 ff) das Schiff führen sehen («er weiß, wo es langgeht»), mit dem der Atride die Chryseis dem Vater zuführt, und dann die Sühnehekatombe dort für Apollon ausführt (ebd. 1,442 ff), «damit wir den Herrscher (Achill) versöhnen,/Der jetzt den Argeiern viel Leid zum Stöhnen bereitet.» Schon zuvor hatte er (nach Hygin, Fab. 98,3) den Agamemnon in einer Notlage beraten und ihm (gemeinsam mit Diomedes) mit einer Lüge vor Clytemnaestra die Tochter Iphigenie verschafft, sie der Artemis/Diana als Opfer zuzuführen (vgl. Myth. Vat. I 20 u. II 202). Artemis entrückte das Mädchen und nahm statt seiner eine Hindin zum Opfer. Iphigenie aber soll O. dem Achill als Braut zugeführt haben (Nonnos 13,105 ff).

Irgendwann (zum Zeitpunkt ist man sich offenbar nicht einig: s. Apollodor, Bd. 2, S. 197, Anm. 1), noch vor Ausbruch des Krieges diente er als Bote, als er mit Menelaos nach Troia ging mit der Aufforderung, Helena und ihre Güter herauszugeben (Il. 3,203 ff). Damals soll Antenor die Boten vor dem Tod bewahrt haben (Apollodor, Epit. 3,28). Dares (16): Noch vor dem Kriegsausbruch schickt Agamemnon den Ulysses und den Diomedes zu Priamus, dem Ulysses ausrichten wird (17), er solle die Helena herausgeben, und Agamemnon werde mit den Truppen abziehen. Auch Dares Phrygius (22) sieht ihn als Unterhändler: Nach blutiger Schlacht und dem Tod vieler Tausender habe Agamemnon den Ulysses und Diomedes zu Priamus geschickt, um einen dreijährigen Waffenstillstand zu verhandeln, die Toten zu begraben, die Verwundeten zu heilen, die Schiffe wiederherzustellen, das Heer wieder aufzubauen, den Proviant zu beschaffen.

Dann vertraut der Oberbefehlshaber O. die heikle Aufgabe an, den kranken Philoktet mitsamt seinem Bogen, den er von Herakles erhalten hat, auf Lemnos auszusetzen, weil der Arme mit einem fauligen Wundgeruch, mit Flüchen, Stöhnen und Geschrei (Sophokles, Phil. 10) lästig geworden ist (Apollodor, Epit. 3,27).

Später erklärt Kalchas, man werde den Krieg nicht gewinnen ohne Bogen und Pfeile des Philoktet. Nach Lesches (Kleine Ilias) kommt die Weissagung von Helenos (H. G. Evelyn-White, Hesiod 1977, S. 508 ff). Da (Apollodor, Epit. 5,8) machen O. und Diomedes sich auf den Weg, bemächtigen sich mit List (vgl. Sophokles, Phil. 593–599) der Waffe, überreden den Mann, mit nach Troia zu kommen, wo er geheilt und den Alexander erschießen wird. Nach Hygin (Fab. 102,3) schickt Agamemnon die beiden. Anders Quintus Smyrnaeus. Hier wählen die Atriden Diomedes und O. (in dieser Abfolge) für die Botschaft (9,333 ff), wohl auch, weil sie beide den Mann einst ausgesetzt hatten (9,398 ff). Es sind die Worte des O., die Philoktet umstimmen, und Athene hilft (9,403). In der «Kleinen Ilias» (Lesches) stand, einzig Diomedes habe den Mann geholt (H. G. Evelyn-White, Hesiod 1977, S. 508 ff). Sophokles (Phil.) sieht statt Diomedes den Neoptolemos bei O. (nach der üblichen Chronologie müßte das Unternehmen später stattgefunden haben: vgl. ebd. 593–599). Pausanias (1,22,6) hat auf einem Bild den O. beim «Diebstahl» des Bogens beobachtet.

Kennzeichnend für den verständigen O. ist, daß er das Orakel des Apoll richtig zu deuten weiß, als es darum geht, den von → Achill verwundeten Telephos zu heilen und auf die Seite der Achaier zu bringen (Hygin, Fab. 101,4).

Zu Rat und Vermittlung kommen Unternehmungen, die gleichermaßen Kopf und Arm fordern. Es ist vor allem die Ratlosigkeit der anderen, die O. zu seinen eigenen Waffen ruft. Das weiß der Feldherr Agamemnon wie offenbar auch besonders der kluge Diomedes, der schon Herz und Mut des Mitkämpfers, vorzüglich aber den Günstling der Athene schätzt: «Folgte mir der, so würden wir auch aus brennendem Feuer/Wiederkehren, wir beide, denn bestens weiß er zu denken» (Il. 10,246 f). Im Bündnis der beiden tun sich auf vollkommene Weise Hand und Kopf zusammen.

Nach dem Tod des Paris bewährt O. sich wieder als einer, der weiß, wie man es macht: Weil Helenos die Orakel zum Schutz der Stadt kennt, lauert O. ihm einfach auf, nimmt ihn gefangen, und die Achaier erfahren, wie weiter zu verfahren sei. Drei Bedingungen seien für den Sieg zu erfüllen: Die Danaer sollten wieder in den Besitz der Knochen des Pelops (vgl. Pausanias 5,13,4) kommen, Neoptolemos solle auf ihrer Seite kämpfen, und sie sollten sich das Palladium aus Troia holen, ein einst vom Himmel gefallenes Bild der Athena, das die Stadt uneinnehmbar machte (Vergil, Aen. 2,165; Ovid, Met. 13,380; Dionysius v. Halikarnaß 1,68; Apollodor, Epit. 5,9 f; vgl. ders., Bibl. 3,12,3). In zwei der Aufgaben wird man wieder den O. tätig sehen.

Darüber, wer alles den Neoptolemos holt, gibt es wieder unterschiedliche Nachricht. Homer (Od. 11,506) nennt nur O., so auch Lesches (Kl. Ilias), wo O. dem Burschen schließlich des Vaters Waffen gibt (H. G. Evelyn-White, Hesiod 1977, S. 510 f), und Tzetzes (Posthom. 523–534). Sophokles (Phil. 343 ff) und Apollodor (Epit. 5,11) sehen O. und Phoinix, Philostrat d. J. (Imag. 1,2,3) nennt nur Phoinix. Quintus Smyrnaeus (6,68–84) schließlich nennt Diomedes und O. Hier wird O. auch als Mann des Wortes vorgeführt. Gemeinsam und «mit Worten», sagt er, würden sie den kriegsfreudigen Sohn Achills (auf Skyros) gewinnen, auch gegen seiner Mutter Willen (Quintus Smyrnaeus 6,68–84; s. auch die Rede des O. ebd. 7,182–218). Nach Apollodor (Epit. 5,11) müssen die Boten erst den Lykomedes überreden.

Der Erwerb des Palladiums sollte eine Aufgabe nach dem Sinn des O. sein. Auch hierzu gibt es unterschiedliche Nachrichten.

Die «Kleine Ilias» (H. G. Evelyn-White, Hesiod 1977, S. 510 f) sieht O. bei zwei Unternehmungen, in denen er sich als Spion und als Dieb im Rükken des Feindes zeigt: Zunächst verkleidet er sich und geht nach Troia, wo ihn aber Helena erkennt, mit der er eine Intrige gegen die Stadt einfädelt; dann bringt er einige Troer um und kehrt zurück zu den Schiffen. Homer

(Od. 4, 242–258) gestaltet mit einem Bericht der Helena das Geschehen weiter aus: O. habe sich selbst Striemen (Wunden) geschlagen, in Lumpen gehüllt und sich als Bettler verkleidet. Auffällig ist, daß er dabei der reuigen Frau den Plan der Argeier verrät (256). Euripides fügt hinzu, Helena habe die Hekabe eingeweiht (Hek. 239–250), die den O. aber nur aus der Stadt verwies.

Apollodor (ebd. 5,13) vermischt diese Geschichte mit einer anderen, wenn er sagt, O. sei damals in Gesellschaft des Diomedes gewesen, den er aber irgendwo an oder in der Stadt warten ließ. Er selbst sei von Helena erkannt worden und habe mit ihrer Hilfe das Palladium gestohlen, das er gemeinsam mit Diomedes zu den Schiffen brachte.

Andere Autoren berichten vom Diebstahl des Palladiums durch O. und Diomedes als einem eigenen Ereignis. Quintus Smyrnaeus (10,350–360) sieht Diomedes und O. die große Stadtmauer übersteigen, den Tempelwächter töten und die «Pallas», Hüterin der Stadt, mit ihrem Einverständnis davontragen.

Servius (Aen. 2,166): Nach anderen seien Diomedes und Ulixes durch unterirdische Gänge («cuniculis») oder gar durch Abwässerkanäle in die Burg aufgestiegen, hätten die Wächter getötet und das Bild («simulacrum») mitgenommen. Auf dem Rückweg zu den Schiffen habe Ulixes mit der Absicht, als Urheber der Tat zu erscheinen, den Diomedes, während er hinter ihm ging, töten wollen. Der Schatten des Mondlichts verriet dem Mann den Anschlag: Er fesselte den Angreifer und brachte ihn so in das Lager. Ausführlicher hierzu Konon (Narr. 34, bei Photios, Cod. 186, Bd. 3, S. 25), bei dem der eigentliche Dieb tatsächlich Diomedes ist, der aber den Unwillen des Ulixes herausgefordert haben muß, als er sich mit dessen Hilfe über die Mauer schwang, aber dann sich weigerte, den anderen nachzuziehen. Später soll ein Aufblitzen der Schwertklinge den Vorausgehenden gewarnt haben. Ulixes habe dann vor ihm hergehen müssen, während er ihn immer wieder mit der flachen Klinge über den Rücken schlug (vgl. Hesychios s. v. Διομήδειος ἀνάγκη = «Zwangslage des Diomedes»).

Eustathios weiß, daß die beiden (Od. 822,20–24) nach dem mißglückten Angriff des O. auf den Gefährten sich friedlich auf den Rückweg machten.

Nach Servius (Aen. 2,166) hat man auch Helenos (s. o.) unmittelbar mit dem Erwerb des Palladiums zusammengebracht. Demnach wurde der Mann nicht gefangen, sondern sei aus Schmerz und Zorn über den Tod des Paris auf den Ida geflohen, dort auf Anraten des Kalchas aufgefunden worden und habe aus Haß das Palladium ausgeliefert («prodidisse»). Dictys

Cretensis berichtet (5,8), Antenor habe mit Hilfe der Theano, Priesterin der Minerva, das Palladium an sich genommen und zusammen mit Gold und Pretiosen damit die Stadt freikaufen wollen.

Auch beim Fall der Stadt führt der listenreiche O. schließlich wichtige Regie, und spätere Autoren schreiben ihm dabei mühelos auch das berühmte Strategem des «Troianischen Pferdes» zu (hierzu besonders ausführlich: Tryphiodoros): Mit dem Palladium hat Troia den Schutz der Athene verloren, und es ist eine List der Göttin selbst oder ihres Günstlings O. (Homer, Od. 8,492 f; «Kleine Ilias» 1, H. G. Evelyn-White, Hesiod 1977, S. 510 f), der die Stadt nun unterliegt: Weil Brachialgewalt offenbar nicht reicht, die Mauern zu überwinden (sie sind ein Werk von ⇒ Poseidon/Neptun und ⇒ Apoll, wird Dictys Cretensis bemerken, 5,11), läßt man sich etwas einfallen, sie gewaltlos zu öffnen. Grundlegend hierfür ist die für beide Parteien gültige Autorität der Göttin, mit der man heimtückisch operiert. Die Idee ist einfach: Man erklärt zunächst resigniert Rückzug und Abreise (verbrennt Zelte oder Hütten und setzt die Segel), fertigt gleichzeitig (scheinbar respektvoll nach klugem Ratschluß) eine Gabe für die Göttin, ein Bildwerk, das man vor den Mauern aufstellt zur gefälligen und angemessenen Verfügung der Troer nach Maßgabe einer Weihinschrift, die das Werk zum Dankopfer für die Heimkehr bestimmt (Apollodor, Epit. 5,14; Hygin, Fab. 108 zitiert: DANAI MINERVAE DONO DANT). Das Bildwerk hat Pferdegestalt, ist hölzern und hohl. Es muß groß genug sein, eine Anzahl bewaffneter Krieger in sich zu bergen, denn in Wirklichkeit ist es ein Gerät, das den Griechen heimlich Zugang in die Stadt verschaffen soll und wird (wofür es an den Seiten Türen hat).

Homer und «Kleine Ilias» (1, H. G. Evelyn-White, Hesiod 1977, S. 510 f) scheinen den Raub des Palladiums und den Bau des Pferdes als Teile eines einheitlichen Plans zu sehen: Athene weist den Epeios an, das Roß zu bauen (vgl. Hygin, Fab. 108), während O. als Bettler verkleidet (Od. 4,244 ff) in die Stadt geht und heimlich die Helene zur Verbündeten für «den ganzen Plan» der Griechen macht (4,256). Möglich, daß man ihn später erkennt, denn er hat Anlaß, noch «viele» Troer mit dem Schwert umzubringen (4,257), ehe er zu den Schiffen zurückkehrt. Das Unternehmen bereitet den Raub des Palladiums vor, den er jetzt gemeinsam mit Diomedes vornimmt, wie die «Kleine Ilias» berichtet (ebd.). Nach Apollodor, der die beiden Besuche zusammentut (Epit. 5,14), erschlägt O. bei dieser Gelegenheit viele Wächter des Heiligtums, und es ist hier auch er, dem (erst) jetzt die Idee mit dem Pferd kommt (vgl. Quintus Smyrnaeus 12,28).

Von Anbeginn gilt O. als der Kopf, der das Gerät seinem eigentlichen Zweck gemäß in die Burg bringt (Od. 8,494). Über dessen Aussehen und vor allem seine dienliche Größe haben – in Abwesenheit zureichender Angaben bei Homer – Mythographen und Künstler viel spekuliert, wobei die Anzahl der zu transportierenden Krieger den Maßstab abgibt: Selbst die kleinste Anzahl von 23 Mann (Tryphiodoros 152–183; Tzetzes, Posthom. 641–650) verlangt schon eine beachtliche Größe. Quintus Smyrnaeus (314–335) nennt allein 30 beim Namen, Apollodor (Epit. 5,14) zählt 50 (plus O.) und meldet, nach der «Kleinen Ilias» seien es 3000 gewesen, was die Vorstellung von einem «hölzernen Pferd» vollends sprengt. Vergil (Aen. 2,15) sagt, das Roß sei «hoch wie ein Berg», und spricht nur davon, daß schwerbewaffnete Krieger in den «gewaltigen Bauch» steigen. 5000, verteilt über fünf Etagen, wird die «Eneit» 959ff nennen (vgl. Pausanias 4,12,2: «... und schickten sie hundert scheinbare Flüchtlinge nach Ithome wie Odysseus einst nach Troia»).

Die Troer verhalten sich, wie berechnet. Nach Homer (Od. 8,492 ff) ziehen sie das Roß in die Festung und auf den Markt (Od. 8,503 f), sind sich aber voller Mißtrauen nicht sicher darüber, was damit zu tun sei. Diesen Ablauf der Ereignisse melden die meisten Mythographen. Nach der «Kleinen Ilias» tun die Hellenen die besten Leute in das Pferd, verbrennen ihre Zelte (Hütten) und segeln in ihrem größeren Teil nach Tenedos. Die Troer meinen, ihre Drangsal sei vorüber, zerstören einen Teil ihrer Stadtmauer, ziehen das Pferd in die Stadt und feiern, wie wenn sie die Hellenen besiegt hätten.

Sicher ist wohl, daß O. immer zur Besatzung gehört und dort das Kommando führt (vgl. O. 11,523–525), während draußen Sinon (Vetter und Freund des O., der hier Sohn des Sisyphos ist: Lykophron 344; vgl. auch Pausanias 10,27,3) als Geheimagent die Aufgabe hat, in der Maske eines Deserteurs die Troer in die Falle zu locken. Er soll der bei Tenedos ankernden Flotte schließlich ein Lichtzeichen zum Aufbruch geben. Später, als Helena um das Pferd geht und die darin verborgenen Befehlshaber mit der Stimme ihrer Frau beim Namen ruft, da bewahrt O. wieder die Übersicht und hält die Männer zurück (Homer, Od. 4,274–289; Apollodor, Epit. 5,19 f). Dem Antiklos hält er sogar den Mund zu, als der unbeherrscht antworten will. Tryphiodoros (vgl. 463–490) sieht sogar, wie er den dabei erdrosselt. Vergil sieht den «wilden» Ulixes als dritten an einem Seil zu Boden gleiten (Aen., 2,260–262).

Zum allgemeinen Ablauf der Ereignisse ganz anders Dictys Cretensis

(5,9 u. 11), der einzig von einem «riesigen» Bildwerk («forma ingenti») spricht, das nicht für eine Mannschaft konstruiert, aber wohlberechnet zu groß war für die Stadttore und somit die Troer veranlaßte, für seinen Transport (es stand auf Rädern: ebd. 6,11) die Mauer aufzubrechen. O./Ulixes spielt in diesem Szenario eine wichtige Rolle als Partner des troischen Verschwörers Antenor, der ihm heimlich auch das Palladium aushändigt (ebd. 5,8). Dares Phrygius (40) hat überhaupt kein hölzernes Pferd gesehen: Die Griechen ziehen in die Stadt durch das größte Tor, über dem sich das Bild eines Pferdekopfs befindet.

Am allgemeinen Morden bei der Einnahme der Stadt (vgl. z. B. Apollodor, Epit. 5,21 f) nimmt O. augenscheinlich nicht teil, aber man hat ihn mit dem Tod des kleinen Hektorsohns Astyanax belastet (Iliu Persis 1, H. G. Evelyn-White, Hesiod 1977, S. 520 f; Tryphiodoros 644–646), wohl in Ausdeutung von Homer (Il. 24,734 ff), wo aber nur von einem «Achäer» die Rede ist, der den Jungen beim Arm nehmen und vom Turm werfen wird (vgl. Schol. zu Euripides Androm. 10, Iliu Persis 3, ebd.; Apollodor, ebd. 23; Quintus Smyrnaeus 13,251 f). Das Kalkül, den Thronerben zu beseitigen, wäre dem O. nicht fremd. Andererseits sehen wir ihn sogar Leben retten. Während die Griechen alles erschlagen, was sie treffen, finden O. und Menelaos den Glaukos, Sohn des Antenor, auf der Flucht und retten ihn mit der Waffe, aus Loyalität zum Vater (Apollodor, Epit. 5,21; vgl. Homer, Il. 3,203–207 u. 347–353). Pausanias (10,26,2) weiß von «Lesches», daß O. den in nächtlicher Schlacht verwundeten Helikaon, Sohn des Antenor, erkannt und sicher davongetragen hat. Daß die Griechen beim Sturm auf die Stadt das Haus des Antenor zu seinem Schutz mit einem Leopardenfell kennzeichneten, könnte ein Einfall des O. gewesen sein (vgl. das Bild des Polygnotos bei Pausanias 10,27,1, wohl im Anschluß an Sophokles).

Am Ende soll er die Hekabe zur Sklavin erhalten haben (Dictys Cretensis 5,13).

2. Werkzeug und Waffe des Führers, des Beraters und des Botschafters ist das Wort: O. ist ungewöhnlich beredt. Nur Nestor sei besser, Neoptolemos der nächstbeste (Homer, Od. 11,510).

Irgendwann (zur Frage des Zeitpunkts ist man sich offenbar nicht einig: s. Apollodor Bd. 2, S. 197, Anm. 1), noch vor Ausbruch des Krieges, hat er als Bote gedient, als er mit Menelaos nach Troia ging mit der Aufforderung, Helena und ihre Güter herauszugeben (damals soll Antenor die Boten vor dem Tod bewahrt haben; Apollodor, Epit. 3,28.). Antenor wird sich der Botschaft und vor allem der außerordentlichen Eloquenz des O. erinnern (Il. 3,205 ff; 11,138 ff; s. auch Pausanias 10,26,2): «... sobald er der Brust die große Stimme entsandte, / Und die Worte so dicht wie Schneegestöber im Winter, / Hätte kein anderer Sterblicher sich mit O. gemessen; / Da bestaunten wir nicht mehr so sehr die Gestalt des O.» (vgl. Libanios, Declamationes 3 und 4 [Legatio Ulixis 4,925 ff u. 937]: Reden des Menelaos und des O. bei der Gesandtschaft vor Eröffnung der Feindseligkeiten).

Seine Beredsamkeit verschafft O. («dem Zeus zu vergleichen an Einsicht»), von Athene dazu aufgerufen (2,169 ff, bes. 182), auch den Auftrag, als Teil des Plans, den Agamemnon nach seinem Traum faßt, Fürsten und Truppe die vorzeitige Heimkehr – die Agamemnon ihnen doch gerade angeraten hat – «mit freundlichen Worten» auszureden und sie zum Kampf aufzufordern. Mit dem Zepter des Agamemnon holt er sich, vor allem wohl vor den Königen, dessen besondere Autorität (2,185 ff). Auffällig, wie er die anspricht, deren Einsicht er braucht und die er überzeugen muß. Er appelliert an den Stolz («sei doch kein Feigling!»), verunsichert / bezweifelt ihr Urteil («bist du sicher? Denk erst mal nach!»), erinnert an die Gerechtigkeit des Zeus und fordert schließlich Stolz und Pflichtgefühl heraus («Du bist doch mutig! Von Zeus hast du deine Würde, und Zeus liebt dich!»).

Die Truppe muß nicht überzeugt werden. Sie schuldet Gehorsam, aber sie will doch ermutigt sein. Ordentlich versammelt sie sich und nimmt Platz (2,208–211). Der immer noch aufsässige Schreihals Thersites (244 ff) kriegt Hiebe mit dem Zepter (265). Das findet die Zustimmung vieler (Il. 2,271–277). Jetzt (284–332) spricht O. den Agamemnon, eigentlich aber die Leute an. Das ist eine zündende Rede, in der er auch auf eine günstige Weissagung des Kalchas eingeht. Am Ende (333 ff) jubeln die Leute, und der Fortgang des Feldzugs ist gesichert. Dann beschließt Agamemnon ein Opfer an Zeus (402 ff), zu dem er die edelsten der Greise lädt: Nestor, Idómeneus, die beiden Aias, Diomedes und «als sechsten O., dem Zeus vergleichbar an Einsicht». Dazu gesellt sich Menelaos.

Eine nicht minder wesentliche Aufgabe übernimmt er beim Bemühen, Achill wieder in den Krieg zu holen: Nestor stellt die Gesandtschaft zusammen (9,165 ff): Phoinix als Führer, Aiax und der «erlauchte O.», zwei Herolde gehen mit. 179 ff: «Viel ermahnte sie Nestor noch ... / Jedem noch einen Blick zuwerfend, am meisten O., / Daß zu bereden sie suchten den trefflichen Spross des Peleus». 9,192: O. tritt als erster vor den Achill. Man speist. Sodann (9,223) «Nickte Aias zu Phoinix, das merkte der edle

O.,/füllte den Becher mit Wein und begrüßte so den Achilleus: ...» Die Rede dehnt sich bis 306: O. präsentiert, was Agamemnon ihm aufgegeben hat. Die Rede ist gut gebaut und appelliert am Ende an den kampflustigen Krieger mit Hinweis auf → Hektor. Es folgt (9,307–429) die Antwort des Achill, der ausdrücklich den O. anspricht (ebd. 624). Aias zu O.: Laß uns gehn, es wirkt nichts. Achill spricht ihn an (644 ff). 656: Aias und O. spenden und gehen, «voran ging O.» (656). Ebd. 672 f: Agamemnon fragt als ersten den O. nach dem Ergebnis. Der berichtet knapp die Absage: Achill wolle heimkehren, und die anderen sollten das auch tun. Von der Beschwerde über die Ungerechtigkeit des Agamemnon (315 f) ist keine Rede: Takt oder Taktik? «Also sprach er; doch die verstummten alle und schwiegen,/Seine Worte bestaunend, denn kraftvoll hat er gesprochen» (693 f). Dann spricht Diomedes (697 ff), der eben das Thema des verletzten Stolzes aufnimmt und rügt, daß man dem Achill mit Gaben als Bittsteller begegnet sei. Es fällt auf, daß Diomedes sich hier dem O. auch als Redner zugesellt.

Mit einer Rede holt er später energisch den verzagten Agamemnon zurück in den Kampf (14,80–102). Hier fällt auf, daß er die Flucht aus taktischen Gründen verwirft. Wieder schließt Diomedes sich ihm mit einer Ansprache an (110–132).

Zur Waffe wird ihm die Rede im Wortstreit mit dem Telamonier Aias um die Waffen des Achill (Homer, Od. 11,543 ff; Sophokles, Aias; Ovid, Met. 13,1 ff; Apollodor, Epit. 5,6 f). Das ist eigentlich ein Rechtsstreit, bei dem es also nicht darum geht, den Gegner, sondern die Richter zu überzeugen oder zu überreden. Die Kontrahenten sind für den Kampf sehr ungleich ausgestattet, sofern da ein Mann der Tat mit einem des Wortes sich anlegt (s. Il. 9,440 ff; s. o.). Das wird Ovid (vgl. Homer, Il. 3,221: στῆθός/stethós = Brust/Verstand) veranschaulichen (Met. 13,1 ff), der den Aias sagen läßt (ebd. 9 ff), es sei weniger gefährlich, mit erfundenen Worten zu streiten, als mit der Hand zu kämpfen: «Aber mir liegt das Reden ebenso fern wie ihm das Handeln, und so stark, wie ich im grimmigen Krieg und in der Feldschlacht bin, so stark ist er im Sprechen.» Es folgt eine Liste von Vorwürfen und Verunglimpfungen des O. sowie Lobpreis der eigenen Verdienste. Dagegen hört Aias (ebd. 13,361 ff) in der ausführlichen und wohlgesetzten («neque abest facundis gratia dictis») Replik des O. dieses: «Du hast eine Rechte, die für den Krieg taugt, aber eine Wesensart, die meiner Lenkung bedarf. Du hast Kraft ohne Verstand («mens»); ich sorge für die Zukunft. Du kannst kämpfen, die rechte Zeit für den Kampf wählt der Atride mit mir zusammen. Du bist nur mit dem Körper nützlich, ich mit dem Geist («animo»), und so hoch der Steuermann über dem Ruderer steht und der Feldherr über dem Soldaten, so weit bin ich dir überlegen. In uns ist der Verstand («pectora»: vgl. Homer, Il. 3,221) stärker als die Hand, die ganze Kraft liegt in ihm.» Fein kalkuliert auch die Körpersprache, wenn er im Gedenken an den toten Achill sich die Augen wischt, wie wenn sie tränten (ebd. 132 f). Aias hatte am Schluß seiner Rede selbstbewußt vorgeschlagen (ebd. 121 f), die umstrittenen Waffen unter die Feinde zu werfen: Wer von den beiden sie zurückzuholen vermöchte, sollte sie haben. O. empfiehlt (ebd. 13,377 ff) nur seine Klugheit für noch mögliche kühne und schwierige Aufgaben. Wenn man aber die Waffen nicht ihm geben mag, dann gebührten sie der Athene, deren Bild augenscheinlich neben ihm steht. Diese Rede beeindruckt die Richter («die Schar der Edlen»): Der Beredte («disertus») obsiegt im Streit mit einem, der sein Vertrauen auf den Mut und die Stärke der Arme baut, der Kopf siegt über den Arm. → Aias I entleibt sich im Zorn über die Schmach. Quintus Smyrnaeus (5,180 ff) zeigt die beiden in Wechselrede. Die Kontrahenten sind ähnlich, doch weit weniger scharf konturiert als bei Homer und – besonders – bei Ovid. Hier schlägt Aias einen Waffengang vor (5,232 f).

Über die Richter gibt es sehr unterschiedliche Nachrichten. Bei Quintus Smyrnaeus (5,134 ff) möchte Aias Idomenéus, Nestor und Agamemnon dafür. O. stimmt zu. Nestor will die troischen Gefangenen entscheiden lassen (ebd. 157 ff). Schließlich seien es troische Edle gewesen (ebd. 5,176).

3. Auch im Waffenkampf, dem Handwerk des Kriegers, zeigt O. seine Kompetenz, und auch hier sieht man ihn häufig mit Diomedes, wobei auffällt, daß er notfalls zurückweichen, sogar fliehen kann. Eigentlich «handgreiflich» wird er augenscheinlich im Zorn oder in der Selbstverteidigung.

Vielleicht in 4,494 ff, wo er den Demókoon mit dem Wurfspeer in die Schläfe trifft. Er ist zornig, weil einer seiner Gefährten, Leukos, von Antiphos getötet wurde. Der 5. Gesang gehört den «Heldentaten des Diomedes»: kein Zufall, daß hier auch O. als Krieger tätig wird. 5,519 ff: Die beiden Aias, O. und Diomedes treiben die Danaer zum Kampf, als die Front zum Stillstand gekommen ist und die Danaer den Troern nur Widerstand leisten. 5,668 ff: Sarpedon hat Tlepolemos schwer verwundet. O. sieht, wie man den aus der Schlacht trägt. Da packt ihn wohl die Lust zum Kampf. Athene (also die Einsicht) lenkt seine Aufmerksamkeit ab von Sarpedon (der wohl zu gefährlich ist) und auf die Lyker, von denen er sieben erlegt (677 f). Es wären noch mehr gewesen, wäre nicht Hektor eingeschritten, vor dem O. sich augenscheinlich zurückzieht.

(Ares hat eingegriffen, und Hera fordert Zeus auf, ihm Einhalt zu bieten. Hier wird deutlich [765f], daß Athene dem Ares deswegen ein Ärgernis ist, weil sie an Rat und Einsicht, an Witz und Schlichen ihm überlegen ist: Er ist eben vor allem «Arm».)

Il. 8,69 ff neigt sich die Schicksalswaage des Zeus gegen die Achaier, und er schickt einen Blitz in ihr Lager (ebd. 75). Idoménéus, Agamemnon, die beiden Aias ziehen sich zurück. Nestor bleibt, weil ihm Paris das Roß erschossen hat. Dann bedroht Paris den Alten, und Hektor naht. Da greift Diomedes ein, den Nestor zu retten, und er ruft den O., der ist aber offenbar auch auf der Flucht und hört den Gefährten nicht (ebd. 8,92–98).

Es ist vor allem die Ratlosigkeit der anderen, die den O. zu seinen eigenen Waffen ruft. Das weiß der Feldherr Agamemnon wie offenbar auch besonders der kluge Diomedes, der schon Herz und Mut des Mitkämpfers, vorzüglich aber den Günstling der Athene schätzt: «Folgte mir der, so würden wir auch aus brennendem Feuer/Wiederkehren, wir beide, denn bestens weiß er zu denken» (Il. 10,246 f). Im Bündnis der beiden tun sich auf vollkommene Weise Hand und Kopf zusammen. So machen sie sich nächtens als Kundschafter auf den Weg, und mit dem Ruf eines Reihers am Wegesrand ist Athene bei ihnen (Il. 10,272 ff). Ihr gilt beider Gebet. Als sie später auf den troischen Kundschafter Dolon treffen, weiß O. sogleich (Il. 10,338 ff), wie man ihn fangen könne, aber es wird Diomedes sein, der ihn fängt, mit dem Speer (10,369 ff). Das Verhör übernimmt, mit freundlichen Worten, wieder O. (10,384–441), die Hinrichtung des Mannes vollzieht grausam Diomedes (10,447–457). Jetzt machen die beiden sich auf zum Beutezug, wobei jeder das ihm Gemäße tut: O. opfert – umsichtig – der Athena und bittet sie um Geleit zum Lager der Thraker, legt ihr die Beute auf einen Tamariskenstrauch und – vorausschauend – darüber «Rohr und grünende Zweige» als Merkzeichen für den sicheren Rückzug (Il. 10,460 ff). Im Lager ist es sogleich O., der dem Gefährten den König Rhesos zeigen kann und ihn auffordert, nun seine Kraft walten zu lassen (10,470–481). Zwölf Thraker erschlägt Diomedes, während O. die Toten an den Füßen zur Seite zieht, denn er denkt schon an den Weg für die Beutepferde und auch daran, daß sie vor den Toten scheuen könnten (Il. 10,483 ff). Dann kommt er zu den Rössern, bindet sie zusammen und treibt sie mit dem Bogen (die Geißel hat er vergessen) dem Gefährten zu, dem er mit einem Pfiff ein Zeichen gibt (Il. 10,498 ff). Auf dem Rückweg läßt er den Diomedes die blutige Rüstung des Dolon auflesen, ehe er die Pferde zu den Schiffen peitscht. Am Ende macht O. auf dem Schiffsheck die erbeutete Rüstung zum Dankopfer für Athene, dann reinigen sich die beiden in Meer und Wanne, salben sich, speisen und spenden dabei für Athene «honigsüßen Wein» (Il. 10,570–579).

Es entspricht der Autorität des O., wenn jetzt von seinem Schiff aus Eris die Achaier zum Kampf aufruft (Il. 11,3–12). Das ist der Moment für den Krieger Agamemnon. Als dieser verwundet sich zurückziehen muß und Hektor die Achaier in schwere Bedrängnis bringt, ruft O. den Diomedes zum Kampf (Il. 11,310 ff). Die beiden stürzen sich ins Kampfgetümmel wie die Eber unter die jagenden Hunde (Il. 11,324 f) und reißen so die Griechen wieder nach vorn. Das ist die überzeugende Beredsamkeit der Tat: Nicht zufällig vermerkt Homer hier einzig die Namen der Opfer des Kämpfers O. Später ruft Diomedes ihn zum gemeinsamen Kampf mit Hektor (11,346 ff). Auch Diomedes wird verwundet, und O. zieht ihm den Pfeil aus dem Fuß.

Dann ist er allein, und Homer wendet das Bild in den Gegensinn: Jetzt ist O. der Keiler, gejagt von Jägern und Hunden. Mit dem Speer setzt er sich zur Wehr. Das ist der Krieger, der in der Abwehr tötet, denn er will überleben, und Flucht oder Aufgabe wären Feigheit (Il. 11,408–410) – der Griff zur Waffe als «ultima ratio». Im Einzelkampf mit Sokos wird er mit der Lanze über den Rippen verwundet, aber nicht allzu schwer (Athene hat ihm geholfen; Il. 11,434–438 u. 16,26). Sokos unterliegt, und jetzt drängt die Menge der Troer auf O. ein. Da ruft der Geschwächte seine Gefährten, dreimal mit lauter Stimme, und Menelaos hört das. Man findet ihn schließlich umgeben von Feinden, wie der verwundete Hirsch umringt ist von Schakalen (Il. 11,473 ff). Mit der Lanze setzt er sich zur Wehr (11,483 f). Der erste Gefährte bei ihm ist wohl Aias.

Von der Verwundung hinreichend genesen ist O. bei den Wettkämpfen für Patroklos. Hier hat er in der «Ilias» (23,707 ff) noch einmal Gelegenheit, seine Begabung zum Überleben auch in schwierigen Momenten zu zeigen: Im Ringkampf gegen Aias zeigt sich, daß die beiden einander an Leibeskräften gleich sind. Da schlägt Aias vor, man könnte versuchen, einander vom Boden zu heben, und das Weitere dem Zeus überlassen. O. mag überrascht sein, als ihn der andere sogleich umklammert und anhebt: Mit einem Schlag von hinten in die Kniekehle bringt er ihn rücklings zu Boden und fällt ihm dann auf die Brust. List hat über Kraft gesiegt! Beim Wettlauf siegt er gegen den Kleinen Aias, der ihm wohl an Schnelligkeit überlegen ist, aber im letzten Moment ausrutscht und dazu noch lächerlich in Kuhmist stürzt, der ihm Mund und Nase verschmiert. Das ist wohl ohne (?) direktes Zutun des O. geschehen: Er habe die Athene um Hilfe angerufen, und die habe den Mann ausgleiten lassen. Auch hier erwiese die Göttin sich als Gönnerin des Helden, doch indem sich nicht ihn, sondern sich selbst zum Instrument macht gegen einen, der nicht zu ihren Günstlingen gehört.

IV. Die Heimreise des O. nach Ithaka ist Gegenstand der «Odyssee», die den Überlebenskünstler O. zeigt und zugleich den erfolglosen (oder doch glücklosen) Führer, der auf seinem Heimweg alle seine Männer und Schiffe verliert (vgl. auch Lykophron; die Zusammenfassungen bei Apollodor, Epit. 7,1–33; Hygin, Fab. 125). Der Weg führt ihn über das unberechenbare Meer, das Reich des Poseidon, der ihn nicht mag und der ihn verfolgt (Od. 1,19–21 u. ö.), der Gott des Gestaltwandels unter diesem Himmel (vgl. A. M., S. 655).

In dieser Hinsicht veranschaulicht die Reise auch einen Konflikt zwischen Poseidon und Athene (vgl. Od. 6,323–331), zwischen physischer Gewalt und der Macht des Gedanklichen, zwischen dem, der Bedingungen schafft, und dem, der sich dagegen behaupten will: Grundsätzlich wichtig ist für das Verständnis des O., daß er zumeist re-agiert und in diesem Sinn von Beginn an «fremdbestimmt» ist: Das ist wohl der «Dulder» (πολύτλᾶς = vielduldend, standhaft, ausdauernd; verwegen, frech; s. Il. 8,97).

Die Dramaturgie Homers führt dem Hörer die Reise des O. nicht in ihrem chronologisch-linearen Ablauf vor, sondern beginnt mit der Erzählung an einem entscheidenden Wendepunkt, dem Eingriff der Götter (sehr spät) an einem Ort, an dem die Heimkehr des Helden zu scheitern scheint, bei der Nymphe Kalypso (Od. 1,13 ff; 4,555–560; 5,13–15). Sieben Jahre habe sie ihn festgehalten (Od. 7,259), liebevoll und sorgsam, sogar unsterblich habe sie ihn machen wollen und ihn nicht altern lassen (5,136): All das konnte sein Verlangen nach Heimkehr nicht brechen (wird er erzählen; Od. 7,255–258; derweil muß er wohl auch ein tüchtiger Liebhaber gewesen sein, welche Lust ihm nun vergangen ist: 5,153–155). Hermes wird im Auftrag des Zeus der Kalypso den Sinn wenden, und sie wird den Mann freigeben (5,27 ff; bes. 5,96–148).

Kalypso versieht ihn (Od. 5,234–262) mit Werkzeug, ein Floß zu bauen, einer Axt (mit einem Stiel aus Holz vom Ölbaum: ⇒ Athene) und Beil und Bohrer, er macht auch Segel aus Tuch, das die Göttin ihm gibt (5,358 f). Dafür braucht er vier Tage, am fünften bricht er auf, nachdem die Kalypso ihn in «duftende Kleider gehüllt hat», und geht. Dann versieht sie ihn mit Vorräten: Wein, Wasser und Speisen. Und Wind gibt sie ihm. Er soll die Große

Bärin zur Linken halten (276: Also geht die Fahrt ostwärts). Beim Anblick des Phäakenlandes entdeckt ihn auch Poseidon und beschließt ihm Unheil. Er schickt ihm Winde aus allen Himmelsrichtungen (5,282–296). Das Meer schleudert das Floß, der Mast bricht, das Segel fliegt davon, er selber fällt ins Meer, bleibt lange unter Wasser, kriegt doch schließlich das Floß wieder zu fassen und setzt sich mitten darauf. Das Floß ist ein bloßer Spielball der Fluten, welche getrieben werden von umspringenden Winden (5,313 ff). Dann sieht ihn (5,333 ff) Ino Leukothea, die ihm rät, die Kleidung auszuziehen und schwimmend das Land zu erreichen. Dazu reicht sie ihm einen «Schleier» (einen Gürtel?), den er zu seiner Rettung sich um die Brust binden (346–350) und ihn, sobald er sicher an Land ist, ins Meer zurückwerfen soll. O. hält sich an das Floß, und als dieses zerstiebt (368 ff), setzt er sich rittlings auf einen Balken (371), zieht das Gewand aus, spannt sich den Schleier um die Brust und stürzt sich kopfüber in das Wasser. Jetzt verspricht Poseidon ihm weitere Mühsal (5,375–379) und peitscht seine Rösser über ihn hinweg nach Aigai (380 f), doch Athene greift ein (382 ff), läßt die Winde sich legen, läßt den Nord ihn schieben und bricht vor dem Mann die Wogen, ihn zu den Phäaken zu bringen. Zwei Tage und Nächte treibt er umher (398). Dann glätten sich die Wogen, und der Mann sieht Insel und Land vor sich. Der Erleichterung folgt jetzt das Verzagen, denn er hat Felsvorsprünge, Klippen und Schroffen vor sich und weiß nicht, wie sicher an Land zu kommen. Er hat offenbar genügend Gelassenheit, seine Möglichkeiten abzuwägen (5,407–423). Dann wirft ihn eine Woge gegen den Fels (424 ff). Einer Eingebung (der Athene!) folgend klammert er sich fest, bis die nächste Welle ihn wieder losreißt, ihm die Arme schindet und weit hinausträgt. Jetzt verschafft ihm die Göttin wieder eine Eingebung. Als die Woge sich gegen das Land erneut bricht, taucht O. auf und beschließt, zur Seite zu schwimmen und nach einem flachen Gestade zu sehen: Er sieht eine Flußmündung mit gelassener Strömung. Auffällig hier, wie er jetzt den Flußgott anspricht (5,444 ff) und ihn um Schutz anfleht. Der mindert sogleich seine Strömung, «hemmt die Woge», schafft Meeresglätte vor ihm, so daß der Mann an Land steigen kann, sogleich erschöpft zusammenbricht, am ganzen Körper geschunden (war er wirklich 20 Tage seit Ogygia unterwegs?: 6,170). Als ihm der Atem wiederkommt, löst er den Schleier der Ino und wirft ihn zurück in den meerwärts fließenden Strom. Der Mann braucht jetzt Erholung. Erschöpft, wie er ist, hat er genügend Übersicht, sich den richtigen Ruheplatz auszusuchen: sicher vor eisigem Lufthauch am Morgen am Fluß, sicher vor wildem Getier höher im Wald. Er findet ein Waldstück am Wasser und schlüpft unter zwei Büsche (476 ff), einen zahmen und einen wilden Ölbaum (= Oleaster, dornig und «fast unnahbar»). Die sind so dicht ineinander verwachsen, daß weder der feuchte Wind noch Sonnenlicht noch Regen sie durchdringen können. Dort bereitet er sich aus Blättern ein Lager, das groß genug wäre für sogar zwei oder drei Männer im Winter. Mit Blättern auch deckt er sich zu. Athene schickt dem Erschöpften tiefen Schlaf, aus dem er (im 6. Gesang) am nächsten Morgen aufwacht.

Hier (117 ff) zeigt O., wie er sich in eine ihm völlig neue Umgebung (die Athene ihm freilich vorbereitet hat!), der er sich unvermittelt gegenübersieht und die ihm ebenso verderblich wie wohltätig begegnen könnte, umsichtig einfügt. Wichtig zunächst, daß es Frauen sind (von Athene veranlaßt: 6,13 ff), denen er begegnet, nackt wie er ist und mit dem von den Elementen geschundenen Leib («gräßlich erschien er denen, entstellt vom Salze des Meeres»: 6,137).

Menschliche Stimmen haben ihn geweckt, und nun hofft er, bei «sprachbegabten» Menschen zu sein (125): Wie zuvor das Meer besonders den Arm forderte, so wäre nun sein kundiger Kopf gefordert und die Kunstfertigkeit eines Mannes, der Menschen mit dem Wort zu begegnen weiß. Kennzeichnend schon der einfühlsam kluge Entschluß, der «Jungfrau» nicht zu nahe zu treten, ihr (in selbst konventioneller Geste) flehend, aber womöglich mißverständlich die Knie zu berühren. Statt dessen hebt er mit Worten sie hoch hinauf in die Höhen des Göttlichen, wobei er sie passend mit der keuschen Artemis vergleicht und dann in raschem Wechsel der ungemein schönen Sterblichen schmeichelt, wobei er nicht vergißt, ihresgleichen einst am Altar des Apollon bewundert zu haben, in Delos, wo er war, ehe sein mühseliger Weg ihn hierher führte, wo er jetzt Hilfe braucht. Bescheiden bittet er sie um (vielleicht hätte sie) ein Laken für ihn oder ein Umschlagtuch aus der Wäsche (178 f), sich einzuhüllen (Mitleid will er wecken: vgl. 6,327 – die ganze Geschichte ist eine großartige Selbstinszenierung des Mannes). Noch ist er nackt und deckt die Blöße gesittet mit einem Laubzweig. Nun legen die Mädchen ihm Gewänder bereit, dazu ein goldenes Fläschchen mit Salböl. Auf diese Weise und mit Hilfe der Athene fein herausgeputzt, wird er die weibliche Begehrlichkeit der Frau wecken. Die Göttin macht, daß er jetzt größer und voller erscheint (!), und läßt sein Haar in «Ringeln» fallen wie die Blüten der Hyazinthe (227–231). Das sei wie das Werk eines Mannes, der «eine Hülle von Gold um Silber» legt mit der Kunstfertigkeit, die er von Athene hat und von Hephaistos

(232 ff). So liegt schließlich lieblicher Reiz ihm um Haupt und Schulter, und er geht abseits ans Meer, setzt sich dort nieder und trägt der Frau solch Schönheit und Anmut zur Schau. Erfolgreich: Sie führt ihn in den Palast des Vaters. Zunächst aber ruft er Athene an, beschwert sich über ihren mangelnden Beistand gegen Poseidon (es war eben mehr die Kraft der Arme gefordert, und die Werke des Poseidon sind der Göttin fremd; vgl. ebd. 329 f) und bittet darum, den Phäaken doch möglichst mitleidwürdig und lieb erscheinen (!) zu können. Davor liegt eine andere Aufgabe.

Der Nausikaa mußte er sich als Fremder zeigen und konnte ihr schließlich als Märchenprinz erscheinen. Auf dem Weg durch die Stadt begegnet er Leuten (7,32 f), die «Menschen von fern aus der Fremde» nicht «sehr» mögen und auch den nicht gern bewirten, «der von anderswo herkommt». Solchen Leuten fällt der Fremde möglichst nicht auf (das Ganze ist ein Lehrstück für Reisende noch in unseren Tagen). Die kluge Athene (in Gestalt eines jungen Mädchens) rät dem Mann, niemanden anzuschauen und niemanden zu fragen. Auch so muß er noch viel Einfühlung aufgebracht haben, um in den Straßen wie in einem «Nebel» (7,15 u. 42; 39 f) verborgen und unerkannt zu bleiben. Unbemerkt auch bleibt er, wie er durch den riesigen Palast hingeht zu Mutter Arete (7,139–143), ihr ein wenig schmeichelt und um Hilfe bittet für seine Heimkehr. Gut berechnet dann, daß er sich bescheiden in die Asche neben dem Herd setzt (153), denn nun wird er zu Tisch gebeten. Überhaupt weiß er sich so zu empfehlen, daß Alkinoos ihn sich schließlich gern als Schwiegersohn vorstellt (7,309 ff), doch ihm zugleich für den nächsten Tag die erwünschte Heimfahrt verspricht (ebd. 315 ff).

Dann wird (8,1 ff) Athene in Gestalt eines königlichen Herolds in der Stadt Interesse und Sympathie für den Fremden wecken: 52 bewährte Jünglinge der Phäaken sollen sein Schiff führen, die anderen Edlen lädt Alkinoos zu einem Abschiedsmahl (8,35–45). Dabei wird die Klugheit des O. wiederum und auf eigene Weise herausgefordert (Eindruck will er nun machen, wie es anfangs ihm um das Mitleid der Gastgeber ging). Verständlich, daß der offenbare Aufwand für den Gast junge Leute reizt, den Mann nach ihren eigenen Maßstäben herauszufordern: zum athletischen Wettkampf, denn wahrer Ruhm liege in dem, was der Mann «vollbringt mit seinen Füßen und Händen» (8,146 f). Zunächst hatte Laodamas, Sohn des Alkinoos, ironische Beobachtungen am «athletischen» Körperbau des O. (8,133 ff) gemacht, Euryalos ihn später abschätzig für einen «Händler und Krämer» erklärt. Dafür muß der junge Mann sich eine deutliche Rüge des O. anhören (8,166 ff): «Liebenswertes verleihen also die Götter nicht allen / Männern weder an Wuchs noch Verstand, noch an Gabe der Rede.» Es folgt ein Exkurs über das Verhältnis von leiblicher Erscheinung und «Persönlichkeit», die sich mit dem Wort äußert, zueinander. Schließlich (8,176 f): «Wie auch deine Gestalt zwar stattlich und schön ist – und schöner / Schüfe ein Gott sie nicht –, doch bist du hohl an Verstande.» Daß O. nun den mächtigen Diskus weiter schleudert als alle anderen, sollte die jungen Leute beeindrucken. Auch der «geschwächte» O. wird nun bereit sein, gegen jeden Herausforderer im Wettkampf anzutreten, nur nicht gegen den Laodamas, «denn wer kämpfte schon gegen den Gastfreund?» (207 f, großmütig wird er dem reumütigen Euryalos alsbald vergeben: 8,401 ff). Dann weiß er mit Worten sich selbst als außerordentlichen Bogenschützen und Speerwerfer, auch als Läufer zu preisen (8,214 ff). Auffällig, wie er dabei unausgesprochen auf Troia anspielt und sich dennoch nicht zu erkennen gibt, wo doch schon zuvor Demódokos vom Krieg vor Troia gesungen und den O. gar beim Namen genannt hatte (8,75), welch Bericht den Helden zu dramatisch-eindrucksvollen Tränen rührte. Noch braucht er die Erinnerung an eine Tat, auf die er besonders stolz sein mag: sein Beitrag zum Fall der Stadt, den zu besingen er den Demódokos auffordert (8,492 ff). Erst jetzt, da er den Zuhörern gegenwärtig ist als Gestalt einer ruhmreichen Vergangenheit (⇒ Musen), gibt er sich zu erkennen, wobei er nicht vergißt, seine Bedeutung und seine Leistung wortreich herauszustreichen (9,19 ff): «Ich bin O. ..., durch all seine Listen / Bei den Menschen geschätzt; mein Ruhm reicht bis in den Himmel.»

Die folgenden Geschichten, die einen Reisebericht bis zu den Phäaken darstellen, erzählt O. selbst den Gastgebern. Das bedeutet, daß wir die Ereignisse durch seine Augen sehen und mit den Ereignissen zugleich ihn selbst so, wie er gesehen werden möchte, zumindest von den Phäaken. Dieser dramaturgische Umstand rechtfertigt eine zureichende Ausführlichkeit unserer Darstellung.

Die Reise beginnt in Troia, ihr Ziel ist Ithaka im Ionischen Meer. Den Weg dorthin bestimmt der eigenwillige Wind (vgl. ⇒ Poseidon, S. 656) mit einer Route, die labyrinthische Züge trägt: zunächst (Od. 39–42; Apollodor, Epit. 7,2 ff) nordwestwärts nach Ismaros zu den thrakischen Kikonen, wo O. sich offenbar als beutegieriger, mörderischer Eroberer zeigt, die Stadt zerstört und (umsichtig) Frauen und Schätze gerecht (!) verteilt (Athene ist ja auch Beutegöttin!; z. B. Od. 13,359). Mangelnde Disziplin (gegen den klugen Rat des O.) der wein- und siegestrunkenen Truppe gibt benachbarten Kikonen Gelegenheit zu Gegenangriff und Sieg (Od. 9,43 ff): Sechs Mann je Schiff (72 insgesamt also) büßen mit dem Leben, die anderen fliehen.

Auch Geschenke aus Ismaros führt O. nun an Bord (Od. 9,196 ff): Klug («scheu») hat er Maron, den Apollopriester mitsamt Weib und Sohn, geschont. Dafür empfing er «sieben Talente» von «gefertigtem» Gold, einen silbernen Kratér und zwölf Amphoren voller «honigsüßem» Wein (den man im Verhältnis von 1:20 mit Wasser mischt).

Ein gewaltiger Sturm aus dem Norden zerreißt nun die Segel, man rudert flugs an Land. Erst am dritten Tag werden Masten und Segel wieder gesetzt. Jetzt stimmen Wind und Kurs südwärts überein (9,78), bis schließlich am Kap Maleia, wo die Reise westwärts gehen sollte, Wind und Strömung die Schiffe vorbei an Kythera weiter südwärts schieben und am 10. Tag (wohl an der libyschen Küste) bei den Lotophagen anlanden (Od. 83 ff; Apollodor, ebd. 7,3; Hygin, Fab. 125,2). Hier bewährt O. sich als umsichtiger Führer, als er drei seiner Männer, die über dem Genuß der süßen Lotusfrucht den Wunsch zur Heimkehr vergessen hatten, gewaltsam zurückholen und an Bord festbinden läßt (Apollodor, Epit. 7,3, sagt, die Männer hätten «alles» vergessen, also nicht nur die Heimkehr). Der eilige Aufbruch mit Ruderkraft hat etwas von Flucht vor einem übermächtigen Gegner an sich.

So kommen sie (wohl nordwestwärts), nun unter Segel (149), zu den Kyklopen, wilden Gesellen von riesigem Körperbau, die auf einer Insel wohnen (wohl vor der Küste Siziliens). Auf einer anderen Insel, in Sichtweite, gehen sie an Land und lassen es sich am nächsten Tag bei Ziegenbraten und Wein gutgehen (neun Tiere für jedes Schiff, zehn für das des O.: Od. 9,155 ff). Am dritten Tag will O. die Kyklopen erkunden, nimmt das eigene Schiff, rudert hinüber, wählt zwölf seiner besten Männer und wagt sich (ausgerüstet auch mit einem Schlauch voll von dem Wein, den er von Maron hat) mit ihnen an Land. Sie alle überrascht Polyphem, ein Sohn des Poseidon, in seiner Höhle und setzt sie dort fest. Er ist ein Riese mit nur einem Auge, das ihm in der Stirn sitzt. Bedrohlich vor allem ist sein Appetit auf Menschenfleisch: Zwei der zwölf Gefährten wird er bald schnetzeln und zum Nachtmahl verzehren (Od. 9,288–297), zwei andere zum Frühstück (311) und noch einmal zwei zum Nachtmahl (342 f). Wieder wird O. für sich (Athene möge ihn dafür rühmen!: 9,328 ff) und die verbliebenen Gefährten einen Ausweg aus diesem scheinbar aussichtslosen Unheil wissen: Man wird einen Pfahl aus Olivenholz sorgfältig glätten, die Spitze ins

Feuer legen und die Rückkehr des Riesen abwarten. Dann wird O. ihm vom köstlichen Wein (sicher ungemischt) des Maron geben (9,345 ff), zweimal den runden Napf nachfüllen. Als der Kerl so recht umnebelt ist, läßt O. ihn seinen Namen wissen, den er doch hatte wissen wollen: «Niemand» (ὀυδείς) heiße er, und Polyphem verspricht dankbar, ihn als letzten verspeisen zu wollen. Dann fällt er hintüber. O. führt den Stab mit glühender Spitze, den sie zu fünft dem Schlafenden jetzt in das einzige Auge stoßen. Lautes Gebrüll und Rufen lockt die kyklopischen Nachbarn herbei, aber die werden rasch wieder gehen, denn schließlich habe doch «niemand» den Mann zu morden gesucht, und gegen dergleichen zeusgesandte Krankheit möchte ein Gebet an Vater Poseidon helfen. Das schmeichelt dem O. (9,412 f). Aber noch hat der Geblendete seine Glieder und seine Hände, und er setzt sich mit ausgebreiteten Armen an den Ausgang. Jetzt hat O. den Einfall, jeweils drei Schafe aneinander zu binden: Unter das jeweils mittlere krallt sich ein Mann, O. braucht dazu einen mächtigen Widder. Polyphem kontrolliert arglos beim Ausgang nur den Rücken der Tiere, einzig bei dem Widder hat er Grund zur Verwunderung, doch die Männer entkommen ihm alle. Sie laufen zum Schiff, verladen hastig die Schafe und rudern davon. Noch in Rufweite verhöhnt O. den Riesen, der einen Berggipfel nach ihnen wirft, einen so schweren, daß die Welle das Schiff an das Ufer zurücktreibt. Noch einmal und gegen den Rat der Gefährten provoziert O. den Polyphem: Er nennt ihm seinen richtigen Namen. Da weiß der Kyklop, daß sich an ihm eine alte Weissagung erfüllte, nur daß er sich nicht vorgestellt hatte, daß solch ein «geringer und nichtiger Schwächling» (9,514) ihn bezwingen könne (auch dieses also der Sieg eines verständigen Kopfes über rohe Gewalt!). Mit einem Gebet an Vater Poseidon bittet er, O. möge seine Heimat nicht mehr sehen oder erst spät und nach Verlust all seiner Gefährten (9,525–533; vgl. Ovid, Met. 14,158–222). Dann wirft er einen noch größeren Felsen, der das Schiff am Heck knapp verfehlt, so daß diesmal die Welle das Fahrzeug nach vorn schleudert auf die wartenden Gefährten am Ufer zu.

Einen wohlwollenden und hilfreichen Gastgeber findet O. jetzt in → Aiolos auf seiner Insel wohl nördlich Siziliens, also wiederum durchaus nicht auf dem direkten Weg nach Ithaka (und ganz im Sinn des Polyphem). Der Gott schenkt ihm die günstigen Winde, aber Gier und Neugier der Gefährten machen, daß er sie wieder verliert, schließlich sogar die Gunst des Gottes überhaupt. So rudert man eben weiter.

Nach sechs durchruderten Tagen und Nächten (sicher beschwerlicher

Armarbeit) kommt man am siebten Tag nach Lamos im Land der Lästrygonen (Od., 10,80ff; zur Geographie vgl. Kl. Pauly, Bd. 3, Sp. 458; angesichts der folgenden Stationen wären Sizilien oder Sardinien zu erwarten). Hier verliert O. elf Schiffe und ihre Besatzung an die kannibalischen Riesen, die sich zu Tausenden über die Besucher im Hafen hermachen und sie schließlich «wie Fische» am Spieß verzehren (10,124). O. entkommt knapp, wohl weil er vorsichtig sein Schiff vor dem Hafen geankert hat (10,95f; 131f).

Dann kommt man zur Insel Aiaia (über die Geographie s. Kl. Pauly, Bd. 1, Sp. 151), zur Wohnung der Zauberin Kirke, Tochter des Helios und der Perse. Auffällig jetzt die Ängstlichkeit der Männer in Erinnerung an die Erfahrung mit den Lästrygonen (Od. 10,198–201). Am dritten Tag erst macht O. sich auf zur Erkundung, beschließt aber zunächst, seine Leute mit einem Mahl zu verwöhnen. Ein riesiger Hirsch ist ihm dazu willkommene Beute. Am nächsten Tag bildet er zwei Gruppen, und das Los entscheidet sich für die andere: Eurylochos geht mit 22 Gefährten zu Kirke (10,208ff), die sie alle auf die freundlichste Weise empfängt und bewirtet und damit und mit einem Gertenschlag bösartig in grunzende Schweine verwandelt, außer dem mißtrauischen Eurylochos, der als Bote zu O. zurückkehrt (ebd. 244ff).

Bloße List kann die Schweine offenbar nicht wieder zu Menschen machen. Gegen das Zauberkraut der Kirke hilft nur ein anderes Kraut: Moly, eine Pflanze mit schwarzer Wurzel und milchweißer Blüte. Die hat O. von ⇒ Hermes (S. 433ff, bes. 440), dem er auf dem Weg zur Göttin begegnet und der ihm sagt, wie er ihr begegnen soll (10,277ff, bes. 302–306; zum Moly vgl. Herakleitos 73,10–12; Ptolemaios Hephaistionos, Photios, Cod. 190, 149b, Bd. 3, S. 61): Auch ihm werde Kirke den vergifteten Trank reichen, aber das Moly werde machen, daß der nichts ausrichtet gegen ihn. Wenn dann die Zauberin ihn mit der Gerte schlägt, dann soll er sie mit dem Schwert bedrängen. Ängstlich werde sie in das Bett ihn bitten, aber er soll ihr erst folgen, wenn sie ihm den großen Eid bei den Göttern geschworen hat, ihm die Gefährten zu lösen, ihn selbst zu pflegen und kein anderes Übel gegen ihn zu planen.

Genau so wird es geschehen. Die Göttin wird schwören (10,345), wird die Schweine zurückverwandeln in (sogar) jüngere, schönere, größere Männer (10,388–396), und sie wird fortan nur Fürsorge für ihre Gäste, für O. und seine Gefährten zeigen, die sich ein ganzes Jahr in üppigem Leben bei ihr wohl fühlen. Dann drängt es O., selbst bedrängt von den Männern, fort (10,483–486), und verständig läßt die Göttin sie alle gehen (10,488 ff), und sie bedenkt sogar den künftigen Weg. Während sie den augenscheinlich mindestens in einigen Stationen selber kennt (vgl. z. B. Od. 12, 36 ff, 226, 272 f), weiß sie, wo O. ihn erfahren soll. So wird er erstmals auf dieser Reise ein vorgesehenes Ziel erreichen: Sie fordert ihn auf (10,490 ff), zum Haus des Hades und der Persephone zu gehen, um dort den Teiresias zu befragen: «Dieser könnte dir sagen den Weg und die Strecken der Reise / Und die Heimkehr über das Meer ...» (10,539 f). 505 ff: Er soll nur das Segel setzen, dann werde ihn der Boreas über den Okeanos treiben zum flachen Gestade und Hain der Persephone. Dort soll er an den Strudeln des Okeanos das Schiff lassen und zum «modrigen Haus» des Hades gehen. Dann gibt sie präzise Anweisungen für sein Verfahren und Verhalten da drunten.

Daß (die «redebegabte»: 11,8) Kirke ihm schließlich als Opfertiere ein schwarzes (männliches) und ein weißes Schaf an das Schiff bindet, zeigt sie endgültig als Dienerin des Mittlers Hermes, des Gottes, der «hierhin geht oder dorthin» (Od. 10,571–574; vgl. A. M., S. 450; vgl. auch das Schwarz-Weiß des Moly, s. o.).

Einen Tag währt die Fahrt, gelenkt von Wind und Steuerruder, bis an den Rand des Okeanos. Nach Anweisung der Kirke gräbt O. dort eine Grube in den Boden (eine Elle breit [im Quadrat?]; 10,517 u. 11,24 ff), ein Tor gleichsam, über dessen Schwelle (⇒ Apoll, S. 85) er in das Jenseits blickt. Zunächst tut er die Totenspende hinein (518), ein Gemisch aus Milch und Honig, dann Wasser; darauf streut er Gerste. Darüber läßt er schließlich das Blut der Schafe verströmen (11,35 ff). An dieser Grube, diesem Tor, versammelt sich nun die Menge der Schatten, die nach dem Blut drängen. Als ersten bemerkt er (11,83) den Gefährten Elpenor, der bei Kirke sich gerade im Rausch das Genick gebrochen hat und nun um ein würdiges Grab bittet. Dann erscheint die Seele der Mutter. Sie alle läßt er noch nicht an das Blut (84–89). Dann kommt die Seele des Sehers, der für seinen Wahrspruch (147–149) vom Blut nehmen muß. Was O. erfährt, sind gegenwärtige und künftige Umstände und Aufgaben und eigentlich Ratschläge und Warnungen zum jeweils angemessenen Verhalten. Jetzt weiß er, daß er heimkehren wird, wenn auch vielleicht «spät und schlecht», vielleicht allein und auf fremdem Schiff (11,114 f). Wichtig auch die Nachricht, daß «übermütige Männer» die wartende Gemahlin umwerben und dabei sein Hab und Gut verzehren (116 f). Bestrafen werde er sie. Sein Leben werde er beschließen fern vom salzigen Meer. Dort, wo er sein Ruder wie eine Worfelschaufel in den Boden stieß, werde er dem Poseidon Widder,

Stier und Eber opfern, den Himmlischen Festhekatomben weihen und endlich in «stattlichem» Alter einen sanften Tod sterben (11,121–136).

Dann spricht er mit der Mutter (11,155–225), erkundigt sich nach dem Vater und dem Sohn und nach der Frau. Wichtig für den weiteren Weg ist der Bericht über die standhafte Penelope und den tüchtigen Telemachos. Jetzt drängen heran – von Persephone geschickt – die Schatten zahlreicher Frauen, «Welche der besten Helden Gattinnen und Töchter waren» (11,227–330). Das ist ein füglicher Übergang zur Begegnung mit Agamemnon (387ff), der erst unlängst bei seiner Heimkehr dem Hinterhalt der eigenen Frau erlegen ist und nun den Rat erteilt (11,440–443): «Darum sei auch du nie zu gütig gegen die Gattin, / Und vertrau ihr nicht alles an, so gut du es selbst weißt, / Sondern sage das eine, das andere halte verborgen.» Freilich, die «verständige» Penelope werde ihn schon nicht morden, doch (immerhin) heimlich soll er daheim anlanden, da «keine Treue» mehr sei bei den Frauen (11,454–456).

Daß Achill jetzt das mühsame Leben eines Tagelöhners dem Tod vorzöge (11,488–491), mag dem O. wohl gefallen (und den Phäaken vielleicht imponieren?). Dann sieht er Minos, den Totenrichter (11,568), danach die Gerichteten. Die Reihe der düsteren Übeltäter, bestraft mit endloser Mühsal (!), Orion, Títyos, Tantalos und Sisyphos (11,572–600), läßt jetzt den aus Mühen erwachsenen Tugendhelden ⇒ Herakles (S. 393 u. 421ff) um so strahlender erscheinen und mit ihm den O. zugleich, denn der Vergöttlichte vergleicht den Leidensweg des ‹erfindungsreichen› Besuchers mit dem eigenen, den mühseligen zwölf «Arbeiten» (11,618ff): «Ärmster, schleppst denn auch du mit dir ein böses Verhängnis, / So wie auch ich es getragen unter den Strahlen der Sonne?» (erzählt O.: Er wird den Phäaken nun noch bedeutender erscheinen!). Die Furcht, womöglich noch dem Haupt der Gorgo (⇒ Medusa) zu begegnen, habe ihn zurück zum Schiff getrieben (11,633ff). Es scheint, daß die Reisenden nun nach Aiaia kommen, einzig weil das Meer sie dorthin lenkt (Od. 12,1–4). Gewissenhaft begräbt O. sogleich den Elpenor und setzt ihm auf das Grab das gewünschte Steuerruder. Vertraut teilt Kirke mit ihm das Nachtlager (12,31ff). Er muß berichten über das gerade Geschehene, und sie belehrt und berät ihn über das nächste Künftige, drei Aufgaben, die es zu lösen gelten wird: Zuerst an den Sirenen, dann (sollte er die gefährlichen Plankten vermeiden wollen, was ratsam sei) an Skylla und Charybdis unbeschadet vorbeizukommen; Gefahren berge schließlich gleichfalls der Besuch der Insel Thrinakia, wo die Herden des Sol stehen. Kirke ist auch hier Agentin des Hermes, der unterwegs sich «selber» in Erinnerung bringen werde (12,37f).

Die Sirenen sind zwei Mädchen, die sich auf einer Insel an einem augenscheinlich viel befahrenen Wasserweg eingerichtet haben. Dort sitzen sie auf der Wiese (12,45) und singen. Der Gesang soll Vorüberreisende anlocken, und wer ihm einmal gefolgt ist an Land, der ist verloren. Es scheint, daß er dort stirbt und vermodert (12,45f), vielleicht, während er lauscht, aufgezehrt womöglich vom Zuhören. Was die Hörer «bezaubert», ist nicht die Stimme der Sirenen, sondern was sie erzählen, denn sie wissen alles, was geschieht auf der Erde (12,191; vgl. ⇒ Musen, bes. S. 557). So fallen die Leute in der Erwartung, heimzukehren «erfreut und reicher an Wissen», wohl eigentlich ihrer Neugier zum Opfer. Das ist ein Unheil, dem O. nur entgeht, weil er gewarnt ist von Kirke (vgl. 12,41–43). So folgt er ihrem Rat, den Gefährten die Ohren mit Wachs zu verstopfen. Für sich selbst beschließt er (wohl neugierig), sich an den Mast binden zu lassen (12,173ff). Als die Sirenen ihn dann schmeichelnd beim Namen nennen und ihm Nachrichten über den troischen Krieg ansagen, da will er ihnen folgen, doch die Gefährten legen seine Brauengeste aus wie verabredet und binden ihn noch fester (Neugier ist offenbar eine schwer bezähmbare Macht, «curiosity kills the cat»). So entkommen sie alle dem Unheil und fahren vorüber (vgl. auch Myth. Vat. I 42). Die nächste Aufgabe ergibt sich aus dem Entschluß, die Plankten, die Klappfelsen (von denen das Schiff sicher zermalmt würde: 12,59–72) zu meiden, und stellt O. sehr bald wieder vor die Wahl zwischen zwei anderen Fährnissen mit unterschiedlichem Risiko: zwischen einem fast sicheren Teilverlust und einem so gut wie sicheren Totalverlust. Der Weg führt das Schiff durch eine enge Fahrrinne, eingezwängt von zwei Felsen, in deren einem, hohen und steilen, Skylla lauert, ein riesiges Untier (12,85ff) mit zwölf unförmigen Füßen, dem an sechs langen Hälsen je ein Kopf mit drei dichtgestellten Zahnreihen sitzt. Sie bellt mit der Stimme eines neugeborenen Hundes. Bis zur Leibesmitte steckt das Biest in einer Höhle hoch oben in der Felswand und nährt sich von Getier und Mensch, wie sie herankommen, wenn möglich je sechs zugleich. Schlimm für den Krieger ist auch seine Wehrlosigkeit, denn sein Pfeil erreichte die Höhle kaum, und die Wand ist so glatt, daß selbst 20 Hände und Füße sie nicht erklimmen könnten zum Nahkampf (12,77–79). Auch auf dem Schiff könnte man sich nicht wehren, denn sie ist schnell und mit den vielen Köpfen an verschiedenen Orten zugleich. Schließlich ist sie unsterblich, und Flucht vor ihr sei das beste (12,112–126).

So nahe gegenüber, daß ein Pfeil ihn erreichen würde, liegt ein kleiner Fels, darauf steht ein großer, belaubter Feigenbaum, darunter haust Charybdis, ein weibliches Ungeheuer, das täglich je dreimal mit seinem riesigen Schlund das Wasser und alles, was mit ihm kommt, einschlürft oder ausspeit (ein Strudel), eine tödliche Gefahr für Schiff und Mannschaft.

O. wählt die Passage unterhalb der Skylla und instruiert den Steuermann entsprechend (12,217–225). Doch weder ihm noch den Leuten erwähnt er die Gefahr, die von dem Felsen kommt: Sie könnten sich fürchten und so erst recht den Untergang herbeiführen. Ebendiese «Umsicht» wird die Skylla nähren: Bei der Passage zieht das ungeheure Getöse und Gewirbel der Charybdis die Aufmerksamkeit der Leute auf sich, sie kehren furchtsam dem vermeintlich sicheren Fels den Rücken, und Skylla holt sich sechs von ihnen. Auch O., der es besser wissen sollte, läßt sich vom Schauspiel gegenüber ablenken: Er ist sicher besorgt, wohl auch neugierig (12,244). Dabei hatte er, gegen den Rat der Kirke und töricht, sich eingerichtet, vom Bug aus der Skylla mit zwei Speeren begegnen zu können (12,226–234).

Alsbald kommt das Schiff zur Insel Thrinakia, wo die Herden des «menschenerfreuenden» Helios stehen. O. erinnert sich und seine Leute an den dringlichen Rat von Teiresias und Kirke, den Platz und damit schreckliches Unheil zu meiden (12,266–277). Vielleicht ist es gerade die Rede vom menschenfreundlichen Gott, welche die zermürbten Leute veranlaßt, sich eine geruhsame Nacht an Land zu erhoffen und dem O. das Anlanden abzutrotzen. Eurylochos ist ihr beredter Sprecher (12,277–293). Schwören aber sollen sie, kein Rind oder Schaf zu schlachten, statt dessen sich an den Reiseproviant der Kirke zu halten. Sie alle denken wohl an die eine bevorstehende Nacht, aber noch vor dem Morgen schickt Zeus einen fürchterlichen Wirbelsturm, dann weht einen ganzen Monat lang der Wind vorwiegend aus Süden und hält das Schiff fest. Brav halten die Leute sich an den Schwur und die Warnung, solange die mitgebrachte Nahrung reicht. Dann nähren sie sich hungrig von Fischen und Vögeln. Jetzt sucht O. besorgt einen Platz irgendwo oben landein, sich an die Götter um Rat und Hilfe zu wenden. Die haben offenbar eine Prüfung beschlossen und lassen den Mann einschlafen. Nun nimmt das Unheil seinen Anfang mit Eurylochos, der den Leuten überzeugend erzählt, daß das erbärmlichste Ende der Hungertod sei, er selbst würde lieber ertrinken (350). Die besten Rinder des Helios sollte man nehmen und sie den Himmlischen opfern. Zu Hause könne man dann ja dem Helios einen Tempel errichten und ihm Dankbarkeit erweisen. Für ein rechtes Opfer fehlen die Zutaten, aber auch so kann man sich den Bauch stopfen. O. kann nur noch zusehen und wird Zeuge beunruhigender Zeichen (12,394 ff): Häute kriechen herum, Fleisch am Spieß hört man muhen. Sechs Tage wird geschmaust, am siebten legt sich der Südwind, man bricht auf und fährt auf hoher See direkt in die Katastrophe: Ein Sturm aus West erschlägt den Steuermann, ein Blitz des Zeus schleudert die Männer über Bord, und sie ertrinken. Das Schiff löst sich auf in seine Teile, O. findet Zeit, Mast und Kiel mit einem Ledertau zusammenzuschnüren. Darauf setzt er sich. Der Wind springt auf Süd und treibt den Mann zurück zur Charybdis, vor der er sich aber zu bewahren weiß, indem er an dem Dattelbaum über ihr hängend Halt findet. Er muß über erhebliche Körper- und Gemütskräfte verfügen, denn es dauert sicher viele Stunden, bis er sich endlich auf sein Fahrzeug fallen lassen kann. Der Skylla bleibt er diesmal verborgen. Mit den Händen rudert er davon. Neun Tage treibt das Meer ihn umher, am zehnten bringen «die Götter» ihn zur Insel Ogygia, zur Wohnung der Kalypso (man muß annehmen, daß er diese Zeit ohne Nahrung und Wasser überlebte!).

Damit endet der Reisebericht für die Phäaken, in dem O. gleichsam seinen eigenen Mythos singt in Fortsetzung dessen, was Demódokos zuvor («offiziell») über ihn berichtet hat.

Jetzt stattet Arete ihn großzügig mit Kleidung, Geschenken, Speise und Rotwein aus (13,66–69), und ein Schiff der Phäaken bringt den Mann eilends nach Ithaka. In früher Morgenstunde bringt man den Schlafenden an Land, bettet ihn auf Leinen und kostbarer Decke (vgl. Hygin, Fab. 126,1: Ulixes landet nach einem Schiffbruch nackt). Seine «Schätze» (13,217 f) legt man, abseits vom Weg, bei einem Ölbaum am Hafeneingang ab und gibt sie somit in den Schutz der Athene (13,120–124). O. erwacht und wähnt sich in einem fremden Land, verraten von seinen Helfern, denn er kennt seine Heimat nach so langen Jahren nicht wieder (13,187–189 u. 200–213). Sein Kopf ist umnebelt: Es ist die Unklarheit über Weib, Kind und Besitztum (das, was «Heimat» zunächst ausmacht), welche ihn zugleich die Landschaft ringsum fremd erscheinen läßt: «Darum erschien dem Herren auch alles so anders von Aussehn, ...» (13,194–196). Mit dieser Unklarheit verbindet sich zugleich die Absicht, selbst unerkannt zu bleiben. So hüllt Athene ihn in einen «Nebel», um «ihn unkenntlich zu machen und alles» Dienliche «mit ihm zu beraten», wobei er an die Abrechnung mit den Freiern denkt (13,189–193). Passend ist die erste Person, der er begegnet, die Göttin in Gestalt eines Schafhirten, der ihm versichert, in Ithaka zu sein (13,221–249). Offenbar erkennt er sie nicht und schlüpft mit einer Lügengeschichte über seine Herkunft rasch in eine Maske. Das imponiert der Göttin, nun in eindrucksvoller Frauengestalt, und sie spricht ihn an: «Schlau und verschlagen müßte der sein, der dich überholen / Wollte in sämtlichen Listen, und träte ein Gott dir entgegen. / Schlimmer, Erfindungsreicher und unersättlich an Listen, / Solltest du nicht im eigenen Land Schluß machen mit Täuschung / Und mit Lug und Trug, die dir von Grund auf vertraut sind? ...» Schließlich (13,298–302) wirft sie ihm vor, sie nicht erkannt zu haben, wo sie doch immer bei ihm und auch gekommen sei, mit ihm zu planen und seine Schätze (unter dem Olivenbaum) zu verstecken. Jedenfalls soll er sich niemandem anvertrauen und sogar Gewalttätigkeit ertragen (13,308–310): Er will ja unerkannt seine Gattin prüfen (335–337), weil er das Schicksal des Agamemnon fürchtet (13,383 f), und er will Rache an den Freiern (13,376 ff).

Bei den Phäaken war O. mit Hilfe der Athene (13,302) vom nackten Habenichts wieder zum geachteten Fürsten geworden, jetzt versteckt er mit Hilfe der Göttin seine dort erworbenen Schätze in der Höhle der Naiaden am Hafen (13,363–371); denn das verlangt seine neue Rolle, die ihn daheim in seine alten Rechte wieder einsetzen soll: Als alter Bettler (s. **B**) soll er den Leuten, auch der Familie erscheinen, sogar ihren Abscheu wecken (13,397–403 u. 429–440). Damit beginnt ein Weg neuer Abenteuer, diesmal nach eigenem, kalkuliertem Plan.

Athene schickt ihn zu Eumaios, dem Sauhirten und «treuesten Knecht» des O. (14,1–4), der immer noch auf die Heimkehr des Herrn wartet, ihn aber nicht erkennt (hier erfahren wir auch einiges über den reichen Herdenbesitz des O.: 14,96–104). Das ist ein strategisch günstiger Ausgangspunkt für O., der wichtige Informationen sucht und erhält. Dem Mann gegenüber gibt er sich als Sohn eines reichen Kreters aus (14,199 f). Später (14,459 ff) erprobt er die Hilfsbereitschaft des Mannes mit einer anderen Lügengeschichte, in der er sich – neben «O.» und Menelaos – als Feldherr vor Troia ausgibt. Mehr über seinen Gastgeber und auch über das Geschehen im Palast will er erfahren, als er dem Eumaios ansagt, er wolle, um den Gastgeber nicht arm zu essen, sogleich morgen in die Stadt gehen und dort betteln, vielleicht auch der Penelope eine Botschaft bringen (er kennt ja den O.!), schließlich verstehe er sich ja auch auf das Handwerk in der Küche, Feuer zu machen, Wein zu schenken, Fleisch zu zerlegen und zu braten, all das nach dem Willen des Hermes (15,319–324). Aber der Sauhirt findet, der Bettler sei weder angemessen gekleidet noch gepflegt. Im anschließenden Gespräch erkundigt O. sich nach dem Vater. Zu erkennen geben wird er sich als erstem dem getreuen Sohn (und künftigen Komplizen) Telemachos (16,187–189), wozu Athene ihn angemessen kleidet und größer und jünger erscheinen läßt (16,173–176; s. **B**).

Der Sohn wird Eumaios veranlassen, den «Bettler» in die Stadt und zum Palast zu bringen (17,182–191). Damit beginnt eine Kette von Demütigungen, die der Mann listig für seine Absichten nutzt, wozu besonders gehört, den Charakter der Leute und ihre Loyalität gegen «O.» und die Familie zu prüfen: Athene wird an ihn herantreten und ihn ermuntern, Brot bei den Freiern zu sammeln, «um zu erkennen, wer rechtlich und wer gesetzlos gesinnt sei». Auf diese Weise bestimmen sie selbst ihr Schicksal bei der letzten Abrechnung (22,1ff). Schon auf dem Weg zur Stadt (17,212ff) muß er sich vom Ziegenhirten Melantheus böse beschimpfen und sogar treten lassen (233). Bei Hofe wird gefeiert, niemand erkennt in dem Bettler den heimgekehrten Herrn außer Argos, dem Hund: Er wedelt, «senkt die Ohren» und stirbt, wie wenn er fast 20 Jahre diesen Moment abgewartet hätte (17,291–327). Den Antinoos stört der «Bettler» bei Tisch, was O. veranlaßt, mit einer erfundenen Geschichte (17,419–444) über seine wohlhabende Herkunft und ein unverschuldetes Schicksal als Sklave in Cypern das Mitgefühl des Mannes zu wecken. Vergebens. Eine frech-provokante Bemerkung (17,453–457) zum Widerspruch zwischen Erscheinung und Einsicht, über den Mangel an Großmut bringt den Antinoos schließlich dazu, dem O. einen Schemel an die Schulter zu schleudern (462), womit er sich das Todesurteil spricht (476). Vorerst gilt Selbstkontrolle bei O. und dem Sohn. Der Ringkampf mit dem «Gemeindebettler» Iros (18,1ff) ist die erste Gelegenheit für O., den Freiern und ihren Freunden seine Leibeskraft zu zeigen. Das ist eine Warnung, die auszusprechen (18,146–157) ihm der verständige Amphinomos Gelegenheit gibt (18,119–150). Auch die Mägde prüft er, und Melantho, Geliebte des Freiers Eurymachos, wird ausfallend (18,321–336). Dann ist wieder die Göttin seinem Zorn hilfreich (18,346–348): Eurymachos (350–355) verspottet ihn ob seiner Kahlköpfigkeit (!) und lädt ihn dann höhnisch ein, bei ihm als Knecht zu wirken. O. bleibt ihm mit Worten nichts schuldig, was den anderen veranlaßt, den Schemel nach ihm zu werfen, der aber einen anderen trifft (18,394–398).

Dann nimmt der Plan zur Ermordung der Freier mit Eingebung der Athene (19,1ff) konkretere Gestalt an: Eurykleia, die alte Amme des O., wird auf Anweisung des Telemach die Waffen des Vaters (möglichst heimlich!) in der Kammer verwahren, wo sie «vom Rauch» des Feuers bewahrt seien. Im Weinrausch sollen die Freier in blutigen Streit geraten (Telemach mag dafür sorgen). Zunächst braucht «der Fremde» das Vertrauen der Penelope, aber auch ihr Urteil über den vermißten Gatten und über die Freier. Er selbst sei Aithon, Sohn des Deukalion von Kreta, wo er selbst als sorgfältiger Gastgeber dem O. begegnete, den der Sturm auf der Reise nach Troia dorthin verschlagen hatte. Die Frau ist ob dieser «der Wahrheit ähnlichen Lügen» zu Tränen gerührt (19,203 f). Sein Plan gebietet ihm, sich mühevoll vor der Gattin weiter zu verbergen (19,210–212). Ihr Vertrauen erwirbt er mit der erbetenen ausführlichen Beschreibung der Kleidung des verschollenen Helden (19,221–240). Auch seinen Herold Eurybates weiß er zu schildern (244–248). Dann wird er dramatisch konkret: Schon unterwegs sei der Gemahl und nahe. Hier flicht er echte eigene Erfahrungen ein: den Verlust von Schiff und Leuten bei Thrinakia, den Aufenthalt bei den Phäaken (19,273–281). Auch die Umsicht des Mannes und seinen Reichtum an Listen weiß er zu erwähnen (19,285 f): Noch im Laufe des Jahres werde O. heimkehren (19,306).

Der «Bettler» hat endgültig das Vertrauen und den Respekt der Frau, die nun die Eurykleia ruft, dem Mann die Füße zu waschen, was dem Verschwörer unversehens eine Mitwisserin einbringt: Die Amme erkennt ihn an seiner Narbe über dem Knie (19,380 ff). Mit Gewalt erzwingt er ihr Schweigen (19,480–490), während er an den Tod der verräterischen Mägde denkt.

Die folgende Nacht quält den O. die Frage, wie er wohl allein die Überzahl der Freier töten und dann auch noch sicher entkommen könne (20,28–43). Athene meint, er habe unter ihrem Schutz Grund zum Selbstvertrauen (20,45–53). Daß er auch Freunde hat, beweist ihm nun auch der Hirt Philoitios (20,185 ff), als Melantheus (173–184) ihn wieder beschimpft und seinen Zorn geschürt hat. Dem Philoitios wird er schwören, er werde noch (wenn er will) «mit eigenen Augen» die Freier alle getötet sehen (227–234). Es scheint, daß Telemach das Folgende inszeniert: Die Freier treffen sich zum Mahl, und O. sitzt bei der Schwelle auf einem «ärmlichen» Stuhl an einem winzigen Tisch, während die Freier allen Streit vermeiden sollen. Wichtig nun (20,276–278) die Festhekatombe für ⇒ Apoll (den «Fernhintreffer» mit dem Bogen!), ein bedeutsamer Hinweis auf die bevorstehende Wiederherstellung der gehörigen Ordnung. Den Zorn des O. nährt jetzt Ktesippos, der einen Rindsfuß nach ihm schleudert, dem er mit einer leichten Kopfbewegung knapp entgeht, und auch den Zorn hinter einem Lächeln verbirgt. Bald wird Theoklymenos, ein Schützling des Telemach, vor Eurymachos den Freiern ein blutiges Ende voraussagen (20,351–370). Er erntet nur Spott und verläßt das Haus.

Es entspricht sicher dem Plan von Vater und Sohn, wenn Penelope den Freiern einen Wettkampf im Bogenschießen vorschlägt (21,67ff). Die Waffe sei der berühmte Bogen des Eurytos, den O. einst von Iphitos erhielt, aber nie im Kampf benutzte: Wer ihn leicht zu spannen wisse und dann damit durch das Schaftloch von zwölf aufgereihten Äxten zu schießen vermöchte (vgl. Apollodor, Epit. 7,33; Hygin, Fab. 126), dem werde sie folgen. Eigentlich entwickelt der Vorschlag nur einen Gedanken des Telemach weiter, der den Freiern ungeheuer (fast gespenstisch) lächerlich erschienen war, wohl weil er vorsah, das Erbe des O. dem Sohn zu überlassen (20,339–349). Nachdem sich alle mehr oder weniger lächerlich gemacht haben bei dem Versuch, wird der «Bettler» (von seinem Stuhl aus!) die Aufgabe mühelos bewältigen (21,393–423). Wie er zuvor Bogen und Sehne geprüft hat wie eine Lyra, erinnert wenigstens uns an Apoll, dessen Pfeil einst den anmaßenden Eurytos mit dem Tod bestrafte, ihn in die Schranken wies! Das ist der Moment für O., die Maske fallen zu lassen (22,1ff) und sein Vorhaben mit einem Anruf des Gottes zu beginnen. Als erster fällt Antinoos, in die Kehle getroffen, gerade als er den Humpen hebt (22,9–15). Das allgemeine Morden ist eigentlich eine blutige Schlacht, in der O. mit Hilfe seiner wenigen Verbündeten (Telemach, Eumaios und Philoitios) obsiegt. Am Ende sieht Eurykleia ihn von Blut und Schmutz besudelt inmitten von blutenden Leichen (22,404–406). Das Ganze sei ein gottgewolltes Strafgericht, erklärt er ihr und bereitet die Hinrichtung der schuldigen Frauen vor (22,410–418).

Die rechte Ordnung ist wiederhergestellt, wirklich heimgekehrt ist O. erst, als Penelope ihn erkennt und beider Erwartung sich damit erfüllt. Symbol der Einheit werden Schlafgemach und Bett, das der Mann einst für sie beide baute: um, unter und mit einem Olivenbaum und also unter der Autorität der Athene (23,183–204). Er wird der Frau von seinen Abenteuern erzählen (23,310–343). Zuvor aber hat er ihr (264–284) berichtet, was der Wahrspruch des Teiresias ihm über sein künftiges Leben gesagt hat (s. o.). Erst jetzt findet der Held Anlaß, auch den Vater aufzusuchen und sich ihm, nicht ohne auch ihn zuvor mit einer Lügengeschichte zu prüfen (24,302ff), zu zeigen (24,321ff).

V. Über den weiteren Weg des O. bis zu seinem Tod geben die Mythographen viel Widersprüchliches, wobei der Mann zumeist nichts mehr mit dem Homers zu tun hat.

Lykophron (793 ff): Wie eine alte Krähe werde O. in runzligem Alter mit seinen Waffen den Schutz des Meeres fliehen und bei den Wäldern des Neriton sterben. Der tödliche Dorn des sardischen Fisches werde ihn mit einer schwer zu heilenden Wunde verletzen und töten. Seinen Sohn werde man den Schlächter des Vaters nennen.

Ausführlich Apollodor (Epit. 34–37): Gehorsam dem Wahrspruch des Teiresias (Od. 11,119–131), opfert er dem Hades, der Persephone und dem Teiresias, wandert zu Fuß durch Epirus, kommt zu den Thesprotiern und versöhnt dort den Poseidon. Er heiratet Königin Kallidike von Thesprotien, hat den Sohn Polypoites mit ihr und bewährt sich als Verteidiger gegen Nachbarvölker. Nach dem Tod der Kallidike übergibt er dem Sohn die Herrschaft. Er selbst geht nach Ithaka, wo er Poliporthes, einen Sohn von Penelope, trifft (vgl. Pausanias 8,12,6). Derweil möchte Telegonos, ein Sohn von Kirke, den Vater kennenlernen, kommt nach Ithaka, vergreift sich an den Herden, trifft auf die Gegenwehr eines Mannes, verletzt den mit seinem Speer, dessen Spitze der Stachel eines Rochens ist, und der Mann stirbt an der Wunde: Telegonos hat seinen Vater getötet! In seinem Kummer bringt er den Leib und die Penelope zu Kirke, dort heiratet er die Penelope, Kirke schickt sie beide zu den Inseln der Seligen (vgl. die Ausarbeitung bei Dictys Cretensis 6,14).

Andere behaupteten (Apollodor, Epit. 7,38–40), Penelope sei von Antinoos verführt und von O. heimgeschickt worden zum Vater Ikarios, wo sie dem Hermes den ⇒ Pan geboren habe, dessen Anblick den O. (in «panischem Schrecken»?) veranlaßte, sich sogleich wieder auf die Wanderschaft zu machen (nach dem Myth. Vat. I 89 stirbt O., ehe Mercur auftritt). Auch hieß es, O. selbst habe sie getötet, weil sie sich von Amphinomos hatte verführen lassen. Wieder andere berichten, O. sei von den Familien der getöteten Freier verklagt und dafür dem Schiedsurteil des Neoptolemos von Epirus unterworfen worden. Der habe sich Kephalenia aneignen wollen und dazu den O. in das Exil geschickt. So sei O. schließlich nach Aitolien gegangen zu Thoas, habe dessen Tochter geheiratet, mit ihr den Sohn Leontophonos gezeugt und sei in hohem Alter gestorben.

Servius notiert (Aen. 2,44), Ulixes sei heimgekehrt und habe bei seiner Frau einen Knaben namens Pan gefunden, ein Kind von «allen Freiern». Nach anderen habe sie das Kind von Mercur, der ihr in Gestalt eines Bocks beiwohnte. Erschrocken vom Anblick sei er davongelaufen. Gestorben sei er entweder an Altersschwäche oder von der Hand des Sohnes Telegonus, am Stachel eines Meerungeheuers (vgl. die Variante bei Lykophron 796). Nach Hygin (Fab. 127,2) bringt man (auf Anordnung der Minerva) den Leib des Ulixes nach Aeaea und begräbt ihn dort (ebd. 3). Dann läßt die Göttin Telegonus die Penelope, Telemach die Circe heiraten (Circe und Telemach werden den Latinus zeugen, Penelope und Telegonus den Italus: Ersterer hat der lateinischen Sprache den Namen, letzterer Italien den Namen gegeben [ebd.]).

Ptolemaios Hephaistionos vermerkt (Photios, Cod. 190, 150a, Bd. 3, S. 62), eine tyrrhenische Zauberin (die wohl bei Circe gelernt hat) habe den Mann in ein Pferd verwandelt und ihn bei sich behalten bis zu seinem Tod vor Altersschwäche. Die Frau trug (nach einem Turm) den Namen «Meer» (Ἁλός), was schließlich den Satz bei Homer verständlich mache (Od. 11,134): «dann wird das Meer dir den süßesten Tod bereiten».

Aischylos läßt Teiresias den O. sein Ende wissen: Ein Reiherschiß aus der Höhe werde auf sein altes, kahl gewordenes Haupt fallen, und eines Seetiers giftiger Stachel darin werde Brand verursachen (Psychagogoi, Frg. 92, S. 579, Schol. zu Vulg. Hom. [= 11] 134). Lukian, «Podagra» 261f: Man sage, O. sei an einem Fischbein gestorben. In Wahrheit starb er an der Gicht.

Es gibt auch einige Hinweise darauf, daß O. schließlich nach Italien kam. Lykophron (805f) schreibt, seine Asche werde im Land bei Gortyn beigesetzt werden, in oder bei Cortona wohl. Plutarch (Quaest. Graec. 14) berichtet von einer Klage der Angehörigen der erschlagenen Freier gegen O. Neoptolemos schlichtet, und O. geht in die Verbannung, am Ende in Italien (interessant hierzu Olympiodoros von Theben: O. sei auf seinen Wegen nicht nach Sizilien gekommen, sondern in Gegenden weit von den Ufern Italiens unterwegs gewesen; Historikoi logoi, in Photios, Bibl., Cod. 80, 63a, Bd. 4, S. 186).

B In der Menge seiner fürstlichen Gefährten vor Troia dürfte O. zunächst nicht aufgefallen sein, sofern die ihn an Körpergröße zumeist überragten: «Niedriger an Haupt» als Agamemnon sei er gewesen (Il. 3,194), von seiner «mittleren Statur» wird Dares Phrygius reden. Anderseits ist er bemerkenswert breit an Brust und Schultern (Il. ebd.), wenngleich (der größere) Menelaos ihn darin übertrifft (Il. 3,209–211). So steht ein wohl stämmiger Mann vor uns, den Dares Phrygius «wohlgestalt» («formosus») nennen wird.

Außer diesem Rahmen von Größe und Proportion bleibt uns das Leibliche des Mannes in einer Fülle unterschiedlicher Erscheinungen verborgen: «Schwer erkennt dich, o Göttin, ein Sterblicher, der dir begegnet, / Ist er auch noch so geübt; denn du nimmst jede Gestalt an.» Was O. hier der Athene sagt, gilt gleichermaßen für ihn selbst, den die Göttin ihresgleichen unter den Sterblichen nennt (Od. 13,297 ff). In diesem Sinn läßt Homer den Mann auf seinem langen Lebensweg (wie einen Schauspieler) nur jeweils nach Maßgabe seiner jeweiligen Rolle sehen. Maskierung gehört zu seinem Wesen, und der Dichter zeigt ihn uns gern gleichsam durch die Augen seiner Betrachter, eben so, wie er gesehen werden will: «aber Athene / Goß ihm göttliche Anmut über das Haupt und die Schultern / Und ließ ihn den Blicken noch größer und voller erscheinen, / Machte ihn allen Phäaken lieb und würdig von Ansehn ...» (8,18). Laodamas (Od. 8,134–137) beobachtet (wohl ironisch) an dem Schiffbrüchigen kraftvolle Schenkel, Schienbein und Arm sowie einen wuchtigen Nacken. Stärke und Spannkraft ließen einen guten Ringer vermuten wie ganz ähnlich in 18,66 ff, wo es ebenso um den möglichen Ringer geht; Athene «stärkt» ihm die Glieder (18,70). 13,397 ff, Athene zu O.: «Aber damit dich niemand erkennt von den Sterblichen allen, / Laß ich dir schrumpfen die schöne Haut der geschmeidigen Glieder, / Tilge am Haupt die braunen Haare und leg einen Lumpen / Um dich, daß man mit Abscheu sieht den Mann, der ihn anhat. / Und ich mache die Augen dir trüb, die früher so schönen, / Daß du unansehnlich erscheinst vor allen den Freiern / Und deiner Frau und dem Sohn»; 13,429 ff: «Sprach's und berührte ihn mit dem Zauberstabe (ῥάβδος = eig. Stab), Athene, / Und ließ schrumpfen die schöne Haut der geschmeidigen Glieder, / Tilgte am Haupte die blonden Haare (kahlköpfig ist der Bettler: Od. 18,355) und legte dann ringsum / Ihm um all seine Glieder die runzlige Haut eines Greises. / Und sie machte die Augen ihm trüb, die früher so schönen;/Warf einen schlechten Lumpen um ihn sowie einen Leibrock,/Ganz verschmutzt und zerschlissen, entstellt von häßlichem Rauche,/Legte um ihn das abgewetzte Fell eines großen/Hirsches, gab einen Stab ihm und einen schäbigen Ranzen,/Einen ganz zerlöcherten, mit einer Kordel als Tragband.» In anderer Richtung, vor Telemach (16,172–176), wo die Göttin ihm Leibrock und «gutgewaschenen» Mantel anlegt und ihn größer und jünger erscheinen läßt. Braun wird wieder die Haut, und die Wangen straffen sich, das Barthaar wird wieder blauschwarz (!).

Es charakterisiert den Schauspieler, wenn wir sein blondes (ξανός) Haar nur in einem Moment kurz vor einer Verkleidung sehen (Od. 13,399 u. 431; vgl. aber 16,176). Große Ohren hat man ihm sicher aus Gründen der Namensetymologie nachgesagt (Ptolemaios Hephaistionos, Photios, Cod. 190, 147a, Bd. 3, S. 53; vgl. o.). Wie immer er eigentlich ausgesehen haben mag, unverändert an ihm bleibt sicher eine Narbe, an der man ihn schließlich auch erkennen kann, und auch sein Hund erkennt ihn.

Diesen O. läßt Homer uns als Redner (vor Antenor) und damit bei einer seiner ureigenen Tätigkeiten anschauen (Il. 3,216 ff): Er erhob sich, schaute zu Boden, «den Blick auf die Erde geheftet,/Und bewegte den Stab nicht rückwärts und auch nicht vorwärts,/Sondern hielt ihn steif in der Hand, einem linkischen Mann gleich;/Leicht hättest du gesagt, daß er unverständig und stumpf sei./Aber sobald er der Brust die große Stimme entsandte/Und die Worte so dicht wie Schneegestöber im Winter,/Hätte kein anderer Sterblicher sich mit O. gemessen;/Da bestaunten wir nicht mehr so die Gestalt des O.» Hier wird offenbar der mentale Leib über den physischen gestellt: bemerkenswert in einer Welt, die den Homer immer wieder von leiblicher Schönheit und vor allem Kraft reden läßt (vgl. Gellius 1,15,3, mit einer interessanten Ausdeutung der Brust [«pectus»] als Ursprungsort der Rede). Hieran mag Ovid anschließen (Ars 2,123): Hübsch («formosus») sei Ulixes nicht gewesen, doch beredt, gleichwohl habe er Meeresgöttinnen den Kopf verdreht («Non formosus erat, sed erat facun-

dus Ulixes / Et tamen aequoreas torsit amore deas.» Beredsamkeit
– wie die Schönheit – im Dienst der Liebe [143 f]; ein Beispiel auch
für den diskursiven Charakter der Liebe; ⇒ Eros). Innere Werte
gelten demnach mehr als leiblicher Reiz (zum Gegensatz von leiblicher Gestalt und Verstand sowie Gestalt der Rede vgl. Homer,
Od. 8,166–177).

Zur Inszenierung des Redners gehört die Körpersprache, wenn
er im Gedenken an den toten Achill sich die Augen wischt, wie
wenn sie tränten (Ovid, Met. 13,132 f). In Rede kann er sich auch
eitel kleiden und beeindrucken, wenn er z. B. der Calypso Einzelheiten seiner Tüchtigkeit bei der Dolonie erzählt (Ovid, Ars
2,125–140). – Der Steckbrief, den Dares Phrygius (13) zu Erscheinung und Wesen des Ulysses geben wird, verdeckt eigentlich mit
eben seiner Anschaulichkeit den O. Homers: Wohlgestalt («formosus») nennt er ihn, ränkevoll («dolosus»), von heiterer Miene
(«ore hilari»), von mittlerer Statur («statura media»), beredt sei er
und weise («sapiens»; vgl. den anschließenden Diomedes).

Sein Wesen wird leicht sichtbar im Vergleich mit Achilles einerseits (1) und in seinem Verhältnis zu Palamedes anderseits (2), wobei ersteres ein Gegenstand Homers, letzteres wesentlich ein
Thema spätantiker Autoren ist.

1. Achill weiß von der Mutter (Il. 9,410) die Wahl zwischen frühem Tod, der ihm Ruhm einbringt, und der Heimkehr, die ihm
zwar ein langes Leben, aber keinen Ruhm einbringen würde: Eben
letzteres wählt O. Ihrer Anlage und deren Anwendung nach verhalten O. und Achill sich zueinander wie der Kopf zur Hand (vgl.
o.). Auffällig, daß O. in der «Ilias» (anders als Achill!) sein Talent
in den Dienst des Gemeininteresses der Griechen vor Troia stellt,
während in der «Odyssee» es wesentlich dem eigenen Überleben
und dem seiner Gefährten dient. Daß O. einer ist, der allfälligen
Problemen zunächst mit dem Kopf begegnet, zeigt er auch mit
eben seiner Begabung zur Eloquenz (vgl. Platon, Phaidros 261b,
wo er mit Nestor als Autor von Anweisungen ein Paradigma der
Redekunst ist).

2. Augenscheinlich wird O. an keiner Stelle als Erfinder vorgestellt. Das ist bedeutsam im Vergleich mit seinem Gegner Palamedes, dem Erfinder vieler nützlicher Dinge, vielleicht dem Erfinder schlechthin (vgl. Platon, Phaidros 261d). Den Konflikt löst Palamedes aus, indem er eine täuschende Maskierung des O. durchschaut und damit dem anderen den Nutzen einer Erfindung streitig macht: Auch O. läßt sich also durchaus verstehen als Erfinder, sofern jegliche Inszenierung unsrer selbst oder anderer eine Erfindung ist. Das gilt für jede Poiesis/Poesie (von griech. ποιεῖν, poiein = machen, erdichten, herstellen, erfinden) und damit auch für List und Trug, für Akte, deren Ziel es ist, durch Verstellung vor anderen einen Vorteil zu erlangen. Zu diesem Ende ist ihm seine Eloquenz – beim Erfinden auch von Geschichten – ebenso dienlich wie das jeweils zur Rolle passende Gewand. Besonders interessant aus dieser Sicht sind seine «Lügengeschichten» schließlich in Ithaka. Sie werfen zugleich einen «Schatten» auf die Geschichten vor den Phäaken.

Man hat beobachtet, daß Palamedes (in der Mythographie) als Erfinder mit ⇒ Prometheus, ⇒ Orpheus, → Kadmos und → Daidalos «konkurriert» (Kl. Pauly, Bd. 4, Sp. 418). Wir können nun sagen, daß er dem O. in einer echten Konkurrenz unterliegt: Die beiden verhalten sich zueinander als Gegner in einem Kampf der Köpfe. O. versucht, sich hinter einer Rolle zu verstecken, aber der andere durchschaut die Maske. O. inszeniert dagegen ein Spiel für Dritte, in dem er den ahnungslosen Gegner zum Spieler macht: Palamedes erkannte den O. hinter seiner Maske, Agamemnon nimmt die dem Palamedes listig/tückisch aufgezwungene Maske für den Mann: ein Triumph des Erfinders O., der sich vor allem auf diese Weise als Günstling der kopfgeborenen Athene erweist. Als schicksalhafter Ausgleich dieser Tat muß sein eigenes Ende erscheinen, wenn er schließlich irrtümlich von der Hand des eigenen Sohnes Telegonos stirbt (Telegonie, Proklos, Chrest. in Photios, Cod. 239, 319a, Bd. 5, S. 157).

Den Günstling der Athene, die Kopf und Hand zusammenzubringen weiß, zeigt auch die Handfertigkeit, mit der er ein seetüchtiges Floß sowie Schlafzimmer und Bett zu fertigen weiß (vgl. auch Aelian, Hist. var. 7,5; mit Verweis auch auf Achill).

Musisches Talent scheint ihm (anders als Achill) zu fehlen. Seine «Lyra» ist augenscheinlich der Bogen des Eurytos (Od. 21,405–409). Tanz weiß er zumindest zu schätzen: Homer zeigt, wie er «das Geflimmer der Füße» beim Tanz der Phäaken bestaunt (Od. 8,256–258; vgl. Lukian, Über den Tanz 13).

Ptolemaios Hephaistionos weiß, daß O. in Tyrrhenien an einem Flötenwettbewerb teilnimmt und gewinnt: Er habe den «Fall Ilions» des Demódokos gespielt (Photios, Bibliotheke, Cod. 190, 150a, Bd. 3, S. 70; vgl. Od. 8,72 ff u. 492 ff).

Die moralische Bewertung des O. schwankt durch die Zeiten zwischen zwei Extremen: Den einen ist er ein verwerflicher Schurke, den anderen ein Vorbild an kluger Lebenstüchtigkeit.

Letzteren zeigt Homer. Ersterer mag seine anstößigen Eigenschaften schon in vorhomerischer Zeit gezeigt haben (Kl. Pauly, Bd. 4, Sp. 238), aber eindeutige Gestalt nimmt er erst in spätantiken Ausarbeitungen an. Die moralische Zwiegesichtigkeit ist vielleicht schon in seiner genealogischen Abkunft von Sisyphos und Hermes angelegt (s. o.). Sicher spielt auch Parteilichkeit der Berichterstatter eine Rolle: Vergil urteilt aus troischer Sicht, ebenso Dares Phrygius. Nach Pindar (Nem. 7,20 ff; vgl. Nem. 8,21 ff) hat O. weit über die Bedeutung seiner Leiden hinaus dank Homer Ruhm erlangt. Das heißt, Dichtung habe ihn berühmter gemacht, als er verdiente. Hätten die Griechen schon vorher seinen wahren Charakter gekannt, hätten sie ihn nicht dem Aiax vorgezogen.

Hinter dem Konflikt steht deutlich ein Konflikt moralischer Kriterien, den Sophokles (Philoktet, Übers. von Heinrich Weinstock) im Beisammen von O. und Neoptolemos veranschaulicht, als es darum geht, gemeinsam ein Problem zu lösen. Grundsätzlich gibt es da zur Bewältigung der Aufgabe drei Optionen: 1. Gewalt, die sich aber wegen der Gefährlichkeit des Gegners verbiete. 2. Überredung, die O. für aussichtslos hält. 3. Den Gegner «mit List und schlauer Rede» zu hintergehn (56). Dagegen – wie überhaupt gegen das Lügen – optiert der Sohn Achills für Gewalt (90), denn es sei besser (95), ehrlich das Ziel zu verfehlen, «als mit Falschheit zu siegen». Darauf (schmeichlerisch?) O. (96–99): «Des besten Vaters Sohn! (Vgl. Homer, Od. 3,120–123.) Auch ich als Jüngling / brauchte nur die Faust und ließ die Zunge ruhn. / Nun weiß ich aus Erfahrung, daß das Wort / Die Welt regiert und nicht die Kraft der Fäuste» (eine klare Absage an Gewalt überhaupt!). Auf die Frage (108–111), ob denn lügen nicht schimpflich sei, kommt die Rechtfertigung: «Nein, wenn die Lüge einzig Rettung bringt.» Aber wie dann dem anderen ins Auge sehn? «Wer nach Gewinn strebt, darf nicht heikel sein.» Das ist der Günstling der Athene, Göttin der Beute, der Kriegerin, die dem Ares deswegen ein Ärgernis ist, weil sie an Rat und Einsicht, an Witz und Schlichen ihm überlegen ist: Er ist eben vor allem «Arm». Übrigens zeigt O. hier zugleich auch seine Kunst, wenn er den Neoptolemos überredet.

Weisheit bezeugt der Chor dem O. (Sophokles, Aias 1374 f), als er sich gegen die Atriden für die Beerdigung des unterlegenen Aias einsetzt (1328 ff), dem er den Respekt erweist, den er einst auch für sich selbst erwartet, und auf den Vorwurf, nur für sich selbst zu sorgen, ergeht das Bekenntnis (1367): «Für wen soll mehr ich sorgen als für mich?» So redet einer, der überleben will.

Lukian wird in diesem Mann den Notlügner sehen: O. als Beispiel für den, der lügt, um sein Leben zu retten und zu den Gefährten zurückzukehren («Der Lügenliebhaber oder Zweifler» 1).

Das ist O. «polýmetis» (πολύμητις), der erfindungsreiche, voll von allerlei List (δόλος, dólos) und «dichten Gedanken» (Il. 3,202). An μῆτις (metis = Klugheit, Einsicht; Plan, Rat) dem Zeus vergleichbar (Il. 10,137; s. auch Od. 13,297 ff).

Der «Dulder» ist auch dieser Mann, der sich immer wieder zu wehren hat und dazu sich eben seiner Mittel bedient (s. Il. 8,97; vgl. Vergil, Aen. 3,613: «infelix» = der Unglückliche).

Schon Vergil nennt den O. / Ulixes «dirus» (schrecklich, unheilvoll) und «saevus» (grausam, wild: z. B. Aen. 2,7), auch einen

«Schwätzer» («fandi fictor») vor Alcinous (Aen. 9,602). Ein lügnerischer Tugendschwätzer («mendax aretologus») ist er bei Juvenal (15,14 ff). Anlaß, den O./Ulisses moralisch zu verwerfen, gibt eben der Listige und Ränkevolle, vor allem aber die Art, mit der er den Palamedes zu Tode bringt, worüber man sich überhaupt viel Gedanken macht (s. o.; vgl. auch Philostrat, Her. 34). Dictys Cretensis (2,15) erzählt, O. und Diomedes hätten den arglosen Mann mit der Aussicht auf einen Schatz veranlaßt, in einen Brunnen zu steigen, wo sie ihn dann unter Felsgestein begruben (also in einer Steinigung eigener Art). Grund für die Tat sei gewesen, daß der gegen die Schmerzen des Gemüts Schwache O. (der «Verrückte»?), voller Neid, nicht habe ertragen können, daß ein besserer ihn übertrifft («consilium de interficiendo Palamede ineunt, ..., quod imbecillum adversum dolores animi et invidiae plenum anteiri se a meliore haud facile patitur.»; vgl. hiermit Aiax bei Ovid, Met. 13,55 ff). Ausarbeitungen der Geschichte um den Erwerb des Palladiums zeigen gern einen heimtückischen O. (vgl. Servius, Aen. 166). Freche Räuber des Palladiums nennt Vergil den O. und Diomedes (Aen. 2,167 ff; vgl. Augustin, Civ. 1,2).

Durch die Zeiten überwiegt – mit vielerlei Begründung, auch nachsichtig – die freundliche Wertschätzung.

Die «Ilias Latina» (139) redet vom ratberühmten («consiliis illustris») Ulixes, sogar vom Erfinder der Täuschung («fraudis commentor»; ebd. 527 u. 579). Petrarca (Africa 3,376) nennt ihn den schmeichlerischen («blandus») Ulixes. Alain de Lille (1128–1203; 1,144 f) wird behauptet, mit Hercules (Alcides) und Ulixes hielten Leibesstärke und Verstand einander die Waage («Alcidem uigor armat, sensus Ulixem»). Hektor blitzt in Waffen, den Ulixes läßt das Strahlen seines Geistes funkeln («Hector in armis / fulgurat, ingenii radio scintillat Vlixes»; ebd. 6,226–228). Der Allergescheiteste («sapientissimus») ist Ulixes für Fulgentius (Virg., St. 751, Helm S. 94; vgl. ders., Myth., 2,8, St. 684, Helm S. 48). Den Scharfsinnigsten («astutissimus») nennt ihn der Myth. Vat. I 20.

Kyniker und Stoa, die in ihm eine Verkörperung der Weisheit

sieht, schätzen ihn besonders. Für Seneca ist die «Odyssee» Metapher für das menschliche Leben – die «Lebensfahrt», O. selbst der durch Leid Unbesiegte, der Überwinder der Lüste, der Sieger über alle Erden («De constantia sapientis» 2, zit. nach H. Rahner, s. Lit., S. 425; vgl. Manilius 763 f). Macrobius (Sat. 7,13,25 ff) mit Bezug auf Homer, Od. 6,218, sagt, er sei der göttliche Seher, der in allem der Natur folge (merkwürdigerweise aus Anlaß von Od. 6,218).

Horaz zeigt Wertschätzung u. a. mit Epode 16,57 ff, einem Zitat nach Vergil Ecl. 4,34 ff, wo er den Ulixes an die Stelle des Achill setzt.

Er ist der Weise, der allen Versuchungen (Sirenen, Kirke) widersteht und aus allen Prüfungen als Sieger hervorgeht, ja, der Weise schlechthin (Honorius Augustodunensis, Speculum Ecclesiae (PL 172, 857 A; vgl. Myth. Vat. III 9).

Athenaios möchte (mit Hinweis auf Od. 9,5 ff; vgl. 8,248) in O. einen Wegweiser für die Sinnenfreude Epikurs sehen. Aber vielleicht habe er das nur gesagt (!), um den Phäaken zu gefallen (12 a–c; vgl. auch ebd. 12,512b; vgl. die Diskussion zum Thema O. und Epikur bzw. Stoa bei Lukian, Der Parasit 10: im Anschluß an Homer, Od. 9,5 ff u. 9,11 sowie ebd. 13,79 u. 92).

Zumeist zitiert man einen beispielhaften (passenden!) Moment, der besonderes Interesse findet, vor allem die Passage der Sirenen, Kirke / Circe und Polyphem.

Für den Neuplatoniker Plotin (Enn. 1,6,8) besagt die Flucht fort von der Zauberin Kirke und von der Kalypso, daß O., obwohl er sich inmitten der Vergnügungen des Gesichts und der sinnlichen Schönheiten aller Art befand, er dennoch dort nicht verweilen wollte, «denn unser Vaterland ist, wo wir herkommen (vgl. Il. 2,140), und dort droben ist unser Vater» (vgl. das Höhlengleichnis bei Platon).

Christliche Bewertung sieht den Mann zumeist positiv, während das ritterliche Mittelalter kaum Interesse an ihm zeigt.

Ein kritisches Urteil aus christlicher Sicht hat Clemens von Alexandrien (Exhort. 9,71P.): «Der Rest hängt an der Welt, wie

Seegras an den Felsen im Meer hängt, und hält wenig von Unsterblichkeit. Die sind wie der alte Mann von Ithaka, den es nicht nach der Wahrheit und dem Vaterland im Himmel verlangt noch nach dem Licht, das da wahrhaft ist, sondern nach dem Rauch des Herdes» (vgl. Od. 1,56 ff: «aber O. / Möchte den Rauch noch sehn, wie er von der heimischen Erde / Aufsteigt, und dann möchte er sterben»). Sodann die Mahnung an O. (ebd. 12, 91 P.) mit Hinweis auf Od. 12,184 f: «Sie preist dich, Seemann, sie nennt dich berühmt in ihrem Gesang; die Hure würde den Ruhm der Griechen zu ihrem eigenen machen: Laß sie bei den Leichen; ein himmlischer Wind kommt dir zu Hilfe ...» (Verweis auf Hesiod, Erga 373 f). «Fahr vorbei am Gesang, er bewirkt Tod. Entschließ dich nur, und du hast den Untergang besiegt; an das Holz des Kreuzes gebunden, wirst du frei sein von allem Verderben. Dein Steuermann soll sein das Wort Gottes und der Hl. Geist soll dich zum himmlischen Ankerplatz führen.» Schließlich die Wendung zu 1. Kor. 2,8–10. Auffällig hier das christliche Kreuzigungsmotiv: Für frühchristliche Autoren ist O. häufig der Mann Gottes, der mit Hilfe des Kreuzes den Versuchungen des sinnlichen Vergnügens trotzt.

Die moralisierende Allegorese im Mittelalter sieht den Ulixes / O. durchwegs positiv (Myth. Vat. III 11,9): Die Scylla passiert er, weil die Wollust den Weisen nicht besiegt. Als Bild der Weisheit («sapientia») überwindet der Wanderer («peregrinus») Ulixes / O. den Polyphem, ein Bild der (bloßen) Klugheit («prudentia»), denn die Weisheit weiß um die Hinfälligkeit aller weltlichen Dinge. Der Schiffsmast steht für die Tugend, an die sich der Mann binden läßt auf seiner Reise in ewige Glückseligkeit (usw.; → Sirenen).

In humanistischer Bewertung schreibt Petrarca mit Blick sicher auf den «Dulder» (Fam. 13,4,10–11; in freier Übersetzung): «Hercules hätte in Frieden leben können, hätte seine unbezwingliche Tugend ihn nicht seine zwölf Taten und andere vollbringen lassen. Ulixes hätte ruhen können, hätte nicht sein unersättliches Verlangen nach Kenntnis (‹inexplebile desiderium multa noscendi› = seine unersättliche Neugier?) ihn über Land und das Meer fortgerissen. Eine beschwerliche (lästige) Tugend, die die Ihren nicht ruhen läßt, eine beschwerliche Tugend, sage ich, aber eine ruhmreiche und glänzende, die zwar Mühe einbringt, doch auch Liebe und Bewunderung. Es ist eben diese, welche den Ulixes (wenn die Geschichte wahr ist) aus dem Versteck seines vorgeblichen Wahns ebenso herausholte wie den Achill aus dem Versteck heimlicher Liebe und nach Troia führte. Dabei war weder dem einen der eigene Verstand noch dem anderen der seiner Mutter hilfreich. Die Tugend ist eine Gegnerin allen Planens und sie hat die Verstellung zerstört: Große Männer können wie hohe Berge sich nicht verstecken. Wen die Natur ungewöhnlich begabt hat, der muß sein Leben in ständiger Mühsal verbringen, und wenn es ihm einmal gelingt, den Wirbelstürmen des Geschäfts zu entfliehen, dann werden die ihn auch inmitten der Wüste zu finden wissen.»

In der Emblematik der Renaissance steht der Sieg des O. über Kirke für den Sieg über die Verführung: RARA CONCORDIA FORMAE ET PUDICITIAE («Seltene Eintracht von Gestalt und Keuschheit»; Mathias Holtzwart, Nr. 26; H./S., Sp. 1696). Die Sirenen (SIRENES) sind Metaphern in erster Linie für Verführung und Laster (Alciat [1550], Held Nr. 94; H./S., Sp. 1697). VTILIS ELOQUENTIA PROFUGIS («Beredsamkeit nützt dem Flüchtling») sagt ein Emblem und zeigt den Ulysses, wie er Alcinoos und Nausicaa um Hilfe bittet (Soto, S. 49; H./S., Sp. 1701). Unter dem Lemma LAUS IN FINE («Der Ruhm gilt dem Ausgang») werden Ulysses und Achill miteinander verglichen. Das Troianische Pferd erklärt ein Emblem zum Betrug unter dem Anschein der Religion (SPECIE RELIGIONIS; Saavedra Fajardo, Nr. 127; H./S., Sp. 1690; vgl. dort auch anderes zum Thema).

Eine Stimme der Gegenreformation: Nach Picinello (3,58,163, S. 175) zeigten Jesuiten in Belgien mit einem Bild den an einen Mast gebundenen Ulysses, der sich mit den Händen die Ohren zuhält, um ihn herum der Chor der Sirenen. Das Ganze, «symboli loco», ein Bekenntnis zum Keuschheitsgebot gegen die Verführungen der Venus und anderer Lüste.

O./Ulixes ist bis in unsere Tage aktuell geblieben, was sich vor allem in der Literatur zeigt (s. Herbert Hunger, Allg. Bibl., S. 282 ff). Sicher einer der bedeutendsten Reflexe der homerischen Figur in der Moderne ist James Joyce, «Ulysses», 1921.

C Daß O. ein König ist, kommt in der Bildkunst selten zum Ausdruck, wie z. B. in der «Aeneis»-Ausgabe des Sebastian Brant (Johann Grüninger, Strassburg 1502, zu 2,260f), wo wir «Ulisses» zwischen «Sthenelaus», «Pyrrhus» und «Menelaus» sehen (alle in voller Rüstung soeben dem hölzernen Pferd entstiegen; ein weiterer hat sich gerade aus dem Bauch des Tiers abgeseilt), gleich den anderen Fürsten mit einer Krone über dem Helm. Eine Krone trägt auch O. auf der Darstellung eines Teppichs der O.-Serie in Hardwick Hall (1550/60; The National Trust): Beim Streit um die Waffen des → Achill tragen die Streiter – O. und Aiax (→ Aias I), beide im Zeitkostüm – eine Krone.

In der Regel scheint sein Typus geprägt durch die erduldeten Leiden – ein Mann in reiferen Jahren mit durchfurchtem Gesicht, ernstem, nachdenklichem, oft melancholischem oder sorgenvollem Ausdruck. Unter den sieben Haupthelden der «Ilias», die Johann Heinrich Tischbein nach antiken Köpfen zu einer Komposition zusammenfaßt (alle nebeneinander im Profil nach rechts), sieht man O. im charakteristischen Typus als reiferen Mann mit Kinn- und Backenbart, den Pilos auf dem Kopf (Illustrationen zu «Homer nach Antiken», 1801–1805, mit Erläuterungen von Christian Gottlob Heyne). Johann Joachim Winckelmanns Schriften und Johann Kaspar Lavaters «Physiognomische Fragmente» sollen ihn bei der Charakterisierung der einzelnen Helden geleitet haben (Werner Hofmann: John Flaxman, Mythologie und Industrie, s. Lit., S. 205). Zunächst, d. h. in der archaischen und klassischen Kunst Griechenlands, unterscheidet O. sich kaum von anderen Helden und ist in der Regel nur durch die Namensinschrift oder den szenischen Kontext zu identifizieren. Seit dem Hellenismus sieht man ihn dann meist wie ⇒ Hephaistos (S. 333) mit dem Pilos, der Kopfbedeckung der griechischen Handwerker und einfachen Leute, und dem Schurz des Handwerkers – auch hierin dem Vulkan/Hephaistos ähnlich, dessen Typus als bärtiger älterer Mann von muskulösem Körperbau er häufig nahekommt. So zeigt ihn z. B. eine Marmorstatuette in Rom (flavische Kopie wohl nach späthellenistischem Original, Vatikan, Museo Chiaramonti, Inv. 1901; nicht korrekt ergänzt): Der mit dem gegürteten Chiton, kurzem Mantel und dem Pilos bekleidete O. reicht dem – zu ergänzenden Polyphem (Sitzstatue, Rom, Musei Capitolini) – eine schwere Schale mit Wein.

D Eine ungebrochene Popularität, wie sie → Aeneas seit Vergils Zeiten bis in die Neuzeit erfahren hat, ist dem O. versagt geblieben. Zu negativ ist sein Bild besonders unter dem Gesichtspunkt höfisch-ritterlicher Ideale. Erst gegen die Mitte des 16. Jh.s wird ihm eine Rehabilitierung zuteil, die sich sogleich in der Monumentalmalerei niederschlägt (s. *Zyklen*).

Der Themenkatalog ist unübersehbar, zumal in Anbetracht der Illustrationszyklen zur Odyssee. Der Archäologe und Kunstschriftsteller Anne-Claude-Philippe Caylus findet 257 ikonographische Sachverhalte in der «Odyssee» («Les tableaux», 1757)! Wir müssen uns also auf die am häufigsten behandelten Themen innerhalb von Zyklen und auf Einzeldarstellungen beschränken. Gelegentlich ist es aber angezeigt, gerade auf selten dargestellte Themen hinzuweisen.

I. Die Episoden vor und während des Troianischen Kriegs.

1. *Die Verwundung des O. durch den wilden Eber* (Od. 19,392 ff). O. tötet das Tier, nachdem es ihm eine Wunde am Bein beigebracht hat; an ihr wird Euryklea ihren Herrn erkennen (Od. 19,392 ff). Der erste der Teppiche aus der bedeutenden Serie in Hardwick Hall (1550/60; The National Trust) zeigt die Tötung des Tiers durch O. (s. *Zyklen*). Selten dargestellt.

2. *O. stellt sich wahnsinnig* (Hygin, Fab. 95; Myth. Vat. I 35; Myth. Vat. II 200). O. pflügt das Feld, Palamedes hat den Säugling

Telemachos vor den Pflug gelegt, O. schreckt zurück und beweist so, daß er Herr seiner Sinne ist. – Ebenfalls selten dargestellt, ist dies eines der acht Themen der Teppichserie von 1550/60 in Hardwick Hall (The National Trust; s. *Zyklen*). – Jacquio Ponce eröffnet mit dem Thema seinen Freskenzyklus in der Stanza di Ulisse im Palazzo Sacchetti (ehemals Ricci) in Rom (1555; s. *Zyklen*).

Das Thema gehört auch zu den 14 Episoden aus den Abenteuern des O., die Giovanni Battista Castello in einem Zyklus behandelt (1559; urspr. in Gorlago, Villa Lanzi, heute in Bergamo, Palazzo della Prefettura): O., mit dem charakteristischen Pilos auf dem Kopf, lenkt ein Gespann von Rind und Pferd, vor denen ein Bündel liegt (darin ist der kleine Telemach zu denken), während Palamedes seine Reaktion beobachtet (s. *Zyklen*).

3. *Die Überlistung des → Achill*

4. *O. bei der Opferung der ⇒ Iphigenie*

5. *O. und Aiax* (Der Streit um die Waffen des → Achill). Auf einem römischen Relief (Rom, Museo Nazionale Romano, Inv. 325) sieht man → Agamemnon über der Szene thronen, zu seiner Rechten erkennt man O. (mit Pilos), der (im Streit überlegen) nach dem Schwert des Achill greift, und zur Linken des Agamemnon den unterlegenen Ajax, der sich rasch entfernt.

II. Die Abenteuer der «Odyssee» (die Irrfahrt des O.)

1. *O. und seine Gefährten reichen Polyphem Wein* (Od. 9,346 ff; Hygin, Fab. 125,4; sog. Weinreichungsgruppe). Diese Episode ist in der antiken Bildkunst auffallend häufig dokumentiert. Hervorzuheben ist eine Gruppe von neun Skulpturen, die ehemals das Nymphäum des Pollio in Ephesus schmückte (um Christi Geb.; Selçuk, Museum). Die ursprünglich im Brunnengiebel stehenden (heute stark beschädigten) Figuren gruppierten sich um die Mittelfigur des alle überragenden, auf einem Felsen sitzenden Polyphem, dem (zu dessen Rechter) O. die Schale mit Wein reicht. Sie mag der oben erwähnten Statuette im Vatikan (s. **C**) ähnlich gewesen sein oder auch der O.-Statue aus der monumentalen Marmorgruppe vom Nymphäum des Kaisers Claudius in Baia (O., in Schrittstel-

lung, hält mit beiden Händen einen Becher, den er dem nur rudimentär erhaltenen Polyphem reicht). – Das Thema ist auch in der Grotte von Sperlonga (an der Tyrrhenischen Küste zwischen Rom und Neapel) in Szene gesetzt (vielleicht ein rhodisches Werk von 80–40 v. Chr., auf Geheiß des Tiberius nach Rom gebracht; s. *Zyklen*).

2. *Die Blendung des Polyphem* (Od. 9,375 ff; Hygin, Fab. 125,4). Diese Szene gehört zu den ältesten und am häufigsten dargestellten Themen der «Vita» des O. Vor allem die zahlreichen Beispiele in der griechischen Vasenmalerei spiegeln die Popularität dieser Episode wider. Auf einem Krater des 7. Jh.s v. Chr. z. B. (Argos, Museum, Inv. D 149) erkennen wir den riesenwüchsigen, auf dem Boden gelagerten Polyphem und zwei nackte bärtige Männer, die ihn mit einem langen dünnen Pfahl blenden.

Hervorhebung verdient eine monumentale Skulpturengruppe in der Grotte des Tiberius in Sperlonga (s. o.). Der Körper des Riesen – doppelt so groß wie die der Griechen – liegt auf dem Boden. Polyphem, dem der Weinbecher aus der Hand gefallen ist, schläft berauscht. O. richtet einen Pfahl auf das Gesicht des Riesen, der an der Nasenwurzel ein drittes Auge hat (die anderen beiden sind nur angedeutet, sind also als blind gekennzeichnet). – Unter den neuzeitlichen Darstellungen verdient jene des Pellegrino Tibaldi im Palazzo Poggi in Bologna besondere Erwähnung (s. a. *Zyklen* und **B**). O. (auffallend sein Helm mit mächtigem Busch), von winziger Gestalt, stößt einen Pfahl in das Auge des Polyphem, der sich in Schmerzen krümmt; im Mittelgrund zusammengedrängt die Schar der Gefährten des O.

3. *Die Flucht des O. und seiner Gefährten aus der Höhle des Polyphem* (Od. 9,425 ff; Hygin, Fab. 125,5). Ein in der griechischen Vasenmalerei sehr populäres Thema. Man erkennt O. unter dem Bauch des Widders, in der Hand das Schwert (schwarzfiguriges Bild eines Kolonettenkraters, 510/500 v. Chr.; Karlsruhe, Badisches Landesmuseum, Inv. B 32[167]; rotfigurige Darstellung auf einer Schale des Töpfers Pamphaios, 530/520 v. Chr.; Rom, Villa

Giulia, Inv. 27 250; Bronzeapplikation, 550/500 v. Chr., Delphi, Museum, Inv. 2560: O. mit Riemen festgeschnallt). Auf einer zweiten Schale des Pamphaios (510/500 v. Chr.; Rom, Villa Giulia, Inv. 50 385) folgen dem Widder des O. weitere, an deren Bauch Gefährten des O. gebunden sind.

4. *Polyphem attackiert das Schiff des O.* (Od. 9,475 ff). Als es O. nicht lassen kann, den Riesen vom Schiff aus anzurufen, versucht dieser, es mit Felsblöcken zu versenken. Das Thema ist u. a. Gegenstand eines Teppichs aus der Werkstatt des Frans van den Hecke (um 1650; vielleicht die Kopie nach einem verlorenen Stück der Serie in Hardwick Hall, s. *Zyklen*).

5. *O. und Kirke / Circe* (Od. 10). Eines der populärsten Bildthemen aus der «Odyssee». – Auf dem schwarzfigurigen Bild einer Schale (560 v. Chr.; Boston, Museum of Fine Arts, Inv. 99 519) reihen sich die tierköpfigen Gefährten (Pferd, Hahn, Löwe u. a.) mit menschlichen Körpern aneinander; O., das Schwert in der Rechten, und Kirke am Schluß der Reihe. – Pellegrino Tibaldis Fresko im Palazzo Poggi in Bologna (s. *Zyklen*) zeigt den Helden vor den Stufen des Palasts der Kirke im Begriff, sein Schwert zu ziehen, um Kirke (links) zu strafen; zu seinen Füßen liegen vier seiner verzauberten Gefährten. Im Mittelgrund Merkur. – Annibale Carraccis Fresko im Camerino des Palazzo Farnese in Rom (ab 1595) zeigt die Zauberin, den Zauberstab in der gesenkten Rechten, auf hoher Estrade thronend, O. den Becher mit dem Zaubertrank reichend. Hinter O. verborgen steht tänzelnd Merkur und taucht das Moly in den Trank (s. *Zyklen*). – Bronzinos Fresko im Palazzo Salviati (auch Cepparello oder Portinari, heute Banca Toscana, Via del Corso 4) in Florenz (1575/76) stellt im Vordergrund Circe (mit Zauberstab) mit den in Tiere verwandelten Griechen dar, im Mittelgrund Merkur, der O. das Zauberkraut Moly übergibt (s. *Zyklen*). – In körperlicher Nähe sehen wir die beiden auf einem Gemälde von Bartholomäus Spranger (*O. und Circe*, um 1580/85; Wien, Kunsthist. Museum), umgeben von Tieren (Pferd, Rind, Schwein, Fuchs und Löwe, den verzauberten Gefährten des O.).

Die Zauberin sitzt an einem Tisch, auf dem ein aufgeschlagenes Buch liegt und eine Schale und eine Kanne stehen. Circe, den Zauberstab in der Rechten, umfängt O. und schaut begehrlich zu ihm auf. O. wendet jedoch das Gesicht ab. – Jacob Jordaens (Gemälde in New York, Slg. Politz) zeigt uns einen erzürnten O., der auf die Zauberin einschlägt (sie und ihre Hofdamen im Kostüm der Zeit), ein weiteres Gemälde von Jordaens behandelt den Abschied des O. von Kirke (um 1640; Ponce / Puerto Rico, Museo de Arte de Ponce). – Ein Gemälde des Giovanni Stradano im Studiolo Francescos I. im Palazzo Vecchio in Florenz (nach dem Programm von Vincenzo Borghini, 1570/75), das O., Merkur und Circe (Od. 10,133 ff) darstellt, ist der «Alchimia» zugeordnet – in Anspielung auf die Zauberkraft der Pflanze Moly, die Merkur (⇒ Hermes, S. 440) dem O. übergeben hat und die den Zauber der Circe brechen kann (→ Gryllos).

6. *O. an der Schwelle der Unterwelt* (Od. 11,20 ff). Auf einer attischen Pelike (gegen 440 v. Chr.; Boston, Museum of Fine Arts, Inv. 1934.79) sieht man O., hier (wie sonst Hermes) mit dem Hut des Wanderers im Nacken, das Kinn in die eine Hand gestützt (die andere hält das Schwert), nachdenklich dasitzend; hinter ihm Hermes, der ihn geleitet hat, vor ihm die Erscheinung des Elpenor, auf dem Boden zwei geopferte Tiere.

7. *O. und die Sirenen* (Od. 12,166 ff). Die zahlreichen Darstellungen konzentrieren sich vor allem auf die römische und die frühchristliche Kunst (vgl. **B**). Aber schon die griechische Vasenmalerei kennt das Thema: Man sieht das bemannte Schiff, an dessen Mast O. gebunden ist, und die → Sirenen, die in unterschiedlicher Gestalt erscheinen und auf vielfältige Weise ihr verführerisches Spiel treiben. – Das Thema ist auch Teil der Freskenzyklen von Bronzino (Florenz, Palazzo Salviati, s. o.) und Jacquio Ponce im Palazzo Sacchetti in Rom (s. *Zyklen*). – Als Gegenstück zu *O. bei Kirke* behandelt Annibale Carracci dieses Thema im Camerino Farnese (Rom, Palazzo Farnese). O., an den Mast des barocken Prunkschiffs gebunden, beugt sich neugierig vor (vgl. Petrarca, Fam. 13,4,10–11), um die Sirenen (im Hintergrund links

oben) sehen zu können. Hinter ihm steht Athena in voller Rüstung, und so ist ihm auch der göttliche Beistand gewiß.

8. *O. bei Kalypso* (Od. 5,149 ff). Auf einem der verlorenen Fresken des Primaticcio in Fontainebleau (s. *Zyklen*) ist O. dabei, das Floß zu zimmern (Od. 5,230 ff), mit dem er die Insel der Kalypso verlassen soll; rechts sieht man das Schiffswrack liegen (Vorzeichnung Primaticcios in Weimar, Kunstsammlungen zu Weimar, Schloßmuseum). – Max Beckmann greift das Thema auf mit seinem Gemälde *O. und Kalypso* (1943, Hamburg, Kunsthalle): Kalypso umfaßt ihn begehrlich, O. (rotblond, mit konischer Kopfbedeckung – Pilos?) entzieht sich ihr mit hinter dem Kopf verschränkten Armen; sein Blick geht in die Weite. Die anwesenden Tiere (Schlange, Vogel, Katze) sind vermutlich als Symbole für die Begehrlichkeit der Frau zu verstehen. Der düstere Gesichtsausdruck ruft die «Odyssee» Homers in Erinnerung: O. ist der Göttin überdrüssig und sehnt sich nach Heimkehr (Od. 5,153 ff).

9. *O. und Nausikaa* (Od. 6,135 ff). Nausikaa fährt mit ihren Dienerinnen, von Athena gelenkt, zum Meeresstrand, um ihre Gewänder zu waschen. Der gestrandete O. verläßt sein Versteck und tritt dem Mädchen, nackt wie er ist, entgegen und bittet sie um Kleidung. – Wie Nausikaa O. mit Kleidung versorgt, schildert Bronzino in seinem Freskenzyklus in einem der hinteren Höfe des Palazzo Salviati (s. o.) in Florenz (1575/76). – Auf einem Gemälde von Salvator Rosa überreicht die Prinzessin, die sich samt ihren Begleiterinnen von dieser Begegnung schockiert zeigt, ein Gewand (Los Angeles, L. A. County Mus.). – Völlig atypisch erscheint O. auf einem Gemälde von Giulio Romano und Luca da Faenza (Mailand, Slg. Cocchi). Jung, fast knabenhaft nähert er sich von hinten nackt der über ihre Wäsche gebeugten Nausikaa, die ihm ein Gewand reicht. Es hat den Anschein, als nehme das Bild vorweg, was in der «Odyssee» erst später geschieht, nachdem O. bereits gewaschen, gesalbt und gekleidet ist: Da gießt ihm Athena «lieblichen Reiz um Schultern und Haupt» (Od. 6,235).

III. Die Heimkehr des O.

1. *O. als Bettler* (Od. 16,454 ff u. ö.). Eine Glaspaste (3./2. Jh. v. Chr.; New York, Metropolitan Museum, Inv. 1917.194.31) zeigt O. auf einen Stock gestützt (Od. 17,195 ff), das Schwert in der Scheide. – Als Bettler beobachtet O. das Treiben der Freier vor dem Palast (Vorzeichnung von Primaticcio für die Galerie d'Ulysse, s. *Zyklen*; Stockholm, Nationalmuseum; vielleicht zu Od. 17,263 ff).

2. *Der Hund des O. erkennt seinen Herrn* (Od. 17,291 ff). Der Maler eines apulischen Kraters hat die Szene besonders lebendig geschildert (Lecce, Museo Provinciale, Inv. 671): Während Penelope und Telemachos O. nicht zur Kenntnis nehmen, beschnuppert der Hund (Argos) zutraulich die Hand seines Herrn. – Primaticcio widmete dem Thema ein Fresko in seinem Zyklus in Fontainebleau (s. *Zyklen*; Zeichnung von Theodor van Thulden, Wien, Albertina).

3. *Der Faustkampf zwischen O. und Iros* (Od. 18,1 ff). Ein selten dargestelltes Thema. Die tätliche Auseinandersetzung zwischen dem Bettler Iros (Arnaios) und O., der, in Bettlergestalt, einen vermeintlichen Konkurrenten darstellt, ist Gegenstand eines der Fresken von Bronzino in einem der Höfe des Palazzo Salviati (s. o.) und eines der zerstörten Fresken des Primaticcio (van Thulden, s. Lit., Nr. 37).

4. *Eurykleia erkennt O.* (Od. 19,392 ff). Als die alte Amme des O. diesem (in Gestalt eines alten Bettlers) die Füße wäscht, erkennt sie ihn an seiner Narbe über dem Knie. – Die selten dargestellte Szene illustriert ein geschnittener Karneol (1. Jh. v. Chr.; Wien, Kunsthist. Museum, Inv. IX B 705): Die Magd steht vor dem sitzenden O., dessen linken Fuß sie gefaßt hat, beide bringen durch Gesten das gegenseitige Erkennen zum Ausdruck. – Mit dem Eingabestück zum Wettbewerb um den Rom-Preis, das diese Stelle bei Homer illustriert, scheint Gustave Moreau keinen besonderen Symbolgehalt im Sinn zu haben (Gemälde 1849; Paris, Musée Gustave Moreau).

5. *O. und Penelope*. – Begegnung und Wiedererkennen zwischen Penelope und dem heimkehrenden O. bildet einen der Hö-

hepunkte der «Odyssee». In der Bildkunst wird häufig der Augenblick dargestellt, da Penelope O. noch nicht erkannt hat, z. B. auf mehreren melischen Reliefs (470/450 v. Chr.; z. B. in Paris, Louvre, Inv. C 105[CA 860]): Penelope sitzt mit übereinandergeschlagenen Beinen, die Wange auf die Hand gestützt, vor ihr steht O. als Bettler. Auf einem Mosaik aus Apamea (3. Viertel 4. Jh. n. Chr.; Brüssel, Musées Royaux des Beaux-Arts) sieht man beide in Umarmung, während die Dienerinnen der Penelope tanzen (vielleicht auf die Situation nach der Tötung der Freier, Od. 23,146 f, bezogen; vgl. auch das Fresko des Primaticcio, van Thulden Nr. 46, s. Lit.). – Das Fresko *Ritorno di Ulisse* von Pinturicchio (1509 zusammen mit Fresken von Luca Signorelli und Girolamo Genga für den Treppenaufgang des Palazzo Petrucci – sog. Palazzo «del Magnifico» – in Siena gemalt, heute in London, National Gallery) spielt auf Episoden der Vita des Enea Piccolomini an (E. Carli, s. Lit., S. 81 f Palazzo Petrucci in Siena, s. Béguin/Guillaume/Roy, S. 100, Anm. 22). Penelope sitzt am Webstuhl (Od. 2,94 ff; 19,138 ff), O., hier als modisch gekleideter junger Mann, stürmt auf sie zu; in der Landschaft, auf die sich ein großes Fenster an der Rückwand öffnet, erkennt man verschiedene Episoden der Odyssee. Auf dem Mast des Schiffs, an den O. gebunden ist, flattert die Flagge Genuas, mit dem Siena zu jener Zeit rege Handelsverbindungen hatte. – Besondere Beachtung verdient das Gemälde des Francesco Primaticcio (*O. und Penelope*, um 1560, Toledo/Ohio, Toledo Museum of Art), nicht zuletzt, weil es einen Ausschnitt aus dem zerstörten Fresko Primaticcios in der Galerie d'Ulysse in Fontainebleau wiederholt. Das Paar sitzt auf dem Bett, O. faßt gedankenvoll das Kinn der Penelope, die ihn anschaut und ihre Hände in bedeutsamer Geste erhebt. Es liegt nahe, dabei an Od. 23,247 ff oder 299 ff zu denken, als Penelope, «nachdem sich beide der Liebe erfreut» (Od., Übers. von Roland Hampe, s. Lit., Homer, S. 387), dem Gemahl das wüste Treiben der Freier schildert.

6. *Der bogenspannende O.* (Od. 21,393 ff). Als O. als einziger vermag, seinen Bogen zu spannen, ist seine Identität offenbar.

Den bogenspannenden O. stellt eine Skulptur von Jean-Baptiste Deschamps dar (1864 grand prix de sculpture; Paris, École Nationale Supérieure des Beaux-Arts).

7. *O. tötet die Freier der Penelope* (Od. 22,1 ff). Der Freiermord ist Thema des Frontreliefs einer etruskischen Alabasterurne (um 150 v. Chr.; Volterra, Museo Guarnacci): O. (links) spannt den Bogen und richtet den Pfeil auf die überraschten Freier, die an einer langen Tafel sitzen und bechern (vorn Weingefäße; Od. 22,8 ff). – Wie für eine Bühne konzipiert wirkt die Darstellung des Christopher Wilhelm Eckersberg (kleinformatiges Gemälde 1814, Kopenhagen, Den Hirschsprungske Samling): O. (links) spannt den Bogen, ihm zur Seite Telemachos mit gezücktem Schwert (beide, wie sie Homer beschreibt: Od. 22,1 ff, 21,430 ff); in von der Odyssee abweichender Schilderung die Freier (rechts), die sich mit Schilden zu schützen trachten (Homer dagegen läßt sie vergebens im Haus nach Waffen suchen: 22,23 f).

8. *Zyklen.* Die episodenreiche «Vita» des O. bietet eine Fülle von Stoff für zyklische Darstellungen. Die Antike beschränkt sich noch auf einige wenige Szenen, z. B. im Grotten«theater» von Sperlonga (1. Jh. v. Chr.; von Tiberius nach Rom gebracht, s. o.). Die freiplastische Inszenierung besteht aus mehreren Einzelgruppen: die *Darreichung des Weins an den Riesen* («Weinreichungsgruppe»), *Die Blendung des Polyphem* (Od. 9,374 ff) und *Die Vernichtung der Gefährten des O. durch Skylla* (Od. 12,245 ff). O. steht mit gesenktem Schwert im Schiff, während das Ungeheuer drei seiner Gefährten vernichtet. (Eine Rekonstruktion von Heinrich Schroeteler und Silvano Bertolin befindet sich in den Kunstsammlungen der Ruhr-Universität Bochum.)

Ferner weisen wir noch einmal auf die Skulpturengruppe hin, die einst das Nymphäum des Pollio in Ephesus schmückte (um Christi Geb.; Selçuk, Museum; s. o.), sowie die monumentale Marmorgruppe vom Nymphäum des Kaisers Claudius in Baia (s. o.).

Der erste Zyklus der Neuzeit in einer langen Reihe und zugleich der umfangreichste, in der Galerie d'Ulysse in Fontainebleau, geschaffen von Francesco Primaticcio in den 1550er Jahren, wurde 1739 zusammen mit dem Flügel, der ihn beherbergte, zerstört. Einen visuellen Eindruck bekommen wir durch Vorzeichnungen des Primaticcio, aber vor allem durch das Stichwerk des Theodor van Thulden (s. Lit.). In 58 Szenen schilderte Primaticcio die Irrfahrt des O. Als Quelle stand ihm noch keine französische Übersetzung der Odyssee zur Verfügung, wohl aber zahlreiche griechische und lateinische Ausgaben, sowie der Ovidius moralizzatus (= Berchorius).

Gleichzeitig und in der Folgezeit nach dem ideellen Vorbild von Fontainebleau entstanden in Italien nicht weniger als acht Zyklen mit Themen aus der «Odyssee» (Listung bei S. Béguin/Guillaume/Roy, s. Lit., S. 100, Anm. 22, und M. Lorandi, s. Lit., S. 19 f; hier auch eine Zusammenstellung der literarischen Quellen).

Hervorzuheben ist vor allem der Freskenzyklus des Pelegrino Tibaldi im Palazzo Poggi in Bologna (um 1551/53, sowie Glasfenster). Der Zyklus erstreckt sich über zwei aufeinander folgende Räume des Palastes (Sala di Polifemo, Stanza degli Obelischi) und umfaßt folgende Themen: *Die Blendung des Polyphem* (Od. 9,374 ff), *Polyphem versucht, die Flucht der Griechen zu verhindern* (9,479 ff), *Aiolos vertraut den Irrfahrern einen Schlauch voller Winde an* (10,17 ff), *Die losgelassenen Winde* (10,46 ff), *O., bei Kirke, versucht die Gefährten zu befreien* (10,381 ff), *Der Diebstahl der Rinder des Helios* (12,353 ff), *Der Schiffbruch der Troia-Heimkehrer* (12,405 ff), *O. und die Nymphe Ino Leukothea* (5,333 ff), *O. am Hof der Phäaken vor Arete und Alkinoos* (Od. 7–13), *Die Rückwendung der Seele in ihren göttlichen Ursprung*. Dieser Zyklus illustriert in besonderer Weise die Verquickung von Mythos und Allegorese. Schon die ungewöhnliche Auswahl der Themen ist für sich aussagekräftig. Die Blendung des Polyphem in der Höhle des Riesen leitet den Zyklus ein, mit der Darstellung des O. vor Arete und Alkinoos endet er. In einer erschöpfenden Analyse hat Marcus Kiefer (s. Lit.) den Sinngehalt des Programms entschlüsselt. Die «Odyssee» als Gleichnis für das Schicksal der Menschenseele führe hier aus der materiellen Welt (nicht von ungefähr stehe die Höhle des Polyphem hier am Beginn des Zyklus, sei die Höhle im platonischen Verständnis doch ein Gleichnis für die materielle Welt) in die spirituelle Welt, die im Schlußbild in der «Rückwendung der Seele in ihren göttlichen Ursprung» thematisiert erscheint. – Zu den frühen bedeutenden Beispielen in der Renaissance gehören die Fresken von Giovanni Battista Castello mit Szenen aus der «Odyssee» (Bergamo, Palazzo della Prefettura, s. o.) und jene in der Stanza di Ulisse im Palazzo Sacchetti (urspr. Palazzo Ricci) in Rom von Jacquio Ponce (1555, s. o.): *Palamedes legt Telemach vor den Pflug des O.* (Hygin, Fab. 95); *O. entdeckt Achill unter den Töchtern des Lykomedes* (Statius, Ach. 1,841 ff; Hygin, Fab. 96); *Die Opferung der* ⇒ *Iphigenie* (S. 490 f); *Diomedes und O. stehlen die Rosse des Rhesos* (Il. 10,474 ff, 498 ff); *Der Streit zwischen Aiax und O.* (Ovid, Met. 13,1 ff); *Merkur weist O. an, Kalypso zu verlassen* (Od. 5,21 ff, bes. 43 ff); *O. und seine Gefährten machen Polyphem trunken* (Od. 9,336 ff); *Die Blendung des Polyphem* (Od. 9,371 ff); *O. und seine Gefährten fliehen aus der Höhle des Polyphem* (Od., 9,425 ff); *O. erhält von Merkur die Pflanze Moly* (Od. 10,274 ff); *O. und die Sirenen* (Od. 12,181 ff); *O. spannt seinen Bogen* (Od. 21,404 ff).

Eine Teppichserie nach Kartons von Giovanni Antonio da Pordenone ist verschollen.

Bemerkenswert schon wegen der Themenauswahl ist eine Serie von acht Teppichen mit der Geschichte des O. in Hardwick Hall (Brüsseler Werkstätten, um 1550/60; The National Trust, s. auch o.). 1. *Die Eberjagd des O.* 2. *Wahnsinn des O.* (Hygin, Fab. 95, u.a.): Hier hat O. ein Rind und ein Pferd vor den Pflug gespannt und sät Salz. Palamedes durchschaut ihn und legt ihm listig den kleinen Telemachos in den Weg. 3. *Der Abschied des O.*: Er umarmt Penelope im Beisein der Eltern Laertes und Antiklea, weinend. 4. *Die Überlistung des* → *Achill*; 5. *Der Streit des O. mit Ajax um die Waffen des Achill* (Ovid, Met. 12,620–13,383); 6. *O. am Hof der Kirke* und (im Hintergrund) *die Begegnung mit den Si-*

renen; 7. *O. bei den Phäaken*: O. kniet vor Alkinoos und Arete, Nausikaa hält eine Spendenschale (wohl Od. 13,36 ff: der Abschied des O.); 8. *Die Heimkehr des O.* (Penelope umarmt O.).

Zwei Themen aus der «Odyssee» hat Annibale Carracci in ein weit gespanntes Programm im Camerino Farnese im Palazzo Farnese in Rom (1595 ff), das die Persönlichkeit des Hausherrn, des Kardinals Odoardo Farnese im Blickpunkt hat, aufgenommen: *O. bei Kirke* (s. o.) und *O. und die Sirenen* (s. o.; in zwei gegenüberliegenden Lünetten), die wohl beide für die Versuchungen des Fleisches stehen, denen O. mit Hilfe Merkurs und der Athena widersteht. Das Programm gipfelt in der Darstellung des *Herkules am Scheideweg* (⇒ Herakles, S. 396 u. 419 ff), der zwischen Tugend und Laster zu entscheiden hat. Die Entscheidung ist nicht dargestellt, aber unschwer zu ergänzen.

Das 18. Jh. zeigt dann wieder ein verstärktes Interesse an den homerischen Epen. John Flaxman schuf seine Illustrationen (in Umrissen) zu «Odyssee» (Rom 1793; nachgestochen 1803) und «Ilias» (London 1795). – Heinrich Wilhelm Tischbein gab in zunächst sechs Heften einen «Homer nach Antiken gezeichnet» heraus (Göttingen 1801, mit Erläuterungen von Christian Gottlob Heyne), weitere drei folgten 1821–23 (ursprünglich waren zehn Hefte geplant). Die Absicht sei, so Heyne, «Homers Dichtungen, wie sie das Altertum sich dachte, durch Abbildungen aus dem Altertum dem jetzigen Zeitalter» nahezubringen und «durch die Veredelung des Gefühls, für Sittlichkeit nicht weniger als Schönheit zu der Bildung der Menschlichkeit mitzuwirken». Die antiken Helden werden also als noch immer gültige Leitbilder betrachtet.

Lit.: Andreae, Bernard, u.a.: Odysseus. Katalog zur Ausstellung München, Haus der Kunst, 1. Okt. 1999–9. Jan. 2000. Mainz 1999. Béguin, Sylvie/Guillaume, Jean/Roy, Alain: La galerie d'Ulysse à Fontainebleau. Paris 1985. Camporeale, Giovanangelo, in: LIMC 6,1, S. 970–983; 6,2, S. 639–654, s. v. Odysseus/Uthuze. Carli, Enzo: Il Pinturicchio. Milano 1960. Elderkin, George W.: Echoes of Antiquity. In: The Art Bulletin 17, 1935,1,

S. 99–101. Hofmann, Werner (Hg.): John Flaxman, Mythologie und Industrie. Katalog zur Ausstellung Hamburg, Kunsthalle, 20. April bis 3. Juni 1979. Kiefer, Marcus: ‹Michelangelo riformato›. Pellegrino Tibaldi in Bologna. Hildesheim / Zürich / New York 2000 (Studien zur Kunstgeschichte, Bd. 139). Klauser, Theodor: Studien zur Entstehungsgeschichte der christlichen Kunst VI: Das Sirenenabenteuer des Odysseus – ein Motiv der christlichen Grabkunst? In: Jahrbuch für Antike und Christentum 6, 1963, S. 71–100. Lorandi, Marco: Sic notus Ulixes? In: Antichità viva, 1987, 2, S. 19–33. Martin, John Rupert: The Farnese Gallery. Princeton, N. J., 1965. Mignot, Claude: Fontainebleau revisité: la Galerie d'Ulysse. In: Revue de l'art 1988, 82, S. 9–18. Montagu, Jennifer: Exhortatio ad virtutem. In: Journal of the Warburg and Courtauld Institutes 34, 1971, S. 366–371. Müller, Franz: Die antiken Odyssee-Illustrationen in ihrer kunsthistorischen Entwicklung. Berlin 1913. Rahner, Hugo: Griechische Mythen in christlicher Deutung (s. Allgem. Bibl.), S. 414–486 (Odysseus am Mastbaum). Stanford, William Bedell: Die literarhistorischen Traditionen der Odysseus-Anverwandlungen. 1954. Thulden, Theodor van: Les traveaux d'Ulisse peints à Fontainebleau par le Primatice. Paris 1632 / 33. Touchefeu-Meynier, Odette, in: LIMC 1992, 6,1, S. 943–970; 6,2, S. 624–639, s. v. Odysseus.

Oedipus (Oidipous), griech., lat. Oedipus, Oedipodes; im Mittelalter auch Edipus, Edippus, Edupus. Gestalt des thebanischen Sagenkreises. Sohn des Laios und der Iokaste (oder Epikaste: Homer, Od. 11,271 ff), der Tochter des Menoikos. Gemahl der eigenen Mutter, mit der er die Kinder Eteokles, Polyneikes, Ismene und Antigone hat. Nach anderen hat er diese Kinder mit Euryganeia, der Tochter des Hyperphas (Apollodor, Bibl. 3,5,8; vgl. Pausanias 9,5,5; Schol. zu Euripides, Phoen. 1760).

A Apollodor (Bibl. 3,5,7 ff) berichtet: Laios folgt Amphion (⇒ Amphion und Zethos) auf den Thron von Theben. Ein Orakel warnt ihn, keinen Sohn zu zeugen, denn der werde ihn töten (vgl. Myth. Vat. II 239,1). Laios ist wohl besorgt, aber im Weinrausch schwängert er seine Frau mit einem Knaben. Kaum ist das Kind geboren, durchsticht der Vater dessen Füße (die

Enkel) und läßt es von einem Hirten auf dem Kithairon aussetzen, wo Viehhirten des Polybos von Korinth es finden. Sophokles (Oed. rex 1176) berichtet, Iokaste habe das Kind dem Hirten übergeben, damit er es töte. Jedenfalls kommt der Knabe in die sorgende Obhut der Periboia (oder Merope: Oed. rex 990), des Polybos Frau, die ihn – im Einvernehmen mit dem König – für ihr eigenes Kind ausgibt und aufzieht. Hygin (Fab. 66) erzählt, Periboia habe das Kind gefunden, als sie gerade am Meer die Wäsche wusch. Sie heilt dem Kind die verletzten Füße und gibt ihm den Namen O., was soviel heißen soll wie «Schwellfuß» (vgl. Sophokles, Oed. rex 1032 ff). O. wächst zu einem kräftigen Burschen heran, dessen vor der Zeit ungewöhnliche Körperkräfte den Neid der Gefährten wecken, die ihm boshaft einflüstern, daß er nur das angenommene Kind seiner Eltern sei. Nachdem seine Erkundigungen bei der Mutter Periboia erfolglos blieben, befragt er das Orakel in Delphi nach seinen wahren Eltern und erhält den Rat, nicht heimzukehren zu ihnen, denn dort werde er den Vater töten und mit der Mutter das Bett teilen. O. handelt seiner Einsicht entsprechend: Er kehrt nicht heim nach Korinth und reist mit seinem Wagen durch Phokis dem Verhängnis entgegen: In einem Engpaß begegnet er ahnungslos dem Vater Laios, der auf dem Wege nach Delphi ist, nach dem Schicksal des Sohns zu forschen. Dessen Herold Polyphontes heißt den Burschen den Weg räumen, und als dieser sich störrisch zeigt, tötet er eines seiner Pferde (Apollodor, Bibl. 3,5,7). Jetzt kommt es offenbar zu einer Prügelei (vgl. Sophokles, Oed. rex 715 f; 1398 ff): O. haut auf den Wagenlenker ein, Laios verpaßt dem Angreifer einen Peitschenhieb über den Schädel, der aber stößt ihn mit dem Wanderstab vom Wagen. Schließlich erschlägt O. den Vater und vier seiner Begleiter. Nur einer aus der Gruppe kann entkommen (Sophokles, Oed. rex 118 f). Er wird berichten, was geschah. Hygin (Fab. 77) notiert, O. sei dem Vater begegnet, als dieser auf dem Wege nach Delphi war. Er habe sich gegen die Aufforderung, Platz zu machen, störrisch gezeigt, und der König habe daraufhin die Pferde einfach vorangetrieben, und dabei sei dem O. ein Wagenrad über den Fuß gerollt.

O. kommt schließlich auch nach Theben, wo Kreon inzwischen die Herrschaft angetreten hat. Es scheint, daß dieser sogleich oder doch sehr bald mit einem Problem zu tun hatte, das ihn von allen Bemühungen, den Tod des Königs aufzuklären, abhielt (Sophokles, Oed. rex 130 f).

Hera hatte den Thebanern zur Plage die Sphinx geschickt, ein Mischwesen, Kind der Echidna und des Typhon mit dem Gesicht einer Frau, eines Löwen Brust, Füßen und Schwanz und mit Vogelschwingen. Die hatte

Platz genommen auf dem Berg Phikion und den Thebanern ein Rätsel aufgegeben, das sie einst von den ⇒ Musen gelernt hatte und das etwa so lautete: «Es hat eine einzige Stimme, hat zuerst vier, dann zwei und schließlich drei Füße: Was ist das?» Nun hätten die Leute Sphinx und Rätsel sich selbst überlassen können, hätte das Ungeheuer sich nicht von Menschen ernährt und einen Thebaner nach dem anderen verschlungen. Man wußte durch ein Orakel sehr gut, daß der einzige Weg, sich des Unheils zu entledigen, darin lag, das Rätsel eben zu lösen. Zu diesem Zweck setzte man sich häufig zusammen und ratschlagte, und wenn man dann wieder ohne die Lösung geblieben war, kam die Sphinx und verschlang einen anderen aus dem Kreis der Versammelten. Schließlich war der Königssohn Haimon dem Ungeheuer zum Opfer gefallen (Apollodor, Bibl. 3,5,8; vgl. Hesiod, Theog. 326). Da beschloß Kreon, demjenigen, der des Rätsels Lösung wisse, die Herrschaft abzutreten und dazu Iokaste, die Witwe des Laios, zum Weibe zu geben.

Das war der Augenblick für O. (Apollodor, ebd.): Er erklärte, das Rätsel rede von nichts anderem als dem Menschen, denn der laufe – als Säugling – zunächst auf allen vieren, dann – als Erwachsener – auf zwei Beinen, im Alter aber bedürfe er einer dritten Stütze, des Stocks. Recht hatte er, und die Sphinx stürzte sich von der Burg in den Abgrund.

An anderer Stelle (Myth. Vat. II 230) wird berichtet, das «monstrum» habe gefragt, was denn da zunächst auf vier, dann auf drei, dann auf zwei, dann wieder auf drei und schließlich wieder auf vier Füßen laufe. Sollte jemand die Antwort wissen, dann dürfe er der Sphinx die Schwingen abschlagen, wenn nicht, dann verliere er den Kopf. Der Myth. Vat. II 143 erzählt, die Sphinx habe ausgesehen wie eine Harpyie; auf einem Felsen habe sie gesessen und den Vorübergehenden unlösbare («insulubilia») Rätsel gestellt. Wie ein Raubvogel scheint sie unvermittelt ihre Opfer gepackt und auf den Felsen geholt zu haben, sie dort zu zerfleischen (vgl. Myth. Vat. I 169).

O. wurde König und heiratete ahnungslos und unerkannt die eigene Mutter zu einer fruchtbaren Ehe (vgl. o.). Er ist seiner Stadt ein guter Herrscher für viele Jahre. Eines Tages wird Theben von einer Seuche heimgesucht (vgl. Seneca, Oed. 2; Hygin, Fab. 67,6, spricht von Unfruchtbarkeit auf den Feldern und von Mangel). Umsichtig schickt der König seinen Schwager Kreon nach Delphi und erfährt von dort, daß die Not so lange währen werde, wie der Mörder des Laios noch in der Stadt lebt (s. auch Hygin, Fab. 67,6 und 242,5). O. unternimmt gewissenhaft die Suche nach dem

Ungekannten und entdeckt nach einem dramatischen Prozeß der Nachforschung sich selbst als den Gesuchten: Der Hirte, der einst das Kind hinausbrachte, um es zu töten (Phorbas heißt er bei Seneca, Oed. 838 ff), der andere, der es fand, selbst Iokaste in Erinnerung auch an den Bericht des einzigen Überlebenden sind die Zeugen, und auch der Seher Tiresias trägt das seine bei (vgl. Seneca, Oed. 784 ff; zur Rolle der Götter äußert sich Hom., Od. 11 271 ff; s. dazu die Kritik bei Pausanias 9,5,5). Iokaste sieht aus ihrer Drangsal den Ausweg nur im Tod: Sie erhängt sich über ihrem Bett (Sophokles, Oed. rex 1263 ff; vgl. Apollodor, Bibl. 3,5,9; Homer, Od. 11,277 ff). O. nimmt sich mit einer ihrer Spangen das Augenlicht (Sophokles, Oed. rex 1268 ff; vgl. Apollodor, Bibl. 3,5,9; vgl. Anth. Pal. 6,323: «O. war der Bruder seiner Kinder und Gatte seiner Mutter und blendete sich mit eigener Hand.»).

Über das Ende oder auch weitere Schicksal des Paars gibt es noch andere, widersprüchliche Nachricht. Nach Seneca (Oed. 1034 ff) erstach Iokaste sich. Nach Euripides (Phoen. 1455 ff) überlebt sie die Entdeckung des Inzests und ersticht sich erst viel später aus Verzweiflung über den Leibern der Söhne (→ Polyneikes), deren Tod übrigens in der Auffassung Pindars (Ol. 2,38 ff) von den Erynnien des Laios verursacht wurde. Ähnliches berichtet Statius (Theb. 7,474 ff u. 11,634 ff). Zum weiteren Schicksal des O. hören wir von Apollodor (Bibl. 3,5,9), daß man ihn aus Theben vertrieb. Weil sie ihm nicht zur Seite standen, habe er seine Söhne verflucht, ehe er – in Begleitung seiner Tochter Antigone, die ihm als Führerin diente – als Bittsteller nach Attika ging und dort, von → Theseus freundlich empfangen, sich in einem Hain der Eumeniden in Kolonos niederließ, wo er nicht lange danach verstarb (Apollodor, Bibl. 3,5,9). Nach Sophokles aber (Oed. col.) zieht der blinde O. – geführt von Antigone – erst einige Jahre durch die Lande, ehe er nach Kolonos kommt. Hier suchen die streitenden Söhne vergeblich, ihn – jeder für sich einem Orakel folgend – in ihre Gewalt zu bekommen. Dem Polyneikes wirft er vor, für seine Verbannung verantwortlich zu sein, und er verflucht ihn: «Niemals soll bezwingen / Dein Speer die Heimat, nie auch kehre wieder nach Argos! Nein, im Bruderkampf falle / Und fälle den, der dich vertrieben hat» (Sophokles, Oed. col. 1384 ff). Bei Euripides wird er von den Söhnen in der Stadt im Kerker verborgen (Phoen. 1539 ff) und erst nach dem siegreichen Krieg gegen die Argiver verbannt (ebd. 1761). Aus der «Ilias» (23,678) geht hervor, daß er die Stadt gar nicht verließ und dort auch begraben wurde (vgl. Pausanias 9,5,6). Anderswo heißt es, die Schwiegertochter Argeia sei zu seinem Begräbnis nach Theben gekommen (Schol. zu Homer, Il. 23,679). In Athen zeigte man später das zwischen dem Parthenon und dem Areopag in einem den Eumeniden heiligen Hain gelegene Grabmal des O. (Pausanias 1,28,7). Auch andere Plätze beanspruchten, sein Grab zu beherbergen.

Die Version Boccaccios (Ill. vir. 1,8; vgl. auch Gen. 2,69f) enthält interessante Varianten und Einzelheiten. Laios selbst habe das Kind dem Hirten Phorbantes (vgl. Seneca, Oed.) übergeben, damit er es den wilden Tieren vorwerfe. Der Hirt jedoch habe dem Kind mehr Liebe erwiesen als der Vater, behauptet Boccaccio und erzählt, daß der Mann dem Kind die Füße durchstach und es dann mit einem Strick kopfüber an einen Baum hängte, es dem Hungertode überlassend (!). Alsbald sei ein anderer Hirte gekommen, der den Kleinen aus seiner mißlichen Lage befreite. Weil seine Füße geschwollen waren, habe man das Kind später O. genannt (s. o.). Merope und Polybius (sic) nehmen sich seiner an Kindes Statt an und ernennen ihn schließlich zum Erben des Königs.

Es scheint, daß O. später glaubte, daß Polybius nicht sein leiblicher Vater sei, denn er zieht aus, den richtigen Vater zu suchen, den er dann auf seiner Reise durch Phokis beim Versuch, einen Streit zu schlichten, ahnungslos ersticht. Immerhin hält er Merope für seine leibliche Mutter, als er Iokaste heiratet. Wie dann die tragische Verstrickung offenbar wird, zerfließt Iokaste in Tränen, und O. wünscht sich den Tod. Er legt seine königlichen Insignien ab, dann reißt er sich die Augen aus. Spott und Gelächter der Söhne veranlassen ihn zu jenem Fluch, der im tödlichen Zwist der beiden seine Erfüllung findet – nun zum großen Kummer des Vaters. Iokaste nimmt das Schwert, mit dem einst O. den Laios tötete, und entleibt sich damit. O. wird auf Befehl Kreons in Ketten gebunden und – seiner ganzen Familie beraubt – aus der Stadt gejagt. Anderswo (Gen. 2,70) sagt Boccaccio, eine seiner Töchter habe ihn begleitet.

Hesiod (Erg. 161) erwähnt einen Kampf um die Herden des O. vor den Mauern des siebentorigen Theben. Noch anders geht der «Ovide moralisé en prose» mit dem Stoff um (de Boer, S. 244f). Demnach übergibt Laius das Kind drei Dienern, damit sie es töten. Die aber haben Mitleid. Als Erkennungszeichen durchstechen sie dem Kleinen die Füße und hängen ihn dann kopfüber an einen Baum. Dort findet der Vater Laius den Sohn, ohne ihn zu erkennen. Er übergibt ihn der Iokaste zur Pflege, und O. (Edypodes) wächst zu einem kräftigen, wohlversorgten Burschen heran, der schließlich den Vater umbringt, wie vorherbestimmt. Dann heiratet er die Mutter, die ihn als das eigene Kind erst erkennt, als sie ihm einmal beim Bade hilft und über der Beobachtung der verstümmelten Füße ins Grübeln gerät. Die drei ungehorsam-mitleidigen Diener geben ihr Gewißheit. – Hesiod (Erga 161) erwähnt einen Kampf um die Herden des O. vor den Mauern des siebentorigen Theben.

B Das Leben des O. veranschaulicht die Unausweichlichkeit des Schicksals (ανάγκη = ananke = Notwendigkeit, Schicksalsschluß) im Verständnis der Griechen. So hat vor allem Sophokles den Mythos aufgefaßt und bis in unsere Tage gültig geprägt. Da erscheint O. als einer, dessen wohlbedachtes Handeln zwangsläufig ebendas vollbringt, was er zu meiden trachtet. Da entdeckt der Dichter am Beispiel des O. einen Abgrund im Menschen zwischen dem, was wir zu tun meinen, und dem, was wir tun. Indem der Zuschauer des Dramas, der um den Irrweg des Helden weiß, zum Zeugen seiner Blindheit wird, erfährt er seine Tragik als den Widerspruch zwischen zwei Wirklichkeiten: der einen, die ihm gesetzt ist, und der anderen, die er zu sehen meint. Schicksal ist demnach eigentlich das schon im voraus Geschehene, das es nur noch anzuerkennen gilt. Dieses nicht gesehen zu haben, ist die tragische «Schuld» des O., der schließlich sich des Augenlichts beraubt, das ihn nicht hat sehen lassen, was wesentlich war. – Es scheint, daß christliche Exegese diesen O. nur gelegentlich zur Kenntnis genommen hat. Tertullian (Apol. 9,16–19) macht ihn mit Hinweis auf das schlechte Vorbild des Juppiter zum Beispiel für einen Inzest, der sich aus der Lust an Promiskuität ergibt. Die entledige sich nämlich als erstes dienlich der Kinder, indem sie diese bequem in die Hände «besserer Eltern» ablegt. Im Schutz des Vergessens tun dann leicht Lust und Frevel unversehens sich zusammen, und eine Kette inzestuöser Verbindungen werde daraus folgen. Dem kann nur Keuschheit wehren. Hieran mag Lactantius Firmianus (Div. inst. 6,20,23) schließen, der vom doppelten Irrtum des O. spricht. Schon das Aussetzen eines Kindes sei eine Sünde! Dann nimmt er die Geschichte zum Anlaß, jenen Männern Enthaltsamkeit anzuempfehlen, denen die Mittel zur Erziehung von Kindern fehlen.

Recht ausführlich und gelehrt moralisierend läßt Fulgentius sich zum Thema aus (Theb., Helm, S. 182f). Er liest O. als «Edippus» und identifiziert ihn als Bild für böse Begierde («lascivia»), denn der Name sei abgeleitet von «edo» (lat. «haedo» = Böckchen), welches Tier sehr geil sei (vgl. Ovid, Met. 13,790). Als Erwachsener, das heißt, als die menschliche Seele (Natur?) in ihm überwog, habe er den Vater getötet, das heißt, er löschte das göttliche («sancta») Licht, das ihm einst die Geburt gewährt hatte (Laius = «lux ayos» = heiliges/göttliches Licht). Dann habe er seine Mutter geheiratet, deren Name soviel besage wie «keusche Fröhlichkeit» («iocunditas casta»). Aus diesem Inzest seien dann Früchte («opera») erstanden, die weder Tugend hatten noch so aussahen («species»), zwei Töchter. Die Söhne «Ethiocles» (Eteokles) und «Polinices» (Polyneikes) seien Früchte ohne Tugend, wenn auch von tugendhaftem Anschein gewesen.

Die Allegorese in Mittelalter und Neuzeit scheint kein besonderes Interesse an O. gefunden zu haben.

Dagegen nimmt die moderne Tiefenpsychologie sich dieses Menschenbildes an. Heute verbindet der Name O. sich am ehesten mit der Vorstellung vom «O.-Komplex» als einer im Menschen angelegten möglichen tragischen inzestuösen Verstrickung. Diese Beobachtung Sigmund Freuds scheint eine der zumindest spektakulärsten Entdeckungen der Psychoanalyse geworden zu sein (vgl. **D**, Max Ernst, S. 468f).

D 1. *Die Rettung des Kindes O.* (Apollodor, Bibl. 3,5,7ff; Seneca, Oed. 838ff). Antike Darstellungen nehmen keinen Bezug auf die brutale Art der Aussetzung des Kindes. Auf dem Bild einer rotfigurigen Halsamphora (um 450 v. Chr.; Paris, Cabinet des Médailles, Inv. 372) sieht man einen jungen Mann (Beischrift «Euphorbas») mit dem Kind («Oidipous») auf dem Arm. Römische Ringsteine und Glaspasten zeigen den Säugling, der unter einem Baum liegt und einem Hirten die Arme entgegenstreckt (LIMC 1994, 7,2, S. 6, Abb. 5).

Erst bei den jüngeren Darstellungen fallen die außergewöhnlichen Fundumstände ins Auge: Das Kind ist kopfüber an seinen Füßen an einen Baum gehängt. So finden es die umherziehenden Hirten oder Jäger, etwa auf einer kolorierten Federzeichnung aus der «Histoire de Thèbes» (franz. Handschrift, 1380/90; London, British Museum, Additional Ms. 25884, Bl. 86ʳ). – Eine Skulptur von Félix Lecomte (1771; Paris, Louvre) und ein Gemälde von Francesco Nenci (1781–1850; Florenz, Galleria dell'arte moderna) zeigen einen Hirten, der den an den Beinen aufgehängten Knaben aus seiner bedrohlichen Lage befreit (bei Lecomte «Phorbas» genannt, nach Seneca, Oed. 838 ff).

2. *O. und die Sphinx* (Apollodor, Bibl. 3,5,8; Hesiod, Theog. 326; Myth. Vat. II 143, 230; Myth. Vat. I 169). In der Antike erscheint das Thema vor allem auf rotfigurigen Vasen. Wir sehen den jugendlichen O. in der Kleidung des Reisenden, furchtlos der Sphinx entgegentretend, die auf einem Felsen oder einer Säule sitzt. Auf einer Lekythos (um 450 v. Chr.; Taranto, Museo Nazionale, Inv. 4566) steht O., in kurzer Tunika und Mantel, auf seinen Speer gelehnt, in gelassener Haltung vor dem Ungeheuer. Eine rotfigurige Schale (um 490/480; Rom, Musei Vaticani, Museo Gregoriano Etrusco, Inv. 16541) zeigt uns den jugendlichen Wanderer (mit Hut und Wanderstab), mit übergeschlagenen Beinen dasitzend und der auf einer ionischen Säule sitzenden Sphinx furchtlos ins Auge schauend. – Die bekanntesten Darstellungen der Neuzeit sind zwei Werke des Dominique Ingres: ein Gemälde von 1808 (Paris, Louvre) und eine (seitenverkehrte) Darstellung (1864; Baltimore, The Walters Art Gallery). Auch Ingres betont die entspannte, unerschrockene Haltung des O., der, zwei Speere im Arm, ein Bein auf einen Stein gestellt und seinen Arm in gebückter Haltung auf den Oberschenkel stützend, der Sphinx ins Auge blickt. Seine Hand weist in eine Schlucht, in der die Überreste der unglücklichen Opfer zu sehen sind (Bild im Louvre). – Auf dem Bild in Baltimore eine kaum wahrnehmbare, aber inhaltlich gewichtige Abwandlung: Der erläuternd erhobene Zeigefinger des O. besagt,

daß dieser im Begriff ist, der Sphinx seine Lösung des Rätsels vorzutragen. – Das Gemälde von Gustave Moreau (1884 im Salon in Paris ausgestellt; New York, Metropolitan Museum) zeigt wiederum einen jugendlichen, nun aber gleichsam wehrlosen O., den die Sphinx, die sich an seinen Körper heftet, körperlich und seelisch in ihren Bann geschlagen hat. So wie O. seinen Blick in den ihren versenkt, scheint kein Zweifel, daß Moreau im Bild von O. der Sphinx eine Metapher für den dem rätselhaften Weib zum Opfer gefallenen Mann sieht. – Plausibel auch die Interpretation R. von Holtens (s. Lit.), der das Bild als eine Metapher für das Rätsel «Leben» versteht und darin ferner eine Konfrontation des Bösen, in der Verkörperung des Weibes, und des Guten, in Gestalt des Mannes, sieht.

3. *O. tötet die Sphinx*. Eine der seltenen Illustrationen findet sich auf einer griechischen Lekythos (gegen 400 v. Chr.; London, British Museum, Inv. E 696). O. richtet in Anwesenheit von ⇒ Apoll, ⇒ Athena, den → Dioskuren und des → Aineias (alle mit Namenbeischriften) den Speer auf die Sphinx, die von ihrer Säule zu Boden stürzt. (Bei Apollodor, Bibl. 3,5,8 ff, stürzt sich die Sphinx selbst von der Burg.)

4. *Die Hochzeit des O. mit Iokaste*. Die schicksalsträchtige Vermählung beider ist Gegenstand eines Bildteppichs einer Brüsseler Werkstatt (gegen 1510; Slg. Dario Boccara). Die unter einem Baldachin thronenden Brautleute (in zeitgenössischer Hoftracht) nehmen die Bildmitte ein. O. wendet sich wie in Vorahnung des Unheils von Iokaste ab, die ihn zu umarmen sucht. Hinter dem Paar vier Hofdamen, deren eine O. einen Spiegel vorhält, als wolle sie ihm die Augen öffnen. – Das Gemälde von Max Ernst (*Oedipus Rex*, 1922; Privatslg.; W. Spies, s. Lit., Nr. 496) arbeitet mit Verschlüsselungen, die dem Lehrbuch der Psychoanalyse entnommen scheinen. Ein Vogelgespann (= O. und Iokaste; einer der Vögel ist durch ein Gehörn als Männchen gekennzeichnet) wird durch Zügel geleitet, deren Lenker oben außerhalb des Bildes anzunehmen ist. Dieses Motiv und das die Hälse der Vögel wie ein Foltergerät

umschließende Brett scheinen Metaphern für die Unfähigkeit zu willensbestimmtem Handeln, die Unausweichlichkeit des Schicksals. Die Motive der durch die Maueröffnung gesteckten Hand, der von einem spitzen Instrument durchbohrten Finger und das Umfassen der von einem Pfeil durchbohrten Nuß sind neben der Wahl des Vogelpaars Verschlüsselungen für Kopulation. Die auffallend großen Augen der Vögel dürften in Assoziation zu einer psychoanalytischen Publikation, die Max Ernst mit Sicherheit gekannt hat, gewählt sein; dort taucht die Formulierung «mit den Augen vögeln» für «kokettieren» auf.

5. *Die Blendung des O.* (Sophokles, Oed. rex 1268 ff; Apollodor, Bibl. 3,5,9; vgl. Anth. Pal. 6,323). Mittelalterliche Illuminationen zeigen den König im Begriff, sich ein Auge auszureißen, wie in einer Handschrift zu Boccaccios «De claris mulieribus» (franz., Anfang 15. Jh.; London, British Museum, Royal Ms. 16 G.V., Bl. 27ʳ), oder einer Handschrift mit den Tragödien Senecas (oberit., um 1400; Oxford, Ms. Can. Class. Lat. 86 [S. C.: 18667]). Häufig ist Iokaste anwesend, die sich mit dem Schwert das Leben nimmt (Seneca, Oed. 1034 ff).

6. *O. in Kolon* (auch *O. im Exil*; Sophokles, Oed. col.). Auf den zahlreichen Darstellungen (vor allem Ende des 18. Jh.s und im frühen 19. Jh.; s. Lit. Rubin) zeigen in der Regel den greisen bärtigen, blinden O. in langem Mantel dahinschreiten, geführt von Antigone. Vielen von ihnen ist der Einfluß zeitgenössischer Bühneninszenierungen deutlich anzumerken. – Auf Joseph Leroys Gemälde (1795; Bagnères-de-Bigorre, Musée Salles) hebt O. anklagend den Arm gen Himmel, während sich seine Tochter an ihn schmiegt. – Auf der Rast sieht man die beiden auf einem Gemälde von Georges Rouget (ausgestellt im Salon von 1814; Rouen, Musée des Beaux-Arts). Im Hintergrund – häufiges Requisit auf Bildern dieses Themas – der Tempel der (rächenden) Eumeniden.

7. *O. verflucht Polyneikes* (Sophokles, Oed. col. 1384 ff; Jean François Ducis, Oedipe chez Admète, 1797, 5,2). Auch dieses Thema zeigt in der Bildkunst um 1800, einer Zeit der sich häufen-

den Beispiele, den Einfluß zeitgenössischer Bühneninszenierungen. Theatralisch schildert eine Zeichnung von Johann Heinrich Füßli das Geschehen (um 1774/78; London, British Museum): Der auf dem Boden kniende Polyneikes wendet sich von O. ab, der, auf dem Boden sitzend, die Arme im Fluch gegen den Sohn richtet – eine Geste, die allein schon töten könnte; Antigone, mit Ismene Zeugin der Szene, versucht zu vermitteln. – Das Theatralische betont auch ein Gemälde von Jacques-Augustin Pajou d. J. (1804; Poitiers, Musée des Beaux-Arts): In grellem Schlaglicht erscheint der blinde Greis, der sich mit verstoßender Geste von Polyneikes abkehrt; dieser kniet mit verzweifelter Gebärde auf dem Boden, Antigone umfängt flehentlich den Vater.

8. *Die Geschichte des O.* Illustrationszyklen finden sich vor allem in mittelalterlichen Handschriften, z. B. in «Les Livres des estoires dou commencement dou monde» (Neapel, 1350–60; London, British Museum, Royal Ms. 20 D. I.) oder in der «Histoire du monde» (franz., 1380–90; London, British Museum, Additional Ms. 25884, «Histoire de Thèbes», Bl. 86ʳ ff). Ferner sind Illustrationen zur Tragödie des Seneca zu erwähnen wie die jener oberitalienischen Handschrift (s. o.).

Lit.: Dorra, Henri: The guesser guessed: Gustave Moreau's Oedipus. In: Gazette des Beaux-Arts 115,6,81 (März 1973), S. 129–140. «Gustave Moreau». Katalog zur Ausstellung 14.3.–25.5.1986, Zürich, Kunsthaus. Holten, Ragnar von: Oedipe et le Sphinx. In: Tidskrift for Konstwetenskap 32/1957, S. 35–50. Ders.: L'Art fantastique de Gustave Moreau. Paris 1960, S. 6 f. Ders.: Gustave Moreau und die Sphinx. Eine ikonographische Studie. In: Neusser Jahrbuch 1964, S. 11–15. Homer: Odyssee. Übersetzt von Roland Lampe. Stuttgart 1979. Krauskopf, Ingrid, in: LIMC 1994, 7,1, S. 1–15; 7,2, S. 6–15, s. v. Oidipous. Lücke-David, Susanne: Max Ernst, «Euclid». Ein mentales Vexierbild. Recklinghausen 1994, S. 59. «Man, glory, jest and riddle.» Katalog zur Ausstellung 10.11.1964–3.1.1965, San Francisco Museum of Art. Rubin, James H.: Oedipus, Antigone and Exiles: In: Post-Revolutionary French Painting. In: The Art Quarterly, Aut. 1973, S. 141–171. Spies, Werner: Max Ernst. Werke 1906–1925. Houston/Köln 1975.

Oineus, griech., lat. Oeneus. König von Kalydon, Sohn des Portheus (Homer, Il. 14,115 ff; des Parthaon bei Ovid, Met. 9,12; Hygin, Fab. 172) und der Euryte, Tochter des Hippodamas (Apollodor, Bibl. 1,7,10). In der Ehe mit Althaia, der Tochter des Thestios, Vater von Toxeus, Thyreus und Klymenos sowie der Töchter Gorge und Deianeira (ebd. 1,8,1 f). In der Ehe mit Periboia, der Tochter des Hipponoos (ebd. 1,8,4) Vater von Tydeus und Olenias; es heißt auch, er habe – durch Ratschluß des ⇒ Zeus – den Tydeus mit der eigenen Tochter Gorge gezeugt (Apollodor, Bibl. 1,8,1).

A O. ist bekannt geworden vor allem durch zwei in seinem Leben folgenschwere Ereignisse: ⇒ Dionysos stattet dem O. einen Besuch ab. Als dieser bemerkt, daß der Gast sich in seine Frau verliebt hat, zieht er sich dezent zurück, verläßt unter dem Vorwand, ein Opfer verrichten zu müssen, die Stadt und überläßt dem göttlichen Nebenbuhler Haus und Ehebett. Die Frucht dieses hohen Besuchs wird – nach Meinung einiger – Deianeira sein. Zum Dank für die großzügige Gastfreundschaft gibt der Gott dem O. einen Weinstock und lehrt ihn den Weinbau. Dann bestimmt er, daß Pflanze und Getränk nach dem Namen seines Gastgebers «oinon» (= griech. Wein) heißen sollen. So berichtet Hygin (Fab. 129; vgl. Apollodor, Bibl. 1,8,1). Anderswo (Mythographus Vaticanus I, 87) heißt es viel prosaischer, Orista, ein Hirte in O.s Diensten, sei einer Ziege, die sich häufig von der Herde entfernt hatte, gefolgt und habe beobachtet, wie sie sich am Ufer des Flusses → Achelo(i)os an Weintrauben gütlich tat. Sogleich habe der Mann Trauben gepreßt, den Saft mit dem Wasser des Flusses vermischt und das Getränk dem König gebracht, der es dann nach seinem eigenen Namen benannte. – Die andere Geschichte: Eines Tages vergißt O., der ⇒ Artemis ihren Anteil am jährlichen Ernteopfer zu geben. Die Göttin schickt ihm zur Strafe einen riesigen Eber nach Kalydon, der das Land verwüstet, Menschen tötet und das Volk in Schrecken versetzt. O. – oder sein Sohn → Meleager – ruft die besten Jäger im weiten Umkreis zusammen. Neun Tage wird erst einmal auf Einladung des Königs gefeiert, dann beginnt die Jagd. Der Eber wird schließlich erlegt, aber für den König endet die Geschichte dennoch traurig: Als Folge der Jagd verliert er Meleager, der am Zorn der Mutter zugrunde geht, und er verliert Althaia, die sich – gemeinsam mit der Schwiegertochter – vor Kummer das Leben nimmt. – Nun heiratet O. die Periboia. Darüber, wie er zu dieser zweiten Frau kommt, gibt es widersprüchliche Nachrichten, die ihn entweder als beutemachenden Krieger oder als Verführer zeigen oder aber womöglich als sentimentalen Witwer, der das ihm vom Vater zur Beseitigung übergebene – von einem anderen (⇒ Ares?) – schwangere Mädchen nicht nur leben läßt, sondern sogar noch heiratet (Apollodor, Bibl. 1,8,4f; vgl. Diodor 4,35,1f). Bald darauf soll er von den Söhnen seines Bruders Agrios vom Thron vertrieben worden sein. Schließlich, nachdem Diomedes, sein Enkel von Tydeus, blutige Rache für den Großvater genommen hatte, soll der Greis am Herde des Telephos in Arkadien von den überlebenden Söhnen des Agrios erschlagen worden sein (Apollodor, Bibl. 1,8,6; vgl. auch Hygin, Fab. 175; Pausanias 2,25,2; Antoninus Liberalis 37; Euripides schrieb zu diesem Thema eine nur in Fragmenten erhaltene Tragödie «O.»).

B O. ist gewiß kein Krieger. Aber einer Deutung als Repräsentant der Gastlichkeit oder doch wenigstens als Prototyp des Gastgebers in seiner Zeit widersetzt er sich kaum. Als Gastgeber erfährt er göttlichen – der Gastlichkeit wohl angemessenen – Lohn, als er dem Dionysos bereitwillig das Haus überlassen hat, und letztlich auch als solcher, freilich läßlicher Gastgeber erfährt er göttlichen Zorn, als er den Anspruch der Artemis auf ihren Anteil an den Früchten des Feldes gedankenlos mißachtet. Nichts scheint diese seine Rolle so gut zu veranschaulichen wie seine Beziehung zum Wein, dessen große Bedeutung z.B. beim Gastgelage der Männer, dem Symposion, wir kennen. ⇒ Bellerophon, der 20 Tage bei O. verbrachte, gab ihm als Gastgeschenk einen «doppeltgehenkelten, goldenen Becher» (vgl. Homer, Il. 6,216ff). – Als Gast im Hause des O. begegnet ⇒ Herakles der Deianeira. Daß der Held bei dieser Gelegenheit einen jungen Verwandten des Gastgebers wegen einer Nichtigkeit beim Mahl unbeabsichtigt erschlägt, scheint den O. nicht weiter zu verdrießen (Apollodor, Bibl. 2,7,6; vgl. Pausanias 2,13,8). Hier sollte man vielleicht einer sonst rätselhaften Tat des O. gedenken, der einmal seinen Sohn Toxeus erschlagen haben soll, nur weil der einen Graben übersprungen hatte (vgl. auch Livius, 1,7,2 zu Romulus). Der Ruf seiner Gastlichkeit mag der Anlaß gewesen sein, daß man die Kinder → Agamemnon und Menelaos für einige Zeit in seine Obhut gab (Apollodor, Epit. 2,15). Aufnahme findet auch der von den Furien seiner Mutter gejagte Alkmeian (Apollodor, Bibl. 3,7,5).

D *O. huldigt Dionysos.* Auf einem Kupferstich von Bernard Picart (1673–1733; Paris, Bibliothèque Nationale) sieht man den greisen König vor der Statue des Gottes knien. Hinter ihm steht Althaia mit einer Weintraube, neben ihr zwei Kinder, von denen das größere (Meleager?) einen eingetopften jungen Weinstock in den Armen hält. Aus den Wolken fährt Artemis, erzürnt wegen des ihr vorenthaltenen Opfers.

Palamedes, griech. Held, Sohn des Nauplios und der Klymene. Über die Mutter Vetter des Menelaos.

A P. ist bekannt vor allem durch seinen Konflikt mit → Odysseus, der ihn das Leben kostet. Die beiden treffen einander aus Anlaß der Vorbereitungen für den Feldzug gegen Troia. Die übliche Geschichte ist, daß er den Odysseus durch List in den Krieg zwang, was ihm dessen Feindschaft einbrachte. Anderseits hieß es aber auch, Odysseus sei freiwillig nach Troia gegangen (Philostrat, Her. 33,4). Seine Feindschaft habe sich anders ergeben.

Vielleicht geschah das in der frühen Phase der Vorbereitungen in Aulis, wie vor allem Dares Phrygius sie berichtet. Nach Philostrat (Her. 33,41) kommt P. ohne Mannschaft, allein mit seinem Bruder Oiax, schlicht in einem Boot. Dares Phrygius (18) aber berichtet, er sei mit 30 Schiffen gekommen, wegen einer Erkrankung jedoch spät. Jedenfalls sei seine Ankunft allen willkommen gewesen (ebd.). Man mißt ihm offenbar viel Autorität zu und lädt ihn sogleich ein, im «Kriegsrat» zu sitzen (ebd.). Es scheint, daß er nun Mißfallen daran äußert, daß der Oberbefehl bei Agamemnon liegt. So kommt es zu Zwistigkeiten, deretwegen zwei Jahre lang vor Troia nichts geschieht (Dares Phrygius 20). Dann habe P., nach dem Tod Hectors, auf sein Drängen und im Vertrauen auf seine Tüchtigkeit den Oberbefehl übernommen, was dem Achill gar nicht gefiel (ebd. 25). P. macht sich sogleich umsichtig ans Werk (ebd. 26). Nach Ptolemaios Hephaistionos (Photios, Cod. 190, 151a, Bd. 3, S. 64) setzen die Griechen den Agamemnon wegen seiner Schwierigkeiten mit der Göttin Diana ab und ernennen den P. zum Führer. Das scheint eine gute Wahl zu sein: P. erweist sich als erfolgreich (Dares Phrygius 26). Als Krieger erlegt er Deiphobos und Sarpedon (ebd. 28). Vor allem aber scheint er sich als Truppenführer zu bewähren, der mit bemerkenswertem Sinn für das Nötige und Nützliche zu Werke geht. Um die Truppe in guter physischer Form zu halten, führt er z. B. «Luftgefechte» (doch wohl Manöver) ein (Philostrat, ebd. 10,4). Aischylos («Palamedes», Frg. 110 [Athenaios 1,19]) läßt ihn sagen: «Abteilung-, Hundertführer stellt ich auf fürs Heer,/ Begrenzte, daß sie's wüßten, den Proviant, wieviel / Man dreimal braucht: für Frühstück, Mittag-, Abendbrot.» Ganz dicht an Prometheus steht er in einem anderen Fragment (ebd., Frg. 109 [303 b]), wo er sagt: «Dann ordnete ich des ganzen Hellas wie auch der/ Mitkämpfer Leben, das zuvor verworren war / Und Tieren gleich. Zuerst erfand die Zahl ich, die / Allweise, aller Wissenschaften trefflichste» (vgl. Aischylos, «Gef. Prometheus» 458). Pausanias (10,31,1 = Phokis) nennt ihn den Erfinder des (eines) Würfelspiels (vor einem Bild, das ihn beim Spiel mit Thersites zeigt), eine Erfindung nützlich für die Truppenführung (augenscheinlich handelt es sich um ein Brettspiel: τάβλαν = Dame?). Konstantinos Rhodios (10. Jh.): «Deine Knochen, o P., hätten zersägt werden sollen und in Instrumente jener Kunst gemacht werden, die sich aus dem Krieg ableitet. Denn im Kriege erfandest du einen anderen Krieg, den Krieg von Freunden auf einem hölzernen (Schlacht-) Feld» (Anthologia Palatina 15,18; W. R. Paton, Bd. 5, S. 122f; vgl. auch Pausanias 2,20,2 [Korinth)]). – Über Erziehung, Talente und Tugenden des P. ausführlich Philostrat (Her. 32 f).

Dictys Cretensis zeichnet einen P., dessen Urteil («consilium») in Frieden und Krieg («domi belloque») so viel gilt (1,6), daß man ihm (wohl sogleich) eine Stellung einräumt, die bei Homer dem Odysseus zukommt: Die Delegation, die zu Beginn die Helena und ihre Sachen auf dem Verhandlungsweg beschaffen soll, führt P. an, Odysseus und Menelaos sind seine Begleiter (1,4). So (1,6) ist er der erste, der mit Priamos redet. Seine

Ansprache veranlaßt den König, ihn zu unterbrechen mit der Begründung, man solle fairerweise erst die Anwesenheit des Angeklagten Alexander abwarten. Tatsächlich aber hatte Priamus bemerkt, wie einige der in der Ratsversammlung Anwesenden von der Rede des P. so bewegt waren, daß er ihren Gesichtern ablesen konnte, daß sie angesichts der Einzelheiten («singula exponerentur») die Schuld der Troer zugaben und verurteilten. Das habe die hervorragende Rede des griechischen Königs, in der Mitgefühl mit Kraft sich mischten, bewirkt. So wurde an jenem Tag der Rat entlassen. Die Gesandten aber habe Antenor, ein gastlicher und dem Guten und Ehrenhaften ergebener Mann, in seinem Hause aufgenommen. Das ist das Treffen, auf das in der «Ilias» Antenor sich beziehen wird, doch mit dem wesentlichen Unterschied, daß er dabei sich nur einer großartigen Rede und Vorstellung des Odysseus erinnern wird! Bei Dictys Cretensis übernimmt P. das Oberkommando erst relativ spät (19), doch auch hier, weil Agamemnon seine Schwierigkeiten mit Diana hat.

Eine Geschichte bei Ptolemaios Hephaistionos (Photios, Cod. 190,151a, Bd. 3, S. 64; um 100 n. Chr.) wirft ein Licht auf das bekannte Ende des P. durch die Machenschaften des Odysseus: Épipolè von Karystos, Tochter des Trachion, habe mit den Griechen in den Krieg ziehen wollen und sich zu dem Zweck als Mann verkleidet. P., der ja auch die Verkleidung des Odysseus durchschauen wird, erkennt und verrät sie, und die Griechen steinigen sie zu Tode.

Zu Einzelheiten seines Konflikts mit Odysseus und sein Ende s. → Odysseus, bes. **B**.

Dares Phrygius weiß offenbar nichts von dem Konflikt. Er berichtet (28), Paris habe ihn (auf dem Schlachtfeld) in den Hals geschossen, andere ihn endgültig umgebracht. Die Argiver hätten den Tod eines Mannes von Kenntnis («scientia») beklagt, seine Gerechtigkeit, seine Güte («bonitas») und seine Großmut («clementia»; vgl. Hederich, Sp. 1843).

B In seinem historischen Leben hat P. sich von einem zumindest zweitrangigen Protagonisten in der homerischen Tradition zu einem Vorbild an kriegerischer und ziviler Tüchtigkeit vor allem in der spätantiken troischen Literatur gewandelt, auf Kosten des Odysseus (besonders ausführlich Philostrat, Her. 32 u. 33).

Sein Wesen wird am deutlichsten sichtbar im Vergleich mit dem in mancher Weise wesensverwandten Odysseus. Seine Auseinandersetzung mit ihm läßt einen wendigen Kopf ahnen (s. hierzu ausführlich → Odysseus), dessen Erfindungen ihn geradezu ebenso zu einem Günstling der ⇒ Athena machen sollten. Platon läßt (Phaidros 261d) gar einen ungemein beredten P. ahnen: «Sokrates: Und wissen wir nicht vom eleatischen Palamedes (= Zenon v. Elea), daß er durch Kunst so redet, daß den Hörenden dasselbe ähnlich und unähnlich erscheint, eins und vieles, ruhig und bewegt.» Bemerkenswert, daß Platon den P. so prominent in Beziehung setzt zur Redekunst. Der Hinweis in Phaidros 261d mag einen einfallsreichen Tausendsassa meinen (ist da zugleich von seiner sprichwörtlichen «Erfindungsgabe» die Rede?; vgl. Kl. Pauly, Sp. 418). Eher wohl läßt sich sagen, daß Platon einen meint, der als Redner eine Sache ebenso gut zu vermitteln weiß wie auch ihr Gegenteil. Sicher ist auch, daß der Philosoph eine Geschichte gekannt hat, in der P. durch einen Richterspruch umkommt, der ihm unrecht tut (Apol. 41b; «Justizmord» = Kl. Pauly, Sp. 419; vgl. Xenophon, Apol. 26; Cicero, Tusc. 1,98). Schließlich könnte sein, daß ihm bei allen Talenten die Klugheit gefehlt hat, die den Odysseus überleben ließ.

Über seine Erscheinung und seinen Charakter gibt es vorzüglich in späten Quellen erstaunlich viele Nachricht: Er soll die Größe des Telamoniers Aiax (→ Aias I) gehabt haben. Auffällig, daß er sich das Haupt kahlschor und nur einen schwachen Bart hatte (vgl. Pausanias 10,31,1, zu einem Bild des Polygnotos, wo P. der einzige Bartlose ist). Nach Hederich (Sp. 1844) hatte er die «größten Augen von der Welt», mit denen er im Kampf «starr und scharf», im Frieden und beim freundschaftlichen Gespräch «holdselig» geblickt haben soll (s. Philostrat, Her. 10,9). Dares Phrygius (13) beschreibt ihn als schlank, groß («longus»), verständig («sapiens»), großherzig, freundlich («blandus»). Schließlich heißt es (Philostrat, Her. 33,39 f), er habe seine Schönheit an der des Achill, des Antilochos und des Euphorbos gemessen: Er soll immer Schmutz im Gesicht gehabt haben, welcher ihm aber besser stand als das gepuderte und gekräuselte Haar dem Euphorbos. Er habe sich keine Sklavin zur Aufwartung gehalten, auch keine Bedienung, sondern tat alles selbst. Als Achill ihn deswegen rügte, verwies P. auf seine eigenen Hände (vgl. Philostrat 33,43).

Dictys Cretensis (1,15) nennt ihn einen in Frieden und Krieg außerordentlich klugen Mann («vir domi belloque prudentissimus»), einen ausgezeichneten Mann im Heer, dessen Rat und Tüchtigkeit nie erfolglos waren (ebd. 2,15: «vir optimus acceptusque in exercitu, cuius neque consilium umquam neque virtus frustra fuit»). Ihm bereiteten Odysseus und Diomedes einen unwürdigen Tod (ebd.; vgl. → Odysseus).

P. ist fraglos einer der interessanten Charaktere in der troischen Mythographie. Dennoch ist ihm das Überleben über Spätantike und Mittelalter hinaus augenscheinlich nicht gelungen. Die Allegorese scheint von ihm keine Notiz genommen zu haben.

Pandrosos → Aglauros
Pasiphaë → Daidalos
Patroklos → Achill
Peleus → Achill
Penelope → Odysseus

Phaët(h)on, griech. Sohn des Helios / Sol und der Okeanide Klymene / Clymene (Ovid, Met. 1,751 ff; Hygin, Fab. 152) oder des Klymenos und der Merope, so Enkel des Helios / Sol (Hygin, Fab. 154). Der Name («der Leuchtende», Phaethonta) steht auch für Helios selbst. Hesiod (Theog. 986 ff) erwähnt einen gottgleichen Ph., Sohn der Eos und des Kephalos, den ⇒ Aphrodite jung an sich nahm und zum Hüter ihres Schreins bei Nacht machte.

A Ovid (Met., 1,751–2,400) hat das Bild des Ph. und seiner Taten am nachhaltigsten geprägt: Als Epaphus, Sohn des Juppiter (⇒ Zeus) und der Io, der Behauptung des Ph., der Sohn des Sonnengottes zu sein, keinen

Glauben schenkt und sogar ihn und Mutter Clymene mit einer Schmährede bedenkt, beschließt Ph., einen Beweis für seine göttliche Herkunft zu liefern. Auf Anraten und mit Vermittlung seiner Mutter begibt er sich zum Palast des Sonnengottes, der ihm verspricht, einen beliebigen Wunsch zu gewähren zum Beweis dafür, daß Ph. sein Sohn ist. Als der den Sonnenwagen des Vaters erbittet, erkennt Sol (⇒ Apoll) sofort die Gefahr, doch sein Versprechen muß er halten (vgl. Cicero, Off. 3,94). So bleibt ihm nur, den Sohn zu warnen. Dennoch beharrt Ph. auf der Erfüllung seines Wunsches. (Bei Hygin, Fab. 152, besteigt er den Wagen des Vaters heimlich – «clam».)

Als er den höchsten Zenit erreicht hat, verliert er die Kontrolle über das Fahrzeug. Da es der Erde zu nahe kommt, beginnt diese zu brennen, Flüsse und Seen trocknen aus. Damals wurden die Völker Äthiopiens schwarz (235 ff; «nigri sunt facti», wurden zu Negern: Hygin, Fab. 154,3)! Bevor es zur endgültigen Katastrophe kommt, schleudert Juppiter einen Blitz auf den Wagenlenker, der sogleich tödlich getroffen in die Tiefe stürzt wie eine Sternschnuppe. Der Fluß Eridanus (der Po) nimmt ihn auf und wäscht sein Gesicht; Hesperische Nymphen übergeben den noch rauchenden Leib einem Grabhügel, in dessen Stein sie den Spruch ritzen: HIC SITUS EST PHAETON CURRUS AURIGA PATERNI / QUEM SI NON TENUIT MAGNIS TAMEN EXCIDIT AUSIS («Hier liegt Phaeton, der Lenker des väterlichen Wagens; zwar konnte er ihn nicht halten, doch fiel er als einer, der Großes gewagt»).

Im Schmerz zerreißt Clymene ihr Gewand, klagend schlagen die drei Schwestern (die Heliaden Phaethusa und Lampetie, den Namen der dritten nennt Ovid nicht) die Brust, doch da umschließt Rinde ihre Leiber, die Arme werden zu langen Ästen (bei Hygin [Fab. 154,3] und Lucretius [5,23] werden sie in Pappeln verwandelt). Aus der Rinde tropfen Tränen, und was aus den frisch gewachsenen Zweigen tropft, erstarrt an der Sonne zu Bernstein (vgl. auch Nonnos 38,432 ff u. Manilius, s. **B**).

Cygnus, ein Blutsverwandter und Freund des Ph., Herrscher in Ligurien, ist Zeuge der Verwandlung, und auch ihn ereilt eine Metamorphose: Er wird zum Schwan (lat. cygnus).

Eine umfangreiche eigene Version der Geschichte mit großartigen Bildern findet sich bei Nonnos (38,105–407). Hier (167–183) baut der Knabe sich aus Holz und Pflanzenstoff seinen eigenen Sonnenwagen und spannt vier junge Widder davor (eine Art ‹Seifenkiste›). Vorn am Wagen befestigt er ein Bild des Morgensterns, das er aus weißen Blüten gefertigt hat. Brennende Kerzen, seitlich am Kopf befestigt, sollen des Vaters Strahlenkranz nachmachen: So saust der kleine Ph. über den Inselstrand.

B Ph. ist noch ein Knabe, dessen kindlicher Mangel an Einsicht auch sein Schicksal bestimmt. Dieses lädt leicht zur physikalisch-naturkundlichen Deutung ein. Für Platon (Tim. 22 c–d) spiegelt das «Märchen» ein natürliches Ereignis, das in zyklischer Wiederkehr die Erde durch Feuer vernichtend heimsucht, wie zu anderen Zeiten gewaltige Fluten das Land überschwemmen. Den Feuerbrand verursache eine «Abweichung der am Himmel um die Erde kreisenden Sterne». Manilius (4,829 ff) übernimmt den Gedanken und verbindet ihn mit der Deukalionischen Flut.

Lucretius (5,396–410) hält die Geschichte für bloße dichterische Erfindung, die ihm anläßlich seiner Spekulationen zum Verhältnis der Elemente Wasser und Feuer auf dieser Erde zueinander (Flut und Feuersturm) in den Sinn kommt.

Diodor (den Historiker) interessiert (5,23) vor allem der Ursprung des Bernsteins aus Baumharz. Dazu referiert er kurz die bekannte Geschichte, die er für bloße Erfindung hält, einschließlich wohl der Pappeln (auch Erlen). Anderseits (5,23,4) denkt er durchaus an Baumharz (die «Tränen» des Mythos), das zu Bernstein trocknet. Bernstein spiele gemeinhin eine Rolle bei den Trauerriten zum Tod eines jungen Menschen, was diesen Teil der Geschichte zum Ursprungsmythos macht. Ganz anderer Meinung ist Diodor in der Geographie: Er verweist auf die Insel «Basileia» (Helgoland?) jenseits von Skythien. Interessant auch die Bemerkung zum feurigen Ursprung der Milchstraße durch Ph. (ebd. 5,23,2; vgl. Nonnos, 38,429 ff; vgl. dagegen A. M., S. 353, 361, 362, 366, 435; auch Manilius 1,750 ff).

Auch die astronomische Einordnung des Ph. versteht sich leicht aus seiner Geschichte. Hygin (Astron. 2,42,2) sagt, Sol habe den Burschen nach seinem Sturz an den Himmel versetzt, wo man ihn als «Ph.», aber auch als Saturn kenne (ebd. 4,18). Andere nennen den Juppiter beim Namen «Ph.» (z. B. Cicero, Nat. 2,52). In den astronomischen Kontext stellt Manilius die ganze (skizzierte) Geschichte (1,735 ff). Bei Nonnos (38,424–429) versetzt Zeus den Ph. im Bild des Wagenlenkers (lat. «auriga») an den Himmel. Mit der Milchstraße sehen wir den wechselnden Lauf des brennenden Eridanos: ein Werk des Ph. (vgl. Diodor 5,23,2; Germanicus, 362–370; Arat 360 ff).

Fulgentius (Myth. 1,16; St. 644 f) sieht in Ph., dem Sohn des Apoll und der Wassernymphe, die Frucht, die sich aus der Vereinigung von Sonne und Wasser ergebe. Der Name (von griech. «fanon») bezeichne das, was «erscheint», wie die aus dem Boden sprießende Frucht. Die Frucht aber, welche zu ihrer Reife die ganze Sonnenhitze braucht, verbrenne. Ähnlich gezwungen rationalisiert Fulgentius die Entstehung des Bernsteins (vgl. Myth. Vat I 118; II 57; III 8,14).

Der «Ovide moralisé en prose» (2,2–17; de Boer, S. 78–89) referiert die Geschichte ausführlich. Die Allegorese fußt grundsätzlich (ebd., S. 78) auf der Gleichsetzung von Ph. mit Lucifer, dem Engel, den Hochmut («orgueil») nach der Macht des Vaters greifen läßt. Die Moralisierung (ebd.) spricht von jungen Leuten, die im Bedürfnis, mit guten Taten ein ordentliches («bien») Leben zu führen, sich in Hochmut und über die anderen reuigen Sünder erheben. Schließlich lasse eitler Ruhm sie straucheln und zur Hölle fahren.

Die Emblematik des Humanismus greift das Sinnbild für Vermessenheit wieder auf: IN TEMERARIOS («Wider die Verwegenen») heißt es bei Alciat (1531, D 3, Held Nr. 109; H./S., Sp. 1614 f), und Schoonhovius (Nr. 3; H./S., Sp. 1616) warnt: ALTUM SAPERE PERICULOSUM («Die Höhe des Himmels zu kennen, ist gefährlich»). NOLI ALTUM TENDERE (etwa: «Erstrebe nicht zuviel») soll eine Mahnung gegen Unbesonnenheit in der Liebe sein (Thronus Cupidinis Nr. 32: H./S., Sp. 1616). Eine Ermahnung zum rechten Mittelweg sieht Reusner im Schicksal des Ph. (Embl. III, Nr. 32; H./S., Sp. 1615 f: MEDIO TUTISSIMO IBIS («in der Mitte wirst du am sichersten gehen»; vgl. →

Daidalos). Der Jesuit Jeremias Drexel zieht aus der Geschichte des Ph. die Lehre, man solle nicht unüberlegt seine Zunge gebrauchen («Orbis Phaëthon», 1631; s. Lit., J. Latham).

D 1. *Ph. bittet Apollo um den Sonnenwagen* (Ovid, Met. 2,35 ff). Auf Nicolas Poussins Gemälde (*Helios und Phaeton mit Saturn und den vier Jahreszeiten*, 1629/30; Berlin, Gemäldegalerie Berlin-Dahlem; CH. Wright, s. Lit., Nr. 50) kniet Ph. (vom Rücken gesehen, in blauem Mantel) vor dem im Tierkreis auf Wolken sitzenden Apoll, der, wenngleich mit sorgenvoller Miene, gewährend die Rechte öffnet. Unheilvoll nähert sich Saturn (⇒ Kronos) dem Apoll von hinten. Die Personifikationen von Herbst und Winter, in ihrer sichtbaren Teilnahmslosigkeit (der «Herbst» liegt schlafend da, der «Winter» hockt in sich gekehrt auf dem Boden; bei Ovid stehen die Jahreszeiten neben Tag, Monat, Jahr, Jahrhunderten und Stunden zu Seiten des Throns des Apoll als Trabanten des Zeitordners), interpretiert E. Simon (s. Lit., S. 111) als Hinweis darauf, daß Ph. Reife und Alter nicht erleben wird.

2. *Ph. verliert die Kontrolle über das Gespann* (Ovid, Met. 2,160 ff; 2,191 ff). Gustave Moreau hat diesen Moment der Tragödie für den (nicht ausgeführten) Entwurf zu einer Deckenmalerei im Louvre gewählt (*Phaéton*, Aquarell 1878; Paris, Louvre, Cabinet des Dessins). Dramatisch schildert er, fasziniert von der Dichtung Ovids, wie er selbst bekennt, die Gefahren, die von den Tieren des Tierkreises und der Sternbilder ausgehen. Die Bahn des Sonnenwagens führt durch den Tierkreis (wie im Bild deutlich zu sehen), einen Ort des Schreckens, aus dem der Löwe den Wagenlenker anspringt (= Warnung des Apoll vor der Fahrt, Met. 2,78 ff). Vom eisigen Pol her bäumt sich die riesige Schlange (Sternbild des Drachen; 2,173 ff) und reißt ihren Rachen gegen Ph. auf, der in Angst und Hilflosigkeit mit hochgeworfenen Armen die Rösser (hier sind es nur drei) sich selbst überläßt.

Moreaus Komposition hat man mit dem Deckenfresko von Eugène Delacroix in der Apollo-Galerie im Louvre verglichen (s. A.

M., S. 105): Dort tötet Apoll die Riesenschlange Python, an deren Stelle in Moreaus Entwurf die Schlange des Sternbilds tritt, die also inhaltlich motiviert und keine formale Übernahme eines Motivs ist.

3. *Die Dürre während Ph.s Sonnenfahrt* (Ovid, Met. 2,210 ff). Johann Rottenhammer hat das in der Bildkunst seltene Thema zum Gegenstand eines Gemäldes gemacht (1604; Kassel, Gemäldegalerie Alte Meister, GK 604). Während Ph. hoch in den Wolken den Sonnenwagen fährt, leiden die Menschen auf der Erde unter der Dürre; im Mittelgrund sieht man die um ihre Quellen und Seen klagenden Nymphen (ebd. 239 ff), schon holt Juppiter (auf seinem Adler) zum Blitzschlag gegen den Vermessenen aus (ebd. 304 ff), schon ergießt sich das Wasser aus der Urne des Flußgottes im Vordergrund links, der Personifikation des Padus (= Po, griech. Eridanus, Met. 323 ff).

4. *Der Sturz des Ph.* (Ovid, Met. 2,319 ff; Hygin, Fab. 152; Fab. 154 unter Berufung auf Hesiod) ist seit der Antike ein zentrales Thema, in der neuzeitlichen Kunst das bedeutsamste aus der Geschichte des Ph.

Die Darstellungen folgen in der Regel mehr oder weniger eng der Schilderung Ovids. Das für viele Künstler vorbildliche Bildschema lieferte Michelangelo mit zwei Zeichnungen (1533; London, British Museum, Dept. of Prints and Drawings, Inv. 1859–915–517, und Windsor, Royal Library, Inv. 12 766 r.), die durch einen Stich von Nicolas Beatrizet Verbreitung fanden: Juppiter (oben Mitte) auf seinem Adler holt mit dem Blitzbündel in der Rechten aus, darunter stürzen die Pferde samt Wagen und Ph. in die Tiefe, unten links sieht man den Flußgott Padus mit der Urne, in der Mitte die drei Heliostöchter in heller Aufregung und einen Schwan (in den sich Cignus verwandelt hatte). Auffallend, daß Michelangelo, dem u. a. eine italienische Übersetzung zur Verfügung stand, die zeitliche Abfolge der Ereignisse, wie sie Ovid schildert, ignoriert und in einer ideellen Zeitdimension in einer Darstellung vereint: Bevor Juppiter (⇒ Zeus) seinen vernichtenden Blitz geschleudert hat, stürzt Ph. schon kopfüber aus dem Wagen – übrigens einem schlichten Plankenwagen, weit entfernt von Ovids Schilderung des Sonnenwagens, der ein prunkvolles Werk des ⇒ Hephaistos ist. Auf dem ersten Blatt (in London) erscheinen die Heliaden bereits im Status der Verwandlung (unwillkürlich denkt man an Philostrats Ekphrasis, Imag. 1,11: *Phaëthon*), die sich nach Ovid jedoch, wie die Verwandlung des Cygnus, erst vollzieht, nachdem Ph. bereits begraben ist. Auf dem zweiten Blatt (in Windsor) haben sie noch ganz menschliche Gestalt und reagieren bestürzt. – Die gelegentliche Anwesenheit mehrerer Schwäne (zum Teil auffliegend) dürfte sich auf Philostrat beziehen: Er spricht von Schwärmen von Schwänen, die sich erheben, um die Geschichte des Ph. in Lydien und bei den Hyperboreern (an Cayster und Donau) zu künden (vgl. Philostratus, ed. Fairbanks 179, S. 47, Anm. 5). – Man vermutet, daß Michelangelo, der seine Arbeit einem jungen römischen Freund (Tommaso de' Cavaglieri) widmete, im Mythos des Ph. seine eigene erotische Neigung zum Ausdruck bringt, sich selbst als den Vermessenen sieht, der ohne Rücksicht auf die ihm gesetzten Grenzen sich so vom Feuer der Liebe hinreißen läßt, daß es ihm zum Verhängnis wird (Bezugnahme auf E. Panofsky bei L. Dussler, s. Lit., S. 113). Unklar, auf welche Quelle sich die Darstellung eines bemalten Tellers aus Faenza bezieht (16. Jh., Paris, Musée du Petit Palais): In bergiger Flußlandschaft kommen zehn Mädchen aufgeregt herbeigelaufen, als Ph. vom Wagen herabstürzt. Vielleicht handelt es sich um die Naiaden, die den Toten bergen werden (2,325 ff).

Hans von Aachen läßt auf seinem Bild (Öl auf Alabaster; Schloß Amras / Tirol) Apoll in einem Rundtempel (rechts oben) zum Zeugen des Geschehens werden (Ovid spricht vom Palast des Gottes, Met. 2,1 ff).

P. P. Rubens hat das Thema mehrmals in einem Gemälde bearbeitet – zunächst in einer volkreichen, dramatisch geschilderten Szene in grellem Lichteinfall auf einem Gemälde in London (um 1605, Jaffé Nr. 50; Privatbesitz), das in unorthodoxer Weise und ohne Vorbild statt der vier Pferde des Helios («Pyrois», «Eous», «Aethon», «Phlegon»: Ovid, Met. 2,153 f) ein fünftes einführt, zudem elf weibliche Gestalten (Müller Hofstede 1977, s. Lit.: die Horen), von denen einige fliehen, andere wie Ph. in die Tiefe gewirbelt werden. Vielleicht bezieht sich dieses Motiv auf die Beschreibung Philostrats (Imag. 1,11: *Phaëthon*): Die Horen verlassen ihre Posten an den Toren und fliehen in die Dunkelheit, die aufsteigt, um sie aufzunehmen.

Das Gemälde von 1636/38 (Jaffé Nr. 1314; Madrid, Prado) reduziert die Zahl der Figuren drastisch auf die vier scheuenden Rosse und Ph., der kopfüber aus dem Wagen stürzt.

Als Beispiel bestrafter Vermessenheit vereint Hendrick Goltzius Ph. mit → Tantalus, Ikarus (Daedalos, → Daidalos) und → Ixion zu einem Ensemble von vier Kupferstichen (*Die vier Himmelsstürmer*, nach Cornelis Cornelisz van Haarlem, 1588; B. 258–260, Hirschmann 306II [von III], Strauss 257II [von III], 258–260), jeweils mit kommentierender, belehrender lateinischer Umschrift. Jedes (runde) Bildfeld zeigt einen stürzenden, nackten muskulösen Körper in kühner perspektivischer Verkürzung. Ph., von den Schultern her gesehen, stürzt mit dem Rücken voran zur Erde, wo sich ein breiter Fluß (der Eridanus/Po) seinen Weg durch eine hügelige Landschaft bahnt.

Unter dem Eindruck des Bildes von Moreau (s. o.) entstand Odilon Redons Gemälde (*La chute de Phaéton*, um 1905/06; Stanley Moss, Riverdale-on-Hudson/N.Y.), vergleichbar ist es jenem jedoch nicht. Um ihm gerecht zu werden, muß man es neben Redons eigene Darstellungen des Apoll im Sonnenwagen stellen (*Char d'Apollon*, um 1905/10; Jan Woodner Family Collection; um 1908, Bordeaux, Musée des Beaux-Arts). Während der rechtmäßige Lenker des Wagens sein Gespann beherrscht (das wird deutlich auf dem Bild in Bordeaux) und mit seinem lebensspendenden Licht das Leben weckt (auf dem ersteren, in zarten warmen Farben mit tanzenden Schmetterlingen), stürzt Ph. rücklings kopfüber in Finsternis und Chaos, die er selbst hergestellt hat: dort Ordnung und Leben, hier Chaos und Tod. Das sehr schmale Hochformat unterstreicht noch den Eindruck eines Sturzes ins Bodenlose. Das Motiv des stürzenden Ph. erscheint schon 1896 in Redons Serie *Versuchung des heiligen Antonius* (Blatt XVII: «Il tombe dans l'abîme, la tête en bas». Lithographie, Kamakura, Museum of Modern Art). Hier ist jedoch Apollo selbst gemeint, der versucht habe, ins Reich des reinen Gedankens aufzusteigen, aber mit Wagen und Pferden abstürzt (s. Odilon Redon, Katalog zur Ausstellung 1989, s. Lit., S. 187).

Das Thema erweist sich im Sinne des Dekors als geeigneter Deckenschmuck. Ein (hochovales) Deckenfresko von Jean Boulanger (1566–1660) in der Camera di Fetonte (= Ph.) des Palazzo Estense in Sassuolo läßt den jugendlichen Ph. samt Rössern und Wagen aus den Wolken stürzen (entgegen Ovid, wo Juppiter auf Grund der alles versengenden Hitze über keine Wolken mehr verfügt: Met. 2,309 f). – Auch Luca Cambiaso hielt das dramatische Ende des Ph. in einem Deckenfresko fest (Genua, Palazzo Giorgio Doria). – Die Todesfahrt des Ph. im Sonnenwagen inszeniert Giambattista Tiepolo besonders eindrucksvoll in einem Deckengemälde (1740; Mailand, Palazzo Clerici, Salone).

5. *Zyklen*. Zyklische Darstellungen finden sich in der römischen Kunst an Reliefsarkophagen. Sie beschränken sich allerdings auf nur zwei Episoden der Geschichte. Das verbindliche Darstellungsschema findet sich auf einem Sarkophag in der Villa Borghese in Rom (Giardino del Lago; gegen 300 n. Chr.): In der figurenreichen, dichten Komposition der Langseite zieht der ausgestreckte Körper des Ph., der rücklings kopfüber aus dem Wagen fällt, den Blick auf sich (Michelangelo wie Rubens greifen auf diese Darstellung zurück; s. o.). In der oberen linken Ecke zeichnet sich der knabenhafte Ph. ab, der Helios um den Wagen bittet (dicht an den Vater gedrängt; anders bei Ovid 2,22 f: das strahlende Licht des Sol verbietet eine zu große Nähe). Die Mitte nimmt die Quadriga mit den scheuenden Rossen ein, Ph. fällt kopfüber aus dem Wagen auf den unten gelagerten Flußgott. Rechts sieht man den Pädago-

gen, Cygnus und Phosphoros (oder Helios). Demselben Schema folgen verschiedene andere Reliefsarkophage, z. B. jener vom Ende des 3. Jh.s n. Chr. (Paris, Louvre, Inv. MA 1017).

Der Stuckdekor eines Gewölbes aus der Villa Farnesina (heute Rom, Museo Nazionale Romano delle Terme) schildert in zwei Szenen die Geschichte des Ph., wie sie Ovid beschreibt: 1. *Ph. trägt dem Sonnengott seine Bitte vor* (Met. 2,19 ff; Ph. in Begleitung eines Pädagogen, steht im Palast des Sonnengottes vor dessen Thron). 2. *Die drei Horen spannen die Rosse ein und rüsten den Wagen zur Fahrt* (Met. 2,116 ff). Anders als bei den Sarkophagreliefs fehlt hier die Darstellung des tragischen Endes des Ph.

Lit.: Baratte, François, in: LIMC 1994, 7,1, S. 350–354; 7,2, S. 311–313, s. v. Phaethon I. Dussler, Luitpold: Die Zeichnungen des Michelangelo. Kritischer Katalog, Berlin 1959. Helbig, Wolfgang (Hg.)/Speier, Hermine (Hg.): s. Allgem. Bibl., Bd. III. Tübingen 1969. Latham, James, SJ: Text and Image in Jeremias Drexel's *Orbis Phaëthon*. In: Daly, Peter M. u. a. (Hg.): Emblematik und Kunst der Jesuiten in Bayern; s. Allgem. Bibl., S. 85–105. Müller Hofstede, Justus: Peter Paul Rubens, 1577–1640. Katalog zur Ausstellung in Köln, Museen der Stadt Köln, 15. Okt. bis 15. Dez. 1977, S. 145 f. Odilon Redon. Katalog zur Ausstellung in Tokyo, The National Museum of Modern Art, 17. März – 17. Mai. Simon, Erika: Poussins Gemälde «Bacchus und Midas» in München. In: Jahrbuch der Hamburger Kunstsammlungen 18, 1973, S. 109–118. Wright, Christopher: Poussin. Paintings. A Catalogue Raisonné. London 1985.

Phrixos, auch Phryxos (Pausanias 9,34,5), griech., lat. Phrixus. Sohn des Athamas (einem Sohn des Aiolos) und der Nephele (lat. Nebula, Nuba/Nubes, Neobola), Bruder der Helle (auch Hella). Mit Chalkiope Vater von → Argos, Melas, Phrontis und Kytisoros, die mit den Argonauten gehen werden (Apollonios Rhodios). Hesiod nannte Iphiophosa als ihre Mutter (Ehoien in Schol. zu Apollonios Rhodios 2,1122; H. G. Evelyn-White, 1977, S. 262, Nr. 15). Genannt wird auch Argos als Sohn von Perimele (Hesiod, Gr.

Ehoien b. Antoninus Liberalis 23, ebd. S. 262f, Nr. 16). Pausanias nennt einen Sohn Presbon von «der Tochter des Aietes» (9,34,5).

A Apollodor faßt zusammen (Bibl. 1,9,1): Athamas hat von seiner Frau Nephele die Kinder Ph. und Helle. Dann heiratet er Ino, die sich als heimtückische Stiefmutter der beiden Kinder entledigen will. Sie veranlaßt die Frauen, heimlich den jährlichen Saatweizen zu rösten. Als dann die Ernte ausfällt, holt Athamas in seiner Not in Delphi ein Orakel ein, aber er erfährt ahnungslos einzig, was Ino die Boten ausrichten läßt: Die Unfruchtbarkeit des Bodens werde ein Ende haben, wenn der Vater den Ph. dem Zeus opfere, und das Volk drängt den König, ebendas zu tun. So wäre wohl geschehen, wenn Nephele nicht eingegriffen hätte. Sie gibt den Kindern einen Widder mit Goldenem Vlies, den sie von ⇒ Hermes hat und der auch unsterblich sein soll (vgl. Hesiod, Ehoien b. Eratosthenes, Catast. 19, H. G. Evelyn-White, 1977, S. 176f, Nr. 38; vgl. Apollonios Rhodios 2,1144). Das Tier kann fliegen und trägt die beiden über Land und Meer davon. Über dem Meer zwischen Sigeion und dem Chersones stürzt das Mädchen in die Tiefe und ertrinkt in dem Gewässer, das seither Hellespont heißt. Ph. aber erreicht die Kolchis, wo König Aietes ihn freundlich empfängt, ihm sogar die Tochter Chalkiope zur Frau gibt. Ph. opfert den Widder ⇒ Zeus, dem Gott des Entrinnens (Apollonios Rhodios [2,1146f] wird behauptet, der Widder habe das Opfer selbst veranlaßt). Auch soll er das Opfer auf Anraten des Hermes gemacht haben (ders. 4,119–122). Andererseits war auch die Rede vom Opfer an Hermes oder ⇒ Ares (Schol. zu Aristophanes, Nubes 257). Das Vlies gibt er dem Aietes, der es in einem Hain des Ares an eine Eiche nagelt (→ Iason). Gemäß früher Quelle hat Ph. nach dem Opfer das Vlies gereinigt (entsühnt = αγνεύειν) und in die Hände genommen und sei in den Palast des Aietes getreten, der ihn ohne weitere Vermittlung (also Kraft des Vlieses allein) empfing (Aigimios b. Schol. zu Apollonios Rhodios 3,587; H. G. Evelyn-White, Hesiod 1977, S. 270f, Nr. 1).

Die Wahl der Kolchis als Zielort ist unbekannt geblieben. Hesiod soll berichtet haben, daß ein Phineus (ein Seher?) geblendet wurde, weil er Ph. den Weg wies (Ehoien in Schol. zu Apollonios Rhodios 2,181, H. G. Evelyn-White, 1977, S. 262f, Nr. 14). Nach Pausanias (9,34,5) könnte er als «Phryxos» Stammvater der Phryger geworden sein.

Hygin (Fab. 3,1) weiß, daß die Kinder von Liber (⇒ Dionysos) verwirrt im Wald umherirrten (Euripides scheint von Wahnsinn gesprochen zu haben). Mutter Nebula habe ihnen aufgetragen, mit dem Widder zu den Colchern und zu König Aeolus, dem Sohn des Sol (⇒ Apoll), zu fliegen und das Tier, das ein Kind des Neptun (⇒ Poseidon) und der Theophanis ist, dort dem Mars (Ares) zu opfern. Ph. habe den Widder geopfert (vgl. Myth. Vat. I 25) und dann das Fell im Tempel des Gottes niedergelegt, wo ein Drache / Schlange es bewacht (so auch Myth. Vat. I 23,10; Myth. Vat. II 134). Aus Furcht um die Herrschaft habe Aeëtes den Schwiegersohn schließlich umgebracht (so auch Myth. Vat. I 23 13; zu Ino vgl. auch Hygin, Fab. 2,1). Apollonios Rhodios (2,1150 f) berichtet, der Mann sei im Haus des Aietes alt geworden und gestorben.

Hygin (Astron. 2,20) berichtet noch anderes: Der Widder sei von Nuba (Nephele) schließlich an den Himmel versetzt worden, von wo aus er jene Jahreszeit regiert, in der man den Weizen sät, den Ino einst geröstet aussäte und der Anlaß für die Flucht gewesen sei. Eratosthenes habe berichtet, daß der Widder selbst sich das Fell abgezogen und dem Ph. zur Erinnerung gegeben habe, er selbst aber sei zu den Sternen aufgestiegen, wo er (ohne das goldstrahlende Fell!) nur schwach leuchte.

Der Mythograph (Myth. Vat. I 23) hat zur ganzen Geschichte andere Details. Demnach hat Liber die Neobole (Nube) mit Wahnsinn geschlagen. Sie irrt durch den Wald und will nicht mehr das Haus des Athamas betreten. Da übergibt der Mann die Kinder der Rabenmutter («noverca») Ino. Hier (ebd. 5 f) besticht Ino einen einzigen Boten, den König falsch zu beraten, sie selbst belastet die Kinder mit der Behauptung, das Getreide angezündet zu haben. Dazu behauptet sie, beide Kinder solle man opfern. Aus Furcht vor dem Haß des Volkes überläßt er die Kinder der Stiefmutter, stattet sie aber heimlich mit einem Mittel zur Rettung aus. Den Ph., der nichts weiß von seinem drohenden Tod, fordert er auf, einen Widder mit goldenem Vlies zu suchen. Dann rät Juno (⇒ Hera) dem Burschen, gemeinsam mit seiner Schwester zu fliehen, und sogleich seien die beiden dem Tod entronnen.

Myth. Vat. III 15,1: Ino jagt die Kinder aus dem Haus. Als sie auf der Flucht an das Meer kommen, gibt Großvater Juppiter (⇒ Zeus) oder (nach anderen) Tante («matertera») Isis den beiden einen Widder mit goldenem Fell, mit dem sie über das Meer eilen können – wenn sie nicht zurückschauen. Helle kann das nicht lassen und schaut ängstlich zurück, da fällt sie ins Meer. Seither heiße das Meer Hellesponticum. Ph. kommt nach Colchis, enthäutet das Tier, füllt die Haut mit Gold und opfert das dem Mars. Der Leib des Tiers wird an den Himmel versetzt, wo aus ihm das Sternbild wird, das man «Aries» nennt. Und weil der Widder am Ufer sich zurückwandte, wie um die Helle zu sehen, erscheine er in ebendieser Haltung auch am Himmel. Zur Sache sage man, die Sonne stehe im Aries, weil sie vom Winter-Äquinoctium bis zum Herbst durch die rechte Hälfte der Halbkugel läuft, und so neigt Aries sich in dieser Zeit immer zur rechten Seite. Wenn die Sonne dann vom Herbst-Äquinoctium bis zum Winter durch die linke Hälfte läuft, dann neigt Aries zu dieser Zeit sich nach links.

B Ph. hat wohl immer Interesse gefunden als einer, der das Goldene Vlies an seinen Platz und damit in den griechischen Mythos bringt als das Ziel der Argonauten. Pindar (Pyth. 159–162) läßt den Pelias zu Beginn sagen: «Denn Ph. fordert uns auf, zu den Hallen des Aietes zu gehen und seinen Geist heimzuholen und das Vlies des Widders zu nehmen, mit dem er einstmals vor dem Meer gerettet wurde und vor der Stiefmutter frevlerischen Waffen.» Apollonios Rhodios (1,256 ff) läßt durch den Mund einer der Frauen um Alkimede wissen, der Widder habe mit menschlicher Stimme zu Ph. gesprochen und der Alkimede (Mutter des → Iason) großen Schmerz und Trauer verheißen (vgl. ebd. 291; vgl. Philostrat, Imag. 2,15,2).

Die Person Ph. wird wohl nie sichtbar. Sicher müßte er auf seiner Reise noch ein Kind sein, wenngleich Aietes/Aeëtes ihm doch wohl alsbald seine Tochter zur Frau gegeben haben soll (vgl. Ovid, Fasti 3,858: «iuvenis Phrixi»). Die «Orphischen Argonautica» (871 f) nennen ihn «den mit der starken Lanze», der auch reichlich Saat in die Kolchis mitgebracht habe.

Herodot (7,197) betrachtet die Geschichte als Aition, als einen Mythos, der den Ursprung eines Ritus zu Ehren des Laphystischen Zeus im phtiotischen Alos (Halos) erklären soll: Dort sei es dem ältesten Sohn der Ph.-Familie untersagt, das «Rathaus» zu betreten, andernfalls er dem Gott geopfert werde. Der Ursprung dieses Verfahrens habe bei Athamas und Ph. gelegen. Demnach hat Athamas (aus ungenannten Gründen) gemeinsam mit Ino den Tod des Ph. betrieben, und dieser kommt (wie?) nach Kolchis, wo er den Sohn

Kytis(s)oros haben wird. Später dann habe (in irgendwelchen Nöten) ein Orakel den Achaiern geraten, den Athamas zu opfern. Im letzten Moment sei Kytissoros aus der Kolchis herbeigekommen und habe den Großvater vom Tod errettet, sich selbst aber und seinen Nachkommen damit den dauernden Zorn des Gottes zugezogen: Seither sei immer der älteste Sohn der Familie in Gefahr gewesen, dem Gott geopfert zu werden (sowie er das Rathaus betrat; vgl. Schol. zu Apollonios Rhodios 2,652).

Für den gern scharfsinnigen Palaiphat (31) ist der Widder offenbar ein einsichtiges Wesen, das (anscheinend aus eigener Initiative) den Ph. von den tödlichen Plänen des Athamas wissen läßt. Der Bursche ruft seine Schwester, und beide besteigen das Tier, das sie nun aber «wie ein Schiff» über das Meer trägt. Bemerkenswert sei schon, daß der Widder das Gewicht zweier Menschen auf diese Weise zu transportieren vermochte. Und wo blieben Nahrung und Getränk für Widder und Passagiere? Man könne sich nicht vorstellen, daß die Reisenden eine so lange Zeit hungrig, ohne Speise und Trank bleiben konnten. Absurd sei vollends die Behauptung, Ph. habe seinen Retter geschlachtet, seine Haut abgezogen und sie dem Aietes zum Geschenk gemacht, nur um damit um dessen Tochter zu werben. Jedenfalls war das Begehren erfolgreich, denn Widderhäute seien damals selten gewesen, und der König habe dem Ph. die Tochter zur Ehe gegeben. Bislang habe sich niemand als Gatte des Mädchens würdig erwiesen. Einige hätten nun, um die Sache nicht lächerlich erscheinen zu lassen, behauptet, das Vlies sei golden gewesen, was die Sache aber noch unglaubwürdiger mache, denn ein König werde dergleichen doch nicht von einem bloßen Pilger annehmen. Auch hält Palaiphat den Ph. nicht für so undankbar, daß er seinen Wohltäter verderben ließe. Das sei unglaubhaft, selbst wenn das prächtige Fell voller Edelsteine gewesen wäre, weswegen Iason sich auf die Reise gemacht hätte. In Wahrheit sei Athamas der Führer eines griechischen Heeres in Phrygien gewesen, dem ein Mann namens Aries als – vorzüglich geschätzter – Vermögensverwalter und Leibwächter zur Seite stand. Der habe Ph. den mörderischen Plan des Athamas verraten. Darauf nahm Ph. sich ein Schiff, belud es mit allerlei Reichtümern, verfertigte ein goldenes Bildwerk der Eos/Aurora und befestigte es am Schiff. Dann brach man zu dritt auf: Ph., Helle und Aries. Helle sei bald vor Schwäche gestorben (im «Hellespont»). Die anderen ließen sich schließlich in Pharos nieder. Dort habe Ph. die Tochter des Königs Oeta von Kolchos geheiratet, der er das goldene Bild der Aurora zum Geschenkt machte, also kein goldenes Widder-Vlies («haecque ueritas ipsa est»).

Diodor (4,47,4 f) liefert dem Urteil des Lesers eine vorwiegend banale Erklärung des Mythos, der aus folgenden Umständen herausgearbeitet worden sei: Ph. sei ein Mann gewesen, der mit einem Schiff reiste, dessen Galionsfigur ein Widderkopf war. Schwester Helle wurde seekrank und fiel über Bord. Eine andere Überlieferung besagte, daß der Empfang des Ph. in Kolchis kaum freundlich gewesen sein kann, denn offenbar setzte man seine Leute fest. Er selbst aber sei der unvermittelten Zuneigung des Skythenkönigs zum Opfer gefallen, der sich gerade bei Schwiegervater Aietes befand und den Knaben mitnahm. Immerhin soll der Eigner ihn wie einen eigenen Sohn geliebt und ihm sein Reich vererbt haben. Anderseits hatte der Knabe einen Begleiter und Aufseher («paidagogos») namens Krios (Widder) bei sich. Den opferte man den Göttern. Man häutete ihn und hängte, einem Brauch gemäß, die Haut in einem Tempel auf. Als später ein Orakel dem Aietes verhieß, er werde sterben, wenn Fremde kämen, um die Haut des Krios mit sich zu nehmen, da ließ der König eine Mauer um den Bezirk bauen und setzte eine Wache darüber ein. Um den Wachen den besonderen Wert der Haut anschaulich zu machen und damit ihre Wachsamkeit zu wecken und zu erhalten, vergoldete er sie.

Die Allegorese ist anscheinend spärlich geblieben. Ein Emblem bei Alciat (1531, E. 4, Held Nr. 165; H./S., Sp. 1633) zeigt einen bärtigen Alten (!) auf dem Widder unter dem Lemma DIVES INDOCTVS («Der törichte Reiche»): Wer auf dem Gold sitzt und sich davon auch noch übers wilde Meer tragen läßt, der werde vermutlich regiert und geführt von Weib und Gesinde (vgl. Galen, Protrept. 6). Theodorus Beza, Nr. 4 (H./S., Sp. 1633 f) stellt das «lügenhafte» Vlies dem mit wahren Schätzen beladenen Vlies jenes Lamms gegenüber, in dem man ein Bild Christi erkennt.

Moralische Botschaft liest N. Conti der Geschichte ab (10, Blatt 298ᵛ): Es gelte, die Wechselfälle des Glücks mit Gleichmut zu tragen. Jenen Weisen («sapiens») pflege man ob seiner großen Tüchtigkeit zu schätzen und auch zu rühmen. Wer das Schicksal («fortuna») nicht gelassen zu ertragen wisse, der werde wie Helle in das weite Meer des Elends hinabgeworfen ob seines weichlichen, weibischen Sinns. Wer aber weise die Umstände zu nutzen wisse, von dem meine man, er nähere sich dem Wesen unsterblicher Götter. Doch einer, der unklug und hochmütig Mißbrauch treibt, der werde auf Beschluß der Götter (selbst) aus den höchsten Rängen der Würde und der Macht schließlich verworfen, denn Gott hasse die Hochmütigen und Grausamen.

C Über das Aussehen des Ph. schweigen die schriftlichen Quellen. In der Bildkunst erscheint er als Knabe, meistens nackt, allenfalls mit einem Mäntelchen bekleidet.

D 1. *Athamas bereitet das Opfer von Ph. und Helle vor* (Apollodor, Bibl. 1,9,1; Apollonios Rhodios 3,190 f; Schol. zu Aristophanes, Nubes 257). Ein selten dargestelltes Thema, das die Neuzeit überhaupt nicht mehr interessiert. Auf einem apulischen Volutenkrater (gegen 340 v. Chr.; Berlin, Staatl. Museen, Inv. 1984.41) sieht man im obersten Fries im Kreise vieler Götter (Pan, Artemis, Zeus, Athena, Apoll und Hermes) Ph., der die Hände auf den Kopf des Widders legt, Athamas mit dem Opfermesser; auch Ino, deren Intrige die Kinder zum Opfer fallen sollen, ist zugegen.

2. *Ino verfolgt Ph.* (Apollodor, Bibl. 1,9,1). Auch dies wird selten illustriert, z. B. auf einer attischen Amphora (3. Viertel des 5. Jh.s v. Chr.; Neapel, Museo Nazionale, Inv. SA 270). Ino verfolgt, eine Doppelaxt schwingend, den (bis auf ein wehendes Mäntelchen

nackten) Knaben, dem der Widder zur Flucht verhilft: Ph. schwebt neben dem Tier (s. u.), sich nach der Verfolgerin umsehend. Mit der Linken hält er sich an einem Horn des Widders fest, in der anderen Hand hat er zwei Speere.

3. *Der Ritt über das Meer* (Apollodor, Bibl. 1,9,1; Apollonios Rhodios 2, 1143 f) ist schlechthin das ikonographische Erkennungsmotiv des Ph. Darstellungen des Ritts über das Meer finden sich vor allem auf italischen Vasen und römischen Wandgemälden und Mosaiken. – Auf den griechischen Vasenbildern sieht man ihn entweder mit Schwester Helle auf dem Widder reiten (Kelchkrater aus Paestum; um 350 v. Chr.; Neapel, Museo Nazionale, Inv. 82 411 [H 3412]) oder aber – überwiegend – allein, wie auf einer apulischen Schale (gegen 330 v. Chr.; Berlin, Staatl. Museen, Inv. F 3345): Gerahmt von einem Kranz von Fischen, reitet Ph. auf dem Widder über das Meer und schaut zurück (wohl zur Verfolgerin Ino, s. *Ino verfolgt Ph.*). – Das offenkundig ältere ikonographische Schema zeigt Ph. nicht auf dem Widder reitend, sondern gleichsam neben ihm schwebend, wobei er sich an den Hörnern oder einem der Hörner des Tiers festhält (melisches Relief, um 450 v. Chr.; New York, Metropolitan Museum, Inv. 12.229.20; attische Pelike, um 450 v. Chr.; Athen, Nationalmuseum, Inv. 16 023). Das betont das Wunderbare dieses Flugs, wie auch das Tier selbst ein zauberisches Wesen hat.

4. *Helle stürzt ins Meer* (s. **A**). Ein Wandgemälde aus Pompeji (VI; Neapel, Museo Nazionale, Inv. 8889) nimmt auf die Schilderung des Ovid Bezug (Fasti 3,871 f): Ph. versucht, die im Meer treibende Schwester zu retten, indem er ihr die Hand reicht. Unter den Reliefs der Bronzetür von St. Peter in Rom von Antonio di Pietro Averlino, gen. Filarete (1433 ff), findet sich das Motiv des Widderreiters Ph.; Helle, die hinter ihm sitzt, stürzt rücklings ab.

5. *Das Opfer des Widders* (s. **A**). Pausanias berichtet von einer Statue des Ph. beim Opfer des Widders (1,24,2). – Auf dem Schulterbild einer Hydria (um 350 v. Chr.; Neapel, Museo Nazionale, Inv. 81 841 [H 2858]) sieht man Ph. vor einem Opferaltar, das Tier bei den Hörnern packend.

6. *Ph. auf dem Widder als Sternbild des Widders* sieht man auf dem Deckengemälde in der Villa Farnese in Caprarola (Sala del mappamondo, 1574, von Giovanni Antonio Vanosino da Varese). Im Vordergrund reitet Ph. über das Meer, im Hintergrund treibt Helle in den Fluten; hier scheint die Geschichte jedoch einen glücklichen Ausgang zu nehmen – dafür dürfte Neptun (⇒ Poseidon – von Theophane Vater des Widders –, in der Linken eine Harpune, mit Hippokampen) sprechen, der Helle selbst die Hand reicht.

Lit.: Bruneau, Philippe, in: LIMC 1994, 7,1, S. 398–404; 7,2, S. 332–338, s. v. Phrixos et Helle. Lippincott, Kristen: Two astrological ceilings reconsidered: The *sala di Galatea* in the Villa Farnesina and the *sala del mappamondo* at Caprarola. In: Journal of the Warburg and Courtauld Institutes 53, 1990, S. 185–207.

Polydeukes / Pollux → Dioskuren

Polyneikes, griech., lat. Pol(l)inices. Held; einer der → «Sieben gegen Theben». Sohn und Bruder des → Oedipus und der Iokaste (Epikaste bei Homer, Od. 11,271; Apollodor, Bibl. 3,5,8; Myth. Vat. I 204) oder der Euryganeia (vgl. Pausanias 9,5 ff und Schol. zu Euripides, Phoen. 1760). Bruder des Eteokles, der Ismene und der Antigone.

A Es ist sicher, daß auf P. und Eteokles ein Fluch des Vaters lastete. Unklar ist der Grund. Apollodor (Bibl. 3,61) sagt, Oidipous habe den Söhnen gezürnt, weil sie keine Hand für ihn rührten, als man ihn aus der Stadt vertrieb (vgl. Sophokles, Oedip. col. 421 ff). Nach Euripides (Phoen. 66 f) sperrten die Söhne den Vater ein, bevor man ihn verbannte. In der Kyklischen Thebais soll gestanden haben, daß die Söhne dem Vater (irrtümlich) statt der Schulter eines Opfertiers – dem ihm gebührenden Anteil – eine Keule schickten (und die galt als unehrenhaft). Oidipous warf das Stück auf den Boden und rief: «Meine Söhne senden mir dieses zum Spott». Er betete zu ⇒ Zeus und den anderen unsterblichen Göttern, daß jeder der Brüder von des Bruders Hand fallen möge und hinuntergehen in den Hades (Schol. zu Sophokles, Oed. col. 1375; vgl. Zenobius, Cent. 5,43). Ebenfalls auf die Thebais beruft sich Athenaios (11,465 E) mit einer anderen Geschichte, deren eigentlicher Sinn unklar bleibt: P. habe einen kostbaren Tisch aus Silber zum Vater gestellt und ihm in eine goldene Schale süßen Wein geschenkt. Als Oidipus aber die Geräte als Schätze seines Vaters → Kadmos erkannte, da «befiel großer Kummer sein Herz, und sogleich sprach er bittere Verwünschungen über seine Söhne, in ihrer Gegenwart. Und der rächende Zorn der Götter überhörte nicht das Gebet, sie mögen die Güter ihres Vaters nie in liebender Brüderlichkeit teilen, sondern Krieg und Kampf möge immer ihrer beider Schicksal sein (vgl. auch Aischylos, Hepta 725; Pindar, Ol. 38 ff). – Die Söhne verabreden, sich in die Herrschaft über Theben zu teilen: Abwechselnd soll jeder je ein Jahr regieren (vgl. Euripides, Phoen. 69 ff u. 473 ff; Diodor 4,65,1; Zenobius, Cent. 1,30; Hygin, Fab. 67; Myth. Vat. I 152). Darüber, wer zuerst die Herrschaft antrat, bestand bei den Autoren keine Einigkeit (vgl. Apollodor, Bibl. 3,6,1). Einige meinen, daß Eteokles begann, weil er der ältere war (z. B. Myth. Vat. II 230). Jedenfalls hören wir, daß, als ein Wechsel anstand, Eteokles sich weigerte abzutreten und den Bruder aus der Stadt verbannte. Der geht nach Argos und nimmt mit sich das vom Vater ererbte kostbare Halsband, ein Werk des ⇒ Hephaistos, das Kadmos einst der Harmonia zur Hochzeit schenkte, und das kostbare Hochzeitsgewand dazu (Apollodor, Bibl. 3,4,2). Boccaccio (Gen. 2,74) sieht den Vertriebenen armselig bei Regen und Wind in der Vorhalle des königlichen Palastes nächtigen. Dort findet ihn ein anderer Verbannter, Tydeus, den man eines Mordes wegen aus Kalydon verjagt hat. Die beiden geraten im Streit heftig aneinander, wohl um das Nachtlager. Vom Gefechtslärm geweckt, kommt Adrastos herbei und trennt die Kämpfenden. Als er auf dem Schild des einen das Bild des Löwen, auf dem anderen einen Eber sieht, erinnert er sich des Rats, den ihm ein Seher einmal gab: Er solle seine Töchter einem Löwen und einem Eber zur Frau geben. So berichtet Apollodor (Bibl. 3,6,1). Hygin (Fab. 69,4) sagt, die beiden seien in Tierhäute gewandet gewesen: P. hatte ein Löwenfell übergeworfen, Tydeus das Fell eines Ebers (vgl. auch Myth. Vat. I 80). P. weist sich dergestalt als Thebaner aus, in Anspielung auch auf den Thebaner Herakles und seine Tugend, während für Tydeus der Kalydonische Eber gleichsam zum Wappentier wird (Hygin, ebd.; Boccaccio, Gen. 2,41). Entweder, weil das Orakel es so will (nach Hygin, Fab. 69,1 u. 69 A kommt der

Spruch von Apoll; vgl. Boccaccio, Gen. 2,41; zum Wortlaut des Orakels s. die Scholie zu Euripides, Phoen. 409) oder weil ihre Herkunft die Burschen empfiehlt (Boccaccio, Gen. 2,41), macht Adrastos die beiden zu seinen Schwiegersöhnen. (Die Geschichte von Streit und Versöhnung der beiden steht ausführlich bei Euripides, Phoen. 40ff u. Suppl. 132ff; vgl. bes. Statius, Theb. 2,210ff; Zenobius, Cent. 1,30.) Dem P. gibt er Argeia (Argia), die ältere, dem Tydeus die Deipyle (vgl. Diodor 4,65,3; Scholie zu Euripides, Phoen. 409; Statius, Theb. 2,201ff). – Pausanias (9,5,6) erzählt einen etwas anderen Ablauf der Ereignisse: P. habe Theben schon verlassen, als sein Vater noch herrschte, aus Furcht, der auf dem Vater lastende Fluch könne sich auch an seinen Kindern erfüllen. Auch hier geht P. nach Argos und heiratet die Tochter des Adrastos, dann wird er nach dem Tod des Vaters von Eteokles heimgerufen nach Theben. Jetzt erst kommt es zum Streit der Brüder. – Adrastos verspricht, die Schwiegersöhne wieder in die angestammte Heimat zurückzubringen. Als erstes will er nach Theben ziehen und hebt sogleich Truppen aus. Schwierigkeiten ergeben sich, als der Seher → Amphiaraos sich weigert, am Feldzug teilzunehmen, weil er voraussieht, daß alle außer Adrastos vor Theben sterben werden. P. gelingt es, ihn zu überlisten, indem er mit dem Halsband der Harmonia Eriphyle, die Frau des Amphiaraos, besticht und sich damit erfolgreich ihres Einflusses bedient. – Viel später, vor Troia, wird Agamemnon dem Diomedes, Tydeus' Sohn, erzählen, daß der Vater einst mit dem «göttergleichen» P. nach Mykene ging, dort Kriegsvolk auszuheben (Homer, Il. 4,374ff). Bei Sophokles (Oedip. col. 1284ff) steht, daß P. vergeblich nach Kolonos ging, einem Orakel gemäß die Unterstützung des Vaters gegen den Bruder zu erhalten. – Bei den Leichenspielen für Opheltes in Nemes gewinnt P. den Ringkampf (Apollodor, Bibl. 3,6,4). An der Stadtmauer von Theben wird ihm durch Los das Hysis-Tor zugeteilt (Aischylos, Hepta 55f; vgl. Apollodor, Bibl. 3,6,6). Nach den dramatischen Ereignissen der Schlacht und der Flucht der Argiver kommt es durch Beschluß beider Heere zum Zweikampf zwischen P. und Eteokles, in dem die beiden einander töten, nach Aischylos (Hepta 962) mit dem Speer (Aischylos, Hepta 804ff; Euripides, Phoen. 1356ff; Diodor 4,65,8; Statius, Theb. 11,447ff; Apollodor, Bibl. 3,8; Pausanias 9,5,6; Hygin, Fab. 71). Eine Säule mit einem steinernen Schild darauf markierte die Stelle, an der die beiden kämpften und starben (Pausanias 9,25,2). – Kreon bestimmt, den Leichnam des P. unbestattet zu lassen, «den Vögeln und Hunden zum Fraß» (Sophokles, Ant. 205f). Schon Kallimachos scheint berichtet zu haben, daß Antigone den Leib des Bruders nachts heimlich auf den Scheiterhaufen des Eteokles legte, die beiden wenigstens im Tode miteinander zu versöhnen, daß aber zum Zeichen unversöhnlicher Feindschaft selbst die Flammen sich spalteten (Aitia 105; C. A. Trypanis, Cambridge / Mass. u. London 1978, S. 79; vgl. Statius, Theb. 12,315). Boccaccio (Gen. 2,74) erzählt, der gegenseitige Haß der Brüder habe sogar ihre toten Leiber durchdrungen: Als Antigone und Argeia (vgl. Hygin, Fab. 72,1) die beiden auf den Scheiterhaufen gelegt hatten, ließ sich das Feuer erst entzünden, als sie die Flammen teilten, wie wenn die Brüder im Tode einander sogar das Verbrennen versagten. Eine andere Überlieferung (die auch an Kallimachos anknüpft) spricht nur von Opferfeuern. So heißt es bei Ovid, daß Flammen und Asche eines Totenopfers sich spalteten (Trist. 5,533 ff). Dem Pausanias erzählt man, daß Flammen und Rauch des Opferfeuers an ihrem Grab sich spalten (9,18,3). Bei Philostrat (Imag. 2,29,4) lesen wir: «Ein Wunder ist auch das Feuer bei den Totenopfern, denn es will sich nicht vereinigen und vermischt seine Flammen nicht, sondern dreht sich von hier dahin und dorthin und kündet so den Zwiespalt auch noch im Grabe.» (Übers. v. Otto Schönberger, Philostratos, Die Bilder, München 1968, S. 257; vgl. ebd. S. 466, mit Hinweis auf Anth. Pal. 7,396; vgl. ebd. 7,399.) Im «Ovide moralisé en prose» (9,6; de Boer, S. 247) steht (nicht bei Ovid!), daß Adrastos die beiden zu bestatten suchte, sie seien aber immer wieder aus ihren Gräbern gestiegen, um miteinander zu kämpfen. Die Leiber der anderen habe er auf zwei Bergen weit voneinander entfernt verbrannt. Der Rauch, der dabei aufstieg, habe sich als Zeichen einer schrecklichen Feindschaft auf den anderen zubewegt und sich (wie im Kampf) mit ihm vermischt.

B Von riesigem Wuchs soll P. gewesen sein, selbst im Vergleich mit dem gigantischen Kapaneus (Philostrat, Imag. 2,29,2), und sein Haar sei goldblond gewesen (Athenaios 11,465E; vgl. die homerischen Helden → Achill, Menelaos). – Petrarca stellt ihn neben Tydeus an den Schluß der Reihe ruhmreicher Helden: Diomedes, Achill, die Atriden, die beiden → Aias (Trionfi 1[r] 140). Sein Charakterbild durch die Zeiten wird bestimmt durch sein Verhältnis zum Bruder und ist wohl immer negaiv. Alanus ab Insulis (2,219 f) nennt die beiden als Beispiel der Zwietracht. Als Beispiel für Rache («vendetta») und Zorn («ira») gelten sie bei Dante, der in Anspielung auf das «Flammenwunder» → Odysseus und Diomedes gemeinsam im Feuer sieht (Inf. 26,54). In der Allegorisierung des Fulgentius wird Eteokles zum Bild der Habgier («avaritia»), P. zum Bild der Prunkliebe und Genußsucht («luxuria»; vgl. Halsschmuck und Brautgewand der Harmonia, den silbernen Tisch, den goldenen Kelch des → Kadmos), denn «das griechische Wort Polis heißt auf lateinisch viel (‹multum›), (das griechische Wort) ‹nichos› heißt lateinisch Sieger (‹victor›) ...; daher heißt Polinices einer, der viel besiegt im Leben (‹tempore›), und das ist die ‹luxuria›, der viele erliegen.» Der Streit der Brüder um die Herrschaft wird dann zum Bild des Widerstreits von «avaritia» und «luxuria» in der Seele des Menschen, und in Ausdeutung auf das Schicksal des Oedipus heißt es, daß durch diesen Streit der Vater – der Verstand («mens») nämlich – erblinde (Fulgentius, In Thebaiden, R. Helm 1970, S. 183). – Unter dem Lemma TANTA EST DISCORDIA FRATRUM («So groß ist der Zwist der Brüder») zeigt das Bild eines Emblems des frühen 17. Jh.s die beiden auf dem Scheiterhaufen. Sie liegen gegenständig, und über ihnen teilen sich die Flammen (Sebastian de Covarrubias Orozco I, Nr. 81; H./S., Sp. 1618f).

D 1. Oedipus verflucht P. (→ Oedipus).

2. *Der Kampf zwischen P. und Eteokles* (Aischylos, Hepta 962 u. a., s. **A**). Eine der lebendigsten Darstellungen schmückt den Henkel eines etruskischen Krugs (Abb. in Grant/Hazel, s. Lit., S. 141), dessen Form sich aus den gegeneinander geneigten Körpern der Kämpfenden (in kurzer Tunika) ergibt, deren Köpfe sich berühren. Jeweils eine Hand packt den Gegner beim Haar, die andere hält stoßbereit ein kurzes Messer. – Auf einem Wandgemälde aus Vulci (4. Jh. v. Chr.; Rom, Villa Albani) sieht man die Brüder im Begriff, einander zu töten: Der eine ist zu Fall gekommen; er faßt das Bein des Stehenden, der ihm das Schwert in die Halsgrube stößt, und bringt seinerseits dem Bruder die Todeswunde mit dem Schwert bei. – Die kämpfenden oder toten Brüder sind häufig als Schmuck der zahlreichen (aus Matrizen hergestellten) etruskischen Urnen

anzutreffen (z. B. einer Terrakotta-Urne aus Chiusi, 2. Jh. v. Chr.; Florenz, Casa Buonarroti, Inv. Museo Archeologico 5719, oder einer Alabasterurne des 2. Jh.s v. Chr.; Florenz, Museo Archeologico, Inv. 5713).

Noch Frans Francken II (1581–1642) wählt für sein Gemälde in Antwerpen (Koninklijk Museum voor schone Kunsten) das antike Bildmuster, wie wir es auf dem Wandbild aus Vulci (s. o.) sehen: Der zu Boden Gegangene stößt dem Stehenden, der ihm die Todeswunde beibringt, das Schwert in die Seite. – Einen Zweikampf zu Pferd mit der Lanze tragen die Brüder (beide mit Rüstung, Helm und Schild) auf der Darstellung einer Initiale in der Ausgabe der Tragödien des Seneca von 1475 aus (Venedig, Biblioteca Marciana). Über den Kämpfenden sieht man den blinden Oedipus, gestützt von Antigone. – Höchst dramatisch schildert das Geschehen ein Gemälde von Giovanni Silvagni (um 1820; Rom, Galleria dell'Accademia Nazionale di San Luca), auf dem die Brüder vor den Augen einer aufgebrachten Menschenmenge ihr tödliches Gefecht austragen. Literarische Quelle ist möglicherweise V. Alfieris Bühnenstück «Il Polinice» (1782). – Eine Terrakottagruppe von Antonio Canova (1798/99; Venedig, Museo Correr) inszeniert in kleinem Format (frei nach Aischylos, «Hepta»?) die Beweinung der beiden toten auf dem Boden liegenden Brüder durch Oedipus und (vermutlich) Antigone (vgl. Seneca, s. o.).

Lit.: Grant, Michael/Hazel, John: Lexikon der antiken Mythen und Gestalten. München 1976. Krauskopf, Ingrid, in: LIMC 1988, 4,1, S. 26–37; 4,2, S. 15–19, s. v. Eteokles.

Polyphem → Odysseus
Priamus/Priamos → Achill, → Hektor

Sieben gegen Theben. Sieben Helden, die gemeinsam gegen Theben ziehen, den Anspruch des → Polyneikes auf die Herrschaft über Theben zu teilen: Sie wollen einander abwechseln. Aber Eteokles entscheidet, als er am Regiment ist, aus unbekannten Gründen, den Platz nicht mehr für den Bruder frei zu machen. → Adrastos, der Schwiegervater des Polyneikes, macht sich dessen Anliegen zu eigen. Sicher ist, daß schließlich sieben Fürsten sich zusammentun und gemeinsam gegen Theben ziehen. Apollodor (Bibl. 3,6,1 ff) nennt – in dieser Reihenfolge – als Teilnehmer die Arkader Adrastos, → Amphiaraos, Kapaneus, Hippomedon, den Thebaner Polyneikes, Tydeus aus Aitolien und Parthenopaios aus Arkadien. Er fügt hinzu, daß die Autoren, die Polyneikes und Tydeus nicht nennen, statt dessen Eteokles, den Sohn des Iphis, und den Mekisteus, den Bruder Adrasts, anführen (vgl. auch Euripides, Phoin. 1090 ff u. Suppl. 857 ff; Diodor 4,65,7). Aischylos (Hepta 375 ff) und Sophokles (Oedip. col. 1309 ff) aber nennen den Eteokles anstelle Adrasts. Vor der Stadt wird (durch Los: Aischylos, Hepta 376–638) darüber entschieden, wer von den Sieben vor welchem der sieben Tore der Stadt zur Aufstellung kommt. Auf der Gegenseite weist Eteokles den Verteidigern ihren Platz an. Nach Aischylos (ebd. 9) kommt am Proitos-Tor Melanippos gegen Tydeus zu stehen, an Elektras Tor Polyphontes gegen Kapaneus, am Neïstschen Tor Megareus gegen Eteokles (den Iphis-Sohn), am Tor der Onka Pallas wird Hyperbios dem Hippomedon gegenüberstehen, am Borrhäischen Tor wird Akton dem Parthenopaios entgegentreten, am Homoloischen (!) Tor soll Lasthenes auf den Amphiaraos treffen, am verbleibenden siebten Tor werden die Brüder miteinander kämpfen. Ganz anders unterrichtet uns Apollodor (Bibl. 3,6,6), wonach das Homoloische Tor dem Adrastos gegeben wird, Kapaneus das Ogyische (oder Elektras), Amphiaraos das Proëtidische, Hippomedon das der Onka Pallas, Polyneikes das Hypsistische (das «höchste») Tor, Parthenopaios das Krenidische (das «Brunnen-») Tor. Über die Namen der Tore wie über die Aufstellung der Heere sind die Autoren sich offenbar nicht einig (zu den Namen der Tore vgl. Pausanias 9,8,4 ff). Über den Ablauf der Ereignisse notiert Apollodor kurz (3,6,7 f), daß Theiresias den Thebanern den Sieg vorausgesagt habe, wenn nur Menoikos, Kreons Sohn, sich freiwillig dem ⇒ Ares opfere. Das sei geschehen, vor den Mauern der Stadt. In der Schlacht aber seien die Thebaner zunächst bis zu den Mauern zurückgetrieben worden, als den gotteslästerlichen Kapaneus der strafende Blitz des ⇒ Zeus vernichtete, und in ihrer Verwirrung hätten die Argiver sich zur Flucht gewandt. Apollodor listet auf, welcher Thebaner nun welchen der Sieben erschlug. Nur Adrastos entkommt, und Amphiaraos wird samt Wagen von einer Erdspalte verschlungen (zur Bestattung der Sieben → Polyneikes).

B Zur Allegorese des Fulgentius (Theb., Helm, S. 183 ff), nach der die sieben Fürsten unter Leitung des Adrastos zu verstehen seien als die Sieben Freien Künste unter der Führung der Philosophie (→ Adrastos).

D Figürliche Darstellungen der Sieben, Werke des Hypatodoros und des Aristogeiton, standen als Weihgeschenke in Theben: Adrastos, Tydeus, Kapaneus, Eteokles (statt Parthenopaios?), Polyneikes, Hippomedon; Amphiaraos mit Wagen und dem Lenker Baton (in dieser Reihenfolge bei Pausanias 10,10,2).

Silen, griech. Silenos, Silanos, Seilenos, lat. Silenus. Sohn des ⇒ Pan oder des ⇒ Hermes und einer Nymphe oder geboren aus den Blutstropfen des Uranos, als ihn ⇒ Kronos (vgl. Servius, Ecl. 6,13) entmannte. Nach Nonnos ist er Sohn der Erde (Ge) (29,260 ff; vgl. Hederich, Sp. 2211). Drei Söhne nennt Nonnos (ebd.): Astraios, Maron, Leneus. Von einer Baumnymphe Vater des → Kentauren Pholos.

Im Plural (griech. «silenoi») ursprünglich eine Gattungsbezeichnung und den «Satyrn» gleichgesetzt, die später dem Gefolge des ⇒ Dionysos (vgl. Aelian, Hist. var. 3,40) angehören. Als Gattungsbezeichnung ist «silenoi» älter. Die erste Nennung der Satyrn findet sich erst am Pergamonaltar. Pausanias sagt, die Athener bezeichneten die betagten Satyrn als «silenoi» (1,23,6). Das Individuum S. nennen Inschriften schon des 6. Jh.s v. Chr. in Griechenland. Andere Individuen, die sich aus der anonymen Masse der Silenen und Satyrn abheben und eigene mythische Legenden besitzen, sind 1. ⇒ Marsyas (vgl. Herodot 7,26), 2. der sog. Midas-S., weil er von den Leuten des Midas gefangen wird und der u. a. bei Ovid (Met. 11,85 ff) identisch ist mit dem Erzieher des ⇒ Dionysos (S. 275), schließlich 3. Papposilenos, der seinen Ursprung im Satyrspiel hat und Züge des Marsyas und des Midas-S. in sich vereint (s. LIMC 8,1, S. 1116).

A Nach Diodor (4,4,3 f) verdankt Dionysos viel von seinen Erfolgen und seinem Ruhm dem S., der ihm auf seinen Zügen als Begleiter und Wächter, als Ratgeber und Lehrer in den wichtigsten Tätigkeiten diente. Man meint, er sei überhaupt sein Erzieher gewesen (vgl. Ovid, Met. 11,99: «alumnus» Bacchus; → Chiron. «paidagogós» sagt Eusebius (Praep. ev. 2,2,53b). Julian (Symposion 308C f) sieht (in einer Satire) S. als Erzieher und (später) als Unterhalter des Dionysos (zahlreiche Auftritte ebd.; W. C. Wright, Bd. 2, 1969, S. 349–351). Hygin (Fab. 88) nennt ihn den Ernährer («nutritor») des Liber (vgl. Boccaccio, Gen. 5,25, am Anfang).

Über diesen S. berichtet Ovid (Met. 11,90 ff): Bacchus/Dionysos zieht mit seinem Gefolge von Satyrn und Bacchantinnen umher und kommt nach Phrygien, wo S. plötzlich vermißt wird. Phrygische Bauern haben ihn, der von Alter und Weingenuß taumelnd einherschwankte, gefangen und in Kränze gefesselt zu König Midas gebracht. Als der in S. den Gefährten des Gottes erkennt, feiert er ihm zu Ehren ein großes Fest. Danach bringt er ihn dem Dionysos zurück, der aus Freude über den Wiedergefundenen dem Midas einen Wunsch gewährt. Dieser ist töricht genug, sich zu wünschen, daß alles, was sein Leib berührt, zu Gold werde. Schnell erweist sich das Geschenk des Gottes als unheilvoll, denn auch die Speisen und der Trank, die Midas berührt, werden zu Gold und damit ungenießbar. Midas sieht sich todgeweiht und fleht zu Bacchus, er möge sein Geschenk zurücknehmen. Bacchus erhört ihn und heißt ihn, Haupt und Körper im sprudelnden Quellwasser des Flusses (Paktolos) abzuwaschen. Da wird das Gold in den Fluß geschwemmt, von Midas ist der Fluch genommen. – Hygin berichtet knapp und sachlich von der gastlichen Aufnahme des S. durch Midas, nachdem er ihn hatte fangen lassen, als der sich beim Indienzug des Dionysos verirrt hatte. – Einer anderen Tradition folgt offenbar die von Pausanias erwähnte Version (1,4,5), der zufolge Midas den S. fing mit Hilfe eines Brunnens, dessen Wasser er mit Wein gemischt hatte (vgl. Himerios, Photios, Cod. 243,371b, Bd. 3, S. 110), und offenkundig verfolgte er dabei ein Ziel (bei Ovid gerät S. eher zufällig in die Hände der Bauern). Bei Vergil (Buc. 6,13 ff) sind es zwei Hirten, die den trunkenen Greis schlafend in einer Grotte finden und ihn mit ihren Kränzen fesseln, um ihm so seine Lieder abzutrotzen. Aegle, die schönste der Nymphen, treibt ihren Schabernack mit ihm (reibt ihm Stirn und Schläfen mit blutroten Maulbeeren), S. gibt sich lachend geschlagen und singt von nichts Geringerem als einer Kosmogonie und den Urmythen, und sein Vortrag bringt Wild und Faune und selbst die knorrige Eiche zum Tanzen (⇒ Orpheus).

Aelian (Hist. var. 3,18) weiß von Theopompos, daß S. dem Midas von einem wundersamen Land berichtet, das jenseits des Ozeans auf dem Festland liege (Europa, Asien und Libyen sind Inseln), eine Art von Gegenwelt zu der unseren, wo die Tiere riesig und Menschen doppelt so groß sind und doppelt so lange leben wie wir. Eigentlich scheint da alles ganz anders zu sein. Andererseits teilen sich die Leute auch dort in «fromme» und «kriegerische», die aber jeweils in ihrer eigenen Stadt wohnen und entsprechend ihrer Lebensweise glücklich, heiter und vergnügt sind (sogar die Götter besuchen sie gern und häufig), während die anderen ihre Zeit mit Krieg verbringen und daran gewöhnlich eher sterben als an Krankheiten. Weil sie gegen Eisen gefeit sind, erschlagen sie einander mit Steinen und Stöcken. Gold und Silber gelten ihnen nichts, denn sie haben davon im Überfluß.

Wie es zweierlei Gesellschaften nach Maßgabe der Lebensweise gebe, so gebe es auch zweierlei Arten von Baumfrüchten, deren Genuß entweder stetige Traurigkeit («Lype») und Klagen bis zum Grab verursache oder aber mache, daß der Mensch sich in Freude («Hedone») stetig verjünge und erinnerungslos endlich zum Säugling werde, ehe er sich in Nichts auflöst.

Als Gründer der Stadt Pyrrichos nennt Pausanias den S. (3,25,2 f). Auf dem Marktplatz dort gebe es einen Brunnen, den er auch errichtet haben soll. Sollte dieser je austrocknen, dann gäbe es eine (allgemeine) Wasserknappheit. In Elis gab es einen Schrein des S. (Pausanias 6,24,8). Ein Bild zeigte, wie «Trunkenheit» ihm eine Schale Wein reicht.

Pausanias bemerkt (ebd.), man könnte behaupten, S. sei als Sterblicher geboren angesichts seiner Gräber: Er habe ein Denkmal im jüdischen und eines im Gebiet von Pergamon.

B Das literarische Bild des S. ist vielgestaltig, doch bei weitem nicht so wie in der bildenden Kunst. Gewöhnlich ist er ein beleibter alter Mann (auch «Greis»), glatzköpfig, vielleicht mit Haarkranz, bisweilen gehörnt (Nonnos 19,158 u. 263; Vergil, Buc. 50f). Nonnos (ebd. 261) sieht zottiges oder struppiges (10,161) Haar (am ganzen Leib?), Bocksfüße werden wohl nie erwähnt, gehören aber zur Vorstellung vom Satyrn. Diodor sagt (4,72,7), der König von Nysa habe am unteren Rücken einen (Pferde-?)Schweif gehabt, wie alle seine Nachkommen (s. **C**). Von behaarten Füßen spricht Nonnos (19,283). Das Porträt bei Platon (Symp. 215b, 216d, 221d,e) aus Anlaß des Sokrates ist sicher an der bildenden Kunst orientiert (s. **C**). Nach Pausanias (ebd.) ist S. von kleiner Statur.

Zumeist sieht man ihn berauscht: Als berauschten Greis mit dem Stab die schwankenden Glieder stützend und den Bauch des Esels umklammernd sieht ihn Ovid (Met. 4,26f; «schwankend von Alter und Wein»: ebd. 11,90).

Merkwürdig, daß dieser S. ein guter Tänzer sein soll. Den «starken, stampffüßigen» S. soll Pindar ihn genannt haben (Pausanias 3,25,2). Nonnos sieht einen Tänzer von geradezu atemberaubender Kunstfertigkeit (19,225 ff): In einem von Dionysos veranstalteten Wettkampf tanzt S. eine Pantomime der Geschichte des Streits zwischen Dionysos Lyaios und Aristaios, eines Streits, der mit dem Weinkelch ausgetragen wird. Eros macht den Kampfrichter, der Preis für Aristaios (den Apollosohn) ist ein Olivenzweig, blühender Efeu für Bacchos. Sieger wird Lyaios, der vom trunkenen Eros eine Girlande aus Trauben- und Efeulaub erhält (262). Jetzt (263 ff) tanzt er ein Solo von ungeheurer Gelenkigkeit, wie wenn es keine Schwerkraft gäbe zwischen Himmel und Erde. Schließlich (285 ff) fällt er zu Boden und verwandelt sich in einen Fluß: Der Körper wird zu fließendem Wasser, kräuselt sich an der

Oberfläche, die Stirn wird zum Strom, die Hörner zu Wellen. Den Zeugen will der stets sich wandelnde Fluß als ein wahres Abbild des (gehörnten) S. erscheinen (346 ff). Wichtig die verspielte Beweglichkeit des S. in Nonnos 10,158 ff: S. beim Spiel mit Satyrn am Wasser. Der «alte Vagabund» fügt Hände und Füße zusammen und rollt wie ein Ball zum Wasser, taucht kopfüber ein und tief, bis sein borstiges Haar (= χαίτη) in den Schlamm stößt. Dann sucht er mit den Füßen im Sand nach Gold. In solcher Wandelbarkeit mag sich seine Nähe zu Dionysos ebenso zeigen wie das Wesen eines Geistigen.

Die Erscheinung des S. signalisiert nicht Animalisches, sondern Häßlichkeit: Er ist ein häßlicher Gott. Diese Erscheinung will verstanden sein als das Äußere im Unterschied zu einem Inneren, aber nicht als dessen Ausdruck, sondern als dessen Gegensatz, wie eine Verpackung. Es handelt sich um den Gegensatz zwischen Leiblichem und Geistigem, welches sich im Unanschaulichen/Abstrakten ausübt und das Leibliche nur als sein Gefäß braucht. Das zeigt fraglos der Vergleich der Erscheinung des Sokrates mit der des S. (Platon, Symp., s. o.), der im Umkehrschluß S. als geistiges Wesen erscheinen läßt. Übrigens läßt sich die Häßlichkeit des Sokrates (und des S.) durchaus als ironische Verfremdung im Sinne seiner philosophischen Methode verstehen. Ähnlich unansehnlich ist ⇒ Hephaistos, ähnlich wichtig ist dessen Erscheinung für das Verständnis seines Wesens.

Schließlich: Es scheint, daß man S. zunächst als Zwitterwesen, ähnlich dem Chiron, gesehen hat. Auf eigene Weise ist S. dann auch Zwitterwesen geblieben, in dem er scheinbar Widersprüchliches in sich vereinigt. Sein hohes Alter zeigt wohl Umfang und Art seiner Weisheit an.

Wie Weisheit den Chiron zum Prinzenerzieher, so qualifiziert sie sicher auch den S. zum Erzieher des Gottes. Seine Tüchtigkeit («virtus») verdanke Dionysos zu wesentlichen Teilen seinem Lehrer S. (Eusebius, Praep. ev. 2,2,53). Was er den Schüler gelehrt hat, wird nicht berichtet. Ovid (Met. 11,92–94) sieht ihn im Besitz orphisch-mystischer Weisheit (Hinweis auf Eumolpus; vgl. auch Vergil, Buc. 6,26 ff).

Plutarch (Apollon. 115C–E) sieht ihn mit Hinweis auf Aristoteles (Eudemos, Frag. 44) als Zeugen uralter und bleibender Weisheit (ebd. C; vgl. Cicero, Tusc. 1,48 [114]; vgl. Sophokles, Ant. 466). Ebendie habe Midas von ihm erfahren auf die Frage, was denn das Beste sei für den Menschen und was das Begehrenswerteste aller Dinge. Midas habe den S. (auf irgendeine Weise) zur Antwort zwingen müssen, denn der meinte, es sei für den Menschen besser, bestimmte Dinge nicht zu wissen, denn ein Leben in Unkenntnis des eigenen Wehs sei frei von Beschwerden: Das Beste für den Menschen sei nämlich, nicht erst geboren zu werden, und wenn er geboren sei, dann schnellstmöglich wieder zu sterben (vgl. Theognis 425; Bacchylides 5,160; Sophokles, Oedip. col. 1225; Cicero, Tusc. 1,48[115]). So verfügt der «weise» S. in Kenntnis von Vergangenheit und Zukunft über ein Wissen, das den Menschen nicht hilft (vgl. Gyraldi, Synt. 15, S. 512 A–B).

In andere Richtung blickt Servius (Vergil, Ecl. 6,9 ff; mit Hinweis auf Theopompos; vgl. auch **A**), wenn er S. in epikureischen Kontext stellt: Er verkörpere da den Philosophen Siron (einen Freund des Dichters; vgl. Catalepton 5,9 u. 8,1), die beiden Bauern seien seine Schüler Vergil und Varus, Aegle verweise («ostendat») auf die Lehre («secta») der Epikureer, der gemäß nichts getan werden soll ohne Lust («voluptas»).

Eine ironische Bewertung des (Gottes) S. gibt der Christ Eusebius (Praep. ev. 3,11,110c), indem er ihn (schwer nachvollziehbar) zu einem kosmologischen Symbol des bewegten Geistes macht, wobei er einerseits auf das «blumenumkränzte» und glänzende / strahlende Haupt als Abbild des Umschwungs der Himmelskreise, anderseits auf einen behaarten Unterkörper (Beine?), aber auch (ebd. 111b) auf einen struppigen und kompakten Bart als Bild für die dichten unteren Luftschichten achtet. Gyraldi erklärt sich hier das Strahlen des Hauptes als glänzenden Widerschein eines Kahlkopfes (Synt. 15, S. 611B).

Im «Ovide moralisé en prose» (14,21; de Boer, S. 369) ist S. ein Bild der Gefräßigkeit («glotonnie») wie Silvanus der Idolatrie und ⇒ Priapus der Ausschweifung. Artemidor (2,37) schreibt, Träume, in denen Gefährten des Dionysos auftreten, meldeten allerlei Übles an (auch üble Nachrede), allein S. habe eine gute Bedeutung für alle, die etwas beginnen wollen, und auch für Ängstliche.

François Rabelais (Gargantua, Vorwort) erzählt im Anschluß an Platons Gastmahl (s. o.) von kleinen Dosen, wie man sie bei den Apothekern finde, die außen mit allerlei lustigem Figurenwerk, mit Harpyien, Satyrn, mit Grotesken auch versehen seien. Man nenne diese Dosen «Silene», denn in ihrem Inneren bewahre man (im Gegensatz zum Äußeren) allerhand Kostbares, feine Spezereien, auch Edelsteine und anderes dergleichen auf. So also sei auch Sokrates. Uns fällt auf, daß dieser «Silen» (im Gegensatz zur klassischen Tradition) eine spitze Nase hat, einen stierartigen Blick und ein Gesicht wie ein Narr.

Besonderes Interesse hat der Gegensatz von äußerer Erscheinung und innerem Wert (s. o.) in der Emblematik gefunden. So bei Covarrubias Horozco (III, Nr. 51; H./S., Sp. 1275) unter dem Lemma MELIORA LATENT («Das Bessere ist verborgen») und mit dem Bild eines Schatzkästleins, geschmückt mit Bildern des S., veranschaulicht (Hinweis auf Platon, Symp. 33): «Alkibiades hatte einige Silene, die äußerlich grob und scheußlich aussahen, aber voller Edelsteine und köstlicher Dinge waren, wenn man ihnen die Brust öffnete. So erscheinen bisweilen auch die guten Menschen in den Augen der Welt verächtlich, doch bergen sie große Fülle an Reichtümern unter einem rauhen Äußeren» (vgl. Julian, Or. 6 [gegen die Kyniker],187A f; W. C. Wright, 1969, Bd. 2, S. 20 f). Picinello (3,51,133, S. 169) berichtet von Bildern des S. in Panoplia, die scheußlich aussahen und verachtenswert, aber in sich gold- und juwelengeschmückte Götterbilder bargen (hierzu das Zitat nach Torquato Tasso, Gerusal. liber.: «Come al aprir d'un rustico Sileno / Meraviglia vedea l'antica etade»). Leute in Brixen, die ihre Tugendhaftigkeit vor den Augen der anderen verbargen (warum?), schmückten sich mit einem Emblem unter dem Lemma INTUS, NON EXTRA («Innen, nicht Außen»). Das Lemma (ebd. 134, S. 170) PRETIOSA LATENT («Die Pretiosen sind verwahrt») findet Anwendung auf die Geheimnisse des klugen Fürsten wie auch auf Diener Gottes, die ihre im Schrein ihres Herzens aufbewahrte Gottesliebe eifrig verbergen (mit Hinweis auf Augustin, In Psalmos 53).

Die Fruchtbarkeit der Beobachtung eines bedeutsamen Gegensatzes zwischen Außen und Innen zeigt auch ein Bericht, den Gyraldi nach Plinius notiert (Synt. 15, S. 612B): Einst habe man ein Stück parischen Steins aufgespalten und darin verborgen ein Bild des S. entdeckt.

K. Ph. Moritz (S. 131) sieht an S. zunächst (statt des Häßlichen) auch das Komische (Lächerliche; wozu gehört, daß Aegle ihn bemalt), das sich in ihm mit «himmlischer Hoheit» zu vereinen wisse.

C *Typus.* In der griechischen Bildkunst ist die anonyme Schar der Satyrn und Silene, die dem Dionysos im Thiasos folgen (A. M., S. 278 f), ikonographisch nicht voneinander unterschieden. Beide können die charakteristische Physiogomie mit Spitzohren und Hörnern und die Beine eines Pferdes haben (erst in hellenistischer Zeit gleichen sie sich der Erscheinung des bocksbeinigen ⇒ Pan an), beide sind häufig fettleibig. Meist sind sie ityphallisch und haben gelegentlich eine Tierfratze.

S. als Individuum hat in der archaischen und klassischen Kunst Griechenlands menschliche Gestalt bis auf die Spitzohren und den langen Pferdeschwanz (schwarzfigurige Pelike des Acheloos-Malers, gegen Ende 6. Jh. v. Chr.; New York, Metropolitan Museum, Inv. 49.11.1); häufig hat er eine Stirnglatze und eine kurze, stumpfe Nase.

Der für die neuzeitliche Kunst gültige Typus des S. scheint in der Spätantike auf den fettleibigen, glatzköpfigen, bärtigen Greis festgelegt worden zu sein, wie wir ihn z. B. in einer Terrakottagruppe des trunkenen «Papposilenos» vor uns haben (2. Jh. v. Chr.; Würzburg, Martin von Wagner-Museum, Inv. H 4802). Auf einem apulischen Kelchkrater (um 350 v. Chr.; London, British Museum, Inv. F 273) sehen wir ihn, den Chorführer im Satyrspiel, mit Pferdeschwanz, Glatze, weißem Haarkranz und Bart und in ein Felltrikot gekleidet (vgl. die spätantike Statue des Papposilenos im Felltrikot, Berlin, Staatl. Museen).

Als vermittelndes Glied bedeutsam ist vor allem jene hellenistische Marmorstatue eines betagten S. (Dresden, Staatl. Skulpturensammlung, Verzeichnis 1925: Nr. 316), die P. P. Rubens in zwei Zeichnungen festgehalten hat (London, British Museum, Orléans, Musée des Beaux-Arts; Abb. bei S. Alpers, s. Lit., S. 113; die dem Original fehlenden Unterschenkel hat Rubens auf den Zeichnungen ergänzt). S., der entspannt mit dem rechten Arm auf einen Weinschlauch (Tierbalg) gestützt dasteht, trägt die charakteristischen Züge: den mächtigen kahlen, runden Schädel mit einem Efeukranz, gedrungenes Gesicht mit kurzer stumpfer Nase, Vollbart und Oberlippenbart, nicht zuletzt den gewölbten Bauch, der übrigens wie Brust und Knie behaart ist. (Aus der Bohrung des Weinschlauchs kann man schließen, daß die Statue ursprünglich als Brunnenfigur diente.) – Denselben Kopftypus sehen wir auf einer weiteren Zeichnung von Rubens, die S. und Pan in einer Doppelherme vereint (London, British Museum), welche die Charakteristika beider auf einen Blick veranschaulicht: Pan mit schmalem Kopf, scharf gekrümmter Nase und Bockshörnern, geradezu der Antityp des S.

Sofern S. gehörnt ist (vgl. Nonnos 19,158 u. ö.), fällt der eigenartige Charakter dieser Hörner auf: Sie sind meist kurz und wirken eher wie Hautausstülpungen oder die Tentakel der Schnecke, wie z. B. Rubens' Gemälde in der Eremitage in St. Petersburg illustriert (*Bacchus*, um 1636/38, Jaffé Nr. 1342), auf dem S. als Trabant des Weingottes erscheint (im Hintergrund rechts, vom Rücken her gesehen): Aus einer Kanne läßt S. den Strahl in seinen

Schlund laufen, während der Gott selbst die kultivierte Form des Weingenusses vorzieht; er läßt sich von einer Mänade den Becher füllen.

Selten sieht man S. in der neuzeitlichen Kunst mit Tierfüßen (z. B. auf Rubens' Gemälde *Der Traum des S.*, Wien, Akademie der Bildenden Künste, Gemäldegalerie, 1612/13, hier *Bacchanal*, Jaffé Nr. 190: *Satiro ebbro dormiente*; s. u.). In den meist als Bocksbeine bezeichneten Gliedmaßen möchten wir eher Pferdebeine sehen (s. den Huf des rechten Beins). In diesem Fall würde Rubens auf den klassischen (vorhellenistischen) Typus des S. zurückgreifen.

Ob die behaarten Oberschenkel des S. auf zwei Gemälden gleichen Themas von Anthonis van Dyck: *Der trunkene S.* (um 1620; Dresden, Gemäldegalerie Alte Meister; um 1615; Brüssel, Musées Royaux des Beaux-Arts) und dem Bild der Rubenswerkstatt in Kassel (wohl nach 1618; Gemäldegalerie Alte Meister, GK 94) unbedingt auf Pferde- oder Bocksbeine schließen lassen, ist anzuzweifeln (da wir nur Dreiviertelfiguren sehen, müssen wir raten). Jene hellenistische Figur (Dresden, Skulpturensammlung, s. o.) zeigt die Alternative, nämlich menschliche behaarte Beine (von Rubens sicher richtig ergänzt, denn die Knie, wiewohl mit Fell, lassen keine andere Ergänzung zu).

Dem Gesichtstypus des S. entsprechen übrigens die beiden erhaltenen Porträttypen des Sokrates (s. **B**), gekennzeichnet durch Stirnglatze und stumpfe Nase. Der eine Typus – mit frei liegenden Ohren – geht auf eine Statue von 380 v. Chr., vielleicht von Silanion, zurück, der andere – mit verdeckten Ohren – auf eine Statue des Lisyppos im Pompeion zu Athen (Xenophon, Symp. 5,5,6 u. 7; Platon, Symp. 215b–216c; Kl. Pauly, Bd. 5, Sp. 254f; vgl. auch A. M., S. 535).

In Renaissance und Barock sind neben der hohen Stirnglatze Leibesfülle und Trunkenheit die markantesten Eigenschaften des greisen S. Am deutlichsten illustrieren das die Gemälde von P. P. Rubens (*Der trunkene S., von Satyrn gestützt*, 1619/20, Jaffé Nr. 546; London, National Gallery; *Der trunkene S.*, 1616/17, Jaffé Nr.

428; München, Alte Pinakothek). – Kleine Hörner, wie oben beschrieben, gehören nicht unbedingt zum kanonischen Typus, sind jedoch häufig anzutreffen. – Das Reittier des S. ist der als besonders lüstern geltende Esel (Ovid, Fasti 1,433; 6,339). Auf einem Gemälde des Swart van Groningen reitet S. auf dem Tier, droht in Trunkenheit herabzugleiten und wird links und rechts von zwei Bacchanten gestützt (Wien, Kunsthist. Museum, Inv. 1680; zum sog. Stützmotiv s. u.). Auch Piero di Cosimos S. benutzt den Esel als Reittier (*Die Mißgeschicke des S.*, um 1505, s. u.). Gelegentlich trägt S. wie der Weingott selbst und andere Bacchanten ein Pantherfell: Auf einem Gemälde von Charles André van Loo ist es um seine Hüften gelegt (Nancy, Musée des Beaux-Arts).

D 1. *S. bei der Heimführung des* ⇒ *Hephaistos* (Pausanias 3,17,3, s. auch A. M., S. 335). Mit Namensbezeichnung sehen wir ihn beim Geleit des Hephaistos auf einem rotfigurigen Glockenkrater (um 440/430 v. Chr.; Paris, Louvre, Inv. G 421; ein zweites Mal namentlich bezeichnet im Thiasos des Dionysos auf dem Bild eines attischen rotfigurigen Kelchkraters, um 450 v. Chr.; Karlsruhe, Badisches Landesmuseum, Inv. 208/B3).

2. *S. bei König Midas* (Herodot 8,138; Ovid, Met. 11,90ff; Hygin, Fab. 191,3ff). Etwa 50 Darstellungen zu diesem Thema auf griechischen Vasen zeugen von der Popularität des «weisen S.». Namentlich bezeichnet ist «Silenos» auf einer schwarzfigurigen Schale des Töpfers Ergotimos (um 560 v. Chr.; Berlin, Staatl. Museen, Inv. 3151). An Händen und Füßen gefesselt sehen wir S. (hier mit Spitzohren und Schwanz) vor dem thronenden Midas auf einer schwarzfigurigen Amphora (um 540 v. Chr.; Jerusalem, Slg. Borowski). – Das Vasenbild des Acheloos-Malers (New York, Metropolitan Museum, s. **C**) illustriert die Sage, der zufolge Midas S. eine Falle stellt, indem er das Wasser eines Brunnens mit Wein vermischt (Pausanias 1,4,5): Während S. den Strahl aus der Brunnenmündung in seinen Mund laufen läßt, schleichen sich zwei Burschen mit Heugabeln von hinten an ihn an.

3. *S. als Ziehvater des Dionysos* (Diodor 4,4,3; Boccaccio, Gen. 5,25; s. A. M., S. 265 u. 275). Ovid läßt uns wissen, daß jener S., den Midas gefangen hat, der Ziehvater des Bacchus ist (Met. 11,99: «iuveni Silenum reddit alumno» = bringt S. dem jugendlichen Zögling = Bacchus zurück). – Die Beispiele, die S. in diesem Verständnis zusammen mit seinem Ziehkind zeigen, sind rar. Ob jene hellenistische Statue eines S.s mit dem kleinen Dionysos in den Armen (Marmorkopien nach frühhellenistischem Original, Paris, Louvre, Inv. MA 922, und Rom, Musei Vaticani, Braccio Nuovo, Inv. 2292) den Ziehvater des Gottes darstellt, ist eher unwahrscheinlich (vgl. dagegen A. M., S. 275). – Entgegen der konventionellen Bezeichnung für ein Gemälde von Jacob Jordaens (Werkstatt; *Die Kindheit des Jupiter*, Kassel, Gemäldegalerie Alte Meister, GK 104) spricht vieles eher für einen Bezug zur Kindheit des Dionysos, nicht zuletzt die Gegenwart des greisen S. im Hintergrund, der auf einem Hügel unter Bäumen selbstvergessen die Flöte bläst.

4. *Der trunkene S.* beschäftigt vor allem die bildenden Künstler der Renaissance und des Barock. Wir sehen ihn zum einen im Gefolge des Dionysos / Bacchus als komische Randfigur, etwa auf Rubens' *Triumph des Bacchus* (1637/38; Madrid, Prado, Jaffé Nr. 1244; Ausführung Cornelis de Vos), wo er von Wein und Schlaf übermannt vornüber gesunken auf seinem Esel hängt, oder auf Nicolas Poussins Gemälde *Bacchus und Midas* (um 1630; München, Alte Pinakothek; Wright Nr. 49), wo er (dem zu Ehren Midas ein Fest gegeben hat) abseits sitzend weinselig schlummert. Zum anderen sehen wir ihn als Hauptfigur auf unzähligen Darstellungen, die im Grunde als ein Ausschnitt aus dem Thiasos aufzufassen ist. Exemplifiziert hat dies P. P. Rubens mit seiner Zeichnung, die eine Teilansicht aus dem *Bacchanal mit S.* von Andrea Mantegna (Stich, vor 1494; Rom, Gabinetto Nazionale delle Stampe) kopiert (1600/05; Paris, Cabinet des Estampes). Zwei Bacchanten und ein bocksbeiniger Satyr tragen den trunkenen S. auf ihren Händen (S. fettleibig, mit Glatze und Haarkranz, in der erhobenen Rechten eine Kanne, aus der die Neige des Weins

tropft). – Einen eigenen Typus bildet der S., der von einer Seite oder beiderseits von Bacchanten und Satyrn gestützt wird, und dies in immer wieder neuer Abwandlung. Dieses sog. Stützmotiv (wie wir es zunächst von ⇒ Dionysos kennen, s. S. 277, dann aber auch von ⇒ Herakles, S. 413) läßt sich bis in die Antike zurückführen, wo es wohl in den Satyrspielen seinen Ursprung hat. Werke wie jene Terrakottagruppe des späten 2. Jh.s v. Chr. (Würzburg, Martin von Wagner-Museum, Inv. H 4802, s. C) haben vermutlich den Typus geprägt: Der dickbäuchige «Papposilenos» (Chorführer im Satyrspiel), mit einer Symposiumsbinde um den Kopf, schwingt in der erhobenen rechten Hand eine Kanne, und da er nicht mehr sicher auf den Beinen ist, wird er von einem kleinen Satyr gestützt. Einen späten Nachfahrn dieses S. sehen wir allenthalben in der Kunst der Neuzeit, z. B. auf den beiden Versionen des Themas bei P. P. Rubens (1616/17, Jaffé Nr. 428; München, Alte Pinakothek, und 1619/20, Jaffé Nr. 546; London, National Gallery, s. o.). Der fettleibige S. des Münchner Bildes, der vornübergeneigt von Bacchanten gestützt wird und seinen linken Fuß nachzieht, ruft Boccaccios Charakterisierung des Thiasos ins Gedächtnis (Gen. 5,25): Schweren Schritts torkeln die Jünger des Dionysos dahin, stets in Gefahr zu fallen.

Es ist wohl nicht fehlinterpretiert, wenn man in diesen saftstrotzenden Bildern weniger eine Warnung vor Ausschweifung sieht als vielmehr Allegorien der Fruchtbarkeit und des Überflusses. Körbe voll mit Trauben und anderen Früchten (s. z. B. das Gemälde *Der trunkene S.* von Charles André van Loo, 1747, Nancy, Musée des Beaux-Arts: Einer der beiden Satyrn, auf die sich S. stützt, trägt einen Korb mit Früchten) liefern den Schlüssel zu solcher Interpretation, vor allem die gelegentlich auftretenden weiblichen Naturwesen, die ihre Jungen säugen (s. das auf dem Boden kniende bocksfüßige Zwitterwesen auf dem Bild von Rubens in der Münchner Pinakothek, Jaffé Nr. 428, s. o.). Schließlich ist der Fruchtbarkeitsgedanke dem dionysischen Wesen aufs engste verbunden (s. auch *Bacchus als Symbol der Fruchtbarkeit*, A. M., S.

284). Das schließt eine gelegentliche Deutung des stets betrunkenen S. auf die Luxuria (Ausschweifung, Verschwendung) nicht aus, wie man dem Gemälde *Der Traum des S.* des P. P. Rubens unterstellen möchte (Wien, Akademie der Bildenden Künste, Gemäldegalerie, 1612/13, Jaffé Nr. 190, s. o.). Den Schlüssel für dieses Verständnis könnten das Liebespaar (im Hintergrund) und vor allem die Fülle an Prunkgefäßen liefern, die einen Großteil der Bildfläche einnehmen: Sie stehen in der zeitgenössischen Emblematik für die Ausschweifung (vgl. hierzu auch K. Renger 1981, s. Lit., S. 126 ff).

Nicht ganz zu entschlüsseln ist die Ikonographie des *schlafenden trunkenen S.* von Giulio Romano (aquarellierte Federzeichnung, Paris, Cabinet des Estampes, Inv. 3506): Der fettleibige S. ist hinter dem gedeckten Tisch auf sein Bett zurückgesunken, die leere Weinkanne noch in der Hand (so wie Vergil den trunkenen S. sieht: Buc. 6,13 ff), und schläft. Ein junger bocksbeiniger Satyr fächelt ihm mit einem belaubten Ast Luft zu, ein Ziegenbock kniet mit den Vorderbeinen auf dem Tisch und nimmt einen pyramidenförmigen Gegenstand ins Maul (Deutungsversuch bei S. Massari, s. Lit.).

Häufig stellt sich die Frage, ob S. oder Bacchus gemeint ist, etwa bei einem Gemälde von Jusepe Ribera, *Der trunkene S.* (1626; Neapel Museo Nazionale di Capodimonte): Der auf dem Boden gelagerte fettleibige Zecher reicht einem Satyrn seine Schale, die dieser aus einem geschulterten Weinschlauch füllt. Dasselbe Motiv erscheint auf einem Gemälde von P. P. Rubens (*Bacchus*, 1636/38, Jaffé Nr. 1342; St. Petersburg, Eremitage). Hier erscheint Bacchus im Typus des fettleibigen (schon im Hellenismus auftretenden) Dionysos (vgl. A. M., S. 270), durchaus dem kanonischen Typus des S. ähnlich, mit dem Unterschied jedoch, daß S. immer, anders als der Weingott, betagt und glatzköpfig ist. Vielleicht ist Riberas Thema das Fest des Liber, wie es Ovid beschreibt (Fasti 1,415 ff), in einer prägnanten Kurzfassung und Beschränkung auf das Wesentliche mit dem Gott selbst als Hauptfigur. Der schreiende Esel, der sich hell deutlich gegen den Hintergrund abhebt, entspricht der von Ovid erzählten Episode von Priapus und Lotis: Beim Fest des Liber macht sich der lüsterne Gott ⇒ Priapus an die Nymphe heran, die aber wird vom Esel des S. gewarnt (Ovid, ebd.; vgl. A. M., S. 671). Möglich, daß das selbst als lüstern geltende Tier den Schlüssel zu einer Interpretation des Bildes als Allegorie auf die Folgen des Weingenusses bietet (nicht unbedingt im negativen Sinn). Gegen eine Deutung der Hauptfigur als S. spricht, daß dieser in der Regel eher burleske Züge trägt (wie er auf seinem Esel eingeschlafen ist und herunterzufallen droht, wie die Hirten mit ihm Schabernack treiben usw.; s. u. die *Mißgeschicke des S.*) und kaum in einer vergleichbaren Würde dargestellt ist, die eher einem Gott ansteht.

5. *S. und Aegle* (Vergil, Buc. 6,13 ff). Die von Vergil geschilderte Episode charakterisiert S. als einen weisen, gutmütigen Trunkenbold. Zwei Hirten finden den Alten, und die Nymphe Aegle treibt ihren Scherz mit ihm, indem sie ihn mit Maulbeersaft einreibt. Diese Szene illustriert ein Gemälde von Antoine Coypel (1700; Reims, Musée des Beaux-Arts). Weinselig lächelnd läßt der auf dem Boden liegende S. unter den Augen zweier erheiterter Satyrn die Prozedur über sich ergehen. Auf einer Federzeichnung von P. P. Rubens (Royal Collection, Her Majesty Queen Elizabeth II) sieht man die Nymphe mit einer Schale in der Linken, mit der Rechten bestreicht sie mit dem Saft die Stirn des schlafenden S., dem der schwere Kopf auf die Schulter gesunken ist.

6. *Die Mißgeschicke des S.* Als Gegenstück zu seinem Gemälde *Die Entdeckung des Honigs* (Ovid, Fasti 3,735–760; ⇒ Dionysos, S. 280) schildert Piero di Cosimo auf einem Tafelbild *Die Mißgeschicke des S.* (Fasti 3,745 ff; um 1500; Cambridge/Mass., Fogg Art Museum). Piero folgt dem Text Ovids ziemlich genau. S. (Ovid 3,745: «satyri ... senex» = der Greis unter den Satyrn) will es dem Bacchus gleichtun und begibt sich auf seinem Esel auf Honigsuche. Im hohlen Stamm einer Ulme wird er fündig: Jedoch nicht Bienen, sondern Wespen stöbert er auf, die sich auf ihn stürzen und seinen kahlen Schädel zerstechen. S. fällt vom Esel, und auf dem Boden

sitzend wird er von seinem Gefolge zugleich verlacht und versorgt; die Wespenstiche werden mit Schlamm bestrichen. Hinten erscheinen Bacchus und Ariadne, die eine Schale hält, in die Bacchus einen Gegenstand taucht. Soweit die linke Bildhälfte. In der rechten sieht man den fettleibigen alten S. auf der Erde sitzen, Satyrn sind bemüht, ihn auf die Beine zu stellen.

Lit.: Alpers, Svetlana: The Making of Rubens. New Haven / London 1995, S. 101–157 (Creativity of the Flesh: The Drunken Silenus). Kossatz-Deichmann, Anneliese, in: LIMC 1994, 7,1, S. 762, s. v. Silenos. Massari, Stefania, in: Incisori mantovani del Cinquecento. Katalog zur Ausstellung Rom 1980, S. 119. Prohaska, Wolfgang: Jusepe de Ribera – Trunkener Silen (Das Meisterwerk 4). Kunsthistorisches Museum Wien (1985). Renger, Konrad, in: Peter Paul Rubens, Werk und Nachruhm. Wilhelm Fink Verlag 1981. Ders.: Entstehung und Veränderung von Rubens' Bildgedanken: Zum Beispiel die zwei Satyrn in der Alten Pinakothek. In: Concept, design & execution in Flemish painting (1500–1700). 2000, S. 261–265 (Hg. Hans Vliehge. Hier nicht zu Rate gezogen). Simon, Erika, in: LIMC 1997, 8,1, S. 1108–1133; 8,2, S. 746–783, s. v. Silenoi, darin zu S. als Person: Kat. Nr. 46–50.

Sirenen, griech. Seirenes, lat. Sirenes. Töchter des Achaeloos und der Muse Melpomene (Apollodor, Bibl. 1,3,4; Hygin, Fab., praef. 30) oder der Muse Kalliope (Servius, Aen. 5,864) oder der Muse Terpsichore (Apollonios Rhodios 4,896; Tzetzes zu Lykophron 653); auch Sterope, Tochter des Parthaon, wurde genannt (Apollodor, Bibl. 1,7,10). Sophokles soll Phorkos als Vater genannt haben (s. Plutarch, Conv. 9,14,6). Auch ihre Anzahl bleibt unklar: Homer (Od. 12,52) zählt zwei, Hesiod nennt drei: Thelxiope oder Thelxinoe, Molpe, Aglaophonos (die mit der schöneren Stimme; Ehoien in Schol. zu Apollonios Rhodios 4,892; H. G. Evelyn-White, 1977, S. 180 f.). Auch Apollodor (Epit. 7,18) nennt drei, die Pisinoe, Aglaope und Thelxiepa heißen. Bei Tzetzes (ebd.) heißen sie auch Parthenope, Leukosia und Thelxiepia (alternativ die Namen bei Apollodor). Hygin (Fab., praef. 30) kennt Thelxiepe, Molpe und

Pisinoe. Gyraldi (Synt. 5, S. 247f; vielleicht nach Boccaccio, Gen. 7,20) wird sogar ihrer fünf kennen, aber namenlos lassen.

Acht (namenlose) S. sieht Platon in einem kosmologischen Kontext (Rep. 10,14, 617; vgl. Myth. Vat. III 11,9, Bode S. 234): «Oben aber auf jedem Sternkreise sitze je eine mitumschwingende Sirene, immer einen und den nämlichen Ton von sich gebend, aus welch acht Tönen zusammengenommen sich eine Harmonie bilde.» Rundum sitzen die drei ⇒ Moiren (S. 554) und begleiten sie mit ihrem Gesang. Wesentlich im gegenwärtigen Kontext ist, daß diese S. tönen (auf welche Weise immer).

A Das Wesentliche an den S. nach Homer ist, daß sie singen. So stellt die «Odyssee» sie vor, wobei ihre Stimme schmeichlerisch (sicher zunächst) Aufmerksamkeit heischt, aber ihre eigentliche Macht scheint in dem zu liegen, was sie singen, ihre Botschaft: Das gilt zumindest für Odysseus. Homer läßt sie uns nicht sehen, und so bleiben sie für uns körperlos und bloßer Klang. Sichtbar aber ist ringsum das Zeugnis ihrer Gewalt, Gebeine und modernde Haut ihrer verblichenen Zuhörer. Augenscheinlich dienen die eben nicht ihrer leiblichen Nahrung (Apollonios Rhodios, 4,900ff, wird sagen, sie verzehrten sich in unstillbarer Sehnsucht).

Die skizzenhafte Knappheit Homers hat den Mythographen viel Raum für Ausgestaltungen gegeben. Aus dem Zwiegesang wird gewöhnlich ein Dreigesang, dann schafft man ein Orchester (⇒ Musen): Apollodor (Epit. 7,18) hört Lyra, Gesang und Flöte (vgl. Euripides, Hel. 169–173, wo sich Flötenklang [Syringen] und Klagegesang der S. mischen; s. u.). Boccaccio (Gen. 7,20) hört die erste singen, dann Lyra und Flöte. «Leontius» nenne sogar vier: Aglaosi, Telcipoi, Pisno und Iligi. Letztere schlage das Tympanon. Gleichzeitig bekommen sie einen Leib und werden sichtbar, doch in merkwürdiger Zwiegestalt: Von den Schenkeln abwärts sind sie Vögel, haben Vogelfüße (ebd.; vgl. Apollonios Rhodios 4,898f; Boccaccio, Gen. 7,20). Darüber zeigen sie sich als Menschen, gewöhnlich wohl als Mädchen. Aelian (De anim. 17,23) beobachtet, daß Dichter und Maler sie als geflügelte Mädchen mit Vogelfüßen zeigten.

So sieht sie auch Apollonios Rhodios (4,891ff) auf der Insel «Anthemoessa», als sie den Argonauten auflauern. Einst hätten sie die Tochter der ⇒ Demeter mit Chorgesang unterhalten (waren sie schon damals zwiegestaltig?). Mit liliensanftem Gesang fangen sie ihre Opfer, die an unstillbarer Sehnsucht vergehen werden (s. o.), aber die Argonauten werden entkommen. Ihnen hilft ein subtileres Mittel als schlichtes Wachs: Die Lyra des Orpheus füllt ihr Ohr mit einer Melodie und einem Klang, die stärker sind als die Stimmen der S.

Zum Ursprung der seltsamen Zwiegestalt hat man sich Geschichten einfallen lassen, wobei man sich offenbar nicht unbedingt einig ist über Einzelheiten der komplizierten Anatomie.

Nach Ovid (Met. 5,552–563) waren die S. ursprünglich Gespielinnen der Proserpina / ⇒ Persephone, als Pluto das Mädchen raubte (vgl. Apollonios Rhodios 4,896 ff). Vergeblich suchten die Mädchen nach ihm und baten schließlich die Götter, ihnen Flügel zu verleihen, um auch über den Fluten erkunden zu können. Da deckten plötzlich gelbliche Federn ihre Glieder. Augenscheinlich wurden sie zu Vögeln, denen aber Menschengesicht und Menschenstimme und damit ihr wohllautender Gesang blieb (vgl. Myth. Vat I 186; II 101). Ganz anders Hygin (Fab. 141): Ceres verwandelte sie in Vögel («volaticae») zur Strafe dafür, daß sie der Tochter bei ihrer Entführung nicht geholfen hatten. Das sei im Land Apolls geschehen, wohin die Mädchen auf zielloser Wanderschaft geraten waren. Hygin verschweigt ihr Aussehen, aber offenbar ist ihre Tätigkeit von nun an Gesang, von dem ihr Leben abhängt: Sie werden auf einem Felsen («zwischen Sizilien und Italien») weilen und singen und so lange leben, wie es ihnen gelingt, mit dem Gesang ihre vorüberreisenden Hörer festzuhalten. So wird Ulixes ihr Verderben: Listig weiß er sich ihrer Macht zu entziehen und passiert: Die S. stürzen sich in das Meer und zu Tode (Aeneas passiert offenbar ihren einstigen Sitz: Vergil, Aen. 5,864 f). Eustathius (zu Od. 12,47) weiß, daß die S. ursprünglich Mädchen waren, die Aphrodite in Vögel verwandelte, weil sie nicht heiraten mochten.

Aufgefallen sind sie auch durch ihre törichte Herausforderung der Musen, die ihnen schließlich die Federn ausrissen und sich einen Kopfschmuck daraus machten, was sicher nicht auf ihrem Felsen geschah (Pausanias 9,34,2; A. M., S. 555 ff). Diese Geschichte ist angelegt schon in der bei Homer sichtbaren Verwandtschaft der zwei Familien von Sängerinnen, sofern beider Gesang berichtet und mitteilt, denn sie wissen, «was immer geschieht auf der ... Erde» (wie die S. dem Odysseus versprechen: Od. 12,189–192). Der Unterschied scheint im Wert der Botschaft zu liegen.

Die S. Homers vermitteln schließlich Tod. Diese Beziehung klingt wohl an in ihrer Nähe zu Persephone / Proserpina (s. o.), und wir erfahren auch von den S. im Totenkult: Steinerne S. stehen auf einem Grab, zerkratzen sich die Wangen und weinen (Anth. Pal. 7,491; vgl. ebd. 7,710; vgl. Moschus 3,37: «Nie war so schmerzlich die Klage der S. am Strand, nie so schmerzlich der Sang der Nachtigall zwischen den Felsen»). Hier ist wichtig die Anrufung (!) der S. bei Euripides (Hel. 164ff), der die «geflügelten Jungfrauen» auffordert, mit Stimme und Flötenklang in ihr Klagelied einzustimmen, und wolle doch Persephone ihr aus dem Hades Gefährten ihrer Trauer schicken, mit ihr einzustimmen in die Totenklage. Offenbar versteht der Dichter die S. hier (165 f) als Musen der Totenklage.

Anderseits spricht man auch von einer «Angleichung an die Musen» (Kl. Pauly, Bd. 5, Sp. 79: Alkman Frg. 10 D). Xenophon soll die S. für anziehend und tugendhaft gehalten haben (Cartari, S. 133). Ihr Gesang habe einzig dem Lobpreis der Würdigen und ihrer Tugend gegolten. Darum habe Homer sie den Odysseus besingen lassen, was die Griechen gerne hörten: So klang solch Gesang sehr gut in den Ohren anderer Tüchtiger und spornte sie an und ließ sie schließlich sich dem Sänger des süßen Lobgesangs zugesellen. Herakleitos (70,8) wird sagen, Odysseus habe von den S. die Geschichten aller Zeiten erfahren.

Später behauptet man, es sei das Geschäft der S. gewesen, Seeleute in den Schiffbruch zu verleiten und dann zu verspeisen (Myth. Vat. II 101).

Eine eigene bildliche Vorstellung vermittelt der «Liber Monstrorum» (1,6), wonach die S. ‹Meerjungfrauen› sind, die durch ihre Gestalt wie ihren honigsüßen Gesang die Seeleute verführen. Bis zur Leibesmitte sei die S. eine Frau, darunter aber habe sie einen geschuppten Fischleib, den sie immer (vor den Blicken der Seeleute) verberge (!). Der «Physiologus» (13) stellt sie als Zwitterwesen neben die Eselskentauren (→ Kentauren): Sie sind menschengestaltig bis zum Nabel, darunter sehen sie aus wie eine Gans. Ihre Opfer (Seeleute) singen sie offenbar in den Schlaf, aus dem sie wohl nicht mehr aufwachen.

Boccaccio (Gen, 7,20) schließt wohl an Ovid (Met. 5,552 ff) an, behauptet dann aber, die Mädchen seien für die Suche im Meer in Meeresungeheuer verwandelt worden. Die Teilung zwischen Mensch und Fisch geschehe am Nabel. Obendrein seien sie noch beflügelt und mit Hühnerfüßen versehen gewesen (so wird Fr. Pomey von «fliegenden Fischen» reden: 3,1, S. 285), aber singen tun sie immer noch (vgl. Fulgentius, Myth. 2,8).

B Die eigentliche Botschaft, die Homer den S. beigemessen haben mag, ist uns wohl verschlossen. Sicher ist, daß wir sie – wie Odysseus – nur hören. Zwar «sitzen» sie auf einer Wiese inmitten von modernden Leibern und schrumpfenden Häuten, aber sie selbst bleiben dem Zeugen körperlos. Ihre Macht erreicht ihre Opfer nur über den Gehörsinn und macht sie gleichsam blind für das, was das Auge sehen sollte. Sie nehmen eben nur die Hälfte wahr (was sicher auch für Odysseus gilt).

Ihre Herausforderung der Musen ist keine Konkurrenz unter Musikanten, sondern unter «Berichterstattern»: Vielleicht ist ihre (in Worte gefaßte) Botschaft verführerisch, gefällig, etwas, das wir gern hören mögen, das uns aber in die Irre führt. Odysseus ist einer, der seinen Weg gern wüßte, und die S. geben sich glaubwürdig. Es kennzeichnet seine Klugheit, dieser Versuchung nicht zu erliegen. Die Nachricht der S. ist eben das Gerücht (im Unterschied zu den Musen), das bloße Hörensagen, das nichts gilt. Darum wird Apollonios Rhodios (s. u.) ganz richtig sagen, ihre Opfer stürben an unstillbarer Sehnsucht (eben weil sie warten auf das, was die S. ihnen versprachen).

Die Mythographie ist im Drang nach Anschaulichkeit logisch vorgegangen: Die Hälftigkeit der Wahrnehmung zeigt sie in der leiblichen Zwiegestalt. Ovid (5,562 f), der ganz richtig vom Gesang ausgeht und weiß, daß eine Menschenstimme einen Mund braucht, stellt sich zu einem Vogelleib wohl gerade noch ein Menschengesicht vor. Sodann gibt die Vorstellung vom Meerweib und Wasservogel das verführerische Wesen der S. am sinnfälligsten wieder, sofern sie eben nur die eine, die verführerische Hälfte zeigen, die andere verbergen. Die Vogelfüße (-krallen!) zeigen die S. als Wesen, die wie Raubvögel auf ihr Opfer lauern. In dieser Gestalt gesellen sie sich Satyrn und Kentauren zu – den anderen Zwiegestaltigen – und verlieren in der Metapher ganz ihr ursprüngliches abstraktes Naturell, das sich aus Wahrheit und Trug als Herausforderung/Versuchung unseres Urteils zusammensetzt (daß sie sich in den Tod stürzen, wenn einer sie ignoriert, läßt an das Ende der Sphinx und an das Märchen vom Rumpelstilzchen denken).

Die durch die Zeiten erfolgreichste Deutung macht (unter Dreingabe eines tieferen Verständnisses) die Damen zum Gegenstand erotisch-sexueller Lesart, die sogar ihre weitere Ausgestaltung mitbestimmt. Fulgentius (Myth. 2,8) weist den Weg: Der Name «S.» besage griechisch soviel wie anziehend sein. Auf dreierlei Weise locke uns die Liebe: mit Gesang, durch ein schönes Aussehen («visu») oder das Beilager («consuetudo», Verkehr). Ulixes habe gesehen (!) und gehört, doch seine Weisheit ließ ihn weiterziehen. Die S. seien gestorben, weil der Mann sie hörte, und Weisheit lasse jegliche Leidenschaft ersterben. Geflügelt seien die S., weil sie das Gemüt der Liebenden rasch durcheilen (vom raschen Sinneswandel Liebender redet der Myth. Vat. II 101). Die (scharrenden) Hühnerkrallen sollen anzeigen, daß die Lust sich gleicherweise rasch verschleudert (vgl. die Zitate und Varianten bei Myth. Vat. III 11,9). Leicht werden solche S. zu Huren (vgl. Servius, Aen. 5, 864; Isidor, Etym. 11,3,30–31). Boccaccio (Gen. 7,20) referiert, einst habe dieses Gewerbe ganz Aetholien (schließlich fast ganz Achaia) beherrscht. Das habe wohl an den Ufern des Achaelous begonnen, weshalb man ihn für den Vater, die Caliope (= «bona sonoritas») ob ihrer verführerischen Eloquenz für ihre Mutter erklärt habe. Die erste Tochter heiße Parthenopeia, weil Huren gern sich den Anschein jungfräulicher Züchtigkeit geben, die Augen niederschlagen, wenig reden, erröten, die Berührung scheuen usw., so daß der arglose Reisende schließlich haben will, was er bei Kenntnis fliehen sollte. Leucosia (der Name spielt an auf die Farbe weiß), die zweite, hat einen schönen Mund (!), ist schicklich gekleidet, trägt erlesenen Schmuck und wirkt derart aufgeputzt verführerisch. Ohne dergleichen würden die Mädchen bei Unkundigen kaum etwas erreichen, weil man sie eigentlich als schmutzig und arm verachte. Ligia heiße die dritte, welch Name schließlich an die Fesseln erinnere, mit denen sie einen so bindet, daß er sich nicht mehr befreien mag, selbst wenn er um ihre Verruchtheit weiß. Gesang, Fidel und Flöte dienen diesen S., ebenso honigsüßes Schwatzen, Seufzer, Schmeichelei und aufregendes Gelächter usw. Ihre Opfer sind Seeleute und Fremde (Odysseus war beides!), Leute, die sie leicht täuschen können, weshalb sie sich gern an der Küste niederlassen.

Der Nabel sei der Sitz weiblicher Lust, welcher zu Diensten der Leib darunter sei, den man sich passend in Fischgestalt vorstelle, denn das Tier sei ebenso glitschig und flüchtig. Die Flügel signalisierten den vielfältigen Partnerwechsel.

Proserpina habe einen so reichen und üppigen Hof gehalten, daß sich dort schon auch der Juckreiz der Lust einstellte, was (mit umständlicher Begründung) schließlich zur Einrichtung eines Bordells führen könne: So kamen die S. in die Gesellschaft von Madame (!).

Clemens von Alexandrien kann in den S. auch ein Bild der Mode sehen (Exhort. 12, 91 P.): Sie sei wie ein gefährliches Vorgebirge oder eine bedrohliche Charybdis oder die S. der Legende. Mode würge den Menschen, wende ihn ab von der Wahrheit, führe ihn fort vom Leben, eine Schlinge sei sie, ein Abgrund, eine Fallgrube, ein gefräßiges Übel.

Die christliche Emblematik nimmt sich der S. gerne an. Auf die Versuchungen des Lasters liest sie Alciat (1550, S. 126, Held Nr. 94; H./S., Sp. 1697) und auch Horozco y Covarrubias (II, Nr. 30; H./S., Sp. 1698). Unter dem Lemma ATRVM DESINIT IN PISCEM ist der trügerische Schein (nach Horaz, Ars 4f) Thema bei Horozco y Covarrubias (I, Nr. 94; H./S., ebd.) und unter FORMOSA SVPERNE bei Saavedra Fajardo (Nr. 78; H./S., ebd.). MORTEM DABIT IPSA VOLVPTAS («Wollust ist tödlich») spricht das Lemma bei Camerarius (IV, Nr. 63; H./S., ebd.). Ungewöhnlich positiv Camerarius (IV, Nr. 63; H./S., Sp. 1698f), der eine S. zum Beispiel der Standhaftigkeit macht: CONTEMNIT TVTA PROCELLAS («Sie ist sicher und spottet der Stürme»; vgl. Picinello 3,52, 142, S. 171).

Das Thema Wollust («voluptas») und fleischliche Begehrlichkeit («libido») findet sich mehrfach bei Picinello (3,52,135–139, S. 170; s. a. 141, S. 171). Ungewöhnlich unter dem Lemma FORMOSA SUPERNE (ebd. 140, nach Horaz, Ars 3 f) vom schlechten Prediger («Minister malus»), der seine sündigen Leidenschaften und monströsen Neigungen unter falschen, doch scheinbar guten Gründen verbirgt: «ut turpiter atrum / desinat in piscem mulier formosa superne»). Das Bild einer S. auf einem Musikinstrument war mit dem Epigramm versehen «Dulcedine Capio» (Ich fange mit Süße) und gibt Anlaß, an die unwiderstehliche Macht der Beredsamkeit zu denken (ebd. 143; vgl. ebd. 141; zur Gleichsetzung von Musik und Rhetorik s. Ausonius 5, An Nepotianus 7 f). Der Gedanke wird mit dem Blick auf die gleichermaßen süßen Fährnisse der Wollust (und mit Augustin!) relativiert. Unter dem Lemma «Amaricata Dulcedo» (Bittere Süße) wird an die trügerische Erscheinung der S. erinnert, deren Unterleib Fischgestalt hat (ebd. 144).

Übrigens fällt auf, daß man die S. gelegentlich in die Nähe des Mars (dem Hades / Pluto-Lieferanten) rückt (vgl. Myth. Vat. I 186).

Cartari hat gelesen (S. 132, mit Hinweis auf Suda), daß die S. eigentlich Klippen waren, zwischen denen die Fluten so sanft murmelten, daß die Seeleute diese Route nahmen und in das Verderben gerieten.

In Indien soll es Vögel gegeben haben, die man «S.» nannte, die mit ihrem süßen Gesang die Beute einschläferten und dann verschlangen (Plinius bei Cartari, ebd.).

Isidor (Met. 12,4,29) berichtet von Schlangen in Arabien, die bei aller Schnelligkeit sogar fliegen konnten. Ihr Gift sei so stark, daß man einen schmerzlosen Tod sterbe: Sie heißen «sirenae».

C Die Wiedergabe der S. in der Bildkunst ist seit dem 7. Jh. v. Chr. auf die Mischgestalt von Mensch (Mädchen) und Vogel festgelegt. So werden sie auch von den späteren Mythographen beschrieben (s. **B**), an denen sich wiederum die bildenden Künstler orientieren. Der

Gesamteindruck bewegt sich zwischen einer überwiegend vogelartigen Gestalt (Bronzegefäß, 1. Hälfte 5. Jh. v. Chr.; Malibu, Getty Museum, Inv. 92.AC.5) und einem überwiegend menschlichen Wesen (zwei römische Terrakottafiguren aus dem Asklepieion in Pergamon, 1. Jh. n. Chr.; s. auch die Gruppe mit dem Lyraspieler, S. 526). Mitunter halten sich die beiden Elemente quantitativ die Waage (auffallend im Hellenismus und in der röm. Wandmalerei).

Allgemein lassen sich die S. als geflügelte Mädchen mit Vogelbeinen und -füßen beschreiben, der künstlerischen Phantasie bleibt jedoch noch reichlich Spielraum. Als Vögel mit Frauenköpfen sehen wir die S. auf einem Stamnos (um 475/460 v. Chr.; London, British Museum, Inv. 1843.11–3.31) oder auf einem Wandbild aus Pompeji (1. Jh. v. Chr.; London, British Museum, Inv. 1867.5–8.1354). Ein weiterer Typus zeigt einen Vogelkörper mit weiblichem Oberkörper und Kopf (Krater, gegen 330 v. Chr.; Berlin, Staatl. Museen, Inv. V.I 4532), ein dritter besteht in einer menschlichen Gestalt mit Vogelfüßen (röm. Sarkophag, 230/240 n. Chr.; Rom, Museo Nazionle Romano, Inv. 113 227). In der Regel sind die S. auch geflügelt (z. B. auf einer Lekythos, Ende 6. Jh. v. Chr.; Athen, Nationalmuseum, Inv. 1130).

Eine hellenistische Skulptur (aus dem Serapeion in Memphis; um 250 v. Chr.; Kairo, Ägyptisches Museum, Inv. CG 27 507) stellt eine musizierende S. (mit auffallender Körperdrehung) dar, möglicherweise aus einer freiplastischen Gruppe, die → Odysseus bei den S. darstellte (weiblicher Oberkörper; Vogelbeine und -füße ergänzt; Arme und Flügel nicht erhalten). Der zwar menschliche Kopf assoziiert dennoch einen Vogelkopf (gekrümmte Nase, kurzes Haar am Hinterkopf). Auffallend sind der Schmuck – zwei Halsketten, ringförmiger Ohrschmuck – und eine Schildkrötenlyra, die mit einem Gurt an ihrem Körper befestigt ist.

Ausnahmsweise haben die S. ganz Menschengestalt (Schmalseiten eines reliefierten Sarkophags in San Simeon/Kalifornien, State Historical Monuments, Inv. 529. 9. 414). Bemerkenswert, daß ihre Erscheinung hier mit der der ⇒ Musen übereinstimmt, die die

Hauptseite des Sarkophags einnehmen (vgl. Kl. Pauly, Bd. 5, Sp. 79; Xenophon bei Cartari, S. 133, Herakleitos 70,8, s. **B**).

In der mittelalterlichen Buchmalerei und der Bauplastik mittelalterlicher Sakralarchitektur (an Kapitellen und Portalen) finden sich sowohl der Typus des Mensch-Vogel-Wesens antiker Provenienz als auch der fischleibige Typus der Meerjungfrau, häufig in Gesellschaft eines → Kentauren entsprechend dem «Physiologus» (s. o.), im Verständnis eines zwittrigen dämonischen Wesens. Als fischleibige Meerjungfer sehen wir eine S. im Türsturz des Hauptportals von S. Michele in Foro in Lucca (12. Jh.; Pendant: ein Kentaur), hier in der häufig beobachteten Form eines Mädchens mit zwei nach oben gekurvten Fischschwänzen, die sie mit jeder Hand umfaßt. Demselben Typus begegnet man z. B. auch in einem englischen Manuskript des 13. Jh.s in Oxford (Bodlyan Library, ms. 602. – Zu den S. im Mittelalter s. die Materialsammlung und Darstellung von J. Leclercq-Marx, s. Lit.).

Besonderes Interesse an den S. – sicher an deren verführerischem Aspekt – zeigt dann das 19. Jh., wobei die Künstler der Erscheinungsform des fischschwänzigen Meermädchens den Vorzug geben (s. u. a. die Gemälde *Ruhige See*, 1887, Bern, Kunstmuseum: die Meerjungfrau mit langem rotem Haar; *Ulisses and the Sirens*, 1891, von John William Waterhouse, Melbourne, National Gallery of Victoria). – Hier ist auch Gustave Moreaus Fabelwesen auf seinem Gemälde *La Sirène et le poète* einzureihen (1893; Paris, Privatsammlung; Mathieu Nr. 404) – ein Mädchen mit langem blondem Haar, dessen Körper in einem Fischschwanz endet (deutlicher noch auf der Tapisserie gleichen Themas und gleicher Komposition, 1895, Mathieu Nr. 452; Paris, Collections du mobilier national).

In der Regel sieht man die S. musizieren: Eine spielt die Lyra, eine die Doppelflöte, die dritte singt (Wandgemälde aus Pompeji, 1. Jh. v. Chr.; London, British Museum, Inv. 1867.5-8.1354), auch eine Schildkrötenlyra sieht man (Skulptur in Kairo, s. o.) oder das Tympanon (apulischer Volutenkrater, 330/320 v. Chr.; Privatbesitz; Abb. in LIMC 7,1, S. 736, Nr. 45).

Drei S. («Partenope», «Leucosia», «Ligia») zeigt die Illustration zu Cartari (Venedig 1647, S. 133) in Frauengestalt mit Vogelbeinen und -füßen und mit kleinen Flügeln, jedoch mit menschlichen Armen. Auf einer kleinen Insel stehen sie in einer Gruppierung, die an die drei Grazien erinnert (⇒ Chariten): Eine von ihnen (die mittlere) spielt eine Flöte, eine (rechts) die Lyra, die dritte ist wohl singend zu denken; im Mittelgrund rechts ein Schiffswrack, links ein brennendes Gebäude.

D Im erzählerischen Kontext sehen wir die S. im Mythos des → Odysseus und der Argonauten.

Den *Wettstreit zwischen Musen und S.* (Pausanias 9,34,2, s. o.) illustriert ein reliefierter Sarkophag (um 220/230 n. Chr.; New York, Metropolitan Museum, Inv. 10104). Sie messen sich in Gesang, Tibia- und Lyraspiel mit Euterpe, Klio und Erato und unterliegen. Zur Strafe für ihre Hybris rupfen ihnen vier weitere Musen die Schwungfedern aus (jede der neun Musen trägt zwei Federn als Stirnschmuck!).

Den Typus der *Grabsirenen*, von denen antike Quellen berichten (Anth. Pal. 7,491; vgl. ebd. 7,710; vgl. Moschus 3,37), führen uns verschiedene Monumente vor Augen. Eine Gruppe von freiplastischen Tonfiguren vereint einen sitzenden Lyraspieler und zwei ihn flankierende stehende, bekleidete S. (mit Vogelbeinen) im Klagegestus (vgl. Euripides, Hel. 165; s. auch **B**). – Ob die Reliefplatten der Nord- und Ostseite des sog. Harpyien-Monuments aus Xanthos wirklich → Harpyien oder vielleicht S. darstellen, ist ohne weiteres nicht zu entscheiden (um 480 v. Chr.; London, British Museum, Inv. B 287; Streitgegenstand der Wissenschaft: s. LIMC 1988, 4,1, S. 446, Nr. 3). Die Mischwesen mit Vogelkörper, menschlichen Armen und Mädchenkopf tragen Menschen (in verkleinertem Maßstab), die wohl als Seelen von Verstorbenen zu deuten sind. Damit wären die S. als Seelengeleiter zu verstehen – in einer Funktion, die vor allem dem ⇒ Hermes zukommt (S. 471 f u. ö.). Moreaus symbolistische Phantasie (*Le poète et la sirène*,

s. o.) wird von Ary Renau, dem Freund und Exegeten des Malers, verbal so paraphrasiert: «Die Verzauberung kann dem nichts anhaben, dem das Siegel des Auserwähltseins anhaftet, zweifacher Triumph der Harmonie, der alles unterliegt» (zit. nach Geneviève Lacambre 1986, s. Lit., S. 286). In einer Grotte sehen wir die hoch aufgerichtete S., die ihre Hand über das Haupt des zu ihren Füßen schlafenden Dichters (mit umgehängter Lyra und Blütengirlanden) hält.

Lit.: Hofstetter, Eva / Krauskopf, Ingrid, in: LIMC 1997, 8,1, S. 1093–1164; 8,2, S. 734–744, s. v. Seirenes. Lacambre, Geneviève, in: Gustave Moreau Symboliste. Kat. zur Ausst. Kunsthaus Zürich, 14. März bis 25. Mai 1986. Leclercq-Marx, Jacqueline: La Sirène dans la pensée et dans l'art de l'Antiquité et du Moyen Age. Du mythe paien au symbole chrétien. Académie Royale de Belgique 1997. Mathieu, Pierre-Louis: Gustave Moreau, sa vie, son œuvre. Catalogue raisonné de l'œuvre achevé. Paris 1976. Rahner, Hugo: Griechische Mythen in christlicher Deutung (s. Allgem. Bibl.), S. 414–467. «Van sirenen en meerminnen». Kat. zur Ausst. Brüssel 1992.

Sisyphos, griech., lat. Sisyphus. Gründer und König (durch Medeia) von Ephyra / Korinth (Homer, Il. 6,152 f; Apollodor, Bibl. 1,9,3; Pausanias 2,3,7). Sohn des → Aiolos I und der Enarete (Hesiod, Ehoien, H. G. Evelyn-White, 1977, S. 157, Nr. 4; Homer, Il. 6,153 f; Apollodor, Bibl. 1,7,3; 1,9,3). Von Merope Vater des Glaukos (Apollodor, Bibl. 1,9,3), Vater des → Odysseus (Lykophron 344 u. 1030; s. auch ebd. 980).

A Merkwürdig ist, daß man das Leben des S. zu wesentlichen Teilen nach Maßgabe der Strafe, die er in der Unterwelt erleidet, zu rekonstruieren scheint: Homer (Od. 11,593–600) beschreibt den Mann, wie er dort sich müht, mit Händen und Füßen einen riesigen Stein einen Berg hinaufzustemmen, und wenn der Fels endlich über den Gipfel kippen soll, versagen ihm die Kräfte, der Stein rollt zurück in das Tal, und S. beginnt, in Schweiß und Staub gehüllt, die Mühsal von neuem, in endloser Wiederholung. Das geschieht zur Strafe für ein Verbrechen, das Homer uns nicht verrät über einen, den er den «schlauesten unter den Männern» (κέρδιστος) nennt (Il. 6,153). Ähnlich charakterisiert ihn Hesiod (αἰολόμητις, schlau: Ehoien 4, s. o.; Plutarch, Moralia «p. 747»; Schol. zu Pindar, Pyth. 4,263). Pindar beschreibt ihn sogar als gottähnlich und «voller weisem Ratschluß» (Ol. 13,52: πυκνότατοσ μαλάμαις).

Dieser S. zeigt sich deutlich, als Autólykos/Autolycus ihm listig Vieh stiehlt: S. markiert den Tieren die Hufe und überführt den «Meisterdieb». Bei der Gelegenheit schwängert er noch Anticlia, des Autolycus Tochter, und wird Vater des Ulixes/Odysseus (Hygin, Fab. 201; vgl. Lykophron 344 u. 1030; Schol. zu Lykophron 344; Schol. zu Sophokles, Aias 190).

In einer Geschichte, die aus solcher Sicht seine Unterweltstrafe plausibel erklären könnte, sieht man recht eigentlich den einfallsreichen Spitzbuben, der sich vorwitzig mit Göttern anlegt, die nicht mit sich spaßen lassen: Der Tod (Thanatos) sei zu ihm getreten, er aber habe, statt ihm zu folgen, ihn listig gefesselt. Da nun niemand mehr starb, schickte Hades den (überaus kompetenten!) ⇒ Ares, den Gefesselten zu befreien. Als S. dann schließlich sterben muß, veranlaßt er seine Frau Merope, die üblichen Totenopfer zu unterlassen: Damit kann er sich bei ⇒ Hades oder ⇒ Persephone Urlaub erwirken, um die Frau da droben zurechtzuweisen. ⇒ Hermes wird ihn wieder in den Hades führen, wo seine Strafe auf ihn wartet (Schol. zu Homer, Il. 6,153; dieser S. war Gegenstand von nur in Fragmenten erhaltenen Bühnenwerken des Aischylos, von Sophokles und Euripides).

Noch eher durch Torheit zieht er sich allerhöchsten Unwillen zu, als er einen (wohl vermeintlich schlauen) Handel abschließt: Er braucht Wasser in Akrokorinth, und er weiß, daß Zeus die Aigina, Tochter des Asopos von Korinth, mitgenommen hat: Asopos liefert ihm das Wasser, und S. liefert ihm dafür sein Wissen (Pausanias 2,5,2; Apollodor, Bibl. 1,9,3; Schol. zu Il. 1,180; auch bei Aischylos: «S. der Ausreißer (Steinwälzer)», Frg.; vgl. Myth. Vat. I 165). Hygin (Fab. 60) weiß, daß S. seinen mit ihm verfeindeten Bruder Salmoneus umbringen will und deshalb Apoll um Rat befragt. Der Rat lautete, er solle mit Tyro, der Tochter des Bruders, Kinder zeugen, die dann zu Rächern am Bruder würden. S. zeugt die Kinder, doch Tyro bringt sie um, denn sie weiß um das Orakel. Es scheint, daß Hygin in diesen Taten und Ereignissen den Grund für die Strafe im Jenseits sieht. Vielleicht ist sein Bericht über die eigentliche Straftat auch verlorengegangen. Servius (Aen. 6,616) meldet, S. habe den Menschen sträflich Wissen über

Göttliches verraten, womit er sich wohl auf die Nachricht Diodors (6,6,3) bezieht, der von allen Größte in Schurkerei und Einfallsreichtum habe mit seinem Talent für Weissagung durch Befragen seiner Opfer die Zukunft gekannt und sie den Menschen (sträflich) vorausgesagt.

Später sieht man in der Strafe eine Art Abbild der Tat («Auge um Auge»), sofern S., als er sich mit Hilfe von Räubern gewaltsam den Isthmus von Korinth aneignete und dabei hinderliche Gegner hinrichtete, indem er sie mit einem riesigen Stein erdrückte (Myth. Vat. II 105; Boccaccio, Gen. 13,56). Nach Lactantius Placidus (zu Theb. 2,380) brachte er auf diese Weise Reisende um. Allgemeiner heißt es, er habe viele Menschen mit mächtigen Steinen getötet (Myth. Vat. I 165).

Bei Ovid (Met. 4,464ff) bemerkt ⇒ Juno befremdet, daß S. ewige Pein erleiden müsse, während Athamas und Weib, die sie doch mißachteten, sich immer noch der Königshalle erfreuen.

Der Macht orphischer Musik verdankt S., daß er einmal von seiner Arbeit lassen kann und sich auf den Stein setzt, statt ihn zu heben (Ovid, Met. 10,44).

Auch über die angemessene Dauer der Strafe hat man nachgedacht und gefunden, daß S. seinen Trägerdienst («latura») lange genug geübt habe (Seneca, Apocol. 14).

Ein ehrbarer S. findet den ertrunkenen Melikertes, bestattet ihn und richtet zu seinen Ehren die Isthmischen Spiele ein (Pausanias 2,1,3). Auch den Neleus soll er in Korinth begraben, aber seinen Ort geheimgehalten habe. Ebenso sollen nur wenige sein eigenes Grab in Korinth gekannt haben (Pausanias 2,2,2).

B Im Sinn griechischer Ethik veranschaulicht S. auf drastische Weise «Hybris», indem er die dem Menschen gegen die Götter gesetzten Grenzen mutwillig überschreitet, die Autorität der Unsterblichen mißachtet, austrickst und somit deren Unwillen und Vergeltung herausfordert (vgl. → Tantalos; Kl. Pauly, Bd. 2, Sp. 1257f).

Schon Lucretius sieht in den Gestalten und Ereignissen der Unterwelt bloße dichterische Bilder des Lebens hier oben (3,978ff). In diesem Sinn veranschauliche S. nichts anderes als den Ehrgeizigen, der nach Macht strebt und immer enttäuscht wird (3,995–1002).

Der Mythograph (Myth. Vat. II 105) buchstabiert das weiter aus und hält S. unter dem Stein, der zu fallen sich anschickt, für einen, der immer ängstlich zögert und Götter und Himmel nicht achtet, wo doch der recht Fromme aus Ehrfurcht fürchtet. Der Mann, der den Stein rollt, soll Gunstbuhlerei und Zurückweisung anzeigen, denn die einmal Zurückgewiesenen würden ihr Werben fortsetzen. Ein anderer schließt von der Strafe auf die Tat und bezichtigt den S. des Diebstahls, denn ein Dieb begebe sich häufig in Gefahr und lasse dennoch nicht ab von den Schwierigkeiten. Darum sei die Strafe angemessen (Myth. Vat. III 6,5 [Bode, S. 177]).

INTERMINABILIS HVMANAE VITAE LABOR («Die endlose Mühsal menschlichen Lebens») sagt das Emblem bei Barptolomaeus Anulus (S. 79; H./S., Sp. 1659f) und sieht in S. in der Unterwelt ein Bild des Alltagslebens. Ganz ähnlich Gabriel Rollenhagen (I, Nr. 19; H./S., Sp. 1660) zum Thema unermüdlicher Arbeit unter dem Lemma AD SCOPVM LICET AEGRE ET FRVSTRA («Zum Ziel, wenn auch mühsam und vergeblich»). Zum Bild für Gottes Strafe wird S. mit dem Stein bei Juan Horozco y Covarrubias (III, Nr. 7; H./S., Sp. 1660).

Unter dem Lemma URGET RUITURUM («Er stemmt, was ihm wieder entrollen wird») macht Picinello (3,53,145, S. 172; nach Ovid, Met. 4,460) die Mühsal des S. zum Bild für nutzloses Wirken des Menschen.

C Wie die anderen Verdammten (→ Ixion, → Tantalos, → Tityos) wird S. meist als alter muskulöser Mann mit ungeordnetem Haupt- und Barthaar dargestellt.

D 1. *S. fesselt den Tod* (Schol. zu Homer, Il. 6,153). Bonaventura Genellis Sepiazeichnung (früher F. Otto, Halle) behandelt das selten dargestellte Thema: Thanatos (der Tod) in Gestalt eines geflügelten Jünglings kniet auf dem Boden; der betagte S. hat ihm die Hände auf dem Rücken gefesselt und ist dabei, seine Flügel zu binden.

2. *Die Bestrafung des S.* ist das älteste in der Bildkunst dargestellte Thema aus dem Mythos des S. Zurückgehend bis ins zweite Viertel des 6. Jh.s v. Chr., erscheint es auf attischen Vasen vor allem zwischen 530 und 470. Sie folgen in der Regel folgendem Bildschema: S. (bärtig, meist nackt) rollt einen riesigen Felsblock einen steilen Hang hinauf. Manchmal nimmt er das Knie zu Hilfe, die Last zu stützen (Halsamphora, um 510 v. Chr.; Paris, Louvre, Inv. F 382; hier in Gegenwart der Unterweltsgöttin ⇒ Persephone). Auf einer Lekythos (um 500/490 v. Chr.; San Antonio/Kalifornien, Museum of Art, Inv. 91-80 G) hält S. wiederum einen mächtigen Felsbrocken, ⇒ Hades und ⇒ Herakles mit dem Höllenhund Kerberos kennzeichnen den Ort.

Die neuzeitliche Kunst befaßt sich fast ausschließlich mit diesem Thema des S.-Mythos. In einer Serie, die die vier *Verdammten* zum Gegenstand hat, stellt Tizian S. mit einem riesigen Felsbrocken auf den Schultern dar, unter dessen Gewicht die Knie nachgeben (Gemälde, 1549; Madrid, Prado). Außer S. waren es *Ixion, Tantalos* (beide durch Brand zerstört) und *Tityos* (wegen der Ähnlichkeit der Strafe auch als ⇒ *Prometheus* gelesen). Bekanntestes Beispiel ist wohl das Gemälde von Jusepe Ribera aus einer Serie der vier Verdammten (dieselben wie bei Tizian) *Los monstruos* (Originale verschollen, durch Kopien überliefert; Madrid, Prado). Der nackte betagte S. (allein) kniet auf dem Boden und hält mit beiden Armen einen mächtigen Felsblock, im Begriff, ihn wieder den Hang hinaufzustemmen. Wie auch bei Tizians Darstellungen kommt durch den Verzicht auf Assistenzfiguren die trostlose Einsamkeit der Büßer besonders zum Ausdruck.

Lit.: Camus, Albert: Der Mythos von Sisyphos. Ein Versuch über das Absurde. rowohlts deutsche enzyklopädie, 90, 1959. Oakley, John H., in: LIMC 1994, 7,1, S. 781–787; 7,2, S. 564–567, s. v. Sisyphos I. Pérez Sanchéz, Alfonso E.: Sobre los «monstruos» de Ribera y algunas otras notas Riberescas. In: Archivo español 47, 1974, S. 241–248.

Tantalos, griech., lat. Tantalus. König von Sipylos in Lydien. Sohn des ⇒ Zeus und der Pluto (lat. auch Plote), Tochter des ⇒ Kronos (s. auch Hygin, Fab. 155,3). Auch Ceres / Terra (⇒ Demeter) wird als seine Mutter genannt, zugleich hält man ihn für einen → Giganten (Myth. Vat. I 11). Von Dione Vater des Pelops und der ⇒ Niobe (Myth. Vat. I 204, Bode, S. 63, Z. 27). Boccaccio (Gen. 6,45) berichtet (nach «Lactantius»), T. sei der zwölfte Sohn des Juppiter und (ebd. 12,1) König von Phrygien gewesen. Auch König von Korinth nennt man ihn (Myth. Vat III. 6,21 und Boccaccio, Gen. 6,44, s. **B**).

A Wie Sisyphus / → Sisyphos begegnet man auch dem T. zunächst in der Unterwelt, wo er eine schlimme Strafe erleidet, doch sind die Mythographen sich noch nicht einmal einig über die Einzelheiten der Strafe für eine Tat, die man sich auch hier nach Maßgabe der Strafe vorzustellen scheint.

Homer (Od. 11,582–592) zeigt einen Greis, der in einem Teich steht, dessen Wasser ihm bis zum Kinn reicht. Wenn er trinken will, weicht das Wasser unvermittelt zurück, und der Teich fällt trocken bis auf den schwarzen Boden. Über ihm hängen an hohen Bäumen köstliche Früchte: Äpfel, Granaten, Birnen, Feigen, grüne Oliven. Wann immer der Mann danach greift, schnellt der Wind sie wolkenwärts davon. Ovid (Met. 4,458f) sieht deutlicher die subjektive Erfahrung des Mannes und spricht von Wellen, die sich nicht erhaschen lassen, von den Zweigen, die ihm entfliehen, von Durst und Hunger, die er folglich leidet.

Hygin (Fab. 82,2) sieht ihn bis zur Körpermitte im Wasser und betont, daß es den Mann dürstet. Er spricht allgemein von Früchten («poma»). In einer Mischung aus Exegese und für ihn ungewöhnlicher Poesie wird Fulgentius schreiben (Myth. 2,15 [St. 699]): «Trügerisch berührt mit köstlichem Kitzel das Wasser seine Lippen, vor seinen Augen hängen Früchte, die beim flüchtigen Anstoß zu Asche werden. Reichtum vor Augen, ist er arm: wie die trügerische Flut sich ihm zeigt, so daß ihn dürstet, die Früchte sich ihm aufdrängen, so daß ihn hungert» (interessant, daß Fulgentius das Windmotiv durch eine Metapher ersetzt; Verweis auf Petronius 82, der von einem reichen, großen Mann redet). Nur den Durstigen sieht Horaz (Serm. 1,1,68ff): «Tantalus a labris sitiens fugientia captat / flumina.» Ebenso Seneca (Apocol. 14), der referiert, T. könnte (bei der Dauer seiner

Strafe) gar verdursten! Lukian (Dial. deor. 17[7]) hört Menippus mit T. über seinen Durst sprechen, den doch eigentlich ein bloßer Schatten, ein Toter gar nicht empfinden dürfte. T. weiß, daß eben das unerfüllbare Verlangen nach einem Trunk seine Strafe sei.

Zu dem Durst- und Hungermotiv kommt eines, das den Mann in steter Angst hält: Ein (riesiger) Stein hängt über ihm und droht, jederzeit auf ihn zu stürzen. Das Motiv ist ursprünglich wohl autonom und sehr alt (Alkman und Alkaios, vgl. Schol. zu Pindar, Ol. 1,91a: «Alkaios und Alkman sagen, ein Stein hänge über Tantalos»; Greek Lyric, s. Lit., S. 488f; wohl sprichwörtlich bei Pindar, Pyth. 8,9f [20f], wo der Stein metaphorisch für ein drohendes Unheil über Hellas hängt). Bei Pindar (Ol. 1,55ff [87ff]) steht, über T. habe ein Stein gehangen, den der Mann immer wieder zur Seite zu schieben sucht. Platon (Krat. 395d–e) spricht von einem «schwebenden» Stein (vgl. auch Euripides, Or. 982–985, wo der Stein vielleicht mit der Sonne gleichgesetzt ist). Bei späteren erscheint der Stein gewöhnlich gemeinsam mit Wasser und Früchten, «Durst» und «Hunger». Apollodor (Epit. 2,1) sieht den Stein in der Mitte, die Bäume seitlich über den Schultern des Mannes (vgl. Hygin, Fab. 82). Ähnlich mag der Maler Polygnot (1. Hälfte 5. Jh. v. Chr.) die Szene gesehen haben (Pausanias 10,31,10; vgl. Anth. Pal. 8,104, Gregor der Große: Durst und Stein/Furcht; ebd. 5,236, Paulus Silentiarius, Stein/Furcht).

Sicher ist, daß T. sich göttlichen Unwillen zugezogen hat.

Athenaios (7,281bf, H. G. Evelyn-White, Hesiod 1977, S. 528f) referiert, was in den Nostoi stand: T. war ein sinnenfreudiger Mann. Man sagt, er sei zur Wohnung der Götter gegangen und habe von Zeus das Privileg gewonnen, jeglichen Wunsch erfüllt zu bekommen. Weil sein Hunger nach leiblichen Freuden unersättlich war, bat er nur um solche und dazu um ein Leben nach Götterart. Zeus gefiel das gar nicht, doch weil er seinem Versprechen gehorchen mußte, machte er, daß T. nie wieder etwas genießen könne, was man ihm vorsetzte, und in steter Unruhe lebe, wozu er ihm einen Stein über das Haupt hängte, der ihm den Zugriff zu allem, was man ihm vorsetzte, verwehrte.

Pindar sagt, T. sei sehr wohlhabend gewesen (vgl. Diodor 4,74,1f) und habe zudem die besondere Zuneigung des Zeus gehabt: «Wenn es je einen Sterblichen gab, den die Olympier ehrten» (Pindar, Ol. 1,55ff [87ff]), dann war das T. Er saß mit den Göttern beim Mahl und sogar unsterblich soll er gewesen sein, denn er durfte Nektar und Ambrosia genießen. Es scheint, daß er (wohl übersättigt von so viel Wohlleben) übermütig wurde: Er stahl von der Götterspeise und reichte sie seinen sterblichen Tischgenossen. Zeus straft ihn mit ewiger Angst, von einem riesigen Stein erschlagen zu werden (Pindar, ebd., s. o.).

Nach anderen hat er sträflich mit Sterblichen Ambrosia teilen wollen und zudem auch noch Geheimnisse der Götter ausgeplaudert, wofür er ewig den Stein über sich fürchten und dursten und hungern mußte (Apollodor, Epit. 2,1). Diodor (4,74,1 f): T., Sohn des Zeus, war überaus reich und genoß großes Ansehen. Er lebte in dem Teil Asiens, der heute Paphlagonia heißt. Wegen seiner Abkunft von Zeus wurde er nach Meinung der Menschen ein Freund der Götter. Später aber, weil er mit den Göttern bei Tisch saß und Zeuge ihrer intimen Gespräche wurde, erzählte er den Sterblichen von Dingen unter den Unsterblichen, die nicht zum Ausplaudern waren. Zu seinen Lebzeiten gelangte er zur Einsicht, aber nach seinem Tod, so berichten die Mythen, war er zur ewigen Strafe verurteilt und im Hades unter die Gottlosen gesetzt.

Nonnos (1,147) nennt den T. einen «verrückten Räuber», der versucht habe, himmlisches Tafelgeschirr zu stehlen, Gefäße sogar mit der Götterspeise (ebd. 18,32).

Eine grausige Geschichte kannte schon Pindar, der sie aber für üble Nachrede hielt (Ol. 82 f): Hygin (Fab. 83) berichtet, daß T. seinen Sohn Pelops zerstückelte und den Göttern zur Speise vorsetzte (vgl. Nonnos 18,25 ff). Der Mythograph (Myth. Vat. I 12) meint, T. habe damit die Göttlichkeit der Götter prüfen («tentare») wollen (Boccaccio [Gen. 12,1] vermutet, er habe sich selbst wie ein Gott fühlen wollen). Für diese Wildheit («feritas») muß er im Eridanus stehen, vor Durst vergehen, hungernd vor Früchten am Flußrand, die er sieht, doch nicht berühren kann (ganz ähnlich Myth. Vat. II 102; vgl. auch Myth. Vat. III 6,21). Man konnte diese Tat aber auch für ein Zeichen höchster Gastlichkeit halten (Schol. zu Lykophron 152; vgl. Kl. Pauly, Bd. 5, Sp. 512).

Noch anderes weiß Antoninus Liberalis (36): Zeus hat einen Hund von Gold, den er dem Pandareos zur Aufsicht anvertraut. Der aber, Sohn des Merops, stiehlt den Hund, bringt ihn zum Berg Sipyle und vertraut ihn dem (Zeussohn!) T. an. Einige Zeit danach will er den Hund zurückholen. T. aber schwört, ihn nie erhalten zu haben. Den Diebstahl bestraft Zeus damit, daß er den Pandareos auf der Stelle in einen Felsen verwandelt. Den T. bestraft er für den Eidbruch damit, daß er ihn mit einem Blitz niederschlägt und über seinen Kopf den Berg Sipylos setzt. (In einer Variante heißt es, Zeus habe den Hermes zu T. geschickt. Schol. zu Pindar, Ol.

1,60[97]: Schol. zu Homer, Od. 19,518 u. 20,66; Apollodor, Bd. 2, S. 154f, Anm. 2.)

Pausanias (2,22,4) berichtet von einer Urne in Korinth, welche die Gebeine des T. enthalten soll, besteht aber darauf, das Grab des T. unter dem Berg Sipylos zu kennen, das keinesfalls «ruhmlos» sei; auch gebe es dort einen See, der den Namen des T. trägt (ders. 5,13,7).

Boccaccio hat gelesen (bei Eusebius und Leontius), daß T. (der König von Phrygien) in Adlergestalt den ⇒ Ganymed fing und dem kretischen Juppiter aus Gefälligkeit zum Geschenk machte (Gen. 6,4). Aus diesem Grund sei es sogar zum Krieg zwischen Tro(iu)s und T. gekommen (vgl. ders., ebd. 12,1).

B Von der Person wissen wir nur, daß er ein Greis (γέρων) ist (Homer, Od. 11,585). Sein Handeln zeigt einen, dem irdischer Wohlstand und Gunst der Götter zu Überfütterung und Überdruß gereichen. Er verliert den Maßstab, verfällt der Vermessenheit («Hybris», vgl. → Sisyphos), will noch mehr, auch das Unerreichbare, und fordert dumm und leichtfertig (wenn nicht gar bösartig) seinen Untergang heraus. Auffällig, daß er die Buße als Alter, aber ewig und (mit Ausnahme des Todes durch Zeus' Blitz) in der Unterwelt ableisten muß (vgl. Diodor 4,74,1f, wonach T. zu Lebzeiten noch zur Einsicht kam).

Die deutende Auslegung nimmt sich vorzüglich seiner Strafe zu ewigem Durst und Hunger an. Plausibel Fulgentius (Myth. 2,15 [St. 699]), der den Mann angesichts des unerreichbaren Reichtums an Trank und Speise ewige Armut erleiden sieht.

Als Bild des Geizigen («avarus»), der inmitten von Gütern nichts anzurühren vermag, sieht ihn schon Phaedrus (Appendix Perotti 7; 1. Jh. n. Chr.). Diese Deutung auf Habgier und Geiz («avaritia»), die wohl gerne zusammenkommen, läßt sich dann auch mittels Etymologie belegen. «Tantalus» heiße nämlich griechisch «quasi teantelon», d. h. «visionem volens» (sinngemäß: «nach dem Anblick streben»), denn aller hungriger Geiz («avaritia») nähre sich genüßlich einzig durch den Anblick (Fulgentius, Virg., St. 759; Helm, S. 101; vgl. die mühselige Argumentation auf dieser Grundlage bei Myth. Vat. III 6,21; Bode, S. 186, Z. 19 ff; vgl. Myth. Vat. II 102). Bei Platon (Krat. 395 d–e) steht, der Mann habe ursprünglich wegen seines vielfältigen Unglücks «talantos», der «Allerelendeste», geheißen. Diese Bedeutung habe man dann schonend unter dem Namen «Tantalos» verborgen.

Für Lukrez (3,978–983; 1. Jh. v. Chr.) ist der drohende Stein über T. ein Bild für den Sterblichen schlechthin, den die Furcht vor den Göttern grundlos bedrückt, und der Fall, den sie fürchten, sei der Zufall.

Boccaccio (Gen. 12,1) hat mit dem Blick auf den an die Götter verfütterten und von denen wieder zusammengesetzten Sohn Pelops eine überraschende Erklärung dafür, daß man T. für den Sohn des Göttervaters hielt: Er sei ein außerordentlich geiziger Mann gewesen, der im Bedürfnis, sein Vermögen möglichst zu mehren, das Getreide, mit dem er sein Geld machte und das er liebte wie einen Sohn, den Göttern vorsetzte, indem er es in den Acker säte. Die Saat sei dann unter der Aufsicht und durch das Zutun der Götter aufgegangen und habe ihre alte Gestalt wieder angenommen.

Bei Philostrat (Vita Apoll. 3,25) findet sich eine Ehrenrettung des T. aus dem Mund eines Inders, der sich über griechische Moral und Dichter wundert: Minos genieße hohes Ansehen, obwohl er doch einer der Grausamsten war, T. dagegen werde verunglimpft mit dem Entzug von Essen und Trinken, nur weil er ein göttlicher und guter Mann war, der mit seinen Freunden die ihm selbst verliehene Unsterblichkeit teilen wollte. Andere hängten Steine (!) über ihn und überschütteten ihn mit Beleidigungen. Dabei sollte man ihn besser in einem See von Nektar schwimmen lassen, weil er doch ebendiesen den Sterblichen freundlich zukommen lassen wollte. Mit dem Blick auf ein Bildwerk, das den «T.» («etwa fünfzigjährig») mit einer überschäumenden Trinkschale zeigt, kommt er zum Schluß, man habe dem Mann nicht die Geschwätzigkeit, sondern die Veruntreuung von Nektar verübelt. Die Götter aber seien ihm durchaus gewogen gewesen, denn sonst hätten die Inder, die frömmsten und gottgefälligen Leute, ihn nie für einen guten

Mann gehalten, der ihnen als Mundschenk (οινοχόος; vgl. seine Beziehung zu Ganymed: Boccaccio, Gen. 6,4; s. o.) gelte, eben weil sie ihn für den freundlichsten der Menschen halten (ders. 3,23, am Ende). Als solchen ließen die Inder ihn den «Freundschaftstrunk» reichen, mit einem Kelch, der sich offenbar stetig selber füllt (vgl. ebd. 7,14).

Die moralisierende Exegese interessiert vor allem der dürstende T. und deutet ihn zumeist auf Habgier und Geiz.

AVARITIA lautet das Lemma zu einem Emblem, das den T. dursten und hungern sieht. Das Epigramm erklärt schließlich: «Dann daß du Gut hast vnd brauchts nit / Ist eben als hettst nit ein dit» (Alciatus [1550], S. 92, Held Nr. 157; H./S., Sp. 1654f). Bartolomaeus Anulus (S. 108; H./S., Sp. 1655) sagt AVARUS INOPS und meint damit den «Armen/machtlosen Geizigen». In dieselbe Richtung blickt wohl das Emblem bei Sebastián de Covarrubias Orozco (III, Nr. 28; H./S., Sp. 1655) unter dem Lemma MEDIO FLVMINE QVAERIT AQVAS («Mitten im Fluß verlangt er nach Wasser»). Vor Geschwätzigkeit warnt Laurentius Haechtanus (Nr. 62; H./S., Sp. 1655) unter dem Lemma IN GARRVLVM («Gegen den Schwätzer») angesichts der Durst- und Hungerstrafe. Ähnlich RES EST MAGNA TACERE («Schweigen ist eine große Sache») bei Juan de Boria (S. 100, Nr. 99; H./S., Sp. 1655; vgl. Ovid, Ars 2,605f). Das Bild des T. auf einer Trinkschale kommentiert ein Epigramm in der «Anthologia Palalatina» (16,89): «Er, der einst an der Tafel der Götter saß, der seinen Bauch mit Nektar füllte, ihn verlangt es jetzt nach sterblichem Getränk, doch das neidische Gebräu erreicht seine Lippen nie: ‹Trink›, sagt die Inschrift, und lerne das Geheimnis der Stille; so werden wir bestraft, die wir eine lockere Zunge haben».

INOPEM ME COPIA FACIT («Der Überfluß macht mich machtlos/arm»): Der Geizige, der im Überfluß lebt, nimmt gleichsam äußerste Bettelarmut auf sich, kommentiert Picinello (3,53,146; S. 172; dazu u. a., mit Augustin, Hinweis auf die Wassersucht). Auch ein Beispiel begehrlicher Sinnenlust («voluptas») kann man in T. sehen (Picinello, ebd. 149, S. 173) und auch den, den es nach weltlichen Gütern und Vergnügen gelüstet (ebd. 151, S. 173).

C Allgemein wird T. als betagter Mann dargestellt, mit vollem, ungeordnetem Haupt- und Barthaar, so wie wir ihn z. B. auf einem französischen Kupferstich des 17. Jh.s sehen (Abb. bei M. Grant / Y. Hazel, s. Allgem. Bibl., S. 372).

D 1. *T. bei der Versteinerung der* ⇒ *Niobe.* Auf zahlreichen griechischen Vasenbildern sieht man Niobe am Grab ihrer Kinder allmählich zu Stein werden, wobei ihr Vater T. (immer als weißhaariger Greis) hilflos zusehen muß. Meistens steht sie in einem kleinen tempelförmigen Grabbau, ihre Beine sind bereits versteinert, und sie faßt sich klagend an die Stirn. Der greise T., mit weißem Haupt- und Barthaar, kniet auf den Stufen des Grabbaus und streckt die Hände nach der Unglücklichen aus, ein junger Mann hinter ihm stützt ihn (campanische Hydria, 340 / 330 v. Chr.; Sydney, Nicholson Museum, Inv. 71.01).

2. *Die Bestrafung des T.*, in der neuzeitlichen Kunst im Mittelpunkt des Interesses an T., war in der griechischen Vasenmalerei kein Thema. Insgesamt sind wenige antike Beispiele bekannt, darunter das Relief eines römischen Marmoraltars (50 v. Chr.; Rom, Villa Montemaggiore), wo T. in der Gesellschaft der anderen drei Unterweltsbüßer (Sisyphos, Ixion und Tityos) zu sehen ist. Auf dem Relief eines späthadrianischen Sarkophags (Rückseite; Velletri, Museo Civico) steht T. (frontal) bis zu den Knien im Wasser, die Geste seiner erhobenen Hände deutet an, daß sie vergebens das Wasser schöpfen.

Als einen der vier *Himmelsstürmer* führt uns ein Stich von Hendrick Goltzius T. vor Augen (nach Cornelis Cornelisz van Haarlem, Kupferstich 1588; B. 258–261, Hirschmann 306 II [von III], Strauss 257 [von III]jj, 258–260). Wie Ikarus (→ Daidalos), → Phaëton und → Ixion stürzt er, in kühner Verkürzung gesehen, in die Tiefe, die von brandenden Wogen erfüllt ist. Das runde Bildfeld ist von einer lateinischen Umschrift gerahmt, die sich nicht auf die bildliche Darstellung bezieht, sondern die bevorstehende Strafe illustriert: TANTALUS IN MEDYS RESIDENS SITIT ARIDUS UNDIS. / QUAM MISER, INTER OPES QUI MALE VIVIT INOPS. HAUD BONA FORTUNAE QUISQUAM PUTET ESSE BEATA / ILLA PROSUNT BONIS NOCENTQ MALIS («Inmitten der Wogen leidet der ausgedörrte Tantalus Durst. / Wie armselig der, der ohnmächtig inmitten des Überflusses schlecht lebt. Niemand möge die Gaben der Fortuna für Reichtum halten: Manche nützen den Guten, andere den Bösen»).

Ein Gemälde von Tizian aus seinem Zyklus der vier *Verdammten* (T., → Ixion, → Sisyphos, → Tityos, manchmal als «Prometheus» bezeichnet; Original 1549, durch Brand zerstört, durch einen Stich von G. Sanuda überliefert) zeigt den Unglücklichen unter einem Baum auf dem Boden liegend; vergebens greift er nach den Früchten über sich. Im Hintergrund steht ein Gebäude in Flammen.

Wiederum in einen Zyklus von vier Gemälden («*los mostruos*» = die Ungeheuer, will sagen die Frevler: T., Ixion, Sisyphos, Tityos) bindet Jusepe Ribera den T. ein (Originale verloren; die im Prado in Madrid gezeigten Bilder sind Kopien): Dieser, wie die anderen Verdammten nackt, kniet mit gebreiteten Armen auf dem Boden und betrachtet die Früchte, die von oben herabhängen (er greift also nicht danach, da das im Wortsinn «fruchtlos» bliebe!).

Der oben erwähnte französische Kupferstich (s. **C**) zeigt ihn bis zu den Lenden im Wasser stehend, mit Lippen und Händen nach den von oben herabhängenden Früchten am Baum langend. Daß er sie nicht erreichen wird, verdeutlicht ein kleiner geflügelter Windgott mit aufgeblasenen Backen.

Lit.: Greek Lyric. With an English translation by David A. Campbell, II, Anacreon ... to Alcman. Cambridge, Mass. / London 1988.

Theseus, griech., etr. These. Sohn des Aigeus (Homer, Il. 1,265), Königs von Athen, und der Aithra oder des ⇒ Poseidon. Athenischer König und Heros. Von Perigoune Vater von Melanippos, von Antiope (oder Hippolyte) des Hippolytos und von Phaidra Vater des Akamas und des Demoph[o]on. Von Ariadne soll er Oinopion und Staphylos haben (Plutarch, Thes. 20,2). Er hatte eine Reihe von Verbindungen (Affären), die Plutarch (Thes. 29) nur andeutet, da sie «weder einen würdigen Anfang noch ein glückliches Ende hatten». Ausführlichere Quellen zu Th. stellen dar: Apollodor (Bibl. 3,16,1 f und Epit. 1,1–24), Diodor (4,59 ff) und (am ausführlichsten) Plutarch (Thes.).

Das folgende orientiert sich in der chronologischen Gliederung zunächst an (dem stark rationalisierenden) Plutarch, sodann an Apollodor und anderen und versucht, die einzelnen Episoden zu einem sinnvollen Ganzen zu ordnen.

A Aigeus hat sich bei Pythia ein Orakel zu seiner Kinderlosigkeit geholt, kann den Spruch aber nicht recht deuten. Auf dem Heimweg nach Athen kommt er nach Troizen zu König Pittheus, einem Blutsverwandten, den man für einen der gescheitesten Männer der Zeit hält (Plutarch, Thes. 3,2 f). Der zieht aus dem Spruch wohl seine eigenen Schlüsse: Er macht den Gast trunken und läßt ihn mit der Tochter Aithra schlafen (ebd. 3,6). In derselben Nacht soll auch noch Poseidon mit dem Mädchen geschlafen haben (welcher Umstand eine wichtige Rolle im Leben des Helden spielen wird; Apollodor, Bibl. 3,15,7; vgl. Hygin, Fab. 37). Für den Fall (ist er sicher?), daß die Frau einen Knaben gebiert, verbirgt er sein Schwert und seine Sandalen unter einem (ausgehöhlten: Plutarch, Thes. 3,6) Felsblock und bestimmt, daß er beides an sich nimmt, sobald er fähig wäre, den Stein anzuheben. Sodann solle Aithra ihn fortschicken. Schließlich verpflichtet er die Frau zur absoluten Geheimhaltung seiner Vaterschaft, denn er fürchtet die Pallantiden, die 50 Söhne des Bruders Pallas, die ihn ob seiner Kinderlosigkeit verachten und um die Thronfolge gegen ihn intrigieren (ebd. 3,7; vgl. Apollodor; Bibl. 3,15).

Aithra gebiert den Knaben (ebd. 3,16,1; zum Namen «Th.» vgl. Plutarch, Thes. 4), den Pittheus sorgfältig erziehen läßt, von Konnidas, dem die Athener später am Tag vor dem Fest des Th. Ehren erweisen werden (ebd.

4). Th. zählt sieben Jahre, als Herakles dem Pittheus einen Besuch abstattet. Kleine Buben sehen die abgelegte Löwenhaut und laufen ängstlich davon. Einzig Th. nimmt eine Axt und stürmt dem vermeintlichen Raubtier entgegen (Pausanias 1,27,8).

Wie alle jungen Männer geht Th. aus Anlaß seiner Volljährigkeit nach Delphi, um dort dem Gott das Haupthaar zu opfern (vgl. Anth. Pal. 6,278 u. 279). Ungewöhnlich ist, daß er sich nur den Vorderteil des Schädels schert: Das sei eine Praxis der kriegerischen Myser, die auf diese Weise beim Nahkampf dem Gegner keine Handhabe bieten wollten (Plutarch, Thes. 5,1–4; vgl. u. zum Tod des Minotauros! Auch an die Stirnlocke des Kairos sollte man hier denken).

Als Aithra an dem Sohn nun Mut beobachtet, gepaart mit Leibesstärke und einem stabilen Gemüt, mit Intelligenz und Scharfsinn, da führt sie ihn zu dem Felsblock und läßt Sandalen und Schwert des Vaters aufnehmen (ebd. 6,2). Damals sei er 15 gewesen (Pausanias 1,27,8).

Gegen den dringenden Rat von Großvater und Mutter, das Schiff zu nehmen (Poseidon sollte ihm wohlgesinnt sein), macht Th. sich zu Fuß auf den Weg nach Athen. Er wählt die durch Wegelagerer besonders gefährliche und lange Küstenstraße (Plutarch, Thes. 6,1 u. 6,3 u. 7; Diodor 4,59,1), sicher weil er dem Herakles nacheifert und ihm gleich werden möchte (Plutarch, Thes. 6,9), es ihm nachzutun mit Taten, die ihm gleicherweise Anerkennung und Ruhm einbringen würden: Zunächst trifft er den Korynetes. Apollodor (Bibl. 3,16,1), der den Kerl (wie Plutarch, Thes. 8,2) Periphetes nennt, sagt, der sei gehbehindert gewesen und habe mit einer eisernen Keule Reisende erschlagen. Th. erlegt ihn und nimmt (wie einst Herakles die Löwenhaut) zum Zeichen seiner Stärke die Keule mit (die man gewöhnlich wohl als knotigen Holzknüppel versteht). Dann exekutiert er den Sinis, der seine Opfer auf besonders gemeine Weise umzubringen pflegt: Er zwingt sie, eine Kiefer gegen den Boden zu biegen, und wenn dann die Kraft nicht mehr ausreicht, reißt der Baum sie schließlich empor und wirft sie in den Tod. So scheint Apollodor sich das vorzustellen. Hygin (Fab. 38) weiß, daß Sinis beim Herabziehen hilft und schließlich unvermittelt losläßt. Diodor (4,59,3; vgl. Pausanias 2,1,4; Schol. zu Pindar, Isthm., Argum., ed. Boeckh, S. 516) hat eine andere Variante: Sinis biegt zwei Bäume herab, befestigt je einen Arm des Opfers an ihnen, läßt dann die Bäume hochpeitschen und das Opfer zerreißen (s. auch Ovid, Met. 7,40–42). Wie auch immer, Apollodor (ebd.) sagt, Th. habe den Sinis auf «dieselbe» Weise hingerichtet.

Plutarch (Thes. 8,3–5) fügt hier eine Episode ein: Sinis habe eine sehr schöne Tochter, die Perigoune, gehabt, die sich nach dem Tod des Vaters in der Wildnis versteckte. Th. scheint sich beachtliche Mühe zu geben, ihrer habhaft zu werden. Die beiden einigen sich ehrenhaft, und sie wird den Melanippos gebären. Th. gibt sie weiter an den Deioneus von Ekalia.

Dann (Apollodor, Epit. 1,1) erschlägt er bei Krommyon eine Bache, die man nach dem alten Weib, das sie einst gesäugt hatte, Phaia nannte und die nach Meinung einiger eine Tochter von Echidna und Typhon war. Sie war wild und riesig und tötete viele Menschen (vgl. Diodor 4,59,4; Plutarch, Thes. 9; Pausanias 2,1,3). Hygin (Fab. 38) hält das Tier für einen Eber. Plutarch (ebd.) kennt eine Version, wonach Phaia eine Räuberin war. Wie sie umkam, scheint nicht überliefert zu sein (s. ebd. 11,3). Nach Plutarch (ebd. 9,1) tötete Th. sie gleichsam beiläufig wie zur Unterhaltung auf eine Weise, aus der deutlich werden sollte, daß er nichts aus Notwendigkeit tue, aber er sei auch überzeugt davon gewesen, daß ein tapferer Mann sich gegen jegliche Niedertracht zu wehren habe, und er solle der erste sein, der, auch unter Lebensgefahr, ein mutiges Raubtier angreift und besiegt.

Skiron (Apollodor, Epit. 1,2f) saß auf einem Felsen bei Megara. Er zwang Reisende, ihm die Füße zu waschen, und wenn die das taten, dann stieß er sie in die Tiefe als Mahlzeit für eine riesige Schildkröte oder einfach in das Meer (Diodor 4,59,4). Th. nahm ihn bei den Füßen und warf ihn in die See (vgl. Plutarch, Thes. 10; Pausanias, 1,44,8; Schol. zu Euripides, Hipp. 979; Schol. zu Lukian, Jup. Trag. 21; Ovid, Met. 7,443 ff; Hygin, Fab. 38; Lactantius Placidus, zu Statius, Theb. 1,333; Myth. Vat. I 167; Myth. Vat. II [127] schreibt die Tat dem Daedalus / → Daidalos zu). Plutarch kennt auch andere Versionen der Geschichte und einen anderen Zeitpunkt (Thes. 10,2–4).

In Eleusis (Apollodor, Epit. 1,3f) trifft Th. auf Kerkyon (Sohn des Branchos und der Argiope), dem es Spaß macht, Reisende zum Ringkampf zu zwingen und dabei umzubringen: Th. hob ihn hoch auf und schmetterte ihn zu Boden (Diodor 4,59,5; Plutarch, Thes. 11,1; Pausanias 1,39,3; Schol. zu Lukian, Jup. Trag. 21; Ovid, Met. 7,439; Hygin, Fab. 39, nennt den Kerkyon einen Sohn des Vulcan / ⇒ Hephaistos).

Die sechste Aufgabe heißt Damastes (Apollodor 1,4), den man auch Polypemon nennt, der aber gewöhnlich Prokrustes heißt (Diodor 4,59,5; Plutarch, Thes. 11,1; Pausanias 1,38,5; Schol. zu Euripides, Hipp. 977 = «Sinis»; Ovid., Met. 7,438; Hygin, Fab. 38; zum Namen s. auch Ovid, Met. 438; ders. Her. 2,69; ders. Ibis 407). Der Mann hatte in seinem Haus neben der

Straße zwei Betten, ein kleines und ein großes, in die er seine geladenen Gäste legte, die großen in das kleine, die kleinen in das große: Erstere hämmerte er, letztere sägte er auf die passende Größe zurecht. Th. brachte auch ihn um. Plutarch bemerkt, alle diese Taten habe Th. in Nachahmung des Herakles vollbracht (Thes. 11,1 f).

In Athen (Apollodor, Epit. 1,5–7) trifft Th. auf die Feindschaft der Medeia, der Frau des Aigeus, die gegen den jungen Mann als einen vorgeblichen Verräter intrigiert. Also schickt Aigeus, «alt und ängstlich» (Plutarch, Thes. 12,3), den Burschen gegen den Stier von Marathon (Myth. Vat. I 48; vgl. Plutarch, Thes. 14; Pausanias 1,27,10; Ovid, Met. 7,433 f). Th. aber erledigt die Aufgabe, und Aigeus beschließt, ihn nun mit Gift, das er von Medea hat, zu beseitigen. Gerade ist er dabei, ihm den Trunk beizubringen, da zeigt Th. ihm das Schwert (wie wenn er das gerade aufgetragene Fleisch schneiden will: Plutarch, ebd. 12,4). Nun erkennt der Vater den Sohn und schlägt ihm rasch den Kelch aus der Hand. Dann ruft er das Volk zusammen und stellt offiziell den Sohn vor (ebd. 12,5). Schließlich sieht er die Heimtücke der Medeia und verstößt sie (Apollodor, Epit. 1,6).

Die Ernennung des Th. zum Thronfolger veranlaßt die Palantiden zum Angriff: Sie operieren in zwei getrennten Gruppen, deren eine (im Hinterhalt) Th. vollständig vernichtet, während die andere mit Pallas flieht (Plutarch, Thes. 3 u. 13). Es heißt auch, Th. habe alle 50 getötet (Apollodor, Epit. 1,11; nach Hygin, Fab. 244, hat er auch den Pallas umgebracht). Für diese Tat soll er für ein Jahr zur Reinigung ins Exil nach Troizen gegangen sein (vgl. Schol. zu Euripides, Hipp. 35; Pausanias 1,28,10; damals soll Phaidra bei ihm sein und von der unseligen Leidenschaft für Hippolytos heimgesucht werden; vgl. unten; s. Euripides, Hipp. 34 ff; Pausanias 1,22,2).

Die Begegnung mit dem Stier von Marathon ist bei Apollodor (Epit. 1,5) ein Ereignis, das noch vor dem Giftanschlag die Medeia veranlaßt hat. Th. habe das Tier einfach getötet. Bei Plutarch (Thes. 14,1) ist das Unternehmen eine Art Leibesübung und soll zugleich seiner Popularität helfen: Es macht sicher Eindruck, wenn er das gefährliche Tier, das eine Menge Unheil verursacht hat, durch die Straßen treibt, ehe er es dem Apoll von Delphi opfert. Hieran schließt Plutarch (14,1–3) den Bericht über die Alte Hekale, ihre Gastfreundschaft und Hilfe für Th.

Attika stand damals in Abhängigkeit von dem kretischen Herrscher Minos, dem es alle neun Jahre einen Menschentribut in Gestalt von sieben Knaben und sieben Mädchen (Hygin, Astron. 2,5,3) zu zahlen hatte. Diese wurden dem Minotauros (ein Wesen halb Mensch, halb Stier), der in Knossos in einem Labyrinth hauste (→ Daidalos), zum Fraß vorgeworfen (vgl. Plutarch 15,2; nach Servius, Aen. 6,14, ernährt sich das Biest nur von Menschenfleisch).

Entweder durch das Los oder freiwillig (Apollodor, Epit. 1,7; Hygin, Fab. 41,2 u. 51,2) oder von Minos ausgesucht, gehört Th. jetzt zum dritten für den Minotauros bestimmten Tribut (vgl. Eustathius, zu Homer, Od. 11,320; Schol. zu Homer, Od. 11,322 u. Il. 18). Plutarch (ebd. 17,1 ff) weiß, daß angesichts der Bedrohung die Leute unruhig wurden und sich auch gegen Aigeus wandten. Th. habe es richtig gefunden, sich um das Wohl seiner Mitbürger zu kümmern, sei vorgetreten und habe sich selbst angeboten (vgl. auch Catull 64, 81–84). Solche Charakterstärke und Menschlichkeit weckte Bewunderung und Lob der Leute. Vergeblich blieben Bitten und Flehen des Vaters. Gewöhnlich meinte man, die Opfer seien ausgelost worden. Hellanikos habe aber gewußt, daß Minos sie selbst aussuchte, und seine erste Wahl sei auf Th. gefallen. Auch sei ausgemacht worden, daß alle wieder freigelassen würden, wenn es gelänge, den Minotauros «ohne Waffen» zu töten (Plutarch, Thes. 17,3).

Das Schiff hat schwarze Segel. Aigeus will, daß der Sohn seine glückliche Heimkehr mit weißen Segeln anzeigt (Apollodor, Epit. 18 ff). Vor dem Aufbruch opfert er dem Apoll einen Olivenzweig zur Rettung der Kinder, einen Zweig vom heiligen Olivenbaum, eingehüllt in weiße Wolle (Plutarch, Thes. 18,1).

In Kreta verliebt die Minostochter Ariadne sich in Th., der ihr unter Eid die Ehe verspricht (vgl. Hygin, Fab. 42) und sie nach Athen mitzunehmen, wenn sie ihm zur Flucht aus dem Labyrinth und von der Insel verhilft. Von Daedalus beraten, verschafft die Frau dem Th. ein Garnknäuel, das er auf seinem Weg in das Labyrinth mit sich nimmt, nachdem er ein Ende an der Tür befestigt hat. Auch hat sie ihn näher über das Labyrinth unterrichtet (Plutarch, Thes. 19,1). Den Minotauros erschlägt er mit seinen Fäusten (Apollodor, Epit. 1,9; vgl. Catull 64,110 f). Es wird auch erzählt, er habe das Untier im Schlaf überrascht, bei den Haaren gepackt und dem Poseidon geopfert (vgl. Eustathius, zu Homer, Od. 11,320). Ovid sieht ihn (gegen die Auflage) die Keule benutzen (Her. 10,101 f). Gewöhnlich erfährt man nur, er habe den Minotauros getötet (Diodor 4,61,4; Plutarch, Thes. 19,1; Hygin, Fab. 42; Servius, Aen. 6,14 und Georg. 1,222; Lactantius Placidus, zu Statius, Theb. 12,676; Myth. Vat. I 43; Myth. Vat. II 124). Mit Hilfe des Fadens findet er den Ausgang und erreicht bei Nacht mit Ariadne und den geretteten Gefährten («Kindern») die Insel Naxos, wo aber sogleich ⇒ Dionysos sich in die Frau verliebt und (nach Apollodor, Epit. 1,9) mit sich nimmt nach Lemnos.

Anderseits hieß es, Th. habe sie wegen der Aigle verlassen, und aus Kummer habe sie sich erhängt (Plutarch, ebd. 20,1, nach Hesiod, Ehoien; Athenaios 13,557 A.: Hesiod sage, Th. habe Hippe und Aigle nach dem Gesetz geheiratet). Nach Homer (Od. 11,321–325) veranlaßt Dionysos die Artemis, das Mädchen zu töten (vgl. Diodor 4,61,5; Plutarch, Thes. 20; Pausanias 1,20,3 u. 10,29,4; Schol. zu Apollonios Rhodios 3,997; Schol. zu Theokrit 2,45; Catull 64,116ff; Ovid, Her. 10; ders., Ars 1,527ff; ders., Met. 8,174ff; Hygin, Fab. 43; Servius, Georg. 1,222; Myth. Vat. II 125). Jedenfalls verliert Th. die Frau, von der er zwei Kinder haben soll (s. aber Plutarch, Thes. 20,2 u. 4f). Es hieß (ebd.), sie sei auf Cypern gestorben, wohl im Kindbett. Der trauernde Th. habe den Leuten, die sich um sie gekümmert hatten, Geld geschenkt, für Opfer gesorgt und Statuetten der Verstorbenen anfertigen lassen (vgl. auch ebd. 20,8f).

Es kennzeichnet den Th., daß er nun in Delos dem Apoll opfert und ihm das Bild der Aphrodite weiht, das er von Ariadne hat. Dann soll er mit den jungen Leuten den «Kranichtanz» getanzt haben, dessen Choreographie an das Labyrinth erinnere (ebd. 21,1f). Zum Anliegen des Ordners gehört auch, daß er dort Wettkämpfe einsetzte, und er sei der erste gewesen, der den Sieger mit einer Palme auszeichnete (ebd. 21,3).

Nach anderen war «Minotauros» ein Mann namens Tauros, der Befehlshaber der Truppen, ein Mann mit schlimmem Charakter, den Minos verdächtigte, es mit Pasiphaë zu treiben (noch anders Myth. Vat. II 125). Auch deswegen habe Minos dem Athener gestattet, an den Wettkämpfen teilzunehmen, die Tauros zu gewinnen pflegt. Th. gewinnt alle Kämpfe und die Bewunderung der Ariadne dazu. Tauros endet (schlammbedeckt) gedemütigt. Der König übergibt dem Th. die Kinder und befreit Athen von der Tributpflicht (Plutarch, ebd. 19,2–7). Schon bei der Ankunft hat Th. die kretischen Schiffe beschädigt, um sie bei einer Verfolgung zu behindern.

Andere (vgl. Plutarch, ebd. 19,8–10) verknüpften die Geschichte des Th. mit der des Daidalos. Hier ist Th. offenbar in Athen geblieben. Als Deukalion, nach dem Tod des Vaters Minos, den Daidalos zurückhaben will, benutzt Th. den Mann und andere Kreter als Tarnung. Er kann sie gut als Lotsen gebrauchen. In Knossos kommt es am Eingang zum Labyrinth zum Kampf, bei dem der König und seine Männer fallen. Ariadne übernimmt den Thron und gibt dem Th. die Kinder zurück. Außerdem schließen die beiden einen ewigen Frieden.

Einige besondere Geschichten hat auch Hygin (Astron. 2,5,3): Th. stellt sich entschlossen vor eines der athenischen Mädchen, das dem Zeussohn Minos gefällt. Da gibt er sich als Sohn des Neptun/Poseidon und damit als ebenbürtig zu erkennen. Zum Beweis seiner Abkunft soll er dem Minos den goldenen Fingerring aus dem Meer zurückholen. Delphine bringen den Th. zu den Naiaden, und er kommt zurück nicht nur mit dem Ring, sondern auch mit der von Edelsteinen glitzernden Hochzeitskrone der Thetis, einem Geschenk der Venus. Nach anderen habe er die Krone von der Gemahlin des Neptun (→ Amphitrite) und sie zum Hochzeitsgeschenk für Ariadne gemacht (ebd. 2,5,4). Anderseits: Liber/Dionysos habe sich schon in Kreta in Ariadne verliebt und ihr für eine Umarmung eine kostbare Krone geschenkt (Astron. 2,5,1). Dieses Juwel, ein Werk des Vulcan/⇒ Hephaistos aus Gold und indischen Edelsteinen, habe mit seinem leuchtenden Glanz dem Th. geholfen, aus der Düsternis wieder an das Licht zu kommen. Zu Zeit und näheren Umständen hat Pausanias (1,17,3) eine eigene Version.

Auf der Heimreise vergißt Th., die weißen Segel zu setzen. Als der Vater von der Akropolis das schwarze Segel sieht, stürzt er sich in die Tiefe und in den Tod (vgl. Diodor 4,61,6f; Plutarch, Thes. 22,1; Pausanias 1,22,5; Hygin, Fab. 43; Servius, Aen. 3,74; Myth. Vat. II 125). Es wurde auch erzählt, Th. sei jetzt weitergesegelt und habe in Italien Brundisium (Brindisi) gegründet (Myth. Vat. II 124).

In der Folge (vgl. Plutarch, Thes. 22,2) zeigt Th. bemerkenswerte Umsicht in Kult und Politik. Kaum gelandet, vollzieht er das bei der Abfahrt versprochene Dankopfer und läßt einen Herold verkünden, daß die Stadt nun sicher sei. Das Volk zeigt Trauer um den toten König und wünscht die Krönung des Sohns, des Retters. Bedeutsam, daß der Herold jetzt seinen Stab mit den mitgebrachten Kronen schmückt. Inzwischen beendet Th. im Hafen die Trankopfer (für den Verstorbenen) und verkündet offiziell den Tod des Vaters. Es scheint, daß hier die Ursprünge der «Oschophoria», des Erntefestes der Athener liegen (Plutarch, Thes. 22,4ff, mit interessanten Einzelheiten im Kontext von Reise und Heimkehr; ebd. 23,2ff).

Das (hölzerne) Schiff der glücklichen Heimkehr bewahrte man auf. (Da man es über die Zeiten immer wieder restaurierte, wurde es zum berühmten Gegenstand philosophischer Spekulation darüber, ob es denn jeweils noch das «Original» sei.)

Dann macht Th. sich an eine grundlegende Reform politischer Strukturen: Er vereint die Bürger von Attika jenseits von Streit und Zwist in einer

Stadt, die er Athen nennt. Dazu geht er von Gemeinde zu Gemeinde, von Familie zu Familie und wirbt für sein Vorhaben. Die Kleinen und Armen seien ihm leicht gefolgt. Den Mächtigen verspricht er ein Regime ohne Königsmacht, dafür eine Demokratie, in der er selbst einzig Feldherr und Gesetzeshüter wäre, und vor dem Recht wären alle gleich. Die einen konnte er überzeugen, andere folgten ihm eher aus Furcht. Konsequent legte er die Verwaltung (Rathaus und Ratsversammlung, «Prytanaion» und «Bouleuterion») zusammen. Schließlich führt er in diesem Sinn die Panathenäen (das «Gesamtfest der Athena») ein. Auch das Opfer der ständig ansässigen Fremden (die «Metoikia») soll Th. eingeführt haben. Er legt die Königswürde nieder und ordnet die Verfassung. Zuerst holt er für die Stadt in Delphi ein Orakel ein (ebd. 24,5). Eine wichtige Zusammenstellung seiner politischen Vorhaben und Unternehmen gibt Plutarch (ebd. 25,1–7). Dazu gehört auch das Einrichten von sportlichen Wettkämpfen: Wie Herakles die Olympischen Spiele dem Zeus weihte, so weiht Th. jetzt die Isthmischen Spiele dem Poseidon (zu Varianten ebd. 25,6f; s. auch Hygin, Fab. 373,8).

Irgendwann begegnet der Held dem Vorbild Herakles selbst und begleitet ihn bei der Expedition gegen die → Amazonen (vielleicht auch ist er später auf einer eigenen Expedition gewesen). Apollodor (Epit. 1,16; vgl. Plutarch, Thes. 26,1) vermerkt einzig, Th. habe damals die Amazone Antiope (die man auch Melanippe oder Hippolyte nenne) an sich genommen. Man hat gesagt, er habe das arglose Mädchen bei einer durchaus friedlichen Begegnung auf sein Schiff eingeladen und dann mitgenommen. Immerhin war er in sie verliebt, doch hielt er sie vor den anderen verborgen (zur verliebten Antiope vgl. Pausanias 1,2, nach den Nostoi). Der einzige, dem er sich anvertraute, soll sich dem Mädchen gewaltsam genähert haben, was es zum Freitod bewegte (vgl. Plutarch, Thes. 26,2–5; zum Kampf mit den Amazonen um Athen vgl. Plutarch, ebd. 27).

Bei Apollodor (Epit. 16) steht, was die Amazonen zu einem Feldzug gegen Athen veranlaßte, bei dem sie den Verteidigern unter Th. unterlagen (zur Identität der Frau und anderen Details vgl. Diodor 4,28; Plutarch, Thes. 26–28; Pausanias 1,2,1; ders. 1,15,2; 1, 1,41,7; 2,32,9; 5,11,4 u. 7; Zenobius, Cent. 5,33; Isokrates, Or. 4,68 u. 70; 6,42; 7,75; 12,193). Jedenfalls hat Th. von Antiope den Sohn Hippolytos (Apollodor, Epit. 1,17ff). Das hindert ihn nicht, die Minostochter Phaidra zu heiraten und damit die Amazone so zu reizen, daß sie mit ihren Gefährten droht, die Hochzeitsgesellschaft umzubringen. Dabei kommt sie selbst ums Leben, vielleicht im

Kampf mit Th. (Apollodor, Epit. 1,16; vgl. Hygin, Fab. 241, wo das nach dem Willen des Apoll geschieht). Plutarch erklärt diese Geschichte für eine Erfindung (ebd. 28,1). Hygin (Fab. 43) scheint zu sagen, daß Th. statt der Ariadne die Phaedra aus Kreta mitgenommen habe.

Phaidra gebiert dem Mann zwei Kinder (Demophon und Akamas), ehe es sie nach Hippolytos gelüstet, der sie aber abwehrt, denn Frauen sind ihm zuwider! Phaidra inszeniert eine Situation, die den Mann glaubwürdig kompromittiert: Th. glaubt ihr und bittet Poseidon um den Tod des Sohnes. Als dieser in seinem Wagen den Strand entlangfährt, erscheint aus den Wellen ein Stier, die Pferde scheuen, der Mann wird zu Tode geschleift (vgl. Hygin, Fab. 47; vgl. Euripides, Hipp. 1166f; Philostrat, Imag. 2,4). Phaidra erhängt sich (Apollodor, Epit. 1,18f).

Adrastos bittet den Th. um Hilfe, denn Kreon weigert sich, die Sieben gegen Theben zu beerdigen (vgl. auch Hygin), und Athen kämpft gegen Boiotien: Th. gewinnt, bringt die Toten auf eleusinischen Boden und begräbt sie dort. Die Thebaner sagen, es habe keine Schlacht gegeben, und sie hätten die Toten freiwillig herausgegeben (Pausanias 1,39,2). Plutarch (29,4) weiß, daß Th. (anders als Euripides sage) das Anliegen kampflos erreichte. Nach Philochoros war dies das erste Mal, daß man sich über das Bergen der Toten einigte, in Wirklichkeit komme das Verdienst aber dem Herakles zu (ebd. 30,5). So wäre das Eingreifen des Th. zugunsten des Adrastos ein Stück ruhmvoller Heraklesnachfolge.

Herodor soll behauptet haben (Plutarch, Thes. 29,3), daß Th. an keinem der vielen Unternehmen anderer teilgenommen habe außer am Kampf der Lapithen gegen die Kentauren, als Gefährte des Jason nach der Kolchis und an der Seite des Meleager gegen den kalydonischen Eber (vgl. Ovid, Met. 8,262ff; vgl. a. ebd. 547ff: Th. zu Gast bei Achaeolus / → Achelo(i)os; Hygin, Fab. 173,2), was alles zu der Redensart geführt habe: «Nichts ohne Theseus». Allein aber habe er vielerlei Gutes unternommen, ohne dabei je die Hilfe anderer zu brauchen. Darum habe man ihn einen «zweiten Herakles» genannt.

Dem Lapithen Peirithoos fiel eines Tages ein, Mut und Kraft des Th. auf die Probe zu stellen: Er stahl ihm die Rinder von Marathon. Als die beiden kampfbereit einander gegenüberstehen, sind sie von Schönheit und Mut des anderen so beeindruckt, daß daraus eine Freundschaft wird, nachdem Th. auf eine Bestrafung verzichtet hat (übrigens hat ihn auch Knabenschönheit beeindruckt: Hygin, Fab. 271). So kommt es, daß Peirithoos den Th. zu seiner Hochzeit mit Deidameia einlädt, bei der es zu der bekannten

Schlacht mit den → Kentauren kommt, in der Th. sich als mächtiger Kämpfer zeigt (Plutarch, Thes. 30,1–3; Ovid, Met. 12,237 u. 343–354, kennt acht der von ihm erlegten Kerle beim Namen). Aufschlußreich, daß Th. Wert darauf legt, Athene auf seiner Seite gehabt zu haben, die ihn einem Baum (einer alten Kiefer) ausweichen ließ, den Demoleon nach ihm geschleudert hatte (ebd. 12,355–361; nach Hesiod, Aspis, 182, zeigte der Schild des Herakles auch Th. beim Kampf mit den Kentauren). Es heißt (Plutarch, ebd. 30,4 f), er habe damals zum ersten Mal den Herakles getroffen, in Trachis. Die beiden sollen einander Wertschätzung und Bewunderung bezeugt haben. Andere meinten, diese Treffen seien häufiger gewesen. Th. habe den Herakles in die Mysterien eingeführt und ihn vor der Initiation gereinigt von einigen Taten, die er unwillkürlich begangen hatte (den Mord an Iphitos?).

Dann verabreden Th. und Freund Peirithoos kühn, eine Zeustochter zu heiraten. Th. besorgt sich mit Hilfe des Peirithoos in Sparta die → Helene, die gerade zwölf Jahre alt ist (Apollodor, Epit. 1,23 ff; nach Diodor, 4,63,2, zählt sie nur zehn Jahre). Er selbst soll damals 50 Jahre zählen (Plutarch, Thes. 31,1). Wohl kurz darauf erobern die → Dioskuren (Brüder des Mädchens) gemeinsam mit Lakedaimoniern und Arkadern Athen und nehmen das Mädchen mit (statt nach Athen kommen die Dioskuren auf der Suche nach Th. nach Aphidna: Kypria, Schol. zu Il. 3,242; Diodor 63,3 u. 5; Plutarch, Thes. 32 u. 34; Pausanias 1,17,5, 2,22,6). Peirithoos will ⇒ Persephone haben, darum machen die beiden sich jetzt auf in die Unterwelt. In trügerischer Freundlichkeit lädt ⇒ Hades sie ein, zum Empfang auf dem Thron des Vergessens Platz zu nehmen. Der Thron ist Gerät üblicher Bequemlichkeit: Kaum haben die beiden sich darauf niedergelassen, beginnen sie daran festzuwachsen, und Knäuel von Schlangen halten sie fest (Apollodor, Epit. 1,24; s. Pausanias 10,29,9). Damals ist ⇒ Herakles gerade im Hades. Bei seinem Anblick strecken die beiden die Hände nach ihm um Hilfe aus. Den Th. nimmt der Heros bei der Hand und kann ihn tatsächlich befreien, als er aber dem anderen helfen will, bebt die Erde, da läßt er los. So wird Peirithoos für immer auf diese Weise festgehalten sein (Apollodor, Bibl. 2,5,12; vgl. Horaz, Carm. 4,7,27 f).

Nach Diodor (4,63,4) hat Th. vergeblich versucht, dem Freund den Wunsch nach Persephone als frevelhaft auszureden, aber weil er durch seinen Eid gebunden war, sei er mit ihm gegangen. Drunten habe man sie in Ketten gelegt, und Peirithoos büße so für alle Zeiten. Auch hier wird Herakles Th. befreien. Hygin (Fab. 251,3) weiß, daß er mit Erlaubnis der Parzen aus dem Jenseits zurückkommen durfte, «wegen Peirithoos». Nach einigen sei auch Th. nicht zurückgekommen.

Aeneas sieht den Th. dort in alle Ewigkeit sitzen (Aen., 6,617 f; vgl. auch ebd. 392–397).

Ganz anders wieder Hygin (Fab. 79). Die beiden Freunde entführen Helena aus dem Heiligtum der Diana. Juppiter habe die Kühnheit so beeindruckt, daß er den beiden riet, Pluto zu bitten, dem Peirithoos die Proserpina zur Ehe zu geben. Dafür werden Furien sie ausführlich quälen, aber Herakles soll den Pluto bewegt haben, die beiden unversehrt wieder zu entlassen.

Plutarch sieht diese Ereignisse ganz anders (Thes. 31) und entdeckt zunächst in Th. einen fürsorglichen Jugendpfleger: Ida und Lynkeus seien die Räuber gewesen, die aus Furcht, es könne den Dioskuren in die Hände fallen, das Mädchen dem Th. anvertrauten. Andere meinten gar, Tyndareus selbst habe ihm die Tochter in die Obhut gegeben, um sie vor dem gewaltsamen Hippokoon zu bewahren. Eigentlich aber sei es wohl so gewesen, daß Th. und Peirithoos das Mädchen tatsächlich fortnahmen, als es im Tempel der Artemis Orthia gerade tanzte. Dann ließen sie das Los entscheiden, und Th. gewann. Weil Helena noch zu jung war für die Ehe, habe er sie nach Aphidna geschickt in die Obhut seiner Mutter und unter den Schutz des Freundes Aphidnos (vgl. Kyprien, Schol. zu Il. 3,242). Der Abmachung gemäß wird Th. nun dem Freund zu seiner Frau verhelfen. Die rationalisierende Einstellung Plutarchs wird gerade hier besonders deutlich: Er übersetzt den Hadesgang der beiden in eine banale Geschichte unter der Sonne in Epeiros/Epirus. Hades ist der Molosserkönig Adoneus. Um seine Tochter Kore geht es den beiden. Wer beim Kampf mit dem Hund Kerberos obsiegt, der soll sie haben. Dann entdeckt der König, daß die beiden Besucher gekommen sind, das Mädchen zu rauben, und nimmt sie fest. Der Hund wird den Peirithoos zerfleischen, Th. wird eingesperrt (Plutarch 31,2–5), und erst die Fürsprache des Herakles bei Adoneus wird ihn befreien (Plutarch, ebd. 35,1–3).

Jetzt schickt Herakles den Th. nach Athen. In seiner Abwesenheit hat Menestheus in Athen das Regiment übernommen (ebd. 31,1 ff). Th. strebt mit demokratischen Mitteln nach seiner alten Macht und politischen Stellung, aber muß erkennen, daß jene, die ihn einst haßten, ihn nun nicht einmal mehr fürchten. Er trifft auf ein Volk, das Aufmerksamkeit heischt für sich, statt schweigend zu tun, was man ihm sagt. Auch ein gewaltsamer Staatsstreich mißlingt. Unter Verwünschungen Athens macht er sich auf den Weg zu König Lykomedes auf Skyros (→ Achilleus), wo er Freunde und ererbtes Land zu haben meint. Entweder aus Furcht vor seinem Ruhm oder aus Gefälligkeit gegen Menestheus habe Lykomedes ihn umgebracht: Er stieß ihn hinterhältig in die Tiefe (Thes. 35,4–6; vgl. Apollodor, Epit. 1,24; Diodor 4,62,4; Pausanias 1,17,6). Andere meinen, er sei (ganz banal) bei seinem gewohnten Verdauungsspaziergang zu Tode gestolpert. Sein Tod habe niemanden interessiert. Erst viel später sei Th. in Athen als Held verehrt worden. Bei Marathon glaubten viele, ihn in voller Rüstung gegen die Perser voranstürmen zu sehen (Plutarch, ebd. 35,8).

Der Ort seiner Bestattung mitten in der Stadt wurde zur Zuflucht für die Sklaven, für die Schwächsten und solche, die die Mächtigen fürchten, denn auch Th. hatte einst die Schwächsten verteidigt und ihnen geholfen, hatte mit Wohlwollen ihre Bitten gehört (Plutarch, Thes. 36,4). Zur kultischen Bedeutung der Zahl acht für Th. und seine Beziehung zu Poseidon, dem Gott, dessen Macht unverrückbar und fest sei, äußert sich Plutarch am Ende der Vita (ebd. 36,6).

B Die leibliche Erscheinung des Th. wird in der Mythographie kaum in Umrissen sichtbar: Das hat er mit seinem Patron ⇒ Apoll gemein. Jedenfalls ist er ungemein schön («formosissimus»: Hygin, Fab. 270,3), aber diese Schönheit wird vorstellbar nur in ihrer Wirkung auf Frauen (und zumindest auch auf Peirithoos: Plutarch, Thes. 30,2) und bleibt als Ursache dafür undefiniert. Groß scheint er zu sein.

Th. verfügt über mächtige Leibeskräfte und über den Kopf, damit auch das Richtige anzufangen: Das ist einer, dem als Athener die Göttin des «know how» allemal die Hand führen sollte. In diesem Sinn wird er (nach dem Sieg über Kerkyon) zum Erfinder des Ringkampfs und vor allem dessen Lehre. Nachdem bis dahin nur Größe und Kraft der Gegner zählten, weiß Th. jetzt, wie man die (auch als Schwächerer) gewinnbringend einsetzen kann (Pausanias 1,39,3). Dieser Th. zeigt sich gleicherweise beim Kampf mit den mörderischen Wegelagerern, deren Tod eigentlich eine Hinrichtung ist, und zwar auf ebendie Weise, in der sie selbst («unrechterweise») ihre Opfer töteten (s. Plutarch, Thes. 11,3): Sein Obsiegen kommt nicht aus körperlicher, sondern aus moralischer Überlegenheit, ist ein Zurechtweisen und Ordnen, worin sich die Autorität Apolls zeigt.

Überhaupt ist Th. schlechthin ein Ordner oder im Laufe seines mythographischen Lebens als Gründer einer gesellschaftlichen Ordnung, einer Ordnung der Polis Athen, dazu gemacht oder zunehmend (vor allem von Plutarch) verdeutlicht worden (zum häufigen Wechsel der Staatsform in Athen vgl. Aelian, Hist. var. 5,13). Sein Leitbild ist Herakles, der Kulturbringer, der von ihm sagt, er sei immer Verteidiger der Unterdrückten gewesen (Euripides, «Peirithoos», Frg. in: Select Papyri, Bd. 3, ed. D. L. Page, Cambridge, Mass./London 1970, S. 124 f). Mit Herakles teilt er auch die eher düsteren Seiten. Aber während jener augenscheinlich einem Läuterungsprozeß unterliegt und schließlich vergöttlicht wird, scheint Th. in die andere Richtung zu gehen: Sein Sündenfall (der Raub der Helena und vor allem die Hybris um die Persephone) ereilt ihn erst nach seinen großen Taten, und er entkommt (nach überwiegender Meinung) dem Hades gerade noch.

Aelian (Hist. var. 4,5) nennt den Th. als Beispiel für Dankbarkeit, weil er dem Herakles nach seiner Errettung aus dem Hades einen Altar errichtete. Cicero (De off. 1,32 u. 3,94) macht den Tod des Hippolytos zum Beispiel für «Versprechen», das besser nicht eingelöst worden wäre.

In der Nachantike hat Th. auffallend wenig Aufmerksamkeit gefunden. Um so auffälliger ist Boccaccios «Teseida», die in epischer Breite das Thema der Begegnung mit den Amazonen ausarbeitet. Hier fügt der Held sich mühelos in das Bild des ritterlichen Fürsten ein (s. auch Christine de Pizan 18). Der «Ovide moralisé en prose» (7,10 f; de Boer, S. 212 ff) macht aus Th. und dem Gefährten tüchtige Ritter, die auf Erden nichts mehr finden, was Ruhm verspricht, und als Edelleute in die Unterwelt steigen, um Proserpina aus den räuberischen Händen des bösen Pluto zu befreien. So erweisen die beiden sich drunten als tüchtige Kämpfer gegen einen übermächtigen Feind. Schließlich klammert Th. sich an den Rand des ungeheuer tiefen Schachts (den Höllenschlund) inmitten der Unterwelt. Augenscheinlich kann nur Herakles ihn vor dem Absturz retten und die Freunde ihn hinaufführen in Sicherheit. Die Moralisierung erkennt in Th. ein Bild Christi, der in die Vorhölle steigt. Das Gift, das Medea dem Mann reicht, sei ein Bild für den bitteren Kelch des Todes, den Gottvater dem Sohn gab (ebd. 7,12; S. 215). Die Zeit bei Achaelous (Ovid, Met. 547 ff) bezeichnen die 40 Tage vor der Wiederauferstehung Christi etc.

Die Bewertung seines Charakters schwankt zwischen Extremen (vgl. auch **A**). Für die einen ist er ein Held von hohem Ethos. Er sei an Tugend so mächtig wie an Gestalt, sagt der vatikanische Mythograph («tam virtute potens, quam forma»: Myth. Vat. II 124). Natale Conti (10, Bl. 302 f) sieht in ihm einen, dessen weise Einrichtungen es den Menschen ermöglichen, die vielfältigen Schwierigkeiten und Mühen des Lebens zu überstehen. In solchem Sinn habe er Wegelagerer und Tyrannen beseitigt und die Tücken des Labyrinths überwunden («aperuisse»). Letzteres ist ein Bild für das Leben des Menschen, das in vielerlei Schwierigkeiten verstrickt ist, die sich nur durch außerordentliche Klugheit, Tapferkeit und Standhaftigkeit entwirren lassen usw. In einem Emblem unter dem Lemma HAC DUCE SECURUS («Unter diesem Führer bist du sicher») steht Ariadne für die politische und kriegskundige Klugheit («prudentia politica & polemica»), an deren ‹Leitfaden›, nämlich zuverlässigen Ratgebern, der Fürst einen sicheren Weg geht (Picinello, 3,55,153).

Anderen gibt Th. Anlaß zur Warnung. Unter dem Lemma SIC DILEXISSE, NOCIVUM macht ein Emblem seinen Hadesgang zum abschreckenden Beispiel für falsch verstandene Freundschaft. Rechte Freundschaft respektiere göttliche Ordnung («amicus usque ad aras»). Genau hier habe der Held gefehlt wie so viele, die den Freund nicht verlassen und dafür Ehre, Ruhm, Gesundheit, Himmel und Gott dreingeben. Mit Augustin seien wir angehalten, einen Freund nicht nur nicht weniger, sondern auch nicht mehr zu lieben als uns selbst (Picinello, 3,55,152). – Schließlich ist es möglich (ebd.), mit vorangestelltem Hinweis auf Salomon (Sprüche 24), das Ereignis auch biblisch einzuordnen: Das rettende Fadenknäuel wird zum Bild für den Rosenkranz, Ariadne ein Bild für die himmlische Jungfrau («Virgo Deipara»).

Ein Emblem bei Horozco y Covarrubias (II, Nr. 17; H./S., Sp. 1663) zeigt Th. im Hades an einen Felsen geschmiedet als Beispiel für «Gefangenschaft in der Sünde».

Kl. Pauly, 5, Sp. 750: Die Tragiker sehen ihn als Schützer der Bedrängten (Herakleiden, Bestattung der Sieben gegen Theben, Aufnahme des Oidipous).

Für die anderen ist er ein Sinnbild der Treulosigkeit: Ariadne selbst wirft ihm anscheinend schuldhafte Untreue vor (Catull 64,253; Seneca, Phaedra 1211f; Petrarca, Trionfi, Tr. d'Amore 1, 111ff).

C *Typus.* Die Kraft, die Th. im Kampf entwickelt, prägt nicht unbedingt seinen Typus (ganz anders ⇒ Herakles). Vor allem die griechischen Vasenmaler stellen ihn sich als jugendlichen Athleten vor, mitunter fast knabenhaft (etwa auf einer rotfigurigen Hydria, 470/460 v. Chr.; Paris, Louvre, Inv. CA 3123: Th. erschlägt Prokrustes). Als Wanderer kennzeichnet ihn der breitkrempige Reisehut (petasos), als Waffe dient ihm das Schwert. Die beiden Speere, mit denen Th. gelegentlich ausgerüstet ist, seien typisch für den «reisenden jungen Herrn» (RE, Suppl. 13, 1973, Sp. 1064).

In der griechischen Kunst erscheint Th. meist nackt, allenfalls mit einem kurzen Manteltuch (Chiton). Auf dem Bild einer Schale (450/440 v. Chr.; Frankfurt, Museum für Vor- und Frühgeschichte, Inv. ß 406) sehen wir den Helden mit kurzem Chiton, Mantel, Petasos und Speer, vor Skiron stehend, der auf einem Felsen sitzt.

In der neuzeitlichen Kunst trägt Th. in der Regel das jeweilige Zeitkostüm. In dem «Ritter» Th. auf den Illuminationen zu Boccaccios «Teseida» im Wiener Codex («Théséide», französisch, 15. Jh.; Wien, Österreichisches Nationalmuseum, Codex 2617) wird man ebensowenig den griechischen Helden erkennen wie in dem barocken Krieger mit Brustpanzer und mächtigem Helmbusch auf einem Brüsseler Teppich des Jan Raes (1620/37; Madrid, Patrimonio Nacional de España, s. unter *Zyklen*). Hilfreich für die Identifizierung des letzteren ist lediglich die geschulterte Keule (s. *Attribute*).

Attribute. Seine Waffen sind auch seine Attribute: das Schwert (das ihm sein Vater hinterlassen hat): Ein geschnittener Chalzedon zeigt uns den (nackten) Helden in Betrachtung des Schwerts, das er in den Händen hält (1./2. Jh.; Boston, Museum of Fine Arts, Inv. 27731), ferner die Keule (die er dem Wegelagerer Korynetes abgenommen hatte; s. eine Schale aus Spina, um 425 v. Chr.; Ferrara, Museo Nazionale, Inv. 28426[2900 bis]). Gewaltig ist die Keule, die Th. auf dem oben erwähnten Teppich des Jan Raes schultert (Madrid, Patrimonio Nacional de España, s. o. und unter *Zyklen*). Die Axt oder Doppelaxt erklärt sich aus dem Kampf gegen Prokrustes, dem er seine Missetaten ja mit gleicher Waffe heimzahlt (rotfiguriges Bild des Kleophrades-Malers auf einem Kelchkrater, um 425 v. Chr.; Oxford, Ashmolian Museum, Inv. 1937.983).

D 1. *Der siebenjährige Th.* (Pausanias 1,27,8). Ein rares Thema der Bildkunst nach einer Episode, die anscheinend nur durch Pausanias überliefert ist (s. **A**). Zwei Zeichnungen eines anonymen Künstlers (New York, Privatbes.) illustrieren die Szene skizzenhaft, jedoch erkennt man den kleinen Th. mit erhobener Axt über der Löwenhaut zur Rechten des sitzenden Herakles; ganz rechts sieht man die königlichen Gastgeber (s. Lit., E. Tietze-Conrat).

2. *Th. findet die Waffen seines Vaters* (Plutarch, Thes. 6,2; Pausanias 1,27,8). Attische Vasenbilder illustrieren diese bedeutsame Episode, z. B. auf einem Becher (um 425/400 v. Chr.; Paris, Louvre, Inv. 6622: im Beisein von Mutter Aithra) oder einem anderen der gleichen Zeit (um 420 v. Chr.; Ferrara, Museo Nazionale, Inv.

2514[T 971]; Th. stützt die schwere Felsplatte, die er anhebt, zusätzlich mit dem Knie, während die geflügelte Victoria mit einem Band heranschwebt). – In dramatischer Beleuchtung läßt Salvator Rosa (Gemälde in Gorhambury, St. Albans) Th. das Schwert unter einer angehobenen Steinplatte finden. Aithra, die ihn auf das Versteck aufmerksam gemacht hat, steht dabei. Denselben Gegenstand behandelt – weniger dramatisch – Nicolas Poussins Gemälde (1630er Jahre; Chantilly, Musée Condé). Wieder ist Aithra zugegen, die Th. zu dem Versteck geführt hat. Ein seltenes plastisches Beispiel ist die Bronze-Statue von François Rude (um 1805; Paris, Louvre): Th. bückt sich nach der Waffe, während er mit der Linken eine Steinplatte anhebt.

3. *Die Taten des Th. (die Reiseabenteuer).* Nächst der Bergung des Schwerts und der Sandalen seines Vaters sind die Reiseabenteuer des Th. auf seinem Weg von Troizen nach Athen häufiger Gegenstand griechischer Vasenbilder. Wir sehen Th. die Wegelagerer und die wilde Bache von Krommyon zur Strecke bringen. Nach seiner Ankunft in Athen bricht er auf, um die Pallantiden zu bekämpfen und den Stier von Marathon zu fangen, der die Bewohner der Stadt ständig bedrohte (Apollodor, Epit. 1,5; Plutarch, Thes. 14,1). Zahlreiche Vasenbilder illustrieren den Nahkampf des Th. mit dem Stier (z. B. auf einer Spitzamphora aus Vulci, um 470 v. Chr.; Brüssel, Musée Royal, Inv. R 303). – Unter den relativ seltenen Beispielen in der neuzeitlichen Kunst ist ein Gemälde von Karl van Loo zu nennen (Nizza, Musée Cheret; Variante in Moskau, Puschkin Museum), der einzige für eine geplante Teppichserie (s. unter *Zyklen*) ausgeführte Karton. In theatralischer Inszenierung sehen wir Th. vor vielen Zeugen den Stier bezwingen, indem er ihn bei den Hörnern packt. Im übrigen konzentrieren sich die Darstellungen der Neuzeit auf die klassizistische Kunst des 18. und 19. Jh.s: Außer Antonio Canovas Tonmodell *Th. im Kampf mit dem Minotaurus* (um 1781; Rom, Collezzione Tadolini) ist beispielsweise die Bronzegruppe *Thésée combattant le Minotaure* (1843 vom Salon abgelehnt; Paris, Louvre) von Antoine-Louis Barye zu nennen.

4. *Th. im Kampf mit einem Kentauren* (Plutarch, Theb. 30,1–3; Ovid, Met. 12,237 u. 343 ff). Die monumentale Marmorgruppe von Antonio Canova (1804/1819; Wien, Kunsthist. Museum) ist aus dem Zusammenhang der Schlacht zwischen → Kentauren und Lapithen, auf deren Seite Th. als Freund des Lapithenkönigs Peirithoos kämpft, zu verstehen. Th. hat den Kentauren zu Boden gezwungen, packt mit der Linken seine Kehle und holt mit der Keule zum Schlag aus. – Der Kentaur Bienor ist der Gegner des Th. in Antoine-Louis Baryes Bronzegruppe *Thésée combattant le Centaure Biénor* (vor 1862; Paris, Louvre).

5. *Th. raubt Antiope* (Apollodor, Epit. 1,16; vgl. Plutarch, Thes. 26,1). Griechische Vasenmaler zeigen eine Vorliebe für dieses Thema, das sie allgemein in folgendem Schema darstellen: Th., mit der geraubten Frau auf dem Arm, besteigt einen mit Pferden bespannten Wagen, oder er steht bereits auf dem Wagen (Hydria, Ende 6. Jh. v. Chr.; New York, Metropolitan Museum, Inv. 12.198.3). So etwa ist eine bedeutende, wenn auch rudimentär erhaltene Marmorgruppe von der Westseite des Tempels des Apollo-Daphnephoros (des «Lorbeerträgers Apollo», vgl. A. M., S. 222 ff; gegen 515 v. Chr.; heute Chalkis, Museum) zu ergänzen, von der nur die Torsen des Th. und der Antiope erhalten sind.

Im Schema der Frauenraubgruppe präsentiert sich eine Bronze von Adriaen de Vries (sicher abwegig auch als *Herkules und Deianira* bezeichnet; um 1600/01; Collection of Her Majesty the Queen, Elizabeth II): Th. hält die Frau, die einen Bogen in der rechten Hand hat (was die Amazone kennzeichnet), sich aber kaum zur Wehr setzt, auf den Armen.

6. *Die Amazonenschlacht* (Statius, Theb.; Boccaccio, Tes.). Eine mittelalterliche Reiterschlacht führen uns die Illustratoren zu Boccaccios «Teseida» in dem Wiener Codex 2617 vor Augen («Théséide», vermutlich Barthélemy van Eyck und Coppin Delf, mit jeweiligem Inhaltssonett; Handschrift vom Hof König Renés von Anjou, 15. Jh.; Wien, Österr. Nationalbibliothek, Codex 2617). Auf Bl. 18^v und 19^r ist die Begegnung der berittenen Amazonen

(mit langem goldenem Haar, das unter den Helmen hervorwallt) mit den Griechen (in voller Rüstung), die zu Fuß vom Ufer, wo ihre Schiffe vor Anker liegen, sich mit Pfeil und Bogen vorankämpfen, dargestellt. An der Front kommt es zu einem furchtbaren Gemetzel, dem viele Amazonen samt ihren Pferden (aber auch Griechen) zum Opfer fallen. (Nachdem die Griechen gesiegt haben, heiratet Th. die Königin Hippolyte und lebt mit ihr glücklich im Land der Skythen.)

Sollte P. P. Rubens mit seiner *Amazonenschlacht* (1615, München, Alte Pinakothek; Jaffé Nr. 295) die Schlacht zwischen Amazonen und Griechen unter Führung des Th. gemeint haben, dürften auch seine literarischen Quellen «Thebais» und «Teseida» geheißen haben. (Über die Thematik herrscht keine Übereinstimmung; alternativ sehen manche hier eine Urauseinandersetzung zwischen den Geschlechtern. Vgl. R. An der Heiden, s. Lit., S. 302 ff.) Besonders wirkungsvoll setzt Rubens das Geschehen in Szene, indem er das Zusammentreffen der feindlichen Heere auf eine Brücke verlegt, die in flachem Bogen ein Flußtal überspannt (das Tal des Phlegeton, wo die Amazonen wohnen). Das Geschehen gipfelt in der unmittelbaren Begegnung zwischen der Amazonenkönigin, die rücklings vom Pferd zu fallen droht und sich an ihrer Fahne festklammert, und dem von links zu Fuß anstürmenden Krieger (wir sind geneigt, ihn Th. zu nennen). Links und rechts der Brücke gestürzte Pferde und Amazonen, übel zugerichtet und massakriert: Kein Zweifel, wer diese Schlacht gewinnen wird.

7. *Der Triumph des Th.* (Statius, Theb.; Boccaccio, Tes.). Als Th. mit seiner Frau Hippolyta lange im Skythenland gelebt hat, kehrt er in Begleitung von Frau und Schwägerin («Emilia») im Triumph nach Athen zurück. Man sieht ihn auf der Wiener «Théséide» (s. o., Bl. 39ʳ) zwischen Hippolyte (mit Krone) und Emilie im goldenen Triumphwagen, in langem, hermelinbesetztem rotem Mantel und schwarzer Sendelmütze. Die fünf klagenden Frauen in Witwentracht stellen die argivischen Frauen dar, die gegen das Be-

stattungsverbot des Kreon aufbegehren. Boccaccio erwähnt, der Vorfall ereigne sich am Clementiatempel (auf der Illustration ein Rundtempel), davor eine Statue des Mars auf hohem Sockel (sie erwähnt Statius, Theb. 12,523!), wohl als Ankündigung der Schlacht, die bald toben wird: Im Zorn wird Th. nun gegen Kreon ziehen und ihn besiegen. (Die Argiverinnen erhalten die Stadt zurück, legen sie in Schutt und Asche und treten mit den Urnen ihrer Angehörigen den Heimweg an.)

8. *T. bei Poseidon* (Hygin, Astron. 2,5,3). Seinen Besuch bei ⇒ Poseidon auf dem Meeresgrund veranschaulicht eine attische Schale (um 480 v. Chr.; New York, Metropolitan Museum, Inv. 53.11.4, 1970.46: der knabenhafte Th. zwischen den Armen eines mächtigen fischschwänzigen Triton; Poseidon und drei Nereiden heißen Th. willkommen). Häufig ist es → Amphitrite, die Th. auf dem Meeresgrund empfängt.

9. *Ariadne reicht Th. das Garnknäuel* (Plutarch, Thes. 19,1; Hygin, Fab. 42). Auf einem Fresko von Urbano Romanelli (vor 1678; Rom, Palazzo Barberini) sieht man Th., der von Ariadne das Garnknäuel entgegennimmt (zur Interpretation als Allegorie auf die Klugheit s. J. Montagu, s. Lit). – Edward Burne-Jones widmet dem Thema ein Aquarell mit einer großfigurigen Komposition (um 1861; England, Privatbesitz): Am Eingang des Labyrinths stehen sich Th. (mit Kettenhemd, Tunika und Helm) und die lang gewandete Ariadne gegenüber, die Th. das Garnknäuel reicht und von diesem dafür den Speer empfängt – letzteres sicher eingedenk der Vereinbarung mit Minos, daß die für den Tribut ausgewählten jungen Leute keine Waffen mit sich führen sollten (vgl. Plutarch, Thes. 17,3). Diese bedeutsame Geste drückt aber auch aus, daß die eigentliche Bedrohung für Th. nicht der Minotauros, sondern das Labyrinth war und die Gefahr, daraus nicht mehr zu entkommen.

10. *Die Tötung des Minotaurus* (Diodor 4,61,4f; Apollodor, epit. 1,7ff; Hygin, Fab. 41 u. 42). Das Gemälde *Les Athéniens livrés au Minotaure dans le labyrinthe de Crète* von Gustave Moreau (1855; Bourg-en-Bresse, Musée de Brou; Mathieu Nr. 51) zeigt die ver-

sammelten jungen Athener im Vorraum des Labyrinths. Im Hintergrund sieht man den Minotaurus in Erwartung seiner Opfer. An deren Stelle wird er dem Th. gegenüberstehen, der schon bereit ist, das Ungheuer zu töten. – Die Tötung des Minotaurus ist häufig auf griechischen Vasenbildern dargestellt. Dort greift Th. das stierköpfige Ungeheuer mit dem Schwert an (Amphora, 480/470 v. Chr.; Wien, Kunsthist. Museum, Inv. IV 634) oder (seltener) mit der Keule (Innenbild einer Schale, 400/380 v. Chr.; London, British Museum, Inv. 1917.7-26.3), wobei er ihn gleichzeitig bei einem seiner Hörner packt (schwarzfigurige Amphora, um 540 v. Chr.; Boston, Museum of Fine Arts, Inv. 1960.1). – Th. (das Manteltuch über dem linken Arm, sonst nur mit einem attischen Helm bekleidet, in Ausfallstellung) packt den zu Boden gegangenen Minotaurus mit der Linken an der Kehle, während er mit einer kurzen Keule (vgl. Ovid, Her. 10,102f) zum tödlichen Schlag ausholt (Gipsgruppe von Antonio Canova, 1804/05; Possagno, Gipsoteca).

11. *Th., Sieger über den Minotaurus*. Antonio Canovas Marmorstatue (1781–83; London, Victoria and Albert-Museum) stellt den Bezwinger des Minotaurus auf dem getöteten stierköpfigen Ungeheuer sitzend dar. Die Waffe, mit der er es erlegt hat – eine mächtige Keule –, hält er in der Linken. Unter dem Körper des Minotaurus sieht man den Faden, der Th. auf seinem Gang durch das Labyrinth geleitet hat.

12. *Die geretteten Kinder huldigen dem T.* Nach ihrer Befreiung zeigen die geretteten Kinder ihre Dankbarkeit. Diese Szene ist auf einem Wandgemälde aus dem Haus des Gavius Rufus in Pompeji VII 2,16 dargestellt (frühes 1. Jh., heute Neapel, Museo Nazionale, Inv. 9043). Eines der Kinder küßt dem Helden die Hand, ein zweites umfaßt sein Bein, ein drittes seinen Arm, und ein viertes hält triumphierend die Keule des Th. hoch. Hierfür scheint es keine literarische Quelle zu geben – anders als für den (selten dargestellten) Reigen, den die Befreiten zum Dank unter der Anleitung des Daidalos aufführen (Schol. zu Homer, Il. 18,590f; Eustathios 1166,17ff).

13. *Zyklen* (zu den zahlreichen Quellen s. jeweils Abschnitt **A**).

Aus der Antike sind vor allem die Metopen von der Südseite des Athener-Schatzhauses in Delphi (500/490 v. Chr.; Delphi, Museum) und die Metopen von Nord- und Südseite des Hephaistostempels in Athen (450/440 v. Chr.; am Ort) zu nennen. Die Reliefs beider Werke zeigen (z. T. sehr fragmentarisch) die Themen: *Th. und Skiron, Th. und Kerkyon, Th. und Prokrustes, Th. und Sinis, Th. mit dem Stier, Th. im Kampf mit dem Minotauros*. Die Metopen des Athener-Schatzhauses zeigen darüber hinaus: *Th. mit Athena, Th. mit einer Amazone*; die des Hephaistostempels illustrieren zusätzlich *die Begegnung des Th. mit der Bache*. – Sechs Taten des Th. versammelt das Bild einer rotfigurigen Schale um Th. mit dem erlegten Minotauros im Mittelfeld (5. Jh. v. Chr.; London, British Museum, Inv. E 84): *Th. im Ringkampf mit Kerkyon, Th. erschlägt Prokrustes, Die Vernichtung des Skiron* (an dem Felsen, auf dem er sitzt, die Schildkröte!), *Th. und der Stier von Marathon, Th. vernichtet Sinis, Th. tötet die Bache Phaia*.

In der neuzeitlichen Kunst sind zwei Brüsseler Teppichserien des Jan Raes bemerkenswert, nach Kartons von Antoine Sallaert gefertigt (1620/37; Madrid, Patrimonio Nacional de España). Die zehn Themen des einen (aufgeführt bei Junquera de Vega, s. Lit.): *Th. nimmt Abschied von Aithra, Aigeus erkennt seinen Sohn Th.* (Plutarch, Thes. 12,4 f), *Th. bezwingt den Stier von Marathon, Th. bittet seinen Vater, nach Kreta ziehen zu dürfen, Th. empfängt von Amphitrite den Ring des Minos, Ariadne gibt Th. das Knäuel, das ihn aus dem Labyrinth von Kreta führen wird, Th. präsentiert dem Königspaar von Kreta das Haupt des Minotaurus, Th. verläßt Ariadne auf der Insel Naxos, Bacchus macht Ariadne zu seiner Braut, Th. allein* (s. **C**).

Eine siebenteilige Teppichserie von Karl van Loo (*Histoire de Thésée*, 1744 in Auftrag gegeben) wurde nicht realisiert bis auf ein Stück (*Th. besiegt den Stier von Marathon*, Paris, Mobilier National, s. o.).

Lit.: An der Heiden, Rüdiger: Alte Pinakothek, München 1998. Brachert, Felicitas (Hg.): Von Minne, Kampf und Leidenschaft, Graz 1989. Eberding, Susanne: «Im Labyrinth des Minos», Katalog zur Ausstellung Karlsruhe, Badisches Landesmuseum, 27. 1. bis 29. 4. 2001. Herter, Hans, in: RE, Supplem. 13, 1973, Sp. 1046 ff, s. v. Theseus. John, Christian / Dorment, Richard: «Theseus and Ariadne»: A newly-discovered Burne-Jones. In: The Burlington Magazine 117,3, 1975, S. 591–597. Junquera de Vega, Paulina: La Historia de Teseo en dos series de tapies de la colleccion del patrimonio nacional de España. In: Artes textiles 10, 1981, S. 169–178. Montagu, Jennifer: Exhortatio ad virtutem. A Series of Paintings in the Barberini Palace. In: Journal of the Warburg and Courtauld Institutes 34, 1971, S. 366–371. Neils, Jenifer / Woodford, Susan, in: LIMC 1994, 7,1, S. 922–951; 7,2, S. 622–667, s. v. Theseus. Tietze-Conrat, Erika: The Seven-Year-Old Theseus. In: Journal of the Warburg and Courtauld Institutes 22,1959, S. 362. Weber-Lehmann, Cornelia, in: LIMC 1994, 7,1, S. 951; 7,2, S. 668–669, s. v. These.

Thetis → Achill

Tityos, griech., lat. Tityus. Einer der großen Frevler im griech. Mythos. Häufig als Gigant verstanden (Myth. Vat. I 13; → Giganten). Sohn des ⇒ Zeus und der Elare, Tochter des Orchomenos, die Zeus aus Furcht vor ⇒ Hera unter der Erde verbarg (Apollodor, Bibl. 1,4,1), weshalb man ihn auch Sohn der Erde (Gaia) nennt (Homer, Od. 11,576). Apollonios Rhodios (1,761 ff) redet von einer zweiten Geburt durch die Erde. Vergil (Aen. 6,595 ff) trifft den T. als «Pflegling der allgebärenden Mutter Erde» im Orcus.

A Die Vorstellung von Mutter Erde nährt die Vorstellung eines riesigen Kerls, den → Odysseus bei Homer (Od. 11,577) neun Joch bedecken sieht, eine Fläche, deren genaue Maße unbekannt sind, die aber wahrhaft riesig ist für eine Menschengestalt (der Liber Monstrorum, 1,47, spricht von 9 «iugera»). Horaz: Einen riesenhaften Unhold nennt er ihn (c. 2,14,8).

Zeus hat bei Latona (⇒ Leto) gelegen und mit ihr die Kinder ⇒ Apoll und ⇒ Artemis gezeugt. Es heißt (Hygin, Fab. 55), aus Eifersucht habe Juno/⇒ Hera den Riesen ausgeschickt, Latona zu belästigen, gar bei ihr zu liegen («concumbere»; Myth. Vat. I 13). Nach Apollodor (Bibl. 1,4,1) kommt Latona nach Pytho, als T. sie sieht und begehrlich an sich zieht. Auf ihren Hilferuf kommen ihre Kinder und erschießen ihn mit ihren Pfeilen (vgl. Myth. Vat. I 13). Apollonios Rhodios (1,761 ff) zeigt einen noch kleinen Apoll, wie er auf den mächtigen T. schießt, der frech seine Mutter beim Schleier zerrt. Hygin (Fab. 55) weiß, daß Zeus den Unhold mit einem Blitz erschlägt. Die Strafe ist ewige Verdammnis in die Unterwelt.

Odysseus wird ihn im Hades sehen (Homer, Od. 11,576 ff): «Und den T. sah ich, den Sohn der gepriesenen Gaia,/Auf den Boden gestreckt, neun Furchen bedeckte sein Körper,/Ihm zu seiten saßen zwei Geier und fraßen die Leber,/Tief in die Haut eintauchend; er wehrte sich nicht mit den Händen;/Denn er verschleppte die Leto, des Zeus erlauchte Gemahlin,/Als sie nach Pytho ging durch das reigenplatzschöne Panopeus» (ähnlich Vergil 6,595 f: Aeneas sieht, wie im Orcus ein Geier dem T. augenscheinlich im Leib sitzt, darinnen wühlt und seine Leber zerhackt). Spätere Mythographen sehen gelegentlich noch anderes. Der Mythograph (Myth. Vat. I 13) spricht von zwei Geiern neben ihm, die nacheinander ihm die nachwachsende Leber ausfressen. Hygin (Fab. 55) sieht bei ihm eine Schlange («serpens»), die ihm die Leber ausfrißt, die mit dem Mond immer wieder nachwächst. Daß Geier an seinem Herzen gefressen haben, berichtet Apollodor (Bibl. 1,4,1). Der Maler Polygnotos scheint sich ein Ende der Qualen vorgestellt zu haben, als er T. jenseits der Folter zeigte, ganz verzerrt und unkenntlich (Pausanias 10,29,2).

B Als großer Frevler, der sich der Vermessenheit gegen Götter schuldig gemacht hat, steht T. neben → Ixion, → Sisyphos und → Tantalos, in deren Gesellschaft man ihn im Hades/Orcus sieht.

Ein Emblem bei Nicolas Reusner (Embl. I, Nr. 27; H./S., Sp. 1658) macht unter dem Lemma O VITA MISERO LONGA (etwa: «O Leben, das dem Elenden so lang ist») zum Bild eines Mannes, dem der Tod Erlösung bedeuten würde. Ewige Höllenqual erleidet der Mann, dem ein Geier die Leber frißt, meldet ein Emblem unter dem Lemma NON PERIT VT POSSIT SAEPE PERIRE (etwa: «Wer häufig sterben kann, stirbt nicht»; Sebastián de Covarrubias Orozco III, Nr. 19; H./S., Sp. 1658).

C Wie die anderen Frevler, die in der Unterwelt ihre Strafe verbüßen, erscheint T. als reifer oder betagter Mann mit muskulösem Körperbau und vollem, ungeordnetem Haupt- und Barthaar (vgl. → Ixion, → Sisyphos, → Tantalos). Wegen der Art seiner Bestrafung im Hades wird T. häufig mit ⇒ Prometheus verwechselt.

D Von den vier Büßern in der Unterwelt hat T. am wenigsten Interesse der bildenden Künstler gefunden.

1. *T. und Leto* (Homer, Od. 11,580f). Höchst selten dargestelltes Thema. Ein griechisches Vasenbild zeigt T., der dabei ist, Leto wegzutragen; schon sind Apoll und Artemis zur Stelle und bedrängen ihn von beiden Seiten (rotfigurige Amphora, um 510/500 v. Chr.; Paris, Louvre, Inv. G 42).

2. *Die Bestrafung des T. auf Erden* (Apollodor, Bibl. 1[23] 4,1,4). Apoll und Artemis bestrafen T. mit dem Tod dafür, daß er ihrer Mutter (Leto) Gewalt antun wollte: Den Speer schleudert Artemis, seine Pfeile schießt Apoll auf den (nackten) Frevler, der, schon getroffen, rücklings zu Boden geht; zwischen ihren beiden Kindern erscheint Leto (alle mit Namenbeischriften auf einem Kelchkrater, um 450/440 v. Chr.; New York, Metropolitan Museum, Inv. 08.258.21).

3. *Die Bestrafung des T. im Hades* (Od. 11,576ff, Ovid, Met. 4,457f; Platon, Gorg. 525e; Ax. 371e: hier im Tartaros). Aus der Antike sind wenige Beispiele bekannt. Ein Wandgemälde aus Rom (vom Esquilin, um 40 v. Chr.; Vatikan, Bibliothek) stellt T. (mit Namenbeischrift) dar, nackt mit Riemen an den Füßen an den Boden gefesselt; zwei Geier zerhacken seine Brust.

Im Gegensatz zur Antike befassen sich neuzeitliche Darstellungen ausschließlich mit diesem Thema aus dem Mythos des T. Jedoch sind auch diese rar. Auf einer Zeichnung Michelangelos (schwarze Kreide, 1532; Windsor Castle, Royal Library) liegt T. nackt auf einer Felsplatte, sein linker Arm ist an den Grund gefesselt, ein riesiger Vogel (eher einem Adler ähnlich) mit gebreiteten Schwingen hackt ihm die rechte Seite auf. – Tizian sieht ihn an

Händen und Füßen an den felsigen Grund (tief zerklüftete Felsblöcke) gefesselt, der Adler hockt über ihm und pickt an der linken Seite des Wehrlosen (eines von ursprünglich vier Gemälden, 1549, Ixion, Sisyphos und Tantalos darstellend, wovon nur mehr zwei erhalten sind: Sisyphos und T.; Madrid, Prado).

Jusepe Ribera hat sich des T. zweimal angenommen. Das eine Gemälde gehörte zu der verschollenen Serie der vier bestraften Frevler (1675; Ixion, Sisyphos, Tantalos, T.; in Kopien überliefert; Madrid, Prado), das andere ist das Gegenstück zu → Ixion (beide im Original, 1632, erhalten; 1549/50; Madrid, Prado). T. liegt gefesselt und schreiend auf dem Boden, ein Adler zieht ihm das Gedärm aus der Seite. – Cornelis Cornelisz van Haarlem stellt T. auf einer lavierten Zeichnung (Wien, Albertina) wiederum nackt rücklings auf einer Felsplatte liegend dar. Der Verdammte wird hier von einem riesigen Vogel mit gebreiteten Flügeln, der ihm die rechte Seite mit dem Schnabel bearbeitet, und von einer Schlange gequält, die sich von unten nähert (vgl. Hygin, Fab. 55).

Lit.: Vollkommer, Rainer, in: LIMC 1997, 8,1, S. 37–41; 8,2, S. 24f, s. v. Tityós.

Turnus → Aeneas

Anhang

Allgemeine Bibliographie in Auswahl

Aghion, Irène / Barbillon, Claire / Lissarrague, François: Héros et dieux de l'antiquité. Guide iconographique. Paris 1994 (Tout l'art encyclopédie).

Amielle, Ghislaine: Recherches sur des traductions françaises des Métamorphoses d'Ovide. Paris 1989.

Les amours des dieux. La peinture mythologique de Watteau à David. Ausst.-Kat. Paris, Grand Palais, 15.10.1991–6.1.1992. Paris 1991.

Andersson, Ulrike: Giovanni Battista Tiepolo in der Villa Valmarana ai Nani. München 1984.

Anzelewsky, Fedja: Dürer-Studien. Untersuchungen zu den ikonographischen und geistesgeschichtlichen Grundlagen seiner Werke zwischen den beiden Italienreisen. Berlin 1983.

Avery, Catherine B.: The New Century Handbook of Greek Mythology and Legend. New York 1972.

Bardon, Françoise: Le portrait mythologique à la cour de France sous Henri IV et Louis XIII. Mythologie et politique. Paris 1974.

Bardon, Henry: Le festin des dieux. Paris 1960.

Bernen, Santia u. Robert: Myth and Religion in European Painting 1270–1700 (The stories as the artists knew them). New York 1973.

Bezold, F. von: Das Fortleben der antiken Götter im mittelalterlichen Humanismus. Aalen 1922 (Neudruck 1962).

Biscontin, Jacqueline: Étude des médaillons mythologiques de la chapelle de la Vierge dans l'église de Santa Maria de Campagna a Piacenza. In: Il Pordenone, Giovanni Antonio. Atti del convegno internazionale di studio Pordenone, 23.–25.8.1984. Pordenone 1985.

Blume, Dieter: Im Reich des Pan – Animistische Naturdeutung in der italienischen Renaissance. In: Die Kunst und das Studium der Natur vom 14.–16. Jh. Weinheim 1987, S. 253–276.

Boardman, John: Athenian Black Figure Vases, a handbook. London 1980.
Ders.: Athenian Red Figure Vases, a handbook. London 1979.
Bober, Phyllis Pray/Rubinstein, Ruth: Renaissance Artists and Antique Sculpture. A Handbook of Sources. Oxford 1986.
Bosque, Andrée de: Mythologie et Maniérisme aux Pays-Bas. Antwerpen 1985.
Brandi, Cesare: Il Tempio Malatestiano. Turin 1956.
Bredekamp, Horst: Botticelli: Primavera. Florenz als Garten der Venus. Frankfurt am Main 1988.
Briganti, Giuliano/Chastel, André/Zapperi, Roberto: Gli amori degli dei. Nuove indagini sulla Galleria Farnese. Roma 1987.
Brumble, David: Classical Myths and Legends in the Middle Ages and Renaissance. A Dictionary of Allegorical Meanings. London/Chicago 1998.
Buchowiecki, Walther: Der Barockbau der ehemaligen Hofbibliothek in Wien, ein Werk J. B. Fischers von Erlach. Wien 1957, S. 82–123.
Buchthal, Hugo: Historia Troiana. Studies in the History of Mediaeval Secular Illustration. London/Leiden 1971.
Büttner, Frank: Asmus Jakob Carstens und Karl Philipp Moritz. In: Nordelbingen 52, 1983, S. 95–127.
Campbell, Malcolm: Pietro da Cortona at the Pitti Palace. A study of the planetary rooms and related projects. Princeton 1977 (Princeton Monographs in art and archaeology 41).
Cancik, Hubert/Schneider, Helmuth (Hg.): Der Neue Pauly: Enzyklopädie der Antike. Stuttgart 1996–.
Cappelletti, Francesca/Huber-Rebenich, Gerlinde (Hg.): Der antike Mythos und Europa. Texte und Bilder von der Antike bis ins 20. Jahrhundert (Ikonographische Repertorien zur Rezeption des antiken Mythos in Europa, Beiheft II). Berlin 1997.
Chance, Jane: Mediaeval Mythography. From Roman North Africa to the School of Chartres, A. D. 433–1177. Gainesville/Florida 1994.
Chastel, André: Marsile Ficin et l'art. Genf 1954.
Ders.: Mythe et crise de la Renaissance. Genf 1984.
Clark, Kenneth: The Nude. A Study of Ideal Art. London 1956.
Ders.: The Nude. A Study in Ideal Form. Princeton 1972.
Cumont, Franz: Les noms des planètes et l'astrolatrie chez les Grecs. In: L'Antiquité classique 4, 1935.
DaCosta Kaufmann, Thomas: Amor et poesia: la peinture à la cour de Rodolphe II. In: Revue de l'art 69, 1985, S. 29–46.

Daly, Peter M. / Richard, G., SJ / Haub, Rita (Hg.): Emblematik und Kunst der Jesuiten in Bayern: Einfluß und Wirkung. Turnhout 2000.

Daniel, Howard: Encyclopedia of themes and subjects in painting. London 1971.

Daumier, Honoré: Histoire Ancienne. Ausst.-Kat. Malibu, Getty Museum, 1.5.–15.6.1975. Los Angeles 1975.

d'Hulst, Roger A.: The Drawings of Jacob Jordaens, 4 Bde. Brüssel 1974.

Draper, Jerry Lee: Vasari's decoration in the Palazzo Vecchio. The Ragionamenti translated with an introduction and notes. London 1980.

Drost, Wolfgang: Honoré Daumier: Antike Geschichte. Frankfurt / M. 1982.

Eldern, Dirk van: Ovidiaanse thematiek in het werk van Jacob Jordaens. In: Jaarboek van het Koninglijk Museum voor Schone Kunsten Antwerpen, 1992, S. 91–163.

Enciclopedia dell'arte antica classica e orientale. 9 Bde. Roma 1958–70.

Evelyn-White, Hugh G.: Hesiod. The Homeric Hymns and Homerica. Cambridge (Mass.) / London 1977.

Ewering, Ute: Der mythologische Fries der Sala delle Prospettive in der Villa Farnesina zu Rom. Münster / Hamburg 1993.

Fechner, Jörg-Ulrich: Mythographische Variationen bei Salomon Gessner. In: Mythographie der frühen Neuzeit. 12. Wolfenbütteler Symposion 5.–8.12.1993. Wiesbaden 1994.

Förster, Richard: Philostrats Gemälde in der Renaissance. In: Jahrbuch der Königlich Preußischen Kunstsammlungen 25, 1904, S. 15–48.

Franses, Jack: Tapestries and their mythology. London 1973.

Frommel, Christoph Luitpold: Baldassare Peruzzi als Maler und Zeichner. Wien / München 1967 / 68.

Gamba, Carlo: Piero di Cosimo e i suoi quadri mitologici. In: Bollettino d'Arte 30, 1936 / 37, S. 45–57.

Gaunt, William: Victorian Olympus. Revised edition London 1975.

Gentili, Augusto: Da Tiziano a Tiziano. Mito e allegoria nella cultura veneziana del Cinquecento. Mailand 1980.

Georgiades, Thrasybulos: Musik und Rhythmus bei den Griechen. Hamburg 1958.

Gods, Saints and Heroes. Painting in the age of Rembrandt. Ausst.-Kat. Washington, National Gallery of Art, 2.11.1980–4.11.1981. Washington 1980.

Graham, Victor / Johnson, William McAllister: The Paris Entries of Charles IX and Elisabeth of Austria 1571. Toronto 1974.

Grant, Michael / Hazel, John: Lexikon der antiken Mythen und Gestalten. München 1976.

Grimal, Pierre: Dictionnaire de la mythologie grecque et romaine. 9. Aufl. Paris 1988.

Grootes, E. K.: «Heydensche Afgoden», een Haarlems godencompendium uit 1646. In: Oud Holland 102, 1988, S. 277–289.

Guerrini, Roberto: Temi profani e fonti letterarie classiche tra Pordenone e Amalteo. In: Il Pordenone, Giovanni Antonio. Atti del convegno internazionale di studio Pordenone, 23.–25.8.1984. Pordenone 1985, S. 67–73.

Guthmüller, Bodo: Studien zur antiken Mythologie in der italienischen Renaissance. Weinheim 1986.

Hartlaub, Gustav Friedrich: Zu den Bildmotiven des Giorgione, T. 2: Der Mythos des erwählten Kindes. In: Zeitschrift für Kunstwissenschaft 7, 1953, S. 57–84.

Hartmann, Jorgen Birkedal: Antike Motive bei Thorvaldsen. Tübingen 1979.

Hartt, Frederick: Giulio Romano. 2 Bde. New Haven 1958.

Helbig, Wolfgang (Hg.) / Speier, Hermine (Hg. der vierten, völlig neu bearbeiteten Auflage): Führer durch die öffentlichen Sammlungen klassischer Altertümer in Rom, 4 Bde. Tübingen 1963–1972.

Held, Julius S.: Rubens and Virgil. In: The Art Bulletin 29, 1947, 1, S. 125–126.

Ders.: Rembrandt en de klassieke wereld. In: De Kroniek van het Rembrandthuis 26, 1972, S. 3–17 u. S. 32–41.

Ders.: The Oil Sketches of Peter Paul Rubens, a critical catalogue. 2 Bde. Princeton 1980.

Henckel, M. D.: Illustrierte Ausgaben von Ovids Metamorphosen im XV., XVI. und XVIII. Jahrhundert. Bibliothek Warburg, 1926–27.

Henkel, Arthur / Schöne, Albrecht (Hg.): Emblemata. Handbuch zur Sinnbildkunst des XVI. und XVII. Jahrhunderts (zitiert als H./S.). Stuttgart 1967. Supplement Stuttgart 1976 (mit ausführlicher Bibliographie zur Emblemforschung).

Himmelmann, Nikolaus: Antike Götter im Mittelalter. Mainz 1986 (Trierer Winckelmannprogramm 7, 1985).

Horn, Hans-Jürgen / Walter, Hermann: Die Allegorese des antiken Mythos (Wolfenbütteler Forschungen 75). Wiesbaden 1997.

Hughes, Anthony: What's the trouble with the Farnese Gallery? An experiment in reading pictures. In: Art-History 11, 1988, 3–4, S. 335–348.

Hunger, Herbert: Lexikon der griechischen und römischen Mythologie. Reinbek b. Hamburg 1981.

Ders.: Johannes Tzetzes, Allegorien zur Odyssee Buch 12–24. In: Byzantinische Zeitschrift 48, 1958, S. 4–48.

Iñiguez, Diego Angulo: La mitologia y el arte español del renacimiento. Madrid 1952.

Jaffé, Michael: Rubens. Catalogo completo. Milano 1989.

Johnson, William McAllister: Prolegomena to the images of pagan symbolism and allegorical interpretation in the renaissance. Baltimore/London 1970.

Jones-Davies, M. T. (Hg.): Les mythes poétiques au temps de la Renaissance. Paris 1985.

Jong, Johannes Leenderd de: De oudheid in fresco. Leiden 1987.

Josephson, Ragnar: Sergels Fantasie. Stockholm 1956.

Kerényi, Karl: Die Mythologie der Griechen. Bd. I: Die Götter- und Menschheitsgeschichten. Bd. II: Die Heroengeschichten. 17. Aufl. München 1998.

Ders./Jung, C. G.: Einführung in das Wesen der Mythologie. Amsterdam/Leipzig 1941.

Kestner, Joseph A.: Mythology and misogyny. London 1989.

Kilinski, Karl: Classical Myth in Western Art. Ancient through Modern. Ausst.-Kat. Dallas (Texas), Meadows Museum and Gallery. Dallas 1985.

Larcher Crosato, Luciana: Considerazioni sul programma iconografico di Maser. In: Mitteilungen des Kunsthistorischen Institutes in Florenz 26, 1982, S. 211–256.

Lessmann, Johanna: Majolika aus der Werkstatt der Fontana. In: Faenza 65, 1971, S. 333–343.

Levi, Doro: Antioch Mosaic Pavements. 2 Bde. Princeton 1942.

Lexicon iconographicum mythologiae classicae (zitiert als LIMC). Zürich/München 1981–97.

Lieben und Leiden der Götter. Antikenrezeption in der Barockgraphik. Ausst.-Kat. Stift Göttweig, Graphisches Kabinett, 24.5.–31.10.1992.

Lopez Torrijos, Rosa: La mitologia en la pintura española del siglo de Oro. Madrid 1985.

Loukopoulos, Halina Didycky: Classical mythology in the works of Christine de Pisan. Diss. Ann Arbor 1977 (Xerographie 1987).

Lucas Cranach. Ein Maler-Unternehmer aus Franken. Ausst.-Kat. Kronach, Haus der Bayerischen Geschichte, 17.5.–21.9.1994. Regensburg 1994.

Lullies, Reinhard: Griechische Plastik. 4. Aufl. München 1979.

Mâle, Emile: L'Art réligieux du 13me siècle en France. 6. Aufl. Paris 1925.

Marek, Michaela J.: Ekphrasis und Herrscherallegorie. Antike Bildbeschreibungen im Werk Tizians und Leonardos. Worms 1985 (Römische Studien der Biblioteca Hertziana, Bd. 3).

Martin, John Rupert: Immagini della virtù: The Paintings of the Camerino Farnese, in: The Art Bulletin 38, 1956, S. 91–112.

Marzik, Iris: La «Loggia di Psiche» nella Farnesina. Per la ricostruzione ed il significato. In: Raffaello a Roma. Roma 1986.

Mathieu, Pierre-Louis (Hg.): L'Assembleur de rêves. Écrits complets de Gustave Moreau. A Fontfroide, Bibliothèque artistique & littéraire, l'an MCMLXXXIV (1984).

Matsche, Franz: Die Kunst im Dienst der Staatsidee Kaiser Karls VI. Ikonographie, Ikonologie und Programmatik des «Kaiserstils». 2 Bde. Berlin / New York 1981.

Metzler Lexikon antiker Bildmotive. Übersetzt und überarbeitet von Stela Bogutovac und Kai Brodersen. Stuttgart / Weimar 1997.

Michel, Christoph: Goethe und Philostrats ‹Bilder› – Wirkungen einer antiken Gemäldegalerie. In: Jahrbuch des Freien Deutschen Hochstifts, 1973, S. 117–156.

Michelangelo e l'arte classica. Ausst.-Kat. Firenze, Casa Buonarroti, 15.4.–15.10.1987. Firenze 1987.

Mirimonde, Albert Pomme: L'iconographie musicale sous les rois bourbons. La musique dans les arts plastiques (17.–18. Jh.). Paris 1975.

Morassi, Antonio: Giovanni Battista Tiepolo, his life and work. London 1955.

Myytti ja Allegoria. Ausst.-Kat. Helsinki, Ulkomaisen Teitsen Muser, Smebrychoft, 25.4.–22.6.1991. Helsinki 1991.

Nash, Jane C.: Veiled images. Titian's mythological paintings for Philip II. Philadelphia 1985.

Natur und Antike in der Renaissance. Ausst.-Kat. Frankfurt / M., Liebighaus, 5.12.1985–2.3.1986. Frankfurt / M. 1985.

Néraudau, Jean-Pierre: L'Olympe du Roi-Soleil. Mythologie et idéologie royale au Grand Siècle (Collection Nouveaux Confluents). Paris 1986.

Neumann, Jaromir: Aus den Jugendjahren Peter Paul Rubens'. Eine Versammlung der olympischen Götter. In: Jahrbuch des kunsthistorischen Instituts der Universität Graz 3–4, 1968 / 69, S. 73–134.

Neuwirth, Markus: Thorvaldsen im Spannungsfeld mythologischer Bildfindungen um 1800. In: Künstlerleben in Rom. Bertel Thorvaldsen (1770–1844). Nürnberg 1991, S. 53–66.

Overbeck, Johann: Griechische Kunstmythologie. 1871–89 (Neudruck Osnabrück 1969).

Panofsky, Dora u. Erwin: The iconography of the Galerie François Ier at Fontainebleau. In: Gazette des Beaux-Arts 100, 52, 1958, S. 113–190.

Panofsky, Erwin: Renaissance and Renascenses in Western Art. Copenhagen/Uppsala 1960.

Ders.: The Iconography of Correggio's Camera de San Paolo. London 1961.

Ders.: Sinn und Deutung in der bildenden Kunst. Köln 1975 (Originalausgabe: Meaning in Visual Arts. Garden City/New York 1955).

Ders.: Studien zur Ikonologie. Köln 1980 (Originalausgabe: Studies in Iconology. New York 1967).

Ders.: Problems in Titian, mostly iconographic. London 1969.

Ders./Saxl, Fritz: Classical Mythology in Mediaeval Art. In: Metropolitan Museum Studies 4, 1933, S. 228–280.

Paulys Realencyclopädie der Classischen Altertumswissenschaft (zitiert als RE). Neue Bearbeitung, Stuttgart 1893–.

Penny, Nicholas: Catalogue of European Sculpture in the Ashmolean Museum, 3 Bde. Oxford 1992.

Picard, Charles: Thèmes rares d'inspiration antique dans la décoration palatiale: Aux jardins de Versailles (deuxième partie). In: Gazette des Beaux-Arts 6, 105, 62, 1963, S. 315–332.

Picasso und die Antike. Ausst.-Kat. Karlsruhe, Badisches Landesmuseum, 6.8.–17.11.1974. Karlsruhe 1974.

Pigler, A(ndor): Barockthemen. Eine Auswahl von Verzeichnissen zur Ikonographie des 17. und 18. Jh.s. 3 Bde. 2. erweiterte Auflage. Budapest 1974.

Pöschl, Viktor: Bibliographie zur antiken Bildersprache. Heidelberg 1964. Bibliothek der klassischen Altertumswissenschaften, N. F. 1, S. 26–29.

Poorter, Nora de: Von olympischen Göttern, homerischen Helden und einem Antwerpener Apelles. Von Brueghel bis Rubens. Bemerkungen über Funktion und Bedeutung der mythologischen Thematik in der Zeit von Rubens (1600–1650). In: Ausst.-Kat. Köln, 4.9.–22.11.1992. Köln 1992.

Prag um 1600. Kunst und Kultur am Hofe Rudolfs II. Ausst.-Kat. Wien, Kunsthistorisches Museum, 24.11.1988–26.2.1989, 2 Bde. Wien 1988.

Publius Naso Ovidius, Ovid renewed. Cambridge 1988.

Rahner, Hugo: Griechische Mythen in christlicher Deutung. Gesammelte Aufsätze von Hugo Rahner. Zürich 1945.

Ranke-Graves, Robert von: Griechische Mythologie. Quellen und Deutung. Reinbek bei Hamburg 1984.

Reckermann, Alfons: Amor mutuus. Annibale Carraccis Galleria-Farnese-Fresken und das Bild-Denken der Renaissance. Köln/Wien 1991 (Pictura et Poesis Bd. 3).

Reclam-Lexikon Mythologie. Übersetzung und Bearbeitung von Klaus Fräßle. Stuttgart 2000.

Reid, Jane Davidson: The Oxford Guide to classical mythology in the arts, 1399–1990s, 2 Bde. New York/Boston 1993.

Roberts, Helen E. (Hg.): Encyclopedia of Comparative Iconography. 2 Bde. Chicago/London 1998.

Robertson, Clare: Annibal Caro as iconographer: Sources and method. In: Journal of the Warburg and Courtauld Institutes 45, 1982, S. 160–181.

Roethlisberger, Marcel: Le thème de Léda en sculpture. In: Genava, N. S. 35, 1987, S. 65–89.

Ronen, Avraham: The pagan gods. A Fresco cycle by Cristofano Gherardi in the Castello Bufalini, San Giustino (I u. II). In: Antichità viva 16, 1977, 3, S. 3–12 u. 17; 1978, 6, S. 19–30.

Roscher, Wilhelm Heinrich (Hg.): Ausführliches Lexikon der griechischen und römischen Mythologie (zitiert als Roscher). 10 Bde. Leipzig 1884–1937.

Sandström, Sven: Le monde imaginaire d'Odilon Redon. Lund 1955.

Saxl, Fritz: Beiträge zu einer Geschichte der Planetendarstellungen im Orient und im Okzident. Leipzig/Berlin 1912.

Ders.: Antike Götter in der Spätrenaissance. Berlin/Leipzig 1927.

Ders./Meier, Hans: Verzeichnis astrologischer und mythologischer illustrierter Handschriften des lateinischen Mittelalters. London 1953.

Scheidig, Walther: Goethes Preisaufgaben für bildende Künstler 1799–1805. Weimar 1958.

Scherer, Margaret R.: The Legends of Troy in Art and Literature. New York/London 1963.

Schiff, Gert: Johann Heinrich Füssli. Zürich/München 1973 (Œuvrekataloge Schweizer Künstler 1,1).

Schmitt, Otto (Hg.): Reallexikon zur Deutschen Kunstgeschichte (zitiert als RDK). Stuttgart 1937–.

Schnapper, Antoine: Tableaux pour le Trianon de Marbre 1688–1714. Paris/Den Haag 1967.

Schneider, René: Des sources ignorées ou peu connues de l'art de Poussin. In: Mélanges Berteaux. Paris 1924, S. 279 ff.

Schönberger, Otto (Hg.): Philostratos. Die Bilder. München 1968.

Seznec, Jean: The Survival of the Pagan Gods. New York 1961 (Das Fortleben der antiken Götter. München 1990.

Siefert, Helge: Themen aus Homers Ilias in der französischen Kunst (1750–1830) (Beiträge zur Kunstwissenschaft 24). München 1988.

Signorini, Rodolfo: La «Fabella» di Psiche e altra mitologia secondo l'interpretazione pittoria di Giulio Romano nel Palazzo del Te a Mantova. Neudruck Mantua 1987.

Simon, Erika: Das Werk: Die Rezeption der Antike. In: Albrecht Dürer 1471/1971. Ausst.-Kat. Nürnberg, Germanisches Nationalmuseum, 21.5.–1.8.1971, S. 263–278.

Dies.: Die Götter der Griechen. München, Studienausgabe 1985.

Sluyter, Eric Jan: Some observations on the choice of narrative mythological subjects in late mannerist painting in the Northern Netherlands. In: Netherlandish Mannerism. Stockholm 1985, S. 61–72.

Ders.: De ‹heydensche fabulen› in de noordnederlandse schilderkunst, circa 1590–1670. Den Haag 1986.

Souchal, François: Les statues aux façades du château de Versailles. In: Gazette des Beaux-Arts 79, 1972, S. 65–110.

Spear, Richard E.: The literary sources of Poussin's Realm of Flora. In: Burlington Magazine 107, 1965, S. 563–569.

Strauss, Walter L. (Hg.): Hendrik Goltzius: the complete Engravings and Woodcuts. 2 Bde. (zitiert als SG). New York 1977.

Ders.: The Illustrated Bartsch. New York, 1978–87.

Survival of the gods. Classical mythology in medieval art. Ausst.-Kat. Providence, 28.2.–29.3.1987. Providence 1987.

Tervarent, Guy de: Les énigmes de l'art. Paris 1947.

Toderi, Giuseppe/Vannel, Fiorenza: Le medaglie italiane del XVL secolo, 3 Bände, Edizioni Polistampa 2000.

Tölle, Renato: Genealogische Stammtafel zur griechischen Mythologie. Hamburg 1967.

Tümpel, Christian: Bild und Text zur Rezeption antiker Autoren in der europäischen Kunst der Neuzeit. In: Forma et subtilitas. Festschrift für Wolfgang Schöne. Berlin 1986, S. 198–218.

Turner, Jane (Hg.): The Dictionary of Art. London 1996.

Virgilio nell'arte e nella cultura europea. Ausst.-Kat. Rom, biblioteca centrale, 24.9.–24.11.1981. Roma 1981.

Voigts, Linda Ehrsam: One Anglo-Saxon view of the classical gods. In: Studies in Iconography 3, 1977, S. 3–16.

Walter, Hermann / Horn, Hans-Jürgen (Hg.): Die Rezeption der *Metamorphosen* des Ovid in der Neuzeit: Der antike Mythos in Text und Bild. Internationales Symposion der Werner Reimers-Stiftung, Bad Homburg v. d. H., 22. bis 25. April 1991 (Ikonographische Repertorien des antiken Mythos in Europa, Beiheft I). Berlin 1995.

Walther, Angelo: Von Göttern, Nymphen und Heroen. Die Mythen der Antike in der bildenden Kunst. Leipzig 1993.

Watson, Paul F.: A Preliminary List of Subjects from Boccaccio in Italian Painting 1400–1550. In: Studi sul Boccaccio 1985 / 86.

Weitzmann, Kurt: Greek Mythology in Byzantine Art. Princeton 1951 (Studies in Manuscript Illumination 4).

Weitzmann-Fiedler, Josepha: Romanische gravierte Bronze-Schalen. Berlin 1981.

Welles, Marcia: Arachne's tapestry. The transformation of myth in 17th-century Spain. San Antonio / Texas 1986.

Wethey, Harold E.: The paintings of Titian. Complete edition, Bd. 3: The mythological and historical paintings. London 1975.

Wiebenson, Dora: Subjects from Homer's Iliad in Neoclassical Art. In: The Art Bulletin 46, 1964, S. 23–37.

Wiesinger, Lieselotte: Der Elisabethsaal des Berliner Schlosses. Ein Beitrag zur Antikenrezeption in Berlin um 1700. In: Jahrbuch der Berliner Museen 24, 1982, S. 189–225.

Wild, Doris: Nicolas Poussin, Katalog der Werke. 2 Bde. Zürich 1980.

Wind, Edgar: Pagan mysteries in the Renaissance. New York 1958, 1968 (revised and enlarged edition). (Heidnische Mysterien in der Renaissance. Frankfurt / M. 1981.)

Wood, Christopher: Olympian dreamers. Victorian classical painters, 1860–1914. London 1983.

Zahlten, Johannes: Themen der antiken Mythologie in der Kunst am Württembergischen Hof im 18. Jh. In: Die Antike und ihre Wirkung auf die Kunst Europas. Stuttgart 1982.

Ziegler, Konrat / Sontheimer, Walther (Hg.): Der kleine Pauly, 5 Bde. Stuttgart 1964–75; Taschenbuchausgabe München 1979.

Quellen, Sammelwerke, Museen und Abkürzungen

Quellen

Liste der hauptsächlich benutzten Quellenliteratur mit Abkürzungen sowie (mit Ausnahme der eher geläufigen Werke) bibliographischen Hinweisen auf die verwendeten Ausgaben.

Achilles Tatius	= Achilleus Tatios von Alexandrien, Leukippe und Kleitophon (S. Gaselee, Cambridge [Mass.]/London 1969; J.-Ph. Garnaud, Paris 1991)
Aelian	= Claudius Aelianus
De nat.	De natura animalium (A. F. Scholfield, On the characteristics of animals, Cambridge [Mass.]/London, 3 Bde. 1971 u. 1972)
Hist. var.	Varia historia (dt. H. Helms, Bunte Geschichten, Leipzig 1990)
Aesop	= Aisopos, Fabeln (Aesopica, B. E. Perry, Urbana/Illinois 1952)
Agrippa von Nettesheim	= –, Heinrich Cornelius, De occulta philosophia libri III, Köln 1533
Agroitas	= –, aus Kyrene (?), Libyka (FGrH 762)
Aischylos	
Agam.	Agamemnon
Choeph.	Choephoroi (Die Weihgußträgerinnen)
Eum.	Eumenides
Hepta	Sieben gegen Theben
Hik.	Hiketides (Die Schutzflehenden)
Prom.	Prometheus vinctus (Der gefesselte Prometheus)
Aithiopis	= Epischer Zyklus (s. H. G. Evelyn-White, Hesiod 1977)
Akusilaos	= – von Argos, Genealogiae (Historiae; FGrH)
Alanus ab Insulis	= Alain de Lille, Anticlaudianus (R. Bosssuat, Paris 1955)
Alberti	= Leone Battista Alberti:
Aedif.	De re aedificatoria
Pitt.	Della pittura

Anhang 577

Albricus	= Mythographus III (s. Myth. Vat.)
Alciat	= Alciatus, Andreas
1531	Viri clarissimi, Augsburg 1531
1550	Emblemata, Lyon 1550
Alciatus	= Index Emblematicus, Andreas Alciatus (P. M. Daly, V. W. Callahan, S. Cuttler, Toronto 1985)
Alkaios	= – von Mytilene (D. A. Campbell, Greek Lyric, Bd. 1, Cambridge [Mass.] / London 1982)
Alkidamas	= Reden (Hrsg. F. Blass, Antiphontis orationes ... adiunctis Alcidamantis declamationibus, Leipzig 1892)
Odyss.	Odysseus
Ammianus Marcellinus	= –, Res gestae (J. C. Rolfe, Cambridge [Mass.] / London, 3 Bde. 1963; ed. princ.: Rom 1474)
Anacreontea	= J. M. Edmonds, Cambridge [Mass.] / London, Bd. 2, 1979
Anakreon	= – von Teos (PMelGr; B. Gentili, Rom 1958)
Anth. Pal.	= Anthologia Palatina (W. R. Paton, Cambridge [Mass.] / London, 5 Bde. 1916–1993)
Antoninus Liberalis	= Metamorphoseon synagoge (M. Papathomopoulos, Paris 1968)
Barptolomaeus Anulus	= Picta poesis, Lyon 1552
Apollodor	= Apollodoros, Bibliotheke (The Library, J. G. Frazer, Cambridge [Mass.] / London, 2 Bde. 1976 u. 1979)
Bibl.	Bibliotheke
Epit.	Epitome
Apollonios Rhodios	= –, Argonautica (R. C. Seaton, Cambridge [Mass.] / London 1980; ed. princ.: Florenz 1496)
Appendix Perottina	= in: Babrius and Phaedrus, B. E. Perry, Cambridge [Mass.] / London 1965, 1984, S. 372 ff
Appian	= Appianos, Romaika (L. Mendelssohn, I. P. Viereck, A. G. Roos, Leipzig 1905, revidiert und ergänzt von E. Gabba, Stuttgart 1962)
Apuleius	= –, von Madaura:

Flor.	Florida
Met.	Metamorphoses
Arat	= Aratos, Phainomena (G. R. Mair, mit Callimachus und Lycophron, Cambridge [Mass.] / London 1921, 1977; ed. princ.: Venedig 1494)

Aristophanes
- Acharnes — Acharner
- Aves — Vögel
- Lysistrata
- Nubes — Wolken
- Ranae — Frösche

Aristoteles
- Eth. nic. — Ethica nicomachaea
- Top. — Topica

Arnobius	= Arnobius d. Ä., Adversus nationes (C. Marchesi, Turin etc. 1953; H. Le Boniec, Paris 1982)
Artemidor	= Artemidoros von Daldis, Oneirokritiká (Traumdeutung; R. A. Pack, Leipzig 1963; deutsch von F. S. Krauss, Leipzig 1991)
Athenaios	= – Naukratikos Deipnosophistai (Philosophengastmahl; C. B. Gulick, Athenaeus, 7 Bde., Cambridge [Mass.] / London 1927–1941 u. ö.; ed. princ.: Venedig 1514)

Augustin
- Civ. — De civitate dei
- Ep. — Epistulae (CSEL)

Aurelius Victor(inus) = – Sextus
- Orig. gent. Rom. — Origo gentis Romanae (F. Pichlmayr, R. Gründel, Stuttgart 1970)

Ausonius	= –, Decimus Magnus (H. G. Evelyn-White, Cambridge [Mass.] / London, 2 Bde., 1968 u. 1985; ed. princ.: Venedig 1472)
Eclog.	Liber eclogarum
Epigr.	Epigramme
Technopaeg.	Technopaignion
Babrius	= Babrios, Valerius (?), Mythiamboi Aisopeioi, Äsopische Fabeln (B. E. Perry, Babrius and Phaedrus, Cambridge [Mass.] / London 1984)

Baebius Italicus	= s. Ilias Latina
Bakchylides	= Bacchylidis carmina cum fragmentis, B. Snell, H. Mähler, Leipzig 1970, 1992
Batman	= –, Stephan, The Golden Booke of the Leaden Goddes, London 1577
Benoît de Sainte-Maure	= s. Roman de Troie
Berchorius	= Bersuire, Pierre, Ovide moralisé, in: ders., Reductorium morale, Buch XV, Brüssel 1484
Beza	= –, Theodorus, Icones ... quas Emblemata vocant, Genf 1580
Bion	= –, J. M. Edmonds, The Greek Bucolic Poems, Cambridge [Mass.]/London 1912, 1977
Adon. Epit.	Adonidos Epitaphios («Klage um Adonis»)
Boccaccio	= –, Giovanni
Clar. mul.	De claris mulieribus (G. Boccaccio, Opere latine minori, Bari 1928)
Gen.	Genealogia deorum gentilium (Genealogiae, Venedig 1494; G. B., Genealogie deorum gentilium, V. Romano, Bari 1951)
Ill. vir.	De casibus illustrium virorum (Paris 1520; Reprint, Gainesville 1962)
Bocchius	= –, Achille, Symbolicarum Quaestionum de Universo genere etc., Bologna 1555 u. 1574
Boethius	= –, Anicius Manlius Severinus
Cons.	De Consolatione Philosophiae (W. Weinberger CSEL 67, 1934; K. Büchner, Heidelberg 1960)
Camerarius	= –, Joachim, Symbolorum & Emblematum ... Centuria etc. (I–IV); erste Gesamtausgabe, Nürnberg 1605
Cartari	= –, Vincenzo, Imagini delli dei de gl'Antichi, Venedig 1647 (Reprint, Genua 1987; ders., Le imagini de i dei de gli antichi, Venedig 1571; ders., Le vere e nove imagini de gli dei delli antichi, Padua 1615)
Cassius Dio	– Cocceianus (auch Dion Cassius C.), Romaike historia (E. Carey, Roman History, Cambridge [Mass.]/London, 9 Bde. 1914–26; ed. princ.: Paris 1548)

Cato	= –, Maurus Porcius
Agr.	De agricultura (A. Mazzarino, De agri cultura, Leipzig 1982)
Cats	= –, Jacob: 1. Emblemata Moralia etc., Rotterdam 1627; 2. ders., Proteus, Rotterdam 1627
Catull	= Catullus, Gaius Valerius (G. P. Goold, München 1987)
Christine de Pizan	= Le Livre de la Cité des Dames (deutsch von Margarete Zimmermann, Das Buch von der Stadt der Frauen, München 1990)
Chrysostomos	= –, Johannes (Migne, PG 47–64)

Cicero
- Att. Epistulae ad Atticum
- Div. De divinatione
- Nat. De natura deorum
- Off. De officiis
- Rhet. Rhetorica ad Herennium
- Tusc. Tusculanae disputationes

Claudian	= Claudianus, Claudius (M. Platnauer, Cambridge [Mass.] / London, 2 Bde., 1922, 1972; ed. princ.: Vicenza 1482)
Epith.	Epithalamium
Epith. Pall.	Epithalamium Palladii
Gigant.	Gigantomachia
Goth.	De bello Gothico
Proserp.	De raptu Proserpinae
Stilich.	De laudibus Stilichonis

Clemens von Alexandrien
- Exhort. ad Graec. Exhortationes ad Graecos (G. W. Butterworth, Clement of Alex., Cambridge [Mass.] / London 1919, 1982)

Colonna, Francesco	= Hypnerotomachia Poliphili (G. Pozzi, L. A. Ciapponi, Padua, 2 Bde., 1980)
Coluccio Salutati	= De laboribus Herculis (B. L. Ullman, 2 Bde., Zürich 1951)
Conti	= –, Natale (Natalis Comites)
Myth.	Mythologiae, Venedig 1567 und öfter

Cornutus	= – (auch Phornutus), Lucius Annaeus
Nat. deor.	Natura deorum; Theologiae graecae compendium (C. Lang, Leipzig 1881)
Corrozet	= – Gilles, Hecatongraphie, Paris 1543
Costalius	= –, Petrus, Pegma, Lyon 1555
Covarrubias Orozco	= –, Sebastián de, s. Horozco y Covarrubias
Dante	= Dante Alighieri
Comm.	La Divina Commedia (Società Dantesca Italiana, Mailand 1979)
Inf.	Inferno
Par.	Paradiso
Purg.	Purgatorio
Dares Phrygius	= Dares von Phrygien, De excidio Trojae (F. Meister, Leipzig 1873)
Demosthenes	= –, Reden (F. Blass, Leipzig 1888–1892; C. Fuhr, J. Sykutris, ebd. 1914, 1937)
De viris illustr.	= De viris illlustribus (Liber de illustrium virorum factis; W. K. Shirwin, Jr., University of Oklahoma 1973)
Dictys Cretensis	= Ephemeridos belli Troiani (W. Eisenhut, Leipzig 1973; ed. princ.: Köln 1470 od. 1475)
Diodor	= Diodoros Siculus (aus Agyrion), Bibliotheke (Diodorus of Sicily, Cambridge [Mass.] / London, 12 Bde. 1933–1967 und öfter; lat. Übersetzung, Bologna 1472)
Diogenes Laertius	= Diogenes Laertios, Philosophon bion kai dogmaton synagoge (R. D. Hicks, Lives of Eminent Philosophers, Cambridge [Mass.] / London, 2 Bde. 1925)
Dion Chrysostomos	= Dion Cocceianus von Prusa, Reden (H. von Arnim, 2 Bde. 1893 u. 1896, neu 1962; ed. princ.: Venedig 1551)
Dionysius Halic.	= Dionysios Halicarnasseus, Romaiké Archaiología (C. Jacoby, Leipzig, 5 Bde. 1885–1925; ed. princ.: Frankfurt 1586)
Ecloga Teoduli	= F. Mosetti Casaretto, Teodulo, Ecloga, Florenz 1997

Ennius	= –, Quintus (E. H. Warmington, Cambridge [Mass.]) / London, Bd. 1, 1979)
Eratosthenes	
Kat.	Katasterismoi («Verstirnungen»; C. Roberts, Berlin 1963; A. Olivieri, Mythographi Graeci III 1, Leipzig 1897)
Etymologicum	
Magnum	= Th. Gaisford, Oxford 1848, 1962 (ed. princ.: Venedig 1499)
Eumenius	
Pro instaur. schol.	Pro instaurandis scholis (Panegyrici Latini, Nr. 9)
Euripides	
Alc.	Alcestis
Androm.	Andromache
Ant.	Antiope
Bacchae	
Cyclops	
El.	Electra
Hec.	Hecuba
Hel.	Helena
Heracl.	Heraclidae
Herc.	Hercules
Hipp.	Hippolytus
Ion	
Iph. aul.	Iphigenia aulidensis
Iph. taur.	Iphigenia taurica
Medea	
Or.	Orestes
Phaëton	
Phoen.	Phoenissae
Rhesus	
Suppl.	Supplices (Die Schutzflehenden)
Syl.	Syleus
Troad.	Troades (Troerinnen)
Eusebius	= Eusebios Pamphilos
Evang. praep.	Praeparatio Evangelica (Th. Gaisford, griech./lat., Oxford 1843)

Eustathius	= Eustathios von Epiphaneia, Chronike epitome (FHG 4,138–142)
Eutropius	= Breviarium ab urbe condita (MGH-AA, Bd. 2, 1961)
Festus	= Festus, Sextus Pompeius De verborum significatu, cvm Pauli Epitome (W. M. Lindsay, Stuttgart / Leipzig 1997)
Firmicus Maternus	= De errore profanarum religionum (R. Turcan, Paris 1982)
Fronto	= –, Marcus Cornelius (C. R. Haines, Cambridge [Mass.] / London, 2 Bde. 1955–1977)
Fulgentius	= –, Fabius Planciades (Rud. Helm, 1898 / 1970)
Myth.	Mitologiarum libri tres
Theb.	super Thebaiden
Virg.	Expositio virgilianae continentiae
Fulgentius Metafor.	= John Ridewall, Fulgentius Metaforalis (H. Liebeschütz, Leipzig / Berlin 1926)
Gellius	= Gellius, Aulus (C. Hosius, Leipzig 1981) Noctes atticae
Germanicus	= –, Iulius Caesar, Arati Phaenomena (A. Le Bœuffle, Paris 1975)
Guido delle Colonne	= Guido de Columnis, Historia destructionis Troiae (N. E. Griffin, Cambridge [Mass.] 1936)
Gyraldi	= Gyraldi, Lilio Gregorio, De deis gentium varia et multiplex historia, Basel 1548
Haechtanus	= –, Laurentius, Parvus Mundus, Antwerpen 1579; dt. Übers. von Jacob de Zet(t)er, Frankfurt 1619
Hederich	= –, Benjamin, Mythologisches Lexikon (Leipzig 1770; Reprint 1986)
Heinsius	= –, Daniel, Het Ambacht van Cvpido, Leyden 1615
Held	= –, Jeremias, Liber Emblematum, Frankfurt a. M. 1567
Herakleitos	
Homer. probl.	Allegoriae Homericae (F. Buffière, Paris 1989)
Herodian	= Herodianos von Syrien, Historiae (C. Stavenhagen, Leipzig 1969)
Herodot	= Historiae (A. D. Godley, Cambridge [Mass.] / London, 4 Bde. 1981, 1995, 1971, 1969)

Hesiod	= H. G. Evelyn-White, Cambridge (Mass.)/London 1977
Aspis	Schild des Herakles
Astron.	Astronomie
Ehoien	Frauenkatalog und Ehoien
Erga	Werke und Tage
Gr. Ehoien	
Theog.	Theogonie
Hesychios	= – von Alexandria, Synagoge, Kurt Latte, Kopenhagen 1955, Bd. 2, 1966
Holtzwarth	= –, Mathias, Emblemata Tyrocinia, Straßburg 1581
Homer	
Il.	Ilias
Od.	Odyssee
Homer. Hymnos	= Homerischer Hymnos (s. H. G. Evelyn-White, Hesiod 1977)
Homer. Epigr.	= Homerische Epigramme (s. Homer. Hymnos)
Horaz	= Horatius Flaccus, Q.
Ars	Ars poetica
Carm.	Carmina
Ep.	Epistularum libri
Serm.	Sermones
Horozco y Covarrubias	= –, Juan de, Emblemas Morales, Segovia 1589; Madrid 1610
H./S.	= A. Henkel, A. Schöne (Hrsg.), Handbuch zur Sinnbildkunst des XVI. und XVII. Jh.s, Stuttgart, Weimar 1967, 1996
Hygin	
Astron.	Astronomia (A. Le Bœuffle, Paris 1983)
Fab.	Fabulae (H. I. Rose, Leyden 1933)
Ibykos	= –, von Rhegion (ALGr, Bd. 2, Fasc. 5)
Ilias Latina	Scaffai, Marco, Baebii Italici Ilias Latina, Bologna 1997, mit ital. Übersetzung
Iliu Persis	= Epischer Zyklus (s. H. G. Evelyn-White, Hesiod 1977)
Ioannes	s. Stobaios

Isidor	= Isidorus von Sevilla
Etym.	Etymologiae (W. M. Lindsay, Oxford 1962)
Iulian	= Iulianus, Flavius Claudius («Apostata»; W. C. Wright, 3 Bde., Cambridge [Mass.]/London 1996, 1969, 1980)
Junius	= –, Hadrianus, Emblemata, Antwerpen 1565
Justin	= Justinus, Marcus Iunianus, Epitoma historiarum Philippicarum (O. Seel, Leipzig 1956)
Iuvenal	= Juvenalis, Decimus Junius:
Sat.	Saturnalia
Kallimachos	= C. A. Trypanis, Cambridge [Mass.]/London 1958, 1978
Kallistratos	= Ekphraseis (Beschreibungen; A. Fairbanks, Cambridge [Mass.]/London 1931, 1979)
Kleine Ilias	= Epischer Zyklus (s. Hesiod, H. G. Evelyn-White 1977)
Kolluthos	= Harpage Helenes (Raub der Helena; A. W. Mair, Oppian, Colluthus, Tryphiodorus, Cambridge [Mass.]/London 1928)
Konon	= –, Dihegeseis = Narrationes (Photios, Bibliotheke; R. Henry, Photius, Bibliothèque, Bd. 3, Paris 1961)
Kyprien	= Epischer Zyklus (s. H. G. Evelyn-White, Hesiod 1977)
Lactantius Firm.	= Lactantius, Lucius Caecilius Firmianus
Div. inst.	Divinae institutiones (Chr. Cellarius, Leipzig 1739)
Lactantius Placidus	= In Statii Thebaida commentum (R. Jahnke 1898)
La Perrière	= –, Guillaume de, La Morosophie, Lyon 1553; Le Theatre des bons engins, Paris 1539
Lebeus-Batillius	= –, Dionysius, Emblemata, Frankfurt/M. 1596
Lesches	s. Kleine Ilias
Libanios	= –, Progymnásmata (Übungsstücke; R. Förster, E. Richtsteig, 12 Bde., Leipzig 1903–1927, 1963. Vgl. Libanius, Selected Works, A. F. Norman, 2 Bde., Cambridge [Mass.]/London 1987)
Libellus	= De deorum imaginibus Libellus, im Cod. Reginensis 1290 (H. Liebeschütz, Berlin 1926)
Liber Monstrorum	= Liber monstrorum de diversis generibus (Corrado Bologna, Mailand 1977)

Liber de illustr. vir.	= s. De viris illustr.
Lithika	s. Orphisch …
Livius	= Ab urbe condita libri
Longos	= –, aus Lesbos (?), Daphnis und Chloe (J. M. Edmonds, Cambridge [Mass.] / London 1955; dt. O. Schönberger, Stuttgart 1970)
Lucan	= Lucanus, Marcus Annaeus L., De bello civili (Pharsalia; J. D. Duff, The civil War, Cambridge [Mass.] / London 1928, 1977)
Lucretius	= Lucretius Carus, Titus
De rer. nat.	De rerum natura (ed. princ.: Brescia 1473)
Lukian	= Lukianos von Samosata (Cambridge [Mass.] / London, 8 Bde. 1913, 1967; ed. princ.: Florenz 1496)
Astr.	Astrologia
Charid.	Charidemus
Dear. iud.	Dearum iudicium (Parisurteil)
Dial. deor.	Dialogi deorum
Dial. marit.	Dialogi deorum maritimorum
Dion.	Dionysus
Gallus	(Der Hahn)
Her.	Herakles
Herm.	Hermotimus
Onos	– («Ps.-Lukian»)
Sacrif.	De sacrificiis
Saltatio	(Der Tanz)
Tox.	Toxaria («Ps.-Lukian»)
Verae hist.	Verae historiae
Zeuxis	
Lukrez	s. Lucretius
Lykophron	= – von Chalkis, Alexandra (A. W. Mair, Cambridge [Mass.] / London, mit Callimachus und Arat, 1977; ed. princ.: Venedig 1513)
Macrobius	= –, Ambrosius M. Theodosius (J. Willis, Leipzig 1963; ed. princ.: Venedig 1472)
Comm.	Commentarium in somnium Scipionis
Sat.	Saturnalia
Manilius	= Astronomica (G. P. Goold, Cambridge [Mass.] / London 1977)

Marsilio Ficino	= Opera omnia, 2 Bde. 1576, Nachdruck Turin 1959
In Dionys. Areopag.	In Dionysium Areopagitam
Theol. Plat.	Theologia Platonica
Martial	= Martialis, Marcus Valerius, Epigrammata (M. Citroni, M. Scàndola, E. Merli, Mailand, 2 Bde. 1996)
Martian	= Martianus Capella, De nuptiis Philologiae et Mercurii (A. Dick, Stuttgart 1988)
Mela	= –, Pomponius, Choreographia, s. Pomponius Mela
Menander	= Menandros von Athen (Fragmente, A. Körte, A. Thierfelder, Leipzig 1938 u. 1953)
Minucius Felix	
Oct.	Octavius (G. H. Rendall, Cambridge [Mass.] / London 1977)
Moritz, K. Ph.	= Moritz, Karl Philipp Götterlehre oder Mythologische Dichtungen der Alten (Berlin 1795, Bremen 1966)
Moschos	= Moschos von Syrakus (J. M. Edmonds, The Greek Bucolic Poets, Cambridge [Mass.] / London 1912, 1977)
Musaios	= Hero und Leander (Th. Gelzer, Callimachus u. Musaeus, Cambridge [Mass.] / London 1978; H. Färber, München 1961)
Myth. Vat. I, II, III	= Mythographus Vaticanus I, II, III (Scriptores rerum mythicarum latini tres, Georg H. Bode, Celle 1834; vgl. N. Zorzetti, Le Premier Myth. du Vatican, Paris 1995)
Naevius	= –, Gnaeus (E. H. Warmington, Remains of Old Latin, Bd. 2, 1982)
Nikander von Kolophon	= Nikandros v. K., Theriaka (A. S. F. Gow, Cambridge 1953; ed. princ.: Venedig 1499)
Nonnos	= Nonnos von Panopulos Dionysiaca (W. H. D. Rouse, Cambridge [Mass.] / London 1984; ed. princ.: Antwerpen 1569)
Nostoi	= Epischer Zyklus (s. H. G. Evelyn-White, Hesiod 1977)

Oppian	= Oppianos (A. W. Mair, Cambridge [Mass.] / London 1963; ed. princ.: Venedig 1517)
Cyn.	Cynegetica
Hal.	Halieutika
Orphisch ...	= Orphica (Orphische Schriften)
Lithica	(E. Abel, Orphica 1885)
Orph. Argon.	Orph. Argonautica (G. Dottin, Paris 1930)
Orph. Hymnos	Orphischer Hymnos (J. E. Plaßmann 1928)
Ovid	= Ovidius Naso, Publius
Amores	
Ars	Ars amatoria
Fasti	Fastorum libri sex
Her.	Heroides
Met.	Metamorphoses
Trist.	Tristia
«Ovide Moralisé en Prose»	= Text des 15. Jh.s (C. de Boer, Amsterdam 1954)
Pacuvius	= –, Marcus (E. H. Warmington, Remains of Old Latin, Cambridge [Mass.] / London, Bd. 2, 1982)
Palaiphat	= Palaiphatos, Peri apiston («Unglaubliche Geschichten»; N. Festa, Myth. Gr. 1902; lat. Ph. Physiniano, Palaephati de fabulosis narrationibus, Basel 1535)
Papyri	= D. L. Page, Select Papyri, Cambridge [Mass.] / London, Bd. 3, 1990
Parthenaios	= – von Nikaia, Erotikà Pathémata (W. Plankl, Wien 1947)
Passe II	= –, Chrispyn de, Thronus Cupidinis, Amsterdam 1620
Pausanias	= Graeciae descriptio
Pers	= –, Dirck Pieterszoon, Bellerophon, Amsterdam, nach 1641 (Erstausgabe Amsterdam 1614)
Persius	= Aulus P. Flaccus, Satiren (G. G. Ramsay, Juvenal and Persius, Cambridge [Mass.] / London 1990; ed. princ.: Venedig 1480)
Prol.	Prolog
Pervigilium Veneris	= «Die Nachtfeier der Venus» (R. Schilling, Paris 1961)

Petrarca	= –, Francesco
Africa	(N. Festa, edizione critica, 1926, Nachdruck: Florenz 1998)
Canzon.	Canzoniere
Fam.	Familiarum rerum Libri
Trionfi	
Petronius	= Petronius Arbiter, Gaius, Satyricon (M. Heseltine, E. H. Warmington, Cambridge [Mass.]/London 1987)
Phaedrus	= Phaedrus, Augustus Libertus, Fabulae Aesopiae (B. E. Perry, Babrius and Phaedrus, Cambridge [Mass.]/London 1984; ed. princ.: Autun 1596, Appendix, Neapel 1808)
Philostrat	= Philostratos, Flavius
Gymnast.	Peri gymnastikes, Über die Gymnastik (J. Jüthner, Amsterdam 1969)
Her.	Heroikos (Valeria Rossi, Filostrato, Eroico, Venezia 1997)
Imag.	Imagines (Eikones; O. Schönberger, München 1968; ed. princ.: Venedig 1503)
Vita Apoll.	Vita Apollonii (F. C. Coneybeare, The Life of Apollonius of Tyana, Cambridge [Mass.]/London, 2 Bde. 1969; ed. princ.: Venedig 1501/02)
Philostrat d. J.	
Imag.	Imagines (Eikones; A. Fairbanks, Cambridge [Mass.]/London 1931, 1979)
Photios	= Bibliotheke (R. Henry, –, Bibliothèque, Paris, 9 Bde. 1959–91)
Physiologus	= dt. von Otto Seel, Zürich, München 1960, 1976
Pictor	= –, Georg
Allegor.	Allegoriae Poeticae, Antwerpen 1532
Apoth.	Apotheoseos ... deorum libri tres, Basel 1558
Picinello	= –, Filippo (Filippo Picinelli), Mundus Symbolicus in emblematum universitate, lat., 2 Bde. Köln 1681
Pindar	= Pindaros, Carmina (Sir John Sandys, Cambridge [Mass.]/London 1989; ed. princ.: Venedig 1513, Rom 1515)
Isthm.	Isthmionica (Isthmisch)

Nem.	Nemeonica (Nemeisch)
Ol.	Olympionica (Olympisch)
Paean	
Pyth.	Pythionica (Pythisch)

Platon
Gorg.	Gorgias
Krat.	Kratylos
Leges	
Phaid.	Phaidon
Phaidros	
Prot.	Protagoras
Rep.	De republica
Symp.	Symposion
Tim.	Timaios

Plautus
Amph.	Amphitruo
Casina	
Rud.	Rudens
Truc.	Truculentus

Plinius
Nat.	Naturalis historia

Plutarch = Plutarchos von Chaironeia, Moralia (Cambridge [Mass.] / London, 17 Bde.; ed. princ.: Venedig 1509)

Comp. argum. Stoic.	Compendium argumenti Stoicos absurdiora poetis dicere
Coniug. praec.	Coniugalia praecepta
Consol. ad Apoll.	Consolatio ad Apollonium
De cohib. ira	De cohibenda ira
De def. or.	De defectu oraculorum
De fort.	De fortuna Romanorum
Is. et Os.	De Iside et Osiride
Mus.	De musica
Num. vind.	De sera numinis vindicta
Prof. in virt.	Quomodo quis suos in virtute sentiat profectus
Quaest. conv.	Quaestionum convivalium libri VI et libri III (Bd. 8 und 9)
Quaest. graec.	Quaestiones graecae
Quaest. rom.	Quaestiones romanae

Recta rat. aud.	De recta ratione audiendi
Sept. sap. conv.	Septem sapientium convivium
Plutarch	= Vitae parallelae (B. Perrin, Cambridge [Mass.] / London, 11 Bde.; erste Gesamtausg. Paris 1572)
Agis	
Alex.	Alexander Macedo
Arist.	Aristeides
Mar.	Marius
Rom.	Romulus
Sert.	Sertorius
Them.	Themistocles
Thes.	Theseus
Polidoro Virgilio	= De gli inventori delle cose. Libri otto. Florenz 1592
Polizian	= Poliziano, Angelo, Stanze comminciate per la giostra di Giuliano de' Medici, Turin 1954; Stanze, Orfeo, Rime, Mailand 1992 [Garzanti]
Pollux	= Polydeukes, Iulius, Onomastikon (Hrsg. E. Bethe, LexGr, Bd. IX, neu 1967)
Polybius	Historiae (W. R. Paton, Cambridge [Mass.] / London, 6 Bde. 1922–1927)
Polydeukes	= – Iulius, s. Pollux
Pompeius Trogus	s. Justin
Pomponius Mela	= Choreographia (A. Silberman, Choreographie, Paris 1988; ed. princ.: 1471)
Pomponius Porphyrio	= Porphyrionis Commentarium in Horatium (A. Holder, Hildesheim 1967)
Pomey	= François Pomey, Pantheum Mythicum, engl. Pantheon ... of the heathen Gods, London 1694)
Porphyrios	= – von Tyros, Nymphengrotte (A. Nauck, Porphyrii opuscula, 1886, 1963; ed. princ.: Rom 1580)
Proklos	= Proklos gramm., Chrestomatheia (Anthologie. Text u. Übersetzung in A. Severyns, Recherches sur la Chr. de Procles, Bd. 2, Paris 1938)
Proklos lýk.	= –, der Lyker, Philosoph (Kommentar zu Platon, Timaios [E. Diehl, 3 Bde., neu 1965])
Properz	= Propertius, Sextus (G. P. Goold, Cambridge [Mass.] / London 1990)

Prudentius	= –, Aurelius P. Clemens (M. Lavarenne, 4 Bde., Paris 1972, 1961, 1992, 1963)
Apoth.	Apotheosis (Bd. 2)
Psych.	Psychomachia (Bd. 3)
Symm.	Contra Symmachum
Ptolemaios	= –, Klaudios
Tetrabibl.	Tetrabiblos (F. E. Robbins, Cambridge [Mass.] / London 1940, 1980; lat. Übersetzung, Venedig 1484, Basel 1553)
Ptolemaios Hephaistionos	= –, Chennos (R. Henry, Photius, Bibliothèque, 190, Bd. 3, Paris 1962)
Quintus Smyrnaeus	= Posthomerica (A. S. Way, The fall of Troy, Cambridge [Mass.] / London 1962)
Rabanus Maurus	= De Universo libri 22; 15,6, De diis gentium; PL, 111, Sp. 426 ff
Rabelais	= –, François
	Gargantua (J. Boulenger, Œuvres complètes, Paris 1978; deutsch von W. Steinsieck, Stuttgart 1992)
Remigius	= Remigius von Auxerre
	Commentum in Martianum Capellam (C. E. Lutz, Leiden 1962, Bd. 2, ebd. 1965)
Reusner	= –, Nicolas; 1. Avreolorvm Emblematvm Liber, Straßburg 1591; 2. ders., Emblemata, Frankfurt 1581
Ridewall	= –, John, s. Fulgentius Metaforalis
Ripa	= –, Cesare, Iconologia (Piero Buscaroli, edizione pratica, Mailand 1992)
Rollenhagen	= –, Gabriel; 1. Nucleus Emblematum, Arnheim 1611; 2. ders., Emblematum Centuria Secunda, Arnheim 1613
Roman de la Rose	= Der Rosenroman (K. A. Ott, München, 3 Bde. 1976–79; Le Roman de la Rose, D. Poirion, Paris 1974)
Roman de Troie	= Benoît de Sainte-Maure (L. Constans, Le Roman de Troie, 6 Bde., Paris 1904–1912)
Saavedra Fajardo	= –, Diego de, Idea De Un Principe Politico Christiano, Amsterdam 1659

Salustios	= De diis et mundo (A. D. Nock, Cambridge 1926; Hildesheim 1966; R. Di Giuseppe, Mailand 2000, mit ital. Übersetzung)
Salutati	= Salutati, Coluccio, De laboribus Herculis (B. L. Ullman, 2 Bde., Zürich 1951)
Sambucus	= –, Johannes, Emblemata, Antwerpen 1566
Sappho	= Sappho von Lesbos (D. A. Campbell, Greek Lyric, Bd. 1, Cambridge [Mass.] / London 1982, 1994. – E. Lobel u. D. L. Page, Poetarum Lesbiorum Fragmenta, Oxford 1955. – ALGr, Fasc. 4)
Schoonhovius	= –, Florentius, Emblemata, Gouda 1618
Sebastian Brant	= Das Narrenschiff, Straßburg 1494 (deutsch von H. A. Junghans, Stuttgart 1964)
Seneca	= Seneca, Lucius Annaeus
Agam.	Agamemnon
Apocol.	Apocolocynthosis Divi Claudii
Benef.	De beneficiis
Dial.	Dialogi
Epist.	Epistulae
Herc. fur.	Hercules furens
Herc. oet.	Hercules oetaeus
Hipp.	Hippolytus
Medea	
Nat. quaest.	Naturales quaestiones
Oct.	Octavia
Phaedra	
Servius	= Servius Maurus Honoratus, Commentarii in Virgilium (H. A. Lion, Göttingen 1826)
Aen.	Aeneis
Buc.	Bucolica
Ecl.	Ecloga
Sextus Empiricus	
Sidonius	= –, Gaius Sollius M. A. (W. B. Anderson, Poems and Letters, Bd. 1, Cambridge [Mass.] / London 1936; W. H. Semple u. E. H. Warmington, Bd. 2, ebd. 1965)
Silius Italicus	= Punica (J. D. Duff, Cambridge [Mass.] / London 1989)
Simonides	= – von Keos (O. Werner 1969; J. M. Edmonds,

	Lyra Graeca, 3 Bde., Cambridge [Mass.] / London, Bd. 3, 1980)
Sophokles	
Ant.	Antigone
El.	Electra
Oedip. col.	Oedipus coloneus
Oedip. rex	Oedipus rex
Phil.	Philoctetes
Trach.	Trachiniae
Soto	= –, Hernando de, Emblemas Moralizadas, Madrid 1599
Sperling	= –, Hieronymus, Troiano ... Paridi etc., Augsburg o. J.
Statius	= –, Publius Papinius
Achill.	Achilleis (A. Marastoni, Leipzig 1974)
Silvae	Silvae (A. Marastoni, Leipzig 1970)
Theb.	Thebais (A. Klotz, Leipzig 1973)
Stephanos von Byzantion	= Ethnica (A. Meineke 1849, neu 1958)
Stobaios	= –, Ioannes, Florilegium (C. Wachsmuth, O. Hense, 5 Bde. 1884–1923, neu 1958)
Strabo	= Strabon von Amaseia, Geographika (A. Meineke, 3 Bde. 1851–52)
Suda	= Suidae Lexicon (LexGr, Bd. 1, Hrsg. A. Adler, neu 1989)
Sueton	= Suetonius Tranquillus, Gaius
Caes.	De vita Caesarum (M. Ihm, opera, Bd. 1, De vita Caesarum libri xiii, Leipzig 1993)
Suidas	= s. Suda
Syrianos	= – von Alexandreia (Aristoteles-Kommentar, CAG, Bd. VI)
Telegonie	= Epischer Zyklus (s. H. G. Evelyn-White, Hesiod 1977)
Terenz	= Publius Terentius Afer (J. Sargeaunt, Cambridge [Mass.] / London 1912, 1983, 1986)
Ad.	Adelphoe
Andria	
Eun.	Eunuchus

Hecyra
Phormio
Terpandros = D. A. Campbell, Cambridge [Mass.]/London, 4 Bde., Bd. 1, 1994

Tertullian = Tertullianus, Quintus Septimius Florens (T. R. Glover, Cambridge [Mass.]/London 1931, 1977)
  Apol. Apologeticus
  De corona mil. De corona militaria
  Spect. De spectaculis

Themistios = Reden (W. Dindorf 1832, neu 1961)

Theognis = –; J. M. Edmonds, Elegy and Iambus, Cambridge [Mass.]/London, Bd. 1, 1982

Theodulus = Ecloga (F. Mosetti Casaretto, Florenz [SISMEL] 1997)

Theokrit = Theokritos; J. M. Edmonds, The Greek Bucolic Poets, Cambridge [Mass.]/London 1912, 1977

Thukydides = C. F. Smith, Cambridge [Mass.]/London, 4 Bde. 1923; ed. princ.: Venedig 1502

Tibull = Tibullus, Albius (Carmina, G. Luck, Leipzig 1964, 1998; ed. princ.: Venedig 1472)

Tryphiodoros = Ilíou álosis (Ilions Fall; W. Weinberger; Leipzig 1895; A. W. Mair, Cambridge [Mass.]/London 1928)

Tzetzes = Tzetzes, Johannes, Chiliades («Historien»), Kießling, Leipzig 1826, Nachdruck 1963

Vaenius = –, Otho (Otto van Veen), Q. Horatii Flacci emblemata, Antwerpen 1607; ders., Les Emblèmes de l'Amour, Brüssel 1567; ders., Armorvm Emblemata, Antwerpen 1608

Valerian = Valeriano, Pierio
  Embl. Hor. Emblemata Horatiana
  Hierogl. Hieroglyphica, Basel 1956

Valerius Flaccus = –, Argonautica (J. H. Mozley, Cambridge [Mass.]/London 1972; ed. princ.: Bologna 1471)

Valla = –, Lorenzo (Werke, Basel 1540, Nachdr. 1962)

Varro = –, Marcus Terentius
  Lingua lat. De lingua latina
  Res rust. Res rusticae

Veen = –, Otto van, s. Vaenius

Vergil	= Vergilius Maro, Publius
Aen.	Aeneis
Buc.	Bucolica
Ciris	
Culex	
Georg.	Georgica
Visscher	= –, Anna Roemers, Zinne-Poppen, Amsterdam ca. 1620
Vitruv	= Vitruvius
	De architectura
Whitney	= –, Geoffrey, A Choice of Emblems, Leyden 1586
Xenophon	= Xenophon von Athen
Anab.	Anabasis
Memor.	Memorabilia
Symp.	Symposion
Zenobius	= Zenobios (Corpus Paroemiographorum Gr., E. L. Leutsch, F. G. Schneidewin, 2 Bde. 1839–51, 1965)
Zincgreff	= –, Julius Wilhelm, Emblematum Ethico-Politicorum Centuria, Heidelberg 1619

nota bene: Die Quellen zur Emblematik folgen (mit verkürztem Titel) zumeist H./S. – Die Notiz zur Erstausgabe (ed. princ.) folgt gewöhnlich Paul Kroh, Lexikon der antiken Autoren, Stuttgart 1972.

Sammelwerke

Liste der Abkürzungen von Sammelwerken

ALGr	= Anthologia Lyrica Graeca, Hrsg. E. Diehl, 6 Bde. 1942–52, 1–3, neu 1954–1964
CAF	= Comicorum Atticorum Fragmenta, Hrsg. T. Kock, 3 Bde. 1880–88
CAG	= Commentaria in Aristotelem Graeca, Hrsg. Preuß. Akad. Berlin, 23 Bde., 1882–1909, teilw. neu 1959–.
CIG	= Corpus Inscriptionum Graecarum, Hrsg. A. Boecky, 1825–77
CSEL	= Corpus Scriptorum Ecclesiasticorum Latinorum, Hrsg. Österr. Akad., Wien 1866–.

FHG	= Fragmenta Historicorum Graecorum, Hrsg. C. u. Th. Müller, 5 Bde. 1966–67
FGrH	= Die Fragmente der griech. Historiker, Hrsg. F. Jacoby, Berlin, 3 Bde. 1923–30; Leiden 1940, 1954–.
LexGr	= Lexicographi Graeci
MGH-AA	= Monumenta Germaniae Historica – Auctores Antiquissimi, 15 Bde., Berlin 1877–1919, neu 1961
PG	= Patrologiae cursus, series Graeca, Hrsg. I. P. Migne, 161 Bde. 1857–66
PL	= Patrologiae cursus, series Latina, Hrsg. I. P. Migne, Paris, 221 Bde. 1844–55, Suppl. 1958–.
PMelGr	= Poetae Melici Graeci, Hrsg. G. L. Page, Oxford 1962
TGF	= Tragicorum Graecorum Fragmenta, Hrsg. A. Nauck, 1889, neu 1964

Museen

Vollständige Bezeichnungen der im Text abgekürzt angegebenen Namen von Museen und Sammlungen

Antwerpen, Koningkl. Museum voor Schone Kunsten = Koningklijk Museum voor Schone Kunsten
Berlin, Staatl. Museen = Staatliche Museen Preußischer Kulturbesitz
Città del Vaticano: Vatikan, Bibliothek = Biblioteca Apostolica Vaticana
    Musei Vaticani = Monumenti, Musei e Gallerie Pontificie
    Museo Profano = Museo Profano della Biblioteca Apostolica
    Museo Sacro = Museo Sacro della Biblioteca Apostolica
Florenz: Bargello = Museo Nazionale del Bargello
    Gabinetto dei Disegni = Gabinetto Disegni e Stampe degli Uffizi
    Palazzo Pitti = Galleria Palatina
    Uffizien = Galleria degli Uffizi
München: Alte Pinakothek = Bayerische Staatsgemäldesammlungen, Alte Pinakothek
    Neue Pinakothek = Bayerische Staatsgemäldesammlungen, Neue Pinakothek

Neapel: Museo Nazionale = Museo Nazionale di Capodimonte
New York: Metropolitan Museum = Metropolitan Museum of Art
Paris: Cabinet des Éstampes = Musée du Louvre, Cabinet des Dessins et des Éstampes
Cabinet des Médailles = Cabinet des Médailles et des Antiques de la Bibliothèque Nationale
Louvre = Musée du Louvre
Musée de Cluny = Musée National des Thermes et de l'Hôtel de Cluny
Rom: Galleria dell'Accademia Nazionale di S. Luca
Musei Capitolini = Musei Capitolini, Palazzo dei Conservatori u. Pinacoteca
Museo Nazionale = Museo Nazionale Romano (delle Terme)
Palazzo Barberini = Galleria Nazionale d'Arte Antica, Palazzo Barberini
Palazzo Corsini = Galleria Nazionale d'Arte Antica, Palazzo Corsini
Villa Borghese = Museo Galleria ‹Borghese›
Villa Giulia = Museo Etrusco di Villa Giulia

Abkürzungen

Allgem. Bibl.	= Allgemeine Bibliographie
A. M.	= Lücke, Hans-K. und Susanne: Antike Mythologie. rowohlts enzyklopädie. Reinbek bei Hamburg 1999.
B.	= Bartsch, Adam: Le Peintre Graveur. Würzburg 1920–22 (Neudruck Hildesheim 1970).
GK	= Schnackenburg, Bernhard: Gesamtkatalog Gemäldegalerie Alte Meister, Kassel. 2 Bde. Mainz 1996.
H.	= Hollstein, F. W. H.: Dutch and Flemish Etchings, Engravings and Woodcuts. 50 Bde. 1450–1700. Amsterdam 1949–97.
Illustr. Bartsch	= The Illustrated Bartsch. New York 1978–87.
L/MC	= Lexikon iconographicum, s. Allgem. Bibl.
RDK	= Reallexikon zur Deutschen Kunstgeschichte. Otto Schmitt (Hg.), Stuttgart 1937–.
RE	= Pauly's Realencyclopädie der classischen Altertumswissenschaft. Stuttgart 1893–.

SE = Strauss, Walter L.: Intaglio Prints of Albrecht Dürer. New York 1977
s. v. = sub voce = unter dem Stichwort
SW = Strauß, Walter L.: Albrecht Dürer, Woodcuts and Wood Blocks. New York 1980.

Bildende Künstler

Aachen, Hans von (1552–1615) 483
Ab(b)ate, Niccolò (auch Nicolò) dell' (nachweisbar 1537/1570, gest. 1571) 71, 78
Abildgaard, Nicholas (1743–1809) 36
Acheloos-Maler (gegen 510/500 v. Chr.) 511
Achilles-Maler (gegen 450 v. Chr.) 30, 31
Albani, Francesco (1578–1600) 115
Allegrini, Francesco (1587–1663) 79
Amasis-Maler (um 550 v. Chr.) 231
Amigoni (auch Amiconi), Jacopo (1675–1752) 76, 80
Andrea del Sarto, s. Sarto, Andrea
Aristogeiton (um 450/420 v. Chr.) 501
Asam, Cosmas Damian (1686–1739) 76, 80

Baldaccini, César, gen. César (geb. 1921) 377, 378
Bandini, Giovanni (um 1540–1598/99) 389

Barbieri, Giovanni Francesco, gen. Guercino (1591–1666) 240
Barocci, Federico (gen. Fiori da Urbino; 1526–1612) 67, 68
Bartolomeo di Giovanni (2. Hälfte 15. Jh.) 380
Barye, Antoine-Louis (1796–1875) 556 f
Baur, Johann Wilhelm (1600?–1640) 80
Beckmann, Max (1884–1950) 453
Berliner Maler (550/540 v. Chr.) 138
Bernini, Gianlorenzo (1598–1680) 66, 67, 75, 76, 314
Bernini, Pietro (1562–1629) 66, 67, 75, 76
Blake, William (1757–1827) 308
Blocklandt, Anthonie (1532–1583) 91
Blondel, Merry Joseph (1781–1853) 362
Böcklin, Arnold (1827–1901) 381
Boisfremont, Charles-Pompée Boulanger de (1773–1838) 147
Bonasone, Giulio (di Antonio, tätig 1731–1774)

Boulanger, Jean (Giovanni, tätig um 1650) 485
Briseis-Maler (um 480 v. Chr.) 33, 139
Bronzino, Angelo (Agnolo di Cosimo, gen. Bronzino; 1503–1572) 265, 451, 452, 453, 454
Brueg(h)el, Jan, d. Ä. (1568–1625) 14, 70
Brueg(h)el, Pieter, d. Ä. (1525?–1569) 211
Brusasorci, Domenico (um 1516–1567) 251
Brygos-Maler (tätig um 500 v. Chr.) 36
Burgkmair, Hans (1473–1531) 31
Burne-Jones, Edward (1833–1898) 74, 255, 256, 559
Byas, Johann Rudolf (1660–1738) 115

Caccioli, Giovanni Battista (1623–1675) 250
Calamelli, Virgiliotto (Faenza, tätig um 1540/45) 365
Cambiaso, Luca (1527–1585) 73, 485
Canova, Antonio (1757–1822) 102, 209, 210, 270, 293, 302, 499, 560
Caravaggio s. Merisi, Michelangelo
Carpaccio, Vittore (vor 1472–1526) 132
Carpioni, Giulio (1611–1674) 389
Carracci, Annibale (1560–1609) 75, 78, 240, 255, 256, 267, 451, 452, 459
Carracci, Lodovico (1555–1619) 78

Carstens, Asmus Jakob (1754–1798) 339, 344
Castello, Giovanni Battista, gen. Bergamasco (um 1509–1569) 449, 458
Cavedone, Giacomo (1577–1660) 115
Cellini, Benvenuto (1500–1571) 397, 398
Chambard, Louis Léopold (1811–1895) 36
Cheirisophos (griech. archaischer Bildhauer) 36
Claude Gelée, gen. Claude Lorrain (1600–1682) 66
Cleve, Cornelis van (1520–1567?) 241
Conca, Sebastiano (1676/80–1764) 68
Coppin, Delf (vor 1456–nach 1488) 557
Cornelisz van Haarlem, Cornelis (1562–1638) 350, 384, 538, 565
Cornelius, Peter (1783–1867) 36
Couwenbergh, Christiaen van (1604–1667) 348
Coypel, Antoine (1661–1722) 80, 515
Cranach, Lucas, d. Ä. (1472–1553) 175
Creti, Donato (1671–1749) 35, 39

David, Jacques-Louis (1748–1825) 147
Deruet, Claude (1588–1660) 133
Deschamps, Jean-Baptiste (1841–1867) 456

Desiderio da Settignano
(1428–1464) 264
Dietricy, Christian Wilhelm
(1712–1774) 35
Dokimasia-Maler (5. Jh. v. Chr.) 88
Domenichino, s. Zampieri,
Domenico
Donatello (Donato di Niccolò di
Betto Bardi; um 1385–1466) 264
Dossi, Dosso (Giovanni de Luteri;
1489–1542) 70, 77
Douris (um 480/470 v. Chr.) 371
Dürer, Albrecht (1471–1528) 378
Dyck, Anthonis van (1599–1641)
210, 510

Eckersberg, Christoffer Wilhelm
(1783–1853) 456
Elsheimer, Adam (1578–1610) 68
Ergotimos (um 570/565 v. Chr.)
389, 511
Ernst, Max (1891–1976) 468
Eucheiros (Töpfer um 550 v. Chr.)
183
Exekias (tätig um 550 v. Chr.) 34,
230, 234
Eyck, Barthélemy van (nachweisbar
1447–1471) 557

Fallange, Enrico (1. Hälfte 18. Jh.)
37
Filarete, Antonio di Pietro Averlino,
Antonio, gen. F. (um
1440–1469) 292, 294, 377, 493
Flaxman, John (1755–1826) 34, 37,
40, 146, 294, 296, 308, 459
de la Fosse, Charles, s. Lafosse,
Charles de

Francesco di Giorgio Martini
(1439–1502) 162
Franco, Battista (gen. Semolei,
1498?–1561) 251
Furon, Aimé Joseph (1687–1729)
40
Füßli, Johann Heinrich
(1741–1825) 103, 390, 470

Galli, Pietro (1804–1877) 389
Gambara, Lattanzio (um
1530–1573/74) 250
Gelée, Claude, gen. Claude Lorrain
(1600–1682) 68, 70, 71, 72
Genelli, Bonaventura (1798–1868)
378, 530
Genga, Girolamo (um 1476–1551)
68, 455
Giovanni da Udine (1487–1564) 250
Giulio Romano (Giulio Peppi,
1499–1546) 34, 107, 249, 250,
251, 453, 514
Goltzius, Hendrick (1558–1617)
350, 353, 362, 363, 484, 538
Gossaert, Jan, gen. Mabuse (um
1478–1533/34) 315
Greff, Ieronymus (nachweisbar
1400 u. 1462/66) 377
Groningen, Swart van, s. Swart, Jan
Guercino, s. Barbieri, Giovanni
Francesco
Guérin, Pierre-Narcisse
(1774–1833) 88, 147
Günther, Matthäus (1705–1788) 79

Hamilton, Gavin (1723–1798) 145,
147
Hardy, Jean (1653–1737) 184

Hecke, Frans van den (nachweisbar 1629 u. 1640) 451
Heermann, Georg (nachweisbar 1683–1700) 251
Holbein, Ambrosius (wohl 1494–1519/20) 172
Hollar, Wenzel (1607–1677) 77
Holzer, Johann Evangelist (1709–1740) 235
Hypatodoros (um 450/420 v. Chr.) 501

Ingres, Jean Auguste Dominique (1780–1867) 467

Jordaens, Jacob (1593–1678) 14, 72, 74, 91, 174, 363, 452, 512
Julien, Pierre (1731–1804) 119

Kalamis (tätig um 460 v. Chr.) 162
Kaltenhoff, Peter, s. Kaltenofer, Peter
Kaltenofer, Peter (nachweisbar 1457; gest. um 1490) 296
Kauffmann, Angelika (1741–1807) 145
Kleitias (um 570/565 v. Chr.) 389
Kleophrades-Maler (tätig um 510–470 v. Chr.) 107
Kresilas (2 Hälfte 5. Jh. v. Chr.) 132
Kydon (2 Hälfte 5. Jh. v. Chr.) 132

Lafosse, Charles de (1636–1716) 340
Langetti (Langhetti), Giovanni Battista (1625–1676) 350
Lebrun, (Le Brun) Charles (1619–1690) 172, 390, 391, 392
Lecomte, Félix (1737–1817) 467

Leighton, Frederick (Baron L. of Stretton, 1830–1896) 148
Leonardo da Vinci (1452–1519) 304
Leopardi, Marcello (gest. 1795) 40
Leroy, Joseph (1768–1829) 469
Leygebe, Gottfried Christian (1630–1683) 183
Lievens, Jan (1607–1674) 91
Lisypp(os) (4. Jh. v. Chr.) 510
Lombard (auch Lombart), Pierre (um 1613–1682) 77
Lorrain, Claude, s. Gelée, Claude
Loth, Johann Carl (1632–1698) 211
Luca da Faenza (eigentl. Luca Scaletti; gest. wohl vor 1554) 453

Macchietti, Girolamo (1535–1592) 164
Mantegna, Andrea (1431–1506) 152, 315, 378, 512
Mantovano, Rinaldo, s. Rinaldo Mantovano
Massari, Lucio (1569–1633) 115
Menagelot, François Guillaume (1744–1816) 390
Menzel, Adolf von (1815–1905) 166
Merisi, Michelangelo, da Caravaggio (1571–1610) 399
Michelangelo, M. Buonarroti (1475–1564) 379, 482, 483, 564
Moreau, Gustave (1826–1898) 306, 307, 324, 342, 399, 454, 468, 481, 482, 484, 525, 559
Müller, Friedrich (1749–1825) 324

Nardo di Cione, s. Orcagna, Andrea
Natoire, Charles-Joseph (1700–1777) 140

Nattier, Jean-Marc (1685–1766) 271
Naukides (Naukydes, tätig etwa 430–470 v. Chr.) 271
Neck, Jan van (1635–1714) 316
Nenci, Francesco (1781–1850) 467
Nikosthenes (6. Jh. v. Chr.) 247
Nilsen, Johannes Esaias (1721–1788) 236

Orcagna, Andrea (Nardo di Cione, nach 1308–1368?) 264
Orley, Bernart van (um 1491–1542) 77

Pacetti, Vincenzo (1746–1820) 30
Pajou, Jacques Augustin, d. J. (1766–1828) 470
Palladio, Andrea (Andrea di Pietro; 1508–1580) 251
Pellegrini, Domenico (da Galliera; 1759–1840) 271
Perin del Vaga, s. Vaga, Pierino del
Permoser, Balthasar (1651–1732) 241
Perrier, François (1590–1650) 267
Peruzzi, Baldassare (1481–1536) 140, 235, 251
Phidias (Pheidias; tätig um 460–430 v. Chr.) 130, 132, 248, 271, 379
Phradmon (5./4. Jh. v. Chr.) 132
Picard (auch Picart), Bernard (1673–1733) 473
Piero di Cosimo (1461/62–1521) 115, 381, 515
Pietro da Cortona (1596–1669) 70, 71, 72, 74, 78, 343
Pinturicchio, Bernardino (um 1454–1513) 455

Pisano, Andrea (um 1295–vor 1358) 209
Polykles (sic; Erzgießer des 2. Jh.s v. Chr.) 314
Polyklet (um 440 v. Chr.) 30, 132
Ponce, Jacquio (nachweisbar 1527–1570) 449, 452, 458
Pordenone, Giovanni Antonio da Lodesanis, gen. P. (um 1484–1539) 250, 458
Poussin, Nicolas (1594–1665) 14, 32, 72, 103, 241, 363, 399, 481, 512, 556
Praxiteles (tätig um 370–320 v. Chr.) 271
Primaticcio, Francesco (1504–1570) 453, 454, 455, 457
Prokop, Philipp Jakob (1740–1814) 68
Prudhon (Prud'hon), Pierre Paul (1758–1823) 147

Raes, Jan (tätig 1610/31) 525, 555, 561
Raffael (Raffaello Sanzio; 1483–1520) 68
Redon, Odilon (1840–1916) 184, 367, 378, 484
Rembrandt, Harmensz van Rijn (1606–1669) 91
Reni, Guido (1575–1642) 172, 173, 306
Ribera, Jusepe (José de; 1591–1652) 350, 514, 531, 539
Riccio, Andrea (1470–1532) 118
Rinaldo Mantovano (aktenkundig 1528–1564) 249
Rodin, Auguste (1840–1917) 378

Romanelli, Giovanni Francesco (1610?–1662) 73
Romanelli, Urbano (1652–1682) 559
Romano, Giulio, s. Giulio Romano
Rosa, Salvator (1615–1673) 71, 91, 250, 341, 364, 453, 556
Rosso Fiorentino (Giovanni Battista de'Rossi; 1495–1540) 107, 195
Rottenhammer, Johann (Hans; 1564–1625) 482
Rouget, Georges (1784–1869) 469
Rubens, Peter Paul (1577–1640) 14, 31, 32, 35, 37, 39, 69, 70, 75, 91, 92, 130, 131, 174, 194, 209, 210, 230, 234, 266, 349, 363, 388, 389, 391, 483, 509, 510, 512, 513, 514, 515, 558
Rude, M. François (1784–1855) 556
Runciman, Alexander (1736–1785) 31

Sallaert, Antoine (Anthonis, um 1590–um 1657/58) 561
Saraceni, Carlo (1585–1620) 315
Sarto, Andrea del (Andrea Agnolo; 1486–1530) 265
Schönfeld, Johann Heinrich (1609–1682/84) 174, 363
Sebastiano, del Piombo (um 1485–1547) 90
Sergel, Johan Tobias (1740–1814) 33
Signorelli, Luca (1445/50–1523) 455
Silanion (4. Jh. v. Chr.) 510
Silvagni, Giovanni (1790–1853) 499
Skopas (4. Jh. v. Chr.) 130, 131, 389, 390, 391
Solimena, Francesco (1657–1747) 69
Sosias-Maler (um 500 v. Chr.) 34
Spranger, Bartholomaeus (1546–1611) 314, 451
Stieler, Joseph Karl (1781–1858) 271
Stockamer, Balthasar (gest. 1700) 314
Stradano, Giovanni (tätig um 1650) 452
Strozzi, Bernardo (1581–1644) 69
Stuck, Franz von (1863–1928) 131, 382
Swart, Jan, van Groningen (um 1500–wohl nach 1553) 511

Tempesta, Antonio (1555–1630) 90
Thiry, Leonard (gest. um 1550) 343
Thorvaldsen, Bertel (1770–1844) 33, 340, 389
Thulden (auch Tulden), Theodor van (1606–1669) 195, 455, 459
Tibaldi, Pellegrino (1527–1596) 450, 451, 457
Tiepolo, Giambattista (1696–1770) 33, 39, 74, 79, 87, 485
Timiades-Maler (tätig um 575/550 v. Chr.) 129
Tischbein, Johann, Heinrich, d. Ä. (1722–1789) 449, 459
Tisi, Benvenuto, gen. Garofalo (1476/81–1559) 241
Tizian, Tiziano Vecelli(o) (um 1490–1567) 531, 539, 564

Tribolo Niccolò (1500–1550) 162, 163
Triptolemos-Maler (tätig um 480/470 v. Chr.) 102
Troy, Jean-François de (1679–1752) 340, 342
Turner, William (1775–1851) 69

Vaga, Perino (Pierino, Perin) del (eigent. Pietro Buonaccorsi, 1501–1574) 249
van Loo (auch Vanloo), Karl (Carle, Charles André, 1705–1765) 236, 343, 511, 513, 556, 561
Vanosino, Giovanni Antonio, da Varese (tätig 1562/85) 232, 494
Vasari, Giorgio (1511–1574) 114, 264, 265

Veronese, Paolo Cagliari, gen. Veronese (1528–1588) 92
Vianen, Ernst van (nachweisbar 1604) 392
Vos, Cornelis de (1584?–1651) 512
Vos, Maerten de (1532–1603) 163, 362
Vries, Adriaen de (1560–1627) 271, 557

Waterhouse, John William (1849–1917) 525

Zampieri, Domenico, gen. Domenichino (1581–1641) 14
Zeuxis (tätig um 435/390 v. Chr.) 366, 378

Bildnachweise

(Titelvignette) Boardman, John: Attic Red Figure Vases. London 1979, Abb. 39.2

1 LIMC 1981, 1, 2, S. 145, Nr. 907
2 Corpus Rubenianum Ludwig Burchard 10, Brussels 1975, Taf. 13
3 Sergel. Kat. zur Ausst. Nationalmuseum Stockholm 1990, Nr. 200
4 LIMC 1981, 1, 2, S. 104, Nr. 444
5 Avery, Charles: Bernini, Genius of the Baroque. Thames and Hudson 1997, fig. 48a
6 ebd. fig. 41
7 Petrioli, Anna Maria: Mostra di disegni Vasariani. Firenze 1966, fig. 25
8 Corpus Rubenianum (s. Nr. 2) 9, 1971, Taf. 8
9 Oberhuber, Kondrad: Poussin. The Early Years in Rome. New York 1988, S. 246
10 LIMC 1981, 1, 2, S. 261, Nr. 56
11 ebd., S. 261, Nr. 777

12 Franz von Stuck. Die Sammlung des Museums Villa Stuck, München 1997, S. 177

13 LIMC 1984, 2, 2, S. 647, Nr. 157

14 Faldi, Italo (Hg.): Gli affreschi del Palazzo Farnese di Caprarola. Milano 1962, Tav. I

15 Spear, Richard E.: The «Divine» Guido. New Haven/London 1997, Abb. 13

16 LIMC 1986, 3, 2, S. 210, Nr. 11

17 Odilon Redon. Kat. zur Ausst. Tokyo, National Museum of Modern Art, 17. 3.–7. 5. 1989, S. 169

18 Kreytenberg, Gert: Andrea Pisano und die toskanische Skulptur des 14. Jahrhunderts. München 1984, Taf. 67

19 LIMC 1986, 3, 2, S. 494, Nr. 57

20 Asche, Sigfried: Balthasar Permoser, Leben und Werk. Berlin 1978, Abb. 30

21 Corpus Rubenianum (s. Nr. 2) 9, 1971, Taf. 108

22 ebd. Taf. 111

23 Keutner, Helmut: Eine Bronzestatuette von Antonio Averlino Filarete. In: Studien zur toskanischen Kunst. München 1964, S. 141, Abb. 1

24 Retrospektive Angelika Kauffmann. Düsseldorf 1998, S. 173

25 Nationalmuseum [Stockholm] Bulletin. 3, 1979, S. 149

26 Antonio Canova. Kat. zur Ausst. Museo Correr, 22. 3.–30. 9. 1992. Venezia 1992, S. 319

27 LIMC 1986, 3, 2, S. 500, Nr. 132

28 Mathieu, Pierre-Louis: Gustave Moreau. Catalogue raisonné. Paris 1976, S. 143

29 Corpus Rubenianum (s. Nr. 2) 9, 1971, Taf. 128

30 Mathieu, Pierre-Louis (s. Nr. 28), S. 137

31 Hendrick Goltzius und die Haarlemer Stecherschule ... Kat. C. G. Boerner, Düsseldorf/New York 1998, S. 43

32 Prag um 1600. Kat. zur Ausst. Kunsthist. Museum Wien 1988, Bd. 2, Taf. 14

33 Gemäldekataloge Bayerische Staatsgemäldesammlungen 3, Nach-Barock und Klassizismus. München 1978, S. 293

34 Majo, Elena di (a cura di): Bertel Thorvaldsen. 1770–1844. Scultore danese a Roma. Roma 1988, Abb. 77a

35 Hahlbrock, Peter: Gustave Moreau oder das Unbehagen in der Natur. Berlin 1976, Nr. 52

36 Corpus Rubenianum (s. Nr. 2) 9, 1971, Taf. 77
37 Arnold Böcklin, 1827–1901. Kat. zur Ausst. Kunstmuseum Basel, 11. 6.–11. 9. 1977, Taf. 39
38 Scalini, Mario: Benvenuto Cellini. Florenz 1995, Taf. 44
39 Lücke-David, Susanne: Max Ernst, «Euclid». Recklinghausen 1994, Abb. 33
40 Andreae, Bernard (Hg.): Odysseus, Mythos und Erinnerung. Kat. zur Ausst. München, Haus der Kunst, 1. 10. 1999–9. 1. 2000. Mainz 1999, S. 25
41 Lackner, Stephan: Max Beckmann. Köln 1978, S. 133, Nr. 39
42 Corpus Rubenianum (s. Nr. 2), Copies after the Antique ... 23, 3, London 1995, Nr. 60
43 LIMC 1994, 7, 2, S. 629, Nr. 46
44 de Vega, Paulina Junquera: La Historia de Teseo. In: Artes textiles 10, 1981, S. 177
45 The Burlington Magazine, Sept. 1975, S. 593
46 wie Nr. 7, fig. 27
47 Grant, Michael / Hazel, John: Lexikon der antiken Mythen und Gestalten. München 1976, S. 372
48 LIMC 1994., 7, 2, S. 566, Nr. 24

Register

Vorbemerkung

Das Register möchte einem Benutzer dienen, der vor allem von den Bildern her, aber durchaus auch aus der Literatur kommt. Grundsätzlich achten wir auf Namen und Sachen, während Abstrakta eher in der Minderheit sind. Wir konzipieren einen *Generalindex*, der die Einträge in alphabetischer Ordnung vorstellt, wobei die Stichwörter gewöhnlich der Version und Schreibung des Textes folgen. Gelegentlich sind Sachen unter einem geläufigen Stichwort abgelegt. Das Unheilsgefäß der Pandora z. B. erscheint in Literatur und Kunst unter verschiedenen Namen und in unterschiedlichen Formen: Man wird die Einträge hier versammelt auch unter dem heute üblichen Namen «Büchse» finden.

Die mythographische Unterscheidung der Gestalten nach griechischen und lateinischen Manifestationen zeigt sich auch im Index: Entsprechend wird man z. B. zu «Dionysos» ebenso «Bacchus», zu «Zeus» ebenso «Juppiter», zu «Ares» auch «Mars» befragen und umgekehrt. Eine konsequente Trennung nach Inhalten war unmöglich, weshalb es hier relativ viele Wiederholungen gibt. Die Einträge unter den einzelnen Stichwörtern erscheinen in der numerischen Abfolge der Seiten, was zwangsläufig chronologisch-biographische Abläufe ignoriert. Der Versuchung, sie analytisch-systematisch zu ordnen, haben wir widerstanden: Schließlich soll der Index bei aller Ausführlichkeit zum Text hinführen, nicht ihn ersetzen. Anderseits beobachten wir, daß der recht ausführliche Auszug aus den Artikeln unter dem jeweiligen Lemma häufig durchaus einen eigenen Informationswert hat, gleich einem Steckbrief. Überhaupt nimmt der Index öfters Züge eines Lexikons an. Das sollte nicht schaden.

Ein Index entsteht gewöhnlich in stillschweigender Verabredung zwischen Bearbeiter und Benutzer. Seinen Wert wird man weniger an seinem Umfang als an seinem Nutzen messen. Wir wissen, daß wir nicht alle Erwartungen erfüllen können.

Alle Einträge zum vorliegenden Band schließen jeweils an die Paginierung für den Band «Antike Mythologie» (= A. M.) an und sind *kursiv* gesetzt.

Namen, Attribute und Assoziationen, in Auswahl

Abastro: Amatheo, – und Novio, Rösser des Hades 311
Abdera: Stadtgründung des Herakles 373; Spiele von – gründet Herakles 392
Abderos: von den Pferden des Diomedes geschleift 373; Herakles gründet Spiele zu seinen Ehren 373
Abendstern / Morgenstern: Venus als Planetengottheit 62
Abstieg: des Herakles in den Hades mit Christus in der Vorhölle verglichen 395
Abyla: ein Berg, den Herakles vom Berg Calpe trennt, in der Bildkunst 427
Achates: *Begleiter des Aeneas* 52, 54, 57, 68
Achelo(i)os: Rivale des Herakles 380; bewirbt sich neben Herakles um Deianeira, Herakles bricht ihm ein Horn ab, das er der Amaltheia gibt 384; – und Herakles, in der Bildkunst 413; *kämpft mit Herakles 11 f; seine Verwandlungsformen 12 ff; Herakles bricht ihm ein Horn ab 12, 14; bewirtet den Theseus 12; Spender von Fruchtbarkeit und Feldersegen 12; Metapher für amorphe Gestalt des (Fluß-)Wassers 13; Beispiel der Gastfreundschaft 13; sein Horn gilt als Belohnung für große Mühsal 13; trägt einen grünen Umhang 13; Schilfkranz und Wasserurne seine Attribute 13; Gastmahl des –, in der Bildkunst 14; Perimela, Geliebte des –, in eine Insel verwandelt 14*
Acheron: Flußgott, Sohn von Ceres und Sicanus 228; Fluß der Unterwelt 314
Achill: Schützling der Athena 170, von ihr vor Torheit bewahrt 171; hat Waffen von Hephaistos 321; Vulcan übergibt Thetis den Schild des – 343; ihm hilft Hera vor Troia 346; Iris hilft ihm 492; die Musen singen zu seiner Trauerfeier 559; Pfeil des Paris tötet ihn 612; *von Thetis unsterblich gemacht, in Feuer oder den Wassern der Styx, von Vater Peleus gerettet 15, 16, 27, in der Bildkunst 31; Zögling des Chiron 16; Allegorese 27, in der Bildkunst 194 f; seine Nahrung bei Chiron: Milch, Knochenmark und Honig, Äpfel, Innereien von Wildtieren 16; Chiron lehrt ihn Musik und Heilkunde 16; Podarkes, sein Beiname 16; Phoinix lehrt ihn Rede- und Kriegskunst 17; Thetis bringt ihn nach Skyros zu Lykomedes 17; als Mädchen verkleidet 17, in der Bildkunst 32; von Deidameia Vater des Pyrrhos / Neoptolemos 17; von Odysseus entlarvt 17; seine Rösser Balios und Xanthos 18; erhält Briseis als Beute 19; der Groll des – 20, in der Bildkunst 33 f; ruft nach Mutter Thetis 33; empfängt die neuen Waffen 20, in der Bildkunst 34 f; tötet Penthesileia 21; schleift Hektors Leichnam 21; sein Tod 21 f; in Polyxena verliebt 22; Opferung der Polyxena über seinem Grab 23; Gebeine des – und des Patroklos in einer Urne bewahrt 23; von Thetis auf die Insel Leuke entrückt 23; im Hades 23 f; der tote – erscheint dem Neoptolemos, Agamemnon u. a. 24; ist blond, stark, riesig und schnell, Erscheinung und Wesen 24 f, 26; Lyra sein Instrument 25; Ideal eines Helden, Leitbild eines Fürsten 25; – als Beipiel der Tapferkeit 26; Thetis schmückt sein Grab mit der Pflanze Amaranth 26; steht für Beherrschung der Begierden; steht für Adel des Geistes 27; – ist habgierig und hochmütig 27; seine verwundbare Ferse («Achillesferse») 27 f; seine Allegorese im christlichen Mittelalter 28, im Humanismus 28 f; seine Rolle in Begräbnis- und Totenkult 29; Symbolik seiner Lanze bei Dante 29; Gleichsetzung von – mit Christus 29; physikalische Interpretation des – auf die Elemente 29; Charakterisierung des – in der Bildkunst 30; der Doryphoros des Polyklet als – gedeutet 30; Attribute des –: Lanze und Lyra 31; – in der Bildkunst 31 ff; – und Aias beim Brettspiel, in der Bildkunst 34, 102; – verbindet den verwundeten Patroklos, in der Bildkunst 34; Thetis bringt dem – die neuen Waffen, in der Bildkunst 34 f; die Rückkehr der Briseis, in der Bildkunst 35; der*

Kampf mit Hektor, in der Bildkunst 35; – *schleift Hektors Leichnam* 35; *Priamos bittet um Herausgabe des toten Hektor* 35 f; – *und Penthesileia, in der Bildkunst* 36; *Tod des –, in der Bildkunst* 36 f; *Apotheose des –, in der Bildkunst* 37; *zyklische Darstellungen* 37 f; *kämpft mit Aeneas* 45; *wird mit des Aias Leibgurt den Hektor schleifen* 276

Achillea: *Heilpflanze (Schafgarbe), heilt den Telephos* 19

Achillesferse: *16, 27 f*

Achimene: Gemahlin des Bellerophon und Mutter seiner Kinder 203

Achse: eine eherne – hat der Wagen des Poseidon 653

Achtzahl: *kultische Bedeutung für das Verhältnis von Theseus zu Poseidon* 551

Ackerbau: – lehrt Ceres den Triptolemos 246 f; ist Zuständigkeit des Saturn 508, 509, 511

Ackerfrucht: Zuständigkeit der Demeter 234

Ackergerät: von Demeter und Athena eingeführt 238; aus Eisen und Bronze, Allegorese zu Kybele 523

Acoëtes: Steuermann, Dionysos nimmt seine Gestalt an 256 f

Adam: Epimetheus wird ihm gleichgesetzt 601, in der Bildkunst 606; *ist androgyn* 285

Adel: griechischer –, Perseus ist sein Stammvater 639

Adgistis: dämonisches Zwitterwesen 520; von den Göttern entmannt 520; *aus seinen* Genitalien wächst der Mandelbaum 520

Adler: passim Zeus; – des Zeus, schläft bei apollinischer Musik 80; Verwandlungsform des Zeus für Ganymed 303, 304 f; bringt Juppiter die Blitze 322, trägt sie in den Himmel 331; Verwandlungsform des Periklyménos 383; -federn an den Pfeilen des Herakles 387; Verwandlungsform des Hermes für Zeus, die Leda zu täuschen 441; Verwandlungsform der Venus 527; Poseidon verwandelt den Periklymenos in einen – 656; Kind von Typhon und Echidna oder von Terra und Tartarus 679; Werk des Hephaistos, von Zeus beseelt 679; frißt Leber und Herz des Prometheus 679, quält Prometheus 690; – des Prometheus, von Herakles erlegt 679, in der Bildkunst 690; frißt Herz des Prometheus, Allegorese 683; trägt dem Zeus/Juppiter die Blitze 696; Verwandlungsform des Zeus 700; – umgeben den Juppiter 706; – entführt Ganymed = Attribut des Zeus 707, 708; – mit Ganymed, Helmzier Juppiters 710; Begleiter des Zeus/Juppiter 712; Juppiter Fulgur reitet auf – 712; – ziehen den Wagen des Juppiter 713; Attribut des Zeus 716; Begleiter des Zeus 721

Adlerfedern: an den Pfeilen des Herakles 387

Adlergespann: des Juppiter 713

Admet(os): Dienstherr Apolls 83; von Artemis mit Tod der Alkestis bestraft 144

Admete: Tochter des Eurystheus, verlangt den Gürtel der Hippolyte 373

Admiralstab: Attribut des Neptun/Cosimo Medici 669

Adonien: Kult des Adonis 12

Adonis: Tod und Wiederkehr des – als Gleichnis der Auferstehung Christi verstanden 14; durch Aphrodite Vater des Golgos 36; Sohn des Cinyras und der Myrrha 38; Ares läßt ihn durch Eber töten 112; mit Dionysos/Bacchus verglichen 283; den – bringen die Horen der Aphrodite wieder 484; Sohn der Persephone 630; Aphrodite und Persephone streiten um ihn 631; *man weiht ihm das Halsband der Harmonia* 243; *dient der Verherrlichung des Kaisers* 250

Adonisgärtlein: im Kult des Adonis 12

Adrasteia: Schwester der Leto 529

Adrastos: *führt die Pythischen Spiele ein* 41; *als Bild der Philosophie* 43; *zieht gegen Theben, in der Bildkunst* 43 f

Aegis s. Aigis

Aegle: *Nymphe, die den Silen neckt* 503

Aello: eine der drei Harpyien 312

Aeneas: Stammvater der Gens Julia 34; von Venus vergöttlicht 40; Sterblicher, zum Gott erklärt 262; Vulcan schmiedet seine Waffen 324; Vulcan setzt dessen Schiffe in Brand 324; von den Ränken der Juno verfolgt 351; Iris verbrennt beinahe seine Schiffe 492; von Leto und Artemis geheilt 529; Poseidon rettet ihn 651; *in der Obhut des Chiron* 44; *ist von flinker Beweglichkeit* 45; *geschätzter Ratgeber* 45, 46, 47; *kämpft mit Achill* 45; *benutzt Stein als Waffe* 45 f; *waffenlos* 46; *Sinnbild der Frömmigkeit* 46, 47; *Flucht aus Troia mit Vater Anchises* 46; *ängstlich* 46; *des Verrats bezichtigt* 46; *Berater* 47; *der Intrige bezichtigt* 47; *als Stadtgründer* 47, 49; *fromm, gottesfürchtig, gottgefällig* 47 f; *– als Retter der Heiligtümer* 48; *als Flüchtling, Neusiedler und Gründer* 48; *– als Heimkehrer nach Italien* 48; *Fürsorge für die Anvertrauten* 49; *gründet Stadt Pergama* 49; *– am Hof der Dido* 51 ff; *Erbauung von Karthago* 52; *Dido verliebt sich in –* 52; *gründet Burgen und Paläste* 53; *richtet für Anchises ein Totenopfer ein* 53; *trägt einen Olivenkranz beim Opfer* 54; *– und die Sybille von Cumae* 54 f; *– in der Unterwelt* 55; *bricht den goldenen Zweig* 55; *– schickt dem Latinus Iulus / Ascanius verursacht bei der Jagd blutigen Streit* 56; *Traum des –, in dem ihm Tiberinus erscheint* 57; *– bei König Evander* 57; *– erhält von Mutter Venus die neuen Waffen* 57; *der Schild des –* 57; *Juno schafft ein Trugbild des –* 57; *– als Verteidiger Troias durch Mut, Waffen und frommen Sinn* 58; *tötet Mezenthius und Sohn Lausus* 58; *tötet im Kampf Camilla* 58; *Juno und Iuturna gegen – verbündet* 58; *Venus heilt den verwundeten – mit Dictamnus, Panacea und Ambrosia* 59; *– im Entscheidungskampf mit Turnus* 60; *– als mythischer Ahnherr Italiens und römischer Kaiser* 61; *Tod des –* 61; *Apotheose des – durch Venus* 61; *nach seiner Vergöttlichung heißt – Indiges* 61; *leibliche Erscheinung und Wesen des –* 62; *dasselbe mit den Augen der Dido* 62; *die rasch enteilenden Knie des –* 62; *– als Verkörperung einer Idee* 62; *– im Konflikt zwischen Fremden und Einheimischen* 62; *– und Toleranz in der Konfliktlösung* 62 f; *Wesen seiner Frömmigkeit* 63; *Gründer von Etis und Aphrodisias* 63; *– in der moralisierenden Allegorese* 63; *im Mittelalter Ideal des ritterlichen Mannes* 63; *– als exemplum pietatis* 63; *als exemplum tolerantiae* 64; *– in der Emblematik* 64 f; *Frömmigkeit* 64; *– als Sinnbild der Kindesliebe* 64; *rationalisierende Deutung der Mutter Venus* 65; *Typus des –, in der Bildkunst* 65 f; *– mit Turban* 66; *die Flucht des – in der Bildkunst* 66 ff; *Flucht mit Anchises und Ascanius* 66; *– rettet die Penaten (in Gestalt der Dioskuren), die Bilder von Athena und Poseidon, das Palladium* 67; *Neptun hilft dem –* 68; *– begegnet der Dido, in der Bildkunst* 68 f; *Dido und – vom Gewitter überrascht* 69; *bricht den goldenen Zweig, in der Bildkunst* 69; *– und die Sibylle am Averner See, in der Bildkunst* 69 f; *– in der Unterwelt, in der Bildkunst* 70 f; *die Landung des – an der Tibermündung, in der Bildkunst* 71; *der Traum des –, in der Bildkunst* 71; *die Ankunft in Pallanteum, in der Bildkunst* 71 f; *– Evander empfangen, in der Bildkunst* 72; *Venus in der Schmiede des Vulcan, in der Bildkunst* 72; *Venus überreicht dem – die neuen Waffen, in der Bildkunst* 72 f; *die Verwundung des –, in der Bildkunst* 73; *Kampf zwischen – und Turnus, in der Bildkunst* 73; *Apotheose des –, in der Bildkunst* 74 f; *– als Stammvater, in der Bildkunst* 75; *– in der Allegorese, in der Bildkunst* 75 f; *Zyklen in der Bildkunst* 76 f; *die Harpyien überfallen ihn* 259 f; *die Harpyie Celaeno weissagt ihm Hunger* 260

Aeolus / Aiolos: Gehilfe des Vulcan 340, 343; Herr der Winde 351; Juno besucht ihn 505

Aesculap s. Asklepios

Affe(n): bei Bacchus: Bild der Trunkenheit, begleitet Dionysos 269; versorgen den kleinen Hephaistos / Vulcan 318, 329

Afrika: der einsaitige Bogen als Musikinstrument in Schwarz- 94; die Grenzen zwischen – und Europa markiert Herakles 391 f; Nord- unter der Herrschaft des zweiten Kronos 508; dort lebt Juno in der Obhut der Nymphen 509

Agamemnon: bereit, Tochter Iphigenie zu opfern 143; von Klytaimnestra Vater der Iphigenie 490; tötet die Hirschkuh der Artemis, die ihn bestraft 490; trägt in seinem Schild das Bild der Medusa 543; *erhält die Chryseis als Beute 19; ihm erscheint Achill 24; will Tochter Iphigenie opfern 81; Oberbefehlshaber der Griechen 82; Gestalt und Wesen, ist riesig, schön und würdevoll, beredt, klug, edel 85; seine Rüstung 85; holt Rat bei anderen Führern 85; von Diomedes kritisiert 85; Lanzenkämpfer, Speerwerfer 86; weniger beredt als Nestor 86; in der Allegorese: verkörpert Klarheit im Streit, Vernunft, Kampfeswut 86; sein Tod macht Trug zum Sieger über Tugend 86; in der Bildkunst 86 f; von riesiger Gestalt 86 f; in reiferen Jahren, mit Krone und Zepter 87; beim Opfer 87; berät sich mit Fürsten 87; seine Gesandten bei Achill 87; sein Tod durch Klytemnaistra 87 f*

Aganippe: von Akrisios Mutter der Danaë 215

Aganos: Sohn von Helene und Paris 608

Agathokles: von Athena vernichtet 178

Agaue: hält im Wahn Pentheus für einen Löwen, spießt sein Haupt auf Thyrsos 256; Schwester der Semele, kümmert sich um den kleinen Dionysos 275

Aglauros: dem Merkur zu Diensten 469; ihr Ungehorsam gegen Athena 89, in der Bildkunst 90 ff; Auffindung des Erichthonios 90 ff; in der Allegorese als Bild des Neides 90; als Exempel bestrafter Neugier 92; – als Allegorie der Fruchtbarkeit 91, 92; – und Merkur 92

Agnus castus s. Keuschlammbaum

Ägypter: erhalten Recht und Schrift von Hermes Pheneus 433; dahin fliehen die Götter in Tiergestalt 694

Ahnherr: vieler Dynastien ist Herakles 395; Dardanus ist – der Troer 56; Aeneas als – Italiens und römischer Kaiser 56

Ähren: -korb, tragen die irdischen Horen im Sommer 235; – und -kranz, Attribut der Demeter / Ceres 242, 243, 245, 250; Dreizahl von – bei Demeter 242; –, -kranz und -korb, Attribut der Sommer-Hore 486; -kranz, Attribut der Kybele / Ceres 525

Aiakos / Aeacus: Totenrichter 308

Aias: die beiden, Günstlinge des Ares 109; Klein-, vergewaltigt Kassandra 171, von Athena vernichtet 171, 178; Klein- entehrt den Schrein der Achaier, Poseidon vernichtet ihn 651; die beiden – werden von Kalchas angefeuert 650

Aias I: *und Achill beim Brettspiel / Würfelspiel, in der Kunst 34; seine «Achillesferse» 93, 97, 99; sein Schild 94; seine Kampfkraft im Vergleich 94; begünstigt den Odysseus gegen Aias I 95 f; Aias I versagt sich ihr 99 f; Aias vergeht sich an ihrem Kultbild (Palladium) 104; erschlägt den Aias II mit einem Blitz 105; aus seinem Blut wächst eine Blume 97; Erscheinung und Wesen 98 ff; riesig, arglos 98; unterliegt der List des Odysseus 98; stolz und wortkarg 98; stark, störrisch 99; ist amusisch 99; versagt sich der Athene 99 f; sein Wahnsinn 100; in der Allegorese 100 f; steht für Selbstüberwindung oder Feigheit oder Ungerechtigkeit 101; in der Bildkunst 101 ff; – und Achill beim Brettspiel 102; kämpft gegen Hektor, in der Bildkunst 102; mit dem Leichnam des Achill, in der Bildkunst 102; Streit um die Waffen Achills, in der Bildkunst 101; sein Wahnsinn, in der Bildkunst 102 f; sein Freitod, in der Bildkunst 103; wird sich in Hektors Schwert stürzen, Achill wird ihn mit Hektors Leibgurt schleifen 276*

Aias II: *kämpft gegen die Amazonen 104; vergeht sich an Kultbild der Athene (Palladium) 104; sein Frevel an Kassandra und damit an Athena 104; Athene erschlägt den – mit einem Blitz 105; sein Leichnam wird an Land gespült 105, in der Bildkunst 107; Erscheinung und Wesen 106; ist klein, kräftig, flink, kein Nahkämpfer 106; zänkisch, bösartig, blasphemisch, Prahler 106; Allegorese: in der Antike Inbegriff der Gottlosigkeit 106; veranschaulicht Brutalität 106; in der Bildkunst 106: – und Kassandra 107; der Schiffbrüchige 107; sein Tod 107*

Aidoneus: Name des Hades als Herr über das Totenreich 308

Aigeus: er oder Poseidon von Aithra Vater des Theseus 652

Aigimios: Dorerkönig, von Herakles unterstützt im Kampf gegen Lapithen 384

Aigina: Jupiter und –, in der Bildkunst 720

Aigipan: Pan wird mit ihm gleichgesetzt 587; –, Hermes oder Kadmos setzen dem Zeus die Sehnen wieder ein 695

Aigis / Aegis: Ausrüstung der Athena 168, 189, 635; Rüstung des Zeus, die er von Hephaistos hat, ist vielleicht das Fell der Amaltheia 322, 702

Aigle: Tochter des Atlas 375

Aipolos (Ziegenhirt, Hirt): Beiname des Pan 591

Aisakas: Bruder des Paris 608

Aithra: von Poseidon oder Aigeus Mutter des Theseus 652

Akakos: zieht Hermes auf 435

Akrisios: Vater der Danaë von Aganippe oder Eurydike 215; hält Danaë gefangen 216; setzt Mutter und Kind Perseus aus 216, 221, 633; Vater des Perseus, von ihm unversehens erschlagen 637

Akropolis: – von Athen, dort schlägt Poseidon Quell aus dem Boden 175, 652, 655

Aktaeon: von Artemis mit dem Tod bestraft 142; Diana und – 160

Aktor: oder Poseidon von Molione Vater von Eurytos und Kteatos 383

Alcestis s. Alkestis

Alcyone: Iris bewegt Somnus, sie zu trösten 492

Alektryon: dem Ares zu Diensten 112

Alexander: Beiname des Paris 608

Alexiares: und Aniketos, Söhne von Herakles und Hebe 385

Alkaios / Alkides: ursprünglicher Name des Herakles 366

Alkestis / Alcestis: von Herakles aus der Unterwelt befreit 389

Alkides s. Alkaios

Alkimenes s. Deliades

Alkmene: versteckt den kleinen Herakles 353; von Zeus Mutter des Herakles 363, 365; Tochter des Elektryon, Gemahlin des Amphitryon 363, 365, von ihm Mutter des Iphikles 365; Hera und Eileithyen verzögern die Entbindung des Herakles, den – später aussetzt 365; Gemahlin des Rhadamantys 367; wird mit der Jungfrau Maria gleichgesetzt 395

Alkon: – und Eurymedon, Söhne des Hephaistos, geschickte Schmiede 317

Alkyone: aus christlicher Sicht ein von Neptun verdorbenes Mädchen 658

Allecto: *Furie, die Gestalt einer Priesterin annimmt 56*

Allgegenwart: des Zeus 701

Allgott: ist Pan 592; ist Jupiter 702

Alma: anderer Name der Kybele 523

Aloaden: fesseln den Ares und halten ihn in ehernem Krug gefangen 112; Otos und Ephialtes, sind größer als Ares 113; Zwillingsbrüder, ihr Tod 142; Söhne des Poseidon und der Iphimedeia 653; sie türmen Berge aufeinander, um den Himmel zu ersteigen 696

Alope: aus christlicher Sicht ein von Neptun verdorbenes Mädchen 658

Alphabet: Erfindung des Hermes 442; *Kadmos bringt den Griechen das – 356*

Altar, Altäre: der – der Vesta ist rund 482; die Errichtung der – von Prometheus gelehrt 677

Altheia: von Dionysos Mutter der Deianeira 251, 258

Amaltheia / Amalthea: von Ammon Mutter des Dionysos 251; erhält von Acheloos dessen Horn 384; ihr Horn ist Zeichen für Klugheit des Pan 592; ihr Fell ist vielleicht die Aigis des Zeus / Juppiter 702; als Ziege, in der Bildkunst 714 f; *Amme des Zeus, Nymphe oder Ziege 116; – hängt die Wiege in einen Baum 116; Kureten / Korybanten machen Lärm 116; ihre Milch mit Honig vermischt 116; ein Horn der – als Füllhorn verstanden 117; aus einem der Hörner fließt Nektar, aus dem anderen Ambrosia 117; Rationalisierung 117: sie sei Freundin des Herkules, das Horn ihre Sparbüchse 117; Tochter des Haemonius 117; das Horn wird mit dem Horn des Achelo(i)os gleichgesetzt 117; – von schrecklichem Anblick 117; ihr Fell dient*

Zeus als Schild, ist mit dem Gorgoneion versehen 118; Ziegenhaut als Schreibmaterial 118; in der Bildkunst 118: hat die Gestalt einer Ziege oder eines Mädchens 118; – mit dem reitenden Zeusknaben 118; von Korybant gemolken 118; die Nymphe – mit dem Zeusknaben 118; die Nymphe auf einer Ziege reitend, Allegorese der Milch 118f
Amaranth: *Pflanze, mit der Thetis das Grab Achills schmückt* 26
Amatheo: –, Abastro und Novio, die Rösser des Hades 311
Amazone(n): begleiten Artemis und tanzen mit ihr 140; Artemis ist ihnen ähnlich 153; ihr Heer von Athena angeführt 169; von Bellerophon besiegt 205; Verwandlungsform der Hera 351, 373; Hippolyte ist ihre Königin 373, in der Bildkunst 406; Medusa ist ihre Königin 542; Bellerophon kämpft gegen die – 622; – *im Kampf gegen Aias II* 104; *Stamm kriegerischer Frauen* 119; Unterscheidung dreier Völker 119; Namensetymologie: leben ohne Männer oder brennen sich eine Brust aus, werden «Einbrüstige» genannt 119; die – am Thermodon 120; haben eine Königin, die sich «Tochter des» nennt 120; verstümmeln die Knaben, halten die Männer in Sklaverei 120; brennen sich die rechte Brust aus als hinderlich für den Kampf 120; unterwerfen die Nachbarvölker 120; Königin erbaut Stadt Themiskyra 120; verehren die Taurische Artemis 120; unterliegen; Penthesileia kämpft für Troia und unterliegt dem Achill 121; Rachefeldzug der Überlebenden gegen Athen 121; andere werden von den Skythen assimiliert 122; Ursprung der Sauromaten (Sarmaten), die den Männern Emanzipation einräumen 122 f; die ältesten – in Libyen 123; sind Nachbarn der 123; ihre Männer sind Hausmänner 123; die Frauen brennen sich beide Brüste aus 123; leben von Milch und Fleisch von Ziegen und Schafen, Getreide ist unbekannt 123; erobern die Nachbarländer außer den Ichthyophagen 124; – und Gorgonen werden von Herakles vernichtet, der keine Frauenherrschaft mag 124; gehen in die Mythen von Herakles und Theseus ein 124; verehren die Artemis/Diana und Ares, dem sie Pferde opfern 124; setzen der Kore ein Bild 124; Musik hört man zum Kriegstanz bei schriller Flötenmusik 125 f; Jagdbegleiterinnen der Artemis 125; eine – als Verwandlungsform der Hera 125; Theseus ruft Apoll gegen sie an 125; sie unterliegen dem Bellerophon 125; kämpfen gegen Iason und Dionysos 125; die – als Exoten und Ausländer 125; sind ein gesellschaftliches Monstrum 126; ihr Untergang ein Triumph der griechischen Zivilisation 126; ihre Kleidung: kriegerisch; die libyschen sind in Schlangenhäute gekleidet 126; die «thrakischen» – tragen bunte Rüstungen 126; sind eigentlich Männer in langem Gewand, das Haar gebunden, gut rasiert 127; die Bewaffnung: kämpfen gern zu Pferd, mit Schwert und Lanze, Bogen und Pfeil 127; die «thrakischen» haben Wurflanze, Streitaxt, Pfeil und Bogen 127; Schild ist halbmondförmig 127; im Kampf zu Pferde schießen sie geschickt rückwärts 127; sprunggeübt und schnell 127; sind nicht feinsinnig, Musik und Tanz dienen dem Kult 127 f; später traut man ihnen auch friedliche und zivile Eigenschaften zu 128; die – im Mittelalter 128; Trennung der Geschlechter 128; man brennt den Adligen die linke Brust aus für den Schild 128; zwei – besiegen und beschämen zu Pferde Hercules und Theseus 128 f; Theseus verliebt sich in Hippolyte 129; ihr Reich währt 800 Jahre 129; in der Bildkunst 129 f: tragen Rüstung, Schwert, Schild und Speer 129; in skythischer Tracht, mit langen Beinkleidern 130; Waffen: Pfeil und Bogen und Streitaxt 130; Schild in Halbmondform 130; tragen thrakische Stiefel und Doppelaxt 130; Themen: Amazonomachie 131 f; die verwundete – 132; die Gesandtschaft bei Theseus 132 f; Bankett der – 132; die Sphinx ist eine – 358
Amboß (Ambosse): Hephaistos hängt zwei – an die Füße der Hera 318, 348, in

der Allegorese 357; -halter, Gerät des Hephaistos 320; Attribut des Hephaistos / Vulcan 336; Zeus bestraft Hera 348, 504

Ambrosia: – und Nektar, Nahrung des kleinen Apoll 77; gehört zur Toilette der Hera 347; mit – und Nektar füttern die Horen den kleinen Apoll 483; Zeus füttert mit – und Nektar die Hekatoncheiren 693; *Venus heilt den verwundeten Aeneas mit Dictamnus, Panacea und – 59*

Ambrosisch: mit – Öl salbt sich Hera 347; – Futter erhalten die Rosse des Poseidon 653; ist das Kleid der Hera, ist das Haar des Zeus 702

Ameise(n): Verwandlungsform des Periklyménos 383; Verwandlungsform des Zeus 700; von Juppiter in Menschen verwandelt 700

Amisodarus: Gemahl der Chimaira 207

Amme(n): Dionysos hat eine oder sieben – 254; – des Dionysos kommen vom Berge Nysa 254; Juno ist – des Merkur 435; die – der Kybele läßt Meion töten 521

Ammon: von Amaltheia Vater des Dionysos 251

Amor / s. a. Eros / s. a. Cupido: = Liebe, von nackter Frau verkörpert 292; –/ Eros, Bild für den Kosmos 296; = Unzuchtteufel 297; –, der Keusche, in Weisheit und Tugend verliebt 297; «Amor Divino» bei Francesco da Barberino, in christlichem Dienst 297; – in der Allegorese 297 f; –/ Eros/ Cupido, Attribut der Venus 299; Soldat im Kriegsdienst der Liebe 299; – gekrönt 299; – gehörnt = der teuflische 299; – in Psyche verliebt, Opfer seiner selbst 296; Apfel ist Attribut des –/ Eros / Cupido 299; – und Venus, verkörpern Luxuria 301; von Biene gestochen 301 f; seine Flügel und Pfeile sind Werk des Hephaistos / Vulcan 337 f; seine Pfeile sind Sinnbild fürstlicher Tugend 342; – und Venus in der Schmiede des Vulcan 343; Herakles wird sein Opfer, in der Bildkunst 415; – von Pan besiegt 588, 594; Pan unterliegt – 588, 593; s. a. Amores / Amorini

Amor s. a. Eros

Amores / Amorini: begleiten Venus und Mars 65; ernten Äpfel 59, 61, 300; Amor, vervielfacht 299 f; begleiten Venus 61, 299, 300; bei der Entführung der Europa 719

Amorini s. Amores

Amosyne: hat Liebschaft mit Hermes 441

Ampelos: seine Bestrafung 163; von Dionysos geliebt 258; Beiname des Dionysos 269

Amphiaraos: vom Blitz des Zeus in die Erde geschleudert 699; *Held und Seher, einer der Sieben gegen Theben 133*; Gemahl der Eriphyle, Teilnehmer der Kalydonischen Jagd 133; widersetzt sich der Teilnahme am Feldzug 134; macht mit einem Schwur die Eriphyle zur Schiedsrichterin künftiger Streitigkeiten *133 f*; Polyneikes besticht die Frau mit dem Halsband der Harmonia 134; Tod des Opheltes 134; – zeigt sich rachsüchtig 136; bringt beim Tod des Melanippos die Athene gegen sich auf 134; Zeus öffnet mit einem Blitz den Boden, und – verschwindet darin mit seinem Wagen 134; *eine mittelalterliche Version 134 f*; durch die Niederfahrt vergöttlicht 135; Traumdeutung und Heilen seine Zuständigkeiten 135; Ursprung des Weissagens aus dem Feuer (Pyromantie) bei – 135; der Fruchtbarkeit verbunden 483 f; er ist Seher und Krieger 135; ein ehrgeiziger Kämpfer, doch rachsüchtig 136; ein Seher, der sein eigenes Schicksal nicht voraussah 136; als Augur bei der Schau abgestürzt: Typus des Hansguck-in-die-Luft 136; in der Bildkunst: – heilt einen Kranken 136 f

Amphidamas: Sohn des Osiris, von Herakles getötet 412

Amphion: –, Arion und Orpheus stehen für die ordnende Macht der Musik 135; verkörpert die Redekunst 432; Gemahl der Niobe 567; als Bild der Verzweiflung 568; Orpheus in Gesellschaft von –, Arion, Linos und Musaios 578; *– und Zethos als Kulturstifter 360*

Amphitrite: in Gemeinschaft mit Arion und Dionysos 135; Gemahlin des Poseidon, von ihm Mutter des Triton und der Rhode 648; Gemahlin des Poseidon, von ihm Mutter von Triton, Rhode und Bethesikyme 652; gibt dem Theseus einen Kranz 652; aus christlicher Sicht ist – ein von Neptun verdorbenes Mädchen 658; Etymologie ihres Namens 658; Poseidon entführt sie, in der Bildkunst 665; – und Neptun, in der Bildkunst 666; – hat einen Sonnenschirm 666; *Göttin, zuständig für Meer, Wind und Meeresgetier 137; Neptun begehrt die –, schickt Delphin als Boten 137; Gemahlin des Neptun und oberste Meeresgöttin 137; Delphin wird an den Himmel versetzt 137; laut tosend 137, 138; anwesend bei der Geburt des Apoll 137; dunkeläugig 138; Bild für Element Wasser, steht für das blaue, fischreiche, grenzenlose Meer 138; von schrecklichem Aussehen mit blitzenden Augen 138; in der Bildkunst 138 f: reitet auf Delphin, sitzt im Muschelwagen 138; Fisch ihr Attribut 138; reitet auf Seeungeheuer, hält Schnecke in der Hand 138; langes Zepter 138; Themen: von Poseidon verfolgt 139; empfängt Theseus auf dem Meeresgrund 139; im Gigantenkampf 139 f; der Hochzeitszug 140; Triumph der – 140; – mit der Pax Augusta als Allegorie der Luft 140*

Amphitryon: Gemahl der Alkmene 363; von Alkmene Vater des Iphikles 365; Verwandlungsform des Zeus 365, 700; lehrt Herakles den Umgang mit Wagen und Schiff 366; schickt Herakles aufs Land 367

Amphora: *zwei –, Symbole der Dioskuren: Dókana, zwei Sterne, zwei Pferdebüsten 231*

Amyklas: Vater der Daphne 222; – und Chloris, Kinder der Niobe, von Artemis verschont 567

Amykles: von Diomede Vater des Hyazinth 487

Amymone: aus christlicher Sicht ein von Neptun verdorbenes Mädchen 658; Neptun und –, in der Bildkunst 666 f

Anadyomene (die Auftauchende = Schaumgeborene): Beiname der Aphrodite / Venus

Ananke (Notwendigkeit): sie oder Nyx (Nacht) Mutter der Moiren 552

Anaphrodisiakum: Lattich (lactuca) 15, 39; Meeräsche = «Tochter der Artemis» 151

Anblick: – des Gorgoneion ist tödlich 178; die Macht des – in der Liebe 292; – der Gorgo Medusa verwandelt in Stein 541, bannt 545, ist tödlich 633, 634; – der Medusa bannt den Proetus / Proitos 543, versteinert den Phineus 543, 636 f, den Polydektes und die Iodama 543; – der Medusa wandelt den Atlas zum Gebirge 543, 636; – des Gorgonenhauptes ist tödlich 636

Anchises: Geliebter der Aphrodite und Vater von Aeneas und Lyros durch sie 35, 64; Vater des Aeneas, mit dem er Troia flieht 46; Aeneas richtet ein Totenopfer für ihn ein 53

Andrachnebaum (Erdbeerbaum): Hermes darunter geboren, ist dem Hermes heilig 435

Andrea Doria: Porträt im Bild des Neptun 668 f

Andromache: *Neoptolemos nimmt sie als Beute 142; ihre Gefangenschaft 142 f; Opfer der Hermione 143; ist weißarmig, hellhäutig, groß und wohlgestalt, helläugig, ist bescheiden, klug, züchtig 144; ihre Sklaverei als Beispiel für Versöhnung von Feinden 144; in der Bildkunst: ist jung, anmutig, schlicht gekleidet, schmucklos 145; Hektors Abschied 145 f; – fällt in Ohnmacht 146; – beklagt Hektors Tod 146 f; – und Pyrrhus 147 f; – als Gefangene 148*

Andromeda: von Perseus Mutter von sechs Söhnen und einer Tochter 633; Tochter des Kepheus 636; von Perseus gerettet 636, 642, in der Bildkunst 644 f, 647; Bild für die verführerische Rede der Urmutter Eva 640; – und Perseus, von Athena an den Himmel gesetzt 638

Ängstliche: ihnen bringen Pluton und Persephone Glück 631

Aniketos: und Alexiares, Söhne von Herakles und Hebe 385

Anmaßung s. Hybris

Anmut: – und Reiz, der Liebe förderliche

Register 617

Eigenschaften 42; – der Bewegung gehört zu Venus 56; verleiht Zeus dem Hermes 439

Anodos (die Heraufsteigende): Beiname der Aphrodite / Venus 300

Antaios / Antaeus: mordlustiger Sohn des Poseidon, von Herakles im Ringkampf getötet 376, in der Bildkunst 411 f, 426, 427; Bruder der Pygmäen 376; Sohn von Poseidon und Erde 653

Anteia s. Stheneboia

Antenor: *450*

Anteros: jüngerer Bruder des Eros 32 f

Anthéos: von Paris geliebt 608

Antianira: von Hermes Mutter von Echion und Eurytus 442

Anticupido s. Anteros

Antigone: Tochter des Laomédon, in einen Storch, ihr Haar in Schlangen verwandelt 352

Antilochos: Zeus und Poseidon lehren ihn das Wagenfahren 653

Antiope: eine Amazone, die Herakles dem Theseus gibt 373

Antiope: Tochter des Nyktaeus od. Asopos, Mutter von Amphion und Zethos 27; *Amazone, Geliebte des Theseus, bringt sich um 547; eifersüchtig auf Phaidra, droht, Hochzeitsgesellschaft zu töten, kommt selbst ums Leben 547 f*

Antlitz / s. a. Gesicht: des Juppiter ist heiter und schön 707

Anubis: hundsköpfiger ägyptischer Gott, für Hermes gehalten 453; ihm ähnelt der hundsköpfige Merkur 459

Anwalt: seine Rede wird veranschaulicht durch die Rute des Merkur 451

Anzahl: der Horen (drei, vier, neun od. zehn) 483; – der Musen (drei, vier, sieben, neun) 560

Äolus: Juno besucht ihn, in der Bildkunst 505; s. a. Aeolus

Apfel / Äpfel: des Paris und dessen Attribut 47, 617, 618, 619, 620; – und Mohn, Attribut der Aphrodite / Venus 52, 54, 59; Amorini ernten – 59; Attribut der Grazien 215; Attribut des Dionysos 269; goldene –, schenkt Ge dem Zeus 375; goldene – der Hera, die Töchter des Atlas vergreifen sich an ihnen 375; – der Hesperiden holt Herakles 376; – der Hera pflückt Herakles 377, in der Bildkunst 408, 426; goldene – der Hesperiden, werden für ein Bild der Schafherden der Hesperiden gehalten 377; – der Hesperiden stehen für Studium, Verstand, Gedächtnis, Beredsamkeit 394; – der Hesperiden, in der Bildkunst 401; bei Pandora, Allegorese 602; goldener –, Siegespreis für Aphrodite, identisch mit – der Eris 609; – und Merkur beim Parisurteil 470; drei – sind Attribut des Herakles 401; vier – 394, 407, 636; goldene – der Hesperiden und Prometheus 679; *Nahrung des Achill von Chiron 16; die goldenen Äpfel des Hippomenes in der Deutung 171; Attribut der Hebe 270*

Apfelschimmel: ein – ist Pegasus 628

Aphrodisiakum: ist der Sperling 53, ist die Zwiebel 280

Aphrodisias: *und Etis, Stadtgründungen des Aeneas 63*

Aphrodite / Venus: passim Adonis; verliebt sich in Kind Adonis 12, 13; setzt Kult des Adonis ein 13; Mutter des Anteros 32; von Athena zu Boden gestreckt 37, 64, 170; bittet Neptun um Verwandlung von Ino und Melicertis in Meergötter 39; ist Widerpart der Athena 42; – Pandemos 45; von Dionysos Mutter des Priapus und des Hymen 251; von Hephaistos / Vulkan Mutter des Eros / Cupido 289, 317; entsteigt dem Meer mit Eros 289; Eros ist ihr Diener und Vollstrecker 291; – Mutter von Eros und Himeros 300; Eros ist älter als – 300; Gemahlin des Hephaistos 317, 319; begeht Ehebruch mit Ares 319; steht für Schönheit 330; verspricht dem Paris die Helena 345; leiht Hera ihren Liebeszauber 347; Hermes stiehlt ihr den Gürtel 439; von den Horen gekleidet und geschmückt 483; die Horen stehen ihr nahe 483; die Horen bringen ihr den Adonis zurück 484; von Iris aus der Schlacht geleitet 492; entsteigt den abgeschnittenen Genitalien des Kronos 508; – ist die älteste der Moiren 552; erhält von Paris den goldenen Apfel 609; sie entrückt den Paris 611, in der Bildkunst 620; gibt dem Paris Haar und Wuchs 613; ist von Dionysos Mutter des Priapus 670; *Atalante der – und den Chariten ähnlich 170; Daidalos baut der – einen Tempel, fertigt ihr einen goldenen Widder 200; hölzernes Bild der –, das gehen kann 204; Liebschaft mit Anchises mit der von Selene und Endymion verglichen 241 f; man weiht ihr das Halsband der Harmonia 243; Töchter des Pandareos, Schützlinge von Hera, Artemis, Athena und – 260; Hebe im Reigentanz mit, Horen und – 269; – salbt den toten Hektor 284; Helene ist dem Paris von – versprochen 300; Hermaphroditos, Sohn des Hermes und der – 309; Hymen, Eros, Himeros, Chariten und Pothos im Gefolge der – 316; Iason hat die Gunst von Hera, Athene und – 335; Mädchen, von – in Vögel verwandelt 518; Theseus weiht dem Apoll ein Bild der – 515*

Aphrodite/Venus, Typen und Bildwerke: knidische 47; Anodos 62; Anadyomene 62, 63; die kauernde 68

Apoll(o): als Liebhaber und Knabenliebhaber 84; Vergleich mit Hermes 85; Opfer des Eros 92; weibliche Gesichtszüge 92; als Schütze 92, 97; Kitharöde 93, 94; verglichen mit Orpheus 94; als Herrscher der Tiere 94; seine Musikinstrumente 94; Lenker des Sonnenwagens im Tierkreis 96; Sonne und Mond als Gestalt von Apoll und Artemis 96; teilt mit den Sibyllen Gabe der Weissagung 98; und Coronis 99; Streit mit Herakles 99; und Tityos 99; tötet Cyclopen 100; Symbol ewigen Lichts 104; Ares fügt sich ihm 111; – und Arion als Sachwalter der Musik 134, 137; tötet Python 163; Sohn der Minerva von Vulcan 165; neben Athena und Artemis, kämpft gegen Titanen 169; –, Ares und Artemis, mit Athena verglichen 178; schmäht Cupido 222; verfolgt Daphne 222, 227 f; Verkörperung der Sonne, steht zur Linken der Ceres 241; –/Sonne mit Dionysos gleichgesetzt 261; verkörpert die bildende Kunst 268; gleichgesetzt mit Liber Pater 285; verspottet Eros 292; verrät Venus und Mars 336; – und Artemis, ihre Geburt verhindern Hera und Eileithya 350; gibt Herakles Bogen und Pfeile 366; seine Rinder sind weiß und haben goldene Hörner 436; Hermes stiehlt ihm die Rinder 436 f, in der Bildkunst 463 f; sein Streit mit Hermes, von Zeus geschlichtet 438; gibt Hermes einen Stab aus Kornelkirsche 438; erhält von Hermes die Lyra 438; Hermes fordert von ihm die Kunst der Weissagung 438; gibt Hermes die dreiästige Zauberrute 438; bietet Hermes seinen goldenen Hirtenstab gegen die Flöte 438; deutet den Vogelflug 439; gibt Hermes die Herrschaft über die wilden Tiere, die Pferde und das Maultier 439; – von Hermes als Arzt verkörpert 454; dem Ordner – steht Hestia nahe 478; dem Ordner – stehen die Horen nahe, sie füttern ihn kleinen mit Nektar und Ambrosia 483; seinen Wagen begleiten die Horen 486; wirbt um Hyazinth 487, 488; lehrt Hyazinth das Diskuswerfen, beide beim Spiel, sein Diskus tötet den Knaben 488; erweckt Hyazinth wieder zum Leben 488; Sohn von Leto und Zeus, Bruder der Artemis 529; – und Artemis töten die Niobiden 529; ihm ist der Wolf lieb 530; Marsyas fordert ihn heraus, – besiegt ihn 533, schindet ihn, in der Bildkunst 538; sein Wettstreit mit Pan 533; Wettstreit mit Marsyas, in der Bildkunst 537; – ist Bild für den wahren Philosophen 538; Vater der Musen 555; steht den Musen vor 557, ist ihr Tanzmeister 558, teilt mit ihnen die goldene Lyra 558; beim Wettstreit mit Marsyas sind die Musen Schiedsrichter 557; seine Lyra und die Flöte des Marsyas weiht – dem Dionysos 559; im Wettstreit mit Pan ist Midas Schiedsrichter 565; – als Musenführer 566; – und Artemis erschießen die Niobiden 567; die Musen leisten ihm Gesellschaft 565; im Wettstreit mit Pan sind die Musen Zeugen 565; – und Diana von Niobe beleidigt 567; – oder Oiagros von Kalliope Vater des Orpheus, der ihm seine Kunst verdankt 570; von einer Nymphe Vater des Aristaios 572; verwandelt Schlange in Stein 573; lehrt Orpheus den Gebrauch der Lyra 575; Orpheus in Gesellschaft von –, Zoroaster, Hermes Trismegistos, Linos und Musaios 578 f; Wettstreit mit Pan 588; lenkt den Pfeil des Paris gegen Achill 612; – und Musen ist der kastalische Quell heilig 624 f; Pegasus in seiner Gesellschaft 628; streitet mit Persephone um Adonis 631; schickt die Pest nach Troia 649; – und Poseidon bauen Laomédon eine Stadtmauer 649, reißen sie wieder ein 650; – und Artemis, Kinder von Zeus und Leto 694; Juppiter richtet über ihn 722; nimmt in der Trinität die Stelle Christi ein 725; *Theseus ruft – gegen Amazonen an 125; Amphitrite anwesend bei der Geburt des – 137; Asklepios Sohn von – und Coronis, – übergibt das Kind dem Lehrer in der Heilkunst Chiron 154; Ursprung ärztlicher Kunst schlechthin 155 f; Atalante mit Orakelgott – 173; Halsband der Harmonia dem Delphischen – geweiht 243; – und Ares stehen dem Hektor bei 273; heilt den verwundeten Hektor 279; hüllt den toten Hektor in schützende Wolke 284; – als Ordner 284; dem Fürsten und Krieger Hektor steht Zeus, dem Verteidiger – zur Seite 285; Muse Kalliope und –, Eltern des Hymen 292; – verliebt sich in Hymen 306; Iason ähnelt dem Ares und dem – 306; ein «Kentauros» ist Sohn des – 342; Odysseus deutet das Orakel des – 382; in der Bildkunst: Phaëton bittet – um den Sonnenwagen 456; Theseus opfert dem – von Delphi den Stier von Marathon 513; Theseus opfert vor der Reise dem – einen Olivenzweig 514; weiht dem – ein Bild 515*

Apoll(o), Typen und Bildwerke: – vom Belvedere 93; Kultstatue des – in Delphi = delphischer 95, 101; – Sauroktónos («Eidechsentöter») 95; – Victor 104, 105; pythischer – 105, 210

Apollinisch: als Gegensatz zu Dionysisch, nach F. Nietzsche 268; Musik, – und dionysische 575

Apollopriester: *Odysseus verschont – und Familie 398*

Apostel: *den Spartoi gleichgesetzt 358*

Apostrophia (die Abwenderin): Epitheton der Aphrodite 45

Apotheker: *Asklepios als – 160*

Apotheose: des Ganymed 305; des römischen Kaisers 305; – des Herakles 369, in der Bildkunst 416 f

Apotropäon: ist das Gorgoneion der Athena 189 f; das Auge als – 544 f

April: der Monat der Venus 73

Aquarius s. Wassermann

Ara Pacis: 129 f

Arachne: Verkörperung der Hybris 106; Allegorie der Webkunst 107; ihre Hybris und Verwandlung in Spinne 174; Wettstreit mit Athena 194

Arbeit: der Cyclopen ist Sinnbild der Eintracht 341

Archemorus / Opheltes: *als Ziehkind der Idolatrie 43*

Architekt: *Daidalos als Baumeister und –, Erfinder von Wand und Dach 202*

Ardalides: Name der Musen 317

Ardalos: Sohn des Hephaistos und Erfinder der Flöte 317

Ardea: Stadt in Italien, gegründet von Danaë 217

Areion: Ross, Kind von Poseidon und Demeter 229; ein Pferd, Sohn von Poseidon und Demeter 652

Ares / s. a. Mars: Gegenspieler und Gegenbild des Adonis 16; Vater des Anteros 32; durch Aphrodite Vater von Phobos, Deimos und Harmonia 35; Geliebter der Aphrodite / Venus 36; Bruder von Hebe und Eileithya 108; Thero ist seine Amme 108; lernt Fechten bei Priapus 108; Vergleich mit Athena 109; negative Charakterisierung 109, positive 116; begünstigt die beiden Aias 109, 110; Menelaos sein Günstling 109; Eris seine Schwester und Freundin 109; in Gestalt des Akamas 110; Penthesileia, Tochter des – 110; sein Kampfwagen 110; seinen Gürtel trägt Penthesileia 110; Aeneas, Günstling des – 110; geht in den Leib des Hektor ein 110; Periphas von – getötet 110; verletzt von Lanze des Diomedes, vom Speer des Herakles 110; geheilt von Paieon, gewaschen und gekleidet von Hebe 110; durch Phobos und Deimos vom Schlachtfeld entrückt 110; unterliegt Athena, fügt sich Apoll 111; ist Hera zu Diensten 111; stiftet Streit 111; von Otos und Ephialtes gefesselt und gefangen gehalten, von Hermes befreit 112, 441; Affäre mit Aphrodite 112, 114; schickt den Eber zu Adonis 112; ein Fisch ist seine Verwandlungsform 112; Wesensart des – 112 f; er ist von gewaltiger Leibesgröße, ist stimmgewaltig 113; Vergleich mit Poseidon und Athena 113; sein Helm 113; sein Sohn der Juno 496; Sohn Kyknos 113; seine Rüstung funkelt 113; Lanze oder Speer und Schwert seine Waffen 114; seine Peitsche 115; sein Haus aus Eisen 115; Furcht und Schrecken (Phobos und Deimos) sein Gespann 115; Hinterhalt, Zwietracht, Zorn und Furcht leben in seinem Haus 115; hat bronzene Rüstung 116; sein Helm und Pferdegeschirr sind golden 116; tötet Hallirhotios 116; wird von Mord freigesprochen 116; Patron des Friedens 117; römischer Kriegsgott 117; Stammvater des römischen Geschlechts 117; Schildzeichen des – 127; steht Schwester Artemis nahe 137; – und Athena des Kriegshandwerks kundig 169; unterliegt Athena 170; –, Artemis und Apoll mit Athena verglichen 178; leiht sich die Kappe des Hades 308; Ehebruch mit Aphrodite 319; – steht für Eisen 330; Sohn der Hera 344; Kriegsgott, Sohn des Zeus und der Hera 348; ist von listiger Rachsucht 348; gibt Hippolyte einen Gürtel als Hoheitszeichen 373; von Pyrene Vater des Kyknos 376; Priapus unterweist ihn im Tanz 671; – ist Sohn des Zeus und der Hera 694; *Faunus ist Sohn des – 61; Amazonenkönigin, die sich «Tochter des –» nennt 120; Amazonen verehren die Artemis und –, wie sie Pferde opfern 124; Polydeukes Sohn des – 221;* versorgt den verwundeten Ares 268; Apoll und – stehen Hektor bei 273; Hektor gleich dem «männerverderbenden» –; Hektor wirkt *auch mit seinem Gebrüll wie – 287; Iason ähnelt dem – und dem Apoll 306; Kadmos schickt seine Leute zur Quelle des –, die von einem Drachen bewacht wird 327; Kadmos muß für acht Jahre dem – dienen 328; stiftet den Streit der Kentauren mit den Lapithen, sie fallen bei ihm in Ungnade 344; Meleager ist ein Liebling des – 362; – der Athene unterlegen 391; Phrixos opfert dem Hermes oder dem –, Aietes nagelt das an eine Eiche im Hain des – 462; Teiresias sagt den Thebanern den Sieg voraus, wenn Menoikos sich dem – opfere 471 f*

Arethusa: Jagdgefährtin der Artemis, von ihr in Quelle verwandelt 143; Nymphe, hilft Ceres 235; Tochter des Atlas 375

Argalos: Bruder des Hyazinth 487

Argeus: Sohn der Danaë 215, 217

Argiope: von Philammon Mutter des Thamyris 487

Argis: *Tochter des Adrastos, Sinnbild der Voraussicht 43;* Frau des Polyneikes 496

Argo: Orpheus ist der erste der Helden auf der – 570; Schiff der Argonauten 581; *Schiff der Argonauten, gebaut von Argos mit Hilfe der Athene 149; Athene baut aus sprechendem Holz in das Vorschiff (?) 149; das Holz weissagt und stellt Schiff unter den Schutz der Athene 149, 150; Athene versetzt die «Argo» an den Himmel 151; Fragment der – in Rom 151; von einem König gesteuert, Bild für das Gute Regiment 152; Iason weiht die – dem Poseidon 334*

Argonaut(en): Palaimon, ein – 317; Orpheus ist ein – 570, 581; Orpheus rettet die – vor den Sirenen 571; *Gefährten des Iason 303*

Argos: *Erbauer der «Argo», mit Beistand der Athene 149; Bau der Argo 149 f; nimmt teil am Argonautenzug 150; trägt fußlangen Mantel aus schwarzer Stierhaut 151; – ist nur Handwerker 151; in der Bildkunst, – beim Bau der «Argo»; – als Bild der Prudentia 152*

Argos (Landschaft): *in – ist das Haupt der Medusa begraben 544; Poseidon trocknet die Quellen von – aus 655*

Argus / Argos: Sohn der Danaë 215, 217;

Wächter der Io 350; ist der Hera zu Diensten, wird von Hermes getötet, wird von Juno in einen Pfau verwandelt 354; – Panoptes, Inbegriff der Wachsamkeit, von Hermes getötet 440; sein Körper ist von Augen bedeckt, er ist doppelgesichtig 465, Merkur tötet ihn 465 f; Juno schmückt mit seinen Augen die Schwanzfedern des Pfaus 466; Juno veranlaßt seinen Tod 503; Juno sammelt seine Augen, die den Pfau schmücken werden 503; die Sichel des Hermes ist rot vom Blut des – 634 f

Argushaupt: Attribut des Hermes 460

Argustöter: Beiname des Hermes 433, bringt Gesetz und Sprache nach Ägypten 454

Ariadne: von Dionysos Mutter mehrerer Kinder 251; Gemahlin des Dionysos 258; von Theseus verlassen 258; Geliebte des Bacchus 280; schlafende –, von Eros enthüllt 280; ihre Krone ist ein Werk des Hephaistos 321; *Dionysos verliebt sich in sie 544 f; Theseus verläßt sie, sie erhängt sich,; sie stirbt im Kindbett 545; übernimmt den Thron, schließt mit Theseus Frieden 545; erhält von Liber kostbare Krone 546; – als Bild für politische und kriegskundige Klugheit 553; ihr Leitfaden (Ariadnefaden) als guter Ratgeber für den Fürsten verstanden 553; das Garnknäuel ist Bild für den Rosenkranz, – selbst für die himmlische Jungfrau 554;* – überreicht dem Theseus das Garnknäuel 559

Arion: verglichen mit Amphion 30, mit Apoll 95; Erfinder des Dithyrambus 132; kultisch-religiöser Charakter seiner Musik 132; vom Delphin gerettet 132, 133; seine Epiphanie 133; – und Delphin, von Apoll unter die Sterne gesetzt 133; mit Amphion, Apoll und Orpheus verglichen 134; –, Amphion und Orpheus verkörpern Musik als Ordnungsmacht 135; Apoll und – als Sachwalter der Musik 134; Weihgeschenke an – 135; Weihgeschenke an – für Poseidon und die Musen 135; – mit biblischem Jonas verglichen 135; – Bild der gefahrüberwindenden Tugend 135; – als Exempel für Habgier und Geiz; – im Bild des Königs David 136; – als Delphinreiter 136; von ihrer Schwänen begleitet 137; seine Beziehung zu Apoll und Dionysos 137; – in Gemeinschaft mit Dionysos und Amphitrite oder Ino 135; – lorbeerbekränzt 136; Apoll als Schutzpatron des – 134; auf Konzertreise nach Sizilien 132; Apoll erscheint – als Traumbild 133; Periandros ist ihm zugetan 132; Erfinder von Urtragödie und Satyrchor 252; Orpheus in Gesellschaft von Amphion, –, Linos und Musaios 578

Arisbe: erste Gemahlin des Paris 608

Aristaeus: *versteht sich auf Pflanzen und Bienenzucht, Gefährte des Daidalos 201*

Aristaios: Sohn des Apoll und einer Nymphe, begehrt Eurydike 572

Arkadien: 77

Arkas: Sohn des Zeus von der Kallisto, von Hermes geborgen 350

Arm(e), bedürftig: – sind die Kinder des Saturn 515; den – bringen Pluton und Persephone Reichtum 631; allein bei den – findet Juppiter Aufnahme 708

Arm(e), Körperteil: – des Adonis 13; unter dem Schutz der Hera/Juno 188, 355, 361, 659; goldene, der Artemis 140, 146; starke – hat Vulcan 326

Ärmel: des Paris, gemustert = phrygisch 619

Arno: Amme des Poseidon 648

Artemis/s. a. Diana: passim Aktaeon; schickt Eber, der Adonis tötet 13; von Aphrodite unbeeindruckt 35; Tochter des Zeus und der Leto oder Demeter, Zwillingsschwester des Apoll 137, 529; Herrin der Tiere 135, 138; steht den Brüdern Dionysos und Ares nahe 137; Geburtshelferin und Helferin der Jugend 138; –/Diana, Schutzherrin des weiblichen Lebens 138; –/Diana (Selene-Luna) = Mondgöttin 138; – Hekate und Persephone gleichgesetzt 138; als Todesgöttin und Lebensspenderin 138; als Jägerin 138 und passim; Hebamme der Leto bei Geburt des Apoll 139; ihre Kindheit 139; zieht die Berge den Städten vor 139; Wächterin über Wege und Häfen 139; erbittet von Zeus Pfeil und

Bogen, Jagdgewand und 60 Nymphen 139; möchte Lichtbringerin sein 139; jungfräulich aus Vorsatz 139; ihre Arme sind golden 140; aufgewachsen mit Athena und Persephone 140; straft die Bösen, belohnt die Guten 140; tötende und lebengebende Muttergöttin 140; ordnet den Tanz der Musen und Grazien 140; entfacht Feuer aus Fichtenholz 140; –, Athena und Persephone pflücken Blumen, weben Vater Zeus ein Gewand 140; Amazonen begleiten sie 140; flieht vor Typhon und wandelt sich zur Katze 141; in Orion verliebt 142; Schützerin der Jungfräulichkeit 143; macht die Britomartis zur Göttin 144; jungfräulich, scheu, wild, jähzornig, zielstrebig 145; Jägerin, Herrin der Tiere, Geburtshelferin 145; Mondgöttin 146; von beachtlicher Leibesgröße 146; verleiht Leibesgröße 146; mädchenhaft 146; leibliche Reize sehen die Dichter 146; Göttin der Seeleute 146; ihre Hirsche ziehen ein Segelboot 146; geflügelt, zum Zeichen ihrer Schnelligkeit 147; Herrin der Tiere, geflügelt 147; – und Eros 147, 148; ihre Keuschheit aus Vorsatz 148; Geburtshelferin und Göttin der Frauen 148; begleitet Anfang und Ende des Lebens 148; –/Diana dem Dionysos zugesellt 148; erfindet Säuglingsnahrung 148; Schutzpatronin der Mädchen und Jungen 148; der Hekate gleichgesetzt 150; Patronin der Pferde 151; Herrin der Tiere (Potnia Therón) 151, 154; Lichtbringerin, Mondgöttin 151; – ähnelt dem Typus der Amazonen, auch der Aphrodite/Venus 153; Schützerin der Tiere, unerbittliche Rächerin 154; Biga der – 156; tötet Kinder der Niobe 154f, 157; dreigestaltig 155; trägt Zeus ihre Bitten vor 157; tötet Chione 157; mit Athena und Persephone in Sizilien aufgewachsen 167; kämpft neben Athena und Apoll gegen Titanen 169; –, Ares und Apoll mit Athena verglichen 178; erschießt die Bärin Io 350; ihre und des Apoll Geburt verhindern Hera und Eileithya 350; von Hera gezüchtigt 352; erschießt Ephialtes 353; schenkt Körpergröße 354; die kerynitische Hindin ist ihr heilig 371; Agamemnon tötet ihre Hirschkuh 490; straft Agamemnon, entrückt Iphigenie nach Tauris 490; – und Apoll töten die Niobiden 529; – und Leto heilen den Aeneas 529; als Mond- und Geburtsgöttin der Leto verwandt 529; ordnet den Tanz der Musen und Chariten an 558; – und Apoll erschießen die Niobiden 567; – verschont Chloris und Amyklas 567; – und Apoll, Kinder der Leto 694; *entrückt Iphigenie 81, in der Bildkunst 87; Amazonen verehren die Taurische – 120; Amazonen verehren die –/Diana und Ares 124; Jagdbegleiterinnen der – 125; Atalanta der – ähnlich 173*

Arzt: Apoll als – 83; als – verkörpert Hermes den Apoll 454; *in Asklepios sind –, Chirurg und Apotheker vereinigt 160*

Ärzte: Phoebus/Apoll ihr Patron 89; Hermes ist ihr Patron 446

Ascalaphus s. Askalaphos

Asia: von Iapetos Mutter des Prometheus, Gemahlin des Prometheus 673

Askalaphos/Ascalaphus: verrät Proserpina und wird von Ceres in Käuzchen verwandelt 233

Asklepios/Aesculap: zeigt die heilende Seite des Apoll 83; Sterblicher, zum Gott erklärt 262; von Hades nicht geschätzt 309; Hermes als Arzt ist ihm vergleichbar 454; erhält von Athena zwei Blutstropfen der Medusa, einen guten und einen verderblichen 544; wird von Zeus erschlagen 699; seine Heilkunst bedroht die Macht des Zeus 700; *Sohn von Apoll und Coronis 154; Apoll übergibt das Kind dem Lehrer in der Heilkunst Chiron 154; Hermes rettet das Kind 154; auf dem Berg Myrtion ausgesetzt, von einer Ziege ernährt 154; der Gott der erweckt Tote zum Leben 154; Chirurg 154; Athena soll ihm zwei Blutstropfen aus dem Leib der Gorgo gegeben haben 154; erweckt Glaukos zum Leben 155; erweckt Hippolytos zum Leben 155; erweckt den Hymen zum Leben 155; übt Saitenmusik zur Therapie 155; von Blitz des Zeus getötet 155; Hades verklagt den*

Heiler bei Zeus 155; Erfinder der Sonde 155; legt als erster Wundverband an 155; erfindet Aderlaß und Zahnziehen 155; vereinigt Sehergabe und Medizin 156; heilt dem Herakles die Hüftpfanne 156; Herakles weiht ihm einen Tempel 156; zum Gott erhoben 156; seine Attribute: Stab und Schlange, Hahn, Ziege und Heilkräuter 156; kommt in Schlangengestalt nach Rom 156; Stab ist Bild der Medizin, Stütze für die Kranken 157; Knotenstab zeigt die Schwierigkeiten in der ärztlichen Kunst an 157; Hahn als Bild ärztlicher Wachsamkeit 157; trägt Lorbeerkranz wegen Heilkraft der Pflanze 157; die Ziege ist nie ohne Fieber 157; der Heiler – als Herausforderer Christi 157; – von Habgier getrieben 158; Zeus ist neidisch auf – 158; Sokrates opfert dem – vor seinem Tod einen Hahn 158; – Heiland der Heiden 158; in der Emblematik 158 f; trägt Zepter, Lorbeerkranz und Knotenstock 159; seine Attribute: Schlange, Hahn und Hund, Eule, Vollbart, Kappe, Bild der Salus 159; Huhn dem – heilig 159; – trägt Lorbeerkrone, langen Rock, hält Salbenschachtel 160; – als Sinnbild der Ärzte; der lange Rock steht für Bescheidenheit 160; in – sind Arzt, Chirurg und Apotheker vereinigt 160; der Stab bezeichnet Kenntnis 160; nennt – Virbius 160; – in der Bildkunst 161 ff; bärtiger und bartloser Typus 161; dem Typ des Zeus ähnlich 161; – im Typus Christi 162; Attribute: Knotenstock und Schlange, gewöhnlich um den Stock gewunden 163; Pinienzapfen, Zepter, Hahn, Hund, Ziege, Eule, Früchte, Heilkräuter und Uringlas 163; trägt Buch oder Schriftrolle 164; Themen: – und Chiron 164; heilt einen Kranken 164 f; – und Hygieia 165; – und Telesphoros 165; – mit Machaon und Podaleirios 165; – in Allegorie des Herbstes 165; – und die Parzen 166

Askraia: eine der drei Töchter des Asterion 344

Asopos: Flußgott, Sohn des Poseidon 655

Aspis-Natter: erwächst aus dem Blut der Gorgo 635

Assarakos: Bruder des Ganymed 303

Ast / Äste: drei – hat die Rute des Hermes 438; Waffe des Perseus 643

Asterion (Aster?): eine der Hera / Juno heilige Pflanze 361

Asterion: Flußgott, Vater von Eiboia, Prosymna und Askraia 344

Astraea: Tochter von Juppiter und Themis, verläßt als letzte der Himmlischen die Erde, sie steht für Gerechtigkeit, Schwester der Sittsamkeit 697

Astrologie: und Apoll 87, 89; – / Astronomie lehrt Atlas den Herakles 377; – (Astronomie), eine Erfindung der Urania 561; Prometheus ihr Erfinder und ihm angelegen 682

Astronomie: Astrologie / – lehrt Atlas den Herakles 377; unter dem Patronat des Herakles / Hercules 423; Hermes ist kundig in ihr 446; eingeführt von Prometheus 676

Astyanax / Skamandrios: *Sohn von F und Andromache 141; Neoptolemos oder Odysseus tötet ihn 142; in der Bildkunst: sein Tod 148*

Astýoche: Geliebte des Ares 112; von Herakles Mutter des Tlépolemos 384

Atalante: der Daphne vergleichbar 223; als Säugling ausgesetzt, von Bären gesäugt 167; erlegt die Kentauren Rhoikos und Hylaios 167; will mit den Argonauten ziehn 167; geschickt mit Bogen, Speer und im Ringkampf 167; nimmt teil an der Kalydonischen Jagd 167, 171; Wettlauf mit den Freiern, die Verlierer müssen sterben 167; von Melanion / Hippomenes besiegt 168; – und Hippomenes von Cybele in Löwen verwandelt 169; Erscheinung und Wesen 169: wunderschön, hat strahlende Augen, ist fußschnell, hat zierliche Knöchel 169; beim Lauf 170; Deutung: – unterliegt der Urgewalt Eros 170; in der Erscheinung der Aphrodite und den Chariten ähnlich 170; Eros ist ihr Patron 170; die goldenen Äpfel in der Deutung 171; Selbstvertrauen und gute Taten als Diener der Liebe 171; tüchtige Jägerin, männerfeindlich 171; christliche Auslegung 171 f; in der Emblematik 172; hab-

gierig 172; *Hymen* 172; *in der Bildkunst* 172 f: *ihre Kleidung* 172; *trägt ein Diadem, eine Krone* 172; *in ein Tierfell gehüllt* 172; *Haar im Nacken gebunden, Typ der Athletin, grazil und leichtfüßig, knabenhaft, der Artemis ähnlich* 173; *Pfeil und Bogen, gelegentlich Speer, ihre Waffen* 173; *mit Orakelgott Apoll* 173; *Wettlauf mit Hippomenes* 173 f; *– und Meleager als Liebespaar* 174; *von Eros verfolgt* 174; *– ist gegen schwer belehrbaren Hektor* 285 f; *verwundet als erste den Kalydonischen Eber* 360

Ate (Verblendung): Tochter des Zeus 698

Atem: und das Windinstrument 80; feuriger, des Pegasus 624, in der Allegorese 625

Athamas: – und Ino von Hera mit Wahnsinn geschlagen 351; – und Ino, Pflegeeltern des Dionysos 440; von Zeus mit Wahn geschlagen, tötet den eigenen Sohn Learchus 701

Athamas s. Phrixos

Athene / s. a. Minerva: von Aphrodite unbeeindruckt 35; mit Aphrodite verglichen 37; Lehrmeisterin der Arachne am Webstuhl 106; lehrt Phalanx die Kunst des Wettkampfs 106; Gegenspielerin des Ares / Mars 109; berät Herakles und Iolaos 110; Ares unterliegt ihr 111; gemeinsam mit Artemis und Persephone aufgewachsen 140; –, Artemis und Persephone pflücken Blumen, weben Vater Zeus ein Gewand 140; lehrt Töchter des Pandareos das Handwerk der Frauen 146; Göttin des Krieges, des Handwerks, der Wissenschaften und Künste 165; Schutzgöttin des mykenischen Kriegsadels 165; Schirmherrin von Burg und Stadt Mykene 165; Tochter des Zeus, entspringt seinem Haupt 165, 166; Tochter des Zeus und der Metis 165; Geburt aus dem Bart des Zeus 166; bei der Geburt schon erwachsen, gerüstet und bewaffnet 166; das Kind bei Triton, wächst mit dessen Tochter Pallas auf 167; mit Artemis und Persephone in Sizilien aufgewachsen 167; die Aigis ist ihre Rüstung 168; über Parisurteil verstimmt 169; enthauptet Gorgo Medusa im Gigantenkampf 169; mit Apoll und Artemis im Kampf gegen die Titanen 169; Anführerin eines Amazonenheeres 169; als Ratgeberin im Gigantenkampf 169; im troischen Krieg auf Seiten der Griechen im Bund mit Hera 169; – und Ares des Kriegshandwerks kundig 169; hilft Diomedes gegen Ares 169; ihr Rat stürzt Troia 169; lenkt Hände der Menschen, wirkt auf Herz und Verstand der Kämpfer, motiviert zum Kampf, gibt Kraft 169; hilft den Achaiern, Achill, Diomedes, Menelaos 169; hilft dem Odysseus 170; gibt taktische Anweisungen zum Zweikampf 170; verwundet, entwaffnet und besiegt Ares 170; streckt Aphrodite zu Boden 170; schützt Menelaos und Achill 170; bewahrt Achill vor Torheit 171; beendet Wüten des Herakles 171; macht sich unsichtbar mit Hadeskappe 171; vernichtet Klein Aias 171; zerstört Schiffe des Menelaos 171; ist auf Seiten von Diomedes und Nestor 171; – und Zeus, die einzigen Götter, die vor Typhon nicht fliehen 171; ihre Schützlinge 171, 172; mag tätige, kundige Leute 171 f; rät Kadmos zur Aussaat der Drachenzähne 172; mag Erfinder und Kunstfertige 172, 178; hilft Odysseus 172; ihre Verwandlungsformen 172; hilft Telegonos 172; verwandelt zwei Mädchen in Vögel 172 f; verwandelt Coronis in Krähe und macht sie zu ihrer Gefährtin 173; verwandelt Nyctimene in Eule 173, den Perdix in Rebhuhn 173; – und Hephaistos lehren Handwerk 173; macht die Eule zur Gefährtin 173; – und Kore verstehen sich auf die Webkunst 173; trägt selbstgewebten Peplos 173; schenkt Herakles einen Peplos 173; versteht sich auf praktische Künste 173; von ihr stammt ambrosisches Kleid der Hera 173; kleidet Pandora 173; erfindet den Spinnrocken 174; versteht sich auf Schiffbau und Baukunst 174; erfindet von Hand lenkbaren Pflug, den Aulos, Zahlen und Ziffern 174; lehrt Eurynome und die Töchter des Pandareos weibliche Kunstfertigkeit 174; – und die Musen lieben

Register 625

Quellen auf dem Helikon 174 f; – und Poseidon streiten um Attika 175; pflanzt Ölbaum 175; Hephaistos steht ihr am nächsten 175; – als Siegerin über Poseidon 175; schleudert Lanze, aus der erster Ölbaum wächst 175; bittet Hephaistos um Waffen 175; schätzt Gesellschaft der Nymphen 176; verleiht Teiresias ein Orakel und Gabe der Weissagung 176; gibt Teiresias Stock und langes Leben 176; Etymologie ihres Beinamens «Pallas» 176; hat strahlende Augen 177; als Kriegerin geboren 176 f; Patronin geistiger Tätigkeit 177; bringt Kopf und Hand, Rat und Tat zusammen 177 f; hilft Perseus 178; vermeidet Blutvergießen 178; ihre Klugheit, plant und rät 178; schlägt mit Wahnsinn 178; hilft Prometheus 178; verglichen mit Apoll, Ares, Artemis 178; erschlägt Klein Aias, auch Agathokles, mit dem Blitz 178; zeigt finstern Blick 179; verwirft Aulos 179; ist nicht ohne Eitelkeit 179; ihre maskuline Erscheinung (virago) 179; steht für den obersten Äther und für Luft 180; mit Mond und Sonne gleichgesetzt 180; aus christlicher Sicht 180, 181; Bild der Weisheit und Klugheit 181 f; mit Siebenzahl gleichgesetzt 181 f; mit Jungfräulichkeit assoziiert 181; Bild der Weisheit 182, 183; ihr Bild aus Gold und Elfenbein 185; gewappnet ist sie Bild der Wissenschaft 186; als Bild der Tugend besiegt sie Neid in Gestalt der Hydra 187; Inbegriff der Weisheit und praxisbezogener Klugheit 187; ihre Erfindungen dienen Frieden und Krieg 187; – als Kulturstifterin 187, 188 f; Liste ihrer Erfindungen bei Christine de Pizan 187 f; ihre Attribute 188; mit Helm, Schild und Lanze = ikonographischer Typus 189; – Parthenos, Kultbild auf Akropolis 190 f; – Promachos (die Vorkämpferin), Beiname der – 190; dominant ist ihre kriegerische Erscheinung 191; in der Schmiede des Vulkan 191; atypische Erscheinungsweise 191 f; – ist typische Nahkämpferin 192 f; Wettstreit mit Arachne 194; aus dem Haupt des Zeus geboren 195; Gegenspielerin des Ares / Mars 196; bläst den Aulos und sieht ihr Spiegelbild 198; – bändigt Pegasus 204; leiht sich die Kappe des Hades 308; Mutter des Erichthonios von Hephaistos 317, 320; von Hephaistos begehrt 319 f; hat Waffen von Hephaistos 321; – und Hephaistos teilen sich die Kenntnis aller Künste 322; – und Hephaistos veranschaulichen den Gegensatz von Theorie und Praxis 327 f; Gaia reicht ihr den Erichthonios 334; – in der Schmiede des Hephaistos 339; verspricht dem Paris Sieg 345; – und Poseidon an der Seite Heras vor Troia 346; Tochter des Zeus in Parthenogenese 349; – und Hera finden den kleinen Herakles 353; schenkt Kunstfertigkeit 354; – und Hera finden den kleinen Herakles, – bringt ihn zurück 365; gibt Herakles einen Peplos 366; macht Herakles kampfunfähig 368; steht Herakles gegen die stymphalischen Vögel bei, gibt ihm Kastagnetten 372; – und Hermes fördern den einfallsreichen Herakles 390; Gemeinsamkeiten mit Hermes 441; die Horen versorgen ihre Rösser 483; erfindet den Aulos, spielt und verwirft ihn 532; Erfinderin der Flötenmusik 534; – verkörpert die Weisheit, Marsyas die Dummheit 534; – und Marsyas, in der Bildkunst 537; straft Medusa mit Häßlichkeit, verwandelt ihr Haar in Schlangen 541; – und Hermes helfen dem Perseus, gibt ihm Sandalen 542; erhält von Perseus das Haupt der Medusa, bringt es in ihrem Schild an 543; lenkt dem Perseus die Hand 542, 634; erfindet eine Pfeife 543; enthauptet Medusa 543; setzt das Haupt der Medusa als Waffe ein 543; Athena gibt dem Erichthonios oder dem Asklepios zwei Blutstropfen der Medusa, einen guten und einen verderblichen 544; gibt der Pandora ein silbernes Gewand und Blütengirlanden 598; hilft dem Paris 611; – oder Bellerophon zügeln den Pegasus 622; schenkt dem Bellerophon ein goldbeschlagenes, zauberisches Zaumzeug 622; gibt dem Perseus einen bronzenen Schild 634; setzt Perseus und Andromeda an den Himmel

638; streitet mit Poseidon um Attika 651f, in der Bildkunst 663; ist Schöpferin des Ölbaums und pflanzt ihn 652; Poseidon ist ihr wesensverwandt 657; ihr Ölbaum steht für den Frieden 663; Prometheus steht ihr nahe 673, trägt ihn in das Vorschiff 675; ist Tochter von Zeus und Metis 694; die Kopfgeborene 701; Aeneas rettet ihr Bild 67; kümmert sich um den kleinen Erichthonios 89; Aglauros versagt ihr den Gehorsam 89; bedient sich der Invidia / Neid 89; bringt beim Tod des Melanippos die – gegen sich auf 134; hilft dem Argos beim Bau der «Argo» 149; baut ein sprechendes Holz in das Vorschiff 149; das Holz weissagt und stellt Schiff unter den Schutz der – 149, 150; versetzt die «Argo» an den Himmel 151; Schiff der Argonauten, gebaut von Argos mit Hilfe der – 149; – soll ihm zwei Blutstropfen aus dem Leib der Gorgo gegeben haben 154; Minerva / – ist Lehrerin und Patronin des Daidalos 201; Daidalos ist als Künstler ein Schüler der – 204; Dioskuren errichten der – einen Tempel 220, begegnen der – mit großer Aufmerksamkeit 221; Pollux heiratet eine Priesterin der – 221; ist mit Hera gegen den Hektor 273; – und Hera widersprechen der Bergung des toten Hektor 284; – ist gegen schwer belehrbaren Hektor 285; – hilft beim Bau der «Argo» 328; – baut sprechendes Holz in das Schiff 328; Hera und –, Patrone des Iason 330; Iason hat die Gunst von Hera, – und Aphrodite 330; Iasons purpurfarbener Mantel ist Werk und Geschenk der – 336; – steht Kadmos bei, auf ihren Rat sät er die Drachenzähne aus 352f, gibt ihm das Königreich 353; Kadmos als Kulturbringer und Stadtgründer Günstling der – 356; – reicht Kadmos einen Stein 362; Odysseus ist Günstling der –, kundig mit Kopf und Hand 408; – oder Odysseus bewirken den Untergang der Stadt 410; Einsicht (–) lenkt Odysseus von Sarpedon ab 415; Dankopfer an – auf einem Tamariskenstrauch 416; Ares der – unterlegen 416; Odysseus besiegt den Kleinen Aias mit Hilfe der – im Wettlauf 417f; Konflikt zwischen Poseidon (physische Gewalt) und – (Macht des Gedankens) 418ff; Axt hat Stiel aus Holz vom Ölbaum, Segel ist Tuch von – 418; von Poseidon bedroht, von – gerettet 419; – läßt den Nordwind Odysseus zu den Phäaken bringen 419; – schickt tiefen Schlaf 420; – macht Odysseus schön und stattlich 420; – führt den Unauffälligen durch die fremdenfeindliche Stadt 421; in Gestalt eines Herolds wirbt – für den Fremden 421; – hüllt Odysseus in Nebel und berät ihn, sie erscheint ihm in zweierlei Gestalt 421; – hilft dem Odysseus, schickt ihn zu Eumaios 431; – berät Odysseus beim Plan zur Ermordung der Freier 433; als Günstling der – ist Odysseus ein geschickter Handwerker 440f; Palamedes ist ihr Günstling 476; Theseus steht der – nahe 551

Äther: oberster –, veranschaulicht von Athena 180; verkörpert von Juppiter 357; dem feurigen – ist Juno (= Luft) ähnlich 357; Luft (= Juno) befindet sich zwischen – und Wasser 357; den mittleren verkörpert Juppiter, den oberen verkörpert Minerva 498; Zeus hängt Hera in den – 701; ihn verwaltet Juppiter 702; Juppiter wird mit ihm gleichgesetzt 703

Äthioper: *werden bei Phaethons Sturz schwarz* 478

Athletik: *von Prometheus eingeführt* 682

Atlas: seine Töchter vergreifen sich an goldenen Äpfeln der Hera 375; holt für Herakles die Äpfel der Hesperiden 376; Herakles trägt für ihn die Himmelskugel 376, in der Bildkunst 407, 408; von Herakles überlistet 376; Vater von sieben Töchtern von Hesperis 377; Lehrer des Herakles in Astrologie / Astronomie 377; Entdecker der sphärischen Natur der Himmelskörper 377; – und Herakles schultern den Himmel 377; lehrt Herakles die Himmelskunde 394; Großvater des Hermes 433; weist Perseus zurück 543; wandelt sich zum Gebirge durch Anblick der Gorgo 636, in der Bildkunst 647; Bruder von Deukalion, Epimetheus und Menoithios 673

Ätna: dort raubt Hades die Persephone 140; Zeus wirft ihn auf Typhon 695; sein Feuer sind die Blitze des Zeus 695

Atropos (die Unumkehrbare): eine der drei Moiren 552

Attika: Athena und Poseidon streiten darum 175, 651 f, in der Bildkunst 663

Attis: Fruchtbarkeitsgott, begleitet Kybele 246; in kultischer Verbindung mit Kybele 519; ist impotent 519; Enkel des Flusses Sangarios 520; dem Samen des Mandelbaums entsprossen 520; Sohn des Kalaos, von Geburt an impotent 520; von einem Eber des Zeus getötet; kastriert sich selbst 520 f; die abgeschnittenen Genitalien verwahrt die Magna Mater im Boden 520; aus seinem Blut wachsen Veilchen und Föhre 520; schlägt das Tympanon 521; steht in der Allegorese für die Frucht 522; später Papas genannt 521; Kybele verliebt sich in ihn, wird von ihm schwanger 521; Meion läßt – töten 521; – und Kybele, in der Allegorese 522 ff, 525; geht im Stamm der Föhre auf 524; trägt phrygische Mütze 525

Aufbewahrung der Früchte: lehrt Bacchus 263 f

Auferstehung: Christi, Tod und Rückkehr des Adonis als Gleichnis für – 14; – der Toten 103; des Dionysos 261

Auferstehungsglaube: im Kult des Dionysos 286

Auge: Mutter des Telephos von Herakles 384

Augeias s. Augias

Auge(n): funkelnde, glänzende, schwarze der Aphrodite 43, blitzende, strahlende 179; helle und strahlende, des Apoll 86, 101; strahlende und helle der Athena 177, 188; unter dem Patronat der Athena / Minerva 178, 188, 659; – der Athena, blaugrau, hellgrün, feurig, blaugrün 179; der Minerva 181; des Neptun, blau 179; Strahlen schießende des Herakles 179; große, kuhartige – der Hera 179; der Demeter, schön 236; glühende, des Dionysos 260; Werkzeug des Eros 292; – der Gorgo schmücken das Halsband der Harmonia 320; große, der Hera 355; Zuständigkeit der Minerva 355; blitzende, des Herakles 367; strahlende, des Herakles 386; die – der Menschen bezaubert der Stab des Hermes 439; hundert – des Argus 440; der Körper des Argus ist von – bedeckt 465; des Argus, Juno schmückt damit die Schwanzfedern des Pfaus 466; des Argus, von Juno gesammelt, schmücken den Pfau 503; – und -lider unter dem Schutz der Juno 504; gemeinsames – der Gorgonen 540, 635, der Graien 542, 634, 638; – der Gorgo Medusa von Hephaistos in das Halsband der Harmonia eingesetzt 544; als Apotropäon 544 f; – und Geist läßt Medusa erblinden 546 f; das -licht verliert Thamyris zur Strafe 557; wunderschöne, des Paris 614; das gemeinsame der Graien, Perseus entwendet es 634; das einzige des Polyphem 653; – des Poseidon / Neptun, sind meergrün 653; stehen unter dem Schutz der Minerva 659; *Amphitrite hat hell blitzende – 183; Atalante hat strahlende – 169; Dioskuren haben große – 225; – der Gorgo sind Edelsteine vom Halsband der Harmonia 354; Meleager hat feurige / blitzende –* 386, 387; s. a. Augen-

Augenbinde: Venus mit – 52; Amor / Eros mit – 72, 294; Zeichen der Blindheit des Amor 294, in der Bildkunst 299, 301, 302

Augenbrauen: schöne, der Aphrodite 43; die – des Hades lächeln 311; – der Hera sind dunkel 355; stehen unter dem Schutz der Juno 361; schwarze des Zeus 702

Augenlider: stehen unter dem Schutz der Juno 504

Augias / Augeias: Mist seines Viehs verpestet das Land, Herakles säubert seine Ställe 371 f, in der Bildkunst 405, 409, 426, 427; Vater des Phyleus 372; –, Euryton und Kteatos, von Herakles erschlagen 383, in der Bildkunst 411

Aulis: dort soll Iphigenie geopfert werden 490, 491

Aulos (Doppelflöte): Delphine mögen seine Musik 135; Erfindung der Athena 174, 194, 532, 534; von Athena gespielt

198, von ihr verworfen 179; im Kult des Dionysos 261; Erfindung der Athena, von ihr gespielt und verworfen 532; für Kriegsmusik 535; Instrument und Attribut des Marsyas 536; Attribut der Euterpe 564

Aulosspielerin: Minerva sieht ihr Spiegelbild als – 187

Aura: Wagenlenkerin der Artemis, für ihren Vorwitz bestraft 144

Aure: durch Dionysos Mutter von Zwillingen 251

Auriga: *als (Sternbild) – wird Phaethon an den Himmel versetzt 480*

Aurora / s. a. Eos: ihr dient der Pegasus 622

Ausländer: *die Amazonen als Exoten und – 125*

Ausschweifung: besiegt von Vulcan 342; *Priapus steht für – 507*

Aussetzung: der Danaë, in der Bildkunst 643, 646

Autolykos: lehrt Herakles den Ringkampf 366; Meisterdieb, dem Hermes verpflichtet 441; Sohn des Hermes von Chione 442

Automaten: Werke des Hephaistos / Vulkan 40, Dienerinnen 323, 327

Autonoë: Mutter des Aktaeon 22; Schwester der Semele 275

Averner See: *in der Bildkunst: Aeneas und die Sybille am – 69 f*

Axithea: Gemahlin des Prometheus 673

Axt: Waffe des Ares / Mars 125; «thrakische» Amazonen haben Streit- 127, 130, haben Doppel- 130; Erfindung des Daidalos 202; – hat Stiel aus Holz vom Ölbaum; – und Doppel- als Waffen des *Theseus 555*

Bacchanal: 277

Bacchanten: von Lykurgos gefangengesetzt 255; von Dionysos befreit 255; – ringen mit Cupidi 301

Baccheis: Beiname des Dionysos 260

Baccheus: Beiname des Dionysos 269

Bacchus: mischt als erster Wein mit anderen Getränken 263; – steht für Frieden 264; als Greis oder Jüngling dargestellt 264; in Knabengestalt 265; Metonym für Gasthaus 265; seine Attribute und ihre Allegorese 265; – in der Allegorese 266 f; dem – ist der Dichter geweiht 266; mit Noah verglichen 277; – entdeckt den Honig 280; – den Musen zugesellt 281 f; – und Ceres im Dienst der Venus 283; Verkörperung der Fruchtbarkeit 284; -knabe, urinierend = symbolisiert fruchtbaren Regen 284; errichtet zwei Säulen am Ufer des Ganges 287; – = Wein, Merkur = Witz 458; Marsyas ist ihm anvertraut 534

Backstein: Werkstoff für Hausbau des Prometheus 676

Bad: der Diana 24 f, 153, 159 f, 161; erstes – des Dionysos, Bildtypus des ersten Bades des Christkindes 274; – der Hera nach der Hochzeit 345; – der Hera in der Quelle des Kanathos 353

Bakchoi: sind nach Platon die wahren Philosophen 267; es gibt neun –, nach Zahl der Musen 267

Bakchos: Beiname des Dionysos 252; – und die neun Musen 267

Balios: und Xanthos, Rosse des Peleus von Poseidon 653; *und Xanthos, Rösser des Achill 18*

Balkenwaage: Hermes als Seelenwäger 472; Schicksalswaage des Juppiter 722

Ballspiel: Symbol für die Unentrinnbarkeit des Schicksals 490

Bär(in): Verwandlungsform der Iphigenie 143; Beute der Artemis 151; in Gesellschaft des Dionysos 268; Verwandlungsform der Kallisto durch Hera 350; die – Io von Artemis erschossen 350; eine – säugt den Paris 611; -innen versorgen den kleinen Zeus 693

Barbata (die Bärtige): Erscheinungsform der Venus, der Persephone 49

Bart: – der Aphrodite / Venus, der Persephone 49; Athena aus dem – des Zeus geboren 166; des Pan 587, struppiges – und Kopfhaar 590, 592, 596; des Prometheus 686; des Zeus, gelockt 702, 708, 710; *Voll-, Attribut des Asklepios 159; bärtiger oder bartloser Typus des Asklepios 161*

Basileia: Titanin, Tochter des Uranus 521 f; die «Große Mutter», als Göttin verehrt 522; Mutter von Helios und Selene 522; von den Titanen getötet, an den Himmel versetzt 522

Battos: von Hermes in Stein verwandelt 436, 465

Baucis: und Philemon bewirten Juppiter und Merkur, in der Bildkunst 466 f

Bäuerin: Ceres ist einer – ähnlich 242

Bauern: lykische, ihre Verwandlung in Frösche 164, 234, 529, 53 f

Bauherr: – schöner Häuser ist Paris 615

Baukunst: Entwurf und Fundamente ein Anliegen Apolls 81, 82; darauf versteht sich Athena 174; ihr Erfinder ist Prometheus 676; *übt Daidalos 200*

Baum: ausgerissener -stamm, Attribut des Herakles 400; abgestorbener, an den Merkur den Prometheus bindet 689

Bäume: obstbeladene, flankieren Ceres 240 f; Anliegen und Pflege des Bacchus 264; goldene, der Hesperiden 376

Baumeister: ist Hephaistos 322; *Daidalos als – und Architekt, Erfinder von Wand und Dach 202*

Becher: bei Venus 52; Attribut des Dionysos 270, 272; Attribut des Hephaistos 333; –, Kanne und Trauben, Attribut des Juppiter 723

Becken: Zimbeln im Kult der Kybele 519; Zimbeln der Korybanten 714, 715

Befreier: Beiname des Dionysos 259

Begierde: Venus als Sinnbild der unreinen – 21; Aktaeon als Sinnbild der verderblichen – 23

Beine: eherne hat die kerynitische Hindin 371; eherne hat Pegasus 624

Beingebrechen: daran leidet Hephaistos 317 f

Beinkleider: des Paris, phrygisch, gemustert 619

Beinschienen: des Mars 132; bronzene und zinnerne für Herakles von Hephaistos 321; des Poseidon 660

Beischlaf: oder Hochzeit (nuptiae) unter der Aufsicht der Aphrodite 49; Beschäftigung der Venus Pandemos 45

Bekenntnis, frommes: – ist ein Kind der Religion, verkörpert durch Leto 530 f

Bellerophon: Schützling der Athena 188; Sohn des Glaukos und der Eurymede – 23

203; von Achimene Vater von Isandros, Hippolochos und Laodameia 203; begehrt den Pegasos 204; zähmt ihn mit Hilfe Athenas 204; erschießt die Chimaira 204; opfert dem Poseidon 204; zeigt Erfindersinn 205; besiegt Amazonen 205; kämpft gegen die Sólymer 205; vergebens in Hinterhalt gelockt 205; bei Iobates 205; will zu den Göttern aufsteigen und wird von Pegasus abgeworfen 205; von Angst gepackt, stürzt zur Erde 205; stürzt auf Cilicien 205; besiegt die Amazonen 205; ist unternehmungslustig, tugendhaft, schön 206; als Kulturbringer 206; – und Pegasus, Bild für die Kraft der Sonne 206; steht für Feuchtigkeit 206; Aufstieg und Fall, Beispiel für leichte und schwere Elemente 206; Bild für die Hybris 206 f; Erfinder von Rennpferd und Zügel 207; der erste, der eine Flotte zu segeln weiß 207; seine Rüstung und Waffen 207 f; kämpft gegen Chimaira 208 f; sein Sturz 209; verkörpert die Redekunst 432; Sohn des Poseidon, er oder Athena zügeln Pegasus 622; kämpft gegen: die Chimaira, die Amazonen, die Sólymer 622; Athena schenkt ihm ein goldbeschlagenes, zauberisches Zaumzeug 622; erhält den Pegasus von Poseidon 622; Pegasus ist sein Streitroß 622; Stheneboia liebt und verleumdet ihn 622; verhinderter Himmelsstürmer, von Pegasus abgeworfen 622; ist der Erfinder des Rennpferdes 624; Sohn von Poseidon und Eurynome 652; erhält von Poseidon den Pegasus 653; *und Pegasus als Bild der Sonnenhitze 181*

Bellona: römische Kriegsgöttin, die 2. Minerva ist ihr ähnlich 177

Belohnung: *für große Mühsal 13*

Benthesikyme: Tochter des Poseidon von Amphitrite 652

Beredsamkeit / Eloquenz: passim Hermes, Hercules Gallicus; Merkur steht für – 186; – in Gestalt der Gratia 113 f; allegorisiert durch Äpfel der Hesperiden 394; – und Weisheit, verkörpert von Hermathena 432; veranschaulicht durch die Flöte 452, durch den Hermes tetrágonos 456; Honig ist Symbol für – 556 f; ver-

körpert von Orpheus 578; *passim Odysseus; Lobpreis der – des Odysseus 412f;* – *der Tat 417;* – *im Dienst der Liebe 439*
Beredt: *Agamemnon ist – 85;* er ist weniger – als Nestor 86
Berekynthia: *verwandelt Schiffe des Aeneas in Nymphen 57*
Berliner Göttin: archaische Figur der Aphrodite 55
Bernstein: schmückt den Schild des Herakles 321; aus – und Gold sind die Ketten des Hercules Gallicus 431; *seine Entstehung aus den Tränen der Heliaden 478; entsteht aus Baumharz (nach Diodor) 479*
Beroë: Amme der Semele und Verwandlungsform der Hera 253; ihr Schmuck ist ein Werk des Hephaistos 321; Hera verwandelt sich in – 350; Verwandlungsform der Iris durch Hera 351; *Verwandlungsform der Juno in Amme 53*
Beruf(e): geistige –, Hermes ist ihr Patron 443
Bescheidenheit: im Bild der Danaë 219
Betrüger: ein – ist Orpheus aus christlicher Sicht 576
Bett: Iris bereitet das – von Zeus und Hera 492; ein – baut sich Prometheus 677; Zeus von Hera in das – gelockt 700
Beutel: gibt Hermes dem Perseus 440; den Perseus den Graien fortnimmt 542, übergibt ihn dem Hermes 543, 637; in dem Perseus das Medusenhaupt befördert 634; gibt Perseus dem Hermes zurück 637, er ist silbern mit goldenen Quasten 638; Attribut des Perseus 634, 642, 643
Biene(n): entstehen aus dem Leib der Melissa 234; Attribut des Eros 299; – sticht Amor 301 f; Verwandlungsform der Periklyménos 383; – ähnlich sind die Thriai, die Hermes dienen 439; Priapus ist ihr Gott 670; Ammen des Juppiter 693, 708
Bienenzucht: *Aristaeus versteht sich auf Pflanzen und – 201*
Bier: seine Herstellung lehrt Dionysos 263
Biga: Zweigespann der Artemis/Diana 147, 156; der Ceres 632

Bild: – der Medusa erscheint auf dem Schild des Agamemnon 543
Bildende Kunst: verkörpert von Apoll 268
Bildner: das Medusenhaupt ist sein Werkzeug 545
Bildwerk(e): des Dionysos aus Feigenholz und Holz aus dem Weinstock 269; Aphrodite/Venus gibt Anweisungen zur Gestaltung 51; – des Hephaistos schmücken die Halle des Sonnengotts 321; Erfindung der Athena 188, 194; – des Pygmalion wird zum Leben erweckt 545; Prometheus hat als erster ein – vom Menschen geschaffen 684f; ein – vom Menschen als Attribut des Prometheus 687
Blas-, Windinstrumente: 188, 194
Blasebalg: Gerät und Attribut des Hephaistos/Vulcan 320, 326, 333; Hermes läßt Vater der Palaestra in – umarbeiten 443
Blässe: und Schönheit 56
Blattkranz: Allegorie der Verbindung von Wasser und Erde 668
Blau: – und grün sind Haar und Kleidung des Poseidon 656, 657
Blei: aus – ist die Lanzenspitze des Bellerophon 205
Blick(e): schamloser des Aktaeon 23; im Dienst des Eros/Amor 45; – und Klang der Chariten/Grazien treffen liebevoll deren Günstling 211; versinnbildlicht durch einen Blitz 292; versinnbildlicht durch Bogenschuß/Pfeil 292; der Gorgo Medusa 544f; – sind die Geschosse der Liebe 617
Blindheit: des Teiresias 176; des Eros 292, 293; von Eros bewirkt 293; die – des Eros durch Augenbinde veranschaulicht 294, 299, 301; des Plutos 310; damit schlägt Hera den Teiresias 354; – der Tyche 722
Blitz(e): passim Zeus; und Aphrodite/Venus 40, 43; die Musik Apolls löscht sein Feuer 80; ein – trifft den Phaëton 85; ein – erschlägt den Iasion 229; des Zeus tötet Semele 253; – und Erdbeben schickt Dionysos 255; Metapher für den Blick 292; Attribut des Zeus 307; die – des Zeus von den Kyklopen gefertigt 319; des Zeus, schmieden die Cyclopen, seltener Vulcan, sie sind dreigezackt, zu-

sammengesetzt aus Hagel, Wolken, Glut und Sturm 322; – bringt der Adler dem Juppiter 322; – schleudern Juppiter, Vulcan und Minerva 323; Vulcan macht Zeus die – 331; – bringt der Adler in den Himmel 331; des Zeus, Werk des Hephaistos 337; des Zeus tötet Semele 350; des Zeus erschlägt Charybdis 375; des Zeus vernichtet den Orpheus 574; Metapher für Nicken und Augenaufschlag 617; – und Donner trägt Pegasus dem Zeus 623; Donner, – und Donnerkeil schenken die Kyklopen dem Zeus 649; Attribut des Zeus/Juppiter 705, 708, 711; Waffe des Zeus 693, gegen die Titanen 694, 695; – und Donnerkeil hat Zeus von Kyklopen 83, 693, oder von Hephaistos 331; das Feuer des Ätna = die – des Zeus 695; die – des Juppiter trägt der Adler 697; Waffe des Zeus, trifft den Salmoneus, Kureten, Idas und Kapaneus 699; des Zeus schleudert den Amphiaraos in die Erde 699; Verwandlungsform des Zeus für Semele 700; trennt Apoll und Herakles 700; Juppiter Capitolinus wird mit – dargestellt 705; schleudert Juppiter, ist dreifältig 707, Attribut des Juppiter 708

Blitzbündel: des Zeus, von Athena gehalten 192; Waffe und Attribut des Zeus/Juppiter 709, 710, 711, 716; atypisches Attribut der Juno 502, Attribut des Juppiter 712, 716

Blond: ist Apoll 86; Demeter/Ceres, wie das Getreide 235, 238; -gelockt ist Dionysos 260, ist Amor 300; ist Hermes 448; ist Merkur 494; -gelockt ist Iris, in der Bildkunst 494; ist Paris 621; -gelockt ist Perseus 642; gold- ist Medusa 546; ist Paris 614, in der Bildkunst 621

Blume(n): -kranz, trägt Adonis 16; -gewinde, das Venus herstellt 51; -korb, der Grazien, Symbol des Frühlings 215; -korb, tragen die irdischen Horen im Frühling 235; Attribut des Eros 296; weiße -gewinde gebühren der Vesta 480; -korb, Attribut der Frühlings-Horen 485; Schmuck der Horen, ihr Attribut 486; -kränze und Laubkränze tragen die Musen 558, in der Bildkunst 564; Ausstattung der Pandora 605; Schmuck des Pegasus 629; -kranz, Kopfschmuck des Priapus 671; krokusfarben, entsteht aus dem Blut des Prometheus 680; – hat Wurzeln wie frisches Fleisch, daraus stammt die Salbe der Medea 680; *Diktamnus, –, mit der Venus den Aeneas heilt 59; eine purpurne – wächst aus dem Blut des Aias und aus dem des Hyakinthos 97; Attribut der Hebe 270*

Blut: der Gorgo 635; des Prometheus 680; Juppiter als Patron des – 704, 707; – und Samen des Nessos bilden den Liebeszauber der Deianeira 384; aus dem – des Attis wachsen Viola und Föhre 520; des Marsyas, aus dem der gleichnamige Fluß entspringt 533, in der Bildkunst 539; – der Medusa tropft in die Wüste, daraus wachsen Schlangen 544; zwei -tropfen der Medusa, einer todbringend, der andere heilsam, Athena gibt sie dem Erichthonios oder dem Asklepios 544; des Argus färbt die Sichel des Hermes rot 634f; – der Gorgo, aus dem die Aspisnatter entsteht 635; aus dem – entstehen die Schlangen in Libyen 646; aus dem – wächst eine Pflanze 680; -getränkt ist Juppiter Latiaris 705

Blüte(n): Attribut der Ceres 242; -girlanden hat Pandora von Athena 598

Bocksbeine: hat Pan 590, 592, 594

Bocksfüße: hat Pan 593

Bocksgestalt: des Dionysos 268; – nimmt Hermes an 442; des Hermes 590; des Pan 586, gilt nur für den Unterleib 591

Bockshörner: hat Priapus 671

Boden: fruchtbringender, Anliegen der Ceres 236; Pluto steht für – 237; bearbeitet mit Eisen 238

Bogen (Waffe): passim Adonis, Apoll, Ares, Artemis, Eros; des Adonis 16; der Artemis 24; des Eros 51, 293, 294, 299; silberner des Apoll 70, 71, 72, 77, 79, 82, 86, 89; – und Lyra Apolls 92; – des Apoll im Mittelalter 94; Arion spielt 132; von den Kyklopen für Artemis gefertigt 139; silberner der Artemis 140, 151; goldener der Artemis 146, 151; –/Pfeil = Metapher für den Blick 292; Eros hantiert mit dem – 300; – und Pfeile hat Herakles von Apoll 366; -schießen lernt Herakles von Eurythos, Rhadamanthys oder Teutaros 366; Herakles ist treffsicher mit – und Speer 367; Herakles gibt seinen – dem Poias 385; – und Pfeile erhält Philoktetes von Herakles 385; Waffe des Herakles 387, seine Fernwaffe 400, 401; Attribut des Herakles 397, in der Bildkunst 400 f; Attribut des Hercules Gallicus, in der Bildkunst 401, 431, des Paris 611, 614, 619; – des Herakles hat Philoktet 612; des Paris 614; mit Pfeil und – schießt ein Knabe auf den Adler des Prometheus 690; – und Köcher der Diana 72; *Hektor zeigt nie einen* – 286

Bogenschütze: ist Apoll 77, 79; sind Apoll und Artemis 87; den – zeigt die kraftvolle Gestalt Apolls 97; – Herakles 387

Boreas: wirbt um Hyazinth 488

Böses: Pandora ist seine Botin 600; – und Gutes spendet Zeus 722

Bote s. Herold

Botenweg: der Iris ist der Regenbogen 493

Botin: der Hera ist Iris 345

Boxen: lehrt Harpalykos den Herakles 366

Boxer: ist Polydeukes 213

Boxkampf: *des Polydeukes mit Amykos 217 f; Pollux, Gott des – 226 f; Iason – mit Amykos 337*

Brand: *Metapher für Liebe 292*

Brandstifter: *Eros als 292*

Braten: *das Frühstück des kleinen Herakles 366*

Bratspieß: *Mordwaffe der thrakischen Frauen an Orpheus 584*

Brauen s. Augenbrauen

Braun: -gebrannt ist der Planetengott Merkur 449

Braut: Typus der verlassenen – 21

Brautkrone: die – der Harmonia ist ein Werk des Hephaistos 320 f

Bremse s. Stechfliege

Brettspiel/Würfelspiel: *Achill und Aias beim –, in der Bildkunst 34*

Briários/Aigaion: hundertarmig, steht dem Zeus bei 694

Briseis: *Beute des Achill 19; ihre Fortnahme, in der Bildkunst 33; ihre Rückkehr, in der Bildkunst 35*

Britomartis/Diktynna: von Minos begehrt und verfolgt, springt ins Meer, fällt in das rettende Netz von Fischern und wird von Artemis zur Göttin gemacht 144; Erfinderin des Jagdnetzes 144; stürzt sich ins Meer 163, 164

Bromios: Beiname des Dionysos 252

Brontes: einer der drei Kyklopen 320

Bronze(n): Rüstung des Ares 116; aus – ist der Kopf der Keule des Herakles 400; aus – sind die Disken, Weihgeschenke an Hyazinth 487; aus – ist der Schild des Perseus von Athena 634; aus – sind Tore, die Poseidon einsetzt 649; Fesseln aus – binden Prometheus an den Kaukasus 679; – Zeitalter 697; s. a. Ehern, Erz

Broschen: geflochtene, der Aphrodite 44

Brot: Erfindung der Demeter/Ceres und Opfer an sie 240; – und Getreide Metonym für Demeter/Ceres 241; –, Wein und trächtige Sau, Opfergaben für Herkules und Ceres 240; dorisches – für Herakles 366

Bruderzwist: *veranschaulicht von Eteokles und Polyneikes 498*

Brüllen: und Lärmen, Waffen des Ares 113

Brunnen: von Poseidon aus dem Felsen geschlagen 652

Brust (Brüste): der Aphrodite Venus 43, 44, 45; breitbrüstig ist Poseidon 657; dem Poseidon angelegen 659

Brustpanzer: goldener, des Herakles, von Hephaistos 366; des Lykáon 614; des Juppiter 710

Brustplatte: goldene – des Herakles von Hephaistos 321

Buch/Bücher: Attribut des Apoll 95, 104; Attribut der Minerva 194; Eros weckt Verlangen nach schönem – 296; Attribut der Kalliope 564

Buche: der Artemis lieb 151; dem Juppiter heilig 708

Buchsbaum: mag Venus nicht 54; die Lyra des Herakles ist aus -holz 367

Büchse (etc.) der Pandora: passim Pandora; Pandora oder Epimetheus öffnet sie 599; ist ein Kästchen 604; – als Attribut 604, 605; ist ein Pokal 605; ist eine Vase 604, 606

Buchstaben: einige griechische – sind eine Erfindung der Moiren 555; finden die Musen 558; die Anzahl der – in «Mnemosyne» und die der Musen 561; sind Erfindung des Orpheus 581; *Palamedes als Erfinder von* – 355; *passim Kadmos 356 ff; Pythagoras ist Erfinder des* – Y 356; *Kadmos gibt den Lehrern* –, *Zeichen und Ordnung 359 f; die Drachenzähne als Bild für die* – 359

Bühnenkünste: von Dionysos eingeführt 282; ihr Ursprung im Kult des Dionysos 263; unter dem Patronat von Venus und Liber 263

Bunomus: Sohn von Helene und Paris 608

Buntschillernd: Gewand der Iris 493

Bürde: Pandora ist – der Männer 598

Burgen: sind der Pallas angelegen 659

Burgund s. Philipp von –

Busenband (Strophion): der Aphrodite/Venus 44, 68, 347; vielleicht identisch mit dem, das sich Hera leiht 347; s. a. Gürtel

Busiris: Sohn des Poseidon, bringt Menschenopfer dar, von Herakles getötet 412

Büste: typische Darstellungsform der Planetengötter 130

Cacus: Monstrum, Sohn des Hephaistos 317; Räuber 375

Cadmus/Kadmos: seine vier Töchter verkörpern vier Arten von Trunkenheit 264

Caduceus: Attribut des Hermes/Merkur 66, 449, 453; von zwei Schlangen umwunden, Attribut des Hermes 449, veranschaulicht die rechte Rede = die giftige Rede 451; Attribut der Iris 494; Attribut der Polymnia 565; Allegorese 723

Caeculus/Coeculus: Sohn des Hephaistos und Gründer von Praeneste 317

Caelus/Caelum/Uranos: Vater der Ceres von Vesta 228; von Dies Vater des Merkur 433, 455

Caenus/Kaineus: 369

Caesar: erkennt Venus als seine Stammmutter 40; als Priester der Vesta 477

Calais: und Zethis, Iris rettet die Harpyien vor ihnen 492

Calcagnini, Celio: 33

Callichore: eine der Musen 561

Calliope: Erfinderin der Dichtung 561

Callisto s. Kallisto

Calpe: Berg, den Herakles vom Berg Abyla trennt, in der Bildkunst 427

Camena: Mutter des Orpheus 570

Camilla: *Amazone, kämpft gegen Aeneas und fällt 58; trägt Bogen und Rüstung der Diana 125*

Cantes: Name der Grazien 214

Capitolinus, Juppiter: mit Blitzen dargestellt 705

Caritas: und Venus 47; Leto und ihre Kinder im Typus der – 157; verkörpert von Vulcan 341; Iovis/Juppiter wird in ihrem Bild dargestellt 706 f

Carnubutes: Geterkönig, Ceres straft ihn mit Selbstmord 234

Castores/Castoriden s. *Dioskuren* 213

Cecrops: Sohn des Hephaistos 317

Celino: eine der drei Harpyien 312

Cello: Attribut der Polymnia 565, des Orpheus 581

Celmis: einer der Kureten, Zeus verwandelt ihn in Stahl oder einen Diamanten 700

Cenchreis: Gemahlin des Cinyras, Mutter der Smyrna/Myrrha 38

Cephalus/s. Kephalos: Sohn von Merkur und Creusa 442

Cerberus/Kerberos: hat einen Drachenschwanz, Schlangen bedecken seinen Rücken 308; von Herakles aus der Unterwelt entführt 309, 408; des Hades/Pluto mehrköpfiger Hund, in der Allegorese 311; trägt Pluto 312; liegt ihm zu Füßen 314; begleitet Pluto 316, 377; von Herakles bezwungen 377, in der Bildkunst 408, 426, 427; spuckt Schaum, aus dem der Eisenhut wächst 378; hat einen Drachenschwanz 378, in der Bildkunst 408; von Orpheus entführt 580, 582, 583; Begleiter und Attribut des Orpheus 632

Cercyon: Sohn des Hephaistos 317

Ceres: Tochter von Caelum und Vesta 228; fruchtendes Prinzip 235; mit Element Erde gleichgesetzt 236; –/Terra mit Vesta gleichgesetzt 237; Bild für die Erde 237; gleichgesetzt mit Mond, Erde,

Frucht und Frau, mit Diana, Juno und Proserpina 237; Etymologie des Namens 237; – in der Allegorese 237 f; lehrt Zähmen von Stieren 238 f; als Königin von Sizilien 239; als Kulturbringerin 239; aus christlicher Sicht 239 f; mit Eucharistie verbunden 240; – mit Ackergerät 240; ikonographisch dem Typus der Venus ähnlich 242; – gleicht einer Bäuerin 242; lehrt Triptolemos den Ackerbau 246 f; Geliebte des Iasion 247 f; verwandelt Spötter in Eidechse 248; – in Eleusis 249; als Allegorie des Sommers 249; wird mit dem Mond gleichgesetzt 261; – und Bacchus im Dienst der Venus 283; ihr dienen die Horen der Erde 485; *die Sirenen von – in Vögel verwandelt 518; Tantalos ist Sohn des Zeus / Juppiter und der – oder der Pluto 532*

Chalkedon: verwundet Herakles 382

Chaos: von der Erde Vater des Eros 289; Ursprungsmacht noch vor Eros 289

Charakter: einen schlechten – hat Eros 295

Chariklo: Nymphe, Mutter des Teiresias 176

Charis: Gemahlin des Hephaistos 210, 211, 317, 319; an der Seite Vulcans 331; Hermes besitzt – 445

Charisma: Wesen und Anliegen der Chariten 211

Chariten / s. a. Grazien: putzen die Aphrodite 36, 44; Dienerinnen der Aphrodite / Venus 42; Kinder der Venus von Liber 42; dem delphischen Apoll zugeordnet 95, 101; bei Apoll 96; im Dienst der Aphrodite 210, 211; singen und tanzen bei Festen im Himmel 210; statten Pandora aus 210, 211; assistieren den Musen, helfen dem Dichter 210, 211; schenken den Sterblichen Annehmlichkeiten 210; ihre Beziehung zu Hermes / Merkur 211; sie wohnen neben Himeros 211; ihr Blick trifft liebevoll den Günstling 211; Deutung ihrer Nacktheit 212, 213; dem Hermes verwandt 213; stehen für Gefälligkeit 214; als Musen gedeutet 214; stehen für Reichtum, Schönheit und Weisheit 214; den Horen gleichgesetzt 214, 215; tanzen gern 214; in der Bildkunst 214; Hephaistos heiratet eine der – 319; Hera ist ihre Herrin 345; ihr Bild schmückt das Diadem der Hera 356; Hermes ist ihr Geleiter und bringt sie mit den Musen zusammen 446; in ihrer Gesellschaft die Horen 483; die Horen stehen ihnen nahe, werden ihnen gleichgesetzt 485 f; die Horen sind ihnen ähnlich 486; die Musen sind ihnen verwandt 555 f; ihren Tanz und den der Musen ordnet Artemis an 558; sind Kinder des Zeus und der Eurynome 697; *Atalante den – ähnlich 170; Hebe im Reigentanz mit Horen, – und Aphrodite u. a. 269; Hymen, Eros, Himeros, – und Pothos im Gefolge der Aphrodite 316*

Charon: dem Typus des Hercules Gallicus ähnlich, in der Bildkunst 431; *als Fährmann über die Styx, in der Bildkunst 350*

Charybdis: Tochter von Neptun und Erde, vom Blitz des Zeus erschlagen 375

Charybdis: *weibliches Ungeheuer, haust auf Felsen über Meerenge, ist tödliche Gefahr für Schiffe 429*

Cheiron s. Chiron

Chelone: von Hermes in Schildkröte verwandelt 441

Chera (die Witwe, die Getrennte): Beiname der Hera 353

Cherias: und Eunomos von Herakles versehentlich erschlagen 389

Cherubflügel: des Pegasus 642

Chimaira: Bellerophon soll sie töten 203; verwüstet das Land 203; Monstrum aus Löwe, Schlange und Ziege 204; speit Feuer 204; von Bellerophon getötet 204, 205, 208 f; als Vulkan gedeutet 206; ihr von monströser Gestalt, Deutung 207; Frau des Amisodarus von Lykien 207; gegen sie kämpft Bellerophon 622; *feuerspeiendes Ungeheuer 175; von Bellerophon getötet 175 f; Aussehen und Wesen: schrecklich, groß, schnellfüßig, speit Feuer, ist unbesiegbar 176; vereint drei Tiere in ihrer Gestalt: Löwe, Ziege, Schlange 176; unterschiedliche Vorstellungen von der Dreigestalt 176 f; Deutung 177 f; moralische Deutung 178: auf* den Zorn, auf die Vielgestalt der Laster 178; ist gefräßig, unzüchtig, heimtückisch 178; Deutung auf «Wechselspiel der Liebe» 178f; Bezug auf den Aufbau der Rede 179; in der Emblematik 179f; rationalistische Deutung 180; – ist ein Vulkan 180; ist ein Bild für Fluß und Strom 180f; Pegasus und Bellerophon als Bild der Sonnenhitze 181; historische Deutung 181; in der Bildkunst 181f: vier verschiedene Typen 181f; Erscheinung in Mittelalter, Barock und 18. Jh. 183f; bei Odilon Redon 184

Chione: für ihre Promiskuität von Artemis/Diana getötet 142, in der Bildkunst 157; von Hermes Mutter des Autolykos 442; aus christlicher Sicht ist – ein von Neptun verdorbenes Mädchen 658

Chiron: ein Kentaur, Lehrer des Actaeon 22; bereit, für Prometheus zu sterben 376; Sohn von Kronos und Philyra 508; die Moiren lösen seinen Lebensfaden 554; als Meister der biologischen Künste 686; Ziehvater des Achill 16; unterweist Achill in Musik und Heilkunde 16; Lehrmeister fast aller Helden 44; Aeneas in seiner Obhut 44; Kentaur, Mischwesen, halb Mensch, halb Pferd 185; gelehrsam, kunstfertig, geschickt als Erzieher und Lehrer 185; Erfinder der Medizin, der Kräuterkunde und Arzneizubereitung 185; versteht sich auf Jagd und Leierspiel 185; fertigt Ebenbild des Actaeon 185; Lehrer von Achill, Iason, Actaeon und Kokytos 187f; baut dem Achill ein Sprunggelenk ein 186; lehrt Achill Astrologie, Medizin und Lyraspiel 186; sein Hauswesen Lebensart 186f; Ziehvater von Asklepios, Iason, Patroklos, Aristaios, Aktaion, Peleus, Telamon, Theseus, Palamedes, Aiax, auch Herakles 187; Mutter, Frau und Tochter helfen beim Erziehen 187f; sein Verhältnis zu Peleus und Thetis 188; als Ehestifter 188; gibt dem Peleus einen eschenen Speer 188; schmiedet den Speer für Achill 188; sein tragisches Ende 188f; heilt sich mit dem Kraut Chironion 189; sein Sternbild 189; ist ein Heilgott 189; ist unsterblich 189; Erscheinung und Wesen 189: wird als Greis beschrieben 189f; von riesigem Wuchs 190; hat starke Schultern, mächtige Hände 190; von falber Körperfarbe 190; freundlich, bedachtsam, großmütig, rechtschaffen 190; prädestiniert zum Herrscher, Arzt und Richter 190; Dante nennt ihn gewalttätig 190; Deutung 190ff; vereint Animalisches und Menschliches in sich 190; spielt die Lyra, Instrument apollinischer Musik 191; verliebt in Dionysos 191; sein einfühlsamer Umgang mit Tieren 191; ein Heilgott 191; Fürstenlehrer 191f; Verhältnis zu Prometheus 192; Allegorese im Mittelalter 192: Sinbild des siegreichen Guten über das Böse 192; Emblematik 192f: Ratgeber des Fürsten 192; Verkörperung von Kraft und Weisheit, Körper und Geist, Begabung und Bemühung 193; unwürdige Kunststücke 194; in der bildenden Kunst 194f: seine Attribute sind ein Ast mit Jagdbeute, Lyra oder Kithara 194; Themen: – als Lehrer des Achill 194f; als Arzt 195; als Prinzenerzieher lehrt er auch Schwimmen und Faustkampf 195

Chironion: Heilkraut des Chiron 189

Chirurg: Asklepios, ein – 154

Chiton: der Hestia 481

Chlamys: purpurfarbene des Eros 294

Chloë: und Daphnis sind Hirten, Verehrer von Eros und Pan 588

Chloris: und Amyklas, Kinder der Niobe, von Artemis verschont 567

Chor: im – singen die Musen 558; des Dionysos wird von Pan angeführt 588

Christen: sollen die Liebesgeschichte von Ares und Aphrodite nicht lesen 47; wilden Tieren vorgeworfen 263

Christkind: sein erstes Bad, typologische Entsprechung zu dem des Dionysos 274

Christlich: Allegorese des Achill im – Mittelalter 28, im Humanismus 28f; – Auslegung der Atalante 171f; – Bewertung des Daidalos 206f; die Nothelfer aus – Sicht 227; der Kult des Helden Hektor im Bild – Heiligenverehrung 291

Christus: Tod und Rückkehr des Adonis als Gleichnis der Auferstehung verstanden 14; Actaeon ihm gleichgesetzt 23 f; Taufe 64; Bacchus als Präfiguration des Opfertodes von – 286; veranschaulicht von Herakles 394, 395; – in der Vorhölle gleichgesetzt mit Abstieg des Herakles in den Hades 395; mit ihm wird Perseus gleichgesetzt 547; = Perseus, der die Gorgonen = Töchter des Teufels tötet 547; – im Bild des Orpheus, mit ihm gleichgesetzt 577; Pandora ist ein Bild seiner Vollkommenheit 601; = Phoebus (Phebus) 626; Perseus ist ein Bild für –, wird ihm gleichgesetzt 640; verglichen mit Olympiern 704 f; Apoll nimmt in der Trinität seinen Platz ein 725; *Gleichsetzung von Achill mit – 29; der Heiler – als sein Herausforderer 157; Asklepios in seinem Typus 162; Meleager mit dem Erlöser – gleichgesetzt 388*

Chronos / s. a. Kronos: mit Kronos gleichgesetzt 510; gleichgesetzt mit der Sonne 511; in der Allegorese 510; «–» heißt im Griechischen auch «Tex» 511; geht historisch im Saturn auf 512; hat Flügel 517; Verkörperung der Zeit, in der Bildkunst 518; beschneidet Cupido die Flügel, in der Bildkunst 518

Chrysaor: Vater des Geryon 374; Sohn des Poseidon und der Medusa 551 f; Bruder des Pegasus, ihre Geburt 621, in der Bildkunst 628; ein Riese 653

Chryseis: *Beute des Agamemnon 19*

Chrysolith: schmückt den Wagen des Sonnengotts 321

Chthonios: Beiname des Hermes als Mittler zwischen Lebenden und Toten, erscheint bärtig und reiferen Alters 448, in der Bildkunst 472

Cilicien / Kilikien: Landeplatz des Bellerophon 205

Circe: von Odysseus Mutter des Telegonos 39

Claro: Insel, wo ein dreiwurzliger Lorbeerbaum wächst 89

Clio / Klio: Erfinderin der Geschichte 560

Clizio: Hirte, der den Adonis beschützt 19

Codex: reicht Juppiter dem Auditorium 725

Coitus: der Muscheln, mit dem ganzen Leib 54

Colchis: Unterweltsfluß 314

Concordia-Gruppe: Venus und Mars 67

Coronis s. Koronis

Coronis: von Athena in Krähe verwandelt 173, 653

Corymetes: Sohn des Hephaistos 317

Cosimo I., Medici: sein Porträt im Bild des Neptun 669

Creusa: von Hermes Mutter des Cephalus 442

Creusa s. Kreusa

Cubele s. Kybele

Cupidi / Cupidines: begleiten Venus 59, 63; ringen mit Bacchanten 301; Rosen streuend bei Amphitrite 666; begleiten Raub der Europa 718

Cupiditas: fleischliche Begier im Gegensatz zu Caritas, und Venus 47

Cupido: geflügelt und blind 51; fackelbewehrt 53; hält der Venus einen Spiegel 69; Toilette der Venus 70; sein bleierner Pfeil trifft Daphne 222, sein goldener Pfeil den Apoll 222; entfacht Leidenschaft des Apoll zu Daphne 222, 223; drei verschiedene Cupidines 289; an Myrtenbaum gefesselt 295 und 301; schlafend 295; der schwarze – 298; Sohn des Vulcan 330; Chronos beschneidet seine Flügel 518; besiegt den Pan im Ringkampf 587; s. a. Cupidi; s. a. Amor; s. a. Eros

Custodia: als häusliche Obacht, und Venus 54

Cyane: in einen Bach verwandelt 232; zeigt Ceres den Gürtel der Proserpina 232, 249

Cybele s. Kybele

Cychreus: seine Schlange von der Insel verbannt 234; von Demeter zur Gefährtin gemacht 234

Cyclopen / Cyklopen / s. a. Kyklopen: ihre Arbeit ist Sinnbild der Eintracht 341

Cymbel s. Zimbel

Cyparissus: Geliebter des Apoll 84

Cypern: Insel der Aphrodite 34, 35

Cypresse: Apoll verwandelt den Geliebten Cyparissus in den Baum 84; der Artemis heilig 151

Dach: – *und Wand, Erfindungen des Daidalos* 202

Daedala: Amme der Athena 167; unterrichtet Athena in den Künsten 168

Daedalus s. Daidalos

Daidalos: schafft Bild des Herakles in Pisa 389; *Handwerker, Künstler und Erfinder* 196; *tötet den Talos* 196 f; *flieht zu Minos* 197; *baut der Pasiphaë eine Kuh* 197; *baut dem Minos das Labyrinth* 197; *hilft Theseus* 197 f; *wird mit Ikaros in das Labyrinth gesperrt* 198; *von Pasiphaë befreit* 198; *Flucht mit Ikaros durch die Luft* 198; *fertigt Flügel* 198; *fertigt Vogelgewand* 198; *verwendet Wachs für die Flügel* 198; *unterweist Ikaros für den Flug* 198 f; *Sturz und Tod des Ikaros* 199; *– begräbt den Sohn* 199; *Flucht mit dem Boot* 199 f; *erfindet Mastbaum, Gestänge und Segel* 199; *Tätigkeit auf Sizilien* 200; *baut Schwimmbad, errichtet eine Stadt, baut Dampfbad, baut der Aphrodite einen Tempel, fertigt ihr einen goldenen Widder* 200; *übt die Baukunst, fertigt Statuen, bearbeitet Stein* 200; *führt Faden durch eine spiralige Muschel* 201; *soll den Skiron getötet haben* 201; *Gemeinschaft mit Aristaeus* 201; *Namensetymologie* 201; *Minerva / Athene ist seine Lehrerin und Patronin* 201; *Künstler und Handwerker, schafft hölzerne Bildwerke* 202; *ist Tischler und Zimmermann* 202; *Erfinder der Holzbearbeitung, von Säge, Axt, Lot, Leim und Fischleim* 202; *erfindet Tisch und Stuhl, fertigt Faltstuhl* 202; *wird Baumeister und Architekt, Erfinder von Wand und Dach* 202; *fertigt Terrakotten* 202; *Metallarbeiten sind selten* 202 f; *sein Ruf als Erfinder und Neuerer* 203; *verfertigt «lebendige» Bildwerke, die einzig nicht sprechen können* 203; *seine Bewertung durch Pausanias, K. Ph. Moritz und Platon* 204; *schafft mit Hilfe von Quecksilber eine hölzerne Aphrodite, die gehen kann* 204; *ist als Künstler ein Schüler der Athene / Minerva* 204; *seine Aufgabe in der Gesellschaft* 204 f; *Bewertung seiner Erfindungen* 205; *das Fluggerät u. a.* 205; *zur Person: alter Mann, zärtlich gegen den Sohn* 205; *Gesicht verrät Weisheit und Intelligenz* 205; *ist attisch gekleidet* 205; *ist Beispiel von Künstlerneid* 206; *ist ein Wortkünstler* 206; *ein Küchen-«D.» macht aus einem Schwein Vögel und Fische* 206; *christliche Bewertung* 206 f; *Bild des höchsten «Zimmermanns»* 206 f; *Erfinder schlechthin* 207; *rationalisierende Deutungen* 207 f; *in der Emblematik* 208; *Findigkeit, aus Not geboren* 208; *Mahnung zum Maßhalten* 208; *Mahnung zum Mittelmaß* 209; *Redensarten* 209; *in der Bildkunst* 209 ff

Damhirsch(e): Gespann der Artemis und ihr Reittier 156

Dämon(en): Bezeichnung des Bacchus / Liber 262 f; das Bild des – erkennt man am Dreizack, aus christlicher Sicht 658; in Gestalt von Vögeln 706

Dampfbad: *ein – baut Daidalos* 200

Dämpfe: entweichen Büchse der Pandora 607

Danaë: schwanger von Zeus 216; Gründerin von Ardea 216; von besonderer Schönheit 217; typologisch für Maria 218; Bild für Keuschheit 218 f; Bild für Bescheidenheit 219; von Zeus Mutter des Perseus 633; von Zeus in Gestalt eines Goldregens geschwängert 633; Akrisios setzt sie und Perseus aus, Diktys findet sie und Polydektes bemächtigt sich ihrer 633; Ahnfrau des Turnus 637 f; gilt als Turm der Jungfräulichkeit 640; ihre Aussetzung, in der Bildkunst 643, 646; Juppiter und – 646

Danaiden: Hermes reinigt sie vom Mord 441

Dankbarkeit: von den Grazien verkörpert 212

Dante: begegnet der Medusa im Inferno 546

Daphne: in sie verliebt sich Apoll 84, 94; typologisch für Jungfrau Maria 91, 224; als Verkörperung bildungsunwilliger Jugend 92; mit Atalante vergleichbar 223; = Lorbeer = Attribut des Apoll 225; = Bild lernunwilliger Jugend 226; von bleiernem Pfeil des Eros getroffen 295

Daphnis: keuscher Gefährte der Artemis

144; – und Chloë, Hirten, verehren Eros und Pan 588
Dardaner: *ihr Ursprungsort ist Italien 48*
Dardanus: *Ahnherr der Troer 56*
Dattelpalme: als Geburtshelfer auf Delos 529; bei Niederkunft der Leto 530
Daunus: Sohn der Demeter 215
David, König: Arion in seinem Bild 136
Decumana: eine der drei Parzen / Moiren 554
Deianeira / Deianira: Tochter des Dionysos und der Altheia 251, 258; von Nessos entführt 384, in der Bildkunst 415, 426, 427; von Herakles Mutter des Hyllos 385; tötet sich selbst 385
Deidameia: *passim Achill; von Achill Mutter des Pyrrhus / Neoptolemos 17*
Deimos (der Schrecken): Sohn und Gefährte von Ares / Mars 35, 108, 109, 110; bildet gemeinsam mit Phobos Gespann des Ares 115
Deiphobos: Bruder des Paris 607
Deliades (Alkimenes, Piren): Bruder des Bellerophon, von diesem versehentlich getötet 203, 206
Delos: 77, 78, 79, 80, 138 (Artemis), 139, Geburtsort von Apoll und Artemis 529, 530
Delphi: 78, 83, 84
Delphin(e): Attribut der Aphrodite / Venus 61; Reittier des Amor 61; Begleiter der Venus 63; Verwandlungsform des Apoll 78; begleiten Apoll 95; lauschen dem Gesang des Ares 133; Sternbild aus 9 Sternen 133, 135; trägt Taras 134; seine Vorliebe für Musik 135; liebt Flötenmusik 135; trägt Arion 132, 135, 136; Matrosen / Piraten werden von Dionysos in – verwandelt 256, 276; Begleiter des Dionysos 268; Attribut des Eros / Amor 296; Attribut des Neptun / Poseidon 659, 661, 669; begleiten Neptun 655; tragen Amphitrite 666; Attribut des Poseidon 661; Verwandlungsgestalt des Neptun 667
Demeter / s. a. Ceres: Mutter der Artemis 137; von Zeus Mutter der Persephone 228, 229; von Kronos verschlungen 228; von Iasion Mutter des Plutos und Philomelos 228; liegt mit Iasion in dreifach geackertem Feld 229; auf der Suche nach Persephone 229; nimmt Gestalt der Erinye an 229; flieht in Pferdegestalt vor Poseidon 229; ist von gewaltiger Körpergröße 230, 233; verweigert sich den Göttern, sucht Menschen auf 230; straft die Menschen 232; geht nach Eleusis und dient bei Hofe 230; Deckname der – 230; – trauert um die Tochter 230 f; im Streit mit Zeus 232; straft mit Pestilenz 234; steht dem Dionysos unter den Göttern am nächsten 235; hat herrliche Flechten und goldene Locken 235; dunkelgekleidet ist sie Bild für abgeerntetes Feld 235; hat schöne Augen 236; ihr Peplos duftet 236; Unterscheidung von lichter und düsterer – 236; hat das Brot erfunden 240; Brot Opfergabe an – 240; Metonym für Getreide und Brot 241; – / Ceres, Typus in der Bildkunst 241; – ist Hera vergleichbar 246; Personifikation der Fruchtbarkeit 246; – und Kore, jede das Ebenbild der anderen 246; – verfolgt Hades 248; – als Muttergottheit 246; von Zeus Mutter des Dionysos 251; der – dient der pflügende Eros 296; –, Hermes und Triptolemos, in Gesellschaft des Hades 316; von Kronos verschlungen 344; Schwester von Hestia, Hera, Zeus 477; Hestia ist ihr ähnlich 482; von Pan gefunden 589; von Zeus Mutter der Persephone 630; die Kore = Persephone ist eine Wiederholung der – 631; Schwester des Poseidon, der Hestia, Hera, des Poseidon, Hades und Zeus 648; von Poseidon Mutter des Pferdes Areion 652, von Zeus Mutter der Persephone 694; *schenkt zur Hochzeit Früchte und Getreide 353; die Narzisse ist Gräberblume und Schmuck von – und Persephone 396*
Demogorgo: Mutter des Pan 587
Demophoon: Sohn des Keleos und der Metaneira, Demeter seine Amme 230, 231; ist auch als Triptolemos bekannt 231
Denken: und Intelligenz, damit verbindet sich Mars 704
Derkynos: und Ialebion, Söhne des Poseidon, von Herakles getötet 374 f

Deukalion: Sohn von Pandora und Prometheus 597, Sohn von Prometheus und Pronois oder Pandora, Bruder von Epimetheus, Atlas, Menoithios 673; Sohn des Prometheus und der Klymene 673; – und Pyrrha werfen Steine, aus denen Menschen werden 697

Diadem: der Venus 57; der Artemis/Diana 153; der Demeter 250; der Hera, geschmückt mit Bild der Chariten und Horen 356; Attribut der Vesta 482

Diamant(en): – sind Ketten, die Vulcan fertigt 324; – sind die Schuhe, die Hephaistos für die Götter macht 325; aus – ist die Sichel des Perseus 542; – ist das Sichelschwert des Perseus 634; – ist die Sichel des Zeus 695; Verwandlungsform des Celmis durch Zeus 700

Dian: eine der Musen 561

Diana (Luna)/s. a. Artemis: – als Nachtgestirn im Gegensatz zu Apoll 104; –, Luna, Proserpina bilden dreifaltige Gottheit 147; –, Lucina, Hekate bilden dreifaltige Gottheit 148; in der Astrologie 148; Patronin von Rom und Latium 148; – aus christlicher Sicht 150; – neben Mars Patronin der Spiele im Amphitheater 150; – in der Emblematik 150; Patronin der Gastfreundschaft 151; Patronin der Kinder 151; Jagd der – 158; Rast der – 158; Allegorie der Fruchtbarkeit 159; Allegorie des Herbstes 159; – und Callisto 160; Patronin der Jagd 162, 163; mythologisches Porträt im Bild der – 161; Mondgöttin 162; Fackelträgerin 162; Patronin der Frauen 163; in der Schmiede des Vulkan 163; im Kampf gegen die Giganten 163; vertreibt die stymphalischen Vögel 163; und Endymion 163; lädt Orion, lädt Mars, Venus und Herkules zur Jagd 163; – und Aktaeon 163; gleichgesetzt mit Luna, Ceres, Juno, Proserpina 237; – und Apoll, von Niobe beleidigt 567; Verwandlungsform des Zeus 700; verwaltet die Erde 702; *die Geschichte über Selene/Proserpina/– dem Tod assoziiert 238; Narziß von – begleitet 397*

Diana von Ephesos: 150

Diane de Poitiers: 162

Dichter: epischer – inspiriert von Apoll 103; haben den Beistand der Chariten 210, 211; mit Lorbeer bekränzt 225; efeubekränzt, dem Bacchus geweiht 266; der – ist den Musen angelegen 557; ihn trägt das Musenroß = Pegasus 624, 629 f

Dichtung: lyrische –, unter Obhut Apolls 103; die Musen finden das Zusammenstellen der Wörter zu – 558; eine Zuständigkeit der Musen 560, eine Erfindung der Kalliope 561; Orpheus ist Vater der – 575, ist ihr Erfinder 581

Dictamnum: *eine Blume, mit der Venus den Aeneas heilt 59*

Dido: der sterbenden – schneidet Iris das Haar, d. h. sie löst ihr die Seele vom Leib 492; *passim Aeneas; Herrin von Karthago, von Aeneas aufgesucht 51 ff; verliebt sich in Aeneas 52; ihr Selbstmord 53; leibliche Erscheinung und Wesen des Aeneas, in den Augen der – 62; – und Aeneas von Gewitter überrascht, in der Bildkunst 69*

Dieb(e): unter dem Patronat des Hermes/Merkur 434, 446, 453; Merkur als –, in der Bildkunst 467 f

Dienerin: der Hera ist Iris 345

Dienerinnen: Automaten, Werke des Hephaistos 323, 327

Dies: von Caelus Mutter des Merkur 433, 455

Dike: eine der drei Horen 210, 485; Tochter von Zeus und Themis 697; Tochter des Zeus 698

Diktynna s. Britomartis

Diktys: ein Fischer, nimmt sich des Kindes Perseus an 216; hilft der Danaë 216, findet Danaë und Perseus 633

Dindyme: von Meion Mutter der Kybele 521

Dinge: Schöpfer aller – Juppiter 702

Diomede: von Amykles Mutter des Hyazinth 487

Diomedes: verwundet Aphrodite 37, 64; Athena hilft ihm gegen Ares 169; – und Nestor, im Kampf von Athena gefördert 171; hat Waffen von Hephaistos 321; Sohn des Mars 373, in der Bildkunst 406; von Herakles erschlagen 373, in der

Bildkunst 426, 427; hat menschenfressende Pferde 373, in der Bildkunst 406; seine Pferde von wilden Tieren getötet oder von Herakles erschlagen 373, in der Bildkunst 406; *passim Odysseus; kritisiert den Agamemnon 85; Cacus und – als Kentauren verstanden 370*

Dione: Titanin, Mutter der Aphrodite 33, 45, 50; versorgt Wunde der Aphrodite 37

Dionysisch: im Gegensatz zum Apollinischen, bei F. Nietzsche 268; – und apollinische Musik 575

Dionysos / Bacchus mingens: der urinierende – 284

Dionysos / s. a. Bacchus: arbeitet der Aphrodite / Venus zu 41; teilt Schicksal mit Arion 134; in Gemeinschaft mit Arion und Amphitrite oder Ino 135; – und Arion 137; steht Schwester Artemis nahe 137, 148; steht Demeter unter den Göttern am nächsten 235; Sohn des Zeus und der Semele, oder der Persephone oder der Demeter 251; von Altheia Vater der Deianira 251; durch Aure Vater von Zwillingen 251; von Aphrodite Vater des Priapus und des Hymen 251; von Ariadne Vater mehrerer Kinder 251; –, mit Osiris und Sabazios vergleichbar, mit Liber Pater gleichgesetzt 251, 272; – ist gehörnt 251, 264; bewirkt Freilassung der Bacchanten, schickt Blitz und Erdbeben 255; schlägt Lykurgos mit Wahnsinn 255; von Pentheus gefangengesetzt 255; schlägt Frauen von Argos mit Wahnsinn 256; von Piraten gefangen, verwandelt sich in einen Löwen 256; wohnt in Traubengestalt der Erigone bei 257; Städteeroberer und -gründer 257; schmückt das Grab des Prosymnos mit seinem Bildwerk 258; Erlöser und Befreier 259; sucht Zuflucht bei Thetis 259; ist grausam 259; mit Hades gleichgesetzt 260; vereinigt in sich Gegensätzliches 260 f; wird Apoll und der Sonne gleichgesetzt 261; seine Feiern, von Aulosmusik begleitet 261; – in der Allegorese 262 ff; lehrt Anpflanzen von Weinstöcken und Weinbereitung 363; im Kampf mit Perseus gefallen 263; –, Verkörperung des Weins 264; als Musenführer 267 f; steht für unbildliche Kunst 268; –, Typus in der Bildkunst 270 f; seine Physiognomie ähnelt Satyr 271; – und Satyrknabe 275; Urheber der Theaterspiele 282; mit Adonis verglichen 283; seine Geburt, in der Bildkunst 286; sein Panzer ist geschmückt mit Erde und Meer, Himmel und Sternen 321; hilft der Hera 349, 350; Hera nimmt ihm den Verstand 351; von der Eifersucht der Hera verfolgt 352; ist dem Dionysos wesensverwandt 388; holt Selene aus der Unterwelt 388 f; der kleine – von Hermes dem Feuer entrissen 440, in Gestalt eines Zickleins von Hermes zu den Nymphen gebracht 440; – als Kind, auf den Armen des Hermes, in der Bildkunst 468 f; ihm steht Marsyas nahe 534; – als Musagetes 558; die Musen sind in seiner Gesellschaft 557; ihm verwandet ist Orpheus 574; Pan musiziert mit ihm und führt dessen Chor an 588; Pan hilft ihm 589; von Aphrodite Vater des Priapus 670; eine Manifestation des – ist Priapus 670; aus dem Schenkel des Zeus geboren 701; *Amazonen kämpfen gegen Iason und – 125; Chiron verliebt in – 191; Kadmos Großvater des – 351; Kadmos führt den Seher Melampos in die Riten des – ein, richtet ihm einen Kult ein 355; Midas gibt den Silen dem – zurück 402; Oineus bewirtet –, leiht dem Gott die eigene Frau als Gastgeschenk 471; – lehrt ihn zum Dank den Weinbau 471; – verliebt sich in Ariadne 544*

Dioskuren: Amphion und Zethos ihnen gleichgesetzt 31; Kastor und Pollux, Söhne der Leda und des Tyndareos oder des Zeus 526; – und Helene kommen aus einem einzigen Ei 527; «Göttliches Zwillingspaar», Söhne des Zeus (oder Tyndareus) und der Leda, Brüder der Helena 212; «Castores», «Castoriden» 213; Kastor ist Rossebändiger, Polydeukes Boxer 213; Vaterschaft des Zeus 213 f; die Zwillinge, Umstände ihrer Geburt 214 f; ihr Handwerk: Nothelfer, zuständig für die Seefahrt 215; als Sternbild der Zwilling 215 f; Neptun schenkt ihnen Pferde 216; ihr Wechsel zwischen Unter- und Oberwelt 217; ihr irdisches Leben 216 ff; als Lotsen 217; tüchtige Krieger und Kämpfer 217; sind Argonauten 217; Boxkampf des Polydeukes mit Amykos 217 f; Raub der Töchter des Leukipp 218 ff; Tod Kastors 219 f; Zeus regelt den wechselnden Aufenthalt der beiden in Hades und Himmel 220; bei den Olympischen Spielen, Polydeukes als Boxer, Castor als Läufer 220; Sieger im Fünfkampf nach Herakles 220; errichten der Athene einen Tempel 220; bauen sich ein Haus 221; Sterne erscheinen über ihren Häuptern 221; sollen in einem Sturm verschollen sein 221; werden vergöttlicht 221; Wesen und Aufgaben, Trennung nach irdischer und himmlischer Tätigkeit 221; begegnen der Athene mit großer Aufmerksamkeit 221; Pollux heiratet eine Priesterin der Athene, Kastor eine der Diana / Artemis 221; der sterbliche Kastor als Sohn des Tyndareus, Polydeukes soll Sohn des Ares sein 221; dem Poseidon verdanken sie große Kompetenz im Umgang mit Pferden und in der Seefahrt 222; Gesellschafter der Juno 222; zum Thema Zwillinge, eineiig, doch verschieden 222; die beiden empfinden sich als Einheit 222; Vergöttlichung für Bruderliebe 222; Überlegungen zum wechselnden Aufenthalt im Diesseits und Jenseits 223 f; die – als Seelengeleiter 224; die Nothelfer kommen immer eilig und von oben aus der Luft, zu Pferd 224; in irdischer Erscheinung immer jung, mit wehenden Locken, oft bärtig, kräftig gebaut und wohlgestalt 224; ähneln einander, sind blond, wohlgestalt, schlank, haben große Augen, ein klares Gesicht 225; Unterscheidung nach den Wunden und Narben des Polydeikes 225; die Form der Filzkappe (pilos) als Eierschale gedeutet 225; die Nothelfer zeigen Stern über der Kappe, einen Wurfspeer, reiten Schimmel 225; tragen weiße Tunika und scharlachrote Mäntel 225; tragen breitkrempigen Hut (Petasos), wie Hermes / Merkur 225; tragen Helme 225; hinterlassen ihre Bildwerke und die Heilpflanze «Sylphium» 225 f; das römische Verständnis 226; kriegerische Nothelfer 226; Pollux als Gott des Boxkampfes 226 f; die Nothelfer aus christlicher Sicht: Dämonendiener 227; Sinnestäuschung 227; bloße Sterbliche 227; spartanisches Symbol für die Bruderliebe (Dókana) 227; die – als Zirkusnummer 228; Allegorese 22: ihre Sterne bedeuten Gefahr 228; ihr abwechselnder Auf- und Untergang bezeichne Hochmut 228; Beziehung auf das Elmsfeuer: gutes oder schlechtes Zeichen 228; Emblematik: Bruderliebe 228; die – als Bilder der Unsterblichkeit und der Erneuerung des Lebens 229; in der Bildkunst 229 f; ihre Erscheinung 229 f; der Pilos ist ihre kanonische Kopfbedeckung 229; Hut oder Helm mit einem Stern geschmückt 229; der Speer ist Waffe und Attribut 229; das Pferd ständiger Begleiter der – 229 f; die – als Pferdeführer, Rossebändiger 230; in der archaischen Kunst deutlich voneinander unterschieden 230; die Zwillinge, zum Verwechseln ähnlich 230 f; Axialsymmetrie als Kompositionsprinzip 231; Symbole der –: Dókana, zwei Amphoren, zwei Sterne, zwei Pferdebüsten 231; Themen in der Bildkunst 231 f: die Geburt 231; empfangen von Neptun die Rosse 231 f; die – mit dem Ei der Nemesis 232; die – auf dem Argonautenzug 232; Faustkampf zwischen Polydeukes und Amykos 232 f; die – bei der Kalydonischen Jagd 233; Raub der Töchter des Leukipp 233 ff; Pollux mit der Leiche des Kastor vor Zeus 235; Sternbild der Zwillinge 235

Diplomatie: Iasons Prinzip ist – vor Krieg 329

Diptychon: Attribut der Kalliope 562

Dirke: Frau des Lykos 27, von Stier zu Tode geschleift 27

Dirne(n): Bezug auf den Venuskult 46; eine Venus als Patronin der – 55; Venus im mittelalterlichen Verständnis 58; eine – ist Medea 546

Dis: Etymologie des Namens für Pluto 310

Discordia (Zwietracht): das Parisurteil als ihr Sinnbild 72; lebt im Haus des Mars 116

Diskus (Disken): bronzene –, dem Hyazinth geweiht 487; ein – tötet Hyazinth 488, 489; das Werfen des – lehrt Apoll den Hyazinth 488

Dithyrambus / Dithyrambos: Erfindung des Arion 132, 133, 135; dem Dionysos geweiht 132; Beiname des Dionysos 252, 264

Divaricatrix: Beiname der Venus 46

Dodekathlos: = die zwölf Taten des Herakles 369 ff, in der Bildkunst 403 ff, 426 f

Dókana: *Symbol der Dioskuren 231*

Dolmetscher: stehen unter dem Patronat des Hermes / Merkur 434, 446

Donner: und Blitz trägt Pegasus dem Zeus 623; den – hat Zeus von den Kyklopen 649

Donnerkeil: und Blitz: Hoheitszeichen / Attribut des Zeus / Juppiter 649, 708, 709, 711; hat Zeus von Kyklopen 649, 693

Doppelaxt: Attribut des Hephaistos 333, 340

Doppelaxt s. Axt

Doppelgesichtig: ist Argos / Argus 465

Doppelgespann, Biga: des Mars 115

Dorn / Stachel: Rosen- verletzt Venus 67, 69

Doryphoros des Polyklet: *als Achill gedeutet 30*

Dose: Büchse der Pandora 604

Doso: unter diesem Namen verbirgt sich Demeter 230

Drache(n) / s. a. Schlange: Python, von Apoll getötet 77, 95; Athena sitzt auf einem – 52; Ladon, hundertköpfig, von Herakles erschlagen 77, 79; Wächter über das Goldene Vlies im Haus des Ares 122; bewacht die Quelle des Ares, aus seinen Zähnen wachsen Krieger 122; Helmschmuck des Mars 128; Gespann der Artemis 156; flankieren Ceres 243; Attribut der Demeter / Ceres 245; – bewacht den Apfelbaum der Hera 375; bewacht die Äpfel der Hera, wird von Herakles erschlagen 377, in der Bildkunst 407; -bezwinger ist Hermes 434; sich in den eigenen Schwanz beißend = Attribut des Chronos / Saturn = Bild für das Jahr 510, 511, 517; Gefolge des Neptun 665; Meerungeheuer, das die Andromeda bedroht 665

Drachengestalt: *haben Kadmos und Hermione 360*

Drachensaat: Krieger aus den Zähnen eines Drachens 172; *Krieger, die Iason für Aietes bewingen soll 330; Kadmos sät Drachenzähne aus, aus der Saat wachsen bewaffnete Männer, die einander töten 352 f; fünf von ihnen überleben 353*

Drachenschwanz: hat Kerberos 308

Drachenzähne: *werden als Buchstaben gedeutet 358*

Draco: Bruder der Chimaira 207

Drakon: Hirte der Hesperiden, von Herakles erschlagen 377

Dreiästig: ist die Rute des Hermes 438

Dreifarbigkeit: des Peplos der Athena 179; des Palladiums 184

Dreifuß, des Apoll: um ihn streiten Apoll und Herakles 84; 89, 90, 92, 94, Attribut des weissagenden Apoll 95, 571; – des Apoll als Lorbeerbaum gedeutet 225

Dreifüße: laufende, ein Werk des Hephaistos 323

Dreigespann: hat Hades 311

Dreigestalt: der Artemis / Diana gleichgesetzt mit Hekate 148, 149, 155

Dreiheit: von Luna, Diana, Proserpina und Lucina, Diana, Hekate 148

Dreirädrig: ist der Wagen des Hades 311

Dreisaitig: ist die Lyra des Hermes 442

Dreischritt: ein Tanz, Erfindung der Terpsichore 561

Dreischrittig: ist der Waffentanz des Pan 592

Dreiteiligkeit: der Kleidung Athenas 179; der Kleidung Minervas, Deutung 183

Dreizack: Attribut, Werkzeug, Zepter und Waffe des Poseidon / Neptun 307, 649–669 passim; dem Poseidon von Hermes entwendet 439; Werkzeug des Poseidon / Neptun hat Poseidon von den

Register 643

Kyklopen 649, 650, 651, 652, 655, 664, damit spaltet er Felsen 651; als Zeichen der dreifachen Natur des Wassers 658; Attribut des Dämons 658; Attribut des Poseidon 659, 661; Poseidon läßt damit Quell entspringen 667; Poseidon erhält den – 693

Dreizahl: der Lyrasaiten und der Jahreszeiten 79; am Dreifuß Apolls 89; auf die Mondphasen bezogen 148; und das Wesen der Athena 180, 182, 183; = männlich, Vierzahl = weiblich 182; – der Chariten 212, 213; – und Dreifuß des Apoll 225; – der Ähren bei Demeter 242; und Demeter/Ceres, Jahreszeiten 242; bei Hades 311, 312; bei Hermes/Merkur 435, 436, 457; der Horen 483, 486; der Chariten/Grazien 510; der Moiren/Parzen 553, 554; der Musen 553, 554, 560; Schritte eines Waffentanzes 592; dreischneidig ist der Pfeil des Paris 612; Hera ist die dritte Gemahlin des Zeus 691, 694; *die – bezeichnet den Mann 322*; s. a. Drei-

Dreschflegel: Waffe und Attribut des Mars 125, 127

Dryope: von Hermes Mutter des Pan 441, oder Penelope 586

Dudelsack: spielt Athena 194; spielen Athena und Marsyas 199; – aus der Haut des Marsyas, dessen Attribut 534, 535, 536, 537

Duft/Düfte: um Aphrodite/Venus 45, 52, 58; um Demeter 236; süßen – verbreitet Dionysos 260, 261; – der Hera ist betörend 356; umgibt die Horen 486; des Paris 615

Duftblüte: der Aphrodite 58

Dummheit: verkörpert von Marsyas 534

Dunkel: sind die Brauen der Hera 355; ist das Haar des Dionysos 260, des Poseidon 656

Ebenholz: Krone aus –, des Hades 312
Ebenmaß: des Eros 293
Eber: passim Adonis; spaltet den Myrrhenbaum 12; Bild des Winters 49; begleitet Venus 54; tötet Adonis 112; Bild des Mars 128; Jagdbeute, die den Jäger erschlägt 143; Beute und Begleiter der Artemis/Diana 151, 156; Reittier der Artemis 156; erymanthischer –, von Herakles bezwungen oder getötet 71, 404 f, 426, 427; – des Zeus tötet Attis 520; -hauer haben die Gorgonen 540; *Kalydonischer – 384 f; Odysseus von – über dem Knie verletzt 402, in der Bildkunst: 448; Artemis schickt mörderischen Eber nach Kalydon 471*

Echidna: Schwester der Gorgonen 539; von Typhon Mutter des Adlers, der den Prometheus quält 679

Echion: Gigant, von Athena versteinert 169

Echion: und Eurytus, Argonauten, Söhne des Hermes und der Antianira 442

Echo: Opfer der Hera 350; – und Narziß, verkörpert Unfruchtbarkeit 284; von Hera bestraft 350; Pan ist in sie verliebt 589; s. Narziß; in Narziß unglücklich verliebt 393; in der Bildkunst 399

Edelstein: -zierat verfertigt Hephaistos 321

Efeu: umrankt das Piratenschiff, das den Dionysos entführt 256; –, Wein und Myrte, die dem Dionysos liebsten Dinge 259; Attribut des Dionysos 261, 266; Trinkschale des Herakles aus -holz 269, 272; Blütentraube des – gleicht der Weintraube 266; Weinfilter aus -holz 269; aus -holz ist das Trinkgefäß des Herakles 388

Efeukranz: Mittel gegen Kopfweh 269; Attribut des Dionysos 270, 272, 281; Veilchen- und – tragen die Phallophóroi 269; einen – trägt Orpheus 579; einen – trägt Pan 595

Efeuzweig: Attribut des Dionysos 272

Ehe: Patronat der Hera/Juno 40, 344, 354, 496, 610; stiften die Töchter der Juno 212; gestiftet von Venus 235; Juno ihr Sinnbild und ihre Schützerin 506

Ehebrecher: ist Juppiter aus christlicher Sicht 705

Ehebruch: 46, 47, 118 (Mars mit Venus) der Aphrodite mit Ares 319

Ehefrauen: eine Venus eigens für – 55

Ehegöttin: ist Juno 496

Ehekrieg: zwischen Zeus und Hera spiegelt sich im Krieg um Troia 699

Eheliche Liebe: Venus als Allegorie 72
Ehepaar: – Juppiter und Juno als Sinnbild der fruchtbaren Erde 357
Ehern: ist das Verlies der Danaë 210; sind die Räder am Wagen der Hera 345; sind die Beine der kerynitischen Hindin 371; ist das Boot des Herakles 374; sind die Spindeln der Moiren 554; sind die Beine des Pegasus 624, die Hufe der Rösser des Poseidon 653; ist die Wagenachse des Poseidon 653; sind die Hufe der Rösser des Zeus 702
Ehescheidung: Zuständigkeit Demeters 235
Ehestreit: zwischen Juppiter und Juno, versinnbildlicht durch Wolkenbruch 357
Ehezwist: im Hause von Zeus und Hera 346, 347
Ehre: Pegasus steht für Ruhm, – und Weisheit 624f
Ehrenzeichen: Lorbeer als – 225
Ehrgeiz: und Habsucht veranschaulicht durch Kette, an der Hera aufgehängt ist 359
Ehrlichkeit: wird von Hermes belohnt 442
Ei(er): aus dem Venus geboren wird 34; von Leda gelegt, von Merkur ihr in den Schoß geworfen, daraus ersteht Helena 527; aus einem einzigen – erstehen Helena und die Dioskuren 527; aus dem – der Leda kommen Helene und Pollux 527; Leda brütet zwei – aus 527
Ei: *Helene entsteigt dem – der Nemesis oder dem der Leda gemeinsam mit Castor und Pollux 298; Helena und Clytemnaestra entschlüpfen einem einzigen – 298*
Eiboia: eine der drei Töchter des Asterion 344
Eiche: Beobachtungsort Aktaeons 23; -ähnliches Blatt 54; Artemis schießt auf – 140; der Artemis lieb 151; -laubkranz, Attribut der Artemis / Diana 156; -laub, beim Kult der Demeter / Ceres 240; brennende -bäume schleudern Giganten 694f; dem Juppiter heilig 708
Eid: hippokratischer 83; der große – der Götter, symbolisiert durch die Wasser der Styx 492

Eidechse: Variante der Python 95; Ceres verwandelt einen Knaben in – 234, 248
Eidgott: ist Zeus 701
Eifersucht: des Ares 43, 112; der Hera verfolgt Dionysos und Herakles 350f
Eigenliebe: *dafür steht Narziß 386*
Eileithya: bei Entbindung der Leto 77; – und Hera verhindern die Geburt von Artemis und Apoll 350; ist eine gute Spinnerin 553; ist Tochter von Zeus und Hera 694
Eileithyen: Töchter der Hera 344; behindern die Geburt des Herakles 365
Eingeweide: Patronat der Venus 49, 659; -schau lehrt Prometheus 676
Einklang s. Eintracht
Einmütigkeit s. unanimitas
Einschätzung: des Feindes lernt Herakles von Kastor 366
Eintracht / Einklang (concordia): passim Apoll, Amphion 30; bei Apoll 88; verbildlicht durch die Arbeit der Cyclopen 341; *die Dioskuren als Symbole brüderlicher Liebe, – und Treue 236; Krähen sind ein Bild für – und Treue 323*
Einzelkämpfer: Ares 110
Eirene: eine der drei Horen 210, 485; = Frieden, Tochter von Zeus und Themis 697
Eisen / eisern: und Mars, sein Haus aus – 115; ein Haus aus – baut Hephaistos dem Ares 322; als Ackergerät von Demeter / Ceres erfunden 238; -gerassel in der Unterwelt 310; Werkstoff des Hephaistos 330; verkörpert von Ares 330; aus – ist das Boot des Herakles 374; aus – sind die Schicksalstafeln der Menschen 553f; eine Rüstung aus – hat Perseus 642; Prometheus gefesselt in – 679; einen Fingerring aus – soll Prometheus tragen 680; das – Zeitalter 697
Eisenhut: Pflanze aus dem Schaum des Cerberus 378
Ekstase: bewirkt von Dionysos 262
Elektra: von Zeus Mutter des Iasion 229; Hephaistos baut ihr einen Palast 322; von Thaumas Mutter der Iris 491
Elektryon: Vater der Alkmene 363
Elemente: Allegorese zu Venus 74; und Jahreszeiten, zu Apoll 90; zu Bellero-

phon 206; zu Chronos und Mars, ihre Vierzahl 511; Saturn ist Vater der – 702

Elementenlehre: Juno in der – 356

Elefant(en): Zugtiere der Minerva 195; bei Dionysos, Hinweis auf Indienzug 269, 274; Zugtiere des Dionysos 279

Eleusis: Tempel der Demeter 231

Elfenbein: Thron des Zeus / Juppiter 707; ersetzt Gliedmaßen des Pelops 234; schmückt den Schild des Herakles 321; – und Gold am Kultbild der Hera 356, Allegorese 359; aus – ist der Thron Juppiters 707

Ellbogen: Hera hat weiße – 355

Elle(n): vier – ist Herakles hoch 367; Attribut der Erato 564

Elmsfeuer: *gutes oder schlechtes Zeichen 228*

Eloquenz s. Beredsamkeit: *Lobpreis der – des Odysseus 412f*

Elster: Gefährte des Orpheus 578; Verwandlungsform der Töchter des Pierus 557; – und Schwan dem Orpheus zugesellt 578

Email: schmückt den Schild des Herakles 321

Emilia: Vestalin, entzündet das Feuer 483

Encelade: eine der Musen 561

Endymion: verliebt sich in Hera, fällt einem Trugbild zum Opfer, landet im Hades 352; *zwei verschiedene Gestalten 237; ist Hirte oder Jäger 237; – in Gesellschaft der Selene 237; Zeus ist ihm zugetan 237; Selene küßt den Schlafenden 237f; – verliebt sich in Hera und wird in den Hades geschleudert, wie Ixion 238; sein Tod dem des Narziß assoziiert 238; die Geschichte über Selene-Proserpina-Diana überhaupt dem Tod assoziiert 238; Rationalisierung 238; – als überspezialisierter Astronom 238; – als Typus des Meditierenden 238; schändliche Affäre einer Göttin 239; «–» als Bezeichnung für einen verschlafenen und faulen Menschen 239; in der Bildkunst 239f; Speer, Hund(e) und Hirtenstab sind seine Attribute 239; Thema: Selene und der schlafende – 239ff; die Liebschaft verglichen mit dem Paar Aphrodite und Anchises 241f*

Enkelados: Gigant, von Athena getötet 169

Enope: eine der Musen 561

Entbindung: der Alkmene von Hera und den Eileithyen behindert 365; der Hahn erleichtert die – 530

Entdeckung: des Honigs durch Bacchus 280

Entführung (raptus): der Persephone durch Hades 631, in der Bildkunst 632f

Entscheidungsthemen: zu Herakles am Scheideweg; in der Bildkunst 419

Entwurf in der Baukunst: Werk Apolls 82

Eos: Geliebte des Ares, von Aphrodite dafür bestraft 38; Geliebte des Orion 38

Epaphos: Sohn der Io 350; von den Kureten im Auftrag der Hera entführt 350; Sohn von Zeus und Io 699

Ephesische Artemis: *vielbrüstige Gestalt, als Brunnenfigur 92*

Ephialtes: umwirbt Hera und wird von Artemis erschossen 353; – und Otos halten Ares gefangen 441; – und Otos, s. Aloaden 696

Epikleia: Mutter des Periphetes von Hephaistos 317

Epimetheus: Gemahl der Pandora, von ihr Vater der Pyrrha 597; öffnet die Büchse der Pandora 599; gleichgesetzt mit Adam 601, in der Bildkunst 606; steht für Tücke 601; Merkur führt ihm Pandora zu 605; Bruder von Deukalion, Atlas und Menoithios 673; sein Name bedeutet «nachbedacht» 673; erweist sich beim Erschaffen des Menschen als Stümper 676

Epiphanie: der Venus 71; des Arion 133; der Athena 189; der Ceres 242

Epopeus: von Sikyon, Gemahl der Antiope 27

Erato: eine der Musen 556; Erfinderin der Nuptialia und des Tanzes 561

Erbsünde: dank der – drängen sich die Gaben der Venus auf 47

Erdbeben: Blitz und – schickt Dionysos 255

Erdbeerbaum s. Andrachnebaum

Erde, das Element: verkörpert von Ceres / Demeter 236, 237; gleichgesetzt mit Ceres 237; Ursprungsmacht 289; von Chaos Mutter des Eros 289; verkörpert von Pluto 311; – und Meer, Himmel und Sterne schmücken Panzer des Dionysos 321; fruchtbare –, verkörpert vom Ehepaar Juppiter-Juno 357; verkörpert von Juno 357, 358; – und Wasser, passive Wesenheiten 358; Wasser oder –, verkörpert von Juno 358; von Neptun Mutter der Charybdis 375; – und Feuer mit Vesta gleichgesetzt 479; – und untere Luft, verkörpert durch Juno 498; in der – hält Kronos seine Kinder gefangen 508; verkörpert von Ops 511; von Kybele verkörpert 522, 523; die – und Erdgöttin 523; gleichgesetzt mit Ops, Allesgebärerin 524; die – verkörpert von Hera, die Nacht verkörpert von Leto 530; Persephone steht für den Segen der – 632; -erschüttert von Poseidon 648; von Poseidon Mutter des Antaios 653; – und Wasser, Allegorese 668; aus – und Wasser formt Prometheus den Menschen 674, 675, 682, 684; aus – und Feuer machen die Götter sterbliche Wesen 676; feuchte – = Ursprung des Lebens 683; wird erschüttert vom Kopfschütteln des Zeus, Juppiter ist ihr Schöpfer, Diana verwaltet sie 702; Pluto und Peleus mit ihr gleichgesetzt 703

Erdkugel: Tempel der Vesta bildet sie ab 479

Erebus: und Nacht sind die Eltern des Fatums 552

Erfinder: – schlechthin ist Hermes 446; *Asklepios – der Sonde 155; Chiron – der Medizin, der Kräuterkunde und Arzneizubereitung 185; Daidalos als Handwerker, Künstler und – 196; Talos – von Säge, Töpferscheibe und Zirkel 197; Daidalos – von Mastbaum, Gestänge und Segel 199; Daidalos als – der Holzbearbeitung, von Säge, Axt, Lot, Leim und Fischleim 202; Daidalos – von Wand und Dach 202; – von Tisch und Stuhl 202; Daidalos, sein Ruf als – und Neuerer 203; Daidalos, – schlechthin 207; Hymen ist – der Hochzeit 318; Kadmos als – und Neuerer, – von Schriftzeichen, – der Steinmetzkunst, der Gold- und Metallgießerei 355; Pythagoras ist Erfinder des Buchstabens Y 355; Odysseus als – der Täuschung 418; Palamedes, – des Würfelspiels 474; Theseus ist – des Ringkampfs und von dessen Lehre 551*; s. a. Erfindung

Erfindersinn: beweist Bellerophon 205

Erfindung(en): die Zahlen und ihre Zeichen von Athena 177; Anliegen der Athena / Minerva 187, 188; Getreide von Demeter 238; der Pflug / Hakenpflug von Athena 238; Pflug und Landwirtschaft von Triptolemos 239; Weinbau, Künste, Wissenschaften von Dionysos / Bacchus 263; Schmiedekunst von Hephaistos 329; Maße und Gewichte von Hermes, ebenso das Wort 446; – geben die Horen dem Menschen ein 485; die Syrinx, Zimbel und Kesseltrommel von Kybele 521; der Aulos von Athena 532; die Rohrflöte von Marsyas 533; die Flötenmusik von Athena 534; die Flöte der Kybele von Marsyas 535; das Sichelschwert von Perseus 542; eine Pfeife ist – der Athena, angeregt durch das Klagegesang der Gorgonen 543; einige griechische Buchstaben sind – der Moiren 555; Geschichte von Clio 560; Pflanzenkunde von Thalia 560 f; Flöten von Euterpe 561; Gesang von Melpomene 561; Dreischritt von Terpsichore 561; Nuptialia und Tanz von Erato 561; Landwirtschaft von Polymnia 561; Astrologie (Astronomie) von Urania 561; Dichtung von Calliope 561; die Lyra, – des Hermes / Merkur 570; Hexameter und Schrift von Orpheus 575; der Buchstaben und Dichtkunst von Orpheus 581; – des Pan ist die siebenteilige Flöte 587; das Rennpferd von Bellerophon 624; das Pferd von Poseidon 653, in der Allegorese 657; der Stier von Poseidon 654; die Baukunst, Zahlen, Schriftzeichen und Segelschiff von Prometheus 676; die Athletik, Weisheit und Fürsorge, Philosophie und Astrologie von Prometheus 682; der Fingerring ist eine – des Prometheus 687

Erginos: Herakles verstümmelt dessen Boten, tötet ihn im Kampf 367

Erichthonios: Sohn von Hephaistos und Athena 175, 320; von Athena großgezogen, König von Athen 176; setzt panathenäische Spiele ein 176; Sohn des Hephaistos von Ge oder Athena 317; wird von Gaia der Athena gereicht 334; erhält von Athena zwei Blutstropfen der Medusa 544

Erichthonios: *von Athena versorgt 89; seine Auffindung, in der Bildkunst 90f*

Erigone: von Artemis gerettet und zur Priesterin gemacht 143; Tochter des Icarius, erhängt sich 257; samt Hund an den Himmel versetzt 257

Erinnerung: verkörpert durch Juno Moneta 498

Erinye(n): Verwandlungsform der Demeter 229; Helferinnen des Hades 308; *rauben den Odysseus 260; die – «Hunde des Zeus» genannt 261*

Eriphyle: *verrät Amphiaraos, von Polyneikes mir einem Halsband bestochen 243; von Alkmeon getötet 243; das Halsband dem Delphischen Apoll oder Adonis und Aphrodite geweiht 243; Petrarca sieht sie als Habgierige 243; in der Bildkunst 243: Die Bestechung der – und ihr Tod 244*

Eris, die Zwietracht: Kriegsstifterin, Freundin und Schwester des Ares 109; Iris wird auch mit ihr gleichgesetzt 359; ihr Apfel ist identisch mit dem des Parisurteils 609

Erleuchtung: geistige –, veranschaulicht durch das Feuer 682

Erlöser: Wesen des Dionysos 259

Ernte: Zuständigkeit von Saturn und Ops 511

Eros / s. a. Amor / s. a. Cupido: Vermischung seines Typus mit Adonis 16; Gegenspieler des Anteros 32; – und Aphrodite / Venus 36; und Himeros Begleiter der Venus 41; von Venus verprügelt 71, 295; der Bogenschütze bezwingt Apoll 92; – und Artemis 147, 148; –, Himeros und Pothos, verglichen mit den drei Grazien 212; enthüllt die schlafende Ariadne 280; dritte Ursprungsmacht nach Chaos und Erde 289; – ist elternlos 289; Sohn von Chaos und Erde 289; mit Aphrodite dem Meer entstiegen 289; dem Weltei entstiegen 289; kosmische Urgewalt 290; von zeitloser Jugend 290; –, Himeros und Pothos, Gefährten der Aphrodite 290f; Bildwerk des Skopas von –, Himeros und Pothos 291; – mit Himeros gleichgesetzt 291; Diener und Vollstrecker der Aphrodite 291; von Apoll verspottet 292; – als Brandstifter 292; dem – sind Ebenmaß Geschmeidigkeit eigen 293; – ist blind 292, 293; – bewirkt Blindheit 293; unterliegt Hermes im Ringkampf 293; besiegt Pan 293; jüngster und zartester der Götter 293; – ist geschlechtsneutral 294; – / Cupido gefesselt und gekreuzigt 295; – hat schlechten Charakter, ist ein Tunichtgut 295; – pflügend, im Dienst der Demeter 296; entzündet das Licht der Gelehrsamkeit 296; – / Cupido, von Himeros unterschieden 296; – steht für irdische, Himeros für himmlische Liebe 297; – weckt Verlangen nach schönem Buch 296;

– / Amor / Cupido, Attribut der Venus 299; – / Amor / Cupido in der Emblematik 299; – und Aphrodite 300; er ist älter als Aphrodite 300; – und Himeros, Kinder der Aphrodite 300; Hypnos in Gestalt des – 302; Sohn der Aphrodite von Hephaistos 317, 319; hat strahlende Flügel 319; sein Pfeil für Ares ist von Hephaistos geschmiedet 324; von Hermes im Ringkampf besiegt 439; Sohn der Iris und des Zephir 491; verehrt von Daphnis und Chloë 588; dem Paris zu Diensten 613; *Marcus Curtius und – in Allegorie des Wassers 140; Atalante unterliegt der Urgewalt Eros, er ist ihr Patron 170; – verfolgt Atalante 174; Helene hält den Paris für – oder Dionysos 300; Hymen, –, Himeros, Chariten und Pothos im Gefolge der Aphrodite 316; trägt Gürtel mit Schloß zum Zeichen der Keuschheit und Treue in der ehelichen Liebe 322; – Begleiter des Hymen 322; als Beherrscher der Welt 323; Tod des Narziß verursacht durch Nemesis oder – 393; mit gelöschter Fackel begleitet er*

Narziß 397; im Streit zwischen Dionysos und Aristaios ist – *der Schiedsrichter 504*

Erschaffung: des Menschen durch Prometheus 673; durch Epimetheus 676

Erysichthon: Frevler, der die heilige Pappel der Demeter fällt und mit unersättlichem Hunger bestraft wird 233

Erytheia: Tochter des Atlas 375

Erythemis: von Thestios Mutter der Leda 526

Eryx: Sohn des Poseidon, von Herakles getötet 375; Sohn des Poseidon von Venus, Bruder des Rhodos 652

Erz: Arbeitsmaterial des Hephaistos, aus dem er sich ein Haus baut 320; Haus des Hephaistos ist aus – 322; Hephaistos bildet aus – den Talos, Mann oder Stier 323; Hände aus – haben die Gorgonen 540; aus – sind die Schicksalstafeln der Menschen 554

Erziehung: des Herakles 366 f

Esel: Kampftier und Opfer für Mars 121; Zugtier des Dionysos 269, 279; Reittier eines Silens 278, 281; Reittier des Dionysos 279; Reittier des Hephaistos 325, 332, 335; warnt Vesta vor Silen oder Priapus 478, vor Silen 482, 670; Streit mit Priapus um Phallusgröße im Vergleich 671; – des Silen warnt Lotis vor Priapus 671; Opfer an Priapus 670, in der Bildkunst 672; ein – warnt die Hestia 670, 671; – von Priapus erschlagen, von Liber an den Himmel gesetzt 671; ihr Geschrei verjagt Giganten und Titanen 694, 699; *Reittier des Silen 511*; gilt als lüstern 515

Eselsohren: bekommt Midas 100

Etas: – / Proserpina, dem Pluto verbunden 312

Etis: *und Aphrodisias, Gründungen des Aenas 63*

Etymologie: des Namens Hermes / Merkur 444 f, 452; des Namens Vesta 480

Euander: empfängt Hercules, in der Bildkunst 425

Eubulos: ist ein Sohn der Persephone 630

Eucharistie: Ceres mit ihr verbunden 240

Euhippe: Gemahlin des Pierus, ihre Töchter erheben sich über die Musen 557

Euios: Beiname des Dionysos 252

Eule: Attribut der Athena und ihr Zugtier 173, 183, 188, 194 f; – oder Käuzchen, Begleiterin der Minerva 193; Verwandlungsform der Nyktimene durch Athena 173; der Athena, Deutung 183; *Attribut des Asklepios 163*

Eumeniden: sind Kinder der Persephone 630

Eumolpos: lehrt Herakles Gesang und Lyraspiel 367

Eunice: eine der Musen 561

Eunomia: eine der drei Horen, Töchter der Themis 210, 485; = Ordnung, Tochter von Zeus und Themis 697

Eunomos: von Herakles erschlagen 369, 384, 389

Euphrat: Geburtsplatz der Aphrodite / Venus / Syria 34

Euriale s. Euryale

Europa, Kontinent: Grenze zwischen – und Afrika von Herakles markiert 391 f

Europa: von Stier entführt 372; von Poseidon Mutter des Taenarius; Zeus entführt sie in Stiergestalt 717 ff, Merkur hilft ihm dabei, in der Bildkunst 719

Euryale / Euriale: eine der Gorgonen 539; zerstört den Geist 546

Euryanassa: von Tantalos Mutter der Niobe 567

Eurydike: von Akrisios Mutter der Danaë 215; ist eine Baumnymphe, Orpheus in sie verliebt 572; von Aristaios begehrt, von einer Schlange gebissen, ihr Tod 572; Hades und Persephone geben sie frei 572; Orpheus verliert sie endgültig 572, 583 f; Orpheus und –, in der Bildkunst 582 f; von Hermes Psychopompos geleitet, von Teufel festgehalten 584

Eurylochos: verbannt die Schlange des Cychreus 234

Eurymedon: und Alkon, Söhne des Hephaistos, geschickte Schmiede 317; von Hera / Juno Vater des Prometheus 353, 673

Eurynome: Athena ihre Lehrmeisterin 174; – und Thetis kümmern sich um Hephaistos 318; von Poseidon Mutter des Bellerophon 652

Eurynome: von Zeus Mutter der Chariten 210, 697

Eurystheus: König von Mykene, Sohn der Nikippe, Dienstherr des Herakles 365; flüchtet sich in Vorratskrug 370; Kopreus ist sein Bote 370; weiht der Hera die Pferde 373; Vater der Admete 373; opfert die Herde des Geryon der Hera 375

Euryton: Gigant, von Dionysos erschlagen 259

Eurytos: lehrt Herakles das Bogenschießen 366; Wächter des Geryon, von Herakles erschlagen 374; Vater der Iole 381, 384; – und Kteatos, Zwillingssöhne der Molione und des Poseidon oder des Aktor 383; –, Kteatos und Augias von Herakles erschlagen 383, in der Bildkunst 411

Eurytus: Argonaut, mit Echion Sohn des Hermes und der Antianira 442

Euterpe: eine der Musen 556, 561, erfindet die Flöten 561

Eva: die bibl. –, wird Pandora gleichgesetzt 601, 602, in der Bildkunst 606; Urmutter –, Andromeda ist Bild für ihre verführerische Rede 640

Evander: *König arkadischer Siedler in Italien, Vater des Pallas, begegnet Aeneas 57*

Ewiges Licht: von Apoll symbolisiert 104

Ewigkeit: verkörpert durch Hercules 422

Exomis: Handwerkerkittel des Hephaistos 333

Exoten s. Ausländer

Fackel: Attribut des Eros/Amor als Brandstifter 41; Attribut des Phoebus 96; Attribut der Diana als Mondgöttin 147, 151, Hekate 155; Waffe der Artemis 155; Attribut der Demeter/Ceres 240, 243, 245; im Kult und Attribut des Dionysos 273; Attribut des Eros/Amor 294, 299; Bild der geistigen Natur des Eros/Amor 296; umgekehrte –, Zeichen für erloschene Liebe und Tod 299; Bild der brennenden Liebe bei Eros/Amor 299; Attribut des Hephaistos/Vulcan 333; Attribut der Vesta 482, der Demeter 632; mit der Prometheus als Lichtbringer sein Geschöpf belebt = belebende Kraft 686, sein Attribut 687, 689

Fackellauf: bei den Promethien 673, gestiftet von Prometheus 682

Fackelträgerin: Diana 162

Faden: Attribut der Moiren 555

Fahne(n): Attribut des Mars 130

Fahrtwind: Zuständigkeit des Poseidon 656

Falke: dem Ares/Mars heilig 122

Falkenfüße: des Amor 297

Falschheit: verteilt Hermes an die Schuhmacher 443

Fama: eilt siegreichem Mars voraus 129

Familie: *ist für Hektor das Vaterland 287*

Fanfare: Attribut der Klio 565

Fangseile: sechs, der Venus 62

Farbe(n): der Rose vom Blut der Venus 67; in tausend – schillert das Gewand der Iris 493; helle, des Juppiter 706

Farnese: s. Hercules –; s. Kallípygos –

Faß: für Wein bei Dionysos/Bacchus 274

Faten: schützen Pluto 312

Fatum: das Schicksal, seine Eltern Nyx/Nacht und Erebus/Erebos 552

Faunus: verwechselt das Lager der Omphale mit dem des Herakles 382; Pan ist ihm verwandt 587; *Ares-Sohn Vater des Latinus und der Lavinia 61*

Faustina Maior: im Bild der Ceres 250

Faustkampf: *als Prinzenerzieher lehrt Chiron auch Schwimmen und – 195; – zwischen Polydeukes und Amykos 232 f*

Februar: Neptun als Allegorie des – 668

Fechter: Hermes ist ihr Patron 446

Federn: hat Cupido 32; Helmschmuck des Mars 131; – der stymphalischen Vögel sind wie Pfeile 372; Adler- an den Pfeilen des Herakles 387; – der Sirenen, Kopfschmuck der Musen 557; die – der Sirenen und Palmblätter sind in die Kränze der Musen geflochten 558; die – der Sirenen dienen den Musen als Kopfschmuck 557

Feige: neben Wein und Efeu ein Attribut des Dionysos/Bacchus 269

Feigenbaum: Entdeckung des Dionysos 269

Feigenholz: für ityphallisches Bild des Dionysos verwendet 269; für Bild des Dionysos Melichios 269; für das Priapusbild, sonst nutzlos 671

Feind(e): eine Haarlocke der Medusa wehrt – ab 544

Feldfrucht(-früchte): verkörpert von Adonis 13; Erfindung der Demeter 13; von Triptolemos verbreitet 233; der Demeter angelegen 234; Attribut der Ceres 245; von Kybele geschätzt, ihr Attribut 522, 525

Feldlager: ihm gleicht das Gasthaus 265

Feldwirtschaft: Zuständigkeit der Demeter 228

Fell(e): von Pardel und Hirschkalb kleiden den Pan, in der Allegorese 592; das – der Rösser des Poseidon ist golden 653

Felltrikot: *trägt Papposilenos 509*

Fellumhang: gestirnter – des Pan 594

Fels(en): Hera verwandelt andere in – 351; – und Flüsse bezaubert Orpheus mit seiner Musik 571; symplegadische – hält Orpheus mit seiner Musik fest 572; von Orpheus gebannt 573; Poseidon setzt Fuß auf – 662; – des Kaukasus, an den Prometheus geschmiedet ist, zwei -spitzen, an die er gefesselt ist 679; – schleudern Giganten 695; sind die Waffen der Giganten 694 f

Feretrius, Juppiter: dargestellt mit Kranz 705

Fesseln (Fuß-): die der Danaë sind schön 217

Fesseln: goldene, für die Rösser des Poseidon 653; bronzene des Prometheus, von Zeus gelöst 679, 680; bronzene – binden den Prometheus an den Kaukasus 679

Fesselung: des Prometheus, in der Bildkunst 688 f

Festgelage: von Venus geschätzt 51

Fett: verbirgt die Knochen des Opfertiers für Zeus 677

Feuchtigkeit: ohne sie entsteht nichts 48; – und Wärme halten die Welt zusammen 88

Feuer: passim Hestia, auch Apoll, Eros, Hephaistos; reinigende und zerstörende Kraft 91; Sphäre des Planeten Mars steht für – 118; Juppiter / Zeus, mit – gleichgesetzt 265; ist die Natur des Eros 298; Element, verkörpert von Juppiter 311; – in der Schmiede des Hephaistos 320; – ist das Wesen des Weines 324; Hephaistos / Vulcan, Herr des – 328; das – verkörpert von Hephaistos 328, 340; mit Spiegeln vom Himmel geholt 328; es gibt – von zweierlei und dreierlei Art 329; wird von Juppiter verkörpert 356; – und Luft sind aktive Wesenheiten 357 f; zuerst entfacht von Hermes 437; – und Erde, mit Vesta gleichgesetzt 479; – = Vesta, bedarf der Luft = Juno 480; – der Vesta darf nicht gelöscht werden 481; – der Vesta von Emilia entzündet 483; Sphäre des Mars steht für – 512; Prometheus stiehlt es den Göttern 598, erobert es 675, 682 = vom Blitz des Zeus, vom Sonnenrad, aus der Schmiede des Hephaistos, durch Reiben von Hölzern, aus dem Stein geschlagen 675, 678, 682, belebt damit das Menschenbild 675, lehrt seine Aufbewahrung in der Asche 687; aus – und Erde machen die Götter die Sterblichen 676; Zeus nimmt es den Menschen 678, 696; – des Juppiter ist nützlich, des Mars zerstörerisch 703; – ist Bild geistiger Erleuchtung 682; Juppiter mit – gleichgesetzt 703; = Liebe = Leben, Juppiter damit gleichgesetzt 706; – und Rauch, Verwandlungsform des Juppiter 720; Achill von Thetis unsterblich gemacht, in – oder den Wassern der Styx 15, 16, 27, in der Bildkunst 31; Ursprung des Weissagens aus dem – (Pyromantie) bei Amphiaraos 135; Mucius Scaevola und Vulcan als Allegorie des – 140; Chimaira, ein – speiendes Ungeheuer 175, 176; – speiende Stiere des Aietes 313; Deutung des magischen – bei Dante 363; Ixion steht für vernichtende Kraft des – 320; Ixion wirft Eïoneus in -grube 320; Meleager soll so lange leben, wie das Holzscheit im – brennt 359; Mucius Scaevola und Vulcan in Allegorie des – 140; s. a. Feuer-; s. a. Brand-

Feuerschau: lehrt Prometheus 676, 682; – des Ätna, das sind die Blitze des Zeus 695

Feuerspan: Bild für belebende Kraft 689

Feuerwaffen: des Mars 127

Feuerzange: dem Hephaistos vom kleinen Hermes entwendet 439

Register 651

feurig: ist der Atem des Pegasus, Allegorese 624, 625
Fichte: der Artemis lieb 151; eine – dient Demeter als Fackel 230; Verwandlungsform der Pithys 588
Fichtenholz: daraus entfacht Artemis Feuer 140; dient Artemis als Fackel 151
Fichtenzweige: Kranz aus –, des Pan 592, 596
Fidel: Instrument des Orpheus 581
Filzkappe: Allegorese zu Hermes 452; verbildlicht den Himmel 455
Finger: Zeige- über dem Mund = Verschwiegenheit 52; – unter Patronat der Athena 188; Zeige- und Mittel- = Bild belebender Kraft 688; – von Mund zu Mund = Belebungsgestus 689
Fingerring: eiserner, mit Stein, Erfindung und Attribut des Prometheus, trägt ihn auf Geheiß des Zeus 680
Fisch(e): Verwandlungsform der Venus 53; Gestalt des Ares 112, 122; Verwandlungsform von Seeleuten 257; – folgen dem Gesang des Orpheus 571; Verwandlungsform des Pan 587; riesiger –, von Poseidon geschickt 654; Tritonen sind – 660; Attribut des Poseidon 661
Fische, Tierkreiszeichen: – und Neptun 66
Fischer: ihr Patron ist Hermes 446, ist Priapus 670
Fischleim: *Erfindung des Daidalos 202*
Fischschwänze: *Sirenen sind Mädchen mit zwei –* 525
Flamen (in Flandern): die –sind Söhne des Japhet, haben Weisheit von Orpheus 579
Flamme(n): gehen aus von Apoll 86; wirft Hephaistos im Gigantenkampf 334; als Bild der Vesta 479; Verwandlungsform des Zeus 700; – umgeben Juppiter 710
Flammenbündel: Attribut des Juppiter 710
Flammenkranz: Attribut des Juppiter 712
Flammenwagen: einen – fährt Amor 298
Flechten: herrliche, der Demeter 235
Fledermäuse: Töchter des Minyas in – verwandelt 256
Fleisch: des Opferstiers bietet Prometheus den Menschen 677; an – erinnert Wurzel einer Blume aus Prometheus' Blut 680
Fleischeslust: verkörpert von Venus 47
Fliege: Verwandlungsform des Periklyménos 383
Flittchen: ein – ist Venus 46
Flora: Aphrodite im Reich der – 18; Verkörperung des Frühlings 672
Floß: des Odysseus, von Poseidon zerbrochen 651
Flöte(n): in Gesellschaft der Venus 45, 58; Apoll soll eine – von Hermes haben 79; des Hermes 80, 81; – spielt Apoll selten 94; ihre Musik gefällt dem Delphin 135; im Kult der Artemis 140; – spielen die Chariten 211; -klang begleitet das Wunder des Dionysos 256; und Tympana bei Dionysos 261; Erfindung des Hermes 438; Allegorese zu Hermes, verbildlicht Beredsamkeit 452; – und Lyra von Horen geschätzt 486; im Kult der Kybele 519; Werk des Marsyas 521, sein Instrument und Attribut, im Tempel aufbewahrt 533, 536; -musik, Erfindung der Athena 534, ihr Instrument 538; Attribut des Marsyas 536; -spiel lehrt Marsyas im Olympus 537; – des Marsyas und Lyra weiht Apoll dem Dionysos 559; eine Erfindung der Euterpe 561, ihr Attribut 562; siebenteilige –, Erfindung des Pan 587, 588, 593, 594; *schrille Flötenmusik beim Kriegstanz der Amazonen 125 f*; Instrument des Hymen 320; Instrument der Sirenen 517, 525
Flötenmusik s. Flöte
Flotte: Bellerophon der erste, der eine – zu segeln weiß 207
Flucht: Zeus ist Schutzgott der – 697
Flüchtling: *Aeneas als –, Neusiedler und Gründer* 48
Flügel: passim Hermes und Pegasus; hat Anteros 32; hat Artemis als Herrin der Tiere 147, 154; haben die Sirenen von Ceres 234; – an den Wagenrädern des Triptolemos 247; goldene – hat Eros 294, 299; des Eros = Wandelbarkeit der Liebe 298; strahlende – hat Eros 319; des Amor, Werk des Hephaistos 337 f; -sandalen hat Perseus von den Nymphen 440; – an Kopf oder Hut des Hermes

449; goldene der Iris 493, schnell wie der Wind und groß, ihr Attribut 494; – hat Chronos 517; Chronos beschneidet die – des Cupido 518; goldene – haben die Gorgonen 540; goldene der Medusa 548, 621; der Moiren 554, 555; – hat Nemesis 555; die Musen können ihre – ablegen 558; lange und verschiedenfarbige – des Pegasus 621, 623, in der Bildkunst 626 f; die – des Perseus sind Bild für seine Segelschiffe 639; an Fußgelenken und Haupt des Perseus 642, 723; – hat der goldene Wagen des Pelops 653; Pferde mit – erbittet Pelops von Poseidon 653; – hat Prometheus 686, 687, 689; – haben die Rösser des Zeus 695

Flügelhaube: Kleidung und Attribut des Perseus 642, 643

Flügelhelm: Kleidung und Attribut des Hermes / Merkur 66, 723; Kleidung und Attribut des Perseus 642

Flügelhut: Attribut des Hermes 449

Flügelroß: des Perseus 639

Flügelsandalen: des Perseus 638; der Graien 542

Flügelschuhe: Reisekleidung des Hermes, sein Attribut 449; Allegorese zu Hermes 453; Attribut der Iris 494; hat Perseus von den Graien 542; des Merkur 605, Deutung 640; des Perseus, sein Attribut 634, 642

Flügelwagen: hat Hephaistos 340

Fluggerät: *das – des Daidalos 205*

Flugmaschine: für den Sonnengott, Werk des Hephaistos 323

Fluß (Flüsse): Felsen und – bezaubert Orpheus mit seiner Musik 571; Deutung des Pegasus als – 624

Flußgott (-götter): Typus 228; – im Vergleich mit Poseidon und Okeanos, in der Bildkunst 663

Flußwasser: *Achelo(i)os als Metapher seiner amorphen Gestalt 13*

Flut: Zeus vernichtet bronzene Generation mit einer – 697; Poseidon straft mit einer – 654; die große – schickt Zeus 697

Fohlen: damit täuscht Rea den Kronos 648

Föhre: wächst aus dem Blut des Attis 520; ist der Göttermutter lieb, in ihren Stamm geht Attis auf 524

Foliant(en): Attribut der Erato und der Klio 565

Forke: zweizinkige, Attribut des Pluto 632

Fortuna: begleitet Venus 20; Venus in ihrer Gestalt der – 62; – im Vergleich mit Hermes 445; = Tyche, die stärkste der Moiren 552

François Ier: Galerie – in Fontainebleau 20

Frau: alte, Verwandlungsform der Ceres 230; – schlechthin verkörpert von Ceres 237; nackte – verkörpert Amor als Liebe 292; prächtiggewandet und geschmückt, verkörpert sie das Laster, schmucklos und barfuß verkörpert sie die Tugend 369; von Zeus erschaffen 598, seine trügerische Gabe an den Menschen zur Strafe 678; s. a. Frauen

Frauen: stehen unter dem Patronat der Diana 163; wütende – zerreißen Melissa 234; ihr Leben steht unter der Obhut der Demeter 234; – und Wein, dem Liber zugeordnet 263; stehen unter dem Patronat der Hera 344; empfängnisfähige – unter dem Patronat der Juno 497; ihre Göttin ist Kybele 518 f; Zeus liebt sie 701; s. a. Frauen-

Frauenkleider: trägt Herakles 382, in der Bildkunst 414

Frauenkult: der Demeter 234

Frauenraub: Nessos entführt Deianeira 384, in der Bildkunst 415, 426

Freie Künste: von Herkules wiedererweckt 424; sind Kompetenz des Hermes 446, 454

Fremd(er): *Konflikt zwischen – und Einheimischen 62; fremdenfeindliche Stadt 421; Athene wirbt für den – 421*

Freud, Sigmund: Symbollehre 63

Freundschaft: Anliegen der Venus 42; stiften die Grazien 213; schmiedet Vulcan 331

Frieden: Amphion als Sinnbild von – 30; verkörpert von Minerva 197; verkörpert von Bacchus 264; – und Eintracht, veranschaulicht durch Palmwedel des Amor 299; für – steht der Ölbaum der Athena 663; = Eirene, Tochter von Zeus und Themis 697; *Pallas als Ordnerin und -stifterin 359; das Paar Kadmos und Harmonia als – gedeutet 365*

Friedensbogen: = Regenbogen = Iris 359
Friedensbringer(-in): ist Amphion 30; ist Minerva 197
Friedensstifter: ist Hermes 446
Friedenszeichen: ist der Ölbaum 175
Friedrich Barbarossa: – und Beatrix v. Burgund in Würzburg 104
Fröhlichkeit: und Trauer verteilt die blinde Tyche 722
Frömmigkeit / Pietät: *Wesen des Aeneas 46, 47, 53*
Frösche: Verwandlungsform lykischer Bauern durch Leto / Latona 163, 234, durch Leto oder Ceres 529, 531 f
Frucht, Früchte: gleichgesetzt mit Ceres, mit Proserpina 237; – als «mildere Nahrung» 239; Attribut der Demeter / Ceres 240, 244; Bacchus lehrt ihre Aufbewahrung 263 f; Zuständigkeit von Saturn und Ops 511; Attis mit ihr gleichgesetzt 522; –, Kranz und Korb Attribute des Priapus 671, 672
Fruchtbarkeit: – der Erde, Zuständigkeit der Demeter 228; – der Äcker und Menschen, Anliegen der Demeter / Ceres 234, 250; verkörpert von Demeter 246; von Bacchus verkörpert 284; -gott ist Hermes 434; symbolisiert durch den Worfelkorb 435; ihre Göttin ist Kybele 518; Priapus ist Gott der – 670; *Achelo(i)os spendet – und Feldersegen 12*; *verkörpert von den Aglauriden 91, 92*; *Silen der – verbunden 513*
Fruchtbarkeitssymbole: Attribute für Aphrodite / Venus 58
Früchte: *Attribut des Asklepios 163*
Frühling: und Venus 73; Saite der Lyra des Hermes steht für – 79; symbolisiert durch Blumenkorb der Grazien 215; verkörpert von Merkur 474; im – sind die Horen geboren 484 f; wird von Flora verkörpert 672
Frühlingsblumen: ihre Farben und Duft am Gewand der Aphrodite 44, 45
Frühlings-Horen: ihr Attribut ein Blumenkorb 235, 485
Fuchs: begleitet Mars 128; – fellmütze des Orpheus 579
Fühllosigkeit: verkörpert von Niobe 568
Füllhorn: Attribut des Pluto und der Pomona 244; Attribut der Demeter / Ceres 244, 245, 250; in der Hand des Dionysos 276; Attribut des Hades / Pluton und des Plutos 314, 316, 324; Attribut des Herakles, in der Bildkunst 401; Attribut der Vesta 482; Attribut der Kybele 525; mit Früchten, bei den Moiren 555
Füllhorn: *ein Horn der Amaltheia als – verstanden 117*
Fundamente: Werk des Städtegründers Apoll 81; Werk des Architekten Apoll 82; dem Poseidon angelegen 659
Fünfzahl: der Musen 560; *symbolisiert die Ehe 322*
Furcht / Phobos: Gefährte des Ares / Mars 110, 121; wohnt bei Ares 115; so heißt ein Pferd im Gespann des Ares 115
Furien: Venus ist ihnen freundschaftlich zugetan 41; -tracht kleidet Díana 153; dienen dem Pluto, in der Allegorese 311; die – sind Waffen des Pluto 312; haben Schlangenhaar 314; heulen erstmals beim Gesang des Orpheus 572
Fürsorge: Grazien als Bild selbstloser – 213; Prometheus ist ihr Erfinder 682; *des Aeneas für die ihm Anvertrauten 49*
Fürst: ein gottgefälliger – ist ein weiser Richter 556; dem neugeborenen – tun die Musen süßen Tau auf die Zunge 556; ein wohltätiger – ist Juppiter 708
Füße: unter dem Patronat des Hermes / Merkur 448, 659; eherne –, des Pegasus, ihre Allegorese 625; geflügelte – des Perseus 642
Fußfesseln: hat Venus 52
Fußschemel: – und Thron, fertigt Hephaistos für den Gott des Schlafes 322
Futter: ambrosisches – erhalten die Rosse des Poseidon 653

Gaben: die sieben – des hl. Geistes, verkörpert von den sieben Kindern der Niobe 58
Gaia s. Ge
Galanthis: von Hera in ein Wiesel oder eine Katze verwandelt 350
Galle: Pfeil des Eros in – getaucht 294; in die giftige – der Hydra taucht Herakles seine Pfeile 371, in der Bildkunst 404,

426, 427; der Medusa von Medea als Zaubermittel verwendet 544

Galloi / Galli: eunuchische Priester der Kybele 519

Ganges: an seinen Ufern errichtet Bacchus zwei Säulen 287

Gans: Attribut der Venus 60; dem Mars zugesellt 128; bei Philemon und Baucis 46; *Teil des Mischwesens Sirene 519*

Ganymed: Sohn des Tros und der Kallirrhoë 303; Hirte und Jäger, später Mundschenk der Götter 303, 306, 700; von Zeus entführt, mit Hilfe des Hermes 303; seine Apotheose 305; symbolisiert die von Gott entrückte Seele 306; urinierend steht er für Sternzeichen Wassermann 306; Sohn des Tros 321; Hera mag ihn nicht 351; von Zeus geliebt und entführt, wird vom Adler des Juppiter entführt 707

Gargaphie: der Diana heiliger Talgrund 22

Garten: der Hesperiden, Herakles ruht darin aus 408

Gärten: unter dem Schutz der Venus 54; Pan ist ihr Wächter 592; Patronat des Priapus 670

Gastfreundschaft: *Achelo(i)os als Beispiel der –* 13

Gastfreundschaft: von Dionysos mit Wein belohnt 257

Gasthaus: Metonym für Bacchus, gleicht Feldlager 265

Gastrecht: Zeus ist Gott des – 697

Gattenliebe, -treue: Venus als ihr Bild 73

Gattin: Venus als Bild der – 51

Gaukler: stehen unter dem Patronat des Hermes / Merkur 434, 446

Gaumenwölbung: im Dienst der Musen 562

Ge / Gaia: Mutter Erde 34; von Ladon Mutter der Daphne 222; Mutter des Erichthonios von Hephaistos 317; reicht den Erichthonios der Athena 334; schenkt dem Zeus goldene Äpfel 375; von Chronos Mutter des Uranus 508; stiftet Kronos zur Kastration des Uranus an 508; im Bild der Kybele 524; Mutter der Gorgonen 539; von Uranus Mutter der Musen 555; von Iapetos Mutter des Prometheus 673; bringt die Giganten hervor 694; von Tartaros Mutter des Typhóeus / Typhon 695

Gebärmutter: *Quelle der Salmakis als Bild für die – verstanden* 311

Gebirge: zum – wandelt sich Atlas beim Anblick der Gorgo Medusa 543, 636

Geburt: von Artemis und Apoll 157, 163, von Hera und Eileithya verhindert 350; zwei -en des Dionysos 274; unter dem Patronat der Hera 344; Juno ist Göttin der – 496; -shelferin ist Juno Lucina 496; – und Schwangerschaft, Patronat der Parzen 554

Geburtsgöttinnen: ihnen und Leto ist die Pharaomaus (Ichneumon) heilig 530

Geburtshilfe: Artemis für Mutter Leto 148; des Prometheus bei der Geburt der Athena 166; des Hephaistos bei Geburt der Athena 323

Geburtstag: der Athena, am 3. oder 22. März 166

Gedächtnis: allegorisiert durch Äpfel der Hesperiden 394

Gedanken: Hermes lehrt die Griechen, sie auszudrücken 442

Gefährt: des Neptun von Hippokampen gezogen 665

Gefälligkeit: verkörpert von den Chariten 214

Gefängnis: – des Prometheus ist eine Höhle im Kaukasus 679

Gefäß der Pandora: passim Pandora, Büchse; löchriges –, in das Lykurgos Wasser schöpft 255; am Thron des Juppiter 711

Gefäß(e): fertigt Hephaistos aus Metall 337; kostbare –, Attribut der Juno Moneta 506; zwei –, Attribut des Juppiter 713, dem Zeus und der Hera dargeboten, in der Bildkunst 716

Geflügelt: Rösser des Poseidon und des Pelops 656; Wagen des Poseidon 653

Gegenliebe: personifiziert durch Anteros 32, 33

Gehbehinderung: des Hephaistos / Vulcan 325 f

Geheimlehre: kündet Hermes Trismegistos 434

Geier: Attribut des Apoll 95; dem

Ares / Mars zugesellt 121; frißt Leber und Herz des Prometheus 679; Bild für die Welt 683; Bild des Neides 684
Geilheit: verkörpert von Venus 46
Geißel: goldene, damit treibt Poseidon sein Gespann 653; Attribut des Mars 127
Geist: Herakles ist stärker an – als an Leib 394; – als schöpferisches Prinzip 456f; ihn schwächt Stheno, ihn zerstört Euryale 546; – und Augen von Medusa geblendet 546f; Pegasus verkörpert den hl. – 626
Geistesgaben: schenkt Hera den Töchtern des Pandareos 354, und schenkt ihnen schönen Leib 354
Geiz / Avaritia: Arion steht für – 136; *Tantalos steht für* – 537
Gelächter der Götter: über Ares und Aphrodite 112
Gelage: Hephaistos beim – 335; – schätzt Zeus 701
Geldbeutel: Attribut des Merkur 449; abgeschnittener = Dieberei des Merkur 468; Attribut der Juno Moneta 502, 506; Geldwesen: unter dem Schutz des Saturn 509
Gelehrsamkeit: ihr Licht entzündet Eros 296
Gelehrtenmantel: Kleidung des Juppiter 725
Gelehrtentracht: des Prometheus im Mittelalter 686
Gelehrter: ein kluger – ist Prometheus 683; Juppiter in Gestalt eines – 724f
Geliebte: – des Zeus von Hera verfolgt 350; die erste sterbliche – des Zeus ist Niobe 692
Gemächte s. Genitalien
Gemälde: Venus weist Künstler dazu an 51
Gemeinwohl: Anliegen des Zethos 29
Gemüse: unter dem Schutz der Venus
Genesisteppich: 103
Genitalien: des Uranos 34, 64; der Hera, aus denen sie parthenogenetisch Hephaistos gebiert 319; den abgeschnittenen – des Kronos entsteigt Aphrodite 508; die abgeschnittenen – des Attis verwahrt Magna Mater im Boden 520; aus den abgeschnittenen – des Adgistis

wächst der Mandelbaum 520; – des Zeus 701, die – des Uranus fallen vom Himmel 715
Gens Julia: Aphrodite Stammutter der – 34
Genußsucht: *verkörpert von Polyneikes 498*
«Geomantia»: Handschrift der – von 1557 56
Gerana: Pygmäenkönigin, erklärt sich für schöner als die Göttinnen, von Hera in einen Kranich verwandelt 352
Gerätekasten: silberner, des Hephaistos 320
Geräusche: Prometheus lehrt ihre Deutung 676
Gerechtigkeit: lehrt Dionysos 264; von Vulcan verkörpert 336f, 341; verkörpert von Astraea 697; Zeus ist der Gott der – 697
Gerede: *Hymen verschmäht umständliches* – 321
Gernlachend: Epitheton der Aphrodite bei Homer 42
Gerste: für Opferkuchen der Demeter / Ceres 232, 238
Geryon: seine Herde von Hera zerstreut 351; Sohn des Chrysaor 370; Orthos ist sein Wachhund, wird von Herakles erschlagen 374; Eurytos ist sein Wächter 374; von Herakles getötet 374, in der Bildkunst 407, 426, 427; seine Herde opfert Eurystheus der Hera 375
Gesang: – und Tanz, Beschäftigung der Chariten 212; – und Lyraspiel lernt Herakles von Eumolpos 367; – verleihen die Musen 557; – der Musen ist honigsüß 558, Allegorese 559; Zuständigkeit der Musen 560, eine Erfindung der Melpomene 561; – des Orpheus, bewegt das Schiff Argo 572; rührt die Schatten der Unterwelt zu Tränen, läßt sie ihre Qualen vergessen 572
Gesäß: Aphrodite kallípygos, die mit dem schönen – 56; ein schwarzes – hat Herakles 382
Geschichte: Erfindung der Klio 560
Geschick s. Schicksal
Geschlechtswandel: *von Teiresias bezeugt 312*

Geschmeide: der Venus 57
Geschmeidigkeit: ist dem Eros eigen 293
Geschöpfe: des Deukalion, belebt von Prometheus 677
Geschoß: ein – der Liebe ist der Blick 617
Geschwätzigkeit: *Tantalos steht für –* 537
Gesetz(e): Anliegen des Apoll 78; ihre Entstehung 239; haben «mildere Nahrung» gebracht 239; – und Sprache bringt der Argustöter Hermes den Ägyptern 454; – aller Dinge singen die Musen 556
Gesetzgeber: ist Hermes 442
Gesicht / s. a. Antlitz: Juno, Allegorie des – 503; gerötetes, des Pan 592, 594; des Zeus 701
Gesichtssinn: verkörpert von Juno 503
Gespann: des Ares 115; – und Wagen des Zeus versorgt Poseidon 653
Gespenst: Aktaeon im boiotischen Mythos 22, 26
Gestalt: der Juno in der Allegorese 358
Gestaltwandel: vielfältiger der Metis 166; Poseidon ist der Gott des – 655
Gestik: des Mars 123
Gesundheit: und Verderben, Zuständigkeit des Apoll 88, 89
Getreide: Zuständigkeit und Attribut der Demeter / Ceres 228, 240; -bau, von Demeter in Rharos eingeführt 232; Erfindung der Demeter 238; – und Brot, Metonym für Ceres 241
Gewalttätigkeit: des Mars 115; gelegentliche – der Hera 356
Gewand: buntes, des Bacchus 264; in tausend Farben schillert das – der Iris 493; der Kybele ist farbig 522; der Ops ist verziert mit Metall und Edelstein 524; ein – mit Purpursaum tragen die Moiren / Parzen 554; des Pan ist farbig 592; ein silbernes – hat Pandora von Athena 598; des Paris ist strahlend 613 f, goldleuchtend und reich verziert 614; des Zeus ist lang und reich geschmückt 709
Gewandbausch: Schulterbausch des Zeus / Juppiter 709
Geweih: goldenes, der kerynitischen Hindin 371; wächst dem Aktaeon 22; ein goldenes haben die Hirsche der Artemis 146

Gewichte: Erfindung des Hermes 446
Geziertheit: der Venus 57, 146
Giganten: reißen Dionysos in Stücke und begraben ihn 261; Gleichnis für die Ungläubigen aus christlicher Sicht 422; der Ge entsprossen, versuchen, den Himmel zu stürmen 694; – und Titanen werden von Eselsgeschrei verjagt, von Juppiter besiegt 696; Juppiter beherrscht sie mit seinen Blitzen 707; *in der Bildkunst 247 f: zwei Typen, der anthropomorphe und der schlangenbeinige 247 f; ihre Waffen sind Lanze, Schwert und Steine 248; Gigantomachie 248 f: Symbol für Vernichtung der Reichsfeinde 248; als Drohgebärde 249; Drohgebärde gegen die Türken 250; als Propaganda 250 f; die – stehen für das Element Erde 251*
Gigantomachie: Kampf der Götter gegen die Giganten 169; Herakles in der –, in der Bildkunst 410; die – in der Bildkunst 715 f; *248 f*
Girlanden: windet Eros aus den vier Kardinaltugenden 296
Glanz: goldener des Eros 294
Glaspaste: schmückt den Schild des Herakles 321
Glaucopis s. Glaukopis
Glaucus s. Glaukos
Glaukopis / Glaucopis: Beiname der Athena 178 f
Glaukos, König v. Korinth: ihn zerfleischen die eigenen Pferde 38; König von Ephyra, Vater des Bellerophon 203
Glico (Glyko): Dirne mit Myrrhentrunk 15
Glieder: die Musen sammeln die verstreuten – des Orpheus 573; die Götter sind die – des Juppiter 702
Gliederkette: der Venus 57
Globus: Attribut der Urania 562, 564, 565, der Erato 564, der Musen 565; s. a. Globus-
Globusbecher: mit Bild des Atlas und Herakles 409
Glück: versinnbildlicht durch den Regenbogen 359; Pluto und Persephone brin-

gen den Ängstlichen – 631; – und Unglück schickt Zeus 697

Gold(en): Gold- und Silberwerk mag Venus 51; ist häufig bei Kleidung und Gerätschaft des Apoll 86; Helm und Pferdegeschirr des Ares 116; – Vlies, bewacht von Drachen des Ares 122; Arme, Wagen, Pferdegeschirr und Gürtel der Artemis 140, 146; Helm der Athena 178, 179; Kamm der Athena 179; Sandalen der Athena 180; – Haar der Chariten 210; – und silbern, Haarnetz der Chariten 210; besticht Wächter der Danaë 217; Lohn der Unzucht 218; seine Macht 218; Locken der Demeter 231, 235; – ist das Schwert der Demeter 240; – wird alles, was Midas berührt 257; Flügel, Haar und Haupt des Eros 294; ist der Sessel der Hera 309; ist der Wagen des Hades 311; Arbeitsmaterial des Hephaistos 320; – schmückt den Schild des Herakles 321; – und silberne Wachhunde, Werke des Hephaistos 321; geflügelte Liege aus – fertigt Hephaistos für den Sonnengott 323; – ist die Schale, in der der Sonnengott reist 323; – Schuhe macht Hephaistos für die Götter 325; – Sessel von Hephaistos für Hera 325, 349 f; – sind Thron und Wagen der Hera 345; ist der Thron, den Hera dem Hypnos gibt 347; – Schuhe schenkt Hephaistos den Göttern 349; – und Elfenbein am Kultbild der Hera 356, in der Allegorese 359; – ist die Kette, an der Hera hängt 359; ist der Brustpanzer von Hephaistos 366; das Geweih der kerynitischen Hindin 371; ist das Boot des Herakles, die Schale des Sonnengotts 374, 376; Äpfel der Hesperiden 375; – sind die Äpfel, die Ge dem Zeus schenkt 375; – sind die Äpfel der Hera 375; – sind die Äpfel = Schafherden der Hesperiden 375; sind die Bäume der Hesperiden 376; Schafe der Hesperiden 377; Schwertgurt des Herakles 387; aus – und Bernstein sind die Ketten des Hercules Gallicus 432; – Hörner haben die Rinder des Apoll 436; – ist der Hirtenstab des Hermes von Apoll 438; – sind die Sandalen des Hermes 439; – sind Locken des Merkur 449; – steht für Reinheit des Sinnes bei Hermes 450; – Ketten gehen vom Mund des Hermes aus 450; in Gold kleiden sich die Horen 486; Krug der Iris 492, ihre Flügel 493; – Zeitalter unter Kronos 508; – sind die Flügel der Gorgonen 540; – ist das Haar der Medusa 541, oder -blond 546; Haarnetz der Musen 558; – ist die Lyra, die die Musen mit Apoll teilen 558; Gürtel des Orpheus 575; mit – geschmückt ist die Tiara des Orpheus 575; – ist die Krone der Pandora 598; – ist der Apfel beim Parisurteil 609; – ist Inbegriff der Schönheit 613; -leuchtend ist das Gewand des Paris 614; -beschlagen ist das Zaumzeug des Bellerophon von Athena 622; – sind die Quasten am Beutel des Perseus 638; – ist der Palast des Poseidon 648; – ist Kranz als Gabe der Amphitrite 652; – ist das Vlies des Widders von Kolchis, Sohn des Poseidon 652; Geißel des Poseidon und Farbe der Rösser und ihrer Fesseln 653; – ist der geflügelte Wagen des Pelops 653; ein – Haar pflanzt Poseidon dem Pteleraos ein, es macht ihn unsterblich 654; in -glanz hüllt sich Poseidon 656; – sind Palast, Pferd und Peitsche des Poseidon 656; – Zeitalter 697; Verwandlungsform und Farbe des Zeus / Juppiter 700, 705, 706; Tunika und Mantel des Zeus / Juppiter 702, 706, 710; Mähnen der Rösser und Peitsche des Zeus 702; *Aeneas bricht den – Zweig 55, in der Bildkunst 69; die – Äpfel des Hippomenes in der Deutung 171; Daidalos fertigt Aphrodite einen – Widder 200; die – Äpfel der Atalante in der Deutung 171; Hebe hat – Sandalen, Krone und Thron 269; Helene spinnt mit – Spindel 300; Atalante schenkt dem Melanion drei – Äpfel 316; Hymen hat -farbene Schuh 322; Orangen stehen für – 322; Iason soll das – Vlies holen 327; Patron des Ordens vom – Vlies 338; Kadmos lehrt das Schmelzen von – 355; Daidalos ist Erfinder der Gold- und Metallgießerei 355; Narziß hat -glänzendes, üppiges Haar 395; Oineus gibt dem Bellerophon einen doppelhenkligen -becher 472; -blondes Haar hat Polyneikes*

497; Nephele schickt einen Widder mit – Vlies von Hermes zur Rettung 487; das – Vlies ist Ziel der Argonauten 489; Midas wünscht sich, daß in seinen Händen alles zu – werde 502; Streit um den – Hund des Zeus 504; s. a. Gold-

Goldenes Haus des Nero: 65

Goldgeborener: Beiname des Perseus 633

Goldgier: des Midas 282

Goldglanz: umgibt Artemis 146

Goldregen: passim Danaë; – des Juppiter auf Rhodos bei Geburt der Minerva 166; Verwandlungsform des Zeus / Juppiter 216, 217f, 219f, 633, 717; Proitos schwängert Danaë in Gestalt des – 216; Verwandlungsform des Zeus 700

Goldschmied: ist Hephaistos 320

Gonzaga: Eleonora – 73; Paola im Bild der Ceres 250

Gorgo / s. a. Medusa: von Athena enthauptet 169; ihre Augen schmücken das Halsband der Harmonia 321; ihr Haupt ist von Schlangen umwunden 540, 634; ihr Blick 544f; ihr Phantom begegnet dem Herakles im Hades 544; ihr Haupt ist in Argos begraben 544; ihre Haarlocke wehrt Feinde ab 544; Dante begegnet ihr im Inferno 546; ihr Spiegelbild im Schild des Perseus 634; aus ihrem Blut entsteht die Aspisnatter 635

Gorgoneion, Gorgonenhaupt: Waffe und Schutz der Athena, Apotropaeon 168, 188, 192, 543; sein Anblick ist tödlich 178; bei Minerva, Deutung 183; ziert die Aigis 189; seine apotropäische Wirkung 189; verwandelt eine Pflanze in die Koralle 543, 636; im Schild des Perseus 637; als Reichtum gedeutet 640; – und Schwert: Attribut des Perseus 641; Waffe des Perseus 646

Gorgonen: drei –, Töchter der Ge / Gaia oder des Phorkys und der Keto 539; Stheno und Euryale, Schwestern der Medusa 539; Geschwister der Graien, der Echidna und des Ladon 539; sind von schockierender Häßlichkeit oder schön 540; Vermischung mit den Graien 540; haben Eberhauer, Hände aus Erz, goldene Flügel, Gürtel aus zwei Schlangen 540; ihr Haupt ist von Schlangen umwunden, sie teilen sich in ein einziges Auge 540, 634, 635; ihr Klagegesang regt Athena zur Erfindung einer Pfeife an 543; die – sind die Töchter des Teufels, wohlhabende Mädchen, Töchter eines Meeresungeheuers 547; von Perseus mit Hilfe der Minerva getötet 547; Töchter des Königs Phocis 639; Töchter des Teufels 640; *Amazonen und – werden von Herakles vernichtet, der keine Frauenherrschaft mag 124; Chimaira verglichen mit Kerberos, – u. a. 177; ihre Dreizahl 252; nur Medusa ist sterblich 252; sind entweder häßlich oder schön 252; ihre Macht einzig in ihrem Anblick 252; ihr versteinernder Blick 252; alle drei von Perseus geköpft 252; rationalistische Deutung 252: kriegerisches Frauenvolk 252 f; Verbindung mit den feministisch-matriarchalischen Amazonen 253; reiche Königstöchter 253; eigentlich sind Wildschafe oder Kälber mit versteinerndem Blick 253 f; mit vernichtendem Atem 254; Allegorese und Moralisierung 254: sind Töchter des Teufels; ein Bild für Begehrlichkeit 254 f; in der Bildkunst 255: haben fratzenhaftes Gesicht, sind geflügelt, gleichen meist der Medusa 255; vom Mittelalter an dominiert schöner Typ 255; Themen: verfolgen Perseus 256; teilen sich ein Auge 256; Harpyien neben Chimaera und – in der Unterwelt 261*

Gorgonenhaupt s. Gorgoneion

Gott: menschgewordener – ist Juppiter 708

Götter: von – und Menschen singen die Musen 556; Pandora ist ihr Gemeinschaftswerk 597; Prometheus stiehlt ihnen das Feuer 598; statten Pandora aus 598; besiegen die Titanen und kerkern sie ein 649; machen die Sterblichen aus Erde und Feuer 676; überwinden die Titanen 693; fliehen in Tiergestalt nach Ägypten 695; sind die Gliedmaßen des Juppiter 702

Götterbilder: ihr Verfertigen von Prometheus gelehrt 677

Götterbote: ist Hermes 433, 446, in der Allegorese Patron der Rede 450

Register 659

Götterbotin: ist Iris 491
Götterkönig: ist Zeus 694
Göttermahl (lectisternium): Venus und Mars 65
Göttertafel: Hephaistos von ihr ausgeschlossen 319
Götterversammlung: bei der Athena 166
Gottesfurcht: *des Aeneas 47f*
Gottgefälligkeit: *des Aeneas 47f*
Göttin, Berliner: 55
Gottvater: in der Trinität nimmt Juppiter seinen Platz ein 725
Götzendienst: verkörpert Silvanus 671
Grab: des Dionysos in Delphi 263
Graien: Geschwister der Gorgonen 539; sie werden mit den Gorgonen vermischt 540; teilen sich in einen Zahn 542, ein Auge 634; von ihnen hat Perseus Flügelschuhe und Beutel 542; statten den Perseus aus 634, in der Bildkunst 647
Grammatik: *als Schulfach von Kadmos eingeführt 359*
Granatapfel: die Blütenfarbe 13; Attribut der Venus 60; -kern, den Persephone von Hades hat und verspeist 232; pflückt Persephone und verspeist sieben oder drei Kerne 233; – und Demeter: Allegorese der -kerne 238; Attribut der Demeter 244; Attribut der Hera/Juno, ihr heilig 356, 360
Gras: sprießt unter den Füßen der Aphrodite 73; beim Opfer an Mars 122; wächst aus menschlichem Blut 122
Gratia: als Beredsamkeit gedeutet 213
Grau: ist das Haar des Poseidon 659; – Schläfen haben die Menschen schon bei der Geburt 697
Grausamkeit: 113 (des Ares); des Zeus 698, 701; Zeus bestraft sie 698
Grazie: der Venus 57
Grazien/s. a. Chariten: bei Venus 41, 43, 51, der Venus geweiht 211f; bei Apoll 80; bei Artemis 140; stehen für Dankbarkeit 212; von Merkur begleitet 214; *Sirenen nach Art der – gruppiert 526*
Greif(en): dem Apoll zugeordnet 95; Helmschmuck des Mars 128; der Diana zugeordnet 156; Zugtiere des Dionysos 273; -krallen hat Amor 298, 299
Greis: Bacchus als – dargestellt 264

Griechen: sie lernen von Hermes, ihre Gedanken auszudrücken 442
Groll: Wesensmerkmal des Poseidon 656
Große Mutter/Magna Mater: Name der Basileia
grün: – und blau, Farben des Poseidon 657; seine Augen sind meer- 658; *Achelo(i)os trägt einen – Umhang 13*
Gryllos: *Gefährte des Odysseus, von Kirke in Schwein verwandelt 257; preist die Glückseligkeit des Tieres 257; Emblematik: Bild der Sinnenlust 257*
Gürtel: des Ares/Mars 44, 57, 110; goldener der Artemis 140; – der Proserpina bringt Cyane der Ceres 232; – der Hera hat 100 Quasten 347; – der Hippolyte, Hoheitszeichen von Vater Ares 373, in der Bildkunst 406f; der Aphrodite 57, von Hermes entwendet 439; Schlangen- der Gorgonen 540; goldener des Orpheus 575; *Herakles will den – der Hippolyte 121; Eros trägt – mit Schloß zum Zeichen der Keuschheit und Treue in der ehelichen Liebe 322*
Gutes: und Schlechtes verteilt Zeus aus zwei Krügen, bringen die Moiren den Menschen 697; – und Schlechtes verteilt Juppiter 708, 722
Gythion: Stadtgründung von Apoll und Herakles 84

Haar: der Venus 43, 50, 55, 56, 58, 63, 68, 69; blondes/goldfarbenes, des Apoll 86, fülliges 87; offenes, der Artemis 146; goldenes, der Chariten 210; fülliges, der Danaë 217; der Ceres, gescheitelt 241; der Demeter blond, reich und ansehnlich 235; blondes, der Ceres 249; goldenes, des Dionysos 260; – und Haupt des Eros sind golden 294; blondes, des Ganymed 303; dunkles – hat Hades 310; behaart ist der Körper des Pluto 315; der Antigone, in Schlangen verwandelt 351; goldenes – hat Medusa, wird von Athena in Schlangen verwandelt 541; eine -locke der Gorgo wehrt Feinde ab 544; der Medusa 548; der Musen 558; -tracht des Paris 613; blond und weich, des Paris 614; lockig und hell, des Paris 618; blondgelockt, des Paris 621; blondgelockt, des Perseus 642; aus Schlangen, der Medusa 644; des Poseidon, grau = Deutung 659; zerzaust und naß des Poseidon / Neptun 660; zerzaust, des Neptun 660, 661; des Neptun in Form von Meeresschnecken 666; gelockt oder struppig, des Prometheus 686; gelockt und voll, des Juppiter 708; des Zeus, schulterlang, gewellt 710; Iris schneidet der sterbenden Dido das – und löst somit die Seele vom Leib 492; graues – hat Saturn 510; schneeweißes – haben die Moiren / Parzen 554; Bart- und Kopf- des Pan sind struppig 590; – und Wuchs des Paris sind Gaben der Aphrodite 613; blondes – hat Paris 614, in der Bildkunst 621; ein goldenes – pflanzt Poseidon dem Pteleraos ein 654; dunkles, blaues – hat Poseidon 656; ambrosisches – hat Zeus 702

Haarnetz: silbern und golden, der Chariten 210; golden, der Musen 558

Habgier: veranschaulicht Arion 136; verkörpert von Wächterin der Danaë 220; Pluto steht für – 632; *Eigenschaft Achills 27; verkörpert von Polyneikes 498*

Habicht: Attribut des Apoll 95

Habsucht: und Ehrgeiz versinnbildlicht durch Kette, an der Hera hängt 359

Hacke: Arbeitsgerät der Ceres 240

Hades: raubt Persephone auf Sizilien, bei Enna oder bei Syrakus 229; – im Streit mit Demeter, Hermes vermittelt 231 f; verfolgt von Demeter / Ceres 248; gleichgesetzt mit Dionysos 260; – Sohn des Kronos und der Rea 307; Gemahl der Persephone 307; – Aidoneus, Herr über das Totenreich 308; thronend 308; – und Persephone, von den Menschen als Rächer angerufen 308; entführt Persephone 308 f; vom Pfeil des Herakles verwundet 309; ist rachsüchtig 309; mag Asklepios und Hygieia nicht 309; haßt Heilkräuter 309; überlistet Persephone 309; verwaltet die Schätze der Erde 309; – / Pluton, als Wohltäter 309; ihm steht Hermes nahe 309; Etymologie seines Namens 309; ist lichtscheu 310; – / Pluto, in der Allegorese 311, 312, 313; ihn kennzeichnet sein Brauenlächeln 311; ist Traumbringer 314; ist unsichtbar 315; ist von ungepflegter Erscheinung 315; – und Persephone, thronendes Herrscherpaar 316; Hermes, Demeter und Triptolemos in seiner Gesellschaft 316; von Kronos verschlungen 344; Menoitios (Menoites) ist sein Hirte, von Herakles erschlagen 374; wird von Herakles verwundet 383; Abstieg des Herakles in den – mit Christus in der Vorhölle gleichgesetzt 395; Hermes ist sein Bote 439; Hermes trägt seine Tarnkappe 441; Bruder von Hestia, Demeter, Hera, Zeus 477; gibt Perseus die Tarnkappe 542; im – begegnet Herakles dem Phantom der Gorgo 544; Orpheus steigt hinab in den – 572; – und Persephone sind gerührt vom Gesang des Orpheus 572; Orpheus holt Hekate aus dem – 572; dort leiden Ixion, Sisyphos und Tantalos Qualen 572; Gemahl der Persephone 630; entführt Persephone 631, in der Bildkunst 632 f; – und Persephone als Herrscherpaar der Unterwelt 632; ihm fällt die Unterwelt zu 649; Bruder von Poseidon, Hestia, Demeter, Hera und Zeus 648; die Kyklopen geben ihm eine Kappe 649, 693; die Titanen werden in den – verbannt 693; *Achill im – 23 f; – verklagt den Heiler Asklepios bei Zeus 155; Zeus regelt den wechselnden Aufenthalt der Dioskuren in – und Himmel 220; Endymion verliebt sich in Hera und wird in den – geschleudert, wie Ixion 238; Kirke rät Odysseus zum Besuch des – 426; Odysseus gräbt ein Tor zum –, durch das er ins Jenseits blickt 426; die Musik des Orpheus im Hades 529; Tantalos im – unter die Gottlosen gesetzt 534; Theseus wächst auf dem Thron des – fest, Herakles befreit ihn 554; Peirithoos auf ewig im – festgehalten 549; Theseus im – in Ketten gelegt, von Herakles oder den Parzen gerettet 549 f; Rationalisierung des -gangs des Peirithoos und Theseus 550; die Gefangenschaft des Theseus im – steht für Gefangenschaft in der Sünde 554*

Hadesgang s. Hades 549f
Hagel: bringt der Planet Saturn im Zeichen des Skorpion 512
Hahn: der Wecker 112; von Mars geschätzt 121; – krönt Helm der Athena 186; begleitet Athena 188, ist ihr Attribut 193; Attribut der Demeter/Magna Mater 240; symbolisiert Wachsamkeit und Weisheit der Athena 193; Attribut der Demeter/Ceres 240; Attribut des Hermes 449; Allegorese zu Hermes 453; Attribut des Hermes 460; Attribut der Kybele 523, in der Allegorese 523f; Lieblingsvogel der Leto, hilfreich bei ihrer Niederkunft 530; Attribut der Persephone 632; *Attribut des Asklepios 156, 159, 163; Bild ärztlicher Wachsamkeit 157; Sokrates opfert Asklepios vor seinem Tod einen* – 158
Hakennase s. Nase 386
Hakenpflug: Erfindung der Athena 238
Halle: des Sonnengotts, mit Bildwerken des Hephaistos geschmückt 321
Hallirhotios: von Ares getötet 116
Hals: einen schönen – hat Aphrodite/Venus 43, 44, 45
Halsband: der Harmonia, Werk des Hephaistos 320, dem er die Augen der Medusa einsetzt 544; der Elektra, Werk des Hephaistos 321
Halstuch: sternenbesetztes, des Pan 596
Hammer: des Hephaistos/Vulcan, seine Waffe und Attribut 320, 331, 333, 334; Werkzeug des Prometheus 687
Hammon/Ammon, Juppiter: ist gehörnt 705
Hand, Hände: hinter dem Rücken, zeigt Merkur als Dieb 467; – der Gorgonen sind aus Erz 540; – des Zeus 701; s. a. Hand-
Handspiegel: Venus betrachtet sich darin 58, 60
Handwerk: des Zethos 29; Talent und Anliegen der Athena 165, 168; Patronat der Minerva 199; Gott des – ist Vulcan 329, 341
Handwerker(in): ist Athena 168, 173; sind die Kyklopen 322; der ihm im Schlaf erscheinende Hephaistos ist dem – ein günstiges Zeichen 330; unter dem Patronat des Prometheus 673
Handwerkerkittel (Exomis): Kleidung des Hephaistos 333; des Prometheus 686
Harfe: Instrument des Arion 31, 58, 94, 136; im Kult der Aphrodite 58; Instrument des Orpheus 94; Attribut der Terpsichore 564, Attribut der Kalliope 565; Instrument des Orpheus 576, 580, 582, 583
Harmonia: Tochter von Ares und Aphrodite 40, 108; ihr Gewand von Minerva und Vulcan 173; ihr Halsband schmücken die Augen der Gorgo 320; ihre Brautkrone ist ein Werk des Hephaistos 320f; ihrem Halsband setzt Hephaistos die Augen der Medusa ein 544; – und Kadmos, die Musen singen zu ihrer Hochzeit 559; *Polyneikes besticht Eriphyle mit dem Halsband der* – 134; *man weiht Adonis das Halsband der* – 243; *man weiht Aphrodite das Halsband der* – 243; *Hebe im Reigentanz mit Chariten, Horen, – und Aphrodite u. a.* 269; *Kadmos, Gemahl der* – 351, 353; *die Hochzeit von Kadmos und* – *mit der von Peleus und Thetis verglichen* 353; – *erhält einen Mantel und kostbares Halsband, Werk des Hephaistos* 353; *Hermes schenkt Kadmos und* – *eine Leier* 353, 360; *Kadmos und* – *verlassen Theben* 354; *Ehe von Kadmos und* – *als Bild der harmonischen Ehe* 360; *Kadmos und* – *in Schlangengestalt* 362; *in der Bildkunst: Kadmos und* – 362f; *Allegorese der Hochzeit* 364f; *das Paar als Frieden gedeutet* 365; *Verwandlung der beiden in Schlangen* 365
Harmonie: Hermes beobachtet die – der Töne 442; die Musen haben Teil an der kosmischen – 565
Harnisch: Löwen- des Herakles 426
Harpalykos: Sohn des Hermes, lehrt Herakles das Boxen 366
Harpune: dreizinkige, Attribut des Neptun 661
Harpyien: drei – dienen dem Hades 312; – sind Vögel mit Mädchengesicht 314; sie stehen bei Hades 314; mit den stymphalischen Vögeln gleichgesetzt, von Hera-

kles verjagt 372, in der Bildkunst 405; Schwestern der Iris 491; Iris rettet sie vor Zetes und Calais 492; sind Kinder des Neptun 653; Begleiter des Poseidon 658; *drei Windgeister, Schwestern der Iris 258; blitzschnelle, geflügelte Räuber 258; sind Mischwesen, haben Vogelgestalt mit Oberkörper und Kopf einer Frau 288; sind immer hungrig und gefräßig 258 f; rauben dem Phineus das Essen vom Mund 259; beschmutzen die Tafel und stinken 259; Zetes und Calais verfolgen die – 259; überfallen die Tafel des Aeneas 259 f; die – Celaeno weissagt dem Aeneas den Hunger 260; sind mädchengesichtig 260; entführen die Töchter des Pandareos, Schützlinge von Hera, Artemis, Athena und Aphrodite, aus den Hochzeitsvorbereitungen und überstellen sie den Erinyen als Dienerinnen 260; Odysseus von den – geraubt 260; die – haben eigentlich keine Wohnung 261; von ihren Verfolgern erschossen 261; neben Chimaera und Gorgonen in der Unterwelt 261; verkörpern die nehmende Kraft des Windes 261; der Mensch ist gegen sie wehrlos wie Tantalos 261; sind den Sirenen ähnlich 261; die Bezeichnung «Hunde des Zeus» weist sie als Wächter aus, darin den Erinyen / Furien ähnlich 261; mit den stymphalischen Vögeln identifiziert 262; sind Piraten und Untergattung der Furien 262; Allegorese: Namensetymologie 262; sind eigentlich zwei Töchter des Phineus, die Vaters Vermögen verzehren 262; sind räuberische Beischläferinnen, sind ein Heuschreckenschwarm 262; Emblematik 262: bedeuten Verkommenheit der Welt 263; töten sich selbst angesichts ihres Spiegelbildes 263; Ungeheuer des Gemüts 263; ihre Schnelligkeit ist sprichwörtlich; in der Bildkunst 263 f: – sind Mischwesen, geflügelte Mädchen; ähneln Engeln 264; haben Sirenengestalt 264; im Mittelalter mordende Monster 264; Verkörperung des Bösen, wie der Teufel mit Fledermausflügeln 264; Madonna delle Arpie 265; schlangenleibig 265; Themen: rauben dem Phineus das Essen 266; die – von den Boreaden verfolgt 266; die – überfallen die Tafel des Aeneas 266; sind mit den Sirenen zu verwechseln 526*

Hase: Jagdbeute des Adonis 16; wollüstig 54; Attribut der Aphrodite / Venus 54, 59; Attribut des Eros 299

Hasenwurfholz: Jagdwaffe des Pan 595

Häßlich: ist Hephaistos 319

Häßlichkeit: die Gorgonen sind von schockierender – 540; damit straft Athena die Medusa 541

Haube: trägt Juno als Zeichen der verheirateten Frau 503; des Hades für Perseus 542

Haupt s. Kopf

Haus: des Mars aus Eisen 115; – aus Erz baut sich Hephaistos 320, 322; aus Eisen baut Hephaistos für Ares 322; unterirdisches – baut Hephaistos für Orion 322; ein – baut Hephaistos für jeden der Götter 322; seine Umzäunung ist Patronat des Juppiter 708

Häuser: schöne – baut Paris 615; baut Prometheus aus Backstein und aus Holz 676

Hausgötter s. Laren

Hausmann: *die Männer der Amazonen sind –* 123

Haut: dunkle – hat Vulcan 326; des Marsyas, wird in einer Grotte aufgehängt 533, zu Weinschlauch oder Dudelsack verarbeitet 534; unter der – versteckt Prometheus das Fleisch der Opferstiere 677

Hebe: wäscht und kleidet Ares 110; Tochter der Hera 344; Tochter der Hera, Gemahlin des Herakles 351; durch Herakles Mutter von Alexiares und Aniketos 385; heiratet Herakles 385; Personifikation der ewigen Jugend 422; ist Tochter von Zeus und Hera 694; *lat. Iuventas = Jugend 267; Konkurrentin des Ganymed 267; Juno geschwängert von (?) Feldsalat 268; Zeus gibt ihr die Jugend in Obhut, macht sie zum Mundschenk beim Göttermahl 268; jüngste der Götter 268; spendet selbst Jugend 268; versorgt den verwundeten Ares 268; ihr unglücklicher Sturz vor aller Augen 268; als*

Mundschenk von Ganymed abgelöst 268; im Olymp Gemahlin des Herakles 268; Alexiares und Aniketos, ihre Söhne mit Herakles 268; gibt dem Iolaos die Jugend zurück 268; – und Herakles im Wagen des Iolaos 268; ist Verkörperung von Jugend und Schönheit 268; hat schöne Knöchel/Fesseln 269; im Reigentanz mit Chariten, Horen, Harmonia und Aphrodite u. a. 269; hat goldene Sandalen, Krone und Thron 269; ihr Unfall 269; Zeus nimmt ihr das Amt 269; physikalisch-biologische Deutung 269 f; moralische Deutung: unberechenbare Gunst der Fürsten 270; in der Ehe mit Herakles vereinen sich stärkere Arme mit größerer Geisteskraft 270; in der Bildkunst 270: – ist jugendlich-anmutig, der Aphrodite ähnlich 270; Attribute: Blume, Apfel und Schenkkanne 270; hat Blumenkranz im Haar 270; Themen: – als Mundschenk 271; Hochzeit mit Herakles 271; das mythologische Porträt im Bild der – 271

Heer: zerstört von Zeus 698

Heilen: das – von Herden und Kleinkindern lehrt Kybele 521

Heilige Hochzeit (Hieros Gamós): des Zeus und der Hera 361

Heiliger Geist: seine Gaben von Kindern der Niobe verkörpert 568; verkörpert von Pegasus 626; in der Trinität tritt Pegasus an seinen Platz 725

Heilkräuter: sind Hades zuwider 309

Heilkundiger: ein – ist Orpheus 576

Heilkunst: die – des Asklepios bedroht die Macht des Zeus 700

Heilmittel: eingeführt von Prometheus 676

Heilsam: ist einer von zwei Blutstropfen der Medusa 544

Heimkehrer: *Aeneas als – nach Italien* 48

Heiratswillige: der den – im Traum erscheinende Hephaistos ist ein günstiges Zeichen 330

Hekabe: von Priamos Mutter des Paris 607; ihr Traum 608

Hekate: Artemis ihr gleichgesetzt 138, 148; bildet mit Lucina/Diana dreifaltige Gottheit 148; sucht Demeter auf 230; Dienerin und Gefährtin der Persephone 232; von Orpheus aus dem Hades geholt 572

Hekatoncheiren (die Hundertarmigen): Kinder des Kronos, Zeus füttert sie mit Nektar und Ambrosia, befreit sie 693; Wächter der Titanen 693

Hektor: Aphrodite bewahrt seinen Leichnam vor Entwürdigung 37; von Ares besessen 110; Bruder des Paris 607; seine Eltern 272; Erstgeborener vor Bruder Paris 272; seine Kinder 272; Heerführer der Troer, Schirmherr der Stadt 272; im Kampf Gegner von Agamemnon und Achill, Aias und Diomedes 272; seine Einstellung gegen Paris 272; im Krieg 273 ff; Hera und Athene sind gegen ihn 273; Apoll und Ares stehen ihm bei 273; begegnet der Helene 274; Kampf gegen Aias 275 f; Austausch von Waffen und Rüstung 276; gleicht dem «männerverderbenden Ares» 279; wird verwundet 279; Apoll heilt von Zeus veranlaßt den Verwundeten 279; Patroklos verheißt ihm baldigen Tod durch Achill 281; Tod durch Achill, der seinen Leichnam schleift 284; Aphrodite salbt den Toten 284; Apoll hüllt ihn in eine Wolke 284; Hermes soll den Körper bergen, Hera und Athene widersprechen 284; Totenklage und Bestattung 285; veranschaulicht Vorstellung vom Helden als Verteidiger 285; Beispiel für Vaterlandsliebe 285; dem Fürsten und Krieger steht Zeus, dem Verteidiger Apoll zur Seite 285; Athene ist gegen ihn, er ist schlecht belehrbar 285 f; Vergleich mit dem listenreichen Odysseus 286; von prächtiger Erscheinung 286; liebt den Nahkampf 286; zeigt nie einen Bogen 286; Beschreibung seiner Lanze 286; ist Rossebändiger 286; Spontaneität prägt seinen Kampfstil 287; wirkt auch mit seinem Gebrüll wie Verkörperung des Ares 287; ist anders als Achill wohl amusisch 287; Vaterland ist für ihn die Familie 287; ist auf troischer Seite der Krieger mit größter Anzahl der erlegten Gegner 287; sein Tod als Heldentod 287 f; Bewertung des – bei späteren Mythographen 287 ff; Charakterisierung der Person bei Dares Phrygius 289; unterschiedliche Versionen zu seinem Ende 289 f; seine Bestattung 290; als ritterlicher Held im Mittelalter 290 f; seine Verehrung als Kult eines Helden im Bild christlicher Heiligenverehrung 291; einer der «Neun Helden» im Mittelalter 291; – als Stammvater der Römer, der fränkischen Könige 291; in der Emblematik 291; in der Bildkunst 292 ff: eindrucksvolle Körpergröße 292; Lanze und Schwert seine Waffen 292; der Löwe sein Wappentier 292; in Ritterrüstung zu Pferd 292; seine Keuschheit und Reinheit 293; ein Bild zeigt ihn im Typus des Mars 293; Themen 293 f: sein Abschied von Andromache 293; Kampf mit Aias 293; Kampf bei den Schiffen 293; der Tod des – 293; Achill schleift seine Leiche 293 f; der Kampf gegen Herkules 294; sein Grab 294 f; – als einer der «Neun Helden» 295 f; zyklische Darstellungen 296

Held(en): Kronos ist Herr der gestorbenen – 509; Hektor ist der Verteidiger als – 285; Hektor ist ritterlicher – im Mittelalter 290 f; seine Verehrung im Mittelalter hat Züge christlicher Heiligenverehrung 291; er ist einer der «Neun –» 291

Heldentod: Hektor stirbt ihn 287 f

Helena: Tochter von Helene und Paris 608

Helena(-e): Aphrodite verspricht sie Paris 345; von Hermes nach Ägypten gebracht und dem Proteus zur Frau gegeben 441; Tochter der Leda 526; – und die Dioskuren kommen aus einem einzigen Ei 527; – und Pollux kommen aus einem einzigen Ei der Leda; – kommt aus dem Ei der Nemesis 527; Gemahlin des Paris, von ihm Mutter des Aganos, Bunomus, Orythus, Idaeus, der Helena 608; Mutter der Hermione 610; in der Obhut des Proteus 610 f; wird geraubt 611, 612; – und Paris als Liebespaar, in der Bildkunst 621; Tochter des Zeus, der Schwanengestalt annimmt, mit Leda oder Nemesis 297 f; Schwester des Polydeukes, Halbschwester von Kastor und Klytemnaistra 298; schlüpft aus dem Ei der Nemesis, von Leda aufgezogen 298; schlüpft aus dem Ei der Leda gemeinsam mit Castor und Pollux 298; – und Clytemnaestra entschlüpfen einem Ei 298; – zwölfjährig von Theseus entführt 298; von den Dioskuren befreit 298; von Ida und Lynkeus geraubt, dem Theseus anvertraut 298; ihre Schönheit 298; Gemahlin des Menelaos 298; ihre Kinder 298 f; von Theseus Mutter der Iphigeneia 299; von Achill Mutter des Euphorion 299; Verbündete des Odysseus 299; Hermes bringt sie nach Ägypten 299; Paris raubt nur ihr Phantom 299; ihr Charakter 300; ihre Bewertung als Opfer oder Täterin 300; hält den Paris für Eros oder Dionysos 300; ist dem Paris von Aphrodite versprochen 300; trägt den Gürtel der Aphrodite 300; spinnt mit goldener Spindel 300; verarbeitet veilchenfarbene Wolle 300; ist brave Hausfrau 300; besitzt zauberische Kräuter 300; wirkt Purpurmantel 300; kann zaubern 300; hat Siegelring mit Bild eines Fisches 301; Pflanze ihres Namens führt zum Streit 301; ein Hymnos an sie heilt Blinden 301; ist Sünderin 301; ist eitel und verführerisch schön 301; hat schönes, üppiges Haar 301; ihre Wirkung auf die griechischen Fürsten 301 f; ist den Brüdern ähnlich 302; ihre Wohlgestalt, ihr offenes Wesen 302; – in der Bildkunst 302 f: Idealbild der – 302; ikonographisch der Aphrodite ähnlich 302; als Opfer, in der Vasenmalerei 303; ihre Geburt aus dem Ei, in der griechischen Vasenmalerei 303, in der römischen Kunst 303 f; – mit dem Schwan, bei Leonardo 304; Theseus entführt sie 304 f; Hochzeit mit Menelaos 305; Paris und – 305 f; die Toilette der – 306; Paris entführt sie 306 f; – auf der Mauer von Troia 307; – als «Todesgöttin», in der Bildkunst 307; Menelaos holt – heim 307 f; zyklische Darstellungen 308

Helenos: Bruder des Paris 608; Sohn von Prometheus und Pyrrha oder Klymene 673

Register 665

Helfer: – und Schutzgott des Hauses ist Zeus 697
Heliaden: *in Pappeln verwandelt* 478
Helice: eine der Musen 561
Helikon: Quell auf dem –, von Athena und Musen geliebt 174 f; dort wohnen die Musen 556
Heliochrys (Goldranke): Kranz aus, der Artemis 146 f
Helios / Sol / Apoll: der griech. Sonnengott 96; – und Selene, Kinder der Basileia 522; Orpheus ist ihm verbunden 574
Helle: *passim Phrixos; stürzt ins Meer* 487, 493
Hellebarde: Attribut der Athena 192
Helm: Helm, funkelnder, des Ares 66, 110, 113, 115, goldener 116; des Ares / Mars 121, 126; federgeschmückter des Mars 131; der Athena, attisch mit Roßhaarbuschen 169, golden, goldglänzend 179; der Athena, von Sphinx und Greifen geschmückt 185; der Athena, von Hahn gekrönt 186, 188, 189, 632; mit goldenem Buschen, des Herakles von Hephaistos 321; – der Athena, Werk des Hephaistos 337; mit Ziegenohren, Attribut der Juno 501; mit Roßschweif, des Paris 614; des Poseidon 660; – oder Kappe hat Hades von den Kyklopen 693
Hephaistos / Vulcan(us): Gemahl der Aphrodite 35, 40; in Athena verliebt 39; dem Ares überlegen 119; Helfer bei Geburt der Athena, spaltet dafür dem Zeus das Haupt 166, 175; – und Athena lehren das Handwerk 173; steht unter den Göttern der Athena am nächsten 175; begehrt Athena 175; zeugt mit Athena den Erichthonios 175, 176, 320; macht Zeus die Blitze 175; fertigt Waffen für Athena 175; Schöpfer der Pandora 211; von Dionysos in den Olymp zurückgeführt 259; versöhnt sich mit Mutter Hera 259; seine Rückkehr in den Olymp 279; von Aphrodite Vater des Eros 289; Vater des Erichthonios von Ge oder Athena 317; Vater des Argonauten Palaimon 317; von Epikleia Vater des Periphetes 317; Vater des Ardalos 317; von Kabeiro Vater des Alkon und Euryme-don 317; leidet an Gebrechen der Beine 317 f; Vater des Eros von Aphrodite 317; auf die Erde oder ins Meer geworfen 318; von Affen großgezogen 318; ist ein Schmied 318; bleibt 9 Jahre bei Thetis 318; parthenogenetisch aus den Genitalien der Hera geboren 319; fällt in das Meer zu den Nereiden 319; ist häßlich und bäurisch 319; von der Göttertafel ausgeschlossen 319; heiratet eine der Chariten oder Aphrodite 319; begehrt Athena 319 f; baut sich Haus aus Erz 320; schmiedet Waffen für Athena, Achill, Diomedes, Peleus, Memnon 321; seine Bildwerke schmücken die Halle des Sonnengotts 321; baut jedem Gott ein Haus 322; verfertigt Metallteile des Hauses 322; – ist Maurer 322; – und Athena teilen sich in die Kenntnis aller Künste 323; – tötet Mimas im Gigantenkampf 323; nagelt den Prometheus an den Kaukasus 323; hütet dem Hermes das Opferfeuer 323; reinigt Pelops vom Mord an Myrtilos 323; verbrennt sterblichen Teil des Herakles 323; ist auf Seiten der Achaier 323; trocknet den Fluß Skamandros aus 324; Pandora ist Werk des – aus Lehm 323; baut Palast der Elektra 322; schenkt der Athena einen Peplos 323; schmiedet für Eros den Pfeil, der Ares treffen soll 324; sein Wesen 326 f; – als Kulturbringer 327; – verhält sich zu Athena wie Praxis zu Theorie 327 f; verkörpert das Feuer 328; – in der Allegorese 327 ff, 330, 341 f; – und Hermes einander ähnlich 328; – ist der Erfinder der Schmiedekunst 329; – oder Prometheus, Erfinder des Feuers 329; – steht für Feuer 330; – bringt Verborgenes ans Licht 330; im Traum bringt – Verborgenes, vor allem Ehebruch ans Licht und ist gute Vorbedeutung für Handwerker, Heiratswillige u. a. 330; – ist ein nur geistig wahrnehmbarer Gott 330; H. / Vulcan in der Emblematik 331; sein Typus in der Bildkunst 331 f; von Hera und Zeus aus dem Olymp geworfen 334; landet auf Lemnos 334; wirft Flammen im Kampf gegen die Giganten 334; von Dionysos in den Olymp gelei-

tet 335; seine Rückkehr in den Olymp 342; Sohn der Hera von Zeus oder in Parthenogenese 348 f; von Hera ins Meer geworfen 349; mißhandelt Mutter Hera 349, steht ihr bei 350; schenkt den Göttern goldene Schuhe, Spezialschuhe der Hera 349; gibt der Hera einen goldenen Sessel 349 f, dem Herakles einen goldenen Brustpanzer, einen Kettenpanzer 366; schmiedet Kastagnetten 372; macht den Bronzekopf für die Keule des Herakles 400; gibt dem kleinen Hermes eine Rute als Spielzeug 439; Hermes entwendet ihm die Feuerzange 439; setzt dem Halsband der Harmonia die Augen der Medusa ein 544; Pandora ist sein Werk 597, er formt das Mädchen auf Geheiß des Zeus 598; fertigt die goldene Krone der Pandora 598; führt Pandora den Göttern vor 604; das diamantene Sichelschwert des Perseus ist sein Werk 634; Prometheus steht ihm nahe 673; – oder Hermes binden Prometheus an den Kaukasus 678 f; der Adler des Prometheus ist ein Werk des – 679; baut Zeus einen Palast 696; *Halsband der Harmonia, Werk des – 353; Silen mit – verglichen 505; Silen bei der Heimführung des – 511*

Hera / Juno: Patronin der Ehe 40; Mutter des Ares 108; Ares ist ihr zu Diensten 111; straft rüde die Artemis 141; lehrt Töchter des Pandareos geistige Fähigkeiten 146; Mutter des Hephaistos in Parthenogenese 165; mit Athena im Kampf vor Troia 169; Herrin der Chariten 210; von Kronos verschlungen 228; ihr Typ dem der Demeter vergleichbar 241; stiftet zum Mord an Zagreus an 252; schlägt Dionysos mit Wahnsinn 254; mit Hephaistos versöhnt 259; in Parthenogenese Mutter des Hephaistos 317, 318; von Zeus Mutter des Hephaistos 317; mit zwei Ambossen an den Füßen an den Himmel gehängt 318; wirft Hephaistos aus dem Olymp 318; an den goldenen Sessel des Hephaistos gefesselt 325; auf ihrem Thron gefangen 334; – und Zeus werfen Hephaistos aus dem Olymp 334; Göttin der Frauen, der Ehe und Geburt 344; – Zwillingsschwester und Gemahlin des Zeus 344; Mutter des Ares und des Hephaistos 344; von Kronos verschlungen und wieder ausgespien 344; von Okeanos und Thetis erzogen 344; Hephaistos ist Sohn der – 344; Patronat über Viehherden und Weideland 344; Mutter der Eileithyen und der Hebe 344; – von den Töchtern des Asterion, den Horen oder von Temenos großgezogen 344; in der Obhut von Nymphen in Afrika 344; – ist die siebte Frau, mit der Zeus sich vereint 345; ihr Bad nach der Hochzeit 345; Herrin der Chariten 345; verspricht dem Paris Herrschaft über alle Menschen 345; vor Troia auf Seiten der Griechen 346; vor Troia Seite an Seite mit Poseidon und Athena 346; – hilft den Achaiern, dem Menelaos und dem Achill 346; beweist vielfältig ihre Tatkraft 346; – ist streitsüchtig und mißtrauisch 346; die Kuhäugige genannt 347; verschwört sich gegen Zeus 347; entleiht sich von Aphrodite den Liebeszauber 347; gibt dem Hypnos die Pasithea zum Lohn 347; Herrschaft über alle Menschen verspricht – dem Paris 345; lenkt die Geschicke gegen die Troer 348; zur Strafe mit zwei Ambossen an den Füßen in den Himmel gehängt 348, Allegorese 357; von Zeus Mutter des Ares 348; von Zeus oder in Parthenogenese Mutter des Hephaistos 348 f; von Ixion Mutter der Kentauren 349; in Parthenogenese Mutter des Typhaon 349; wirft Hephaistos ins Meer 349; erhält von Hephaistos Spezialschuhe und goldenen Sessel 349 f; von Hephaistos mißhandelt 349; ihr hilft Dionysos 350; Hephaistos steht ihr bei 350; verfolgt die Geliebten des Zeus und deren Kinder 350; verfolgt Leto 350; – und Eileithya verhindern die Geburt von Artemis und Apoll 350; verwandelt Galanthis in Wiesel oder Katze, die Io in eine Kuh 350; verwandelt Kallisto in eine Bärin 350; macht Argus zum Wächter der Io 350; verfolgt Epaphos 350; hetzt Titanen gegen Juppiter auf 350; bestraft Echo 350; bewirkt den

Tod der Semele 350; verfolgt Dionysos und Herakles 350 f; nimmt Dionysos den Verstand 351; schlägt Ino und Athamas mit Wahnsinn 351; schickt Herakles Schlangen in die Wiege 351; schlägt Herakles mit Wahnsinn 351; schickt den nemäischen Löwen 351; zerstreut und zerstört die Herde des Geryon 351; schickt dem Herakles Stürme und schickt ihn nach Kos 351; schickt den Thebanern die Sphinx 351; schickt den Aegineten die Pest 351; benutzt Iris in Gestalt der Beroë 351; verwandelt sich in Amazone 351; vom Pfeil des Herakles getroffen 351; mag den Ganymed nicht 351; mißgünstig gegen Perseus 351; züchtigt Artemis 352; bestraft Pelias mit dem Tod 352; schlägt die Töchter des Proitos mit Wahnsinn 352; verwandelt Gerana in einen Kranich 352; schlägt Teiresias mit Blindheit 352; stiftet Medea zum Komplott gegen Pelias an 352; fördert Jason 352; von König Temenos großgezogen 353; von Eurymedon Mutter des Prometheus 353; von Porphyrion begehrt, von Ephialtes umworben 353; Weltenherrscherin 353; von Zeus mit hölzerner Puppe getäuscht 353; – und Athena finden den kleinen Herakles 353; nährt den Merkur, den Herakles 353; –/ Juno, Patronin der Ehe 354; badet alljährlich im Quell Kanathos und stellt damit ihre Jungfräulichkeit wieder her 353; der Wahn ist ihre Waffe 354; schenkt den Töchtern des Pandareos Geistesgaben 354, und einen schönen Leib 355; die schönste der Göttinnen 355; ist gelegentlich gewalttätig 356; hat das Patronat über die Arme 355; Typus in der Bildkunst 361; –/ Juno und Zeus / Juppiter, göttliches Paar in der Bildkunst 361; säugt den kleinen Herakles 362 f, 365; – und die Eileithyen verzögern die Entbindung der Alkmene 365; findet den kleinen Herakles 365; schickt Herakles zwei Schlangen in die Wiege 366; ihre Milch macht Herakles unsterblich 366; schlägt Herakles mit Wahnsinn 368; Eurystheus weiht ihr die Pferde 373; verwandelt sich in eine Amazone 373; pflanzt Zweige, aus denen die Apfelbäume der Hesperiden entstehen 375; schickt der Herde des Herakles eine Stechfliege 375; ihr opfert Eurystheus die Herde des Geryon 375; die Töchter des Atlas vergreifen sich an ihren goldenen Äpfeln 375; Aussöhnung mit Herakles 385; Herakles ist ihr Opfer 392; Schwester von Hestia, Demeter, Hades, Zeus 477; die Horen versorgen ihre Rösser 483; die Horen dienen ihr als Ammen 483; Iris dient ihr, bereitet ihr das Ehebett 492; von Juppiter an den Himmel gehängt 504; Verkörperung der vita activa (des aktiven Lebens) 504; Kronos heiratet Schwester – 509; – und Leto gleichgesetzt 530; – verkörpert die Erde, Leto die Nacht 530; Schutzpatronin der Ehe 610; Schwester von Poseidon, Hestia, Demeter, Hades und Zeus 648; von Eurymedon Mutter des Prometheus 673; ist die dritte Gemahlin des Zeus 691, 694; von Zeus Mutter von Hebe, Ares und Eileithya 694; Porphyrion begehrt sie 695; den Ehekrieg mit Zeus spiegelt der Krieg um Troia 699; von Zeus in den Äther gehängt 701; – *und Athene sind gegen Hektor 273; sie und Athene sind gegen die Bergung des toten Hektor 284*

Heraklea: Stadt, nach Herakles benannt 373

Herakles / Hercules / Herkules: wird dem Mars gleichgesetzt, verkörpert ihn 119; steht Zeus gegen Giganten bei 169; Athena beendet sein Wüten 171; – ist ein zum Gott erklärter Sterblicher 262; sein Pfeil verwundet Hades 309; entführt Kerberos und Theseus aus der Unterwelt 309; seine Keule ist ein Werk des Hephaistos 337; von der Eifersucht der Hera verfolgt 350 f; von Hera mit Wahnsinn geschlagen 351; wird unsterblich, heiratet Hebe 351; sein Pfeil trifft Hera 351; tötet Porphyrion 353, 695; von Hera gesäugt 353; von Alkmene versteckt 353; von Hera gesäugt, in der Bildkunst 362 f; Sohn des Zeus und der Alkmene 363; Gott und Heros 363; Inbegriff tugendhaften Lebens, aber auch Tunichtgut 364; Sohn der Alkmene und des Zeus 365; Tugendheld und Kulturbringer 365; von Alkmene ausgesetzt, von Athena und Hera gefunden, von Hera gesäugt, von Athena der Alkmene zurückgebracht 365; unsterblich durch die Milch der Hera 366; – als Schlangenwürger 366; hieß ursprünglich Alkaios oder Alkides 366; erschlägt seinen Musiklehrer Linos 367; vom Vorwurf des Mordes freigesprochen 367; von Amphitryon aufs Land verschickt 367; in der Statur ähnelt er Zeus 367; ist vier Ellen hoch 367; hat blitzende Augen 367; treffsicher mit Bogen und Speer 367; potenter Liebhaber 367; liegt mit den 50 Töchtern des Thespios 367; tötet den Löwen auf dem Kithairon und kleidet sich in sein Fell 367; verstümmelt die Boten des Erginos 367; tötet Erginos im Kampf 367; Gemahl der Megara 367; von Hera mit Wahnsinn geschlagen 368; tötet im Wahn die eigenen Kinder und zwei des Iphikles 368; von Athena kampfunfähig gemacht 368; an eine Säule gebunden 368; im Dienst des Eurystheus 368, 369ff; erschlägt Megara und erschießt die eigenen Kinder 368; – am Scheideweg 368; wandelt sich zum Tugendhelden 368f; mordet Iphitos 369; erschlägt den Eunomos 369; seine Apotheose 369; bewingt den Löwen von Nemea 370, in der Bildkunst 403, 426, 427; tötet die Hydra, taucht seine Pfeile in ihre giftige Galle 371, 404, 426, 427; tötet die kerynitische Hindin 371, in der Bildkunst 403; bezwingt den erymanthischen Eber 371, in der Bildkunst 404f, 426, 427; kämpft mit Kentauren 371, in der Bildkunst 409; säubert die Ställe des Augias 371f, 405, 426, 427; erlegt mit Hilfe der Athena die stymphalischen Vögel mit Pfeil und Bogen 372, in der Bildkunst 405, 426; erhält von Athena Kastagnetten 372; verjagt die Harpyien 372, in der Bildkunst 405; bezwingt den kretischen Stier 372, in der Bildkunst 405f, 427; reist auf einem Stier 373; opfert den kretischen Stier 373; gründet Abdera 373; erschlägt den Diomedes 373, in der Bildkunst 406, 426, 427; füttert die Pferde des Diomedes mit dessen Fleisch 373, in der Bildkunst 406; erschlägt die Pferde des Diomedes 373, in der Bildkunst 406; im Streit mit Minos 373; zu Gast bei König Lykos 373; erschlägt Hippolyte 373, in der Bildkunst 406, 426; gründet Spiele zu Ehren des Abderos 373; erschlägt König Mygdon 373; Gegner der Manalipe 374; erschießt den Sarpédon 374; tötet Polygonos und Telégonos 374; erschlägt Orthos 374; erschlägt Menoitios 374; tötet Ialebion und Derkynos 374f; droht dem Sonnengott und dem Okeanos 374; reist in der Schale des Sonnengotts 374, in der Bildkunst 407; tötet Eryx, Sohn des Poseidon 375; seine Herde von der Stechfliege der Hera zerstreut 375; – ist Kulturbringer 375; fesselt Nereus 376; tötet Antaios im Ringkampf 376, in der Bildkunst 411f; von den Pygmäen bedroht 376; verspeist einen ganzen Ochsen 376; erschießt den Adler, der Prometheus quält 376; trägt für Atlas die Himmelskugel, überlistet Atlas 376, in der Bildkunst 407, 408; kämpft mit Kyknos 376; erschlägt den Drachen, Wächter der Äpfel der Hera 377, in der Bildkunst 407; pflückt die Äpfel der Hera 377, in der Bildkunst 408, 426; bringt die Äpfel dem Eurystheus 377; erschlägt den Drakon 377; lernt von Atlas Astrologie / Astronomie 377; – und Atlas schultern den Himmel 377; steigt in den Hades 377; befreit den Theseus, in der Bildkunst 408; bezwingt den Kerberos 377, in der Bildkunst 408, 426, 427; führt Kerberos in Ketten den Menschen vor 377, in der Bildkunst 408; seine Taten, Varianten bei den verschiedenen Mythographen 378ff; Rivale des Acheloos 380, in der Bildkunst 413; gibt die Megara dem Iolaos 381; begehrt Iole 381; dient Omphale als Sklave 382, in der Bildkunst 414f; fesselt die Kerkopen 382, in der Bildkunst 412f; in Frauenkleidern mit Spindel 382, in der Bildkunst 414; Omphale trägt seine Löwenhaut und Keule 382; von Chalkedon verwundet, von Zeus entrückt 382; Faun verwechselt sein Lager mit dem des Herakles 382; erschlägt Eurytos, Kreatos und Augias 383, in der Bildkunst 411; richtet das erste olympische Fest aus 383; verwundet Hades 383; Gegner des Periklyménos, den er tötet 383; von Athena und Hermes gefördert 390; gibt dem Kepheus eine Locke der Medusa als Waffe 383; von Auge Vater des Telephos 384; bricht Acheloos ein Horn ab 384; von Astyoche Vater des Tlépolemos 384; erschlägt versehentlich Eunomos 384; Rivale des Achelo(i)os 384; hilft Aigimios gegen die Lapithen 384; tötet Nessos 384, in der Bildkunst 415, 426; verspeist einen Stier 384; verspeist einen ganzen Ochsen 388, verspeist zwei Ochsen 388; söhnt sich mit Hera aus 385; heiratet Hebe 385; von Hebe Vater des Alexiaris und des Aniketos 385; Charakterisierung von Wesen und Erscheinung 385 ff; sein Scheiterhaufen von Poias oder Philoktetes entzündet 385; gibt dem Poias seinen Bogen 385; gibt dem Philoktetes Bogen und Pfeile 385; seine Entrückung in den Himmel 385; erwirbt Unsterblichkeit 385; von Deianeira Vater des Hyllos 385; hat drei Zahnreihen 386; Beschreibung seiner Rüstung 387; ist schwarzärschig 387; dem Dionysos wesensverwandt 388; genießt Wein unvermischt 388; ist ein schlechter Sänger 388; ist jähzornig 389; erschlägt den Kyathos 389; erschlägt versehentlich Eunomos und Cherias 389; bewirft sein eigenes Standbild mit einem Stein 389; holt Alcestis aus der Unterwelt 389; ist ein Ringkämpfer 390; bedroht die Sonne, den Okeanos 389; seine Wesenszüge sind Pietät, Milde, Dankbarkeit 390; ist Knabenliebhaber 390; ist Kulturbringer 390 ff, kultiviert Land, legt Weingärten und Olivenhaine an 391; vertreibt wilde Tiere aus Kreta, tötet solche in Libyen 391; haßt Schlangen und Ungerechtigkeit 391; errichtet zwei Säulen und markiert damit die Grenze zwischen Europa und Afrika 391 f; befreit Prometheus 392; gründet die Olympischen Spiele und die von Abdera 392; opfert der Hera 392; sein Wahnsinn entschuldigt seine Missetaten 392; aus christlicher Sicht 392 f; Sinnbild der Tugend 393; in der Allegorese 393 ff; ist stärker an Geist als an Leib 394; ist ein Philosoph 394; seine Taten, historisiert 394; ist ein Bild Christi, der christliche – 395; im Bild des Ritters 395, 399; Ahnherr vieler Dynastien 395; seine Taten und Attribute in der Emblematik 396 f; am Scheideweg als Allegorie der Entscheidung 396; als Sinnbild der Zeit 397; sein Typus in der Bildkunst 398; als Kind, schlafend, und als Schlangenwürger, in der Bildkunst 402 f; erschlägt Linos, in der Bildkunst 403; Wahnsinn des –, in der Bildkunst 403; tötet seine Kinder, in der Bildkunst 403; ruht im Garten der Hesperiden, in der Bildkunst 408; erschlägt Pholos, in der Bildkunst 409; im Gigantenkampf, in der Bildkunst 410; ringt mit Thanatos 412; – und Deianeira, in der Bildkunst 413 f; – und Omphale, in der Bildkunst 414; – ein Opfer Amors 414; sein Tod, in der Bildkunst 416; am Scheideweg, in der Bildkunst 419 ff; kämpft gegen Kentauren, in der Bildkunst 426; tötet Kakos, in der Bildkunst 410 f, 427; befreit Hesione, in der Bildkunst 412; der trunkene –, in der Bildkunst 413; – errichtet Säulen, in der Bildkunst 417; Apotheose des –, in der Bildkunst 416 f; Säulen des –, in der Bildkunst 417; von den Pygmäen bedroht, in der Bildkunst 418; Verkörperung der Tugend, in der Bildkunst 421 f; – aus christlicher Sicht 422; Sinnbild für die Ewigkeit 422; Patron der Astronomie 423; trägt den Himmelsglobus, in der Bildkunst 423; – Musagetes / Musarum, in der Bildkunst 423 f; – Musagetes spielt die Lyra, in der Bildkunst 424; erweckt die Freien Künste 424; als Kulturbringer, in der Bildkunst 424 f; von König Euander empfangen, in der Bildkunst 425; entdeckt den Purpur von Tyros 425; – als Stammvater 425; trennt die Berge Calpe und Abyla 427; auf dem Scheiterhaufen, in der

Bildkunst 427; ringt mit Antaeus, in der Bildkunst 426, 427; trägt den Himmelsglobus, in der Bildkunst 427; Schützling des Hermes, hat sein Schwert von ihm 440; von Hermes in die Unterwelt geleitet 440; Zeus schickt Iris zu ihm, damit er Prometheus befreie 493; begegnet im Hades dem Phantom der Gorgo 544; bezwingt den Stier des Poseidon, den kretischen 654; erschießt den Adler und befreit den Prometheus 679, in der Bildkunst 690; trägt einen Olivenkranz als Siegeszeichen 679; *kämpft mit Achelo(i)os 11 f, – bricht ihm ein Horn ab 12, 14; Amazonen unterliegen dem –, der den Gürtel der Hippolyte will 121; vernichtet Amazonen und Gorgonen, denn er mag keine Frauenherrschaft 124; Amazonen gehen in die Mythen von – und Theseus ein 124; Asklepios heilt dem – die Hüftpfanne 156; – weiht Asklepios einen Tempel 156; Chiron als Ziehvater des – 187; im Fünfkampf siegt – vor den Dioskuren 220; im Olymp ist Hebe seine Gemahlin, Alexiares und Aniketos sind gemeinsame Söhne 268; Hebe und – im Wagen des Iolaos 268; in der Ehe des – mit Hebe vereinen sich stärkere Arme mit größerer Geisteskraft 270; – im Kampf gegen Hektor 294; – fährt mit den Argonauten 328; – vertreibt die Kentauren aus Thessalien 369; Pholos bewirtet –, tischt ihm Braten und Wein auf 369 f; – der erste, der zu Pferde in den Kampf ritt 371; Odysseus entwendet dem Philoktet den Bogen des – 407; der siebenjährige Theseus und – 541; Theseus zieht mit – gegen die Amazonen 547; die Bestattung der Toten vor Theben auch dem – zugeschrieben 548; Theseus trifft –, führt ihn in Mysterien ein, reinigt ihn von Missetaten 549; Theseus wächst auf dem Thron des Hades fest, – befreit ihn 549; Theseus im Hades in Ketten gelegt, von – oder den Parzen gerettet 549 f; Peirithoos und Theseus von Furien gequält, durch – Fürsprache gerettet 550; – ist Leitbild des Theseus 552; Vergleich des Theseus mit – 552*

Herbst: verkörpert durch Bacchus 282, 283; Priapus als Allegorie des – 672; verkörpert von Jupppiter 723

Hercules s. Herakles

Hercules: Verkörperung des Mars, Gleichsetzung mit Mars 119; Sterblicher, zum Gott erklärt 262

Hercules Farnese: 399, 400

Hercules Gallicus: ersetzt die Macht der Keule durch die der Zunge 365, 398; in der Bildkunst 413; ist kahlköpfig 430; seine Erscheinung ähnelt der des Charon oder des Iapetos 431; wird dem Hermes gleichgesetzt 431; Ketten aus Gold und Bernstein vom Mund zum Ohr des Hörers veranschaulichen die Rede 431; ist Kulturbringer 431; verkörpert die Redekunst 431, 432; – und die Kerkopen, in der Allegorese 432

Hercules mingens: Typus in der Bildkunst 413

Herd: Vesta Metonym für – 477

Herde(n): stehen unter dem Schutz der Juno 501; – und Kleinkinder, wie man sie heilt, lehrt Kybele 521

Herdenwächter: ist Hermes 434

Herdfeuer: Hestia / Vesta 478

Herkules s. Herakles

Hermaphroditos(-us): vereint sich mit Salmacis 39; Sohn des Hermes und der Aphrodite 441; *sein androgynes Zwitterwesen 309; Sohn des Hermes und der Aphrodite 309; Nymphen ziehen ihn auf 309; die Wanderschaft des Fünfzehnjährigen 309; Salmakis in ihn verliebt 309; Zwiegestalt aus der Vereinigung mit Salmakis 309; mythischer Prototyp des biologischen Phänomens 310; ist wunderschön 310; ist von weiblicher Schönheit und männlicher Stärke 310; verglichen mit Adonis, Ganymed, Hyazinth und Narziß 310; Vergleich mit der «Venus biformis» 310; Minerva, Jupppiter und Hermes als Zwitterwesen 310; – in der Emblematik 310 ff; – als Bild der ehelichen Vereinigung der Geschlechter 310; Adam ist androgyn 310; – in der Alchimie 311; – veranschaulicht den «Stein des Weisen» 311; seine Bewertung aus christlicher Sicht 311;*

Zeugnis der Wollust 311; ist Geschöpf des trunkenen Prometheus 311; ist impotentes Neutrum 311; Volk der -en 311; Quelle der Salmakis als Bild für die Gebärmutter verstanden 311 f; Teiresias als Zeuge für Geschlechtswandel 312; Rat an den Mann, seine Schönheit geringzuachten 312; – als Bild für die ausschweifende Rede 313; die Rede sei männlich 313; rationalistische Deutung bei Boccaccio 313; in der Bildkunst 313 f; mit beiderlei Geschlechtsmerkmalen 313 f; der schlafende – 314; – und Salmakis 314 f; – von Satyr umworben 315

Hermathena: Zwitter, verkörpert Beredsamkeit und Weisheit 432

Herme: spezifisches Bild des Hermes 447 f; Bild für den Hermes Logios 455 f; dreiköpfige – steht für den irdischen, himmlischen und unterirdischen Merkur 457; die Vierzahl an der – 456; in der Bildkunst 458 f; ityphallisches Bild des Priapus 672

Hermes / s. a. Merkur: Lehrer des Amphion 28; durch Aphrodite Vater von Hermaphroditos und Priapos 35; steht der Aphrodite bei 41; verglichen mit Apoll 78, 85; stiehlt die Herden Apolls 98; befreit Ares 112; Vermittler zwischen Hades und Demeter 231 f; birgt das Kind Dionysos und bringt es zu Ino und Athamas 253 f; bringt neugeborenen Dionysos zu den Nymphen 275; – besiegt Eros im Ringkampf 293; – hilft Zeus bei Entführung des Ganymed 303; leiht sich die Kappe des Hades 308; –, Demeter und Triptolemos, in Gesellschaft des Hades 316; Sohn der Pleiade Maia 317; – und Hephaistos einander ähnlich 328; birgt den Arkas 350; tötet den Argos 354; gibt Herakles ein Schwert 366; Vater des Harpalykos 366; – und Athena fördern Herakles 391; ihm wird Hercules Gallicus gleichgesetzt 431; besiegt Eros 433; Götterbote 433; «Argustöter» 433; Sohn des Zeus und der Maia 433; Enkel des Atlas 433; Herdenwächter, Fruchtbarkeitsgott, Hundswürger, Drachenbezwinger, Seelengeleiter, Herold, Patron der Kaufleute und Diebe, Vater der Redner und Dolmetscher, Patron der Palaestra und der Gaukler 434; der kleine – wird von den Horen versorgt 435; Juno ist seine Amme 435; von Akakos aufgezogen 435; Erfinder der Lyra und des Plektrons 435; stiehlt die Rinder des Apoll 436 f, in der Bildkunst 463 f; verwandelt den Battos in Stein 436 f; erfindet das Feuermachen 437; der kleine – benutzt Schlüsselloch als Schlupfloch 437; ist scheinheilig 437; gibt Apoll seine Lyra, erfindet dafür die Flöte 438; sein Streit mit Apoll von Zeus geschlichtet 438; fordert von Apoll die Kunst der Weissagung 438; singt eine Theogonie 438; erhält von Apoll einen Stab aus Kornelkirsche, erhält von ihm eine dreiästige Zauberrute 438; Apoll bietet goldenen Hirtenstab für die Flöte 438; von Apoll Herr über die wilden Stiere, Pferde und das Maultier, von Zeus über die der Weissagung dienenden Vögel, über die Löwen, Wildschweine, Herden und Schafe 439; die Thriai helfen ihm bei Weissagung 439; benutzt zur Weissagung Kieselsteine 439; ist Bote des Hades 439; Zeus verleiht ihm Anmut 439; beschert den Sterblichen den Trug der Träume 439; ist überbeschäftigt 439; tötet Argos / Argus 440; stiehlt dem Poseidon den Dreizack, dem Ares das Schwert, dem Hephaistos die Feuerzange, der Aphrodite den Gürtel, dem Zeus das Zepter 439; besiegt Eros im Ringkampf 439; reißt den kleinen Dionysos aus dem Feuer, bringt ihn zu Ino und Athamas, bringt ihn in Gestalt eines Zickleins zu den Nymphen 440, 441; ist Bote des Zeus 440; gibt dem Herakles das Schwert 440; verwandelt sich in einen schönen Jüngling 440; geleitet die drei Göttinnen zum Parisurteil 440, 609; bringt Helena nach Ägypten, gibt sie dem Proteus zur Frau 440; Schutzpatron von Odysseus, Perseus und Herakles 440; geleitet Herakles in die Unterwelt 440; geleitet Perseus zu den Nymphen, gibt ihm die Sichel 440; bindet Ixion ans Rad 441; reinigt die Danaiden vom Mord 441; trägt die Tarnkappe des Hades im Gigantenkampf 441; tötet den Hippolytos 441; setzt dem Zeus die Hand- und Fußsehnen wieder ein 441; als Rinderhirte 441; seine Gemeinsamkeit mit Athena 441; seine Liebschaften mit Herse und Amosyne; als Seelenführer 441; befreit Ares 441; der Dieb Autolykos verdankt ihm das Talent 441; verwandelt Chelone in eine Schildkröte 441; verwandelt sich in einen Adler 441; von Herse Vater des Kephalos, von Dryope Vater des Pan 441; von Penelope Vater des Pan 442; von Aphrodite Vater des Hermaphroditos 441; ist Enkel der Mnemosyne 442; nimmt Bocksgestalt an 442; von Chione Vater des Autolykos 442; von Antianira Vater von Echion und Eurytus 442; von Creusa Vater des Cephalus 442; von Libya Vater des Libys 442; als Kulturbringer 442; verleiht den Menschen Sinn für Recht und Toleranz 442; verursacht Zwietracht 442; als Gesetzgeber 442; priesterlicher Ratgeber des Osiris 442; Erfinder des Alphabets 442; gibt den Dingen den Namen, beobachtet die Bewegung der Sterne 442; führt die Palaestra ein 442, 443; beobachtet Harmonie und Charakter der Töne 442; baut eine dreisaitige Lyra 442; entdeckt den Olivenbaum 442; ist auf harmonische Bewegung des menschlichen Körpers bedacht 442; lehrt die Griechen, ihre Gedanken auszudrücken 442; lehrt die Menschen das Graben von Wohnhöhlen 442; belohnt Ehrlichkeit, bestraft Betrug 442; verteilt Lug, Trug und Schurkerei 442 f; verteilt Falschheit an die Schuhmacher 443; ist ein Geschöpf des Zeus, in vierfältiger Gestalt 443; schafft in sieben Sphären den Himmel 443; usurpiert die Erfindung der Leibesübung 443; die Brüder der Palaestra hacken ihm die Hände ab 443; läßt Vater der Palaestra in Blasebalg umarbeiten 443; Vater des geflügelten Logos 443; –/ Merkur, Patron der geistigen Berufe 443; Beschützer und Retter aus Kriegsgefahr 443 f; mit ihm wird der Herrscher gleichgesetzt 444; verwandelt sich in einen Ibis 443; – aus christlicher Sicht 444; Etymologie seines Namens 444 f; Charakterisierung von Erscheinung und Wesen 445; – hat Charis 445; im Unterschied zu Fortuna 445 f; ist seinem Wesen nach Mittler 446; ist Friedensstifter, Erfinder von Maßen und Gewichten, des Wortes, Erfinder schlechthin, Herold des Zeus, Götterbote, Seelengeleiter, Patron der Redner und Dolmetscher, der Kaufleute und Diebe, der Palaestra, Patron der Ringer und Fechter, der Gaukler, Patron der Ärzte 446; kompetent in den Sieben Freien Künsten 446, 454; kundig in Mathematik und Astronomie 446; Patron des forschenden Verstandes 446; Geleiter der Chariten 446; bringt Musen und Chariten zusammen 446; seine Gestalt 447 f; – Propylaios, Hüter von Tür und Tor 448; Füße und Knie unter seinem Schutz 448; – chthonios, Mittler zwischen Lebenden und Toten 448, in der Bildkunst 472; ist ein Zwitter 449; – Stilbon, der strahlend helle Planet 449; kann Weiß in Schwarz verwandeln 450; seine Wandlungsfähigkeit 450; in der Allegorese 450 ff; als Bild für die Rede 450; Gemahl der Peitho = Überredung 450; gleichgesetzt mit dem Theutates der Gallier und Barbaren 450; Etymologie seines Namens 452; mit Thot gleichgesetzt 453; Anubis für – gehalten 453; gründet Hermopolis 454; als Arzt, dem Asklepios vergleichbar 454; der Argustöter bringt Gesetz und Sprache nach Ägypten 454; – logios verbildlicht durch die Herme 455 f; – spermatikós = der zeugende – 456; – ist 4. Tag der 10. Monats geboren 456; kosmologische Deutung 456; in der Emblematik 457 f; –, Typus in der Bildkunst 458 f; als Widderträger, in der Bildkunst 464; – paidophoros = Kindsträger, in der bildenden Kunst 468 f; als Mittler beim Parisurteil, in der Bildkunst 469; als Sandalenbinder, in der Bildkunst 470 f; als Totengott und Seelengeleiter, in der Bildkunst 471 f; – als Seelenwäger im Bild des hl. Michael 472; – und Hestia als Kulturbringer 478; Iris gibt ihr Botenamt an ihn ab 492; verkörpert das erklärende Wort 494; – und Athena helfen Zeus 542; gibt dem Perseus diamantene Sichel 542; Perseus übergibt ihm Sandalen, Beutel und Tarnkappe 543, 637; Erfinder der Lyra, gibt sie dem Orpheus 570, 574, 576; – Psychopompos geleitet Eurydike 584; von Dryope oder Penelope Vater des Pan 586; liebt den Perseus 634; –, Aigipan oder Kadmos setzen dem Zeus die Sehnen wieder ein 695; – rettet das Kind Asklepios 154; – als Schwellenwächter, als Patron der Ringer und Fechter 223; Dioskuren tragen breitkrempigen Hut (Petasos), wie Hermes / Merkur 225; – soll den toten Hektor bergen 284; bringt Helene nach Ägypten 299; Hermaphroditos, Sohn des – und der Aphrodite 309; Minerva, Juppiter und – als Zwitterwesen 310; Iasons Prinzip ist Diplomatie vor Krieg, er trägt den Stab des – 329; Ixion von – in den Tartaros gebracht 346; – schenkt Kadmos und Harmonia eine Leier 353, 360; Kadmos in Theben «–» genannt 360; schenkt Kadmos und Harmonia Lyra zur Hochzeit 360; – (Gott der Entscheidung) bewegt Odysseus zum Aufbruch 417; Odysseus selbst entgeht dem Zauber der Kirke mit Hilfe des Krautes Moly, das er samt Ratschlag von – hat 425; Kirke ist Dienerin / Agentin des – 427 f; s. a. Herme

Hermes tetrágonos, s. Herme: Bild von Rede und Beredsamkeit 456

Hermes Trismegistos: Künder einer Geheimlehre 434; sein Typus in der Bildkunst 461

Hermione: Tochter der Helene 610; *Tochter der Helene und des Menelaos 298*

Hermopolis: eine Stadtgründung des Hermes 454

Herodes: seine Knechte ein Gleichnis für die Schlangen, die den Herakles bedrohen 422

Herold / Bote: des Zeus ist Hermes 434, 446; ihr Gott ist Zeus 697; *Athene in Gestalt eines – 421*

Heroldstab s. Caduceus

Herrschaft: über alle Menschen verspricht Hera dem Paris 345

Herrscher(in): thronende –, Bild der Juno Regina 496; wohltätiger – und Kinderfresser ist Saturn 510; – der Unterwelt ist Persephone 631; Hades und Persephone als -paar der Unterwelt 632; ein eingeschränkter – ist Zeus 700 f

Herrscherbild: in Gestalt des Juppiter 723

Herse: von Hermes Mutter des Kephalos 441; von Merkur begehrt, in der Bildkunst 469; *Schwester der Aglauros, Merkur verliebt sich in sie 89*

Herz: flammendes / brennendes, Attribut der Venus 61 f; verwundet: in der Hand der Venus 62; Patronat des Mars 119, 659; – des Eros ist bösartig 295; Zuständigkeit des Mars 659; Adler oder Geier fressen von – oder der Leber des Prometheus 679

Hesione: Herakles befreit sie 412; Gemahlin des Prometheus 673

Hesperia: Tochter des Atlas 375

Hesperiden: ihre Schafherden in der Allegorese als goldene Äpfel bezeichnet 377; Drakon dient ihnen als Hirte 377; ihre Äpfel allegorisieren Studium, Verstand, Gedächtnis, Beredsamkeit 394; ihre Äpfel, in der Bildkunst 401; Herakles ruht in ihrem Garten, in der Bildkunst 408

Hesperis: hat von Atlas sieben Töchter 377

Hestia / s. a. Vesta: von Aphrodite unbeeindruckt 35; von Kronos verschlungen 228, 344; ältestes und zugleich jüngstes Kind von Kronos und Rea 477; Schwester von Demeter, Hera, Hades und Zeus 477; – und Hermes, als Kulturbringer 478; steht dem Ordner Apoll nahe 478; aus ihren Locken tropft Öl 478; – / Vesta, in der Allegorese 479 f; – ist der Demeter ähnlich 482; Schwester von Poseidon, Demeter, Hera, Hades und Zeus 648; von Poseidon umworben 652; von Priapus begehrt 670, vom Esel gewarnt 670, 671; ist Amme des Zeus 693

Heuschrecke: silberne, Votivgabe an Apoll 97

Hexameter: von Orpheus erfunden 575

Himeros: mit Eros und Pothos Begleiter der Aphrodite 41; wohnt neben den

Chariten 211; –, Eros und Pothos, mit den Chariten verglichen 212; mit Eros gleichgesetzt 291; Herr der Hurerei 291; von Eros / Cupido unterschieden 296; – regt zu Lektüre eines Buches an 296; – und Eros, Kinder der Aphrodite 300

Himmel: – und Sterne, Erde und Meer schmücken den Schild des Dionysos 321; von Atlas und Herakles geschultert 377; den – veranschaulicht die Filzkappe des Merkur 455; die Horen sind seine Pförtnerinnen 485; Juppiter hängt Juno an den – 504; verkörpert von Saturn 511; der – fällt Zeus zu 649, 694; die Giganten versuchen, ihn zu stürmen 694; Typhon greift den – an 695; die Aloaden ersteigen den – 696; Zeus ist Herr des – 696; Juppiter ist sein Schöpfer 702; s. a. Himmels-

Himmelfahrt: des Herakles 385

Himmelsharmonie: spiegeln die 7 Töne der Panflöte 81

Himmelskörper: ihre sphärische Natur entdeckt Atlas 377

Himmelskreise, Kykloi: 89

Himmelskugel: auf dem Haupt der Venus 52; trägt Herakles für Atlas 376, in der Bildkunst 407, 408, 423, 427

Himmelskunde: lernt Herakles von Atlas 394

Himmelsstürmer: ist Bellerophon 622

Himmelstor: von den Horen bewacht 483

Himmlische: Astraea verläßt als letzte der – die Erde 697

Hindin, kerynitische: passim Herakles; Herakles mit Artemis und Apoll im Streit um – 99, 144, 371; ist der Artemis heilig 144, 371; hat goldenes Geweih und goldene Beine 144, oder eherne Beine 371; von Herakles bezwungen 371, in der Bildkunst 403

Hinterhalt: wohnt bei Ares 115

Hintern s. Gesäß

Hippokamp(en): und Venus 69; Zugtiere des Poseidon, sein Attribut, in der Bildkunst 662

Hippokrene: Quell auf dem Helikon 556, schlägt Pegasus aus dem Boden 622

Hippolochos: Sohn des Bellerophon von Achimene 203

Hippolyte: Amazonenkönigin, von Herakles erschlagen 373, in der Bildkunst 406 f, 426; Admete begehrt ihren Gürtel 374; Gegnerin des Theseus 374

Hippolytos: keuscher Gefährte der Artemis 144; von Hermes getötet 441; seine Rosse scheuen vor dem Stier des Poseidon 654; *Opfer der Intrige der Phaidra 543; sein Tod ist Bild für ein Versprechen, das besser nicht eingelöst worden wäre 552*

Hippomenes s. Melanion: *seine Herkunft 315; Gemahl der Atalante 315; bewirbt sich um Atalante 316; übernimmt Züge des Melanion 316; Atalante schenkt ihm drei goldene Äpfel 316; gemeinsam mit Atalante in Löwen verwandelt 316; ist schön und ein schneller Läufer 316; in der Bildkunst: erhält goldene Äpfel von Venus 316*

Hippope: Mutter der Arachne 106

Hippothoë: aus christlicher Sicht ein von Neptun verdorbenes Mädchen 658

Hirsch(e): Verwandlungsform des Aktaeon, passim; vier – fängt Artemis 140; – der Artemis sind weiß, haben goldenes Geweih 146; Gespann der Artemis / Diana 146, 156; der Artemis zugesellt 151; -kuh begleitet Artemis 151; Beute der Artemis / Diana 151; Attribut der Artemis / Diana und ihr Reittier 156, 162; Gespann des Dionysos 268

Hirschgestalt: des Actaeon 23, 24

Hirschgeweih: des Actaeon 24, 26

Hirschhaut: gefleckte, des Pan 592

Hirschkalb: begleitet Artemis / Diana 154; begleitet Dionysos 268

Hirschkalbfell: kleidet Pan 590, 592

Hirschkopf: des Actaeon 24

Hirschkuh: begleitet Apoll 95; Verwandlungsform der Artemis 142; mit goldenem Geweih 144; begleitet Artemis / Diana 152; – der Artemis, von Agamemnon getötet 490; Opfertier anstelle der Iphigenie 490

Hirte: Verwandlungsform des Zeus 700; s. a. Hirten-

Hirtenflöte: des Pan 590, 593, 595

Hirtenschalmei: bläst Merkur 719
Hirtenstab: des Actaeon 24; goldener des Apoll, gegen Flöte des Hermes eingetauscht 438; Attribut des Ganymed 304; einen goldenen – bietet Apoll dem Hermes für die Flöte 438; des Pan 593, 595; Attribut des Paris 618
Hochmut / s. a. Hybris: – der Welt, verkörpert von Niobe 531, 568; *Eigenschaft Achills 27; den Dioskuren zugeschrieben 228*
Hochzeit: vergnügt Venus 51; – der Philologie und des Merkur 454; – von Kadmos und Harmonia, dazu singen die Musen 559; die – steht unter dem Patronat des Juppiter, dabei streut man Nüsse aus 708; *Hymen ihr Erfinder 318*
Hoffart: verkörpert von Niobe 568
Höhle: – im Kaukasus ist das Gefängnis des Prometheus 679
Holz: aus – sind Kultbilder des Dionysos 260; aus – ist die Keule des Herakles 400; aus – ist das Bild des Priapus 671; Werkstoff für Hausbau des Prometheus 676; *sprechendes – der «Argo» 149*
Holzbearbeitung: *Erfindung des Daidalos 202*
Holzprügel: Mordwaffe thrakischer Frauen an Orpheus 584
Homer: Nachtigall und Papagei sind ihm zugesellt 578
Homophiler: ist ein Werk des Prometheus 674
Honig: Opfer an Demeter / Ceres 240; Entdeckung des Dionysos 264, 280; Pfeil des Eros in – getaucht 294; der Demeter dargebracht 240; Nahrung des kleinen Dionysos 254; ist Entdeckung des Bacchus 264, 280; Attribut des Eros 299; -wabe, Attribut des Amor 302; – ist Symbol der Beredsamkeit 556 f; die Stimmen der Musen sind wie – 558; ist Nahrung des kleinen Zeus 693; *Nahrung des Knaben Achill bei Chiron 16; Amaltheia füttert Zeus mit – und Ziegenmilch 116; Milch der Amaltheia mit Honig vermischt 116*
Horen: kleiden und schmücken Aphrodite 35, 44; begleiten den Sonnenwagen 103; Eunomia, Dike, Eirene, Töchter des Zeus 210; den Chariten gleichgesetzt 214, 215; dienen der Demeter 235; Unterscheidung von himmlischen und irdischen 235; füttern die Schlangen der Ceres 245; ziehen Hera auf 344; ihr Bild schmückt das Diadem der Hera 356; kümmern sich um den kleinen Hermes 435; Verkörperung der Stunden, der Jahreszeiten 483, 484; ihre Anzahl (drei, vier, neun, zehn) 483; bewachen das Himmelstor 483; öffnen und schließen die Wolken 483, 484; versorgen die Rösser von Hera und Athena 483; dienen der Hera als Ammen 483; sind dem Ordner Apoll und der Aphrodite nahe 483; füttern den kleinen Apoll mit Nektar und Ambrosia 483; kleiden und schmücken Aphrodite 483; in Gesellschaft der Chariten 483; lieben den Reigentanz 483 f; in Allegorese 484 ff; als Ordner der Zeit 484; als Wettermacher 484; bringen Adonis zu Aphrodite zurück 484; sind im Frühling geboren 484; ihr Name von «Horus», = Sonne, abgeleitet 485; Unterschied von – für den Himmel, Helfer der Sonne und Wächter der Himmelspforte, und die Erde, Dienerinnen der Ceres 485; Unterschied von Frühlings- und Sommer-Horen 485; geben dem Menschen Erfindungen ein 485; sind Pförtnerinnen des Himmels und Dienerinnen der Sonne 485; unterschieden von den Töchtern der Themis 485; Natur- und Kulturordner 485; in der Allegorese 485; den Chariten nahe, mit ihnen gleichgesetzt 485 f; sind purpurgewandet 486; den Chariten, den Moiren ähnlich 486; sind zu dritt oder zu viert 486; kleiden sich in Gold 486; verkörpern die Jahreszeiten 486; begleiten den Wagen des Apoll 486; die – sind Schwestern der Moiren 552
Horn (Hörner): nimmt Herakles dem Acheloos ab, dieser gibt es der Amalthea 383, in der Bildkunst 413; – der Amalthea = Klugheit des Pan 592; Trinkgefäß des Zeus / Juppiter 706 f; hat Dionysos 251, 264, 268 f; hat der teuflische Amor 299; goldene – haben die Rinder des

Apoll 436; Attribut der Juno 501; kleine – des Pan, in der Allegorese 590, 592, 593; des Pegasus und Allegorese 624, 625; – haben Persephone und Zagreus/Dionysos 631; hat Poseidon 657, 658; Widder- hat Juppiter Ammon 705, 711; *des Achelo(i)os: Nymphen füllen es mit Früchten und Blumen 12; Füllhorn 12, 14; – des Achelo(i)os gilt als Belohnung großer Mühsal 13*

Horus: von ihm haben die Horen den Namen 485

Huf(e): des Pan 590; mit dem – schlägt Pegasus Wasser aus dem Boden 623, in der Bildkunst 628f; – der Rösser des Poseidon sind ehern 653; ehern sind die – der Rösser des Zeus 702

Hüftmantel: des Zeus 709

Hummerscheren: an der Stirn des Okeanos 663

Hund(e): des Adonis 16; des Aktaeon 22, 23, 26; Gefährte des Mars 121; Gefährten der Artemis/Diana 139, 151, 152, 154, 155, 156; bewachen Danaë 216; – des Icarius und der Erigone, an den Himmel versetzt 257; Attribut des Ganymed 304; Cerberus 311; Begleiter des Paris 618; die Hündin säugt den Neleus 653; Begleiter des Neptun, Begleiter des Okeanos 663; *Attribut des Asklepios 163, 164; – und Hirtenstab sind Attribute des Endymion 239; die Erinyien «Hunde des Zeus» genannt 261; – von Gold hat Zeus 534;* s. a. Hundshundsköpfig: ist Anubis 453

Hundstage: und Aktaeon 22

Hundswürger: Beiname des Hermes 434

Hunger: unersättlicher, Strafe der Demeter für Erysichthon 233

Hungersnot: schickt Demeter 231

Hurerei: das Geschäft des Himeros 291

Hut: der Venus 57; Sonnen- des Hermes 459

Hyagnis: Vater des Marsyas 532

Hyazinth/Hyakinthos/Hyacinthus: Vegetationsgott 487; Sohn von Amykles und Diomede oder von Pieros und der Muse Klio, Bruder von Argalos und Kynortas 487; Sohn des Zeus und der Mnemosyne 487; Bruder der Polyboia 487; der erste, der die Liebe eines Mannes entfacht 487; Thamyris ist in ihn verliebt 487; von Apoll umworben 487, 488; lernt von Apoll den Diskuswurf 488; – und Apoll beim Spiel mit dem Diskus 488; vom Diskus des Apoll getötet 488, 489f; aus seinem Blut wächst purpurfarbene Lilie 488; von Zephir oder Boreas umworben 488; von Apoll wieder zum Leben erweckt 488; man weiht ihm bronzene Disken 487; Charakterisierung 489; sein Tod in der Bildkunst 489f; aus Diskuswerfen wird Ballspiel bei Tiepolo 490; *aus seinem Blut wächst eine Blume 97*

Hyazinthe: am Gewand der Aphrodite 44; Verwandlungsform des Hyazinth 488, 489; ihre botanische Bestimmung ist ungewiß 489

Hybris (Anmaßung, s. a. Hochmut, s. a. Vermessenheit): Bogen Apolls wehrt der – 79; verkörpert von Marsyas 81, 534, 535; der Arachne 106; Bellerophons Aufstieg zum Himmel ist – 205; Medusa wird von Athena für ihre – mit Häßlichkeit bestraft 541; Medusa ist ein Bild der – 547; die Geschichte der Medusa ist eine Warnung vor – 547; von Zeus ist sie Mutter des Pan 586

Hydra: verkörpert den Neid 187; lernäische –: schlangenartiges, vielköpfiges Untier, von Herakles erlegt 370, in der Bildkunst 404, 426, 427; ihr Gift tränkt das Gewand des Nessos 385

Hygieia: wird von Hades nicht geschätzt 309; *Tochter und Begleiterin des Asklepios 165*

Hyllos: Sohn von Herakles und Deianira, heiratet Iole 385

Hymen: Sohn des Liber/Bacchus und der Venus 41, des Dionysos und der Aphrodite 251; – und Amor beim Würfelspiel 299; Hochzeitsgott 316; mit Eros, Himeros, Chariten und Pothos im Gefolge der Aphrodite 316; Etymologie seines Namens 317; ist Kultruf und Hochzeitsgesang 317; ist Schutzgott der Hochzeit 317; übernimmt christlich-priesterliche Aufgaben 317; ist Musensohn 317; *Muse Kalliope und Apoll sind seine El-*

tern 317; früh verstorben 317; ist Bruder
von Ialemos und Orpheus 317f; erstes
Kind von Bacchus und Venus, Gemahl
der Venus 318; stirbt bei seiner Hochzeit
318; ist musikkundig und von weiblicher Schönheit 318; von Asklepios wiederbelebt 318; Sohn des Magnes 318;
singt und spielt fromme Gesänge 318;
ist Erfinder der Hochzeit 318; als Retter
der Jungfräulichkeit, in rationalistischer
Deutung 318; verteidigt Jungfrauen
318f; gibt sich für ein Mädchen aus 319;
Retter entführter Jungfrauen 319; sein
Tod als Bild für den Verlust der Jungfräulichkeit 319; – als Ehestifter 319;
seine Erscheinung vereinigt knabenhafte und weibliche Schönheit 319f;
steht im Dienst der Kupplerin Aphrodite / Venus 320; steht im Dienst der
Aphrodite 320; Apoll verliebt sich in ihn
320; hat schönes, langes Haar 320; trägt
Kranz aus Blumen und Majoran 320;
trägt safranfarbenes Gewand und
Schuhe 320; hält Fackel in der Rechten,
Brautschleier in der Linken 320; umfassende Deutung seines Wesens 320f;
trägt ungeschnittenes Haar 320; ist
Hochzeitsgesang 320; als Musikant im
Kult 320f; die Flöte sein Instrument
320, 321; spielt Hirtenweisen 321; der
-äische Dreischrittanz im Kult 321;
Deutung seiner Fackel 321; singt das
Hochzeitslied 321; verschmäht umständliches Gerede 321; kosmologische
Deutung 321; Rationalisierung bei
Boccaccio 321f; Erscheinung in der
Bildkunst des 16. Jh.s 322; die Fünf ist
dem Ehestifter geweiht: die Zwei steht
für die Frau, die Drei für den Mann,
darum fünf Fackeln zur Hochzeit 322;
trägt eine Fackel in der Rechten, in der
Linken einen gelben Schleier 322;
trägt Blumenkranz mit Myrten und
Majoran 322; hat orangefarbenen
Mantel und goldfarbene Schuhe 322;
Amor sein Begleiter 322; Ziegenbock
sein Begleiter 323; Krähen seine Begleiter 323; Jungfernhäutchen sein Attribut
323; in der Emblematik 323: – als Priester 324; in der Bildkunst: als geflügelter
schöner Jüngling mit Kranz im Haar
324

Hypnos, Schlaf: Gemahl der Pasithea 210;
leiht dem Dionysos Mohn 273; in Gestalt des Eroskindes 302; von Hera gekauft 347; er erhält von Hera die Pasithea zum Lohn 347; – und Thanatos, die
Brüder Schlaf und Tod 472

Iakchos: Beiname des Dionysos 252
Ialebion: und Derkynos, Söhne des Poseidon, von Herakles getötet 374f
Ialemos: ist Bruder von Hymen und Orpheus 317
Iapetos: sein Typus ähnelt dem Hercules
Gallicus, in der Bildkunst 431; von Klymene, Themis, Gaia oder Asia Vater des
Prometheus 673
Iasion: Sohn des Zeus von Elektra 229;
liegt mit Demeter im dreifach gepflügten Feld 229; vom Blitz erschlagen 229;
Geliebter der Demeter / Ceres 234; 247f
Iason: von Hera gefördert 352; Orpheus
spielt zu seiner Hochzeit mit Medea
571; seine Eltern 325; Gemahl der Medeia, der Kreusa 325; seine Kinder 325;
Anführer der Argonauten, Teilnehmer
der Kalydonischen Jagd 325; sein
Schicksal von Pelias bestimmt 326; Chiron sein Erzieher 326; verliert einen
Schuh 327; begegnet Pelias 327; Orakel
warnt Pelias vor ihm 327; soll das Goldene Vlies holen 327; versucht Einigung
mit Pelias 327f; strebt nach bleibendem
Ruhm 328; Athene hilft beim Bau der
«Argo» 328; läßt Argos ein Schiff bauen
328; Athene baut sprechendes Holz in
das Schiff 328; – versammelt die Argonauten 328; ist Liebhaber der Hypsipyle
329; sein Prinzip ist Diplomatie vor
Krieg, und er trägt Stab des Hermes 329;
er ist Werkzeug der Hera 329; der Diplomat bei Aietes 329; die Aufgaben des
Aietes für ihn 329f; Medeia hilft ihm
330; Aphrodite lenkt Medeia 330; Hera
und Athene, seine Patrone 330; Medeia
ist Priesterin der Hekate 331; Hera gestaltet ihn anziehend für Medeia 331; –
verspricht Medeia die Ehe 331; – bezwingt den Drachen mit Hilfe der Zau-

berin Medeia 331; trägt die Drachenzähne im Bronzehelm 331; ähnelt dem Ares und dem Apoll 331; ist ein mächtiger Kämpfer 331; zwingt die Stiere unter das Joch, dank der Zauberkraft der Medeia 331 f; Medeia singt ihm ein zauberisches Lied 332; er sät die Drachenzähne 332; tötet die Krieger aus der Drachensaat 332; eine riesige Schlange bewacht das Vlies 332; Medeia bezwingt die Schlange 332; er nimmt das Vlies 332; er tötet den Drachen 332 f; die Heimfahrt 333; Medeia wirft ihm Eidbruch vor 333; tötet Apsyrtos, Bruder der Medeia 333; Kirke reinigt ihn vom Mord 333; – bei den Phaiaken 334; Arete veranlaßt seine Hochzeit mit Medeia 334; – ist Traumdeuter 334; bringt das Vlies dem Pelias 334; weiht die «Argo» dem Poseidon 334; liefert den Pelias der Medeia aus 334; verläßt die Medeia und heiratet Glauke/Kreusa 334; Medeia tötet die gemeinsamen Kinder 334; – tötet sich selbst 334; verstößt Medea 334; geht mit ihr nach Kolchis 334; setzt den Aietes wieder ein und bewährt sich als Eroberer, erfährt kultische Verehrung 334; von Medea verjüngt 335; seine Charakterisierung 335 ff; hat die Gunst von Hera, Athene und Aphrodite 335; ist übermenschlich schön und tapfer 335; ist kein Schürzenjäger 336; Liebeszauber hilft ihm 336; seine Kleidung ist bemerkenswert 336; Kleidung und Rüstung wirken bedrohlich 336; er hat ungeschorenes Lockenhaar 336; sein purpurfarbener Mantel ist Werk und Geschenk der Athene 336; sein Speer, Geschenk der Atalante, als Attribut 337; safrangelber Mantel 337; ist mächtiger Kämpfer 337; boxt gegen Amykos 337; scheut den Waffenkampf, ist guter Diplomat 337; hat eine weiche Stimme 337; gibt sich sanft 337; versteht sich auf Schmeicheln und Trösten 337; Mord an Apsyrtos als ritueller Akt 337; Bildbeschreibung des Philostrat 337 f; geschätzter Ritter im Mittelalter 338; Patron des Ordens vom Goldenen Vlies 338; ein treuloser Heide aus Sicht der Kirche 338; rationalistische Deutung bei Diodor und Boccaccio 338; die feuerspeienden Stiere, ein Bild für den kolchischen Adel 338; der Drache, Bild für königlichen Präfekten 338; die Saat der Drachenzähne, Bild für Bürgeraufstand 338; Chiron lehrt ihn Medizin und Klugheit 338 f; in der Emblematik 339; in der Bildkunst 339 f: gelegentlich mit nur einem Schuh 339; trägt zwei Speere 340; trägt Widderfell über dem Arm 340; Landung in Kolchis 340; Zähmung der Stiere 340; Verjüngung durch Medea 340 f; Begegnung mit dem Drachen 341; Rückholung des Vlieses 341 ff; das mythologische Porträt im Bild des – 343; zyklische Darstellungen 343 f

Ibis: Verwandlungsform des Hermes 443; Thot ist -köpfig 443

Icarius s. Ikarios

Ichneumon s. Pharaomaus

Ichor: Lebenssaft der Götter 37

Ida: auf dem Berg – wird Paris ausgesetzt 608

Idaeus: Sohn von Helena und Paris 608

Idas: vom Blitz des Zeus getroffen 699

Idmon: Purpurfärber, Vater der Arachne 106

Idolatria: ihr Ziehkind ist Archemorus/Opheltes 43

Ikarios/Icarius: Vater der Erigone, von berauschten Hirten erschlagen und mit ihr und Hund an den Himmel versetzt 257

Ilos: Bruder des Ganymed 303

Immergrün: des Lorbeer steht für nie welkenden Ruhm 229

Impotenz: des Attis 519, 520

Inder: reichen Tantalos den Freundschaftstrunk 507

Indien: «Sirenen» in – 523

Indienzug: des Dionysos 254, 269, 279

Indiges: Name des vergöttlichten Aeneas 61

Inferno: im – begegnet Dante der Medusa 546

Initiationsriten: lehrt Rea den Dionysos 254

Innereien: des Opfertiers bietet Prometheus den Menschen 677; *mit – von Wildtieren nährt Chiron Achill 16*

Ino: in Gemeinschaft mit Arion und Dionysos 135; Amme des Dionysos 253; Gemahlin des Athamas, steckt Dionysos in Mädchenkleider 254; Metonym für Weingefäß 265; Schwester der Semele, kümmert sich um den kleinen Dionysos 275; ihre Gefährtinnen in Felsen und Vögel verwandelt 351; – und Athamas von Hera mit Wahnsinn geschlagen 351; – und Athamas sind Pflegeeltern des Dionysos 440

Inous: Pan wird ihm gleichgesetzt 587; ist ein Bild für die Sonne 591

Inspiration: hauchen die Musen ein 560

Intelligenz: empfängt die Seele von Saturn 512; – und Denken, mit ihnen verbindet sich Mars 704

Invidia (Neid): *Instrument der Athena 89; verkörpert von Aglauros 90*

Io: von der Stechfliege der Hera gejagt 350; gebiert Epaphos 350; von Hera in eine Kuh verwandelt 350; von Argus bewacht 350; von Zeus Mutter des Epaphos 699; wird von Zeus in eine Kuh verwandelt, in der Bildkunst 720

Iobates: Schwiegervater des Bellerophon 205

Iodama: Priesterin, die durch das Medusenhaupt versteinert wird 543

Iokaste: *Deutung ihres Namens 466*

Iolaos: Wagenlenker des Herakles, hilft im Kampf gegen die Hydra 370; erhält von Herakles die Megara 381

Iole: Tochter des Eurytos, von Herakles begehrt 381, gefangengenommen 384; heiratet Hyllos 385

Iovis/Juppiter: mit ihm verbindet sich Tatkraft 704; in seinem Bild erscheint Caritas 706 f

Iphigenie: soll geopfert werden, von Artemis oder von Athena gerettet 143; in Bärin oder Stier verwandelt 143; Artemis und – 158; ihre Opferung 163; entrückt von Minerva 173; Tochter von Agamemnon und Klytaimnestra, Schwester des Orest 490; soll auf Aulis geopfert werden 490, 491; von Artemis nach Tauris entrückt 490; *soll von Agamemnon geopfert werden, wird von Artemis entrückt 81*

Iphikles: Sohn des Amphitryon und der Alkmene 365, Herakles tötet zwei seiner Kinder 368; im Kampf getötet 383

Iphimedeia: von Poseidon Mutter der Aloaden 653; – und Neptun, in der Bildkunst 667

Iphimedia s. Iphimedeia

Iphitos: von Herakles ermordet 369

Iris: hilft Aphrodite 37, 64; Dienerin und Botin der Hera 345, 492; in die Gestalt der Beroë verwandelt 351; = Friedensbogen und Sinnbild für die Flüchtigkeit des Glücks 359; mit Eris (= Zwietracht) gleichgesetzt 359; – umfängt Juno, ist deren Botin 359; in menschlicher Gestalt und als Regenbogen der Juno zugeordnet 361; Götterbotin, Tochter von Thaumas und Elektra 491; Schwester der Harpyien, von Zephir Mutter des Eros 491; im Dienste des Zeus 491, der Hera 492; Göttin 492; hat einen goldenen Krug 492; hilft der Leto 492; geleitet Aphrodite aus der Schlacht, hilft dem Achill, gibt ihr Amt an Hermes ab, vermittelt zwischen Zeus und Poseidon 492; wäscht ihre Hände mit Myrrhe 492; bereitet Zeus und Hera das Bett 492; rettet die Harpyien vor Zetes und Calais 492; füllt die Wolken mit Regen 492; reinigt Juno 492; verbrennt beinahe die Schiffe des Aeneas 492; bewegt Somnus, die Alcyone zu trösten 492; schneidet der sterbenden Dido das Haar, löst damit die Seele vom Leib 492; ist Seelengeleiterin 492; von Zeus zu Herkules geschickt, den Prometheus zu befreien 493; dem Wasser, dem Licht und dem Wunderbaren verbunden 493; verkörpert den Regenbogen 493; hat goldenen Flügel, schnell wie der Wind 493; hat große Flügel 493; der Regenbogen ist ihr Botenweg 493; ihr Gewand schillert in tausend Farben 493; taucht ins Meer 493 f; – ist das gesprochene, Hermes das erklärende Wort 494; – soll Zwietracht säen 494; Typus in der Bildkunst 494; Begleiterin der Juno, in der Bildkunst 494; *Botin der*

Juno 57; Schwester der Harpyien 258

Iros: *begegnet dem Odysseus im Ringkampf* 432

Isandros: Sohn des Bellerophon von Achimene 203

Isis: Tochter des Prometheus 673

Italien: der zweite Kronos ist Herrscher über – 508; Saturn bringt das Metallgeld nach – 509; *Ursprungsort der Dardaner* 48

Ityphalllisch: passim Priapus, Herme

Ityphallos: anderer Name des Priapus 670

Iulus / Ascanius: *Sohn des Aeneas und der Creusa* 44; *verursacht bei der Hirschjagd blutigen Streit* 56

Iunius Brutus: *und der Sieg der Olympier über die Götter in Allegorie der Erde* 140

Iuturnus: *Verbündete der Juno gegen Aeneas* 58

Iuventas s. Hebe

Ixion: von Hera Vater der Kentauren 349; auf das Rad geflochten 363; von Hermes an das Rad gebunden 441; erleidet Qualen im Hades 572; Vater des Peirithoos 631; *Endymion hat ein ähnliches Schicksal* 238; König der Lapithen 344; seine Eltern 344f; Gemahl der Dia 345; als Doppelgänger des Zeus, als Sonnengott gedeutet 345; steht für vernichtende Kraft des Feuers 345; im Zusammenhang mit Regenzauber 345; Angstträume als Ursprung seines Mythos 345; großer Frevler, neben Sisyphos und Tantalos 345; seine Strafe ist ewige Qual 345; wirft Eïoneus in Feuergrube 345; Günstling des Zeus, von ihm entsühnt 345; Zeus nähert sich in Roßgestalt der Dia 345; Vertrauter von Juppiter und Juno 346; verliebt sich in Hera 346; versucht, sie zu vergewaltigen 346; wohnt einem Trugbild der Hera bei und wird so der Vater der Kentauren 346; zur Strafe auf geflügeltes Rad geflochten 346; von Hermes in den Tartaros gebracht und auf ein rotierendes Rad gebunden 346; von Zeus auf die Erde geschleudert 346; brüstet sich seiner Tat, Zeus erschlägt ihn mit Blitz 346; Verschiedenes zur Gestalt des Rades und zum Ort der Bestrafung 346f; das Rad dreht sich unablässig, nur die Musik des Orpheus hält es an 347; verletzt das Gesetz der Gastfreundschaft 347; warnendes Beispiel für Undankbarkeit 347; in der Allegorese: das Rad als Rad der Fortuna gedeutet 347; Etymologie seines Namens 347; Bild für tyrannische Herrschaft 347; steht für Unbedachtsamkeit 347; steht für das Schicksal der Kaufleute 348; zeigt, wie Ruhm in Schimpf umschlägt 348; mahnt, Ruhmsucht und Mißgunst zu meiden 348; Untat und Strafe folgen einander 348; in der Bildkunst 348 f; im Typus dem Zeus ähnlich 348; von Juno zurückgewiesen 348; und das Trugbild der Juno 349; die Bestrafung des – 349 ff

Jagd: Gefahren der – 23; des Adonis 68; Jagd: Artemis und Apoll im Vergleich 94; Leidenschaft der Daphne 222; –, Musik und Nymphen sind der Zeitvertreib des Pan 588; s. a. Jagd-

Jagdhorn: Ausstattung des Jägers Adonis 16; Attribut des Aktaeon 24; Attribut der Diana 156

Jagdnetz: von Diktynna / Britomartis erfunden 144

Jäger(in): Adonis und Attribute des – 16; Artemis 145

Jahr(e): Zeus macht – und -zeiten 696; s. a. Jahr-

Jahreszeiten, drei: und dreisaitige Lyra 79; in ihnen spiegeln sich die drei Saiten der Lyra des Hermes 435 f; – und Stunden von den Horen verkörpert 483, 484, 486

Jahreszeiten, vier: und Sonnengott / Apoll 90, 103; ihre Allegorese 282 f, und Horen 484; und Chronos, ihre Vierzahl 511; Zeus macht Jahre und – 696

Janus: Gemahl der Vesta 481; Inbegriff der Klugheit, nimmt Saturn auf 509; der erste, der Münzen mit beidseitigen Bildern prägt 509

Japhet: die Flamen sind seine Söhne 579

Jason s. Iason

Jenseitsvorstellung: personifizert von Hades 310

Joch: Erfindung des Dionysos 268; Attri-

but der Juno 502; eingeführt von Prometheus 676
Jonas: verglichen mit Arion 135
Jovis / Juppiter: im Schoß der Vesta 481
Jugend: lernunwillige, im Bild der Daphne 226; ewige – spendet Dionysos 283; zeitlose – ist dem Eros eigen 290; ewige – von Hebe verkörpert 422; ewige – hat die Schlange 680
Jungfrauen: bienenähnliche –, die Thriai, dienen dem Hermes 439
Jungfräulich(keit): für Athena bezeichnet von der Zahl Sieben 49, 181; der Artemis 139 und passim; assoziiert mit Athena und Siebenzahl 181; der Minerva, Ausdeutung 183; standhafte – im Bild der Minerva 187; – der Hera wird jährlich erneuert durch Bild in der Quelle Kanathos 353; ist Vesta 477, 479; Turm der – ist Danaë 640
Jüngling: Bacchus als – dargestellt 264; Hermes verwandelt sich in einen schönen – 441
Jungschwein: Speise des Herakles 388
Juno / s. a. Hera: –, Juppiter und Mars = Kapitolinische Trias 117; hat Einfluß auf die Arme 119; verkörpert Macht, Minerva Weisheit 186; ihre Töchter als Ehestifterinnen 212; zuständig für Kindersegen 235; gleichgesetzt mit Luna, Diana, Ceres und Proserpina 237; Göttin der Wolken, die die Saat beregnen, zur Rechten der Ceres 241; steht für Luft 265, 311, 480; – verwandelt sich in Beroë 287; – und Juppiter beschließen, ein Kind in Parthenogenese zu zeugen 319; – und Juppiter, Eltern des Vulcan 319; – und Juppiter werfen Hephaistos aus dem Olymp 319; – mit Hera gleichgesetzt 344; in Parthenogenese Mutter des Mars 349; Gebieterin der Winde 351; heuchlerische Ränkeschmiedin 351; intrigiert gegen Aeneas 351; treibt Latinus zum Kampf gegen Aeneas an 351; hilft dem Turnus, Gegner des Aeneas 351; verwandelt Gerana in einen Kranich 352; verwandelt Argus in einen Pfau 354; «Juno regina» = Verständnis der thronenden Hera 356; – in der Allegorese 356 ff; – in der Elementenlehre, mit der Luft gleichgesetzt 356; – und Juppiter sind die beiden «oberen» Kinder des Saturn 356; = Luft, dem feurigen Äther ähnlich 357; = = Luft, zwischen Äther und Wasser 357; Schwester des Juppiter, in der Allegorese 357; – ist Bild für Wasser und Erde 357; Schwester und Gemahlin des Juppiter 357; spiegelt die Farben des feurigen Apoll 358; mit Vesta gleichgesetzt 358; steht für das Element Erde 358; mit Erde oder Wasser gleichgesetzt 358; die Herrscherin, – verkörpert Reichtum 358; – steht für vita activa 358; Auslegung ihres Namens 358; ihre Gestalt 358; von Iris umfangen 359; Iris ist ihre Botin 359; säugt den kleinen Merkur 359; in der Emblematik 360; Urheberin der ehelichen Rechte 360; – ist das mit der Macht vereinte Schöne 360; hat Patronat über Arme und Augenbrauen 361; Iris, in menschlicher Gestalt oder als Regenbogen, ihre Begleiterin 361; Amme des Mercur 435; schmückt die Schwanzfedern des Pfaus mit den Augen des Argos / Argus 466; – mit Vesta gleichgesetzt 480; Iris ist ihre persönliche Botin und Dienerin 492; wird von Iris gereinigt 492; Gemahlin des Juppiter, Ehe- und Geburtsgöttin 496; in der Kapitolinischen Trias 496; verkörpert das Element Luft 497; Mutter des Ares, Großmutter des Ares, Stammutter Roms 496; ihre Beinamen bei Boccaccio 497 f; in der Allegorese 497 ff; ist eine der Penaten 498; steht für die untere Luft und Erde 498; aus christlicher Sicht 498 f; Patronin der Herden 501; flankiert von den Korybanten 501; auf dem Regenbogen 502; veranlaßt den Tod des Argus 503; sammelt die Augen des Argus 503; verkörpert den Gesichtssinn 503 f; schützt Augen und Augenlider 504; die Toilette der –, in der Bildkunst 504 f; besucht Aeolus 505; Verkörperung von Reichtum und Macht 506; Sinnbild und Schützerin der Ehe 506; mythologisches Porträt im Bild der – 506 f; als Kind mit Kronos unterwegs, in der Obhut von Nymphen in Afrika 509; zuständig für

die Arme 659; verwaltet die Luft 702, wird mit ihr gleichgesetzt 703, in der Allegorese allgemein 703; *nimmt Gestalt der Amme Beroë an 53; bildet die Lavinia der Helena nach, den Aeneas dem Paris 56; gibt der Furie Allecto Gestalt einer Priesterin 56; schickt Iris zu Turnus 57; im Konflikt mit Venus um Aeneas 57; schafft Trugbild des Aeneas 57; macht sich Iuturna zur Verbündeten gegen Aeneas 58;* s. a. Ixion

Juno Lucina: Patronin der Ehe und Geburtshelferin 496

Juno Moneta (v. monere = mahnen): die Mahnerin 496 f, 505 ff; verkörpert die Erinnerung 499; Typus in der Bildkunst 505 f

Juno Regina: 356, 359, im Bild der thronenden Herrscherin 496, in der Bildkunst 503

Jupiter s. Juppiter

Juppiter / Zeus: –, Juno und Mars = Kapitolinische Trias 117; hat Einfluß auf den Kopf 119; in Gestalt der Diana, verfolgt Callisto 148; schickt Pegasus eine Bremse 205; in Stiergestalt über Ceres, Bild für befruchtenden Regen 236; = Wärme 237; steht für Feuer 265, 311; – und Juno beschließen, ohne Partner ein Kind zu zeugen 319; – und Juno, Eltern des Vulcan 319; – und Juno werfen Hephaistos aus dem Olymp 319; – und Juno, die beiden «oberen» Kinder des Saturn 357; – steht für Feuer 356, für Äther 357; – steht für Feuer und Luft 357; Bruder und Gemahl der Juno 359; – und Merkur, von Philemon und Baucis bewirtet, in der Bildkunst 466 f; Vesta ist seine Amme 478 f; von Themis Vater der Horen 485; Gemahl der Juno 496; in der Kapitolinischen Trias 496; ist einer der Penaten 498; verkörpert den mittleren Äther 498; – hängt Juno an den Himmel 504; Planet, verleiht der Seele Tatkraft 512; die Moiren / Parzen sind seine Schatzmeisterinnen, Schreiberinnen und Unterhändlerinnen 554; setzt Pegasus an den Himmel 623; – und Danaë, in der Bildkunst 646; ist für den Kopf zuständig 659; entmannt den Saturn mit einer Sichel 694; besiegt die Giganten 696; ein Adler trägt ihm die Blitze 696; – von Themis Vater der Astraea 697; der Allgott 702, in christlicher Kritik 705; Gott, Schöpfer von Himmel und Erde und aller Dinge 702; in der Allegorese 702 f; die Götter sind seine Glieder 702; verwaltet den Äther 702; wird mit Äther (= Feuer), mit der Sonne, mit Feuer gleichgesetzt 703; sein Feuer ist nützlich 703; als Planetengott 704; – aus christlicher Sicht 704 f; – Hammon ist gehörnt 705; – Capitolinus wird mit Blitzen dargestellt 705, thronend 710; – Latiaris ist blutgetränkt 705; – Feretrius wird mit einem Kranz dargestellt 705; – gleichgesetzt mit «Benivolencia» (Wohlwollen) 705, = Feuer, Liebe, Leben 706; verkörpert christliche Tugenden 706; sitzt auf elfenbeinernem Thron, hält ein Zepter in der Hand 707; schleudert Blitze 707; in der Emblematik 707 f; verteilt Gutes und Schlechtes 708; ist ein parteiischer Richter und wohltätiger Fürst 708; ist menschgewordener Gott 708; findet Aufnahme alleine bei den Armen 708; ihm ist die Umzäunung des Hauses heilig 708; die Hochzeit steht unter seinem Patronat 708; ihm sind Eiche und Buche heilig 708; die Nüsse stehen unter seinem Schutz 708; –, Zeus, Typus in der Bildkunst 708 f; – als König, im Mittelalter 710; – Ammon ist gehörnt 711; – Fulgur (Blitz), – Tonans (Donner) 712; – als Lichtgott 712; sein Wagen wird von Adlern gezogen 713; – verwandelt Lycaon in einen Wolf, in der Bildkunst 716; Thetis als Bittstellerin vor – 717; – und Semele, in der Bildkunst 719 f; – und Io, in der Bildkunst 720; – und Aigina, in der Bildkunst 720; – und Kallisto, in der Bildkunst 720 f; – richtet über Apoll 722; – Schicksalswäger, in der Bildkunst 722; – als Planetengott 722 f; – Verkörperung des Herbstes 723; – malt Schmetterlinge 723; Virtus (Tugend) sucht Rat bei ihm 723; – verkörpert Kleinmütigkeit 724; in Gestalt eines Mönchs 724, eines Gelehrten 724 f, eines Juristen 725;

– anstelle Gottvaters in der Trinität 725; seine Kindheit 726; *ist ein Zwitterwesen* 310; *Ixion ist Vertrauter von –* und *Juno* 346; *Tantalos ist Sohn des Zeus / –* 532; *Tantalus entführt in Adlergestalt den Ganymed und schenkt ihn dem –* 535

Jurist: Juppiter in Gestalt eines – 725

Kadmos / Cadmus: Vater der Autonoë 22; Vater der Semele, setzt sie aus 253; – und Harmonia, die Musen singen zu ihrer Hochzeit 559; –, Hermes oder Aigipan setzen dem Zeus die Sehnen wieder ein 695; *seine Eltern und Geschwister, Gemahl der Harmonia, seine Kinder 351; Großvater des Dionysos 351; königlicher Koch oder Kaufmann 351; Entführung der Europa durch Zeus 352; soll Schwester Europa zurückholen 352; soll einer Kuh folgend eine Stadt gründen 352; gründet das böotische Theben 352; Böotien hat seinen Namen von dem Rind des – 352; schickt seine Leute zur Quelle des Ares, die von einem Drachen bewacht wird 352; der Drache tötet die Männer, – tötet den Drachen 352; Athene steht ihm bei 352 f; auf Rat der Athene sät er die Drachenzähne aus 353; aus der Saat wachsen bewaffnete Männer, die einander töten 353; fünf aus der Drachensaat überleben 353; zur Sühne für den Tod des Drachen muß – für acht Jahre dem Ares dienen 353; Athene gibt ihm das Königreich 353; erhält die Harmonia zur Frau 353; ihre Hochzeit der von Peleus und Thetis verglichen 353; die Musen singen zur Hochzeit 353; Hermes schenkt eine Leier, Demeter Früchte und Getreide 353; Harmonia erhält einen Mantel und kostbares Halsband, Werk des Hephaistos 353; die Geschichte des Halsbands 353 f; das Halsband als Unheilbringer, als Racheakt des Vulcanus 354; Edelsteine des Halsbands sind Augen der Gorgo 354; auf dem Halsband ruht ein Fluch 354; – und Harmonia verlassen Theben 354; die Encheläer (Aalmänner) machen sie zu ihren Führern 354; – endet bei den Illyrern 354; das Paar in Schlangen verwandelt und von Zeus in die elysäischen Gefilde versetzt 354; beide in steinerne Schlangen, in Löwen verwandelt 355; – als Erfinder und Neuerer 355; Erfinder von Schriftzeichen 355; Erfinder der Steinmetzkunst, der Gold- und Metallgießerei 355; betreibt als erster Steinbrüche 355; lehrt das Schmelzen von Gold 355; gründet das Aufspüren von Erz 355; führt den Seher Melampos in die Riten des Dionysos ein 355; – richtet dem Dionysos einen Kult ein 355; ist Kulturbringer, Stadtgründer, Günstling der Athene 356; erfindet die Schrift 356; schafft Voraussetzungen für das Handwerk 356; von Amphion und Zethos aus Theben vertrieben 356; sein Werk ist ein Sieg über den Krieg 356; Kulturbringer 356; Gründer und Stammvater von Theben 356; bringt den Griechen das Alphabet 356; Stammvater der Grammatik 356; einer der frühesten Pfleger der Musen 356; seine Taten in der Allegorese 357 ff; – ist weise und klug 357; bewandert in der Philosophie 357; erster Schriftsteller in griechischer Sprache 357; bedient sich beim Schreiben der fünf Vokale 357 f; setzt den Kult des Göttlichen ein 358; Männer der Drachensaat (Spartoi) als Bild der 12 Apostel 358; Speer und Löwenhaut sind seine Waffen 358; Rationalisierung des – 358; in der Emblematik 358; gibt den Lehrern Buchstaben, Zeichen und Ordnung 359; Schlange als Klugheit, die Drachenzähne als Buchstaben, die bewaffneten Männer als Gebildete, Gelehrte, als Künste und Wissenschaften 359; Pallas als Ordnerin und Friedenstifterin 359; vertritt den Hercules Gallicus 359; ist Kulturbringer 359; bringt hebräische und lateinische Lettern 359; seine Geschichte schmückt den Speisesaal der Königin von Frankreich 359 f; Kulturstifter 360; Thebaner verstehen den Namen des – als «Kosmos» 360; Ehe von – und Harmonia als Bild der harmonischen Ehe 360; in Theben «Her-*

mes» genannt 360; Hermes schenkt dem Paar eine Leier 360; rationalistische Deutung der Verwandlung in Schlangen 361; –, Spielball der Fortuna 361; in der Bildkunst 361 f: seine Waffen, Lanze und Sichelschwert 362; seine Erscheinung am Bild des antiken Autorenbildes orientiert 362; – und Harmonia in Schlangengestalt 362; – in Delphi 362; Athene reicht ihm einen Stein 362; das Schicksal seiner Gefährten 363; kämpft gegen den Drachen 363; die Drachensaat 363 f; als Kulturbringer 364; im Typus des schreibenden Evangelisten 364; – und Harmonia 364 f; Allegorese der Hochzeit 365; das Paar als Frieden gedeutet 365; Verwandlung der beiden in Schlangen 365

Kahlköpfigkeit: der Venus 50; des Hercules Gallicus 430

Kaineus / Caeneus: *Lapith 369*

Kaineus: männliche Verwandlungsform einer Geliebten des Poseidon 654

Kaiser: römischer, in Gestalt des Mars 130

Kakos / Cacus: von Herakles getötet, in der Bildkunst 410 f, 427

Kalaos: Vater des Attis 520

Kalchas: der Seher 490; feuert die beiden Aias an 650; *griech. Seher 81*

Kalliope: eine der Musen, Schiedsrichterin im Streit um Adonis 13, 556; von Oiagros oder Apoll Mutter des Orpheus 570

Kallípygos: Beiname der Aphrodite mit dem schönen Hintern 44, 46, 56; – Farnese 56

Kallirhoë: von Tros Mutter des Ganymed 303

Kallisto / Callisto: Gefährtin der Artemis, von Zeus verführt, von Artemis bestraft 142, 160, 700; von Zeus verführt und Mutter des Arkas, von Hera in eine Bärin verwandelt 350; Juppiter / Zeus und –, in der Bildkunst 720 f

kalt: ist Saturn 512 f

Kälte: bringt Saturn den Menschen 512

Kamm: goldener, der Athena 179

Kampe: Aufseherin, von Zeus erschlagen 693

Kampf: zwischen Lapithen und Kentauren 111; zwischen Polyneikes und Eteokles 111; Talent und Anliegen der Athena 168; Minerva Siegerin in unblutigem – 197; – *der Kentauren 373, 379 ff*

Kampfschwert: des Perseus, im Mittelalter 643

Kampfwagen: des Ares 110, 115; der Athena 169; Amphitryon lehrt Herakles den Umgang damit 366

Kanathos: in der Quelle – bei Temenion badet Hera 353

Kaninchen: Attribut der Aphrodite / Venus 59

Kanne: Attribut des Mundschenks Ganymed 304; Attribut der Herbst-Hore 486; Attribut der Flußgötter 663; –, Becher und Trauben, Attribut des Juppiter 723

Kannen: bergen Gut und Böse für Zeus / Juppiter 722

Kannibale: ein – ist Polyphem 653

Kantharos: Attribut des Dionysos 272

Kapaneus: vom Blitz des Zeus getroffen 699

Kapitolinische Trias: 117; = Juppiter, Juno, Minerva 496

Kappe (Pilos): – des Hades, die unsichtbar macht 307 f, 310; Kleidung des Hephaistos 333; schwarz / weiß, des Hermes 450; gibt Perseus dem Hermes zurück 637; eine – erhält Hades / Pluton von den Kyklopen, sie ist sein Hoheitszeichen 649, 693

Karchus: Sohn des Athamas, von ihm getötet 701

Kardinaltugenden: Anteros liebt sie 32; die vier – windet Eros zu Girlanden 296

Karmanor: reinigt Apoll vom Mord an der Python 78

Karthago: *seine Erbauung 52*

Kassandra: von Klein-Aias vergewaltigt 171; Schwester des Paris 608; *von Aias II mißhandelt 104*

Kastagnetten: Rhythmusinstrument, begleitet Tanz der Amazonen 140; eherne der Athena, von Hephaistos 321; schmiedet Hephaistos, gibt Athena dem Herakles 372; bronzene, Waffe des Herakles gegen stymphalische Vögel 372

Kastalischer Quell: und Apoll 103; auf dem Parnaß 556; ihn schlägt Pegasus aus

Register 685

dem Boden 624; Apoll und den Musen geweiht 624f
Kästchen: Büchse der Pandora 604
Kasten: in den der kleine Perseus getan wird 633
Kastor: lehrt Herakles den Umgang mit Schwert und Lanze, die Truppenführung und Einschätzen des Feindes 366; Bruder des Pollux, einer der Dioskuren 526
Kastration: des Uranus, wozu Gaia den Kronos anstiftet 509; – des Kronos 509; des Adgistis durch die Götter 520; Attis kastriert sich selbst 520f
Katakomben: Wein, Motiv als Wandschmuck 286
Katapulte: Frauenhaar für ihren Bau 50
Katze: Verwandlungsform der Artemis vor Typhon 141; Verwandlungsform der Galanthis durch Hera 350; die – ist das Tier der Diana 355
Kaufleute: stehen unter dem Patronat des Hermes/Merkur 434, 446, in der Bildkunst 472
Kaukasus: an ihn nagelt Hephaistos den Prometheus 323; Hephaistos oder Hermes binden den Prometheus an den – 678f; eiserne Kette, bronzene Fesseln binden Prometheus an den – 679; eine Höhle im – ist das Gefängnis des Prometheus 679
Kauz: Begleiter des Orpheus 582
Käuzchen: begleitet Athena 188, 193; Verwandlungsform des Ascalaphus durch Ceres 233
Kehlkopf: dient den Musen 562
Kekrops: seine Töchter und Merkur, in der Bildkunst 469
Kelaino: von Prometheus Mutter des Lykos 673
Kelch: in der Hand des Juppiter 724; aus Efeuholz, Trinkgefäß des Herakles 388
Keleos: König von Eleusis und Gemahl der Metaneira 230; errichtet der Demeter einen Tempel 231
Kentaur(en): Gespann des Dionysos 273; sind vielleicht Kinder der Hera und des Ixion 349; kämpfen gegen Herakles 371, in der Bildkunst 409; Herakles besucht den – Pholos 371, in der Bildkunst 409;

Nessos ist ein –, der als Fährmann am Fluß Evenos wirkt 384; kämpfen mit Herakles, in der Bildkunst 426; kämpfen gegen Lapithen, in der Bildkunst 409f; Poseidon gewährt ihnen Schutz 653; *zu Herkunft und Namen 366; Mischwesen aus Mensch und Pferd, aus Mensch und Esel 366f; auf einem Bild des Zeuxis, bei Philostrat, mit weiblichen – 367; Sirenen sind ihre Weiber 367; sind zweifarbig 367; Menschengestalt und Hörner 367; Geschichte ihres Ursprungs 367f; ein «Kentauros» ist Sohn des Apoll 367; die – sind Söhne des Zeus und der Dia 367; Ovid nennt 56, Hederich 90 – beim Namen 368; sind wild, lüstern, weingierig, rauflustig und stark 368; Eurytion und Nessos verkörpern üble Eigenschaften, Chiron ist kultiviert und rechtschaffen 368; Pholos ist gastfreundlich 368; Astilus ist ein Seher 368; Kampf mit den Lapithen bei der Hochzeit von Peirithoos und der Hippodameia/Hippodamia 368f; Theseus kämpft gegen sie und tötet viele 369; sie besiegen den unverwundbaren Caeneus 369; von den Lapithen besiegt und aus Thessalien vertrieben 369; Ares stiftet den Streit mit Lapithen 369; sie fallen bei Ares in Ungnade 369; die – vertreiben die Lapithen 369; die – betreiben Straßenraub 369; die – von Herakles aus Thessalien vertrieben 369; sie sterben an Hunger, vielleicht gebannt von den Sirenen 369; Pholos bewirtet Herakles, tischt ihm Braten und Wein auf 369f; die – berauschen sich, es kommt zur Schlacht 370; Nephele hilft den – 370; Pholos und Chiron sterben im Kampf 370; Cacus und Diomedes als – verstanden 370; – können auch bedachtsam und schön sein 370f; die – Cyllarus und Hylonome, ein hübsches Paar 370f; – verkörpern die Natur der Wildbäche 371; – als Windgeister oder Naturdämonen gedeutet 371; ihr Ursprung rationalistisch erklärt 371; sie waren die ersten, die auf Pferden ritten 371; Reiter, aus der Ferne als – gedeutet 371; Etymologie des Namens 372; sie stammen von Eichen und Felsen* ab 372; Roß und Mensch ernähren sich unterschiedlich, sie haben unterschiedlichen Lebensrhythmus: es gibt keine – 372; die Vorstellung von – entstammt Sinnestäuschung 372 f; in der Allegorese 37: sind von zwiespältigem Wesen 373; Kentauromachie als Bild für Kampf zwischen Kultur und Barbaren 373; die – sind Bild für Doppelnatur des Menschen 373; aus christlicher Sicht stehen sie für Zwieschichtigkeit 373 f; mit den Sirenen sind sie Bild für Widerspruch und Ketzerei 374; verführen die Herzen der Unschuldigen 374; der bogenschießende – steht für Gespaltenheit der menschlichen Seele 374; der – steht für Beisammen von Wille und Trieb, Intellekt und Sinnlichkeit 374; die Roßnatur der – steht für die Raschlebigkeit des Menschen 374; die – stehen bei Göttern und Menschen in Unehren 374; – als teuflisches Blendwerk verstanden 374; Beispiel für animalische Gewalttätigkeit, von Gefräßigkeit und Lüsternheit 375; sie stehen für die Zahl der Laster 350; sind Höllenungeheuer 375; sind ein Bild für die Söldner des Tyrannen, sind in Wahrheit bewaffnete Männer 375; in der Emblematik 375: – sind gute Kinder niedriger Eltern 376; – verkörpern eine Stufe der Evolution 376; in der Bildkunst 376 f: Zwitterwesen aus Pferd und Mensch 376 f; sind meist bärtig und reiferen Alters 377; ihre Physiognomie zeigt sie als primitive Naturwesen 377; ihre Attribute 37: entwurzelte Bäume, Äste und Felsbrocken 378; meist männlichen Geschlechts 378; See-, eine Erfindung der bildenden Kunst 378; weiblicher – im Bild einer Amazone 378; ihre Doppelnatur steht für Seele und Körper 378; Kentauromachie 379 ff; – in Gesellschaft von Sirenen 525

Kentauromachie: in der Bildkunst 409 f; 379 ff

Kephalos / Cephalus: Gemahl der Prokris, seine Waffe und Hund sind Geschenke der Artemis 144; Sohn des Hermes und der Herse 441, oder von Creusa 442

Kepheus: bekommt von Herakles eine Locke der Medusa als Waffe 383; Vater der Andromeda 636

Kerberos s. Cerberus

Kerker: eherner, der Danaë 216; Poseidon setzt bronzene Tore in -mauern ein 649

Kerkopen: von Herakles gefesselt 382, in der Bildkunst 412 f; – und Hercules Gallicus in der Allegorese 432

Kesseltrommel: Erfindung der Kybele 521

Keto: von Phorkys Mutter der Gorgonen 539

Kette(n): goldene, Schmuck der Venus 44; Mars von Venus gefesselt 66; -geklirr, Geräusch der Unterwelt 310; diamentene – fertigt Vulcan 324; –, an der Hera hängt, als Sinnbild für Habsucht und Ehrgeiz 359; Zeus hängt Hera an goldene – 359, 504; Herakles führt Kerberos in – den Menschen vor 377, in der Bildkunst 408; – vom Mund zum Ohr der Hörer = Hercules Gallicus 431; goldene – gehen vom Mund des Hermes aus 450; – ist das Geschirr des Gespanns des Pluto 632; eiserne – binden den Prometheus an den Kaukasus 679; bei Kadmos und Hercules Gallicus 360

Kettendecke: des Pegasus im Mittelalter 626

Kettenpanzer: des Herakles, von Hephaistos 321, 366

Keule: passim Herakles; Waffe des Aktaeon 24; des Herakles, von Hephaistos 321; die – des Herakles ist aus Olivenholz 366; – und Löwenhaut des Herakles trägt Omphale 382, in der Bildkunst 414; Waffe des Herakles 387, 390, 398, sein Attribut 397; des Herakles aus Holz mit Bronzekopf, Werk des Hephaistos 400; Attribut des Hercules Gallicus, in der Allegorese 398, 431; Waffe und Attribut des Theseus 555

Keuschheit: und Häuslichkeit 52; und eheliche Liebe 72; der Artemis / Diana, aus Vorsatz 144, 147, 148; verkörpert von Minerva 200; der Danaë 217, 218 f; Ideal der Daphne 222; der Daphne verkörpert durch Lorbeer 224; Kind der Religion, verkörpert von Leto / Latona 530 f; – und frommer Lobpreis, Kinder der Latona = Religion 568

Keuschlammbaum (Lygos): Baum der Artemis und der Hera/Juno heilig 148, 360
Kieselsteine: dienen dem Hermes zur Weissagung 439
Kinder: des Saturn = Bilder für die vier Elemente 311; die beiden «oberen» – des Saturn sind Juppiter und Juno, die beiden «unteren» Neptun und Pluto 357; seine eigenen – hält Kronos gefangen 508; Saturn frißt seine eigenen – 509, 510; – des Saturn, ihre Charakterisierung 515; Chronos verschlingt seine eigenen –, in der Bildkunst 517f; – des Poseidon werden von Kühen gesäugt 654; Zeus hat unzählige – 692; Kronos verschlingt die eigenen – 692, speit sie wieder aus 693; s. a. Kinder-
Kinderbacchanal: 278
Kinderfresser: ist Saturn 510
Kinderklapper: des Paris und des Hektor 609
Kindersegen: Zuständigkeit der Juno 235
Kindheit: des Juppiter, in der Bildkunst 726
Kinyras/Cinyras: Vater des Adonis 12, 38, 46
Kirche, heilige: Ceres als Bild der 239; veranschaulicht von Iole 395
Kirke/Circe: gegen ihren Zauber hilft das Moly 440; s. auch Odysseus
Kirschen: bringt Lucullus nach Italien 263; stehen für Reinheit der Seele 306
Kissos: Beiname des Dionysos 269
Kithara: zehnsaitig, Erfindung des Apoll 79, 562; Apoll mit – 93, 94, 97, 101, 538; schlägt Apoll mit dem Plektron 94; – des Arion 136; seltenes Attribut der Artemis/Diana 156; – verdrängt in Athen die Flöte 534; ihre Resonanz ist Gleichnis für die wahrhaftige Resonanz der Argumente 538; Attribut der Erato 562; Attribut der Terpsichore 564; -spiel verleihen die Musen 557; Instrument des Orpheus 570, 580, 582
Kitharöde: Apoll 28, 90, 93, 94, 97
Klagegesang: der Gorgonen regt Athena zur Erfindung einer Pfeife an 543
Klang: – und Blick, Metapher für die Pfeile des Apoll 45; Blick und – der Chariten 211
Kleid(ung): der Hera von Athena 172; Minerva metaphorisch für – 181; des Poseidon ist blau 656, blau und grün 657; verfertigt von Prometheus 677
Kleinkind(er): Gestalt des Eros 293; das Heilen von – und Herden lehrt Kybele 521
Kleinmut: verkörpert von Juppiter 724
Kleopatra: im Bild der Ceres 245
Klio/Kleio: Muse, von Aphrodite bestraft, durch Pieros Mutter des Hyakinthos 38, 487, 556
Klippen: *waren die Sirenen in rationalistischer Deutung* 523
Klotho: die «Spinnerin», eine der drei Moiren/Parzen, spinnt den Lebensfaden 552, 553; hat einen Spinnrocken 553
Klugheit: im Bild der Athena 181ff; verkörpert von Athena, Eloquenz von Merkur 186; Athena, Inbegriff praxisbezogener – 187; verkörpert von Vulcan 336f, 341; verbildlicht durch die Schlange 451; Janus ist ihr Inbegriff 508; verkörpert von Kronos/Saturn 514; – des Pan symbolisiert vom Horn der Amalthea 592; Spiegel der Pallas steht für – 640; Perseus ist Sinnbild der – 641
Klymene: von Iapetos Mutter des Prometheus, von Prometheus Mutter des Helenos oder des Deukalion 673
Klytaimnestra/Clytemnaestra: von Agamemnon Mutter der Iphigenie 490; Tochter der Leda 526; *tötet Agamemnon, in der Bildkunst* 88
Knabe: Bacchus als – dargestellt 265
Knabenliebe: des Apoll 84; des Herakles 390; des Orpheus 573; des Pan 593; des Zeus 700
Knabenschänder: der erste – war Orpheus 585
Knarren: der Torangeln, Geräusch der Unterwelt 311
Knidierin: Venusbild 55, 69, 61
Knie: unter dem Patronat des Hermes 448
Knielauf: archaischer, der Medusa 643
Knöchelspangen: silberne – hat Paris 614
Knochen: der Opfertiere bietet Prometheus dem Gott 677

688 Register

Knochenmark: *Nahrung des Knaben Achill bei Chiron* 16
Knoten: im Haar des Apoll 92; gordischer –, Attribut der Juno 360
Knotenstock: des Aktaeon 24
Knüppel: eiserne – sind Waffen der Moiren 555
Koch: *ein – trägt den Namen «Daidalos»* 206; *Kadmos ist königlicher – oder Kaufmann* 351
Köcher: passim Eros, Apoll, Artemis; des Aktaeon 24, 26; des Apoll 94; des Eros 293, 294, 299; Attribut des Herakles 397; Attribut des Hercules Gallicus 431; mit Pfeilen, des Orpheus 583
Kohlen: glühende, führt Fluß Asopos 699
Koios: von Phoibe Vater der Leto 529
Koketterie: bei Aphrodite 43
König: Juppiter als – im Mittelalter 710
Konisalos: Gottheit, steht dem Priapus nahe 670
Konzert: der Musen, in der Bildkunst 565 f; *der Amazonen* 133
Kopf/Haupt: unter dem Patronat des Zeus/Juppiter 188, 659, 704; Geburt der Athena aus dem – des Zeus 195, 319; – und Haar des Eros sind golden 294; – und Barthaar des Hades sind füllig 315; verhülltes – der Hera 358; verhülltes – des Kronos/Saturn 510, 512; – der Gorgonen von Schlangen umwunden 540, 634; – selbst der toten Medusa ist mächtig 544; – der Medusa nimmt Perseus der Athena, die es in die Mitte ihres Schildes setzt 543; – der Medusa = Gorgoneion, das Perseus in den eigenen Schild setzt 543; das – der Medusa nutzt Athena als Waffe 543; – der Medusa ist in Argos begraben 544; Kopf und Leier des Orpheus treiben im Fluß 573; den – des Orpheus versucht eine Schlange zu verschlingen 573; der – des Orpheus spricht, singt und gibt Orakel 573; -schmuck der Musen aus den Federn der Sirenen 557; – und Barthaar des Pan sind struppig 590; abgeschlagener – der Gorgo, im Beutel des Perseus 635, 644; – der Gorgo, Bild für neu erworbenen Reichtum 640; geflügelt, des Perseus 642; Zuständigkeit des Juppiter 659; – des Zeus/Juppiter 701, 706; s. a. Köpfe

Köpfe: Höllenhund mit drei oder mehr – 308; zahlreiche – hat Kerberos 308; hat die Hydra vor Herakles 370; s. a. Kopf-
Kopfflügel: des Hermes 463; der Medusa 549; des Perseus 642
Kopfgeborene: die – ist Athena/Minerva 701
Kopfschütteln: des Zeus erschüttert Erde, Meer und Sternenhimmel 702
Kopfschutz: des Pegasus 626
Kopftuch: ein – trägt Priapus 671
Kopfweh: dagegen hilft Efeukranz 269
Kopreus: Bote des Eurystheus 370
Koralle: Entstehung durch das Medusenhaupt 543, 636; Pflanzenzweige verwandeln sich in – 647
Korb: Attribut der Demeter/Ceres 244; Attribut des Dionysos 269; einen – trägt Ceres 240; mit Blumen: Symbol des Frühlings 485, mit Ähren: Symbol des Sommers 485; voll Rosen, bei der Frühlings-Hore 486; des Priapus, mit Früchten 672
Körbe: bei der Arbeit der Moiren 554
Kore: und Athena verstehn sich auf Webkunst 173; – und Demeter, jede das Ebenbild der anderen 246; = Persephone, eine Wiederholung der Mutter Demeter 631; ist eine Weberin 631
Kornblume: Attribut der Ceres 249
Kornelkirsche: aus ihrem Holz ist Stab des Teiresias 176; Apoll gibt Stab daraus dem Hermes 438
Korngarbe: Attribut der Ceres 249, 525; Attribut der Sommer-Hore 486
Kornmaß: Attribut der Hestia 482
Koronis/Coronis: von Apoll geschwängert und getötet 84, 99 f; von Artemis getötet 142; von Minerva in Krähe verwandelt 653; – und Neptun, in der Bildkunst 667; *in Krähe verwandelt* 89; *in der Bildkunst* 90
Körper/s. a. Leib: – des Pluto ist behaart 315; der Hera ist schön 355; menschlicher –, Hermes ist auf dessen harmonische Bewegung bedacht 442; s. a. Körper-
Körpergestalt und -teile: Zuständigkeit

Register 689

der Artemis / Diana 149; des Herakles 385; des Poseidon 659; des Prometheus 679

Körpergröße: mächtige, des Ares 113; riesige, der Demeter 230, 233; gewaltige, der Demeter 236; schenkt Artemis 354

Körpermerkmale: feminine, des Dionysos 262

Korybanten: bei Demeter / Ceres / Magna Mater 240; flankieren die Juno 502

Korythos: Sohn von Oinone und Paris 608

Kos: darunter begräbt Poseidon den Polybotes 649; 246

Kosmetik: der Hera 355f

Kosmisch: Adonis als kosmische Gottheit 18

Kosmogonisch: Venus als kosmogonische Gottheit 48

Kosmologisch: – Deutung des Hermes 456

Kosmos: Eros als Bild des – 296; *Thebaner verstehen Kadmos als –* 360

Kourotrophos: Artemis / Diana versorgt Säuglinge 148

Kraft: passim Herakles; Gabe des Ares 110; von riesiger – ist Poseidon 656

Krähe(n): Begleiter Apolls 95, 96; Begleiter der Athena 188; Coronis in – verwandelt von Athena / Minerva 173, 653, 667; *Verwandlungsform der Koronis / Coronis 90; stehen für Freundschaft und Treue* 323

Kranich: Hera / Juno verwandelt Königin der Pygmäen in – 352; *Theseus tanzt den -tanz* 545

Krankheit: Apoll und Artemis und – 88

Kranz (Kränze): der Venus aus weißen und roten Rosen 51; der Venus von Cupido 69; einen – aus Veilchen und Efeu tragen die Phallophóroi 269; Schmuck der Horen 485; aus Rosen, Attribut der Frühlings-Hore 486; Blumen- und Laub- der Musen 564; – der Musen mit Federn der Sirenen und Palmblättern 558; aus Fichtenzweigen, des Pan 590, in der Allegorese 592; einen Efeu- trägt Pan 595; goldener –, Gabe der Aphrodite 652; einen – gibt Amphitrite dem Theseus 652; ein – des Priapus aus Blumen, Weinlaub oder Früchten 671, 672; auf dem Haupt des Poseidon 661; als Siegeszeichen für Prometheus 680; trägt Juppiter Feretrius 705; schmückt Zeus 710; *trägt Hymen* 320, 322, 324

Kräuter: wiederbelebende, sammelt Apoll 100; *Chiron erfindet die -lehre* 185

Krebs: Sternbild des Sommers 249

Kreon: Vater der Megara 367

Kreta: Herakles vertreibt wilde Tiere aus – 391

Kretisch: – Stier, den Poseidon dem Minos schickt, Herakles bezwingt ihn 654

Kreusa / Creusa: *Gemahlin des Aeneas* 44; *kommt auf der Flucht in Troia um* 49, 68; *in der Allegorese* 76

Kreuz: in der Hand des Juppiter 724

Krieg: passim Ares; den troischen – verursacht Paris 611; *passim Achill*

Kriegerin: Athena als – 165, 168, 177, 188

Kriegsdienst: einen – der Liebe leistet Amor 299; das Pferd ist zum – bestimmt 652, 663

Kriegsgefahr: Hermes ist Retter aus – 443f

Kriegsgerät: Attribut der Minerva 194

Kriegshandwerk: des Ares und der Athena 109

Kriegskunst: *lehrt Phoinix den Achill* 17

Kristina von Schweden: im Bild der Minerva 201

Krokus: färbt das Gewand der Aphrodite 44

Krone: Geschenk der Venus an Ariadne 39; der Venus 44, 72; Zacken- der Artemis / Diana 153; trägt Demeter 250; – der Weisheit, trägt Eros 296; aus Ebenholz, des Hades 312, 313; der Ariadne, mit sieben Leuchtern, Werk des Hephaistos 321; Attribut der Hera / Juno 361; Attribut der Juno 501, 503, 506; Attribut der Juno Moneta 502, 506; der Niobe 569; eine – trägt Orpheus 581; goldene der Pandora, Werk des Hephaistos 598, 603; des Pluto 632; – aus Salz, des Poseidon 659; Attribut des Juppiter 710, 711; des Prometheus 687; des Juppiter 710, 711; des Zeus 718; *der Thetis* 546

Kronos / s. a. Chronos / s. a. Saturn: entmannt Uranos 34; im Kreis der sieben

Wochengötter 131; Vater der Demeter von Rea 228; verschlingt seine Kinder, Hestia, Hera, Demeter 228; von Rea Vater des Hades 307; teilt sich mit Zeus und Poseidon in die Welt 307; von Rea Vater der Hera 344; von Zeus unter die Erde verbannt 344; verschlingt Hera, Hestia, Demeter, Hades und Poseidon und speit sie wieder aus 344; von Rea Vater der Hestia 477; jüngster Bruder der Titanen, von Philyra Vater des Kentauren Chiron 508; das Pferd ist seine Verwandlungsform 508; von Gaia Vater des Uranus, von Rea Vater von Hestia, Demeter, Hera, Hades, Poseidon und Zeus 508; Aphrodite entsteigt seinen abgeschnittenen Genitalien 508; – ist Sohn oder Bruder von Okeanos und Tethys 508; es gibt zwei verschiedene –, den Gemahl der Rea 508, unter ihm herrscht das goldene Zeitalter 508, den Herrscher von Sizilien, Nordafrika, Italien, Kulturbringer 508; hält seine Kinder in der Erde gefangen 508; seine Kinder verschwören sich gegen ihn 508; von Gaia zur Kastration des Uranus angestiftet 508; löst Uranus in der Herrschaft ab 508; heiratet Schwester Hera 508; verschlingt seine Kinder, außer Zeus 509; von Rea überlistet 509; ist mit der kleinen Juno unterwegs 509; von Zeus entmannt und gefesselt, sitzt im Tartaros, ist Herr der gestorbenen Helden 509; mit Chronos gleichgesetzt 510; in der Allegorese 510; – / Saturn steht für Klugheit, Schläue 514; – und Saturn mit dem Planeten gleichgesetzt 516; Typus in der Bildkunst 516; verschlingt seine Kinder, in der Bildkunst 517 f; besucht Philyra in Gestalt eines Schimmels 518; von Rea Vater des Poseidon 648; verschlingt den Poseidon, speit ihn wieder aus und verbannt ihn ins Wasser 648; Rea täuscht ihn mit einem Fohlen 648; von Rea Vater des Zeus 691; verschlingt seine Kinder, speit sie wieder aus 693; Rea täuscht ihn mit einem Stein 692; die Hekatoncheiren und Kyklopen sind seine Kinder 693; ist König von Sizilien 694; von Zeus entmannt, in der Bildkunst 715; sein Phallus schwimmt im Meer 715

Krücke(n): eine – stützt Vulcan 332; – hat Kronos / Saturn 517

Krug / Krüge: in einen – sperren Otos und Ephialtes den Ares 112; Vorrats- als Versteck des Eurystheus 370; – der Iris ist golden 492; – und Opferschale der Iris 495; zwei –, daraus verteilt Zeus Gutes und Schlechtes 697

Krummstab: = Hirtenstab, des Pan, in der Allegorese 593

Krüppel: zählen zu den Kindern des Saturn 515

Kteatos: und Eurytos, Zwillingssöhne der Molione, Generäle des Augias 383; –, Eurytos und Augias, von Herakles erschlagen 383, in der Bildkunst 411

Küche: den Penaten heilig 708

Kuckuck: Verwandlungsform des Zeus 345, 700; auf Zepter der Hera 356; Attribut der Hera / Juno, ihr heilig 356

Kuh: weiße –, Verwandlungsform der Io durch Hera 350, 720; Verwandlungsform der Hera 355; Zeus verwandelt sie, in der Bildkunst 720; s. a. Kuh-

Kuhäugige, die: Beiname der Hera 347, 355

Kühe: Töchter des Proitos halten sich für – 352; – säugen die Kinder des Poseidon 654

Kuhhelm: Attribut der Juno 501

Kult: des Dionysos, Ursprung der Bühnenkünste 263

Kultbild(er): des Dionysos aus bestimmtem Holz 260; der Hera, aus Gold und Elfenbein 356; der Hera in der Allegorese 359

Kultur: ihre Ordner sind die Horen 485

Kulturbringer: ist Bellerophon 206; Demeter / Ceres 238, 239; Hephaistos / Vulcan 327, 340; ist Herakles 365, 375, 390, 391, 392, in der Bildkunst 424 f; Hermes 442; ist Hercules Gallicus 431; sind Hestia und Hermes 478; ist der zweite Kronos 508; ist Orpheus 575; ist Prometheus 682; *ist Kadmos 360*

Kulturstifterin: Athena 187, 188 f

Kummet: von Prometheus eingeführt 676

Register 691

Kunde (künden): ist das Geschäft der Musen 557

Kunst / Künste: Freie –, Sache des Hermes 87; Anliegen des Apoll 102; Anliegen der Athena 165; praktische –, darauf versteht sich Athena 173; Patronat der Minerva 194, 199; bildende –, von Apoll verkörpert 268; unbildliche, verkörpert von Dionysos 268; – unter dem Patronat des Merkur 477 f; plastische –: ihr Erfinder ist Prometheus 685; Prometheus ist Meister technischer –, Chiron Meister biologischer Künste 686

Kunstanschauung: griechische 268

Kunstfertigkeit: schenkt Athena 354

Künstlerneid: *Daidalos ist Beispiel von –* 206

Kureten: stehlen Epaphus im Auftrag der Hera 350; – und Nymphen kümmern sich um den kleinen Zeus 693; vom Blitz des Zeus getroffen 699

Kurtisane: soll Aphrodite / Venus sein 44, 46

Kurzschwert: der Kureten 713

Kyathos: Herakles erschlägt ihn 389

Kybele / Cybele: Göttin der Fruchtbarkeit und der Frauen 518 f; Gründerin und Schützerin der Städte 519; in kultischer Verbindung mit Attis 519; beeinflußt den christlichen Marienkult 519; die eunuchischen Galloi sind ihre Priester 519; versetzt Menschen in Raserei, nimmt Züge einer Mainade an 521; Tochter des Königs Meion und der Dindyme 521; als Säugling von Meion ausgesetzt, von wilden Tieren gesäugt 521; Erfinderin der Syrinx, der Zimbel, der Kesseltrommel 521; lehrt das Heilen von Herden und Kleinkindern durch Reinigungsriten 521; «Mutter vom Berge» 521; Marsyas ist ihr Begleiter 521; verliebt sich in Attis, wird von ihm schwanger 521; Meion läßt ihre Ammen töten 521; verfällt in Wahnsinn 521; wird als Göttin verehrt 521; ihre Statue flankieren Panther und Löwen 521; Muttergottheit 522; – und Attis in der Allegorese 522 ff; Verkörperung der Erde und Erdgöttin 523; Verkörperung des Weltkörpers 522; mit Erde gleichgesetzt 522; – heißt auch Ops, Proserpina, Vesta, Tellus, Magna Mater und Alma 523; heißt auch Cubele, von ihr abgeleitet die kubischen Zahlen, in ihrem Bild erscheint Ge / Gaia (die Erde) 524; Typus in der Bildkunst 524; – und Attis 525; – und Marsyas, in der Bildkunst 525; – als Spiegelbild der Ceres 525; von Saturn entführt 525 f; Verkörperung in ihrem Bild 526; mythologisches Porträt in ihrem Bild 526; von Marsyas verehrt 533; für sie erfindet Marsyas die Flöte 535; Pandora ist ihr verwandt 597

Kyklopen / Cyclopen: Gehilfen des Hephaistos / Vulcan 100, 338, 343; fertigen Bogen für Artemis 139; gehorchen dem Vulcan 309; sind Handwerker 322; unterstehen dem Hephaistos und machen Zeus die Blitze 319, 322; dienen dem Vulcan / Hephaistos 322, 338

Kyknos: Sohn des Ares und der Pyrene 113; Sohn des Poseidon, von Ares in Schwan verwandelt 122; kämpft mit Herakles 376; schenken dem Zeus Donner, Blitz und Donnerkeil, dem Hades eine Kappe, dem Poseidon einen Dreizack 649; bauen dem Poseidon einen steinernen Pferdetrog 653; sind Kinder des Kronos, von Zeus befreit 693

Kynortas: Bruder des Hyazinth 487

Lächeln: der Venus 42; des Apoll 85; archaisches – 99; – und Großmut auf dem Gesicht der Artemis 140

Lachen: Vergnügen der Venus 35, 51

Lachesis: das «Los», eine der drei Moiren / Parzen, teilt jedem das Geschick zu 552, 553

Ladon: Flußgott, Vater der Daphne von Ge 222; Bruder der Gorgonen 539

Lagerstatt: des Herakles bedeckt ein Löwenfell 366

Lamm: mit goldenem Vlies, des Atreus 143

Lampadedromia: ein Fackelstafettenlauf im Kult des Hephaistos 317

Lampe: bei Venus als Planetengottheit 62, 73

Landleben: verkörpert von Bacchus, von Ceres 282

Landwirtschaft: erfunden von Triptolemos 239; erfunden von Polymnia 561
Langsamkeit: haben die Menschen von Saturn 512
Lanze(n): des Apoll 94; des Ares/Mars 110, 113, 114, 115, 121, 126; – der Athena/Minerva 169, 177, ihre Deutung 183, 188, 192, 663; Waffe des Bellerophon 208; Kastor lehrt Herakles den Umgang mit ihr 366; – und Speer, Waffen des Herakles 390; Attribut des Hermes 449; zwei – hat Paris 614; des Perseus 643; des Achill 18, «lancia d'Achille» 29, 30; – und Lyra, Attribute des Achill 31; Agamemnon ist -kämpfer und Speerwerfer 86; Amazonen kämpfen gern zu Pferd, mit Schwert und –, Bogen und Pfeil 127, die «thrakischen» haben Wurf-, Streitaxt, Pfeil und Bogen 127; Waffen der Giganten sind –, Schwert und Steine 248; Speer und –, Attribut des Meleager 389; Phrixos heißt «der mit der starken –» 489; s. a. Speer
Lanzengott: Ares 108
Lanzenschwinger: Mars 126
Laodameia: Tochter von Bellerophon und Achimene 203
Laomédon: Vater der Antigone 352; Poseidon und Apoll bauen ihm eine Stadtmauer 649
Lapithen: im Kampf mit Kentauren 92, in der Bildkunst 409f; Gegner von Herakles und Aiginios 384
Lapithen s. Kentauren
Lara: Nymphe, Merkur hilft dem Zeus, sie zu bestrafen 721 f; von Zeus ihrer Zunge beraubt 722
Laren: Hausgötter, Begleiter der Vesta 482
Lärmen: Brüllen und –, Waffen des Ares 113
Lascivia (Zügellosigkeit): Gesang ist ihr förderlich 53
Laster: – und Tugenden bei Cupido 42; ein Geschäft der Venus 46; verkörpert durch prächtig gewandete und geschmückte Frau 369; das – bekämpft Leto 531
Latiaris, Juppiter: ist blutgetränkt 705
Latinus: von Juno zum Kampf gegen Aeneas angestiftet 351; *König der Latiner, Vater der Lavinia 56*
Latium: unter Patronat der Diana 148
Latona s. Leto
Lattich: Adonis versteckt sich unter (dem Anaphrodisiakum) – 13, 15, 39; – Speise der Hera 349
Lausus: *Sohn des Mezentius, von Aeneas getötet 58*
Laute: Instrument, das man bei Venus hört 52, 58; spielt Apoll 94, 96; spielt Arion 136; Attribut der Terpsichore 564; des Orpheus 580 f
Lavinia: *künftige Frau des Aeneas 56*
Leben: Amphion und Zethos als Sinnbilder des theoretischen und praktischen – 29; Feuer = Liebe = –, Juppiter wird mit ihnen gleichgesetzt
Lebensalter: die vier, verkörpert von Dionysos 261
Lebensfaden: spinnt Klotho 553; die Moiren/Parzen spinnen ihn und schneiden ihn ab 553; den – des Chiron lösen die Moiren 554
Leber: der Opfertiere des Prometheus 677; = Herz 683; Adler oder Geier fressen von der – oder dem Herzen des Prometheus 679; – *des Tityos frißt Geier 564*
Lebewesen: aus Ton fertigt Prometheus Bilder aller Lebewesen 674
Lectisternium: Göttermahl 65
Leda: Tochter des Thestios und der Erythemis, Gemahlin des Tyndareos, Geliebte des Zeus, Mutter der Dioskuren 526; Mutter von Helene, Klytämnestra und Timandra 526; brütet zwei Eier aus 527; in der Allegorese 527, – mit dem Schwan, in der Bildkunst 527 ff; von Zeus verführt 527; aus ihrem Ei kommen Helena und Pollux 527; Merkur wirft ihr das Ei der Nemesis in den Schoß 527; = Neid, gewalttätiges Unrecht 705; *im Kindbett 303*
Lederschurz: einen – trägt Vulcan 333
Lehm: aus – fertigt Hephaistos die Pandora 323; gemischt mit Tränen, Werkstoff des Prometheus 674, 680; Stoff, aus dem der Mensch ist 683
Lehnstuhl: einen – gibt Hera dem Hypnos 347
Lehrer: Merkur als –, in der Bildkunst 475
Leib: Iris löst der Dido die Seele vom Leib

492; den – hat der Mensch vom Mond 512; mystischer –, aus der Hülle befreit 535; s. a. Leib-
Leibesgröße s. Körpergröße
Leibesübung: ist eine Erfindung der Brüder der Palaestra, von Hermes usurpiert 443
Leibgurt: des Ares 115
Leier s. Lyra
Leim: *Erfindung des Daidalos 202*
Lemnos: Landeplatz des Hephaistos 318, 334
Leo: Bruder der Chimaira 207
Lesen: und Schreiben lernt Herakles von Linos 367
Lethe: Fluß der Unterwelt 314
Leto / Latona: von Niobe geschmäht 28; Mutter von Artemis und Apoll 137; – mit ihren Kindern im Typus der Caritas 157; verwandelt die lykischen Bauern in Frösche 163; von Hera verfolgt 350; steht für Nacht 358; Iris hilft ihr 492; Titanin, Tochter von Koios und Phoibe 529; von Zeus Mutter von Apoll und Artemis 529; von Niobe verhöhnt 529; – und Artemis heilen Aeneas 529; der Hahn ist ihr Lieblingsvogel 530; die Pharaomaus (Ichneumon) ist ihr heilig 530; verwandelt sich in eine Wölfin 530; Etymologie ihres Namens 530; wird auch Luna genannt 530; als Mond- und Geburtsgöttin der Artemis verwandt 530; mit Hera / Juno gleichgesetzt 530; – steht für die Nacht, Hera für die Erde 530; – steht für die untere Lufthülle 530; bedeutet die Religion, ihre Kinder sind Keuschheit und frommes Bekenntnis 530; kämpft gegen Laster und menschliche Versuchungen 531; Niobe brüstet sich vor ihr 567; verkörpert die Religion 568, Keuschheit und frommer Lobpreis sind ihre Kinder 568; von Zeus Mutter von Apoll und Artemis 694; *Juno läßt Tityos die – belästigen 563*
Leuchter: sieben – schmücken die Krone der Ariadne 321
Leukippos: erobert die keusche Daphne, weckt Eifersucht Apolls 222
Liber Pater: mit Mars gleichgesetzt 119; = Sonne 237, 261; mit Dionysos gleichgesetzt 251, 264, mit Mars 261; Sterblicher, zum Gott erklärt 262; Verkörperung des Weins 263; – und Venus, Patrone der Bühnenkünste 263; = Dionysos 272; = Apoll 285; – führt Hephaistos zurück in den Olymp 325; von Proserpina Vater des Merkur 433; ihm ist Marsyas verwandt 535; von Perseus besiegt 639; Priapus ist sein Priester 670; setzt Ariadne kostbare Krone 546
Liberalia: vom Senat verboten 261
Libya: von Hermes Mutter des Libys 442
Libyen: dort tötet Herakles wilde Tiere 391; die Schlangen dort entstammen dem Blut der Medusa 646
Libyer: Medusa ist ihre Anführerin 541
Libys: Sohn von Hermes und Libya 442
Lichos: von Herakles erschlagen 385, in der Bildkunst 412
Licht: dem – und der Wahrheit sind die fünf Sinne verpflichtet 50; ewiges –, Apoll als sein Symbol 104; dem – ist die Iris verbunden 493; Fackel des Prometheus 675; Juppiter als –gott 712; s. a. Licht-
Lichtbringerin: möchte Artemis sein 139; Mondgöttin Selene / Diana 147
Lichtgestalt: Verwandlungsform des Zeus / Juppiter 717
Lichtgott: Juppiter als – 712
Lichtkranz: um das Haupt des Pan 596; Attribut des Juppiter 712, 718
Liebe: passim Aphrodite / Venus; irdische und himmlische – 32, 45, 72, 301; eheliche 72; versinnbildlicht durch Brand 292; reine und unreine, törichte und wahre 297; Eros und Himeros stehen für irdische und himmlische – 297; brennende – verkörpert durch Fackel 299; erloschene – veranschaulicht durch umgekehrte Fackel 299; profane der himmlischen unterlegen 301; himmlische – besiegt die profane 301; platonische, verkörpert durch Amor 302; – besiegt alles 302; platonische, in Gestalt des Ganymed 306; erzwungene, veranschaulicht durch Raub der Proserpina 315; Vulcan in ihrem Dienst 341; Hyazinth der erste, der die – eines Mannes ent-

facht 487; Blicke sind ihre Geschosse 617; Feuer = – = Leben = Juppiter 706; s. a. Liebes-

Liebesakt: für die Frauen ein neunfach größerer Genuß 352

Liebeskunst: gewerbliche, von Venus eingeführt 55

Liebeszauber: entleiht Hera sich von Aphrodite 347; – der Deianira, aus Samen und Blut des Nessos, wird Herakles zum Verhängnis 384 f

Liebhaber: Apollo als –, auch von Knaben 84; Ares / Mars als – 113, 125; ein feuriger – ist Vulcan 330; ein potenter – ist Herakles 367, ein fleißiger – ist Poseidon 652, ein fleißiger ist Zeus 700, er ist auch ein potenter – 701; aus christlicher Sicht ist Juppiter ein krimineller – 705

Liebschaften: des Zeus, in der Bildkunst 725 f

Liege: geflügelte, macht Hephaistos dem Sonnengott 323

Lilie: färbt Gewand der Juno 44; – Attribut der Ceres und der Jungfrau Maria 243; = «rosa iunonia», sie entstand, wo die Milch der Juno auf den Boden fiel, ist der Göttin heilig 353, 360; eine purpurfarbene – wächst aus dem Blut des Hyazinth 488

Lilienzweig: Attribut der Leda 529

Limbo: Orpheus im – 578

Linos / Linus: lehrt Herakles Schreiben und Lesen, Herakles erschlägt ihn 367, in der Bildkunst 403; Orpheus in Gesellschaft von Amphion, Arion, – und Musaios 578, in Gesellschaft von Zoroaster, Hermes Trismegistos und Musaios 578 f

Lippen: im Dienst der Musen 562

Lira da Braccio: spielt Apoll 94

List und Täuschung: im Wesen der Venus 43

Litai: = Bitten, Gebete = Töchter des Zeus 697

Livia: römische Kaiserin, im Bild der Ceres 244, 250; im Bild der Kybele 526

Lobpreis: frommer – und Keuschheit, Kinder der Latona = Religion 568

Locke(n): goldene – hat Apoll 89, in der bildenden Kunst 92, 99; goldene hat Demeter 231, 235; eine – der Medusa gibt Herakles dem Kepheus als Waffe 383, goldblonde – hat Medusa 546; – des Zeus 702, 708

Lockvogel: Cupido – leiblicher Lust 42

Logios: Beiname des Hermes, verbildlicht durch die Herme 455 f

Logos: geflügelter Sohn des Hermes 443

Lorbeer: passim Apoll, Daphne; förderliche Eigenschaften 91; Attribut des Apoll 94, bekränzt ihn 222; wächst an Flußufern 223; seine divinatorische Wirkung 224; Verkörperung der Keuschheit (Daphne) 224, immergrün 222, 224; als Siegespreis und Ehrenzeichen 225; bekränzt den Dichter 225; Verwandlungsform und Attribut der Daphne 222, 226; *Asklepios trägt -kranz wegen Heilkraft der Pflanze 157; trägt Zepter, -kranz und Knotenstock 159; trägt -krone 160*

Lorbeerbaum, Lorbeerbüsche: bei Geburt von Apoll und Artemis 77

Lorbeerkranz: dreiwurzelig 89, 92; Dreifuß Apolls als – gedeutet 225; des Apoll 97; des Arion 136; des Orpheus 579, 581; s. a. Lorbeer-

Lorbeerstrauß: Attribut des Apoll 96

Lorbeerzweig: Attribut des Apoll 97

Lorenz, St.: und der Feuertod des Herakles 397

Lot: *Erfindung des Daidalos 202*

Lotis: Nymphe, von Priapus begehrt 671, in der Bildkunst 672

Löwe(n): paaren sich nicht miteinander 39; Verwandlungsform von Melanion und Atalante 39; Begleiter des Apoll, sein Sternzeichen 94; sind dem Ares / Mars lieb 122; ziehen den Wagen des Mars 128; in der Hand der geflügelten Artemis 145; Teilgestalt der Chimaira 204; ziehen Wagen der Demeter 240; Sternbild des Sommers 249; Verwandlungsform des Dionysos 256, 260; Gespann des Dionysos 268; ein – begleitet Dionysos 269; bei Bacchus: Bild der Trunkenheit 269; -kopf hat Pluto 315; nemäischer – von Hera geschickt 351; der Hera / Juno heilig 361; auf dem Kithairon, von Herakles erlegt 367; – von Nemea, von Herakles erlegt 367, 370, in der Bildkunst 403, 426, 427; Verwandlungsform des Periklyménos 383; dem Hermes unterstellt 439; – und Panther flankieren die Statue der Kybele 521; Begleiter und Gespann der Kybele 522, 524, 525, 668; Begleiter des Orpheus 582; Gespann des Pluto 632; Wächter des Juppiter 714; *Atalante und Hippomenes in – verwandelt 169*; –, Ziege, Schlange, Teile der Chimaira 176; – *als Wappentier des Hektor 292, 294*; *Kadmos und Harmonia in – verwandelt 355*; s. a. Löwen-

Löwenfell / -haut: Lagerstatt des Herakles 366; – kleidet Herakles 367, 398; – und Keule des Herakles trägt Omphale 382, in der Bildkunst 414; schützt den Herakles 387, 398, sein Attribut 397; Attribut des Hercules Gallicus 431; und -helm, Attribute der Stärke, in der Bildkunst 402; *hält Theseus für Löwen 541, 555*

Löwengespann: des Herakles 129; der Kybele 522, in der Allegorese 523

Löwenharnisch: des Herakles 426

Löwenhaut / -fell: passim Herakles; Löwenfell: auf der Lagerstatt des Herakles 366; *Schutz des Kadmos 358*

Löwin: Bild für Artemis 141

Luchs(e): begleitet Dionysos 257; Verwandlungsform des Lyncus 233f; Gespann des Dionysos 268

Luchsfell: trägt Pan 590, in der Allegorese 592

Lucina: Geburtsgöttin bei Geburt des Adonis 17; –, Diana, Hekate, dreifaltige Gottheit 148

Lucullus: beschert Italien die Kirschen 263

Ludovisischer Thron: 62

Luft, Element: für sie steht Athena 180; von Juno / Hera verkörpert 265, 356, 499, 502, 505; –, zwischen Äther und Wasser, verkörpert durch Juno 357; – und Feuer, aktive Wesenheiten 357f; = Juno, das Feuer, = Vesta, bedarf ihrer 480; – verkörpert von Juno 497; untere – verkörpert von Juno 498; untere -hülle, verkörpert von Leto 530; Element des Pegasus 521; wird von Juno verwaltet 702

Lug: –, Trug und Schurkerei verteilt Hermes 442f

Lüge: Zeus ist ihr Freund und bestraft sie 698

Lügner: ist Eros 295

Lukasevangelium: eine Beziehung des Aktaeon-Mythos zum – 23

Luna / s. a. Mond: –, Diana, Proserpina, dreifaltige Gottheit 148; – = Diana = Ceres = Juno = Proserpina 237; anderer Name für Leto 530; wird von Pan verführt 589

Luna: der Stern gibt den Leib 118; Gemeinschaftsgottheit mit Mars, Pluto und Sol 119

Lunge: sie dient den Musen 562

Lust(libido): = Venus 46

Lustgarten: hat Hades / Pluto 309

Luther: als Kritiker der Ovid-Moralisation 91

Luxuria (Prunksucht): = Venus 65, 341; verkörpert durch Venus und Amor 301

Luxuria (Prunksucht / Genußsucht): *verkörpert von Polyneikes 497*

Luzifer: *Phaethon mit ihm gleichgesetzt 480*

Lycaon: von Juppiter in einen Wolf verwandelt, in der Bildkunst 716

Lydien: *Marsyas ist König von – 535*

Lykéios: Epitheton Apolls als Schutzgott gegen Wölfe 83

Lyker: sterben von der Hand des Bellerophon 205

Lykomedes: *nimmt den Knaben Achill auf 17*

Lykos: Onkel der Antiope 27; Bruder des Mygdon 373; König von Mysien, bewirtet Herakles 373; Sohn des Prometheus und der Kelaino 672

Lykurgos: König der Edoner, verjagt Dionysos und Gefolge 254; setzt Bacchanten gefangen 255; erschlägt im Wahn den eigenen Sohn 255; von Pferden zerrissen, tötet Frau und Sohn 255; Panthern vorgeworfen, kämpft mit imaginären Schlangen, die seine Söhne sind 255; in der Unterwelt, muß zur Strafe Wasser in ein löchriges Gefäß schöpfen 255

Lyncus: König von Sizilien, trachtet Triptolemos nach dem Leben, von Ceres in Luchs verwandelt 233 f

Lyra / Leier: passim Apoll, Amphion,

Arion, Orpheus; Amphion baut Mauer mit Musik der – 27, 28, 29, 31; siebensaitige des Amphion 28; – des Apoll 76 ff; – und Bogen, Saiteninstrumente 77, 79; Vergleich mit Flöte 80, 81; Apoll baut Mauer mit Musik der – 28, 82; Apoll tauscht – gegen Herden 83; – und Bogen als Werkzeug des Apoll 86; – als Bild der Eintracht (concordia) 88; – des Arion 136; seltenes Attribut der Artemis 140, 156; darauf spielen die Chariten 211; Instrument des Apoll 261; Linos oder Eumolpos lehrt den Herakles ihr Spiel 367; die – des Herakles ist aus Buchsbaum 367; als Musagetes spielt Herakles – 424; Erfindung und Werk des Hermes 435; ihre sieben Saiten sind aus Schafsdarm 435; Hermes singt zur –, er gibt sie dem Apoll 438; dreisaitige – baut sich Hermes 442; die – ist Attribut des Hermes 449; – und Flöte mögen die Horen 486; Attribut des Hyazinth 489; Attribut der Erato 546; Musen singen zur – 558; Attribut der Terpsichore 562, des Orpheus 570 ff; – bei offiziellen Verlautbarungen 576; und Paris 614, 620, 621; eine goldene – teilen die Musen mit Apollo 558; seine – und die Flöte des Marsyas weiht Apoll dem Dionysos 559; Instrument des Orpheus 570; Hermes / Merkur ist ihr Erfinder, gibt sie dem Orpheus 570, 574, 576; ihre siebte Saite stammt von Orpheus, die sechste von Thamyras 570; – und Haupt des Orpheus treiben im Fluß 573; Orpheus und seine – werden an den Himmel versetzt 573; die – des Orpheus ist siebensaitig 574; Apoll lehrt Orpheus den Gebrauch der – 575; die siebensaitige – des Orpheus ist Abbild der Sphärenharmonie 576; Instrument des Orpheus 580; – spielt Paris 614, ist sein Attribut 619; *Instrument des Achill 25, sein Attribut 31; Chiron versteht sich auf -spiel 185; lehrt Achill das -spiel 186; Chiron spielt die –, Instrument apollinischer Musik 191; – oder Kithara sind Attribut des Chiron 194, 378; eine – schenkt Hermes Kadmos und Harmonia zur Hochzeit 360; –* spielen die Sirenen 517, 525; Schildkröten- 524

Lyraspiel s. Lyra 378

Lyros: Kind der Aphrodite von Anchises 35

Lysios: Beiname des Dionysos 260

Macht: des Goldes 220; – und Reichtum, verkörpert durch das Zepter der Juno 358; –, vereint mit dem Schönen, verkörpert von Juno 360; – und Reichtum, verkörpert von Juno 508

Mädchen: Verkleidung des Dionysos 254; -chor, Werk des Hephaistos 340; wohlhabende – sind die Gorgonen 547; aus christlicher Sicht sind Amphitrite, Amymone, Alope, Melanippe, Alkyone, Hippothoë, Chione von Neptun verdorbene – 658; ein junges – dient als Bild der Seele 688

Madonna lactans: typologische Entsprechung in Nymphe mit Dionysoskind 275

Maenaden s. Mainaden

Magier: seine Wesenszüge hat Dionysos 260

Magna Mater, die Große Mutter: ist die vielgebärende Ceres 236; verwahrt die Genitalien des Attis im Boden 520; anderer Name für Kybele 523; Pan ist ihr Gefährte 589

Magog: Prometheus ist mit ihm identisch 685

Mähne: golden, der Rösser des Zeus 702

Mahnerin: ist Juno Moneta 496, 505 ff

Maia: Gemahlin des Volcanus und in kultischer Gemeinschaft mit ihm 317

Maia: Pleiade, Mutter des Hermes 317; von Zeus / Juppiter Mutter des Hermes / Merkur 433

Maiestas: anderer Name für Maia 317

Mainade(n) / Maenade(n): Gefolge des Dionysos 251, 274, 665; delphische = Thyaden 251; Verkleidung des Pentheus 255; zerreißen Pentheus 256; Kybele nimmt die Züge einer – an 521; reißen Orpheus in Stücke 573; sie fürchten den Pan 589

Majoran: *Achills Haar erinnert an – 25;*

Hymen trägt Blumenkranz mit Myrte und – 322
Makris: Tochter des Aristaios, nährt Dionysos mit Honig 254
Malerei: und Pallas Athena 199
Manalype: Amazone, Gegnerin des Herakles 374
Mandelbaum: wächst aus den abgeschnittenen Genitalien des Adgistis, aus seinem Samen ersteht Attis 520
Mann (Männer): Pandora ist ihre Bürde 598; ein alter – ist Verwandlungsform des Poseidon 650
Mannesstärke: veranschaulicht durch den Bart des Pan 592
Mantel: roter, der Venus 73; roter, der Ceres 241, 247; der Hestia / Vesta 481; thrakischer: quergestreift, des Orpheus 579; purpurn, des Perseus 639, 642; langer, des Poseidon 661; Hüft- des Zeus 709; – des Juppiter, pelzbesetzt und golden 710
Mantelschleier: der Ceres 241
Mantik s. Wahrsagekunst
Marc Aurel: als Mars 74
Marcus Curtius: *und Amor in Allegorie des Wassers* 140
Marder: hilft bei Niederkunft der Leto 530
Maria, Jungfrau: = Danaë 218; = Daphne 91, 224; = Alkmene 395
Marienklage: = Adonisklage der Venus 21; Schmerzensmutter
Marienkult: von Kybele beeinflußt 519
Mars / s. a. Ares: Vater von Romulus und Remus durch Rea Silvia, Stammvater des römischen Geschlechts 108, 117; Stammvater des julischen Geschlechts 129; Schutzgott von Fluren, Vieh und Menschen 117; –, Juppiter und Juno = Kapitolinische Trias 117; – Ultor 117, 121, 124, 126, 129; – als Patron der Diebe 117; Kritik aus christlicher Sicht 117, 118; als Planetengottheit 118; Planet hat Einfluß auf das Herz 119; Planet gibt dem Menschen bei der Geburt das Blut 118; seine parthenogenetische Geburt; gleichgesetzt mit Sol 119; gleichgesetzt mit Liber 119; gleichgesetzt mit Vulcan 119; verkörpert von Hercules 117; mit Hercules gleichgesetzt 119; Gemeinschaftsgott mit Bellona und Victoria 119; – mit Sol, Luna und Pluto 119; Etymologie seines Namens 120; zeigt sich mit entblößter Brust, in der Allegorese 120; = Mavors 121; als Planetengott 129, 130; als Planetengott Gegenspieler des Merkur 130, 131; Verächter von Kunst und Wissenschaft 130; – schlafend 130; – Wochengott und als solcher der Venus zugeordnet 131; März = Monat des Mars 117, 131; als Allegorie des Winters 131; Gegner der Minerva 191, 196; sein Wagen ist ein Werk des Vulcan 321; – und Venus beim Liebesspiel bloßgestellt 324; – und Venus von Apoll verraten 336; in Gesellschaft von Vulcan und Venus 342, 343; – und Venus von Vulcan überrascht 343; Sohn der Juno in Parthenogenese 349; Vater des Diomedes 373; der Planet, seine Sphäre steht für das Feuer 512; ist ein mißgünstiger Stern 512; zuständig für das Herz 659; mit ihm verbinden sich Denken und Intelligenz 704; *Hektor im Typus des – dargestellt* 293; *Phrixos legt das Vlies im Tempel des – nieder, wo ein Drache es bewacht* 488; *Sirenen werden in die Nähe des – gerückt* 523

Marsyas: dem Schutz des Dionyos anvertraut 266; Begleiter der Kybele 521; – und Kybele, in der Bildkunst 525; Sohn von Hyagnis, Oiagros oder Olympos 532; der Olympos ist sein Sohn oder Schüler 532; fordert Apollo zum Wettstreit heraus 533; ihn schindet Apoll oder ein Skythe 533, in der Bildkunst 538; seine Haut in Grotte aufgehängt 533; Fluß, der aus dem Blut der Satyrn oder Nymphen entspringt 533, in der Bildkunst 539; seine Flöte wird im Tempel bewahrt 533; Verehrer der Kybele 533; Erfinder der Rohrflöte 533; sein Typus 534; steht dem Dionysos nahe 534; ist dem Bacchus anvertraut 534; seine Haut zu Weinschlauch oder Dudelsack verarbeitet 534; in der Allegorese 534; wird mit Schweineschwanz dargestellt 534; steht für Dummheit, Athena für Weisheit 535; Beispiel für

Hybris 535; seine Schindung in der Allegorese 535; steht für Ruhmsucht und Prahlerei, und für künstlerisches Mittelmaß 535; erfindet für Kybele die Flöte 535; ist ein König von Lydien 535; ist dem Liber verwandt 535; in der Emblematik 535; sein Typus in der Bildkunst 536; lehrt Olympus das Flötenspiel 537; – und Athena, in der Bildkunst 537; beim Wettstreit mit Apollo, in der Bildkunst 537; – von Musen gefesselt, in der Bildkunst 537 f; – ist Bild für den falschen Philosophen 538; seine Schindung als Beispiel des gerechten Urteils 539; Musen sind Schiedsrichter beim Wettstreit des – mit Apoll 557; Apoll weiht seine Lyra und die Flöte des – als Votivgaben dem Dionysos 559; sein Feuer ist zerstörerisch 703

Maske: tragische = Attribut der Melpomene 562; komische = Attribut der Thalia 562, 564, 565; *Achelo(i)os-* 13

Maße: – und Gewichte, Erfindung des Hermes 446

Mäßigkeit: verkörpert von Vulcan 341

Materie: verkörpert durch Ops 358

Mathematik: Kompetenz des Hermes 446

Matrosen: springen ins Meer und werden in Delphine verwandelt 256

Mauer(n): bauen Amphion und Zethos 27, 28, 31; baut Poseidon gemeinsam mit Apoll 82, 649, 650; dreifache, umgibt Palast des Hades 308; Poseidon setzt bronzene Tore in Kerker- 649; Poseidon und Apoll bauen dem Laomédon eine Stadt- 649; dem Poseidon angelegen 659; – zerstört Zeus 698

Mauerbau: von Troia, durch Apoll und Poseidon 81; von Megara 82

Mauerkrone: Attribut der Demeter / Ceres / Magna Mater / Kybele 240; Attribut der Kybele, Tellus und Magna Mater 522, 523, 524, 525; Attribut der Rea 713

Maultier(e): als erste von Apolls pestbringenden Pfeilen getroffen 91; ist steril wie Diana / Luna und darum ihr zugeordnet 147; oder Esel, Reittier des Hephaistos auf dem Rückweg zum Olymp 325, und überhaupt 332; dem Hermes unterstellt 439

Maurer: ist Hephaistos 322

Maus: Begleiter des Apoll 95

Mäuse: vor ihnen schützt Apoll Smyntheus 83

Medea s. Medeia

Medeia / Medea: verliebt sich in Jason 39; verfertigt Bild der Artemis 150; von Hera angestiftet zum Komplott gegen Pelias 352; setzt die Galle der Medusa als Zaubermittel ein 544; Orpheus spielt zu ihrer Hochzeit mit Jason 571; bereitet ihr Zaubermittel aus der Pflanze, die aus dem Blut des Prometheus wächst 680; *passim Iason; verbrennt Creusa, zerfleischt die eigenen Kinder 334; heiratet Egeus 334; geht mit Iason nach Kolchis 334;* will den Theseus vergiften 543

Medizin: Einheit von Musik, Weisheit und – 86; die Rute des Hermes symbolisiert seine Zuständigkeit für die – 455; *Asklepios vereinigt Sehergabe und – 156; der Stab ist Bild der –, Stütze für die Kranken 157; Chiron, Erfinder der Kräuterkunde und Arzneizubereitung 185; Chiron lehrt Achill Astrologie; – und Lyraspiel 186*

Medusa / s. a. Gorgo: ihre Locke gibt Herakles dem Kepheus als Waffe 383; Schwester der Gorgonen Stheno und Euryale 539; von Perseus enthauptet 539, 542, 634, 643; Poseidon wohnt ihr in Vogelgestalt bei 540 f; die einzige Gorgo mit Schlangenhaar 540; –, für ihre Hybris von Athena mit Häßlichkeit bestraft 541; ihr Anblick verwandelt in Stein 541; hat goldenes Haar 541; die – ist Anführerin der Libyer, kämpft gegen Perseus 541; ist Amazonenkönigin 542; Perseus sieht sie im Spiegel seines Schildes 542, 634; – wird von Athena enthauptet 543; ihr Anblick versteinert den Phineus 543, 636 f, die Iodama 543; ihr Anblick bannt den Proetus / Proitos, versteinert den Polydektes, versteinert eine Meerespflanze zur Koralle 543; ihr Haupt gibt Perseus der Athena 543; sie setzt es (als «Gorgoneion») in die Mitte ihres Schildes, das Haupt bringt Perseus an seinem eigenen Schild an 543; ihr Bild erscheint auf dem Schild des Agamemnon 543; – von Athena enthauptet 543; ihr Haupt dient Athena als Waffe, es versteinert die Iodama 543; ihr Blut tropft in die Wüste, Schlangen wachsen daraus 544; einer ihrer Blutstropfen ist todbringend, der andere heilsam, Athena gibt sie dem Asklepios oder dem Erichthonios 544; ihre Galle setzt Medea als Zaubermittel ein 544; selbst das Haupt der toten – ist mächtig 544; – ist ursprünglich häßlich, später schön 545; ihr Haupt dient dem Bildner als Werkzeug 545; in der Allegorese 546 ff; ist eine schöne Dirne 546; macht Geist und Augen blind 546 f; – ist Attribut der Minerva 547; ihre Geschichte ist Warnung vor Hochmut 547; ist Bild des unerschrockenen Sinnes 547; veranschaulicht die betörende Macht weiblicher Schönheit 547; Typus in der Bildkunst 548 f; von Poseidon Mutter von Pegasus und Chrysaor 551 f; von Perseus enthauptet 621, in der Bildkunst 643 f, 646, 647; hat Flügel 621; von Poseidon Mutter des Pegasus 621; beerbt Vater Phorcys 639; ihr Haupt ist Bild für neuerworbenen Reichtum 640; aus ihrem Blut entstehen die Schlangen Libyens 646; ihr «Schreckenshaupt», in der Bildkunst 647; von Poseidon Mutter des Pegasus 652

Medusenhaupt s. Gorgoneion

Meer: dem Poseidon zugeteilt 654; – und Erde, Himmel und Sterne schmücken den Panzer des Dionysos 321; die Iris taucht hinein 493 f; das – ist der Ursprung der Moiren/Parzen 553; dem Poseidon fällt das – zu 649, 694; -grün sind die Augen des Neptun 658; erschüttert vom Kopfschütteln des Zeus 702

Meeräsche: ein Anaphrodisiakum, das die Artemis mag 151

Meerespflanze: wird durch das Medusenhaupt zur Koralle 543

Meeresschnecken: Form von Haar und Phallus des Neptun 666

Meeresthiasos: in der Bildkunst 665

Meeresungeheuer s. Meerungeheuer

Meerjungfrauen s. Sirenen

Meermuschel: Musikinstrument und Instrument des Pan 588; ihr Klang schlägt die Titanen in die Flucht 588

Meer(es)ungeheuer: die Gorgonen sind Töchter eines – 547; geschickt von Poseidon 636; von Poseidon geschickt, seine Größe 639; – schickt zur Strafe Poseidon 649, 654; – begleiten den Poseidon 653, 665; Tritonen sind – 660

Megalopsychia (Hochmut/Großmut): des Adonis 19

Megara: Tochter des Kreon, Gemahlin des Herakles 367; von Herakles erschlagen 368; Herakles gibt sie dem Iolaos 381

Meineid: gilt der Venus als lachhaft 50

Meion: König von Phrygien, von Dindyme Vater der Kybele 521; setzt den Säugling Kybele aus 521; läßt Attis und die Ammen der Kybele töten 521

Meißel: Werkzeug des Prometheus beim Bearbeiten des Skeletts 687

Melampos: lehrt den dionysischen Opferkult und den phallischen Umzug 254; heilt die Töchter des Proitos 352

Melancholie: Temperament des Saturn 514, dem schöpferischen Menschen eigen 516

Melanion/Hippomenes: Günstling und Opfer der Aphrodite 39; *Gemahl der Atalante, die er durch List gewinnt 383*

Melanippe: aus christlicher Sicht ein von Neptun verdorbenes Mädchen 658

Melantho: – und Neptun, in der Bildkunst 667

Meleager: sein Tod 164; *seine Eltern und Geschwister 384; Gemahl der Kleopatra 384; Parzen sagen dem Kind die Zukunft voraus: er werde so lange leben, wie das Holzscheit im Feuer brennt 384; schon der Knabe ist tüchtiger Krieger 384; ist Argonaut 384;* Artemis straft seinen Vater Oineus 359; *sie schickt einen riesigen Eber, der Vieh und Menschen tötet 384; – führt die Jagd auf das Untier an (Kalydonische Jagd) 384; Schilderung der Jagd bei Ovid 385; – erlegt den Eber, überreicht der Atalante die Trophäe 385; – tötet die Onkel 358; der qualvolle Tod des – 385; die Version der Geschichte bei Homer 385 f; Tydeus tötet – 386;*

Frauen, die um ihn trauern, in Perlhühner verwandelt 386; *seine Erscheinung* 386f; *er ist blond, stark, kräftig gebaut, schnell und wohlgestalt* 386; *Beschreibung bei Philostrat: trägt weißes Gewand, hat niedrige Stiefel, trägt rotes Mäntelchen* 386f; *hat rötliches Haar, blitzende Augen* 387; *ist ein Liebling des Ares* 387; *geschickt mit Lanze und Speer* 387; *ist unverwundbar* 387; *von hitzigem Temperament* 387; *sein Blick ist feurig* 387; *rationalistische Deutung* 387f; *in der Allegorese: christlich gesehen, – als Sieger über den Erzfeind (den Eber)* 388; *der Tod des – auf den Erlöser Christus gedeutet* 388; *als Verteidiger der Christenheit verstanden* 388; *Deutung des magischen Feuers bei Dante* 388; *– in der Bildkunst* 388f: *als jugendlich schöner Jäger, dem Adonis ähnlich* 388; *seine Kleidung* 389; *seine Attribute* 389: *Speer und Lanze* 389; *Hund und Eberkopf* 389; *kurzes Jagdmesser* 390; *Schwert* 390; *– wird von Aitolern bestürmt, Kalydon zu verteidigen* 390; *– und Atalante bei der Kalydonischen Jagd* 390f; *überbringt Atalante den Eberkopf* 391; *der Tod des –* 391f

Melichius / Melichios: Beiname des Dionysos 269

Melissa: Priesterin der Ceres, von wütenden Frauen zerrissen 234, aus ihrem Leib entstehen Bienen 234

Melpomene: eine Muse 556; Erfinderin des Gesangs 561; ihr Attribut die tragische Maske 562, die Schriftrolle und die Streusandbüchse 564

Memnon: hat Waffen von Hephaistos 321

Mendes / Osiris: Pan wird mit ihm gleichgesetzt 589

Menelaos: von Aphrodite gerettet 37; Günstling des Ares 109; Athena zerstört seine Schiffe 171; ihm hilft Hera vor Troia 346; Gemahl der Helena 298, 299, 305

Menoites / Menoitios: Rinderhirte des Hades / Pluto 310, von Herakles erschlagen 374

Menoitios: Titan, Bruder von Deukalion, Epimetheus, Atlas 673; s. a. Menoites

Mensch mit Stierkopf: *Verwandlungsform des Achelo(i)os* 12, 14

Mensch(en): von Demeter gestraft 232; Demeter sucht ihre Gesellschaft 230; der schöpferische – ist melancholisch 516; von – und Göttern singen die Musen 556; die Musen sind ihnen Ordner 556, 557; von Prometheus erschaffen 673; Ton (Lehm) ist eine Metapher für – 674; Prometheus formt ihn aus Erde und Wasser 674, 675, aus Lehm und Tränen 674; Epimetheus erweist sich beim Erschaffen des Menschen als Stümper 676; Prometheus vervollkommnet den – 676f; Zeus nimmt den – das Feuer, straft sie mit der Frau / Pandora 678; Prometheus schafft als erster ein Bildwerk vom – 684f; das Bilden des – durch Prometheus, in der Bildkunst 687f; der – von Prometheus belebt 688; – werden aus den Steinen, die Pyrrha und Deukalion hinter sich werfen 697; s. a. Menschen-

Menschenbild: das – belebt Prometheus mit himmlischem Feuer 675

Menschenopfer: bringt Osiris dar 412

Menschheit: Prometheus ist ihr Wohltäter 675

Mercur / s. Merkur: Etymologie des Namens 452

Mercurii: Mercurius im Plural, sofern es mehrere gibt 450

Mercurius quadratus, s. Herme: Bild der Rede und Beredsamkeit 456

Merkur / Mercur(ius) / s. a. Hermes: der Planet gibt Verstand 118, steht im Gegensatz zu Mars 130, 131; – und Artemis / Diana 142; Begleiter der Grazien 214; von Hera gesäugt 353; von Juno gesäugt 359; Sohn von Caelus und Dies, von Juppiter und Maia, von Valens und Phoronis, des Nilus, von Liber und Proserpina 433; – und Minerva in Beziehung zur Redekunst 432; als Planetengott 448, ist braungebrannt 449; Mittler göttlicher Weisheit, Lehrer heilsversprechender Wissenschaft 454; seine Hochzeit mit der Philologie 454; Sohn von Caelus und Dies 455; – steht für Witz, Bacchus für Wein 458; hundsköpfig ähnelt – dem Anubis 459; als Planetengott, in der Bildkunst 461; tötet den Argos / Argus 465 f; – und Juppiter von Philemon und Baucis bewirtet, in der Bildkunst 466 f; als Dieb, in der Bildkunst 467; und die Töchter des Kekrops, begehrt Herse, in der Bildkunst 469; Aglauros ist ihm zu Diensten 469; Bote der Venus, in der Bildkunst 470; als Psychopompos 471; Patron der Kaufleute, in der Bildkunst 472; als Planetengott, in der Bildkunst 472 ff; Verkörperung des Frühlings, in der Bildkunst 474; Patron der Künste, in der Bildkunst 474 f; als Lehrer, in der Bildkunst 475; als Allegorie auf die Redekunst 475 f; als Sinnbild des ruhelosen Wanderers 476; wirft der Leda das Ei der Nemesis in den Schoß 527; ist Vorsteher der Rede 557; fesselt Prometheus 689; geleitet Pandora zu Epimetheus, in der Bildkunst 605; Pegasus ist in seiner Gesellschaft 628, 629; zuständig für die Füße 659; hilft Zeus bei Entführung der Europa 719, bei der Bestrafung der Lara 721 f; *verliebt sich in Herse oder Pandrosos 89; Aglauros und –, in der Bildkunst 92*

Metall: aus – macht Hephaistos die Teile des Bauwerks 324; rotglühendes –, Waffe des Hephaistos im Gigantenkampf 323, Gefäße aus –, Werke des Hephaistos 337; das -geld bringt Saturn nach Italien 509

Metallurgie: lehrt Prometheus 676

Metamorphose: des Aktaeon 24

Metaneira: Gemahlin des Keleos 230

Meteor: von Zeus geschickt 696

Metharme: Frau des Cinyras 38

Metis: erste Gemahlin des Zeus, von vielfältigem Gestaltwandel, von Zeus einverleibt 166, 691, 694; von Zeus Mutter der Athena 694

Mezentius: *Etrusker am Hof des Turnus, sein Tod 58*

Michael, hl.: Bild für den Hermes als Seelenwäger 472

Midas: Schiedsrichter für Pan und Apoll 80; gewährt Silen Gastfreundschaft, verwandelt in Gold, was er berührt 257; – ist goldgierig 282; Schiedsrichter beim Wettstreit zwischen Apoll und Pan 565; *phrygischer König, der sich wünscht, daß in seinen Händen alles zu Gold werde 502*

Milch: Opfer an Demeter / Ceres 240; Nymphen nähren Dionysos damit 254; der Hera / Juno verleiht Hermes / Merkur 353, verleiht Herakles Unsterblichkeit 366; *mit – nährt Chiron den Achill 16; füttern Zeus mit Ziegen- und Honig 116; Allegorese der – 118 f; Amazonenkinder leben von – und Fleisch von Ziegen und Schafen 123; die Glaktophagen ernähren sich von Stuten- 260 f*

Milchstraße: ihre Entstehung, in der Bildkunst 361, 362, 366, Entstehung durch Milch der Hera 362, oder der Ops 366, veranlaßt durch Hermes / Merkur oder Herakles; ihre Entstehung durch Hermes 353, 362, 435, in der Bildkunst 464, durch Herakles 366, 435; *ihr feuriger Ursprung 479*

Miles christianus: = Herakles 422

Mimas: Gigant, von Hephaistos getötet

Mimik: des Mars 123

Minerva: s. a. Athene: von Vulcan Mutter des Apoll 165; – entrückt Iphigenie 173; – und Vulcan fertigen Gewand der Harmonia 173; Cicero kennt fünf verschiedene 177; Boccaccio kennt zwei 177; –, die Kopfgeborene = erfindet Wolle und Weben, die Zahlen und ihre Zeichen 177; –, die Kriegerin = Erfinderin des Krieges, der Bellona ähnlich, Mutter des Apoll von Vulcan 177; man sagt «–» und meint «Kleid» (stamen) 181; – gleichgesetzt mit der Zahl Sieben als Symbol der Jungfräulichkeit, Allegorese 181; Bild der vita theoretica 183, 358; – und Juno verkörpern Weisheit und Macht 186; ist Bild standhafter Jungfräulichkeit 187; Frenatrix, Beiname der – 188; – als Gegnerin des Mars 191; Merkur und Athena / – verkörpern Eloquenz und Klugheit 186; – ist zuständig für die Augen 188; Patronin von Kunst und Wissenschaft 194; als Friedensbringerin und Verkörperung des Friedens 197; Siegerin im unblutigen Kampf 197; Patronin eines Heros oder anderen Sterblichen

198; – und die Musen 198; Patronin des Handwerks, der Künste und Wissenschaften 199; – und Saturn schützen Kunst und Wissenschaft 199; Patronin junger Künstler 200; Gegenspielerin der Venus 200; Verkörperung der Keuschheit 200; Verteidigerin der Tugend 201; Allegorie der Stärke 201; mythologisches Porträt in ihrem Bild 201; schleudert Blitze 323; und Merkur in Beziehung zur Redekunst 432; in der Kapitolinischen Trias 496; eine der Penaten 498; verkörpert den oberen Äther 498; – steht für Weisheit, hilft dem Perseus 547; Medusa ist ihr Attribut 547; verwandelt Coronis in eine Krähe 653; *ist ein Zwitterwesen 310*

Minnesänger: Orpheus als – 580

Minos: begehrt die Britomartis 144; Vorsitzender im Totengericht 308; streitet mit Herakles 373; wirft einen Ring ins Meer, um Theseus zu prüfen 652; Poseidon schickt ihm einen wilden Stier 654; Gemahl der Pasiphaë 654; hat als erster die Seeherrschaft erlangt 654

Minotauros / Minotaurus: mit dem kretischen Stier gleichgesetzt 372; Pasiphaë begehrt ihn 372; *heißt eigentlich Tauros und ist Befehlshaber der Truppen des Minos 545; treibt es mit Pasiphaë 545; Theseus besiegt ihn im Wettkampf 545*

Minyas: seine Töchter von Dionysos in Fledermäuse verwandelt 256

Mischwesen: Medusa einem Kentauren ähnlich 549; *Harpyien sind geflügelte Mädchen; ähneln Engeln 264, haben Vogelgestalt mit Oberkörper und Kopf einer Frau 288; Kentaur, –, halb Mensch, halb Pferd 185; Kentauren – aus Mensch und Pferd, aus Mensch und Esel 366 f; Sirenen sind – aus Mensch und Vogel, sind geflügelt 517; sind – aus Weib und Gans, aus Mensch und Fisch, haben Flügel und Hühnerfüße 519*

Missetaten: des Herakles mit Wahnsinn entschuldigt 392

Mißgunst: der Hera richtet sich gegen Perseus 351

Mißtrauen: Wesenszug der Hera 346

Mittelfinger: und Zeigefinger als Bild belebender Kraft 688

Mittelmaß: künstlerisches –, verkörpert von Marsyas 535

Mittler: ist Hermes seinem Wesen nach 446

Mnemosyne (Erinnerung, Sorge): Großmutter des Hermes 442; von Zeus Mutter des Hyazinth 487; von Zeus Mutter der Musen 555; liegt neun Nächte mit Zeus 556; die Anzahl der Buchstaben des Namens – entspricht der Neunzahl der Musen 561; von Zeus Mutter der Musen 697

Mode: *die Sirenen sind ein Sinnbild der –* 522

Modellierholz: Werkzeug des Prometheus 688

Mohn: – und Apfel bei Venus 52, 54; Demeter speist – 233; Attribut der Demeter 240; Mohnschlaf der Demeter 238; Attribut des Dionysos, dem Hypnos entliehen 273; Attribut der Demeter / Ceres 240, 244; blühender –, Attribut des Pluto 316

Mohnblume: Attribut der Ceres 249

Mohnkapsel: Attribut der Juno 502

Mohnzweig: blühend, Attribut des Hades / Pluto 316

Moira: bestimmt Zeus, ist ihm zu Diensten 553

Moiren / Parzen: – und Musen 210; dienen dem Pluto 311 f; die – sind jungfräuliche Schwestern und Spinnerinen 314; bei Hades 314; die Horen sind ihnen ähnlich 486; Kinder von Zeus und Themis, Schicksalsgöttinnen, Kinder von Nyx oder Ananke, Kinder des Meeres 552; die älteste der – ist Aphrodite, die stärkste ist Tyche 552; sind Schwestern der Horen Eunomia, Dike und Eirene 552; es gibt ihrer drei 552; spinnen den Lebensfaden und schneiden ihn ab 553; lenken das Schicksal der Sterblichen 553; sind Wächter und Richter 553; mit ihnen werden die Thriai verwechselt 553; verwalten die Schicksalstafeln der Menschen, sind Richter auch über die Götter 553; ihr Urteil ist unabänderlich 553; Etymologie der Namen 553; sind

Schatzmeisterinnen, Schreiberinnen und Unterhändlerinnen des Juppiter 554; haben eherne Spindeln 554; tragen weißes Gewand mit Purpursaum 554; haben schneeweißes Haar 554; in der Allegorese, «lahme Töchter der See», und allgemein 554; lösen den Lebensfaden des Chiron 554; sind Unterhändler des Juppiter 554; erschlagen den Giganten Thoos 555; verwalten Geburt und Schwangerschaft 554; eiserne Knüppel sind ihre Waffen 555; erfinden einige der griechischen Buchstaben 555; täuschen den Typhon 555; sind geflügelt 555; Kinder von Zeus und Themis, bringen den Menschen Gutes und Schlechtes 697; Kinder des Zeus 698

Molione: von Aktor oder Poseidon Mutter der Zwillinge Eurytos und Kteatos 383

Moly: Zauberpflanze gegen Zauber der Kirke, die Hermes dem Odysseus gibt 440; *Zauberkraut, das Odysseus von Hermes hat 425*

Mönch: Juppiter in Gestalt eines – 724

Mönchskutte: Kleidung des Juppiter 724

Mond / Luna: gleichgesetzt mit Planet Venus 48; Zusammenwirken von Sol und Luna 87, 88; – und Sonne als Gestalt von Artemis und Apoll 96; Stern, gleichgesetzt mit Athena 180; gleichgesetzt mit Diana, Ceres, Juno, Proserpina 237; – und Saturn verwalten die Unfruchtbarkeit 235, 512; von ihm hat der Mensch den Leib 512; in der Sphärenharmonie gibt er den tiefsten Ton 514; gleichgesetzt mit Leto 530

Mondgöttin: Artemis / Diana / Selene, Fackel ihr Attribut 146, 151, 162; ihr Gespann 147

Mondsichel: ziert Haupt der Diana 147, 151, 155, 156, 632; – und Pan 596

Monstrum (monströs): Erscheinung des Pluto 315

Mopsos: von einer Schlange aus dem Blut der Medusa getötet 544

Morallehre, christliche: und Venus 45

Morgenstern / Abendstern: Venus 62

Morta: eine der drei Parzen / Moiren 554

Moses: Orpheus ist sein Schüler 577; – kommt ohne Neptun aus 658; Zeitgenosse des Prometheus 684; Prometheus mit ihm identisch 685

Möwe: eine – (namens Bouphágos) ist Attribut des Herakles 388

Mucius Scaevola: *und Vulcan in Allegorie des Feuers 140*

Mulciber (Erweicher, Schmelzer): Beiname des Vulcan 328

Mund: der Aphrodite / Venus ist rosenrot 43; Apoll speit Kassandra in den – 84; goldene Ketten gehen vom – des Hercules Gallicus 431, und vom – des Hermes aus 450; des Paris ist schön 614

Mundschenk: der Götter: Ganymed 303, 304, 700; Hephaistos 325; *Hebe 267 ff*

Münze(n): eine – zahlen die Eingeführten der Venus 46; Attribut der Juno Moneta 502, 506; beidseitige -bilder prägt als erster Janus 509

Musagetes (Musenführer): vorzügliche Rolle Apolls 80, 91, 97, 101, 562, 566; Dionysos als – 267 f, 558; Herakles als – 423 f, 563

Musaios: Orpheus in Gesellschaft von Amphion, Arion, Linos und – 578, in Gesellschaft von Apoll, Zoroaster, Hermes Trismegistos, Linos und – 578 f

Muschel: Ursprung und Fahrzeug der Aphrodite / Venus 34, 35, 51, 54, 61, 63, 64; Fahrzeug des Neptun 662, 665

Muschelhorn: bläst Satyr 73; geblasen von Triton 664

Muscheltrompete: spielt Pan 595

Musen: lehren Amphion das Spiel auf der Lyra 28; von Aphrodite unbeeindruckt 35; lieben Feier und Gesang 80; finden verlorene Saite der Lyra 81; bei Apoll 80, 87, 101, 103; bei Artemis 140; – und Athena lieben Quell auf dem Helikon 174 f; bei Athena / Minerva 198; Töchter des Zeus 210; bei den Moiren 210; haben den Beistand der Chariten 210, 211, werden ihnen gleichgesetzt 214; dem Dionysos / Bakchos zugesellt 267, dem Bacchus zugesellt 281 f; heißen Ardalides 317; – und Chariten bringt Merkur zusammen 446; fesseln den Marsyas 537 f; Kinder von Zeus und Mnemosyne, von Uranos und Ge, oder von Apoll 555; es gibt ihrer drei Generationen von je vier, neun und neun 555; sind den Chariten verwandt 555 f; ihre Neunzahl ist kanonisch 556; ihre Namen: Kleio, Euterpe, Thaleia, Melpomene, Terpsichore, Erato, Polyhymnia, Urania, Kalliope 556; sie singen von Göttern und Menschen, singen die Gesetze aller Dinge 556; verleihen süße Rede 556; tun dem neugeborenen Fürsten süßen Tau auf die Zunge 556; wohnen auf dem Olymp, auf dem Berg Pierios, dem Helikon, dem Parnaß 556; sind Ordner bei den Menschen, ihre Anzahl 556, 557; heißen auch Pieriden 556, 557; in Gesellschaft des Dionysos 557; sind Schiedsrichter im Wettstreit von Apoll und Marsyas 557; von Thamyris herausgefordert 557; sie rupfen die Sirenen, machen sich Kopfschmuck aus deren Federn 557; üben das gesprochene und gesungene Wort, Gesang und Kitharaspiel 557; der Dichter ist ihnen angelegen 557; ihr Tun ist wesentlich Kunde 557; sie sind allgegenwärtig in der Zeit 557; Apoll steht ihnen vor 557; man sieht sie in Gesellschaft des Dionysos 557; die – wissen um Namen, Zahlen und Umstände 557; ihre Stimmen sind wie Honig 558; Apoll ist ihr Tanzmeister 558; finden die Buchstaben und das Zusammenstellen der Wörter zur Dichtung 558; sie singen im Chor 558; Artemis ordnet ihren und den Tanz der Chariten an 558; sie sind veilchengelockt und tiefgegürtet 558; sind von Gold umgeben, haben goldenes Haarnetz, Blumen- und Laubkränze 558, Laubkränze 564; von den Sirenen herausgefordert 557; von den Töchtern des Pierus herausgefordert 557, verwandeln sie in Elstern 557; von ihnen stammt das Rätsel der Sphinx 557; in ihre Kränze sind die Federn der Sirenen und Palmblätter geflochten 558, tragen Blumen- und Laubkränze 558, in der Bildkunst 564; sie können ihre Flügel ablegen 558; sie haben einen Wagen 558; ihr Gesang ist honigsüß 558; teilen die goldene Lyra mit Apollo 558; ihr Gesang, in der Allegorese 559; singen zur Hochzeit von Kadmos und Harmonia 559; singen zur Trauerfeier des Achill 559; sie künden die Wahrheit, hauchen die Inspiration ein 560; ihre Zuständigkeiten 560; ihre Anzahl (drei, vier, sieben, neun) 560; ihre Neunzahl entspricht der Anzahl der Buchstaben von «Mnemosyne» 561; in der Allegore 561 ff, in der Emblematik 563; andere Namen für die – 561; in Gesellschaft des Apoll 565; haben teil an der kosmischen Harmonie 565; Zeugen im Wettstreit zwischen Apoll und Pan 565; ihr Konzert, in der Bildkunst 565 f; -führer ist Apoll, -reigen, in der Bildkunst 566; sammeln die verstreuten Glieder des Orpheus 573; ihnen und dem Apoll ist der kastalische Quell heilig 624 f; Töchter des Zeus und der Mnemosyne 697; *Hymen ist -sohn, Kalliope und Apoll sind seine Eltern 317; die – singen zur Hochzeit von Kadmos und Harmonia 353; Kadmos einer der frühesten Pfleger der – 356; von ihnen hat die Sphinx ihr Rätsel 462; die Sirenen sind -kinder 516; die Erscheinung der Sirenen gleicht der der – 524; die Sirenen fordern die – heraus, unterliegen und werden von den – gerupft 518; Sirenen sind – der Totenklage 519; man hat die Sirenen den – angeglichen 519; die Sirenen sind wie die – Berichterstatter 520; Wettstreit zwischen – und Sirenen 526 f;* s. a. Musen-

Musenführer s. Musagetes

Musenreigen: bei Apoll 102

Musenroß: = Pegasus 624, trägt den Dichter 624, 629 f

Musensarkophage: 101

Musik: des Amphion 28, 29, 30; bei Aphrodite/Venus 72, 73, und Apoll 79; Macht apollinischer Musik 80, 94; Einheit von –, Weisheit und Medizin in Apoll 86; kultisch-religiöser Charakter bei Arion 132; als Ordnungsmacht 134; – liebt der Delphin 135; – und Artemis 140; – des Orpheus rührt Tote, bezaubert Felsen und Flüsse, schlichtet Streit 571; Orpheus verkörpert Wesen und Macht der – 574; apollinische – im Vergleich mit der dionysischen 575; –, Jagd und Nymphen sind der Zeitvertreib des Pan 588; *und Heilkunde lernt Achill von Chiron 16; Lyra, Instrument apollinischer – 191;* s. a. Musikinstrumente

Musikinstrumente: bei Aphrodite/Venus 58

Muskeln: starke – des Ares 114

Müßiggang und Tätigkeit (otium und negotium): Amphion und Zethos als Sinnbilder von – 30

Mut: Gabe des Ares 110

Mutter vom Berge: Name der Kybele 521

Muttergottheit: Artemis als tötende und lebengebende – 140; Demeter 246; – ist Kybele 522

Mütze, phrygische: des Adonis 16; des Arion 136; des Ganymed 304; des Attis 525; des Orpheus ist goldgeschmückt 575, 579, 580; des Paris 613, 618, 619; –, des Perseus 642; *des Aeneas 66*

Mygdon von Herakles erschlagen 373

Myro v. Byzanz: 28

Myrrha/Smyrna: Mutter des Adonis 12; in einen Myrrhenbaum verwandelt 38, gebiert als solcher den Adonis 12

Myrrhe: Iris wäscht sich damit die Hände 492

Myrrhenharz: ein Aphrodisiakum 15

Myrrhentrunk: ein Aphrodisiakum 15

Myrte: der Venus geweiht 54; = eheliche Liebe 59; Aphrodite/Venus mag sie 151; Artemis mag sie nicht 151; –, Efeu und Wein, die dem Dionysos liebsten Dinge 259; – ist Attribut des Hermes 450; *Achills Haar erinnert an – 25; Hymen trägt Blumenkranz mit – und Majoran 322;* s. a. Myrten-

Myrtenbaum: Verwandlungsform der Myrtus durch Aphrodite 39; Cupido an – gefesselt 295, 301

Myrtenbäumchen: bei Frau Venus 59, 73

Myrtenkranz: und -zweig trägt Hephaistos 59

Myrtilos: von Pelops ermordet 323

Myrtus: ein Myrtenbaum ist seine Verwandlungsform 39

Mysterien: des Dionysos, von Orpheus eingeführt 252; -stifter ist Orpheus 576; Orpheus führt den Tanz in den -kult ein 576

Nabel: *Sitz weiblicher Lust 522*

Nächstenliebe: verkörpert Vulcan 341

Nacht/Nyx: und Adonis als Verkörperung der Sonne 14; verkörpert durch Latona 358; die – verkörpert von Leto, Hera verkörpert die Erde 530; – und Erebus, Eltern des Fatums 552; Zeus macht Jahre, Jahreszeiten, – und Tage 696

Nächte: neun – liegt Zeus mit Mnemosyne 556

Nachtfest: des Dionysos 273

Nachtigall: und Papagei werden dem Homer zugesellt 578

Nacktheit: der Aphrodite/Venus 44, 55, 56, 57, 72; Apolls 93, 103; der Chariten, Deutung 212, 213; des Eros 294; des Poseidon, Deutung 658

Nahkämpfer(in): Apoll 86; Apoll ist eigentlich kein – 94; Ares/Mars 114, 123; Athena 192 f

Nahrung: mildere – bescheren Pflug, Frucht und Gesetze 239; verschafft sich der Mensch kraft Prometheus 677

Naiaden: Perseus und die –, in der Bildkunst 643, 647

Namen: Hermes gibt den Dingen ihren – 442; um –, Zahlen und Umstände wissen die Musen 557

Narrenkappe: eine – verschießt Amor 62

Narrenzepter: Attribut der Thalia 564

Narthex: der Thyrsosstab des Dionysos 251 f

Narthexstengel: Werkzeug des Prometheus für Feuerdiebstahl 675, 678, als Fackel 689

Narziß: und Echo, verkörpern Unfruchtbarkeit 284

Narziß/Narkissos/Narcissus: sein *Tod dem des Endymion assoziiert 238*; seine Eltern 393; zählt mit Adonis, Ganymed und Endymion zu den Schönsten 393; weist Freier ab 393; Echo in ihn verliebt 393; sein Tod verursacht durch Nemesis oder Eros 393; verliebt sich in sein Spiegelbild 393; stirbt vor Kummer 393; wo

er starb, wächst die Narzisse; spiegelt sich im Wasser der Styx 393; ertrinkt in der Quelle 393; ist 15, 16 oder 21 Jahre alt 393; Gründe für seinen Tod 393 f; erkennt im Spiegelbild einen Knaben oder ein Mädchen 393; hat eine Zwillingsschwester 394; seine Körperstellung vor dem Spiegelbild 394; erkennt seine Verblendung und tötet sich selbst 394; die Blume wächst aus seinem Blut 394; er wird ermordet 394; sein Grab 394; Schicksal seiner abgewiesenen Liebhaber 394; hat goldglänzendes, üppiges Haar 395; physikalischer Aspekt von Echo und Spiegelbild 395; der psychologische Aspekt 395 f; der moralische Aspekt 396; in der Emblematik: Sinnbild der Eigenliebe 396; Metapher für Selbsterkenntnis 396; die Narzisse als Gräberblume und Schmuck von Demeter und Persephone 396; Persephone pflückt Narzissen 396; in der Bildkunst 396 f: – knabenhaft und schön 396; trägt einen Jagdspeer 397; hat einen Sonnenhut 397; trägt einen Blätter- oder Blumenkranz 397; seine Körperhaltung als Geste der Selbstgefälligkeit 397; von Eros begleitet 397; von Diana begleitet 397; das Spiegelbild als Attribut 397; Tiresias und der kleine – 398; das Orakel des Tiresias 398; – auf der Jagd 398; an der Quelle 398 f; – und Echo 399
Narzisse: färbt Gewand der Aphrodite 44; *wächst aus dem Blut des Narziß 393*
Nase: Herakles hat eine Haken- 386
Naß: Haar des Poseidon / Neptun 660
Natur: ihre Ordner sind die Horen 485; Pan veranschaulicht sie 592, 594
Naturphilosophie, stoische: 87
Naxos: Insel, dem Dionysos heilig 258
Nebel: von Juppiter geschickt 720
Neid / s. Invidia: in Gestalt der Hydra von Athena / Tugend besiegt 187; von Leda verkörpert 705
Nektar: Venus besprengt Haupt des toten Adonis mit – 20; – und Ambrosia, Speise des Säuglings Apoll 77; mit – und Ambrosia füttern die Horen den kleinen Apoll 483; mit – und Ambrosia speist Zeus die Hekatoncheiren 693

Neleus: Zwillingsbruder des Pelias, von Hündin gesäugt 653
Nemesis: und Anteros 32; bestimmt auf Geheiß der Artemis Strafe für Aura 144; von Zeus verführt, gebiert ein Ei, aus dem Helena schlüpft 527; ist geflügelt 555; *ihrem Ei entsteigt Helene 297*
Neoptolemos: *Sohn des Achill von Deidameia 17*; ihm erscheint Achill 24; nimmt sich Andromache als Beute 142, und in die Gefangenschaft 143; er (oder Odysseus) tötet den Astyanax 142; wird von Orest getötet 143; in der Bildkunst: sein Tod 148
Neptun: sein Einfluß auf die Brust 119; – und Pluto, die beiden «unteren» Kinder des Saturn 357; von der Erde Vater der Charybdis 375; ihm gehört Pegasus 623; Vater von Ungeheuern 653, 655, Vater der Harpyien 653; ist Vorsteher der Winde 656; Moses kommt ohne ihn aus 658; hat meergrüne Augen 658; aus christlicher Sicht von ihm verdorbene Mädchen sind Amphitrite, Amymone, Alope, Melanippe, Alkyone, Hippothoë, Chione 658; sein Dreizack symbolisiert die dreifache Natur des Wassers 658; – und Triton, in der Bildkunst 664; – und Amphitrite, in der Bildkunst 666; – und Amymone, in der Bildkunst 666; – und Coronis, und Melantho, und Iphimedia, in der Bildkunst 667; – steht für das Element Wasser 667 f; wird von Hund begleitet 663; gebietet den Winden 664; – im Meeresthiasos 665; mythologisches Porträt im Bild des – 668 f; = Wasser 703; *hilft dem Aeneas, gebietet den Winden 68; – begehrt die Amphitrite, schickt Delphin als Boten 137; Amphitrite Gemahlin des – 137; – schenkt den Dioskuren Pferde 216*
Nereiden: kümmern sich um den kleinen Hephaistos 319; rüsten den Perseus aus 542; Begleiter des Neptun 664, 665, 668; Gefolge der Amphitrite 666
Nereus: Meeresgott, verwandelt sich in vielerlei Gestalt, von Herakles gefesselt 376
Neriene: Gemahlin des Ares / Mars 108

Nerites: Sohn des Nereus, Geliebter der Aphrodite 35

Nessos / Nessus: Fährmann am Fluß Evenos 384; – vergreift sich an Deianeira, wird von Herakles getötet 384, in der Bildkunst 415, 426, 427; Liebeszauber der Deianeira aus seinem Samen und Blut 384

Nessus s. Nessos

Netz: Gerät der Artemis 151; Werk und Gerät des Hephaistos / Vulcan, mit dem er die Ehebrecher fängt 324, 336

Neunzahl: bei Apoll 77, 82; das Sternbild des Delphin hat neun Sterne 132; bei Iobates 204; bei Demeter 230; neun Jahre bleibt Hephaistos bei Thetis 318; der Horen 483; der Musen 556, 560, 561; – der Musen entspricht der Anzahl der Buchstaben von «Mnemosyne» 561; Anzahl der Nächte, die Zeus mit Mnemosyne liegt 556; Anzahl der Kinder der Niobe 566

Nicken: bedeutsames – des Zeus 699

Nieren: Patronat der Venus 49, 659

Nietzsche, Friedrich: Apollinisch / Dionysisch 268

Nike: Siegesgöttin, Attribut der Athena 193; und des Zeus 709

Nikippe: Priesterin der Demeter und deren Verwandlungsform 233; Mutter des Eurystheus 365

Nilus: Vater des Merkur 433

Nimbus: um das Haupt des Helios 96; des Dionysos 273, 275

Niobe: Gemahlin des Amphion 27; ihr Tod 28; von Apoll und Artemis getötet 142; ihre Hybris 164; verhöhnt Leto 529; steht für den Hochmut der Welt 531; Tochter von Tantalos und Euryanassa, Gemahlin des Amphion 567; hat zwölf oder vierzehn Kinder (Knaben und Mädchen) 567; brüstet sich vor Leto, beleidigt Diana und Apoll 567; wird in Stein verwandelt 567, 568; ist ein Bild der Vermessenheit 567; verkörpert den Hochmut der Welt 568; ihre sieben Söhne verkörpern die sieben Todsünden, ihre sieben Töchter verkörpern schimpfliche Handlungen 568; sieben Kinder der – stehen für die sieben Gaben des hl. Geistes, sieben für die sieben Tugenden 568; die Versteinerung der – als Metapher für das Schweigen vor Schmerz und Kummer 568; – steht für Hochmut, Hoffart (superbia), Fühllosigkeit 568; Bestrafung und Trauer der –, in der Bildkunst 568 f; erste sterbliche Geliebte des Zeus 692

Niobiden: Kinder der Niobe, von Apoll und Artemis getötet 154 f, 157, 529, 567, sterben an der Pest 568

Noah: mit Bacchus verglichen 277; – = Prometheus 685

Nomiós: Epitheton des Apoll als Ordner und Etymologie des Wortes 83

Nómos: pythischer – im Unterschied zum orthios – 134

Nona: eine der drei Parzen / Moiren 554

Notenbuch: Attribut der Melpomene 564, 565

Novio: Roß des Hades 311

Nuptialia: und Tanz, Erfindung der Erato 561

Nüsse: zur Hochzeit, dem Juppiter heilig 708

Nymphe(n): bei Geburt des Adonis 17; bei Artemis / Diana 23, 139, 159, 163; Athena schätzt ihre Gesellschaft 176; im Gefolge des Dionysos 251; – vom Berge Nysa versorgen Dionysoskind 254; – versorgen Dionysoskind 275; eine – stillt Dionysos, typologische Entsprechung der Madonna lactans 275; vierzehn – bedienen Königin Hera / Juno 345, 359; empfangen den kleinen Dionysos in Gestalt eines Zickleins 440; leihen dem Perseus Flügelsandalen und Tarnkappe 440; afrikanische – nehmen die kleine Juno in Obhut 509; – vom Berg Nysa, Schiedsrichterinnen im Wettstreit zwischen Marsyas und Apoll 532, aus ihren Tränen wird der Fluß Marsyas 533, in der Bildkunst 539; sind die Begleiterinnen des Pan, –, Jagd und Musik sind sein Zeitvertreib 588; treiben Schabernack mit Pan 596; Pegasus in ihrer Gesellschaft 629; Etymologie des Namens 658; – bei der Geburt des Priapus 672; – und Kureten kümmern sich um den kleinen Zeus 693

Nysa: Name des Ortes, an dem Dionysos aufgezogen worden sein soll 254
Nysos: Herrscher von Theben, Erzieher des Dionysos und von diesem überlistet 257
Nyx (die Nacht): Epitheton der Aphrodite 48; bringt das Weltei hervor 289; – oder Ananke, Mutter der Moiren 552

Oberkörper: nackt, bei Hüftmantel des Zeus 709
Oberleib-Unterleib: der Venus männlich-weiblich gekleidet 49
Ochse: einen ganzen – verspeist Herakles 376, 388; Herakles verspeist zwei – 388; aus -haut ist die Schalldecke der Lyra des Hermes 435; zum Opfer bereitet von Prometheus 677
Odysseus: Schützling der Athena 170, 172; seine Rüstung macht Hephaistos 321 f; Schützling des Hermes 440; blendet den Polyphem 651, 653; Poseidon verfolgt ihn 651; entlarvt den Achill 17; in der Bildkunst 32 f; Athena begünstigt ihn gegen Aias 95 f; Aias unterliegt seiner List 98, 99; nennt den Aias dumm 98; Helene verbündet sich mit ihm 274; Hektor mit – verglichen 286; seine Eltern 400; Gemahl der Penelope, Vater des Telemachos 400; andere Kinder 400 f; seine Geburt 401 f; seine Jugend 402; von Eber über dem Knie verletzt 402; seine Narbe am Bein 402; Waffentausch mit Eurytos 402; hat Gift für Pfeilspitzen 402; bewirbt sich um Helena 402; heiratet Penelope 402; spielt den Wahnsinnigen 403; entlarvt den Achill 403; Palamedes entlarvt ihn 404; – zieht in den Krieg um Troia 404; Rache an Palamedes 404 f; – vor Troia 405; dient als Ratgeber und Vermittler 406; ist Bote und Unterhändler 406; setzt Philoktet aus, entwendet ihm den Bogen des Herakles 407; deutet das Orakel des Apoll 407; Günstling der Athene, kundig mit Kopf und Hand 408; fängt Helenos, um die troischen Orakel zu erfahren 408; schafft die Voraussetzungen für einen Sieg 408; – als Spion und Dieb 408 f; verkleidet sich als Bettler und geht nach Troia 408; stiehlt das Palladium 409; versucht, den Diomedes zu töten 409; Athene oder – bewirken den Untergang der Stadt 410; die Griechen fingieren einen Rückzug 410; das Troianische Pferd 385 ff; – macht sich die Helene zur Verbündeten 385; raubt mit Diomedes das Palladium 385; – hat die Idee für das Troianische Pferd 410 f; die Troer ziehen das Pferd in die Stadt 411; – sitzt im Pferd, er führt das Kommando 411; andere Versionen zum Ablauf der Ereignisse 411 f; – beteiligt sich nicht am Morden beim Fall der Stadt 412; – wirft den Astyanax vom Turm 412; rettet Glaukos und Helikaon, Söhne des Antenor 412; – schützt das Haus des Antenor 412; erhält die Hecuba zur Sklavin 412; das Wort als Waffe des – 412; als Bote in Troia, Lobpreis seiner Eloquenz 412 f; Agamemnon beauftragt ihn, Fürsten und Truppe der Heimkehr einzureden 413; tritt mit dem Zepter Agamemnons auf 413; schlägt den widerspenstigen Thersites mit dem Zepter, hält eine zündende Rede, sichert damit den Fortgang des Feldzugs 413; an Einsicht dem Zeus verglichen 413; vor Achill bewirkt seine Rede nichts 414; redet den Agamemnon zurück in den Kampf 414; der Redner überzeugt die Richter im Streit mit Aias um die Waffen des Achill 414 f; die Namen der Richter 415; der Krieger – 415 f; wird handgreiflich im Zorn und zur Selbstverteidigung 415; tötet den Demokoon im Zorn 415; Einsicht (Athene) lenkt ihn von Sarpedon auf die Lyker ab, dem Hektor weicht er aus 390; – flieht, nachdem ein Blitz des Zeus das Lager der Achaier getroffen hat 416; scheut nicht die Flucht 416; – und Diomedes, eine Gemeinschaft von Kopf und Hand 416; die «Dolonie» 416 f; – weiß den Spion zu fangen, verhört ihn, Diomedes richtet ihn hin 416; Dankopfer des – an Athene auf einem Tamariskenstrauch 416; zeigt Umsicht und Vorausschau 416 f; – im Kampfgetümmel, Beredsamkeit der Tat 417; zieht dem Diomedes Pfeil aus dem Fuß 417; – Ab-

Register 709

wehrkampf, Gewalt als ultima ratio 417; *der isolierte – im Kampf gegen Übermacht* 417; *von Sokos verwundet, von Gefährten gerettet* 417; *besiegt den Aias listig im Ringkampf, den Kleinen Aias mit Athenes Hilfe im Wettlauf* 417f; *die Heimreise spiegelt Konflikt zwischen Poseidon (physische Gewalt) und Athene (Macht des Gedankens)* 418ff; –, *der Dulder* 418; *Hermes (Gott der Entscheidung) bewegt ihn zum Aufbruch* 418; 69f; *Kalypso verspricht Unsterblichkeit* 418; *Kalypso hilft beim Floßbau* 418; *die Axt hat Stiel aus Holz vom Ölbaum, Segel ist aus Tuch von Athene* 418; *Kalypso gibt Vorräte, Wind und Ratschläge* 418f; *Poseidon bewirkt Schiffbruch* 419; *Ino Leukothea hilft dem Schiffbrüchigen* 419; *von Poseidon wieder bedroht, wird – von Athene gerettet* 419; *Athene läßt den Nordwind ihn zu den Phäaken bringen* 419; *Übersicht und Urteil bringen ihn an Land* 419; *der Erschöpfte verbirgt sich nackt im dornigen Ölbaumgestrüpp* 419f; *Athene schickt tiefen Schlaf* 420; *Begegnung mit Nausikaa und ihren Frauen* 420; *vor der Frau zeigt – sich einfühlsam als Diplomat* 420; *er vergleicht sie mit Artemis, preist ihre Schönheit, bittet um ein Tuch* 420; *Athene macht ihn schön und stattlich* 420; *er beeindruckt Nausikaa* 421; *Athene führt den Unauffälligen durch die fremdenfeindliche Stadt zum Palast* 421; *einfühlsam bescheiden macht – sich dort beliebt; Alkinoos verspricht ihm die Heimfahrt* 421; *als Herold wirbt Athene beim Volk für den Fremden* 421; *– begegnet der Feindseligkeit des Euryalos, besiegt ihn im Wettkampf und vergibt ihm klug* 421f; *– gibt sich zu erkennen* 422; *– berichtet über seine Reise* 422ff; *– bei den Kikonen* 422f; *verschont Apollopriester und Familie* 423; *widrige Winde treiben ihn auf eine Irrfahrt* 423; *er zeigt Umsicht bei den Lotophagen* 423; *– bei den Kyklopen* 423f; *in der Höhle des menschenfressenden Polyphem, Sohn des Poseidon* 423f; *machen den Riesen trunken* 424; *Blendung des Polyphem mit einem Pfahl aus Olivenholz, und Flucht* 424; *– kommt zum hilfreichen Aiolos* 424; *bei den Laestrygonen verliert er 11 Schiffe* 425; *Vorsicht läßt den – entkommen* 425; *Kirke verwandelt seine Leute in Schweine* 425; *er selbst entgeht dem Zauber mit Hilfe des Krautes Moly, das er samt Ratschlag von Hermes hat* 425; *er verspricht der Frau Liebe gegen die Rückverwandlung der Gefährten* 425; *Kirke rät zum Besuch des Hades, um dort den Teiresias zu befragen* 426; *Kirke ist Dienerin des Hermes* 426; *– gräbt ein Tor zum Hades, durch das er ins Jenseits blickt* 426; *Begegnung mit der Seele des Teiresias, der ihm rät und warnt* 426; *erfährt von den Bewerbern um Penelope, die sein Hab und Gut verzehren* 427; *erfährt vom künftigen Sieg über die Freier und vom eigenen sanften Tod* 427; *spricht mit der Mutter* 427; *trifft im Hades die Frauen von Helden, auch den Agamemnon* 427; *trifft Achill* 427; *die Furcht vor dem Anblick der Gorgo läßt ihn fliehen* 427; *wird nach Aiaia verschlagen, begräbt den Elpenor, setzt ein Steuerruder auf das Grab* 427; *Kirke warnt vor den Sirenen, vor Skylla und Charybdis, und vor den Herden des Sol* 427; *Kirke ist Agentin des Hermes* 427f; *entgeht der Verlockung der Sirenen, nachdem er sich am Schiffsmast festbinden ließ* 428; *Beschreibung der Skylla* 429; *Beschreibung der Charybdis* 429; *Passage zwischen Skylla und Charybdis* 429; *– verliert sechs Gefährten* 429; *auf der Insel Thrinakia vergreifen die hungrigen Männer sich sträflich an den Herden des Helios* 429; *sie alle kommen zur Strafe um* 429; *Wrackteile bringen den – von der Charybdis nach Ogygia* 430; *ein Phäakenschiff bringt ihn wohlausgestattet nach Ithaka* 430; *er erkennt die Heimat nicht wieder* 430; *Athene hüllt ihn in Nebel und berät ihn* 430; *sie erscheint ihm in zweierlei Gestalt* 430f; *er verkleidet sich als Bettler und geht unerkannt zum Sauhirten Eumaios* 431; *gibt sich dem*

Telemachos zu erkennen, der den Bettler in den Palast schicken läßt 431; unerkannt prüft er seine Leute und die Freier 431; einzig der Hund Argos erkennt den Herrn 432; handgreifliche Auseinandersetzung mit Antinoos 432; Ringkampf mit dem Bettler Iros 432; *mit Hilfe der Athene Plan zur Ermordung der Freier* 432 f; streut selbst die Nachricht von seiner Rückkehr 433; erwirbt unerkannt das Vertrauen der Penelope 433; Eurykleia erkennt ihn an seiner Narbe 433; *der Wettkampf im Bogenschießen: Penelope sei der Preis für den Sieger* 434; einzig der Bettler – kann den Bogen des Eurytos spannen; – gibt sich zu erkennen 434; das blutige Strafgericht über die Freier 434; teilt das Lager mit Penelope auf einem Bett aus Olivenholz unter Olivenbaum 434; *verschiedene Versionen zu seinem Ende* 434 ff; – ist von mittlerer Statur, breit, stämmig, wohlgestalt 436; Maskierung und Verstellung gehören zu seinem Wesen 438; hat große Ohren 438; die Narbe am Knie ist sein bleibendes Kennzeichen 438; Beschreibung des Redners bei Homer 438; sein mentaler Leib über den physischen gestellt 438; die Brust als Ursprungsort der Rede 438; ist nicht hübsch, doch beredt 438; Beredsamkeit im Dienst der Liebe 439; seine Körpersprache im Dienst der Rede 439; seine eitle Selbstdarstellung vor Calypso 439; ist wohlgestalt, ränkevoll, von heiterer Miene, von mittlerer Statur, ist beredt und weise 439; sein Wesen im Vergleich mit Achill, im Vergleich mit Palamedes 440; als Günstling der Athene ist – ein geschickter Handwerker 440 f; – ist nicht musisch 441; gewinnt Flötenwettbewerb 441; moralisch bewertet zwischen Schurke und kluger Lebenstüchtigkeit 441; kontroverse Bewertung seines Charakters 441 ff; hat drei Mittel zur Bewältigung von Aufgaben: Gewalt, Überredung und List 441 f; seine Weisheit 442; ist Notlügner 442; erfindungs- und listenreich 442; ist voll von dichten Gedanken 442; an Klugheit dem Zeus vergleichbar 442; – der Dulder 417; Vergil nennt ihn schrecklich und grausam, einen Schwätzer 442 f; «Tugendschwätzer» bei Juvenal 443; listig und ränkevoll ist er gegen Palamedes 443; man sagt ihm Neid nach 443; heimtückisch sei er 443; positive Bewertungen 443 f; Erfinder der Täuschung 443; seine Irrfahrt ist Metapher für das menschliche Leben 444; Macrobius nennt ihn «göttlichen Seher» 444; Horaz stellt ihn über Achill 444; – ist der Weise schlechthin 444; Athenaios sieht ihn als Wegweiser zum sinnenfreudigen Epikur 444; Plotin zur Flucht vor Kirke und Kalypso 444; zumeist positive christliche Bewertung 444; Clemens von Alexandrien rügt den Mann, der am Diesseits hängt 444 f; Deutung des Schiffsmastes vor den Sirenen als Bild für das Kreuz Christi 445; der Mann Gottes, der den Versuchungen des Vergnügens widersteht 445; Allegorese im Mittelalter: – als Bild der Weisheit 445; – in humanistischer Bewertung: Neugier und Streben nach Kenntnis 445 f; als Sieger über die Verführung 446; – am Mast steht für Keuschheit 446; in der Bildkunst 447 f; trägt eine Krone 447; sein Typus 447: dem Vulcan ähnlich 448; trägt den Pileus 447 f; Bildthemen: Verwundung durch den Eber 448; – stellt sich wahnsinnig 448 f; Überlistung des Achill 449; bei der Opferung der Iphigenie 449; Streit mit Aiax um Waffen des Achill 449; – reicht dem Polyphem Wein 449 f; Blendung des Polyphem 450; die Flucht vor Polyphem 450 f; Polyphem attackiert das Schiff des – 451; – und Circe 451 f; – an der Schwelle zur Unterwelt 452; – und die Sirenen 452 f; – bei Kalypso 453; – und Nausikaa 453; – als Bettler 454; der Hund erkennt seinen Herrn 454; Faustkampf mit Iros 454; Eurykleia erkennt – 454; – und Penelope 454 f; der bogenspannende – 455 f; – tötet die Freier 456; zyklische Darstellungen 456 ff

Oebalus: *Vater des Hyazinth* 487

Oedipus: *seine Eltern* 460; heiratet die eigene Mutter und hat mit ihr oder Eu-

Register 711

ryganeia Kinder 460; ein Orakel warnt Vater Laios vor dem Tod durch einen Sohn 460; Laios durchsticht die Füße des Säuglings und setzt ihn aus 460 f; – von Hirten gefunden, von Periboia aufgezogen, die ihm den Namen gibt («Schwellfuß») 461; ein Orakel verrät ihm seine wahre Herkunft und warnt ihn vor der Heimkehr 461; – erschlägt ahnungslos den Vater 461; begegnet der Sphinx und löst ihr Rätsel 461 f; die Sphinx stürzt sich zu Tode, die Stadt ist frei 462; zum Lohn erhält er von Kreon die Herrschaft und Iokaste, die eigene verwitwete Mutter, zur Frau 462; – ist ein guter Herrscher 462; – erkennt seine Verstrickung 462 f; Iokaste erhängt sich, – blendet sich selbst 463; Varianten zum weiteren Schicksal des Paares 463 f; aus Theben vertrieben, verflucht – seine Söhne 463; geht mit Tochter Antigone nach Attika, von Theseus freundlich empfangen; er stirbt in Kolonos 463; verflucht Polyneikes 463; sein Grab 463 f; Varianten der Geschichte 464 f; – veranschaulicht die Unausweichlichkeit des Schicksals 465; aus christlicher Sicht ein Beipiel für verwerflichen Inzest 465; Beipiel für mangelhafte Erziehung durch die Eltern 465; Beispiel für böse Begierde, deren Kinder keine Tugend haben 466; der -komplex in der Tiefenpsychologie 466; in der Bildkunst: die Rettung des Kindes wie das Boot 467; – und die Sphinx 467 f; – tötet die Sphinx 468; die Hochzeit mit Iokaste 468 f; Oedipus Rex von Max Ernst 468 f; die Blendung des – 469; – in Kolon, im Exil 469; verflucht Polyneikes 469 f; zyklische Darstellungen 470; – ist Sinnbild für verblendeten Verstand 498

Ohren: und Rede aufeinander bezogen 431; lange und spitze – hat Pan 592

Ohrgehänge: der Venus 44

Ohrringe: der Venus 44

Oiagros: Vater des Marsyas 532; – oder Apoll, von Kalliope Vater des Orpheus 570

Oineus: erhält von Dionysos den Weinstock 257; seine Eltern 471; Gemahl der Althaia, der Periboia 471; seine Kinder 471; bewirtet Dionysos, leiht dem Gott die eigene Frau als Gastgeschenk, die Frucht der Begegnung ist Deianeira 471; Dionysos lehrt den – zum Dank den Weinbau 471; der Gott bestimmt den Namen von Pflanze und Getränk nach dem Namen des Gastgebers 471; die Entdeckung des Weinstocks durch den Hirten Orista 471; – vergißt Opfer an Artemis 471; zur Strafe schickt die Göttin einen mörderischen Eber nach Kalydon 471; – verliert Sohn und Gattin 471 f; heiratet die Periboia 472; vom Thron vertrieben, wird – erschlagen 472; – als Prototyp des Gastgebers 472; – erfährt göttlichen Lohn wie göttlichen Zorn 472; gibt dem Bellerophon einen doppelhenkligen goldenen Becher 472; – erschlägt seinen Sohn Toxeus, weil er einen Graben übersprungen hat 472 f; die Kinder Agamemnon und Menelaos in seiner Obhut 473; nimmt den Alkmeian gegen die Furien in Schutz 473; in der Bildkunst: – huldigt Dionysos 473

Oinone: Nymphe, Gemahlin des Paris, von Mutter des Korythos 608; erhängt sich 612

Oinopion: Sohn von Dionysos und Ariadne 258

Oinops / Oinopos: Beinamen des Efeu 269

Okeanos: und Thetis, Zieheltern der Hera 344; schenkt Herakles eine Schale als Boot 374, 376; von Herakles bedroht 374, 389; und Tethys, Eltern oder Geschwister des Kronos 508; im Vergleich mit Poseidon 663

Öl: rosenduftendes 45; tropft aus Hestias Locken 478

Ölbaum s. Olivenbaum

Olive(n): Attribut der Horen 486

Olivenbaum: bei der Geburt von Apoll und Artemis 77, 530; von Athena geschaffen und ihr Attribut 175, 183, 188, 194, 652; der Athena zugeordnet 194; – und Dattelpalme als Geburtshelfer auf Delos 529; der – ist eine Entdeckung des Hermes 442; Athena pflanzt ihn und ist seine Schöpferin 652; ist ein Friedenssymbol 663; Odysseus teilt das Lager

mit Penelope auf einem Bett aus Olivenholz unter Olivenbaum 434
Olivenhain(e): legt Herakles an 391
Olivenholz: daraus ist die Keule des Herakles 366; *Blendung des Polyphem, mit einem Pfahl aus –* 423f
Olivenkranz: trägt Athena 194; damit schmückt sich Herakles nach dem Erfolg 679; *trägt Aeneas beim Opfer* 54
Olivenöl: Salböl der Athena 179; Brennstoff für die Lampe, seine Ausdeutung 183
Olivenzweig(e): *Boten des Aeneas sind in – gewandet* 56; *Theseus opfert vor der Reise dem Apoll einen –* 544
Olymp: die Götter des – 101; Wohnung der Chariten, der Musen, des Himeros 210; dort wohnen die Musen 556; gehört Zeus, Poseidon und Hades 649
Olympier: mit ihnen wird Christus verglichen 704f
Olympisch: – Spiele richtet als erster Herakles aus 383, 392
Olympos / Olympus: Vater oder Sohn und Schüler des Marsyas 532; Marsyas lehrt ihn das Flötenspiel 537
Ölzweig(e): Symbol des Friedens 197, 461
Omphale: hält Herakles als Sklaven 382, in der Bildkunst 414f; trägt Löwenhaut und Keule des Herakles 382; Faun verwechselt ihr Lager mit dem des Herakles 382
Opferfeuer: des Hermes von Hephaistos gehütet 323
Opfergaben: für Herkules und Ceres 240
Opfergefäß: Attribut der Hestia / Vesta 481
Opferkuchen: aus Gerste für Demeter 238
Opferkult: dionysischer, von Melampus gelehrt 252
Opfern: das –, von Themis eingeführt 78
Opferschale: hält Hera / Juno bei der Heiligen Hochzeit 361; Attribut der Hestia 482; und Krug der Iris 495
Opferschrot: über die Tür gelegt 240
Opfertrug: des Prometheus 673, 677f
Opferung: der Iphigenie auf Aulis 491
Opis: Mädchen, von Orion bedrängt 142; – und Diana fangen den armenischen Tiger 163

Ops: steht für Materie 358; Mutter des Saturn, aus ihrer Milch entsteht die Milchstraße 366; Gemahlin des Saturn, zuständig für Frucht und Ernte 511; verkörpert die Erde 511; anderer Name für Kybele 523; mit der Erde gleichgesetzt und Allesgebärerin 524
Oquipete: eine der drei Harpyien 312
Orakel: passim Apoll; des Teiresias 176; Haupt des Orpheus gibt – 573
Orakelgott: in Apoll verbindet der – sich mit dem Sonnengott 87
Orangen: *stehen für Gold* 323
Ordner: passim Apoll, Orpheus, Amphion; Apoll als – der Künste 87, der Zeit 103; Ares als – 116; – von Natur und Kultur sind die Horen 485; – und Schöpfer der fünf Weltzeitalter ist Zeus 697
Ordnung: Musik als – 29, 78, 80, 85, 143; gesellschaftliche, kommt von Demeter 228, 239; Prometheus bringt – in die Wahrsagekünste 676; – (Eunomia) und Frieden (Eirene) hat Zeus von Themis 697
Oreaden: Bergnymphen beim Tod des Adonis 20; tanzen mit Artemis 140
Orest: Bruder der Iphigenie 490
Orestes: *tötet den Neoptolemos* 143
Orgel: Wasser- im Garten der Villa Aldobrandini 102
Orgelspieler: Venus mit – 58
Orientalisch: eine Tracht des Dionysos 271
Orion: stirbt durch Stich eines Skorpions 142; von Artemis / Diana für seine Missetaten getötet 142, 164; als Sternbild 158; von Diana zur Jagd geladen 163, 164; der tote –, von Diana beweint 163; holt sich einen Burschen aus der Schmiede des Hephaistos 320; Hephaistos baut ihm ein unterirdisches Haus 322; Gemahl der Side 352
Orpheus: verglichen mit Amphion 30f; verglichen mit Apoll 94; verglichen mit Arion 134; –, Amphion und Arion stehen für die ordnende Macht der Musik 135; führt die Mysterien des Dionysos ein 252; verkörpert die Redekunst 432; Sohn des Oiagros oder des Apoll von Kalliope 570; Sohn der Camena 570; hat

die Lyra von Hermes/Merkur 570, 574, 576, gibt dem Instrument die siebte Saite 570; verdankt seine Kunst dem Apoll 570; der erste der Helden auf der Argo 570; schlägt den Takt für die Ruderer 571, 574; seinem Gesang folgen die Fische 571; gibt den Rhythmus zum Tanz 571, 575; spielt das Hochzeitslied für Jason und Medea 571; rettet mit seinem Spiel die Argonauten vor den Sirenen 571; sein Gesang bewegt das Schiff 572; seine Musik hält die symplegadischen Felsen fest 572; holt Hekate aus dem Hades 572; in die Nymphe Eurydike verliebt 572; steigt in den Hades 572; singt im Hades 582 f; bei seinem Gesang weinen die Furien zum ersten Mal 572; rührt mit seinem Gesang Hades und Persephone 572; verliert Eurydike endgültig 572; erster Gemahl der Proserpina 572; nimmt sich das Leben 573; von Mainaden in Stücke gerissen 573; Musen sammeln seine verstreuten Glieder 573; sein Spiel hält Wild, Wald und Fels in Bann 573; sein Haupt und Leier treiben im Fluß 573; wird von Zeus mit seiner Leier an den Himmel gesetzt 573; liebt Knaben, lebt im Zölibat 573 f; vom Blitz des Zeus vernichtet 574; dem Dionysos verwandt, dem Helios/Apoll verbunden 574; verkörpert Wesen und Macht der Musik 574; seine Lyra ist siebensaitig 574; seine Tiara ist goldgeschmückt 575; lernt von Apoll den Gebrauch der Lyra 575; ist Kulturbringer, Vater der Dichtung, die Verkörperung esoterischer Weisheit, Erfinder des Hexameters und der Schrift 575; ist der beste Tänzer seiner Zeit 576; ist ein Seher und Mysterienstifter, ein Zauberer und Heilkundiger 576; führt den Tanz in den Mysterienkult ein, ist Zauberer, Heilkundiger, Seher, Mysterienstifter, baut eine Harfe, bringt den Griechen die Sterndeutekunst, seine siebensaitige Lyra ist Abbild der Sphärenharmonie 576; in der Allegorese 576 ff; aus christlicher Sicht ist er ein Betrüger 576; man setzt ihn mit Christus gleich 577; ist Schüler des Moses 577; in der Emblematik 578; ist ein Bild der Beredsamkeit 578; in Gesellschaft von Amphion, Arion, Linos und Musaios 578; – im Limbo 578; – in Gesellschaft von Cicero, Linus und Seneca, gute Geister mit dem falschen Glauben 578; Schwan und Elster sind ihm zugesellt 578; in Gesellschaft von Apollo, Zoroaster, Hermes Trismegistos, Linos und Musaios 578 f; Typus in der Bildkunst 579; bekränzt mit Efeu oder Lorbeer 579; die Flamen haben ihre Weisheit von – 579; in thrakischer, in phrygischer Tracht 579, 580; – als Minnesänger 580; – auf der Argo 581; – bezaubert die Tiere 581 f; ist Erfinder von Buchstaben und der Dichtkunst 581; bezwingt Cerberus 582 f; – und Eurydike, in der Bildkunst 582 f; sein Tod, in der Bildkunst 584 f; sein Haupt weissagt 585; – ist der erste Knabenschänder 585; *ist Argonaut 328 f; seine Musik bringt das Rad des Ixion zum Halten 347; seine Musik im Hades 529*

Orthíum: Gesang zur Zither des Arion 132

Orthos: zweiköpfiger Wachhund des Geryon, von Herakles erschlagen 374

Orythus: Sohn von Helene und Paris 608

Osiris: – und Sabazios dem Dionysos vergleichbar 251; Hermes ist sein priesterlicher Ratgeber 442; –/Mendes, Pan wird ihm gleichgesetzt 589

Othos s. Otos

Otium–Negotium (Müßiggang und Tätigkeit): Gegensatz von Amphion und Zethos 30

Otos: und Ephialtes fesseln Ares und halten ihn gefangen 112, 441; Tod der Brüder 142; begehrt Artemis und wird von ihr erschossen 353; – und Ephialtes s. Aloaden 696

Oxeater: von Artemis erschossen 142

Pacificator (Friedenbringer): = Amphion 30

Packesel: trägt als Last die ewige Jugend, Geschenk des Zeus 680

Paidophoros: = Kindsträger = Hermes mit dem Dionysosknaben, in der Bildkunst 468 f

Paieon: heilt Ares 110; behandelt Wunde des Hades 309

Pais (die Jungfrau): Beiname der Hera 353

Palaestra: steht unter dem Patronat des Merkur / Hermes 434, 446, der sie auch eingeführt hat 442, 443, Königstochter, ihre Brüder erfinden die Leibesübung, hacken Hermes die Hände ab, Hermes läßt ihren Vater in Blasebalg umarbeiten 443; *Statuen des Doryphoros in – 30*

Palaimon: Argonaut, Sohn des Hephaistos 317

Palamedes: *als Erfinder von Buchstaben 355*: *der Erfinder 440*; *sein Konflikt mit Odysseus 473*; *zwingt Odysseus mit List in den Krieg 473*; *sitzt im Kriegsrat 473*; *mißgönnt Agamemnon den Oberbefehl 474*; *übernimmt selbst den Oberbefehl 474*; *wird zum Führer ernannt 474*; *tötet Deiphobos und Sarpedon 474*; *ist ein guter Truppenführer 474*; *Erfinder des Würfelspiels 474*; *sein Urteil hat Gewicht 475*; *als Unterhändler bei Priamos 474*; *hält eine gute Rede 474 f*; – *führt Gesandtschaft zu Priamus an, Antenor beherbergt sie 475*; *durchschaut die Verkleidung des Odysseus 475*; *wird von den Griechen zu Tode gesteinigt 475*; *Paris verwundet ihn, andere töten ihn 475*; *ein Mann von Kenntnis, Gerechtigkeit, Güte und Großmut 475*; *Kontrahent des Odysseus 475 f*; *ist Günstling der Athene 476*; *bei Platon ein geschickter Redner 476*; *kommt durch ungerechten Richterspruch um 476*; *Erscheinung und Charakter in späten Quellen 476 f*; *ist riesig von Gestalt, ist kahlgeschoren, bartlos oder hat einen schütteren Bart, hat riesige Augen 476*; *ist schlank, groß, verständig, großherzig 476*; *soll immer Schmutz im Gesicht gehabt haben 476*; *hat kein Personal, macht alles selbst 476 f*; *seine Klugheit, Rat und Tüchtigkeit werden gerühmt 477*; *Odysseus und Diomedes bereiten ihm einen unwürdigen Tod 477*

Palast: des Hades, von dreifacher Mauer umgeben, von Phlegeton umtost 308; einen – baut Hephaistos der Elektra 322; – des Poseidon ist golden, strahlend und unvergänglich 648, 656; Hephaistos baut dem Zeus einen – 696

Palestrina s. Praeneste

Palette: Juppiter als Maler 724

Palladion / Palladium: Abbild der Pallas, sein Ursprung 167, 171; aus den Knochen des Pelops 168; dreifarbig = weiß, golden, purpurfarben 184

Palladium: *das – rettet Aeneas 67; Kultbild der Athena, von Aeneas gerettet 67; von Aais II geschändet 104*

Pallas: häufigster Beiname der Athena 165, 167, 176; Tochter des Triton und Gefährtin der Athena 167; Gigant, den Athena versteinert 169; Etymologie des Namens 176; Bild der vita contemplativa 184; als kundige Kriegsherrin 186; – Athena und die Malerei 199; aus dem Haupt des Zeus geboren 319; ihr Spiegel steht für Klugheit 640

Pallas: *Sohn des Evander, sein Tod 57*

Palleneus: Gigant, von Athena getötet 169

Pallium: Gewand der Athena 184

Palme: die – als Siegeszeichen 32; -zweig, Attribut der Venus Victrix 54; Friedenszeichen, trägt Hercules Gallicus 431; -blätter und die Federn der Sirenen in den Kränzen der Musen 558; Zepter des Juppiter 706; Attribut des Zeus / Juppiter 708; s. a. Palm-

Palmenkrone: tragen die Musen 563

Palmwedel: Attribut des Eros, steht für Friede und Eintracht 299

Pan: bemüht sich um Selene-Luna 138; schenkt Artemis sechs Hunde und sieben Hündinnen 139 f; wirbt um Diana 163; – und die Moiren vermitteln zwischen Demeter und Zeus 232; veranschaulicht Vereinigung von Göttlichem und Menschlichem / Irdischem 284; von Eros besiegt 293; Sohn des Hermes und der Dryope oder der Penelope 441 f; sein Wettstreit mit Apoll 533, bei dem die Musen Zeugen sind und Midas der Schiedsrichter 565; ist Sohn von Zeus und Hybris, von Hermes und Dryope oder Penelope 586; der Bock ist seine Verwandlungsform 586; Sohn der Demogorgo 587; mit Aigipan, Silvanus und Inuus gleichgesetzt; verwandt dem

Register 715

Faunus und den Satyrn 587; der kleine – hat Ziegenbeine und Bart 587; die Nymphe Sinoë ist seine Amme 587; der Steinbock ist sein Sternbild 587; halb Ziegenbock, halb Fisch, Gestalt des –, Ziegenbock ist seine Verwandlungsform 587; Erfinder der siebenteiligen Flöte (Syrinx) 587; unterliegt im Ringkampf dem Cupido 587; liebt die Nymphe Syrinx 587; seine Flöte besteht aus sieben Schilfrohren 588; Nymphen begleiten ihn 588; – besiegt Amor 588, 594; – und Eros, von Daphnis und Chloë verehrt 588; Wettstreit mit Apoll 588; musiziert mit Dionysos, führt dessen Chor an 588; sein Zeitvertreib sind Musik, Jagd und Nymphen 588; hilft Dionysos, den Phokern, den Athenern, den Römern 589; liebt die hohe Tonlage 588; besänftigt die Soldaten 589; mit Mendes/Osiris gleichgesetzt 589; in Echo verliebt 589; verführt die Luna 589; von den Mainaden gefürchtet 589; Vater von zwölf Söhnen 589; sein Schüler ist Panes 589; seinen Tod verkündet Thamos 589; ist Gefährte der Magna Mater 589; findet die Demeter 589; Kopf- und Barthaar sind struppig 590; hat einen Kranz aus Fichtenzweigen, trägt ein Luchsfell, ein Pardel- oder Hirschkalbfell, in der Allegorese 590, 592; sein Gesicht ist rot 590; – in der Allegorese 591 ff; – verkörpert die Rede 591; sein Beiname ist «Aipolos» 591; vermittelt zwischen oben und unten 591; tanzt den dreischrittigen Waffentanz 592; sein Bart steht für Mannesstärke 592; ist Wächter der Gärten und Weinberge 592; ist Bild der Natur 592, 594; ist Allgott 592; das Horn der Amalthea bei – ist Zeichen seiner Klugheit 592; hat kleine Hörner, in der Allegorese 592; hat spitzige Ohren, Ziegenschwanz und Bocksbeine 592; seine Attribute in der Allegorese 592 ff; Amor besiegt ihn 593; – aus christlicher Sicht 593; – als Knabenliebhaber 593; in der Emblematik 594; Typus in der Bildkunst 594; verfolgt Syrinx, in der Bildkunst 595 f; von den Nymphen mißhandelt, in der Bildkunst

596; «die Erziehung des «–», in der Bildkunst 596

Panacea s. Panákeia

Panákeia/Panacea: heilendes Öl, das aus den Locken des Apoll tropft, personifiziert als Tochter des Asklepios 83; *ein Heilkraut der Venus für Aeneas 59*

Pandareos: seine Töchter ausgestattet von Artemis, Athena und Hera 146; seine Töchter von Athena unterwiesen 173; ausgestattet mit Geistesgaben und schönem Leib von Hera 354, 355, mit Kunstfertigkeit von Athena 354, mit Körpergröße von Artemis 354; *Zeus verwandelt ihn in einen Felsen 534*

Pandaros: von Athena zum Bogenschuß verleitet 109

Pandemos (die allen Gehörige, Gewöhnliche): Epitheton der Aphrodite/Venus 45, 61

Pandora: von Athena gekleidet 173; von den Chariten ausgestattet 210, 211; hat Charis 210; Geschöpf des Hephaistos 211, 323, 339, oder des Prometheus 597; Gemeinschaftswerk der Götter 597; Gemahlin des Epimetheus, von ihm Mutter der Pyrrha 597; von Prometheus Mutter des Deukalion 597; der Kybele verwandt 597; auf Geheiß des Zeus von Hephaistos geformt 598; hat von Athena ein silbernes Gewand mit Blütengirlanden 598; ihre goldene Krone ist Werk des Hephaistos 598; Stammutter des weiblichen Geschlechts, Übel und Bürde der Männer, von den Göttern ausgestattet 598; öffnet die Büchse 599; Botin des Bösen 600; aus christlicher Sicht, vergleichbar der Vollkommenheit Christi 601; der biblischen Eva gleichgesetzt 601, 602, in der Bildkunst 606; verkörpert Torheit 601; ist ein Name für Rom und Paris 602; «–», preisendes Epitheton 603; Typus in der Bildkunst 603; ist dem Typus der Venus ähnlich, in der Bildkunst 604, 605; von Hephaistos den Göttern vorgeführt, in der Bildkunst 604; Merkur geleitet sie zu Epimetheus 605; von Prometheus Mutter des Deukalion 673; ist eine Strafe für die Sterblichen 696; *Salmacis mit ihr und dem apokalyptischen Weib verglichen 312; Bad in ihrer Quelle macht einen zum Halbmann 312*

Pandrosos: *Schwester der Aglauros, Merkur in sie verliebt 89*

Panes: ein Schüler des Pan 589

Panflöte: erfunden von Pan, sein Instrument 588; die – spielt der Hirte Paris 614

Panik: Waffe des Pan 588

Panoptes: Beiname des Argos / Argus als Inbegriff der Wachsamkeit 440

Pansen: beim Opfertrug des Prometheus in Mekone 677

Panther: in der Hand der geflügelten Artemis 145; Beute der Artemis 151; Lykurgos wirft man – vor 255; begleiten den Dionysos 257; Verwandlungsform des Dionysos 260; Gespann des Dionysos 268, 273, 286, 287; Begleit- und Reittier des Dionysos 273; – und Löwen flankieren die Statue der Kybele 521

Pantoffelgruppe: Bildwerk, das Venus mit dem zudringlichen Pan zeigt 71

Panzer: des Ares 115; des Dionysos, Werk des Hephaistos 321; des Herakles, von Hephaistos 321; – des Dionysos geschmückt mit Erde und Meer, Himmel und Sternen 321; des Poseidon 660

Panzerhemd: der Athena von Zeus 169, 702

Paola Gonzaga: Porträt im Bild der Ceres 250

Papagei: und Nachtigall, dem Homer zugesellt 578

Papas: späterer Name des Attis 521

Pappel (Siberpappel): der Demeter heilig 233; von Erysichthon gefällt 233; Attribut des Herakles 397, 398; Kranz aus -laub, Attribut des Herakles 401; *Verwandlungsform der Heliaden 478*

Papposilenos: *der Papposilenos, Chorführer im Satyrspiel, trägt ein Felltrikot 502, 509, 513*

Pardelfell: kleidet Pan 590, 592; kleidet Paris 614

Paris (die Stadt): wird «Pandora» genannt 602

Paris: von Aphrodite gerettet 37; Sohn von Priamos und Hekate 607; Bruder von Hektor, Deiphobos, Helenos, Eisakos 607 f; Bruder der Kassandra 608; Gemahl der Oinone, der Helene, der Arisbe 608; von Oinone Vater des Korythos, von Helene Vater von Aganos, Bunomus, Orythus, Idaeus, Helena 608; liebt den Anthéos 608; auf dem Berg Ida ausgesetzt 608, von Hirten versorgt, in der Bildkunst 619; von Bärin gesäugt 608; Alexander ist sein Beiname 608; seine Kinderklapper als Erkennungszeichen 609; ist ein gerechter und strenger Richter 609; ist Verursacher des troischen Krieges, ist ein fähiger Kämpfer 611; von Aphrodite entrückt 611, 620; Athena hilft ihm 611; seine Waffen sind Bogen und Speer 611; sein Pfeil ist dreischneidig 612; von Apoll gelenkt tötet er Achill 612; Hirte und Königssohn 612 f; ist von ungewöhnlicher Schönheit 613; Eros ist ihm zu Diensten 613; sein Haar und Wuchs sind Gaben der Aphrodite 613; trägt phrygische Tracht 613, 618, 619; strahlend ist sein Gewand 613 f; ihn kleidet ein Pardelfell 613; seine Waffen sind Bogen, Schwert und zwei Lanzen 614; Beschreibung seiner Person 614; hat silberne Knöchelspangen 614; ist blond 614, 621; ist von mädchenhafter Schönheit 614; Wohlgeruch umgibt ihn 614; der Hirte spielt die Panflöte 614, spielt die Lyra 614; ist Bauherr schöner Häuser, der klassische Verführer, sein Charakter 615; in der Emblematik 615; sein Typus in der Bildkunst 618; Pfeil und Bogen sind seine Waffen 619; entführt Helena, in der Bildkunst 619 f; – und Helena als Liebespaar, in der Bildkunst 621; *Aeneas in seiner Gestalt 56; jüngerer Bruder des Hektor 272; – raubt Phantom der Helene 299; Helene hält den – für Eros oder Dionysos, sie ist dem – von Aphrodite versprochen 300;* kämpft mit Menelaos um Helene 272 f; s. a. -urteil

Parisurteil: 37, 46, 72, 178, die drei Göttinnen im Typus der Grazien 191, 215, 345, 469; in der Allegorese 358; Hermes geleitet die drei Göttinnen zum – 440; Hermes wirkt als Mittler 469; 609, 612, in der Allegorese 616 f, in der Bildkunst 620

Parnaß: 77, 102, 103; am kastalischen Quell gelegen, dort wohnen die Musen 556

Parthenogenese: des Hephaistos 165, der Athena 349

Parthenos: Epitheton der Athena 190

Parzen / s. a. Moiren: *Asklepios und die – 166; retten den Theseus aus dem Hades 549 f; – sagen dem Kind Meleager die Zukunft voraus 384*

Pasiphaë: Venus bestraft sie mit Liebe zu einem Stier 38; ist in Minotaurus verliebt 372; Gemahlin des Minos, verliebt sich in den Stier des Poseidon 654; s. Daidalos, s. Theseus

Pasithea: Gemahlin des Hypnos 210; eine der Chariten, Hera gibt sie dem Hypnos als Lohn 347

Patroklos: *passim Achill; seine Gebeine mit denen Achills in einer Urne bestattet 23; von Achill verarztet, in der Bildkunst 34; sagt dem Hektor den baldigen Tod durch Achill voraus 281; Wettkämpfe zu Ehren des toten – 417*

Patronat: der Hera über die Ehe 40; des Apoll über die Künste 87; der Venus über Gärten und Gemüse 117; des Mars über die Grenzen usw. 117; Luna über den Leib 118; Juno über die Arme und Augenbrauen 119, 361; Juppiter über den Kopf 137; der Artemis über die Tiere 137; Artemis über Mädchen, Apoll der Jungen 148; Diana, als Planet, über Kinder 148, 149; Diana und Mars über Spiele im Amphitheater 150; Diana, – aufrichtiger Gastfreundschaft 151; Diana über Kinder 151; Artemis über die Pferde 151; Diana über die Jagd 162; Diana über die Frauen 163; der Athena über geistige Tätigkeit 177; des Prometheus über die Astrologie 182; Athena über die Augen, Finger, Pferd und Wagen 188; des Juppiter über den Kopf 188; der Juno über die Arme 188; der Athena über Pferd und Wagen 188; der Minerva über Kunst und Wissenschaft 194; der Athena über einen Heros oder anderen Sterblichen 198; der Athena über Handwerk, Künste, Wissenschaften 199; von Minerva und Saturn über Kunst und Wissenschaften 199; der Athena über junge Künstler 200; der Demeter über die Ackerfrucht 234; der Demeter über Feldwirtschaft, Getreide, Fruchtbarkeit der Erde, gesellschaftliche Ordnung 228; der Demeter über das Frauenleben 234, über die Ehescheidung 235; von Venus und Liber über die Bühnenkünste 263; der Hera über Viehherden und Weideland 343, 344; der Hera / Juno über die Ehe 354; Herakles über die Astronomie 423; Hermes über Kaufleute und Diebe, über Redner und Dolmetscher, Palaestra und Gaukler, über geistige Berufe 434, über die Dolmetscher 445, und über die Freien Künste, Redner / Rede, Fischer, Diebe, Gaukler, Ringer, Fechter, des forschenden Verstandes, über die Ärzte 446, über die Rede 450; des Merkur, über die Künste 474 f; des Merkur, über die Kaufleute, in der Bildkunst 472; der Juno Lucina über die Ehe 496; der Juno über empfängnisfähige Frauen 497, und über einen guten Kriegsgrund und den wehrhaften Mann 498, über die Herden 501; des Saturn über den Ackerbau und über das Geldwesen 508, 509, 511; der Parzen / Moiren über Geburt und Schwangerschaft 554; der Hera über die Ehe 610; des Poseidon über die Verkehrsmittel zu Lande und zu Wasser, über Zähmung der Pferde und Rettung der Schiffe 656; der Juno über Tore 659; des Mars über das Herz 659; der Pallas Athene über Burgen 659; des Poseidon über die Brust, über Fundamente und Mauern, über Pferde, Schiffe 659; Juppiter über den Kopf 659; Minerva über die Augen 659; Juno über die Arme 659; Venus über die Nieren und Eingeweide 659; Merkur über die Füße 659; des Priapus über Gärten und Weinberge, über Schiffer und Fische 670; Prometheus über Töpfer, Schmiede und andere Handwerker 673; Juppiter über die Umzäunung des Hauses, über die Hochzeit, über die Nüsse, über Eiche und Buche 708; der Vesta über die Schwelle 708; der Penaten über die Küche 708

Pauken: im Kult der Kybele 519
Pedum s. Hirtenstab
Pegasus / Pegasos: begleitet Apoll und neun Musen 102; schlägt Quelle aus dem Fels 174; geflügelt, Geschenk des Poseidon an Bellerophon 204; von Athena gebändigt 204; wirft Bellerophon ab 205; – ist ein Schiff 207; seine Zähmung 208; – an der Tränke 208; = Bellerophon = Bild für Kraft der Sonne 206; Sohn von Poseidon und Medusa 551 f; die Geburt von – und Chrysaor 621, in der Bildkunst 628; Sohn von Poseidon und Medusa, Bruder des Chrysaor 621; sein Element ist die Luft 621; – ist Geschenk des Poseidon an Bellerophon, dessen Streitroß 622; schlägt die Quelle Hippokrene auf dem Helikon und die Quelle Peirene in Korinth aus dem Boden 622; wird von Bellerophon oder Athena gezügelt 622; wirft Bellerophon ab 622; Zeus schickt ihm eine Stechfliege 622; dient der Aurora / Eos 622, dient dem Zeus, trägt ihm Donner und Blitz 623; sein Sternbild ist aus 15 Sternen gebildet 623; dient dem Perseus 623, 635; gehört dem Neptun 623; Juppiter setzt ihn an den Himmel 623; schlägt mit seinem Huf Wasser aus dem Boden 623, in der Bildkunst 628 f; hat Hörner, feurigen Atem, eherne Beine 624; in der Allegorese 624 ff; war vielleicht ein Schimmel 624, 628; Etymologie seines Namens 624, 625; schlägt den kastalischen Quell aus dem Boden 624; = das Musenroß, trägt den Dichter 624, 629 f; wird als Schiff oder als Rennpferd gedeutet 624; ist Bild für einen Fluß 624; steht für Ruhm, Ehre und Weisheit 624 f; – = hl. Geist 626; in der Emblematik 626; als Schlachtroß im Mittelalter 626; in der Bildkunst, als Apfelschimmel 628; in Gesellschaft des Merkur, des Apoll 628; hat einen langen Schweif, in der Bildkunst 628; in Gesellschaft von Nymphen, des Merkur 629; dient als Vehikel des Ruhms 629; der gefesselte –, in der Allegorese 630; ist Reittier des Perseus 635; das Segelschiff des Perseus heißt «–» 639; Perseus auf ihm reitend, ist Bild für Verlangen nach Ruhm 639; Sohn des Poseidon und der Medusa 652; den – hat Bellerophon von Poseidon 653; nimmt in der Trinität den Platz des hl. Geistes ein 725

Peirene: Quell, den Pegasus in Korinth aus dem Boden schlägt 622

Peirithoos: seine Hochzeit, in der Bildkunst 409 f; Sohn des Ixion, begehrt Persephone 631; *König der Lapithen, Freund des Theseus 548; begehrt die Persephone 549; auf ewig im Hades festgehalten 549; im Hades in Ketten gelegt, von Herakles oder den Parzen gerettet 549 f; wird von Hund zerfleischt 550*

Peitho / Suadela, Überredung: Gemahlin des Hermes 450

Peitsche: des Mars 115; des Sthenelos bei Athena 169; Attribut des Dionysos / Bacchus 273; aus Ziegenleder hat Pan 590; des Poseidon ist golden 656; golden, des Zeus 702

Peleus: hat Waffen von Hephaistos 321; erhält von Poseidon zwei unsterbliche Rosse 653, Balios und Xanthos 653; = Erde 703; *rettet den kleinen Achill 15*

Pelias: König von Iolkos, wird von Hera mit dem Tod bestraft 352; Hera stiftet Medea zum Komplott gegen ihn an 352; Sohn von Poseidon und Tyro, Bruder des Neleus, von Stute gesäugt 653; *entthront den Vater des Iason 325, 327; Orakel warnt ihn vor Iason 326 f; tötet Iasons Eltern und dessen Bruder Promachos 334*

Pelops: aus seinen Knochen ist das Palladion gemacht 168; Demeter speist ahnungslos von seinem Leib, ersetzt Fehlendes durch Elfenbein 234; mordet Myrtilos, wird von Hephaistos gereinigt 323; Poseidon ist ihm geneigt 652; erhält von Poseidon einen geflügelten Wagen und erbittet von ihm geflügelte Pferde 653; *Tantalos setzt ihn den Göttern als Speise vor 534; er ist ein Bild für Saat 536*

Pelz: am Mantel des Zeus 710

Penaten: sind Juppiter, Juno, Minerva 498; den – ist die Küche heilig 708

Peneios: Flußgott, Vater der Daphne 222

Register 719

Penelope: – oder Dryope, von Hermes Mutter des Pan 442, 586

Penthesileia: Tochter des Ares 110; *von Achill getötet 21, in der Bildkunst 36; kämpft für Troia und unterliegt dem Achill 121*

Pentheus: König von Theben, widersetzt sich Dionysos, setzt ihn gefangen 255; als Mainade verkleidet, belauscht die Bacchanten 255 f; von Agaue für einen Löwen gehalten, von Mainaden zerrissen 256

Peparethos: Sohn von Dionysos und Ariadne 258

Peplos: trägt Aphrodite vor Anchises 44; Weihgeschenk an Athena 165; einen selbstgewebten – trägt Athena, Zeichen der Friedfertigkeit 173; hat Herakles von Athena 173, 366; – der Athena ist dreifarbig 179; der Minerva, Ausdeutung 183; Gewand der Athena 189; duftender – der Demeter 236; einen – schenkt Hephaistos der Athena 323; gibt Athena dem Herakles 366

Perdix: Erfinder von Säge und Zirkel 172; von Athena in Rebhuhn verwandelt 173

Pergama: *eine Gründung des Aeneas 49*

Periandros: König von Korinth, dem Arion zugetan 132

Periklyménos: Gegner des Herakles 383; verwandelt sich in Löwen, Schlange und Biene 383; verwandelt sich in Ameise, Bienenschwarm, in Adler und Fliege, wird von Herakles getötet 383; von Poseidon in einen Adler verwandelt 656

Perimela: *Geliebte des Achelo(i)os 14*

Periphas: von Ares getötet 110

Periphetes: Sohn des Hephaistos und der Epikleia 317

Perle(n): und Muschel; Diadem, Schmuck Aphrodite 57; fallen aus dem Haar der Schaumgeborenen 63, 69

Persephone: Mutter des Adonis 12; bärtig 49; Artemis ihr gleichgesetzt 138; mit Artemis und Athena aufgewachsen 140; pflückt mit Athena und Artemis Blumen, sie alle weben Vater Zeus ein Gewand 140; von Hades geraubt 140; mit Athena und Artemis gemeinsam aufgewachsen 167; Tochter der Demeter und des Zeus 228, 229, 694; von Hades geraubt 229; von Zeus dem Hades zur Frau gegeben 230; verbringt Teile des Jahres je in Unter- und Oberwelt 232; Mutter des Dionysos 251; von Zeus Mutter des Zagreus 252; Gemahlin des Hades 307, 309; – und Hades, als Rächer angerufen 308; von Hades entführt 308 f; von Hades überlistet 309; – und Hades, thronendes Herrscherpaar 316; Hades und – gerührt vom Gesang des Orpheus, geben Eurydike frei 572; Tocnter von Zeus und Demeter 630; Gemahlin des Hades 630; von Zeus Mutter des Zagreus, des Sabazios/Dionysos 630; Mutter des Adonis, der Eumeniden, des Eubulos 630; – ist gehörnt 631; von Hades entführt 631, in der Bildkunst 632 f; Peirithoos begehrt sie 631; mächtige Herrscherin der Unterwelt 631; streitet mit Aphrodite um Adonis 631; – auch Kore genannt, Wiederholung der Mutter Demeter 631; steht für Weisheit 631; – und Pluton bringen den Ängstlichen Glück und den Armen Reichtum 631; – und Hades als thronendes Herrscherpaar der Unterwelt 632; steht für den Segen der Erde 632; s. a. Proserpina

Perseus: Schützling der Athena 178; Sohn des Zeus und der Danaë 215; soll Medusa enthaupten 216; als Fischer gedeutet, findet Danaë 216; – nach Retter der Danaë genannt 216; tötet Dionysos im Kampf 263; leiht sich Kappe des Hades 308; von der Mißgunst der Hera verfolgt 351; Schützling des Hermes, von ihm zu den Nymphen geleitet, von denen er Flügelsandalen und Tarnkappe erhält 440; enthauptet Medusa 539, 542, 634, 643; wird von Hermes und Athena unterstützt 542; Erfinder des Sichelschwerts 542; hat seine Ausrüstung von den Nereiden 542; sieht die Medusa im Spiegel, Athena lenkt ihm die Hand 542, 634; hat Flügelschuhe und Beutel von den Graien, Tarnkappe von Hades, Sandalen von Athena, die diamantene Sichel von Hermes 542; Atlas weist ihn ab 543; übergibt Sandalen, Tarnkappe und Beutel dem Hermes 543, 637; übergibt das Haupt der Medusa der Athena oder bringt es an seinem eigenen Schild an 543; das Phantom der Medusa begegnet dem Herakles im Hades 544; tötet die Gorgonen, mit Hilfe der Minerva 547; – mit Christus gleichgesetzt 547; – = Jesuschrist entmachtet die Gorgonen = Töchter des Teufels 547; enthauptet Medusa 621; Pegasus dient ihm 623, 635; Sohn von Zeus und der Danaë von Andromeda Vater von sechs Söhnen und einer Tochter 633; der «Goldgeborene» 633; – und Danaë, Akrisios setzt sie aus, Diktys findet sie 633; – und Medusa 633 f; enthauptet Medusa, in der Bildkunst 643 f, 646, 647; hat Flügel 634; – entwendet den Graien das Auge 634, die Graien statten ihn aus, in der Bildkunst 647; in seinem Schild erscheint das Spiegelbild der Gorgo 634; Hermes liebt ihn 634; hat von Athena einen bronzenen Schild 634; seine Tarnkappe ist ein Werk des Hephaistos 635; Pegasus ist sein Reittier 635; versteinert den Atlas 636, in der Bildkunst 647; rettet Andromeda 636, 642, in der Bildkunst 644 f, 647; versteinert den Phineus 636, 645 f, in der Bildkunst 647; erschlägt unversehens den Akrisios 637; – und Andromeda, von Athena an den Himmel gesetzt 638; hat einen silbernen Beutel mit goldenen Quasten 638, trägt einen Purpurmantel, hat schöne Schultern 639; ist Stammvater des griechischen Adels 639; besiegt den Liber Pater 639; ist ein König in Asien, man stellt ihn sich geflügelt vor wegen seiner vielen Schiffe 639; «Pegasus» heißt sein Segelschiff 639; – auf Pegasus, ein Bild für das Verlangen nach Ruhm 639; ist ein Bild für Christus, wird ihm gleichgesetzt 640; in der Emblematik 640 f; Sinnbild des Ruhms und der Klugheit 641; trägt eine eiserne Rüstung, in der Bildkunst 642; und die Naiaden, in der Bildkunst 643, 647; *hat alle drei Gorgonen geköpft 252, die ihn verfolgen 256*

Pest (Pestilenz): Amphion stirbt an ihr 29; mit Pfeilen schießt Apoll die – nach Troia 82; Apoll kann die – heilen 83; verdorbene Luft hat die – nach Troia gebracht 88; -bringend sind die Waffen Apolls 94; mit – straft Demeter 234; daran sterben die Niobiden 568; Apoll schickt die – nach Troia 649

Petasos: Sonnenhut des Hermes 459

Pfau(en): Begleiter und Zugtier der Hera / Juno 345, 355, 502, die den Argos / Argus in einen – verwandelt; unter dem Schutz der Juno 358; seine Stimme ist Sinnbild für protziges Gehabe der Reichen 358 f; seine Kehrseite ist Sinnbild für Sorgen und Schwächen der Reichen 359; Juno schmückt seine Schwanzfedern mit den Augen des Argos / Argus, in der Bildkunst 466, 503; Attribut der Hera / Juno, ihr heilig 359, 361, 502, 713, des Zeus / Juppiter 713

Pfeife: Erfindung der Athena 543

Pfeil(e), metaphorisch: für Blick und Klang der Chariten 211; wie – sind Federn der stymphalischen Vögel 372; für den Gesang der Musen 559; für den Blick 61

Pfeil(e): als klassische Fernwaffe des Jägers und Kriegers in der Antike, passim bei Apoll, Ares, Artemis, Eros, Herakles, Paris

–: des Adonis, sein Attribut 16

–: des Jägers Actaeon 24

–: des Apoll (pestbringende) töten Kinder der Niobe 28, 82, gegen Maultiere in Troia 91, 94 (Attribut), (gegen Python) 98, 100, 105; und der Diana fertigt Vulcan 322, dem Apoll von Hermes entwendet 439

–: der Artemis / Diana 26, 139, 140, 141, 144, 145, golden 146, 152, 154, 156; und des Apoll fertigt Vulcan 322

–: efeuumwickelt = Thyrsos des Dionysos 261

–: des Eros / Amor / Cupido, golden und bleiern, Instrumente der Liebe 41, 45, 46, 51, 77, 79, 82, 86, 87, 222, 294, mit dem goldenen – schießt Cupido auf Apoll 222, mit dem bleiernen schießt er auf Daphne 222, 228; goldener – bewirkt, bleierner vertreibt Liebe 294; – für Hephaistos in Honig und Galle getaucht 294; bleierner – trifft Daphne

295; Attribut des Eros 299; der für Ares bestimmte Pfeil ist ein Werk des Hephaistos 324, 337; – des Amor sind Werk des Vulcan 337; des Amor, Sinnbild fürstlicher Tugend 342

–: des Herakles trifft Hera 351; 400 (Attribut), – und Bogen gibt Apoll dem H. 366, 387; in die Galle der Hydra getaucht 371, in der Bildkunst 404, 426, 427; mit – und Bogen erlegt Herakles die stymphalischen Vögel 372, in der Bildkunst 405, 426; – und Bogen des H. erhält Philoktetes 385; Attribut des H., in der Bildkunst 400 f; im Besitz des Philoktet 612; Waffe gegen den Adler bei Prometheus 690; Waffe gegen die Giganten 695

–: des Paris gegen Diomedes 611; gegen Achill 612; dreischneidig, gegen Machaon 612, 619; sind die Waffen Amors 619; bei Juppiter und Kallisto 721

Pferd(e): ziehen Sonnenwagen 90; Reittier des Mars 115; Opfer an Mars 121; zieht Mars den Wagen 125; symbolisiert Mars 128; zweifarbig, Gespann der Artemis 146; Gespann der Artemis besteht aus Rappen und Schimmel 147; Patronat der Artemis 151; seltenes Reittier der Artemis 156; troianisches, von Griechen der Athena geweiht 173; Geschöpf des Poseidon 175; Patronat der Athena 188; Schimmelgespann der Minerva 194; Verwandlungsform der Demeter auf Flucht vor Poseidon 229; – zerreißen den Lykurgos 255; Gespann des Dionysos 273; ist der Hera heilig 361; des Herakles von Poseidon 366; von Eurystheus der Hera geweiht 373; menschenfressende des Diomedes 373, in der Bildkunst 406; des Diomedes, schleifen Abderos 373; des Diomedes, von wilden Tieren getötet 373; fressen das Fleisch des Diomedes 373, in der Bildkunst 406; des Diomedes, von Herakles erschlagen 373, in der Bildkunst 406; wilde – dem Hermes unterstellt 439; – der Hera und der Athena werden von den Horen versorgt 483; Verwandlungsform des Kronos 508; Verwandlungsform des Poseidon 621; das Urpferd ist eine Schöpfung des Poseidon 623; – bei der Geburt des Poseidon usw. 648; – des Zeus von Poseidon versorgt 649; das – ist ein Geschöpf des Poseidon 652, in der Bildkunst 664; Poseidon ist sein Erfinder, in der Allegorese 657; Verwandlungsform des Poseidon 652 f; geflügelte – erbittet Pelops von Poseidon 653; – unter dem Patronat des Poseidon; Geschöpf des Poseidon / Neptun 652, 653, 657, 660, 664; – ist zum Kriegsdienst bestimmt 652, 663; – des Poseidon haben goldenes Fell und eherne Hufe, er legt ihnen goldene Fesseln an, sie erhalten ambrosisches Futter 653; unsterblich sind die beiden – des Peleus von Poseidon, Balios und Xanthos 653; die – des Hippolytos scheuen vor dem Stier des Poseidon 654; das – des Poseidon ist golden 656; für die Zähmung ist Poseidon zuständig 656; geflügelte, des Poseidon und des Pelops 656; sind dem Poseidon angelegen, sind seine Zugtiere 659; Poseidon reitet zu – 660; Gespann des Poseidon / Neptun 662, 664; – des Neptun, Symbol des Krieges 663; geflügelte – hat Zeus 695; des Zeus haben eine goldene Mähne und eherne Hufe 702; Amazonen opfern dem Ares – 124; sie kämpfen gern zu –, mit Schwert und Lanze, Bogen und Pfeil 127; im Kampf zu – schießen sie geschickt rückwärts 127; Amazonen besiegen und beschämen zu – Hercules und Theseus 128 f; Kentauren sind halb Mensch, halb – 185; Kastor ist -bändiger 213; Neptun schenkt Dioskuren – 216; dem Poseidon verdanken die Dioskuren die Kompetenz im Umgang mit – und in der Seefahrt 222; die Nothelfer kommen von oben aus der Luft, zu – 224; das – ständiger Begleiter der Dioskuren 229 f; die Dioskuren als -führer und Rossebändiger 230; Kentauren Mischwesen aus Mensch und –, aus Mensch und Esel 366 f; Kentauren waren die ersten, die auf – ritten 371; Herakles der erste, der zu – in den Kampf ritt 371; s. a. Pferde-

Pferdebüste: zwei –, bezeichnen die Dioskuren 231

Pferdegeschirr: des Mars ist golden 116
Pferdegespann: eingeführt von Prometheus 676
Pferdeschwanz: *Silen hat einen langen –* 504, 508
Pferdetrog: einen steinernen – bauen die Kyklopen dem Poseidon 653
Pflanze(n): Lebenssaft der – 88; -kunde, Erfindung der Thalia 560f; eine – wächst aus dem Blut des Prometheus, Medea bereitet daraus ihre Zaubermittel 680
Pflug: Erfindung der Athena / Minerva 174, 238, des Dionysos 263, Neuerung des Herakles 391; – ermöglicht «mildere Nahrung» 239; Erfindung der Triptolemos 239; von Dionysos eingeführt 263; Attribut der Kybele / Ceres 525
Pflugschar: *damit umreißt Aeneas das Areal der künftigen Stadt* 52, 54, 63
Pförtnerinnen: des Himmels sind die Horen 485
Phaënon / Phaëton: Geschöpf des Prometheus 674
Phaët(h)on: Lenker des Sonnenwagens 85; *Sohn des Helios / Sol von Klymene* 477; *Epaphus bezweifelt seine göttliche Abstammung* 477f; *zum Beweis erbittet – vom Vater den Sonnenwagen* 478; *er hört nicht auf die Warnung des Vaters* 478; *verliert die Kontrolle über den Wagen* 478; *Zeus greift ein, schleudert einen Blitz auf –, der in den Eridanus stürzt* 478; *Naiaden begraben ihn* 478; *die Erde brennt, Flüsse und Seen trocknen aus* 478; *damals werden die Äthiopier schwarz* 478; *die Klage der Heliaden, die in Bäume verwandelt werden* 478; *Cygnus, Herrscher der Ligurer, wird in einen Schwan verwandelt* 478; *Knabe – baut sich aus Holz und Pflanzenstoff einen eigenen Wagen* 478f; *physikalische Deutung der Katastrophe* 479; *Rationalisierung bei Lukrez* 479; *damals entsteht, nach Diodor, der Bernstein* 478, 479, 480; *Insel Basilea (Helgoland?) der Schauplatz der Katastrophe* 479; *damals entsteht vielleicht die Milchstraße* 479; *– als Saturn oder Auriga an den Himmel versetzt* 479f; *Etymologie seines Namens* 480; *Bild der Bodenfrucht* 480; *– mit Luzifer gleichgesetzt* 480; *in der Emblematik* 480; *– ist ein Bild bestrafter Vermessenheit* 480; *der Ursprung des Bernsteins* 480; *– erschafft die Milchstraße* 480; *sein Schicksal ist Mahnung zum rechten Mittelweg* 480; *Mahnung, seine Zunge nicht unüberlegt zu gebrauchen* 481ff; *in der Bildkunst: – bittet Apoll um den Sonnenwagen* 481; *verliert die Kontrolle über das Gespann* 481f; *die Dürre während der unkontrollierten Fahrt des –* 482; *der Sturz des –* 482ff; *zyklische Darstellungen* 485f
Phaidra / Phaedra: *ihre Intrige gegen Hippolytos* 543
Phalanx: lernt Kunst des Wettkampfs von Athena 106
Phallophoroi (Phallusträger): im Dionysoskult, bekränzt mit Veilchen und Efeu 269
Phallus: passim Priapus; des Priapus 41, erigiert groß bis riesig 670; im Kult der Venus 46; Attribut des Dionysos 269; der Herme 447; des Pan, erigiert 593, 594; des Neptun in Gestalt von Meeresschnecken 666; einen riesigen – hat Priapus 670; Attribut des Juppiter 713; abgeschnittener, des Kronos 715; Attribut des Juppiter, in der Bildkunst 713; der – des Kronos schwimmt im Meer 715
Phanos: Sohn von Dionysos und Ariadne 258
Phaon: von Aphrodite getötet und unter Lattich verborgen 39
Pharaomaus (-ratte) / Ichneumon: der Leto und den Geburtsgöttinnen heilig 530
Phebus / Phoebus: = Christus 626
Pheneus: Beiname des Hermes, bringt den Ägyptern Recht und Schrift 433
Philammon: Sohn des Hephaistos 317; von Argiope Vater des Thamyris 487
Philemon: und Baucis bewirten Juppiter und Merkur 466f
Philipp von Burgund: sein Porträt im Bild des Neptun 668
Philoktetes: erhält von Herakles Bogen und Pfeile 385; entzündet den Scheiterhaufen des Herakles 385
Philologie: ihre Hochzeit mit Merkur 454

Register 723

Philomelos: Sohn der Demeter und des Iasion 228

Philonoë: Frau des Bellerophon 203

Philosoph(en): die wahren – sind die Bakchoi 267; Herakles ist ein – 394; Apoll steht für den wahren, Marsyas für den falschen – 538

Philosophie: Prometheus ist ihr Gründer 678; *Adrastos als ihr Bild verstanden 43; Kadmos ist bewandert in der –* 357

Philottes: Sohn des Hephaistos 317

Philyra: von Kronos Mutter des Kentauren Chiron 508; Kronos besucht die – in Gestalt eines Schimmels 518

Phineus: durch den Anblick der Medusa versteinert 543, 636f, in der Bildkunst 647

Phlegeton: Fluß der Unterwelt, umtost den Palast des Hades 308, 314

Phobos (die Furcht): Sohn und Gefährte des Ares 35, 108, 109, 110; ein Pferd, bildet gemeinsam mit Deimos (Schrecken) das Gespann des Ares 115

Phoibe: von Koios Mutter der Leto 529

Phoinix / Phoenix: *lehrt Achill Rede- und Kriegskunst* 17

Pholos: Kentaur, bewirtet Herakles 371, in der Bildkunst 409; von Herakles erschlagen, in der Bildkunst 409

Phorbas: Wegelagerer 83

Phorcys s. Phorkys

Phorkys / Phorcys: von Keto Vater der Gorgonen 539, 639

Phorminx: Instrument des Orpheus 570

Phoroneus: von Zeus als Schiedsrichter (und Kulturbringer) eingesetzt 442

Phoronis: von Valens Mutter des Merkur 433

Phosphoros: Stern der Venus 48; Stern, der Athena zugeordnet 180

Phrixos: *seine Eltern 486; Bruder der Helle 486; seine Kinder 486f; Stiefmutter Ino versucht, sich der Kinder zu entledigen, drängt Vater Athamas, sie zu opfern 487; Nephele schickt ihnen einen Widder mit goldenem Vlies von Hermes zur Rettung 487; das Tier kann fliegen und trägt die Kinder über das Meer zur Kolchis, Helle stürzt in das Meer 487; in der Kolchis empfängt Aietes den – freundlich und gibt ihm Tochter Chalkiope zur Frau 487; – opfert auf Anraten des Hermes den Widder dem Zeus 487; – opfert dem Hermes oder dem Ares 487; – gibt das Vlies dem Aietes, der es an eine Eiche im Hain des Ares nagelt 487; – ist vielleicht Stammvater der Phryger 487; eine Version der Geschichte nach Hygin 487f; opfert den Widder und legt das Vlies im Tempel des Mars nieder, wo ein Drache es bewacht 488; Aeëtes bringt ihn aus Furcht um die Herrschaft um 488; – sei im Haus des Aietes friedlich gestorben 488; Nuba (Nephele) versetzt den Widder an den Himmel 488; der Widder zieht sich selbst das Vlies ab und steigt zu den Sternen auf 488; andere Version der Geschichte bei Myth. Vat. I und III 488f; das goldene Vlies ist Ziel der Argonauten 489; der Widder spricht mit menschlicher Stimme 489; – heißt «der mit der starken Lanze» 489; die Geschichte des – als Ursprungsmythos eines Ritus zu Ehren des Zeus 489f; die Geschichte von Palaiphat rationalisiert: der Widder warnt – vor den Plänen des Athamas 490f; Rationalisierung bei Diodor 491; Allegorese: – als Bild für den törichten Reichen 491f; das lügenhafte Vlies mit dem Lamm als Bild Christi verglichen 492; die Geschichte ist eine Aufforderung, die Wechselfälle des Glücks mit Gleichmut zu ertragen 492; – steht für Hochmut 492; in der Bildkunst 492f; Athamas bereitet die Opferung der Kinder vor 492; Ino verfolgt – 492f; der Ritt über das Meer 492; der Sturz der Helle 493; die Opferung des Widders 493; – auf dem Widder als Sternbild* 494

phrygisch: Mütze des Paris 613, 618, des Perseus 642; – Tracht 613, 619; s. a. Mütze, Beinkleider, Tracht

Phyleus: Sohn des Augeias 372

Physiognomie: des Dionysos 271

Pieriden: anderer Name der Musen 556

Pierios: Berg, dort wohnen die Musen 556

Pierus: und Euhippe, ihre Töchter erheben sich über die Musen, werden in Elstern verwandelt 557

Pilos: des Hephaistos 333; *der Dioskuren* 229; *des Odysseus* 447 f
Pilumnus: König, heiratet Danaë 217
Pilz: der Ursprung eines Quells 637
Pinienholz: dient bei den nächtlichen Festen des Dionysos als Fackel 273
Pinienzapfen: Spitze des Thyrsosstabes 252; *Attribut des Asklepios* 163
Pinsel: damit malt Juppiter 724
Piraten: entführen Arion 132; entführen Dionysos, werden zu Delphinen 256, 276
Piren s. Deliades
Pithys: wird in eine Fichte verwandelt 588
Planet(en): je ein – steht einer Sphäre vor 443; Hermes Stilbon ist der strahlend helle – 449; Saturn bringt den Menschen Trägheit und Stumpfsinn oder Langsamkeit und Kälte 512; Saturn ist der langsamste unter den – 512
Planetengott: Venus, zuständig für Liebe und Sex 48, 50, 62, 73; Saturn gibt Denken und Einsicht usw. 118, 512, 513, 515, 704; Mars, mißgünstig; zuständig für das Herz 118, 119, 130; Mars 129, 130; Mars als Gegenspieler des Merkur 130, 131; Luna/Diana, für Kinder und Mütter, Seele und deren Krankheiten usw. 149; Hermes/Merkur, dem Lernen förderlich, zuständig für Füße und Knie usw. 448, 461, 472, 473; – Merkur ist braungebrannt 449; – Merkur in der Bildkunst 461; Saturn 509 f; Saturn und Mond 512; Juppiter wohlwollend und heilsam, zuständig für den Kopf usw. 704, 722 f
Planetengötter: in Büstenform dargestellt 130
Planetenkinder: des Saturn 513; des Juppiter 722
Platon: über die Bakchoi als wahre Philosophen 267
Plectrum s. Plektron
Plektron/Plectrum: damit spielt Apoll die Kithara 93, 94; Erfindung des Hermes 435
Pluto(s): Sohn der Demeter und des Iasion 228, 314; Sohn von Ceres und Iasion, Erfinder der Vorratshaltung 229; Bild für Wohlstand, Reichtum 229; – und Pluto miteinander verwechselt 314 f

Pluto/Hades: Bild für das Element Erde 311; Metonym für Boden 237; König der Unterwelt, Vorsteher der Welt 309; macht Vulcan zum Vorsteher der Cyclopen 309; Säer und Endiger 309 f; – (Plutos) ist blind 310; – steht für das Element Erde 311; Vorgesetzter der Toten 312; ist Bild der Voraussicht 312; der Etas/Proserpina verbunden 312; – und Plutos miteinander verwechselt 314 f; – hat Löwenkopf und behaarten Körper 315; setzt Hephaistos über die Kyklopen 319; – und Neptun, die beiden «unteren» Kinder des Saturn 357; steht für Habgier 632; = Erde 703; s. a. Pluto(s); s. a. Pluton
Pluton: Hades als Wohltäter, verleiht Reichtum 309; – und Persephone bringen den Ängstlichen Glück und den Armen Reichtum 631; ihm fällt die Unterwelt zu 694
Podarges: Harpyie, vom Westwind mit Rössern geschwängert 170
Podarkes: *Beiname des Achill* 16
Poias: erhält von Herakles den Bogen und entzündet den Scheiterhaufen 385
Pokal: Büchse der Pandora 604
Pollux: Bruder des Kastor, einer der Dioskuren 526; – und Helena schlüpfen aus einem Ei der Leda 527; s. a. Dioskuren
Polos (Krone): krönt Aphrodite 55; krönt Artemis/Diana 153
Polyboia: Schwester des Hyazinth 487
Polybotes: Gigant, Poseidon vergräbt ihn unter der Insel Kos 649
Polydektes: König von Sephiros, hält Danaë in Knechtschaft 216; wird durch Anblick der Medusa zu Stein 543; bemächtigt sich der Danaë 633
Polygonos: und Telégonos, Enkel des Poseidon, von Herakles getötet 374; gewalttätige Söhne des Poseidon 653
Polyhymnia/Polymnia: eine der Musen 556, Erfinderin der Landwirtschaft 561
Polykaste: von Telemachos Mutter des Persepolis 39
Polyklet: *sein Doryphoros* 30
Polymnia s. Polyhymnia
Polymnos s. Prosymnos
Polyneikes: *als Bild der Prunksucht (luxu-*

ria), mit Argis, der Voraussicht, verheiratet 43; – und Bruder Eteokles vom Vater Oidipous / Oedipus verflucht 494; Erörterung des Grundes dafür 494f; die Brüder teilen sich Herrschaft über Theben 495; im Streit mit dem Bruder geht – nach Argos 495; nimmt das kostbare Halsband der Harmonia und ihr Hochzeitsgewand mit 495; Streit mit Tydeus 495; Adrastos schlichtet den Streit 495; – in Löwenfell gehüllt 495; Adrastos gibt – und Tydeus seine Töchter zur Frau 495; – heiratet Argeia 496; besticht Eriphyle mit Halsband der Harmonia und erwirkt so den Zug nach Theben 496; andere Versionen der Geschichte 496; Gewinner im Ringkampf 496; Zweikampf der Brüder – und Eteokles, in dem beide umkommen 496; Antigone legt seinen Leichnam auf den Scheiterhaufen 496f; unversöhnlicher Bruderhaß über den Tod hinaus 497; kämpfen selbst nach dem Tod weiter 497; – ist von riesigem Wuchs 497; hat goldblondes Haar 497; wird durchwegs negativ bewertet 497; steht für Zwietracht, Rache und Zorn 497; Bild der Habgier, Prunkliebe und Genußsucht 498; – steht für Luxuria 498; in der Emblematik stehen die beiden für Bruderzwist 498; in der Bildkunst 498f: Oedipus verflucht – 498; Kampf zwischen – und Eteokles 498f

Polyphem: Sohn des Poseidon und der Nymphe Thoosa, Odysseus blendet ihn 651; ist ein Kannibale 653, von Odysseus geblendet 653; als Bild der Klugheit 445

Polyphonte: Aphrodite bestraft sie mit Liebe zu einem Bären 38; samt Söhnen und Dienern von Ares in Tiere verwandelt 122

Polyxena: Schwester Hektors, in die Achill sich verliebt, Priamos verspricht sie ihm zur Frau gegen Aufhebung der Belagerung 22; gibt Schmuck als Lösung für den toten Hektor 22; Achill will, daß man sie auf seinem Grab opfere 23; wird über dem Grab des Achill geopfert 24

Porphyrion: begehrt Hera und wird vom Pfeil des Herakles getötet 15, 353, 695

Porträt, mythologisches: im Bild der Venus 74; im Bild des Mars 130; im Bild der Diana 161; der Athena / Minerva 201; im Bild der Danaë 211, 221; im Bild der Ceres 250; des Herakles 425; der Juno 506; der Kybele 526; des Neptun 668; des Juppiter 723; *der Hebe 271*

Poseidon: durch Aphrodite Vater von Rhodos und Eryx 35; und Athena streiten um Attika 175; schlägt Wasser aus dem Fels der Akropolis 175; schafft das kriegsdienliche Pferd 175; von Eurynome Vater des Bellerophon 203; schenkt Bellerophon den Pegasus 204; der Bändiger 204; verfolgt die pferdegestaltige Demeter 229; teilt sich mit Zeus und Kronos in die Welt 307; steht für das Element Wasser 311, 330; von Kronos verschlungen 344; – und Athena vor Troia an der Seite Heras 346; gibt dem Herakles Pferde 366; sein Stier mit dem kretischen gleichgesetzt 372; Vater des Sarpédon 374; Vater von Ialebion und Derkynos 374f; Vater des Eryx 375; Vater des Antaios 376; von Molione Vater des Eurytos und des Kteatos 383; Vater des Busiris 412; Hermes stiehlt ihm den Dreizack 439; Iris vermittelt zwischen ihm und Zeus 492; wohnt Medusa in Vogelgestalt bei 540f; von Medusa Vater von Pegasos und Chrysaor 551f; verwandelt sich in einen Vogel 621; von Medusa Vater des Pegasus 621; Vater des Bellerophon, dem er den Pegasus schenkt 622; Schöpfer des Urpferdes 623; Sohn von Kronos und Rea, Bruder der Hestia, Demeter, Hera, Hades und Zeus, Gemahl der Amphitrite, von dieser Vater von Triton und Rhode 648; ist der Erdenerhalter und Erdenerschütterer 648; – von Kronos verschlungen, wieder ausgespien und in das Wasser verbannt 648; seine Amme ist Arno 648; sein Palast ist golden, strahlend, unvergänglich 648; die Kyklopen geben ihm den Dreizack 649; setzt bronzene Tore in eine Kerkermauer 649; begräbt Polybotes unter der Insel Kos 649; ihm fällt das Meer zu 649; – und Apoll bauen dem Laomédon eine Stadtmauer 649, reißen sie wieder ab 650; – ist dem Zeus zu

Diensten 649; steht vor Troia auf Seiten der Achaier 650; verwandelt sich in einen alten Mann 650; hat eine gewaltige Stimme 650; rettet den Aeneas 651; vernichtet Klein-Aias 651; verfolgt den Odysseus 651; streitet mit Athena um Attika 651 f, in der Bildkunst 663; von der Nymphe Thoosa Vater des Polyphem 651; öffnet Quell 652, tut das mit dem Dreizack 667; öffnet Quellen und trocknet sie auch aus 655; schlägt auf der Akropolis einen Quell aus dem Boden 652, 655; ist Schöpfer des Pferdes 652, in der Bildkunst 664; ist fleißiger Liebhaber, bewirbt sich um Thetis, um Hestia 652; von Venus / Aphrodite von Rhodos und Eryx 652; Gemahl der Amphitrite, von ihr Vater von Triton, Rhode und Benthesikyme 652; verwandelt sich in einen Widder 652; von Theophane Vater des Widders mit dem goldenen Vlies 652; von Eurynome Vater des Bellerophon 652; – oder Aigeus sind von Aithra Vater des Theseus 652; – ist dem Pelops geneigt 652; von Demeter Vater des Pferdes Areion 652; von Medusa Vater des Pegasus 652, verwandelt sich in ein Roß 652 f; von Tyro Vater des Pelias 653; von Iphimedeia Vater der Aloaden 653; von der Erde Vater des Antaios 653; von Thoosa Vater von Polygonos und Telégonos 653; – ist der Erfinder des Pferdes, in der Allegorese 653; seine Rosse haben ein goldenes Fell und eherne Hufe 653; – treibt seine Rosse mit goldener Peitsche an 653; sein Wagen hat eine eherne Achse 653; legt seinen Rossen eine goldene Fessel an, sie erhalten ambrosisches Futter 653; die Kyklopen bauen ihm einen steinernen Pferdetrog 653; Vater des Polyphem 653; Vater des Proteus 653; kümmert sich um Wagen und Gespann des Zeus, schenkt dem Pelops zwei unsterbliche Rosse 653; einen goldenen, geflügelten Wagen schenkt Poseidon dem Pelops, der von ihm geflügelte Pferde erbittet 653; – und Zeus lehren den Antilochos das Wagenfahren 653; – gewährt den Kentauren Schutz 653; wird von Meerungeheuern begleitet 653; schenkt dem Bellerophon den Pegasos 653; – erfindet den Stier 654; schickt dem Minos einen wilden Stier 654; Pasiphaë verliebt sich in seinen Stier 654; ein Stier des – schreckt die Rosse des Hippolytos 654; seine Kinder werden von Kühen gesäugt 654; – schickt zur Strafe Flut und Meerungeheuer 654; verwandelt eine Geliebte in den unsterblichen Kaineus 654; pflanzt dem Pteleraos ein goldenes Haar ein, das ihn unsterblich macht 654; – ist Gott des Gestaltwandels, Vater des Asopos, trocknet die Quellen von Argos aus 655; sein Werkzeug ist der Dreizack 655; ist zuständig für das Zähmen der Pferde und das Retten der Schiffe 656; ist Patron über die Verkehrsmittel zu Land und Wasser 656; golden sind sein Palast, Pferd, Wagen und Peitsche 656; seine Kleidung ist blau 656; von Europa Vater des Taenerius 656; ist zuständig für den Fahrtwind 656; – ist schnell 656; – ist von riesenhaftem Wuchs und Kraft 656; – verwandelt den Periclymenus in einen Adler 656; Etymologie seines Namens 656 f; seine Wesensmerkmale 656 f; er grollt und sorgt für Ausgleich 656 f; hat dunkles, blaues Haar, ist von Goldglanz umgeben 656; hat eine breite Brust und hat Hörner 657; ist der Athena wesensverwandt 657; in der Allegorese 657 ff; – / Neptun verkörpert das Wasser 658; – in der christlichen Allegorese 658 f; sein Typus in der Bildkunst 659 ff; in der Emblematik 660; unter seinem Patronat stehen Pferde, Schiffe, Mauern, Fundamente, die Brust 659; seine Zugtiere sind Pferde und Hippokampen 662; entführt Amphitrite 665; erhält den Dreizack 693; ihm fällt das Meer zu 694; seinem Bruder Zeus gehorsam 701; *Aeneas rettet sein Bild 67; Neptun hilft dem Aeneas 68; Amphitrite von – verfolgt 139; dem – verdanken die Dioskuren die Kompetenz im Umgang mit Pferden und in der Seefahrt 222; Iason weiht die «Argo» dem – 334; die Heimreise des Iason, spiegelt Konflikt zwischen – (physische Gewalt) und Athene (Macht des*

Gedankens) 418 ff; – Vater des Theseus 540; Theseus opfert den Minotauros dem – 544; Theseus weiht die Isthmischen Spiele dem – 547; die Bedeutung der Zahl Acht für Theseus und seine Beziehung zu – 551; Theseus bei –, in der Bildkunst 559

Potenz: enorme sexuelle – des Herakles 367

Pothos: –, Eros und Himeros, verglichen mit den Chariten 212; neben Eros und Himeros Gefährte der Aphrodite 290, 291

Potnia Therón (Herrin der Tiere): Artemis 151

Praeneste (Palestrina): von Caeculus / Coeculus gegründet 317

Prahlerei: und Ruhmsucht verkörpert Marsyas 535

Praxis: im Unterschied zu Theorie steht Hephaistos für sie 327 f

Prediger: *für einen schlechten – stehen die Sirenen 523*

Priamos / Priamus: von Hekate Vater des Paris 607; *bittet um Herausgabe des toten Hektor, in der Bildkunst 35 f*

Priapus / Ityphallos: Sohn von Aphrodite und Adonis 14; Gleichsetzung mit Adonis 15; Sohn von Bacchus und Venus 41; Fechtlehrer des Ares 108; Sohn von Dionysos und Aphrodite 251, von Bacchus und Venus 284; vor ihm warnt im Esel die Hestia 478; Gott der Fruchtbarkeit, der Ziegen, Schafe und Bienen 670; Patron der Gärten und Weinberge, der Schiffer und Fischer 670; Sohn von Dionysos und Aphrodite, Manifestation des Dionysos 670; ihm steht Konisalos nahe 670; ist ein Priester des Liber Pater, ist Gott der Wollust 670; hat einen riesigen Phallus 670; der Esel ist sein Opfertier, in der Bildkunst 672; er begehrt Hestia 670; begehrt die Nymphe Lotis 671, in der Bildkunst 672; er erschlägt den Esel 671; unterweist Ares im Tanz 671; in der Allegorese 671; er steht für den flüssigen Samen und Zügellosigkeit 671; dient als Vogelscheuche 671; sein Bild ist aus Feigenholz 671; sein Bild ist rotfarben 671; er hat Ziegenohren und Bockshörner 671; verkörpert den Herbst 672; seine Geburt, in der Bildkunst 672; in Gestalt einer ityphallischen Herme 672; als Bild der Ausschweifung 507

Prinzip: kosmogonisches, Deutung der Aphrodite / Venus 40; fruchtendes, verkörpert durch Ceres 235; schöpferisches, verkörpert durch Hermes spermatikós 456 f

Prodikos: Epitheton des Herakles – am Scheideweg 368

Proetus s. Proitos

Proitos / Proetus: Schwiegervater des Bellerophon 203, 209; Zwillingsbruder des Akrisios 216; seine Töchter von Hera mit Wahnsinn geschlagen, halten sich für Kühe 352; vom Anblick der Medusa gebannt 543

Promachos (Vorkämpferin): Epitheton der Athena 189, 190

Prometheus: Helfer bei Geburt der Athena 166; Athena hilft ihm 178; von Hephaistos an den Kaukasus genagelt 323; – oder Hephaistos ist der Erfinder des Feuers 329; Sohn der Hera und des Eurymedon 353; der Adler, der –, quält, von Herakles erlegt 376; Chiron ist bereit, für – zu sterben 376; von Herakles befreit 392; seine Geschöpfe sind unfähig zum friedlichen Zusammenleben 442; Zeus veranlaßt seine Befreiung durch Vermittlung der Iris 493; Pandora ist sein Werk 597; von Pandora Vater des Deukalion 597; stiehlt den Göttern das Feuer 598; Sohn des Iapetos und der Klymene oder der Themis oder Gaia oder Asia 673; Sohn von Eurymedon und Hera 673; von Pronoia oder Pandora Vater des Deukalion 673; Gemahl von Asia, Hesione, Axithea 673; Vater der Isis 673; von Kelaino Vater des Lykos, von Pyrrha Vater des Helenos, von Klymene Vater des Helenos oder des Deukalion 673; «–» heißt «vorbedacht» 673; Patron der Töpfer und Schmiede und vielleicht auch anderer Handwerker 673; gründet die Promethien 673; spaltet Zeus den Schädel für Geburt der Athena 672; fertigt aus Ton Bilder aller Lebewesen 674; Phaënon / Phaëton ist sein Geschöpf 674; formt aus Erde und Wasser den Menschen 674, 675; der Homophile ist sein Werk 674; schafft den Menschen aus Lehm und Tränen 674; entwendet das Feuer und belebt damit das Menschenbild 675; Athena trägt ihn in den Himmel 675; entzündet den Narthexstengel am himmlischen Feuer 675, 689; Wohltäter der Menschheit 675, Begründer menschlicher Zivilisation 675 f, 676 f; Erfinder der Baukunst, baut Häuser aus Backstein und Holz 676; führt die Astronomie ein 676; führt ein das Joch, Kummet und Pferdegespann 676; ist Erfinder von Zahl und Schriftzeichen 676; Erfinder des Segelschiffs 676; gibt den Menschen Heilmittel 676; – vervollkommnet den Menschen 676 f; von Hephaistos oder Hermes an den Kaukasus gebunden 678 f; an zwei Felsspitzen gefesselt 679; in der Allegorese 681 ff; gilt als Sinnbild der Zeit 682; Erfinder der Athletik 682; Stifter des Fackellaufs, Erfinder von Weisheit und Fürsorge, Gründer der Philosophie und Astrologie 682; als kluger Gelehrter 683; bringt Ordnung in die Wahrsagekünste, lehrt Geräusche und den Vogelflug deuten, lehrt Eingeweide- und Feuerschau, lehrt Traumdeutung, Metallurgie 676; mit eiserner Kette, bronzenen Fesseln an den Kaukasus gebunden 679; ein Adler oder Geier fressen von seiner Leber oder seinem Herzen 679; eine Höhle im Kaukasus ist sein Gefängnis 679; Zeus treibt eine Säule durch seinen Körper 679; von Herakles befreit 679, in der Bildkunst 690; wird von Zeus befreit 680; trägt einen eisernen Fingerring, einen Siegeskranz 680; aus seinem Blut wächst eine Pflanze 680; – aus christlicher Sicht 684 f; ist Zeitgenosse des Moses 684; der erste, der ein Bildwerk vom Menschen schuf 684 f; Boccaccio hat zweierlei Auffassungen von – 685; – mit Noah, Moses oder Magog identisch 685; ist Meister technischer Künste 686; Typus in der Bildkunst 686; ist geflügelt 686, 689; erfindet den Fingerring 687; erschafft den Menschen, in der Bildkunst 687 f; belebt den Menschen 688 f; von Vulcan oder Merkur gefesselt 689; der gefesselte –, in der Bildkunst 689; *Chirons Verhältnis zu –* 192; *Tantalos und Tityos mit – verwechselt* 539, 564

Promethien: von Prometheus gegründetes Fest 673

Pronoia: von Prometheus Mutter des Deukalion 673

Propoetus: Venus bestraft seine Töchter 38

Propylaios: Beiname des Hermes als Hüter von Tor und Tür 448

Proserpina: bildet mit Luna und Diana eine dreifaltige Göttin 148; – ißt Mohn und fällt in Schlaf 233; zerkaut sieben oder drei Granatapfelkerne 233; Metonym für Saat 235; anderer Name für Ceres 236; steht für den Mond 237; Metonym für Frucht 237; gleichgesetzt mit Luna, Diana, Ceres und Proserpina 237; thront zur Linken des Pluto 315; von Hades geraubt, steht für erzwungene Liebe 315; von Liber Mutter des Merkur 433; anderer Name der Kybele 523; Orpheus ist ihr erster Gemahl 572

Prostitution, sakrale: Deutung der Adonien 15

Prosymnos (Polymnos): gibt Dionysos Rat 258; begehrt Dionysos, der sein Grab schmücken wird 258

Proteus: König von Ägypten, heißt Dionysos willkommen 254; erhält von Hermes die Helena zur Frau 440; Helena in seiner Obhut 610 f; Sohn des Poseidon, Inbegriff der Wahrhaftigkeit 653

Prudentia (Klugheit): verkörpert durch Athena 186

Prunksucht: *veranschaulicht durch Polyneikes* 43, 498

Psalmodie: Amphion als ihr Symbol 30

Psyche: vom Zorn der Venus betroffen 38; von Amor geliebt 296

Psychopompos (Seelengeleiter): ist Hermes, er steht Hades nahe 309, 434, 441, 446, in der Bildkunst 471 f; geleitet Eurydike 584

Pteleraos: ihm pflanzt Poseidon ein goldenes Haar ein, das ihn unsterblich macht 654

Pubertät: Venus führt durch – 53

Pudica (die Keusche): Beiname der Venus

Pulverhorn: Attribut des Mars 127, 130

Puppe: mit hölzerner – täuscht Zeus die Hera 353

Purpur: -farben, Mantel des Dionysos 256; -farben ist Chlamys des Eros 294; – von Tyros, von Herakles entdeckt 425; -farben sind Gewänder der Horen 486; -farben ist die Lilie, die aus dem Blut des Hyazinth wächst 487; -farben ist der Mantel des Hyazinth 489; einen -saum haben die weißen Gewänder der Parzen/Moiren 554; Farbe des Mantels von Perseus 639, 642; *eine – Blume wächst aus dem Blut des Aias und aus dem des Hyakinthos 97; Helene wirkt -mantel 300; der -farbene Mantel des Iason ist Werk und Geschenk der Athene 336*

Pygmäen: ihre Königin ist Gerana 352; Brüder des Antaios, trachten Herakles nach dem Leben 376; versuchen Herakles zu töten, in der Bildkunst 418; sind Sinnbild der Vermessenheit 418; in der Allegorese 419

Pygmalion: Venus belebt sein Bildwerk 39, 47; das Bildwerk wird zum Leben erweckt 545

Pyrakmon: einer der drei Kyklopen 320

Pyrene: von Ares Mutter des Kyknos 376

Pyromantie: Vulcan der – kundig und vielleicht ihr Erfinder 33; *Ursprung der – bei Amphiaraos 135*

Pyrrha: Tochter von Pandora und Epimetheus 597; von Prometheus Mutter des Helenos 673; – und Deukalion werfen Steine, aus denen Menschen werden 697

Pyrrhos/Pyrrhus s. Neoptolemos

Pythagoras: erfindet den Buchstaben Y 356

Pythische Spiele: von Adrastos eingeführt 41

Pytho: Ort, an dem Python verrottet 81

Python: bedroht Leto 76, 531; Schlange bei Delphi, von Apoll getötet 77; Leichenspiele für – 78; Apoll kämpft mit – 89; Apoll siegt über – 91, 98; ist ein Drache 95; Sieg über – als Bild des Triumphs 104, 105

Quadriga: des Apoll 90, 96, 103, 105; der Hekate 632; des Zeus 702

Quasten: 100 – hat der Gürtel der Hera 347; der silberne Beutel des Perseus hat goldene – 638

Quecksilber: und Hermes/Merkur 447; *Daidalos schafft mit Hilfe von – eine hölzerne Aphrodite, die gehen kann 204*

Quell/e(n): in der Aphroditus badet 39; am Grab des Adonis 67; kastalische 103; Verwandlungsform der Arethusa durch Artemis 143; – auf dem Helikon, lieben Athena und Musen 174f; von Pegasus aus dem Fels geschlagen 174; – Kanathos bei Temenion, in der Hera ihre Jungfräulichkeit wiederherstellt 353; an den – weilen gern die Musen 556; – auf dem Helikon, aus dem die Dichter trinken 622, 624; Pegasus schlägt den kastalischen – aus dem Boden, er ist Apoll und den Musen heilig 624f; von Poseidon aus dem Fels der Akropolis geschlagen 652, 655; die – von Argos von Poseidon geschaffen und ausgetrocknet 655; Poseidon öffnet – mit Dreizack 667

Quellwasser: auf dem Helikon 629

Querflöte: Attribut der Euterpe 564, 565

Quos ego: Neptun gebietet den Winden 664

Rabe: dem Orakelgott Apoll geweiht; seine Stimme hat 64 Bedeutungen 90; ist zu Voraussage und Vorschau fähig 91; wegen seiner Farbe dem Apoll zuwider 91; Attribut des Apoll 95

Rache: *Polyneikes steht für Zwietracht, – und Zorn 497*

Rächer: Hades und Persephone 308

Rachsucht: der Venus 43; der Artemis 143; Eigenschaft des Hades 309; Wesenszug des Ares 248

Rad: Ixion darauf geflochten 363, von Hermes daran gebunden 441; *Bestrafung des Ixion 346*

Räder: eherne – am Wagen der Hera 345

Radius: Attribut der Urania 564

Raffgier: Eigenschaft des Eros 296

Ränkeschmiedin: heuchlerische – ist Juno 351
Rappe: im Gespann der Diana 147; auf einem – reitet der Tod 630
Raserei: Kybele versetzt Menschen in – 521
Rasseln: Instrument im Kult der Kybele, gemeinsam mit Flöten, Becken und Pauken zum Tanz 519
Rat: aus Dank für guten – befreit Zeus den Prometheus 680
Ratgeber: ist Hermes dem Osiris 442
Ratlosigkeit: des Ares 113
Rätsel: das – der Sphinx stammt von den Musen 557
Raub: der Helena 611, 612
Raubvögel: beim Anblick der Adler des Zeus 706
Rauch: und Feuer, Verwandlungsform des Juppiter 720
Rea: von Kronos Mutter der Demeter 228, und der Hestia 477; lehrt Dionysos die Initiationsriten, schenkt ihm Gewand 254; von Kronos Mutter des Hades 307; von Kronos Mutter der Hera 344; von Kronos Mutter von Hestia, Demeter, Hera, Hades, Poseidon und Zeus 508; Gemahlin des ersten Kronos 508; überlistet Kronos 509; – täuscht Kronos mit einem Fohlen 648; von Kronos Mutter des Poseidon 648; von Kronos Mutter des Zeus 691; täuscht Kronos, in der Bildkunst 714
R(h)ea Silvia: und Mars 108, 129
Reben: Attribut des Dionysos 272
Rebenkranz: Attribut der Herbst-Hore 486
Rebhuhn: der Artemis lieb 151; Verwandlungsform des Perdix durch Athena 173
Rechen: Attribut der Kybele und Ceres 525
Recht: – und Schrift bringt Hermes Pheneus den Ägyptern 433; Hermes verleiht den Menschen Sinn für – und Toleranz 442
Rechte: eheliche –, von Juno eingesetzt 360
Rede: die – veranschaulicht Hermes, und sie steht unter seinem Patronat 450; für ihre Klarheit steht das Silber 450; die

rechte – symbolisiert der Caduceus 451; – des Anwalts symbolisiert die Rute des Merkur 451; die giftige – symbolisieren die Schlangen des Caduceus 451; veranschaulicht der Hermes tetrágonos 456; die süße – verleihen die Musen, Merkur ist Vorsteher der – 557; verkörpert von Pan 591; die verführerische – der Urmutter Eva, veranschaulicht von Andromeda 640; *Bezug der Chimaira auf den Aufbau der – 179; Hermaphroditos als Bild für die ausschweifende – 313; die – sei männlich 313; Odysseus als Redner 412 ff; die Brust als Ursprungsort der – 413; der Redner Odysseus 438 f; Körpersprache im Dienst der – 439; Palamedes hält eine gute – 474 f;* s. a. Gerede 296
Redekunst: – und Musik eine Einheit in Amphion 30, 31; verkörpert von Hercules Gallicus 431, 432; verkörpert von Orpheus, Bellerophon und Amphion 432; allegorisiert durch Merkur, in der Bildkunst 475 f; *lehrt Phoinix den Achill 17*
Redensarten: *zu Daedalus 209*
Redner: steht unter dem Patronat des Hermes / Merkur 434, 446; seine Macht symbolisiert die Rute des Merkur 451
Regen: Allegorese zur Entstehung der Venus aus dem Wasser 48; versinnbildlicht durch den stiergestaltigen Juppiter 236; fruchtbarer –, veranschaulicht durch urinierenden Bacchusknaben 284; Iris füllt damit die Wolken 492; schwere -fälle bringt Saturn im Zeichen des Steinbocks 512
Regenbogen: -farben, Ausrüstung der Athena 168; = «Friedensbogen» = Iris 359; Botenweg der Iris, begleitet Juno 361, 493, = Iris = Attribut der Juno 502, 505; ihn spannt Zeus 696
Reh: begleitet Apoll 95
Reichsapfel: Attribut des Juppiter 711
Reichtum: verkörpert von einer Charis 214; von Ceres verkörpert 250; besitzt Pluto, birgt der Boden 312; Plutos, Gott des – 314; verkörpert durch Juno 358; – und Macht, versinnbildlicht durch Zepter der Juno 358; ihn symbolisiert der Worfelkorb 435; – und Macht verkörpert Juno 505, 506; Pluton und Perse-

Register 731

phone bringen den Armen – 631; neuerworbener –, veranschaulicht durch das Haupt der Medusa 640

Reigentanz: lärmender der Artemis und ihrer Gefährtinnen 138; gefällt der Artemis 140; lieben die Horen 483 f

Reinigungsriten: Kybele lehrt durch sie das Heilen von Herden und Kleinkindern 521

Reisehut: des Perseus von Hermes 634

Religion: verkörpert von Leto/Latona 530 f, 568, ihre Kinder sind Keuschheit und frommer Lobpreis 568

Remus s. Romulus

Rennpferd: Erfindung des Bellerophon 207, Deutung des Pegasus als – 624

Reue: klagende – als Stufe der Liebe 53

Rhadamanthys: Totenrichter 308; lehrt Herakles das Bogenschießen 366; zweiter Gemahl der Alkmene 367

Rharos: wo man zuallererst gesät hat und geerntet 422

Rhode: Tochter von Amphitrite und Poseidon, Schwester des Triton 648; Tochter von Poseidon und Aphrodite, Schwester des Triton 652

Rhodos: Sohn von Poseidon und Venus, Bruder des Eryx 652

Rhythmus: Auffassung der Griechen 80; Orpheus gibt dem Tanz den – 571, 575

Richter: sind die Moiren, auch über die Götter 553; ein weiser – ist der gottgefällige Fürst 556; ein gerechter und strenger – ist Paris 609; ein parteiischer – ist Juppiter 708

Riese(n): ein – ist Chrysaor, sind die Aloaden, ist Polyphem 653

Rind(er): Hermes stiehlt die – des Apoll, der im Streit mit ihm einen -fuß hält 98; Opfertier des Mars 121; Gespann der Artemis 146, und ihr zugesellt 151; Reittier der Ceres 240; Zugtier, von Dionysos eingeführt 263; schwarzes –, Opfertier an Hades 314; der Hera/Juno heilig 361; des Geryon, von Herakles entführt 374, 407; des Apoll, weiß mit goldenen Hörnern, von Hermes gestohlen 436, in der Bildkunst 463 f; -herden dem Hermes unterstellt 439; als Lastund Arbeitstier von Prometheus eingeführt 676

Rinderdiebstahl s. Rind(er)

Rinderhirte: Hermes als – 441

Rindfleisch: Lieblingsspeise des Herakles 388

Ring: wirft Minos ins Meer 652; mit großem Stein, Attribut des Prometheus 687

Ringer: steht unter dem Patronat des Hermes/Merkur 446

Ringkampf: zwischen Eros und Hermes, in dem Eros unterliegt 293; lernt Herakles von Autolykos 366; im – tötet Herakles den Antaios 376, in der Bildkunst 411 f; Pan unterliegt Cupido im – 587; – *des Odysseus mit Iros 432; Sieger im – ist Polyneikes* 496

Ringkämpfer: ist Apoll selten 83, 86; ist Herakles 390

Ritter: Aktaeon im Typus des – 24; Herkules als Bild des christlichen – 395, 399, 422

Rohrflöte: Erfindung des Marsyas 533; siebenteilige, des Pan 590, ist ein Bild der Himmelsharmonie 81, 593

Rollstuhl: des Hephaistos 327, 332

Rom: Gründungssage der Stadt 129; unter dem Patronat der Diana 148; Juno ist seine Stammutter 496; wird «Pandora» genannt 602

Romulus: und Remus, Kinder des Mars und der Rea Silvia 108, 129; Remus: überspringt die Grenze 116; Vergöttlichung des – 117; Sterblicher, zum Gott erklärt 262; Enkel der Juno 496

Rose(n): Venus tritt in -dorn 17, 67; Venus trägt -kranz 20; färbt Gewand der Venus 44; Venus trägt Kranz aus weißen und roten – 51; Allegorese der – auf Keuschheit und Wollust 54; Venus genießt u. a. den Duft einer – 58; -kranz 67; – als Sinnbild der Gattenliebe 68; -kranz und -korb, Attribut der Frühlings-Hore 486; – streuen Cupidi im Gefolge der Amphitrite 66

Roß (Rösser) s. Pferd(e): *Kastor ist -bändiger* 213; *Dioskuren sind -bändiger* 230

Roßhaarbuschen: Helmschmuck der Athena 169

Roßschweif: am Helm des Paris 614

Rot: häufige Farbe des Priapusbildes 671; *Dioskuren tragen weiße Tunika und scharlach- Mäntel 225; Meleager trägt – Mäntelchen 387*
Ruder: in Schlangen verwandelt 256
Ruderer: Orpheus gibt ihnen den Takt 571, 574
Ruhm: nie welkender, symbolisiert durch Immergrün des Lorbeer 225; Pegasus steht für –, Ehre und Weisheit 624 f; Pegasus dient dem Ruhm als Vehikel 629; das Verlangen nach – veranschaulicht Perseus auf dem Pegasus 639; Perseus ist Sinnbild für – 641; Zeus schickt – und Schwäche 697
Ruhmsucht: und Prahlerei verkörpert von Marsyas 535
Rundaltar: der Vesta 482
Rundschild: des Ares 114; des Herakles 387; des Perseus 643
Rundtempel: der Artemis, der Vesta, des Herkules, des Merkur 138; der Vesta 479
Rüstung: Mars in Rüstung und Ketten vor der Liebesgöttin 66; des Ares 110, 113; bronzene, des Ares 116; – des Odysseus fertigt Hephaistos 321 f; des Herakles, Beschreibung 387; eiserne, des Perseus 642
Rute: Spielzeug des kleinen Hermes von Hephaistos 439; des Merkur ist Bild für die Rede des Anwalts und die Macht des Redners 451, Zeichen seiner Zuständigkeit in der Medizin 455

Saat: – und Frucht, veranschaulicht von Adonis 13; veranschaulicht von Proserpina 237
Sabazios: – und Osiris, dem Dionysos vergleichbar 251; Sohn von Zeus und Persephone 630
Sabina: im Bild der Ceres (mythologisches Porträt) 250
Sabinerkrieg: im – hilft Venus den Römern 40
Säen: das lehrt Demeter den Triptolemos 238
Säer: – und Endiger ist Pluto 309
Safran: *-farbenes Gewand und Schuhe trägt Hymen 320; -gelben Mantel trägt Iason 337*

Säfte: Gleichgewicht der – vom Lauf der Sonne gefördert oder behindert 89; – gibt Saturn den Menschen 512
Säge: Erfindung des Perdix 172; *Erfindung des Talos 197; Erfindung des Daidalos 202*
Saite(n): Anzahl der – der Lyra Apolls 79; – von Bogen und Lyra im Vergleich 92; drei – der Lyra des Hermes spiegeln die drei Jahreszeiten 435 f; die sieben – der Lyra des Hermes sind aus Schafsdarm 435; die siebte – der Lyra ist von Orpheus, die sechste von Thamyras erfunden 570
Saiteninstrument: des Apoll, dem Windinstrument überlegen 79, 80, 534
Saitenspiel: in Gesellschaft der Aphrodite 45, 51
Sakadas: dorischer Aulet 81
Salat s. Lattich
Salben: mag Venus 51
Salier (Salii): Tanzpriester des Mars 128
Salii s. Salier
Sallust, Gärten des: ein Altaraufsatz aus den –, zu Aphrodite 62
Salmakis / Salmacis: Geliebte des Hermaphroditus 39; *ist mannstoll, putzsüchtig, dem Mann verderblich 312; mit dem apokalyptischen Weib 312*
Salmoneus: vom Blitz des Zeus getroffen 699
Salomon: sein Urteil als Beispiel des gerechten Urteils 539
Salus (Heil, Gesundheit): *ihr Bild, Attribut des Asklepios 159*
Salz: bekrönt Poseidon 659
Salzfladen: – und Phallus im Kult der Venus 46
Salzige Beschaffenheit: des Samens 48
Samen: seine salzige Beschaffenheit 48; – des Nessos, Bestandteil des Liebeszaubers der Deianeira 384; Priapus steht für den flüssigen – 671
Sand: Juppiter steht auf – 706
Sandalen: goldene, der Athena 180; goldene und unvergängliche hat Hermes 439; geflügelte, die Hermes von den Nymphen hat und dem Perseus gibt 440; – hat Perseus von Athena 542, er übergibt sie dem Hermes 543, 637

Sandalenbinder: Hermes, in der Bildkunst 470 f
Sangarios: Fluß, Großvater des Attis 520
Sänger: der Schwan ist – des Apoll 77; ein schlechter – ist Herakles 388
Sangeskunst: Thamyris verliert sie durch die Musen 557
Sarapis: düsterer Gott, ohne Mythos 316
Sarpédon: Sohn des Poseidon, von Herakles erschossen 374
Saturn / s. a. Kronos: Allegorese zum Ursprung der Aphrodite / Venus 48; der Planet verleiht Trägheit 49; – und Minerva, schützen Kunst und Wissenschaft 199; – und Mond verwalten die Unfruchtbarkeit 235; die beiden «oberen» Kinder sind Juppiter und Juno, die «unteren» Neptun und Pluto 357; – ist Schöpfergott 358; Sohn der Ops 366; Gemahl oder Vater der Vesta 477; zuständig für den Ackerbau 508, 509; lehrt den Weinbau und den Gebrauch der Sichel, bringt den Wein nach Italien 509; Janus nimmt ihn auf 509; Wächter der Schatzkammer, Patron des Geldwesens 509; bringt Metallgeld nach Italien 509; ist Gesetzgeber, kluger Richter 509; als Planetengott 509 f; als Kinderfresser und wohltätiger Herrscher 510; sein kontroverses Wesen 510; sein Haar ist grau 510; Gemahl der Ops, zuständig für Frucht und Ernte 512; – und Ops verkörpern Himmel und Erde 511; Planet, in ihm geht historisch Chronos auf 512; in der Allegorese 512 f; – und Mars, mißgünstige Sterne 512; – und Mond, sind für die Sterilität verantwortlich 512; bringt dem Menschen Trägheit und Stumpfsinn oder Langsamkeit und Kälte 512; unter seinem Zeichen erhält die Seele Intelligenz 512; seine Sphäre steht für Wasser 512; ist der langsamste der Planeten 512; ist kalt 512 f, melancholisch 514; in der Sphärenharmonie gibt Saturn den höchsten, der Mond den tiefsten Ton 514; seine Tierkreiszeichen sind Wassermann und Steinbock 512; bringt schwere Regenfälle im Zeichen des Steinbocks 512; – gibt den Menschen Säfte 512; ist ein Unstern für die in seinem Zeichen Geborenen 515; schwarz ist seine Farbe 516; Melancholie ist ihm zugesellt 516; entführt Kybele 525 f; Juppiter entmannt ihn 694; Vater der Elemente 702; *ist der an den Himmel versetzte Phaethon 479*

Saturnalia: größtes Volksfest im alten Rom 508, 509

Satyr(n): Verwandlungsform des Zeus für Antiope 27; muschelhornblasend auf Bild der Venus von Botticelli 73; bilden Gefolge der Artemis / Diana 146, 159; Gefolge des Dionysos 251, 267, 274, 665; -chor, von Arion erfunden 252; Dionysos ähnelt einem – 271; ein -knabe begleitet Dionysos 275; aus ihren Tränen entsteht der Fluß Marsyas 533, in der Bildkunst 539; Pan ist ihnen verwandt 587; bei der Geburt des Priapus 672; Verwandlungsform des Zeus für Antiope 700

Satyrn s. Satyr

Satyrspiele: beeinflussen die bildende Kunst 259

Sau: trächtige, Brot und Wein = Opfergaben für Herkules und Ceres 240

Säuglingsnahrung: Erfindung der Artemis 148

Säule(n): zwei – am Ufer des Ganges errichtet, unter Aufsicht des Bacchus 287; aus Stahl, in der Unterwelt 308; an eine – bindet man Herakles 368; – des Herakles oder des Atlas 379; errichtet Herakles als Grenzpfosten, sie sind sein Attribut 391, 401, 417; Attribut des Herakles, in der Bildkunst 401, Attribut der Stärke, in der Bildkunst 402; des Herakles, in der Bildkunst 417; – treibt Zeus durch den Leib des Prometheus 679

Sauroktónos: Beiname Apolls als Eidechsentöter 95

Schaf(e): von Wölfen gerissen 90; Opfertier des Mars 121; goldfarbene, der Hesperiden 377, -herden der Hesperiden, metaphorisch als goldene Äpfel verstanden 377; stehen unter Patronat des Hermes 439; Priapus ist ihr Gott 670

Schäfer: abwertendes Urteil über Paris als Richter 46

Schafgarbe s. Achillea

Schafsdarm: daraus sind die sieben Saiten der Lyra des Hermes 435

Schafshaut: in sie packt Rea den Poseidon 648

Schale: Attribut des Mundschenks Ganymed 304; goldene –, Gefährt des Sonnengotts, Werk des Hephaistos 323; goldene, eherne oder eiserne –, Geschenk des Sonnengottes oder des Okeanos an Herakles 374, 376; Fahrzeug des Herakles 374, in der Bildkunst 407; = Büchse der Pandora 605

Schalldecke: – der Lyra des Hermes ist aus Ochsenhaut 435

Schallkörper: – der Lyra des Hermes ist ein Schildkrötenpanzer 435

Schalmei: Instrument des Hirten Apoll 94; bläst Merkur 719; Attribut der Euterpe 564

Schande: veranschaulicht die Nacktheit Amors 41

Schandtaten: des Eros 295

Schärpe: eine – trägt der altitalische nackte Mars 127

Schatten: der Gesang des Orpheus rührt die – im Hades zu Tränen 572

Schatzkammer: Saturn ist ihr Wächter 509

Schatzmeisterinnen: des Juppiter sind die Moiren 554

Schaum: aus dem Aphrodite hervorwächst 34, 35, daher heißt sie die Schaumgeborene 33, 34, 63; der Kerberos, aus dem Eisenhut wächst 378

Schaumblase: süße Begier flüchtig wie eine – 52

Scheideweg: Herakles am – 368, 396, in der Bildkunst 419 f

Scheinheiligkeit: ein Wesenszug des Hermes 437

Scheiterhaufen: auf dem Herakles stirbt, von Poias oder Philoktetes entzündet 385, in der Bildkunst 427

Schellentrommel: Attribut einer Muse? 566; Instrument der Korybanten 715

Schenkel: darin birgt Zeus den Dionysos und daraus gebiert er ihn 253, 701

Schenkkanne: *Attribut der Hebe* 270

Schere: Attribut der Hera / Juno 360; Attribut der Parzen / Moiren 555

Schicksal: Lachesis teilt jedem sein – zu 553; das – der Sterblichen lenken die Moiren / Parzen 553; die -tafeln verwalten die Moiren 553 f; ihm ist auch Zeus unterlegen 698; Juppiter wägt das – 722

Schicksalsgöttinnen: sind die Moiren 552

Schicksalswäger s. Schicksal

Schiedsrichter: ist Zeus im Streit zwischen Apoll und Hermes 437; die Nymphen vom Berg Nysa sind – im Wettstreit zwischen Apoll und Marsyas 532, die Musen 557; Idas ist – im Wettstreit zwischen Apoll und Pan 565

Schiff(e): -bau ist eine Erfindung der Athena 174; Pegasus als – gedeutet 207; -mast verwandelt Dionysos in Schlangen 256; – des Aeneas, von Vulcan in Brand gesteckt 324; beinahe von Iris verbrannt 492; der Gesang des Orpheus bewegt das – Argo 572; damit wird Helena entführt 619; Pegasus soll ein – gewesen sein 624; die Flügel des Perseus sind Metapher für seine Segel – 639; «Pegasus» heißt das Segel- des Perseus 639; das – des Alkinoos wird zu Stein 651; Poseidon versenkt das – des Odysseus 656; ihre Rettung ist Aufgabe des Poseidon 656; Pferd und – sind Poseidon angelegen 659, und sein Attribut 662; Poseidon setzt Fuß auf – 662; Zeus zerstört zur Strafe – 698; auf einem – wird Europa entführt 717

Schiffer: Priapus ist ihr Patron 670

Schild: Rüstung des Apoll 96; des Ares / Mars 113, 121, 126; – der Athena / Minerva 168, 188, 192, 632, trägt Gorgoneion 637, auf ihrem – bringt Minerva den Prometheus in den Himmel 675; der – des Herakles, ein Meisterwerk des Hephaistos 321, 387; auf seinem – bringt Perseus das Haupt der Medusa an 543; – des Agamemnon trägt das Bild der Medusa 543; – der Athena zeigt das Gorgoneion 543, 634; ist ein Attribut des Perseus 624, er spiegelt die Gorgo 542, 634, er ist von Athena und aus Bronze 634, 634; der Kureten 713; der Korybanten 714; s. a. Spiegel-

Schildkröte: Attribut der Aphrodite / Venus 51, 52, 54, 61; ein -panzer bildet den Schallkörper der Lyra des Hermes 435; Hermes verwandelt Chelone in eine – 441

Schildkrötenlyra s. Lyra

Schilfkranz: Attribut der Winter-Hore 486; Schmuck und Attribut der Flußgötter 662, 663; – *und Wasserurne, Attribut des Achelo(i)os* 13

Schilfrohr: Verwandlungsform der Syrinx 587; sieben – bilden die Flöte des Pan 588

Schimmel: im Gespann der Diana 147; Zugtiere der Sthena 194; Verwandlungsform des Kronos 518; ein – ist Pegasus 624, 628, 630

Schimmelgespann: am Wagen der Venus 64; Wagen Apolls 104

Schindung: des Marsyas als Beispiel des gerechten Urteils 539

Schlachtroß: Pegasus im Mittelalter 626

Schlachtruf: der neugeborenen Athena 167

Schläfen: graue, schon bei der Geburt 697

Schlagetot: Ares 112

Schlange(n) / s. a. Drache: passim Medusa; Attribut des Apoll 94, 95, 98; bei Admet 144; bei Athena, und Bild der Weisheit 188, 193; Zugtier der Athena 195; Teilgestalt der Chimaira 204; – oder Drachen ziehen Wagen des Triptolemos, der Demeter lieb 234; – des Cychreus macht Demeter zu ihrer Gefährtin 234; Attribut der Demeter / Ceres 240; der Demeter heilig und ihre Zugtiere 245; der Ceres, von Horen gefüttert 245; Attribut des Plutos 245; Verwandlungsform des Zeus 252, 630, 700; mit imaginären – kämpft Lykurgos 255; in – verwandeln sich Schiffsmast und Ruder 256; begleitet Dionysos 268; umwinden Körper eines Silens 278; auf dem Rücken des Kerberos 308; -haar der Furien 314; – schickt Hera dem Herakles 351; Haar der Antigone in – verwandelt 352; von Hera geschickt, sollen das Kind Herakles töten 366, 402, was als dessen 10. Arbeit gewertet wird 380; Verwandlungsform des Periklyménos 383; Herakles haßt – 391; Attribut des Herakles, in der bildenden Kunst 401; -würger Herakles, in der Bildkunst 402 f; – sind ein Gleichnis für die Knechte des Herodes 422; – umschlingen den Caduceus 449; – um den Caduceus veranschaulichen die giftige Rede 451; – als Bild der Klugheit 451; Attribut der Hestia 482; –, die sich in den Schwanz beißt, Attribut des Kronos / Chronos / Saturn 516, 517; bedroht Kinder der Leto 531; zwei – bilden den Gürtel der Gorgonen 540; umwinden das Haupt der Medusa 540, 634; 300 Wasser- umwinden das Haupt der Gorgonen 540; in – verwandelt Athena das Haar der Medusa 541; – wachsen aus dem Blut der Medusa, eine davon tötet den Mopsos 544; eine – beißt die Eurydike 572; eine – versucht das Haupt des Orpheus zu verschlingen, wird von Apoll in einen Stein verwandelt 573; umwinden den Arm der Pandora 606; Verwandlungsform des Zeus 630; schützen das Haupt der Medusa 634, sind ihr Haar 644, wachsen aus den Blutstropfen der Medusa 635; die – wachsen aus dem Blut der Medusa 646; wie es kommt, daß die – immer jung erscheint 680; *Verwandlungsform des Achelo(i)os 12, 14; des Asklepios als Symbol der Gesundheit 156; Symbol der Sonne 156 f; scharfsichtig 157; als Wächter von Orakeln und Schätzen 157; ihre Scharfsichtigkeit als Bild der ärztlichen Kunst 157; Löwe, Ziege und – sind Teile der Chimaira 167; Kadmos und Harmonia in – verwandelt 354; – steht für Studium 357; giftige – heißen in Arabien Sirenen* 523

Schlangenhaut: *die libyschen Amazonen sind in – gekleidet* 126

Schlankfüßig: ist Demeter 236

Schläue: verkörpert von Kronos / Saturn 514

Schlechtes: Gutes und – verteilt Zeus aus zwei Krügen, bringen die Moiren den Menschen 697; Gutes und – verteilt Juppiter 708

Schleier: Gewand der Venus 57; kleidet Hestia 481
Schlüssel: Attribut der Venus 52, 61; bei der Geburtsgöttin Diana 155; Attribut der Demeter/Ceres/Magna Mater/Kybele 240; Attribut des Hades/Pluto 316; Attribut der Hestia/Vesta von Kybele 482; Attribut des Chronos/Saturn 517; Attribut der Kybele, Tellus und Magna Mater 522, in der Allegorese 523
Schlüsselloch: Schlupfloch für Hermes 437
Schmerzensmutter: Venus im Typus der – 21
Schmetterling(e): Bild der Seele 688; Juppiter malt –, in der Bildkunst 723, 724
Schmied(e): Alkon und Eurymedon, geschickte – 317; s. a. Schmiede-
Schmiede(werkstatt): des Hephaistos/Vulcan von Wasser umgeben 320; ihre Beschreibung 337 ff; unter dem Patronat des Prometheus 673
Schmiedehandwerk: Tubalkain ist der Erste darin 329
Schmiedekunst: Hephaistos, Gott der – 317; die – übt Hephaistos 318; Erfinder der – ist Hephaistos 329
Schmieden: das – in der Allegorese 330
Schmiedezange: Gerät und Attribut des Hephaistos/Vulcan 320, 333
Schmuck: der – der Aphrodite ist reich 44, 51, 55, 57; – trägt Athena selten 189; Schmuck für Beroë, ein Werk des Hephaistos 321; – am Wagen des Sonnengotts ist ein Werk des Hephaistos 321; – aus Metall fertigt Hephaistos 337; reichen – trägt Juno 502 f; -kästchen, Attribut der Juno Moneta 502, 506; – der Pandora 598
Schneckenhaus: Attribut der häuslichen Venus 52, 61
Schneckenhörner: *hat Silen 509*
Schönheit: als Stoff, an dem Liebe sich entzündet 42; verkörpert von einer Charis 214; auffallende, des Ganymed 303; von Aphrodite verkörpert 330; leibliche – der Hera 355; – vereint mit Macht, verkörpert von Juno 360; weibliche –, ihre betörende Macht verkörpert Medusa 547; Paris ist von besonderer – 613, von mädchenhafter – 614; Gold ist Inbegriff der – 613
Schönheitsgöttin: Aphrodite/Venus 58
Schöpfergott: verkörpert von Saturn 358; – und Ordner der fünf Weltzeitalter ist Zeus 697
Schrecken des Krieges: veranschaulicht von Ares 114; so heißt ein Pferd des Mars 115
Schrecken und Furcht: Kinder von Aphrodite/Venus und Ares/Mars 40
Schreckenshaupt: der Medusa, in der Bildkunst 647
Schreiben: und Lesen lernt Herakles von Linos 367
Schreiber(innen): des Juppiter sind die Moiren 554
Schreibgerät: Attribut der Muse Klio 564
Schreibtafel: Attribut der Muse Klio 564
Schrein: der Achaier, ihn entweiht Klein-Aias
Schrift: und Recht bringt Hermes den Ägyptern 433; Orpheus ist ihr Erfinder 575
Schriftrolle(n): und Dreifuß kennzeichnen den Seher Apoll 95; Attribut der Klio 562, 564, der Kalliope 562, der Melpomene 564, der Polymnia 565; Attribut der Musen 565; bei Orpheus 581
Schriftzeichen: eine Erfindung des Prometheus 676
Schuhe: goldene und diamantene – macht Hephaistos für die Götter 325; goldene = Gabe des Hephaistos an die Götter und an Hera 349; Spezial- erhält Hera von Hephaistos 349; des Perseus von Merkur/Hermes 635, dem er sie zurückgibt 637; – verfertigt Prometheus 677; *goldfarbene hat Hymen 322*
Schuhmacher: Hermes verteilt Falschheit an sie 443
Schuldbewußtsein: von Amors Pfeilen verursacht 41
Schulterbausch: bildet das Gewand des Poseidon 660
Schultern: des Eros sind silbern 294; des Hermes sind schmal 449; des Perseus sind schön 639

Schurkerei: –, Lug und Trug verteilt Hermes 442 f
Schütze: Apoll 92, 97
Schutzflehende: ihr Gott ist Zeus 697
Schutzfunktionen: des Ares 116
Schutzgott: des Hauses ist Zeus 697
Schutzpatro(in): der Kinder ist Diana 148; des Arion ist Apoll 134; der Herden ist Juno 501
Schwäche: Zeus schickt Ruhm und – 697
Schwalbe: Verwandlungsform der Athena 172
Schwan, Schwäne: Begleiter, Diener und Zugtiere der Venus 53, 56, 60, 61; bei der Geburt des Apoll 77; Begleiter Apolls 95, 96; und Arion 137; Reittier der Diana 156; Attribut des Eros / Amor / Cupido 299; Verwandlungsform des Zeus / Juppiter 441, 527, 700, 705, 717; passim Leda; Verwandlungsform des Zeus vor Leda und Nemesis 527, 528; – und Elster, Gefährten des Orpheus 578
Schwanengesang: zur Geburt des Apoll 77
Schwanenpaar, – gespann: Gespann der Venus 61, 71
Schwangerschaft: und Geburt verwalten die Parzen 554
Schwanz: Drache / Schlange, der / die sich in den eigenen – beißt, Attribut des Saturn 510, 511; langer –, ein Merkmal des Pegasus, in der Bildkunst 628
Schwarz: Rind als Opfertier an Hades 314; Hermes kann – in Weiß verwandeln 450; ist die Farbe des Saturn 516; – sind die Brauen des Zeus 702
Schwarzafrika: der einsaitige Bogen als Musikinstrument in – 94
Schwefel: aus – ist der Thron des Hades 314
Schweif: dunkel, des Pegasus 628
Schweigen: das – vor Schmerz und Kummer veranschaulicht von der Versteinerung der Niobe 568
Schwein(e): der Aphrodite / Venus als Opfer nicht willkommen 54; Opfertier des Mars 121; Schlachtopfer für Demeter / Ceres 240; Opfertier für Demeter / Ceres 245; bei Bacchus als Bild der Trunkenheit 269

Schweineschwanz: hat Marsyas 534
Schweiß: den der Coitus treibt 54
Schwelle: ihr unterschiedlicher Sinn für Apoll und für Hermes 85; häusliche –, der Hestia / Vesta heilig 478, 708
Schwert: des Actaeon 24; des Amphion 28; goldenes, des Apoll 86; ein – hat Apoll selten 94; Apoll tötet den Tityos mit dem – 99; – des Ares / Mars 121; des Mars 125, 126, 127; des Mars als Planetengott 131; unkanonisches Attribut der Athena 192; goldenes, der Demeter 236, 240; Attribut des Eros 294; den Umgang damit lehrt Kastor den Herakles 366; Schwert, das Ares dem Hermes entwendet 439; –: gibt Hermes dem Herakles 366, 440; Waffe des Herakles 389 f; – entwendet Hermes dem Ares 439; Herakles hat sein – von Hermes 440; Erfindung des Perseus 542; – und Gorgonenhaupt = Attribut des Perseus 641; silberbeschlagen, Waffe des Paris 611, 614; – des Perseus, ist von Merkur 635, 638; – des Perseus, in der Emblematik 641; Attribut des Perseus 642; Kampf des Perseus im Mittelalter 643; Perseus enthauptet damit die Medusa 644; Attribut des Neptun / Andrea Doria 668
Schwertgurt: golden, des Herakles 387
Schwertscheide: schwarz, des Perseus 638
Schwimmbad: *ein – baut Daidalos* 200
Schwingen: des Pegasus 626
Schwurgott: ist Zeus 697
Scylla / Skylla: verliebt sich in Minos 39
Sechszahl: der Venus zugeordnet 49, 62; die sechste Saite der Lyra stammt von Thamyras 570; sechs Söhne und eine Tochter haben Perseus und Andromeda 633
Seeadler: Verwandlungsform der Athena 172
Seeherrschaft: Minos war der erste, der – erlangte 654
Seele: ihre Entrückung zu Gott, symbolisiert durch Entführung des Ganymed 306; Kirschen symbolisieren ihre Reinheit 306; in der Hand des Hades 314; die – löst Iris der Dido vom Leib 492; erhält Intelligenz von Saturn, Tatkraft von

Juppiter 512; die – hat der Mensch von der Sonne 512; gibt Prometheus seinem Geschöpf ein 682; die – verkörpert der Schmetterling 688

Seelengeleiter s. Psychopompos

Seelenwäger: ist Hermes im Bild des hl. Michael 472

Seeleute: unter Schutz der Artemis 146; verwandeln sich in Fische 257

Segelboot: vom Gespann der Artemis gezogen 146

Segelschiff: Deutung des Pegasus 639; Erfindung des Prometheus 676

Segen: der Erde, verkörpert von Persephone 632

Seher: Berufung des Apoll 77; ein – ist Orpheus 576

Sehergabe: erhält Teiresias von Zeus 352

Sehnen: schneidet der Typhon dem Zeus aus Händen und Füßen, Hermes, Aigipan oder Kadmos setzen sie ihm wieder ein 695

Selbsterkenntnis: Mahnung zu – ist eine Botschaft Apolls 91; *Narziß als Metapher für –* 396

Selbstmord: Demeter straft Carnubutes mit – 234; -epidemie der Athenerinnen 257

Selene: –/Luna von Pan begehrt 138; mit Mondgöttin Diana gleichgesetzt 138; und Endymion 144; Dionysos holt sie aus dem Hades 258, 259; von Dionysos aus der Unterwelt geholt 388f; – und Helios, Kinder der Basileis 522; *in Endymion verliebt* 237; *Endymion in Gesellschaft der –* 237; *– küßt den Schlafenden* 237f; *die Geschichte über –/Proserpina/Diana dem Tod assoziiert* 238; *in der Bildkunst: – und der schlafende –* 239ff; *Liebschaft der Aphrodite mit Anchises mit der von – und Endymion verglichen* 241f

Semele: von Aktaeon begehrt 22; von Zeus Mutter des Dionysos 251; von Vater Kadmos ausgesetzt 253; stirbt vor Schreck oder durch Blitz des Zeus 253; *– und Juppiter, in der Bildkunst* 719f

Sense: Attribut des Kronos/Chronos/Saturn 517

September: Monat des Vulcan 342

Sessel: einen goldenen fertigt Hephaistos für Hera 309, 325, 349f

Sex: Vergnügen der Männer 46

Sexualität: – und Liebe als Problem 48

Sibylle(n): cumäische – begleitet Apoll 98

Sibylle von Cumae: *von Aeneas aufgesucht* 54f; *– und Aeneas am Averner See, in der Bildkunst* 69f

Sicanus: König von Sizilien, Sohn der Ceres 228; von Ceres Vater des Acheron 228

Sichel: steinern, mit der Kronos/Saturn dem Vater das Gemächte abschneidet 34, 508, 694 und passim sein Attribut; Attribut der Demeter/Ceres 240, 245, 249, 250; eine – gibt Hermes dem Perseus 440, sie ist diamanten 542; Attribut des Hermes 449; Attribut der Sommer-Hore 486; Saturn lehrt ihren Gebrauch 509; Attribut des Kronos 516; eine diamantene – hat Perseus von Hermes 542; Mordwaffe der thrakischen Frauen an Orpheus 584; Gerät des Pan 590, 592; Gerät und Waffe des Perseus 634, 635, 643, und seine Deutung 640; die – des Hermes ist rot vom Blut des Argos 634f; damit entmannt Juppiter den Saturn 694; eine diamantene – benutzt Zeus gegen Typhon, verliert sie später an ihn 695

Sichelmesser: Attribut des Priapus 671; s. a. Sichelschwert

Sichelschwert: Attribut des Hermes 449; ist eine Erfindung des Perseus 542; diamanten, des Perseus, ein Werk des Hephaistos 634, 635, 643, seine Deutung 640; Attribut des Perseus 643

Sicherheitsschloß: an der Tür des Gemachs der Hera, Werk des Hephaistos 32

Side: Frau des Orion, wird in den Hades geschickt 352

Sieb: dem Bacchus heilig 266; Attribut des Dionysos 269

Sieben Freie Künste: *verkörpert durch die Sieben Fürsten gegen Theben* 43

Sieben gegen Theben: *ein Bild der Sieben Freien Künste* 43; *Grund für den Zug gegen Theben ist der Streit zwischen Polyneikes und Eteokles* 470; *Eteokles* erhebt Alleinanspruch auf die Herrschaft 500; die sieben sind: Amphiaraos, Kapaneus, Hippomedon, Polyneikes, Tydeus, Parthenopaios, oder andere 500; Verteilung der gegnerischen Paare auf die sieben Tore der Stadt 500; Teiresias sagt den Thebanern den Sieg voraus, wenn Menoikos sich dem Ares opfere 501; Kapaneus vom Blitz des Zeus getötet 501; Sieg der Thebaner 501; als einziger entkommt Adrastos 501; Amphiaraos wird von Erdspalte verschlungen 501; Allegorese: die sieben stehen für die Sieben Freien Künste, Adrastos für die Philosophie 501; in der Bildkunst 501

sieben / Siebenzahl: im Sinne von Jungfräulichkeit der Athena / Minerva zugeordnet 49, ist nicht zusammengesetzt = 7×1 181, oder 3 (= männlich) + 4 (= weiblich), naturphilosophische Deutung 182; bei Apoll 79; Flöte des Pan hat – Rohre 81; bei Artemis und Apoll 138; aus – Spären schafft Hermes den Himmel 443; Anzahl je der Söhne und Töchter der Niobe 531, 568; Anzahl der Musen 560; Anzahl der Kinder der Niobe = – Gaben des Hl. Geistes, – Kinder der Niobe = Tugenden 568; die – Saite der Lyra stammt von Orpheus 570; – hat die Lyra des Orpheus 574, sie ist Abbild der Sphärenharmonie 576; soviel Rohre hat die Syrinx 587, 588; – ist die vollkommene Zahl, – Tage lacht der Säugling Zeus 693

Sieg: verspricht Athena dem Paris 345

Siegeskranz: aus der Hand des Cupido 620; einen Olivenkranz als – trägt Herakles 679; einen – trägt Prometheus 680

Siegespalme: im Streit von Eros und Anteros 32

Siegespreis: Lorbeer 225

Silber(n): ist die Lyra des Apoll 86; – ist der Mondgöttin geweiht 151; – sind die Schultern des Eros 294; – ist Werkstoff des Hephaistos 320; – ist der Gerätekasten des Hephaistos 320; schmückt den Schild des Herakles 321; – und goldene Wachhunde, Werke des Hephaistos 321; Weinmischgefäß aus – 322; – und golden ist der Wagen der Hera 345; – steht für Klarheit der Rede 450; – ist das Gewand der Pandora von Athena 598; sind die Knöchelspangen des Paris 614; -beschlagen ist das Schwert des Paris 614; ist der Tragebeutel des Perseus 638; – Zeitalter 697

Silberpappel: ihre Farbe im Vergleich mit anderer Pflanze 54; Attribut des Herakles 397

Silen: erfährt Gastfreundschaft des Midas 257; der greise – versorgt den kleinen Dionysos 265; ein Esel warnt die Hestia vor dem geilen – 478, oder dem Priapus, warnt auch die Nymphe Lotis 670f; *seine Eltern und Kinder 501; – als Gattung den Satyrn gleichgesetzt 501 f; als Individuum: Marsyas, und der sog. Midas- und Papposilenos 502; Erzieher und Unterhalter des Dionysos, Ernährer des Liber 502; – im Gefolge des Dionysos / Bacchus 502; von Bauern gefangen und gefesselt zu König Midas gebracht 502; von Midas bewirtet und gefeiert 502; Midas bringt ihn dem Dionysos zurück, der ihm einen Wunsch gewährt 502 f; andere Versionen seiner Gefangennahme 503; Aegle treibt Schabernack mit ihm 503; – berichtet dem Midas von wundersamem Land 503; – als Stadtgründer 503; Schrein des – in Elis 503; Grabmäler des – 504; sein Äußeres 504: ist beleibt und alt, glatzköpfig, vielleicht mit Haarkranz, gehörnt, ist behaart, vielleicht am ganzen Leib 504; Füße sind behaart, hat einen (Pferde?-)Schweif 504; Sokrates im Gesichtstypus des – 504; er ist klein 504; meist berauscht 504; soll ein guter Tänzer sein 504; tanzt eine Pantomime eines Streits zwischen Dionysos und Aristaios, Eros ist der Schiedsrichter 504; fällt zu Boden und verwandelt sich in einen Fluß 504 f; – spielt mit Satyrn am Wasser 505; in seiner Wandelbarkeit dem Dionysos nahe 505; – ist ein häßlicher Gott 505; sein Äußeres steht im Gegensatz zum Inneren, ein Gegensatz von Leiblichem und Geistigem 505; Vergleich mit Sokrates 505; mit Hephaistos verglichen 505; – ist ein Zwitterwesen 505; sein hohes Alter*

spricht für Weisheit 505; Dionysos verdankt – seine Tüchtigkeit 505; seine Weisheit 506; – im epikureischen Kontext als Verkörperung eines Philosophen 506; kosmologische Deutung: ein Symbol des bewegten Geistes 506; – ist ein Bild der Gefräßigkeit 507; seine Erscheinung im Traum bedeutet Gutes für einen Beginn auch für Ängstliche 507; der Name – bezeichnet Behältnisse, die etwas Kostbares bergen 507; in der Emblematik 507: Kostbares in schmuckloser Hülle 507f; – Gleichnis für den klugen Fürsten und für einen Diener Gottes, die ihre Gottesliebe im Herzen bergen 508; Bild des – in einem Stein entdeckt 508; ist lächerlich und komisch 508; in der Bildkunst 508f: hat Spitzohren, einen langen Pferdeschwanz, Stirnglatze und kurze, stumpfe Nase 508; ist ein fettleibiger, glatzköpfiger Greis 508f; der Papposilenos, Chorführer im Satyrspiel, trägt ein Felltrikot 509; trägt einen Efeukranz 509; Brust und Knie sind behaart 479; ist Antitypus des Pan 509; seine Schneckenhörner 509; hat Tierfüße 510; sein Gesichtstypus entspricht dem des Sokrates 510; Trunkenheit ist eine markante Eigenschaft 510f; der Esel ist sein Reittier 511; trägt ein Pantherfell 511; bei der Heimführung des Hephaistos 511; bei König Midas 511; als Ziehvater des Dionysos 512; der trunkene – 512ff; der trunkene –, von Satyrn gestützt 513; der Fruchtbarkeit verbunden 513; der trunkene – als Bild der Luxuria 514; mit Bacchus zu verwechseln 514f; – und Aegle 515; die Mißgeschicke des – 515f
Silene: im Gefolge des Dionysos 251, 274; bei der Geburt des Priapus 672; Satyrn und – auf Eseln jagen mit ihrem Geschrei Giganten und Titanen in die Flucht 696
Silvanus: Pan wird ihm gleichgesetzt 587; steht für Götzendienst 671; – als Bild der Idolatrie 507
Singen: mag die Venus 45, 51
Sinn: seine Reinheit symbolisiert durch das Gold 450; unerschrockener – verkörpert von Medusa 547

Sinne, fünf: der Wahrheit verpflichtet 50
Sinnenliebe: von Cupido verkörpert 32
Sinnenvergnügen: mag Venus 50
Sinnlichkeit: der Erscheinung der Venus 43
Sinoë: Nymphe, Amme des Pan 587
Sintier: kümmern sich um Hephaistos 318, 319
Sirenen: haben Flügel von Ceres 234; fordern die Musen heraus und werden von ihnen gerupft 557, ihre Federn und Palmblätter sind in den Kränzen der Musen 558; Orpheus rettet die Argonauten vor ihnen 571; ihre Eltern 516; sind Musenkinder 516; Anzahl und Namen 486; im kosmologischen Kontext 517; singen mit schmeichlerischer Stimme 517; ihre Botschaft 517; bannen ihre Zuhörer, die dahinschwinden 517; sind bloßer Klang 487; ihre Instrumente sind Lyra, Stimme und Flöte 517; Mischwesen aus Mensch und Vogel, sind geflügelt 517; ihr Gesang, Zwie- und Dreigesang, Chorgesang 517; ihre Namen 517; lauern den Argonauten auf 517; des Orpheus Musik ist stärker 518; Ursprung ihrer Zwiegestalt 518; Gespielinnen der Proserpina 518; von Ceres in Vögel verwandelt 518; Ulixes entkommt ihnen 518; stürzen sich in den Tod 518; Mädchen, von Aphrodite in Vögel verwandelt 518; fordern die Musen heraus und unterliegen, von den Musen gerupft 518; die – im Totenkult 518f; steinerne Bilder der – als Grabschmuck 519; – sind Musen der Totenklage 519; den Musen angeglichen 519; sind tugendhaft 519; preisen die Tugend 519; besingen den Odysseus und berichten von allen Zeiten 519; sorgen für Schiffbruch, verspeisen die Seeleute 519; sind Meerjungfrauen, ihr Aussehen 519; Mischwesen aus Frau und Fisch 519; Mischwesen aus Frau und Gans 519; sind Mischwesen aus Mensch und Fisch, haben Flügel und Hühnerfüße 519; die – kann man nur hören, nicht sehen 520; sind wie die Musen Berichterstatter 520; weisen dem Odysseus den Weg 520; ihre Botschaft ist Gerücht 520; Opfer sterben

an Sehnsucht 520; Deutung der Gestalt 520 ff; verglichen mit Satyrn und Kentauren 520; Allegorese 521: der erotisch-sexuelle Aspekt 521; von Weisheit des Odysseus besiegt 521; sind Huren 521; Beschreibung der Gestalt 521; ihre Eltern und Namen sind Bild der Mode 522; Emblematik: stehen für Versuchung des Lasters 522; stehen für trügerischen Schein 522; stehen für Wollust 522 f; sind Beispiel der Standhaftigkeit 522; sind Bild des schlechten Predigers 523; ihr Bild auf Musikinstrument 523; ihre trügerische Erscheinung 523; werden in die Nähe des Mars gerückt 523; waren eigentlich Klippen 523; «-» in Indien 523; in der Bildkunst 523 f: Mischwesen aus Mensch und Vogel 523 f; Schildkrötenlyra ihr Instrument 524; in reiner Menschengestalt 524 f; – im Mittelalter in Gesellschaft von Kentauren 525; als fischleibige Meerjungfern 525; Mädchen mit zwei Fischschwänzen 525; – als Verführerinnen 525; ihre Instrumente: Lyra, Doppelflöte, Schildkrötenlyra, Tympanon 525; wie die Grazien gruppiert 526; spielen Flöte und Lyra 526; Wettstreit zwischen Musen und Sirenen 526 f; Typus der Grabsirenen 526; mit den Harpyien zu verwechseln 526; die – im Symbolismus 526 f

Sisyphos / Sisyphus: Vater des Glaucus 38; erleidet Qualen im Hades 572; Eltern und Kinder, Gemahl der Merope 527; Vater des Odysseus 527; seine Bestrafung bestimmt sein Bild 527; müht sich vergebens, einen Stein aufwärts zu stemmen, in endloser Wiederholung 527; ist schlau und voller weisem Ratschluß 528; ist listig 528; legt sich mit den Göttern an, fesselt den Tod 528; ist töricht 528; tauscht sein Wissen gegen Wasser 528; seine Straftat ist unbekannt 528; verrät den Menschen Wissen über Göttliches 528 f; versteht sich auf Weissagung, die er schamlos nutzt 529; Juno befremdet über seine Bestrafung 529; unterbricht seine Arbeit einzig beim Spiel des Orpheus 529; richtet die Isthmischen Spiele ein 529; in der Allegorese 529: – steht für Hybris 529; steht für enttäuschten Ehrgeiz 529; sein Schicksal ist ein Gleichnis für das Menschenleben 530; steht für Gunstbuhlerei und Zurückweisung 530; zum Dieb erklärt 530; ist das Bild endloser Mühsal menschlichen Lebens 530; in der Bildkunst 530: – fesselt den Tod 530; seine Bestrafung 531; neben Ixion, Tantalos und Tityos einer der Verdammten 531

Sittsamkeit: Astraea = Gerechtigkeit, Schwester der – 697

Sitzbild: der Athena aus Olivenholz 165

Sizilien: hier wachsen Athena, Artemis und Persephone auf 167; – schleudert Athena auf Enkelados 169; Ceres, Königin von – 239; der zweite Kronos ist Herr, Kronos ist ein König von – 694

Skamandrios: von Artemis in der Jagd unterwiesen 144

Skamandros: Fluß, von Hephaistos trockengelegt 324

Skorpion / Sternbild: in seinem Zeichen bringt Saturn Hagel 512; – und Widder, dem Mars zugeordnet 131; ein – tötet Orion 142

Skylla: *Untier mit zwölf Füßen, sechs Hälsen und einem dreireihigen Gebiß, bellt und frißt Menschen* 428

Skythe: ein – schindet Marsyas 533

Smyntheus: Epitheton Apolls als Schützer gegen Mäuse 83

Smyrna s. Myrrha

Söhne: sieben – der Niobe, stehen für die sieben Todsünden 537

Sokrates: sein Gesicht gleicht dem eines Satyrn 535; *im Gesichtstyp des Silen 504, 505, 510*

Sol (die Sonne = der Sonnengott): von Aphrodite Vater der Elektryone 36; seine Töchter von Venus verfolgt 38, 50; Verschmelzen von – und Apoll zu Phoebus 96; gibt dem Menschen den Geist 118; Gemeinschaftsgott mit Luna, Mars und Pluto 119; gleichgesetzt mit Mars 119; – und Dionysos, nach Macrobius 273; s. a. Sonnengott

Soldaten: des Dionysos als Mainaden verkleidet 257

Sologesang: zu Ehren des Apoll 80

Sólymer: Gegner des Bellerophon 205, 622
Sommer: die hohen Töne der Lyra bezeichnen den – 79; Ceres ist Sinnbild für den – 249; verkörpert von Ceres 283
Sommer-Horen: ihr Attribut ein Ährenkorb 235
Somnus (der Schlaf): Iris bewegt ihn, die Alcyone zu trösten 492
Sonne / s. a. Sol / s. a. Sonnengott: passim Apoll; Adonis als Bild der – 14; wenn Venus mit der – steht, heißt sie Cypris 48; die Strahlen der – gleichgesetzt mit den Pfeilen Apolls 87; – und Mond, ihre Wirkung und ihre Beziehung zu Apoll und Artemis 87, 88, 89, 96; – und Python, Allegorese auf Apoll 90; Athena mit der – gleichgesetzt 180; ihre Kraft mit Bellerophon gleichgesetzt 206; verkörpert von Liber 237; Dionysos mit ihr gleichgesetzt 261; wird von Herakles bedroht 389; die Horen sind ihre Dienerinnen 485, sie begleiten ihren Wagen 486; Kronos / Chronos, ein Bild der Sonne 511; die – gibt dem Menschen die Seele 512; – und Mond, Deutung der Leto 530; Inuus ist ein Bild der – 591; Juppiter wird mit ihr gleichgesetzt 703
Sonnengott: passim Apoll; Adonis als – 14; der Ordner Apollo = Sonne 87; Apoll als – 66, 85, 87, 94, 95, 97, 102, 103; passim Apoll; entdeckt die Liebschaft von Mars und Venus 66, 97, 103; sein Wagen trägt Schmuck von Hephaistos 321; von Herakles bedroht 374; schenkt dem Herakles goldene Schale 374, 376
Sonnenhut (Petasos): des Hermes / Merkur 459
Sonnenrad: am – entzündet Prometheus seine Fackel 678
Sonnenscheibe: Attribut des Apoll / Phoebus 96, 101, 104
Sonnenschirm: einen – hat Amphitrite 666
Sonnenuhr: getragen von Herakles 423
Sonnenwagen: gelenkt von Sol / Helios 96
Spartoi: *Krieger aus der Drachensaat des Kadmos, allegorisch als die zwölf Apostel verstanden 358; fünf Überlebende bedeuten die fünf Vokale 358*
Specht: dem Mars lieb 121
Speer: des Adonis 16, 18; seltener bei Actaeon 24; Waffe der Venus 52; Waffe des Ares 114, 116, 121; seltene Waffe der Artemis / Diana 155; Waffe der Athena 168, 177; Herakles ist treffsicher mit – und Bogen 367; Waffe des Herakles 390; Waffe und Attribut des Paris 611, 619; *Agamemnon ist -werfer und Lanzenkämpfer 86; Dioskuren tragen Schwert, Schild und – 129; Atalante geschickt mit Bogen, – und im Ringkampf 167, trägt Pfeil und Bogen, gelegentlich – 173; Chiron gibt dem Peleus einen eschenen –, schmiedet den – für Achill 188; die Nothelfer Dioskuren tragen einen Wurf- 225, der – ist ihre Waffe und Attribut 229; –, Hund(e) und Hirtenstab sind Attribute Endymions 239; –, Geschenk der Atalante, Attribut Iasons 337; Iason trägt zwei – 314; einen Speer hat Kadmos 358; Meleager ist geschickt mit Lanze und – 387, – und Lanze seine Attribute 389; Narziß trägt einen Jagd- 397; Schwert und zwei – sind Waffen des Theseus 554*
Sperling: in Gesellschaft der Venus und Aphrodisiakum 53
Spermatikós: der zeugende als schöpferisches Prinzip, Beiname des Hermes, 456 f
Sphäre(n): die – des Planeten Mars steht für Feuer 118; in sieben – schafft Hermes den Himmel 443, jeder – steht ein Planet vor 443; = gläserne Kugel, hält Merkur beim Parisurteil 470; – des Saturn steht für Wasser, die des Mars für Feuer 512; = Globus = Attribut der Urania 565; = Kugel, Attribut der Musen 565
Sphärenharmonie: in ihr gibt Saturn den höchsten Ton, der Mond den tiefsten 514; ist abgebildet in der siebensaitigen Lyra des Orpheus 576
Sphinx: *passim Oedipus 460 ff;* von Hera den Thebanern geschickt 351; *erste Gemahlin des Kadmos 358; Hera schickt den Thebanern die – zur Strafe 461 f; das Rätsel hat die – von den Musen 462*

Register 743

Spiegel: Attribut der eitlen Venus, – und
Wasser als – 59, 60, 63, 69, 70; – der
Athene, dient mit Reflexion und veranschaulicht ihr Wesen 178; -schild von
Athena / Perseus als Waffe 178, 634,
639, seine Deutung 640; – der Pallas
Athene, veranschaulicht ihre Klugheit
(prudentia) 184, 640; des Dionysos 269;
einen – macht Hephaistos dem Dionysos 321; mit – hat man das Feuer vom
Himmel geholt 328; als einziges der Elemente hat Wasser -fähigkeit, Etymologie des Namens «Poseidon» 658; dient
der eitlen Juno bei der Toilette 502, 505;
in dem Kybele und Ceres einander sehen, bei Lebrun 525; – der Pallas 640,
steht für Klugheit 640; der – als Spion
640 f; Wasser als – 643; *Spiegel s. Narziß
339 ff;* s. a. Spiegel-

Spiegelbild: in seinem – im Wasser erkennt Actaeon sich als Hirsch 22; – der
Musen (?) im Wasser 60; als – zeigt Rubens das Gesicht der Venus 69; Aulos
spielend sieht Athena ihr – im Wasser
179, 198; – der Medusa im Schild des
Perseus 542, 634, 635; *Harpyien töten
sich selbst angesichts ihres –* 263

Spiegelschild: des Perseus 639; des Perseus, seine Deutung 640

Spiele: panathenäische, eingeführt von
Erichthonios 176; olympische – und in
Abdera eingeführt von Herakles 392

Spielzeug: als – hat Hermes eine Rute von
Hephaistos 439

Spieß s. Brat-

Spindel(n): Gerät der Athena, seltenes Attribut 193 f; goldene, bei Artemis 151;
Gerät der Omphale 382; damit hantiert
Herakles 382, in der Bildkunst 414;
eherne – der Moiren 554; *Helene spinnt
mit goldener – 300*

Spinne: Verwandlungsform der Arachne
106, 174

Spinnennetz: webt Arachne 107

Spinnerin(nen): sind die drei Parzen 314;
eine gute – ist Eileithya 553

Spinnrad: Werkzeug der Arachne 106

Spinnrocken: Erfindung der Athena 174;
Attribut des Hermes 449; einen – hat
Klotho 553; Attribut der Moiren 555

Spinther: Sohn des Hephaistos 317

Spion: der Spiegel als – 640

Spitzohren: des Pan 590, 594; *Silen hat –,
einen langen Pferdeschwanz, Stirnglatze und kurze, stumpfe Nase 508*

Sprache: entwickelt von Prometheus 677;
– und Gesetz bringt der Argustöter Hermes nach Ägypten 454

Springen, rituelles: zu Mars / Ares 115

Stab: Attribut des Dionysos 269; Attribut
des Hermes / Merkur 439; – aus Holz
der Kornelkirsche gibt Apoll dem Hermes 438; – des Hermes bezaubert die
Augen der Menschen 439; des Asklepios, von einer Schlange umwunden 454

Stachel: der Rose als Metapher für – der
Sünde 54; – der Rose verletzt Fuß der
Venus 68

Stadt, Städte: das Gründen von – ist ein
Vergnügen des Phoibos 81; Dionysos
gründet und erobert – 257; Kybele ist
Gründerin und Schützerin der – 519;
Kybele verkörpert die – 526; -mauer von
Troia bauen Poseidon und Apoll 649,
reißen sie wieder ein 650

Städteeroberer: ist Dionysos 257

Städtegründer: ist Dionysos 257

Stadtgründer: *Aeneas als – 47, 49;* gründet
Pergama 120, Themiskyra, 200; Silen
gründet Pyrrhicos 503

Stahl: Säulen aus – in der Unterwelt 308;
Verwandlungsform des Celmis durch
Zeus 700

Stall / Ställe: des Augeias, von Herakles
gesäubert 371 f, in der Bildkunst 405,
426, 427

Stammutter: Venus, – Caesars 40; Venus
in christlicher Deutung 47; Juno ist –
Roms 496; – des weiblichen Geschlechts
ist Pandora 598

Stammvater: Mars, – des römischen Geschlechts 117; – des julischen Geschlechts 129; Herakles ist vielfacher –
425; – des griechischen Adels ist Perseus
639; *Hektor ist – der Römer oder der
fränkischen Könige 291*

Standbild: der Athena, gold-elfenbeinern
165; Standbild des Herakles von Daidalos, von Herakles mit einem Stein be-
worfen 389

Standhaftigkeit: *versinnbildlicht durch die Sirenen* 522
Staphylos: Sohn von Dionysos und Ariadne 258
Stärke: von Athena verkörpert 201; ihre Attribute sind Säule, Löwenhelm und -fell, in der Bildkunst 402
Statuette: Werk des Prometheus 687, 688
Statur: des Herakles ähnelt der des Zeus 367; des Poseidon ist riesig 656, 659; des Prometheus ist athletisch 686
Stechfliege: von Juppiter geschickt, sticht Pegasus 205; von Hera geschickte – jagt die Io 350; schickt Hera der Herde des Herakles 375; eine – schickt Zeus dem Pegasus 622
Stechzirkel: und Sternenkranz, Attribut der Urania
Stein(e): unter dem Regime von Amphion und Zethos 28, 29, 31; gesprungener – = vanitas 70; Verwandlungsform des Asteria 76; klingender von Megara 82; -regen des Zeus, hilft Herakles 375; Anblick der Medusa verwandelt in – 541, 635, 636, Deutung des Vorgangs 640; dient Attis als Messer zur Selbstverstümmelung 520; Niobe wird zu – 567, 568; mit – statt Zeus täuscht Rea den Kronos 48, 693; Apoll verwandelt Schlange, die das Haupt des Orpheus verschlingen will, in – 573; – dienen als Schiffsballast des Diomedes aus der Mauer von Troia 650; Schiff des Alkinoos wird zu – 651; aus – ist der Pferdetrog des Poseidon von den Kyklopen 653; –, mit dem Rea Kronos täuscht 692, in Windeln gewickelt 713, von Kronos wieder ausgespien 693; einen Fingerring mit – soll Prometheus tragen 680; mit einem – täuscht die Rea den Kronos 692; aus – werden Menschen 697; *Waffe des Aeneas* 45f; *Daidalos bearbeitet –* 200; *Waffe der Giganten* 248
Stein des Weisen: *veranschaulicht von Hermaphroditos* 311
Steinbock, Sternbild: des Saturn 512, 513; in seinem Zeichen bringt Saturn schwere Regenfälle 512; sein Zeichen zeigt Gestalt des Pan 587
Steinchenspiel: schätzt Venus 51

Steinern: ist der Trog für die Rösser des Poseidon 653
Stellio: die Sterneidechse 248
Sterblich: die – Wesen schaffen die Götter aus Erde und Feuer 676
Sterbliche: ihr Schicksal lenken die Moiren 553; Pandora ist ihnen zur Strafe geschickt 696
Stern(e): Phosphoros, – der Venus 48; vom Wagen des Hades verdunkelt 310; – und Himmel, Erde und Meer schmükken Panzer des Dionysos 321; Hermes beobachtet ihre geordnete Bewegung 442; mißgünstige – sind Saturn und Mars 512, ihr Studium eine Zuständigkeit der Musen 560; die Kunst, – zu deuten, bringt Orpheus den Griechen 576; *zwei – bezeichnen die Dioskuren* 231; s. a. Stern-
Sternbild: Stier und Waage, der Venus zugeordnet 53; des Delphin, aus 9 Sternen 133; des Orion, von Diana an den Himmel versetzt 158; Löwe und Krebs als Sommerzeichen 249; Wassermann 306; des Steinbock, Saturn zugeordnet 512, 513; – des Orpheus ist Engonasin 573; – des Steinbocks, zeigt Gestalt des Pan 587; – des Pegasus, aus 15 Sternen 623
Sterndeuterkunst: bringt Orpheus den Griechen 576
Sternenhimmel: ein Kopfschütteln des Zeus erschüttert ihn 702
Sternenkranz: Attribut der Urania 565
Sterntaler: Märchen von den – und die Danaë-Geschichte 219
Steropes: einer der drei Kyklopen 320
Steuerruder: Attribut der Kybele 525; Attribut der Moiren 555
Stheneboia / Anteia: Gemahlin des Proitos / Proetus, verliebt sich in Bellerophon 209, und verleumdet ihn 622
Stheno: eine der Gorgonen 539; schwächt den Geist 546
Stiefel: thrakische, des Orpheus 579; wadenhohe, des Juppiter 710
Stier(e): wilder – schleift Dirke zu Tode 27; Pasiphaë verliebt sich in einen – 38; das Sternbild des – und der Waage der Venus zugeordnet 53; das Sternbild des

– 73; ist dem Mars heilig 127; Verwandlungsform der Iphigenie 143; Gespann der Diana 147; Reittier der Diana 156; Verwandlungsform des Zeus 229; Verwandlungsgestalt des Juppiter, auch als Bild des Regens 236; Demeter zeigt, wie man – zähmt 238f; Gestalt und Attribut des Dionysos 251, 260, 268, 272f; Talos ist ein – aus Erz 323; Verwandlungsform des Hephaistos 325; Verwandlungsform des Zeus 350; kretischer, mit Minotauros gleichgesetzt oder mit dem Stier, der Europa entführte, von Herakles erlegt 372; – des Poseidon mit dem kretischen gleichgesetzt 372; auf dem kretischen – soll Herakles gereist sein 373; kretischer –, von Herakles geopfert 373; Verwandlungsform des Acheloos im Kampf mit Herakles 384; kretischer, von Herakles erlegt, in der Bildkunst 405 f, 427; einen – verspeist Herakles 384; wilde –, dem Hermes unterstellt 439; Lieblingstier des Paris 608; Poseidon mag –, er ist ihr Erfinder 654; kretischer – ist von Poseidon, wird von Herakles bezwungen 654; Pasiphaë verliebt sich in den – des Poseidon 654; – des Poseidon schreckt die Rosse des Hippolytos 654; Prometheus opfert zwei – 677; Verwandlungsform des Zeus / Juppiter 700, in der Bildkunst 717 ff; *Verwandlungsform des Achelo(i)os 12, 14; feuerschnaubende – soll Iason bezwingen 330; Theseus opfert dem Apoll von Delphi den – von Marathon 543*; s. a. Stier-

Stierhaut: *Daidalos trägt fußlangen Mantel aus schwarzer – 151*

Stierhorn: Attribut des Okeanos, in der Bildkunst 663

Stierkopf: *Mensch mit –, Verwandlungsform des Achelo(i)os 12, 14*

Stiernacken: des Herakles 398

Stilbon: der strahlend helle Planet Merkur 449

Stimme(n): des Paris ist sanft 614; – der Hera ist gewaltig 356; die – der Musen sind honigsüß 558; eine gewaltige – hat Poseidon 650

Stirnglatze: hat Neptun 660

Stock: zum Getreidedreschen, Gerät der Ceres 240; Stütze des lahmen Hephaistos 332; Waffe des Perseus 643

Stoiker: verwerfen Venus 45

Storch: in ihn verwandelt Juno die Antigone 352

Strafe: ist Pandora für die Sterblichen 696

Strahl(en): der Sonne und Apoll 87, 88; der Sonne, Metapher für die goldenen Locken Apolls 89; Metapher für Pfeil des Sonnengottes Apoll 90; strahlender Blick des allsehenden Apoll 101; um das Haupt der Venus 620

Strahlenbündel: von Prometheus der Sonne entrissen und sein Attribut 687, 689

Strahlenkranz: um das Haupt des Sonnengottes 86, 95, 96, 98; um Mars 131; um Bellerophon 207; um Juppiter 719

Strahlennimbus: des Sonnengottes Apoll 96, 103, 104

Streit: ihn schlichtet die Musik des Orpheus 571

Streitgespräch: zwischen Amphion und Zethos 31

Streitroß: des Bellerophon ist Pegasus 622

Streitsucht: Wesenszug des Ares 113; Wesenszug der Hera 346

Streitwagen: des Mars 115, 122; -lenker ist Ares 116

Streusandbüchse: Attribut der Melpomene 564

Strophion s. Busenband

Studium: allegorisiert durch Äpfel der Hesperiden 394

Stuhl: *Daidalos erfindet Tisch und –, fertigt Falt- 202*

Stümper: ein – ist Epimetheus beim Erschaffen des Menschen 676

Stumpfsinn: hat der Mensch von Saturn 512

Stunden: und Jahreszeiten werden von den Horen verkörpert 483, 484

Stundenglas: Attribut des Chronos 517

Stute: eine – säugt den Pelias 653

Stutenmilch s. Milch

Styx: Sumpf in der Unterwelt 314; ihr Wasser symbolisiert den großen Eid der Götter 492; *ihre Wasser machen den Achill unverwundbar 15, 16, 27*

Suadela (= Peitho = Überredung): Kind

der Venus 36, und deren Dienerin 41; alleinige Charis (statt 3 Chariten) 213
Suavitas (= etwa Lieblichkeit): – kennzeichnet den Adonis 15
Sühnegott: ist Zeus 697
Sylphium: *eine den Dioskuren bekannte Heilpflanze* 225 f
Syrakuser: hatten ein Bild der Aphrodite kallípygos 46
Syrinx: Flöte des Pan und von ihm erfunden 100, 587, 595; Attribut des Hermes 449; Erfindung der Kybele 521; Attribut des Marsyas 536; die Nymphe – von Pan geliebt, in ein Schilfrohr verwandelt 587; – ist die Flöte des Pan 587, sie ist sein Attribut 595; die Nymphe – von Pan verfolgt, in der Bildkunst 595 f

Taenerius: Sohn von Poseidon und Europa 656
Tafeln: Schicksals-, erzene und eiserne der Menschen, verwalten die Moiren 553 f
Tag(e): Zeus macht die Nächte und – 696
Tagesgestirn: 103; 104 Apoll 104
Takt: Orpheus schlägt den – für die Ruderer der Argo 571
Talos: Mann oder Stier aus Erz, Werk des Hephaistos für Minos 32; *Neffe des Daidalos, von diesem getötet* 196 f; *Erfinder von Säge, Töpferscheibe und Zirkel* 197
Tambur: Attribut des Mars 130
Tantalos: von Euryanassa Vater der Niobe 567; erleidet Qualen im Hades 572; *Sohn des Zeus/Juppiter und der Ceres oder der Pluto* 532; *von Dione Vater der Niobiden* 532; seine Bestrafung ist unstillbarer Durst und Hunger 532 ff; lebt in steter Angst vor einem über ihm hangenden Stein 533, 534; Zeus gewährt ihm jeden Wunsch 533; *schätzt ein Leben nach Götterart* 533 f; *stiehlt Götterspeise und reicht sie Sterblichen* 533 f; – *ist wohlhabend, teilt die Göttertafel, soll unsterblich gewesen sein* 533; Zeus straft ihn für seine Hybris 534; – plaudert Geheimnisse der Götter aus 534; im Hades unter die Gottlosen gesetzt 534; stiehlt himmlisches Tafelgeschirr 534; setzt den Sohn Pelops den Göttern zur Speise vor 534; Streit um den goldenen Hund des Zeus 534; Zeus fällt den – mit einem Blitz 534; sein Grab 535; entführt in Adlergestalt den Ganymed und schenkt ihn dem Juppiter 535; Allegorese 535 f; Sinnbild der Hybris 535; fordert seinen eigenen Untergang heraus 535; steht für Habgier und Geiz 535; Etymologie seines Namens 536; – unter dem hangenden Stein, ein Bild für den Sterblichen schlechthin 536; die Ungerechtigkeit seiner Bestrafung 536 f; Inder reichen ihm den Freundschaftstrunk 537; Emblematik: – steht für Geiz, für Geschwätzigkeit 537; Beispiel begehrlicher Sinnenlust 537 f; in der Bildkunst 538: ist alt, mit wirrem Haupt- und Barthaar 538; – bei der Versteinerung der Niobe 538; seine Bestrafung 538 f; neben Ikarus, Phaëton und Ixion einer der «Himmelstürmer» 538; neben Ixion, Sisyphos und Tityos einer der ewig Verdammten 539; mit Prometheus verwechselt 539
Tanz(en): mag Venus 51, 73; – nach der Musik Apolls 81; darauf versteht sich Ares/Mars 108, 115; – im Kult der Artemis, sie tanzt mit den Oreaden 140; – zum Ausklang der Jagd bei Artemis 141; Beschäftigung der Chariten 212; einen -platz baut Hephaistos 322; auf das – versteht sich Paris 614; Priapus unterweist Ares/Mars darin 108; -meister der Musen ist Apoll 558; den – der Musen und Chariten ordnet Artemis an 558; pantomimischer – und Rund- sind Zuständigkeit der Musen 560; Orpheus gibt dem – den Rhythmus 571, 575; den – führt Orpheus in den Mysterienkult ein 576; den – lehrt Priapus den Ares 671; bei den Amazonen hört man zum Kriegs- schrille Flötenmusik 125 f; Musik und – dienen bei den Amazonen dem Kult 127 f; Hebe im Reigen- 269; der hymenäische Dreischritt- im Kult 321; Silen- die Pantomime eines Streits zwischen Dionysos und Aristaios, Eros ist der Schiedsrichter, er tanzt ein Solo 504
Tänzer: Ares ist –, ehe er Fechter ist 108; Orpheus ist der beste – seiner Zeit 576
Tapferkeit: *Achill als ihr Beispiel* 26
Taras: Sohn des Poseidon 134

Tarent: Stadt des Taras 134
Tarnkappe: des Hades, die unsichtbar macht 307f, 310; gibt Hermes dem Perseus 440; – des Hades trägt Hermes 441; übergibt Perseus dem Hermes 543, 637; des Perseus 634, 635, 638f; die – des Hermes ist ein Werk des Hephaistos 635
Tartaros / Tartarus: Vereinigung von – und Ge von Aphrodite gestiftet 39; in ihn will Zeus den Apoll werfen 83; dort sitzt Kronos 509; – von Terra Vater des Adlers, der den Prometheus quält 679; von Ge Vater des Typhóeus / Typhon, der in den – verbannt wird 695
Tatkraft: Wesenszug der Hera 346; – empfängt der Mensch unter dem Zeichen des Juppiter 512; mit ihr verbindet sich Iovis / Juppiter 704
Tau: süßen – tun die Musen dem neugeborenen Fürsten auf die Zunge 556
Taube(n): brüten das Ei der Venus aus 34; Attribut und Zugtiere der Venus 51, 52, 53, 59, 61
Taufe Christi: Bildmotiv 64
Tauris: Artemis entrückt Iphigenie dorthin 490
Tauros s. Minotauros
Täuschung: Rea täuscht den Kronos 714
Teiresias: Sohn der Nymphe Chariklo, überrascht Athena beim Bad 176; von Athena mit Blindheit geschlagen 176; erhält von Athena Orakel und Gabe der Weissagung; er kann Vogelstimmen deuten 176; sein Stab aus Holz der Kornelkirsche 176; – und Kadmos, Anhänger des Dionysos 255; von Hera mit Blindheit geschlagen, erhält von Zeus die Sehergabe 352
Telégonos: Sohn von Odysseus und Circe 39; Schützling der Athena 172; – und Polygonos, von Herakles getötet 374; – und Polygonos sind die gewalttätigen Söhne des Poseidon 653
Teleia (die Vollendete): Beiname der Hera 353
Telemachos: von Venus mit Polykaste verbunden 39
Telephos: Sohn des Herakles und der Auge 384; *von Achill geheilt mit der Pflanze Achillea 19*

Tellus (die Erde / Boden): = die vielgebärende Ceres 236; anderer Name der Kybele 523
Telphusa: überredet Apoll 77, 78
Temenos: ist der Ziehvater der Hera 344, 353
Tempel: von Apoll in Delphi und Delos 81; ionischer, der Diana, der Juno, des Bacchus 138; der Demeter 231; der Vesta als Bild der Erdkugel 479
Temperament: stürmisches, des Ares 112
Temperantia: Mäßigkeit, verkörpert von Vulcan 341
Tennis: spielen Apoll und Hyazinth 490
Teppich von Angers: 58
Terpsichore: eine der Musen 556, Erfinderin des Dreischritts 561
Terra (die Erde): mit Ceres gleichgesetzt 237; von Tartarus Mutter des Adlers, der den Prometheus quält 679
Tethys: Mutter oder Schwester des Kronos 508
Teufel: Hades in dessen Gestalt 315; Vulcan in christlicher Allegorese 330; seine Töchter sind die Gorgonen 547; ein – hält Eurydike fest 584; die Gorgonen sind seine Töchter 640; *Gorgonen sind Töchter des – 254f*
Teutaros: lehrt den Herakles das Bogenschießen 366
Tex: anderer Name für Chronos 511
Thalia, Thaleia: eine der Musen 556; Erfinderin der Pflanzenkunde 560f
Thamos: ägyptischer Seefahrer, verkündet den Tod des Pan 589
Thamyras s. Thamyris
Thamyris / Thamyras: Sänger (Sohn von Philammon und Argiope), findet Saiten für die Lyra 81; in Hyazinth verliebt 487; fordert die Musen zum Wettstreit heraus, verliert und kommt um Augenlicht und Sangeskunst 557; gibt der Lyra die sechste Saite 570
Thanatos: Herakles ringt mit ihm, in der Bildkunst 412; – und Hypnos, Tod und Schlaf, Geschwister, in der Bildkunst 472
Thaumas: von Elektra Vater der Iris 491
Theater: Ort moralischer Verkommenheit 46

Theaterspiele s. Bühnenkünste
Thebaner: Hera schickt ihnen die Sphinx 351
Thelxinoë: eine der Musen 561
Themis: berät Venus zur Geburt des Anteros 33; Amme des Apoll 77, 78; von Zeus / Juppiter Mutter der Horen 483, 485; von Zeus Mutter der Moiren 552; von Iapetos Mutter des Prometheus 673; ist eine Gemahlin des Zeus 691, 694; von Juppiter Mutter der Astraea 697; von Zeus Mutter der Moiren 697; von Zeus Mutter der Dike, Mutter der Dike, Eunomia, Eirene 697
Theogonie: eine – singt Hermes 438
Theophane: von Poseidon Mutter des Widders mit dem goldnen Vlies 652
Theorie: für sie steht Athena im Unterschied zu Praxis, für die Hephaistos steht 327 f
Thero: Amme des Ares 108
Theseus: verläßt Ariadne 258; von Herakles aus der Unterwelt entführt 309; erhält von Herakles die Antiope 373; Gegner der Hippolyte 374; von Herakles befreit 377, in der Bildkunst 408; Sohn des Poseidon oder des Aigeus und der Aithra 652; erhält von Amphitrite einen Kranz 652; Achelo(i)os bewirtet den – 12; Amazonen gehen in die Mythen von Herakles und – ein 124; ruft Apoll gegen Amazonen an 125; zwei Amazonen besiegen und beschämen zu Pferde Hercules und – 128 f; – verliebt sich in Hippolyte 129; Gesandtschaft der Amazonen bei – 132 f; Amphitrite empfängt – auf dem Meeresgrund 139; – von Ziehvater Chiron erzogen 187; Daidalos hilft ihm 197 f; Sohn des Aigeus oder des Poseidon 540; Geliebter der Ariadne 540; seine Liebschaften 540; Aigeus verbirgt Schwert und Sandalen als Erkennungszeichen unter einem Stein 540; der Siebenjährige und Herakles 541; – findet Schwert und Sandalen 541; geht zu Fuß nach Athen, zum Hof des Vaters 541; seine Reiseabenteuer, Kampf mit Wegelagerern 541 ff; tötet den Korynetes 541; nimmt dessen Keule an sich 541; exekutiert den Sinis 541; erschlägt das Schwein Phaia, Tochter von Echidna und Typhon 542; tötet Skiron, wirft ihn ins Meer 542; tötet den Kerkyon im Ringkampf 542; erledigt den Prokrustes 542 f; Intrige der Medeia 543; sie versucht, ihn zu vergiften 543; der Vater rettet ihn und bestimmt ihn zum Thronfolger 543; – tötet 50 oppositionelle Palantiden 543; geht zur Reinigung nach Troizen 543; trifft Phaidra 543; opfert dem Apoll von Delphi den Stier von Marathon 543; Begegnung mit dem Minotauros, tötet ihn und befreit die Kinder aus Athen 543 f; opfert vor der Abreise dem Apoll einen Olivenzweig 544; Ariadne verliebt sich in –, hilft ihm mit Garnknäuel aus dem Labyrinth 544; – erschlägt den Minotauros, opfert ihn dem Poseidon 544; geht mit Ariadne nach Naxos 544; – verläßt Ariadne 545; weiht dem Apoll ein Bild der Aphrodite 545; tanzt mit geretteten Kindern den Kranichtanz 545; Deutung des Minotauros 545; besiegt «Tauros» im Wettkampf 545; besiegt Deukalion, Sohn des Minos 545; Ariadne schließt mit – Frieden 545; beweist seine göttliche Abkunft 546; taucht auf den Meeresgrund, holt den Ring des Minos und die Hochzeitskrone der Thetis 546; Vater Aigeus stürzt sich in den Tod 546; – gründet Brundisium (Brindisi) 546; – zeigt Umsicht in Kult und Politik 546 f; Schicksal seines Schiffs Anlaß zu philosophischer Spekulation 546; – als Reformer 546 f; verspricht Demokratie 547; führt die Panathenäen ein 547; ordnet die Verfassung 547; weiht die Isthmischen Spiele dem Poseidon 547; zieht mit Herakles gegen die Amazonen 547; nimmt die Amazone Antiope an sich 547; – gewinnt Schlacht gegen die Amazonen 547; hat mit Antiope Sohn Hippolytos 547; heiratet Phaidra, hat mit ihr die Söhne Demophon und Akamas 547; hilft Adrastos siegreich gegen Kreon 548; sorgt für die Bestattung der Toten vor Theben 548; diese Tat auch dem Herakles zugeschrieben 548; Teilnehmer im Kampf der Lapithen und Kentauren

548 f; begleitet Iason nach Kolchis 548; nimmt teil an Kalydonischer Jagd 548; – als zweiter «Herakles» 548; Gast bei Achelous 548; Peirithoos stiehlt – die Rinder 548; schließt Freundschaft mit Peirithoos 548; Peirithoos lädt – zur Hochzeit 548 f; – im Kampf gegen die Kentauren bei der Hochzeit 549; trifft Herakles, führt ihn in Mysterien ein 549; reinigt Herakles von Missetaten 549; entführt fünfzigjährig die zwölfjährige Helene 549; geht mit Peirithoos in die Unterwelt 549; wächst auf dem Thron des Hades fest, Herakles befreit ihn 549; im Hades in Ketten gelegt, von Herakles oder den Parzen gerettet 549 f; bleibt auf ewig im Hades 550; Peirithoos und – von Furien gequält, durch Herakles' Fürsprache gerettet 550; kümmert sich um die kleine Helene 550; – lost mit Peirithoos um das Mädchen und gewinnt 550; Rationalisierung des Hadesgangs 550; Menestheus hat in Athen die Macht ursurpiert, – will sie zurück 550; Lykomedes bringt – um 551; – stolpert sich zu Tode 551; Athen verehrt ihn als Helden 551; sein Grab als Wallfahrtsort für die Armen und Entrechteten 551; die Bedeutung der Zahl Acht für – und seine Beziehung zu Poseidon 551; ist schön, wirkt auf Frauen, ist ungemein stark 551; steht der Athene nahe 551; ist Erfinder des Ringkampfs und von dessen Lehre 551; sein Sieg über die Wegelagerer als moralische Überlegenheit gedeutet 551 f; ist Ordner und Gründer einer gesellschaftlichen Ordnung, der Polis Athen 552; Herakles ist sein Leitbild 552; Vergleich mit Herakles 552; seine Sünden bringen ihn am Ende zu Fall 552; ist Beispiel für Dankbarkeit 552; errichtet dem Herakles Altar 552; Begegnung mit den Amazonen bei Boccaccio 552 f; – als Bild Christi 553; gilt als Held von hohem Ethos 553; sein Entkommen aus dem Labyrinth als Bild für das Leben des Menschen 553; seine Klugheit, Tapferkeit, Standhaftigkeit retten ihn aus dem Labyrinth 553; die Helferin Ariadne als Bild für politische und kriegskundige Klugheit 553; ihr Leitfaden als guter Ratgeber für den Fürsten verstanden 553; sein Verhältnis zu Peirithoos gilt als Beispiel für falsch verstandene Freundschaft 553; seine Opfer für die Freundschaft 553; die Gefangenschaft im – steht für Gefangenschaft in der Sünde 554; ist Schützer der Bedrängten, aber auch Sinnbild der Treulosigkeit 554; in der Bildkunst 554 f; ist von athletischer Gestalt, fast knabenhaft 554; trägt einen Reisehut 554; in Ritterrüstung 554 f; seine Waffen sind Schwert und zwei Speere 555; die Keule ist Waffe und Attribut, ebenso Axt und Doppelaxt 555; der siebenjährige – findet die Waffen des Vaters 555 f; die Taten des – 556; die Reiseabenteuer 556; im Kampf mit Kentauren 557; raubt Antiope 557; Amazonenschlacht 557 f; der Triumph des – 558 f; – bei Poseidon 559; Ariadne reicht – das Garnknäuel 559; Tötung des Minotaurus 559 f; – Sieger über Minotaurus 560; die geretteten Kinder huldigen ihm 560; zyklische Darstellungen 560 f

Thesmophoria: Kult der Ceres, von Triptolemos eingerichtet 233

Thesmophoros: Demeter 239

Thespios: Herakles liegt mit dessen 50 Töchtern 367; – reinigt Herakles von Schuld 368

Thestios: von Erythemis Vater der Leda 526

Thetis: gewährt Dionysos Zuflucht 259; – und Eurynome kümmern sich um Hephaistos, er bleibt 9 Jahre bei ihr 318; in der Schmiede des Hephaistos / Vulcan 339; und Okeanos, Zieheltern der Hera 344; von Poseidon umworben 652; = Wasser 703 f; als Bittstellerin vor Juppiter, in der Bildkunst 717; macht Achill unsterblich 15; wirft das Kind Achill in Feuer 15; bringt Achill nach Skyros zu Lykomedes 17; bringt Achill die neuen Waffen 20; entrückt Achill auf die Insel Leuke 23; schmückt Grab Achills mit Amaranth 26, in der Bildkunst 31; Achill ruft nach Mutter – 33; – bringt dem Achill die neuen Waffen, in der

Bildkunst 34f; Chirons Verhältnis zu Peleus und – 188; die Hochzeit von Kadmos und Harmonia mit der von Peleus und Thetis verglichen 353; Theseus holt die Hochzeitskrone der – aus dem Meer 546

Theutates: Gott der Gallier und Barbaren mit Hermes gleichgesetzt 453

Thiasos: Zug des Dionysos 251, 273, 278; Triumphzug des Bacchus 281; Meeres des Poseidon 665

Thione: Name der Selene nach Rückkehr aus dem Hades 258

Thoas: Sohn des Dionysos und der Ariadne 258

Thoos: Gigant, von den Moiren erschlagen 555

Thoosa: Nymphe, von Poseidon Mutter des Polyphem 651, 653

Thot: ägyptischer Gott, in seinem Kreis Hermes Trismegistos 434; ist ibisköpfig 443, wird mit Hermes gleichgesetzt 453

Thraker: lieben den Krieg 115

Thrakien: Heimat des Mars / Ares 36, 108, 115; aus – holen die Lemnier sich Frauen 38

Thriai: bienenähnliche Jungfrauen, die nen dem Hermes zur Weissagung 439; werden mit den Moiren verwechselt 553

Thron, ludovisischer 62

Thron: des Hades, aus Schwefel 314; goldener, mit Fußschemel, fertigt Hephaistos für den Gott des Schlafs 322; – fertigt Hephaistos für Mutter Hera 325; Hera an ihren – gefesselt 334; goldener, der Hera 345, ihr Attribut 360; elfenbeinern, des Zeus / Juppiter 707, sein Attribut 712; des Juppiter 716, 717

Thyaden: delphische Mainaden 251

Thyrsos(-stab), Narthex: Attribut des Dionysos und seines Gefolges 252, 261, 269, 272; als von Efeu umhüllter Pfeil gedeutet 261; Attribut des Dionysos 270, 271; Attribut der Herbst-Hore 486; Mordwaffe thrakischer Frauen an Orpheus 585

Tiara: die – des Orpheus ist goldge schmückt 575

Tiberinus / Tiber: *erscheint dem Aeneas im Traum 57*

Tier(e): wilde vertreibt Herakles aus Kreta und tötet er in Libyen 391; wilde – säugen die Kybele 521; – bezaubert Orpheus mit seinem Spiel, in der Bildkunst 581 f; in -gestalt fliehen die Götter nach Ägypten 695; s. a. Tier-

Tierfell: kleidet Adonis 16; kleidet den Schützen Apoll 93; kleidet Dionysos 271

Tierkreis (Zodiacus): Sonnengott in – 96

Tierkreiszeichen: Widder und Skorpion, zu Mars 131; – des Sommers sind Löwe und Krebs 249

Tiger: Begleiter des Dionysos 257; Verwandlungsgestalt des Dionysos 260; Reittier des Dionysos 264, 269; Gespann des Dionysos 265, 268

Timandra: Tochter der Leda 526

Tintenfaß: Attribut der Muse Clio 564

Tisch: *Daidalos erfindet – und Stuhl, fertigt Faltstuhl 202*

Tischler: *Daidalos ist – 202*

Tisiphone: der Hera zu Diensten, schlägt Ino und Athamas mit Wahnsinn 351

Titanen: als Frauen verkleidet, metzeln den Zagreus 252; Zeus schleudert sie in den Orkus 252; von Hera gegen Zeus aufgehetzt 350; Brüder des Kronos 508; töten die Basileia 522; vom Klang der Meermuscheln in die Flucht geschlagen 588; ermorden den Zagreus 630; werden von den Göttern besiegt und eingekerkert 651; von den Göttern überwunden und in den Hades verbannt, die Hekatoncheiren sind ihre Wächter 693; im Kampf gegen die Titanen setzt Zeus erstmals den Blitz als Waffe ein 694

Tityos: Gigant, fällt von Hand der Artemis und Apoll 82, 99, will sich an Leto vergreifen 141; *Sohn des Zeus 562; Sohn der Erde 562; gilt als Gigant 562; seine Abmessungen 562; riesenhafter Unhold 562; Juno läßt ihn die Latona belästigen 562 f; ein Blitz des Zeus erschlägt ihn 563; auf ewig in die Unterwelt verdammt 563; Geier fressen seine Leber 563; eine Schlange frißt seine Leber, die immer nachwächst 563; Geier fressen von seinem Herzen 563; neben Ixion, Sisyphos und Tantalos einer der großen Frevler 563; Tod bedeute ihm Erlösung*

563; sein Schicksal ist ewige Höllenqual 563; in der Bildkunst 564; häufig mit Prometheus verwechselt 564: – und Leto 564; Bestrafung auf Erden 564; Bestrafung im Hades 564 f
Tlepolémos: Sohn des Herakles und der Astyoche 384
Tmolos: Schiedsrichter für Apoll und Pan 80
Töchter: sieben – der Niobe, verkörpern das Übel 531
Tod: des Herakles durch Liebeszauber der Deianeira 384 f; -bringend ist einer der Blutstropfen der Medusa 544; – des Orpheus, in der Bildkunst 584 f; – des Pan, verkündet von Thamos 589
Todesgott: Apoll 79
Todsünden: die sieben –, verkörpert von den sieben Söhnen der Niobe 531, 568
Toilette: der Venus 68, 69; der Hera 347; der Juno, in der Bildkunst 504 f
Toleranz: Hermes verleiht den Menschen Sinn für Recht und – 442; – *in der Konfliktlösung 62 f*
Ton/Töne: Hermes beobachtet ihre Harmonie und Charakter 442; die hohe -lage liebt Pan 588
Ton: Werkstoff des Prometheus 674, 675; Metapher für «Mensch» 674
Tonsur: des Juppiter 724
Töpfer: unter Patronat des Prometheus 673
Töpferscheibe: *eine Erfindung des Talos* 197
Tor(e): mächtiges, in der Unterwelt 308; – und Tür unter dem Schutz des Hermes 448; bronzene – setzt Poseidon in Kerkermauern 649; der Juno angelegen 659
Torheit: verkörpert von Pandora 601
Tote: Pluto ihr Vorgesetzter 312
Totengericht: unter Vorsitz des Minos 308
Totengott: Hermes, in der Bildkunst 471 f
Totenkopf: in der Bildkunst, Pandora lehnt dagegen 606
Totenreich: sein Herr ist Hades Aidoneus 308
Totenrichter: Amt des Hades 308; Amt des Rhadamanthys und des Aiakos 308
Trachis: Ort der Apotheose des Herakles 369

Tracht: orientalische, des Dionysos 271; thrakische – 579, phrygische Tracht des Orpheus 579, 580; phrygische Tracht des Paris 613
Trägheit: kommt von Saturn 49, 512
Tragödie: Arion ist der Schöpfer der Ur- 252
Tränen: aus den – der Satyrn und Nymphen entsteht der Fluß Marsyas 533, in der Bildkunst 539; – vergießen die Schatten und die Furien beim Gesang des Orpheus 572; – mischt Prometheus mit Lehm und schafft daraus den Menschen 674
Traube(n): Attribut der Ceres 242, 247; bekränzen Dionysos, sind seine Verwandlungsform 257; Attribut des Dionysos/Bacchus 270, 272, 273; goldene – verfertigt Hephaistos für Tros 321; Attribut der Horen 486; dem Juppiter dargeboten 715; Kanne und Becher = Attribut des Juppiter 723
Trauer: Tyche verteilt Fröhlichkeit und – 722
Trauerfeier: Musen singen zur – des Achill 559
Traum (Träume): bringt Hades 308, 314; Hephaistos erscheint im – als günstiges Zeichen für Handwerker und Heiratswillige 330; – der Hekabe 608; Zeus ist der Gott der täuschenden – 698
Traumbringer: Hades 308, 314
Traumdeutung: lehrt Prometheus 676
Trensen: der Pferde bei Artemis, golden 146
Treue: *Eros trägt Gürtel mit Schloß zum Zeichen der Keuschheit und Treue in der ehelichen Liebe 322; Krähen sind ein Bild für Freundschaft und –* 323
Triangel: Attribut der Terpsichore 565
Tribulatio (Drangsal): ihre Verkörperung gemeinsam mit Fortuna 20
Trigarium: Dreiergruppe der Chariten/Grazien 212
Trinität: in der – nimmt Juppiter den Platz Gottvaters, Apoll den Platz Christi, Pegasus den Platz des hl. Geistes ein 725
Trinkgefäß: des Herakles ist aus Efeuholz 388

Trinkhorn: Attribut des Dionysos 272, 277; Attribut des Hephaistos 333
Trinkschale: Attribut des Dionysos 270, 272
«Trionfi», des Petrarca: 72
Triptolemos: heißt auch Demophoon 231; von Demeter bestimmt, die Früchte der Erde zu verbreiten 233; richtet die Thesmophoria ein 233; Demeter lehrt ihn das Säen 238; Erfinder des Pflugs und eines Teils der Landwirtschaft 239; hat Wagen mit geflügelten Rädern 247; –, Hermes und Demeter, in Gesellschaft des Hades 316
Trismegistos: Hermes –, im Umkreis des Thot, Künder einer Geheimlehre 434, in der Bildkunst 461; Orpheus in Gesellschaft von Apoll, Zoroaster, –, Linos und Musaios 578 f
Tritogeneia / Tritonia / Tritonis: Beinamen der Athena 167, 180
Triton: bläst Muschelhorn 664; Sohn von Amphitrite und Poseidon, Bruder der Rhode 648; Sohn von Poseidon und Amphitrite, Bruder der Rhode 652; – und Neptun, in der Bildkunst 664; s. a. Tritonen
Tritonen: Begleiter der Venus 63; Etymologie ihres Namens 658; Begleiter des Neptun 660, 664, 665, 668; sind Fische oder Meerungeheuer 660; im Gefolge der Amphitrite 666
Triumph: der Venus 71; des Mars 129; der Minerva / Athena 197; des Dionysos 279; des Amor 302
Triumphgestus: 18
Trivia (zu den Kreuzwegen gehörig): Beiname der Diana 150
Trog: für die Rösser des Poseidon 653
Troia: passim; fällt durch den Rat der Athena 169; Apoll schickt die Pest in die Stadt 648
Trommel: Mars 127; im Kult der Kybele 519
Trompeten: Instrument des Pan 589; von Tritonen geblasen 660
Trophäe: Mars 127
Tros: von Kallirhoë Vater des Ganymed 303, 321
Trug: den – der Träume beschert Hermes den Sterblichen 439; Hermes bestraft den – 442; –, Lug und Schurkerei verteilt Hermes 44 f
Trugbild: der Hera täuscht den Endymion 353
Trunkenheit: Tiere als Bilder der – 41, 46, 51, 269; ihre vier Arten, von den Töchtern des Cadmus verkörpert 264; – thematisiert in der Renaissance 277; des Herakles, in der Bildkunst 413; *ein typischer Zustand des Silen 504; der trunkene Silen 512 ff, von Satyrn gestützt 513*
Truppenführung: lehrt Kastor den Herakles 366
Tubalchayn s. Tubalkain
Tubalkain: der Erste im Schmiedehandwerk 329
Tücke: verkörpert von Epimetheus 601
Tugend: passim Herakles; verkörpert von Vulkan 342; verkörpert von Athena 187; Weisheit und – von Amor geliebt 297; von Minerva verteidigt 201; fürstliche, versinnbildlicht durch Amors Pfeile 342; verkörpert durch Frau, schmucklos und barfuß 369; verkörpert von Herakles 393, 421 f; die sieben Tugenden verkörpert von Kindern der Niobe 568; christliche – wird von Juppiter verkörpert 706
Tugendheld: ist Herakles 364, 365, 390, 392, 395 f, seine Wandlung zum – 368 f
Tugendliebe: Anteros als ihr Bild 32
Tunichtgut: ist Eros 295; ist Herakles 364
Tunika: goldene, des Zeus 702, des Juppiter 706, knielang 710, kleidet den Planetengott 723
Tür: und Tor beschützt Hermes 448
Turban: *trägt Aeneas 66*
Turm: aus Eisen, in der Unterwelt 308; als – der Jungfräulichkeit gilt Danaë 640
Turnus: Gegner des Aeneas, von Juno unterstützt 351; Danaë ist seine Ahnfrau 637 f; *Rutulerfürst, Gegner des Aeneas 56; kämpft gegen Aeneas 60, in der Bildkunst 73; Tod des –, in der Bildkunst 74*
Tyche / Fortuna: die stärkste der Moiren 553; – ist blind und verteilt Fröhlichkeit und Trauer 722

Tychon: anderer Name für Priapus 670
Tympanon(-a), Tympanum: Attribut der Demeter / Ceres 240; und Flöten, in dionysischer Musik 261; von Mainade gespielt 278; Attribut der Vesta, von Cybele 481; das – schlägt Attis 521; Attribut der Kybele, Telus, Magna Mater und Ops 523, 524, 525; *Musikinstrument der Sirenen 517*
Tyndareos: Gemahl der Leda und vielleicht Vater der Dioskuren 526
Typhaon: Monstrum, Sohn der Hera in Parthenogenese 349
Typhóeus s. Typhon
Typhon / Typhóeus: Inbegriff der Aufsässigkeit gegen die Götter 80; Artemis flieht vor ihm 141; schneidet dem Zeus Hand- und Fußsehnen heraus 441, 695; wird von den Moiren getäuscht 555; von Echidna Vater des Adlers, der den Prometheus quält 679; Monstrum, Sohn von Ge und Tartarus 695, von Zeus in den Tartarus verbannt 695, greift den Himmel an, kämpft mit Zeus 695, nimmt dem Zeus die diamantene Sichel ab, schneidet ihm Sehnen aus Händen und Füßen 695
Tyrann: Epitheton des Eros 295
Tyro: von Poseidon Mutter des Pelias 653

Übel: verkörpert von den 7 Töchtern der Niobe 531
Überfluß: symbolisiert durch Goldregen 220; von Bacchus und Ceres verkörpert 283
Überlistung: des Zeus durch Hera 347 f
Überredung, Peitho: Gemahlin des Hermes 450
Ulme: Artemis zielt darauf 140
Umhang: *einen grünen – trägt Achelo(i)os 13*
Umstand: Namen, Zahlen und – wissen die Musen 557
Umzäunung: des Hauses, dem Juppiter Herceus heilig 708
Umzug: phallischer –, von Melampus gelehrt 252
Unanimitas / Einmütigkeit: Werk des Musikers Amphion 30
Undank: Actaeon als Sinnbild des – 23

Unfruchtbarkeit: von Mond und Saturn verwaltet 235; von Narziß und Echo verkörpert 284; für – sind Saturn und Mond verantwortlich 512
Ungeheuer: Neptun ist ihr Vater 653, 655
Ungepflegtheit: des Hades 315
Ungläubige: sind die Giganten in christlicher Deutung 422
Unglück: Zeus schickt Glück und – 697
Unrecht: gewalttätiges – wird von Leda verkörpert 705
Unsichtbarkeit: soll das Abwenden des Kopfes bei Hades bedeuten 315
Unsterblich: sind die beiden Rosse des Peleus 653; – ist der Kaineus, Verwandlungsform einer Geliebten des Poseidon 654
Unsterblichkeit: erwirbt Herakles 385; des Pteleraos durch goldenes Haar, das Poseidon ihm einpflanzt 654
Unstern: ist Saturn für die in seinem Zeichen Geborenen 515
Unterhändler: des Juppiter sind die Moiren 554
Unterwelt: Aufbruch des Adonis in die – 18; Beschreibung der – 308; Pluto ist ihr König 309; Herakles holt Selene 388 f, und die Alcestis aus der Unterwelt 389; Hermes geleitet den Herakles dahin 440; Persephone ist Herrscherin der – 631, Persephone und Hades als Herrscherpaar 632; die – fällt dem Hades zu 649; die – fällt dem Pluton zu 694
Unüberlegtheit: verkörpert von Venus 42
Unzucht: Einführung in die Kunst der – bei Venusriten 46; belohnt mit Gold 218
Unzuchtteufel: ist Amor aus christlicher Sicht 297
Urania: Beiname der Aphrodite 33, 45, 60, 61; eine der Musen 556, Erfinderin der Astrologie (Astronomie) 561
Uranos / Uranus: Gemahl der Ge / Gaia 34; Himmelsgott, von Gaia Vater des Kronos 508; Gaia stiftet Kronos zu seiner Kastration an 508; Kronos löst ihn in der Herrschaft ab 508; Vater der Basileis 521; von Ge Vater der Musen 555; seine Genitalien fallen vom Himmel ins Meer 715
Urgewalt: kosmische, ist Eros 290

Uringlas: hält Apollo medicus 104; *Attribut des Asklepios 163*
Urpferd: Poseidon ist sein Schöpfer 623
Urteil: Salomons – ist Beispiel für das gerechte Urteil 539; das – der Moiren ist unabänderlich 553; – des Paris 609, 612, in der Allegorese 616 f, in der Bildkunst 620
Urtragödie: von Arion erfunden 252

Valens: von Phoronis Vater des Merkur 433
Vanitas: Toilette der Venus als Allegorie der – 70
Vase: = Büchse der Pandora 604, 606
Vaterland: *ist für Hektor die Familie 287*
Vaterlandsliebe: *Hektor ist Beispiel für – 285*
Vegetationsgott: Adonis 13 f; Dionysos 251, 282, 283, 285; Hyazinth 487
Veilchen (Viola): als Schmuck der Aphrodite 44; -kranz trägt Kythereia 45; – und Efeu bekränzen die Phallophoroi 269; wächst aus dem Blut des Attis 520; -gelockt sind die Musen 558; *Helene verarbeitet -farbene Wolle 300*
Venedig: Bild der Venus mit Vedute der Stadt 19
Veneres, vier: 36, 50; zwei = Unterschied von wollüstig und keusch 47
Veneria: ihr Gebrauch schwächt 48
Venus / Aphrodite: Gefährtin des Adonis 13; läßt aus Blut des Adonis Blume wachsen 13; macht, daß Medea sich in Jason verliebt 39; Ehestifterin 40; Stammutter Caesars 40; verkleidet sich als Diana / Artemis, um Adonis nahe zu sein 43, 148; schwimmend 50, 63; schlummernd 56; Triumph der – 63, 71; Bad der – 68; verprügelt Eros 71, 295; Stammutter der Visconti 74; als Abendstern (Vesper) 96; steht für Freundschaft in christlicher Allegorese 120; als Wochengottheit dem Mars zugeordnet 131; Gegenspielerin der Minerva 200; Ehestifterin 235; ihrem Typus ähnelt Ceres 242; – und Liber, Patrone der Bühnenkünste 263; – frierend 283 f; – und Amor, verkörpern Luxuria 301; – und Mars beim Liebesspiel bloßgestellt 324; – an der Seite Vulcans 331; gibt Cupido die Brust 335; und Vulcan in der Hochzeitsnacht 336; in der Schmiede des Vulcan 338; steht für Luxuria (Wollust) 341; in Gesellschaft von Vulcan und Mars 342, 343; – und Mars von Vulcan überrascht 343; – und Amor in der Schmiede des Vulcan 343; steht für vita voluptaria 358; Pandora ähnelt ihrem Typus, in der Bildkunst 604, 605; ist zuständig für die Nieren und Eingeweide 659; *Mutter des Aeneas, ihr Konflikt mit Juno 57;* heilt den verwundeten Aeneas mit Dictamnus, Panacea und Ambrosia 59; *Apotheose des Aeneas durch – 61; rationalisierende Deutung der Mutter des Aeneas – 65;* sie ist Leitgestirn für den reisenden Aeneas 65; *in der Schmiede des Vulcan 72;* überreicht Aeneas die neuen Waffen, in der Bildkunst 72 f; – *schenkt Hippomenes drei goldene Äpfel 316; Hymen erstes Kind von Bacchus und – und deren Gemahl 318,* steht im Dienst der Kupplerin Aphrodite / – 320; s. a. Veneres

Venus / Aphrodite, Typen und Bildwerke (in alphabetischer Folge): Barbata (die Bärtige) 49; Capitolina 55; Castello 63; Colonna 55; Genetrix (die Erzeugerin) 74; halbbekleidet 57; Knidische 55; Medici 55; Pandemos (die Gewöhnliche, allen Gehörige –) 54; Pudica (die Keusche –) 55, 64, 69; Rokeby 70; Urbino 59; Victrix (die Siegerin) 34, 40
Venustus / pulcher: Schönheit von Leib und Antlitz 51
Verblendung: = Ate, Tochter des Zeus 698
Verbrecher: finden sich unter den Kindern des Saturn 515
Verderben (und Gesundheit): Wirkungen des Sonnengotts 88
Verfolgungsmotiv: in der griechischen Kunst 304
Verführer: der klassische – ist Paris 615; – ist Juppiter, aus christlicher Sicht 705
Vergänglichkeit: von Liebe und Schönheit 66
Verkehrsmittel: – zu Lande und zu Wasser, unter dem Patronat des Poseidon 656

Verkörperung des Krieges: 109 (Ares); Verrat: 113

Verlangen: verderbliches – schmiedet Vulcan 330; – nach Ruhm veranschaulicht Perseus auf Pegasus 639

Vermessenheit / s. a. Hybris: des Bellerophon 205; ihr Sinnbild die Pygmäen, in der Bildkunst 418; Niobe ist ein Bild der – 567

Verschwiegenheit: ihr Zeichen der Zeigefinger über dem Mund 52; Venus mit Schildkröte als Zeichen der guten Haushaltsführung und – 54

Verschwörung: gegen Zeus 694

Verspottung: der Ceres 248

Verstand: allegorisiert durch Äpfel der Hesperiden 394; der forschende – steht unter dem Patronat des Merkur 446

Versteinerung: – des Pallas und des Echion durch Athena 169; durch Anblick des Medusenhauptes, des Phineus 543, 636 f, 645 f, in der Bildkunst 647; – des Polydektes, der Ikodama 543; in der Bildkunst, des Phineus und seiner Gefährten 646; der Niobe, Metapher für das Schweigen vor Schmerz und Kummer 568; des Atlas 636, in der Bildkunst 647; des Schiffes des Alkinoos 651

Versuchungen: menschliche –, von Leto bekämpft 531

Verticordia (Abwenderin): Epitheton der Aphrodite / Venus 45

Verwandlungsform(en): passim

Verzweiflung: Amphion ist ein Bild der – 568

Vesper: der Abendstern 48; zur Seite Apolls 96

Vesta / s. a. Hestia: von Caelum Mutter der Ceres 228; Ceres mit – gleichgesetzt 236, 237; mit Juno gleichgesetzt 358, 480; Gemahlin oder Tochter des Saturn 477; Metonym für Herd 477; Caesar ist ihr Priester 477; jungfräuliche Göttin 477, 479; von Esel vor Silen oder Priapus gewarnt 478; Amme des Juppiter 478, 479; ist zugleich Erde und Feuer 479; ihr ist ein Rundtempel geweiht 479; ihr Tempel verbildlicht die Erdkugel 479; wird von Flamme verkörpert 479; Etymologie ihres Namens 480; gleichgesetzt mit Feuer bedarf – der Juno = Luft 480; Gemahlin des Janus 481; in christlichem Verständnis 481; ihr Feuer darf nicht gelöscht werden 481; wärmt Jovis in ihrem Schoß 481; in der Emblematik 481; Typus in der Bildkunst 481 f; von den Laren begleitet 482; anderer Name der Kybele 523; ihr ist die Schwelle heilig 708

Vestalinnen: rufen den Heilgott Apoll an 88; jungfräuliche Priesterinnen der Vesta 477, in der Bildkunst 483

Victoria: Siegesgöttin, dem Mars zugesellt 129

Victrix (die Siegerin): Beiname der Venus 34, 40

Viehherden: – und Weideland der Hera angelegen 343; des Augeias verpesten das Land 371

Viehzucht: Beschäftigung des Zethos 27

Vielgebärende: die –, Beiname der Ceres = Tellus und Magna Mater 236

Vierfältig: ist die Gestalt des Hermes 443

Viergespann: des Hades 311

Vierzahl: bei Apoll 81, 90; = weiblich, Dreizahl = männlich 182; bei Hermes 443, bei der Herme 456; Hermes am – Tag des 10. Monats geboren 456; der Horen 483, 486; der Jahreszeiten und der Elemente 511; der Musen 560

Viola da Braccio: spielt Apoll 94, 102; spielt eine Muse 282; spielt Orpheus 580

Viola da Gamba: spielt Orpheus 581

Viola s. Veilchen

Virtus (Tugend): sucht Rat bei Juppiter 723

Visconti: führen sich auf Venus zurück 74

Vita activa: Juno als ihre Patronin oder Verkörperung 358, 504, 505, 616 (gilt weniger als die vita contemplativa)
– contemplativa: im Bild der Pallas 184; gilt mehr als die vita activa 616
– philargica: das triebhafte Leben, verkörpert von Venus 51
– theoretica: Gegensatz zur philargica 51; Bild der Minerva 183, 358;
– voluptaria: verkörpert von Venus 358, und ihre Patronin 616

Vlies, goldenes: *Iason soll das – holen* 327; *Patron des Ordens vom –* 338; Aietes *nagelt das* – *an eine Eiche im Hain des Apoll* 462; s. a. Iason, s. Phrixos; s. a. Gold(en)

Vlies: wollenes, mit dem Pan Selene/Luna verführen will 589; goldenes im Hain des Apoll, bewacht von Drachen des Ares 122, des Widders in Kolchis, der ein Sohn von Poseidon und Theophane ist 652

Vogel/Vögel: Aphrodite verwandelt die Gefährten des Diomedes in – 39; Zugtiere des Amor 299; – mit Mädchengesicht 314; Hera verwandelt Gefährtinnen der Ino in – 351; Juno/Hera verwandelt Frauen in Kranich und Storch 352; stymphalische, den Harpyien gleichgesetzt, von Herkules erlegt 372, in der Bildkunst 405; stymphalische, mit Kastagnetten aufgescheucht 372; Hermes ist Herr über –, die der Weissagung dienen 439; Verwandlungsform des Poseidon, in der er der Medusa beiwohnt 540 f; lassen sich auf Schulter des Orpheus nieder 581; Verwandlungsform des Poseidon 621; – scheißen auf Vogelscheuche in Gestalt des Priapus 671; –, der Prometheus quält, ein Werk des Hephaistos 679; Dämonen in Gestalt von – 706 f

Vogelflug: seine Deutung dient dem Apoll zur Weissagung 439; Prometheus lehrt seine Deutung 676

Vogelkrallen: hat Amor 299

Vogelscheuche: Priapusbild als – 671

Vogelstimmen: kann Teiresias deuten 176

Volcanus: Gemahl der Maia und mit ihr in kultischer Gemeinschaft 317

Völlerei: ein Vergnügen der Venus 65

Vorausschau: und Vorhersage, Fähigkeiten des Raben 91; s. a. Voraussicht

Voraussicht: *veranschaulicht von Polyneikes* 43

Vorgesetzter: der Cyclopen ist Vulcan 309; – der Toten ist Pluto 312

Vorhersage s. Vorausschau

Vorhölle/Limbo: Christus in der – gleichgesetzt mit Abstieg des Herakles in den Hades 395

Vorratshaltung: Erfindung des Pluto 229

Vorratskrug: in einem – halten die Aloaden den Ares gefangenn 112; Versteck des Eurystheus 370

Vorwitz: Aktaeon als Sinnbild des – 23

Vulcan/Vulkan/s. a. Hephaistos: 49; als betrogener Ehemann 101; gleichgesetzt mit Mars 119; raubt Proserpina 167; – und Minerva fertigen Gewand der Harmonia 173; von Athena Vater des Apoll 177; Chimaira als – gedeutet 206; ist durch Pluto Vorgesetzter der Cyclopen 309, 322; baut Wagen für Mars 321; schmiedet die Blitze des Zeus 322; schleudert Blitze 323; setzt Schiffe des Aeneas in Brand 324; fertigt Waffen für Aeneas 324; – ist Bild für das Feuer, ist Herr des Feuers 328; ist Gott des Handwerks 329, 341; kundig in der Pyromantie und vielleicht deren Erfinder 329, 330; ist ein feuriger Liebhaber 330; wird dem Teufel gleichgesetzt 330; schmiedet verderbliches Verlangen 330; Vater des Eros/Cupido 330; = Zorn, der Minerva, = Weisheit, zugesellt 330; steht für feurigen Ratschluß 330; macht dem Zeus die Blitze 331; – schmiedet Freundschaft 331; kraftvoller Liebhaber 331; zwischen Charis und Venus 331; sieht einem Satyrn ähnlich 332; – und Venus in der Hochzeitsnacht 336; steht für Klugheit und Gerechtigkeit 336 f, 341; ist Verkörperung des Feuers 340; – als Kulturbringer 340; im Dienst der Liebe 341; steht für Caritas (Nächstenliebe) und Temperantia (Mäßigkeit) 341; besiegt die Ausschweifung 342; – ist dem Monat September zugeordnet 342; in der Schmiede 342; –, Venus und Mars, in der Bildkunst 342, 343; überreicht Thetis den Schild des Achill 343; – und Aeolus 343; seine Auffindung 344; fesselt Prometheus 689; *schmiedet dem Aeneas neue Waffen* 57; *Venus in der Schmiede des –, in der Bildkunst* 72; *– überreicht dem Aeneas die neuen Waffen, in der Bildkunst* 72 f; *Mucius Scaevola und* – *als Allegorie des Feuers* 140; *das Halsband der Harmonia als Racheakt des –* 354; *Odysseus dem – ähnlich* 448

Vulkan s. Vulcan

Waage (Sternbild): – und Stier, der Venus zugeordnet 53, 73

Wachhunde: goldene und silberne, Werke des Hephaistos 321

Wacholder: verbrennt man mit den Tieropfern für Aphrodite 54

Wachsamkeit: Wesenszug der Hera 354; Inbegriff der – ist Argos Panoptes 440

Wachtel: Verwandlungsform der Asteria auf der Flucht vor Zeus 76; Lieblingsspeise des Herakles 388

Wächter(in): der Danaë 216, Gleichnis der Habgier 220; – der Schatzkammer ist Saturn 509; – und Richter sind die Moiren 553; – der Gärten und Weinberge ist Pan 592; – der Titanen sind die Hekatoncheiren 693

Waffe(n): schmiedet Hephaistos für Athena, Achill, Diomedes, Peleus, Memnon 321; eine – der Hera ist der Wahn 354; – des Pan ist die Panik 588; eine wirksame – des Zeus ist der Blitz 699

Waffenhandwerk: des Ares 108

Waffentanz: der Athena 166; dreischrittiger, des Pan 592

Wagen: von Löwen gezogen, der Demeter/Ceres 24; der Artemis, golden 140, 146; Patronat der Athena 188; – des Hades verdunkelt die Sterne 310; der – des Hades ist golden und dreirädrig 311; des Pluto, in der Allegorese 312; Attribut des Hades 313, 314; – des Sonnengotts trägt Schmuck von Hephaistos 321; des Mars, von Vulcan gebaut 321; – der Hera aus Gold und Silber und hat eherne Räder 345; – und Waffen der Juno in der Allegorese 359; Attribut Kybele, in der Allegorese 523; einen – haben die Musen 558; geflügelt, des Poseidon, hat eine eherne Achse 653; – und Gespann des Zeus versorgt Poseidon 653; -fahren lernt Antilochos von Zeus und Poseidon 653; der – des Poseidon ist golden 656; – des Neptun wird von Pferden gezogen 664, 665; Quadriga des Zeus 702; – des Juppiter wird von Adlern gezogen 713

Wahn: Lykurgos erschlägt im – den eigenen Sohn 255; Waffe des Dionysos 259;
Waffe der Hera 354; im – tötet Herakles die eigenen Kinder 368

Wahnsinn: damit schlägt Athena zur Strafe 178; damit straft Dionyos 252, den Lykurgos 255; damit schlägt Hera den Dionysos 254; Dionysos schlägt die Frauen von Argos mit – 256; Hera schlägt Ino und Athamas, Herakles und die Töchter des Proitos mit – 351, 352; Hera schlägt Herakles mit – 368; – des Herakles, Entschuldigung für seine Missetaten 392, in der Bildkunst 403; Kybele verfällt in – 521

Wahrhaftigkeit: Proteus ist Inbegriff der – 653

Wahrheit, Triumph der: Allegorese zu Sol 101; die – künden die Musen 560

Wahrsagekunst (-künste), Mantik: Gott der – ist Apoll 78, 89; – versagt Apoll dem Hermes 78; Apoll ist Gott der –, im Bild der Sonne begriffen 89; geordnet von Prometheus und ihm angelegen 676, 682

Wahrtraum: durch Lorbeer 91

Wald: und Wild, von Orpheus gebannt 573

Wand: – und Dach Erfindungen des Daidalos 202

Wanderer: Merkur als Sinnbild des ruhelosen Wanderers 476

Wanderschaft: des Dionysos 254 ff

Wandlungsfähigkeit: Eigenschaft des Hermes 450

Wankelmut: Eigenschaft des Ares 113

Wärme: und Feuchtigkeit in ausgewogenem Verhältnis zueinander 88; verkörpert durch Juppiter 237

Wasser: schützt Venus bei der Geburt 43; in das Saturn das Gemächte des Vaters wirft, Allegorese 48; Element, verkörpert von Poseidon/Neptun 311, 667; umgibt die Schmiede des Hephaistos 320; verkörpert von Poseidon 330; verkörpert von Juno 357; als «Luft» steht Juno zwischen Äther und – 357; – und Erde sind passive Wesenheiten 358; – oder Erde, von Juno verkörpert 358; – der Styx, Symbol für den großen Eid der Götter 492; die Iris ist dem – verbunden 493; für – steht die Sphäre des Saturn

512; von den Musen geschätzt und ihnen heilig 556, 624; – schlägt Pegasus mit dem Huf aus dem Boden 623; in der Bildkunst 628 f; Kronos verbannt den Poseidon ins – 648; das Element – von Poseidon/Neptun verkörpert 658; der Dreizack des Neptun veranschaulicht seine dreifache Natur 658; seine Spiegelfähigkeit 658; das Element – verkörpert Neptun 667 f; – und Erde, Allegorese 668; Werkstoff des Prometheus, formt daraus den Menschen 674, 675, 682; Thetis wird damit gleichgesetzt 703; *Achelo(i)os Metapher für amorphe Gestalt des (Fluß-) – 13; Thetis macht Achill unsterblich, in Feuer oder den – der Styx 15, 16, 27, in der Bildkunst 31; Amphitrite Bild für Element – 138; Marcus Curtius und Amor in Allegorie des – 140; Narziß spiegelt sich im – der Styx 393; Silen spielt mit Satyrn am – 405; Sisyphos tauscht sein Wissen gegen – 528;* s. a. Wasser-

Wassergeflügel: als Jagdbeute Attribut der Winter-Hore 468

Wasserkrug: Attribut der Amymone 667

Wassermann (Aquarius), Sternbild: veranschaulicht von urinierendem Ganymed 306; Saturn zugeordnet 512

Wasserorgel: 102

Wasserschildkröte: Gefolge des Neptun 665

Wasserurne: Attribut der Flußgötter 663; Allegorie der Verbindung von Wasser und Erde 668; *Attribut des Achelo(i)os 13*

Weberin: ist Arachne 106; ist Athena 173; ist Kore 631

Weberschiffchen: Gerät der Arachne 106

Webkunst: der Arachne 106, Allegorese 107; Erfindung der Athena/Minerva 173, 177

Webstuhl: der Arachne 106, 107

Weib, apokalyptisches: *Salmakis mit Pandora und dem – verglichen 312*

Weideland: und Viehherden der Hera angelegen 344

Weihgeschenk(e): an Arion 135; an Athena, ein Peplos 165

Weihrauchbaum: Verwandlungsform der Leukothoë durch Apoll 84

Weihrauchopfer: an Aphrodite 39

Wein: –, Brot und trächtige Sau, Opfergabe an Demeter/Ceres und Herkules 240; seine Entdeckung und Verbreitung Haupttat des Dionysos 254; Lohn des Dionysos für Gastfreundschaft 257; –, Efeu, Myrte, die dem Dionysos liebsten Dinge 259; passim Dionysos, seine Wirkung 261, 262; Dionysos lehrt seine Bereitung 263; verkörpert von Liber 263; seine Beimischung zu anderen Getränken von Bacchus eingeführt 263; sein Wesen ist Feuer 264; verkörpert von Dionysos/Bacchus 264, 280; sein Siegeszug 279; fördert die Liebe 284; -lese und -kelter als dionysisch-christliche Symbole 285; -ernte und -bereitung als dionysisch-christliche Symbole 286; Herakles genießt den – ungemischt 388; – wird von Bacchus, Witz von Merkur verkörpert 458; den – bringt Saturn nach Italien 509; den -anbau lehrt Saturn 509; s. a. Wein-

Weinbereitung: Erfindung des Dionysos 263

Weinberg(e): Domäne des Dionysos 259; Pan ist ihr Wächter 592, stehen unter seinem Patronat 670

Weinfaß: Attribut des Bacchus 274

Weingärten: Herakles legt – an 391

Weingefäß: Metonym für Ino 265

Weinlaub: auf Arion bezogen 137; umrankt den Stab des Dionysos 257; Attribut der Horen 486; Kranz, Kopfschmuck des Priapus 671

Weinmischgefäß: aus Silber, mit goldener Lippe, Werk des Hephaistos 322

Weinrausch: im orgiastischen Kult des Dionysos 259

Weinschlauch: Geschenk des Dionysos an Icarius und Erigone 257; Attribut des Bacchus 267; aus der Haut des Marsyas 534

Weinstock: Geschenk des Dionysos an Oineus 257; sein Anpflanzen lehrt Dionysos 263; aus seinem Holz wird Bild des Dionysos Bakcheus gefertigt 269

Weintraube: ihre Blüte ist den Blütentrauben des Efeu ähnlich 266
Weisheit: ihrem Studium widmet sich Amphion 29; Athena und Aphrodite als Gegensatz von – und Unüberlegtheit 42; Apoll als Einheit von Musik, – und Medizin 86; Apoll als Gott der – 87, und als ihr Bild 91; Athena ihr Inbegriff 181ff, 187; verkörpert von einer Charis 214; die Krone der – trägt Eros 296; – und Tugend von Amor geliebt 297; – (Minerva) dem Zorn (Vulcan) zugesellt 330; – und Beredsamkeit verkörpert durch Hermathena 432; göttliche –, Merkur ist ihr Mittler 454; verkörpert von Athena 534; verkörpert von Minerva, hilft dem Perseus 547; verkörpert von Orpheus 575; die – haben die Flamen von Orpheus 579; Pegasus steht für Ruhm, Ehre und – 624f; Persephone wird auf – bezogen 631; Prometheus ist der Erfinder der – 682
Weiß (Farbe): der Mondgöttin zugeordnet 151; sind die Arme und Ellbogen der Hera 355; sind die Rinder des Apoll 436; Hermes kann – in Schwarz verwandeln 450; schnee- ist das Haar, – ist das Gewand der Moiren 554; *Andromache ist -armig* 144; Dioskuren tragen *– Tunika und scharlachrote Mäntel* 225; *Meleager trägt – Gewand und rotes Mäntelchen* 387
Weissagung: Apoll, Gott der – 87, 91; Sibyllen teilen die Gabe der – mit Apoll 98; Teiresias hat diese Gabe 176; ihre Kunst fordert Hermes von Apoll 438; darin dienen die Thriai dem Hermes 439; Apoll nutzt für – den Vogelflug 439; Hermes nutzt Kieselsteine für – 439; die ihr dienenden Vögel sind dem Hermes unterstellt 439; – übt das Haupt des Orpheus 585
Weizen: sät Triptolemos 233
Welt: aufgeteilt unter Kronos, Zeus und Poseidon 307; Pluto ist ihr Vorsteher 309
Weltei: von Nyx hervorgebracht, ihm entsteigt Eros 289
Weltenherrscherin: ist Hera 353
Weltkörper: = Kybele 522
Weltkugel: *zu Füßen des Amor* 323
Weltseele: Bezeichnung des Dionysos 261
Weltzeitalter: Zeus ist Schöpfer und Ordner der fünf – 697
Werkzeugkiste: des Hephaistos ist aus Silber 326
Westwind: *– schwängert Harpyie mit Rössern* 170
Wetter: machen die Horen 484; wird von Zeus regiert 696
Wettkampf: der Arachne mit Athena 107
Wettstreit: in der Palaestra 32; zwischen Apoll und Marsyas 532f, in der Bildkunst 537; zwischen Pan und Apoll 533, 588, die Musen sind Zeugen, Midas der Schiedsrichter 565
Wickelkind: der kleine Zeus als – 713
Widder: Reittier der Venus Pandemos 54; – und Skorpion, Tierkreiszeichen, dem Mars zugeordnet 131; Tier des Juppiter 355; Attribut des Hermes 449; Verwandlungsform des Poseidon 652; der – mit dem goldenen Vlies ist Sohn des Poseidon und der Theophane 652; *goldener* – 200, 487
Widdergestalt: Verwandlungsform des Zeus 229
Widderhaupt: des Juppiter Ammon 06
Widderhörner: trägt Juppiter Ammon 711
Widderträger: Hermes als –, in der Bildkunst 464
Wiesel: Verwandlungsform der Galanthis durch Hera 350; hilft Leto bei der Niederkunft 530
Wild: – und Wald von Orpheus gebannt 573; Fische 698
Wilde Männer: im Kampf mit Herakles 399
Wildheit: des Ares 113
Wildschweine: dem Hermes unterstellt 439
Wildtiere: mit Innereien von – füttert Chiron den kleinen Achill 16
Wind(e): Juno ihre Gebieterin, Aeolus ihr Herr 351; Neptun ist Herr der – 656, 664
Windinstrument: des Marsyas und des Pan, dem Saiteninstrument unterlegen 79, 80, 534; bei Athena 194

760 Register

Winkelmaß: Attribut der Minerva 194, der Erato 564
Winter: vom mörderischen Eber veranschaulicht, Allegorese des Adonis 13, 19, 49; Allegorese des Mars 131
Wissenschaft(en): Anliegen Apolls 87, 102; Obliegenheit der Athena 165; gewappnete Athena veranschaulicht – 186; Minerva Patronin der – 194; Athena Patronin der – 199; die heilsversprechende – lehrt Merkur 454
Witz: wird von Merkur, Wein von Bacchus verkörpert 458
Wochengötter: sieben – umgeben Kronos 131; Mars und Venus einander zugeordnet 131
Wohlgeruch, -gerüche: der Aphrodite/Venus 44, 45, 50; umgibt den Paris 614
Wohlgestalt: der Venus 56
Wohlstand: von Ceres verkörpert 250
Wohltäter: Bacchus als –, weil er den Menschen den Wein bringt 262; ist Hades/Pluton 309; – der Menschheit ist Prometheus 675
Wohlwollen: verkörpert von Juppiter 705
Wohnhöhle: Hermes lehrt die Menschen das Graben von – 442
Wohnungen: errichtet von Prometheus 677
Wolf/Wölfe: vor ihnen schützt Apoll 83; reißen Schafe 90; begleitet Apoll 95; Begleiter des Mars 121, 122, 125, 128; Beute des Bacchus 265; bei Bacchus, Bild der Trunkenheit 269; ist dem Apoll lieb 530; Verwandlungsform des Lycaon, in der Bildkunst 716
Wölfin: römische 129; Verwandlungsform der Leto 530; Rea übergibt einer – den Säugling Zeus 693; s. a. Wolf/Wölfe
Wolken: abregnende –, Zuständigkeit der Juno 241; die Horen öffnen und schließen sie 483, 484; Iris füllt sie mit Regen 492; Verwandlungsform des Zeus/Juppiter 720; Juppiter sitzt auf – 724
Wolkenbruch: Sinnbild für den Ehestreit zwischen Juppiter und Juno 357
Wolkenschuhe: der Iris 494

Wolkenteppich: unter Juppiter und Juno 716
Wolle: Erfindung der Athena/Minerva 177
Wollust: im Dienst der Venus 41, 42, 49, 50, 54; verkörpert von Venus 341; verkörpert von Medusa 547; Priapus ist Gott der – 670
Worfelkorb: Wiege des Hermes, Symbol für Reichtum und Fruchtbarkeit 435
Wort: das – ist eine Erfindung des Hermes 446; das gesprochene verkörpert Iris, das erklärende – verkörpert Hermes 494; das gesprochene – kommt von den Musen 557
Wörter: schwerverständliche – symbolisiert die Filzkappe des Merkur 452; die Zusammenstellung von – zur Dichtkunst finden die Musen 557
Wuchs: und Haar des Paris sind Gaben der Aphrodite 613; – des Poseidon ist riesenhaft 656
Wunde: am Fuß der Venus 68
Wunder: des Dionysos, begleitet von Flötenklang 256
Wunderbar: das – ist der Iris verbunden 493
Würfelspiel s. Brettspiel
Würfelspiel(er): schätzt Venus 51; ein betrügerischer – ist Eros 295; zwischen Amor und Hymen 299
Wurfspeer: Waffe des Bellerophon 208
Wut: Begleiterin des Mars 115

Xanthippe: das Urbild weiblicher Zanklust 600
Xanthos: und Balios, Rosse des Pelops von Poseidon 653; – *und Balios, Rösser des Achill 18*

Zackenkrone: des Zeus 710
Zagreus: Sohn des Zeus von Persephone 252, 630; von den Titanen gemetzelt 252; Hera stiftet zu seiner Ermordung an 255, wird von den Titanen ermordet 630, hat Hörner 631
Zahl(en): und Ziffern, Erfindung der Athena/Minerva 174, 177; kubische –, ihre Beziehung zu Cubele/Kybele 524; um Namen, – und Umstände wissen die

Register 761

Musen 557; – und Schriftzeichen, Erfindungen des Prometheus 676; die Sieben als vollkommene – 693; *die Zwei steht für die Frau, die Drei für den Mann, die Fünf für die Ehe* 322

Zahn: drei -reihen hat Herakles 386; –, in den die Graien sich teilen 542

Zähne: stehen im Dienst der Musen 562

Zanklust: weibliche –, Xanthippe ist ihr Urbild 600

Zauber: der Kirke, gegen den die Pflanze Moly hilft 440; -kraft hat das Zaumzeug des Bellerophon 622

Zauberer: ein – ist Orpheus 31, 576

Zaubermacht: des Busenbandes der Aphrodite/Venus 44

Zaubermittel: ist für Medea die Galle der Medusa 544; ihr – macht Medea aus der Pflanze, die aus dem Blut des Prometheus wächst 680

Zauberpflanze: Moly, wirkt gegen den Zauber der Kirke 440

Zauberrute: dreiästige, des Hermes 438, 439, 442

Zaumzeug: goldenes, des Bellerophon 204; goldbeschlagen, zauberisch, schenkt Athena dem Bellerophon 622

Zehnzahl: Anzahl der Horen 483; Anzahl der Kinder der Niobe 567

Zeigefinger: über dem Mund = Verschwiegenheit 52; – und Mittelfinger = Bild belebender Kraft 688

Zeit: Herakles als Bild der – 397; verkörpert von Chronos 518; ihr Sinnbild ist Prometheus 682

Zeitalter: goldenes – herrscht unter Kronos 508; das goldene, silberne, eiserne, Zeus ist ihr Schöpfer und Ordner 697

Zeitvertreib: des Pan sind Musik, Jagd und Nymphen 588

Zephir: wirbt um Hyazinth 488; von Iris Vater des Eros 491

Zephirpaar: treibt die Muschel der Venus 64

Zepter: des Sonnengotts 49, 94; Apolls 98, 103; seltenes Attribut der Demeter/Ceres 243 f; Attribut des Hades 313, 314, 316; des Zeus, Werk des Hephaistos 322; des Hephaistos/Vulcan 326, 333, 334; Attribut der Hera/Juno 356, 360, 361, 501, 503, 506; – der Juno steht für Reichtum und Macht 358; des Zeus von Hermes entwendet 439; Attribut der Hestia/Vesta 481; der Kybele 522, 524; der Hestia/Vesta 482; des Saturn 514; des Paris 619, 620; –, der Dreizack des Poseidon 659; des Zeus/Juppiter, ist eine Palme 706, sein Attribut 707, 708, 709, ist lang 710, 711, 712, 720; *Aeneas, mit Krone und –* 87; *Amphitrite trägt langes –* 138; *Attribut des Asklepios* 159, 163

Zetes: Iris rettet die Harpyien vor ihm und Calais 492

Zethos: *und Amphion als Kulturstifter* 360

Zeus/s. a. Juppiter: schlichtet Streit zwischen Aphrodite und Persephone um Adonis 12; Vater von Amphion und Zethos 27; lehrt Amphion das Lyraspiel 28; Vater der Aphrodite 33, 45; Vater des Ares 108; Vater von Artemis und Apoll 137; verführt Kallisto 142; im Kindbett 167; sein Altar in Arkadien 167; – und Athena fliehen als einige Götter nicht vor Typhon 171; seine Blitze macht Hephaistos 177; gebiert aus dem Haupt die Athena 195; von Eurynome Vater der Chariten 210; von Danaë Vater des Perseus 215; von Elektra Vater des Iasion 229; von Semele Vater des Dionysos 251, 253; zeugt in Schlangengestalt mit Persephone den Zagreus 252; schleudert die Titanen in den Orkus 252; birgt das Kind Dionysos in seinem Schenkel und gebiert es daraus 253; verwandelt Kind Dionysos in ein Zicklein 254; – entführt Ganymed 303; – teilt sich mit Kronos und Poseidon in die Welt 307; Vater des Hephaistos von Hera 317; schleudert Hephaistos aus dem Olymp 318, 319; – und Hera schleudern Hephaistos aus dem Olymp 334; Zwillingsbruder und Gemahl der Hera 344; verbannt Kronos unter die Erde 344; von Hera Vater des Ares 348; von Hera Vater des Hephaistos 348 f; Vater der Athena in Parthenogenese 349; verführt Kallisto, von ihr Vater des Arkas 350; verwandelt sich in einen Stier 350; verleiht dem Teiresias die Sehergabe 353; täuscht Hera mit hölzerner Puppe 353; von Alkmene Vater des Herakles 363, 365; nimmt Gestalt des Amphitryon an 365; in der Statur ähnelt ihm Herakles 367; hilft Herakles mit einem Steinregen 375; goldene Äpfel schenkt ihm die Ge 375; entrückt Herakles 382; von Maia Vater des Hermes/Merkur 433, 435; Schiedsrichter im Streit zwischen Apoll und Hermes 438; gibt dem Hermes Herrschaft über die der Weissagung dienlichen Vögel, die Löwen, die Wildschweine, Herden und Schafe 439; verleiht dem Hermes Anmut 439; Hermes stiehlt ihm das Zepter 439; Hermes ist sein Bote 439; Typhon schneidet ihm Hand- und Fußsehnen heraus, Hermes setzt sie ihm wieder ein 441; setzt den Phoroneus als Schiedsrichter ein 442; Hermes ist sein Geschöpf 443, und sein Bote 446; Bruder von Hestia, Demeter, Hera und Hades 477; von Themis Vater der Horen 483; sein Antlitz ist heiter und schön 707; von Mnemosyne Vater des Hyazinth 487; Iris dient ihm 491, vermittelt zwischen ihm und Poseidon 492; Iris bereitet sein Ehebett 492; schickt Iris zu Herakles, damit er den Prometheus befreie 493; entmannt und fesselt Kronos 509; sein Eber tötet Attis 520; Geliebter der Leda, vielleicht Vater der Dioskuren 526; verwandelt sich in einen Schwan, verführt Leda und Nemesis 527; von Leto Vater von Apoll und Artemis 529; von Themis Vater der Moiren 552; – wird von der Moira bestimmt, sie ist ihm auch zu Diensten 553; von Mnemosyne Vater der Musen 555; liegt neun Nächte mit der Mnemosyne 556; setzt Orpheus mit seiner Leier an den Himmel 573; sein Blitz vernichtet Orpheus 574; von Hybris Vater des Pan 586; er erschafft die Frau, auf sein Geheiß formt Hephaistos die Pandora 598, schickt dem Pegasus eine Stechfliege 622; ihm dient der Pegasus 623; von Demeter Vater der Persephone 630, von Persephone Vater des Zagreus, des Sabazios/Dionysos 630; verwandelt sich in eine Schlange 630; von Danaë Vater des Perseus 633; schwängert in Gestalt eines Goldregens die Danaë 633; Bruder von Poseidon, Hestia, Demeter, Hera und Hades 648; erhält von den Kyklopen Donner, Blitz und Donnerkeil 649; Poseidon ist ihm zu Diensten 649; ihm fällt der Himmel zu 649; Poseidon versorgt ihm Gespann und Wagen 653; – und Poseidon lehren den Antilochos das Wagenfahren 653; Prometheus spaltet ihm den Schädel für Geburt der Athena 674; nimmt den Menschen das Feuer 678; beseelt den Adler, den Hephaistos zur Qual des Prometheus geschaffen hat 679; treibt eine Säule durch den Leib des Prometheus 679; – selbst befreit Prometheus als Dank für guten Rat 680; heißt den Prometheus einen eisernen Fingerring zu tragen 680; Vater unzähliger Kinder 692; Sohn von Kronos und Rea 691; Gemahl von Themis, Metis und Hera 691, 694; der kleine – von Kureten und Nymphen oder von einer Wölfin und Bärinnen versorgt 693; Hestia ist seine Amme 693; wird mit Honig gespeist 693; lacht nach seiner Geburt sieben Tage lang 693; erschlägt die Kampe 693; befreit die Hekatoncheiren und die Kyklopen 693; von den Kyklopen erhält er Donnerkeil und Blitz 693; setzt den Blitz erstmals als Waffe ein 694; ihm fällt der Himmel zu 694; ist der Götterkönig 694; von Hera Vater von Hebe, Ares und Eileithya, von Metis Vater der Athena, von Demeter Vater der Persephone, von Leto Vater von Apoll und Artemis 694; Verschwörung gegen ihn 694; der hundertarmige Briarios steht ihm bei 694; verliert seine Sichel an Typhon 695; kämpft mit Typhon, der ihm die Sehnen aus Händen und Füßen schneidet, die Hermes, Aigipan oder Kadmos ihm wieder einsetzen 695; hat geflügelte Pferde 695; wirft den Ätna auf Typhon 695; das Feuer des Ätna = Blitze des Zeus 695; – regiert das Wetter 696; Hephaistos baut ihm einen Palast 696; ist Herr des Himmels 696; Beherrscher der Zeit, macht die Jahre, die Jahreszeiten, Nächte und

Tage 696; ist Schöpfer und Ordner der fünf Weltzeitalter 697; schickt Glück und Unglück, Ruhm und Schwäche 697; schickt die große Flut 697; verteilt aus zwei Krügen Gutes und Schlechtes 697; von Themis Vater der Moiren 697; ist Helfer, Gott der Schutzflehenden, Schutzgott des Hauses, der Flucht, des Gastrechts, der Herolde 697; ist Schwurgott, Sühnegott, Gott der Gerechtigkeit 697; von Themis Vater der Dike 697; ist Vater der Litai (Bitten) 697; von Themis Vater von Eunomia (Ordnung) und Eirene (Frieden) 697; von Eurynome Vater der Chariten, von Mnemosyne Vater der Musen 697; ist ein Freund der Lügen, Gott der täuschenden Träume, Vater der Ate (Verblendung) und der Dike 698; er ist grausam 698, 701, bestraft Grausamkeit 698; er ist lügnerisch und bestraft Lügen 698; Vater der Moiren, aber selbst dem Schicksal ausgeliefert 698; der Krieg um Troia als Spiegel des Ehekriegs des Ehepaars Zeus 699; der Blitz ist seine wirksame Waffe 699; schleudert den Amphiaraos in die Erde 699; von Io Vater des Epaphos 699; erschlägt Asklepios 699 f; seine Macht wird der Heilkunst des Asklepios bedroht 700; ist ein fleißiger und potenter Liebhaber 700, 701; verwandelt sich in Kuckuck, Stier, Schwan, Satyr, Hirte, Schlange, Amphitryon, Goldregen, Blitz, Flammen, Diana, Ameise und Adler 700; liebt Ganymed und entführt ihn 700; verwandelt den Celmis in Stahl oder einen Diamanten 700; seine Herrschaft ist eingeschränkt 700 f; ist Eidgott 701; straft Hera, hängt sie in den Äther 701; Bruder Poseidon ist ihm gehorsam 701; liebt Gelage und Frauen 701; schlägt den Athamas mit Wahn 701; ist allgegenwärtig 701; aus seinem Schenkel wird Dionysos geboren 701; hat schwarze Brauen, ambrosisches Haar und einen Bart 702; seine Aigis ist vielleicht das Fell der Amaltheia 702; er ist ganz in Gold getaucht, seine Tunika ist golden 702; seine Pferde haben goldene Mähnen und goldene Hufe 702; seine Peitsche ist golden 702; sein Kopfschütteln erschüttert Erde, Meer und Sternenhimmel 702; sein Kultbild von Phidias 709 f; seine Geburt, in der Bildkunst 713 f; die Ziege Amalthea als seine Amme, in der Bildkunst 714 f; – entmannt Kronos 715; – entführt Europa, in der Bildkunst 717 ff; verwandelt Io in eine Kuh, in der Bildkunst 720; bestraft die Nymphe Lara, in der Bildkunst 721 f; beraubt Lara ihrer Zunge, in der Bildkunst 722; – spendet Gut und Böse 722; seine Liebschaften, in der Bildkunst 725 f; *läßt Apoll den verwundeten Hektor heilen 279; dem Fürsten und Krieger Hektor steht –, steht dem Verteidiger Apoll zur Seite 285; Helene seine Tochter von Leda (oder Nemesis), wozu er Schwanengestalt annimmt 297; als Schirmherr der Schutzsuchenden und Sühnegott 345; nähert sich in Roßgestalt der Dia, Gemahlin des Ixion 345; Phaethon als Doppelgänger des –, als Sonnengott gedeutet 345; Ixion als Doppelgänger des Zeus 345; Ixion Günstling des – 320*

Zicklein: Verwandlungsform des Dionysos durch Zeus 254, 260, 440; Attribut und Gestalt des Dionysos 268

Ziege(n): Teilgestalt der Chimaira 204; Verwandlungsgestalt des Dionysos 251, 260; -beine hat Pan 587; Priapus ist ihr Gott 715; s. Amalthea *116 ff; Asklepios, von einer – ernährt 154; die – ist nie ohne Fieber 157; Attribut des Asklepios 163; Löwe, –, Schlangen sind Teile der Chimaira 176;* s. a. Ziegenbock

Ziegenbock: Begleiter der Venus / Aphrodite Pandemos 61; versorgt Attis 520; Gestalt des Pan 587; *als Begleiter des Hymen als Bild der hitzigen Liebe der Jugend 323*

Ziegenböcke: Gespann des Dionysos 273

Ziegenfell: Attribut der Juno 502

Ziegenhörner: Attribut der Juno 502

Ziegenkopf: einen – hat Pan 594

Ziegenleder: daraus ist die Peitsche des Pan 590

Ziegenmilch s. Milch

Ziegennase: eine – hat Pan 594

Ziegenohren: Attribut der Juno 502; des Priapus 671

Ziegenschwanz: hat Pan 590, in der Allegorese 592

Ziffern: und Zahlen, Erfindung der Minerva 174

Zimbel(n): Erfindung und Attribut der Kybele 521, 523; Attribut der Korybanten 238, 240; Attribut der Kybele, Tellus und Magna Mater 523, in der Allegorese 523 f; s. a. Becken

Zimmermann: *Daidalos ist Tischler und –* 201

Zinn: Arbeitsmaterial des Hephaistos 320

Zirkel: Erfindung des Perdix 172; Attribut der Minerva 194, der Urania 564; – und Sphäre / Globus, Attribut der Urania 565; *Erfindung des Talos 197*

Zither: Instrument des Apoll 94

Zivilisation: Prometheus ist ihr Begründer 67 f, 676 f

Zodiacus: Deutung des Adonismythos 14; Sonnengott im Kontext des – 96; – und die 12 Arbeiten des Herakles 394

Zölibat: Orpheus lebt im – 573 f

Zopf: als Haarschmuck des Apoll 92

Zorn: Wesen des Mars 49, 85, er wohnt bei ihm 115; seine verzerrende Gewalt 187; – (= Vulcan) der Weisheit (= Minerva) zugesellt 330; *Polyneikes steht für Zwietracht, Rache und –* 497

Zoroaster: Orpheus in Gesellschaft von Apoll, –, Hermes Trismegistos, Linos und Musaios 578 f

Züchtigung: des Cupido durch Venus 71

Zugang (-gänge): 1000 – führen in die Unterwelt 308

Zügel: Werkzeug der Athena 169; Erfindung des Bellerophon 207

Zügellosigkeit: Priapus steht für – 671

Zugtier(e): Rinder als – von Dionysos eingeführt 263

Zunge: wird der Lara herausgerissen 722; Zeus beraubt die Lara ihrer –, in der Bildkunst 722

Zusammenleben: zu friedlichem – sind die Geschöpfe des Prometheus unfähig 442

Zweigeschlechtlichkeit: zum androgynen Wesen der Athena und allgemein der Götter 182

Zweigespann (Biga): der Ceres 632

Zweimalgeborene, der: Beiname des Dionysos 252

Zweizahl: der Chariten 212; der Musen 561; *die – bezeichnet die Frau 322*

Zwiebel: Aphrodisiakum 280

Zwietracht: wohnt bei Ares 116; = Eris, mit Iris gleichgesetzt 359; Hermes verursacht – 442; soll Iris säen 494; *Polyneikes steht für –, Rache und Zorn* 497

Zwillinge: Amphion und Zethos 27, 31; Apoll und Artemis 77; werden in der Herde des Admet geboren, als Apoll sie hütet 83

Zwillinge: *passim Dioskuren-Sternbild 23*

Zwitter(wesen): ein – ist Hermathena 432, ist Hermes / Merkur 449, 450; ein – ist Adgistis 520; *Hermaphroditos androgynes –* 309; *Minerva, Juppiter und Hermes 310; Minerva, Juppiter und Hermaphroditos 310; Zeus 310; Minerva / Athene 310*

Zwölfgötter: schlichten Streit um Attika 175

Zwölfzahl: Anzahl der Arbeiten des Herkules; Anzahl der Söhne des Pan 589

Zypern s. Cypern

Zypresse s. Cypresse

Errata / Corrigenda zu «Antike Mythologie» (= A. M.)

S. 9, Z. 5f v. u.: «Bronzegruppe» muß heißen: Marmorgruppe
  4. Abschn. Z. 1: «Kulturgeschichte» muß heißen: Kultgeschichte

S. 22, unter «Aktaeon», Z. 1: muß heißen: «Sohn des Aristaios»

S. 111, Z. 3 v. u.: muß heißen «Polyneikes»

S. 139, 2. Abschn., Z. 1–4: «Das Erlebnis ... Kinder zu gebären» entfällt

S. 148, 2. Abschn., Z. 1f, «Der Entschluß ... (Medea 250ff).» entfällt 2. Abschn., Z. 5, «Sophokles» muß heißen: Aischylos
  ebd. Z. 13: «der Mädchen und Jungen» muß heißen: der Mädchen, Apoll Patron der Jungen

S. 187, Z. 7: Aulosspielerin
  Z. 5 v. u.: «euphemistisch» muß heißen: euhemeristisch

S. 275, Z. 9 v. u.: 1615 statt 1605, Marmorgruppe statt Bronzegruppe

S. 284, Nr. 30: «D. mingens» muß heißen: Bacchus mingens

S. 303 (Ganymed), Z. 2: Kallirrhoë

S. 308, Z. 6 v. u.: muß heißen «Erinyen»

S. 329, Z. 11: «moralisée» muß heißen: moralisé

S. 371, letzte Zeile: Augeias

S. 372, Z. 6 v. u.: Pasiphaë

S. 433 (Hermeros), Z. 7f: «Bocchius Achille Bocchi» muß heißen: Achille Bocchius

S. 460, Z. 12 v. u.: des «riesigen» muß heißen: des reisefreudigen Gottes

S. 472, 3. Abs., Z. 3: Thanatos

S. 487 (Hyazinth), Z. 5: ... des Magnes und der Muse Klio

S. 520, Z. 16: «A.» muß heißen: Attis

S. 531, unter **D** 1: «Der kleine Bogen auf dem Boden» muß heißen: die Lyra in der Hand des Jungen

S. 557, Z. 13 v. u.: «Muse, ich künde» (7, 37)
  Z. 12 v. u.: «M.» muß heißen: Muse

S. 561, Z. 5f: muß heißen Thelxinoë
  Z. 6 v. u.: Myth. Vat. II 18, 18

S. 587, Abschnitt A., Z. 9: Sinoë

S. 588, Z. 12: Chloë

S. 609, Z. 10 v. u.: Juppiter

S. 629, Nr. 3, Z. 3: House of the Boats of Psyche

S. 644, statt (Nr.) 5: 4, (Nr.) 6: 5

S. 645, statt (Nr.) 7: 6, (Nr.) 8: 7

S. 646, statt (Nr.) 9: 8, (Nr.) 10: 9
S. 653, Z. 11: Thoosa
S. 658, Z. 11 v. u.: Amymone, ... Hippeothoë
S. 697, 2. Abs., Z. 1: Ovid (Met. 11, 113 ff) kennt
S. 731, Lexicon iconographicum
S. 738, Batman, «Stephan» muß heißen: Stephen
S. 744, letzte Z.: «Cahlkis» muß heißen: Chalkis
S. 755 (unter «Abkürzungen» zu ergänzen): RDK = Reallexikon zur deutschen Kunstgeschichte, Stuttgart 1937 –

(Im Abbildungsteil)
Hephaistos auf dem Flügelwagen ...: um 500 v. Chr.
Athena. Weihrelief an Athene ...: um 450 v. Chr.
Demeter mit drei Ähren ...: um 450 v. Chr.